【城市荣誉（2016）】

中国制造2025试点示范城市
镇江市生态城镇化示范区
第七次全国双拥模范城
国家服务外包示范城市
全国第二批全域旅游示范市
全国健康城市建设首批试点城市
国家专利质押融资示范市
国家专利保险示范市
国家学前教育改革发展试验区
第三批全国创业孵化示范基地
全国首个“低碳计量试点城市”
大气污染防治优秀城市
全国文明城市（复核）

【城市数字（2016）】

户籍人口	271.98万人
土地面积	3840平方千米
建成区土地面积	214.40平方千米，其中市区139.30平方千米
长江境内岸线长	259千米，其中深水岸线85千米
京杭大运河境内长	42.21千米
地区生产总值	3833.84亿元
人均地区生产总值	120603元
财政总收入	671.39亿元
一般公共预算收入	293.01亿元
社会消费品零售总额	1236.78亿元
协议利用外资	24.05亿美元
实际利用外资	13.51亿美元
进出口总额	103.16亿美元，其中出口69.51亿美元
港口货物吞吐量	1.5亿吨
城镇常住居民人均可支配收入	41794元
农村常住居民人均可支配收入	20922元

【文化遗存、风景名胜】

全国重点文物保护单位	焦山碑林、丹阳和句容南朝陵墓石刻、镇江英国领事馆旧址、昭关石塔、大运河（大运河镇江段、虎踞桥、江河交汇处、新河街一条街、西津渡古街）、城上村遗址、葛城遗址、铁瓮城遗址、宋元粮仓遗址、春城土墩墓群、烟墩山墓地、甘露寺铁塔、隆昌寺
全国重点寺院宫观	金山江天禅寺、焦山定慧寺、宝华山隆昌寺、茅山道院
国家级非物质文化遗产	白蛇传传说、镇江恒顺香醋酿制技艺、古琴艺术（梅庵琴派）、扬剧、灯彩（秦淮灯彩）、酿造酒传统酿造技艺（封缸酒传统酿造技艺）、董永传说、佛教音乐（金山寺水陆法会仪式音乐）、道教音乐（茅山道教音乐）
全国古籍重点保护单位	镇江市图书馆
国家重点风景名胜区	“三山”风景名胜区（金山、焦山、北固山）
国家AAAAA级旅游景区	金山焦山北固山国家风景名胜区、茅山风景名胜区
国家AAAA级旅游景区	镇江博物馆、南山风景名胜区、西津渡历史文化街区、宝华山国家森林公园、镇江醋文化博物馆、中国米芾书法公园、江苏茶博园
国家森林公园	南山国家森林公园、宝华山国家森林公园
国家重点公园	金山公园
省级风景名胜区	南山风景名胜区、茅山风景名胜区、九龙山风景名胜区
省级自然保护区	宝华山自然保护区、长江豚类自然保护区
省级旅游度假区	世业洲旅游度假区、茅山湖旅游度假区、水晶山旅游度假区
省级生态旅游示范区	南山风景区

镇江年鉴

2017

（总第26卷）

ZHENJIANG NIANJIAN

镇江市人民政府 主办 镇江市史志办公室 编

方志出版社
Publishing House of Local Records

图书在版编目(CIP)数据

镇江年鉴.2017/镇江市史志办公室编.--北京:
方志出版社, 2017.10
ISBN 978-7-5144-2609-0

Ⅰ.①镇… Ⅱ.①镇… Ⅲ.①镇江-2017-年鉴
Ⅳ.①Z525.33

中国版本图书馆 CIP 数据核字(2017)第 259980号

镇江年鉴(2017)

编　　者:镇江市史志办公室
责任编辑:刘　珊
出 版 人:冀祥德
出 版 者:方志出版社
地址　北京市朝阳区潘家园东里9号(国家方志馆4层)
邮编　100021
网址　http://www.fzph.org
发　　行:方志出版社图书经销中心
(010)67110500
经　　销:各地新华书店
印　　刷:南京凯德印刷有限公司

开　　本:889 × 1194　1/16
印　　张:29.5
字　　数:1280 千字
版　　次:2017 年10月第 1 版　2017 年10月第 1 次印刷
印　　数:0001~2000 册

ISBN　978-7-5144-2609-0　**定价**:310.00 元

《镇江年鉴》主审

惠建林　张叶飞

《镇江年鉴》编审人员

主　　编　杭祝鸿　吴海平

副 主 编　杨　兵(执行)　王　浩　胡　振　张国平　傅雪元

编辑部主任　叶兆国

顾　　问　杨正宏

编　　辑　叶兆国　杨正宏　潘　珏　赵昱霖

特邀编辑（以下按姓氏笔画排序）

卞　茜　朱银忠　华晨明　刘　凯　汤　岚　许定星

孙　力　杨　凡　沙　跃　张　俊　张文彧　张初明

陈　刚　於光辉　施光群　耿纪明　贾泽栋　倪德斌

唐　为　章存保　蒋红武　鲍　兴　裴　伟　管梅林

鲜永超　潘俊佳

辖市(区)编辑　尹宏蔚　刘　芳　张　虹　陈龙浩　杭茹萍　秦小雨

程　娟　谢竞美

彩页设计　王　博

《镇江年鉴》撰稿单位审稿人名单

（按姓氏笔画排序）

丁　吉	丁　锋	丁伟民	卜晓放	马　兰	王　磊	王永新	王加友	王亚东
王伟群	王进军	王金华	王俊秋	王素俊	方乐平	尹红敏	尹连荣	尹国瑞
邓国平	石小武	田　峰	史寿胜	印　明	包大成	冯　涛	宁湘煜	吕仁卿
朱大荣	朱小坤	朱纪斌	朱明珠	乔文兵	刘永红	刘贤忠	刘明传	刘金祥
刘培军	江忠顺	汤　岚	汤　雪	汤达敏	宇文家胜	祁四亮	孙　军	孙　雯
孙中良	孙冬梅	孙国忠	纪　洋	贡立新	苏启善	苏建全	李　明	李　牧
李　栋	李　琤	李江苏	李金方	杨　文	杨　光	杨　兵	杨　猛	杨晓勤
杨跃岷	肖敬东	吴　猛	吴　越	吴小平	吴伟良	余国根	沈玉林	沈维良
张　迎	张　俊	张　晶	张玉宏	张红娣	张志明	张志耕	张宏伟	张国云
张国华	张金宝	张泉荣	张祝建	张翼达	陆　忠	陆廷秀	陈　炜	陈　莉
陈　逵	陈　辉	陈正群	陈明春	陈金观	陈海虹	陈新中	邵家林	武　斌
林　青	罗　宾	罗　娟	季必宏	岳卫平	周　毅	周万宝	周元明	周必君
周梅生	周绪平	於志洪	宗加伟	宗余良	项鸣麒	赵　云	赵永富	赵志强
赵春龄	胡江平	胡宗贵	胡保东	胡培红	俞祖泉	闻　捷	祝　林	姚文韵
贺　军	贺平泉	贺丽娟	贾敬远	夏和生	顾　枫	顾小俊	钱伯安	徐　淮
徐　强	徐子生	徐六生	徐心田	徐本林	徐加荣	徐建锋	徐洪波	殷金顺
殷建国	殷雪青	凌建锋	高　民	高　凌	高立群	唐洪生	谈德成	黄　俊
黄　毅	黄宝红	梅耀林	曹　荣	符　明	商　红	梁新歌	董和建	蒋红武
温小卫	赖忠民	詹长军	窦玉成	窦高林	蔡　榕	谭坚强	樊网红	樊德高
潘　亚	燕　军	薛国荣	戴宏才					

编辑说明

《镇江年鉴》的编纂以马克思列宁主义、毛泽东思想、邓小平理论、“三个代表”重要思想、科学发展观、习近平新时代中国特色社会主义思想为指导，坚持辩证唯物主义和历史唯物主义的立场、观点和方法，逐年记载镇江市经济和社会发展的基本情况，为社会各界认识镇江、研究镇江、发展镇江提供基本资料。

《镇江年鉴(2017)》记载2016年全市经济、社会等方面的基本面貌、发展状况和各行各业取得的新进展、新成就、新经验，出现的新矛盾、新问题以及进行的新探索。《镇江年鉴(2017)》作了较大幅度调整和完善，重组设置《特载》《旅游》《文化》《社会事务管理》等类目；新设《地方立法》《快递业》《网络媒体》等分目。同时，载入工业绿色转型发展、新能源汽车产业链发展、企业网络服务平台建设、全国双拥模范城创建、“法治惠民镇村行”工程建设、“中华诗词之市”创建、产业“三集”发展、生态文明建设综合改革等内容；继续设立城市建设重点工程、历史文化名城研究、赛珍珠研究、《三国演义》研究、《镇江网情》题录等特色内容。彩色画页继续设立“城市名片”，介绍城市特点和重要荣誉。为增强年鉴实用性，在相关部类安排重点企事业单位、科研机构、科研成果、大专院校等“点”上的信息，刊登最新版《镇江市政区图》《镇江市城区图》，继续选登有资料价值、史料价值的图表。

全书分类目、分目和条目3个层次，共设40个类目、252个分目、2000多个条目（图表）。个别分目下设立次分目，其标题前后加“·”表示。条目为记述实体，其标题用黑体字加【 】表示。《大事记》中△表示“同日”，表格中#表示“其中”。全书所用稿件由市各部门、单位，各辖市（区）专人撰写，并经过各单位领导审阅，事实与数据均经过反复核对。统计数据均使用法定计量单位，正文部分有关数据，由于统计来源、口径和时间不同而不尽一致，使用时请以市统计局提供的《统计资料》为准。对有些重要资料的记载在时限上适当放宽，以提高资料使用的时效性。

全书配有多重检索方法：卷首设中、英文目录，卷末设主题分析索引，并辅之以全书条目参见系统。全书所有资料可通过目录、索引、条目参见系统以及书眉等查寻。为行文简洁，对部分机构（单位）名称采用习惯性简称，并在目录前配有《镇江年鉴》主要机构（单位）简称全称对照表。《镇江年鉴》搜索网址为：http://szb.zhenjiang.gov.cn。

镇江市政区图

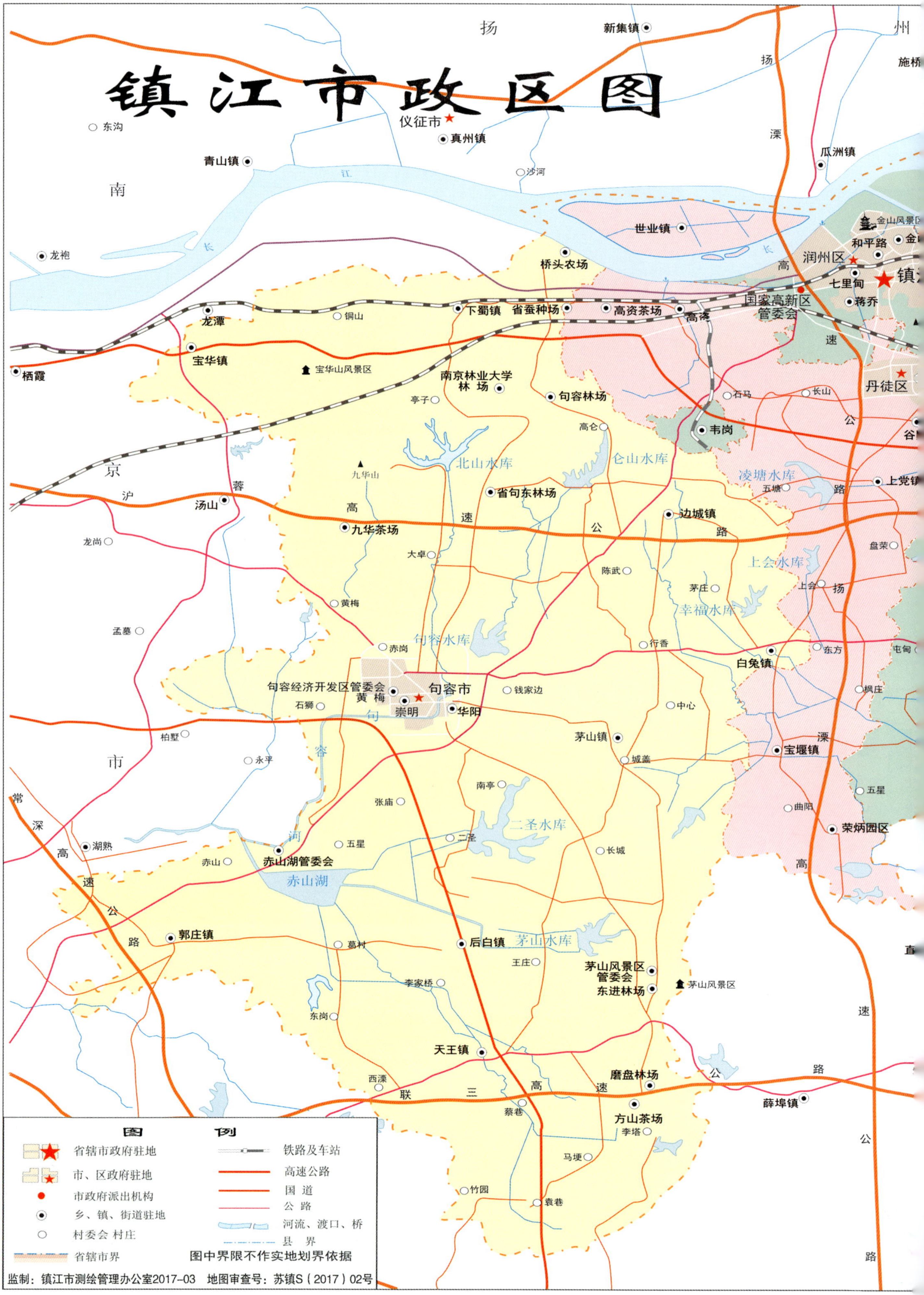

扬
州
新集镇
扬
施桥
仪征市
东沟
真州镇
瓜洲镇
青山镇
沙河
南
江
世业镇
金山风景区
和平路
金山
龙袍
长
桥头农场
润州区
高
镇江
七里甸
国家高新区
管委会
蒋乔
下蜀镇
省蚕种场
高资茶场
高资
龙潭
铜山
速
宝华镇
宝华山风景区
栖霞
南京林业大学
林场
丹徒区
句容林场
亭子
石马
长山
韦岗
公
谷阳
高仓
京
北山水库
仑山水库
九华山
凌塘水库
五塘
路
上党镇
沪
蓉
省句东林场
汤山
高
边城镇
速
九华茶场
公
路
龙尚
盘荣
大卓
陈武
上会水库
茅庄
上会
扬
黄梅
幸福水库
孟墓
赤岗
句容水库
行香
东方
白兔镇
屯甸
句容经济开发区管委会
黄梅
句容市
钱家边
枫庄
石狮
崇明
华阳
中心
句
柏墅
茅山镇
溧
宝堰镇
容
城盖
市
永平
南亭
常
五星
张庙
曲阳
深
荣炳园区
二圣水库
二圣
湖熟
高
五星
长城
赤山
赤山湖管委会
高
速
赤山湖
公
郭庄镇
后白镇
茅山水库
路
葛村
直
王庄
茅山风景区
管委会
茅山风景区
李家桥
东进林场
速
东岗
天王镇
路
西溧
磨盘林场
公
联
三
高
速
薛埠镇
蔡巷
方山茶场
李塔
公
马埂
竹园
袁巷
路
图例
省辖市政府驻地
市、区政府驻地
市政府派出机构
乡、镇、街道驻地
村委会 村庄
省辖市界
铁路及车站
高速公路
国道
公路
河流、渡口、桥
县界
图中界限不作实地划界依据
监制：镇江市测绘管理办公室2017–03 地图审查号：苏镇S（2017）02号

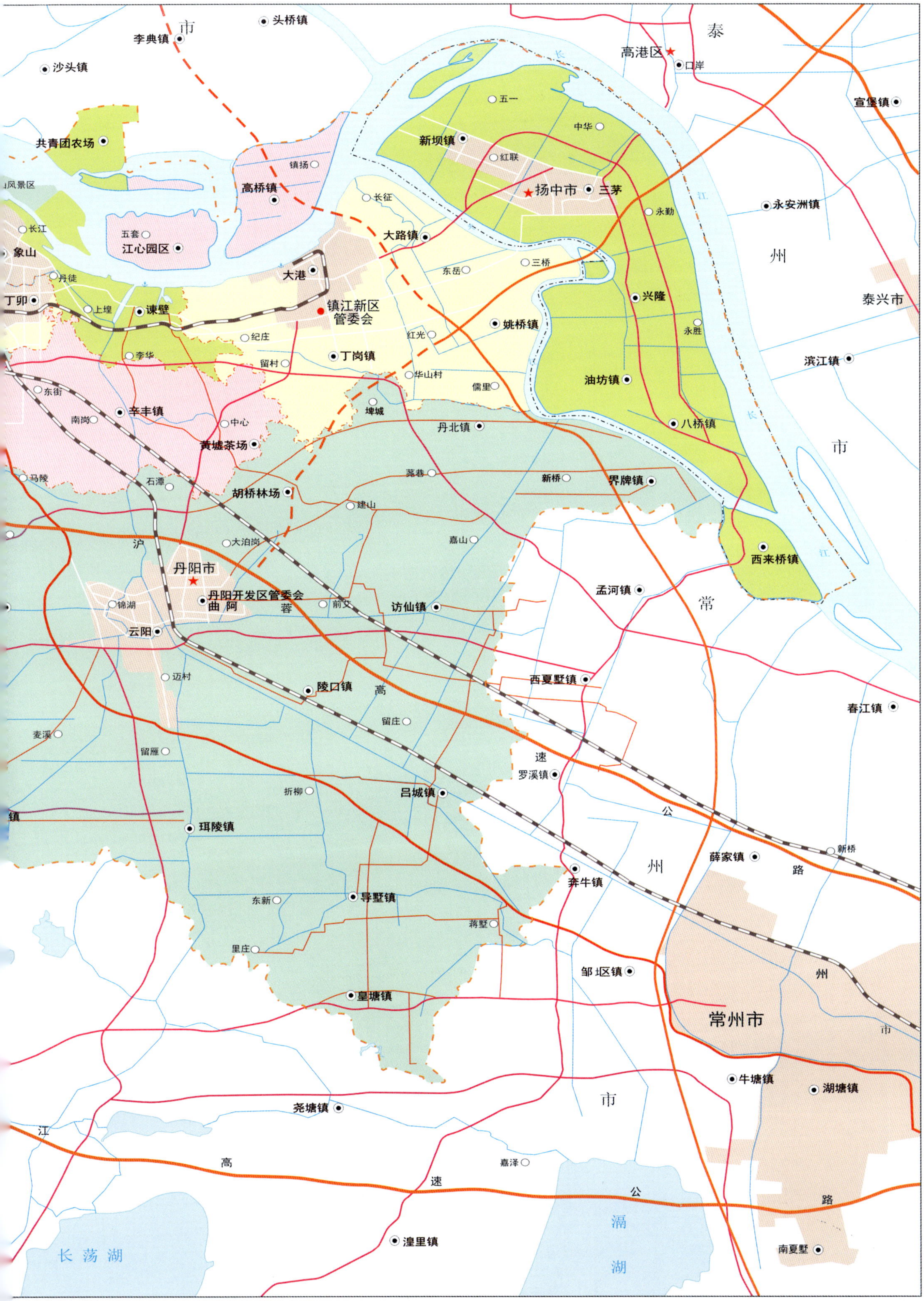
头桥镇
李典镇
沙头镇
市
泰
高港区
口岸
宣堡镇
长
五一
中华
新坝镇
红联
扬中市
三茅
永勤
共青团农场
镇扬
高桥镇
长征
大路镇
永安洲镇
江
五套
江心园区
长江
象山
丹徒
大港
东岳
三桥
州
丁卯
上埠
谏壁
镇江新区
管委会
兴隆
泰兴市
纪庄
红光
姚桥镇
永胜
李华
留村
丁岗镇
滨江镇
东街
华山村
儒里
油坊镇
辛丰镇
南岗
埤城
八桥镇
中心
丹北镇
黄墟茶场
市
马陵
石潭
荡巷
新桥
界牌镇
胡桥林场
建山
嘉山
大泊岗
西来桥镇
沪
丹阳市
孟河镇
丹阳开发区管委会
曲阿
锦湖
蓉
前艾
访仙镇
常
云阳
迈村
西夏墅镇
陵口镇
高
春江镇
麦溪
留庄
留雁
速
罗溪镇
折柳
吕城镇
公
珥陵镇
新桥
州
薛家镇
路
奔牛镇
东新
导墅镇
蒋墅
里庄
州
邹区镇
皇塘镇
常州市
市
牛塘镇
湖塘镇
市
尧塘镇
江
高
嘉泽
速
公
路
滆
湖
湟里镇
长荡湖
南夏墅

镇江市城区图
征润洲
金泉
金山公园
镇江龙门港区
鲇鱼套
和平路街道
跑马山
金山街道
宝盖山
春江潮广场
北固山公园
东吴广场
四牌楼街道
大市口街道
健康路街道
宝塔路街道
镇江站
润州区
大桥
龙门
三摆渡
四摆渡
江苏省镇江中学
三山南山管委会
市政府
七里甸街道
茶砚山五里
润州花园
朴园
磨笄山
黄鹤山
虎头
江苏科技大学（西校区）
国家高新区管委会
小牛山
润州道院
黄山
高崇寺
招隐寺
竹林寺
观音山
岘山顶
九华山
南山国家森林公园
蒋乔街道
凤凰山
彭公山
润州区
五州山
乔家门
严庄
东山头
鸡笼山
蓝山花园
南山街道
诈输
官塘桥街道
五州山
东山
嶂山
镇江南站
回龙
史家
马鞍山
驸马山庄
丹徒区
缪家
风景城邦
画意江南
临湖尚郡
图例
市政府
县（市）、区政府
市政府派出机构
乡、镇政府
街道　场
村、社区
学校
医院
居民区
河流沟渠
桥梁水闸
码头
绿化
山峰
汽车站
铁路 车站
庙宇
塔
文物古迹
水库 鱼池
本图中界线不做实地划界依据
监制：镇江市测绘管理办公室2017-03　地图审查号：苏镇S（2017）02号

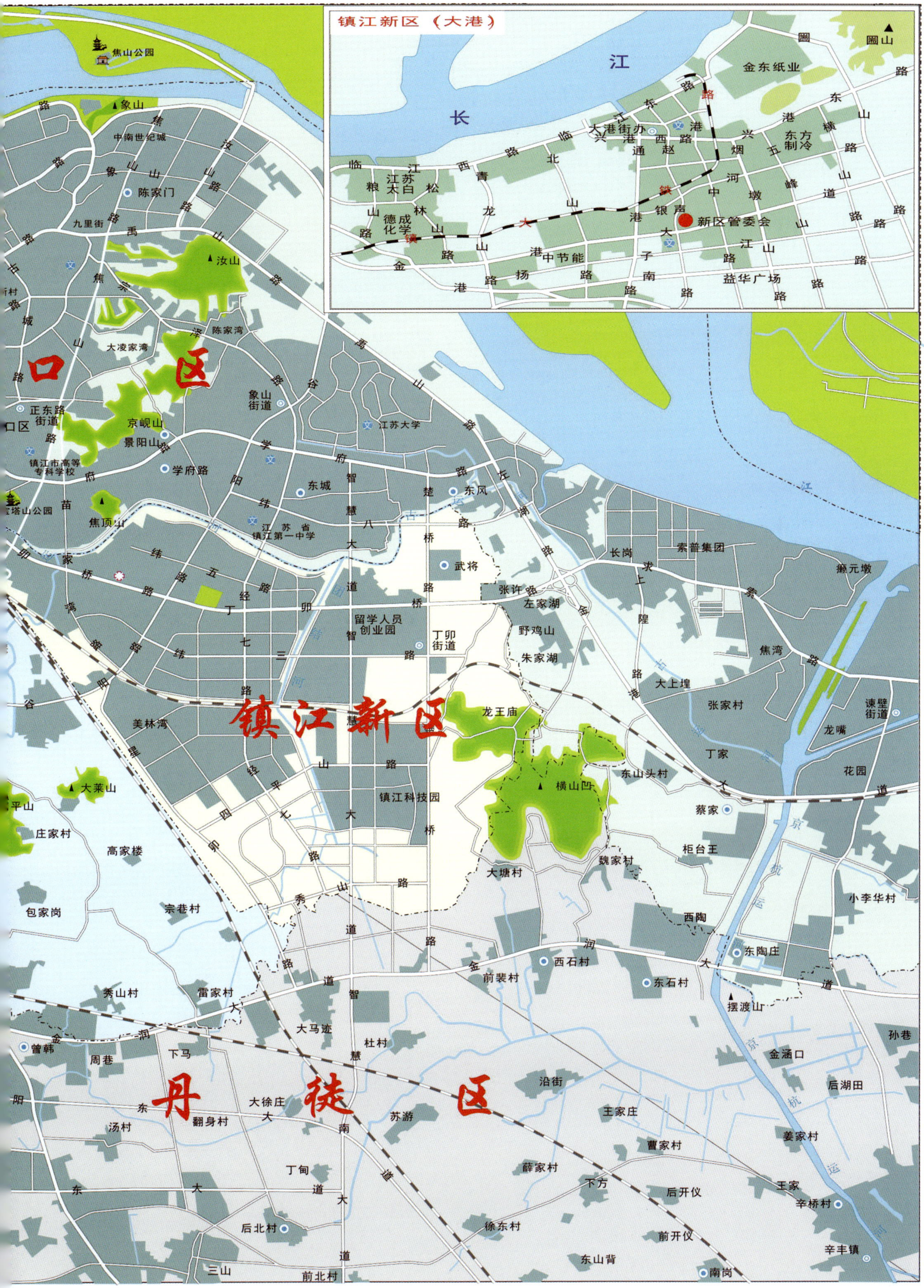
镇江新区（大港）
长江
圌山
金东纸业
大港街办
新区管委会
江苏大白粮
德成化学
中节能
益华广场
东方制冷
焦山公园
象山
中南世纪城
陈家门
九里街
汝山
陈家湾
大凌家湾
口区
正东路街道
京岘山
景阳山
学府路
镇江市高等专科学校
焦顶山
象山街道
江苏大学
东城
东风
江苏省镇江第一中学
武将
留学人员创业园
丁卯街道
张许
左家湖
野鸡山
朱家湖
长岗
索普集团
癞元墩
焦湾
大上埠
张家村
谏壁街道
龙嘴
丁家
花园
镇江新区
龙王庙
美林湾
横山凹
东山头村
镇江科技园
蔡家
大莱山
平山
庄家村
高家楼
柜台王
魏家村
大塘村
小李华村
包家岗
宗巷村
西陶
东陶庄
西石村
前裴村
东石村
摆渡山
秀山村
雷家村
大马迹
杜村
孙巷
曾韩
周巷
下马
金涵口
沿街
后湖田
丹徒区
大徐庄
苏游
王家庄
姜家村
汤村
翻身村
曹家村
薛家村
丁甸
下方
后开仪
王家
辛桥村
徐东村
后北村
前开仪
东山背
辛丰镇
三山
前北村
南岗

“十三五”
“强富美高”新

2016年以来，全市上下认真贯彻中央和省、市委决策，坚决落实“实现新发展，一切在于干”的要求，积极应对经济下行压力，扎实做好稳增长、调结构、促改革、惠民生、防风险各项工作，较好完成了全市确定的目标任务，“十三五”发展实现良好开局。

对标苏南
镇江扬帆起航

2016年8月9日，无人航拍器视角下的镇江城

2016年全市主要经济社会指标

地区生产总值
比上年增长9.3%
2015年 3502.5亿元
2016年 3833.8亿元

人均地区生产总值
比上年增长9.1%
2015年 11.0万元
2016年 12.1万元

进出口总额
比上年增长2.5%
2015年 100.6亿美元
2016年 103.2亿美元

实际利用外资
比上年增长3.5%
2015年 13.05亿美元
2016年 13.51亿美元

固定资产投资
比上年增长15.1%
2015年 2541.1亿元
2016年 2873.4亿元

农村常住居民人均可支配收入
比上年增长8.9%
2015年 19214元
2016年 20922元

城镇常住居民人均可支配收入
比上年增长8.1%
2015年 38666元
2016年 41794元

社会消费品零售总额
比上年增长11.1%
2015年 1113.7亿元
2016年 1236.8亿元

发明专利
比上年增长5.2%
2015年 2797件
2016年 2942件

全社会用电量
比上年增长7.5%
2015年 216.27亿千瓦时
2016年 232.41亿千瓦时

规模以上工业主营业务收入
比上年增长7.4%
2015年 8211.1亿元
2016年 8852.7亿元

规模以上工业利税总额
比上年增长7.0%
2015年 838.2亿元
2016年 906.7亿元

固定宽带接入用户数
比上年增长17.3%
2015年 91.8万户
2016年 107.7万户

邮电业务总量
比上年增长52.9%
2015年 52.5亿元
2016年 109.9亿元

金融机构年末存款余额
比上年增长18.6%
2015年 3969.1亿元人民币
2016年 4706.0亿元人民币

年末常住人口
比上年增长0.2%
2015年 317.65万人
2016年 318.13万人

全社会从业人员
比上年增长0.6%
2015年 193.07万人
2016年 194.32万人

卫生机构数
比上年增长1.6%
2015年 943个
2016年 958个

新增私营个体企业从业人员
比上年增长22.9%
2015年 14.10万人
2016年 17.34万人

年末户籍人口
比上年增长0.1%
2015年 271.67万人
2016年 271.98万人

新增私营个体企业户数
比上年增长30.7%
2015年 3.29万人
2016年 4.30万人

货运量
比上年增长2.0%
2015年 7298万吨
2016年 7447万吨

港口货物吞吐量
比上年增长0.7%
2015年 14788万吨
2016年 14887万吨

私人汽车拥有量
比上年增长17.3%
2015年 37.2万辆
2016年 43.7万辆

说明：本页数据均为快报数

重要会议

2016年12月5日，中央政治局常委、中纪委书记王岐山(右二)在江滨新村第一社区与党员群众交流

2016年7月27日，江苏省委书记李强（中）在镇江考察北汽集团华东（镇江）产业基地

和活动

2016年4月29日，江苏省省长石泰峰（中）到镇江调研

2017年3月29日，镇江市委召开全市领导干部会议，宣布省委决定：惠建林(右)任镇江市委书记，夏锦文(左)不再担任镇江市委书记

重要会议

2017年2月16日，镇江市第八届人民代表大会第一次会议选举张叶飞为市长

2016年9月26日—29日，中国共产党镇江市第七次代表大会召

活动

2016年1月12日—15日，镇江市第七届人民代表大会第五次会议召开

2016年1月11日—14日，政协镇江市第七届委员会第五次会议召开

2016年9月29日，中国共产党镇江市第七届纪律检查委员会第一次全体会议召开

2016年1月22日，镇江市2016年春节军政座谈会召开

2016年2月14日，全市“十三五”开局发展动员暨作风建设大会召开

2016年2月26日，全市创新人才大会召开

重要会议

2016年5月3日，全市推进供给侧结构性改革工作会议召开

2016年7月1日，全市庆祝建党95周年暨先进表彰大会召

2016年9月8日，镇江市七创全国双拥模范城总结暨八创动员大会召开

2016年4月29日，全市庆祝“五一”暨劳模表彰大会召

2016年8月15日，全市“效能革命”工作推进会召开

2016年10月25日，学习王华同志先进事迹座谈会召开

活动

2016年10月11日，践行“四讲四有”先进典型报告会召开

2016年11月30日，百家央（国）企镇江行签约仪式举行

2016年10月14日，2016年江苏省大众创业万众创新活动周·镇江日活动举行

2016年6月23日，镇江市长江渔业资源增殖放流活动举行

2016年6月30日，镇江市纪念中国共产党成立95周年群众合唱大会举行

2016年10月16日上午，首届江苏航空体育旅游季在镇江举行

镇江国际低碳技术

2016年11月28日，镇江国际低碳技术产品交易展示会开幕

2016年11月28日—29日，2016镇江国际低碳技术产品交易展示会举行。展示会以“技术创新、共享低碳”为主题，以“会、一展、一路演、一发布”等多种形式，开展低碳学术交流、技术产品展示、项目合作洽谈。继中美智慧型低碳城市峰会巴黎联合国气候变化大会、旧金山第七届清洁能源部长级会议之后，在国际舞台再一次扩大江苏和镇江低碳建设的影响。联国副秘书长、联合国2030年可持续发展和气候变化议程特别顾问戴维·纳巴罗发视频祝贺交易会开幕。省委书记李强、省长泰峰多次关心展会筹备情况并到展会现场考察指导，省委常委、常务副省长黄莉新参加开幕式并致辞。交易会期间，还举办碳城市高峰论坛、低碳实践成果发布会等系列活动。

品交易展示会

镇江市获“中华诗

镇江市“中华诗词之市（乡）”授牌大会

2016年11月4日，镇江市“中华诗词之市（乡）”授牌大会举行。镇江市获“中华诗词之市”称号，丹阳市等6个辖市（区）获“中华诗词之乡”称号。

2013年年初，市委发文成立创建“中华诗词之市”领导小组，由市政协主席李国忠担任领导小组组长，市委、市政府、市政协分管领导任副组长，相关职能部门领导为成员，制定《关于创建“全国诗词之市”的实施意见》和《创建重点工作任务分解一览表》，全市全面开展创建“中华诗词之市”工作。

经过近4年的创建，继2002年扬中市在全国首批获“中华诗词之乡”称号后，镇江市和丹阳市、句容市、丹徒区、京口区、润州区、镇江新区先后通过“江苏省诗词之市（乡）”的检查验收。2015年12月，镇江市和6个辖市（区）又通过“中华诗词之市（乡）”的检查验收，实现全市“满堂红”。2016年，全市深入开展创建“中华诗教先进单位”活动，有19家单位申报“中华诗教先进单位”，接受中华诗词学会的检查验收。全市开展诗教进校园、进机关、进社区、进企业、进景区、进农村“六进”活动。全市有诗词协会47个、各类诗社和诗词组织453个，会员总数为10220人，诗词爱好者10余万人。

咏水诗书画廊

词之市（乡）”称号

2015世界华语诗歌大会开幕式

西津古渡诗词吟颂会

国学经典诵读节目展演

镇江市二十万少年儿童“同书文明语，争做文明人”活动

镇江市农业产业结

2016年10月23日，全市秋收秋种暨农业结构调整工作会议召开

2016年，镇江市推进产业结构调整，在全省率先出台《关于加快农业产业结构调整的意见》，并举办2016年现代农业项目洽谈会。全市有全国“一村一品”示范村7个。全市茶果花药等主要园艺作物总面积为23140公顷，实现产值25.11亿元；新建永久性蔬菜基地403公顷，地产菜自给率为50%。全市高效设施农业占比20%以上。镇江市被农业部、中国水产流通与加工协会授予“中国江蟹之乡”称号。“镇江江蟹”参加全国第十届蟹文化节暨2016全国河蟹大赛，获“最佳种质奖”（5名）和“金蟹奖”。在2016年中国品牌价值信息发布会上，恒顺集团食品加工类品牌价值列第三位，香醋品牌价值为450多亿元。

2016年9月8日—9日，全省种植业结构调整工作推进会在镇江市召开

的调整阔步向前

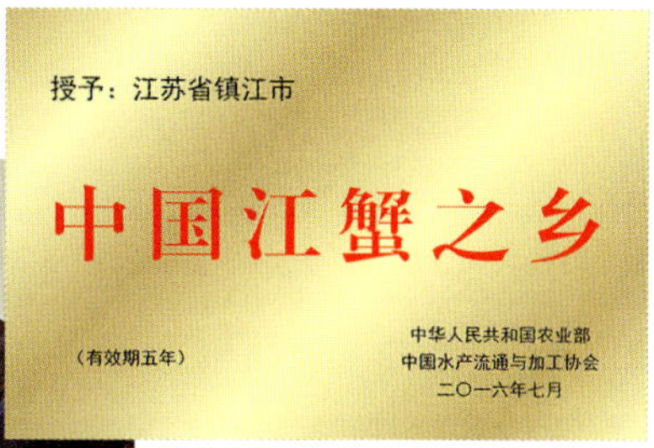

蟹王

全国"一村一品"示范村——句容市后白镇西冯村

第六届“江苏

2016年1月29日，第六届“江苏·台湾灯会”在镇江市举行亮灯仪式，该灯会以“两岸灯映灯，海峡情系情”为主题，金山湖主灯区和西津渡灯区两岸联动、灯火相依。灯会占地面积73公顷，展出面积20公顷，分为“三山”景区金山湖主灯区和西津渡景区灯区2个展区，其中主会场金山湖灯区总占地面积67公顷。灯区总体设计采用“十区、二廊、三带”的灯会布局，其中“十区”包括主亮灯区、台湾灯区、省辖市灯区、镇江辖市（区）灯区、企业灯区、宗教灯区、少儿动漫灯区、艺术灯区、植物灯海区和西津渡灯区；“二廊”为金山湖美食长廊、西津渡美食长廊；“三带”为水上观灯带、氛围花灯带、两岸花灯带，共展出彩灯200多组。

台湾灯会”

坚持以人民为中心，努力

世业洲农村新景

2016年9月10日，邻里之家农贸市场开业

2016年，镇江市推进社会民生保障工作，82个民生项目如期完成。开展“百村万户”达新标、精准帮扶特困家庭奔小康、万个党支部结对帮扶万户特困家庭三大行动，74个经济薄弱村达标，4610户农村低收入人口脱贫。企业退休人员养老金实现“十二连增”，城乡低保一体化走在全省前列。机关事业单位养老保险制度改革启动实施。学前教育成为全国36个改革发展实验区之一，镇江市青少年校外综合实践基地建成运行，江苏航院建成招生。完成基层医疗卫生机构标准化建设，建成全国百强社区卫生服务中心2家、国家群众满意卫生院6家、省级示范村卫生室11家。“二孩”政策全面实施。举办首届江苏航空体育旅游季。城乡社区居家养老服务中心覆盖率分别为100%和96%。深入开展城市环境综合整治，创成省级示范路3条、示范社区3个。通过国家卫生城市复审。国家级生态城镇化示范区正式获批。民生“三安”进一步加强，基本建成危化品防范处置“五大体系”，在全省率先开展食品药品安全“智慧”监管。蝉联“全国慈善七星级城市”称号。

人民拥有更多获得感

2016年7月8日，全市加快茅山老区振兴发展暨推进精准扶贫工作会议召开

2016年11月5日，携手81年的老夫妻共庆寿辰

2016年7月10日，“7·16全民游泳健身周”系列活动（镇江站）暨“纪念毛泽东畅游长江50周年”畅游金山湖活动举行

2016年5月18日，第五届“中扬杯”公益集体婚礼在扬中园博园举行

交通重点工程

265省道镇荣公路一期

2016年，镇江市推进交通工程建设，全年实施项目34个，完成投资80亿元。加速推进连淮扬镇铁路建设；推进火车站南北一体化改造和连镇铁路镇江东、大港、丹阳、句容等场站项目。五凤口高架全面建成；312国道城区改线段工程试通车；镇丹高速公路全面推进，高速大外环初具形态；丁卯桥路工程开工，镇句、镇丹快速路启动；建成265省道镇荣公路二期主体、丹阳吕东大桥连接线、句容西部干线、宁茅公路等公路；改造农路180千米、农桥30座，“农路富农、定制式帮扶”工程入选全国民生示范工程。出台《镇江市“江海河联动、港产城融合”十大行动计划》，60项重点任务全面启动；长江12.5米深水航道加快推进；完成苏南运河疏浚工程（二期），打造水上高速；建成新民洲、高桥港区等4个5万吨级泊位，增强港口竞争力；拆除沿江非法码头45座，节约长江岸线4千米，启动水上过驳整治，建成镇江港政执法基地。

整治完工后的苏南运河陵口先导段

句容农村公路

巢凰山二号桥

镇江长江大桥北锚碇夜间作业

灯火辉煌下繁忙的镇江港

住建重点工程

海绵城市建设工程

九华山路改造工程

2016年，镇江市打造现代化山水花园城市，加快建设“强富美高”新镇江。全市实施城建项目142个，完成投资397亿元，完成征收拆迁114.3万平方米，完成燃气管道改造42千米、老小区立管改造10075户。市区实施棚户区（城中村）改造93万平方米，完成危房和空斗墙房屋解危5.3万平方米，基本建成保障性安居工程14611套。实施10个老旧小区物业提升改造，完成老小区整治63.6万平方米、街巷改造1万平方米、积水点（区）整治40个。全市海绵城市建设开工项目139个，竣工项目61个，累计完成投资25.4亿元。“一湖九河”水环境综合整治工程全年开工项目20个。征润洲污水处理、餐厨废弃物及生活污泥协同处理等项目完工。京口、润州、丹徒和镇江新区各建成1个街头绿地，总面积6.7万平方米。扬中市新坝镇等1镇10村建成“美丽宜居镇村”。全市完成农村危房改造298户、农路提档升级180千米、农桥改造30座。

焦山路建设工程

焦山东大门建设工程

西津音乐厅及实验剧场工程

虹桥港水质生态治理工程

官塘路网建设工程

美丽宜居镇村建设工程

重要媒体报道镇江情况（一）

2016年3月3日，全市宣传思想文化工作会议召开

2016年，镇江新闻战线落实全市宣传思想文化工作会议精神，推出一批新闻报道，为全市改革发展凝心聚力、鼓劲造势。《新华日报》头版数量28条，居全省地级市前列，“交汇点”新闻客户端每万人安装量列全省各辖市之首。

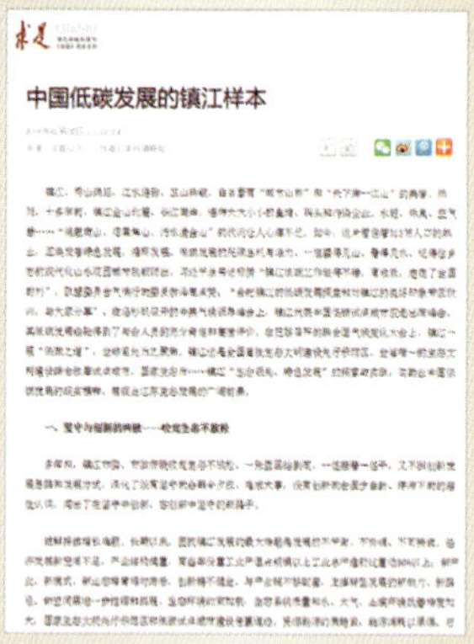
中国低碳发展的镇江样本

《求是》：中国低碳发展的镇江样本

携手同行民族情

为了万家灯火

《人民日报》：为了万家灯火

一日行程 读懂春城

问道武当寻仙踪

亦古亦今西津渡

《人民日报》：亦古亦今西津渡

百姓关切成立法落点

逆势上扬看杭州

《人民日报》：百姓关切成立法落点

律师应是法治理想的"流动运送者"
基层工作要"做到家"
把"服务纳税人"落实到位

《人民日报》：基层工作要"做到家"

《地震报》：镇江市地震局多措并举"效能革命"成效明显

没有共产党就没有今天的美好生活
"走好每代人自己的长征路"
托住种粮农民信心

《经济日报》：镇江将举办首届国际"低交会"

深六星郵輪遊日韓免「出境」

香港《大公报》：镇江建"低碳小镇"

鄢陵，花木旅游融起来

《人民日报》：让幸福敲开农村的门

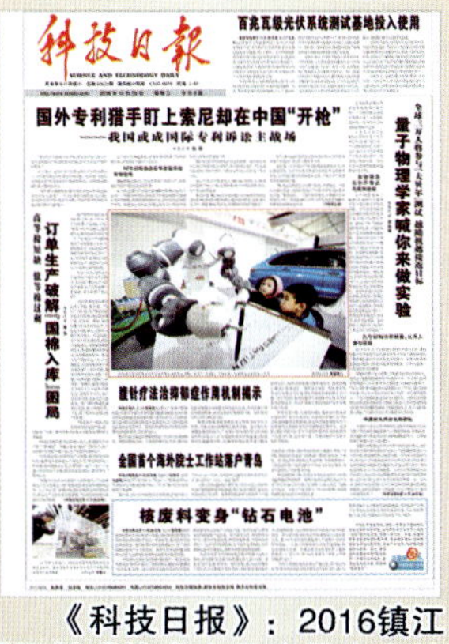
科技日报
国外专利猎手盯上索尼却在中国"开枪"

《科技日报》：2016镇江国际低碳技术产品交易会在镇江开幕

PMI走强提振中国经济预期

《人民日报》：镇江发出低碳行动倡议

中国青年报
把思想政治工作贯穿教育教学全过程
镇江构建金字塔式青年人才服务体系

《中国青年报》：镇江构建金字塔式青年人才服务体系

重要媒体报道镇江情况（二）

藍促當局盡快防堵核食漏洞
遼寧大連打造國際郵輪母港

香港《文汇报》：镇江建低碳城市 大街小巷变身“海绵”

新华日报
镇江：让城市成为“大景区”
切实担负先行先试责任 确保如期完成试点任务
医改释放红利，让百姓拥有更多“获得感”

《新华日报》：镇江 让城市成为“大景区”

新华日报
构筑新优势 开创新局面
润州：现代服务业跑出“加速度”
沭阳：“大块头”争当苏北排头兵

《新华日报》：润州 现代服务业跑出“加速度”

新华日报
深化合作扩大中美共同利益 推动两国关系健康稳定发展
经济强，创新驱动“一马当先”
丹阳：经济转型走出“微笑曲线”

《新华日报》：丹阳 经济转型走出“微笑曲线”

新华日报
突出问题导向确保取得实际成效 把全面从严治党落实到每一个支部
镇江厚植开放谋求弯道超越

《新华日报》：镇江厚植开放谋求弯道超越

新华日报
依靠学习走向未来
巡视“回马枪”，时刻高悬反腐利剑
“生态农业+”成句容新名片

《新华日报》：“生态农业+”成句容新名片

新华日报
镇江主攻人才高地“供给侧”
长三角规划南京为唯一特大城市

《新华日报》：镇江主攻人才高地“供给侧”

新华日报
航空产业：镇江新区“第一名片”
龙舟竞渡粽叶香 民俗传承家国情

《新华日报》：航空产业 镇江新区“第一名片”

《新华日报》：京口区推动作风转变向下扎根

《新华日报》：镇江“效能革命”剑指懒政激励担当

《新华日报》：扬中“互联网+”掀起创业就业潮

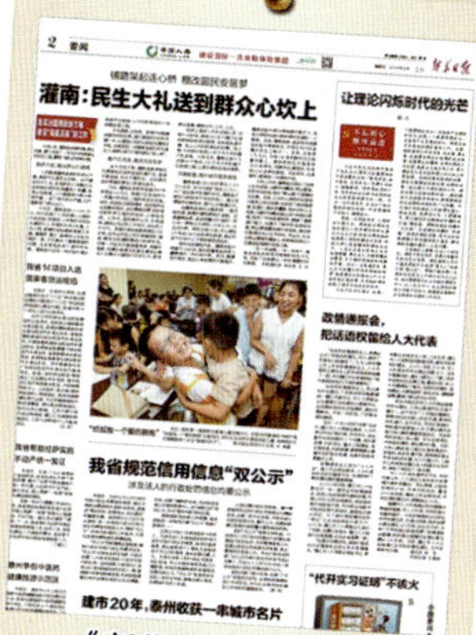

《新华日报》：政情通报会，把话语权留给人大代表

《新华日报》：镇江经信委打造企业服务帮办体系

《新华日报》：镇江 生态低碳与文化提升并举

《新华日报》：我省企业赢了欧盟双反案

《新华日报》：镇江创新中心组学习方法

《新华日报》：镇江 深耕“低碳”撬动新兴经济

《新华日报》：江南名城镇江：低碳开启城市之光

《新华日报》：丹徒区法律顾问进村入户

《新华日报》：“打造河豚小镇”拿了个一等奖

重要外事活动

2016年5月6日，第一届中俄跨境电商大会在镇江市召开

2016年7月25日，意大利民主党青年干部考察团到镇江市访问

2016年10月15日，中国镇江市与瑞士联邦卢加诺市签订建立友好城市备忘录

2016年11月17日，中国镇江市与意大利拉斯佩齐亚市缔结友好交往城市关系

专题图片由镇江报业传媒集团融媒体中心、《创新》杂志社、市政协办、市委宣传部、交通运输局、住建局、市农委、外办等单位和王呈、王荣明、文雯、石小刚、田沛仪、朱江、任一鸣、杨宪华、吴猛、邱晓兵、辛一、张斌、邵文卿、罗秀龙、金升龙、黄龙宝、谢道韫（以上按姓氏笔画排序）等摄影、供稿

《镇江年鉴》主要机构(单位)简称全称对照表

简称	全称
市委	中国共产党镇江市委员会
市人大常委会	镇江市人民代表大会常务委员会
市政府	镇江市人民政府
市政协	中国人民政治协商会议镇江市委员会
纪委	中国共产党镇江市纪律检查委员会
市委办	中国共产党镇江市委员会办公室
统战部	中共镇江市委统一战线工作部
政法委	中共镇江市委政法委员会
综治委办	镇江市社会治安综合治理委员会办公室
市法院	镇江市中级人民法院
检察院	镇江市人民检察院
农办	中共镇江市委农村工作领导小组办公室
台办	中共镇江市委台湾工作办公室 (镇江市人民政府台湾事务办公室)
编办	镇江市机构编制委员会办公室
机关工委	中共镇江市委市级机关工作委员会
保密办(局)	中共镇江市委保密委员会办公室 (镇江市国家保密工作局)
史志办	镇江市史志办公室
接待办	镇江市委市政府接待办公室
关工委	镇江市关心下一代工作委员会
市政府办	镇江市人民政府办公室
金融办	镇江市人民政府金融工作办公室
发改委	镇江市发展和改革委员会
经信委	镇江市经济和信息化委员会
科技局	镇江市科学技术局
人社局	镇江市人力资源和社会保障局
国土局	镇江市国土资源局
环保局	镇江市环境保护局
住建局	镇江市住房和城乡建设局
城管局	镇江市城市管理局
城管执法局	镇江市城市管理行政执法局
旅游委	镇江市旅游发展委员会(园林管理局)
三山南山景区管委会	镇江市金山焦山北固山南山国家风景名胜区管委会
干道办	镇江市城市干道工程建设办公室
国控集团	镇江市国有投资控股集团
城建集团	镇江城市建设产业集团
交通集团	镇江市交通产业集团
文旅集团	镇江市文化旅游产业集团
文广集团	镇江市文化广电产业集团
农委	镇江市农业委员会
农机局	镇江市农业机械管理局
农资局	镇江市农业资源开发局
贸促会	中国国际贸易促进委员会镇江市委员会
文广新局	镇江市文化广电新闻出版局
卫计委	镇江市卫生和计划生育委员会
食药监局	镇江市食品药品监督管理局
安监局	镇江市安全生产监督管理局
民宗局	镇江市民族宗教事务局
机关事务局	镇江市机关事务管理局
民防局	镇江市民防局(镇江市人民防空办公室)
国资委	镇江市人民政府国有资产监督管理委员会
外办	镇江市人民政府外事办公室
港澳办	镇江市人民政府港澳事务办公室
侨办	镇江市人民政府侨务办公室
法制办	镇江市人民政府法制办公室
民革市委	中国国民党革命委员会镇江市委员会
民盟市委	中国民主同盟镇江市委员会
民建市委	中国民主建国会镇江市委员会
民进市委	中国民主促进会镇江市委员会

简　称	全　称	简　称	全　称
农工市委	中国农工民主党镇江市委员会	烟草局(公司)	镇江市烟草专卖局（江苏省烟草公司镇江市公司）
致公市委	中国致公党镇江市委员会	无管处	江苏省无线电管理局镇江管理处
九三市委	九三学社镇江市委员会	海　关	中华人民共和国镇江海关
工商联	镇江市工商业联合会	缉私局	中华人民共和国镇江海关缉私分局
团市委	中国共产主义青年团镇江市委员会	检验检疫局	中华人民共和国镇江出入境检验检疫局
妇　联	镇江市妇女联合会	边检站	中华人民共和国镇江边防检查站
科　协	镇江市科学技术协会	人　行	中国人民银行镇江市中心支行
社科联	镇江市哲学社会科学界联合会	银监分局	中国银行业监督管理委员会镇江监管分局
文　联	镇江市文学艺术界联合会	农发行	中国农业发展银行镇江市分行
侨　联	镇江市归国华侨联合会	工　行	中国工商银行股份有限公司镇江市分行
台　联	镇江市台湾同胞联谊会	农　行	中国农业银行股份有限公司镇江市分行
残　联	镇江市残疾人联合会	中　行	中国银行股份有限公司镇江分行
名城研究会	镇江市历史文化名城研究会	建　行	中国建设银行股份有限公司镇江分行
仲裁委	镇江仲裁委员会	交　行	交通银行股份有限公司镇江分行
供销社	镇江市供销合作总社	江苏银行	江苏银行股份有限公司镇江分行
广电网络公司	江苏省广播电视信息网络股份有限公司镇江分公司	邮储银行	中国邮政储蓄银行有限责任公司江苏省镇江市分行
消防支队	中国人民武装警察部队江苏省总队镇江市消防支队	电信公司	中国电信股份有限公司镇江分公司
武警支队	中国人民武装警察部队江苏省总队镇江市支队	移动公司	中国移动通信集团江苏有限公司镇江分公司
船艇学院	中国人民解放军镇江船艇学院	联通公司	中国联合通信有限公司镇江分公司
农科院	镇江市农业科学研究院	中石化镇江分公司	中国石油化工股份有限公司江苏镇江石油分公司
国税局	镇江市国家税务局	中石油镇江分公司	中国石油天然气股份有限公司江苏镇江销售公司
地税局	镇江市地方税务局	教育工委	中共镇江市委教育工作委员会
质监局	镇江市质量技术监督局	江　大	江苏大学
工商局	镇江市工商行政管理局	江科大	江苏科技大学
盐务局(公司)	镇江市盐务管理局	高　专	镇江市高等专科学校
	（江苏省盐业集团镇江有限公司）	江大出版社	江苏大学出版社有限公司

目　　录

特　　载

大 事 记

镇江概况

中共镇江市委员会

镇江市人民代表大会

镇江市人民政府

政协镇江市委员会

民主党派·工商联

群众团体

军　　事

法 治

综合经济管理

人力资源和社会保障

农 业

水 利

工 业

交通・物流・邮政

信息化建设

城乡建设与管理

环境保护

旅　游

商贸流通

对外及对港澳台经济贸易

口岸 · 港口

财政 · 税务

金　融

民营经济

科学技术

教　　育

文　　化

大众传媒

卫 生

体 育

社会事务管理

辖市(区)

经济开发园区

人 物

书目·文摘·题录

统计资料

附　录

索　引

彩　页

CONTENTS

FEATURES

CHRONICLES OF EVENTS

GENERAL SURVEY OF ZHENJIANG

ZHENJIANG COMMITTEE OF THE COMMUNIST PARTY OF CHINA

THE PEOPLE'S CONGRESS OF ZHENJIANG

THE PEOPLE'S GOVERNMENT OF ZHENJIANG

ZHENJIANG COMMITTEE OF THE PEOPLE'S POLITICAL CONSULTATIVE CONFERENCE

DEMOCRATIC PARTIES ASSOCIATION OF INDUSTRY AND COMMERCE

MASS ORGANIZATION

MILITARY AFFAIRS

POLITICS AND LAW

OVERALL ECONOMIC CONTROL

MANPOWER RESOURCES AND SOCIAL SECURITY

AGRICULTURE

WATER CONSERVANCY

INDUSTRY

TRAFFIC AND LOGISTICS AND POSTAL SERVICE

INFORMATIONIZATION

URBAN CONSTRUCTION AND MANAGEMENT

CULTURE

MASS MEDIA

HYGIENE

SPORTS

SOCIAL AFFAIRS MANAGEMENT

COUNTIES AND DISTRICTS

ECONOMIC DEVELOPMENT ZONES

FIGURES

BOOKLISTS DIGEST TITLES

STATISTICAL DATA

APPENDIX

INDEX

COLOUR PAGES

重要会议报告

聚力“强富美高” 深化特色发展 为高水平全面建成小康社会扎实奋斗

——2016 年 9 月 26 日在中国共产党镇江市第七次代表大会上的报告（摘要）

市委书记 夏锦文

一、各项事业取得重大成就的五年

市第六次党代会以来，市委团结带领全市人民，深入贯彻中央和省委一系列新部署新要求，以“四个全面”战略布局和“创新、协调、绿色、开放、共享”新发展理念统揽全局，抢抓机遇、奋发作为，攻坚克难、创新进取，推动镇江发生新的深刻变化，在一些重要领域取得突破性进展，为全面建成小康社会奠定了坚实基础。

——以确立“生态领先、特色发展”战略路径为标志，镇江发展的坐标和方向更加明晰。

——以地区生产总值突破 3500 亿元、一般公共预算收入突破 300 亿元为标志，综合实力大幅提升。

——以“百村万户”双达标、民生领域改革走在全省前列为标志，人民生活水平明显提高。

——以跻身国家创新型试点城市、创成国家级高新区为标志，创新发展的动能显著增强。

——以高端装备制造、新材料两大产业突破千亿规模为标志，结构优化、产业升级进入加速期。

——以成为国家生态文明先行示范区、低碳建设“镇江模式”走上国际舞台为标志，生态城市的品牌越来越响亮。

——以创成全国文明城市、涌现赵亚夫等一批先进典型为标志，社会文明跃上新高度。

——以获得“长安杯”[1]、成为全省首批获得立法权城市为标志，平安和法治建设迈上新台阶。

积极适应引领新常态，干出了转型升级新态势。三次产业结构由 2010 年的 4.1∶56.4∶39.5 优化为 2015 年的 3.8∶49.3∶46.9。固定资产投资年均增长 20.5%，北汽华东（镇江）产业基地等一批重大产业项目成功落户，创成国家级军民结合产业基地、新型工业化（航空）产业示范基地。淘汰落后产能项目 201 个，商品住房去化周期降至 12 个月，“营改增”全面落实。入选全国工业绿色转型发展试点，实现省级以上园区循环化改造全覆盖，单位地区生产总值能耗累计下降 25.7%。旅游、文化、物流等现代服务业提升发展，“三山”、茅山创成国家 AAAAA 级旅游景区。农业结构调整步伐加快，高效设施农业面积占比提高 13.5 个百分点，“戴庄经验”全省推广，培育形成 8 个省级以上现代农业产业园区，农业基本现代化发展水平居全省前 5。成功获批国家级综合保税区、中瑞生态产业园等开放合作载体，入选国家级服务外包示范城市，五年累计实际利用外资近 100 亿美元，进出口贸易总额突破 500 亿美元。

奋力应对困难挑战，干出了创新发展新活力。以构建苏南自主创新示范区“一区十四园”[2]发展格局，研发投入占比提高到 2.55%，高新技术产业产值占比连续四年全省第一，科技进步贡献率达到 60.5%，创成国家知识产权示范城市。实施新一轮“331”计划[3]和“金山英才”计划[4]，累计新增国家“千人计划”96 人、省“双创”人才 250 人，人才综合竞争力保持全省前 6。深化行政审批制度改革，落实“五张清单”[5]，率先实行“多评合一”[6]和区域评估，建立“e 办事”网上服务平台，推进“三证合一”[7]等商事制度改革，行政审批周期压缩 2/3 以上。建立公共资源交易中心，开通企业网络服务平台，出台扶持小微企业 20 条。深化金融改革创新，全社会融资规模突破 1000 亿元，上市及挂牌企业增至 93 家。扎实抓好丹阳农村改革试验区、句容“多规合一”[8]、扬中农村土地确权登记等改革试点，全面实施城区土地“六统一”[9]管理。

率先探索低碳城市建设，干出了生态镇江新面貌。实行规委会制度，完成城市总体规划修订，在全省率先实施主体功能区规划，确立“一体两翼”[10]、“一核四区”[11]功能分区框架，先后成为国家低碳试点城市、全省唯一的生态文明建设综合改革试点城市，创成国家生态市和国家森林城市，荣获中国人居环境奖，获批国家级生态城镇化示范区。在全国首创低碳城市建设管理云平台，率先探索产业碳转型、企业碳管理、项目碳评估、区域碳考核“四碳”创新。主要污染物排放指标提前一年完成“十二五”目标任务，全年空气质量达二级标准的天数比例达到70%，地表水优于Ⅲ类水质的比例达到73%。全市完成城建投资3900亿元，征收拆迁近1200万平方米，城市建成区面积增加26.6%，城市化率提升至67.9%。列入国家智慧城市、海绵城市试点。建成京沪高铁镇江段、五凤口高架等一批重大基础设施工程，泰州长江大桥通车，镇江长江大桥开工建设，干线铁路网密度全省第一。

扎实推进民生“三安”，干出了社会和谐新局面。每年集中70%以上财力保障和改善民生。城乡居民人均可支配收入年均分别增长10.7%、12.1%，2015年达3.87万元、1.92万元。实施“百村万户”双达标三年行动计划，全面实现经济薄弱村集体年经营性收入70万元、农村低收入人口年人均纯收入6000元两个目标。跻身首批全国创业先进城市，城镇登记失业率控制在3%以内。公共服务体系日益完善，九年义务教育巩固率、高中阶段教育毛入学率均达100%，医药卫生体制改革不断深化，城乡基本社会保险覆盖率98%以上，养老服务和社会救助体系不断完善。实施“四公两场”[12]、“健康镇江”行动、校安工程等民生实事，建成南山绿道、体育会展中心等民生工程。成为国家基层综合性文化服务中心试点市，创成中华诗词之市。持续深化文明创建，践行社会主义核心价值观，弘扬大爱精神，汇聚立德行善正能量。在全省率先出台《关于加强地方立法工作的意见》和地方性法规，完成“六五”普法任务，推广社区“两网”[13]融合、农村“四个一”[14]基层社会治理机制，法治建设满意度和公众安全感全省领先。七获国家双拥模范城称号，援藏援疆工作走在全省前列。

深入落实全面从严治党，干出了担当作为新状态。扎实开展党的群众路线教育实践活动、“三严三实”专题教育和“两学一做”学习教育，“学习亚夫精神、践行群众路线”、“走转连”[15]和五级人大代表统一接待日等特色举措产生广泛影响。“以单定责、按单履责、照单问责”做法受到中纪委肯定，党务公开工作走在全国前列。健全党委(党组)中心组学习机制。认真落实“20字”好干部标准[16]，圆满完成县乡党委换届工作。实施法治型、服务型先进党支部建设工程，整顿软弱涣散基层党组织，开展“三岗三责”[17]党员志愿服务。严格落实中央八项规定精神和省市十项规定，动真碰硬推进中央和省委巡视组反馈意见整改。深入开展“效能革命”，干部作风加快转变。坚持有腐必反、有贪必肃，查处一批影响较大的违纪违法案件。市委认真执行民主集中制，人大和政协作用充分发挥，协商民主建设有序展开，爱国统一战线发展壮大，各民主党派、工商联、群团组织和驻镇部队围绕中心、服务大局，形成团结共进的浓厚氛围。

在过去五年发展进程中，各辖市区勇挑重担、争先进取。丹阳工业经济实力跻身全国30强，句容全国百强县排名提升至第59名，扬中县域经济创新力领跑全国，丹徒、京口跻身全国科学发展百强区，润州创新驱动发展取得明显进展，镇江新区向着国家队第一方阵加速迈进，县域板块为全市发展大局发挥了重要支撑作用。

二、高水平全面建成小康社会

今后五年全市工作的指导思想是：高举中国特色社会主义伟大旗帜，以邓小平理论、“三个代表”重要思想、科学发展观为指导，深入贯彻党的十八大以来中央决策部署和习近平总书记系列重要讲话特别是视察江苏重要讲话精神，全面落实省委各项部署，自觉践行“五位一体”总体布局、“四个全面”战略布局和新发展理念，积极适应引领经济发展新常态，牢牢坚持稳中奋进的发展基调，紧紧抓住供给侧结构性改革主线，着力创新转型、补好短板，奋力谱写生态领先特色发展新篇章，高质量实现“十三五”规划目标，高水平全面建成小康社会，加快建设“强富美高”新镇江。

我们要牢记“两个率先”[18]的光荣使命，牢记习近平总书记对江苏提出的“为全国发展探路”的嘱托和“镇江很有前途”的殷切希望，不仅要确保如期实现全面小康目标，而且要高水平全面建成小康社会。重点要围绕“强富美高”，实现“五个明显提升”：

——人民生活明显提升。就业更加充分，城乡居民收入增长与经济增长保持同步，中等收入群体明显壮大，脱贫任务全面完成。苏南教育现代化建设示范区基本建成，全民健康水平显著提高，医疗卫生、社保、养老等基本公共服务加快均等化，公共安全全面加强。

——发展质量明显提升。地区生产总值年均增长8.5%左右，一般公共预算收入保持稳定增长。新兴产业销售收入占比、服务业增加值占比均提高到50%以上，现代农业发展水平达到91%，建成全国重要的高端装备制造基地、新材料产业基地、区域物流基地、技术研发基地。经济社会协调发展，新型工业化、信息化、城镇化、农业现代化和绿色化协同推进，城乡发展一体化显著进展。

——创新活力明显提升。国家级经开区、高新区在全国排名大幅跃升，高新技术产业产值占比超过50%，研发投入占比达到2.8%，苏南自主创新示范区建设取得重大进展，进入国家创新型城市行列，形成以创新为主要引领和支撑的经济体系、发展方式。全面深化改革取得新突破，对内对外开放全方位扩大，治理体系和治理能力现代化迈上新台阶。

——城市品质明显提升。建成令人向往的现代山水花园城市和文化旅游名城，凸显以生态为底色、产业为支撑、科教为优势、文化为灵魂、旅游为带动、宜居为品牌的城市综合性特色。形成均衡协调的空间发展格局，主城区首位度实现质的跃升，户籍人口城镇化率力争达到68%。江海河联动、港产城融合取得显著进展，成为国家级综合性交通枢纽城市。水、大气、土壤污染等突出环境问题得到有效治理，“生态领先”形成新的示范，力争到2020年率先达到碳峰值。

——社会文明明显提升。建成更高水平文明城市、法治镇江和平安镇江，文化事业文化产业繁荣发展，精神文明建设丰富多彩，社会主义核心价值观深入人心，全民文化素养和道德素质明显提高，创新进取、开放包容、诚信尚德蔚成风气。

实现这一目标，必须聚焦重点难点和突出短板，更大力度转变发展理念和发展方式，用过硬作风创造过硬成果。

(一)高水平全面小康关键在转型升级，要加快构建现代产业体系

大力提升现有产业。先进制造业突出高端化、智能化、绿色化、服务化发展方向，落实《中国制造2025镇江行动纲要》，高端装备制造瞄准两千亿级规模，重点发展“海陆空”[19]和智能电气产业特色板块，新材料巩固提升碳纤维及复合材料、新型金属材料、新型高分子材料三大板块优势，推动新能源、新一代信息技术、生物技术与新医药等战略性新兴产业增量提质。生产性服务业突出大港口、大物流体系建设，提速发展现代商贸、金融、科技服务、电子商务和云计算等产业。实施企业制造装备升级和互联网化提升计划，推动信息化与工业化深度融

合，加快传统产业改造升级，促进生产型制造向智能型服务型制造转变，产业结构向中高端跃进。聚焦特色优势产业，以龙头企业为核心补链延链强链，培育产业集群。支持眼镜、木业、食品等轻工产业升级，争创更多名牌产品。集中力量打造20个产业基础好、发展潜力大、空间布局优的示范园区，建设30个特色小镇。

大力培育优质增量。着力优化投资结构，坚持生产率主导，加大高新技术产业、战略性新兴产业和现代服务业投资比重，以产业投资提质增效引领产业结构提档升级。着力强化项目招引，紧盯跨国公司、大型央企、规模民企、国内外风投机构抓招引，精准对接国家和省"十三五"重大专项。充分发挥政府投资的杠杆撬动作用，启动实施一批重大投资工程。着力培育新经济，积极顺应以互联网经济为主导的新一轮产业变革浪潮，扎实推动先进制造业和现代服务业深度融合，推动互联网再造制造业、渗透服务业、提升农业，重点在战略性新兴产业的细分领域、现代服务业的高端领域催生新产业、新业态，在人工智能、虚拟现实技术、生命科学等前沿科技和产业领域勇于开拓，在平台经济、分享经济、创意经济等新模式上勇于探索，在推动消费结构转型升级、培育新的消费增长点上加大力度，增强发展新动能，抢占未来产业发展制高点。

大力推动低碳转型。继续坚持率先探索，优化提升"生态云"，深入推进"四碳"创新，建设工业绿色转型发展示范市。提高排污收费，严格环境执法，倒逼企业节能减排、转型发展。加大化工企业改造提升和关停搬迁力度，推进符合条件的化工企业100%进区入园。加强清洁能源利用，实施"金屋顶"计划，开展"万家企业节能低碳行动"，实现省级循环化改造园区和大中型企业清洁生产审核两个全覆盖。建成镇江市低碳产业技术研究院和低碳产业技术交易所，把国际低碳技术产品交易展示会办成镇江低碳发展的"金字招牌"，争取更多高水平低碳产业项目落户。

大力发展全域旅游。未来五年，旅游业要发展成为我市又一个千亿级产业、服务业第一支柱产业。全方位整合市域旅游资源，构建"大旅游"体系，全面推进旅游业提档升级。集中做强"三山一湖一街"(20)核心板块，构建"一核三区四带"(21)旅游空间格局。统筹开发独有性稀缺性资源，统筹发展城市旅游和乡村旅游，促进旅游与健康养老、文化创意、体育等产业深度融合。加快建设"智慧旅游"。积极开展多种形式的互联网营销、城市联合营销、节庆营销，不断提升镇江旅游品牌的知名度和影响力，早日把镇江建成国内一流的旅游目的地、长三角地区重要的休闲度假胜地。

（二）高水平全面小康核心是民生改善，要共建共享幸福和谐家园

把促进共同富裕作为中心目标。多层次开发就业岗位，保持城乡零就业家庭"动态为零"，努力实现高质量的充分就业。落实最低工资标准制度，完善农民工工资支付保障机制。加大政府转移支付力度，确保中低收入者稳步增收。实施"创业镇江"行动，大幅度增加居民经营性收入。扎实推进特困群体托底保障工程，实现特困群体基本生活救助、医疗扶持、住房保障全面托底，低收入群体和困难群体同全市人民一道迈入小康社会。

把提升公共服务作为紧迫任务。持续深化民生领域改革，推进基本公共服务均等化、优质化、可持续，提高共建能力和共享水平。实施全民参保计划，推动社会保险全覆盖，完善统筹城乡的社会保障体系建设。完善教育布局，大力发展普惠性学前教育，均衡发展优质义务教育，加快发展现代职业教育，推动高等教育内涵发展，抓好高校园区后续建设。进一步强化人民健康的优先发展战略地位，全方位全周期保障人民健康。坚持基本医疗卫生事业的公益性。积极发展健康产业，满足群众多层次需求。加强城乡养老公共服务体系建设，促进医养融合发展。深入开展公共文化体育惠民活动，建成文化"新四馆"(22)等公共文化服务设施，推动村（社区）全面建成基层综合性文化服务中心，完善覆盖城乡的便民体育场地设施。提高基本公共住房保障能力。

把创新社会治理作为重要保障。更高水平推进依法治市，创建全省法治建设先导区。加强重点领域立法工作，提高立法质量，形成以新发展理念为引领、与镇江发展要求相适应的立法制规体系；坚持依法行政、严格规范公正文明执法，到2020年基本建成法治政府；积极推进司法体制改革；扎实推进"七五"普法。更高水平建设平安镇江。构建系统治理、依法治理、综合治理、源头治理的社会安全网。深化"政社互动"、"三社联动"(23)和社区协商，积极有序培育和发展社会组织。

把提高文明素质作为战略之举。深入践行社会主义核心价值观，进一步弘扬新时期镇江精神，塑造"大爱镇江"城市品牌，营造崇德向善的社会新风尚。把诚信建设放在突出位置，健全守信激励和失信惩戒机制，构建覆盖全社会的信用体系。广泛深入开展群众性精神文明创建活动，共建文明城市，共享文明成果。

（三）高水平全面小康动力在改革开放，要着力打造创新创业高地

激发企业活力。高度重视企业投资信心不足的问题，深入推进供给侧结构性改革。坚持市场化改革方向，持续深化行政审批制度改革。发挥"e办事"网上审批服务平台的作用。大力推进财税金融、投融资、生产要素市场等关键性改革，为市场主体创新创业扫清障碍。深化国企国资改革，推动政府融资平台市场化转型，提高市属国企资产证券化率，促进国企发展、国资增值。引导有条件的民营企业发展混合所有制经济。扩大PPP(24)试点范围，鼓励民营企业依法进入更多领域。引导青年企业家由"富二代"向"创二代"转变。

激发创新活力。推动国家级高新区在集聚高端要素、高新产业上示范引领，实现省级高新区全覆盖，提升区域创新体系整体效能。实施创新型领军企业、高新技术企业、科技小巨人三大培育计划，形成创新型企业集群。发挥驻镇高校和科研院所"创新源"作用，积极创建国家知识产权服务业集聚发展试验区，促进产学研深度合作、创新链与产业链紧密融合。鼓励有条件的企业参与组建产业创新国际合作联盟、开展技术联合攻关，争取国家工程技术研究中心、国家重点实验室等高端平台落户，招引海外知名高校、研究机构与跨国公司到镇江设立研发机构。

激发人才活力。深入实施"金山英才"计划、新兴产业紧缺型基础人才引进培育计划、驻镇高校毕业生留镇计划和万名高技能人才引进培育工程，加快建设一支数量更充足、梯次更合理、适应镇江发展需要的高素质人才大军。鼓励支持高校和科研院所的人才创业。完善人才流动、培养、使用、评价、激励机制。规划建设一批高水平创新型园区、高质量孵化载体、特色化众创空间，形成具有国际竞争力的人才发展体系和公共人才服务体系，营造更加优良的创新创业生态环境。

激发开放活力。创新外资引进方式。加快外贸转型。推动企业更大步伐"走出去"，培育本土跨国公司。加快国家级经济技术开发区转型升级、创新发展步伐，跻身国家级经开区第一方阵。强化国家级综保区辐射功能。培育具有标志性和较强影响力的高层次产业会展平台。加强与长三角其他城市协同发展。注重在城市规划建设中注入国际化元素、增添国际化标识，让镇江处处散发国际化城市的时代气息。

（四）高水平全面小康特色是生态领先，要精致塑造山水花园城市

着力优化空间布局。按照“四基地一中心两城市”[25]总定位，启动新一轮城市总体规划修编，形成“一张图”管控机制。把城市设计融入规划全过程，彰显镇江城市的地域特征和时代风貌。构建“两横两纵”的“开”字形生产力布局框架，构建“一城四区”[26]经济板块新格局。在“四类区域”[27]的基础上进一步优化城镇、农业、生态三类空间，科学划定开发边界，逐步实现生产空间集约高效、生活空间宜居适度、生态空间山清水秀。

着力彰显生态品质。全面加强大气、水、土壤污染防治和重点片区环境整治。高起点打造生态城镇化示范区，全市域统筹实施山水林田湖生态保护和修复工程。到2020年建成区绿化覆盖率达43%以上，基本实现“公园绿地10分钟服务圈”全覆盖。全面加强生态红线区域管控，对各类环境违法行为坚持零容忍，让镇江青山林立、水脉纵横、丘陵延绵、洲屿错落的生态家底更加厚实，让人民群众呼吸上清新空气、喝上干净水、吃上安全放心食品。

着力完善城市功能。围绕构建“大交通”格局，建成连淮扬镇铁路，推动宁镇城际轻轨等城际轨道交通建设，构建主城区到各辖市的快速通道网络和骨架路网。实施镇江大路通用机场二期工程、长江深水航道通达工程，建成内河高等级干线航道网。完善市区快速路网，扩大市域公交线网覆盖面。改变大产业园区、大居住区的传统功能布局。统筹新城建设和旧城改造，推进老旧小区环境改善和有机更新。加强城市地下综合管廊、水电气等公用设施、环境基础设施和“海绵城市”建设，形成安全高效便利的生活服务、市政公用设施网络和城市运行安全保障体系。

着力加强精细管理。以“智慧城市”建设为依托，建设以大数据中心、市民融合服务平台、企业融合服务平台、城市管理服务平台、农村综合服务平台为主的“一中心四平台”，打造城市管理的“超级大脑”。推动城市管理重心下移、力量下沉，深化网格化、街长制等行之有效的办法，形成多方参与、良性互动的现代城市管理格局。尊重和保障人民群众对城市发展决策的知情权、参与权、监督权。

（五）高水平全面小康短板在“三农”发展，要统筹建设美丽宜居农村

加快发展现代农业。以高效农业、都市农业和生态农业为定位，集中力量发展优质粮油、高效园艺、特种养殖、碳汇林业、休闲农业，促进农业产业化经营和“接二连三”融合发展，提升农业产业链价值链。因地制宜推广“戴庄经验”，发展多种形式的农业适度规模经营，培育新型经营主体，发展农业社会化服务组织，建设新型农民队伍。推进农业绿色化、标准化生产，积极发展“三品一标”[28]，增强品牌影响力和市场竞争力。坚持最严格的耕地保护制度，开展耕地质量提升行动。深入实施农业科技创新。

加快提高农民收入。加强农民技能培训，加大政策扶持力度，鼓励农民自主创业、转移就业。引导农业龙头企业到农产品生产集中区建基地、联农户，完善利益联结机制，使农民更多分享产业链增值收益。积极稳妥推进农村集体产权制度改革，让沉睡的农村资源变成农民的财产收入。大力发展农村电子商务，加强优质农产品推介营销。完善农业转移人口市民化推进机制，放宽城镇落户条件。

加快推进扶贫开发。全面推开“百村万户”达新标行动，支持鼓励经济薄弱村发展新型集体经济；拓宽教育强民、技能富民、物业经济、普惠金融等扶贫方式。集中力量推进茅山老区扶贫开发，努力建设全省扶贫开发示范区和全国革命老区开发建设示范区。完善挂钩帮扶机制，逐步建立镇、村两级“扶贫帮困基金”平台，经过三年努力，经济薄弱村集体年经营性收入、农村低收入人口人均年可支配收入稳定达到80万元和8000元以上。

加快优化农村环境。扎实推进“六个一体化”[29]，推动基础设施向农村延伸、公共服务向农村拓展、现代文明向农村覆盖。抓好新一轮优化镇村布局规划工作，分类推进小城镇和村庄发展，择优培育重点中心镇和特色镇，提高新型城镇化质量。组织实施村级“四有一责”[30]建设提升行动，大力兴办农村实事，长效整治村庄环境，再建成一批美丽宜居镇村。遵循乡村发展规律，注重保护传统村落，创新完善治理机制，培育弘扬文明乡风，让乡村生活更美好。

三、深入推进全面从严治党

切实强化管党治党的责任担当。各级党组织要聚精会神抓党建，牢固树立主业主责意识，健全党建工作责任体系，构建清单式落实、项目化推进的责任链条。党组织书记要自觉履行“第一责任”；班子其他成员要认真履行“一岗双责”。各级纪委要切实担负起监督责任，敢于监督执纪问责。要把管党治党成效作为各级党组织领导班子和领导成员考核的重要内容并加大权重，严格实行问责制度，层层压实责任，推动管党治党从宽松软走向严紧硬。

充分凝聚引领发展的思想力量。组织党员干部深入学习马克思主义和中国特色社会主义基本理论，深入学习党的十八大以来党中央治国理政新理念新思想新战略，把学习党章党规和习近平总书记系列重要讲话作为重大政治任务。严格落实意识形态工作责任制。在全市推动新一轮思想大解放，打牢决胜全面小康、深化特色发展的共同思想根基。

加快锤炼面向未来的干部队伍。大力选拔任用政治强、懂专业、善治理、敢担当、作风正的干部。加强换届后党委领导班子建设，提升班子整体功能。结合学习型党组织建设，继续大规模多形式宽领域培训干部。细化落实领导干部能上能下的若干规定，有效调动各级干部干事创业积极性。深化干部人事制度改革。完善管理全面、标准严格、环节衔接、措施配套、责任分明的严管干部体系。

着力夯实执政为民的基层基础。继续以“双型”党支部建设工程为抓手，推动基层组织建设全面进步、全面过硬。扩大有形有效覆盖，推动党的工作由传统领域向新兴领域延伸、由单位向区域延伸、由实体向网络延伸。继续推动人往基层走、钱往基层投、政策往基层倾斜，落实力量、投入、资源和工作“四个下沉”，更好地打通联系服务群众“最后一米”。加强基层带头人队伍建设。加强基层党员教育管理。善于用改革办法破解党建难题，推动基层党建创新发展。

持续营造风清气正的政治生态。认真执行党内政治生活若干准则和党的组织生活制度。深入贯彻党章和新颁布的《廉洁自律准则》《纪律处分条例》《问责条例》，用好监督执纪“四种形态”[31]。巩固拓展群众路线、“三严三实”、“两学一做”党内集中教育成果，从严查处群众身边不正之风，坚决整治懒政怠政和为官不为。深化“效能革命”，弘扬“亚夫精神”“店小二精神”。坚决有力减少腐败存量、遏制腐败增量。健全权力运行制约监督体系，形成不敢腐、不能腐、不想腐的有效机制，实现干部清正、政府清廉、政治清明。

不断浓厚和谐共进的发展氛围。充分发挥党委领导核心作用，提高决策科学化民主化水平，在把方向、管大局、作决策、抓落实中增和谐、聚合力。坚持一切权力属于人民，支持和保证人大及其常委会依法行使立法、监督、决定、任免等职权，推动人大工作与时俱进。充分发挥人民政协作为协商民主重要渠道作用，支持人民政协积极履行政治协商、民主监督、参政议政职能。完善政党协商制度，为民主党派、无党派人士服务大局、履职尽责创造良好条件。健全与党外人士合作共事机制，着力构建“亲”“清”政商关系。加强和改进党对工会、共青团、

妇联等群团组织的领导，实施群团组织改革，推动群团组织保持和增强政治性先进性群众性。健全和落实党管武装制度，深入开展双拥共建和军民融合发展。深化与港澳合作，推进对台民间交流，加强与海外侨胞、归国侨眷联系，做好新形势下民族宗教工作，全面汇聚改革发展强大力量。

【名词解释】

（1）长安杯：全国社会治安综合治理优秀地市奖，是全国社会治安综合治理工作的最高奖项。

（2）一区十四园：镇江高新区，镇江知识城、船舶及海工配套产业研发创新基地、中德清洁水创新中心产业化基地、镇江科技一条街、高性能材料科技产业园、路面新材料和绿色建材科技产业园、智能电气科技产业园、高校园区、高端装备和生物技术科技产业园、高性能铝材料产业园、中小企业信息产业园、中瑞生态产业园、镇江科技新城、航空航天产业园。

（3）“331”计划：镇江市创新创业领军人才集聚计划，“十二五”期间，力争引进培育30名国家层面的创新创业领军人才、300个创新创业领军人才团队和1000名海外创新创业领军人才。

（4）“金山英才”计划：“十三五”期间，重点引进支持600名（个）以上产业发展领域的高层次领军人才（团队）。

（5）五张清单：行政审批事项目录清单、政府行政权力清单、行政事业性收费目录清单、政府部门专项资金管理清单、投资审批“负面清单”。

（6）多评合一：项目前期推进阶段所涉及的节能评估、环境影响评价、碳排放影响评估、安全评价、水土保持方案、地质灾害危险性评估、地震安全性评价等7项评估由串联方式调整为并联方式进行，实行统一受理、统一评估、统一评审、统一审批的服务新模式。

（7）三证合一：将企业依次申请的工商营业执照、组织机构代码证和税务登记证三证合为一证，提高市场准入效率。

（8）多规合一：推进主体功能区规划、经济社会发展规划、城乡规划、土地利用规划、生态环境保护规划等相互衔接，解决当前规划数量过多、内容交叉重复、缺少衔接协调等突出问题。

（9）六统一：统一土地储备管理、统一编制规划条件、统一基础设施配套、统一地块信息发布、统一征地拆迁模式、统一市场交易监管。

（10）一体两翼：主城区，东翼国家级经济技术开发区，西翼国家级高新区。

（11）一核四区：南山绿核，主城核心区，南徐分区，丁卯分区，谷阳分区。

（12）四公两场：公园、公交、公厕、公墓和菜市场、停车场。

（13）社区“两网”：网格化治理，网络化服务。

（14）农村“四个一”：一组一员，一家一档，一户一卡，一人一区。

（15）走转连：“走基层、转作风、连民心”活动。

（16）“20”字好干部标准：信念坚定、为民服务、勤政务实、敢于担当、清正廉洁。

（17）三岗三责：深化无职党员“设岗定责”，推行机关在职党员“认岗领责”，推动基层党员干部“依岗拓责”。

（18）两个率先：省委提出的阶段性发展目标，率先全面建成小康社会，率先基本实现现代化。

（19）海陆空：海洋工程及装备产业、汽车及零部件产业、航空航天产业。

（20）三山一湖一街：金山、焦山、北固山，金山湖，西津渡街区。

（21）一核三区四带：主城旅游发展核，环茅山养生度假乡村旅游区、丹阳国家级旅游产业创新发展示范区、江岛温泉养生旅游区，沿江连岛旅游带、沿古运河旅游观光带、沿高速公路区际快速通道带、沿城市山林绿道慢行城乡体验带。

（22）文化“新四馆”：镇江市图书馆、美术馆、非遗展示馆、文化馆新馆。

（23）三社联动：社区、社会组织、社会工作联动。

（24）PPP：政府和社会资本合作，是公共基础设施中的一种项目融资模式。

（25）四基地一中心两城市：《苏南现代化建设示范区规划》对镇江的定位：建成全国重要的高端装备制造基地、新材料产业基地、区域物流基地、技术研发基地、创意生活休闲中心，成为现代山水花园城市和文化旅游名城。

（26）一城四区：中心城区，东部片区、西部片区、东南片区、西南片区。

（27）四类区域：重点开发区域、优化开发区域、适度开发区域、生态平衡区域。

（28）三品一标：无公害农产品、绿色食品、有机农产品，农产品地理标志。

（29）六个一体化：城乡规划、城乡产业发展、城乡市场体制、城乡基础设施、城乡公共服务、城乡管理体制一体化。

（30）四有一责：有持续稳定的集体收入、有功能齐全的活动阵地、有先进适用的信息网络、有群众拥护的“双强”带头人和强化村党组织领导责任。

（31）四种形态：批评和自我批评要经常开展，让咬耳扯袖、红脸出汗成为常态；党纪轻处分和组织处理要成为大多数；对严重违纪的重处分、作出重大职务调整应当是少数；严重违纪涉嫌违法立案审查的只能是极少数。

以实干实绩确保“十三五”良好开局

——2016年8月7日在中共镇江市委六届十三次全会上的报告（摘要）

市委书记　夏锦文

一、奏响“一切在于干”最强音，开局之年呈现奋进态势

1. 干出了争先进位新局面。1—6月，年度目标顺利实现“双过半”，14项主要经济指标增幅均进入全省前六，其中12项增幅实现进位。地区生产总值、一般公共预算收入、固定资产投资、社会消费品零售总额、城乡居民人均可支配收入分别增长9.3%、9.8%、14.1%、11.1%、8.2%、9.4%，进出口、出口、进口增幅全省第一，工业用电量连续11个月正增长、增幅连续5个月全省第二，工业应税销售增长6%、增幅全省第五，规模以上工业增加值增长9.4%、增幅苏南第一，高新技术产值占比继续保持全省第一，研发经费支出占比2.58%，服务业增加值占比提高1.5个百分点，现代农业加快发展。尤其是民间投资在全国普遍下滑的形势下，同比增长16.2%，分别高于全国、全省13.4、5.1个百分点。

2. 干出了项目建设新热潮。200个市级重点产业项目完成投资405亿元，完成年度计划的50.4%，产业类实到外资8.9亿美元，增长25.4%；工业技改重点项目投资增长30.6%，

高于全省平均9个百分点;60个重点科技创新项目,有13个实现小批量生产;35个重大基础设施项目、142个市区重点城建项目和97个生态环境重点项目按序时推进,低碳城市、海绵城市、智慧城市建设及重点区域环境整治实现新进展;82个民生改善重点项目有序实施,茅山老区扶贫开发和振兴发展、“百村万户”达新标行动和精准帮扶特困家庭奔小康工程得到群众点赞,基本公共服务均等化水平进一步提高,公众安全感保持全省前列。项目建设中,注重发挥政府性投资的引导作用,创新PPP等模式;实施市区经营性用地“六统一”管理,保障重点项目用地需求。

3. 干出了改革创新新活力。淘汰落后产能生产线项目19个,化解水泥过剩产能40万吨,商品住房去化周期降至15个月,新增挂牌上市企业18家,出台14条降成本措施、为企业直接减负24.3亿元。苏南自主创新示范区建设完成“一区十四园”空间布局规划,实现国家级孵化器辖市区全覆盖。召开创新人才大会,实施“金山英才”计划。深化生态文明建设综合改革及医疗、商事、科技、教育等重点改革,“多评合一”模式被写入中央文件。应邀参加第二届中美气候城市峰会,生态城镇化示范区获批成为国家级示范区。召开开放发展大会,制订《“江海河联动、港产城融合”十大行动计划》。培育和践行社会主义核心价值观有声有色、入脑入心,基层综合文化服务中心建设形成创新亮点。

4. 干出了担当作为新风气。精心部署、扎实推进“两学一做”学习教育,大力推动各级干部和广大党员践行“四讲四有”。深入学习习近平总书记在庆祝中国共产党成立95周年大会上的重要讲话精神。抓好县乡党委班子集中换届,一盘棋调配干部资源,推动一批优秀干部脱颖而出。以“效能革命”为重要抓手,党风政风为之一新。以“双型”先进党支部建设和“企业党建综合体”为特色载体,切实增强基层党组织凝聚力战斗力。主城区告别“逢雨看海”,各地汛情平稳可控,防汛抗洪取得阶段性胜利。面对经济下行压力,凝聚了共克时艰的强大力量。市人大围绕中心依法履职,地方立法质量、基层人大规范化建设走在全省前列,市政协立足全局协商议政,在创新转型、宗教文化、民生改善等方面发挥推动作用,各民主党派、工商联和群团组织融入大局、争作贡献,创建全国双拥模范城实现“七连冠”。全市上下呈现出同心同德励精图治的生动局面。

二、突出供给侧结构性改革主线,高质量实现全年目标任务

下半年经济工作总的要求是:深刻把握宏观大势“四个没有变”的基本判断,坚定发展信心;深刻把握经济下行压力并未减轻的更大挑战,增强危机感紧迫感;深刻把握供给侧结构性改革这条主线,有力落实“三去一降一补”重点任务;深刻把握李强书记强调的“看得要远、目标要明、方法要多、工作要实、数字要准、发展底线要守住”这一新要求,聚焦关键环节寻求有效突破,确保完成年度各项目标任务,实现稳中奋进。

1. 稳住实体经济,提升现有产业。首要的是稳存量、调存量、优存量,夯实稳增长的基础。要把稳定企业运营紧抓在手。坚决、彻底、全面地落实减税降费各项政策举措特别是我市降低企业“两个成本”《实施方案》。加大金融支持实体经济力度。鼓励支持高新技术企业、服务业企业加快“走出去”。企业家最需要的不是特殊优待、优惠政策,而是多一点关心、多一点服务。要发挥企业家沙龙、涉企服务平台等政企互动机制的更大作用。积极构建“亲、清”政商关系。要把加快产业升级往深处推。确保全年技改投入增长19%以上。加快技术升级、装备提档、互联网化提升和制造业服务化,延伸拓展航空航天、汽车制造、高性能合金等战略性新兴产业链条,实现中低端产业向中高端攀升。稳妥有序去产能,年内完成40个以上去产能项目,更多采取兼并重组等手段加快“僵尸企业”市场出清。要把发展现代农业抓在实处。加强农田水利和农业技术装备建设。积极推进农业“接二连三”。抓好“戴庄经验”试点,更好促进农业增效、农民增收。

2. 扩大有效投资,培育优质增量。着力优化投资结构。坚持生产率主导,引导更多资本投向能产生先进生产力的优质项目上。全力抓好22个省重大项目和200个市级重点产业项目,加大对符合产业发展方向的民营企业项目、中小企业项目的支持力度。着眼于拓宽项目源,精心组织“百家央企看镇江”。着眼于补齐短板,抓好70个年内计划竣工城建重点项目。着力推进科技创新。落实全省科技创新大会精神,落实好苏南自主创新示范区“一区十四园”联席会议制度,全面优化创新布局。筹建镇江市低碳产业技术研究院。深入实施“金山英才”计划,年内引进创新创业领军人才团队200个,新增高新技术企业70家。着力培育创新经济。加强产业研究,抢占新经济的制高点。扎实推动工业化和信息化、先进制造业和现代服务业、互联网技术与三次产业深度融合,紧盯战略性新兴产业的细分领域推进有效突破。以健康养老、教育文化、休闲旅游等为重点,促进新动力的成长势头更为强劲。

3. 推动改革落地,增强发展动能。更大力度简政放权。深化行政审批制度改革,严格落实“五张清单”,推动“多评合一”落地见效。建立“e办事”网上审批服务平台。更大力度破解难题。大力发展直接融资,扩大PPP试点范围,推进新兴产业投资引导基金与民间资本加强合作,加快构建新型投融资体制。推进不动产登记改革,挖掘存量土地潜力。建立城镇建设用地增加规模同吸纳农业转移人口落户数量挂钩机制。更大力度培育亮点。深化生态文明建设综合改革。更大力度加强督察。

图1-1 2016年8月7日,中国共产党镇江市第六届委员会第十三次全体会议召开 (魏 兢 供稿)

健全改革督察机制，督任务、督进度、督成效，察认识、察责任、察作风。

4. 提升绿色发展，加快转型步伐。低碳试点要坚持领先探索。全面建成“生态云”，深入推进“四碳”创新，启动生态城镇化示范区建设，积极筹建镇江低碳发展研究和国际合作中心，全力以赴办好镇江国际低碳技术产品交易展示会。节能减排要加强刚性约束。大力推进镇江新区国家级循环化改造示范试点园区、丹阳国家级循环经济示范市建设，深入推进“金屋顶”计划。环境整治要实现可观可感。突出国家环保督察反馈的问题狠抓整改，全面加强水、大气、土壤污染防治，强力推进谏壁、西南、高资片区、“一湖九河”综合整治，严格开展化工园区专项执法检查，高标准完成“G20”峰会空气质量保障工作，确保国家考核断面全部达标、空气质量良好天数全省领先。

三、坚持“生态领先特色发展”不动摇，大力提高城市工作水平

1. 高度关注找准短板、补好短板的问题。要树立宽广的视野找短板，立足市内市外、网上网下、历史现实三个维度，更大范围对标找差；依靠群众的智慧找短板，广泛问政于民，发动群众参与，把群众反映最强烈、最期盼解决的问题一个一个梳理出来；运用“透视”的方法找短板，真正找准“痛点”“堵点”。

2. 高度关注尊重规律、落实规律的问题。尊重和落实规律，核心内涵是以人为本。彻底消除那种重物轻人甚至见物不见人的不良倾向，把谋划推进城市规划建设管理的逻辑起点，回归到满足人的需求这个本源上来。尊重和落实规律，基本要求是敬畏自然。一定要倍加珍惜大自然赋予镇江的青山绿水，倍加呵护历史长河积淀在镇江的文化文脉，充分考虑城市规模要同资源环境承载能力相适应。尊重和落实规律，工作导向是久久为功。要树立功成不必在我的胸襟，多干打基础、利长远的事情，在完善基础设施、提升公共服务、保障城市安全上下更大功夫，持续努力建设经典城市。

3. 高度关注战略定力、战略优化的问题。整体塑造城市风格。立足南京都市圈、长三角城市群乃至全国全球的更大坐标系，对标世界丘陵滨水城市的标杆科学定位，围绕“四基地一中心两城市”全面优化生产力布局和城镇结构体系，全面加强对空间立体性、平面协调性、布局合理性、风貌整体性、文脉延续性等方面的规划和管控，以整体的独特风格赋予城市鲜活生命。精致打造城市标志。善于用建筑诉说城市的精气神，强化精品意识，强化镇江不可复制、无可替代的个性特色，提高城市辨识度。深层激活文化特质。更加重视历史文化传承，延续历史文脉，注重历史文化与现代文明相融合，增强人们的心灵认同感和空间归属感。在传统民居的屋檐、门窗、砖瓦上收集、挖掘镇江的特色元素，更好地塑造城市的文化符号，传承文化记忆，让城市处处散发文化的气质和魅力。

4. 高度关注方式创新、思路创新的问题。必须更加注重“统筹”。把城市工作作为一个系统工程，统筹空间、规模、产业三大结构，规划、建设、管理三大环节，改革、科技、文化三大动力，生产、生活、生态三大布局，政府、社会、市民三大主体，提高城市工作全局性、系统性。更加注重“转型”。树立“精明增长”“紧凑城市”理念，在宜居宜业宜游功能品质、经济发展的要素集聚力和核心竞争力上聚力突破。深化户籍制度、投融资体制、土地制度、住房制度改革。更加注重“法治”。把全面依法治市的要求落实到城市工作的全过程和各环节，促进城市治理体系和治理能力现代化。

四、提升“三集”发展层次，加快构建高端载体平台

1. 大力度做强“国字号”载体。要在快出形象上求突破。举全市之力、聚全市之才、集全市之智弥补差距。建立苏南自主创新示范区协同管理机制，组建镇江高新发展集团，规划建设产业集聚区，确保今年综合排名明显提升。要在集成功能上求突破。以军民结合产业示范基地等为重点，加快构建多层次、接力式科技创新孵化载体和公共服务平台。国家级经开区要贯彻落实省政府关于加快开发区转型升级创新发展的若干意见，复制推广上海等自贸区改革举措。要在提高效益上求突破。全力推进一批优质项目，高度重视投入产出比，提高园区投资强度和经济密度，实现高效益的发展。对接落实《长江经济带发展规划纲要》，实质性推进“江海河联动、港产城融合”，推动相关园区特别是国家级综保区有序利用长江岸线资源、加强区港联动，使“黄金资源”带来黄金效益。

2. 高起点培育特色小镇。一是科学规划，杜绝“低散乱”。目标定位、整体布局、专项规划、政策体系、推进方案、具体设计都要立足全局、瞄准标杆、体现前瞻。要落实好“多规合一”，科学编制特色小镇建设规划。二是聚焦产业，防止“空心化”。要依托“三集”园区，推动每个特色小镇围绕优势产业谋划项目、做好组合，集中力量打造“互联网＋”新经济的策源地，推动培育“梦想小镇”等新形态。三是突出特色，避免“一刀切”。要按照“产业特而强、功能聚而合、形态精而美、机制活而新”的定位要求，充分发挥各地资源禀赋、人文底蕴、比较优势和主观能动性，因地制宜构建产业、文化、旅游“三位一体”和生态、生活、生产“三生融合”的区域经济新增长点，形成各自的核心竞争力。四是市场主导，力戒“一窝蜂”。坚持以企业为主体，发挥市场在配置资源中的决定性作用，建立市场化建设运营机制，引入有实力的投资建设主体，给予小镇独立运作的充足空间，注重调动当地居民、村（社区）的主动性积极性，为特色小镇建设注入强劲活力。

3. 开放式构建产业会展平台。要打响镇江品牌。要在办好首届镇江国际低碳技术产品交易展示会的同时，依托中瑞生态产业园等国际合作载体，积极创办一批具有镇江特色的低碳会展活动，形成镇江会展的“闪亮名片”。长远看，要加强内外兼修。对内，促进已经建成的体育会展中心优化设施布局、更好发挥作用；结合生态城镇化示范区、官塘新城、高校园区等新城新区建设，规划建设一批高层次会展场所；培养引进一批会展策划师、会展设计师、展览业高级项目经理等核心人才，促进会展服务与国际接轨。对外，把会展平台作为重要开放平台，探索建立与国内外重要城市会展联动机制，逐步实现跨行业、跨区域会展服务资源的互利共享，争取国内外联展、区域性联展项目，为新一轮双向开放争取主动权。

4. 深层次创新“三集”发展机制。总结推广首批6个园区试点经验，因地制宜实施“管委会＋公司”、委托开发管理等运作模式，大力引进培育专业的招商管理团队。创新融资方式，吸引社会资本，探索产业基金、股权众筹、PPP等融资路径。推进企业化经营和标准化管理，抓紧研究出台“三集”园区各领域各环节工作的具体标准，实施“期权激励制”，完善绩效考核评价体系等管理机制。

五、抓实民生“三安”重点任务，不断增强人民群众获得感

1. 切实抓好就业这个民生之本。今年确保新增就业6.5万人，城乡零就业家庭保持“动态为零”，兜牢民生底线。加快传统产业就业为主向服务业就业为主转型。在化解过剩产能和处置“僵尸企业”中，高度重视做好分流职工就业安置工作，引导更多劳动力向服务行业转移。重视扶持小微企业发展，大力开发公益性就业岗位。加快以就业为主向就业与创业相结合转型。优化创业平台供给，深入实施大学生创业引领、农村创业富民、城镇居民创业促进、回国人才创新创业“四大行动”，年内确保扶持创业7000人。加快以体力型劳动就业为主向智力和技能型劳动就业为主转型。抓住高校毕业生、农民工两大重点就业群体，增强就业培训的针对性实效性，以劳动者素质的提高促进就业水平的提升。

2. 切实打好精准脱贫这场攻坚战。重点推进茅山老区扶贫开发，努力迈出建设全省扶贫开发示范区和全国革命老区开发建设示范区的坚实步伐。全面推开“百村万户”达新标、精准帮扶特困家庭奔小康、万个党支部结对万户特困家庭三大行动，推进市、县、镇三级领导挂钩帮扶经济薄弱村全覆盖，统筹、整合和细化各部门各条线的帮扶工作，推动财政扶贫奖补资金精准到位，在培育特色产业、发展物业经济、引导创业就业、教育医疗救助、完善公共服务等关键环节上下更大功夫，确保全面小康“一个不少、一户不缺”。

3. 切实补好公共服务这块突出短板。要围绕民生“五有”，稳步推进机关事业单位养老保险制度改革。继续深化公立医院综合改革，完成异地就医联网结算工作，巩固县乡联动、镇村一体的健康服务联合体建设。深化苏南教育现代化示范区建设，推进教育领域综合改革。加强城乡养老公共服务体系建设，有序推进社区居家养老服务中心提档升级。深化拓展“文心”系列文化服务，年内实现村(社区)综合文化服务中心全覆盖。弘扬和践行社会主义核心价值观，着力提升公民道德素质和全社会文明程度，建设更高水平文明城市。

4. 切实解决好公共安全这个热点问题。要认真贯彻习近平总书记对加强安全生产和汛期安全防范工作作出的重要指示，严格落实省委常委会对安全生产的部署，严格安全生产责任制。针对生态环境安全、食品药品安全等方面存在的隐患，也要常态化加强拉网式排查和集中整治。加强信访矛盾排查化解和社会治安防控，提高防范和打击犯罪能力，确保公众安全感继续保持全省前列。深化“政社互动”“三社联动”和社区协商，拓展“网络问政”等党委政府和群众有效互动平台。统筹推进科学立法、依法行政、公正司法、全民守法，积极构建具有镇江特色的立法制规体系，加快创建全省法治建设先导区。

六、高扬“不忘初心、继续前进”主旋律，持续提振干事创业精气神

1. 思想要再解放。解放思想永远在路上。现阶段强调思想解放，有着与时俱进的明确指向，就是要认真学习贯彻习近平总书记系列重要讲话特别是视察江苏重要讲话精神，坚决落实中央和省委一系列最新部署，更加深入地践行“五位一体”总体布局和“四个全面”战略布局，推动新发展理念内化于心、外化于行；就是要以李强书记视察镇江指示要求为遵循，进一步强化“生态领先特色发展”战略定力，优化发展思路和举措，坚定发展信心和决心；就是要敏锐关注和精准把握形势变化，多到精彩世界去开眼界，多到发达国家去找智慧，多到先进地区去学经验，以新思维引领新常态，以新状态开创新局面。

2. 作风要再转变。要坚持实字当头，结合“两学一做”学习教育，践行“四讲四有”，大兴实干风气。坚持严字为要，树牢“四个意识”，从严立规执纪。坚持快字当先，深入开展“效能革命”，以“亲、清”政商关系提振发展信心，以热情、专业、精细的“店小二”精神服务企业项目，以服务优化促进发展提速。坚持廉字为本，运用好监督执纪“四种形态”，坚决查处不正之风和腐败问题，推动各级干部既干事又干净、既勤政又廉政。

3. 能力要再提升。在新常态背景下，领导科学发展要体现专业水准。系统掌握和科学运用现代科技、经济、法律、管理、城市规划建设等知识，提高“领航掌舵”的能力水平。善于开拓创新要增强专业本领。深度研究新经济发展、供给侧结构性改革、社会治理等新领域，有效破解融资、用地等发展难题，争当行家里手。驾驭复杂局面要具备专业素养。善于在千头万绪中抓住主要矛盾，在众声喧哗中明辨是非曲直，学会统筹协调“弹钢琴”。做好群众工作要掌握专业技能。善用群众语言感召教育群众，善聚群众力量办好民生实事。锤炼过硬本领，一方面各级党委要加强干部定制化培训、针对性培养，更重要的是干部自身要注重学习积累和实践锻炼相结合，注重在基层一线和艰苦环境历练成长。

4. 工作要再发力。进一步健全责任链条，强化执行力；进一步加强督查考核，落实“三查一监督”联动督查机制；进一步强化刚性问责，坚决执行《中国共产党问责条例》。要践行总书记新闻舆论工作“48字”方针，落实意识形态工作主体责任，把握时、度、效，汇聚奋发作为正能量，营造改革发展好氛围。

奋力谱写“两聚一高”镇江篇章
向着“强富美高”新镇江开拓奋进

——2016年12月27日在中共镇江市委七届二次全会上的报告(摘要)

市委书记 夏锦文

一、“一切在于干”激发强大动力，“十三五”开局实现稳中奋进

一年来，我们紧抓大事要事，优化总体工作布局。召开市第七次党代会，顺利完成市县乡党委班子换届。统筹推进“六个年”，坚持问题导向、需求导向、效益导向，突出重点、狠抓关键，创新转型提速、产业项目突破、“生态镇江”提升、改革开放深化、民生保障强化、治理体系完善取得新进展。成功举办首届国际低碳技术产品交易展示会，低碳建设国际化迈出坚实步伐，镇江知名度和影响力提升到新高度。工作中大力弘扬求真务实的作风，推动工作重心下沉，层层传导责任压力，把精力更多放在调整结构、推动改革、富民惠民上，形成励精图治、团结奋进的生动局面。12月5日至6日，中共中央政治局常委、中央纪委书记王岐山同志视察镇江，对镇江经济社会发展、历史文化和生态禀赋给予高度肯定，极大激发了各层各级的激情干劲。

一年来，我们应对困难挑战，实现经济稳定增长。预计地区生产总值、固定资产投资分别增长9%、15%，一般公共预算收入同比口径增长4.7%。全力稳住实体经济。组织开展“暖企行动”，为企业直接减负85亿元，累计发放周转贷款148亿元，新增挂牌上市企业36家。全力推进重大项目建设。200个市级重点产业项目预计完成投资800亿元，北汽实现万辆批量生产，总投资百亿元的句容抽水蓄能电站开工建设，苏宁广场建成开业。全力加快产业转型升级。入选“中国制造2025”国家试点示范城市，创成国家航空产业新型工业化示范基地，新兴产业销售收入占比46.2%，工业技改投入增长35%、增幅全省第2。8个“三集”示范园区创成省级及以上特色产业园或服务业集聚区。服务业增加值占比提高1个百分点，成为国家级全域旅游示范区创建单位。高效设施农业占比20%，农业基本现代化发展水平位列全省前6。全力推进开放型经济转型提升。预计产业类实际利用外资同比增长3.5%，进出口同比增长1%以上、增幅居全省第2位，创成国家级服务外包示范城市。天工集团赢得欧盟“双反”，成为中国市场经济地位认同过程中的标志性事件。

一年来，我们深化改革创新，增强新的发展动能。扎实推进供给侧结构性改革，淘汰落后产能项目43个，化解水泥过剩产能110万吨，市区商品房去化周期降至11个月。“多评合一”和区域评估被国务院列为推广事项，在全省率先建设“e办事”网上服务平台。预计全年民间投资完成1980亿元，增长18%，在全省处于领先水平。启动国家级高新区创新核心区一期建设，丹阳、扬中获批省级高新区，国家级孵化器实现辖市区全覆盖。新增国家级高新技术企业134家，高新技术产业产值占比继续保持全省第1，研发投入占比达2.59%、列全省第5位，“金山英才计划”累计签约人才项目128个。

一年来，我们坚持生态领先，推动城乡变新变美。生态建设纵深推进，全面完成中央环保组督查交办事项，集中力量实施97个生态环境整治重点项目，圆满完成G20峰会空气质量保障任务，预计全年全市空气质量优良天数占比、地表水优于Ⅲ类水质比例、集中式水源水质达标率分别提高到77.2%、63.2%、99.2%，比去年有明显提升。应邀参加第二届中美气候峰会，国家级生态城镇化示范区正式获批，丹阳创成国家级循环经济示范市，扬中成为全省首家全国高比例可再生能源示范市。城市功能加快完善，142个市区城建项目完成投资近400亿元，五凤口高架全面建成，312国道南移工程试通车，连淮扬镇铁路、镇江长江大桥、丁卯桥路快速化改造等重大基础设施项目有序实施。文明创建不断深化，深入开展城市管理“啄木鸟行动”、“双美双优”和“最美乡村”创建，引导广大人民群众共建共享文明镇江。

一年来，我们抓实民生“三安”，保持和谐稳定局面。集中70%以上财力投入民生建设，82个重点民生项目如期完成。突出抓好精准扶贫，“百村万户”达新标、精准帮扶特困家庭奔小康、万个党支部结对万户特困家庭行动扎实推进，茅山老区扶贫开发取得明显进展，经济薄弱村和建档立卡低收入人口达标率提升至30%。在全省率先实现城乡低保一体化。突出抓好公共服务均等化，医药卫生体制改革、学前教育体制改革等国家级试点纵深推进，居民养老保险实现城乡一体化，城乡社区居家养老服务中心覆盖率分别达100%、96%，镇江创业园被认定为国家创业示范基地，基层综合文化服务中心建设得到中央改革办肯定。突出抓好社会稳定，严格落实公共安全、社会治理、安全生产各项措施，全年安全事故起数、死亡人数持续下降，公众安全感继续保持全省领先。

一年来，我们落实“四个全力”，深化全面从严治党。认真学习贯彻十八届六中全会精神。扎实开展“两学一做”学习教育。开展向赵亚夫、王华等先进典型学习活动，推动党员干部增强“四个意识”、坚定“四个自信”。干部队伍结构优化、活力增强。深入实施“双型”先进党支部建设、基层党建“书记项目”，加大基层干部关怀激励，圆满完成村居“两委”换届。开展机关效能革命，党群干群关系进一步密切。从严正风肃纪，用好监督执纪“四种形态”，注重源头防范，保持了反腐倡廉高压态势。

一年来，市人大地方立法、基层规范化建设走在全省前列，市政协聚焦“找准发展短板、决胜全面小康”高质量建言献策，各民主党派、工商联和群团组织积极主动服务大局，全国双拥模范城实现“七连冠”，援藏援疆工作取得新成绩，全市上下同心同德励精图治的和谐局面更加巩固。

二、深刻把握“两聚一高”大格局，迈出决胜全面小康坚实步伐

明年工作的指导思想是：全面落实党的十八大和十八届三中、四中、五中、六中全会精神，深入贯彻习近平总书记系列重要讲话精神，按照省市党代会部署要求，统筹推进“五位一体”总体布局和协调推进“四个全面”战略布局，坚持以稳中奋进为总基调，以新发展理念为引领，以“两聚一高”为鲜明指向，以提高发展质量和效益为中心，以推进供给侧结构性改革为主线，奋力谱写生态领先特色发展新篇章，迈出高水平全面建成小康社会的坚实步伐，加快建设“强富美高”新镇江，以优异成绩迎接党的十九大胜利召开。明年地区生产总值增长8.5%左右，一般公共预算收入同比口径增长4%左右，固定资产投资增长12%左右，城乡居民收入增长与经济增长同步。

1. 供给侧结构性改革要有更大进展。要以满足需求为最终目的、提高供给质量为主攻方向、深化改革为根本途径，把供给侧结构性改革往深处推、往实处抓，推动“三去一降一补”取得更大成效。去产能方面，注重用市场、法治的办法加以推进，稳妥处置10家僵尸企业，实施40个去产能项目，去除钢铁行业产能100万吨，压降水泥行业过剩产能70万吨。新上产能要把好环保、安全、能耗等准入关，培育高质量的增长点。去库存方面，坚持因城施策、分类调控，把去库存和促进人口城镇化结合起来，稳控房地产市场，确保商品住宅去化周期稳控在15个月以内，商办用房去化周期压缩至合理区间。去杠杆方面，把降低企业杠杆率作为重中之重，通过发展直接融资、债转股等方式，有效化解企业债务链。规范地方政府举债行为，加强地方融资平台风险管控。降成本方面，进一步落实减税、降费、降低要素成本、降低各类交易成本特别是制度性交易成本的政策举措，为企业降低生产经营性成本100亿元左右。补短板方面，从严重制约经济社会发展的重要领域和关键环节、从人民群众迫切需要解决的突出问题着手，不断提高经济社会发展的协调性、均衡性。

2. 培育创新型增长点要有更大进展。要紧紧围绕“苏南要塑造更多引领型发展”这一定位，集中力量培育创新型增长点。加快做强创新载体。突出国家级高新区这个龙头，启动14.4平方公里核心区总体规划，实施创新核心区一期工程，以点带面建好苏南自主创新示范区“一区十四园”。以产业集聚、功能配套、创新活力、发展内涵等“四个新提升”为目标，推进“三集”发展20个示范园区建设。按照产业发展载体、企业社区、创新创业空间的科学定位，高水平规划建设首批8个特色小镇。加快壮大创新型企业集群。全年新增高新技术企业100家以上，培育更多手握独创技术、具有领先优势的企业。要相信企业家的眼光，相信市场的力量，真正让企业成为创新的主体。加快集聚高端要素。全力引进顶尖人才，在低碳、储能、量子通信等新领域加强核心技术攻关，尽快形成具有创新标志性意义的高新技术产业，确保高新技术产业产值占比继续领先全省，全社会研发投入占比提高到2.65%。重点培育壮大数字经济、创意经济、分享经济、新金融等，形成创新发展强引擎。加快优化创新生态。全面落实省科技创新“40条政策”和我市聚力创新“6条政策”，主动融入和对接全省“一中心”“一基地”建设。深化科技体制改革，把激活驻镇高校创新资源作为战略之举，推动“金山英才计划”等人才政策更好发挥效应，有效提高创新浓度。

3. 振兴实体经济要有更大进展。特色化提升现有产业。突出培育两千亿级高端装备制造业和新材料、航空航天、新能源等新兴产业，全年新增省级以上品牌30个、30家以上企业单打冠军。精准化培育优质增量。高度重视稳定固定资产投资总量，扩大有效投资。力争引进投资规模大、产业层次高、创新能力强、扩张和带动潜力足的龙头型基地型项目2个以上，确保完成重点产业项目投资800亿元以上。常态化开展“暖企行动”。扎实做好稳预期、降成本、优服务三篇文章，全面落实一

系列“稳促调惠”的扶持政策。定期举行“三聚服务”进园区（企业）活动，发动各级干部深入企业一线，及时有效解决企业具体困难。全力降低企业融资成本，积极稳妥推进“破圈解链”。

4. 打造低碳新经济和全域旅游要有更大进展。高水平发展低碳新经济。深入推进“四碳”创新，集中力量抓好镇江国际低碳技术产品交易展示会这个重大活动平台，使之成为镇江低碳发展的“金名片”、推介投资环境的“放大器”、集聚优质资源的“强磁场”。完成生态城镇化示范区详细性规划编制，统筹建设扬中“近零碳”岛、官塘凤栖低碳小镇等，推动低碳产业技术研究院和镇江低碳发展研究国际合作中心建成全省乃至全国低碳技术研发基地，促进碳排放权交易所基本建成并升格为区域性碳交易中心。培育低碳新经济，核心在于发展低碳产业，落实到低碳项目建设上，创造新的增长空间；关键要撬动金融杠杆，做强用好绿色发展基金、低碳产业基金。大力度发展全域旅游。明年要编制好全域旅游发展规划纲要，完成市级旅游重点项目投资100亿元，实现旅游综合收入800亿元以上，向着千亿旅游业迈出关键一步。

5. 深化改革开放要有更大进展。深入推进关键性改革落地见效。进一步深化行政审批制度改革，打好“放管服”组合拳，将“e办事”平台内容扩大到全部审批事项和公共服务事项，范围延伸到所有乡镇。筹划组建行政审批局，实现“一枚公章管审批”。进一步深化财税金融、投融资、生产要素市场等领域改革，组建市属金融控股集团，加快推进PPP等投融资模式。进一步深化国企国资改革，在混合所有制改革上争取突破，推动政府融资平台市场化转型，提高市属国企资产证券化率。进一步深化重大改革试点，推动生态文明、医药卫生等改革试点抓出更大成效。深入推进资源整合。重点强化全市域岸线港口资源、国有资产和公共资源、土地资源、数据资源、财政资金等方面的整合力度，显著提高资源利用效益。深入推进高水平双向开放。着眼稳住基本面。大力创新外资引进方式，提高利用外资质量和水平。鼓励本土企业更大步伐“走出去”。创新开放体制机制，支持国家级经开区加快转型升级，增强国家级综保区辐射功能，全力构筑对外开放新优势。

6. 宁镇扬一体化和重大基础设施建设要有更大进展。要围绕基础设施、产业布局、公共服务、旅游、生态保护“五个一体化”。聚焦聚力在互联互通上求突破，加快形成连接宁镇两市主城区到主城区、主枢纽到主枢纽、主景区到主景区的城际快速交通网。在区域融合上求突破，重点建设禄口机场—郭庄临港产业区、汤山—黄梅旅游宜居区、仙林—宝华科学城、龙潭—下蜀滨江港城等跨界片区，明年完成规划编制工作。在协同创新上求突破，把注意力集中到集聚南京创新要素上，与南京高校院所加强协同创新，共同打造高水平的创新平台载体。在民生共享上求突破，推进联合办学，加快医疗、就业、社保服务一体化，共同加强生态环境保护，合力发展大旅游。要统筹推进交通、港口航道环保、信息等基础设施建设，以高铁大发展为契机，多做整合、衔接、综合开发的文章，把站点建成综合枢纽和城市综合体，有力拉动当期经济增长、促进区域协调发展。

7. 发展现代农业要有更大进展。着力调整农业结构。加快做强优质粮油、高效园艺、特种养殖、碳汇林业、休闲农业五大主导产业，统筹抓好农业科技创新、农业机械化、农田水利建设、农业综合开发，大力发展“互联网+”现代农业等新业态新模式。着力增加绿色优质农产品供给。深入实施化肥农药使用量零增长行动，推进农业废弃物资源化利用，抓好农业资源环境突出问题治理。着力激活农村市场、要素和主体。改革财政支农投入使用机制，进一步提高农业补贴政策精准性、指向性和实效性。深入推广“戴庄经验”，多元化培育新型农业经营主体和新型职业农民，积极发展多种形式适度规模经营。明晰农村集体产权归属，探索土地经营权、土地股份合作和农民住房抵押、担保、转让等新途径。

8. 保障和改善民生要有更大进展。下功夫把创业富民这个“最大潜力”研究透。实施“创业镇江”行动，规划建设一批高质量孵化载体和众创空间，加快产业结构调整、改善就业结构，提高居民工资性收入。下功夫把精准扶贫这个短板补到位。加快推进茅山老区扶贫开发，抓实“百村万户”达新标、精准帮扶特困家庭奔小康、万个党支部结对万户特困家庭三大行动，确保明年经济薄弱村和建档立卡低收入人口达标率60%以上。下功夫把“三大焦点问题”这个民生诉求解决好。落实建设健康城市试点任务，深化“公立医院回归公益性”改革。加快推进苏南教育现代化示范区建设，积极实施“上好学”和“名师名校名校长”工程。推动社区居家养老服务提档升级，充分挖掘高端养老等市场潜力。各级政府要按照基本公共服务标准化的大方向，为群众提供更加优质均衡可持续的公共服务产品；树立过紧日子的思想，确保民生支出占比70%以上，努力形成发展经济和改善民生的良性循环。

9. 提升生态宜居品质要有更大进展。大力提升生态环境。扎实开展“两减六治三提升”专项行动，继续推动“三个片区”环境综合整治和“一湖九河”水环境治理，再建成1个美丽宜居镇、10个美丽宜居村庄。大力提升城市功能。在市区实施6大类190个城建项目，完成年度投资349亿元。加快构建市域环形路网。完成海绵城市建设三年试点任务。在老城区改造中提倡城市修补，实施26个棚户区改造项目。完善公共配套，形成15分钟社区服务生活圈。大力提升规划建设管理水平。结合新一轮城市总体规划修编，加快构建开字形生产力布局框架。按照“适用、经济、绿色、美观”的要求，让城市更加精美。积极推进城市网格化管理全覆盖，深入开展“啄木鸟行动”，全面加强精细化城市管理，坚决打赢城市拆违攻坚战，共建共享美好城市。

10. 优化发展环境要有更大进展。营造更加安全稳定的环境。高度关注和全面梳理社会稳定、经济运行、安全生产三类风险点，及时化解消除，做到预防在先、处置在前，确保公众安全感保持全省前列。营造更加和谐有序的环境。深入推进全面依法治市，进一步完善“政社互动”、“三社联动”等体制机制，健全群众诉求的表达、解决、反馈机制。深入开展群众性精神文明创建，确保以优异成绩通过全国文明城市复检。营造更加开放高效的环境。深化机关效能革命，大力弘扬“店小二”精神，加快构建国际化、法治化、便利化的营商环境。营造更加思变求进的环境。大力推进思想解放，推动各层各级以新思维引领新常态。持续放大习近平总书记、王岐山同志视察镇江的激励效应，不断浓厚“实现新发展、一切在于干”的向上氛围。

三、认真贯彻中共十八届六中全会精神，纵深推进全面从严治党

1. 把管党治党责任转化为行动自觉。深入实施“强责工程”。各级党组织及其书记要牢固树立“抓党建是第一政绩”的观念，市委常委会每年听取辖市区党委书记履行党风廉政建设主体责任和抓基层党建述职。坚决落实《党内监督条例》，纪检监察机关认真履行专责监督职能，党员主动履行民主监督义务。各级纪委要主动加强自身监督。研究制定贯彻落实《问责条例》的实施办法，真正把“有权必有责、有责要担当，用权受监督、失责必追究”落到实处。

2. 把思想建党与制度治党结合起来务实推进。深化开展“两学一做”学习教育，推进学习型党组织和学习型领导班子建设。以各级党校为主阵地提高党的理论教育和党性教育质量，推动党员干部深入学习习近平总书记系列重要讲话精神，以党章党规为遵循，自觉遵守党的政治纪律和政治规矩，切实增强“四个意识”。坚持以身边人教育身边人，深入开展向“全国时代楷模”赵亚夫、优秀援疆干部王华同志学习活动。高度重视加强和改进新形势下高校思想政治工作。有效推动意识形态责任制“硬落实”。深刻认识全面从严治党已由“治标为主”转向“标本兼治”的重要节点，真正用制度管权管人管事，形成全面从严治党的最大合力。

3. 把加强和规范党内政治生活坚决落细落小。认真贯彻执行《关于新形势下党内政治生活的若干准则》，增强党内政治生活的政治性、时代性、原则性、战斗性。突出用好组织生活这个经常性手段，严格落实“三会一课”、民主生活会、领导干部双重组织生活、民主评议党员、谈心谈话等制度。拿起批评和自我批评这个锐利武器，开展严肃认真、积极健康的思想斗争。严格执行民主集中制，凡属重大问题，要按照集体领导、民主集中、个别酝酿、会议决定的原则，由集体讨论、按少数服从多数作出决定。大力发展党内民主，规范完善党务公开制度，拓宽党员意见表达渠道。

4. 把干部队伍战略性优化放在突出位置。贯彻“风清气正”的要求抓好市、县、乡三级人大、政府、政协班子换届，确保换届选举顺利完成。着眼“面向未来”的目标优化干部队伍结构，重点落实省委“789”青年干部培养计划，全面加强干部队伍能力建设。按照“公平公正”的原则优化干部选任机制，落实制度，细化若干规定，强化用人导向，坚决纠正逆淘汰现象，使用人风气更加清朗。坚持“严爱相济”的导向优化干部队伍管理，一手坚决落实从严管理干部“五个要”要求，完善从严管理监督干部制度体系；一手细化执行《关于激励干部干事担当的意见》，进一步落实关心关爱举措、健全容错纠错机制，落实“三个区分开来”，完善政绩考核评价体系和机制，不断激发干部队伍干事创业的激情和活力。

5. 把“双型”先进党支部建设全面拓展提升。打好“双型”先进党支部建设工程收官战。继续向经济薄弱村、软弱后进村党组织选派“第一书记”。对后进支部特别是未评星定级支部实行“销号管理”。突出国有企业、高校党的建设，加大在“两新”组织、产业园区、新型农村社区、农民专业合作社等建立党组织力度。继续实施基层党建“书记项目”。加强党员队伍建设管理，全面实施党员“先锋亮绩、积分管理”制度，制定出台《处置不合格党员实施办法》，进一步调动广大党员的积极性主动性。

6. 把改进作风和转变工作方式抓出明显成效。毫不松懈抓好中央八项规定精神和省委十项规定的落实。坚持和完善作风建设“三查一监督”联动督查机制，实现市级派驻监督全覆盖。大兴求真务实、真抓实干的风气，全面推行一线工作法，引导推动广大干部用过硬作风创造过硬成果。各级领导干部作为“关键少数”，要切实增强自律意识、标杆意识、表率意识，严格遵循和带头执行“十个必须”，模范遵守党章和《准则》《条例》，特别要深入基层、多接地气，说实话、办实事、求实效，抓具体、抓深入、抓到位，为广大党员和干部群众作出示范。

7. 把党风廉政建设和反腐败斗争持续推向纵深。用好监督执纪“四种形态”，用纪律管住大多数，引导推动党员干部追求理想信念的“高线”、践行埋头苦干的“基线”、守住党纪国法的“底线”。保持“零容忍”的态度决心，不断减少腐败存量、遏制腐败增量。持续加强反腐倡廉教育和廉政文化建设，着力加强对权力运行的制约监督，深化标本兼治，加快形成不敢腐、不能腐、不想腐的体制机制，营造风清气正的政治生态。

政府工作报告(摘要)

——2017 年 2 月 13 日在市第八届人民代表大会第一次会议上

代市长 张叶飞

一、本届政府工作回顾

——五年来，我们坚持稳增长调结构，综合实力迈上新台阶。地区生产总值、固定资产投资、一般公共预算收入分别是 2011 年的 1.66 倍、2.34 倍、1.61 倍。形成高端装备制造、新材料两个千亿级产业，建成北汽华东基地、惠龙易通等一批产业项目，年销售超百亿工业企业达 7 家。获批全省唯一的国家航空产业示范基地、全省首家国家军民结合产业示范基地。创成国家级高新区、国家现代农业示范区。国家级高新技术企业总数突破 600 家，高新技术产业产值占比连续四年全省第一，城市创新力列全国第 19 位。三个辖市均入选“中国中小城市综合实力百强县市”。

——五年来，我们不断提升城市品质，城乡面貌发生新变化。市区累计完成城建投资 2900 亿元，常住人口城镇化率由 63% 提高到 69.2%。连镇铁路、长江 - 12.5 米深水航道开工建设，官塘桥快速路、五凤口高架等一批节点工程竣工通车。成为首批国家海绵城市建设试点。市区完成旧城区城中村改造 728 万平方米，改造提升老旧小区 100 万平方米。各辖市区主城建设彰显特色。创成 3 个美丽宜居镇、30 个美丽宜居村庄。

——五年来，我们坚持先行先试，低碳镇江成为新品牌。率先在全国探索“四碳创新”(1)，作为中国城市代表，参加中美智慧型低碳城市峰会、联合国应对气候变化巴黎大会。持续开展“三个片区”(2)“一湖九河”(3)环境综合整治。成为全国首批生态文明先行示范区、国家生态市、国家森林城市和全省唯一的生态文明建设综合改革试点市，荣获中国人居环境奖。

——五年来，我们不断深化改革开放，发展活力得到新增强。率先实行项目审批“多评合一”(4)和区域评估，成为全国样板。商事制度改革稳步推进。新增市场主体 15 万户，新增上市挂牌企业 103 家。新一轮政府机构改革顺利完成。公车改革全面实施。教育综合改革、医药卫生体制改革不断深化。累计实际到位外资 92 亿美元，国家级综合保税区通过验收，创成 2 个国家级出口基地。

——五年来，我们持续加大民生领域投入，群众生活得到新改善。可用财力的 70%、新增财力的 80% 以上用于民生改善。城乡居民人均可支配收入分别是 2011 年的 1.57 倍和 1.63 倍。累计新增就业 41.97 万人，转移农村劳动力 11.3 万人。“百村万户”双达标行动实现既定目标。居民养老保险实现城乡统一；城乡低保标准分别比 2011 年提高 54.3% 和 166%。新增养老床位 1.16 万张。全国义务教育发展基本均衡县(市、区)“满堂红”。城乡居民健康素养综合水平连续五年全省第一。文化广场标准化建设入选全国文化创新工程。成功举办中超、CBA(5)、世乒赛选拔赛等大型赛事。居民消费价格指数涨幅控制在 3%。

——五年来，我们积极创新管理方式，社会建设实现新提升。历经 12 年持续努力，创成全国文明城市。“大爱镇江”精神广泛弘扬，造血干细胞捐献工作走在全省前列。城乡和谐社区达标率分别达97.5%和98.7%。新增社会组织2031家。食品药品安全“161”社会共治模式[6]全国推广。法治建设满意度和公众安全感全省领先，荣获“长安杯”[7]。

刚刚过去的一年是本届政府收官之年，我们认真贯彻中央和省、市委决策，按照“六个年”[8]的总体部署，坚决落实“实现新发展，一切在于干”的要求，扎实做好稳增长、调结构、促改革、惠民生、防风险各项工作，较好完成了市七届人大五次会议确定的目标任务，“十三五”发展实现良好开局。

经济发展稳中有进。完成地区生产总值3833.8亿元，增长9.3%，增幅列全省第3位；一般公共预算收入293亿元，同口径增长4.7%；固定资产投资2873.4亿元，增长15.1%，增幅列全省第4位；社会消费品零售总额1236.8亿元，增长11.1%，增幅列全省第5位；研究与开发经费支出占地区生产总值比重达2.59%，列全省第5位；城乡居民人均可支配收入达41794元和20922元，分别增长8.1%和8.9%。

产业结构优化提升。新兴产业完成销售4090亿元，增长12.5%，占全市工业销售比重达46.2%。落实《中国制造2025镇江行动纲要》。成功举办“百家央企镇江行”活动。全面实施质量强市战略。新增上市挂牌企业37家，花王股份成功登陆上交所主板。服务业增加值占地区生产总值比重达47.6%，提高0.7个百分点。成功举办香港现代服务业招商会。入围“国家全域旅游示范区”创建单位。城市新地标苏宁广场对外营业。高效设施农业占比达20%。20个产业“三集”示范园区加快建设，首批8家市级特色小镇启动创建。

创新创业力度加大。镇江新区综合考评列全省国家级开发区第6，比上年上升12位。镇江高新区省内综合排名上升3位，创新核心区一期启动规划编制。苏南国家自主创新示范区完成“一区十四园”[9]空间布局规划。丹阳市获批省级高新区。成为国家专利质押融资、专利保险“双示范”城市。创成省级以上博士后科研工作站54家，其中国家级21家。新增134家国家级高新技术企业，高新技术产业产值占比达49.1%。实施首期“金山英才”计划[10]，新引进各类高层次产业领军人才130人。开展“创业镇江”行动，镇江创业园被认定为国家级创业孵化示范基地，南京大学国家级双创示范基地落户句容。完成民间投资2035亿元，增长21.5%；新开业各类市场主体4.6万户、注册资本1294.9亿元，分别增长32.9%和27.3%。

改革开放深入推进。扎实推进供给侧结构性改革，制定实施“1+5X”政策[11]，淘汰落后产能生产线项目43个，化解水泥过剩产能110万吨，完成“地条钢”生产企业整治；市区商品住房去化周期降至10个月；多措并举为企业减负85.2亿元；发行各类债券473.8亿元，直接融资突破400亿元。深化行政审批制度改革，建成“e办事”网上审批服务平台。深化商事制度改革，企业登记实现“一口受理、一表申报、同步审批”。农村土地承包经营权确权登记颁证工作基本完成。不动产统一登记全面实施。扩大对外开放，完成产业类实际利用外资13.1亿美元；进出口总额103.2亿美元，增长2.5%，增幅列全省第2位。创成国家级服务外包示范城市。

生态建设成效显著。以“低碳新经济—技术创新·共享低碳”为主题，成功举办首届镇江国际低碳技术产品交易展示会。国家级生态城镇化示范区正式获批，丹阳创成国家级循环经济示范市，扬中成为全国高比例可再生能源示范市。与中美绿色基金签订3个合作项目。全面推进中央环保督察组交办事项，启动“263”专项行动[12]，实施97个生态环境整治重点项目，全市空气质量优良天数占比达76.4%，$PM_{2.5}$浓度降至50微克/立方米以内，地表水国考断面优于Ⅲ类水质比例达75%。

城乡建设步伐加快。启动“精美镇江”建设三年行动计划。实施6大类、142个城建项目，完成年度投资398亿元。312国道南移工程试通车，九华山路改造建成通车，焦山路全线贯通，丁卯桥路快速化改造按序时推进。海绵城市建设通过中期评估。市区完成棚户区改造93万平方米、危房解危5.3万平方米；建成保障房7154套。完成大港水厂一期主体工程。改造城市干道燃气管道42公里。深入开展城市环境综合整治，创成省级示范路3条、示范社区3个。主城区实现清扫保洁市场化全覆盖。顺利通过国家卫生城市复审。

社会民生保障有力。82个民生项目如期完成。开展“百村万户”达新标、精准帮扶特困家庭奔小康、万个党支部结对帮扶万户特困家庭三大行动，74个经济薄弱村达标、4610户农村低收入人口脱贫。企业退休人员养老金实现“十二连增”，城乡低保一体化走在全省前列。机关事业单位养老保险制度改革启动实施。学前教育成为全国36个改革发展实验区之一，镇江市青少年校外综合实践基地建成运行，江苏航院建成招生。完成基层医疗卫生机构标准化建设，建成全国百强社区卫生服务中心2家、国家群众满意卫生院6家、省级示范村卫生室11家。二孩政策全面实施。基层综合文化服务中心建设得到中央改革办肯定，多媒体舞台剧《春江花月夜：赛珍珠》在国内外巡演。成功举办首届江苏航空体育旅游季，里约残奥会镇江籍运动员荣获四金二银的好成绩。城乡社区居家养老服务中心覆盖率分别达100%和96%。民生“三安”[13]持续加强，基本建成危化品防范处置“五大体系”[14]，在全省率先开展食品药品安全“智慧”监管。“七五”普法规划全面启动。实现全国双拥模范城创建“七连冠”。蝉联“全国慈善七星级城市”。民族宗教工作扎实推进，江苏佛学院成功落地。档案、地方志、防震、科普、港澳台交流、外事等工作取得新成绩，老龄、妇女儿童、关心下一代、残疾人、红十字等事业取得新进展，国家安全、国防教育、人民武装、人民防空等工作取得新成效。援藏援疆、南北共建工作走在全省前列，援疆干部王华同志的先进事迹被央视《新闻联播》《焦点访谈》以及《人民日报》等重要媒体报道。

自身建设不断加强。扎实开展“两学一做”[15]学习教育，对查摆出的问题逐一整改，研究出台加强政府性债务管理、财政预算追加、经营性用地调控等多项制度。认真落实“三重一大”[16]决策制度，坚持重大事项向市委报告。依法接受市人大及其常委会的法律监督和工作监督，主动接受市政协的民主监督，充分发挥各民主党派、工商联、无党派人士以及人民团体的参政议政作用。承办人大代表建议178件、政协委员提案406件，满意和基本满意率达100%。建立定期学法制度，政府法律顾问工作实现常态化。严格执行中央“八项规定”、省市“十项规定”，政风行风持续好转。

二、今后五年的总体要求和工作思路

根据中共江苏省第十三次党代会和镇江市第七次党代会精神，建议新一届政府工作的总体要求是：全面贯彻党的十八大以来中央决策部署以及习近平总书记系列重要讲话精神，紧紧围绕“五位一体”总体布局、“四个全面”战略布局，适应和引领经济发展新常态，自觉践行新发展理念，牢牢把握“稳中求进”工作总基调，扎实推进供给侧结构性改革，坚持“生态领先、特色发展”战略路径，奋力谱写“两聚一高”镇江篇章，向着建设“强富美高”新镇江的宏伟目标开拓前进。

建议新一届政府的工作思路是：

咬定一个目标：高水平全面建成小康社会。其核心要义是发展质量更高、群众获得感更强。聚力创新，切实提高经济发展的质态；聚焦富民，让发展成果惠及全体百姓，确保小康路上

"一个不少、一户不落"。全面完成"十三五"规划，实现地区生产总值、城乡居民人均收入2020年比2010年翻一番，居民收入、企业利润、财政收入"三个口袋"更加充实。

把握一个基调：稳中求进。把"稳"的基础打得更牢，稳住经济运行、稳住物价水平、稳住市场预期、稳住社会大局，坚决守住社会民生、生态环境、金融安全等底线；把"进"的步伐迈得更实，在产业发展、科技创新、改革开放、民生实事等方面取得新突破。

突出一条主线：供给侧结构性改革。深入推进去产能、去库存、去杠杆、降成本、补短板五大任务，减少无效和低端供给，扩大有效和中高端供给，全面提高发展的质量和效益，推动经济保持中高速、产业迈向中高端。

抓住一个机遇：宁镇扬一体化。未来五年，镇江面临着长江经济带开发、扬子江城市群打造、苏南国家自主创新示范区建设等一系列重大战略机遇，但最直接、最现实的机遇就是宁镇扬一体化。我们要在基础设施、产业布局、公共服务、文化旅游、生态保护"五个一体化"上有实质性进展，推动城轨互联、区域共建、资源共享，实现主枢纽对主枢纽、主城区对主城区、主景区对主景区的有效对接，充分承接省会城市的溢出效应，提升镇江中心城区的集聚能力。

坚持一个路径：生态领先、特色发展。把生态作为镇江最大的特色、优势和财富，以生态彰显城市魅力，以生态吸引人气和资源，以生态促进经济社会发展。坚持有所为、有所不为，按照苏南现代化建设示范区的定位，保持战略定力，努力建成全国重要的高端装备制造基地、新材料产业基地、区域物流基地、技术研发基地、创意生活休闲中心，成为现代山水花园城市和旅游文化名城。

蓝图在前，使命在肩。做好今后五年工作，必须认清形势，把握趋势，发挥优势，进一步焕发"镇江能行"的发展自信。

——发挥区位优势，焕发发展自信。镇江江河交汇，因漕运而兴，自古就是商埠重镇。如今，"铁、公、水、空"综合交通优势日益显现。我们必须以更加开放的姿态，吸聚资金、人才、技术、信息等各类资源，形成和扩大镇江发展的动能。

——发挥生态优势，焕发发展自信。镇江"有山有水有故事"，资源禀赋得天独厚，素有"城市山林"的美誉。生态是镇江的底色，我们必须以更大力度保护好生态，进一步释放生态红利，让绿水青山成为金山银山。

——发挥文化优势，焕发发展自信。镇江3000多年的悠久历史，孕育了灿烂的文化，人文荟萃、人杰地灵。我们必须以敬畏历史、无愧先人的责任和担当，书写新的历史，开辟新的未来。

——发挥团结优势，焕发发展自信。镇江的老百姓淳朴勤劳，镇江的企业家充满活力，镇江的干部务实进取。大家都盼望镇江能有更好的发展、更大的进步，这是最宝贵的力量、最强大的潜能。

三、2017年的主要任务

今年经济社会发展的主要预期目标是：地区生产总值增长8%左右；一般公共预算收入同口径增长4%左右；固定资产投资增长12%左右；社会消费品零售总额增长10%左右；研究与开发经费支出占地区生产总值比重达2.61%；城乡居民人均可支配收入与经济增长同步；全面完成省下达的节能减排约束性指标。

工作中，将按照市委七届二次全会部署的"十个更大进展"[17]，着力抓好八个方面：

（一）着力振兴实体经济

一是全力以赴抓项目。以项目为主抓手，坚定不移做强制造业特别是先进制造业。一手抓重大产业项目，实施200个市级重点产业项目，完成投资810亿元。一手抓技术改造项目，重点实施50个制造装备提升项目、107个工业技改项目，推动传统产业向中高端迈进。按照项目清单，排实责任清单，落实"五个一"推进机制[18]，确保项目达序时、见实效。

二是全力以赴抓招商。把招商引资摆在更加突出的位置。围绕"产业成链"抓招商。聚焦"海陆空"[19]、新材料、生物医药等产业，以龙头企业为核心，着力引进上下游强链延链补链企业，拉长产业链条，培植产业集群。围绕"军民融合"抓招商。结合争创国家级军民融合创新示范区，本着"互利互惠、合作共赢"的原则，突出通航产业、电子信息、交通装备等重点，积极面向军工集团开展招商，着力引进和培育一批军转民、民参军项目。围绕"国企央企"抓招商。每季度组织《中国制造2025》专题招商，瞄准国企央企，实施精准招引。

三是全力以赴促民营。民营经济是我市经济的主体、财税贡献的主力和就业的主渠道。一手抓"顶天立地"，充分发挥大企业的支撑作用，引导具备条件的企业进入资本市场，新增上市挂牌企业25家。弘扬"工匠精神"，支持企业争创国家和省质量奖，创成丹阳五金工具国家级示范区，新增省级以上品牌30个，培育30家行业单打冠军。一手抓"铺天盖地"，顺应大众创业、万众创新的新趋势，降低准入门槛，加强政策扶持，更多释放民间资本活力，新开业各类市场主体4万户、注册资本1000亿元。

四是全力以赴优服务。企业家是稀缺资源，生产要素只有在企业家手中，才能变成社会财富。引导全社会尊重企业家、关心企业家、爱护企业家，为企业家创大业、创新业营造更好环境。加强经济运行监测，研究制定重点行业和特困企业精准帮扶政策。强化资金等要素保障，扩大小微企业"周转贷"[20]规模，建立完善"投贷联动"[21]支持政策。树立"亲""清"政商关系，扎实开展"暖企惠民"大走访，有效破解成本上升盈利难、负担过重生存难、实力不强转型难等实际问题，推动企业加快成长。

（二）着力培育创新经济

一是布局新产业。结合中国制造2025苏南城市群试点建设，做大做强高端装备制造和新材料两大支柱产业，统筹发展新能源、新一代信息技术、生物技术与新医药等战略性新兴产业，新兴产业销售增长12%。每个辖市区分别确定1～2个主攻方向。丹阳市依托恒神碳纤维、鱼跃医疗等骨干企业，重点发展新材料、生物技术与新医药产业；句容市结合"江苏硅谷"的打造，加快发展大数据、新能源产业；扬中市依托新能源产业园、智能电气产业园，稳步发展新能源和高端化、智能化工程电气产业；丹徒区依托北汽华东基地，重点发展高端装备制造业；京口区以爱励铝业、鼎胜新材为骨干，加速壮大高性能铝材料产业；润州区依托船舶与海工配套产业园、睿泰产业园及惠龙易通，重点发展船舶海工、数字出版与智慧物流产业；镇江新区依托航空产业园、新能源产业园，重点发展航空航天和新能源产业。镇江高新区进一步理顺管理体制，实施产业投资和科技金融项目10个以上，加快推进创新综合体项目。苏南国家自主创新示范区加快"一区十四园"建设，充分发挥在镇高校作用，重点打造江苏科技大学海洋装备研究院等公共平台。支持丹阳、句容创建国家级经济开发区，扬中创建国家级高新区，句容、丹徒创建省级高新区。优化沿江、沿河、沿路、沿线产业布局，着力培育块状经济，提高产业集中度，推动20个产业"三集"示范园区提档升级，加快8个市级特色小镇建设，创成1个省级旅游风情小镇。

二是培育新业态。加快发展全域旅游。整合旅游资源，理顺管理体制，推进恒大童世界、魔幻海洋等重点项目，大力发展户外运动、水上运动、航空运动等新业态。繁荣文化创意产业。

聚焦创意设计、数字出版、网络游戏、文化旅游四大板块，推进40个重点文化产业项目，举办第三届民俗文化周、第三届文化旅游创意产品设计大赛，力争文化产业增加值占地区生产总值比重达5.5%。做强现代物流产业。实施“江海河联动、港产城融合”十大行动计划[22]，有效整合、高效利用港口岸线资源，培育港务集团等龙头企业。加快建设大港综合物流集聚区，打造镇江港总部物流基地。

三是运用新技术。实施创新型领军企业、高新技术企业、科技小巨人三大培育计划，新认定国家级高新技术企业100家，新增新型研发机构5家以上。推动规模以上工业企业专利全覆盖和高新技术企业发明专利全覆盖，万人发明专利拥有量达25件。加快丹阳（眼镜）知识产权快速维权中心建设。支持句容、扬中创建国家知识产权强县工程。

四是拓展新模式。扎实推进制造业智能化、绿色化、服务化、高端化，引进培育标杆企业。积极探索“互联网+商贸流通”，重点支持眼镜、汽车零部件、灯具等优势产业拓展电商交易平台，实现线上线下融合发展。加快发展电商楼宇经济，打造大禹山创意产业园、高创中心等一批优质载体。大力发展会展经济、平台经济、分享经济。

发展“四新”经济，一方面，必须高度重视人才支撑。人才是发展的第一资源。人才在哪里，希望就在哪里；顶尖人才在哪里，发展高地就在哪里。深入实施“金山英才”计划，加快领军人才创新驱动中心镇江分中心建设，举办首届创新创业人才博览会、第二届宁镇扬在地高校产学研合作周。新增国家“千人计划”15人，入选省“双创计划”50人，培育引进本科以上毕业生1.5万人。大力发展职业教育，积极开展职工培训，培养高技能人才1万人。另一方面，必须切实加强政策支持。认真落实省科技创新“40条”和市聚力创新“6条”，积极营造优良的创新生态。深化科技体制改革，扎实推进科技金融、区域创新等10个国家和省级试点项目，技术合同交易额力争突破1亿元。深化人事制度改革，完善人才培育、引进、使用的体制机制，通过提供人才公寓、薪酬补贴等方式，激发各类人才的创新、创业活力。

（三）着力深化供给侧结构性改革

供给侧结构性改革深化的过程，就是区域发展分化的过程。按照中央的部署要求，推动“三去一降一补”取得更大进展。

“去”得更坚决。淘汰落后过剩产能。实施40个去产能项目，去除钢铁行业产能70万吨，压降水泥行业过剩产能70万吨。对“地条钢”等非法生产经营行为保持高压态势。对扭亏无望的“僵尸企业”及时“止血”出清。促进房地产市场平稳健康发展。坚持去库存和稳市场并重，注重因地施策、分类施策。加强经营性用地调控，规范土地市场，合理把握土地供应节奏。全市商品住房去化周期保持在13个月以内，通过商改住、售改租多管齐下，将商办用房去化周期逐步压降至合理区间。防控化解区域性金融、债务风险。认真贯彻国务院《关于积极稳妥降低企业杠杆率的意见》，进一步扩大直接融资特别是股权融资比重。妥善处置企业债务和互联互保风险，强化互联网金融风险专项整治。加强政府性债务管理，完善国资监管体制，推动四大产业集团市场化转型，坚决守住不发生区域性系统性金融风险的底线。

“降”得更有效。全面落实国家和省、市降低企业成本的政策措施，进一步降低企业税费负担、制度性交易成本、用能成本、物流成本，为企业直接减负100亿元左右。

“补”得更精准。突出生态、生产、生活三个方面，认真实施省五大领域补短板专项工程，完善项目储备和推进机制，重点在增强公共服务功能、加强基础设施薄弱环节、强化民生保障和生态建设等领域加大投入、补好“短板”。

（四）着力推动农业提质增效

调整产业结构。大力发展优质粮油、高效园艺、特种养殖、碳汇林业、休闲农业五大特色产业，新增国家级高标准农田6万亩（4000公顷）、高效设施园艺面积2.5万亩（1667公顷）。加快30个重点农业园区建设，优化农业区域布局。深入实施科技兴农战略，强化农业新技术、新产品、新装备的创新应用，加快建设国家农业科技园区。健全农产品质量安全监管追溯体系。严格落实粮食安全责任制。完成第三次全国农业普查。

优化生产方式。全面推广戴庄模式，加强农村专业合作组织建设，打造戴庄经验示范村10个，新增市级以上示范家庭农场50家、农民专业合作示范社30家。积极发展创意休闲农业和乡村旅游，建成省级以上休闲农业示范点40个。支持“农联·亚夫在线”等农村电商发展，推动快递下乡。探索耕地轮作休耕制度试点，实施化肥农药零增长行动，大力开展山水林田湖整体保护、系统修复和综合治理，推动农业可持续发展。

夯实基层基础。把基础设施建设的重点放在农村。完善农田水利设施，加快新孟河延伸拓浚、九曲河整治。完成农村公路提档升级130公里。加快农村光纤宽带网络、4G通信网络、无线局域网络建设，推进农村互联网提速降费。深入实施村庄环境改善提升行动，建成1个美丽宜居镇、10个美丽宜居村庄。创新基层治理，高度重视农村“三留守”[23]问题，深入推进平安村庄建设，切实维护农村社会和谐稳定。

激发农村活力。深化农村土地“三权分置”改革，落实集体所有权，稳定农户承包权，放活土地经营权。土地确权登记颁证工作通过省级验收。依法推进农村土地经营权流转。稳步推进农村集体产权制度改革，建成农村产权交易中心，扎实开展30个村集体经济资产股份制改革试点。做好农村土地征收、集体经营性建设用地入市、宅基地制度改革和“两权”抵押[24]试点工作。

（五）着力深化改革开放

深化行政审批制度改革。深入推进“放管服”改革[25]，推动权力清单和互联网政务深度融合。建立“多规合一”“多评合一”联动机制，优化完善“e办事”平台，将服务内容扩大到全部审批事项和公共服务事项，范围延伸到所有乡镇，做到“应上尽上、全程在线、覆盖全市”。深化商事制度改革，推动“多证合一”。加快建立以信用为基础的监管执法体系，实现“双随机、一公开”[26]监管全覆盖。

统筹重点领域改革。深化生态文明综合改革，围绕中央“1+6”重点改革措施[27]、省22项主要任务，在环境准入、生态保护、市场机制、排污权、绿色金融等领域制定标准，并争取成为国家标准。深化投融资体制改革，筹建市属金融控股集团。深化教育领域综合改革，探索中小学校长职级制、职业教育混合所有制改革，积极推进教师“县管校聘”。深化价格机制改革，加大清费减负力度。

加快推动双向开放。落实国务院《关于扩大对外开放积极利用外资若干措施》，积极对接“一带一路”倡议、长江经济带战略，改革招商体制，完善考核机制，完成产业类实际利用外资13.5亿美元。实施外贸优进优出战略，重点培育中林、润华等10家进出口基地型企业。成立“走出去”服务中心，推动有条件的企业开展跨国并购。

（六）着力提升城市品质

着眼于宜居宜业宜学宜游，深入推进“精美镇江”建设，让城市彰显镇江特色，讲好镇江故事，体现镇江品位。

规划更科学。尊重城市发展规律、尊重自然生态环境、尊重历史文化传承、尊重群众诉求，走“节约紧凑、精明增长、绿色发展”的路子。统筹各类空间规划，统筹“地、水、绿、文、美、产、居”多种要素功能，按照“生产空间集约高效、生活空间宜居适度、生态空间山清水秀”的总体要求，谋篇布局、统领全局，坚决防止“摊大饼”“铺摊子”，实现建一片、成一片、兴一片。

路网更通畅。扎实推进宁镇扬一体化，加快连镇铁路建设，开工建设宁句S6线，完成宁镇城际线路方案研究论证，开展镇扬过江通道前期可行性研究。加快市域一体化，启动镇丹、镇句快速通道建设，完成丁卯桥路快速化改造，打造市与三个辖市“半小时交通圈”。对原312国道、团山路西段实施城市化改造，构建市区环形路网。

功能更优化。随着路网骨架的拉开，着力往里面添人气、添内容、添功能。将中心城区划分为若干单元，针对文化、教育、体育、卫生、邻里中心等服务内容查漏补缺，统一规划布局，分步实施到位。加快推进棚户区城中村改造，老城区重点推进小规模、渐进式、微循环的有机更新和城市修补；新城区重点补齐公共服务等功能“短板”，吸引人气和商机。全面完成海绵城市建设三年试点任务，建成海绵主题公园、江苏大学海绵校园。大港水厂一期工程建成运行；完成云林、华山等输变电工程；改造老小区燃气立管1万户。

文脉更清晰。历史是城市之“根”、文化是城市之“魂”。深入研究镇江的历史文化，启动历史文化名城保护规划修编。加强城市设计，在传统历史文化中挖掘城市内涵和特有基因，打造一批独具镇江魅力的特色建筑。推进铁瓮城遗址、新河街、伯先路、大龙王巷历史文化街区建设，恢复一批名人故居，系统保护古镇、古村落和各类文化遗产，当好古城的守护者和历史文化的传承者。

管理更精细。积极运用大数据、云计算等技术管理城市。继续推进城市环境综合整治。实施新一轮环卫保洁市场化运作。按照“减量化、资源化、无害化”原则，扩大垃圾分类处置试点。深入开展占道经营、渣土扬尘、户外广告、违法建设四大专项整治，为广大市民创造更加干净、整洁的生活环境。

（七）着力保护生态环境

以“263”专项行动为抓手，下更大决心推进生态建设。

打响“低碳”品牌。重点抓好“一区、一园、一岛、一镇、一院、一所、一平台、一中心、一基金”。加快建设生态城镇化示范区，编制启动区南片区规划，实施上湖湿地生态化改造。依托中瑞镇江生态产业园，积极招引低碳环保产业入驻。扎实推进扬中绿色能源岛建设，全面实施“金屋顶”计划[28]，全市新建分布式光伏发电装机容量120兆瓦。高标准打造低碳小镇。推进“生态云”平台升级。组建镇江低碳产业技术研究院和镇江国际低碳发展研究中心，建成低碳交通、低碳建筑等专业研究所。积极争取设立碳排放权交易所。着力放大低碳产业基金效应。精心举办第二届镇江国际低碳技术产品交易展示会。

做深“山水”文章。山水是写在大地上的文章，是大自然对我们的馈赠，我们必须善待。加快编制《山体保护导则》，严格控制开发建设。完成南山白龙山片区滑坡治理，推进黄鹤山、磨笄山等山体整治，抓好废弃宕口、轧石场生态修复。对主城区范围内已完成整治的山体，按照“一山一景”原则，实施美化亮化；对尚未整治的山体，开展退房还绿和生态修复，使其成为老百姓家门口的公园。按照“共抓大保护”要求，加强长江镇江段水质保护和生态建设，加快构建长江生态安全带。深入推进“一湖九河”水环境整治，完成西团结河、一夜河综合整治，打造古运河风光带。加强水源地保护，对化工园区之外的长江沿岸重点规划区域、京杭大运河沿岸1公里范围内的化工企业，启动关停搬迁工作。建成谏壁污水处理厂一期，完成镇江新区第二污水处理厂扩建。全市地表水国考断面优于Ⅲ类水质比例75%以上，太湖流域国考断面达标率达71.4%，集中式饮用水源地水质达标率保持100%。

彰显“花园”魅力。按照“彩色化、珍贵化、效益化”的要求，构建点、线、面相结合的绿化体系。加强高速出入口整治，打造整洁有序、美观靓丽的城市门户。完成焦山路沿线环境整治出新，构建滨江沿河风光带、主要国道、省道、高速公路和铁路沿线林带。丹徒区、京口区、润州区各新建一处街头绿地或垂直绿化一条街。鼓励社会参与，建设一批花园式街道、社区、学校、医院。市区新增绿地3000亩（200公顷），建成区绿化覆盖率达43%。加强农村河塘、沟渠、道路绿化，逐步形成“道路林荫化、农田林网化、城市森林化”的城乡绿化格局。

狠抓“源头”防治。坚决打好治水、治气、治土三大攻坚战。深入推进“三个片区”综合整治，谏壁片区加快索普化工基地和新区化工园区周边居民搬迁，西南片区推进扬尘治理等23项重点任务，高资片区建立区域环境质量长效管理机制。完成重点化工园区、重点企业废气排放源整治，实现大型燃煤机组超低排放改造全覆盖。全年空气质量优良天数比例进一步提高，$PM_{2.5}$浓度持续降低。积极开展土壤修复治理，建立重污染地块名录和开发利用负面清单。

（八）着力改善群众生活

增加群众收入。实施就业优先战略，深化“创业镇江”行动，鼓励本地大学毕业生在镇创业就业，吸引外来“创客”落户镇江，扶持创业7000人、带动就业3.5万人。聚焦茅山老区，深入推进“百村万户”达新标、精准帮扶特困家庭奔小康、万个党支部结对帮扶万户特困家庭三大行动，确保经济薄弱村和低收入人口达标率60%以上。实施教育、健康等专项扶贫，着力解决好因病因残致贫返贫问题。完善社会保障和社会救助体系，大力发展社会福利和慈善事业，切实保障困难群体生活。

优化公共服务。完善新一轮教育布局规划，创建2个省级标准化社区教育中心，完成20个乡镇、学校教育现代化“双创”[29]工作，推动镇江高专“专升本”。整合市区医保经办机构，推进医疗、医保、医药“三医联动”；将世业镇打造成“全国健康镇”。扩大养老服务供给，促进养老服务产业发展。认真筹办中国户外运动大会、第二届江苏航空体育旅游季等体育赛事。广泛开展全民阅读，深入推进“书香镇江”建设，提高全民科学文化素质。

加强社会治理。创新社区治理方式，进一步完善“网格+网络”社区管理服务体系。深化“大爱镇江”建设，着力激发社会组织活力，更好发挥志愿者的作用。认真实施“七五”普法规划，建成市级公共法律服务中心。扎实推进八创全国双拥模范城。依法管理民族宗教事务。完善危化品防范处置“五大体系”，开展危化品、烟花爆竹、交通运输等重点行业专项治理，对发生较大以上安全生产责任事故的实行“一票否决”。完善社会治安防控体系，全面推进“阳光信访”和“法治信访”，营造和谐稳定的社会环境。

今年我们将紧紧围绕全市人民所思、所想、所需、所盼，扎实办好10件民生实事：

1. 推动精准扶贫。按照乡镇不低于100万元、有条件的村不低于50万元的标准，建立镇村扶贫基金。对城镇低保人员、特困职工、困难残疾人等实行社保补贴，对中断社保人员续保提供补贴。市、区两级财政安排的社会医疗救助补贴标准，分别由每人每年6元提高到每人每年15元。

2. 完善教育设施。加快高校园区建设，推进市特教中心易地新建工程，新、改、扩建中小学校（幼儿园）33所，建设智慧校园30所。

3. 提高医保水平。全面实施提高大额医疗费报销比例、完善补充医疗保险制度、拓展个人二级账户使用等八大医保便民惠民措施，稳步提高群众医保待遇。

4. 实施文化惠民。积极推进文化场馆建设，建成20个生态文化广场，举办艺术知识普及公益讲座300场。

5. 推进全民健身。打造市区“沿江、沿河、沿山、沿路”体育带，建成5个体育小公园，新建和提升70条健身路径，推动学校体育场馆向社会有序开放。

6. 改善居住条件。推进山巷、和平路西等24个棚户区改造，实施2.6万平方米危房解危、1万平方米街巷改造；基本建成保障房2000套，货币化安置4000套。

7. 方便市民出行。打通太古山路等断头路；新增200辆新能源公交车；新建国信南广场、市儿童医院等9个停车场，市区新增泊车位1300个。

8. 加强养老服务。新建3个老年人日间照料中心，扩大城市社区老年助餐点服务范围；全市护理型养老床位占养老机构床位总数的50%以上。

9. 提升社区服务。新建改造4个社区服务中心；在南徐新城片区开展“互联网+社区便利店”的倍全模式试点，解决群众“买菜难、卖菜难”。

10. 打造“放心餐桌”。建成餐饮安全示范区，争创省级食品安全城市，中小学、托幼机构食堂良好以上等级90%以上。

四、加强政府自身建设

牢记为民宗旨。把执政为民贯穿政府工作全过程。加快转变政府职能，创新公共服务供给方式，完善政府购买服务清单，集中更多财力用于公共服务和民生改善。坚持放权于企、让利于民，正确处理好政府与市场的关系，让政府有形之手、市场无形之手、市民勤劳之手同向发力。大力弘扬“店小二”精神，深入农村、社区和企业听民意、接“地气”，办实事、解难题。

严格依法行政。坚持领导干部带头学法尊法用法，坚持运用法治思维和法治方式推动工作，坚持法定职责必须为、法无授权不可为，把政府活动全面纳入法治轨道。坚决贯彻市委决策部署，认真执行重大行政决策程序规定，确保决策制度科学、程序适当、过程公开、责任明确。依法接受人大及其常委会的监督，自觉接受人民政协的民主监督，认真做好人大议案、代表建议和政协提案办理工作。主动接受司法机关监督，接受社会公众监督和新闻舆论监督，充分听取民主党派、工商联、无党派人士和各人民团体的意见。深化政务公开，完善新闻发布制度，让权力在阳光下运行。

切实改进作风。建立高效运作机制，政府领导班子坚持集体领导、分工负责、相互协作。坚持求真务实、真抓实干，不搞虚假政绩、不搞数字攀比、不搞形象工程。少讲正确的废话，多讲有用的真话；少开无效的会议，多办有效的实事；少出空洞的文件，多出管用的办法。“军中无戏言”，承诺必兑现。对市委定下的事、向群众承诺的事，说则必干、干则必成。大力弘扬担当精神，积极营造想干事、能干事、干成事的氛围，不断提振公务员队伍的精气神。严格机关绩效管理，健全问责处罚机制，力戒敷衍了事、推诿扯皮、为官不为，坚决整治庸政、懒政、怠政。支持和帮助各辖市区、镇江新区、镇江高新区解决事关长远发展的重大问题。尊重基层实践，尊重群众首创精神。

坚持廉洁从政。严格执行党内政治生活若干准则、党内监督条例和问责条例，严格执行党风廉政建设责任制，切实履行主体责任。认真落实“一岗双责”，深化廉政风险防控，坚持不懈纠正“四风”。坚持用制度管权、管事、管人，强化权力运行制约监督，加快形成不敢腐、不能腐、不想腐的体制机制。强化行政监察和审计监督，严管公共资金、严管公共资源交易、严管国有资产资本。坚持无禁区、全覆盖、零容忍，严查重点领域和关键岗位腐败，严惩侵害群众利益的不正之风和腐败问题。

【名词解释】

(1) 四碳创新：产业碳转型、企业碳管理、区域碳考核、项目碳评估。

(2) 三个片区：东部谏壁片区、西南韦岗片区和高资片区。

(3) 一湖九河：金山湖和古运河、运粮河、虹桥港、玉带河、周家河、光明河、丁卯团结河、大港河、丁岗团结河。

(4) 多评合一：项目前期推进阶段所涉及的节能评估、环境影响评价、碳排放影响评估、安全评价、水土保持方案、地质灾害危险性评估、地震安全性评价等7项评估由串联方式调整为并联方式进行，实行统一受理、统一评估、统一评审、统一审批的服务新模式。

(5) CBA：中国男子篮球职业联赛。

(6)“161”社会共治模式：聘请100名社会监督员，组建60人的专家委员会，发动1000名青年志愿者，共同参与食品药品监管。

(7) 长安杯：全国社会治安综合治理优秀地市奖，是全国社会治安综合治理工作的最高奖项。

(8) 六个年：创新转型提速年、产业项目突破年、“生态镇江”提升年、改革开放深化年、民生保障强化年、治理体系完善年。

(9) 一区十四园：镇江高新区，镇江知识城、船舶及海工配套产业研发创新基地、中德清洁水创新中心产业化基地、镇江科技一条街、高性能材料科技产业园、路面新材料和绿色建材科技产业园、智能电气科技产业园、高校园区、高端装备和生物技术科技产业园、高性能铝材料产业园、中小企业信息产业园、中瑞生态产业园、镇江科技新城、航空航天产业园。

(10)“金山英才”计划：“十三五”期间，重点引进支持600名(个)以上产业发展领域的高层次领军人才(团队)。

(11)“1+5X”政策：“1”是指《关于推进供给侧结构性改革的意见》，“5X”是指根据“去产能、去库存、去杠杆、降成本、补短板”五大任务制定出台的《关于去产能工作实施方案》《镇江市关于房地产去库存工作的实施方案》等13个政策文件。

(12)“263”专项行动：即江苏省生态保护和环境治理“两减六治三提升”专项行动。“两减”是指减少煤炭消费总量、减少落后化工产能；“六治”是指治理太湖水环境、治理生活垃圾、治理黑臭水体、治理畜禽养殖污染、治理挥发性有机物污染、治理环境隐患；“三提升”是指提升生态保护水平、提升环境经济政策调控水平、提升环境执法监管水平。

(13) 民生“三安”：生产安全、生活安宁、社会安定。

(14) 危化品防范处置“五大体系”：危化品源头管控体系、企业安全生产体系、政府监管体系、应急救援体系、责任处罚体系。

(15) 两学一做：学党章党规，学系列讲话，做合格党员。

(16) 三重一大：重大决策、重要人事任免、重要政策与项目安排、大额度资金使用。

(17) 十个更大进展：在供给侧结构性改革、培育创新型增长点、振兴实体经济、打造低碳新经济和全域旅游、深化改革开放、重大基础设施建设和宁镇扬一体化、发展现代农业、保障和改善民生、提升生态宜居品质、优化发展环境等十个方面实现更大进展。

(18)“五个一”推进机制：“半月一督查、一月一通报、两月一调度、一季一点评、半年一观摩”的项目推进机制。

(19) 海陆空：海洋工程及装备产业、汽车及零部件产业、航空航天产业。

（20）小微企业“周转贷”：为小微企业资金周转提供的短期贷款。

（21）投贷联动：股权投资和银行信贷之间的联动融资模式。

（22）“江海河联动、港产城融合”十大行动计划：现代港口集疏运体系建设行动计划、港口结构调整行动计划、港口产业发展行动计划、现代港口物流行动计划、港城联动发展行动计划、口岸环境建设行动计划、智慧港口建设行动计划、江河生态环境保护与低碳港口行动计划、改革创新行动计划、港口发展典型示范建设行动计划。

（23）三留守：留守儿童、留守妇女、留守老人。

（24）“两权”抵押：农村承包土地经营权和农民住房财产权抵押贷款。

（25）“放管服”改革：以转变政府职能为核心的“简政放权、放管结合、优化服务”系列改革。

（26）双随机、一公开：在监管过程中随机抽取检查对象，随机选派执法检查人员，抽查情况及查处结果及时向社会公开。

（27）“1+6”重点改革措施：“1”是指生态文明体制改革总体方案，“6”包括环境保护督察方案（试行）、生态环境监测网络建设方案、开展领导干部自然资源资产离任审计的试点方案、党政领导干部生态环境损害责任追究办法（试行）、编制自然资源资产负债表试点方案、生态环境损害赔偿制度改革试点方案。

（28）“金屋顶”计划：利用企业厂房、城市公共建筑等屋顶资源建设分布式光伏发电项目。

（29）教育现代化“双创”：创建教育现代化先进镇（街道）和教育现代化先进学校。

年度聚焦

中国共产党镇江市第七次代表大会情况综述

2016年9月26日，中国共产党镇江市第七次代表大会在镇江影剧院开幕。大会的主题是：紧紧围绕建设“经济强、百姓富、环境美、社会文明程度高”的新镇江，坚定不移地走生态领先特色发展道路，为高水平全面建成小康社会扎实奋斗。大会应出席代表450名，实到438名，符合规定人数。大会执行主席夏锦文、朱晓明、李国忠、张庆生、张洪水、孙健、李雪峰、倪斌、童国祥、曹寅、曹当凌、黄利民、李健、秦海涛在主席台前排就座。省委换届工作督导组组长、省国土厅原厅长陶培荣在主席台前排就座。大会由朱晓明主持。上午9时，会议正式开始。全场起立，奏唱《中华人民共和国国歌》。夏锦文代表中共镇江市第六届委员会，向大会作题为《聚力“强富美高”深化特色发展为高水平全面建成小康社会扎实奋斗》的工作报告。报告分三个部分：一是各项事业取得重大成就的五年；二是高水平全面建成小康社会；三是深入推进全面从严治党。黄利民代表中国共产党镇江市第六届纪律检查委员会向大会作《坚持全面从严治党 聚焦监督执纪问责 为高水平全面建成小康社会提供坚强纪律保证》的报告。报告回顾过去五年市纪委的主要工作以及开展党风廉政建设和反腐败斗争的体会，并就今后五年的工作提出建议。地市职老同志，市各民主党派、工商联主要负责人和无党派代表人士及列席人员参加大会开幕式，省委组织部、省纪委派出的省委换届工作督导组到会指导。

9月29日上午，中国共产党镇江市第七次代表大会在完成各项议程后，在镇江影剧院闭幕。大会主席团常务委员会委员夏锦文、朱晓明、张洪水、孙健、李雪峰、倪斌、童国祥、曹寅、曹当凌、黄利民、李健、秦海涛在主席台前排就座。夏锦文主持第三次全体会议并致闭幕词，朱晓明主持大会闭幕式。大会应到代表450名，实到代表444名，符合规定人数。市第七次党代会第三次全体会议首先以无记名投票的方式差额选举产生中共镇江市第七届委员会候补委员9名和出席省第十三次党代会代表40名。随后，大会通过关于中共镇江市第六届委员会工作报告和纪律检查委员会工作报告的决议。大会在《国际歌》声中闭幕。

9月29日下午，中共镇江市第七届委员会举行第一次全体会议。出席会议的市委委员50人，候补委员9人。会议由夏锦文主持。全会选举夏锦文、朱晓明、李雪峰、倪斌、童国祥、曹寅、黄利民、李健、秦海涛、郭建、裔玉乾为市委常委；选举夏锦文为市委书记，朱晓明、李雪峰为市委副书记。全会通过市纪委一次全会的选举结果，黄利民任市纪委书记。完成各项议程后，新当选的市委书记夏锦文在会上发表题为《走在扎实奋斗的最前列》的讲话。

（市委办）

镇江市工业绿色转型发展试点工作综述

2015年5月，工信部批复同意镇江开展工业绿色转型发展试点。2016年9月，镇江市在兰州举行的全国工业绿色转型试点城市交流会上作先进经验交流。镇江市围绕率先成为示范城市的目标，探索工业化中后期城市的绿色转型路径，整体设计，综合施策，推进工作全面开展。

一、制一份“绿色通行证”

以控制增量、优化存量、增加工业结构中“绿色模块”的比重为出发点，坚持绿色准入制度，为调优、调轻、调强、调绿工业结构制定一份“绿色通行证”。2016年，全市新兴产业实现销售4089.95亿元，比上年增长12.5%。

一是严把区域准入关。编制《镇江市主体功能区规划》，制定产业准入、环境准入、财政扶持等6个配套政策。将全市划分为优化开发、重点开发、适度开发、生态平衡四类区域。所有产业和项目，都要按照主体功能区定位进行布局，合理配置生态空间与建设空间。

二是严把园区准入关。严格执行主体功能区规划，加快推进工业转型升级和“集中、集聚、集约”发展。按照年度“三集”发展目标任务，以基础设施配套完善工程等五大重点工程为切入点，加快示范园区建设，推进各项指标落实。

三是严把项目准入关。坚持“四个一律不上”（一是一律不上国家明确的产能过剩行业新增产能项目；二是一律不上一般燃煤发电、普通炼钢、纸浆类造纸、水泥、印染、电镀、小型采矿类项目；三是一律不上化工园区及监测点以外的化工项目；四是一律不上能耗和污染排放高于国内同行业标准的项目），对重大产业项目实行评估制度。执行项目节能评估审查和环境影响评价，未通过能评和环评审查的项目一律不得开工建设。

二、绘一张“绿色路线图”

一是抓低端产能淘汰。“铁心”“铁腕”“贴本”，全力化解过剩产能，完成国家、省下达淘汰任务，“十二五”累计完成淘汰低端产能项目201个，压缩水泥产能554万吨、钢铁22.5万吨，拆除电镀生产线160余条，累计关闭小化工企业377家。2016年，完成去产能项目43个，化解水泥产能110万吨。

二是抓绿色改造项目。2016年，推进64个重点节能及循环经济项目建设，当年完成项目45个，完成投资20.14亿元，形成年节能量31.58万吨标准煤；推进电机能效提升项目建设，推广高效电机11.4万千瓦，淘汰低效落后电机12.7万千瓦，完成电机系统节能改造54.8万千瓦；推进变压器能效提升项目建设，全年淘汰落后变压器4.49万千伏安，推广高效变压器10.13万千伏安，实施配电系统能效提升改造396千伏安。

三是抓循环经济发展。1家国家级循环化改造园区和3家省级循环化改造园区完成改造任务。在化工、光伏、静脉、造纸等产业园，打造危废安全处置、污水集中处理、固废综合利用等园区共用环保基础设施。园区企业间循环链条培育延伸初见成效：丹徒经济开发区形成发电—粉煤灰、尾矿、脱硫石膏—建材循环利用链，句容绿色建材产业园形成发电—供热—废渣—建材循环利用链。

四是抓清洁能源替代。实施“金屋顶”企业计划，按照“自发自用、余量上网、电网调节”的原则，组织全市光伏产品制造商、系统集成商和运营服务商，利用工业厂房屋顶资源建设分布式光伏发电项目。先后建成屋顶光伏发电项目60个，并网装机容量139.44兆瓦，年发电量1.2亿千瓦时。

三、试一条“绿色金融链”

镇江市尝试构建“绿色金融链”，运用市场化的力量，破解绿色改造资金难题。

一是开发绿色金融资产。落实《江苏省项目节能量交易管理办法（试行）》，在化工、有色、钢铁、石化、建材行业企业新上新增能耗项目时，督促企业通过购买等途径获取有节能量证书的节能量，并按照等量或减量置换要求实施能源消耗总量替代。全年完成4笔节能量交易、6969吨标准煤，交易总额56.2万元以上，放大绿色改造项目收益。

二是设立“经信贷”节能专项。制定《镇江市工业经济和信息化风险补偿资金池贷款管理实施办法》，由政府提供5000万元铺底的风险补偿资金，与江苏银行合作设立“经信贷”5亿元，其中的节能专项是由江苏银行向企业及节能服务公司发放节能项目贷款。全年“经信贷”发放总额达1亿元以上。

三是推行新型合同能源管理。加大合同能源管理政策支持力度，通过推行“我投资、你节能、共受益”的合同能源管理模式，培育节能服务市场，减少企业绿色改造直接投资。全年合同能源管理项目总投资达2000万元以上。

四、织一张“绿色监管网”

资源和环境是发展的底线，镇江市编织一张“绿色监管网”，倒逼工业绿色转型发展。

一是加强节能监察机构建设。建立管理、监察、服务“三位一体”的节能监管体系。完善市、区（县）两级节能监察队伍，丹阳、句容、扬中、京口4个辖市（区）全部建立节能监察机构，并配发统一服装，进行专业化培训，与市节能监察中心开展联合执法。

二是构建智能化监管体系。应用现代互联网、物联网等技术构建电能云平台，推进重点工业企业内部监测点的安装，提升“镇江电能管理服务平台”上线运行质量。电能云平台具备五大功能，上线企业达350家。

五、建一个“绿色国际朋友圈”

镇江市秉持开放、包容的理念，构建一个“绿色国际朋友圈”。引进绿色转型先进国家的新技术、新模式，利用各种资源助力绿色发展。

一是推动国际合作。工业绿色转型试点城市建设开展后，先后与世界自然基金会、美国保尔森基金会、美国能源基金会、中美能源合作项目、瑞士能效署、国际铜业协会等国际组织和机构建立合作关系，镇江工业绿色转型发展的“国际朋友圈”越来越大。

二是引进国外资源。与美国保尔森基金会合作，共同发起设立镇江市绿色发展产业基金。镇江市绿色发展产业基金，总规模30亿元，投资范围覆盖镇江、苏南乃至长三角的绿色、节能、环保项目。

（市经信委）

镇江市新能源汽车产业链发展情况综述

镇江市新能源汽车产业发展主要经历两个阶段：规划引导。2010年，镇江市在全省率先出台《镇江市新能源汽车产业发展规划纲要》，规划引导新能源汽车产业。起步发展。2014年，卡威集团新能源汽车正式进入工信部汽车公告目录，嘉钰新能源大功率直流充电桩亮相南京青奥会。随着一批新能源汽车产业项目投产，镇江市初步形成涵盖整车制造、“三电”核心系统总成以及充换电设施等新能源汽车产业链。主要有以下五个特点：

一是产业规模快速发展。2016年，全市新能源汽车产业实现销售23.3亿元，比上年增长51.1%。全市生产新能源汽车745辆，其中客车37辆，占5.0%；乘用车550辆，占73.8%；专用车158辆，占21.2%。全市进入新能源汽车生产公告的企业有3家，比上年增加2家；进入《新能源汽车推广应用推荐车型目录（2016年）》的车型有23款，类别从客车拓展到客车、乘用车、专用车。

二是零部件产业加快集聚。全市新能源汽车企业主要分布在丹阳市汽车零部件生产基地、丹徒区生态汽车产业园和镇江新区汽车及零部件产业园等三大产业集聚区内。丹阳市汽车零部件生产基地以卡威集团、天洋汽车龙头，集聚超力电器、乐能电池、大赛璐安全系统、梅花机械等一批关键部件企业。丹徒区生态汽车产业园以北汽镇江为龙头，集聚海纳川汽车零部件等8家企业。镇江新区汽车及零部件产业园集聚力信科技、中研电控、中联达通广公司等12家新能源汽车关键零部件企业。

三是创新研制步伐加快。全市新能源汽车行业有120多项技术创新成果填补国内空白，有发明专利24项，其中11项技术达到国际先进水平，主导或参与制定国家标准2项。建成全省首个混合动力车辆技术国家地方联合工程研究中心、全省唯一新能源汽车运行智能化技术工程实验室等省级以上公共服务平台6个，其中国家级2个。全市新能源汽车企业中，建有省级企业技术中心3家、市级企业技术中心21家。近7成企业与上海交通大学、江苏大学等建立产学研合作关系。

四是项目建设稳步推进。从2010年开始，依托传统汽车产业优势，以产业链为突破口，通过转型升级、引进新建、合资合作等途径，实施“卡威集团新能源汽车整车”等亿元以上重点项目5个，总投资260亿元。其中总投资10亿元的“卡威集团新能源汽车项目一期”等3个项目竣工或部分竣工投产。2016年，全市实施新能源汽车产业亿元以上在建重点项目10个，总投资285亿元。

五是推广应用成效显著。2016年，全市推广应用新能源汽车1049辆，折合标准车6862辆，是省政府下达目标任务的1.6倍，列全省第5名，累计推广2092辆。充电设施建设步伐加快，新建公共充电桩929个，比上年增长4倍，累计达到1203个。推广应用模式不断创新，引入环球车享分时租赁项目，计划投入车辆1500辆，建设网点500个，布局车位2000个；投入纯电动乘用车300辆。

（市经信委）

镇江市企业网络服务平台运行情况综述

镇江市探索“互联网+政务服务”新模式，打造镇江市企业网络服务平台，为企业解难题、办实事。

一、跨界融合，“一个窗口”对外，让企业更省心

以原市中小企业公共服务平台为基础，运用“互联网+政务服务”思维，整合全市所有涉企服务资源，在国内地级市率先打造全市统一的企业网络服务平台。企业在创新和发展中遇到问题，都可以通过平台“一键提交”，使企业由原来“跑多个部门、办一件事情”，变为“进一个平台，办各种事情”，推进政务服务由“面对面”到“键对键”的转变。

平台以“企业需求、方便操作、精准高效、全程考核”为原则。在服务对象上，聚焦企业群体，面向企业、创业和投资者提供服务；在服务方式上，采用“1（市）+4（辖区）+X（政府涉企部门）+Y（各类中介机构）”模式，丹阳、句容、扬中3个辖市同步建设，两级平台互联互通、无缝对接；在服务内容上，主要提供政策咨询服务、诉求帮办服务、专业机构服务和项目申报服务等，并与行政审批平台建立链接；在服务时效上，实行“135”限时办结，1个工作日内受理回复、3个工作日内办结答复，疑难问题，通过部门会办、高位批办，力争5个工作日内办结；在服务举措上，专门申请统一的专线服务号码“965808”（谐音“就让我帮您办”），平台注册新的域名“965808. gov. cn”，并开通“zj965808@ qq. com”邮箱，一个号码、系列服务，易于记忆、便于使用。

二、创新服务，“一支队伍”帮办，让企业更放心

综合纪检、组织、编办、“三集”办、机关工委、政务服务等市级机关部门的力量，通过平台集聚各涉企服务部门的资源，建立跨界融合的政务服务帮办体系。市委组织部将平台纳入“党群综合体”创建内容；市委市级机关工委组织所有机关党组织，在平台发起“企业点单我服务”助企兴业活动；机关各部门均明确领导责任，落实帮办力量，对企业诉求，实行“网上受理承诺、线下办理回复、监督评议反馈”。全市实现市级机关部门的帮办服务全覆盖，有专兼职帮办员300多名。

截至2016年年底，平台累计访问量突破10万次，注册企业近5000家，218家优质服务机构入驻，发布各类政策信息2800余条，办结企业诉求970多件，办结率100%，满意率98%。特别是通过部门会办、高位批办、跟踪督办、特事特办，解决中储粮公司“关于协调办理地块出让金返退”等多个疑难诉求150多件。

三、集聚政策，“一份菜单”承诺，让服务更贴心

以提高涉企服务有效性为目标，镇江市对国家、省、市鼓励企业发展的政策进行全面梳理，发布涉企服务“菜单”，包含服务项目50个，涵盖科技创新、技术改造、两化融合、绿色节能、淘汰落后等8个类别。截至2016年年底，以“企业点单我服务”的方式，为企业解决各类问题500多个。在做好线上服务的同时，通过聚焦产业、聚集资源、聚合力量的“三聚”服务，面对面、点对点对接航空航天产业园、高新技术开发区、智能电气产业园、绿色化工产业、光伏产业等10多个园区、产业，近300家企业，根据园区、产业、企业的不同需求，提供“个性化”的定制服务，按照“一处接单、分责办理、限时办结”的工作要求，协调解决问题200多个。

“菜单”服务在市级机关各部门广泛复制推广的同时，汇总政策“干货”近300项，建立涉企政策“菜单”项目库，通过网络平台等多种渠道，以“政策要点+责任部门+咨询电话”的形式集中对外发布，以方便企业进行菜单式检索查询，使平台成为企业了解各类政策的新“百度”。

四、高层推进，“一套机制”保障，让服务更用心

推动建立循环闭合、跟踪考核的服务保障机制，形成全市上下整体联动的“一盘棋”格局。

一是高层的组织推进。在市委常委会工作要点、市委“效能革命”意见、市政府十大目标任务和廉政建设重点任务中，都将平台建设列入其中，要求完善帮办体系、健全考核办法，全面推行“135”限时办理机制，提高运维水平和质量，实现服务全天候、企业全覆盖，把企业网络服务平台打造成为全方位帮办服务企业的“直通车”。

二是有力的督办考核。市纪委将平台建设纳入“效能革命”的考核内容；市产业“三集”发展领导小组将平台纳入全市“三集”园区建设考核体系；市委市级机关工委专门成立工作指导和监督机构，公布监督电话，接受企业投诉，同时，把各部门的帮办服务成效纳入年度作风建设和机关党建考核；市级机关76个党组织均在平台公开作出服务承诺，公布服务热线和举报电话；各辖市（区）和乡镇、街道、园区均建立周报告、月通报、季督查、年考核的帮办服务和考核问责体系。

三是规范的制度规定。建立《企业网络服务平台部门帮办员制度》《企业网络服务平台企业联系人制度》，制定《企业网络服务平台政务帮办服务管理办法》《企业网络服务平台宣传推广工作考核办法》，出台《企业网络服务平台作业指导书》《部门受理企业诉求帮办服务流程》《965808服务热线接听规范》等系列服务标准，规范平台建设和运行。

“线上受理，线下帮办”服务模式获2016年“全国中小企业创新创业服务优秀案例”，平台升级为全省五星级公共服务平台。平台的建设开通作为重大创新成果写入市第七次党代会报告。

（市经信委）

镇江市“七创”全国双拥模范城综述

2012年3月，镇江市市委、市政府、军分区提出“全面融合，全面提升”的“七创”思路，把推进军民九大融合作为双拥创建工作的重中之重和最大特色深化推进。《全国双拥工作简报》全文刊发《镇江市推进军民融合式发展实施意见》，省双拥办以文件形式加按语转发全省，《解放军报》《中国国防报》头版头条加编者按报道镇江军民融合发展的创新举措。2016年7月29日，全国双拥模范城（县）命名暨双拥模范单位和个人表彰大会在北京召开。市委书记夏锦文出席会议并受到中共中央总书记习近平等中央领导的接见。

一、推进思想融合，工作机制更健全

一是健全组织领导机制。明确市双拥领导小组兼任市推进军民融合式发展领导小组，7名组长中有4名市委常委，市双拥办作为双拥领导小组的常设办事机构，设在市政府办公室。二是健全工作推进机制。市委、市政府、军分区将军民融合式发展纳入全市经济、社会发展和部队建设的总体规划，作为“3+X”综合考评的重要内容，先后出台《镇江市推进军民融合式发展实施意见》等一系列规范性文件，各辖市（区）、部分部委办局和部队先后出台实施办法或融合细则。三是健全政策落实机制。从2012年开始，570多名军转干部中，90%以上进入公务员队伍，90%以上正团职干部进入各部委办局党委班子；退役士兵自主职业补助金全面实现城乡一体化，四类重点安置的退役士兵全部安排工作岗位，退役士兵职业技能培训率、安置率超过省规定标准；重点优抚对象优待抚恤补助实行自然增长机制，标准超过国家标准；优抚对象精神抚慰工作的经验做法在全省推广；随军随调家属安置率保持100%。

二、推进产业融合，转型升级更强劲

军民融合式发展呈现出三大显著效应：一是民用技术对国防建设的支撑效应。部分企业通过军工保密资质认定，多家企业派驻军代表。20余项科研成果在多个部队推广应用。二是国防建设对产业发展的牵引效应。全市航空制造、新材料等领域先后开发出近百项填补国内空白、占据世界前沿、部队建设需要的新技术、新材料、新产品。三是军民融合式发展的集聚效应。丹阳市高科技产业园2012年被空军命名为全国首家“军民融合发展产业示范区”，许其亮等10多位将军到丹阳，出席授牌仪式。2013年2月，丹阳市航空航天产业集聚区被授予全省首家“军民结合产业示范基地”。2013年4月，国家发改委下发《苏南现代化示范区规划》，明确在镇江建设军民融合产业示范区。2015年3月，华东首家军民融合产业联盟在镇江新区成立。

三、推进文化融合，双拥氛围更浓厚

一是靠宣传推进。全市高速公路出入口、市区主干道和部队营区主要路段都设立大型永久型双拥宣传牌。广播、电视、报纸开辟双拥宣传专栏，广泛营造双拥氛围。二是靠活动深化。文化拥军慰问演出小分队在重大节日期间驻镇江部队慰问演出，与驻地部队举办军民联欢联谊。每年组织送培训进军营活动。市双拥办牵头开展“书香进军营”活动，通过送书进军营，开通数字图书馆，完善军营阅览室，举办讲座、演讲、征文、评比等活动，丰富军民文化生活。三是靠载体拓展。各辖市（区）均建立1个以上双拥文化主题广场、双拥主题公园、双拥街道等，并全面建立双拥网站。

四、推进教育融合，军地互动更自觉

一是把国防教育纳入各级领导干部教育培训课堂。借助“文心讲堂”公益文化服务品牌，邀请张召忠、黄培义、付立群、罗援等学者为军地领导举办国防教育讲座。各级党校在举办的各类培训班中都开设有国防教育讲座。2013年3月，以“加强纪律性，增强执行力、提高国防观”为主题，对机关干部分批进行军训。二是军地双方教育资源共享。驻镇江部队担负镇江每年3万多名大中专、初高中学生的军训任务；各级各类学校广泛开展各种形式的教育拥军活动，选派优秀老师，对报考军事院校的战士开展辅导服务。市教育局出台教育融合实施细则，把教育资源向部队倾斜。三是拓展教育融合平台。市中级人民法院为驻镇江部队建立法律拥军培训基地，组织开展“军官法官互学、军营法庭互动”系列法律拥军活动，定期组织部队官兵到法院实习，实现驻镇江所有团以上部队法律拥军工作站全覆盖。

五、推进卫生融合，军地互助更到位

一是加大政策优惠力度。明确对现役军人、军烈属、军队离退休干部和重点优抚对象实行住院费、手术费等“七减免”。市卫生系统将解放军359医院统一纳入地方医保结算单位，驻地医院普遍在服务窗口设立拥军服务公约、军人优先优惠等标识牌，同时专门设立重点优抚对象病房、病床，实现优抚对象“一站式”结算。二是加大系统交流力度。组织医院专家、教授走进部队，对部队卫生人员进行有针对性的培训。安排基层部队卫生人员到各医院的相关科室进行理论学习和临床实践。三是加大医院互助力度。解放军359医院为镇江市乡镇卫生院培训100多名医护人员，并免费提供业务进修学习。驻镇江部队开展“百支医疗队服务到基层”行动；每年组织官兵为驻地义务献血。

六、推进设施融合，资源整合更充分

一是规划上优先考虑。市交通部门在每一条高等级公路经过部队营区附近时都预设部队的出入口，并先后由地方出资为驻镇江部队建成18条双拥路，打通连接国道、省道、高速公路、京沪高铁的断头路。二是设施上优化配套。与海军某部共建舰船修造基地；结合通信工程建设，与驻地部队合建专用加密光缆线路；结合市政公用设施建设，统筹推进民防事业发展，修建人防工程。三是保障上优质服务。市住建局、交通局、镇江供电公司、市自来水公司等部门单位投入3000多万元为73057、73860、73855等部队修建双拥路，改造自来水、供电线路。73016、73860部队参与南山风景区、镇江技师学院新校区等重点工程建设。

七、推进人才融合，培育机制更科学

一是导向鲜明。充分发挥地方高校智力密集的优势，优化课程设置和师资配备，培养具有保卫国防和生产建设两套本领、军队和地方都能发挥作用的新型军事人才。二是优势互补。全市依托军地高校的教育资源，采取定向培养和普及教育的方式，先后为部队培养数百名信息化作战和专业技术人才。解放军船艇学院等部队的专家、教授和专业技术人员，为镇江市船舶制造业发展做出较大的贡献。三是岗位激励。市教育局、市科技局、江苏科技大学等单位专门设立科技拥军奖励基金，奖励科技练兵中表现突出的部队官兵和科技人才。学校与驻镇江某部队合作研发的作战训练信号识别系统，获该部队所在集团军器材革新一等奖。

八、推进应急融合，社会管理（应对险情）更高效

驻镇江部队在镇江军分区的牵头下，与市应急指挥机构制定抢险救灾、维稳处突等应急预案，在军地应急指挥机构的统一协调指挥下，驻镇江73056部队、73016部队、73855部队、武警部队、消防部队等先后参与畅通交通要道、扑灭山火等突击行动。

九、推进党建融合，创先争优更深入

从2012年开始，驻镇江部队组织连以上党组织与驻地基层党组织开展结对共建活动。40多个结对共建的军地党委围绕“五个共同”开展党建融合活动。军地坚持每年以签订责任书形式互办20件实事。市慈善总会专门设立义务兵困难家庭慈善救助资金，4年时间救助义务兵困难家庭60多个。驻地部队连队分别和镇、村、社区结对，帮创优美村镇，参与文明城市、卫生城市、生态城市等创建活动；结对帮扶“三老”优抚对象和困难学生，近百支医疗小分队定期为驻地敬老院、养老院、特困病人送医送药。

（市双拥办）

“法治惠民镇村行”工程建设综述

2016年，镇江市全面实施“法治惠民镇村行”工程，向镇（街道）、村（社区）选派法治建设工作指导员，推动运用法治思维、法治方式解决基层和群众关注的热点、难点问题，服务经济社会发展和民生事业建设，落实法治惠民办实事项目。

一、组建一支能战斗的指导队伍。一是高标准选派。坚持政治素质好、理论功底深、业务能力强、实践经验足、工作作风硬“五条标准”，选派55名县处级领导干部、715名科级干部担任法治指导员，实现全市所有镇（街道）、村（社区）全覆盖。二是高目标定位。以推动实现依法执政、依法行政、公正执法、法制宣传、社会治理“五个示范”为目标，为法治指导员明确指导法治建设、推动依法治理、提供法律服务、开展法治宣传“四项基本职责”，要求争当法治创建指导员、法治建设宣传员、社情民意调查员、矛盾纠纷调解员和涉法事务服务员。三是高要求管理。逐级签订责任书，为指导员明确指导目标、职责要求和工作纪律，定期组织有针对性的教育培训和研讨交流活动，提升指导队伍的凝聚力和战斗力。

二、打造一个高效率的服务平台。一是突出“三个层面”进行指导。全市所有指导员均和指导单位进行联系沟通和实地指导。在个体层面，指导基层党员干部依法履职695次，规范执法行为216次，化解矛盾纠纷756起，全市镇（街道）、村（社区）接受指导服务近5000人次；在单位层面，指导制定规范性文件136件，落实法治实事项目460件；在社会层面，召开座谈会461场，举办法治讲座537场，送法进镇村835次。二是围绕“三个提升”提供服务。针对各地实际情况和不同需求，在生态保护、征地拆迁、劳资纠纷等社会关注、问题高发的重点敏感领域，因地制宜指导，对症下药提供服务，帮助实现规范执法水平、全民法治信仰、社会治理水平“三个提升”。三是注重“三个结合”进行统筹。把区域法治建设与提升基层党政领导干部法治思维结合起来，从体制、制度、机制层面推动构建基层区域法治建设体系；和源头化解矛盾纠纷工作结合起来，健全完善基层民主选举、决策、管理和监督等制度体系，引导群众有序参与基层民主法治实践，理性表达诉求和维护权益；和推进“双型”党组织建设结合起来，扫除法治建设的盲点和空白，打通法治联系服务群众“最后一米”。

三、建立一套全覆盖的考评机制。一是建立工作记录制度。市委组织部、市委政法委统一印制工作手册，实行指导员工作记录制度。每位指导员在所在镇（村）开展工作的情况，包括定期进村入户情况、电话联系群众情况、惠民办实事情况、与镇（村）班子共同研究法治建设工作情况等要详细记录在册，并接受抽查。2016年，全市抽查指导员工作手册500余本（次）。二是建立月度报告制度。市委组织部、市委政法委印发《关于建立“法治惠民镇村行”工程实施情况月度报送制度的通知》，明确各辖市（区）和市各政法部门每月10日前报送法治建设工作指导员的工作开展情况，市委组织部、市委政法委将指导情况汇总后通报指导员所在单位，并作为年度个人目标考核和推荐表彰奖励依据。三是建立考核奖惩制度。将法治指导员派驻工作纳入年终对各县（区）和市政法部门的目标考核。注重考核结果的应用，对评为优秀等次的法治指导员，由政法委、组织部每年按一定比例联合组织表彰“优秀法治建设工作指导员”；连续两年被评为“优秀法治建设工作指导员”的推荐给市委并表彰为法治建设工作先进个人；特别优秀的在选拔使用上给予优先考虑；对指导不主动、不到位、不担当、考核靠后的，年度考核不得评为优秀等次。

四、形成一批有影响的特色项目。在“深化法治惠民镇村工程”建设的过程中，因地制宜的培育打造一批特色品牌。生态文明建设法治保障制度获国家级“制度创新奖”，入选省委深化改革领导小组《基层改革案例精选汇编》，并获评法治江苏建设高层论坛一等奖。法治惠民办实事项目在全省首次采取公开展评的方法评选表彰。“一案三防”责任制建设在省委《决策与参考》中登载，被评选为首届江苏省优秀实践案例。执法司法规范化建设领域的“1+1+1”接访工作模式、案件评查专家库建设和“两级三查”案件评查制度取得实效，11个单位被命名为“全省公正司法示范点”。

（市委政法委）

“中华诗词之市”创建情况综述

2013年年初，市委发文成立创建“中华诗词之市”领导小组，由市政协主席李国忠担任组长，市委、市政府、市政协分管领导任副组长，相关职能部门领导为成员，并制定《关于创建“全国诗词之市”的实施意见》和《创建重点工作任务分解一览表》，全市创建“中华诗词之市”工作全面展开。2016年11月4日，镇江市举行镇江市“中华诗词之市（乡）”授牌大会，镇江市获“中华诗词之市”称号，丹阳市、句容市、丹徒区、京口区、润州区、镇江新区6个辖市（区）获“中华诗词之乡”称号，加上2002年创成“中华诗词之乡”的扬中市，镇江市实现创建工作“满堂红”。

镇江市全面开展创建“中华诗词之市”工作的四年中，深入推进诗词“六进”活动：一是诗教进校园。全市225所中小学，全部开展诗教进校园活动。其中，诗教达标学校121所。丹阳埤城中心小学、句容华阳实验小学等多所学校，将经典诗词与课间操结合，每天让全校师生边做操，边诵诗，毕业时，学生普遍能背诵300多首经典诗词。市丁卯中心小学位于晚唐诗人许浑的故居附近，学校经常组织学生到许浑故居参观。二是诗教进机关。市政协机关精选经典诗词，组织政协委员中的书法家书写作品，悬挂于机关走廊和办公室；将部分作品拍卖106万元，帮扶生活困难的劳动模范和道德模范。市政协组织20万名少年儿童参加“同书文明语，争做文明人”书法大赛活动，将中华经典诗词作为书写内容，让孩子们在书写过程中领略中华经典诗词的魅力。三是诗教进社区。全市社区免费将各类诗词教材和刊物分发给居民阅读，并组织老干部、老教师开展社区诗词培训、朗诵和诗词书画创作展示等活动。京口区四牌楼街道江滨新村第一社区发挥诗书画社、康盛剧社等群众社团的作用，约集诗友、歌友、戏剧票友，举办吟诗、唱诗、赛诗会，并开办诗词讲座和诗词研讨。该社区还建立手机微信平台，供诗友交流，并通过微信向居民普及中华经典诗词。四是诗教进企业。市总工会和市经信委联合推进诗词进企业活动，组织以“展示职工风采，抒发职工心声，凝聚职工力量”为主题的全市职工诗词创作大赛和全市职工诗词朗诵比赛，对获奖作者召开大会表彰奖励，对优秀作品结集出版。镇江供电公司开展职工诗教活动30多年，其火花诗社成立28年，由26名社员发展到126名。社员以诗颂党，以诗咏企，激发企业职工感恩情怀和做好本职工作的激情。五是诗教进景区。全市规划建设系统以诗造景，以诗美景，收集整理和市区22座山体相关的诗词，规划建设一批诗词景点。镇江新区在中央公园建设诗径、诗柱、诗廊等，游客用手机扫一扫，摇一摇，便可以看到景点的诗词和注解，提升景区品位。六是诗教进农村。各地结合村镇文化建设，开展诗词创建活动。荣炳盐资源区成立诗词组织14个，吸纳会员449人。姚桥镇儒里村以省级文保单位“朱氏祠堂”为阵地，展示朱熹的诗词；将村民休闲长廊打造成“诗词苑”，展示毛泽东等老一辈革命家诗词或廉政法制等内容的诗词；依托“儒里诗词沙龙”“儒里诗堂”，举办诗词吟唱会等，培养一批农民诗词爱好者。

创建活动获得成功，是各地各部门通力合作的成果。各级诗协和相关部门举办各类诗词培训和研讨班。市诗协组织编写并出版诗词基础知识教材《诗词入门》7000册；举办面向机关干部、学校教师、企业职工的各类诗词讲座30多场次。

市教育局邀请专家讲授镇江古典诗词的特色和诗词知识。各辖市(区)诗协均编写培训教材,举办诗词培训班,培养诗词骨干。在诗词"六进"中,注重发挥诗词骨干的作用,组织他们辅导培训,实行分片包干,确保"六进"活动的深度和广度。市委宣传部牵头,组织专家选编《历代诗人咏镇江百首诗词》,在网上征求市民意见后结集成册,供市民阅读欣赏。市纪检、监察部门以及公检法机关将诗词创建与廉政文化建设相结合,以诗词传递正能量。市文化部门在开展群众性文化活动中,注重加入诗词元素,开展群众性写诗、诵诗、唱诗活动,增强诗词文化的吸引力。团市委、市教育局和市诗协联合举办中小学生诗联大赛。市普法办与市诗协联合举办法律诗词竞赛。

中华诗词学会会长郑欣淼在点评镇江创建"中华诗词之市"时指出,镇江是历史文化名城,中国文化史上许多重大事件都发生在这里。看到镇江创建诗词之市很受鼓舞,说明城市文脉在传承。 (市政协)

镇江市产业"三集"发展工作综述

2016年,镇江市以"三集"示范园区建设为切入点,创新作为、务实推进,推动产业"三集"发展取得实效,为全市促转型、稳增长提供支撑。

1. 坚持目标导向,园区产业发展取得成效。2016年,全市产业"三集"园区完成固定资产投资1067.6亿元,比上年增长22.1%,高于全市7个百分点。20个先进制造业特色园区应税销售、30个现代服务业集聚区入库税收、30个现代农业产业园区总产值分别增长10.7%、15.7%、11.1%,增幅均高于全市平均水平。全年各地加强招商队伍建设,围绕产业需求和产业链发展推进产业招商,全市开展综合性、专题性招商活动148场,小分队招商3794次,引进总投资30亿元爱玛电动车、总投资30.6亿元中船海洋装备电气产业园、总投资30亿元的喜来山·句容养生度假小镇项目等一批重点项目,并以资源要素保供对接活动为切入点,做好项目建设的要素保障,培育新的经济增长点。

2. 强化载体建设,园区承载能力提升。一是以市场需求为导向,引导各地因地制宜建设利用好标准厂房,有效解决中小企业用地难问题,提升土地资源集约利用水平。全年全市新开工标准厂房建筑面积221.34万平方米,竣工厂房建筑面积180.98万平方米,新竣工厂房综合利用率56.23%。二是开展产业"三集"优秀公共服务平台建设选优评定工作,认定全市首批23个优秀平台,引导各地提升园区公共服务平台建设,提升园区产业服务配套能力。丹阳生命科学产业园精通眼镜技术服务中心建成全国最先进的中试线,能独立完成树脂镜片从光学设计到产品形成的全过程试验,提高科研成果的形成率和转化速率;润州区睿泰数字产业园开发建设超媒体数字出版运营服务平台,面向数字多媒体、电子出版、移动阅读、版权运营等产业领域,提供一体化的数字产业联动发展运营服务支撑。三是推进实施企业品牌培育促进工程,园区影响力增强。惠龙港国际钢铁物流基地获首批国家"示范物流园区";句容科技服务业产业园"福地创吧"创成国家级科技企业孵化器;镇江航空航天产业园获批"国家级航空产业新型工业化示范基地"和"省高端装备制造业特色基地"。

3. 突出发展引领,园区示范作用增强。2016年年初,市"三集"办制定印发《实施五大重点工程,打造"三集"示范园区》文件,全力推进20个示范园区建设,提升产业带动作用。各地按照文件要求,对照五大工程,加快推进示范园区建设。全年20家示范园区完成固定资产投资480.8亿元,比上年增长25.4%。10家先进制造业示范园区入库税收增长22.1%,扬中新能源产业园入库税收增长65.9%;6家现代服务业示范园区入库税收增长36.4%,西津渡文化产业园入库税收增长127.2%;4家现代农业示范园区农业总产值增长14%,江苏省丹徒现代农业产业园总产值增长15.6%。20个示范园区按照"一园一特色"要求,突出产业链式集聚发展,8个园区成为省级及以上特色产业园(示范)或服务业集聚区,20个示范园区基本实现公共服务平台全覆盖。

4. 创新运作机制,园区活力得到释放。各地在运作管理、投融资、招商、基础设施建设等方面开展市场化探索,打造特色亮点,形成示范作用。句容下蜀循环经济产业园与华电合资成立子公司,合作建设集中供气供热工程,利用华电发电余热及蒸汽改造,集中向园区企业供热供气,关闭园区企业分散的小锅炉,减少污染排放,缓解环境压力;中瑞镇江生态产业园通过市场化运作方式,创新管理体制,建立发展目标,搭建专业平台,引入瑞士(欧洲)在绿色发展上的先进理念、技术、产品和系统方案,促进企业降低生产能耗,提升居民的绿色生活水平,增强区域的创新与绿色发展能力。同时,鼓励园区探索建立各类产业发展专项基金,提升财政资金杠杆作用,支撑产业加速发展。镇江国家大学科技园与江苏艾科半导体有限公司联合组建集成电路产业园,共同发起设立集成电路产业投资基金,探索由创投和民企主导、国企参股的新的产业合作开发模式,支撑园区发展做强。 (市"三集"办)

生态文明建设综合改革的"镇江实践"活动综述

镇江市是全省唯一的生态文明建设综合改革试点城市,生态文明建设取得较大成效,先后成为首批国家生态文明先行示范区、全国第五个国家生态市。2014年12月13日,中共中央总书记习近平视察镇江时,肯定镇江低碳城市建设卓有成效,走在全国前列。镇江市紧扣"总、优、高、美、实、新"六个字,抓推进、抓项目、抓落实,将生态文明建设贯穿于经济发展、城乡建设和社会管理全过程。

一是管住"总"的——建立主体功能区制度,从空间管制上落实生态文明的要求。2012年,镇江市在全省率先编制《镇江市主体功能区规划》,将全市划分为优化开发、重点开发、适度开发和生态平衡四大区域,并逐一落实到各个乡镇和街道,明确2020年全市建设空间控制在28%以内、生态和农业空间高于70%的国土空间管制目标。市政府专门配套出台产业政策、环境准入、规划管控、土地计划配置、财政政策、区域考核6个文件,设立1.1亿元的生态补偿资金池,采取"重点性补偿""基础性补偿"和"激励性补偿"三种方式,将85%的补偿资金用于适度开发和生态平衡区域。

二是发展"优"的——实施产业集中、集聚、集约发展,从产业发展上落实生态文明的要求。按照集中降低交易成本、集聚产生规模效益、集约减少资源消耗的"三集"原理,规划建设20个先进制造业特色园区、30个现代服务业集聚区和30个现代农业园区。全年全市产业"三集"园区完成固定资产投资1067.6亿元,比上年增长22.1%,高于全市7个百分点。20个先进制造业特色园区应税销售、30个现代服务业集聚区入库税收、30个现代农业产业园区总产值分别增长10.7%、15.7%、11.1%，增幅均高于全市平均水平，产业集聚水平提高。优化产业结构，推动产业绿色转型，成功创建国家级高新区，跻身苏南国家自主创新示范区，创成全省唯一的全国工业绿色转型试点城市。发展循环经济，在全省率先实现省级以上开发区的园区循环化改造全覆盖。同时，在全省率先出台特色小镇建设的指导意见，按照"创建一批、培育一批、谋划一批"的原则，规划建设一批特色小镇。

三是推进"高"的——高标准建设国家低碳试点城市，从提升发展质量上落实生态文明的要求。率先在全国建成"镇江城市碳排放核算管理云平台"，实现低碳城市建设和管理工作的规范化、数字化、网络化和空间可视化。在此基础上，按照"国内领先、国际水平"的目标定位，建成全国首朵"生态云"，实现土地、水、山体、岸线等资源资产信息化，空气、水、固体废弃物监测的实时化，生态建设全程可视化，安全信息预警的动态化，全方位提升管理水平和科学决策能力。综合考虑人口、地区生产总值、产业结构、能源结构等因素，率先在全国提出2020年达到碳峰值，实施产业碳转型、企业碳资产、项目碳评估、区域碳考核"四碳创新"管理方式，先后关闭"五小"企业285家，淘汰落后产能企业78家，完成碳评估项目656个，通过技术改造，节能390多万吨标准煤；电机系统节能改造50万千瓦时以上，年节能近7亿千瓦时。以"低碳新经济——技术创新·共享低碳"为主题，举办首届镇江国际低碳技术产品交易展示会，展会以"一会、一展、一路演、一发布"等多种形式，开展低碳学术交流、技术产品展示、项目合作洽谈，3000多名嘉宾参会，中信银行500亿元的低碳产业基金等项目签约。

四是建设"美"的——顺应人民群众对美好生活的向往，从美化环境上落实生态文明的要求。镇江生态新城被国家发改委确定为国家级生态城镇化示范区，平安养老生态新城产业基金、镇江国际护理学院、上湖玫瑰产业园等一批项目签约落户，官塘低碳新城入选APEC低碳示范城镇试点项目。中瑞镇江生态产业园建成开园。市区26座山体全部改造成为开放式公园；建成50余千米城市绿道，南山绿道等成为居民休闲健身的好去处；先后投入1000余辆清洁能源公交车、12870辆公共自行车；完成既有建筑节能改造188万平方米；完成293个城市环境综合整治项目，以及3975个村庄环境综合整治，建成2个美丽宜居镇、20个美丽宜居村，创成65个省级"三星级康居示范村"。

五是干好"实"的——开展环境综合整治，从源头治理上落实生态文明的要求。2013年，启动东部谏壁、西南韦岗"两个片区"环境综合整治。2016年，谏壁片区完成46个整治工程和17家企业污染治理工作，金港产业园建设加快推进；西南片区完成43项整治工程，小石灰窑、小轧石企业关停，环境污染治理显现成效。推进"一湖九河"水环境综合整治，全年完成25项整治工程，基本消除黑臭现象；全市地表水好于Ⅲ类水质的比例达73%，长江断面水质保持在Ⅱ类标准；太湖水治理7大类206项工程完成序时进度，在省政府考评中列流域第一。强化大气污染治理，完成268项大气治理工程以及燃煤锅炉、老旧车辆淘汰2个专项整治工程。强化工业污染治理，实施减排项目51个，节能改造项目72个，节能考核位居全省前三。加强农业面源污染防控，连片农田面源氮磷流失生态拦截工程显实效；秸秆综合利用率95.4%；关闭矿山企业257家、露天矿山采石宕口431个。

六是探索"新"的——创新体制机制，从完善和固化制度上落实生态文明的要求。制定出台《镇江市生态文明建设规划》《关于推进生态文明建设综合改革的实施意见》《镇江市生态文明建设重点任务实施方案》等系列文件。建立考核评价体系，将资源消耗、环境损害、生态效益等10项指标纳入经济社会发展总体规划和考核评价体系，作为年度考核的"一票否决"指标，实行奖惩追责。定期向市人大、政协和公众通报生态文明建设情况，对涉及生态文明建设的重大规划项目和重大决策，通过听证会、论证会和社会公示等形式，接受群众评议和监督，引入第三方评价机构和专业力量，对生态文明建设推进情况进行专业考评。建立市场化的运作机制，探索建立环境成本合理负担机制和污染减排激励约束机制，实施主要污染物排污权有偿使用和交易管理制度，推进排污权交易。推行多元化生态投入，在全国首批与中美建筑节能与绿色发展基金签署3个绿色发展合作项目，"海绵城市"建设项目PPP模式被列入财政部试点示范项目。

通过改革创新和落实推进，镇江市生态文明建设取得初步成效：

一是城市影响力提升。镇江市先后应邀参加第一届、第二届中美智慧型低碳城市峰会，世界第七届清洁能源部长级会议，并在第21届联合国应对气候变化巴黎大会上作为唯一的中国城市举办"城市主题日"边会，向世界展示镇江低碳发展的实践和经验，发出生态文明建设和应对气候变化的"中国声音"。低碳发展的"镇江模式"在央视《新闻联播》、新华社、央视《朝闻天下》、《求是》杂志等各大媒体上报道。

二是对经济发展促进效应提升。"十二五"期间，全市地区生产总值年均增长11.3%。2016年，地区生产总值比上年增长9.3%，新兴产业销售收入增长12.5%，旅游总收入增长15.6%，全社会研究与开发经费占地区生产总值比重的2.59%，高新技术产业产值占规模工业产值比重的49.1%。生态文明建设不仅没有影响到经济发展，反而有力地促进经济转型升级，实现互动双赢。

三是群众满意度提升。2016年，空气质量优化，空气质量良好以上天数达到70%以上，$PM_{2.5}$年均浓度下降率8.5%，单位地区生产总值二氧化碳排放下降4.7%，单位地区生产总值能耗下降3.5%。城镇绿化覆盖率36.5%，林木覆盖率达25%。"十二五"期间，单位地区生产总值二氧化碳累计下降29.1%，单位地区生产总值能耗累计下降25.7%，单位地区生产总值主要污染物排放下降21.9%，提前一年完成省下达目标。镇江市先后被命名为全国文明城市、国家森林城市，并获"中国人居环境奖"，全市环境类信访批次下降。 （市发改委）

1月

1日 《镇江市市区城乡居民基本养老保险实施办法》实施，市区60岁以上城乡居民将人人老有所养，实现基本养老保险全覆盖、全保障。

3日 国家知识产权示范城市综合考核，镇江市排全国地级市第四名。

△ 镇江市云神科技投资股份有限公司云神云计算中心入选工信部、国家机关事务管理局、国家能源局公布的国家绿色数据中心试点单位名单。

△ 镇江获批建设国家农业科技园，将打造“一个核心区、四个示范区、若干辐射区”。园区以句容经济林果和农产品加工产业为核心，示范区为丹阳优质粮油精深加工示范基地、扬中特种水产养殖示范基地、丹徒世业洲生态休闲农业示范基地、镇江新区中意农业创新示范基地。

8日 镇江新区城市中央公园被批准为国家AAA级旅游景区。

11日—14日 市政协七届五次会议召开，336名市政协委员参会。市委书记夏锦文发表讲话。市政协主席李国忠代表市七届政协常务委员会向大会作工作报告。朱云峰、卢道富当选为市政协副主席，4名委员当选为市政协常委。会议听取并通过市政协七届五次会议提案审查情况的报告，通过政协镇江市第七届委员会第五次会议决议。

12日—15日 镇江市第七届人民代表大会第五次会议召开，实到代表340名。市委书记夏锦文主持大会。市长朱晓明代表市政府向大会作《政府工作报告》。夏锦文当选为市人大常委会主任，詹立风当选为市政府副市长。大会还补选许向阳、张蕾、林连才、赵峰为市七届人大常委会委员。大会表决通过《关于政府工作报告的决议》《关于镇江市国民经济和社会发展“十三五”规划纲要的决议》《镇江市制定地方性法规条例》等决议和文件。

24日 镇江市最低气温－10.1℃，打破1981年以来的最低气温纪录。

25日 丹阳市开发区建山村获国家住房城乡建设部颁发的“美丽宜居村”称号。

26日 2016年镇江市文化、科技、卫生“三下乡”活动在扬中市油坊镇振兴村广场启动。市卫计委、文广新局、科技局、农委等24个部门的工作人员分别在科技、文化、理论等六个分团旗帜下，为村民们提供相关知识普及材料和咨询服务。

27日 圌山旅游综合开发项目获中央财政旅游发展基金补助200万元。

2月

1日 镇江市首部地方性法规——《镇江市金山焦山北固山南山风景名胜区保护条例》施行。

4日 省委常委、省纪委书记弘强到镇江看望慰问养老院老人、老军人和部分困难群众。

13日 丹阳市尚善雅苑棚户区改造安置住宅、江苏航空职业技术学校、江苏奥悦冰雪世界体育场馆、扬中市简仓和食用油罐及配套基础设施、太湖流域西区九曲河整治、扬中市中小河流二期整治等工程入选2016年第一批国家专项建设基金项目，获4.2亿元基金支持。

18日 市政协召开七届四十五次主席会议，专题推进“书香镇江”建设。

22日 镇江成为“互联网＋政务服务”国家试点城市。

△ 国内首个第五代海洋公园——“三山旅游服务基地暨魔幻海洋项目”正式启动。“魔幻海洋”是2016年省重大产业项目之一，总投资35亿元，占地面积约77万平方米，项目位于“三山”景区金山湖与引航道交叉处。

25日—26日 市七届人大常委会第三十二次会议召开，会议审议《镇江香醋保护条例（草案）》；审议通过市人大常委会2016年工作要点；审议通过关于“贯彻落实‘五大发展理念’，加快推进工业绿色转型”议案的处理意见，并作出相应的决议。

26日 全市创新人才大会召开，镇江“金山英才”计划启动。“十三五”期间，围绕“四基地、一中心、两城市”的总体定位，全市将重点引进支持600名（个）以上产业发展领域的高层次领军人才（团队），打造独具特色的产业人才高地。

3月

1日 副省长张雷带领省商务厅负责人调研镇江市外贸

工作,了解全省开放型经济座谈会贯彻落实情况。

10 日 镇江创新人才发展研究院成立,全省首个致力创新人才研究和服务的专业化新型智库揭牌运行。

16 日 镇江市政府在北京先后与国家发改委气候司、国家气候中心签署《关于司地协同推进低碳城(镇)试点工作机制的合作协议》以及《关于加强低碳发展合作的战略合作协议》,双方就加强低碳城市建设有关工作进行交流。

18 日—19 日 全国政协副主席韩启德率全国政协专题调研组到镇江就"深化医药卫生体制改革"进行调研。全国政协常委、教科文卫体委员会副主任黄洁夫,调研组成员刘迎龙、黄尔梅、余蔚平、游钧、马晓伟等参加调研。省、市领导范燕青、夏锦文、朱晓明、李国忠、张洪水等陪同调研或参加座谈。

19 日 柬埔寨人民党中央委员、中央宣教委员会副主席、中央青年工作组组长盖本兴率柬埔寨人民党青年政治家考察团到镇江考察全市经济社会发展及基层团建、青年发展等工作情况。

21 日 国土资源部副部长王广华到镇江调研不动产统一登记及城乡地籍信息整合工作。

23 日—25 日 省人大常委会党组书记、常务副主任蒋定之率队到镇江调研经济社会发展和基层人大工作情况。

25 日 江苏长江江豚繁育基地选址论证会在镇江市举行,10 多名专家代表,对长江江豚繁育基地选址进行论证。焦山东侧的焦东滩是江苏长江江豚繁育基地的候选地址之一。

28 日 镇江市政府与南京银行举行"镇文贷"合作签约仪式。"镇文贷"是由市文广新局、市财政局联合南京银行镇江分行开发的金融产品。

29 日 市七届人大常委会召开第四十四次主任会议,专题听取市政府关于 2016 年市区城建重点工程实施方案的报告。

△ 市政协召开七届四十六次主席会议,围绕"发挥宗教文化资源优势,促进镇江旅游产业发展"开展专题协商议政。

4 月

1 日 镇江市政府与上海证券交易所、深圳证券交易所签订战略合作协议,推动镇江企业进军资本市场。

△ 2016 镇江市—宁镇扬在地高校院所科技合作对接会举行。14 个重大科技创新平台揭(授)牌,市政府与 6 所高校签订全面合作协议,36 个科技合作协议集中签约。与会高校院所向镇江市科技型企业提供高新技术成果近 3700 项,企业发布技术创新需求 377 项。

4 日 镇江市润州船舶配套科技创业园、镇江新区航空航天产业园、丹阳市沿江装备制造产业园、扬中市新坝科技园区(智能电气装备)入选江苏省高端装备制造业特色和示范产业基地名单,镇江市省高端装备制造业特色和示范产业基地总数 4 家,列全省第一名。

△ 镇江交通产业集团与上海星景股权投资管理有限公司签署镇江生态新城基金战略合作协议,共同出资设立镇江生态新城基金。生态新城地处镇江主城南面,规划面积为 230 平方千米,规划人口 50 万人。

6 日 丹阳市获"全国绿化模范县"称号。

7 日 国家体育总局局长刘鹏一行 80 余人在副省长张敬华、市长朱晓明等陪同下考察市体育会展中心,了解镇江市在大型体育场馆运营上的实践和探索。

△ 由市人才办、市文明办、团市委指导,市青联、镇江报业传媒集团等单位联合主办的第十一届"镇江市十大杰出青年"评选揭晓。亓玉盟、王樱、尹俊、陈杰群、陈昭远、陈晓龙、施伟东、袁伟、徐玲、龚莉莉等人获第十一届"镇江市十大杰出青年"称号,柴昊森等 10 人获第十一届"镇江市十大杰出青年"提名奖。

14 日—15 日 市委书记夏锦文率团赴加拿大开展经贸交流活动。

△ 国家低碳试点省市经验总结评估交流会在镇江市举行,镇江、杭州、广州、武汉、厦门等 11 个全国低碳试点城市代表参加会议。

19 日 中国镇江(旧金山)科技人才对接洽谈会在美国旧金山举行,40 多名美国政商界精英和高层次科技人才参加会议。

24 日 第 13 届中国扬中河豚文化节落幕,期间接待游客突破 71 万人次,集中签约项目 24 个,总投资 122.3 亿元。

29 日 省长石泰峰,副省长张雷,副省长、省政府秘书长张敬华等到镇江市考察调研长江危化品企业安全生产经营情况。

△ 镇江市庆祝"五一"暨劳模表彰大会在南山艺术剧院举行。1 个单位获全国"五一劳动奖状",2 人获全国"五一劳动奖章",2 个集体获"全国工人先锋号"称号;49 人获江苏省劳动模范和先进工作者称号;21 个单位获镇江市"五一劳动奖状",20 人获镇江市"五一劳动奖章",49 个集体获镇江市"工人先锋号"称号;50 个班组(科室)获镇江市"五一"文明班组(科室)称号,97 人获镇江市"文明职工"称号。

5 月

1 日 "965808"企业网络服务平台启用,启用专线"965808"、专网"965808.gov.cn"和专门邮箱"zj965808@qq.com"。

6 日 第一届中俄跨境电商大会在镇江市举行。黑龙江省副省长孙尧、俄罗斯联邦驻上海总领事叶夫西科夫·阿列克谢分别宣读中俄友好和平与发展委员会中方、俄方主席贺信并致辞。市委书记夏锦文、省商务厅巡视员王润亮、俄罗斯联邦驻中国商务代表格鲁杰夫·阿列克谢、俄罗斯莫斯科州农业部部长斯捷潘年科·德米特里和斯塔夫罗波尔州副州长维里克坦·尼古拉等应邀出席并先后致辞。

6 日—10 日 市长朱晓明率镇江市代表团参加在韩国举行的"江苏·韩国经贸合作交流会",开展拜访活动,洽谈推进有关项目。

8 日 国内第一套具有自主知识产权的万吨级醋酸加氢制工业乙醇示范装置通过专家组考核,并在索普集团正式投产,装置产出的无水乙醇产品质量超过现行国家标准。

11 日 市政府与中国银行江苏省分行签订 450 亿元的战略合作协议,11 家企业代表与中国银行镇江分行签订近 100 亿元的合作协议。

13 日—17 日 副市长孙晓南率镇江代表团参加第二十届中国东西部合作与投资贸易洽谈会暨丝绸之路国际博览会,镇江市与西部地区累计签约项目 19 个,主要涉及投资、贸易和扶贫协作方面,协议投资额 21.88 亿元。

18 日 "中国制造 2025"镇江发展推介会在北京举行,达成 33 个投资项目意向,合计总投资 186 亿元。

△ 由省财政厅、市政府和睿泰数字产业园联合发起的乐泰数字产业基金在睿泰数字产业园正式创立,基金的投资方向

将重点针对在线教育、教育信息化和数字教育出版，首期投资规模 1.8 亿元，重点面向数字教育、数字出版行业提供股权投资服务。

△ 市慈善总会会员代表大会暨三届一次理事会议召开。会议聘请夏锦文、朱晓明、张庆生为市慈善总会名誉会长，市政协主席李国忠当选新一届理事会会长。

19 日 挪威驻华大使商务参赞索黎率领北欧绿色创新与智慧城市合作平台考察团到镇江考察全市生态城市建设情况。

20 日 江苏佛学院（筹）暨江苏佛学院焦山学院在焦山定慧寺揭牌成立。

24 日 镇江港城供水有限公司获准发行 5 亿元项目收益债券，所筹资金全部用于镇江市大港水厂一期工程项目。

31 日 “2016 镇江（上海）总部经济对接会”在上海举行，17 个高端制造业和现代服务业项目正式签约，总投资约 130 亿元。

△ 江苏大学的乔冠军、邹小波以及句容宁武新材料股份有限公司的应珏入选国家科技创新创业领军人才库。

23 日 以“推进生态文明，建设美丽镇江”为主题的 2016 年长江渔业资源增殖放流活动在镇江港务集团有限公司集装箱分公司码头举行，放流白鲢 1008 万尾、鳙鱼 682 万尾、胭脂鱼 550 千克。

27 日—28 日 市七届人大常委会第三十四次会议召开，会议表决通过有关人事任免，任命陈金观为镇江市副市长，接受赵建生辞去镇江市副市长职务的请求。

28 日 江苏大学召开干部大会，省委常委、宣传部部长王燕文，市委书记夏锦文出席大会并讲话。省委组织部副部长胡金波宣读省委关于学校领导班子调整的决定，袁寿其任江苏大学党委书记。

30 日 由市委、市政府主办的“信仰的力量——镇江市纪念中国共产党成立 95 周年群众合唱大会”暨首届镇江金山合唱节闭幕演出活动在镇江影剧院举行。

6 月

1 日 住房城乡建设部向扬中颁发“国家园林城市”奖牌。扬中市绿化覆盖率为 37.26%，人均公园绿地面积 10.77 平方米。

6 日 中央改革办督察局副局长于德宝带队到镇江就江苏省和镇江市的基层综合性文化服务中心建设情况进行调研。副省长张敬华出席汇报会并作情况介绍。

9 日 2016 镇江首届全国航拍电影展播活动启动仪式在金山佛教广场举行，全国 36 家媒体参加启动仪式。

10 日 市委宣传部、市文明办、市教育局、市文联联合主办的首届镇江金山合唱节开幕，开幕式晚会“聆听天籁·唱响经典”在镇江影剧院举行。

11 日 镇江展园获第十届中国（武汉）国际园林博览会“室外展园综合类”金奖，“设计类”大奖，“优质工程类”大奖，“建筑小品类”大奖以及“植物配置类”优秀奖，镇江市政府获“优秀组织奖”，市园林管理局获“展园建设最佳奖”。

13 日 江苏句容抽水蓄能电站项目获省发改委正式核准，进入开工建设阶段。这是镇江市首座抽水蓄能电站，总装机 135 万千瓦，装机容量省内第二。

20 日 总投资 20 亿元的长山国际旅游度假区（香山）项目签约，项目由贵阳野生动物园和市城建产业集团共同投资建设，总占地 3.87 平方千米，由五大功能板块组成：香山森林野生动物世界、水世界（分为温泉区及冷水区）、五星级理疗康复中心、五星级度假式酒店、大型游乐设备场。项目分两期实施，其中一期投资 11.5 亿元。

△ 江苏航空职业技术学院在镇江新区挂牌成立，首批开设飞行器制造技术、飞机机电设备维修、航空电子电气技术、无人机应用技术、空中乘务、航空物流等 6 个三年制高职专业，2016 年面向江苏、四川、重庆、河南等 14 个省市招生 600 人，其中江苏 332 人，外省市 268 人。

21 日 2016 海外华侨华人高层次人才江苏行暨创新创业镇江洽谈会召开，生活在美国、加拿大、德国、日本等 20 个国家和地区的 150 位海外高层次人才和侨商，携带 140 多个创业项目和侨商经贸合作项目与会。

22 日 省委常委、秘书长樊金龙代表省委到镇江走访慰问中华人民共和国成立前加入中国共产党的农村老党员和生活困难党员。

7 月

2 日 释星云应邀出任江苏佛学院焦山学院名誉院长。

6 日 由省社科联、市社科联和市社科院联合主办，以“聚焦‘戴庄经验’可推广性研究”为主题的第二届镇江智库论坛举行，标志着市社科院“1 号课题”取得阶段性成果。

13 日 省人大常委会副主任、党组副书记史和平到镇江调研。

△ 省政协副主席范燕青率省政协调研组一行到镇江围绕“大力实施民生共享战略、提升人民群众幸福感和满意度”开展专题调研。

17 日 “2016 意大利传奇巨星中国行”活动在市体育会展中心举行。罗伯特·巴乔、弗朗哥·巴雷西、保罗·罗西等 20 多位意大利足球运动员与范志毅、马明宇、彭伟国等组成的中国元老明星足球队同场竞技。

△ 由团市委、市慈善总会、市希望工程办公室等单位主办的 2016 年“圆梦行动”启动。

19 日 南京大学·句容创新创业示范园合作协议签约仪式在句容举行。南京大学校长陈骏、镇江市委书记夏锦文出席签约仪式并致辞。

19 日—21 日 省人大常委会常务副主任、党组副书记张卫国率队到丹阳市、句容市两地调研，了解地方经济社会发展、基层人大常委会工作情况。

20 日 市政协召开七届五十次主席会议，围绕“推进外贸出口方式转型升级”进行专题议政。

25 日 21 时 22 分，全市最高调度用电负荷为 387.96 万千瓦，比上年增长 15.29%，创历史新高。其中丹阳市、句容市、扬中市的最高用电负荷分别为 123.97 万千瓦、52.22 万千瓦、36.15 万千瓦，分别增长 4.43%、15.99%、8.91%。

25 日—8 月 2 日 中央第三环境督察组在镇江市进行督察。

27 日 省委书记李强到镇江市先后考察北汽集团华东（镇江）产业基地、爱励铝业、惠龙易通和镇江生态云平台，了解产业转型升级和生态文明建设情况。省委常委、秘书长樊金龙，市领导夏锦文、朱晓明等参加调研。

28 日 市七届人大常委会召开第四十八次主任会议，听取市政府关于“创建镇江市水生态文明先行示范区”重要建议办理情况的汇报。

△ 市政协召开七届二十一次常委会议,民主监督推进党风廉政建设。

8月

1日 镇江市江苏恒顺醋业股份有限公司的“基于微生物群落功能调控技术的功能食醋研发及产业化”、中船动力有限公司的“船用大功率双燃料发动机研发及产业化”等5个项目获4800万元省科技成果转化资金支持。

5日 省政协党组副书记、副主席罗一民率省政协调研组到镇江市专题调研中青年宗教界代表人士培养情况。

6日 丹阳市丹北镇埤城常麓工业园电镀整治园区9号楼发生火灾,造成1死23伤。次日,副省长马秋林、市长朱晓明等到医院看望伤员。

16日 《镇江市科学技术奖励办法》出台。科学技术奖励分为镇江市科学技术突出贡献奖、镇江市科技创新优秀企业奖、镇江市科学技术进步奖。镇江市科学技术突出贡献奖、镇江市科技创新优秀企业奖不分等级。镇江市科学技术进步奖分为特等奖、一等奖、二等奖、三等奖4个等级,其中特等奖不超过2项,一等奖不超过奖励项目总数的10%,二等奖不超过奖励项目总数的30%。科技进步特等奖每项奖励为60万元,科技进步一、二、三等奖每项奖励分别为10万元、5万元、2万元。科学技术突出贡献奖每人奖励20万元且享受市级劳模待遇。

20日 第五届全国海洋航行器设计与制作大赛在江苏科技大学开幕,全国35所高校820名选手参赛。

23日 由市妇联、市残联、市体育局等单位举办的第七届“助学快车”活动在市行政中心启动,活动筹集91.45万元善款,用于结对帮扶全市1600多名困境学子。

25日 镇江市政府与美国能源基金会签署城市绿色低碳发展合作谅解备忘录,双方将围绕镇江市实现低碳绿色转型开展多方面合作。

28日 茅山举行崇禧万寿宫落成暨神像开光庆典,庆典仪式包括慈善助学仪式、明代《茅山志》首发式、茅山道教书画院挂牌仪式等。

29日 市七届人大常委会第三十五次会议举行。会议听取关于镇江市2015年财政总决算情况的报告、关于2015年度镇江市本级预算执行和其他财政收支的审计工作报告,以及关于镇江市2015年市本级财政决算的审查报告。

△ 市政协召开七届五十一次主席会议,围绕推进“完善慢性病规范管理新模式”开展专题协商议政。

30日 “965808”平台的“诉求—帮办”服务机制入选2016年“全国中小企业创新创业服务优秀案例”,运维单位市中小企业服务中心升级为省五星级公共服务平台。

本月 镇江市生态城镇江化示范区获国家发改委批准设立。

9月

1日 苏南地区推进城市工作座谈会在镇江市召开,副市长雷志强代表镇江市作重点交流发言。副省长张雷参加会议,并于会前考察世业镇农村生活污水治理全覆盖项目、征润洲水源地原水水质安全保障工程、金山湖路生态排水工程、三茅宫二区海绵城市建设项目。

5日 镇江市以“以法兴善、助力脱贫”为主题,举行首个“中华慈善日”镇江系列活动启动仪式。省慈善总会会长俞兴德出席启动仪式,市委书记夏锦文讲话。

9日 省长石泰峰、副省长张敬华、省政府秘书长王奇等赴句容茅山老区看望慰问乡村教师。

11日 镇江市丹徒区高桥镇被中国轻工业联合会和中国皮革协会授予“中国雪地靴之乡·高桥”称号。

17日 里约残奥会上,镇江籍选手刘静、邹莉娟、胡鹏、刘赟涛4人参加7个项目的比赛,获4金2银。

18日 镇江市入选“2016中国地级市民生发展100强”,名列32位。

20日 由国家统计局主办的“中国统计开放日”活动,首次走出北京在镇江市举行,活动主题为“农业普查,福到农家”,着力宣传和助推第三次全国农业普查工作。国家发改委副主任、国家统计局局长宁吉喆,省委常委、副省长杨岳,市委书记夏锦文出席开放日活动并致辞。其间,宁吉喆一行到惠龙易通等企业,调研镇江市当前经济运行和生态文明建设情况。

△ 倪斌任中共镇江市委委员、常委,黄利民任中共镇江市委委员、常委、市纪律检查委员会书记,李健任中共镇江市委委员、常委、市委组织部部长。

21日 副省长张敬华率有关方面负责人到镇江市,就国家高新区建设进展和当前科技创新工作进行专题调研。

△ 丹徒区入围“2016年最美中国榜”。

22日 省委常委、宣传部部长王燕文到镇江调研宣传思想文化工作。

△ 市委召开全市市、县、乡三级人大换届选举工作会议。

△ 市政协召开七届五十二次主席会议,就生态城镇化示范区建设进行民主监督推进。

23日 中共中央政治局委员、国务院副总理马凯到镇江就新材料产业发展进行专题调研,国家发改委副主任林念修,工信部副部长辛国斌,市领导夏锦文、朱晓明等陪同调研。

23日—24日 全国人大常委会副委员长严隽琪率全国人大常委会执法检查组到镇江就贯彻实施安全生产法情况开展执法检查。省、市领导刘永忠、朱晓明等陪同检查。

26日 南山竹林寺修缮工程开工建设,建设历史遗址公园,预计2017年春节前后完工。

26日—29日 中国共产党镇江市第七次代表大会召开,大会应出席代表450名,实到438名,会议的主题是:紧紧围绕建设“经济强、百姓富、环境美、社会文明程度高”的新镇江,坚定不移地走生态领先特色发展道路,为高水平全面建成小康社会扎实奋斗。选举产生中共镇江市第七届委员会委员51名和市纪律检查委员会委员34名。中共镇江市第七届委员会选举夏锦文、朱晓明、李雪峰、倪斌、童国祥、曹寅、黄利民、李健、秦海涛、郭建、裔玉乾为市委常委;选举夏锦文为市委书记,朱晓明、李雪峰为市委副书记;通过市纪委一次全会的选举结果,黄利民任市纪委书记。

30日 镇江市成为“中国制造2025”试点示范城市。

△ 镇江市举行烈士纪念日公祭暨新婚夫妇向革命烈士献花活动,夏锦文、朱晓明等市领导及各界代表、群众约1500余人参加公祭活动。

10月

8日 镇江国家高新区获省财政厅和省科技厅下达的

2016年苏南国家自主创新示范区建设专项资金高新区奖励补助资金2100万元。

△ 镇江籍运动员赵春媛在世界青年女子拳击锦标赛中获60公斤级别冠军。

8日—9日 省人大常委会常务副主任、党组副书记张卫国率队到镇江督办关于"降低企业成本，减轻企业负担"的代表建议。

9日 市政府第73次常务会议召开，讨论修订《镇江市旅游业发展考核奖励办法》等政策规定。

13日 省人大常委会副主任公丕祥到镇江市督办关于"推动农业种业发展"的代表建议。

△ 中央电视台《新闻联播》《焦点访谈》栏目，报道镇江市因车祸去世的援疆干部王华同志的事迹。

13日—14日 农业部副部长张桃林率队到镇江市，就农业科教工作情况进行调研。

△ 副省长马秋林一行到镇江调研业经济运行情况。

14日 中共镇江市委决定在全市深入开展向王华同志学习的活动。

15日 第三届"瑞士主题周"活动在中瑞镇江生态产业园启幕，市长朱晓明与瑞士联邦卢加诺市市长马可·伯乐多利代表两市签订友好城市协议。

16日 首届江苏航空体育旅游季在镇江市金山湖航空飞行营地开幕。活动期间，举办中国国际飞行器设计挑战赛总决赛、2016镇江国际马拉松赛、全国无人机应用创新技能大赛等"九项大赛"（包括5项国家级、1项省级、3项市级），特技飞行、水上飞行、热气球飞行、跳伞等"八项表演"，全国学校科技体育工作论坛、全国航空飞行营地联盟成立大会等"四个大会"，"全国百家旅行社和媒体镇江行"和"美丽镇江 定向毅行"两项活动。

18日 省委常委、副省长杨岳到镇江市，就创意农业专题进行调研。

△ 省委宣传部、市委宣传部、省档案局等单位联合摄制的电影《赵亚夫》在句容市戴庄村开机，影片由冯新民执导，何政军主演。

△ 市委宣传部、南京市文联、句容市委宣传部等单位联合摄制的电影《军号密码》在镇江常发广场举行首映式。

20日 镇江市在上海举办"中国制造2025"镇江发展推介会。现场签约15个项目，总投资96.36亿元。

△ 市政协召开七届五十三次主席会议，围绕"提高项目投入产出水平"开展专题协商议政。

21日 江苏恒顺醋业股份有限公司主办的"2016国际食醋科技论坛"在恒顺研发中心举行。来自意大利、德国、日本等传统食醋酿造强国，以及中国各大名醋生产企业、高等院校、科研院所、采购供应商代表400余人出席论坛，中国工程院院士张偲到会演讲。

21日—23日 2016海峡两岸（江苏）名优农产品展销会在市体育会展中心举行。中华全国供销合作总社理事会副主任杨建平，省委常委、副省长杨岳，市委书记夏锦文，市长朱晓明，台湾农会常务监事白添枝，台湾农产品流通经纪人协会会长林瑞民共同启动开幕球。

23日 由市文联主编的镇江第一部时尚旅游口袋书《邂逅镇江的别样风情》在镇江博物馆举行首发式。

24日 市七届人大常委会第三十六次会议举行，任命倪斌为镇江市副市长。

25日 全省基层综合性文化服务中心建设推进会在镇江市举行，省委常委、宣传部部长王燕文，副省长张敬华，省文化厅党组书记、厅长徐耀新，副市长曹丽虹等出席活动。

26日 全省文物工作会议在镇江举行。副省长张敬华，省文化厅党组书记、厅长徐耀新，副市长曹丽虹出席活动。镇江市国家、省、市级文保单位分别为13处、42处、241处；国家、省、市、县（区）级非遗项目分别有9个、31个、52个、208个；国家、省、市级非遗传承人分别有5人、15人、65人。

11月

2日 镇江新区航空航天产业推介会在珠海举行，近80名航空航天界的知名企业及科研院所精英人士与会。

△ 镇江市入选国家旅游局确定的全国第二批"国家全域旅游示范区"创建名单。

2日—3日 省人大常委会党组书记、常务副主任蒋定之率队到镇江，专题调研镇江市行政审批制度改革和优化发展环境情况。

3日 2016镇江（香港）现代服务业项目集中签约仪式在香港举行，9个项目签约，总投资75亿美元。

4日 镇江市获"中华诗词之市"牌匾。

△ 第四届"三江知识产权国际论坛"在镇江碧榆园举行，全国各地和美国、德国、日本、韩国等国家的300多名代表与会，论坛开设"专利运营CEO对话——让创新更有价值""知识产权+资本——创业新动力""企业知识产权资本化——实现新发展"3个分论坛。

7日 2016年度全国中小城市科学发展综合实力百强县（市）排行榜发布，扬中市列第23位。

10日—11日 市委书记夏锦文、市长朱晓明率市党政代表团赴上海、杭州考察，学习先进地区改革发展经验，取标杆城市创新创业真经，谋求机遇共享，深化开放合作，为高水平全面建成小康社会激发新动能。学习考察期间，上海市副市长周波，浙江省委常委、杭州市委书记赵一德会见市党政代表团一行。

11日 省委常委、常务副省长黄莉新率有关方面负责人到镇江市，就加快推进宁镇扬同城化建设相关工作进行调研考察。

14日 国家旅游局局长李金早一行到镇江考察，了解镇江市创建"国家全域旅游示范区"有关情况。

18日—22日 中国共产党江苏省第十三次代表大会召开，市委书记夏锦文，市委副书记、市长朱晓明，江苏大学党委书记、校长袁寿其当选为十三届省委委员。

22日 市政协召开七届五十四次主席会议，考察推进海绵城市建设。

△ 2016年度镇江市文化产业项目推介签约会举行。15个文化产业项目进行推介发布，17个项目正式签约，投资总额超过8000万元。

25日 2016镇江旅游产品推介暨招商会在上海希尔顿酒店举行，17个旅游项目现场签约，总投资约90.35亿元，其中签约类型为"项目协议"的项目总投资约40.16亿元，项目涉及旅游度假区、影视街区、特色小镇、研学基地、低空旅游、高星级酒店等多种旅游业态。

27日 市委书记、市人大常委会主任夏锦文会见澳大利亚洛克汉普顿市代表团及澳大利亚驻沪总领事，两市签订友好交往备忘录。

28日 国家发改委副主任胡祖才到镇江新区调研低碳经济和航空航天产业。

28日—29日 2016镇江国际低碳技术产品交易展示会召

开。省委书记李强、省长石泰峰分别考察交易展示会。省委常委、常务副省长黄莉新，市委书记夏锦文出席开幕式并致辞。联合国副秘书长、联合国2030年可持续发展和气候变化议程特别顾问戴维·纳巴罗通过视频致辞。中央财经领导小组办公室副主任杨伟民、国家发改委副主任胡祖才与会发表主旨演讲。省委常委、秘书长樊金龙参加现场考察。市长朱晓明主持开幕式。中信银行南京分行行长陆金根发布镇江市政府与中信银行南京分行设立的500亿元镇江市低碳产业基金项目。阿里巴巴集团副总裁孙炯发布镇江市政府与阿里云计算有限公司、蚂蚁金服集团、中国擎天软件集团共建"低碳云、生态云"成果。中美绿色基金CEO白波发布与镇江的低碳合作项目。

30日 "百家央(国)企镇江行"活动举行，中节能、中国黄金、保利集团、中国建筑等134家央企国企到镇江参加活动。市委书记夏锦文出席项目集中签约仪式并致辞，20个项目集中签约。

12月

1日 "金山英才"现代服务业领军人才项目举办签约仪式，32名领军人才分别与所在辖市(区)签约。

△ 朱荣江获中宣部、中华见义勇为基金会等单位评选的"第十三届全国见义勇为英雄模范"称号。

△ 扬中市获批创建国家高比例可再生能源示范市。

5日—6日 中共中央政治局常委、中央纪委书记王岐山到镇江市调研并主持召开部分省(区)纪委书记座谈会，就贯彻落实中共十八届六中全会精神，谋划好2017年工作和制定《中国共产党纪律检查机关监督执纪工作规则(试行)》征求意见。他强调，推动全面从严治党向纵深发展，纪委要以身作则，把监督执纪的权力关进制度笼子。调研期间，王岐山专程到江苏恒顺集团有限公司考察党建工作，到江滨新村第一社区与党员群众交流。省委书记李强、市委书记夏锦文陪同调研。

6日 市政府第七十六次常务会议召开，研究镇江市深化医药卫生体制改革重点任务、推进宁镇扬一体化发展、落实中央环保督察反馈意见整改分工等工作。

9日 镇江市县、乡两级人大代表换届选举统一投票。全市划分县级选区675个，乡级选区854个，选举产生县一级人大代表1311名，乡一级人大代表2036名。

10日 国家质量监督检验检疫总局局长、党组书记支树平到镇江检验检疫局和恒顺集团有限公司调研。

12日 农业部副部长余欣荣率队到镇江专题调研现代农业发展情况。省委常委、副省长杨岳，省政府副秘书长杨根平，省农委主任吴沛良，市委副书记李雪峰陪同调研。

△ 镇江市台湾同胞第八次代表大会召开，刘贤忠当选为会长。

14日 中宣部副部长鲁炜到镇江调研培育和践行社会主义核心价值观工作。

16日 市见义勇为基金会召开第三届理事会第一次会议，会议授予徐国荣等49人"镇江市见义勇为先进分子"称号，对见义勇为工作成绩突出的17个集体和23名个人予以表彰，李茂川当选为市见义勇为基金会第三届理事会理事长。

△ 江苏·中央企业合作恳谈会暨项目签约仪式在北京国家会议中心举行。镇江市市长朱晓明率镇江市代表团参加，并完成中储粮三期等4个在镇江央企项目的签约。

18日 镇江市文艺工作者原创的扬剧《红船》在镇江影剧院公演。

20日 2016年镇江新一代信息技术暨大数据产业(成都)推介会在成都举行。成都的50余家企业的负责人和高校科研院所的负责人参加会议，集中签约6个项目，总投资预计超过8亿元。

24日 镇江市2000公顷耕地首次开展轮作休耕试点。

26日 镇江市青年联合会第七届委员会全体会议举行，团市委书记贾敬远当选为主席。

27日 中国共产党镇江市第七届委员会第二次全体会议举行。

图2-1 2016年12月27日，中国共产党镇江市第七届委员会第二次全体会议召开

(魏 兢 供稿)

地情概览

【地理位置】 镇江市地处江苏省西南部，位于长江下游南岸、长江三角洲顶端，北纬31度37分至32度19分，东经118度58分至119度58分。东西最大直线距离95.5千米，南北最大直线距离76.9千米。东南接常州市，西邻南京市，北与扬州市、泰州市隔江相望。

（叶 卜）

【土地面积】 镇江市土地总面积3840平方千米，占全省土地总面积的3.58%，其中水域面积470.8平方千米，占全市总面积的12.3%。市区1088平方千米，丹阳市1047平方千米，句容市1378平方千米，扬中市327平方千米。

（叶 卜）

【地貌】 镇江市地貌走势为西高东低、南高北低，大部分地区属宁镇—茅山低山丘陵，沿江洲滩属长江新三角洲平原区，丹阳东南部则属太湖平原区。宁镇山脉境内大体为东西走向，有山头114个，其中市区62个、句容市45个、丹阳市7个，主要山峰高度：大华山437米、九华山（句容）433.4米、高骊山425.5米、宝华山396.4米、十里长山349米、五州山306米。茅山山脉境内略呈南北走向，是秦淮河水系和太湖水系的分水岭，主要山峰高度：丫髻山410.6米、大茅峰372.5米、马山362.8米、瓦屋山357米、方山307.6米、凉帽山307米。

江中洲地自西向东有世业洲、征润洲、新民洲、和畅洲（今江心洲）、顺江洲（今高桥镇）和太平洲（今扬中市全境）。

镇江市区地貌南高北低，北部沿江分布着心滩、洲滩、边滩以及冲积平原，海拔高度5～10米。市区南部为低山残丘，自西向东分布着五州山、十里长山、东山、九华山、黄山、观音山、鸡笼山、磨笄山等，东郊零星分布着汝山、横山、京岘山、雩山等残丘，除五州山、十里长山高度超过300米，其余山丘高度均在100～200米之间。城区内分布着金山、焦山、北固山、云台山、象山等高度低于100米的孤丘，总体上形成一水横陈、连岗三面的独特地貌。

（叶 卜）

【资源】 土地资源：镇江市有耕地、园地、林地、牧草地、居民点及工矿用地、交通用地及水域等各种土地资源类型，更有一批风景名山。

水资源：镇江是水资源较为丰富的城市，长江和大运河在这里交汇，秦淮河、太湖湖西、沿江三个水系在这里集聚。水资源主要有地表水、过境水、地下水、回归水等四种形式。长江流经境内长103.7千米。京杭大运河境内全长42.74千米，在京口区谏壁镇与长江交汇。全市有流域面积50平方千米及以上河流32条（跨省2条），流域面积50平方千米以下至乡镇级主要河流328条。常年水面面积1平方千米及以上湖泊2个，0.5～1平方千米湖泊2个，均为淡水湖泊。有水库141座，总库容3.47亿立方米；塘坝3.97万处，总容积19.69亿立方米；地下水取水井13.49万眼，取水量1321.25万立方米。

矿产资源：镇江发现金属矿产有铁、铜、铅、锌、钼、钨、金、银、铼及镉等10余种，矿床（点）47处。非金属矿产有白云石、石灰石、大理石、膨润土、珍珠岩、沸石、耐火黏土、硅石、型砂及红柱石等，化工非金属矿产有硫铁矿、岩盐、泥炭、磷及含钾岩石等。地热资源丰富，包括地下热水和地温异常两类。

生物资源：植物方面，木本树种有74科183属394种和变种。自然植被分为针叶林、落叶阔叶林、落叶与常绿阔叶混交林、竹林、灌丛、草丛和水生植被等7个类型，栽培植被则包括大田作物、蔬菜作物、经济林、果园和绿化等5个类型。针叶林有马尾松林、黑松林、湿地松、杉木林、侧柏林、水杉林和池山林等，落叶阔叶林有麻栎、黄檀林、枫香林、刺槐林和朴树等，落叶、常绿阔叶混交林有短柄枹树和青冈栎林、黄檀和石栎林等。常见植物种类有苔藓植物、蕨类植物、裸子植物、单子叶被子植物和双子叶被子植物，其中被列为国家一级保护植物的有珙桐、红豆杉、金钱松、银杏、苏铁等。动物方面，镇江市常见主要动物分为无脊椎动物和脊椎动物两大类，无脊椎动物有原生动物、多孔动物、腔肠动物、扁形动物、环节动物、软体动物和节肢动物等，脊椎动物有鱼类、两栖类、鸟类、爬行类和哺乳类动物，被列为国家一级保护动物的有白鳖豚、白鲟、鹳、丹顶鹤、大鸨、中华鲟等。鱼类资源丰富，境内长江鱼类分19个科。青、草、鲢、鲤、鲶、鳝等淡水养殖鱼类均有大量出产，其中鲥鱼、鲥、鳗、河豚是名贵品种。

（叶 卜）

【气候】 镇江市属北亚热带季风气候。2016年，全市平均气温16.8℃，年平均降水量2052.3毫米，平均日照时数1726.6小时。

气温。全年（2016年1月—12月）各站平均气温为16.6℃（句容）～17.0℃（镇江市区），比常年偏高1.0℃～1.3℃，其中镇江市区年平均气温17.0℃，平历史极值（2007年），丹阳、句容年平均气温分别为16.9℃、16.6℃。全市年平均气温16.8℃，较常年偏高1.1℃，异常度值为1.64，属显著偏高年份，列历史第二极值。全年月平均气温

2016 年度镇江市市区气候资料分月统计表

表 3－1

项目		12 月	1 月	2 月	3 月	4 月	5 月	6 月	7 月	8 月	9 月	10 月	11 月	12 月	全年值	常年值
平均气温（℃）	历年	5.5	3.1	5.2	9.4	15.5	20.9	24.6	28.2	27.6	23.5	18.2	11.7	5.5	17.0	16.1
	本年	6.6	3.2	6.6	11.1	17.4	20.3	24.3	29.1	29.5	24.5	18.7	11.4	7.5		
降水量（毫米）	历年	35.1	49.9	60.0	84.7	76.4	87.3	183.2	213.8	162.6	78.2	57.5	61.9	35.1	1996.1	1150.6
	2016 年	15.8	64.1	26.0	30.9	135.4	162.9	181.4	380.5	94.6	315.2	416.6	121.8	66.7		
梅雨量（毫米）		–													388.7	253.9
日照（小时）	历年	150.8	135.9	129.4	152.9	179.7	195.5	154.3	193.6	193.3	171.9	174.2	155.4	150.8	1718.3	1986.9
	2016 年	121.5	111.0	178.2	135.2	155.9	130.9	111.2	166.7	253.4	155.7	50.5	118.9	150.7		

说明：表中前一个“12 月”指 2015 年 12 月，后一个“12 月”指 2016 年 12 月，“历年”“常年值”均指 1981 年—2010 年的平均值　（居小虎）

3 月偏高，4 月和 8 月显著偏高，12 月异常偏高，其他月份均正常。全市 3 月 16 日入春，比常年平均（3 月 19 日）提前 3 天。冬季（2015 年 11 月 24 日入冬）为 113 天，比常年平均（119）少 6 天。6 月 9 日入夏，较常年平均（5 月 23 日）晚 17 天，是 2000 年以来最晚进入夏季的年份，春季（3 月 16 日—6 月 8 日）85 天，较常年平均 63 天多 22 天。10 月 7 日入秋，比常年平均的 9 月 24 日晚 13 天。11 月 22 日入冬。11 月 3 日出现初霜，比常年平均初霜日（1980 年—2010 年 30 年平均初霜日为 11 月 13 日）早 10 天。

降水。全年（2016 年 1 月—12 月）全市各站降水量空间分布不均，为 1907.7 毫米（扬中）～2199.5 毫米（句容），比常年偏多 80%～100%，镇江市区、扬中、丹阳、句容四站年降水量分别为 1996.1 毫米、1907.7 毫米、2105.9 毫米和 2199.5 毫米，均破当地有历史记录以来年降水量极值。全市年平均降水量 2052.3 毫米（按气象观测点统计，下同），比常年平均偏多 89%，属异常偏多年份。受厄尔尼诺次年影响，2016 年降水时间分布极不均匀，全年 12 个月降水均出现异常，其中 9 个月降水量出现偏多到异常偏多，特别是 9 月—12 月连续 4 个月降水量异常偏多。

梅雨。6 月 19 日入梅（常年平均 6 月 19 日），7 月 20 日出梅（常年平均 7 月 12 日），梅雨期 31 天（常年 23 天）。梅雨期降水量异常偏多，降水量 475.5 毫米～647.3 毫米，呈南多北少分布，平均梅雨量为 563.9 毫米，较常年平均（253.9 毫米）偏多 1.2 倍。梅雨期中段出现集中强降水。7 月上旬，全市总降水量为 343.7 毫米～398.6 毫米，是常年平均的 3～4 倍，其中 7 月 1 日—5 日出现持续大到暴雨，局部大暴雨的天气。

日照。全年（2016 年 1 月—12 月）日照时数为 1517.1 小时（丹阳）～1866.4（句容）小时，比常年偏少 6.6%～16.5%。全市平均日照时数为 1726.6 小时，比常年同期偏少 13.9%，属正常范畴，其中 10 月镇江市区、扬中、丹阳、句容 4 站日照时数分别为 50.5 小时、64.0 小时、47.6 小时、54.8 小时，均打破历史同期日照时数极少值。　（居小虎）

【重要天气气候事件】 1. 暴雨（大暴雨）。2016 年，受厄尔尼诺次年影响，镇江市暴雨（大暴雨）天气过程频发，暴雨日镇江市区 10 天、扬中 10 天、丹阳 13 天、句容 14 天，均破当地年暴雨日极多值，其中大暴雨日镇江市区 2 天、扬中 1 天、丹阳 2 天、句容 2 天。

2. 高温。2016 年，全市高温集中在 7 月—8 月，年高温日数镇江市区 20 天、扬中 14 天、丹阳 20 天、句容 23 天，与常年平均的 11 天、8 天、9 天、9 天相比，分别多 9 天、6 天、11 天和 14 天，年极端高温 39.1℃，出现在 7 月 25 日（句容）。

3. 寒潮。2016 年，全市出现 2 次强冷空气、3 次寒潮以及 1 次强寒潮天气过程，具体为：1 月 22 日—24 日寒潮；2 月 13 日—15 日寒潮；3 月 7 日—9 日冷空气过程；11 月 21 日—23 日强寒潮天气过程，镇江市区、扬中、丹阳、句容 48 小时最低气温降温幅度均达 12℃以上；12 月 13 日—15 日寒潮；12 月 26 日—28 日强冷空气天气过程。

4. 降雪和积雪。2016 年，全市出现 9 个降雪日。1 月出现 5 天雪日（以 20 时为日界，12 日、21 日、22 日—23 日、31 日），其中 22 日、31 日夜间降雪和降温引起翌日道路严重结冰。2 月降雪日为 2 天，1 月 31 日下午到夜间受冷暖空气共同影响，出现大雪天气。其中，1 月 31 日 20 时至 2 月 1 日 8 时出现小雪天气；2 月 13 日夜里受冷空气南下影响，镇江市区、丹阳、句容出现降雪。11 月 23 日，镇江市区出现初雪，比常年初雪日（12 月 17 日）提前 24 天，是 1981 年以来最早初雪。

5. 大雾和霾。2016 年，霾天数 189 天，雾天数 55 天，均远超历史平均水平（11 天）。

2016 年镇江市雾霾天气分月统计表

表 3－2

月　份	霾（天）	雾（天）
1	19	4
2	22	2
3	25	7
4	22	7
5	20	8
6	13	6
7	14	6
8	3	0
9	11	2
10	4	1
11	15	6
12	21	6
合　计	189	55

（居小虎）

6. 台风。2016 年 9 月 14 日 20 时至 17 日 8 时，受第 14 号台风“莫兰蒂”外围及其残留云系和冷空气结合的影响，全市出现区域性大暴雨，局部特大暴雨，同时，出现 6 级～7 级东北大风，属于严重影响级。9 月 28 日—30 日，受第 17 号台风“鲇鱼”和北方冷空气共同影响，全市出现区域性暴雨到大暴雨，南多北少，同时出现 6 级～7 级东北大风，属于一般到严重影响级。受第 22 号台风“海马”残留云系和冷空气共同影响，20 日 20 时至 23 日 20 时，全市出现区域性大暴雨天气，以稳定性降水为主，未出现大风天气，无灾情发生。

7. 霜或霜冻。3 月 26 日，镇江市区、句容、扬中出现晚霜。11 月 3 日，镇江市区出现初霜，比常年平均初霜日早 10 天；11 月 24 日，扬中、句容、丹阳出现初霜；11 月 25 日早晨句容出现霜冻；11 月 27 日，镇江市区、丹阳、句容出现霜冻；11 月 28 日，全市出现霜冻。

8. 低温冰冻。2016 年 1 月 24 日，最低气温镇江市区 -10.1℃、扬中 -9.7℃、丹阳 -9.6℃、句容 -10.0℃，镇江市区、扬中、丹阳为 1981 年以来最低气温极值，句容为 1986 年以来最低气温极值。当天最高气温镇江市区 -4.5℃、扬中 -5.2℃、丹阳 -3.6℃、句容 -3.6℃，日平均气温镇江市区 -7.0℃、扬中 -7.0℃、丹阳 -6.6℃、句容 -6.8℃。23 日—26 日连续四天日最低气温镇江市区 -5.1℃ ~ -10.1℃、扬中 -4.3℃ ~ -9.7℃、丹阳 -5.0℃ ~ -9.6℃、句容 -5.8℃ ~ -10.0℃；23 日—25 日连续三天日平均气温 <0℃，出现低温冰冻天气。

9. 连阴雨。由于冷暖空气持续在江淮流域交汇，全市 10 月出现持续秋季连阴雨天气，全市月内总降水量在 345 毫米 ~434 毫米之间，是常年同期的 6 倍 ~8 倍之多，各站均创建站以来 10 月雨量极值。全市月内雨日 18 天 ~20 天，日照时数较常年同期偏少 60% ~ 70%，对农业生产和人民生活造成一定影响。 （居小虎）

【水文水情】 2016 年，镇江市汛期面平均雨量 1116.0 毫米（按市各报汛站统计，下同），比多年平均（698.3 毫米）偏多 59.8%，最大 1431.5 毫米（丹阳访仙站），最小 940.0 毫米（句容仑山水库站）。汛期平均雨日 55.4 天。

镇江市 6 月 18 日入梅（常年平均 6 月 19 日），7 月 20 日出梅（常年平均 7 月 12 日），梅雨期 32 天（常年 23 天）。全市平均梅雨量 568.7 毫米，较多年平均梅雨量（255.8 毫米）偏多 1.2 倍。其中，点最大为袁巷（句容）761.0 毫米，点最小为谏壁闸 444.5 毫米。7 月 1 日—6 日，全市出现集中强降水天气过程，降水总量达 362.0 毫米，过程雨量占梅雨总量的 63.7%。

汛期 5 月 ~9 月长江大通站水位未超警戒（14.40 米）25 天，平均流量（48000 立方米/秒）较多年平均（41200 立方米/秒）偏多 16.5%。大通站 7 月 8 日汛期最高水位 15.66 米（上年 13.82 米），7 月 11 日汛期最大流量 70700 立方米/秒（上年 60100 立方米/秒）

长江镇江（二）站汛期平均潮位 6.14 米，高出上年同期（5.46 米）0.68 米，较多年平均（5.48 米）偏高 0.66 米。7 月 6 日出现汛期最高潮位 8.58 米（上年 7.47 米）；9 月 28 日出现汛期最低潮位 3.25 米（上年 3.52 米）。全年汛期镇江站出现超警戒（7.00 米）潮位天数总计 39 天（上年 23 天），其中高潮位超 8 米天数为 9 天。扬中站 7 月 6 日出现汛期最高潮位 7.54 米（上年 6.70 米）。全年汛期扬中站潮位超警戒（6.00 米）天数总计为 61 天（上年 31 天）。

大运河丹阳站、香草河旧县站、赤山湖赤山闸（上）站、句容河赤山闸（下）站汛期平均水位分别为 4.32 米、4.37 米、8.97 米、8.40 米，较多年平均（4.21 米、4.09 米、8.62 米、7.91 米）偏高 0.11 米、0.28 米、0.35 米、0.51 米。

2016 年汛期期间，镇江市主要内河湖均发生超警戒水位。其中，大运河水位超警戒（5.60 米）12 天（7 月 1 日—9 日，9 月 16 日—17 日，9 月 30 日），香草河水位超警戒（7.00 米）7 天（7 月 1 日—7 日），赤山湖水位超警戒（11.00 米）12 天（7 月 1 日—10 日，7 月 15 日，9 月 30 日），其中 7 月 5 日，赤山湖最高水位 13.97 米，超历史最高水位（2015 年，13.88 米）0.09 米；句容河水位超警戒（9.50 米）20 天（7 月 1 日—19 日，9 月 30 日）。

汛期九曲河闸引水 241.8 百万立方米，排水 127.2 百万立方米；谏壁闸引水 124.9 百万立方米，排水 308.6 百万立方米；九曲河闸抽水站开机排水 179.5 百万立方米；谏壁抽水站开机排水 308.6 百万立方米，自流引水 70.0 百万立方米；沿江闸站汛期总引水量 464.6 百万立方米，总排水量 626.1 百万立方米；赤山新闸汛期排水 320.2 百万立方米。

5 月 1 日，全市 16 座报汛水库总蓄水量 101.6 百万立方米，略低于上年同期（108.5 百万立方米），其后总蓄水量趋于平稳。7 月初强降雨导致水库总蓄量迅速上涨，7 月 5 日出现当年最大蓄水量 156.4 百万立方米（上年 155.3 百万立方米），为 2000 年以来出现的最大蓄水量。自 7 月下旬到 9 月上旬，全市降雨偏少，部分地区出现旱情，水库蓄水逐步减小，9 月 14 日出现汛期最小蓄量 77.1 百万立方米。后期两场台风降雨使水库蓄量得到补充，10 月 1 日 8 时总蓄水量为 106.7 百万立方米，与上年同期（103.1 百万立方米）基本持平，较 2000 年以来同期蓄水（84.6 百万立方米）偏多 22.1 百万立方米，偏多 26.1%。 （陆 益）

【建置沿革】 "宜"为镇江最早地名，是 3000 年前周康王封给宜侯的领地名称，春秋时称朱方，后曾用谷阳、丹徒、京口、润州等名称。北宋政和三年（1113 年）建镇江府，始称镇江，历经宋、元、明、清。辛亥革命后称丹徒县，1928 年改为镇江县。1929 年至 1949 年 2 月为江苏省政府所在地（其中 1937 年—1945 年镇江沦陷期间，省政府迁往苏北）。1949 年 4 月 23 日镇江解放后，划城区和近郊为镇江市，四乡为丹徒县，均隶属于苏南行政区镇江专署。1953 年苏南行政区、苏北行政区合并建江苏省后，设镇江专员公署，辖镇江市和 10 个县（丹徒、丹阳、扬中、句容、江宁、高淳、溧水、武进、金坛、溧阳），镇江为县级市和专署所在地（其中 1958 年 9 月—1959 年 9 月，专署迁至常州，改称常州专员公署）。1983 年 3 月，镇江市改为省辖市，辖 4 县 2 区。1987 年、1994 年、1995 年，所辖丹阳、扬中、句容先后撤县设市；2002 年，丹徒撤县设区。现镇江市辖丹阳市、句容市、扬中市和丹徒区、京口区、润州区以及镇江新区。 （叶 卜）

【行政区划】 2016 年 4 月，镇江市人民政府批复润州区人民政府，同意调出蒋乔街道的鹤林、檀山社区，官塘桥街道的五凤口、回龙社区，七里甸街道的黄鹤山社区，以 5 个社区的区域范围设立南山街道办事处，办事处驻官塘桥路。调整后，七里甸街道辖 5 个村民委员会、13 个社区居民委员会，办事处驻南山路；蒋乔街道辖 1 个村民委员会、6 个社区居民委员会，办事处驻润兴路；官塘桥街道辖 3 个村民委员会、1 个社区居民委员会，办事处驻官驸路。

至 2016 年年底，镇江市有 56 个镇（街道）。其中，镇 31 个、街道 25 个。丹阳市辖 10 个镇、2 个街道，句容市辖 8 个镇、3 个街道，扬中市辖 4 个镇、2 个街道，丹徒区辖 6 个镇、2 个街道，京口区辖 6 个街道，润州区辖 8 个街道，镇江新区托管 3 个镇、2 个街道。

（市民政局区划地名处）

【城市发展定位】 1978 年，镇江被国务院列为对外开放城市。1986 年，镇江港经国务院批准对外开放。1986 年年底，镇江被国务院列为第二批国家历史文化名城。1988 年，镇江被国务院列为沿海经济开放区。1998 年年底，镇江成为中国优秀旅游城市。根据《江苏省城镇体系规划（2012—2030）》，镇江市为"国家历史文化名城，长三角重要的港口、风景旅游城市"。2013 年国务院批复印发的《苏南现代化建设示范区规划》，对镇江的城市分工和发展定位为：发挥产业基础较好、自然生态良好的优势，建设全国重要的高端装备制造、新材料产业基地和区域物流基地、技术研发基地、创意生活休闲中心，成为现代山水花园城市和旅游文化名城。 （叶 卜）

2016年镇江市行政区划情况表

表3－3

辖市(区)	镇	街道
丹阳市	丹北、司徒、延陵、珥陵、导墅、皇塘、吕城、陵口、访仙、界牌	云阳、曲阿
句容市	下蜀、宝华、边城、白兔、郭庄、后白、天王、茅山	华阳、崇明、黄梅
扬中市	八桥、西来桥、油坊、新坝	三茅、兴隆
丹徒区	谷阳、辛丰、上党、宝堰、高桥、世业	高资、宜城
京口区	－	正东路、健康路、大市口、四牌楼、象山、谏壁
润州区	－	宝塔路、和平路、七里甸、金山、蒋乔、官塘桥、韦岗、南山
镇江新区	大路、姚桥、丁岗	大港、丁卯
合计	31	25

（市民政局区划地名处）

【交通、口岸】 镇江临江近海，水陆交通极为便利。镇江为国家级水路主枢纽和省级公路枢纽城市。世界闻名的“黄金水道”——长江和京杭大运河在此交汇，沪宁高速公路、扬溧高速公路、京沪高速铁路、沪宁城际铁路、京沪铁路、312国道、104国道傍市而过。润扬长江公路大桥、泰州长江公路大桥为横跨长江的快速通道，在建的镇江长江大桥是长江江苏段第三座公路铁路两用大桥。104、312国道和122、231、238、241、243、337、340省道构成镇江与外省、市连接的公路网络。全年新增公路里程21千米，年末累计7354千米，其中高速公路182千米。镇江至南京高速公路行程45分钟，高速铁路行程20分钟。距南京机场和常州机场均为60千米，至扬州泰州机场70千米。

镇江港是国家一类开放口岸，全国主枢纽港之一，－10米以下岸线长85千米。高资港区、龙门港区、谏壁港区、高桥港区、大港港区、扬中港区构成镇江港口群体。2016年完成港口货物吞吐量14887万吨，比上年增长0.7%，其中长江港口吞吐量13137万吨，增长1.0%。苏南运河镇江段42.74千米，是全国第一条国家级文明样板航道。镇江口岸为国家一类对外开放口岸，海关、商检、卫检、动植检等查验机构齐全。

（叶　卜）

图3－1 2016年4月30日，中船动力公司建造的最大型柴油机启运

（文　雯　供稿）

【人口】 2016年年末，镇江市常住人口318.13万人，比上年增加0.48万人，其中城镇人口220.79万人，城镇化率69.2%。在常住人口中，65岁及以上人口占比13.1%，提高0.5个百分点。年末全市总户数101.24万户，增加0.05万户，其中市区40.21万户，丹阳27.80万户，扬中10.54万户，句容22.70万户。

年末户籍人口271.98万人，比上年增加0.31万人，其中男性134.53万人，增加0.07万人；女性137.45万人，增加0.24万人。男女性别比（女＝100）为97.88，分辖市看：丹阳市97.64，扬中市95.92，句容市98.23。在户籍总人口中：市区103.42万人，其中：京口区31.40万人、润州区24.41万人、丹徒区29.11万人、镇江新区18.50万人；丹阳市81.15万人、扬中市28.20万人、句容市59.21万人。分年龄段看，0岁～17岁33.33万人，18岁～34岁55.00万人，35岁～59岁115.62万人，60岁以上68.04万人。全年出生人口21686人，其中男性11330人，女性10356人。人口出生率7.97‰，其中：市区8.05‰，丹阳市7.33‰，扬中市8.30‰，句容市8.57‰。全年死亡人口16869人，其中男性9211人，女性7658人。人口死亡率6.20‰，其中：市区5.54‰，丹阳市7.09‰，扬中市7.60‰，句容市5.48‰。全市户籍人口自然增长率1.77‰。全年迁入人口3.54万人，其中省内迁入2.91万人，省外迁入0.62万人。全年迁出人口3.71万人，其中迁往省内3.08万人，迁往省外0.63万人。（市统计局）

【民族】 镇江市是江苏省民族工作重点城市之一。据2010年第六次全国人口普查统计，全市有回、蒙古、苗、满、彝等47个少数民族，常住人口中少数民族人口18493人，占全市总人口比例为0.594%。少数民族人口中，人数排在前五位的是：回族7288人、苗族2291人、土家族1820人、彝族1280人、蒙古族1062人，以上5个少数民族人口占全市少数民族人口的74%。截至2016年年底，全市有3个少数民族聚居村、8个省级民族工作示范社区、2所民族学校、4座清真寺、122家清真网点、2家民族贸易和民族用品定点生产企业。

（曹祥清）

【宗教】 镇江市是江苏省宗教工作重点城市之一，有佛教、道教、伊斯兰教、天主教和基督教。2016年，全市依法登记的宗教活动场所153处，其中佛教62

处、道教15处、伊斯兰教4处、天主教1处、基督教71处。金山江天禅寺（江天寺）、焦山定慧寺、宝华山隆昌寺和茅山道院为国务院批准开放的全国重点寺院宫观，大港绍隆寺为省重点寺院。全市有宗教团体21个，宗教教职人员354人，信教群众约20万人。

（潘煜龙　李　同）

【方言】 镇江话属于北方方言的江淮次方言，位于北方方言与吴方言两大方言的接合部，大致以谏壁为东界、上党为南界。古代的镇江话属吴方言，由于特殊的政治、社会、交通等原因，导致方言属性产生变化。镇江话虽属北方方言范畴，但构成复杂，其中既有吴方言的遗痕，又有旗腔（类似京腔）的影响。与普通话相比，镇江话没有全浊声母和舌尖后音声母；鼻化元音介于前鼻音韵母与元音韵母之间，in、ing、en、eng、n、l不分；有入声调。词汇中保留着丰富的吴方言词。句容、丹徒、扬中的方言类似镇江话，虽构成复杂，但均属北方方言系统。大港以东、宝堰以南、句容傍茅山一线及至丹阳西部的语言自西向东渐次出现吴方言特点，多文白异读，说话音接近吴语，读书音接近官话；全浊声母消失，舌面声母多，没有舌尖后音声母；单元音韵母多；读书音4个声调，说话音6个声调。丹阳东部则进入吴语区。

随着语言不断丰富和变化，镇江方言也在渐渐变化。声母方面，新派音中“然染燃”从老派音的ø声母变为l母；“姐且写谢”的声母新派已将舌尖前音成系统地换成舌面音，只是韵母还没有到位，发作iI；“暑族随邪斜”的老派读音，声母是ʦʻ，“纯瑞垂”的声母是s，读音不稳定；“浙江、彻底、电风扇”中的“浙、彻、扇”在新派音中已舌尖化，只是还没有舌尖后化，但是这一组声母字中口语色彩浓的字，如“折头、舌头、沾光”中的“折、舌、沾”则还保存着老派音；老派音“家”读作[ʨia]，新派音则作[ka]。韵母方面，新派镇江人学习普通话的时候，把õ说成ɛ̃，如“半搬盘潘判满漫断段短端锻团乱卵暖管观官灌冠款宽换欢缓转撰篆专传穿船川串喘钻窜算酸蒜碗丸玩宛软”；把ĩ说作ɛ̃，如“然染沾缠蟾闪扇善”的韵母。声调方面，镇江话也有趋向于普通话的细微变化，如部分æʔ韵变为əʔ韵；新派音中部分镇江人会把阴平提高，从而使镇江话更接近普通话。

（叶　卜）

【风景名胜】 镇江为中国优秀旅游城市，是一座天然的风景名城，具有“城市山林”和“真山真水”的独特风貌，以“天下第一江山”闻名于世。市区多佳景，城北有金山、焦山、北固山，或屹立江中，或雄峙江岸，由长江组合成天然三山图，为国家AAAAA级旅游景区；城南有起伏的南山，掩映着鹤林、竹林、招隐诸寺，并由西向东嵌入城中，构成“城市山林”景观。古运河从镇江进入江南，由北往南折东，逶迤城中，汇入江南运河。西津渡古街全长约1000米，存有六朝至清代的历史踪迹。主城区有宝塔山公园、伯先公园、河滨公园、梦溪园、赛珍珠旧居等景点，还有保存完好的三国东吴铁瓮城遗址。市区东部有山上矗立“万里长江第一塔”——报恩塔的圌山风景名胜区。句容市有佛教“律宗第一山”隆昌寺和以“宝华玉兰”著称的宝华山国家森林公园，有集江南名山、道教胜地、革命根据地于一体的茅山风景名胜区。镇江的宗教活动在全国乃至东南亚有广泛影响，有全国重点寺院宫观4所。

（叶　卜）

【历史文化遗存】 镇江是国家历史文化名城，有着深厚的文化积淀。全市有各级文物保护单位296处，其中国家级13处：焦山碑林、丹阳和句容南朝陵墓石刻、镇江英国领事馆旧址、昭关石塔、大运河（包括大运河镇江段、虎踞桥、江河交汇处、新河街一条街、西津渡古街等5个点）、甘露寺铁塔、隆昌寺、城上村遗址、葛城遗址、铁瓮城遗址、宋元粮仓遗址、春城土墩墓群、烟墩山墓地等。焦山碑林中有“大字之祖”瘗鹤铭以及苏轼、黄庭坚、米芾、陆游的墨迹碑刻和摩崖石刻；丹阳和句容南朝陵墓石刻存有齐梁帝王归葬丹阳故里的陵墓8地11点24件，葬于句容的1点4件，是南朝石刻瑰宝。有省级文物保护单位42处，其中有焦山古炮台遗址、相传为孔子所书的延陵季子碑（唐拓本）、被誉为“江南第一钟”的唐中和铜钟、宋抗金名将宗泽墓、圌山炮台遗址等。有市、县级文物保护单位241处。白蛇传传说、镇江恒顺香醋酿制技艺、古琴艺术（梅庵琴派）、扬剧、灯彩（秦淮灯彩）、酿造酒传统酿造技艺（封缸酒传统酿造技艺）、董永传说、佛教音乐（金山寺水陆法会仪式音乐）、道教音乐（茅山道教音乐）等9个项目先后被列入国家级非物质文化遗产名录，并有国家级非物质文化遗产项目代表性传承人5人。

（叶　卜）

图3－2　2016年11月，历时3个月的宝塔山公园僧伽塔修缮工程完工　（杨宪华　供稿）

【历代名人】 镇江扼南北要冲，得山水之胜，钟灵毓秀，代不乏才，历代文人墨客纷来寻幽探胜，寄情抒怀，其中有李白、杜牧、范仲淹、王安石、苏轼、陆游、辛弃疾等才士名贤，在此耕耘风雅，播种斯文。王昌龄的“洛阳亲友如相问，一片冰心在玉壶”、王安石的“春风又绿江南岸，明月何时照我还”、辛弃疾的“何处望神州，满眼风光北固楼”等成为千古绝响，流风遗韵，至今袅袅不断。李白的“丹阳北固是吴关，画出楼台云水间”、杜牧的“青苔寺里无马迹，绿水桥边多酒楼”、范仲淹的“山分江色破，潮带海声来”、沈括的“楼台两岸水相连，江北江南镜里天”、冷士嵋的“槛外晴川甘露寺，窗前秋水玉圌峰”，是一幅幅活色生香的有声画、无声诗。东晋时期，中原鸿儒显宦纷纷南下，移居京口者众多，或完成大业，或著书立说，著名的有：南朝宋开国皇帝刘裕（寄奴），撰有《世说新语》的刘义庆,著有《晋书》的臧荣绪,选编《玉台新咏》、诗文与庾信齐名的徐陵,中国第一部诗文总集《昭明文选》的编纂者萧统,著有中国第一部系统文艺理论巨著《文心雕龙》的刘勰等。宋代移居镇江的有:著有被誉为"十一世纪的科学坐标"——《梦溪笔谈》的作者沈括,制造世界上最早天文钟"水运仪象台"的科学家苏颂,书画家米芾,抗金名将宗泽等。明清两代镇江名人有:官居华盖殿大学士、内阁首辅的杨一清,主持编修《大清一统志》《佩文韵府》《康熙字典》的张玉书。近现代以来有:著有《铁云藏龟》和《老残游记》的刘鹗,著有第一部汉语语法专著《马氏文通》的马建忠,历史学家柳诒徵,飞机制造专家巴玉藻,世界语运动开创者之一的符恼武,金融家陈光甫,辛亥广州起义总指挥、被南京临时政府追授为上将军的赵声,辛亥革命著名将领李竟成、解朝东,"黄花岗七十二烈士"中有镇江籍5人,有爱国民主人士冷遹、诗人闻捷、桥梁专家茅以升等。此外,丹阳为三国吴大帝孙权和南朝齐高帝萧道成、梁武帝萧衍故里,近现代有爱国人士马相伯、美术家吕凤子,当代有语言学家、语文教育家吕叔湘;句容有被誉为医药鼻祖的葛玄,晋朝道教理论家、炼丹术家和医学家葛洪,南朝道教思想家、医药学家陶弘景。

(叶　卜)

【历代兵事】 镇江扼水陆交通要冲,地理形势险要,自古以来就是军事重镇。春秋时吴楚争霸,发生朱方之战。东晋隆安五年(401年),孙恩领导的农民起义军在镇江大战蒜山。宋高宗建炎四年(1130年),韩世忠率水兵8000名在江面截击金兀术的10余万大军,金兵被围困在黄天荡48天。元至元十二年(1275年),南下元军打败宋军,南宋抵抗力量受挫。清顺治十六年(1659年),郑成功北伐直抵焦山,与清军在城下大战,后郑成功据守镇江城38天,因南京战事失利退出镇江。清道光二十二年(1842年)六月,英国侵略军侵入镇江,遭镇江军民誓死抵抗,英军虽破城,但伤亡惨重,恩格斯在《英军对华的新远征》中对镇江人民给予高度评价。清咸丰三年(1853年)二月,太平天国军队攻占镇江,进行了4年9个月的镇江保卫战。清宣统三年(1911年),驻镇江新军起义,光复镇江。民国26年(1937年)12月,日本侵略军攻占镇江,镇江城蒙受巨大损失。民国27年(1938年)5月—6月间,新四军先遣支队和一支队、二支队进入苏南,6月17日在韦岗伏击日军车队,打响新四军苏南抗战第一枪,随后创建以茅山为中心的苏南抗日根据地,领导苏南人民进行7年多的顽强抗战,直至取得胜利。1949年4月21日,中国人民解放军发动渡江战役,22日晚驻镇江城内国民党军队不战而逃,23日镇江获得解放。

(叶　卜)

【市树】 市树:广玉兰。1985年3月,镇江市一届人大第三次会议决定广玉兰为市树。广玉兰属于木兰科木兰属,长绿乔木,叶长10厘米~20厘米。花大白色,清香,直径20厘米~30厘米,通常6瓣,5月—7月为花期。种子外皮红色,9月—10月果熟。树冠呈卵状圆锥形,小枝和芽均有锈色绒毛,树形优美,是优良的庭院树和观赏树。(叶　卜)

【市花】 市花:杜鹃花。1985年2月,镇江市一届人大常委会第十二次会议决定蜡梅为市花。1994年11月,市三届人大常委会第十三次会议重新决定杜鹃花为市花。杜鹃花别名映山红、山石榴,杜鹃花科杜鹃花属,多为灌木或小乔木,因生态环境不同,有各自的生活习性和形状,喜阴凉、湿润,耐寒。杜鹃花分落叶和常绿两大类。落叶类叶小,常绿类叶片硕大。花的颜色有红、紫、黄、白、粉、蓝等。

(叶　卜)

【镇江名特产——镇江"三怪"】 20世纪80年代以来,镇江市面上形成"肴肉不当菜,香醋摆不坏,面锅里煮锅盖"的"三怪"俚谚。

一、肴肉不当菜。肴肉也称"肴",为镇江传统名特食品,最早见载于《清稗类钞》,特点是酥嫩易化,食之不腻;胶冻柔韧透明晶亮,故又曰"水晶肴蹄"。镇江肴肉选用猪前蹄,用传统工艺腌制后经烹饪煮制而成。镇江人有吃早茶、品肴肉的习惯,食用时配上姜丝、香醋,"肴肉不当菜"故成镇江"一怪"。

二、香醋摆不坏。香醋是镇江传统名特产品,色、香、酸、醇、浓俱全,酸而味鲜,香而微甜,存放愈久味道愈醇,不易变质,"香醋摆不坏"遂成镇江"一怪"。镇江恒顺香醋采用优质糯米为原料,历经"制酒、制醅、淋醋"三大过程,大小40多道工序。其独特固态分层发酵工艺被列入首批国家级非物质文化遗产保护名录。

三、面锅里煮锅盖。锅盖面是镇江人的家常面食。镇江位于南北交通要冲,由于面条洁净,制作方便,成为镇江大众化的餐饮。锅盖面原名火(伙)面["火面"一词最早见于北宋张洎(934年—997年)的《贾氏谭录》,或因"是北方移民带来的,具有军营编制带过来的遗迹",故名"火面"],也称小刀面、跳面,在镇江本地至少有150年历史,属浓碱型面条。下面条时将小锅盖滂在大锅里,面条在小锅盖下面,面锅不潽,"面锅里面煮锅盖"遂成镇江"一怪"。镇江锅盖面汤汁和浇头品种较多。(叶　卜)

经济建设

【概况】 2016年,镇江市实现地区生产总值3833.84亿元(统计公报数,下同),比上年增长9.3%。其中,第一产业增加值137.78亿元,增长0.1%;第二产业增加值1870.40亿元,增长8.6%;第三产业增加值1825.66亿元,增长10.7%。全市人均地区生产总值120603元,增长9.1%,按年平均汇率折算为18750美元。三次产业增加值比例由上年的3.8∶49.3∶46.9调整为3.6∶48.8∶47.6,服务业增加值占地区生产总值比重提高0.7个百分点。全年居民消费价格总指数(CPI)为102.2,比上年上涨2.2%。其中,消费品价格上涨1.9%,服务项目价格上涨2.6%。居民消费价格八大类呈"六升二降":食品烟酒类上涨4.0%,衣着类上涨1.0%,居住类上涨2.9%,生活用品及服务类上涨1.7%,医疗保健类上涨5.9%,其他用品和服务类上涨2.8%;交通和通信类下跌1.6%,教育文化和娱乐类下跌0.4%。

(市统计局)

【农林牧渔业】 2016年,镇江市全年粮食播种面积174.02千公顷,比上年减少1.15千公顷,下降0.7%。受播种面积减少和气候因素影响,全市粮食总产量118.74万吨,比上年减少6.41万吨,下降5.1%。其中,夏粮总产量34.97万吨,减少2.59万吨,下降6.9%;秋粮总产量83.77万吨,减少3.82万吨,下降4.4%。全年油料总产量5.83万吨,增长0.3%。蔬菜总产量95.83万吨,增长1.2%。瓜果类产量10.69万吨,增长26.2%。牧渔业发展平稳。全年肉类总产量7.95万吨,比上年下降2.5%。全年生猪出栏量58.36万头,下降2.4%。家禽出栏量1674.91万只,下降0.3%。禽蛋产量2.78万吨,增长4.1%。牛奶产量1.8万吨,下降2.2%。水产品产量9.85万吨,增长0.8%。

农业结构调整稳步推进。全年新增高效设施农业面积1.67千公顷,高效设施农业面积占比20%,比上年提高0.8个百分点。新增高标准农田面积1.33

千公顷，累计78.55千公顷，高标准农田占比重50%。全年新增农业部标准化示范养殖场1家、省级生态健康养殖示范场8家。全年绿化造林面积600余公顷，完成省级绿化示范村建设26个。培育新型农业经营主体，全市新增省级示范家庭农场25家、市级示范家庭农场101家。全市有农民合作社3472家，新增3家国家级示范社。年末农机总动力145.72万千瓦，比上年增加4.33万千瓦。 （市统计局）

【工业】 2016年，镇江市拥有规模以上工业企业2710家，实现工业总产值9066.19亿元，比上年增长7.2%，其中大中型企业总产值6180.02亿元，增长7.5%。分轻重工业看，轻工业总产值1575.66亿元，增长8.1%；重工业总产值7490.53亿元，增长7.0%。分经济类型看，国有企业总产值60.51亿元，下降5.8%；集体企业总产值38.46亿元，下降0.6%；股份制企业总产值5483.72亿元，增长7.9%；三资企业总产值3038.03亿元，增长6.5%。在规模以上工业企业中，民营企业总产值5560.67亿元，增长8.5%，其中私营企业总产值3735.24亿元，增长9.5%。规模以上工业实现主营业务收入8852.71亿元，增长7.4%；实现利税总额906.74亿元，增长7.0%；实现利润总额585.40亿元，增长6.4%。

2016年镇江市主要工业产品产量情况表

表3－4

产品名称(单位)	产量	比上年(%)
机制纸及纸板(万吨)	216.51	1.6
复合木地板(万立方米)	5314.30	10.1
水泥(万吨)	1587.85	3.9
钢材(万吨)	373.42	2.3
铝材(万吨)	46.45	2.7
硫酸(万吨)	24.00	(持平)
冰醋酸(万吨)	101.63	－18.1
香醋(万吨)	24.45	8.7
民用钢质船舶(载重吨)	100857	－23.1
多晶硅片(万片)	22944	4.3
高低压开关板(万面)	41.26	1.9
电力电缆(万千米)	18.12	－1.7
眼镜成镜(万副)	1060.71	17.9
发电量(亿千瓦时)	408.87	2.1

六大新兴产业（新材料、高端装备制造、新能源、航空航天、生物技术与新医药、新一代信息技术）销售收入占规模以上工业销售比重46.2%。

2016年镇江市新兴产业销售收入情况表

表3－5

指　标	绝对值(亿元)	比上年(%)
新兴产业销售收入	4089.95	12.5
#新材料	1310.78	13.6
高端装备制造	1212.87	12.7
新能源	580.89	16.9
航空航天	253.41	6.9
生物技术与新医药	241.00	12.4
新一代信息技术	490.97	7.3

（市统计局）

【建筑业】 2016年年末，镇江市拥有资质以上建筑业企业369家。全年实现建筑业总产值530.67亿元，比上年下降2.4%，其中竣工产值387.26亿元，下降13.2%。建筑业全员劳动生产率为29.29万元/人，增长10.8%。建筑业企业房屋建筑施工面积2406.84万平方米，增长1.9%；竣工面积878.01万平方米，下降5.3%，其中住宅竣工面积499.69万平方米，下降10.1%。 （市统计局）

【固定资产投资】 2016年，镇江市在建亿元以上项目606个，其中当年新开工项目259个。完成固定资产投资2873.43亿元，比上年增长15.1%。其中，国有及国有经济控股投资634.62亿元，下降3.5%；港澳台及外商投资280.51亿元，增长25.9%；民间投资2034.98亿元，增长21.5%。分三次产业看，第一产业投资5.34亿元，增长92.0%；第二产业投资1515.95亿元，增长12.1%，其中，工业投资1475.13亿元，增长11.5%；第三产业投资1352.14亿元，增长17.9%。在全部固定资产投资中，工业技改投资739.18亿元，增长31.5%，占比重50.1%，提高9.1个百分点。

房地产市场明显升温。全年完成房地产开发投资448.64亿元，比上年增长26.1%，其中住宅投资341.45亿元，增长26.6%。房地产开发企业房屋施工面积3177.73万平方米，下降0.6%，其中住宅施工面积2440.07万平方米，增长0.2%。商品房竣工面积446.66万平方米，下降32.4%，其中住宅竣工面积359.24万平方米，下降34.1%。商品房销售面积996.5万平方米，增长66.7%，其中住宅销售面积947.93万平方米，增长75.4%。商品房销售额631.05亿元，增长91.8%，其中住宅销售额584.70亿元，增长107.6%。 （市统计局）

【国内贸易】 2016年，镇江市实现社会消费品零售总额1236.78亿元，比上年增长11.1%。按经营单位所在地分，城镇市场零售额1170.93亿元，增长11.5%；乡村市场零售额65.85亿元，增长10.6%。按消费形态分，批发业零售额194.99亿元，增长7.9%；零售业零售额891.95亿元，增长10.6%；餐饮业零售额135.87亿元，增长17.3%；住宿业零售额13.97亿元，增长31.3%。从零售业态看，全市限上单位中专卖店、专业店、百货店、大型超市零售额分别比上年增长7.1%、10.1%、8.3%、3.6%。

从限额以上批发和零售业分类商品零售情况看，汽车类零售额129.69亿元，比上年增长8.6%；石油及制品类零售额94.80亿元，增长11.2%；通信器材类零售额6.57亿元，增长18.1%；日用品类零售额18.67亿元，增长14%；家用电器和音像器材类零售额33.13亿元，增长7.5%；化妆品类零售额5.19亿元，增长2.7%；金银珠宝类零售额16.22亿元，增长6.4%；文化办公用品类零售额10.90亿元，增长21.3%；建筑及装潢材料类零售额36.30亿元，增长14.6%；粮油食品、饮料烟酒类零售额74.03亿元，增长6.2%。 （市统计局）

【开放型经济】 2016年，镇江市实现进出口总额103.16亿美元，比上年增长2.5%，其中出口总额69.51亿美元，增长1.1%；进口总额33.65亿美元，增长5.5%。从出口市场看，对亚洲出口36.51亿美元，增长9.5%，其中对东盟出口7.74亿美元，下降0.7%；对韩国出口3.5亿美元，增长48.2%；对日本出口4.31亿美元，下降4.7%；对印度出口3.53亿美元，增长7.1%。对欧洲出口10.79亿美元，增长3.2%，其中对欧盟出口8.50亿美元，增长1.7%。对美国出口12.83亿美元，下降10.5%。

利用外资及港澳台资保持稳定。新批外商及港澳台投资企业106家，新批协议外资及港澳台资24.05亿美元，比上年增长64.9%；实际利用外资及港澳台资13.51亿美元，增长3.5%。新批及净增资1000万美元以上项目89个，其中新批及净增资3000万美元以上项目37个。

对外经济稳定增长。全年新批境外及港澳台投资项目34个，比上年下降22.7%；中方协议投资1.95亿美元，下降10.8%；新签订对外承包工程合同额

4018 万美元，下降 17.5%；完成营业额 3.28 亿美元，增长 88.2%；新派劳务 1442 人，增长 14.6%。截至年末，全市累计批准 196 家企业，在 65 个国家和地区投资 270 个境外项目，中方协议投资 11.09 亿美元。（市统计局）

2016 年镇江市进出口贸易情况表

表 3-6

指　标	绝对值（亿美元）	比上年（%）
进出口总额	103.16	2.5
# 进口总额	33.65	5.5
# 一般贸易	71.98	1.6
加工贸易	27.40	12.0
# 国有企业	4.05	1.5
外商及港澳台商投资企业	52.86	-4.4
私营企业	45.27	13.6
出口总额	69.51	1.1
# 一般贸易	51.32	1.7
加工贸易	17.55	3.5
# 纸及纸制品	7.65	3.2
机电产品	31.11	6.0
# 高新技术产品	12.69	61.2

【交通运输业】 2016 年，镇江市公路客运量 4439 万人，比上年下降 1.8%；铁路客运量 1054.50 万人，下降 0.5%。公路旅客周转量 253345 万人千米，下降 3.1%。公路货运量 7447 万吨，增长 2.0%；水路货运量 1430 万吨，增长 2.1%；铁路货运量 224 万吨，下降 33.5%。公路货物周转量 793232 万吨千米，增长 2.0%；水路货物周转量 378387 万吨千米，增长 5.1%。全年完成港口货物吞吐量 14887 万吨，增长 0.7%，其中长江港口吞吐量 13137 万吨，增长 1.0%；港口集装箱吞吐量 37.30 万标准箱，下降 8.4%。年末全市民用汽车拥有量 43.68 万辆，其中私人汽车 41.73 万辆，分别增长 17.3% 和 18.0%。（市统计局）

【邮政电信业】 2016 年，镇江市邮政电信业务总量 109.87 亿元，比上年增长 52.9%，其中：邮政业务总量 16.62 亿元，增长 28.3%；电信业务总量 93.25 亿元，增长 58.3%。邮政电信业务收入 42.60 亿元，增长 7.9%，其中：邮政业务收入 12.41 亿元，增长 27.5%；电信业务收入 30.19 亿元，增长 1.5%。年末固定电话用户 75.79 万户，减少 11.44 万户。移动电话用户 305.89 万户，减少 3.67 万户。年末互联网宽带接入用户 107.69 万户，增加 15.88 万户。（市统计局）

【财政】 2016 年，镇江市财政收入受"营改增"影响较大，实现一般公共预算收入 293.01 亿元，同口径比上年增长 4.7%。全年一般公共预算支出 360.10 亿元，比上年增长 2.4%。

图 3-3　2016 年 8 月 11 日 17 点 50 分，由长江引航中心镇江引航站两名引航员引领吃水 11.50 米的中国香港籍"金利"海轮，安全靠泊镇江大港码头 11 号泊位（任一鸣　供稿）

2016 年镇江市一般公共预算收入和支出分项情况表

表 3-7

指　标	绝对值（亿元）	比上年（%）
一般公共预算收入	293.01	4.7
# 税收收入	231.40	-5.7
# 增值税	66.08	91.8
营业税	60.89	-45.1
企业所得税(40%)	22.16	-1.7
个人所得税(40%)	11.64	-16.3
房产税	8.28	7.0
印花税	3.70	12.9
契税	18.22	60.4
一般公共预算支出	360.10	2.4
# 一般公共服务	38.15	4.9
教育	65.85	3.2
科技	13.25	-2.6
社会保障和就业	32.06	25.6
医疗卫生	23.53	6.4
环境保护	17.71	8.2

（市统计局）

【金融业】 2016 年年末，镇江市金融机构人民币存款余额 4705.99 亿元，比年初增加 736.88 亿元；贷款余额 3444.36 亿元，比年初增加 461.48 亿元。其中，短期贷款 1421.33 亿元，减少 19.61 亿元；中长期贷款 1845.45 亿元，增加 451.46 亿元。

2016 年镇江市金融机构人民币存贷款情况表

表 3-8

指　标	绝对值（亿元）	比年初增减额（亿元）
金融机构人民币存款余额	4705.99	736.88
#住户存款	1879.10	137.62
非金融企业存款	1711.03	365.52
金融机构人民币贷款余额	3444.36	461.48
#住户贷款	894.00	248.68
非金融企业及机关团体贷款	2549.69	219.11

全市新增 1 家在上交所主板上市企业、15 家"新三板"挂牌企业、21 家"四板"市场挂牌企业，上市挂牌企业股权融资金额 87 亿元。截至年末，累计挂牌上市企业 117 家，其中主板上市 16 家（境内 10 家、境外 6 家），"新三板"挂牌企业 43 家，"四板"挂牌企业 58 家。

全年保费收入 100.96 亿元，比上年增长26.1%。其中,财产险收入25.35亿元,增长10.8%;寿险收入75.62亿元,增长32.3%;健康险和意外伤害险收入3.4亿元,增长26.5%。全年赔付额34.53亿元,增长26%。其中,财产险赔付13.74亿元,增长2.8%;寿险赔付20.79亿元,增长48.1%;健康险和意外伤害险赔付1.85亿元,增长22.4%。

(市统计局)

政治建设

【概况】 2016年,中共镇江市委贯彻中共十八届六中全会精神,推进全面从严治党。落实《中国共产党党内监督条例》《关于新形势下党内政治生活的若干准则》,研究制定贯彻落实《中国共产党问责条例》的实施办法,加强纪律和规矩执行力度,严肃查办发生在领导机关和领导干部中的违纪违法案件,加大对群众身边不正之风和腐败问题的查处力度,减少腐败存量,遏制腐败增量。加强反腐倡廉教育和廉政文化建设,加强对权力运行的制约监督,营造风清气正的政治生态。地方立法工作取得新进展。镇江市在全省新获立法权区(市)中出台首部地方性法规,并被评为"江苏省第三届十大法治事件"之首。《镇江市制定地方性法规条例》《镇江香醋保护条例》分别于5月1日、10月1日起施行,《镇江市饮用水源地保护条例》经江苏省第十二届人民代表大会常务委员会第二十七次会议批准。市政协围绕社会热点实施监督,对饮用水安全、"一湖九河"(金山湖、古运河、运粮河、虹桥港、光明河、玉带河、周家河、丁卯团结河、大港河、丁岗团结河)水环境治理、重点片区生态环境综合整治等社会热点议题,持续数年跟踪视察,开展参政议政;建设政协网络议政平台,开设政协微信公众号征询意见建议、征集协商议题和提案线索;对重点提案落实情况"回头看",推动提案建议落地生根。各民主党派、工商联在市政协七届五次会议上,提交集体提案54件、委员个人提案219件。市政府研究出台加强政府性债务管理、财政预算追加、经营性用地调控等多项制度,依法接受市人大及其常委会法律监督和工作监督,主动接受市政协民主监督,发挥各民主党派、工商联、无党派人士以及人民团体的参政议政作用;承办人大代表建议178件、政协委员提案406件,满意和基本满意率达100%;政府法律顾问工作实现常态化。

(叶 卜)

【法治镇江建设】 2016年,法治镇江建设在加强立法制规、推进依法行政、促进公正司法、提升法治信仰、深化法治创建、夯实法治基础和兴办法治实事等方面取得新进展、新成效。

浓厚法治氛围。中国法学会副会长张文显在中共镇江市委理论学习中心组学习扩大会作辅导讲座。市人大实现对市政府所有部门和市法院、市检察院评议全覆盖目标。镇江市依法治市领导小组办公室印发《2016年深化全面推进依法治市工作要点》,开展与上海交通大学凯原法学院进行区域法治建设研究的合作。持续组织开展法治人物、法治事件、法治惠民实事评选活动,通过"百名法学家百场报告会"、论坛等形式推动依法治理,先后两次针对各地各部门落实法治建设工作任务情况组织开展督查,并进行通报,对镇(街道)开展法治建设满意度测评。

推进地方立法。贯彻中共镇江市委《关于加强地方立法工作的意见》,推动镇江市首部地方性法规——《镇江市金山焦山北固山南山风景名胜区保护条例》落地生根。《镇江市制定地方性法规条例》《镇江香醋保护条例》两部地方性法规经省人大常委会批准通过,分别于5月1日、10月1日起施行;《镇江市饮用水源地保护条例》经江苏省第十二届人民代表大会常务委员会第二十七次会议批准,将于2017年3月1日起施行。"镇江市获地方立法权后制定首部地方法规——《镇江市金山焦山北固山南山风景名胜区保护条例》"入选江苏省第三届"十大法治事件"。

提高依法行政水平。按照法治政府建设要求,严格落实重大行政决策五大法定程序,建立行政决策咨询论证专家库和选择机制,强化政府法律顾问参与重大行政决策工作。2016年,政府法律顾问参加全市重要活动40余次,涉及法律事务类型超过20种,提供法律意见100余条。在全省首家成立法治政府建设研究院,建立行政执法全过程记录制度,市政府法制办公室出台《行政执法队伍正规化建设规范》《行政执法人员执法行为准则》等8个行政执法标准,实现从一般意义上的行政执法模式向法治化执法模式的转变。

增强司法公信力。市法院、市检察院完成法官、检察官"员额制"遴选工作。市法院推进司法公开工作,2016年,全市法院网络庭审直播2435次,上网发布生效裁判文书26830份。市检察院成立深化司法体制改革试点工作领导小组,协调推进改革试点工作,强化内设机构设置和主任检察官办案责任,不断提升案件质量。市公安局在全省率先推行侦查团队制,实行小规模、高效能合成作战。

提升全民法治信仰。市委、市政府召开全市"六五"普法总结表彰暨"七五"普法动员部署大会,总结"六五"普法工作,启动"七五"普法。市纪委对167名新任县处级干部进行集体廉政谈话和党纪党规、法律法规知识测试。中共镇江市委组织部在干部考察过程中,将干部个人在遵守法律、依法办事的相关情况,作为干部任用的重要参考。

实施"法治惠民镇村行"工程。从市和各辖市(区)政法部门中选派具有法学专业背景、年龄在55周岁以下的770名领导干部,赴全市所有镇(街道)、村(社区)担任法治建设工作指导员,实现全覆盖。在个体层面,指导基层党员干部依法履职695次,规范执法行为216次,化解矛盾纠纷756起,全市镇(街道)、村(社区)接受指导服务近5000人次;在单位层面,指导制定规范性文件136件,落实法治实事项目460件;在社会层面,召开座谈会461场,举办法治讲座537场,送法进镇、村835次。

(沙 跃)

【领导班子和干部队伍建设】 2016年,中共镇江市委加强领导班子与干部队伍建设,实现处级干部综合分析研判全覆盖。对6个辖市(区)、78个机关部门(含镇江新区,下同)和36个企事业单位所有市管领导班子和领导干部进行研判,将研判结果与干部培养选拔、教育培训、挂职锻炼、提醒谈话等结合,提高干部工作科学化水平。从严监督管理干部。抓牢干部选任全程纪实,对6个辖市(区)、71个市级机关部门及9个企事业单位开展检查;强化"12380"(全国组织系统统一专用举报电话号码)干部监督和核查举报工作,受理干部选任信访28件,关爱提醒3人,函询3人;推进"三员一网"建设(地方选派督导员、系统行业选聘监督员、单位选用联络员,形成选人用人监督网络),2016年,全市干部监督"三员"534名,其中市级督导员7名、监督员11名、联络员46名。完成2015年度县处级干部年度考核工作。对6个辖市(区)四套班子和75家市级机关部门民主测评进行汇总,在征求纪委、监察、检察系统意见基础上,全市167名县处级干部被评为优秀。妥善做好军转干部就业安置。全年安置36名团级以上军转干部,其中副师1名、正团17名、副团18名。做好市管干部档案专项审核。全市186家管档单位审核19048人,完成认定18999人,记录在案

49 人，补充各类材料 13130 份。规范领导干部出国（境）备案审批手续。办理县处级领导干部因公出国（境）备案 156 人次、106 团次，其中赴台备案 24 人次、15 团次，赴港澳备案 39 人次、21 团次；对县处级干部因私出国进行审核，集中保管因私证件 438 本。严把领导干部社团兼职审批关。审批 77 名县处级干部兼任 42 家社团领导职务，备案 16 名县处级离（退）休干部兼任 15 家社团领导职务，其中 3 名厅级（含离退休 1 名）干部兼职报省委组织部备案。

（市委组织部办公室）

【政务公开和新闻联络】 2016 年，镇江市政务公开工作完善工作制度、规范工作程序、拓展工作手段，政府信息公开内容不断深化和延伸，新闻发布成为制度性安排，有效保障社会公众知情权和监督权。市政府办公室每季度开展一次政府信息公开情况抽查，全市政府信息公开率、公开及时率均达 99% 以上。2016 年，全市不断提高政务公开工作推进力度，特别是重点领域和重点民生信息公开，包括各地各部门财政预决算及“三公经费”信息、重点工作信息、重大项目信息、行政权力运行信息、人事任免信息、社会保障信息、惠民政策信息等。在就业创业、市场监管、棚户区改造、环保、扶贫等重点热点领域确保“应公开、尽公开，应上网、尽上网”，全市主动公开政府信息 3.5 万条。7 月，市政府办公室举办 23 个重点单位和部门依申请公开培训班；全市受理依申请公开案件 382 件，依申请公开回复率 100%。

2016 年，市政府建立镇江市政府信息公开和新闻发布专家库，聘请 56 名有关方面专家，提升信息公开权威。召开新闻发布会（新闻通气会、记者见面会、记者招待会）2100 余场（次），市政府领导参加新闻发布会 4 次。11 月 28 日，市政府在北京举行首届镇江国际低碳技术产品交易展示会（以下简称镇江“低交会”）新闻发布会，市长朱晓明出席新闻发布会，新华社、人民日报社、中央电视台和彭博新闻社、韩国中央日报社等 40 余家国内外媒体参加新闻发布会。政务舆情回应机制、制度健全，处置适当。热点事件和突发事件发布及时、有效、可控。

8 月 23 日，国务院办公厅政府信息与政务公开办公室副主任杨钦锋一行到镇江督查调研中共中央办公厅、国务院办公厅印发《关于全面推进政务公开工作的意见》《国务院办公厅关于印发 2016 年政务公开工作要点的通知》两个文件精神的贯彻落实情况。 （吴丰成）

【职工民主管理】 2016 年，镇江市总工会实施劳动关系和谐企业达标升级行动，全市 44 家企业通过会标认证；制定出台《镇江市劳动关系和谐镇街道考核标准》，推动和谐创建向镇（园区）、街道拓展。联动开展“清源行动”，督促纠正企业劳动用工问题条款 399 条。以“手机中的厂（院、校）务公开”活动为载体，扩大厂务（院、校）公开在职工中的影响和参与度。全市企事业单位职代会、厂务公开建制率达 95%。开展工资集体协商要约行动，新签订工资集体协商协议 2826 份，惠及职工 68 万人。

（方 宸）

文化建设

【概况】 2016 年年末，全市有艺术表演团体 4 个、文化馆 8 个、公共图书馆 9 个、文化站 54 个、博物（纪念）馆 14 个。年末拥有市（县）级以上文物保护单位 296 处，其中全国重点保护文物单位 13 处，省级重点保护文物单位 42 处。拥有省级历史文化街区 3 个。年末有线电视总用户 98.77 万户，有线电视入户率 97.6%，其中数字电视用户 91.92 万户。文化惠民力度加大，全年送戏下乡 535 场次，送图书下乡 4.7 万册，农村电影放映 8111 场次，观看人数 202.4 万人次。举办“文心”系列公益文化活动 118 场，惠及群众 15 万多人次。

2016 年，镇江市文化产业规模总量持续扩大，全市规模以上文化产业实现营业收入 648.4 亿元，比上年增长 10.9%；完成增加值 163.9 亿元，增长 13.6%；文化产业增加值占地区生产总值比重为 5.4%。项目建设稳中有进。全年完成文化产业投资 106 亿元，超年度计划 6 个百分点。全市 47 个重点项目实际完成投资 62.6 亿元，完成年度计划的 108.2%。其中，22 个续建项目完成投资 24.6 亿元。睿泰数字产业园、江苏可一文化艺术产业园、茅山红木艺术馆、镇江移动物联网产业大厦、长江游戏谷等 17 个项目，完成年度目标任务 120% 以上。25 个新开工项目完成投资 38 亿元，占年度计划的 119%。躬行创客空间、苏宁影城、新区文化服务中心等 20 个项目开工。13 个年度应竣工项目中，万达宝贝王、东西渡口、开心乐之岛、京口游戏研发运营总部基地等 11 个项目按期竣工。招商引企成效初显。各地、各单位“走出去”，开展小分队招商、园区招商、展会招商等活动 70 多场次，对接企业客商约 140 家。恒大童世界、长山国际旅游度假区、华谊兄弟星剧院、奥音科技小镇等一批重大投资项目正式签约，投资总量超 400 亿元。华东教育体育科技创新园和丹徒区动漫娱乐城、爱丁堡风情小镇等一批项目进入合作洽谈阶段。2016 年，全市引进巨人商学院、福动网络、乐舞科技、黑吉辽电子商务等文化企业 466 家，其中主营业务为创意设计、游戏开发、多媒体服务和影视音乐的企业 317 家，占新增企业比重约 70%。

2016 年，镇江市获“中华诗词之市”称号，丹阳市、句容市、丹徒区、京口区、润州区、镇江新区获“中华诗词之乡”称号。《2016 年度镇江市重点文艺创作项目推

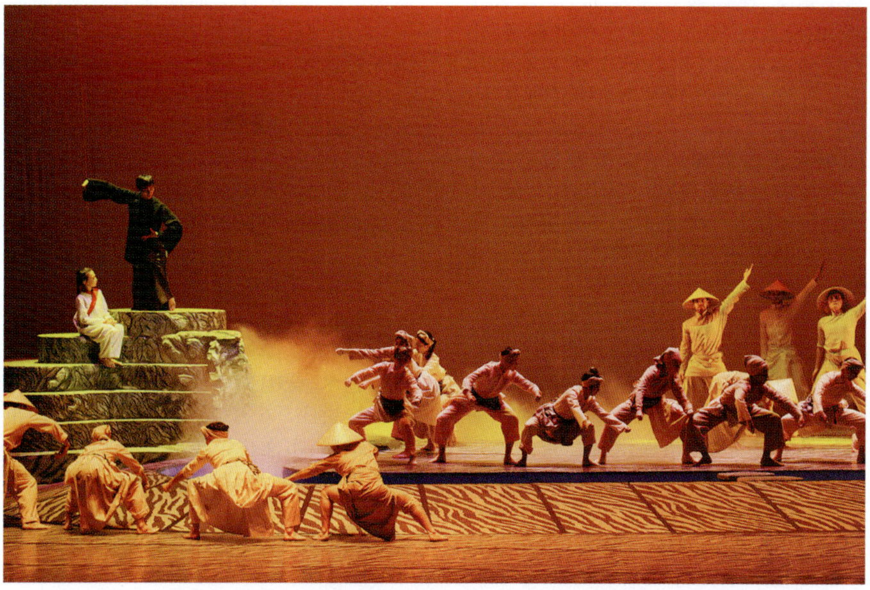

图 3－4 2016 年 11 月，多媒体舞剧《春江花月夜·赛珍珠》获江苏省第三届江苏文化艺术节特别奖，并在闭幕式上演出 （张桂安 供稿）

进计划》制定，推出图书《中国价值：图说社会主义核心价值观的根与源》、报告文学《大地追梦（时代楷模赵亚夫）》、电影《军号密码》、扬剧《红船》等一批力作。多媒体舞剧《春江花月夜·赛珍珠》在全球（北美）巡演，扬剧《花旦当家》作为全省唯一推荐剧目参加全国基层院团戏曲会演并在国内巡演，清曲说唱《土地情深》参加第五届全国道德模范故事汇基层巡演启动仪式暨首场演出，52集动画片《茅山小道士》、3集纪录片《茅山》在中央电视台播出。扬剧《完节堂1937》入选2016年江苏省舞台艺术精品工程精品剧目，并获第三届江苏文化艺术节"优秀剧目奖"，龚莉莉获"优秀表演奖"。扬剧《红船》入选文化部剧本重点孵化计划。多媒体舞剧《春江花月夜·赛珍珠》作为第三届江苏文化艺术节闭幕式剧目并获特别奖，"美好家园·生态领先"广场演出获第三届江苏文化艺术节广场演出奖，民乐合奏《北固随想》获江苏省第十二届"五星工程奖"表演艺术类（音乐类）金奖，小品《道个歉能咋地》获第十三届华东六省一市戏剧小品大赛金奖，52集动画片《茅山小道士》获第三十二届"江苏电视奖"（电视美术、动漫片类）特别奖、2015—2016年度江苏电视文艺奖（动画节目）一等奖，电影《军号密码》获"首届江苏电影奖"三等奖，剪纸《书香校园》、刺绣《深山林掩宇抱琴访友归》、乱针绣《玫瑰》、邮票拼贴画《牧》、太平泥叫叫《洪荒之子》、烙画《西方极乐世界庄严图》、竹编《观音像》获第四届江苏民间文艺"迎春花奖"2016年民间工艺美术作品奖，龚莉莉获第二十六届上海白玉兰戏剧表演艺术奖主角奖，姚炜被授予江苏省"深入生活、扎根人民"优秀文艺工作者称号，市委宣传部获第三届江苏文化艺术节组织工作奖。（刘 昱）

【《中共镇江市委关于繁荣发展社会主义文艺的实施意见》】 2016年7月，中共镇江市委出台《关于繁荣发展社会主义文艺的实施意见》（以下简称《实施意见》），指导镇江市当前和今后一段时期社会主义文艺繁荣发展。《实施意见》分为3部分19条，就繁荣发展社会主义文艺的总体要求、主要任务和保障措施作系统阐述。《实施意见》具有两个鲜明的地方特征：一是提出镇江繁荣发展文艺重点围绕"出精品、出人才、出效益"艺术发展目标，形成文艺创作生产"高原"和"高峰"的"三出两高"奋斗目标；二是推出实施文化传承创新工程、文艺精品创作工程、网络文艺发展工程、群众文艺繁荣工程、理论评论建设工程、人才队伍强基工程等繁荣文艺的六大工程。同时，推出弘扬社会主义核心价值观、传承本土优秀传统文化、打造特色文艺活动品牌等18项具体创新做法，突出镇江特色。（刘 昱）

【"信仰的力量——镇江市纪念中国共产党成立95周年群众合唱大会"】 2016年6月30日，由镇江市委、市政府主办，市委宣传部、市文明办、市教育局、市文联、市文广集团联合承办的"信仰的力量——镇江市纪念中国共产党成立95周年群众合唱大会"暨首届镇江金山合唱节闭幕演出活动在镇江影剧院举行。合唱大会以首届镇江金山合唱节闭幕演出为主。参加演出的有市老年大学合唱团、女教师合唱团、风之声女声合唱团、小燕子合唱团、交通系统合唱团、江苏索普集团合唱团以及中国首都警官合唱团等，参演曲目有《在太行山上》《七律·长征》《忆秦娥·娄山关》等红色经典歌曲，《少年壮志不言愁》《美丽的草原我的家》《军港之夜》《在灿烂阳光下》等反映中华人民共和国成立后尤其是改革开放以来天翻地覆变化的歌曲，还有《花季少年梦》等当地原创歌曲。（刘 昱）

【首届镇江金山合唱节】 2015年8月，镇江市首次提出设立金山合唱节，每两年举办一届。2016年6月10日—30日，由镇江市委宣传部、市文明办、市教育局、市文联联合主办的首届金山合唱节举办。本届合唱节体现群众性、艺术性、时代性，活动包括举行开幕式演出、合唱大师辅导讲座、合唱比赛、闭幕式颁奖等。6月10日，"聆听天籁·唱响经典"首届镇江金山合唱节开幕式晚会在镇江影剧院举行，浙江音乐学院"八秒"合唱团、上海小荧星合唱团、上海AHA人声乐团、丹阳市第五中学"梦之韵"合唱团等团队参加。省委宣传部部务委员、省文联副主席李朝润，副市长曹丽虹出席开幕式。其间，邀请浙江音乐学院国家一级指挥、合唱指挥研究与教学硕士生导师、中国合唱协会指挥委员会副主任阎宝林教授，中国合唱协会副理事长、中国音乐学院指挥系吴灵芬教授就合唱艺术、合唱训练、合唱指挥技巧作专题辅导讲座。6月28日，合唱比赛公布获奖结果：市文化馆小燕子合唱团、崇实女子中学风之声合唱团、市女教师合唱团、市老年大学合唱团分获首届合唱节合唱比赛童声组、少年组、中青年组、中老年组金奖，另16支团队分获银奖、铜奖和优秀奖。润州区委宣传部、扬中市委宣传部、京口区委宣传部、丹阳市委宣传部、丹徒区委宣传部、市音乐家协会等6家单位获优秀组织奖。（刘 昱）

【首届"镇江金山文艺评论奖"评选】 2016年5月，镇江市委宣传部、市文联组织开展首届"镇江金山文艺评论奖"评选。该评选每两年举办一届，旨在评选出一批优秀的文学、艺术和媒体时评类文艺评论作品，是镇江市文艺评论领域最高级别奖项。本届评选收到申报参评作品32部，涵盖文学、美术、摄影、戏剧、音乐、电影、电视、书法等文艺门类。经初评、终评、公示等环节，最终评选出12篇获奖作品，《黑白摄影的魅力》《被异化的痛苦——我看〈陈政欣的微型〉》等2部作品为一等奖，《一曲谱写小人物大世界的生命挽歌——何雨生〈木头伸腰〉书评》《乡愁之于格非》《声词相从声意相谐——沈括之民族音乐创作美学思想解读》《新京江画派绘画风格刍议》等4部作品为二等奖，6部作品为三等奖。（刘 昱）

【"中国梦·我心中的梦"镇江市首届原创文学大赛第二类作品评选】 2014年至2015年间，镇江市委宣传部、市文联组织开展"中国梦·我心中的梦"镇江市首届原创文学大赛，征集第二类长篇小说、戏剧文学、影视和广播剧本作品，经个人申报（单位推荐）、初评、终评和公示，2016年6月，最终评选出14部获奖作品，《纸媒无故事》（长篇小说）、《完节堂1937》（扬剧剧本）等2部作品为一等奖，《清凌凌的河上》（长篇小说）、《你懂的》（电影剧本）、《守望》（长篇小说）、《军号密码》（电影剧本）等4部作品为二等奖，8部作品为三等奖。（刘 昱）

【中国微小说系列第一季微电影拍摄活动】 2016年，镇江市委宣传部、市文联、市互联网信息办公室联合组织中国微小说系列第一季微电影拍摄活动，从历届"中国微型小说年度奖"优秀作品中遴选5部微小说改编转化成微电影剧本，经团队申报、创意立项、剧本改编、专家论证和拍摄制作，推出《提琴》《原始积累》《面试》《赝品》《面条故事》等5部微电影在网络播出。（刘 昱）

社会建设

【概况】 2016年，镇江市夯实社区治理基础。全省首家召开全市创新社区治理工作会议，明确"十三五"期间社区治理现代化工作目标任务。4家中心社区基本建成,“社区+”服务效应有效激活。依托城市社区党组织为民服务专项资金,确定社区购买社会组织服务项目166个。发挥城市社区示范引领作用,在主城区98个城市社区全面建立“三社联动”(以社区为平台、社会组织为载体、社工人才队伍为骨干)机制,社区协助事项从72项减少到59项,取消盖章事项14项,“政社互动”推行率达100%。镇江市委办、市政府办出台《关于加强城乡社区协商实施办法的通知》,为社区协商规范化建设强化制度保障。4月,镇江市民政局出台《关于深入推进农村社区建设试点工作的实施意见》,全市11个村开展“一规五制”(以村规民约为规范,村级事务协商、财务管理监督、居民办事代理、社区服务社会、服务成效评议制度为主要内容)建设试点。完成第十一届村委会和第六届居委会换届选举工作。完善“12349”社区综合便民服务信息平台,为居民提供优质高效服务。9月,镇江市完成“村规民约”“居民公约”制度修改完善工作,各村(居)根据本村(社区)的村(居)情民意,从本地历史状况、自然环境、风俗习性、物质条件和群众文化素质等方面入手,修订“接地气”的村规民约(居民公约)并在村(居)务公开栏常年公开。

社会组织培育与管理实现跨越发展。12月,镇江市委办、市政府办出台《关于促进社会组织健康发展的意见》,社会组织制度体系不断完善。9月,镇江市民政局制定《社会组织承接政府职能转移和购买服务的资质认定办法》,编制第一批《承接政府行政职能转移和购买服务的社会组织目录》。全市社会组织登记总数3593个,其中社会团体1997个(市属社团390个),民办非企业单位1596个(市属232个),每万人拥有社会组织数达13个。“三证合一”(即工商营业执照、组织机构代码证和税务登记证三个证件合并成一个)工作全面启动,全市社会组织实现信息化管理。建成市级综合性社会组织孵化基地,建立“政社企居联动、多维协同共治”培育孵化模式,社会组织发展环境明显优化。启动实施社会组织能力提升工程,受益社会组织200余家。成立市社会组织促进会,开通“镇江社会组织网”,促进交流合作。继续举办社会组织公益创投活动,26个项目获选资助。修订社会组织等级评估细则,开展“双随机”(随机抽取被检查对象、随机选派检查人员)抽查工作。

社工人才队伍日益壮大。全市持证社工1206名,每万人拥有持证社会工作专业人才达3.8名,增长37.68%。社工机构及人才注册登记工作持续推进,民办社工机构注册登记率100%,持证社工注册登记率64%。建立健全民办社工机构行业联席会议制度,实现行业自律管理和健康发展。 (洪 丹)

【综治和平安建设】 2016年,镇江市委、市政府将社会治安综合治理(以下简称“综治”)和平安建设纳入全市经济社会发展总体规划谋划推进,将综治工作纳入党政领导干部和领导班子五年任期考核范畴。市社会治安综合治理委员会办公室(以下简称“综治办”)将2016年确定为“综治平安建设规范提升年”,制定《关于推进全市三级服务平台规范化建设的意见》。继续推行目标管理责任制。推进平安家庭、平安校园、平安医院等系列平安建设工作,通过各条线“小平安”共建社会“大平安”。动员基层村(社区)干部、网格长和环卫工人、物业人员等力量,参与社会治安巡防、邻里守望、情报信息收集等工作。

突出源头治理,化解社会矛盾。全市维护社会政治稳定。加强涉稳情报信息的收集、分析和研判,依托“大平台”“大情报”系统,及时收集、妥善处理“e租宝”群体上访等一批重要涉稳信息,确保在全国“两会”、省十三次党代会等重大活动期间实现“大事不出、小事也没出”目标。完善制度源头预防。发挥人民调解“第一道防线”作用,市和各辖市(区)先后成立人民调解员协会。推广网格化排查预警模式,依托基层网格组织和力量,规范化开展排查化解各项工作。对重大事项开展稳评摸底调查,排查上报涉稳重点事项146个。

实施打防并举,健全防控体系。全市提高破案打击力度。开展重点命案积案攻坚行动,连续5年现行命案破案率100%;侦破各类刑事案件5797起,比上年增长9.3%;抓获刑事作案成员5029名,增长6%。“八类”案件破案数增长11.8%,侵财案件破案数上升9.1%。对25个治安重点地区和重点方面问题开展挂牌整治,清除突出治安问题高发的土壤。强化防范体系建设。各辖市(区)建立平安志愿者协会,动员基层村(社区)干部、网格长和环卫工人、物业人员等力量,参与社会面治安巡防、邻里守望、情报信息收集等工作,街面见警率、管事率和现场抓获率得到提升。定期排查严重精神障碍患者,7月,镇江市依法治市领导小组办公室制定《严重精神障碍患者监护人以奖代补和购买责任险实施办法》。开展社区矫正工作标准化建设,落实社区服刑人员电子定位等监管措施。

坚持重心下移,夯实平安根基。健全阵地,推进三级平台建设。丹阳市、镇江新区等综治中心实现实体化运作。镇(街道)政法综治工作中心和“一站式”服务大厅不断规范,村(社区)综治办规范化建设和分级评定活动持续开展。2016年,镇江市社会治安综合治理委员会对51家村(社区)综治办现场评审,命名34家村(社区)综治办为“一级综治办”。优化载体,做实综治信息化建设。针对信息化实战应用水平全省靠后的现状,联合镇江电信公司对各地信息化工作开展专题督办,提升登录率和数据量,在市、辖市(区)、镇、村四级全覆盖基础上,将综治

图3-5 2016年6月15日,江苏省第十一届“泛沿江体育带”全民健身大联动(镇江分会场)活动在南山北入口广场举行 (杨宪华 供稿)

信息化向网格延伸。（沙 跃）

【社会保障】 2016年，镇江市主要险种参保率稳定在98%以上，企业职工养老保险、医疗保险、失业保险参保人数分别为90.29万人、150.68万人、52.9万人。一般公共预算支出中民生类支出256.01亿元，占比重71.1%。其中，社会保障和就业支出增长25.6%，农林水事务支出增长16.4%，交通运输支出增长18%。企业退休人员养老金增加162元/月，达2157元/月，全年发放最低生活保障费15413万元。年末每千人拥有医生数2.4人，每千名老人拥有养老床位数41张。（市统计局）

【村（居）换届选举】 2016年10月，市委办、市政府办印发《关于做好全市第十一届村民委员会换届选举工作的意见》《关于做好全市第六届社区居民委员会换届选举工作的意见》；同月，镇江市民政局出台《关于印发〈镇江市城市社区居民委员会选举工作规程〉的通知》。截至12月底，全市490个建制村、249个社区居委会，除13个村（居）推迟换届，9个空壳村不选外，其余717个村（居）均进行换届。一次选举成功率村委会100%、居委会99.6%，无候选人直选的农村社区78个（占比16.49%）、城市社区40个（占比16.53%），选举新一届村（居）班子成员4054人，推选村（居）民代表48667名，村（居）民小组组长13886名。新当选的村（居）成员平均年龄43岁，比上届下降1岁。高中以上学历占86.75%，其中，社区成员大专以上学历占比达57.2%，比上届提高2.2%，超过国家和谐示范社区标准。书记主任"一肩挑"的占30%，党员占比达81.65%。妇女当选村（居）成员占比34.5%，与上届持平。（洪 丹）

【"政社互动"推行】 根据江苏省政府办公厅印发的《关于在全省推行"政社互动"推动社会管理创新意见的通知》，镇江市从2014年起在全市推行"政社互动"（政府行政管理与基层群众自治有效衔接和良性互动）工作。按照省民政厅苏南到2017年年底前全部推开的要求，2013年，京口区、扬中市率先开展"政社互动"试点；2014年，丹阳市、句容市、润州区相继开展"政社互动"工作，全市42个街道（镇）开展"政社互动"。推行率76.4%；2015年，丹徒区推行"政社互动"，全市50个街道（镇）推行"政社互动"，推行率90.9%，超出省民政厅2015年苏南推行率达到80%的要求；2016年，镇江新区推行"政社互动"。至此，镇江市所有街道（镇）全面推行"政社互动"。（洪 丹）

【城乡社区协商】 2016年4月，为完善基层群众自治制度，发展基层民主，畅通民主渠道，推进城乡社区协商民主制度化、规范化和程序化，镇江市委办公室、市政府办公室印发《关于加强城乡社区协商实施办法的通知》，要求到2020年，基本形成协商主体多元、程序规范、制度健全、成效显著的城乡社区协商新局面。其中，句容市4月推行"两委三会"（"两委"即村党组织和村居委会，"三会"即村民协商议事会、村民代表大会和村民监督委员会）协商民主工作机制和村级事务规范化建设机制，推行"村情村民知、村官村民选、村策村民定、村务村民理、村事村民管"（"五民工作法"）和"村级重大事务村民代表和村贤参事会协商、专项事务社区议事会、涉事利益群体和村民理事会协商、网格事务户代表协商，难以解决的问题乡镇、社区、利益相互方协商"（"五事民情工作法"）的村民自治新路子。扬中市利用现有资源，调动老年协会中老教师、退休干部积极性，将协商事项、制度等以书法、诗句、戏曲等形式制成个性化"村规民约"，形成立新村"红枫翰墨园"、新治村"宝晋诗社"等创作组织。（洪 丹）

生态建设

【概况】 2016年，镇江市生态城镇化示范区获国家发改委批准设置。生态环境质量保持稳定，全市空气质量优良天数占比76.44%，地表水国家考核断面水质三类以上占比75%，生态红线区域71个，受保护国土面积占比22.3%。完成城市环境综合整治项目293个以及3975个村庄环境综合整治，建成2个美丽宜居镇、20个美丽宜居村，创成65个省级"三星级康居示范村"。新增绿色学校8所、绿色社区4家，创成节水减排示范项目5个、节水教育基地1处。全市规模养殖场畜禽粪便综合利用率、秸秆综合利用率分别为96.42%、95.54%。测土配方施肥技术覆盖率90%以上，生物农药占农药使用总量31.1%，植保专业化防治覆盖率66.1%。建成区绿化覆盖率42.1%，人均公共绿地14.51平方米，森林覆盖总面积9.67万公顷，林木覆盖率25.02%，自然湿地保护率51.8%，高于全省平均10个百分点，居全省第二位。（颜正清）

【"推进国家生态文明建设问题研究"课题组调研镇江】 2016年7月26日—28日，中国气候变化事务特别代表、全国政协人口资源环境委员会副主任解振华带领国家调研组一行，围绕"推进国家生态文明建设问题研究"重大课题，对镇江进行专题调研。调研组听取镇江市委、市政府关于生态文明建设情况的汇报，现场考察征润洲水源地原水水质安全保障工程、惠龙易通公司、"生态云"建设、南山北入口、江二社区海绵小区改造、江心洲生态农业区，与镇江市有关部门、农村和企业代表围绕工业绿色转型、生态补

图3-6 2016年，由镇江市住建局给排水管理处建设的国家试点项目——餐厨废弃物及生活污泥协同处理项目，经过一年多建设，于6月底试运行

（市住建局宣教处 供稿）

偿机制、土地空间管理、环境治理、碳直报制度、有机农业、新能源产业、绿色金融、工业节能减排、建筑节能等方面进行座谈交流。调研结束后，调研组组长解振华就调研情况向镇江市作反馈，希望镇江市委、市政府深入挖掘生态文明建设"镇江经验"，总结提炼"镇江模式"，把镇江生态文明建设的目标具体化、路径精细化，体现质量和效益，在深化"生态云"建设、低碳交通、建筑节能、生态补偿机制、海绵城市建设、绿色金融、循环经济等方面继续探索创新，在国内外继续讲好生态文明建设的"镇江故事"，为推进国家生态文明建设提供更多可复制、可推广的经验。（颜正清）

【镇江市生态城镇化示范区获国家发改委批准设立】 2016年8月，国家发改委批复同意镇江市设立生态城镇化示范区。镇江市生态城镇化示范区位于主城区南部，南连丹阳，西接句容，规划面积230平方千米。生态城镇化示范区建设将通过"耕地基本不减少，建设用地基本不增加"土地利用方式，形成"局部建设高密度、整体开发低密度"空间布局；按照尊重自然、低碳发展思路，创新城镇化投融资机制，建设低碳高效便捷的能源交通体系，打造绿色产业，强化城镇化内生动力，推进公共服务均等化，引导农村居民就近市民化，探索出生态文明建设与新型城镇化融合发展新路径。2016年，平安养老生态新城产业基金、镇江国际护理学院、上湖玫瑰产业园等一批项目集中签约入驻示范区。（何坤兴）

【2016镇江国际低碳技术/产品交易展示会】 2016年11月28日—29日，镇江市举办2016镇江国际低碳技术/产品交易展示会。展会期间，阿里巴巴集团、中美绿色基金、中信银行南京分行分别发布共建"低碳云、生态云"、30亿元中美绿色基金合作项目和500亿元低碳产业基金等镇江市低碳实践成果，国家应对气候变化战略研究和国际合作中心发布《低碳发展"镇江指数"》，北汽集团发布《北汽新能源汽车发展计划》，镇江市政府发布《镇江低碳小镇建设计划》，中国国际经济交流中心发布新能源汽车充换电营运实践"镇江模式"。展会期间，镇江与有关企业、机构现场签约合作项目4个，包括与中国生态资本共同建立中国资本镇江私募股权基金，开发和投资清洁技术和项目。此外，有80多家中外企业参加此次展会技术路演一对一活动，有10多家企业现场达成初步合作意向。下一步，镇江将重点推动建设国家生态城镇化示范区、中瑞镇江生态产业园、扬中"近零碳"岛、凤栖低碳小镇、"生态云"、镇江低碳产业技术研究院、碳排放权交易所、低碳"九大行动"等，以提升镇江低碳城市建设水平。（颜正清）

【生态环境建设重点工程】 2016年，镇江市各辖市（区）及市相关部门实施年度生态环境建设重点工程12大类97项，实际完成投资51.37亿元，主要有：1. 水环境整治（金山湖、古运河、周家河、运粮河水环境整治工程，乡村河道整治）；2. 污水治理（丹阳市、句容市城镇污水处理设施及管网建设、农村生活污水处理设施建设，丹徒区世业镇全岛生活污水处理全覆盖工程、新民洲污水收集系统工程，镇江新区姚桥镇、丁岗镇、大路镇水环境整治，丹阳市、句容市、扬中市、丹徒区"覆盖拉网式"农村环境综合整治）；3. 应急水厂建设（句容市南部应急水厂建设）；4. 大气环境整治（镇江市城东填埋场二期库区覆膜及填埋气收集处置、丹阳市兴联热电有限公司、江苏长丰造纸有限公司烟气脱硫脱硝工程、镇江发电有限公司6号机组污染物超低排放改造工程、谏壁发电厂14号机组超低排放改造项目、中船动力有限公司固定试车位尾气SNCR处理系统、镇江新区化工园区异味治理有机物整治）；5. 西南片区生态环境综合整治；6. 东部地区生态环境整治；7. 辖市（区）片区整治；8. 低碳建设；9. 能力建设（镇江市生态文明建设管理云平台、水质自动监测工程等）；10. 污染治理（镇江市餐厨废弃物及生活污泥协同处理项目、丹徒区乡镇垃圾转运站升级改造、镇江新区大东纸业中水回用项目等）；11. 循环经济发展（丹徒区现代农业产业园建设、京口区企业循环化利用等）；12. 生态修复绿化工程（丹阳市国家级经济技术开发区废弃矿山地质环境治理示范工程二期工程、句容市北山水库水源地废弃矿山地质环境恢复治理项目、润州区大桥生态园一期、圌山风景区生态修复等）。（马万荣）

【谏壁片区、西南地区生态环境整治】 2016年，镇江市市区谏壁片区索普集团、谏壁电厂等20家重点企业实施49个污染治理工程。年内完成工程46个，3个工程延期至2017年。治理工程投入治污费用2.2亿元，新增废气收集处理设施10台（套），改进、改造生产设备、场地20台（处），实施生产工艺改进与应急完善工程8个，可实现减排二氧化硫1573吨、氮氧化物677吨、工业烟粉尘330吨。同时，对索普化工基地周边进行基础设施改造和居民搬迁等工作。

镇江市市区西南片区实施"基础设施、重点项目、生态修复、水系治理、企业污染治理、关闭企业、转型升级项目"七大类47项任务，实施污染治理企业4家，关闭或拆除污染企业22家，5项水系治理项目、16项矿山（宕口）生态修复项目完成年度目标，完成转型升级项目3项，淘汰落后（过剩）产能项目4项。年内，除4个项目（宁镇公路改造、八步山生态修复、长山文化产业园建设、丹徒盛源矿业刺莉山宕口整治）因项目计划调整、施工方案变更、项目存在安全隐患需要治理等因素未完成外，其余43个项目均完成年度任务。（周文平　孙　斌）

图3-7　2016年夏夜，镇江金山湖沿湖栈道流光溢彩　（杨宪华　供稿）

【“绿色力量”生态文明志愿服务行动】 2016年3月5日,镇江市委宣传部、市文明办、市环境保护局等单位在全市启动“绿色力量”生态文明志愿服务行动。本次活动动员全市志愿者参与,镇江市成立生态文明志愿服务总队,各辖市(区)成立分队,主要开展“绿色理念,我传播”“绿色生活,我践行”“绿色家园,我呵护”“绿色发展,我奉献”“绿色文化,我培育”等五大活动。启动仪式当天,全市80多家志愿服务组织、近千名志愿者搭起服务台,分别在生态文明宣传区、志愿服务项目展示区、便民为民服务区、场外活动区等处开展集中活动。同时,各辖市(区)志愿者走进企业、社区、校园,运用宣传画册、公益广告、摄影、微电影等多种形式,宣传生态文明知识。镇江市对此次行动给予项目扶持资金,以吸引专业团队认领实施服务项目,推动志愿活动常态长效开展。

(李　媛)

【两单位获江苏省2016年度“生态文明建设宣传一条街”优秀奖】 2016年11月,镇江市西津渡古街和龙吟坊商业街获江苏省环境保护厅评选的江苏省2016年度“生态文明建设宣传一条街”优秀奖。西津渡古街位于镇江城西的云台山麓,是依附于破山栈道而建的一处历史遗迹。西津渡古街是镇江文物古迹保存最多、最集中、最完好的地区,有文物保护单位12处,其中国家级文物保护单位1处、省级文物保护单位2处。龙吟坊商业街毗邻长江,全长约500米,辐射近3万平方米的商业街区,是集文化、休闲、娱乐、运动为一体的多样化街区,也是镇江市第一个市级“环保一条街”街区。在“生态文明建设宣传一条街”创建过程中,西津渡古街和龙吟坊商业街通过LED屏、横幅等宣传生态文明,开展生态文明摄影展、废旧玩具淘宝嘉年华、微信点赞换绿植等活动,倡导绿色生活方式,营造人人关心环境保护、支持环境保护的氛围。 (李　媛)

【丹阳市组建生态环境修复基地】 2016年6月,丹阳市检察院联合丹阳经济开发区管委会、区法院以及区环境保护局、国土局、公安局、农委等单位,建立丹阳市生态环境修复基地。该基地是江苏省首个县级市生态环境修复基地,下设生态修复林占地10公顷。主要功能是在办理环境公益诉讼案件中,如果被损害生态环境无法完全修复,要求违法者承担替代性修复责任,最终落实违法者环境修复责任,并对违法污染单位和个人起到教育作用。2016年,丹阳市检察院支持起诉一起环境损害公益诉讼。(参见第342页) (陈建华)

【丹徒区加强生态建设】 截至2016年年底,丹徒区完成170个村庄农村环境综合整治,省、市级生态村比例分别达34.5%和90.08%,国家生态镇实现全覆盖。全区有6类25个生态红线保护区域,总面积137.04平方千米,占全区国土面积22.43%。丹徒经济开发区先后关停并转落后产能企业300余家,对发电、水泥、碳素等行业企业投入技改资金5亿多元进行治污技术改造。丹徒区现代农业园区产值、现代服务业聚集区应税营业收入和先进制造业特色产业园区应税销售收入分别增长24.9%、64.8%和21.3%,服务业增加值占地区生产总值比重达42%。丹徒区世业镇是镇江市首批国家生态镇,该镇坚持“生态先行”,把产业发展和“美丽镇村”建设一体规划、科学布局、整体推进,形成1.3平方千米农村生态区,引进应季花卉和果树品种,并配套完善旅游设施,成为周边城市居民享农家乐的优选之地。江心洲生态农业园确定“以特色民宿推动乡村旅游向文化旅游转变,以高端民宿撬动文化旅游”的发展思路,当地村民建成十多家特色民宿,形成一定的集聚效应。

(吴　淳)

【扬中市获“国家园林城市”称号】 (参见第348页) (郭　敏)

组织机构及领导人名单

·中共镇江市委员会·

书　　记　夏锦文
副 书 记　朱晓明(女,12月止)
　　　　　张叶飞(12月任)
　　　　　李雪峰(9月任)
常　　委　张洪水(9月止)
　　　　　孙　健(9月止)
　　　　　李小平(1月止)
　　　　　蒋建明(9月止)
　　　　　倪　斌(9月任)
　　　　　童国祥　曹　寅
　　　　　曹当凌(9月止)
　　　　　黄利民(9月任)
　　　　　李　健(9月任)
　　　　　秦海涛　郭　建(9月任)
　　　　　裔玉乾(9月任)
秘 书 长　李雪峰(9月止)
　　　　　郭　建(9月任)
副秘书长　丁羽如(12月止)
　　　　　褚　祎(女)
　　　　　杜官彪(12月止)
　　　　　余国根(6月止)　赵　军
　　　　　陈跃生(兼,12月任)
　　　　　宋平生　匡文虎(12月任)

办公室

主　　任　丁羽如(兼,12月止)
副 主 任　匡文虎(12月止)
　　　　　谭坚强
　　　　　徐　燕(女,6月止)
　　　　　许志民(12月任)
　　　　　刘　璇(女,7月任)

组织部

部　　长　秦海涛(9月止)
　　　　　李　健(9月任)
副 部 长　岳卫平　徐冀锋
　　　　　吴　彤(女)　毛　健
部务委员　缪立新(5月止)
非公有制企业和社会组织工委书记
　　　　　徐冀锋
非公有制经济和社会组织工委副书记
　　　　　仇　洋(6月止)
　　　　　郭　鑫(6月任)
举报核查中心主任　赵树锋(6月任)

宣传部

部　　长　曹当凌(9月止)
　　　　　童国祥(9月任)
副 部 长　顾小俊　潘法强(兼)
　　　　　曾文兵　徐志伟　于　伟
部务委员　包荣军(6月止)
　　　　　朱巍巍(6月任)
　　　　　鲜永超(12月任)
对外宣传办公室主任　曹永忠(援藏)
　　　　　　　　　　吴修飞(7月任)
互联网信息办公室主任　郦卫星

精神文明建设指导委员会办公室

主　　任　顾小俊(兼)
副 主 任　凌继堂

统一战线工作部

部　　长　宦祥宝(9月止)
　　　　　李　健(9月任)
副 部 长　魏跃明(12月止)
　　　　　夏和生(兼)　徐建锋
　　　　　时秋香(女)
社会主义学院院长
　　　　　宦祥宝(兼,9月止)
　　　　　李　健(9月任)
社会主义学院副院长　李镇宇
　　　　　张欣平(兼,6月任)
　　　　　孙中良(兼,6月任)

政法委员会

书　　记　李茂川(兼,2月止)
　　　　　李雪峰(2月任)
副 书 记　曹当凌(兼,9月止)
　　　　　赵建生(兼,7月止)
　　　　　陈金观(兼,7月任)
　　　　　马建生　李明洪
政治部主任　李　栋

社会治安综合治理委员会办公室

主　　任　马建生(兼)
副 主 任　孙和平　王卫红
法学会副会长　杨宏平

研究室

主　　任　赵　军
副 主 任　徐　强　朱凯生
　　　　　许志民(12月止)

农村工作领导小组办公室

主　　任　余国根(兼,6月止)
　　　　　胡敖成(12月任)
副 主 任　胡敖成(12月止)
　　　　　郭丹平(12月止)
　　　　　张海斌　刘明传(11月任)

台湾工作办公室
(市人民政府台湾事务办公室)

主　　任　吕朝霞(女)
副 主 任　陈波涛　黄宝红
　　　　　许德华
市政府台湾事务办公室副主任　洪　涛

机构编制委员会办公室

主　　任　陈林海
副 主 任　吕永生　陈小平
事业单位登记管理局局长　王国华

市级机关工作委员会

书　　记　谭金生(12月止)
副 书 记　刘春安
　　　　　孙国林(11月任)
　　　　　白连生
纪工委书记　张建平

老干部局

局　　长　吴　彤(女,兼)
副 局 长　李　明　陈建云
　　　　　王瑞卿　胡继锡

信访局

局　　长　陈跃生
副 局 长　段洪波　李　丹
　　　　　蒋祥林　赵春龄
党组书记　陈跃生
党组副书记　段洪波

保密委员会办公室
(市国家保密工作局)

主任(局长)　孙昌宏

机要局(国家密码管理局)

局　　长　谈国兴
副 局 长　陈启华(12月止)
国家密码管理局局长　谈国兴(兼)

史志办公室
(市委党史工作办公室)

主　　任　吴海平
副 主 任　张国平(6月止)
　　　　　沈红亮(12月止)
　　　　　杨　兵
　　　　　王　浩(11月任)
党组书记　吴海平
党组副书记　张国平(6月止)

党校(行政学院)

校　　长　李茂川(兼,2月止)
　　　　　李雪峰(9月任)
常务副校长　艾晓晖(6月任)
副 校 长　陈　炜　张欣平
　　　　　张水娟(女,12月止)
　　　　　张　军
　　　　　(挂职,6月任,9月止)
　　　　　蔡　欣(11月任)
教 育 长　徐　光
党委书记　艾晓晖(6月任)
党委副书记　陈　炜　王会明
纪委书记　宋卫东
行政学院院长　张洪水(兼,10月止)
　　　　　　　倪　斌(10月任)
行政学院常务副院长　艾晓晖(6月任)
行政学院副院长　陈　炜　张欣平
　　　　　　　　张水娟(女,12月止)
行政学院教育长　徐　光

档案局

局　　长　徐　策
副 局 长　沈红亮(12月任)
　　　　　汪　好(12月止)
　　　　　於志洪
党组书记　徐　策
党组副书记　汪　好(12月止)

文化广电产业集团(广播电视台)

总经理(台长)　张　兵
副总经理(副台长)　江忠顺
　　　　　　　　　汤文彪
　　　　　　　　　杨　捷
　　　　　　　　　沈　卓(4月任)
党委书记　张　兵
党委副书记　陆艳华(女,6月止)
纪委书记　陆艳华(女,6月止)
　　　　　翟正兴(11月任)

市广播电视发展中心主任　孟腹警

报业传媒集团

社　　长　王红卫
副 社 长　柳昌焰　任　罡
董 事 长　王红卫
总 编 辑　朱纪平
副总编辑　刘玉祥
　　　　　张翀煜(女)　刘兰明
党委书记　王红卫
党委副书记　朱纪平
纪委书记　徐洪波

·镇江市人民代表大会常务委员会·

副 主 任　张庆生　陈　苏
　　　　　王　萍(女)　鄂金书
　　　　　凌　苏
秘 书 长　任振棣
副秘书长　徐　萍(女)
　　　　　武白苹(女,兼)
　　　　　周义平(兼)
　　　　　王建宏(12月止)
　　　　　徐红军(12月任)
党组书记　张庆生
党组副书记　张洪水(9月任)
　　　　　　陈　苏

财政经济委员会

主任委员　张炳良
副主任委员　许向阳(女)

法制委员会

主任委员　陈　苏
副主任委员　胡荣明　张　蕾(女)

办公室

主　　任　徐　萍(女)
副 主 任　汪　峰(7月止)　胡高云
　　　　　丁　吉(12月任)
信访处处长　李西仑

研究室

主　　任　周义平
副 主 任　王　平

内务司法委员会

主　　任　胡荣明(12月止)
　　　　　倪艳平(女,12月任)
副 主 任　纪　东

法制工作委员会

主　　任　张　蕾(女)
副 主 任　吴圣涛(12月止)

预算工作委员会

主　　任　张炳良
副 主 任　夏雨林(6 月止)
　　　　　乔姝蓉(女,12 月任)

经济工作委员会

主　　任　许向阳(女)
副 主 任　乔姝蓉(女,12 月止)
　　　　　朱保卫(12 月任)

农村工作委员会

主　　任　汤才顺(2 月止)
　　　　　夏雨林(6 月任)
副 主 任　郑宇飞

环境资源城乡建设委员会

主　　任　徐罗照(12 月止)
　　　　　姚继承(12 月任)
副 主 任　黄祝山(10 月止)
　　　　　吴圣涛(12 月任)

教育科学文化卫生委员会

主　　任　赵　峰
副 主 任　金　蓓(女)

民族宗教侨务台湾事务委员会
(外事工作委员会)

主　　任　秦党人(12 月止)
　　　　　魏跃明(12 月任)
副 主 任　姜　勇(12 月止)
　　　　　张百和(12 月任)

人事代表联络委员会

主　　任　于士和
副 主 任　周玉琴(女,6 月止)
　　　　　王丰江(12 月任)

·镇江市人民政府·

市　　长　朱晓明(女)
副 市 长　张洪水(10 月止)
　　　　　蒋建明(8 月止)
　　　　　倪　斌(10 月任)
　　　　　王常生　丁　憬(援疆)
　　　　　胡宗元　雷志强
　　　　　曹丽虹(女)　孙晓南
　　　　　詹立风(1 月任)
　　　　　赵建生(6 月止)
　　　　　陈金观(6 月任)
秘 书 长　杭祝鸿
副秘书长　殷国兴(7 月止)
　　　　　陈鹏飞(7 月任)　张伟清
　　　　　凌荣春(7 月止)
　　　　　张　军　夏卫军　贾　晟
　　　　　卢利林(12 月任)
党组书记　朱晓明(女)
党组副书记　张洪水(9 月止)
　　　　　倪　斌(9 月任)

办公室

主　　任　殷国兴(7 月止)
　　　　　陈鹏飞(7 月任)
副 主 任　朱仲蔚(兼,12 月止)
　　　　　陈　凯(4 月任)　王　磊
　　　　　卢利林(12 月止)
　　　　　徐红军(12 月止)　杨　毅
　　　　　谈建新(12 月任)
　　　　　孙伟亚(兼,12 月止)
党组书记　杭祝鸿
党组副书记　殷国兴(7 月止)
　　　　　陈鹏飞(7 月任)
纪检组长　闻　风(女)
研究室主任　陈鹏飞(兼,7 月止)

金融工作办公室

主　　任　严竹波(4 月止)
　　　　　张伟清(兼,12 月任)
副 主 任　张祝建
　　　　　李　刚(4 月任,11 月止)

市应急管理委员会办公室

主　　任　郭必东
副 主 任　杨宏斌(7 月任)

发展和改革委员会

主　　任　薛　峰(7 月止)
　　　　　殷国兴(7 月任)
副 主 任　许军炯　吕仁卿
　　　　　朱强松(7 月止)　周德荣
　　　　　孙嘉磊(7 月任)
党组书记　薛　峰(7 月止)
　　　　　殷国兴(7 月任)
党组副书记　许军炯
纪检组长　任曼青(女)

经济和信息化委员会
(中小企业局)

主　　任　卜晓放
副 主 任　徐志刚　陈凤翔
　　　　　朱利荣　汪　峰(7 月任)
　　　　　陆炳西(援疆)　孙前进
党委书记　卜晓放
纪委书记　王　珏
中小企业局局长　卜晓放(兼)

教育局
(市委教育工作委员会)

局　　长　刘元良(6 月任)
副 局 长　刘元良(6 月止)
　　　　　潘晓芙(女,兼)
　　　　　朱定明(4 月任)
　　　　　薛安明　黄科文
党委书记　刘元良(6 月任)
党委副书记　刘元良(6 月止)
　　　　　潘国建　姜成林
纪委书记　周　巍
　　　　　刘元良(6 月任)
教育工作委员会纪工委书记　周　巍
市政府教育督导室主任　潘国建
市政府教育督导室副主任
　　　　　赵建军(4 月任)

科学技术局
(知识产权局)

局　　长　周必松
副 局 长　杨国祥　葛玉连
　　　　　肖敬东(4 月止)
　　　　　肖晨帆(女)
　　　　　赖忠民(6 月任)
党组书记　周必松
纪检组长　陈银芳(女)
知识产权局局长　周必松

公安局

局　　长　赵建生(6 月止)
　　　　　陈金观(6 月任)
副 局 长　张卫东　梁　坚　顾传先
　　　　　季成宾　范存建
　　　　　张　越
　　　　　(挂职,6 月任,9 月止)
党委书记　赵建生(7 月止)
　　　　　陈金观(7 月任)
党委副书记　张卫东　郦锡梅(女)
纪委书记　李桂芳
政治部主任　郦锡梅(女)
指挥中心主任　钱建平(4 月止)
指挥中心政委　张　纯
治安警察支队队长　陶苏闽
治安警察支队政委　杨国平(6 月止)
刑警支队支队长　赵晓平(12 月任)
刑警支队政委　顾西蒙
经侦支队支队长　高建新
经侦支队政委　朱游仙
交巡警支队支队长　陈雪华(12 月任)
交巡警支队政委　许正宏
水警支队政委　王琦梦
国保支队支队长　单永建(援疆)
国保支队政委　朱继军
网络安全保卫支队支队长
　　　　　张爱祥(12 月任)
技术侦察支队支队长
　　　　　孙瑞冰(12 月任)
巡特警支队支队长　赵福民(12 月任)
巡特警支队政委　许文浩(11 月任)
人民警察训练学校政委　陈卫东
维护稳定工作领导小组办公室主任
　　　　　张卫东
维护稳定工作领导小组办公室副主任
　　　　　赵立源　邱新芳
市公安局督察长　赵建生(7 月止)
　　　　　陈金观(7 月任)

监察局

局　　长　胡培红(女)
副 局 长　王永京(4月止)
　　　　　司马东良　杨晓勤(女,兼)

民政局

局　　长　尹卫民
副 局 长　陈发荣　朱建禾
　　　　　曹　军　陈海虹(女)
　　　　　庞春霞
　　　　　(女,挂职,6月任,9月止)
党委书记　尹卫民
党委副书记　陈发荣
纪委书记　顾　言
市社会福利服务中心主任　李晓东

司法局

局　　长　张宇轩
副 局 长　刘　芳(女,12月止)
　　　　　陈平清　殷金顺
　　　　　曾　见(兼)
党组书记　张宇轩
纪检组长　易北江

财政局

局　　长　胡小青(女,4月止)
　　　　　黄万荣(4月任)
副 局 长　朱国芳(女,12月止)
　　　　　戴　坚　王　捷　严明礼
总会计师　孙明祥
党组书记　胡小青(女,4月止)
　　　　　黄万荣(4月任)
党组副书记　朱国芳(女,12月止)
纪检组长　尹盐生

国有资产监督管理委员会

主　　任　董和建
副 主 任　张荣军　张志军(6月任)
　　　　　王　林　凌仁泉　殷　军
党委书记　董和建
党委副书记　朱治臣
纪委书记　唐承军

人力资源和社会保障局

局　　长　孙沛然
副 局 长　温小卫　马　进(12月止)
　　　　　戴江澄　黎　平
　　　　　胡　强　崔海柱
党委书记　孙沛然
党委副书记　温小卫
纪委书记　龚国祥
人才服务中心党总支书记　翟　海

环境保护局

局　　长　刘正泰
副 局 长　姚继承(12月止)
　　　　　王敏敏　梁晨辉　贾龙华
总工程师　高　平
党委书记　刘正泰
党委副书记　姚继承(12月止)
纪委书记　史玉林(12月止)
环境监察支队支队长
　　　　　贾龙华(12月止)
　　　　　汤　立(12月任)

住房和城乡建设局

局　　长　谢继步
副 局 长　荆天翔
　　　　　张百和(12月止)
　　　　　施仁新　王宝海
　　　　　邓　峰(7月止)
　　　　　胡　坚(6月任)
总工程师　潘海涛
党委书记　谢继步
党委副书记　方德龙
纪委书记　臧鹏刚

规划局

局　　长　王根生(7月止)
　　　　　梅耀林(7月任)
副 局 长　史健洁(女)
　　　　　郭继军(6月任)
　　　　　殷　强
总规划师　段志旺
党委书记　王根生
党委副书记　梅耀林(7月任)
　　　　　王国生
纪委书记　蔡迎曙(女)
规划监察支队支队长　张炳林

城市管理局
(城市管理行政执法局)

局　　长　戴永胜(12月止)
副 局 长　荆国霖　贺建国　贺留中
　　　　　陈　文(援藏,10月止)
　　　　　贾安民
党委书记　戴永胜(12月止)
纪委书记　张学斌
城市管理行政执法支队支队长
　　　　　郑定国(12月任)

旅游发展委员会(园林管理局)

主　　任　刘吉顺
副 主 任　蔡晓伟　余　雷
　　　　　陈　凯(4月止)
　　　　　朱国夫　孙正林　董有成
　　　　　朱大荣　蒋云峰(援藏)
党委书记　刘吉顺
党委副书记　蔡晓伟
纪委书记　谢　键
园林管理局局长　刘吉顺(兼)

交通运输局(口岸管理办公室)

局　　长　丁　锋
副 局 长　邰大浩　袁　琦　巫天明
　　　　　夏　军　胡文辉　金国俊
　　　　　孙家涛(兼)
总工程师　陈峰林
党委书记　丁　锋
党委副书记　翟胜勇
纪委书记　唐友余
铁路办主任　翟胜勇

农业委员会
(农业机械管理局、农业资源开发局、林业局)

主　　任　何培树(12月止)
副 主 任　荆国芳
　　　　　郭东歌(12月止)
　　　　　孙德举(6月止)
　　　　　吴　杨　周惠瑜
　　　　　朱　毅(6月任)　李传德
　　　　　支建辉(挂职,4月任)
党委书记　何培树(12月止)
纪委书记　杨传军
农业资源开发局局长　荆国芳
林业局局长　李传德(2015年12月任)

水利局

局　　长　赵志新
副 局 长　朱志江　张益民
　　　　　田　谷　朱　峰(援藏)
总工程师　许国忠
党委书记　赵志新
党委副书记　朱志江
纪委书记　周苏平

商务局
(中国国际贸易促进委员会镇江市委员会)

局　　长　殷　敏(女,4月止)
　　　　　路月中(4月任)
副 局 长　徐胜宝　张志军(6月止)
　　　　　黄志中　李金方
　　　　　林丹如(7月任)　周军捷
党委书记　殷　敏(女,4月止)
　　　　　路月中(4月任)
党委副书记　徐胜宝　万峻松
纪委书记　郭维超
中国国际贸易促进委员会镇江市委员会
　会长　殷　敏(女,4月止)
　　　　路月中(4月任)
中国国际贸易促进委员会镇江市委员会
　副会长　徐加荣

文化广电新闻出版局
(市文物局)

局　　长　周文娟(女)
副 局 长　张志耕　马建中
　　　　　孙小梅(女)
　　　　　许　伟(女,11月任)
党委书记　周文娟(女)

纪委书记 殷国平
文物局局长 周文娟(女,兼)
镇江博物馆馆长 杨正宏

卫生和计划生育委员会

主　　任 林　枫
副 主 任 苏　枫(女) 李文福
　　郭　军 孔汉良
　　蒋鹏程(兼,2月止)
　　邵　教 鲍务新
党委书记 林　枫
党委副书记 章昆明
纪委书记 周建华(女)

工商行政管理局

局　　长 黄春年(7月止)
副 局 长 邓国平 刘　建
　　周君梅(女) 赵剑萍
党组书记 黄春年(7月止)
党组副书记 邓国平
纪检组长 颜美薇(女)

质量技术监督局

局　　长 杜秀芹(女)
副 局 长 谭浩俊 王伟群
　　赵国新
　　朱柳堂(6月止)
党组书记 陈　琥
纪检组长 潘东生

食品药品监督管理局

局　　长 张红娣(女)
副 局 长 陈　黎(女) 吴福平
　　陈　文(10月任)
食品药品安全总监 戴宏斌
党组书记 张纪成
纪检组长 徐　刚

审计局

局　　长 刘晓东
副 局 长 蒋建军 孙浩琦 乔文兵
总审计师 吴小红(女)
党组书记 刘晓东
纪检组长 魏春林

体育局

局　　长 戚亚新
副 局 长 张志明 尤卫东 承　纲
党组书记 戚亚新
纪检组长 叶　红(女)

安全生产监督管理局

局　　长 徐心田
副 局 长 吴志忠 张　勤
　　周德厚 蒋　磊(挂职)
党组书记 徐心田
党组副书记 吴志忠
纪检组长 邵卫国
安全生产监察支队支队长 徐　军

统计局

局　　长 马国进
副 局 长 施章传(12月止)
　　史　强 王　涛
总统计师 陈正群
党组书记 马国进

物价局

局　　长 田先华
副 局 长 殷建国 陈　明
　　张彤明(女)
党组书记 田先华
党组副书记 殷建国
纪检组长 黄亚平
物价检查分局局长 霍　鹏

粮食局

局　　长 韩迎农
副 局 长 孙国忠 王达保 何益华
党委书记 韩迎农
党委副书记 邵宁乙(12月止)
纪委书记 邵宁乙(12月止)
　　邓玉红(12月任)

民族宗教事务局

局　　长 夏和生
副 局 长 张大华(4月止)
　　张俊美 周志强
党组书记 夏和生

机关事务管理局

局　　长 王协祖
副 局 长 周万宝 张剑斌 周瑞荣
党组书记 王协祖
纪检组长 毛乾元

民防局(人民防空办公室)

局　　长 赵志强(6月止)
　　徐申锋(10月任)
副 局 长 江明跃(12月止)
　　谢庚龙 周锦程
　　权秀阳 方乐平
党组书记 赵志强(6月止)
　　徐申锋(10月任)
党组副书记 江明跃(12月止)
　　谢庚龙
纪检组长 于德道

政府外事办公室
(政府港澳事务办公室)

主　　任 张国云
副 主 任 张忠华 李　婕(女)
党组书记 张国云
纪检组长 肖军荣
政府港澳事务办公室主任
　　张国云(兼)

政府侨务办公室

主　　任 魏弘扬
副 主 任 王金华 周晓保
党组书记 魏弘扬
党组副书记 王金华

政府法制办公室

主　　任 薛国荣
副 主 任 刘立军 刘永希(6月止)
　　王　宏 冯　琳(6月任)
党组书记 薛国荣

仲裁委员会秘书处

秘 书 长 薛国荣(兼)
副秘书长 李少华(12月止)
　　窦高林(12月任)

地震局

局　　长 戴宏才
副 局 长 陈纪华 赵伯廷
党组书记 戴宏才
党组副书记 陈纪华

市委市政府接待办公室

主　　任 杜官彪(兼,4月止)
　　沈　红(女,4月任)
副 主 任 沈　红(女,4月止)
　　朱纪斌 盛　伟(6月任)
党组书记 杜官彪(兼,4月止)
　　沈　红(女,4月任)

供销合作总社

理事会主任 徐海亮
理事会副主任 孙　彤(4月止)
　　吴士富 李明俊
　　王素俊(4月任)
党委书记 徐海亮
纪委书记 杨万兵

金山焦山北固山南山
国家风景名胜区管委会

主　　任 翟春辉
副 主 任 陆　萍(女) 罗仁朝
　　陈学军(11月任)
党委书记 翟春辉
纪委书记 张　峥(12月止)
　　左　荣(女,12月任)

镇江新区
[党工委、人大工委、管理委员会
(经济开发总公司)、政协工委]

党工委书记 李小平(1月止)
　　郭　建(2月任,9月止)
　　秦海涛(9月任)

党工委副书记 郭 建(2月止)
薛 峰(7月任)
孙家政
路月中(4月止)
刘祥生(6月任)
党工委委员 刘祥生(6月止)
经山河(4月止)
邵 兵 朱晓阳
王德家 翟新跃
张宁晖(4月止)
杨菊兰(女)
钱建平(4月任)
安 江 李 军(援藏)
黄建同
陆建林(12月任)
徐志华(女,12月任)
尹红亮(挂职,12月任)
纪工委书记 翟新跃
政法委书记 王德家(12月止)
陆建林(12月任)
人大工委主任 王桂宏(4月止)
经山河(4月任)
人大工委副主任 贺宏福
管委会主任 郭 建(6月止)
薛 峰(6月任)
管委会副主任 刘祥生(6月止)
经山河(4月止)
邵 兵 朱晓阳
杨菊兰(女)
钱建平(4月任)
尹红亮(挂职,12月任)
李 石
吴 健(挂职,2月止)
王军锋(挂职)
蒋鸿青(挂职)
袁红彬(挂职,2月任)
周志强
(挂职,6月任,9月止)
政协工委主任 王祥义(12月止)
孙家政(12月任)
政协工委副主任 倪 宏
镇江出口加工区管理委员会主任
郭 建(7月止)
薛 峰(7月任)
管委会办公室主任 徐 丹
经发局局长 蒋红武
镇江新区城乡建设局局长
蒋峻青(6月止)
镇江新区市场监督管理局局长 刘 巍
镇江出口加工区管理局局长 王 忠
中瑞产业园管委会主任
安 江(7月止)
航空产业园管委会主任
张宁晖(4月止)
绿色化工新材料产业园党委书记
蒋峻青(6月任,12月止)
新材料产业园管理办主任
蒋峻青(12月任)
镇江国家大学科技园管理办主任
徐仁兰(女,12月任)
新能源产业园管理办主任
赵 宓(女,12月任)

镇江高新技术产业开发区(党工委、管理委员会)

党工委书记 詹立风(4月任)
党工委委员 严竹波(4月任)
肖敬东(4月任)
张宁晖(4月任)
刘晓虎(4月任)
管委会主任 严竹波(4月任)
管委会副主任 肖敬东(4月任)
张宁晖(4月任)

政务服务管理办公室

主 任 潘文瑜
副主任 张 俊(12月止) 周春旺
张 敏 陈启华(12月任)
黄国华(11月任)
党组书记 潘文瑜
党组副书记 张 俊(12月止)
周春旺(12月任)
纪检组长 束国玉
公共资源交易中心主任 潘文瑜(兼)

企业改革指导办公室

主 任 冯学云(12月止)

老干部管理服务办公室

党委书记 陆 俊

农业科学院

院 长 庄义庆
副院长 潘跃平(6月止)
李国平(2017年1月止)
姚克兵 刘照亭
党委书记 潘跃平(6月止)
孙德举(6月任)
党委副书记 庄义庆 陈明春
纪委书记 李国平(6月止)
陈明春(6月任)

城市水利管理处

主 任 颜朗辉
党总支书记 颜朗辉

拆迁管理办公室

主 任 周小平
党总支书记 周小平

城市干道工程建设办公室

主 任 李少龙
党支部书记 李少龙

给排水管理处

处 长 胡 坚(6月止)
蒋礼兵(10月任)
党委书记 胡 坚(6月止)
蒋礼兵(10月任)

房产交易中心

主 任 杨茂盛
党支部书记 杨茂盛

规划设计研究院

院 长 王荣飞
党总支书记 何辉鹏

地方海事局

局 长 赵永富

运输管理处

党总支书记 汤 雪

公路管理处

处 长 石小武
党委书记 王 宁

航道管理处

处 长 符 明
党委书记 周明盛

交通工程建设管理处

处 长 赵旭东
党支部书记 候 辉

城市建设产业集团

董事长 宇文家胜
总经理 庞 迅
副总经理 杨贵亮 何新荣
马士良 曹 俊
党委书记 宇文家胜
党委副书记 庞 迅 杨贵亮
纪委书记 景有军
党委委员 董晨鹏
总会计师 张 慧(女)
工会主席 高 峰(4月任)

交通产业集团

董事长 张德军(6月止)
余国根(6月任)
总经理 王明法
副总经理 秦开颜 杜伟国(12月止)
党委书记 张德军(6月止)
余国根(6月任)
党委副书记 王明法
纪委书记 部益农

文化旅游产业集团

董事长 陈新中
总经理 强益铭(12月止)

副总经理　谢　翔　王永平　蔡　超
党委书记　陈新中
党委副书记　强益铭(12 月止)
纪委书记　沈忠华

国有投资控股集团

董 事 长　周　毅
总 经 理　陈　兵
副总经理　蒋金署　田习高　朱　涛
党委书记　周　毅
党委副书记　陈　兵　杜友义
纪委书记　杜友义
工会主席　杜友义(2015 年 7 月任)

江苏恒顺集团有限公司

董 事 长　张玉宏
党委书记　张玉宏
总 经 理　聂旭东
副总经理　杨晓康　李国权
党委副书记　聂旭东　王仁贵　夏振刚
纪委书记　王仁贵
工会主席　王仁贵
市审计局派驻恒顺集团财务总监
王继承(4 月止)

江苏索普(集团)有限公司

董 事 长　吴青龙(7 月止)
凌荣春(7 月任)
总 经 理　胡宗贵
副总经理　邵守言　许宝华　吴　杰
党委书记　吴青龙(7 月止)
凌荣春(7 月任)
党委副书记　胡宗贵　范立明
纪委书记　范立明
市财政局派驻索普集团财务总监
王文平(4 月止)

住房公积金管理中心

主　　任　张跃明

劳动就业管理中心

主　　任　吴志龙
党总支书记　吴志龙

社会保险基金征缴管理中心

主　　任　胡西华
党总支书记　胡西华

·政协镇江市委员会·

主　　席　李国忠
副 主 席　赵腊根(1 月止)
宋余庆　卢章平　宦祥宝
徐　平　王荣正　朱开宝
朱云峰(1 月任)
卢道富(1 月任)
秘 书 长　蒋　勃
副秘书长　陈泰龙(12 月止)
谈德成(兼)
吕纯贵　任一鸣
李柏椴(兼,10 月止)
孙中良(兼)
杨晓勤(女,兼)
宗加伟(兼)
钱伯安(兼)
梁新歌(女,兼)
党组书记　李国忠
党组副书记　赵腊根(2 月止)
曹当凌(9 月任)

办公室

主　　任　陈泰龙(12 月止)
谈德成(12 月任)
副 主 任　蔡永祥(12 月止)
陈　红(女,12 月止)
陈　青(女,12 月任)
张　峥(12 月任)

研究室

主　　任　谈德成(12 月止)
副 主 任　张旭彬

提案委员会

主　　任　顾大福
副 主 任　张友林

经济科技委员会

主　　任　蒋平权
副 主 任　汤光强

农业经济委员会

主　　任　文雁才(1 月止)
吴　当(4 月任)
副 主 任　吴　当(4 月止)
谢荣洲(11 月任)

教卫文体委员会

主　　任　蒋　宁(女)
副 主 任　陈国俊(12 月止)
施章传(12 月任)

文史资料委员会

主　　任　徐伟珍(女,12 月止)
蔡永祥(12 月任)
副 主 任　朱竞林

社会法制委员会(民族宗教委员会)

主　　任　吴登昌(4 月止)
谭金生(12 月任)
副 主 任　汪　勉

港澳台侨委员会(外事委员会)

主　　任　戈　矛(12 月止)
戴永胜(12 月任)
副 主 任　陈　青(女,12 月止)
陈　红(女,12 月任)

城乡建设人口资源环境委员会

主　　任　季　平
副 主 任　孔　萍(女)

政协委员工作办公室

主　　任　许小琦
副 主 任　霍　双(女)

·中共镇江市纪律检查委员会·

书　　记　孙　健(9 月止)
黄利民(9 月任)
副 书 记　高庆国(9 月止)
胡培红(女)　丁夕平
常　　委　王永京(4 月止)
吴晓彤　马振兵
司马东良(9 月任)
陈　晖(9 月任)
李　军(9 月任)
秘 书 长　曹文栋(10 月任)
办公室主任　曹文栋
组织部部长　石　捷(6 月止)
朱海生(6 月任)
法规研究室主任　杨　坚
党风政风监督室主任　赵树锋(6 月止)
信访室主任　陈　晖(兼)
第一纪检监察室主任　陈国华
第二纪检监察室主任　沈　亚
第三纪检监察室主任　巫晓辉
第四纪检监察室主任
陈炳林(12 月止)
第五纪检监察室主任　尹瑞庭
案件审理室主任　马振兵(兼,6 月止)
纪检监察干部监督室主任
张晓勤(女)
市委巡察工作领导小组办公室主任
丁夕平(12 月任)
市委巡察工作领导小组办公室副主任
陈炳林(12 月任)

·镇江市中级人民法院·

院　　长　茅仲华
副 院 长　章纯钢　姚　强
吴　猛　陈　敏
段晓娟(女,挂职,12 月止)
党组书记　茅仲华
党组副书记　章纯钢
纪检组长　周国达
政治部主任　沈　华(女)

审判委员会专职委员
褚冬平(12 月止)
陈　玉(女,11 月任)
宁　杰(12 月任)
镇江经济开发区法院院长　卜士凡
执行局局长　宁　杰(12 月止)

·镇江市人民检察院·

检 察 长　俞波涛
副检察长　朱　毅
侯建伟(女)
景双彬
朱国忠(11 月任)
党组书记　俞波涛
党组副书记　朱　毅(6 月任)
纪检组长　徐　军
政治部主任　丁立新
检察委员会专职委员
倪艳平(女,12 月止)
高春荣(11 月止)
司马兆二(11 月任)
周绪平
反贪污贿赂局局长　黄　斌
镇江经济开发区检察院检察长
朱国忠(11 月止)
鲁　宽(11 月任)
金山地区检察院检察长
朱　毅(6 月止)
周绪平(12 月任)

·镇江军分区·

司 令 员　曹　寅
政治委员　宋建新
参 谋 长　林连才(7 月任)
政治部主任　张惠峰
后勤部部长　潘　亚
党委第一书记　夏锦文
党委书记　宋建新
党委副书记　曹　寅
纪委书记　张惠峰
纪委副书记　潘　亚

·民主党派、工商联·

中国国民党革命委员会镇江市委员会

主任委员　宋余庆(11 月止)
王加友(11 月任)
副主任委员　王　萍(女,11 月止)
王加友(11 月止)
朱富坤(11 月止)
陆　萍(女,11 月任)
施伟东(11 月任)
方玉强(11 月任)

中国民主同盟镇江市委员会

主任委员　陈昆山(11 月止)
杨晓勤(女,11 月任)
副主任委员　佘其瑞(女,11 月止)
李鼎如(11 月止)
杨晓勤(女,11 月止)
王瑞楠
袁建平(11 月任)
卢全有(11 月任)
林黎明(11 月任)

中国民主建国会镇江市委员会

主任委员　强南山(11 月止)
孙中良(11 月任)
副主任委员　孙中良(驻会,11 月止)
夏　军
张尤嘉(11 月止)
陆霄霞(女,11 月任)
庄晋财(11 月任)

中国民主促进会镇江市委员会

主任委员　徐　平
副主任委员　李柏椴(11 月止)
李耀明　邹家生　陈建红
尹红敏
(女,驻会,11 月任)

中国农工民主党镇江市委员会

主任委员　赵庆荣(11 月止)
蒋鹏程(11 月任)
副主任委员　梁新歌(女,驻会)
郑金旭(11 月止)
蒋鹏程(11 月止)
李遇梅(女,11 月任)
王卫方(11 月任)
李国海(11 月任)

中国致公党镇江市委员会

主任委员　卢章平(11 月止)
张红娣(女,11 月任)
副主任委员　谢志荣(11 月止)
宗加伟(驻会)
张红娣(女,11 月止)
吴黎红(女,11 月任)
易小辉(11 月任)

九三学社镇江市委员会

主任委员　王贵成(11 月止)
施卫东(11 月任)
副主任委员　陈沛华(女)
钱伯安(驻会)
施卫东(11 月止)
祝中昊
姚震球(11 月任)

工商业联合会

主　　席　卢道富
副 主 席　徐建锋　朱保卫
张国华　朱国平(兼)
苏启善(兼)　徐　翔(兼)
周东海(兼)　应　军(兼)
耿仲毅(兼)
党组书记　徐建锋(12 月止)
时秋香(女,12 月任)

·人民团体·

总工会

主　　席　王荣正
副 主 席　卫锁宏　蒋新民(4 月止)
解军英(6 月任)
徐炳辉　包大成
党组书记　王荣正(12 月止)
卫锁宏(12 月任)
纪检组长　陈志耕

共青团镇江市委员会

书　　记　贾敬远
副 书 记　张永意(援疆)
朱明珠(女)
党组书记　贾敬远

妇女联合会

主　　席　胡云霞(女)
副 主 席　郑迎伟(女)
罗　娟(女)
孙　萍(女)
陆　萍(女,兼)
高　静(女,兼)
党组书记　胡云霞(女)
妇儿工委办主任　罗航宇(女)

归国华侨联合会

副 主 席　王永新　张俊昌(兼)
支　芸(女,兼)
党组书记　魏跃明(兼,12 月止)

科学技术协会

主　　席　张宜英(女)
副 主 席　王吉武
邵锦亚(女)　杨维勤
程晓农(兼)　王加友(兼)
徐志刚(兼)　杨国祥(兼)
冯章葆(兼)　邵　教(兼)
王　捷(兼)
刘捷铃(女,兼)
党组书记　张宜英(女)
党组副书记　王吉武
秘 书 长　王亚东

哲学社会科学界联合会

主　　席　潘法强
副 主 席　邵利明　刘业林
杨　猛(女)　梅　强(兼)

黄　进（女，兼）
赵　军（兼）　于　伟（兼）
陈鹏飞（兼）　戴　坚（兼）
谭浩俊（兼）　陆介平（兼）
党组书记　潘法强
秘 书 长　薛玉刚

文学艺术界联合会

主　　席　包建国
副 主 席　蒋光年
丁伟民（4月止）
孙　彤（4月任）
阚爱萍（女，兼）
黄科文（兼）
孙小梅（女，兼）
汤文彪（兼）　蔡永祥（兼）
党组书记　曾文兵
党组副书记　包建国

台湾同胞联谊会

会　　长　刘贤忠

残疾人联合会

理 事 长　印　明
副理事长　赵　斌　孙　权
党组书记　印　明
纪检组长　张晓燕（女）

红十字会

会　　长　胡宗元（兼）
副 会 长　史寿胜　林　枫（兼）
徐海亮（兼）
吴　彤（女，兼）
顾小俊（兼）　李照金（兼）
赵　珏（兼）　王　华（兼）
白连生（兼）　王新辉（兼）
朱建禾（兼）　戴　坚（兼）
唐铁军（兼）　陈秋明（兼）

关心下一代工作委员会

主　　任　唐成海
副 主 任　郑宏章　王忠保

·辖市（区）·

丹阳市

市委书记　童国祥（6月止）
陈可可（6月任）
市委副书记　陈可可（6月止）
黄春年（7月任）
赵志强（6月任）
李忠法（7月止）
沈岳方（7月止）
市委常委　周爱仙（女，7月止）
李　刚（4月止）　任剑平
周奇恒（6月任）　赵立群
马家胜（6月止）　金夕龙
杜官军　陈水文　周东明
李莉珺（女，6月任）
人大常委会主任　李忠法（1月任）
人大常委会副主任　王金祥　蒋明辉
周爱仙（女，1月任）
刘云珍（女）
市　　长　陈可可（6月止）
黄春年（6月任）
副 市 长　李　刚（4月止）
赵立群（6月任）
马耿良　王为华（援疆）
沈留海　薛军民
许　伟（女，11月止）
林丹如（7月止）
符红海　符卫国（7月任）
陈　俊（11月任）
政协主席　张仁海
政协副主席　沈岳方（1月任）
钱留梅（女）　谭国祥
贺云华（女）　陈建红
纪委书记　马家胜（6月止）
周奇恒（6月任）
法院院长　唐东升
检察院检察长　李　军（10月止）

句容市

市委书记　许　文
市委副书记　许　文（7月止）
潘　群（7月任）
商　震（7月止）
高庆华（7月任）
市委常委　蒋建中（6月任）
章壮钧　石继刚（7月止）
宋飞雄　马云明
胡　旭　皋古和（6月止）
姚　华（7月任）
段永齐（7月任）
查兆娣（女，7月任）
人大常委会主任　文雁才（1月任）
人大常委会副主任　周春芳
石继刚（1月任）
吴小香（女）
戴家俊
市　　长　许　文（6月止）
潘　群（6月任）
副 市 长　潘　群（6月止）
马云明　姚　华（7月止）
孙卫军　侯华锋
张荣海（6月任）
贾云亮（援藏）
王　华（援疆，8月止）
政协主席　孙昌桂（女）
政协副主席　商　震（1月任）
谢荣洲（11月止）
黄　培　倪定胜
王道银（女）　胡现龙
纪委书记　宋飞雄
法院院长　董友洪（11月止）
检察院检察长　毛康林（11月止）

扬中市

市委书记　孙乾贵（1月止）
潘早云（2月任）
市委副书记　潘早云（2月止）
张德军（7月任）
唐崇林（7月止）
马家胜（6月任）
徐申锋（援藏，10月止）
市委常委　沈大银（7月止）
王继兰（女，7月止）
陆艳华（女，6月任）
庄　旭　王成明
杨富森（6月止）
艾晓晖（6月止）　黄子来
刘永希（6月任）　王汉英
王东浩（6月任）
潘　杰（7月任）
孙　健（援藏）
人大常委会主任　冯锦跃（1月任）
人大常委会副主任　唐崇林（1月任）
沈大银（1月任）
戴少华　常　云
蒋金龙
市　　长　潘早云（6月止）
张德军（6月任）
副 市 长　艾晓晖（6月止）
王成明（6月任）
蔡　萍（女，11月止）
卜兴荣　于德祥　宫金生
政协主席　施健华（1月任）
政协副主席　王继兰（女，1月任）
陆国平　吴昌荣（1月止）
汤树良（3月止）
蒋相根　黄成刚
纪委书记　庄　旭
法院院长　汤国生（11月止）
检察院检察长　司马兆二（11月止）

丹徒区

区委书记　陈　琳（女）
区委副书记　张映桥　杨伟民（7月止）
谈沁磊（6月任）
区委常委　李幸福（6月止）
彭忠东（6月止）
韩宏亮　殷利民
叶向东（6月止）
陈平才（6月任）
聂美红（女，6月任）
皋古和（6月任）
朱　毅（6月止）　刘　东
包荣军（6月任）
洪　伟（7月任）
人大常委会主任　李幸福（1月任）
人大常委会副主任　杨伟民（1月任）

王卫方(女)
范晓荣
区　　长　张映桥
副 区 长　谈沁磊(6 月止)
皋古和(6 月任)
田志虹　朱　彤
贺　文　贺丽娟(女)
杨益斌(1 月任)
政协主席　徐新祥
政协副主席　叶向东(1 月任)
郭祥明　江　灿
李晓娟(女)
纪委书记　李幸福
法院院长　陈　玉(女,11 月止)
检察院检察长　黄　进

京口区

区委书记　裔玉乾
区委副书记　黄万荣(4 月止)
殷　敏(4 月任)
施正中(7 月止)
彭忠东(6 月任)
区委常委　蒋建中(6 月止)
王　琴(女)
朱强松(7 月任)
周奇恒(6 月止)
何广林
石　捷(6 月任)
杨祖华(6 月止)
倪新明(6 月任)
翟德智(6 月任)
人大常委会主任　施正中(1 月任)
人大常委会副主任　倪兆顺
徐　军
郑苏真(女)
杜承华
区　　长　黄万荣(4 月止)
殷　敏(4 月任)
副 区 长　朱强松(7 月任)
陈德福
朱定明(4 月止)
解军英(女,6 月止)
林黎明　赵永斌
郑兆巍(6 月任)
杨国平(7 月任)
政协主席　孙国平
政协副主席　谢志荣　姜厚荣
朱裕根
纪委书记　周奇恒(6 月止)
石　捷(6 月任)
法院院长　张子敏(11 月止)
检察院检察长　方红卫(女,11 月止)

润州区

区委书记　王冬生
区委副书记　高国成　范永放
区委常委　蔡文龙(7 月止)
刘凯成(7 月止)
严竹波(6 月任)
蒋　勇　陈平才(6 月止)
聂美红(女,6 月止)
郭继军(6 月止)
徐　燕(女,6 月任)
仇　洋(6 月任)
陈家军(6 月任)　周文雄
张庆松(7 月任)
人大常委会主任　范永放(1 月任)
人大常委会副主任　刘凯成(1 月任)
易丽娟(女)
赵宝恒
徐菊生(1 月任)
区　　长　高国成
副 区 长　严竹波(6 月任)
蔡文龙(7 月止)
蔡　萍(女,11 月任)
祝中昊　陆金火
眭月虎(5 月止)
胡如明
张锦红(11 月止)
政协主席　蔡文龙
政协副主席　高亚明　蒋卫东
蔡　飞　季　莉(女)
纪委书记　聂美红(女,6 月止)
仇　洋(6 月任)
法院院长　岳益民(11 月止)
检察院检察长　鲁　宽(11 月止)

·部省属单位·

国家安全局

局　　长　朱仲蔚(4 月止)
童海东(4 月任)
政　　委　张　强
副 局 长　徐向阳　周光弟
李永立(挂职)
党委书记　朱仲蔚(4 月止)
童海东(4 月任)
纪委书记　施　云(女)

国家税务局

局　　长　冯一江
副 局 长　张宁忠　刘卫忠
朱智宏　杨长春
总会计师　孙　军
总经济师　沈志坚
党组书记　冯一江
党组副书记　张宁忠
纪检组长　洪　宇(女)

地方税务局

局　　长　夏照明(3 月止)
孙　虹(3 月任)
副 局 长　施竞平　李　峻　郦梅生
总经济师　高　凌(女)
总会计师　何光荣
党组书记　夏照明(3 月止)
孙　虹(3 月任)
党组副书记　施竞平
纪检组长　蔡莉萍(女)

国土资源局

局　　长　戴非平
副 局 长　郑永红(女)　黄　毅
张朝辉　王建国
党委书记　戴非平
纪委书记　吴　斌(女)

土地储备中心

主　　任　何玉博

国家统计局镇江调查队

队　　长　潘荣军
副 队 长　罗凌俊　韩志明
党组书记　潘荣军
纪检组长　蔡建刚

出入境检验检疫局

局　　长　祝　林
副 局 长　程　昕　吴小华
赵亮亮(9 月止)
宋乐林(9 月任)
党组书记　祝　林
纪检组长　余存俊(9 月止)

海　关

关　　长　周明晨(5 月止)
贡立新(5 月任)
副 关 长　徐六生　朱　华
刘希安　蒋　敏(女)
党组书记　周明晨(5 月止)
贡立新(5 月任)

海关缉私分局

局　　长　徐六生
副 局 长　王　军

海事局

局　　长　徐　伟(12 月止)
张金宝(12 月任)
政　　委　周　镇(2015 年 11 月止)
副 局 长　郭学军
彭慧敏(3 月任)
周文斌(6 月任)
党组书记　徐　伟(12 月止)
张金宝(12 月任)
党组副书记　周　镇(2015 年 11 月止)
纪检组长　周　镇(2015 年 11 月止)

烟草专卖局
(省烟草公司镇江市公司)

局　　长(经理)　李江苏

副 局 长(副经理) 郭 俊 韦 理
党组书记 李江苏
纪检组长 吴洁宝

盐务管理局
(省苏盐连锁有限公司镇江分公司)

局长(总经理) 刘 群
副局长(副总经理) 詹长军 王统翔
张群林
党委书记 詹长军
党委副书记 刘 群 王统翔
纪委书记 王统翔
工会主席 王统翔

供电公司

总 经 理 崔恒志
副总经理 吕晓峰 顾志强
王惠明(12月止)
王文天(3月任)
孙海勃(6月任)
刘宽心(5月止)
张凌浩(2月止)
刘 勇(2015年6月止)
党委书记 吕晓峰
党委副书记 崔恒志
纪委书记 刘 勇
工会主席 张映月(3月任)

江苏省邮政公司镇江分公司

总 经 理 刘永红(1月任)
副总经理 刘永红(1月止)
丁震宇 朱宏波 杭 坚
党委书记 刘永红(1月任)
工会主席 杭 坚
纪委书记 杭 坚

中国电信股份有限公司镇江分公司

总 经 理 杜训祥(10月止)
江 冲(10月任)
副总经理 张洪贞 贺 军
顾锦飞 邹征宙
夏敏健
党委书记 杜训祥(10月止)
江 冲(10月任)
纪委书记 顾锦飞
工会主席 贺 军

江苏移动通信有限公司镇江分公司

总 经 理 陈 逵
副总经理 李劲松 陈苏闽
党委书记 陈 逵
纪委书记 陈苏闽
工会主席 李劲松

中国联通镇江分公司

总 经 理 蒋文虎
副总经理 高立群
朱晓苏(2014年1月止)
王 刚
李宏立(2015年12月任)
党委书记 蒋文虎

省广电信息网络股份有限公司
镇江分公司

总 经 理 袁剑峰(3月止)
副总经理 陈 剑 包信家
党委书记 袁剑峰(3月止)
纪委书记 张旭峰

气象局

局 长 尹连荣
副 局 长 谢义明 顾永顺
党组书记 尹连荣
纪检组长 曹纪平

·银行、保险·

人民银行镇江市中心支行

行 长 缪 斌(2011年5月任)
副 行 长 顾 强 钱仁汉
孙 雯(女)
党委书记 缪 斌
纪委书记 周宜强
工会主席 马 成

银行业监督管理委员会镇江监管分局

局 长 曹 维
副 局 长 贺平泉
薛润生(3月止)
宋德高(2月任)
党委书记 曹 维
纪委书记 陈家龙

农业发展银行镇江市分行

行 长 孟凡庭
副 行 长 王 华
周 鸣(2014年12月止)
顾祥军
黄 健(2015年5月任)
党委书记 孟凡庭

工商银行股份有限公司镇江分行

行 长 姜 邗
副 行 长 汪 航 方向学
吴海清 奚彩建
党委书记 姜 邗
党委副书记 汪 航(9月任)
纪委书记 燕 军

农业银行股份有限公司镇江分行

行 长 陶长辉
副 行 长 荆玉萍 李建荣 王伯骏
张 英 王进军
党委书记 陶长辉

中国银行股份有限公司镇江分行

行 长 孙庆阳(4月止)
刘瑞成(4月任)
副 行 长 尹国瑞 刘 沁
张 勇(10月止) 李晓翔
胡 进(3月任)
沙亚平(11月任)
党委书记 孙庆阳(4月止)
刘瑞成(4月任)
纪委书记 张强生(3月止)

建设银行股份有限公司镇江分行

行 长 朱 成(4月止)
倪晓伟(4月任)
副 行 长 刘 芳(女,5月止)
杨跃岷(5月任) 钟一平
张家平 朱 俊
党委书记 朱 成(4月止)
倪晓伟(4月任)
党委副书记 杨跃岷(5月任)
纪委书记 刘 芳(女,5月止)

交通银行股份有限公司镇江分行

行 长 孙 亮
副 行 长 罗来珍(女,2015年6月任)
潘晓松(3月止)
吴艳芳(女,11月止)
徐绍福(3月任)
叶齐芝(11月任)
张卫东(11月任)
胡江平
党委书记 孙 亮
纪委书记 潘晓松(3月止)

江苏银行镇江分行

行 长 金向阳
副 行 长 邹永清(1月止) 王 冲
周元明 吴培中(11月任)
党委书记 金向阳
纪委书记 许再湘(女)

镇江农村商业银行股份有限公司

董 事 长 魏礼亚
行 长 陈 辉
监 事 长 顾宜方
副 行 长 骆建宏 杨 燕(女)
马志刚
党委书记 魏礼亚
党委副书记 陈 辉
纪委书记 顾宜方

人民财产保险股份有限公司
镇江市分公司

总 经 理 刘 亮(12月止)
杨 光(12月任)
副总经理 王海波 王爱国 陈 德
党委书记 刘 亮(12月止)

杨　光(12 月任)
纪委书记　王爱国

人寿保险股份有限公司镇江市分公司

副总经理　吴小平　宦刘庆　王昌新
党委副书记　吴小平
纪委书记　王昌新
工会主任　王昌新

太平洋财产保险股份有限公司镇江中心支公司

总 经 理　陆　忠
副总经理　陈国华　孙学理
　　　　殷利忠
党委书记　陆　忠

太平洋人寿保险股份有限公司镇江中心支公司

总 经 理　马　兰(女,5 月任)
副总经理　吴　兵
党委书记　马　兰(女,5 月任)

·学校、医院·

江苏大学

校　　长　袁寿其
副 校 长　宋余庆　程晓农
　　　　陈　龙　施卫东
　　　　梅　强　张济建
　　　　缪子梅(女)　李洪波
党委书记　范　明(6 月止)
　　　　袁寿其(6 月任)
党委副书记　袁寿其(6 月止)
　　　　易中懿(2014 年 4 月止)
　　　　许化溪(6 月止)
纪委书记　许化溪(6 月止)
　　　　高庆国(9 月任)

江苏科技大学

校　　长　王自力
副 校 长　景旭文　许俊华
　　　　王加友　戴跃伟
　　　　李　茜　汤　建
　　　　黄　进(女)
　　　　俞孟蕻(2015 年 6 月任)
党委书记　王济干
党委副书记　王自力　郭锡杰
纪委书记　郭锡杰

镇江市高等专科学校

校　　长　丁　钢
副 校 长　徐　铭(12 月止)
　　　　王桂龙
　　　　万碧波(女)
　　　　陆介平(12 月止)
　　　　冷耀明
　　　　李大洪(12 月任)
　　　　李冬梅(女,12 月任)
党委书记　赵　珏
党委副书记　丁　钢
　　　　徐　铭(12 月止)
纪委书记　胡永盛

江苏农林职业技术学院

院　　长　巫建华
副 院 长　简祖平　周兴元
　　　　贾　君(女)　曹仁勇
党委书记　俞卫东
党委副书记　巫建华　王润贤
纪委书记　王润贤

江苏省交通技师学院

院　　长　缪正宏
副 院 长　纪玉国　陈　伟
　　　　高为群
党委书记　曾正德
党委副书记　张永春
纪委书记　张永春

镇江技师学院

院　　长　冯章葆(10 月任)
副 院 长　李国建
　　　　郑兆巍(6 月止)
　　　　史　勇
　　　　蔡　浪(12 月任)
党委书记　朱建忠
党委副书记　朱殿月(12 月任)

镇江中学

校　　长　徐　杰
副 校 长　于　健　龚保庆
　　　　陶圣建　赵国斌
　　　　张宗锋
党委书记　徐　杰
党委副书记　钱　进
纪委书记　钱　进

镇江第一中学

校　　长　张玉坤
副 校 长　周晓宇　吴铁俊
　　　　王　健(2015 年 7 月止)
　　　　赵竹林　郭晓峰
　　　　王瑞楠　邹建平
党委书记　张玉坤
党委副书记　周晓宇　吴铁俊

江苏江滨医疗集团

集团院长　陈德玉
集团副院长　尹志强(2015 年 9 月止)
　　　　秦　峰(2015 年 9 月任,2016 年 7 月止)
　　　　徐晓丽(7 月任)
　　　　孙炳伟　吕剑平
　　　　陈吉祥　李遇梅(女)
　　　　张红光　史亚祥

江苏康复医疗集团

集团院长　朱　夫
集团副院长　周　云　许文林
　　　　蒋鹏程　姚恒祝
　　　　岳燧岩　钱　炜
集团党委书记　朱　夫
集团党委副书记　吴家平
集团纪委书记　贺春金

镇江市市属国有企业监事会

主　　席　王文平(4 月任)
　　　　王继承(4 月任)
　　　　陈锦荣(4 月任)

江苏航空职业技术学院

院　　长　浦黄忠(9 月任)
副 院 长　孙家政(4 月任)
　　　　蒋新民(4 月任)
　　　　戴金跃(4 月任)
党委书记　杜官彪(9 月任)
党委副书记　浦黄忠(9 月任)
　　　　潘国华(9 月任)

镇江体育产业发展有限公司

董 事 长　张敬荣(6 月任)
总 经 理　张爱民(4 月任)

镇江市疾病预防控制中心

主　　任　陈　宏
党总支书记　何广立

镇江市卫生监督所

所　　长　陈国年

镇江市餐饮安全监督所

所　　长　刘　远

镇江市高等职业技术学校

校　　长　王　键
党委书记　王　键

镇江市财政干部培训中心

主　　任　周方明

说明:领导人职务任止年份除特别说明外,均为 2016 年

综　述

【概况】 2016年，镇江市优化总体工作布局，召开市第七次党代会，完成市、县、乡党委班子换届。举办首届国际低碳技术产品交易展示会。工作中把更多精力放在调整结构、推动改革、富民惠民上。12月5日—6日，中共中央政治局常委、中央纪委书记王岐山考察镇江，对镇江经济社会发展、历史文化和生态禀赋给予肯定。

实现经济稳定增长。地区生产总值、固定资产投资分别增长9.3%、15.1%，一般公共预算收入比上年增长4.7%，组织开展“暖企行动”，为企业直接减负85亿元，累计发放周转贷款148亿元，新增挂牌上市企业36家。200个市级重点产业项目完成投资810亿元，北汽实现万辆批量生产，总投资百亿元的句容抽水蓄能电站开工建设，苏宁广场建成开业。入选“中国制造2025”国家试点示范城市，创成国家航空产业新型工业化示范基地，新兴产业销售收入占比46.2%，工业技改投入增长35%。8个“三集”示范园区创成省级及以上特色产业园或服务业集聚区。服务业增加值占比提高1个百分点，成为国家级全域旅游示范区创建单位。高效设施农业占比20%，农业基本现代化发展水平列全省前6位。完成产业类实际利用外资13.1亿美元；进出口总额103.2亿美元，增长2.5%，增幅列全省第2位，创成国家级服务外包示范城市。天工集团赢得欧盟“双反”。

增强新的发展动能。淘汰落后产能项目43个，化解水泥过剩产能110万吨，市区商品房去化周期降至11个月。“多评合一”和区域评估被国务院列为推广事项，在全省率先建设“e办事”网上服务平台。完成民间投资2035亿元，增长21.5%，在全省处于领先水平。启动国家级高新区创新核心区一期建设，丹阳、扬中市获批省级高新区，国家级孵化器实现辖市（区）全覆盖。新增国家级高新技术企业134家，高新技术产业产值占比继续保持全省第1位，研发投入占比达2.59%，列全省第5位，“金山英才”计划签约人才项目128个。

推动城乡变新变美。完成中央环保组督查交办事项，集中力量实施97个生态环境整治重点项目，完成G20峰会空气质量保障任务。应邀参加第二届中美气候峰会，国家级生态城镇化示范区获批，丹阳市创成国家级循环经济示范市，扬中市成为全省首家全国高比例可再生能源示范市。142个市区城建项目完成投资近400亿元，五凤口高架全面建成，312国道南移工程试通车，连淮扬镇铁路、镇江长江大桥、丁卯桥路快速化改造等重大基础设施项目有序实施。开展城市管理“啄木鸟行动”“双美双优”“最美乡村”创建，引导广大人民群众共建共享文明镇江。

保持和谐稳定局面。集中70%以上财力投入民生建设，82个重点民生项目如期完成。“百村万户”达新标、精准帮扶特困家庭奔小康、万个党支部结对万户特困家庭行动推进，茅山老区扶贫开发取得进展，经济薄弱村和建档立卡低收入人口达标率提升至30%。在全省率先实现城乡低保一体化。医药卫生体制改革、学前教育体制改革等国家级试点推进，居民养老保险实现城乡一体化，城乡社区居家养老服务中心覆盖率分别达100%、96%，镇江创业园被认定为国家创业示范基地，基层综合文化服务中心建设获中央改革办肯定。抓好社会稳定，落实公共安全、社会治理、安全生产各项措施，全年安全事故起数、死亡人数持续下降。

深化从严治党。学习贯彻中共十八届六中全会精神。开展“两学一做”学习教育。开展向赵亚夫、王华等先进典型学习活动。干部队伍结构优化、活力增强。实施“双型”先进党支部建设、基层党建“书记项目”，完成村居“两委”换届。开展机关效能革命，密切党群干群关系。正风肃纪，注重源头防范，保持反腐倡廉高压态势。（张向秋）

【市委办公室工作】 2016年，镇江市委办公室把党风廉政建设作为“一号工程”，强化组织领导，制订党风廉政建设全年工作计划，落实“四查一考机制”，市委主要领导以普通党员身份参加办公室支部党员大会。强化担责履责，履行党风廉政建设第一责任人的责任，领导班子成员履行“一岗双责”，组织党办系统围绕“贯彻‘五个坚持’要求、弘扬‘求真务实’作风，提升‘三服务’水平”主题，开展思考和讨论。按照规范化建设要求开展“三项管理”，执行“三会一课”等各项制度，及时更新管理市委办网站、官方微信公众号“创新镇江”，用好“市委办微党建”微信群。组织“微党课”大家讲、支部书记讲党课、创建“五星党支部”、系列主题教育等活动。

全年起草各类文稿260余万字，各类调研报告60多篇。《江苏通讯》全年采用稿件8篇，编发《创新》杂志13期。编发《镇江信息》96期、《镇江信息（专报）》197期，获省领导批示36件次、市领导批示83件次。制发公文624件，办理领导批示658件，接收档案文书50卷872件，传阅文件3万件次，交换文件50余万份；党内规范性文件报备及时率、规范率均达100%；承办各类会议近300场，策划服务各类活动近百场次。发放督查事项交办单61份，报送《督查专报》74期，向全市印发《督查通报》15期；已办结市委书记信箱来信960件，办理“国考断面水质达标”“中央环保督察反馈问题整改”等市委主要领导交办的任务近30项。办理电报2153份、15705人次，处理领导批示210件。完成市电子政务内网建设。印发《“十三五”时期镇江市保密工作发展规划》。组织涉密专项检查、复查和审批，开展专题保密教育8次，举办业务培训、图片展览，先后培训1000余人。开展安全行车竞赛活动，组织车辆年审、维修、保养和专项检查，全年行车安全无事故。完成《中办通讯》和《秘书工作》全市订阅工作。

实施改革转型，研究制定推动办公室内设机构改革方案，对班子成员分工和处室职能做出新的调整。深化“效能革命”，改进工作作风，落实中央八项规定和省、市委十项规定，定期对“四风”问题进行排查梳理和甄别分析，执行民主集中制，市委办公车改革任务实施到位。按照“百村万户”双达标行动相关要求，与句容市茅山镇永兴村3户特困家庭结成对子，持续开展“一对一”精准帮扶，做到“四通四有四结亲”。重要节日慰问困难群众，送温暖、解难题。

开展向赵亚夫、王华等先进典型学习活动，举办学思论坛，开展读书活动。在全省首家出台《加强党内法规工作的意见》，实施市委党内规范性文件年度计划编制工作，全年出台党内规范性文件46件。启动市委工作部门和辖市（区）委对市委报备工作，完成辖市（区）党内规范性文件清理工作。

（张向秋）

【政策研究工作】 2016年，镇江市委调查研究工作围绕全市战略布局和建设“强富美高”新镇江总体目标，落实市第七次党代会要求，以“创新服务年”为主题，倡导“激情干事，变革转型”，统筹做好文稿起草、调查研究、信息服务等工作。

全年起草完成市委六届十二、十三、十四次全会，市第七次党代会，市委七届二次全会等报告，撰写市委全面深化改革领导小组会议等一系列讲话。

牵头制定《市委全面深化改革领导小组2016年工作要点》等政策文件，研究审议《镇江市深化人民监督员选任制度改革实施方案》《镇江体育产业发展有限公司运营管理体制改革实施方案》以及加快推进镇江高新区建设的实施方案。围绕供给侧结构性改革主线，就推动重大改革落地见效、激发市场主体活力、解决影响发展的瓶颈问题进行调研，为下一步改革重点及如何推进提出对策建议。深化行政审批制度改革、生态文明综合改革，出台《关于深化教育领域综合改革的意见》；深化医药卫生体制改革，公立医院综合改革做法受到国家专家组肯定。

开展党委换届基层干部思想动态调研，深入辖市（区）和乡、镇，先后召开15场、100多人参加的座谈会，形成调研报告《基层干部有“六盼”——换届之年基层干部思想动态调查》，在省委研究室《动态研究与决策建议》刊发。开展精准扶贫调研，对近年来扶贫帮困工作和民生建设进行总结反思，对全市“精准扶贫”达新标活动思考谋划，形成调研报告《精准扶贫要着力解决四个问题》，在省委研究室《调查与研究》刊发。开展“效能革命”调研，形成文稿《干部“加速度”换来群众满意度——镇江市机关“效能革命”调查》。开展镇江首位度专题调研，深入部门和辖市（区）调研，赴外地考察学习，形成《关于镇江主城区首位度的初步研究》调研报告。

明确专人负责《每周文萃》和“金山智库”微信公众号，反映市内外经济运行、项目建设、工作创新等做法，《每周文萃》全年出刊40期，“金山智库”微信公众号全年发送图文消息243篇。截至年底，有关注用户3964户。内刊《调查研究》全年出刊22期。（袁剑峰）

【保密工作】 2016年，镇江市无泄密事件发生。11月26日，市委召开常委会，专题学习习近平总书记关于保密工作的重要讲话和中央关于加强保密工作的决策部署，市委书记夏锦文对保密工作提出明确要求。市委保密委员会分别在4月和11月召开全体会议，传达学习习近平总书记重要讲话和中央文件精神，提出贯彻落实的具体措施。1月—6月，联合市委组织部等7部门开展涉密人员保密管理工作，确定涉密人员2592名，句容市涉密岗位方案被省保密局确定为县（市）模板，在全省推广。5月—7月，在全市组织保密自查自评、领导干部保密责任制和互联网门户网站信息公开保密审查的“三合一”督查，下发《机关、单位保密自查自评工作指导手册》200本，检查单位51家。

联合镇江军分区、市公安局、市国家安全局对4家重要军事设施单位周边环境开展安全保密检查，查出问题隐患13个，现场解决9个。举办涉密信息系统保密管理人员培训班，164人参训并取得证书。组织13家“金字工程”网络单位开展重点骨干网络保密管理专项检查，抽查镇江海关和市质监局2家单位。对市检察系统9家单位的涉密网络进行检查和审批，发放使用证书。举办保密基础知识图片展，参观的干部职工达1000余人次。协助省保密局完成市电子政务内网和市纪委涉密网的测评，建成市重要单位互联网接入口保密监测平台。印发《“十三五”时期镇江市保密工作发展规划》。

（李新锋）

【政务接待】 2016年，镇江市完成党和国家领导人接待任务13批、389人次到镇江考察和过境警卫接待任务，完成中央巡视组和省委巡视组、督导组到镇江，省部级领导到镇江的接待服务工作，完成镇江国际低碳交易会、“百家央（国）企镇江行”、首届“江苏航空体育旅游季”开幕式、第七届“中国统计开放日”等活动接待后勤保障工作。完成市党政代表团访问珠海、上海、杭州，第七次党代会联络、勤务保障等工作。全年市接待办制定和完善各种制度，先后下发《镇江市党政机关公务接待管理规定》《镇江市党政机关厉行节约反对食品浪费实施办法》《镇江市公务接待、商务接待操作流程》《镇江市公务接待、商务接待定点饭店管理办法》《镇江市〈接待通知单〉管理规定》等制度。

（程啸宇）

重要会议和决策

【市委六届十三次全委会议】 2016年8月7日召开。（参见第5页）（张向秋）

【市第七次党代会】 2016年9月26日召开。（参见第17页）（张向秋）

【市委七届二次全委会议】 2016年12月27日召开。（参见第8页）（张向秋）

【建设富有特色“强富美高”新农村的实施意见】 2016年3月9日，镇江市委、市政府发布《关于建设富有特色“强富美高”新农村的实施意见》（以下简称《意见》），提出到2020年，全市农业、农村基础设施建设明显改善，农业综合效益明显提升，现代农业建设迈上新台阶取得重大成效；农村居民人均收入年增长率8.5%左右，率先全面建成更高水平的小康社会；农民文明素质、乡村社会文明程度明显提高，农村环境明显改善，城乡发展一体化取得明显成效，“强富美高”新农村彰显特色。《意见》明确四个方面的重点任务：以调结构、转方式为主线，推动“农业强”迈上新台阶，包括优化产业布局和生产结构、加强农业基础设施建设、推进农村水利建设、提升农业科技创新与推广水平、培育新型职业农民、发展多种形式的适度规模经营、强化农产品质量安全监管等7项子任务。以促融合、深改革为动力，推动“农民富”取得新成效，包括推进农村一二三产业融合发展、扶持农村电商加快发展、深化农村综合改革、促进农民就业创业、实施“百村万户”新达标行动等5项子任务。以优生态、显特色为引领，推动“农村美”实现新变化，包括加强农业生态保护和修复、推进美丽宜居镇村建设等2项子任务。以强服务、善治理为抓手，推动“农村社会文明程度高”获得新提升，包括提升农村公共服务能力、夯实农村基层党组织建设、创新和完善乡村治理机制、提高农村精神文明建设水平等4项子任务。

（张向秋）

【推动镇江更高层次开放发展的意见】 2016年5月24日，镇江市委、市政府发布《关于推动镇江更高层次开放发展的意见》（以下简称《意见》），明确确立新的开放观，以改革创新为动力，以转型升级、优化结构为目标，破解瓶颈制约，拓展开放发展新空间，丰富开放发展和交流合作内涵，推进开放型经济结构转变，加快形成以国际化企业为主体、国际化城市为基础、国际化人才为支撑的对外开放新局面。《意见》明确力争到2018年，开放型经济主要指标年均增幅高于全省平均水平，总量在全省排位前移；省级以上开发园区在省内排位前移。先进制造业和现代服务业实到外资、高新技术产品出口、研发并购类境外投资、离岸外包执行额4类指标占全市比重每年提高2个百分点。每年新增1个外资地区总部或功能性机构；跨境电子商务、内外贸结合市场、进口商品集散中心、外经贸综合服务企业4类新型贸易业态初见成效；争创1个省级境外经贸合作区；争创1个国家级经济开发区，培育2～3个国际合作平台。《意见》明确五个方面的重点举措：以改革促开放，主动对接国家开放战略，包括主动对接“一带一路”建设、主动融入长江经济带建设、主动复制自贸试验区经验、加快构建开放发展新体制。以创新促转型，发展更高层次开放型经济，包括紧盯重大项目，提高利用外资质量、狠抓业态创新，转变外贸增长方式、培育本土跨国企业，提升走出去层次、注重特色发展，打造服务外包品牌、立足开放创新，提升载体承载能力。以交流促合作，加快城市和人才国际化，包括加快人才国际化，构筑镇江特色国际化人才、加快城市国际化，提升镇江城市国际影响力。以政策为支撑，强化财政金融支持开放力度，包括强化财政资金的导向性、强化各级各类政策落地见效。以考核为导向，提升开放发展氛围方面，包括加强组织领导、完善四个机制。

（张向秋）

【加快推进镇江高新技术产业开发区建设的实施方案】 2016年8月28日，镇江市委、市政府发布《关于加快推进镇江高新技术产业开发区建设的实施方案》（以下简称《方案》），明确把镇江高新区建设成为产业特色鲜明、创新资源集聚、服务功能完善、城市形象凸显的全国一流科技园区，高新产业、高新企业、高端人才和新技术、新模式、新金融、新业态高度集聚的全市新经济发动机。到“十三五”末，综合排名提高到全国50强、省内8强。在体制机制方面，包括管理架构、管理模式、内设机构等内容；在发展载体方面，包括建立“一区十四园”协同管理机制、建设“创新核心区”资源集聚载体、打造“高新发展”金融资本载体、规划“产业集聚区”项目建设载体等内容；在工作举措方面，包括建立“一区十四园”联席会议制度、启动核心区规划建设、确定创新区选址、加快创新资源集聚、开展产学研对接、打造金融资本平台等内容。

（张向秋）

【加强城市规划建设管理工作的实施意见】 2016年10月9日，镇江市委、市政府发布《关于进一步加强城市规划建设管理工作的实施意见》（以下简称《意见》），明确尊重城市发展规律，统筹空间、规模、产业三大结构，统筹规划、建设、管理三大环节，统筹改革、科技、文化三大动力，统筹生产、生活、生态三大布局，统筹政府、社会、市民三大主体，优化城市产业结构、城市空间布局、城市现代功能、城市文化特色、城市生态环境、城市治理服务，注重从重物轻人向以人为本转变，从粗放发展向精明增长转变，从千城一面向特色发展转变，从点状突破向统筹推动转变，推动城市建设与经济发展相促进，推动城市布局与产业升级相协调，推动城市发展和传承保护相融合，推动城市功能与宜居宜业宜游相匹配，推动城市规划建设与资源环境承载能力相适应，不断提高市民群众的幸福感和满意度。《意见》明确7个方面的重点任务：在提升中心城市首位度方面，包括优化城市空间布局、推动产城融合、促进城市集约发展等3个子任务。在强化城市规划工作方面，包括依法加强规划编制、深入推进“多规合一”、严格依法执行规划、全面查处违法建设等4个子任务。在提升城市建设品质方面，包括提高城市设计水平、加强建筑设计管理、彰显城市文化特色、推进城市国际化、加快建筑产业现代化、落实工程质量安全责任等6个子任务。在增强城市承载能力方面，包括提升综合交通功能、加大旧城改造力度、加强市政设施建设、提高公共服务水平、保障城市运行安全等5个子任务。在改善城市生态环境方面，包括加强低碳城市建设、推进海绵城市建设、推广节能工程技术、构建城市绿地系统、提升山体整治成效、强化污水收集治理、推进大气污染防治、开展土壤污染防治、调整城市能源结构、加强垃圾综合治理等10个子任务。在创新城市治理方式方面，包括推进依法治理城市、改革城市管理体制、加强市政市容管理、推进平安建设、健全基层治理机制、推进智慧城市建设、提高市民文明素质等7个子任务。在强化城市工作保障方面，包括加强组织领导、强化干部队伍建设、严格工作监督考核等3个子任务。

（张向秋）

【精美镇江行动计划（2016—2018年）】 2016年10月10日，镇江市委办、市政府办发布《精美镇江行动计划（2016—2018年）》（以下简称《行动计划》），《行动计划》总体目标是结合“十三五”发展规划，坚持问题导向，以城市空间精细化管控、绿化美化家园、精品旅游建设、历史文化彰显等为重点，强化全市导则和标准制定，让城市融入自然、富涵文化、传承历史，经持续建设和科学管理，彰显山水辉映、花团锦簇、绿意盎然、和谐宜居的镇江特色，到2018年，初步展现精美镇江的形态之美、山水之美、生态之美、人文之美。《行动计划》明确的重点任务为：城市空间精细化管控行动，包括空间管控工程、特色空间设计先导工程、标准配套工程；绿化美化家园行动，包括显山透绿工程、亲水活水工程、增绿添彩工程、城市修补工程；精品旅游建设行动，包括市区旅游资源优化工程；历史文化彰显行动，包括历史风貌彰显工程、历史文化街区保护工程；市域统筹发展行动，明确辖市（区）联动推进。

（张向秋）

组织工作

【概况】 2016年,镇江市推进“两学一做”学习教育,围绕“学有实效、做有实绩”,建立市委常委会、党委(党组)、“一把手”三张责任清单,各级班子成员开展中心组讨论4000余次,讲党课12400余次。规范支部“统一活动日”制度,以支部为单位,建立各类党员“讲学平台”6300多个,组织党员开展专题讨论4万余场次。试行党员“先锋亮绩、积分管理”制度,开展“亮身份、树形象、做贡献”等活动。失联党员从3844名减少到241名,179名“应止应停”党代表全部处理到位,处理“应处未处”党员155名,323个基层党组织全部完成换届整改,完成党费收缴排查工作,非公企业党组织覆盖率保持在98.2%,社会组织党组织覆盖率达71.7%,提升21个百分点。市、辖市(区)组织101个督查组检查2352个党支部。

完成集中换届工作。市、县、乡三级党委换届工作有序进行,市第七次党代会换届选举组织工作完成,省委、市委提名人选全部当选。在辖市(区)党委换届中,建立重点工作联动体系,形成4大类64项换届任务分工责任表。对班子情况、换届人选拓宽了解渠道、掌握情况,在综合分析研判基础上,开展谈心谈话、面对面交流。加强对镇党委换届的指导,全市31个镇均于5月底前完成换届选举任务。配合市人大、市政协和市委统战部做好代表、委员的提名、酝酿推荐工作,配合市委统战部做好市各民主党派、工商联换届工作。指导477个村、232个社区党组织换届,集中培训471名新一届村党组织书记。在全省率先开展严肃换届纪律“365行动”,出台“五个责任主体”责任清单,组织全过程督查督导,保证换届工作风清气正。

深化干部人事制度改革。完成所有6个辖市(区)、78个机关部门和36个企事业单位的市管领导班子和领导干部分析研判,打造《周末“家”说》干部展示平台,建立干部信息“大数据”管理平台,提升识人察人精准度。选派第二批16名紧缺专业型干部到北京市西城区、上海市虹口区和镇江市重点企业挂职学习,遴选64名以“80后”为主体的优秀正科职年轻干部开展重点培养,实行“90后”年轻干部专项培养计划,选派12名年轻干部进行跨区域、跨层级、跨领域交流任职,选派103名年轻公务员和参照公务员管理人员赴基层挂职锻炼。举办全市中青年干部“落实五大理念、推进供给侧改革”、“如何当好党委(党组)书记”、新进班子成员领导力提升等专题研修班。

加强干部监督管理教育。实施“凡提四必”(对拟提拔或进一步使用人选的干部档案必审、个人有关事项报告必核、纪检监察机关意见必听、线索具体的信访举报必查),重点核查611人,随机抽查110人。坚持“职数必审”,对169个批次职数进行预审,发现和纠正不符合规定18批次32个职数。对16名县处级领导干部进行集中约谈,对80名干部进行函询、13名干部进行诫勉。出台建立新型政商关系的实施办法,建立干部考核奖惩、容错关爱机制,构建“亲”“清”政商关系。推进辖市(区)公务员职务与职级并行,完成晋升审批3083人,实现市级机关部门公务员平时考核全覆盖。实施点名调训、定制化培训,提升干部教育培训的精度和质量。全年完成上级调训130余人次,举办主要培训班次15个,培训学员1800余人次。

提升基层党建水平。建立《党委(党组)落实全面从严治党责任清单》,明确5个方面18项任务,配套专项督查、述职评议、考核表彰和责任追究4项工作制度。实施基层党建“书记项目”136个,推进“双型”先进党支部建设,“四星”以上先进党支部占比达14.3%。推动党群资源向基层倾斜、向企业集聚,建成“企业党群综合体”20个、开发园区党群服务中心14个,落实每个社区每年20万元的为民服务专项资金,市县联动向216个经济薄弱村选派“第一书记”,开展“万个党支部结对帮扶万户特困家庭”奔小康行动,全市10009个党支部结对帮扶12399户特困家庭。

推进人才建设。实施“金山英才”计划,资助顶尖人才、“镇江制造2025”、现代服务业、现代农业、高技能等5类人才项目130个,投入资金近7000万元。深化产学研合作,全国首批4家高校“双创”示范基地之一——南京大学创新创业示范园落户句容。理顺人才工作机制,建立产业需求、人才分布、职能分工、跟踪考核“四张清单”制度,搭建创新人才发展研究院、人才创业投资基金、省人才创新创业促进会镇江分会等平台。

加强组织部门自身建设。出台市委组织部调入、借用工作人员程序规定。开办“组工讲坛”9期、“处长论坛”9期,结对组成3个“组团学习沙龙”,拓宽组工干部视野。编印《组工信息》82期,在省级以上媒体报刊发表信息宣传42篇,其中《人民日报》3篇,中组部《组工信息》3篇,承担全国党建学会“改进党领导经济社会发展的方式方法研究”调研

2016年镇江市党员和党组织情况表

表4-1

单位	党员队伍(人)					发展党员(人)				基层党组织(个)			
	党员数	女党员	少数民族党员	35岁以下	大专文化以上	发展数	女党员	35岁以下	大专文化以上	总数	党委	党总支	党支部
市直	44000	14162	614	14892	40779	2302	1212	2119	631	3255	154	279	2822
中共丹阳市委	52579	9083	45	9190	18554	562	199	403	372	2867	186	135	2546
中共句容市委	36176	6904	49	6585	13424	405	132	291	256	1872	73	216	1583
中共扬中市委	23360	5930	17	4540	10409	370	101	295	339	1260	113	59	1088
中共丹徒区委	20976	4314	51	3584	7310	280	87	198	182	1023	33	114	876
中共京口区委	13879	5007	231	2061	6120	101	47	92	97	654	39	49	566
中共润州区委	13110	3871	180	2401	6066	135	37	81	106	715	52	45	618
中共镇江新区工委	10589	2591	32	2757	4733	126	50	86	101	695	29	56	610
合计	214669	51862	1219	46010	107395	4281	1865	3565	2084	12341	679	953	10709
所占比例(%)	100	24.16	0.57	21.43	50.03	100	43.56	83.27	48.68	100	5.50	7.72	86.78

(组织处)

课题。持续浓厚“家”文化氛围，通过短信平台推送《党建故事汇》《阳光百字文》《周末“家”说》，启动办公室环境升级改造工程，组织“孝”文化专题讲座和主题征文，将其中58篇优秀文章汇编成册。（组织部办公室）

【“两学一做”学习教育】 2016年5月，镇江市启动“两学一做”学习教育，市学习教育协调小组形成每周督查督报、每月一次工作例会、每季度一次全市推进会的工作机制，全年召开协调小组例会6次、学习教育推进会4次。对不同领域党支部和党员分类施教、因人施教；分批培训基层党务骨干和支部书记，将学习资料扩大发放给入党发展对象。组织辖市（区）、驻镇江单位与市级机关部门之间“互学互查”，市县联动成立101个督查组，检查2352个党支部，推动学习教育各项工作落地、落实。规范支部“统一活动日”制度。在3450个党支部中试行党员“先锋亮绩、积分管理”制度，以积分为手段反映党员履职情况、党性状况。发挥“三会一课”（指定期召开支部党员大会、支部委员会、党小组会，按时上好党课）等党的组织生活制度功效，做到党支部每1～2个月开展1次集中学习，支委会、党小组每月开展1次集体学习，每月举办1次党课。将“党员干部立家规、共产党员正家风”纳入支部专题学习讨论，开展好家风征集、最美家庭评选等活动。开展“亚夫精神”扎根行动，制作电教片《情深大地》在央视播出，组织党员干部参观亚夫事迹陈列馆并交流心得体会；举行93岁老人何以范入党宣誓仪式，开展“从何以范入党看信仰的力量”主题讨论和征文活动；学习优秀援疆干部王华先进事迹，提炼“王华精神”作为生动教材，组织专题学习讨论；结合建党95周年评选表彰160个“两优一先”（指在基层党组织和党员中评选表彰出的优秀党务工作者、优秀共产党员和先进基层党组织）先进个人和集体，组织践行“四讲四有”先进典型报告会，编印两册82个基层党支部经验做法和典型案例。深化党员志愿服务，创立党员志愿服务e联盟，组建党员志愿服务队609支，开展志愿服务7300余次。评选2015—2016年度万名党员参与夏季抗洪抢险。组织普通党员“五查摆 五强化 五提升”，县处级以上党员领导干部“七查摆 七强化 七提升”，对照党员标准，查摆解剖、检身正己。323个基层党组织完成换届整改，完成党费收缴排查工作，非公企业党组织覆盖率98.2%，社会组织党组织覆盖率71.7%，提升21个百分点。市县联动向216个经济薄弱村选派“第一书记”。结合“双型”先进党支部建设工程，集中整顿转化68个未评星定级的党支部；继续整治“小码头”现象；在市级机关开展“效能革命”。（蒋朝霞）

【集中换届工作完成】 2016年3月，镇江市辖市（区）、镇领导班子换届工作启动，各辖市（区）及31个镇完成换届选举工作任务。62名新一届辖市（区）委领导班子成员、组织提名的118名新一届人大、政府、政协领导班子成员以及法检“两长”全部当选。换届后辖市（区）党政班子成员平均年龄下降1.9岁，具备镇（街道、园区）党政正职经历的占54.8%，新进班子人选中具有产业发展、财政金融、城建规划、法律法规、社会管理等专业背景和工作经历的均超过90%，每个辖市（区）委班子中都配备女干部和年轻干部，班子整体结构和功能优化。（倪亚男 蒋鹏飞）

【年轻干部培养选拔】 2016年，镇江市贯彻落实“789”（指培养选拔一批“70后”厅级干部、“80后”处级干部、“90后”乡科级干部）青年干部培养计划，开展新一轮后备干部集中调整，建立市管后备干部库，加强入库干部培养锻炼，组织46名“70后”干部参加第12期中青班培训。在优秀年轻干部集中荐选基础上，选出64名以“80后”为主体的正科职年轻干部，采取系统培训、组团研学、实践锻炼、平台展示、交流任职等方式进行重点培养。5月，选派12名年轻干部进行跨区域、跨层级、跨领域交流任职：3名镇（街道、园区）党政正职干部跨辖市（区）交流；7名机关干部到镇（街道、园区）任党政正职；1名市级机关干部到市属高校任职，1名市属国有企业干部到园区任职。组织推荐30名“90后”优秀年轻干部开展首期青年管理英才培训。截至年底，全市有“80后”处级干部11名，“90后”科级干部5名。（张 洁）

【各类型干部队伍后备库建设】 2016年，镇江市完成市管后备干部集中调整工作，研究确定市管副职后备干部人选358名，中长期培养对象95名。建立“周末‘家’说”干部展示平台，通过市县联动方式，举办各类专题展示活动近20场，参与展示干部近300人，培训干部近500人。继续实施市属国有企业“百名红领”培养选拔计划，选派20名左右的培养对象赴兄弟省市国企、市级机关部门、基层乡镇街道和知名民营企业进行挂职锻炼。截至年底，选拔市属国企“百名红领”69名，其中副职领导人员培养对象24名，内设机构和分、子公司主要负责人培养对象45名。（倪亚男 杨 凡 凌忠杰）

【新型政商关系推动建立】 2016年，镇江市在全国率先出台《关于推动建立新型政商关系的办法（试行）》（以下简称《办法》）。《办法》分别从干部和企业家角度列出“正面清单”“负面清单”各10条，厘清政商关系中的“可为”和“不可为”。同时，推行干部帮办服务企业制度，针对企业发展需求，选派相关部门干部组建帮办服务团，开展定制服务；打造“企业党群综合体”；建立干部容错关爱机制。《人民日报》对镇江市建立新型政商关系的做法进行刊载，中央政治局委员、中央统战部部长孙春兰批示肯定。8月，组织开展“亲清润企”督查调研，梳理问题、总结经验、推进工作。（蒋鹏飞）

【基层党建“书记项目”】 2016年，镇江市为推动从严治党责任清单落实，强化党（工）委书记抓基层党建“第一责任人”职责，针对市委各直属党（工）委、镇（街道、园区）党（工）委书记，实施基层党建“书记项目”。各地各单位坚持问题导向，对管党治党、服务企业、基层队伍保障、基层经费保障、基层制度保障、后进组织整顿和党员教育管理等7个方面选择薄弱环节进行强化建设。截至年底，市委各直属党（工）委完成上报“书记项目”54个，经市委组织部审批同意后，全部组织实施。（冯 康）

【“金山英才”计划制定发布】 2016年，镇江市制定镇江“金山英才”计划，即“十三五”期间，重点引进支持600名（个）以上产业发展领域的高层次领军人才（团队），打造产业人才高地。“金山英才”计划包括顶尖人才、“镇江制造2025”领军人才、现代服务业领军人才、现代农业领军人才、高技能领军人才等5个子计划，在全市创新人才大会上向全社会公开发布。镇江市在《Nature》等国际著名学术杂志及《人民日报（海外版）》、《中国组织人事报》、《镇江日报》、中国留学生网等国内主流媒体上宣传发动，市委、市政府主要领导率队赴美国、加拿大、日本、韩国、德国、瑞士等地推介，第一批“金山英才”计划有包括院士、“百人计划”、“千人计划”、长江学者等顶尖人才在内的622名人才有效申报，最终入选130人，其中3名顶尖人才每人获得1000万元专项资助。（张 俊）

【老干部工作】 2016年，镇江市离休干部平均年龄87.5岁，市直离休干部平均年龄87.3岁。全市离休干部年龄最大为103周岁，最小的为80周岁。市直离休干部90岁以上160人，80至89岁537人。市直机关离休干部233人，事业离休干部162人，企业离休干部302人。全年新成立21个离退休干部党支部。依托老干部党校，举办县处级退休干部读书班3次、离退休干部党支部书记培训班2次，培训400多人次。万科等6个基层社区获批为全省“一方隶属、多方管理”党建试点社区。45名地市职老同志出席市第七次党代会。市委书记夏锦文上门慰问老红军宋波，颁发由中共中央、国务院、中央军委制发的红军长征胜利80周年纪念章。老干部局慰问当年去世的老红军雷昌旺亲属并颁发纪念章。打造“常走访、常看看”服务品牌，开展“四送”服务（即送知识、送关爱、送服务、送健康）。帮扶特殊困难离休干部及遗属108人，共计146000元，离休干部70人，共计90000元，遗属38人，共计56000元。为15名安装人工器官及特殊医疗项目离休干部发放一次性补贴16万元。利用茅山新四军纪念馆等3个省级正能量活动现场教学基地，4名党性教育兼职导师为老干部开展党史、国史、理想信念和时事政治教育40余次，受众3600人，截至年底，省级基地新增丹阳总前委旧址纪念馆，兼职导师新增2名。老干部活动中心创成省级文明单位，老干部乒乓球、交谊舞、书画等10个协会均举行换届。举办“绿色低碳、生态镇江”老干部书画展、“庆祝建党95周年暨工农红军长征胜利80周年”集邮展。参加南京、镇江、丹阳三城市老干部桥牌比赛并获冠军。（汪　蕾）

【市级机关党的工作】 截至2016年年末，镇江市市级机关有机关基层党组织82个，其中机关党委46个，党总支18个，党支部18个；党员8865名（其中预备党员69名），其中女党员1793名，占党员总数20.2%，少数民族党员76名；大专以上学历党员7236名，占党员总数81.6%；35岁以下党员1748名，占党员总数19.7%；离退休党员2420名，占党员总数27.3%。

落实管党治党责任。制定《机关党组织落实全面从严治党责任清单》《2016年机关党建工作目标管理考核细则》《市级机关基层党务干部配备管理暂行办法》，加强机关党务干部配备和管理，开发党务信息管理系统。

加强机关党支部建设。指导督促53个机关部门开展“两学一做”学习教育，举办机关党务干部培训班、研修班3次；举办机关中层党员干部2期；举办机关党员大讲堂7期；开展市级机关党员党章党规系列讲话知识竞赛活动，促进学习成效；部门党组（党委）书记、机关党组织书记、基层党支部书记三级书记带头讲党课，普通党员讲“微型党课”，7月，组织市级机关“微型党课”展评，以党支部、党小组为单位集中开展专题讨论；依托党建网微信公众平台、QQ群、微信群和网络党支部，开展网上互动、交流学习。落实“三项管理、八项制度”规范标准，新评定42个“四星级”党支部、7个“五星”先进党支部。用“三项管理、八项制度”规范党支部建设的做法，被中央国家机关工委评为“全国机关党组织‘两学一做’最佳案例”。组织市级机关19个机关党总支、412个党支部集中换届。制定发展党员工作流程图，培训130名入党积极分子。实施党员“先锋亮绩、积分管理”制度试点。调整2个单位的党组织隶属关系，规范党费收缴，处理1名市党代表和4名违纪违法党员。

提升机关作风效能。深化“4+1”机关党建文化建设，开展“新常态新状态新作为”大讨论，组织学习赵亚夫和王华事迹，开展“我崇尚的好作风好家风”诤言征集，组织习近平用典书法展和中秋国庆灯谜竞猜，举办6项机关趣味运动比赛，组织“玫瑰馨香”巾帼志愿服务队主题慰问帮教、机关团干部“青春担当、效能提升”拓展训练。开展“服务效能”竞赛活动，检查指导76个服务品牌建设，在市民大厅集中展示64个服务品牌，评选表彰市级机关“服务品牌”和“效能标兵”双十佳。发动党员参与“百村万户”新达标、精准帮扶特困家庭奔小康，参与文明城市复检和卫生城市复检，与市文明办、公安局联合发起“关于在市级机关开展‘文明交通我先行’主题宣传教育活动”，组织“慈善一日捐”“为阜宁、射阳灾区捐款”，筹集善款457万元。督查窗口单位“三零”服务，重大节日廉政督查，制定《2016年度落实党风廉政建设“两个责任”清单》《市级机关工委作风建设问责办法》。开展作风评议和专项整治活动，实施“半年评议”和“万人评议”。（章绮天）

宣传工作

【概况】 2016年，镇江市深化习近平总书记系列重要讲话精神的学习，邀请刘世锦、张文显等专家作市委中心组专题辅导报告7场次。组织开展中共十八届五中、六中全会精神等宣讲300余场次，在《镇江日报》、镇江电视台、金山网等开设专题专栏，邀请市委宣讲团成员撰写文章或走进直播间，阐释解读“五大发展理念”，利用“郑微言”微博、微信平台推送以习近平为总书记的党中央治国理政新思想新实践学习辅导“微文”100余篇，点击互动2万余人次。开展“我与新发展理念”基层微宣讲竞赛及理论微故

2016年镇江市离休干部分布情况表

表4－2　　单位：人

地区	离休干部总人数	参加革命工作时期				享受待遇情况							
		红军时期	抗战前期	抗战后期	解放战争时期	副省长级医疗待遇	地（厅）级待遇	副地（厅）级待遇	地（厅）级医疗乘车待遇	副司局级医疗待遇	县（处）级待遇	副县（处）级待遇	科级及以下待遇
镇江市	1231	1	66	184	980	2	2	53	71	147	15	469	472
市直单位	697	1	41	105	550	2	2	35	56	71	15	304	212
丹徒区	113	–	5	17	91	–	–	4	–	18	–	38	53
京口区	45	–	2	9	34	–	–	2	–	9	–	20	14
润州区	30	–	–	2	28	–	–	1	1	–	–	12	16
镇江新区	10	–	–	1	9	–	–	–	–	2	–	2	6
丹阳市	174	–	7	28	139	–	–	6	11	22	–	37	98
句容市	107	–	8	12	87	–	–	3	–	17	–	41	46
扬中市	55	–	3	10	42	–	–	2	3	8	–	15	27

（汪　蕾）

事征集活动。加强社科研究，建立经济发展、新农业发展等4个社科研究中心，一批社科成果在市社科评奖中获奖。出台落实意识形态责任制《实施细则》，建立联席会议制度，建立定期分析研判、重要事项会商、特殊情况通报和定期评估督导四项机制，此做法被推荐参加中宣部座谈交流，相关信息稿被中宣部部刊选登。在省委宣传部评选的27个年度省市协作研究项目中，镇江市“意识形态管理的有效路径研究”等4个项目获批，并包揽全部2个重点项目，立项数量和层次位列全省第一位。探索创新冬训、协调冬训、绿色冬训、开放冬训、共享冬训，强化冬训工作制度建设、冬训供给侧改革的镇江模式被评为全省冬训工作创新案例。

全年制定下发《镇江市“十三五”规划宣传方案》《市级机关“效能革命”宣传方案》《国家卫生城市复审迎检宣传方案》《全市创新人才大会宣传方案》《全市重点企业、园区、项目实体经济宣传方案》等宣传方案，牵头组成新闻报道小组，统筹安排“市第七次党代会宣传”“中央环保督察组下沉督查宣传”“重点企业园区项目宣传”“低碳交易会宣传”等重点宣传任务。全年全市在《新华日报》头版头条发稿16篇，位居全省各地级市第一位。

学习贯彻习近平总书记新闻舆论工作座谈会讲话精神，举办《镇江日报》创刊60周年座谈会、创新新闻传播工作座谈会。开展镇江新闻奖评选，评出“镇江新闻奖”获奖作品11篇，提名奖作品7篇。开展镇江市第二届“三名”评选，评选出10名“名记者、名编辑、名主持人”。统筹对内宣传和对外宣传、网上宣传和网下宣传。策划开展镇江国际低碳技术交易展示会、江苏航空体育旅游季等重大外宣主题活动，举办“飞寻美丽新镇江”——全国无人机航拍视频展播活动。《新华日报》头版数量28条，“交汇点”新闻客户端每万人安装量居全省各辖市之首。

策划开展纪念建党95周年、纪念红军长征胜利80周年群众性主题活动。开展“双美双优”示范工程创建，评选产生52个“双美双优”示范点。全市建设“善行义举榜”1280个，实现全覆盖。打造诚信标准化社区，全市6人获江苏省“百名诚信之星”称号，1人获江苏省“十大诚信标兵”称号。出台《机关党员、公职人员不文明交通行为记录管理暂行办法》，开展文明交通、文明旅游等主题活动。网上注册志愿者46万人。开展“城市啄木鸟”行动。评选10个首届“最美乡村”，命名12个“农村道德文化园”；建成示范型乡风明德文化墙280个，普及型乡风明德文化墙400余个。组织“晒乡景、传乡风、比家训”活动，打造“养正学堂”品牌，命名表彰83所学校“养正学堂”，开展“八礼四仪”养成教育，制作全省首部“八礼四仪”三维动画短剧，建设全国首家未成年人文明礼仪体验中心。营造崇德向善浓厚氛围，出台《镇江市帮扶和礼遇道德模范实施办法》。在全省范围内，首家启动先进典型诗集创作，拍摄电影《赵亚夫》，推出全省“时代楷模”王华。推荐产生“江苏最美人物”3人，“镇江好人”60人，入选“江苏好人”16人、“中国好人”4人；1户家庭当选全国文明家庭，5户家庭当选江苏省文明家庭。

举办镇江国家历史文化名城命名30周年系列纪念活动，开展首届“金山文艺评论奖”评选，组织原创文学（长篇）大赛，舞台剧《春江花月夜：赛珍珠》全球巡演，扬剧《花旦当家》参加国家展演，动画片《茅山小道士》在央视少儿频道播出，创作推出大型原创图书《中国价值：图说社会主义核心价值观的根与源》。基层综合文化服务中心相关经验得到中央改革办专题调研组肯定，全省基层综合性文化服务中心建设推进会在镇江召开。创成“中华诗词之市”，长江国际音乐节活动影响力跃升全国首位，“节日展风采”、一起周末、金山合唱节等文化惠民活动惠及群众200万人次。组建市体育产业发展有限责任公司，设立“镇文贷”。组织文化企业上市专题培训。加大创意设计、数字内容等新型文化业态招商力度，推进镇江软件科技产业园、躬行创客空间等重点项目建设。

在全省率先召开文化人才工作专门会议，率先出台文化产业领军人才实施意见，率先推出文化人才队伍建设“四张清单”（人才管理清单、人才分布清单、人才需求清单、人才激励清单）。组织宣传思想文化人才中国人民大学培训班。做好省级各类人才推荐工作，全市宣传文化系统有4人当选江苏省劳模、1人享受政府特殊津贴；1人入选省“五个一批”人才、3人入选省“青年文化人才”。配合全市“金山英才”计划人才招引，全市有5名文化创意人才入选市“金山英才计划”，获得资助400万元。 （于　芳）

【中宣部副部长鲁炜考察社会主义核心价值观工作】 2016年12月14日，中宣部副部长鲁炜到镇江考察培育和践行社会主义核心价值观工作，先后考察西津古渡社区服务站、镇江市网络社会组织展示馆、镇江市网络社会组织联合会以及润州区万科社区，了解镇江培育和践行社会主义核心价值观工作。扬中市“讲好家训 塑好家风 推动党风廉政建设迈上新台阶”经验做法在全国“最美家庭讲好家训”巡讲工作经验交流会上进行交流发言。 （李荔馥）

【国际低碳技术产品交易展示会主题宣传】 2016年，《镇江日报》、《京江晚报》、镇江电视台、镇江广播电台等市主流媒体推出“关注低碳交易会”“低碳发展”等多个低碳建设专题、专栏，刊播低碳相关报道数百篇，内容包括消息、侧记、花絮、路演、论坛、主旨演讲、嘉宾采访等，涵盖国际低碳技术产品交易展示会所有流程与细节。新闻发布会邀请人民网、新华网、中国网、国际在线、中国经济网、中国日报网、中国江苏网（交汇点新闻）、澎湃新闻等15家中央和省级重点网络媒体进行现场报道。低碳交易会期间，组织全国网络媒体镇江行活动，邀请14家重点网络媒体全程报道大会新闻。凤凰网图文直播“2016镇江国际低碳技术产品交易展示会开幕式”，高峰时段最多同时在线观看人数达40万人。《大街小巷建“海绵”，绿色生活成习惯，低碳生态渗入镇江城市肌理》等十余篇稿件被数十家网络媒体转载。低碳交易会后，《江苏镇江：发起设立百亿元低碳产业基金》等多篇重点稿件被转载。展会后，市各媒体持续跟踪报道展会成果和影响，宣传镇江低碳经验。 （高小琪）

【王华事迹被中央媒体集中报道】 王华是镇江市选派的援疆干部。2016年8月18日，王华在赴新疆奎屯参加援疆座谈会途中遭遇车祸，因公牺牲。王华牺牲后，镇江、新疆两地媒体对王华先进事迹进行宣传报道。9月，中宣部做出“各媒体要认真做好王华同志先进事迹宣传报道”的批示，中宣部新闻局下发《关于做好因公殉职的江苏镇江援疆干部王华同志先进事迹宣传报道的通知》。9月28日—29日，《人民日报》、《光明日报》、中央电视台、中央人民广播电台等中央媒体，《新华日报》、江苏卫视、《现代快报》等省级媒体到镇江集中采访王华在丹阳市、句容市的生活、成长和工作经历等。10月13日起，中央电视台《新闻联播》《焦点访谈》栏目、中央人民广播电台、《人民日报》、《光明日报》、《新华日报》、江苏卫视、《现代快报》等中央、省媒体推出王华先进事迹报道，报道和评论达60多篇，新华网、新浪、网易、凤凰等网媒转载达600多次。 （李荔馥）

【王华被评为江苏“时代楷模”】 2016年11月30日，江苏省委宣传部在省广播电视总台演播厅召开江苏“时代楷模”王华先进事迹发布会，省委常委、宣传部部长王燕文出席，发布会上，省委宣传部决定，授予王华江苏“时代楷模”称号，并在全省开展向王华学习的活动。12月2日—3日，《新华日报》、省电台、省电视台、《现代快报》、《扬子晚报》、《南京晨报》等省级媒体组成采访团，赴镇江集中采访江苏“时代楷模”王华先进事迹。12月7日，各省级媒体在江苏“时代楷模”专栏对王华的先进事迹和镇江学习宣传情况进行集中报道。 （李荔馥）

【“三下乡”活动提升服务农村效能】 2016年，镇江市制定《2016年镇江市文化科技卫生“三下乡”活动实施方案》，明确全年“三下乡”活动目标要求、重点内容和责任单位，推动建立“三下乡”服务长效机制。1月中下旬，在扬中市油坊镇振兴村举行镇江市文化科技卫生“三下乡”集中服务活动，市文明办、文广新局、科技局、卫生局等单位组成文化、科技、卫生、法律、服务、理论六个服务分团，送一台精彩文艺演出节目、一批文化体育卫生用品等下乡，开展科普宣传、健康检查、阅读惠民、法律咨询、理论宣讲等服务活动，进村入户开展走访慰问。集中服务活动中，参加服务人员200余人，捐赠物资40余万元。 （李荔馥）

【纪念建党95周年和长征胜利80周年群众性主题教育活动】 2016年，镇江市举办“信仰的力量——纪念中国共产党成立95周年群众性合唱大会”，清明节期间开展“学党史、忆先烈，同心共筑中国梦”党史知识竞赛活动，引领市民“学党史、感党恩、跟党走”。举办纪念建党95周年、长征胜利80周年系列活动之“传承爱国情·共筑中国梦”爱国主义教育基地讲解员大赛，40余家市级以上爱国主义教育基地的近50名讲解员，结合基地展示内容讲述镇江革命历史和长征故事，邀请各界党员群众代表参加。 （李荔馥）

【网友公益植树活动】 2016年3月12日，镇江市近200名来自金山网、my0511网及部分网络社会组织的网友们在大桥生态园，参加“弘扬生态文明共建美丽家园”公益植树活动。市领导参加此次活动，与网友共同栽下800多棵广玉兰树。 （胡晓健）

【新闻主题活动评选】 2016年，镇江市开展2015年度报纸优秀作品评选。组织参评作品113篇，评出一等奖10篇、二等奖20篇、三等奖30篇，同时，推荐30篇作品参加省级年度报纸优秀作品评选。开展第十六届“镇江新闻奖”评选。组织全市报纸类优秀作品、广播电视类优秀作品、网络类优秀作品参评，评出“镇江新闻奖”获奖作品11篇，提名奖作品7篇。开展镇江市第二届“名记者、名编辑、名主持人”评选活动。组织全市创新新闻传播工作座谈会，现场为获奖者颁奖。 （高小琪）

【烈士纪念日公祭暨新婚夫妇向革命烈士献花活动】 2016年9月30日，镇江市在烈士陵园纪念碑广场举办“镇江市烈士纪念日公祭暨新婚夫妇向革命烈士献花活动”，市“四套班子”领导、烈士家属代表、新婚夫妇代表、机关党员干部代表、解放军代表、学生代表及全市各界群众代表约1500人参加。活动首次设置新婚夫妇向革命烈士献花环节，经过征集遴选出的10对新人代表，穿着统一的中式礼服向革命烈士献花。 （李荔馥）

【“我推荐我评议身边好人”活动】 2016年，镇江市文明办优化好人推选机制，开展“我推荐我评议身边好人”活动，传播好人先进事迹，形成“一个人影响一群人，一群人影响一座城”的传播效应。全年推荐产生“中国好人”4名、“江苏好人”17名，评选产生“镇江好人”60名。 （张金强）

【张叶宏家庭当选第一届全国文明家庭】 2016年，镇江市张叶宏家庭当选第一届全国文明家庭，受邀参加12月12日在北京举行的第一届全国文明家庭表彰大会，并与习近平总书记等国家领导人合影留念。 （张金强）

【道德楷模关爱礼遇制度出台】 2016年8月，镇江市文明委印发《镇江市关爱礼遇道德楷模实施办法（试行）》，从社会尊崇礼遇、奖励慰问礼遇、困难帮扶礼遇、日常生活礼遇以及入学就业礼遇等5个方面，通过24项举措对道德楷模实施关爱礼遇。相关工作被中央文明办《精神文明建设工作简报》刊登。 （张金强）

【农村道德文化园示范村建设】 2016年，镇江市印发《关于加强“农村道德文化园”示范村建设的通知》，经验收考核，确定12个行政村为首批镇江市“农村道德文化园”示范村，分别为：丹阳经济开发区建山村、丹阳市访仙镇双茆村、句容市华阳街道下甸村、句容市郭庄镇虬北村、句容市后白镇西冯村、扬中市新坝镇新治村、扬中市三茅街道兴阳村、扬中市八桥镇利民村、丹徒区谷阳镇槐荫村、京口区谏壁街道雩山村、润州区蒋乔街道嶂山村、镇江新区姚桥镇儒里村。 （张金强）

【诚信社区标准化建设试点】 2016年，镇江市委宣传部在京口区香江花城社区和米山社区试点诚信社区标准化建设工作，通过制作一套诚信社区标准化建设工作测评体系，分类设置社区居委会、居民、商户、学校、物业五类诚信建设标准，开展若干项诚信主题特色创建活动，将诚信建设的触角延伸到社区这一城市最小单元。 （张金强）

【首届“最美乡村”评选活动】 2016年，镇江市组织开展镇江市首届“最美乡村”评选活动。丹阳市延陵镇九里村、丹阳经济开发区建山村、句容市后白镇西冯村、句容市茅山风景区潘冲村、扬中市八桥镇利民村、扬中经济开发区双跃村、丹徒区谷阳镇槐荫村、京口区谏壁街道雩山村、润州区蒋乔街道嶂山村、镇江新区姚桥镇儒里村等10个村被授予镇江市首届“最美乡村”称号；丹阳市访仙镇双茆村、丹阳市吕城镇虎墅村、句容市边城镇佴池村、扬中市三茅街道兴阳村、扬中市新坝镇双新村、丹徒区上党镇五塘村、丹徒区宝堰镇鲁溪村等7个村被授予镇江市首届“最美乡村”提名村称号。 （张金强）

【养正学堂成为未成年人文明礼仪养成教育工作品牌】 2016年，镇江市出台全省首个文明礼仪养成教育“6+X”（有固定场地、有师资队伍、有课程安排、有仪式教育、有志愿服务、有自选动作）标准及《考核细则》，全市175家中小学校被命名为“学校养正学堂”，表彰80个优秀案例，制作“八礼四仪”三维动画短片，设置30个社区“八礼四仪”微讲堂，开设《京江晚报》“养正学堂”专版，建设全国首家未成年人文明礼仪体验中心、体验馆，出版发行《童心里的价值观——镇江市优秀童谣作品集》。 （赵 舒）

【“我是小小啄木鸟”主题活动】 2016年，镇江市面向全市中小学生开展“文明督察员”“文明手拉手”“文明先锋队”“文明微镜头”等四大“我是小小啄木鸟”主题活动，评选表彰50幅“我是小小啄木鸟”优秀图片，组织开展“小小啄木鸟”看环保、走进长江母亲河、走进市中医院、“看废旧衣物的旅行”等多项特色活动，引导中小学生践行文明礼仪，争做城市主人翁。 （赵 舒）

【“校馆衔接”校外实践阵地】 2016年，镇江市调动全市各爱国主义教育基地、公益性文化设施以及各文明行业内部阵地资源，采取学生走出校园实践和单位走进校园服务相结合的形式，面向全市

中小学校发布97家“校馆衔接”校外阵地，提供引导、讲解、小橘灯志愿服务等。（赵 舒）

【35所中小学校获得省“文明校园”称号】 2016年，镇江市组织开展文明校园创建工作，做好统筹协调、督查指导工作，推进35所中小学校获得江苏省首批“文明校园”称号，35所文明校园为：丹阳市第六中学、丹阳市云阳学校、江苏省丹阳高级中学、丹阳市实验小学、句容市实验高级中学、句容市后白镇中心小学校、江苏省句容高级中学、句容市第二中学、句容市第三中学、句容市崇明小学、句容市行香中心小学校、句容市郭庄镇中心小学、江苏省扬中高级中学、扬中市兴隆中心小学、江苏省大港中学、镇江市丹徒实验学校、镇江市丹徒区石马中心小学、镇江市中山路小学、镇江市江滨实验小学、镇江市京口区实验小学、镇江市实验小学、镇江市宝塔路小学、镇江实验学校、镇江市第四中学、镇江技师学院、江苏科技大学附属中学、江苏省镇江中学、江苏省镇江第一中学、镇江市实验高级中学、镇江高等职业技术学校、镇江市江南学校、镇江市外国语学校、镇江市特教中心、江苏科技大学、镇江市高等专科学校。（赵 舒）

【“绿色力量”生态文明志愿服务行动】 2016年3月5日，镇江市启动“绿色力量”生态文明志愿服务行动，将志愿服务和岗位学雷锋结合，打造城市爱心公益新品牌，采取市区联动形式，全年连续开展“绿色理念，我传播”“绿色生活，我践行”“绿色家园，我呵护”“绿色发展，我奉献”“绿色文化，我培育”五大行动。（王景英）

【志愿服务信息化建设】 2016年，镇江市以宣传推广“志愿镇江”平台为核心，推进志愿服务信息化建设，解决全市志愿者组织登记注册、供需对接、活动管理以及情况统计等问题。在征求意见基础上，出台《镇江市“志愿镇江”平台管理办法（试行）》。（王景英）

【志愿服务团队成果】 2016年9月，镇江市组织参加首届江苏志愿服务展示交流会，编印首本《镇江市志愿服务工作宣传册》，镇江作为唯一城市专场举办“镇江时刻”志愿主题沙龙。展会上，镇江市获优秀组织奖，志愿服务项目获一金一银两铜，全省28家爱心单位中镇江有4家，镇江展馆及推介项目得到省委常委王燕文和各界赞誉。参加全国“四个100”学雷锋组织先进典型推选工作，经过推选，“社会妈妈”孙萍、金山公益志愿者团队、迎江路中心社区分别进入全国先进典型候选名单，为镇江市最好成绩。（王景英）

纪检监察

【概况】 2016年，镇江市实施部门自查、重点抽查、半年检查、专项巡察和年底考核“四查一考”机制，开展年度责任制检查考核，对各辖市（区）和市级机关部门实施专项检查。对市第七次党代会和各辖市（区）党代会组织现场监督。全年对42批次1018人党风廉洁情况进行回复，对管党治党主体责任缺失、监督责任缺位等履责不力的34起36人和6个领导班子实施责任追究，通报典型案例5起。

全年围绕党纪主题进行宣传教育，建成全省首个以纪律教育为主题的党纪教育馆，对180名新任县处级干部进行集体廉政谈话。全年开展谈话函询269人，实施信访监督314件次，为123名党员干部澄清不实反映。探索监督执纪“四种形态”的具体标准、适用方法、相互转化、审理量纪等机制，依纪依规、宽严相济做出恰当处理。全市受到党纪处分的党员干部中，党内警告、严重警告等轻处分占63.5%，撤销党内职务以上重处分占32.2%（不含移送司法机关人员），移送司法机关占4.3%。

健全和完善“部门自查、专项检查、重点督查和社会监督”的“三查一监督”联动督查机制，全年查处违反八项规定精神问题66起，处理96人，通报曝光典型案例35起。先后办理中央纪委、省纪委挂牌督办件4批17件；贯彻落实《关于专项督办群众身边“四风”和腐败问题线索的工作方案》，全市查处群众身边“四风”和腐败问题111件，问责处理159人，其中党政纪处分132人，移送司法机关23人。整治“庸懒散拖”问题，对发现的涉及懒政、怠政等方面的124名责任人进行问责追究，其中党政纪处分47人，通报曝光典型案例13起。挖掘全市廉洁文化历史和人文资源，开展“立规矩、正家风、倡廉洁”家风建设，征集家规家训2719条、家风故事206篇。

全年全市各级纪检监察机关接收信访举报2486件（次），立案807件，给予党政纪处分796人，移送司法机关31人。查处邓某、杜某某等一批严重违纪案件。依纪依规执纪审查，完成执纪场所“润苑”的建设。剖析违纪案件所暴露的问题，督促相关单位建章立制55个。制定出台《中共镇江市委关于开展巡察工作的实施意见（试行）》和《中共镇江市委办公室关于印发2016—2021年市委巡察工作规划的通知》，对10家单位启动新一届市委首轮巡察，做好问题反馈和分类处理，强化成果运用，督促整改落实。

完成市、县、乡纪委换届，落实提名考察要求，34名市纪委委员中专职从事纪检工作的有24名、占总数70.6%。抓好市纪委常委班子建设，制定出台常委会自身建设意见、常委会议事决策规则等规范性文件，按照权限、规则、程序办事。推进综合派驻改革，加强派驻机构统一管理，落实纪委书记（纪检组长）“约谈”制度。对7名纪检监察干部进行提醒谈话，党政纪处分2人，调离岗位1人。举办或参与各类培训班27期，培训干部246名，组织62名青年干部到执纪审查、信访举报办理等岗位锻炼。（冯 炜）

【中共中央政治局常委、中央纪委书记王岐山调研镇江】 2016年12月5日—6日，中共中央政治局常委、中央纪委书记王岐山在镇江市调研并主持召开部分省（区）纪委书记座谈会，就贯彻落实中共十八届六中全会精神，谋划好2017年工作和制定《中国共产党纪律检查机关监督执纪工作规则（试行）》征求意见。王岐山在调研中强调，推动从严治党向纵深发展，纪委要以身作则，把监督执纪的权力关进制度笼子。（冯 炜）

【中共镇江市第七届纪律检查委员会第一次全体会议】 （参见第17页）（冯 炜）

【推进党风廉政建设“强责工程”】 2016年，镇江市纪委探索实施以“强化责任主体、强化责任担当、强化责任追究”为主要内容的党风廉政建设“强责工程”，完善“清单明责—全程纪实—述查考评—责任追究”链条，推动“两个责任”落实。“以单定责、按单履责、照单问责”落实“两个责任”的特色做法，受到中央纪委肯定。制定“主体责任”和“监督责任”项目化清单，逐层签订“责任书”，对党风廉政建设重点任务进行分解落实。督促落实“双报告”制度，市委常委会专题听取12个地区和部门党委（党工委）履行主体责任情况汇报，市委主要领导和市委常委进行点评，并组织履行主体责任情况集中测评。市纪委召开履行监督责任述职会，督促检查各级纪委监督责任落实情况。（冯 炜）

【“强基工程”实施】 2016年，镇江市纪委贯彻中央纪委、省纪委和市委关于加强纪检监察干部队伍建设的相关要求，结合“两学一做”学习教育，在全市纪检监察系统实施“强基工程”，通过强化政治理论学习、遵守党章党规党纪、加强党建工作和塑造纪检监察文化等工作，加强思想政治建设，保持政治定力；通过学习培训、岗位实践锻炼和完善选人用人机制等途径，加强履职能力建设，提高担当能力；通过纪律约束、日常监管、考核激励和家风建设等方法，加强作风纪律建设，强化监督合力；通过领导班子、派驻机构、基层组织等层面的建设，加强各级组织建设，培养打造忠诚干净担当的纪检监察干部队伍。（冯　炜）

【"庸懒散拖"现象查处】 2016年，镇江市纪委监察局通过座谈走访、现场查看、模拟办事、电话询问等形式，暗访机关办公场所及办事窗口等是否存在"不作为、慢作为、乱作为"情况。聘请第三方开展暗访43组次，发出《作风效能建设整改通知书》25份，核实工作纪律等方面问题16例。对发现的涉及懒政、怠政等方面的124名责任人进行问责追究，通报曝光典型案例13起，依托"镇江发布"官方微博、金山网及镇江网友之家等网站开设"百姓议效能"专栏，强化舆论监督、网络监督和群众监督。（冯　炜）

【七届市委巡察工作启动】 2016年，镇江市对市委统战部、市政府国有资产监督管理委员会、市司法局、市民防局、市总工会、镇江报业传媒集团（镇江日报社）、市供销合作总社、市农业科学院、镇江城市建设产业集团、江苏恒顺集团有限公司10家单位启动七届市委首轮巡察。镇江市委巡察组通过个别谈话、受理群众来信来访、查阅有关资料凭证、调研走访、抽查核实领导干部个人有关事项报告等方式，完成本轮巡察任务，发现6个方面158项问题，向被巡察单位反馈巡察意见，提出整改要求。（冯　炜）

【党员干部纪律教育馆建成】 2016年，镇江市建成全省首家以"党的纪律"为主题的廉政教育基地——镇江市党员干部纪律教育馆。整个展厅分为序篇、明纪、警纪、省纪四个主题区域，通过图文展板、液晶显示屏、高清投影、创意互动系统等形式，展现党的纪律。8月4日，市委书记夏锦文率市"四套班子"领导集中参观市党纪教育馆。全年全市有65批、2000余名党员干部参观展馆。（冯　炜）

统战工作

【概况】 2016年，镇江市初步构建大统战格局，成立市委统一战线工作领导小组，市委书记担任领导小组组长，市委常委、组织部部长、统战部部长任副组长。统战部机关增设2个内设处室和4个行政编制。镇江新区党工委设立组织统战部，驻镇江高校单设统战部，明确市社会主义学院为正处级参公管理事业单位，配备专职副院长和工作人员。市委开展贯彻落实中央对统战工作一系列决策部署的督查工作，组织4个督查组对各辖市（区）、驻镇高校和部分市直单位进行专项督查。

做好非公经济领域统战工作。开展理想信念教育实践活动，举办青年民营企业家培训班。加强商会党建工作，制定实施《市商会联合党委工作意见》，推动"双型"先进党支部建设工程，在全市组织开展第二届示范商会评选活动。组织企业家参与光彩公益事业和脱贫攻坚精准扶贫活动，镇江建工建设集团、镇江四建建设有限公司分别向市慈善总会认捐1000万元，非公企业各项社会捐赠达5000余万元。组织"镇江市第二届优秀特色社会主义事业建设者"评选活动。召开全市工商联换届工作会议，协助做好市工商联换届筹备工作。

探索建立"亲清"新型政商关系。制定出台《"亲清"模范"五为五不为"评价标准》，发布非公有制经济人士自律公约，召开党政领导干部、民营企业家、各级商会工商联负责人专题座谈会，举办"政商新关系、亲清当模范"专题培训班，开展"十佳亲清模范""十大诚信标兵""亲清"文化示范点评选。中央政治局委员、中央统战部部长孙春兰对镇江市做法作批示，中央统战部专门到镇江调研经验做法。完善非公有制经济代表人士综合评价体系，召开综合评价工作联席会议1次，协调会3次，对市委组织部、市经信委、市卫计委等14家评价单位专管员开展业务培训。按照"凡进必评"要求，对拟作政治安排的211名非公有制经济代表人士，开展综合评价工作。

推动多党合作事业发展。组织各民主党派成员围绕"打造旅游目的地城市"赴无锡、常州、南京等地调研考察。组织召开民主党派企业家座谈会。完成市人大、政府、政协换届党外人士推荐、安排工作。协助市委制定下发镇江市民主党派换届工作文件，召开民主党派换届工作协商座谈会，编印《民主党派换届纪律宣传手册》，协助完成民主党派换届工作。举办市各民主党派新一届领导班子学习座谈。截至年底，全市有民主党派成员3421人，其中新发展成员157人。

维护民族宗教领域和谐稳定。开展民族团结进步宣传月活动，加强对少数民族经济薄弱村和少数民族低收入户的帮扶力度。推进民族工作进社区，指导卫星民族村民族风情园和民族教育实践基地建设。在丹阳六中成立"致公·爱新站"社会服务基地。在宗教界开展"教风年"主题创建活动。开展"宗教政策法规学习月"活动，支持宗教界争创无邪教示范区。推荐宗教代表人士参加省委统战部宗教慈善工作培训。江苏佛学院暨江苏佛学院焦山学院正式挂牌，并邀请星云法师出任名誉会长。指导宗教团体开展公益慈善活动，市佛教协会、基督教两会各募集15万元、7万元善款。

开展新的社会阶层人士摸底调研，建立党外知识分子数据库。在省社会主义学院举办镇江市第一期新的社会阶层人士培训班；建立完善镇江市香港乡情、外籍人士和在镇江投资台商数据库，持续扩大交流交往。协助全国台联召开2016年台胞青年千人夏令营工作总结会议。成立第一家香港同乡社团——香港扬中同乡会。（章云超）

【"政商新关系 亲清当模范"主题培训班】 2016年5月31日，镇江市委统战部联合市工商联举办为期半天的"政商新关系、亲清当模范"主题培训班，全市非公经济代表人士、商会负责人150余人参加培训。会上发布全市非公有制经济人士"亲清"自律公约，市青年民营企业家商会向市光彩基金会"同心工程"实验区捐赠100万元精准扶贫基金，南京大学政府管理学院李永刚教授作题为《供给侧结构改革》的专题辅导。（章云超）

【民主党派换届工作完成】 2016年11月8日—15日，镇江市民革、民盟、民建、民进、农工党、致公党和九三学社等民主党派分别召开换届大会，完成换届工作。各民主党派新一届市委会领导班子成员有32名，其中连任主委1名、副主委11名，新任主委6名、副主委14名；平均年龄50.3岁；女性10名，占31.3%；中高级职称30名，占93.8%；研究生学历20名，占62.5%，其中博士13名，占40.6%。（章云超）

【新的社会阶层人士培训班】 2016年11月22日—26日，镇江市委统战部在江苏省社会主义学院举办镇江市首批新的社会阶层人士（新社会阶层人士主要包括四大群体：私营企业和外资企业的管理人员和技术人员、社会组织从业人员、自由职业人员、新媒体从业人员）培训班，全市中介组织和社会组织从业人员、新媒体从业人员、自由职业者、部分留学回国人员等领域的45名新社会阶层人士参加培训。培训主要采取基础理论课程、现场特色教学和联谊活动相结合的方式。（章云超）

台湾工作

【概况】 2016年，镇江市对台经贸合作平稳发展，其中海峡两岸新材料产业合作示范区全年实现高新技术产业产值645亿元，应税销售165亿。全市18家大中型台资企业中，16家建立研发机构，5家通过省工程技术研究中心认证。

对台交流交往创新发展。全市全年组织各类赴台交流团组131批355人次，邀请接待到镇江交流考察的台湾团组118个1050人次，比上年增长25%。“自主式”和“自述式”交流互动方式受省台办推广；创活动新平台，西津渡历史文化街区获批省对台交流基地，接待到镇江台胞82批2700人次；促成教育、旅游、高效农业、基层社区等多个领域的交流合作。协办“第六届苏台灯会”“第八届海峡两岸名优农产品展”，开展“镇江台协20周年庆”等系列活动。

对台服务工作深化发展。全年受理台企、台商诉求案41起，结案39起，结案率达95%。帮助丹阳龙江钢铁获2016年中央预算内资源节约循环专项资金845万元，单体项目资金数列全省第一位；台商刘绍民获评扬中市“十佳新市民”，殷伊玲获任镇江青商会常务副会长；举办新《中华人民共和国环境保护法》宣讲解读，对化工台企进行安全生产检查和演练。定期组织聚会游览、文体比赛等活动，以行业沙龙等形式分享创业经验。（龚文斌）

【对台工作会议召开】 2016年4月15日，镇江市对台工作会议召开，市政府分管领导，各辖市（区）、“三山”景区管委会分管领导，台办主任，市台湾同胞投资权益保障协调委员会联席会成员单位分管领导，对台合作载体建设单位主要负责人近120人出席会议。会议回顾上一年全市对台工作，从推进对台经贸合作发展，拓展镇江、台湾交流领域和空间、打造台商发展第一福地等3方面部署2016年工作任务。句容市和润州区分管领导、镇江海关和市人社局代表在会上作交流发言。（龚文斌）

【台胞李家骧向档案馆捐赠《丹徒李氏家乘》】 2016年5月12日，镇江籍台胞李家骧偕夫人及宗亲一行到镇江市档案馆，将一套5卷本的《丹徒李氏家乘》捐赠进馆永久收藏。这套家谱有310多年历史，记载李氏宗族一支系于南宋初年，由徽州休宁县北岳，迁徙至江苏丹徒顺江洲开沙（今市东郊）的历程，为研究镇江城市历史及其发展提供佐证资料。（龚文斌）

【台江文创产业园获批团中央青年就业创业见习基地】 2016年5月15日，台江文创产业园与江苏大学合作，获批团中央青年就业创业见习基地。该基地每年提供30余个就业岗位，为应届大学生融入社会，发挥专业技能，实现就业创业提供平台。截至年底，基地与镇江团市委、江苏科技大学、镇江高专等单位开展多项青年合作工作。（龚文斌）

【台协成立20周年庆典活动】 2016年7月16日，镇江市台湾同胞投资企业协会成立20周年庆典在句容市举行。活动包括吉的堡幼儿园开园剪彩仪式、朝阳兴学会成立十周年暨助学金发放仪式、文创园揭牌仪式、海峡两岸艺术家文化交流暨书画作品展开幕仪式、台湾美食节开幕仪式。江苏省台办主任杨峰、镇江市副市长王常生出席庆典并致辞。有台湾嘉宾、全国40多家台协会长及台协会员等400多人参加庆典。（龚文斌）

【西津渡获批江苏省对台交流基地】 2016年8月16日，西津渡历史文化街区获批江苏省对台交流基地。该基地对发挥镇江对台交流优势，拓展对台交流合作领域，提升对台交流交往层次，扩大镇江影响，构筑对台招商引资、招才引智平台，加快推进镇台交流交往建设具有重要意义。（章邦勇）

【“走台企、访台商、解难题”活动】 2016年7月—8月，镇江市组织“走台企、访台商、解难题”活动，走访台资企业近200家、看望台商500余人、开展专项服务活动6场、解决困难和问题27件，走访率达80%，求助办结率达90%，受到台企、台商的欢迎和赞扬。（龚文斌）

【2016海峡两岸青年创业大赛镇江赛区决赛举行】 2016年9月7日，镇江市台办联合市经信委、团市委举办“2016海峡两岸青年创业大赛·镇江赛区决赛”，有海峡两岸的8个创新项目参赛，每个参赛项目团队负责人进行6分钟的PPT现场讲解并接受专家的3分钟提问。决赛评出一等奖2个、二等奖2个、三等奖4个。2个一等奖项目“台客街大健康”和“AR幼儿（双语）教育系列之丁丁的故事”晋级厦门总决赛。（李强华）

【2016海峡两岸（江苏）名优农产品展销会】 2016年10月21日—23日在镇江举办。（参见第211页）（龚文斌）

【2家台资企业获江苏省首届“紫峰奖”】 2016年11月6日，由江苏省人民政府主办的首届“紫峰奖”颁奖典礼在南京举行，该奖项是江苏省授予省内台资企业的最高奖项，也是江苏省在大陆率先设立的面向台资企业的奖项。经过评选，镇江奇美化工有限公司获纳税贡献领军企业奖，镇江久正光电有限公司获成长型企业奖。（龚文斌）

2016年台湾重要团组考察访问镇江情况表

表4－3

到访日期	重要团组及领队	参观访问内容
4月9日	台湾奇美实业董事长许春华一行8人	镇江奇美成立20周年
5月28日	台湾高雄南亚企业工会理事长吴祈忠一行15人	交流考察
5月7日	台湾挺卫国际集团总裁王镇皇一行7人	考察合作项目
6月1日	台湾苗栗县商业总会理事长张淑芬一行18人	考察合作项目
7月14日	台湾新北市中小学家长协会理事长罗祖钦参访团一行34人	参访交流
10月25日	台湾帝宝集团董事长许叙铭一行6人	推进合作项目
11月1日	台湾中华航太工业股份有限公司董事长熊芳信一行6人	考察合作项目
11月20日	台湾新北市议员蔡叶伟一行30人	参访交流

（龚文斌）

机构编制工作

【概况】 2016年，镇江市以建立健全“互联网＋政务服务”体系为目标，持续深化“放管服”改革，推进“421”改革管理工作，实现网上办、集中批、联合审、区域评、代办制、不见面，加快构建“集中高效审批、分类信用监管、综合专业执法、全程网上服务、严格绩效管理、务求群众满意”的基层治理架构。制定年度市级机关绩效管理考核的意见，完善市级机关绩效管理考核办法及职能工作目标考核实施细则，强化考核结果的转换与运用，推行机关内部绩效管理。（王鹏菲）

【行政审批制度改革】 2016年，镇江市在全省率先建设以网上审批、服务为方向的“e办事”平台，拓展“多评合一”的广度与深度，将考古调查、勘探报告及压覆矿产资源评估纳入区域评估范围，实现“多评合一”模式由市本级到各辖市（区）的全覆盖。7月，“多评合一”模式被写入《中共中央国务院关于深化投融资体制改革的意见》，在全国范围予以提倡。深化商事登记制度改革，在全省实现“三个”率先，即率先实现住所登记申报制，率先完成个体工商户注册登记全程电子化改革，率先启动“多证合一”改革，简化商事登记制度流程。启动市级“双随机”抽查事项清单的编制工作，结合部门监管工作的实际情况，梳理并公布包含33个部门共计208个事项清单，完成国务院“随机抽查事项在年内达到市场监管执法事项的70%以上，其他行政执法事项的50%以上”的工作要求。选取在句容市和镇江新区推动相对集中行政许可权改革试点。（王鹏菲）

【行政管理体制改革】 2016年，镇江市开展市场监管、旅游园林、商务、农业等领域综合执法体制改革试点，整合县（市）区工商局、质监局、食药监局等部门，组建县（市）区市场监督管理局，形成一体化监管执法格局，实现“一个部门管市场”。丹阳市、扬中市在农业领域（一市一品牌）、市旅游委在旅游园林（一市一特色）综合行政执法改革中，先后整合4支执法队伍，组建市农林行政综合执法大队，完成改革任务。深化经济发达镇改革试点，推动相关辖市赋予试点镇107项县级经济社会管理权限，配合完成省经济发达镇联席会议评估组对试点镇的评估验收。（王鹏菲）

【事业单位分类改革】 2016年，镇江市创新公益类事业单位管理改革。探索推行公立医院备案制管理，释放人才活力，促进公立医院健康发展。完成对全市食品药品检验检测资源整合，组建市食品药品检验检测中心，将市产品质量监督检验中心食品检测职能及相关人员编制划入食品药品检验检测中心。推进不动产登记经办机构整合，优化不动产登记办理流程。筹划江苏航空职业技术学院组建方案，科学设置学院领导职数、内设机构和教学院系。推进事业单位信用等级评价，强化信用约束，构建部门协同、行业自律、社会共治和事业单位自我约束的监管新格局。推进事业单位法人治理结构示范点申报工作，明确市图书馆为省级事业单位法人治理结构建设示范点。完成2015年度市直371家事业单位年度报告公示及市直69家党政群机关统一社会信用代码赋码工作。（王鹏菲）

【机构编制管理】 2016年，镇江市根据财政供养人员只减不增的要求，开展控编减编工作，确保全市行政编制（含政法专项编制）、事业编制总额均控制在2012年年底统计基数内。开展控编减编专项督查，重点就控编减编方案落实情况、各类编制的执行情况以及历史遗留问题的消化情况等，对丹阳市和丹徒区开展实地督查。推进对市科技局、司法局、粮食局3个部门的机构编制日常管理评估。组织实施“三责联审”，完成对镇江经济技术开发区党工委原书记李小平的机构编制责任审核。（王鹏菲）

信访工作

【概况】 2016年，镇江市信访局接待群众到市上访1374批8674人次，办理来信2685件、网上信访649件，群众反映信访诉求主要有：房屋拆迁安置、土地征用补偿、集资融资纠纷、企业劳动保障、环境保护等。排查交办重点信访事项34件，办理上级交办信访案件158件。收到信访事项复查复核申请55份，经审核退回20份，出具复查、复核意见书35份，申请人停诉息访率83%。

提升信访工作效能。创建“服务政策解读、服务法律咨询、服务信访群众、维护群众合法权益”“三服务一维护”服务品牌，升级改造市信访矛盾调处服务中心“一站式”服务平台硬件设施，安排辖市（区）和市住建局、国土局、国资委、环保局、人社局、民政局、司法局、规划局、城管局等进驻部门在接访大厅集中办公。围绕“案结事了”目标要求，修订接访、办信、网络信访、案件查办等业务工作流程，服务信访群众。建立月度分析预判制度，重点围绕民生领域的突出问题，涉众型利益群众信访问题以及苗头性、倾向性、普遍性信访矛盾进行调研分析和综合研判，及时提出建议。全年呈报12期预判报告，预判47类重点隐患，推动矛盾隐患超前应对和化解。

压实信访工作责任。2月22日，镇江市委、市政府与各辖市（区）、镇江新区签订《2016年度信访工作目标责任书》，实行过程管控和季度考核。市委办公室、市政府办公室印发《关于对进京非正常上访问题突出镇（街道、开发区）实施重点整改和重点管理的办法》，对镇江新区大港街道、姚桥镇和丁岗镇实施为期半年的重点管理。建立镇江市信访局领导班子成员与各辖市（区）和市有关部门挂钩联系制度，按照挂钩联系点分工，每季度深入各联系点督查指导。

宣传信访战线先进典型。8月，市信访联席会议在全市开展“最美信访干部”和“双十佳”信访干部评选活动。（孙晓军）

【法定途径分类受理信访投诉请求】 2016年2月6日，镇江市信访局组织全市信访系统开展“通过法定途径分类受理信访投诉请求工作广场主题宣传日”活动。7月，全市37个部门和各辖市（区）、镇江新区梳理编印信访分类投诉请求清单，并向社会公开。市信访局运用国家信访信息系统，全程记录每一件投诉请求的甄别、引导、分流过程，对导入法定途径的投诉请求，做到及时提醒，确保有人接、有人管、有人办理。（孙晓军）

【网上信访工作模式实行】 2016年，镇江市信访局加快全国信访信息系统建设，通过市直职能部门和镇（街道、开发区）的互联互通，确保实现市直部门和所有基层镇（街道、开发区）信息全录入、业务全流转、数据全生成、办理全公开。9月，手机信访APP平台建立，实现镇江市信访工作“互联网+”新模式，方便快捷服务信访群众。（孙晓军）

【律师、心理咨询师参与信访工作】 2016年8月，镇江市信访局建立50名律师与8名心理咨询师组成的信访工作人才库，在市信访矛盾调处服务中心建立专门工作室，组织律师定期值班接访、心理咨询师预约咨询。截至年底，接待来访群众26批42人次，引导社会形成办事依法、遇事找法、解决问题用法、化解矛盾靠法的良好氛围。（孙晓军）

【信访积案“百日攻坚”化解】 2016年4月15日，镇江市信访局在丹阳市召开信访典型案例学习交流会，从各辖市（区）遴选出10件典型案例形成《信访典型案例汇编》供各地学习借鉴。梳理信访积案，破解“三跨三分离”信访事项症结，逐案指导协调有关地方和部门制定具体措施和办法，明确责任单位、责任人和化解时间，集中力量予以化解。江苏省交办镇江市的重点信访事项化解办结率为90.5%，列全省前列。市信访“骨头案”3年攻坚化解工作第一年化解率为47%。（孙晓军）

【“培育特色小镇”人民建议征集】 2016年9月，镇江市信访局围绕市委、市政府中心工作和群众关注热点，面向全市开展“培育特色小镇”人民建议征集活动，受到7万名网民关注，收到有效建议215件。经过网上投票、专家评审，“打造中国河豚小镇”等20条建议分获一、二、三等奖。《新华日报》记者专访并报道市信访局近年人民建议征集工作情况。（孙晓军）

史志工作

【概况】 2016年，镇江市党史编研工作继续推进，编印《镇江改革开放实录（下）》。赴南京、无锡等地收集整理《雨花台烈士传丛书》郭纲琳烈士事迹，完成7.5万字初稿编写任务。修改完善《中共镇江地方史》第三卷纲目。审读《中共句容地方史（1949—1978）》《中共扬中地方史（1949—1978）》。做好革命遗址复核工作，汇总上报全市革命遗址和纪念设施179处、亟待抢救（新增）的革命遗址和纪念设施11处。完成《建设强富美高新江苏——十八大以来党在江苏的新实践》镇江部分选题11个，报送省委党史工办，其中两个党史专题被中央党研室《新时期党史专题》收录。

方志成果逐步转化。市史志办沈红亮编著《瓦解与重构——镇江近代前期社会转型研究（1840—1911）》出版。市史志办与高校联合开展旧志《光绪丹徒县志》点校整理工作。完成二轮修志任务，《京口区志》按期出版。开展部门志、专业志指导，启动和推进《镇江新区志》《镇江商会志》《镇江残联志》《句容监狱志》等部门志的编纂。

加强年鉴工作。举办全市年鉴理论业务培训会，召开全市年鉴质量点评会，表彰优秀条目、优秀撰稿人。按期编辑出版《镇江年鉴（2016）》，全书设41个类目、239个分目、2000多个条目（图表）。编印《2015“强富美高”新镇江》画册。《镇江年鉴（2014）》获全国地方志优秀成果特等等级并获通报表扬。

开展纪念《地方志工作条例》颁布十周年系列活动。在大市口广场和各辖市（区）举办史志成果展，发放宣传资料2000份，书籍光盘1000份，发布手机短信2000条。开展家谱征集、地情考察等活动。

参与中共江苏省委宣传部、中共江苏省委党史工作办公室、中共江苏省委党校、江苏省哲学社会科学界联合会、江苏省社会科学院在全省征集纪念中国共产党成立95周年征文活动，组织上报文章5篇；与市妇联联合开展“忆党史、明党纪、颂党恩、做先锋”诗歌诵读活动；与档案局联合开展“信仰的力量”党史特展活动。

结合创建史志成果“双融行动”（融入社会发展、融入社会大众）服务品牌，继续开展史志成果“六进”活动。编印4期《史志简讯》，记录镇江大事，交流部门信息。加强史志资料为社会服务的功能，接待来访查阅资料136人次、380卷次。做好史志网站维护更新，将资料信息电子化、网络化，增强实用性。（蔡树梅）

【《镇江改革开放实录（1978—2012）》下册编印完成】 2016年12月，《镇江改革开放实录（1978—2012）》下册完成编校、印刷工作。新时期镇江党史专题研究和编撰工作是市委根据中央和省委的统一部署，在全市组织开展的工作，也是征编新时期地方党史资料的成果之一。此专题征集工作开始于2012年，上册于2015年12月完成。下册汇编全市26家单位的29个党史专题，计52万字，主要反映1978年12月中共十一届三中全会后全市改革开放和社会主义现代化建设的成功经验、重大事件和重要成果。（蔡树梅）

【《瓦解与重构——镇江近代前期社会转型研究（1840—1911）》出版】 2016年3月，镇江市史志办副主任沈红亮编著的《瓦解与重构——镇江近代前期社会转型研究（1840—1911）》一书出版，全书41.2万字，由南京大学出版社出版。全书研究的是晚清70年的镇江历史，再现从鸦片战争到辛亥革命这段时期镇江的历史全景，并对社会发展趋势、历史成因和各色人物的利害选择进行分析。（蔡树梅）

【《2015“强富美高”新镇江》画册编印】 2016年5月，《2015“强富美高”新镇江》画册编印成书。全书分为序言、地图、概况、年度聚焦、民生福祉、荣誉、开拓进取、辖市（区）风采等八个篇章，以图片形式展示并总结2015年镇江经济社会发展及“十二五”所取得的成绩，反映镇江在文明城市创建、低碳城市创建、交通城市建设、现代农业建设等方面所取得的成果，反映镇江人民的精神风貌。（蔡树梅）

【《地方志工作条例》颁布十周年系列纪念活动】 2016年4月—6月，为纪念国务院颁布《地方志工作条例》10周年，镇江市史志办开展系列宣传、纪念活动。在行政中心市民大厅、大市口广场及各辖市（区）举办史志成果展览，展出全市地方志机构成立后的史志成果（含地方党史）、书籍影像制品、荣誉证书、奖牌、党和国家领导人对史志工作的批示等。通过展板、赠书等形式，向广大市民介绍镇江的历史文化、风土人情。同时启动“邀您来‘晒一晒’家谱——寻根问祖知家事”家谱征集活动，征集家谱十多部，网络跟帖222人，点击近10万人次。此系列活动被中国镇江网、搜狐公众平台、中国文明网、光明网、中国江苏网、江苏网、黄海网、中国长江网、镇江电子口岸网等多家网媒刊载或转载，被镇江当地媒体4报（《镇江日报》《京江晚报》《镇江一周》、手机报）2台（电台、电视台）报道。（蔡树梅）

【史志成果“六进”活动】 2016年1月—12月，镇江市史志办组织开展新一轮史志成果“进社区、进学校、进乡镇、进军营、进企业、进机关”活动，将市史志办编撰出版的20余种反映镇江革命斗争历史和地情、地方历史文化的书籍、画册、电视片光盘等史志成果送进扬中市油坊镇振兴村、润州区宝塔路街道电力路社区、行政中心市民大厅、大市口广场、镇江消防支队以及部分在镇江商会和民营企业。同时举办史志讲座，为社区党员干部讲解镇江的历史、近代镇江城市变迁和社会转型等方面的内容。全年累计赠送成果3000余份。该活动连续开展8年，是镇江史志宣教的品牌活动。（蔡树梅）

【年鉴理论业务培训会】 2016年4月27日，镇江市年鉴理论业务培训会在市行政会议中心举行，邀请省地方志办公室副主任牟国义讲解年鉴的编纂理论及要求，从年鉴的属性与功能、选材的原则与方法及撰稿的规范与要求三方面，讲解年鉴编撰过程中的规范和要求，并根据镇江的年鉴编纂现状，结合实例，在格式、体例、框架内容等方面提出建议和意见。全市各级年鉴工作者近130人参加培训。（蔡树梅）

【地方综合年鉴质量点评会】 2016年4月27日，镇江市史志办召开第五次地方年鉴质量点评会，各辖市（区）史志办公室分管年鉴工作的领导和年鉴编辑部负责人参加会议。各辖市（区）对《润州年鉴（2015）》的条目编写、框架设计、装帧设计、图表、目录、校队质量等方面开展专题点评。年鉴业务点评会交流全市年鉴工作实践经验，有利于促进全市年鉴编撰工作整体水平和质量的提高。（蔡树梅）

【《镇江年鉴(2014)》获全国通报表扬】 2016年7月15日—16日，全国第一次年鉴工作会议在太原市召开，会上中国地方志指导小组通报表扬全国地方志优秀成果(年鉴类)，《镇江年鉴(2014)》作为特等年鉴获通报表扬。此次评审由中国地方志指导小组组织实施，经各地各部门推荐、专家小组审读、全国地方志优秀成果(年鉴类)终审委员会及其办公室审核，是全国地方志系统年鉴类最高奖项，在全国地市级(含副省级城市)中仅8家获此荣誉。 (蔡树梅)

【"寻根问祖知家事"晒家谱活动总结交流会】 2016年11月18日，"寻根问祖知家事"晒家谱活动总结交流会在镇江市史志办召开。市史志办主任吴海平、副主任沈红亮及相关处室人员、持谱人、修谱人、媒体代表、谱学研究专家等近30人参加会议。《京江柳氏宗谱》的持谱人柳骏、《贡氏宗谱》的持谱人贡益宇、《新安鲍氏承凤派支谱》的持谱人鲍善平等对各自家谱编修的主要过程及特点作重点介绍。戴镇蜀对戴氏家族的电子家谱进行介绍并向与会人员进行演示。镇江高专教授严其林、镇江市图书馆原副馆长徐苏、《京江晚报》副总编邱隆洪、《丹阳家谱提要》作者吉育斌等专家学者和文史爱好者作交流发言。市史志办主任吴海平作总结发言。 (蔡树梅)

党校教育

【概况】 2016年，镇江市委党校有办公室(党校工作业务指导处)、组织人事处(老干部工作处)、总务处、财务审计处、教务处(学员管理处)、培训处、中特理论教研室、党史党建教研室、法政教研室、经济与管理教研室、科研处、图书网络信息中心等12个内设机构，教职工89人，其中教授5名，副教授6名，高级职称技术人员在专业技术人员中占比处于全省前列。

镇江市委党校(市行政学院)实施师资队伍"名师工程""青蓝工程""精品工程"和"三个一批工程"，2名优秀骨干教师被评审通过正教授和副教授资格，1名优秀骨干教师被评为全市"社科名家"。完成省第四期"333高层次人才培养工程"4名培养对象管理期满考核工作；同时推荐3人参加省第五期"333高层次人才培训工程"第三层次培养对象申报工作并通过。先后组织全校党员干部赴深圳市委党校、井冈山红色教育学院、上海复旦大学、北京大学开展专题进修和培训；招录3名硕士研究生。推进"两学一做"学习教育，扩大"信仰希望力量"服务品牌影响力，形成"微课堂""大讲坛""新视野""宣讲团"等四大特色板块。 (张文斌)

【干部教育】 2016年，镇江市委党校(市行政学院)举办县处班、中青班、公务员等各类培训班15期，累计培训797人次，比上年增长22.1%，其中，主体班12期，711人次，增长9%。组织9名老师成立"两学一做"学习教育宣讲团，分赴五个辖市(区)和镇江新区集中宣讲6次，赴全市各级党组织宣讲140余场次，听众12000余人，学员满意率始终保持在95%以上。把理论教育和党性锻炼作为干部教育培训的主业主课，保障理论教育和党性锻炼课程比例不低于总课时的70%；在学制两周以上的班次，设置"理想信念与道德品行建设"教育模块，强化课堂专题教育，同时开展现场体验式教学。创新设置教学内容，主班次课程设置更新率保持在60%以上。开发"深化习近平总书记系列重要讲话学习""两学一做学习教育""铁军精神""七一讲话精神""弘扬长征精神""中央十八届六中全会"等系列主干课程，加强供给侧结构性改革、"互联网+"、海绵城市、特色小镇建设、大数据、"强富美高"新镇江等新任务课程，开辟常州、杭州、常熟等教学现场。编制完成主体班干部教育课程单元，形成4个系列、11个模块、108个教学专题的完整课程体系。发挥"联络员+组织员+辅导员+监督员"的工作机制和服务机制，规范学员在党校学习、出勤和生活纪律。首次实行出勤承诺制和党性教育百分制考核，完善"双百"考核评价制度。全年建立微信班级群10个，推送有关班级管理服务信息400多条，利用"问卷星"平台进行教学质量评估30余次，利用学校短信平台发送教学及管理服务信息40余条。 (张文斌)

【科研咨政】 2016年，镇江市委党校(市行政学院)完成省市科研项目29项，发表各级各类论文62篇，获省政府优秀成果三等奖1项；省党校系统优秀成果二等奖2项、三等奖2项；市哲学社会科学评奖和应用精品工程二等奖1项、三等奖3项；获中国管理科学大会优秀成果一等奖1项。修订完善《科研项目与成果资助管理办法》。全年组织申报省、市各级各类课题31项，与市社科联等部门共同承担省社科院重大项目研究，开展专题性调研活动6次；与辖市涉农部门等联合开展决策咨询项目调研，参与相关调研活动8次；各类科研调研活动27次。与全市社科界、驻镇江高校举办"金山论坛"，邀请省内外专家学者为镇江发展献计献策；连续五年编著《市情研究》；与《镇江日报》合作开辟《实践·探索》理论专版，发表市情研究文章50多篇；举办第四届"宁镇扬一体化协同发展研讨会"，汇编论文31篇；省、市重点决策咨询报告均获省、市党委政府主要领导批示；出版《转型期农村经济改革探索》理论专著1部；参与编写省人社厅委托编著项目《江苏省城乡居保经办人员能力素养读本》；组织重大课题研究活动4次，其中所参与的"改进党领导经济社会发展的方式方法研究"为全国党建研究会重点课题，被列入国家社会规划基金项目。 (张文斌)

【对外培训】 2016年，镇江市委党校(市行政学院)利用干部教育培训资源，合作和委托办班56期，其中首次举办涉外班1期，援建培训17期，市内外培训38期，比上年增长12%。培训人数3619人次，增长11.7%。学员培训满意率95%以上。举办在职研究生班3个，学员110人。全年中央党校下达的江苏省170个研究生名额中镇江党校占41个。开办心理咨询师班2期，新招36人，培训报考91人。成考招录76人，网大招录315人，合计招录391人。全年在校生有1113人，列全省第二位。首次与南京理工大学社会事务学院联合招收公共管理和社会工作专业在职双证研究生，全市138人网上报名成功。 (张文斌)

【党校工作会议】 2016年12月7日，镇江市委召开全市党校工作会议，会期半天。市委全体常委、市人大、市政协主要领导出席会议，市委党建工作领导小组成员，市干部教育培训工作领导小组成员，市各部委办局、人民团体、直属单位等主要负责人，各辖市(区)党校校长、常委副校长、办公室主任，市委党校副科职以上干部和全体教师200余人参加会议。市委主要领导讲话，市委组织部、市委党校、丹阳市委、扬中市委党校分别围绕各自工作及下一步工作打算作交流发言。会议指出，党校工作面临着新的形势和任务，要办好党校、管好党校、建好党校。会议下发《中共镇江市委关于进一步加强和改进新形势下党校工作的实施意见》。 (张文斌)

档案工作

【概况】 2016年，镇江市接收近4万卷

15 万余件档案进馆，各级综合档案馆和城建档案馆馆藏总量达 98 万卷、约 70 万件，其中市档案馆全年接收 27 家单位文书档案近 2600 卷 37000 余件。全市档案馆接待社会各界利用者 2 余万人次，查阅档案数量 2 万卷、2 万件，打印或复印 9 万余张，其中市档案馆接待社会各界利用者近千人次，查阅档案数量 3200 卷件次，打印或复印 6300 余张。

市档案局制定《镇江市档案法治宣传教育第七个五年规划》。先后举办“江河交汇处、镇江新高度”主题展览、“信仰的力量——中国共产党人的家国情怀”纪念建党 95 周年特展和“中国共产党在镇江图片史料展”等 3 个主题展览。为江苏有线电视台、星瑞影业《赵亚夫》电影拍摄提供支持和服务。编印《档案参考》，成立《山水乡愁》系列图册和《民国江苏省会镇江档案史料集萃》编委会。征集到重大活动、镇江老街老巷等照片档案 1500 张、视频资料 1.5G、知青档案 60 件、名人档案 800 余件、家谱档案 3 部 7 卷、开展专题口述档案 8 次。为《江苏经济报》专栏提供 2 篇共计 1 万字的撰稿；向《档案与建设》、江苏档案信息网等报送信息 680 篇，档案信息报送列全省排名前三位。

全年新增市、省星级单位 66 家，创成省五星级档案室 8 家，列全省第二位，市检察院、法院、公安局、电力公司等四个系统实现省五星级档案室全覆盖。完成 215 家的复查及创建工作；对市级机关 62 家单位开展档案年检工作，对年检中发现问题及时反馈，限期整改。在市属 11 家国有企业中推动国家档案局 10 号令，完成镇江恒顺集团，镇江北汽等 11 家国有企业《企业文件材料归档范围和档案保管期限表》修订及审批工作。推进土地承包确权登记工作，各辖市(区)基本完成农村土地经营权确权登记颁证档案验收工作。协助援疆前方指挥部对农四师档案业务人员进行业务培训和交流，派业务骨干赴新疆现场指导。

市档案馆投入 40 万元，用于改造 120 平方米机房，新增 30 平方米 UPS 用房(稳压电源用房)，升级和添加 71 个半球红外探头，增添温、湿度显示仪、档案消毒设备、档案管理软件等。加强数据多头备份，服务器装有 3 套存储系统，2 套导出备份数据存储移动盘。新增扫描 30 个全宗、5074 卷、1239867 页，新修改目录 188426 条，完成馆藏全文档案 321 个全宗、72752 卷、10366464 页。全市有 1 馆 20 室创成不同等级省数字档案馆室，丹阳市档案馆、镇江新区公安分局分别创成 AAAA 级和 AAAAA 级数字档案馆室。

档案干部队伍建设逐步完善。年内选拔任用机关正科职干部 2 名，转任副科职干部 2 名，优化中层干部年龄结构和层次。根据江苏省档案人才“151 工程”培养计划，组织选拔第二层次培养对象 2 名、第三层次人才培养对象 2 名。组织全市档案从业人员上岗资格考试，联合举办档案法规和业务技能培训班，全年各类培训近 300 人。（彭清清）

【《档案参考》创办】 2016 年，《档案参考》编印 18 期 38 篇文章，并编辑合订本。《档案参考》通过解密档案，服务大局，助推社会经济发展。其中三汽、二汽与镇江的渊源方面内容，将年初的镇江市《政府工作报告》中“镇江人 28 年的汽车梦”向前推进近 10 年。其他如北汽项目落地镇江始末、1949 年后三次重大抗洪救灾情况等，为市委、市政府有关工作提供资料。历史文化名城命名 30 周年等专题，真实还原镇江在过去发展过程中的一些重要节点。（彭清清）

【口述档案采集工作首次开设】 2016 年，镇江市档案局添置采集设备，首次开设口述档案采集工作，把为镇江经济社会做出过贡献的各行各业人物、镇江历史上发生过的重大事件亲历者、有个性特色的典型百姓人物作为重点采集对象。通过对口述档案的整理，增强相关资料的可读性。全年进行 8 次专题口述档案采集。（彭清清）

【档案执法检查】 2016 年，镇江市档案局对各辖市机关事业单位近两年《中华人民共和国档案法》实施情况开展执法调研，在对句容广电局、丹阳公安局、扬中交通局实地查看的基础上，下发《镇江市档案局行政执法检查通知》，并分别对扬中市人防办、句容市国税局和丹阳市投资集团有限公司开展档案行政执法检查，对档案工作不符合规定的单位下发《行政执法检查整改意见书》，限期整改并对行政执法情况进行通报，推进个别档案管理工作落后部门的档案工作规范化建设。（彭清清）

【档案科研项目取得新成绩】 2016 年，镇江市档案局与高校、企业合作开展课题研究，先后完成省科技项目“基于 SOA 的数字档案资源整合模式研究”和国家科研项目“纸张酸化报纸的抢救及批量脱酸研究”，并顺利结题。与镇江市公路管理处合作，开展“基于 GIS 的国省干线路产档案管理信息化方法研究”课题申报，并获省批准立项。市档案局申报的“记忆中的民国江苏省会镇江”获得国家档案局批准，并列入江苏省国家重点档案保护与开发储备库项目。（彭清清）

【丹阳家谱资料信息库建立】 2016 年，丹阳市档案局依托丹阳姓氏文化研究会，征集大量丹阳地区尤其是流失海外的珍贵家谱。截至年底，馆藏家谱总量达 80 多个姓氏 2000 余册，初步建立丹阳家谱资料信息库。相继编研出版《丹阳家谱提要》《丹阳姓氏寻踪》《镇江朱氏研究文集》等。接待萧氏海外宗亲团、丹阳刘氏、左思后裔寻亲团到丹阳参观交流，策划举办“我从哪里来”——丹阳地方家谱精品展、“第二届苏南地区谱牒研究高层论坛”等活动。通过电视台、丹阳翼网等媒体报道谱牒文化活动，在《丹阳日报》上设置《谱牒文化》专栏、走进老年大学进行普及知识讲座。（彭清清）

【首届家庭档案竞赛活动】 2016 年，句容市档案局开展首届家庭档案竞赛活动，活动历时 5 个月，竞赛范围包括家庭档案门类完整性、档案数量、载体多样性、整理规范化、档案材料历史连续性等 5 大方面。约 60 户家庭参加，入围 37 家，评出一等奖 1 家，二等奖 2 家，三等奖 3 家，优秀奖 5 家。《今日句容》连续 6 期整版刊载家庭竞赛活动情况。（彭清清）

【首家家庭国防档案馆成立】 2016 年建军节之际，扬中市首家家庭国防档案馆成立。档案馆馆藏内容为七旬老兵张贤春当兵时的军衣、军帽、军鞋，计划经济时代的粮票、布票、工分票以及《毛泽东语录》、毛泽东像章、家庭经济账本，各类奖状、证书等物品 2600 多件，展现扬中改革开放前后社会生活变化。在其筹备阶段，扬中市档案局多次派人对其馆藏进行分类整理，录入目录，并赠送电脑、档案展示柜等。张贤春“家庭国防档案馆”成立，为扬中国防教育又增加一个教育基地。（彭清清）

【首批基层档案查阅点设立】 2016 年，镇江新区档案馆建设以数字资源为基础，安全管理为保障、远程利用为目标的数字档案馆(室)体系，分别在丁岗镇、大路镇、姚桥镇、大港街道、丁卯街道设立全市第一批基层档案利用查阅点，查阅者“就近查档、跨馆出证”，只需将身份证放在指定区域，系统就会自动与民生档案资源进行比对，查阅到结果，形成区、镇(街道)数字档案资源管理共享网络体系。（彭清清）

镇江市人民代表大会

责任编校：潘 珏

综 述

【概况】 2016年1月4日，镇江市人大常委会代表资格审查委员会对选举单位补选的代表资格进行审查，确认（按姓氏笔画排列）文雁才、冯锦跃、许向阳（女）、李幸福、李忠法、余卫华、张蕾（女）、杭祝鸿、范永放、赵峰、赵建生、施正中、秦海涛、夏锦文等14人的代表资格有效。补选后，镇江市第七届人民代表大会实有代表354名。1月，蒋建明辞去人大代表职务，人大代表资格终止。截至年底，镇江市有人大代表353名。

市人大常委会紧扣创新转型、生态文明建设、宁镇扬一体化等问题，调研视察，献计献策，为市委决策提供科学依据。突出“六个年”“十大任务”和八大类重点项目，履行监督之责，推动全年目标任务完成。坚持党管干部原则和人大依法任免结合，依法任免国家机关工作人员169人次。市人大常委会党组落实重大事项向市委请示汇报制度，按照市委指示要求做好人大工作。在县、乡党委集中换届前，对2013年后市委出台的5个文件贯彻落实情况进行督查，形成督查报告。依法开展人大换届选举，按照市、县、乡三级人大换届选举工作会议部署和市委34号文件精神，成立换届选举工作办公室，组织和指导市、县、乡三级人大换届选举工作。各辖市（区）、镇人大换届选举有序推进，选出新一届县、乡两级人大代表。

全国人大常委会、省人大常委会领导先后13次到镇江考察指导，全省首次乡镇人大工作规范化建设交流会在镇江召开。全年出台3部地方性法规，制定6项立法工作制度。联动执法检查形成常态，采用省、市、辖市（区）、镇四级人大联动的方式，开展《物业管理条例》《水资源管理条例》执法检查，推动法规实施。政情通报起到实效。对7个政府工作部门开展“依法行政”专项评议，召开评议动员大会、述职评议大会，市委、市政府主要领导均到会讲话。该届人大实现对市政府所有工作部门、重要垂直管理部门和“两院”专项评议的全覆盖。组织对4名人大任命的“一府两院”干部进行述职评议，评议结果首次纳入市级机关年度目标考核，促进述职干部依法履职、勤政为民。制度化开展“五级代表统一接待选民日”活动，党组成员领衔督办重要建议和重点建议，对跨年度代表建议进行集中“回头看”，推动建议办理从“重答复代表”转向“重解决问题”。市七届人大888件议案建议解决629件，解决率达70.8%。开展省、市人大代表履职评议活动，首次组织省人大代表省直镇江组履职评议，促进省、市代表为镇江发展履职。在全省率先实现辖市（区）人大常委会主任专职化。召开辖市（区）人大常委会主任座谈会，围绕新形势下人大工作“怎么看、怎么干”进行专题研讨，并组织赴先进地区人大培训考察，推动新任人大常委会主任尽快进入角色。围绕落实基层人大“八项规范”，专门组织县、乡人大干部赴全国人大北京培训基地进行脱产学习；选择20个镇人大进行试点。（熊先楚）

重要会议和工作

【市七届人大五次会议】 2016年1月12日—15日，镇江市七届人大五次会议举行，会议应到代表354人，实到代表340人，组成8个代表团、21个代表小组。市政府组成人员和其他方面负责人、地市职离退休老干部代表列席会议。会议举行3次全体会议、3次主席团会议。

会议听取和审议《政府工作报告》《镇江市国民经济和社会发展第十三个五年规划纲要（草案）》《镇江市人民代表大会常务委员会工作报告》《镇江市中级人民法院工作报告》《镇江市人民检察院工作报告》和镇江市人大常委会关于提请审议《镇江市制定地方性法规条例（草案）》的议案，审查《关于镇江市2015年国民经济和社会发展计划执行情况及2016年计划（草案）的报告》（书面）、《关于镇江市2015年财政总预算执行情况和2016年财政总预算（草案）的报告》（书面），通过以上报告并作相应决议。会议表决通过市第七届人民代表大会财政经济委员会组成人员名单。会议补选夏锦文为市人大常委会主任，詹立风为市政府副市长，许向阳、张蕾、林连才、赵峰为市七届人大常委会委员。

会议收到代表10人以上联名提出的议案31件。“关于贯彻落实‘五大发展理念’，加快推进工业绿色转型的议案”被确立为代表议案；“关于加大对中小企业特别是制造类企业扶持力度的议案”、“关于加大海绵城市建设力度，改善城市生态环境的议案”、“关于加大‘菜篮子’工程蔬菜基地建设的议案”、“关于推进文化与旅游融合发展的议案”、“关于做大做强旅游业，提升镇江旅游吸引力的议案”、“关于整合开发文化旅游资源的议案”（并案处理）、“关于创建镇江市水生态文明先行示范区的议案”、“关于加大水环境治理力度的议案”（并案处理）以及“关于加强对物业公司管理的议案”（并案处理）等作为重要建议，交由市人大常委会主任会议处理。其余80件议案作为建议处理。

会议收到代表提出的建议、批评和意见97件。 （熊先楚）

【市人大常委会会议】 2016年，镇江市七届人大常委会举行7次会议。

1月6日，市七届人大常委会第三十一次会议召开，会议讨论市人大常委会工作报告，市七届人大五次会议主席团和秘书长、计划和财政预算审查委员会、主席团常务主席、副秘书长等建议名单和选举办法（草案），分别提请市七届人大五次会议审议和通过；讨论通过代表资格审查报告和市七届人大五次会议列席人员名单。听取和审议关于《镇江市制定地方性法规条例（草案）》审议结果的报告，决定提请市七届人大五次会议审议。听取和审议关于评选市人大代表活动先进小组、优秀市人大代表小组组长、优秀市人大代表、优秀议案和建议的情况报告并作出相应决定。补选市委常委、组织部部长秦海涛为江苏省第十二届人民代表大会代表。表决通过关于有关人事任免。首次现场组织新任命的国家机关工作人员面向国徽向《中华人民共和国宪法》（以下简称《宪法》）宣誓。市人大常委会各工作委员会分别向市人大常委会书面报告2015年度工作。张庆生、陈苏、王萍、鄂金书、凌苏、任振棣出席会议。张洪水、茅仲华列席会议。

2月25日—26日，市七届人大常委会第三十二次会议审议《镇江香醋保护条例（草案）》，要求修改完善后，提请市七届人大常委会第三十四次会议进行二次审议。审议通过市人大常委会2016年工作要点；审议通过关于"贯彻落实'五大发展理念'加快推进工业绿色转型"议案的处理意见并作出相应决议。夏锦文、张庆生、陈苏、王萍、鄂金书、凌苏、任振棣出席会议。王常生、茅仲华、俞波涛列席会议。

4月28日—29日，市七届人大常委会第三十三次会议听取和审议市政府关于《镇江宝堰历史文化名镇保护规划》编制情况的报告，表决通过相关决议。听取和审议市人社局局长孙沛然、市住建局局长谢继步、市中级人民法院副院长吴猛、市检察院副检察长侯建伟的述职报告，分别对述职对象进行专题询问和民主测评，测评结果均为满意，测评结果首次纳入市级机关绩效管理考核。首次组织省人大代表省直镇江组向市人大常委会报告履职情况，听取和审议省人大代表省直镇江组召集人黄宝荣、省人大代表李鼎如、张中的履职报告，并进行民主测评，2名省人大代表和省人大代表省直镇江组的测评结果报送省人大常委会。听取和审议关于2016年专项评议依法行政情况的实施方案，表决通过相关决定。表决通过有关人事任免，并组织新任命的国家机关工作人员面向国徽向《宪法》宣誓。审议市政府关于市人大常委会对镇江贯彻实施《中华人民共和国环境保护法》审议意见办理落实情况的书面报告。张庆生、陈苏、王萍、鄂金书、凌苏、任振棣出席会议。雷志强、孙晓南、茅仲华、俞波涛列席会议。

6月27日—28日，市七届人大常委会第三十四次会议听取和审议《镇江市饮用水源地保护条例（草案）》，要求修改完善。听取和审议市政府关于产业"三集"发展情况的报告、市人大常委会执法检查组关于检查《江苏省物业管理条例》实施情况的报告。听取和审议市政府关于全市"六五"普法实施情况暨"七五"普法启动工作的报告，表决通过有关决议。听取和审议《镇江香醋保护条例（草案修改稿）》，表决通过《镇江香醋保护条例》，报请省人大常委会批准后颁布实施。表决通过有关人事任免，并组织新任命的国家机关工作人员面向国徽向《宪法》宣誓。审议孙沛然、谢继步、吴猛、侯建伟等4人述职评议整改情况的书面报告。夏锦文、张庆生、陈苏、王萍、鄂金书、凌苏、任振棣出席会议。雷志强、詹立风、俞波涛、杭祝鸿列席会议。

8月29日—30日，市七届人大常委会第三十五次会议听取和审议关于镇江市2015年财政总决算情况的报告、关于2015年度镇江市本级预算执行和其他财政收支的审计工作报告并作出相应决定。听取和审议关于镇江市2016年上半年国民经济和社会发展计划执行情况和镇江市2016年上半年财政预算执行情况的报告、关于构建镇江大旅游情况的报告。审议通过关于市、县、乡三级人民代表大会换届选举问题的决定。表决通过有关人事任免，并组织新任命的国家机关工作人员面向国徽向《宪法》宣誓。通过《镇江市人民代表大会议事规则》和市人大常委会会议议事规则、主任会议制度、工作委员会工作规则等制度。夏锦文、张庆生、陈苏、王萍、鄂金书、凌苏、任振棣出席会议。张洪水、雷志强、茅仲华、俞波涛列席会议。

10月24日，市七届人大常委会第三十六次会议听取和审议市人大常委会执法检查组关于《江苏省水资源管理条例》实施情况的报告。听取市政府关于提请调整2016年人代会有关指标议案的说明并通过相应决定。听取省人大代表马金芳、王刚和潘晓芙等人履职情况的报告并进行民主测评，测评结果报送省人大常委会。听取和审议《镇江市饮用水源地保护条例（草案修改稿）》，表决通过《镇江市饮用水源地保护条例》，报请省人大常委会批准后颁布实施。表决通过关于任命倪斌为镇江市副市长等决定，并举行副市长倪斌就职宣誓仪式。夏锦文、张庆生、陈苏、王萍、鄂金书、凌苏、任振棣出席会议。朱晓明、胡宗元、茅仲华、俞波涛列席会议。

12月29日—30日，市七届人大常委会第三十七次会议听取和审议市政府关于"加快镇江生态文明建设"议案办理情况的报告、关于"贯彻落实'五大发展理念'，加快推进工业绿色转型"议案办理情况的报告、关于市七届人大五次会议代表建议办理情况的报告。听取和审议市政府关于《镇江市2016年市本级预算调整方案（草案）》议案的说明，表决通过相关决议。听取和审议市八届人大一次会议筹备工作意见，表决通过相关决定。审议市政府关于2015年度财政同级审计发现问题整改情况、2016年获评政府工作部门和垂直管理行政部门依法行政专项评议意见落实整改情况的书面报告。会议总结该届市人大常委会的工作。夏锦文、张庆生、陈苏、王萍、鄂金书、凌苏、任振棣出席会议。倪斌、茅仲华、杭祝鸿列席会议。 （熊先楚）

2016年镇江市人大常委会主任会议一览表

表5－1

时　间	会议名称	会议内容	参加会议的市人大常委会领导	参加会议的市政府领导
1月5日	市七届人大常委会第四十二次主任会议	讨论代表资格审查情况报告、市七届人大五次会议主席团和秘书长等建议名单以及《选举办法（草案）》	张庆生、陈苏、王萍、鄂金书、凌苏、任振棣	－
2月22日	市七届人大常委会第四十三次主任会议	讨论关于市七届人大五次会议议案和建议的处理意见、市人大财政经济委员会关于提请审议《镇江香醋保护条例（草案）》的议案	张庆生、陈苏、王萍、鄂金书、凌苏、任振棣	－

续表 5-1

时　间	会议名称	会议内容	参加会议的市人大常委会领导	参加会议的市政府领导
3 月 29 日	市七届人大常委会第四十四次主任会议	听取市政府关于2016年市区城建重点工程实施方案的报告；讨论关于组织市人大常委会任命的"一府两院"干部述职评议和上半年省人大代表、省人大代表省直镇江组报告履职情况的工作方案	张庆生、陈苏、王萍、鄂金书、凌苏、任振棣	雷志强
4 月 22 日	市七届人大常委会第四十五次主任会议	听取市政府关于"加大'菜篮子'工程蔬菜基地建设"重要建议办理情况的汇报；讨论关于组织对市政府工作部门进行依法行政专项评议的实施方案；讨论《江苏省物业管理条例》执法检查方案；讨论通过《市人大常委会立法咨询专家工作规定》	张庆生、陈苏、王萍、鄂金书、凌苏、任振棣	胡宗元
5 月 30 日	市七届人大常委会第四十六次主任会议	听取市政府关于提请审议《镇江市饮用水源地保护条例(草案)》的议案；讨论通过《市人大常委会地方性法规立项论证办法》和《市人大常委会立法听证办法》	张庆生、陈苏、王萍、鄂金书、凌苏、任振棣	胡宗元
6 月 21 日	市七届人大常委会第四十七次主任会议	听取市政府关于全民健身工作开展情况的汇报；讨论市人大常委会执法检查组关于检查《江苏省物业管理条例》贯彻实施情况的报告和《镇江香醋保护条例(草案修改稿)》；讨论通过《市人大常委会民主立法工作规定》	张庆生、陈苏、王萍、鄂金书、凌苏、任振棣	曹丽虹
7 月 28 日	市七届人大常委会第四十八次主任会议	听取市政府关于"创建镇江市水生态文明先行示范区"重要建议办理情况的汇报；讨论《镇江市人民代表大会议事规则》《镇江市人民代表大会常务委员会议事规则》《镇江市人民代表大会常务委员会主任会议制度》《镇江市人民代表大会常务委员会工作委员会工作规则》；讨论通过《镇江市人大常委会各委办室工作职责》《镇江市地方性法规实施情况报告规定》	张庆生、陈苏、王萍、鄂金书、凌苏、任振棣	雷志强
8 月 23 日	市七届人大常委会第四十九次主任会议	听取市政府关于"加大海绵城市建设力度改善城市生态环境"重要建议办理情况的汇报；讨论《镇江市人民代表大会常务委员会关于全市市县乡三级人民代表大会换届选举问题的决定(草案)》；讨论通过市人大常委会《江苏省水资源管理条例》执法检查方案	张庆生、陈苏、王萍、鄂金书、凌苏、任振棣	雷志强
9 月 30 日	市七届人大常委会第五十次主任会议	讨论关于组织在镇江的省人大代表向市人大常委会报告履职情况的工作方案	张庆生、陈苏、王萍、鄂金书、凌苏、任振棣	–
10 月 20 日	市七届人大常委会第五十一次主任会议	听取市政府关于《宗教事务条例》贯彻实施情况的汇报、关于"推进文化与旅游融合发展"重要建议办理情况的汇报；讨论《江苏省水资源管理条例》执法检查报告，听取关于《镇江市饮用水源地保护条例(草案修改稿)》准备情况的汇报	张庆生、陈苏、王萍、鄂金书、凌苏、任振棣	–
11 月 29 日	市七届人大常委会第五十二次主任会议	听取市政府关于"加大对中小企业特别是制造类企业扶持力度"重要建议办理情况的汇报；讨论通过《镇江市人民代表大会常务委员会立法评估工作规定》	张庆生、张洪水、陈苏、王萍、鄂金书、凌苏、任振棣	–
12 月 23 日	市七届人大常委会第五十三次主任会议	讨论《市政协常委会工作报告(讨论稿)》《提案工作报告(讨论稿)》，讨论有关增补委员事项，审议召开市政协七届五次会议有关事项，决定召开市七届十八次常委会有关事项	张庆生、张洪水、陈苏、王萍、鄂金书、凌苏、任振棣	–

(熊先楚)

【全省首次乡镇人大工作规范化建设交流会】 2016 年 4 月 11 日—12 日，全省首次乡镇人大工作规范化建设交流会召开，会议贯彻落实中央、省委有关文件精神和新修改的地方组织法、选举法、代表法的规定，促进全省乡镇人大工作水平整体提升。省人大常委会副主任赵鹏出席会议并讲话。市委书记、市人大常委会主任夏锦文致辞。市人大常委会党组书记、常务副主任张庆生出席会议。会议总结交流各地规范乡镇人大工作的做法和经验。交流会期间，与会人员赴句容后白镇和天王镇唐陵村学习观摩镇(村)人大代表联络工作站(室)，观看乡镇人大工作规范化建设成果展，市人大常委会副主任凌苏介绍乡镇人大工作规范化建设情况。(熊先楚)

【物业管理执法检查】 2016 年 6 月 16 日，镇江市人大常委会组织开展《江苏省物业管理条例》(以下简称《条例》)执法检查。上午，市人大常委会执法检查组集中听取副市长雷志强代表市政府作的关于《条例》贯彻实施情况的汇报，检查组分两路，赴江滨新村第二社区、中建大观等住宅小区进行实地检查，并听取相关辖区关于《条例》贯彻实施情况的汇报。下午，检查组先后检查丹徒区香格里拉庄园、蓝天幸福城住宅小区的物管情况。检查结束后，检查组召开座谈会，听取丹徒、润州两地政府关于《条例》贯彻实施情况的汇报。张庆生、张洪水、陈苏、王萍、鄂金书、凌苏、任振棣参加执法检查。(熊先楚)

【水资源管理执法检查】 2016 年 10 月 11 日—12 日，市人大常委会组织开展《江苏省水资源管理条例》(以下简称《条例》)执法检查。11 日，市人大召开《条例》贯彻实施情况执法检查汇报会，听取市政府贯彻实施情况汇报。执法检查前，市人大邀请河海大学法学院副教授吴志红为相关检查人员讲授《条例》。10 月 12 日，市人大常委会执法检查组前往丹阳、句容、扬中、丹徒等地，现场检查《条例》落实情况。张庆生、张洪水、陈苏、王萍、鄂金书、凌苏、任振棣参加执法检查。胡宗元作《条例》贯彻实施情况汇报。(熊先楚)

【政情通报】 2016年8月2日，镇江市人大常委会组织召开上半年政情通报会，市委书记、市人大常委会主任夏锦文主持会议并讲话。会议全程进行电视、网络直播。市长朱晓明代表市政府通报上半年镇江国民经济和社会发展情况以及下半年的工作安排。参加会议的市长、副市长均接受人大代表们的询问。11位人大代表分别围绕"营改增"、大气污染整治、医改、择校、危旧房改造、三农、行政诉讼等群众关注的热点进行现场提问。（熊先楚）

【"五级人大代表统一接待选民日"活动】 2016年9月13日，镇江市组织开展五级人大代表统一接待选民活动，近3000名全国、省、市、辖市（区）、镇人大代表深入301个选民接待点，集中接待选民，"零距离"听取意见和建议。全国人大代表、市长朱晓明等18名市领导，以人大代表身份分赴各自接待点接待选民。活动当天，各级人大代表接待选民8222人，收集意见、建议和诉求3041件，提出的问题涵盖经济、文化、教育、卫生、交通、水利、环境等各个方面。其中，有140个点同步开设法律宣传点，现场发放法律读本475本。（熊先楚）

【依法行政专项评议】 2016年10月14日，镇江市人大常委会组织召开依法行政专项述职评议大会，市委书记夏锦文、市长朱晓明出席会议并讲话。市人大常委会党组书记、常务副主任张庆生主持会议。市公安局等7个部门作述职报告，市人大常委会4个专项评议组按照30%讲成绩、30%讲问题、40%讲建议的"334"要求作评议报告，市领导、市人大常委会组成人员和市人大代表136人进行票决。市国资委满意、基本满意率99.26%，市安监局满意、基本满意率98.53%，市司法局满意、基本满意率97.06%，市体育局满意、基本满意率97.06%，市政务服务办满意、基本满意率97.06%，市公安局满意、基本满意率94.85%，市民防局满意、基本满意率94.12%。（熊先楚）

议案和重要建议

【概况】 2016年，镇江市七届人大五次会议期间，代表提出建议189件，政府系统承办178件，其他单位承办11件（其中市委办公室2件、市人大办公室3件、市委组织部1件、市委宣传部2件、市编办1件、市残联1件、市红十字会1件），所有建议均答复代表。建议已解决的为125件，占66.1%；正在解决的为48件，占25.4%；因条件限制或作为工作参考的16件，占8.5%。收到代表反馈意见表187份，表示满意的183件、基本满意的4件。通过代表建议办理"回头看"活动，相关承办单位"承诺两年解决的"109件建议，已解决66件，解决率为60.6%。9月13日，全市五级人大代表统一接待选民活动后，形成闭会期间代表建议24件，截至年底，建议已解决的为13件，占54.2%；正在解决的为8件，占33.3%；因条件限制或作为工作参考的3件，占12.5%。收到代表反馈意见表16份，表示满意的16件。（熊先楚）

【工业绿色转型加快推进的议案】 2016年1月15日，在镇江市七届人大五次会议上，大会主席团将张炳良等10名代表提出的关于贯彻落实"五大发展理念"，加快推进工业绿色转型的议案交市人大常委会审议。议案建议强化工业绿色转型发展的组织领导，建立部门联席会议制度，完善考核指标体系，实行个性化、差异化的"绿色"考核；构建工业绿色转型发展的可持续模式，强化绿色招商，建设绿色工厂，打造绿色供应链，壮大绿色企业；创新工业绿色转型发展的市场化推进机制，实行资源强度和资源总量双控制度，探索设立工业绿色基金，促进金融与绿色发展深度融合，培育环境治理服务市场；严格工业绿色转型发展的约束机制，实行固定资产项目综合评估和审查，建立健全管理、监察、服务"三位一体"的节能监管体系；加大工业绿色转型发展的政策性支持，为工业绿色转型发展试点工作提供金融支持、财政扶持。（熊先楚）

【加大对中小企业特别是制造类企业扶持力度的建议】 2016年，在镇江市七届人大五次会议上，朱立荣等10名代表就加大对中小企业特别是制造类企业扶持力度提出建议：加大对中小企业的精神支持，提振企业家做大做强企业的信心；加大对中小企业的政策支持，依照"能免则免、能减则减、能缓则缓"的原则，让企业直接受益；加大对中小企业的资金支持，缓解资金短缺的困难问题；加大对中小企业的环境支持，营造有利于中小企业发展的良好环境。（熊先楚）

【海绵城市加大建设力度的建议】 2016年，在镇江市七届人大五次会议上，徐益生等10名代表就加大海绵城市建设力度、改善城市生态环境提出建议：加强宣传，争取各方支持，形成海绵城市建设的共识和合力；制定规范，完善制度体系，为海绵城市建设工作提供统一标准；多方筹集，保障建设资金；加强管控，提高建设质量。（熊先楚）

【"菜篮子"工程蔬菜基地加大建设的建议】 2016年，在镇江市七届人大五次会议上，史良雨等10名代表就加大"菜篮子"工程蔬菜基地建设提出建议：将2016年市级"菜篮子"工程蔬菜基地建设计划列入政府财政预算，继续保持"菜篮子"有关政策的连续性；加大财政投入力度，鼓励工商资本、社会资本参与蔬菜基地建设，形成多元化投入机制；建立"菜篮子"产品生产的补贴政策，保护菜农种菜积极性；建议设立蔬菜发展风险基金，探索将政策性商业保险引入蔬菜生产和销售领域。（熊先楚）

【文化与旅游融合发展的建议】 2016年，在镇江市七届人大五次会议上，赵峰等35名代表就推进文化与旅游融合发展提出建议：提升文化旅游整体形象，重视标志性建筑建设，完善景点景区配套服务，创新文化旅游产品，提高城市知名度；创新文化旅游营销模式，发展智慧旅游，助推旅游业发展；丰富文化体验活动，推动文化旅游业由单纯观光型向参与式、体验式等新型业态转变。（熊先楚）

【镇江市水生态文明创建先行示范区的建议】 2016年，在镇江市七届人大五次会议上，金国顺等20名代表就创建镇江市水生态文明先行示范区提出建议：在水生态文明建设理念指引下，基于镇江市水资源系统整体脉络和特征生态单元，构建"一屏、两带、七廊、多点、四城"的水生态文明建设总体布局；建设西北部横向和西南部纵向丘陵山地生态屏障，强化水资源再生能力；建设滨江水生态安全防护条带，打造京杭运河水文化传承廊道；构筑城市健康水网，提升水系生态功能；推进重要湿地公园建设；建设市区、句容、丹阳、扬中等4座水生态文明城市，统筹区域管理。（熊先楚）

【居住小区物业管理水平提高的建议】 2016年，在镇江市七届人大五次会议上，王荣飞等20名代表就提高镇江居住小区物业管理水平提出建议：建立政府相关部门联动工作机制，形成由市政府牵头、多部门联动的工作机制；完善物业管理相关配套政策，指导物业服务企业依制度规范运行；推动物业服务行业健康发展，提高服务品质；加强业主、业主委员会、业主大会的自治监督，促进业主自我管理机制的形成；加强物业发展宣传，为物业服务和管理创造良好环境。（熊先楚）

综 述

【概况】 2016年，镇江市完成地区生产总值3833.84亿元，比上年增长9.3%，增幅列全省第3位；一般公共预算收入293亿元，增长4.7%；固定资产投资2783.43亿元，增长15.1%，增幅列全省第4位；社会消费品零售总额1236.78亿元，增长11.1%，增幅列全省第5位；研究与试验发展（R&D）经费支出占地区生产总值比重达2.59%，列全省第5位；城乡居民人均可支配收入达41794元和20922元，分别增长8.1%和8.9%。

新兴产业完成销售4089.95亿元，增长12.5%；举办“百家央企镇江行”活动、香港现代服务业招商会；新增上市挂牌企业37家，花王股份登陆上交所主板。服务业增加值占地区生产总值比重达47.6%，提高0.7个百分点。入围“国家全域旅游示范区”创建单位。城市新地标苏宁广场对外营业。高效农业设施占比达20%。20个产业“三集”示范园区加快建设，首批8个市级特色小镇启动创建。创业创新力度增强：镇江新区综合考评列全省国家级开发区第6位，上升12位。镇江高新区省内综合排名上升3位，创新核心区一期启动规划编制。丹阳市获批省级高新区。镇江市获国家专利质押融资、专利保险“双示范”城市；创成省级以上博士后科研工作站54家，其中国家级21家。新增134家国家级高新技术企业，高新技术产业值占规模以上工业产值49.1%。完成民间投资2034.98亿元，增长21.5%；新开业各类市场主体4.6万户、注册资本1294.9亿元，分别增长32.9%和27.3%。

镇江市举办首届镇江国际低碳技术产业交易展示会；国家级生态城镇化示范区获批，丹阳市创成国家级循环经济示范市，扬中市成为全国高比例可再生能源示范市；与中美绿色基金签订3个合作项目；推进中央环保督察组交办事项，实施97个生态环境整治重点项目，全市空气质量优良天数占比达76.4%，$PM_{2.5}$浓度降至50微克/立方米以内，地表水国考断面优于Ⅲ类水质比率达75%。

城乡建设力度加大，启动“精美镇江”建设三年行动计划，实施6大类、142个城建项目，完成年度投资398亿元。312国道南移工程试通车，九华山路改造建成通车，焦山路全线贯通，丁卯桥路快速化改造按序时推进。海绵城市建设通过中期评估。完成市区棚户区改造93万平方米、危房解危5.3万平方米；建成保障房7154套。完成大港水厂一期主体工程。改造城市干道燃气管道42千米。开展城市环境综合整治，创成省级示范路3条、示范社区3个。主城区实现清扫保洁市场化全覆盖。通过国家卫生城市复审。

开展“百村万户”达新标、精准帮扶特困家庭奔小康、万个党支部结对帮扶万户特困家庭三大行动，74个经济薄弱村达标、4610户农村低收入人口脱贫。企业退休人员养老金实现“十二连增”，城乡低保一体化走在全省前列。机关事业单位养老保险制度改革启动实施。建成全国百强社区卫生服务中心2家、国家群众满意卫生院6家、省级示范村卫生室11家。基层综合文化服务中心建设得到中央改革办肯定。城乡社区居家养老服务中心覆盖率分别达100%和96%。镇江市蝉联“全国慈善七星级城市”称号。 （钱 智）

重要会议和政务

【市政府全体（扩大）会议】 2016年1月29日，镇江市政府在行政中心会议中心二楼第二会议室召开全体（扩大）会议。会议主要任务是贯彻落实市委六届十一次全会和市“两会”精神，动员全市政府系统确保完成全年各项目标任务。

8月12日，市政府在行政中心会议中心二楼第二会议室召开全体（扩大）会议。会议主要任务是贯彻落实省委十二届十二次全会、省政府全体会议精神，总结上半年，部署下半年，动员各地各部门坚定信心，确保完成年度目标任务。

10月28日，市政府在行政中心会议中心二楼第二会议室召开全体（扩大）会议。会议主要任务是贯彻省政府全体（扩大）会议和市第七次党代会精神，总结前三季度，部署下一阶段，动员全市上下完成全年各项目标任务。

（钱 智）

【“12345”热线工作】 2016年，镇江市“12345”热线接听市民来电239269个，由前台和政府督查室直接办理138239件，派送电子工单100408件，各网络单位处理回复100159件，办结、办复率达99.75%，回访群众满意率98.33%。完成热线平台软硬件升级改造任务和热线7周年纪念活动。办公场所全面扩容，接处中心由36个座席增加至70个座席。实现电话、网站服务、微信、微博、手机APP、电子邮件、短信、传真、留言信箱、信件“十位一体”多渠道服务模式；系统功能更加完善，实现对“12345”数据库的采集、检索、分析、研判等功能。

（郤星华）

2016年镇江市人民政府常务会议情况一览表

表6－1

文　号	主要内容	会议时间
常务会议纪要57号	1. 审议《政府工作报告(讨论稿)》;2. 审议《镇江市"十三五"规划纲要(草案)》;3. 审议《关于实施精准帮扶特困家庭奔小康工程的方案》;4. 听取2015年度辖市(区)政府教育督导情况报告;5. 审议《镇江市市属国有企业监事会暂行办法》等	1月4日
常务会议纪要58号	1. 听取全市安全生产工作情况汇报;2. 审议《关于进一步做好防范和处置非法集资工作的实施意见》;3. 研究2015年度镇江市市长质量奖评审工作情况等	2月2日
常务会议纪要59号	1. 审议《市级财政预算追加安排管理规定》等制度;2. 审议《镇江市"金山英才"计划实施意见》和《镇江市新兴产业紧缺型基础人才引进培养行动计划实施意见》;3. 听取2015年度镇江市科学技术进步奖组织评审情况的汇报;4. 研究支持"海峡两岸(镇江)文化创意产业基地"项目发展的政策意见;5. 听取丁卯桥路快速化改造工程的汇报;6. 审议《京口、润州区环卫保洁市场化全覆盖实施方案》	2月19日
常务会议纪要60号	1. 听取关于申请追加小微企业周转贷款财政存款规模的情况汇报;2. 听取连镇铁路(润州段)、太古山1号地块2期项目房屋征收情况汇报;3. 审议《镇江市建筑施工企业民工工资保证金管理办法》;4. 审议《镇江市内部审计规定》等	3月1日
常务会议纪要61号	1. 学习《中共中央、国务院法治政府建设实施纲要(2015—2020)》;2. 审议《镇江市区政府购买棚改服务实施办法》;3. 研究金家湾地块遗留问题处置方案;4. 提出关于《镇江香醋保护条例(草案)》的修改意见;5. 审议《取消出租车经营权有偿使用费实施方案》;6. 审议《关于加快推进综合运输服务发展的实施意见》等	3月24日
常务会议纪要62号	1. 听取全市开放发展相关政策文件的情况汇报;2. 听取一季度全市安全生产工作情况汇报;3. 审议《关于加快推进镇江市区棚户区改造货币化安置的贯彻意见》;4. 审议《镇江市流动人口居住管理办法》;5. 听取关于调整失业保险费率、工伤保险费率和城乡居民养老保险基本养老金待遇的汇报等	4月5日
常务会议纪要63号	1. 审议《镇江市实施房地产去库存的政策意见》;2. 听取设立南山街道办事处的情况汇报;3. 审议《关于实施证照联动加强事中事后监管工作的意见》;4. 讨论《镇江市饮用水源地保护条例》;5. 讨论《镇江市第一批历史建筑名单》和《宝堰历史文化名镇保护规划》等	4月14日
常务会议纪要64号	1. 审议《镇江市关于推进供给侧结构性改革的意见》;2. 审议《镇江市关于去产能工作的实施方案》;3. 审议《镇江市关于去杠杆工作的实施方案》;4. 审议《镇江市关于去杠杆推进市属产业集团转型发展的实施方案》;5. 审议《镇江市关于降低实体经济制度性交易成本的实施方案》;6. 审议《镇江市关于降低企业生产经营性成本工作的实施方案》等	4月24日
常务会议纪要65号	1. 讨论《关于推动镇江更高层次开放发展的实施意见(2016—2018)》;2. 讨论《镇江市饮用水源地保护条例(草案)》等	5月12日
常务会议纪要66号	1. 部署防汛和太湖防控工作;2. 部署调研督查供给侧结构性改革工作;3. 讨论上湖区域改造建设策划及景观概念方案;4. 讨论《镇江市区镇村布局规划》;5. 讨论《镇江市水污染防治工作方案》6. 听取《镇江市科学技术奖励办法》修订情况说明	6月3日
常务会议纪要67号	1. 讨论《关于加快茅山革命老区振兴发展的意见》;2. 讨论关于"江海河联动·港产城融合"十大行动计划;3. 讨论首届中国(镇江)国际低碳技术/产品交易展示会方案;4. 听取关于集中开展医疗保险反欺诈"亮剑"行动方案的情况汇报	6月29日
常务会议纪要68号	1. 学习《国务院办公厅关于加强和改进行政应诉工作的意见》;2. 通报1月—6月全省突发事件基本情况并部署相关工作;3. 传达贯彻全省国土资源工作座谈会议精神;4. 审议《关于进一步加强市区经营性用地调控管理的实施意见(试行)》;5. 听取《关于开展特色小镇规划建设试点的指导意见》的相关情况汇报;6. 听取关于开展"江苏小微企业创业创新发展贷款业务"的情况汇报;7. 听取关于市消防支队购置云梯消防车的情况汇报	8月3日
常务会议纪要69号	1. 专题部署中央环境保护督察组交办镇江市问题整改工作	8月5日
常务会议纪要70号	1. 听取关于《镇江新区化工园区转型升级三年行动方案》的情况汇报;2. 讨论《"健康镇江"(2016—2020)行动方案》;3. 审议《2016年镇江市新能源汽车推广应用实施方案》;4. 审议《辛丰镇总体规划及镇区空间控制规划》;5. 听取关于镇江市"e办事"审批服务平台建设工作和经费预算的情况汇报	8月17日
常务会议纪要71号	1. 审议《关于进一步加强城市规划建设管理工作的实施意见》;2. 审议《精美镇江行动计划(2016—2018)》;3. 听取2016年教育系统各学段"十佳教师"评选情况的汇报;4. 听取关于原312国道城区段改造方案的情况汇报等	8月26日
常务会议纪要72号	1. 学习《国务院关于推进中央与地方财政事权和支出责任划分改革的指导意见》;2. 听取全市安全生产工作及中秋、国庆安全生产大检查工作方案的汇报;3. 听取关于提高市区城乡低保、困境儿童和特困人员等对象保障标准的情况汇报	9月9日
常务会议纪要73号	1. 听取关于《江苏省交通一卡通宁镇扬三市异地刷卡互通互惠协议》的情况汇报;2. 审议《关于深化镇江市出租汽车行业改革的实施意见》和《镇江市网络预约出租汽车经营服务管理实施细则》;3. 讨论《关于全市"金屋顶"企业计划的补充意见》;4. 审议《镇江市城市绿化管理办法(草案)》;5. 审议《镇江市企业登记并联审批实施办法》;6. 审议《镇江市城市防洪规划(2014—2030)》	10月9日

续表 6-1

文　号	主要内容	会议时间
常务会议纪要74号	1. 研究2016年全市财政收入增长目标调整方案;2. 审议《镇江市物业管理实施办法》;3. 听取关于市区养老服务设施布局规划的情况汇报	10月20日
常务会议纪要75号	1. 审议《关于加快创新型城市建设的六条政策措施》;2. 审议《镇江市苏南国家自主创新示范区空间布局规划(2015—2020)》;3. 审议《镇江市畜禽养殖禁限养区划定方案》;4. 审议《镇江市"工匠奖"评选办法(暂行)》;5. 审议《关于在市场体系建设中建立公平竞争审查制度的实施意见》	11月8日
常务会议纪要76号	1. 审议《关于明确深化医药卫生体制改革若干重点任务的意见》;2. 听取关于落实中央环境保护督察反馈意见整改任务分解方案的汇报;3. 听取关于2017年宁镇扬一体化发展重大项目安排的情况汇报	12月6日
常务会议纪要77号	1. 研究《镇江市贯彻落实〈法治政府建设实施纲要(2015—2020年)〉实施方案》;2. 研究高速公路出入口整治方案;3. 听取关于2016年度镇江市市长质量奖评审情况的汇报;4. 听取关于2016年"金山英才"计划顶尖计划申报及初评情况的汇报;5. 听取关于2016年度镇江市有突出贡献中青年专家选拔情况的汇报;6. 听取关于实行公务用车标识化管理的情况汇报;7. 听取关于镇江市见义勇为先进分子和先进集体评选表彰的情况汇报	12月8日
常务会议纪要78号	1. 审议《镇江市城市建成区违法建设专项治理工作三年行动方案》;2. 听取关于2016年国民经济和社会发展主要指标预计完成情况及2017年安排情况汇报;3. 讨论镇江市土地利用总体规划调整完善方案;4. 听取关于镇江市"两减六治三提升"专项行动方案的汇报;5. 学习《江苏省行政许可监督管理办法》等	12月21日

(钱　智)

【政务督察】 2016年,镇江市实行重点项目半月一督查、一月一通报、两月一调度、一季一点评、半年一观摩"五个一"推进机制,主动做好"八大类重点项目、低碳九大行动、市政府十大任务"半月一督查、一月一通报等工作,实行挂图上墙、挂图到屏,推动全市重点项目建设和重点工作任务完成。每月会同各牵头部门对全市产业升级类、工业技改类、民生改善类、市区城建类、生态环境类、科技创新类、重大基础设施类等706个项目采取挂绿旗、黄旗、红旗形式持续跟踪督查,全年下发重点项目推进单、交办单96份。抓好重点工作督查,健全政务"大督查机制",实施"干—查—督"闭环式督查,促进工作落实。全年市政府督查室开展专项督查40余次,形成《督查专报》75期,《督查通报》77期。重点突出对供给侧结构性改革工作"1+5X政策文件"、G20峰会空气质量保障、"江海河联动、港产城融合"、养老保险征收、美丽宜居镇村和村庄生活污水治理建设、规划遥感督察图斑核查、"黄标车"淘汰报废、"地条钢"整治、市区棚户区改造等重点工作开展专项督查,推动市政府年度重点工作、重点项目落到实处。

(王卯江)

【人大代表建议和政协提案办理工作】

2016年,镇江市政府系统承办人大代表建议177件、政协提案406件。市"两会"结束后,市政府督查室立即对建议和提案逐一进行再梳理,根据职能分工,确定60个承办责任单位,并在市人大代表建议和政协提案办理网上集中交办。会同市人大常委会人代联委、市政协提案委对建议提案办理工作坚持定期督查、强化联合督查、注重成效督查,通过会商办理、现场办理等方式开展专项督查,对工作中出现的问题及时协调解决,对工作进度较慢的部门催办督办,办理好建议提案。收回582件反馈意见表,满意和基本满意率为100%。

(高　呈)

【省长、市长信箱及一卡通办理工作】

2016年,镇江市政府督查室办理"省长信箱"转办信件218件,按期办结率100%;会同有关单位处理"市长信箱"来信1300余件,按期办结办复率100%,形成市长信箱每月来信分析12期。帮助申请企业办理"镇江市外来投资一卡通",新办、换发22张,办理车辆通行证21张。

(王卯江)

【应急管理】 2016年,镇江市经济社会形势总体平稳。4月14日,国务院应急办副主任陈胜一行6人调研组,调研镇江市"十二五"应急体系建设情况,考察征润洲水源地原水水质安全保障工程、镇江海事局长江应急救援指挥中心、市地方海事局内河应急救援指挥中心、市城市防汛应急指挥调度平台和京口区江二社区海绵城市建设试点项目。调研组认为"十二五"期间镇江市应急管理工作基础扎实。

应对处置人感染H7N9高致病性禽流感疫情、2月29日市区出租车聚集维权、7月上旬全市范围强降雨、8月6日丹阳埤城火灾事故、古运河宝塔山对面和市特教中心滑坡地质灾害、12月11日引航道长江口窝崩等突发事件。推进镇江市应急指挥综合平台建设,提出"一平台两中心"模式("一平台"即依托市公安局指挥系统平台,整合相关联动单位资源升级形成市级应急指挥平台;"两中心"即两个指挥场所,一个是市公安局指挥中心,另一个是市政府2411会议室,两个中心互为主副)。依托市气象局推进市突发事件预警信息发布平台建设。建成镇江市危化品应急救援平台。在全省率先组建第一支化工灾害事故专业应急救援队,开工建设市危化品事故应急救援物资库。继续以"平安红手绳"为标识,开展应急知识宣传普及活动,全年覆盖公众10万人次以上。启动31个超过3年的市级专项应急预案。出台《镇江市突发事件信息报告情况通报办法》,对突发事件报告情况实行每月通报制度。开展防震减灾综合演练和特种设备事故应急演练等4次有较大影响的应急演练活动。重点组织对危化品行业、教育系统应急预案依法演练情况进行考核评估。开展2016年度优秀值班室评选活动,为13家单位授牌。将所在地监狱、监所应急管理工作纳入地方政府应急管理体系,实现应急管理工作的无缝对接。

(徐锦红　吴　琼)

【机关事务管理】 2016年,镇江市机关事务管理完善体制机制,指导推进辖市(区)机关事务管理部门健全机构和管理职能。丹阳市、扬中市的相关机构更名为市机关事务管理局,丹徒区、京口区的机关事务管理机构升格为正科级。

规范办公用房管理。巩固办公用房清理整改成果,领导干部办公用房实行"一人一档"管理;对巡视整改涉及的办公用房进行回头看,统筹利用腾退办公用房；拟定《易地交流来镇领导干部周转住房建设和使用管理办法》；整合调配市政务办、国地税联合办税大厅等8家单位办公用房。

深化公车制度改革。完成全市党政机关公车改革任务，取消并处置公务用车1176辆；完成公车集中管理平台建设，受理应急出车任务300余车次，安全行车4余万千米，服务满意度100%；推进公车管理信息化和标识化，制度化开展节日期间保留公车使用及封存停放专项督查；启动全市企事业单位公车改革工作，完成调查摸底及信息统计、充实完善公车改革组织领导等工作。

强化集中办公区安全管理。落实"党政同责、一岗双责"，市机关事务管理局主要领导与分管领导、分管领导与分管单位、局与进驻各单位分别签订责任状；制定落实《年度安全生产工作清单》和《日常安全检查工作清单》；两次邀请有关专家对行政中心进行安全普查，组织30余人参加安全资质培训；实施完成行政中心工程建设遗留问题的排查整改近80项，消除重大隐患；加大巡防力度，做好防恐防暴工作，保障正常办公秩序。

深化机关后勤服务社会化改革。按照《中华人民共和国政府采购法》，完成新一轮服务外包招标工作；强化"机关事务工作质量监管中心"运行管理，开展日常巡查2000余次，处理报修1500余次，确保设施设备完好率达98%以上；严格合同管理，加强对6家服务外包单位、近10项外包服务的监管考核，提升服务质量和服务满意度。

加强节能低碳建设。协调推进4家省级节能示范创建工作；完成第三批建筑能源审计，8家单位出具审计报告；启动节水型单位创建活动；委托专业技术服务公司，推进能耗限额制定和管理；完成市和辖市（区）行政中心近6万平方米的光伏发电工程，市行政中心光伏项目年发电量约80万千瓦时，年节约电费约10万元；继续施行照明灯具LED改造，全市党政机关绿色照明率达80%以上；市行政中心和部分公共机构完成食堂节气灶具改造，节气率达35%以上。全市公共机构人均综合能耗、单位建筑面积能耗、人均水资源消耗比上年分别下降2%、1.8%、2%。

提升服务保障质量。开展财务核算"零差错、零距离、零障碍"的"三零"服务品牌创建，品牌创建进入全市20强，市级机关事务工作满意度达85%以上。开展地下车库管网、部分办公用房整改、电视电话会议室改造、更新食堂设施设备等，完成水电和设施设备的维修服务2200次，合格率达100%；完成市政务服务中心2.8万平方米物业管理保障工作；完成市党代会换届等719场重大会议保障任务；每天三餐就餐人数超过2000人次，满意度85%以上；中心幼儿园再获"江苏省文明单位"称号，并被评为镇江市儿童保健先进单位，家长满意率达98%以上；做好4.2万人次的医疗服务保障；文印服务引进和消化古籍文献册页的装订技术，填补镇江市不能批量生产的技术空白，全年承印各类文件材料5800余件；完成驾驶员培训380人。（胡福乾）

政务服务

【概况】 2016年，镇江市开展"依法行政当标杆 效能革命做模范"主题活动，在4个方面推进全市审批制度改革。

创新驱动，推进改革。在全省率先将公章备案证明纳入"五证合一"流程，实现"多证合一"，市工商局、公安局、国税局、地税局、质监局、商务局、食药监局、卫计委、安监局等部门协同推进"证照联办"改革，企业登记效率提升，激发创新创业活力。

"多评合一"改革写入中央文件。"互联网＋多评合一"试点完成，改革在辖市（区）初见成效，改革举措被写入《中共中央国务院关于深化投融资体制改革的意见》，国务院总理李克强多次要求将改革经验向全国推广。

企业投资项目并联审批推进。市住建局、国土局、规划局、环保局等部门与市民防局、消防局、气象局、水利局、燃气公司、电力公司、自来水公司等部门（单位）配合，落实联合审图、联合踏勘、联合验收等改革举措，提高审批效率，降低企业成本。同时，市政务办对全流程并联审批进行探索，梳理出企业投资建设项目许可审批图。

多措并举服务企业。在项目服务中，通过联审会办、上门服务等方式，引导窗口提前服务、联合查勘、理顺流程、集中办理。全年为群众提供各类特色服务475次，其中预约服务114次、延时服务254次、上门服务107次。（吉　利）

【商事制度改革推进】 镇江市自2014年的"并联审批、一照三号"改革，到2015年的"三证合一、一照一码"改革，再到2016年的"五证合一"改革，一直致力于提升市场准入便利化水平。在"五证合一"改革中，企业在登记注册后到银行开户，需要公安部门出具的公章备案证明，将公章备案证明纳入其中，并把许可证件办理由部门串联改为同步并联，在全省率先推开"多证合一"改革。通过改革，工商登记效率提升70%以上。（吉　利）

【企业投资项目全流程并联审批探索】 2016年，镇江市政务办、发改委、规划局、住建局等部门（单位）落实联合审图、联合踏勘、联合竣工验收等改革举措，在实现各环节内并联审批的基础上，对全流程并联审批进行初步探索，组织20余个部门40多名审批人员，先后召开10余次研讨会，耗时3个多月，梳理出企业投资建设项目许可审批图。（吉　利）

【"多评合一"改革继续推广】 2016年，镇江市在"由串改并""由暗改明""由点改片""由增改减"的基础上，继续推广"多评合一"改革，抓住项目信息源，项目审批管道建设，基层代办人员培养，区域评估资金落实等4大关键环节，推出辖市（区）版"多评合一"，开展"互联网＋多评合一"试点，推动改革成果上网，与"多规合一"实行联动，推动改革再提速。截至年底，84个进入"多评合一"流程的项目办结77件，办结项目平均办理时限较改革前缩短64.5%。（吉　利）

【"e办事"平台建成】 2016年，镇江市编办、市政务办与相关单位推进"e办事"审批服务平台建设，先后上门与57个单位（部门）进行沟通，编写行政审批680项技术审核标准，厘清32个部门112项公共服务事项，为平台建设提供基础业务支撑。平台于12月28日上线试运行，整合行政审批、公共服务、公共资源交易、企业网上服务、"12345"热线等功能，实现审批与服务、线上与线下、共享与应用"三个结合"，网上"政务超市"和办事渠道，可以满足不同群体的办事需求，为企业和群众提供政务服务。（吉　利）

【市级公共资源交易全程电子化推进】 2016年，镇江市按照"统一平台、资源共享，集中交换、规范高效"的思路，对市级各类交易系统进行升级改造、对接融合，实现各类公共资源交易电子化、网络化，交易平台从依托有形场所向以电子化平台为主转变。建成集公共服务、项目交易、行政监督为一体的综合管理服务平台。（吉　利）

2016年镇江市政务服务中心各窗口办件一览表

表6-2　　　　　　　　　　　　　　　　　　　　　　　　　　　　　　单位:件

部门名称	即办件		承诺件		联办	批量导入	上报件		汇总				办件情况			
	受理	办结	受理	办结			受理	办结	受理	不予受理	办结	不予许可	在办	超时	暂停	办结率
发改委	0	0	286	286	0	0	0	0	286	0	286	0	0	0	0	100.00%
经信委	137	136	79	78	0	0	0	0	216	0	214	0	2	0	0	99.07%
教育局	0	0	120	120	0	0	0	0	120	0	120	0	0	0	0	100.00%
公安局	12866	12720	647	631	0	107163	1	1	120677	0	120515	0	166	0	0	99.87%
民政局	422	422	216	214	0	0	36	31	674	0	667	0	7	0	5	98.96%
司法局	0	0	0	0	0	0	201	198	201	0	198	0	3	0	0	98.51%
财政局	407	407	13	13	0	1881	0	0	2301	0	2301	0	0	0	0	100.00%
人社局	0	0	54	53	0	0	0	0	54	0	53	0	2	0	0	98.15%
国土局	1970	1969	511	503	0	0	22	18	2503	0	2490	0	13	4	6	99.48%
环保局	0	0	224	207	0	0	0	0	224	0	207	0	20	0	13	92.41%
住建局	2928	2909	1796	1745	0	1658	64	64	6446	0	6376	0	84	0	16	98.91%
水利局	0	0	9	9	0	0	0	0	9	0	9	0	0	0	0	100.00%
商务局	1262	1261	0	0	0	0	0	0	1262	0	1261	0	1	0	0	99.92%
卫计委	0	0	311	309	0	1551	290	266	2152	0	2126	0	28	0	0	98.79%
食药监局	264	247	370	360	0	0	0	0	634	0	607	0	29	0	1	95.74%
地税局	0	0	0	0	0	6758	0	0	6758	0	6758	0	0	0	0	100.00%
工商局	0	0	0	0	0	5115	0	0	5115	0	5115	0	0	0	0	100.00%
质监局	0	0	160	157	0	7674	0	0	7834	0	7831	0	3	0	3	99.96%
体育局	0	0	80	80	0	0	0	0	80	0	80	0	0	0	0	100.00%
安监局	396	394	2	2	0	2711	213	209	3322	0	3316	0	6	1	2	99.82%
粮食局	0	0	0	0	0	0	0	0	0	0	0	0	0	0	0	0.00%
物价局	0	0	1	1	0	0	0	0	1	0	1	0	0	0	0	100.00%
烟草局	30	30	307	307	0	0	0	0	337	0	337	0	0	0	0	100.00%
气象局	120	111	176	176	0	0	0	0	296	0	287	0	21	0	0	96.96%
规划局	281	281	1535	1306	0	0	0	0	1816	0	1587	0	230	0	154	87.39%
城管局	511	502	1309	1289	0	0	0	0	1820	0	1791	0	51	8	10	98.41%
地震局	11	11	0	0	0	0	0	0	11	0	11	0	0	0	0	100.00%
残联	3222	3221	0	0	0	0	0	0	3222	0	3221	0	1	0	0	99.97%
旅游委	0	0	3	3	0	0	0	0	3	0	3	0	0	0	0	100.00%
民宗局	7	7	0	0	0	0	0	0	7	0	7	0	0	0	0	100.00%
民防局	83	83	41	40	0	0	0	0	124	0	123	0	1	0	0	99.19%
文广新局	0	0	57	57	0	0	0	0	57	0	57	0	0	0	0	100.00%
交通运输局	490	489	154	150	0	3883	0	0	4527	0	4522	0	11	0	0	99.89%
自来水公司	177	170	415	374	0	0	0	0	592	0	544	0	50	0	41	91.89%
华润燃气	0	0	27	27	0	0	0	0	27	0	27	0	0	2	0	100.00%
供电公司	0	0	0	0	0	0	0	0	0	0	0	0	0	0	0	0.00%
农委	5331	5328	906	898	0	0	0	0	6237	0	6226	0	11	0	9	99.82%
国税局	1007	1000	0	0	0	4260	0	0	43657	0	43650	0	7	0	0	99.98%
京口区	133	133	397	394	0	7026	0	0	7556	0	7553	0	5	2	2	99.96%
润州区	38	38	141	129	0	5877	0	0	6056	0	6044	0	12	0	5	99.80%
总　计	32093	31869	10347	9918	0	193947	827	787	237214	0	236521	0	764	17	267	99.71%

说明:1.2016年总办件237214件,其中即办件32093件,承诺件10347件,办结率99.71%,办件差错率0%;2.表格中的办结率包含统计时受理的办件,也包含统计时未办结但并未超过承诺办理时间的办件;办结件含上年结转　　　　(吉　利)

外 事

【概况】 2016年，镇江市邀请接待外宾93批881人次，其中副部级以上9人，外国驻华使领馆官员13批64人次。全市办理因公出国团组284批691人次，办理邀请外国人来华签证函电742批1057人次，代办因私签证1161批2050人次，领事认证397件。全市APEC商务旅行获卡总量达450张。处理境内外涉外事(案)件5起。新建立友好交往城市5对，市本级分别与瑞士卢加诺市、意大利拉斯佩齐亚市、澳大利亚洛克汉普顿市、法国贝尔热拉克市和勒芒市签署友好交往备忘录。镇江友好城市德国曼海姆市获全国友协颁发“对华友好城市交流合作奖”。举行镇江—加州低碳发展合作电话会议，在北京出席第二届中美气候智慧型/低碳城市峰会，赴美国加州出席第七届中美清洁能源部长级会议。在上海举行“2016镇江(上海)总部经济对接会”，镇江新区举办第三届“瑞士主题周”活动。外交部国际经济司专家在镇江举办“一带一路”政策解读专题报告会，市外办编印《“一带一路”投资合作及领事保护指南》。在加拿大启动大型多媒体舞台剧《PEARL 春江花月夜》(根据赛珍珠生平改编)全球巡演活动。举办“B12星球杯镇江国际摄影展——2016中意贰+贰”活动、第14次中日韩三国国际书法交流展、(扬中)首届“中国·以色列剪纸艺术教育论坛”。镇江足球队赴韩国参加“第三届镇江市—益山市民间足球友谊对抗赛”。澳大利亚中央昆士兰大学与江苏大学结为友好学校。调研课题《探索外事服务中外合作园区发展路径》获市“社科应用研究精品工程”立项课题二等奖。外交部《外事管理》刊发采纳镇江低碳特色经验的“城市国际化联合调研报告”。

(奚向红)

【第一届中俄跨境电商大会】 2016年5月6日，第一届中俄跨境电商大会在镇江新区举行。镇江新区管委会与企发中俄跨境电商平台项目、“打开套娃”电商平台项目签约并落户镇江国家大学科技园，企发中俄跨境电商平台与“亚夫在线”签署战略合作协议。(参见第358页)

(奚向红)

【第二届“国际瑜伽日”千人瑜伽活动】 2016年6月20日，由镇江市人民对外友好协会、印度驻上海总领事馆主办，镇江市外办、市文广集团、市体育产业发展有限公司承办的第二届“国际瑜伽日”千人瑜伽活动在市体育会展中心举行。在印度瑜伽老师的指导和演示下，千名瑜伽爱好者集体练习瑜伽。副市长王常生、印度驻上海总领事古光明出席开幕式，古光明向王常生赠送瑜伽书籍。国际瑜伽日于2014年12月11日由联合国宣布设立。2015年6月，在世界多个城市举办首届国际瑜伽日活动。2016年，印度驻上海总领事馆推动在镇江及上海、无锡等华东九城开展第二届“国际瑜伽日”活动。

(奚向红)

【镇江国际低碳技术产品交易展示会】 2016年11月28日—29日，镇江国际低碳技术产品交易展示会召开，这是国内首个由地方政府主办的国际性低碳展示会。美国通用电气、陶氏化学，中国中车、阿里云、滴滴出行等国内外近200家低碳环保领域的知名企业、科研机构，分为低碳工业、低碳交通与能源、低碳绿色建筑、低碳信息技术、循环经济、低碳服务六大板块进行技术产品展示。14个国家的前政要、驻华使领馆以及国际友好城市、驻华商务机构的官员和代表50余名外宾参会。澳大利亚、法国等国家的城市在“城市主题”论坛介绍低碳环保经验和实例。镇江市政府与中美绿色基金、阿里云、中信银行等有关方面签订4份合作协议，发布《低碳发展“镇江指数”》等一批低碳成果以及《低碳在行动——镇江倡议》。

(奚向红)

2016年重要外宾到镇江访问情况表

表6-3

到访月日	团　组	访问目的	主要访问点
1月8日	芬兰驻上海总领事万伯阳一行2人	出席中芬合资的江苏华凯比克希线束有限公司开业典礼	江苏华凯比克希线束有限公司、丹阳国际眼镜城
2月21日	美国驻上海总领馆外联处处长莫丽	参加葛培理布道团音乐布道会	镇江市基督教宣德堂
3月19日	柬埔寨人民党中央委员、中央宣教委员会副主席、中央青年工作组组长盖本兴率柬埔寨人民党青年政治家考察团48人	考察中国经济社会发展及基层团建、青年发展工作	恒顺集团、万科社区
4月5日	印度驻上海总领事古光明一行2人	商讨在镇江举办印度镇江高层商务论坛，印度文化周及国际瑜伽日庆祝活动等事宜	江苏大学、索普集团、天工工具、丹阳眼镜城
4月15日	副主席拉·博博卓尼奥恩率塔吉克斯坦人民民主党干部考察团20人	考察中国经济社会发展及基层党建工作情况	万科社区、恒顺集团、西津渡、梦溪琴社
4月27日	韩国全罗北道议会议长金英培率全罗北道议会代表团16人	友好访问	镇江韩国临时政府史料陈列馆
5月6日	俄罗斯驻上海总领事叶夫西科夫·阿列克谢率中俄跨境电商大会代表团47人	举行第一届中俄跨境电商大会	镇江新区
5月31日	肯尼亚恩布郡议长贾斯特斯·美特率议会代表团8人	友好访问	句容市
6月20日	印度驻上海总领事古光明一行8人	参加第二届“国际瑜伽日”千人瑜伽活动	市体育会展中心
7月18日	ARASU(埃拉苏)率联合国官员代表团23人	考察丹阳眼镜市场和眼镜产业	丹阳眼镜城、万新光学
7月22日	韩国驻上海总领事韩硕熙一行3人	促进韩国企业与丹阳企业间的交流与合作	(丹阳)会展中心

续表 6－3

到访月日	团 组	访问目的	主要访问点
7 月 24 日	青年民主党人书记处协调员斯特法诺·阿尔巴诺率意大利民主党青年干部考察团 12 人	考察中国经济社会发展情况及基层党组织建设工作	万科社区、镇江市规划展示馆、醋文化博物馆和西津渡
9 月 14 日	韩国驻上海总领馆总领事韩硕熙一行 4 人	公务访问	镇江韩国临时政府史料陈列馆
9 月 25 日	缅甸掸邦议会议长赛隆赛率掸邦议会代表团 15 人	考察中国经济社会发展及现代农业发展情况	句容东方紫、丁庄老方葡萄园、茅宝葛园
9 月 28 日	越南祖国阵线中央委员会机关党委常务副书记王文南率 2016—2020 年第一期越南党政领导干部培训班 30 人	考察中国新农村建设	句容后白镇便民服务中心、西冯村、茅山新四军纪念馆和碧桂园华东科技新城
10 月 15 日	瑞士驻上海总领事馆总领事霍力轩、瑞士卢加诺市市长马可·伯乐多利一行 4 人	参加第三届“瑞士主题周”活动	中瑞生态园、西津渡
10 月 28 日	新加坡驻上海总领事罗德伟一行 8 人	洽谈经贸合作事项	－
11 月 12 日	美国内布拉斯加州州长皮特·里基茨一行 35 人	经贸考察	（丹阳）沃得集团
11 月 23 日	纳米比亚霍马斯省省长劳拉·麦克拉德率代表团 14 人	考察现代农业发展情况，交流农业机械、国际教育合作事项	江苏大学、世业洲
11 月 27 日	爱尔兰前总理伯蒂·艾亨一行 5 人	参加 2017 镇江国际低碳产品技术交易展示会	镇江新区
11 月 27 日	芬兰驻上海总领事万伯阳、英国驻上海总领事吴侨文、澳大利亚驻上海总领事梅耕瑞一行 19 人	参加 2016 镇江国际低碳产品技术交易展示会	镇江新区
11 月 28 日	美国驻上海总领馆官员曹东书一行 2 人	与江苏大学语言文化中心交流对外合作项目，举办赴美签证讲座	江苏大学
12 月 28 日	印度驻上海总领馆商务领事柯文一行 2 人	商讨 2017 年合作举办印度周事项	－

（奚向红）

2016 年外国友好城市主要团组到镇江访问情况表

表 6－4

到访月日	团 组	访问目的	主要访问点
6 月 15 日	美国坦佩市中学生交流团 5 人	友城学生暑期交流项目	镇江市、北京市
7 月 8 日	日本津市市民部部长吉川亲之率日本友城公务员代表团 5 人	搭建行政主导专业领域互动平台，磋商友城交流项目	行政中心
8 月 31 日	日本仓敷市日中友好协会会长原田健明率友协代表团 23 人	友好访问	市友协
11 月 27 日	日本津市政府国际交流课课长泽口率津市政府代表团 3 人	参加 2016 镇江国际低碳技术和产品展示会	镇江新区
12 月 1 日	俄罗斯斯塔夫罗波尔市师生代表团 9 人	与镇江第三中学校际交流	镇江第三中学校

（奚向红）

2016 年外国其他主要团组到镇江访问情况表

表 6－5

到访月日	团 组	访问目的	主要访问点
1 月 25 日	英国印第安纳州和堪萨斯州驻华代表潘甚吉	招商经贸洽谈	镇江新区
1 月 27 日	英国埃塞克斯郡政府国际部主任彼得·马宁率埃塞克斯郡官员代表团 3 人	洽谈医疗技术、医务人员培训、养老产业等方面合作交流事项	市卫计委
3 月 25 日	俄罗斯俄中地区合作理事会副会长谢苗诺夫·阿尔乔姆率俄中友谊和平发展委员会代表团 3 人	商讨中俄跨境电商大会事宜	镇江新区
3 月 31 日	美国经济学家杰里米·里夫金博士一行 3 人	参加生态新城规划座谈会，作《迈向十三五：中国互联网＋、零边际成本社会和第三次工业革命》专题讲座	市规划展示馆、西津渡既有建筑节能改造项目、南山北入口
4 月 5 日	美国加州—江苏合作发展集团总裁沃尔特一行 9 人	经贸考察	镇江软件科技园

续表6-5

到访月日	团　组	访问目的	主要访问点
4月19日	以色列哈帕图阿其开放式学校校长吉拉·赛维卡率剪纸艺术交流团	推进剪纸艺术教育国际交流，与扬中丰裕中心小学签订友好合作协议	丰裕中心小学
6月17日	瑞士政府亚太区总裁卢卡斯·胡博一行2人	与江苏鱼跃集团洽谈合作事宜	（丹阳）江苏鱼跃集团
6月26日	美国圣马丁大学驻上海海事大学代表贯肇琳一行3人	洽谈美国圣马丁大学与大港中学联合办学招生	丹徒新城
7月12日	大苏黎世地区经济促进署亚太区总裁卢卡斯·胡博一行2人	拜访（丹阳）江苏鱼跃集团	（丹阳）江苏鱼跃集团
7月16日	韩国常任代表朴南守率"3·1"运动100周年纪念事业推进委员会代表团21人	友好访问	镇江大韩民国临时政府史料陈列馆
7月20日	新加坡新科动力董事长郭宝发一行5人	洽谈江苏华通动力新方撤资事宜	-
8月8日	日本跨境会会长石田和靖率日本跨境会5人	洽谈了解镇江产业发展和招商引资需求情况	镇江新区、（丹阳）会展中心
8月12日	韩国全罗北道驻上海代表处首席代表林锡民	商讨公务员体育交流	-
8月13日	韩国民主和平统一咨询会上海协议会会长李相哲一行19人	友好访问	镇江大韩民国临时政府史料陈列馆
8月25日	美国能源基金会总裁艾瑞克·海茨一行8人	与镇江市政府签订《低碳发展合作战略备忘录》	扬中市近零碳岛、镇江新区化工园区、规划展示馆
9月10日	法国、俄罗斯、乌克兰、美国等17个国家外教和留学生一行23人	参加"洋眼看江苏、魅力丹阳行"活动	国际眼镜城、眼镜博物馆、176文化绿洲、季子庙、天地石刻园
9月12日	美国花旗集团全球副总裁恩斯特·高德曼一行8人	参加镇江市服务外包合作对接会	镇江规划展示馆、西津渡、金山湖、睿泰数字出版产业园区、镇江科技新城、大禹山创意产业园
10月4日	中美能源合作项目董事会联席主席海睿率中美能源合作项目（ECP）代表团8人	推进落实第二届中美智慧型低碳城市峰会签署的合作协议	交产集团
10月24日	美国亚洲协会代表王一迅一行2人	商讨2017年费城交响乐团赴镇演出事宜	-
10月28日	美国孟菲斯市市区委员会主席帕特森一行2人	学习探讨中国小城市市中心改造和文物保护问题	镇江新区规划局
11月2日	美国加州州长商业经济发展办公室主任阿维迪斯率加州清洁技术贸易访华团24人	推进双方签署的《关于加强低碳发展合作的协议》	金山湖、南山北入口
11月5日	法国勒芒市市长布拉德率政府代表团7人	与镇江签署建立友好交往城市关系备忘录	江苏龙锦科技生态农业园、镇江市规划馆
11月16日	意大利利古里亚大区旅游委员会主任、拉斯佩齐亚市市长全权代表卢卡·艾尔巴率拉斯佩齐亚市政府代表团12人	与镇江签署建立友好交往城市关系备忘录	中意农业示范园、镇江博物馆、西津渡
11月17日	意大利利古里亚大区旅游委员会主任、拉斯佩齐亚市长全权代表卢卡·艾尔巴率拉斯佩齐亚市代表团12人	与镇江签署建立友好交往城市关系备忘录	镇江博物馆、西津渡、（新区）茶博园、森禾、城市中央公园
11月26日	澳大利亚洛克汉普顿市政府代表团	与镇江签署建立友好交往城市关系备忘录，洛市政府与镇江教育局签署教育合作备忘录，中央昆士兰大学与江苏大学签署友好合作协议书	江苏大学
11月26日	法国贝尔热拉克市大区副主席一行4人	参加2016镇江国际低碳技术和产品展示会，举办"法国葡萄酒品鉴会"	镇江新区、江苏大学
12月1日	俄罗斯斯塔夫罗波尔市师生代表团9人	与镇江第三中学进行校际交流	镇江第三中学
12月9日	国务院扶贫办副主任张广平率南非农村发展政策与实践研修班32人	考察中国农村建设发展情况	世业洲
12月15日	韩国新国家党首尔市国际委员会委员长金正基一行4人	与恒顺集团洽谈合作开发新产品、开发新市场事项	恒顺集团

（奚向红）

侨　务

【概况】 镇江是江苏省重点侨乡之一。全市旅居海外的华侨华人、港澳同胞约有36600人，分布在美国、加拿大、澳大利亚、日本等国家和东南亚、中国香港等地区；全市有归侨侨眷61800多人，其中归侨187人，农村困难归侨75人，大部分于抗日战争前后回国定居；海外留学人员4000多人。

2016年，镇江市提出“5+1”工作思路（“5”就是“五项行动”，即助力经济推进引资引智的“搭桥引侨行动”、深化联谊加强资源涵养的“侨情涵养行动”、服务侨企助推转型升级的“侨经服务行动”、维护侨益改善侨界民生的“侨界关爱行动”、加强侨务外宣文化交流的“传递乡情行动”；“1”就是加强队伍全面建设，提升侨务干部的综合能力），为做好新时期侨务工作打下基础。省侨办在镇江举办全省侨务干部培训班，全省侨办系统100多名侨务干部参加培训。

以“搭桥引侨行动”为牵引，开展“双招双引”系列活动，全年邀请华侨华人、高层次人才、侨商来访考察、对接洽谈411人次，达成初步合作意向项目近100个。加强海外侨领、侨商、社团的联络联谊，延伸涵养海外侨务资源渠道，全年新建海外引资引智联络点24个，新增结好海外社团11个，重点科技人士新入库资料283人。深化与海外华侨华人专业社团的合作，与中国留德学者计算机学会、留日博士总会、美国硅谷科技协会等协会达成合作协议，成为省市联建海外人才联络站的全省示范；市人才办聘请中国旅法航空航天协会和西澳华人科学家协会为镇江市“海外华侨华人专业人才联络站”；市侨办与俄罗斯华侨华人青年联合会、德国华侨华人联合会、缅甸中华总商会、澳大利亚镇江联谊会等社团签订结好协议。截至年底，与市侨办密切联系的海外侨社团达220余家。

《江苏省保护和促进华侨投资条例》颁布。全年发挥市海外交流协会、华商会的平台作用，举办2次大型讲座、3次沙龙联谊活动、5次会长联席会，参会人员800多人次，考察30多家产业集群及侨企，组织20多家会员企业参加武汉华创会、东盟华商会等活动，推动1家企业赴东盟投资新项目。利用汇侨信息交流服务中心平台作用，全年举办各种业务、技能培训13场（次），惠及企业200余家、1100多人次。全年走访调研企业20多家，为企业解决用工招聘、项目对接交流、信息宣传发布等问题近百个。

推进“侨界关爱工程”，开展节日走访慰问、定补发放、健康知识讲座、送医送药等活动，全年省、市侨办走访慰问丹徒区高资街道、西斛村困难归侨家庭，走访慰问侨界重点人士120户，举办健康知识讲座3场，送医送药51户，为全市困难归侨侨眷发放定补、救济补助资金、就诊卡等34.17万元，接受海外捐赠款物折合人民币327.98万元。做好“回国定居审批”行政审批事项工作，并按照“双公示”要求，在“镇江侨网”上建立行政许可和行政处罚等信用信息公示专栏，实现公共服务和行政审批事项全流程网上办理。开展侨务工作进园区、校区、社区活动，做好润州区万科社区“全国社区侨务工作明星示范单位”创建、验收工作，并举行挂牌仪式，同时指导丹徒区西斛村开展侨情调查工作，为创建“全国社区侨务示范单位”打好基础。全年接待侨界来信来访22件次，办结率98%。

全年分别在《欧洲时报》《加中时报》等媒体上刊登4个海外宣传专版，刊发近百条信息，宣传镇江的人才、创业、投资环境。建立海外高层次人才QQ群、镇江侨务微信等平台，全年刊发、转载各类信息稿件400余条。

（邱江祥）

【江苏通灵获全球首张光伏接线盒IEC 62790证书】 2016年2月23日，德国莱茵TüV集团向扬中市江苏通灵电器股份有限公司颁发全球首张光伏接线盒IEC 62790认证证书。江苏通灵电器股份有限公司是扬中市华商会副会长单位，是专业的太阳能连接系统制造商。此次IEC 62790标准对光伏接线盒在导体的连接牢靠性、导电性以及相关辅助材料的性能都提出更新、更高的要求。德国莱茵TüV集团按照IEC标准认证通灵电器生产的光伏接线盒，为国产光伏接线盒走向全球提供可靠认证，同时，可以促进接线盒制造企业加快技术升级和产品结构调整。（邱江祥）

【企业国际化发展策略报告会】 2016年3月18日，由镇江市政府主办、市侨办牵头组织的“企业国际化发展策略报告会”在市行政中心第4会议室举行，全市有关单位领导及企业负责人110余人参加。报告会分两个部分，首先，由国侨办原副司长林旭作《如何借助海外侨胞资源推进企业国际化》报告；其次，由荷兰欧通投资咨询公司执行董事、中国部总经理卢雅娟在《境外投资的商机把握和风险防范》中以投资荷兰、中国企业为例，向与会者讲解正确把握商机，成功走出去的事例。报告会围绕投资决策风险、海外融资风险、政府管理和服务风险等方面介绍海外投资的主要风险以及防范措施办法，并提出见解。

报告会后，还举办镇江荷兰国际合作项目对接会，现场6名荷兰企业家携带农业、文化、养老、旅游、科技等8个方面项目与镇江11家招商部门、园区及30多家有开拓市场意愿的企业进行项目对接洽谈，世界电子画廊、荷兰养老、欧洲旅游、科技混凝土、绿港农业、青少年足球培训等10多个项目达成初步合作意向。（邱江祥）

【中德工业4.0专家团到镇江考察交流】 2016年4月24日，中国留德学者计算机学会中德工业4.0专家团一行10人到镇江考察交流。中国留德学者计算机学会是德国华侨华人科技社团，被镇江市人才办授予专业人才联络站牌匾，该团是国侨办海外人才为国服务计划系列活动的重要团组。在镇江期间，海外专家一行参观并了解镇江新区科技新城、大学科技园的创新创业环境，与镇江大全集团、马上游科技、畅远信息、云神科技等相关企业就人工智能、大数据、工业4.0、知识产权信息服务等方面的项目和技术进行交流，达成加强合作的明确意向。（邱江祥）

【海外华文媒体高层考察团访问镇江】 2016年4月25日，10多个国家和地区的11家知名华文媒体的社长、总编辑、董事长、总裁等20余人应邀到镇江参观考察。考察团参观镇江醋文化博物馆、西津渡古街、镇江博物馆、金山湖风景区，了解镇江的历史文化、风土人情和社会发展。海外华文媒体一直是海外宣传镇江、扩大影响的渠道，市侨办通过海外华文媒体无偿为镇江及辖市（区）累计刊发专版20余版，向海外介绍镇江经济社会发展的最新动态、产业布局、项目及人才需求信息，提升镇江在海外的影响。（邱江祥）

【世界华侨华人社团侨领考察访问镇江】 2016年6月5日，参加第八届世界华侨华人社团联谊大会的35个国家和地区的70多位海外侨领考察访问镇江。考察团参观千年古刹金山寺，了解镇江历史古迹及现代化发展轨迹。世界华侨华人社团联谊大会是国务院侨办举办的侨务活动，是以世界华侨华人主要社团负责人为对象的联谊交流的平台，第

图 6-1 2016 年 6 月 5 日，世界华侨华人社团知名侨领考察访问镇江
（邱江祥 供稿）

八届世界华侨华人社团联谊大会的主题是“中国梦侨胞梦——团结合作造福侨社”。镇江是海外侨领在江苏期间的活动现场之一。（邱江祥）

【2016 海外高层次人才江苏行暨镇江洽谈会开幕】 2016 年 6 月 21 日上午，“2016 海外华侨华人高层次人才江苏行暨创新创业镇江洽谈会”在镇江万达喜来登酒店开幕，美国、加拿大、德国、日本等 20 个国家和地区的 150 多名海外高层次人才和侨商，携带创新创业项目、侨商经贸合作项目 140 多个参会。开幕式中，市人才办向海外嘉宾推介“金山英才”计划，并举行华侨华人专业人才联络站授牌仪式，有中国留德学者计算机学会、留日博士总会、美国硅谷科技协会、中国旅法航空航天协会、西澳华人科学家协会等 5 家单位获得华侨华人专业人才联络站牌匾。开幕式结束后，参加洽谈会的海外华侨华人高层次人才和侨商赴镇江新区中瑞镇江生态产业园、镇江大路通用机场等地进行实地参观考察。下午，进行人才创新创业、经贸合作等专场项目对接洽谈活动，镇江 120 多家企业和园区负责人与海外人才和客商分组洽谈交流。在项目洽谈会上，试剂生产管理、浅地能密封型制冷制热技术、机器人手术综合评价标准、材料超强度结构设计、智能家居视觉申控等 53 个项目达成初步合作意向，其中科技人才项目 43 个、经贸合作项目 10 个。（邱江祥）

【日本跨境会考察镇江】 2016 年 8 月 9 日—11 日，日本跨境会会长、日本证券业协会公益委员石田和靖与日本光华株式会社社长阿仓英实女士考察镇江创新创业环境。石田一行先后考察镇江新区航空产业园、中瑞生态产业园、综合保税区、镇江新区大学科技园、丹阳日本汽车零部件产业园、丹阳开发区，并与镇江市部分企业家代表座谈，了解镇江市产业发展和招商引资需求情况，以便在镇江与有合作意向的日本企业家之间牵线搭桥，期间，市侨办组织召开投资创业环境推介座谈会。跨境会是日本全国企业家中有在海外开展业务想法的人士组成的交流团体，有会员 1600 余名。（邱江祥）

【中餐厨艺交流团出访国外】 2016 年 9 月 13 日—28 日，为配合国侨办“中餐繁荣计划”，展示镇江淮扬菜系传统和厨艺，镇江市选派 5 名烹饪大师组成“镇江中餐厨艺交流团”，赴日本、韩国和缅甸等国家，开展文化、商务交流，并配合驻外使馆在国庆、中秋招待会中开展厨艺表演、烹饪培训等活动。举办展演、品鉴、培训、交流等 13 个专场活动，培训厨师近 400 名。（邱江祥）

【澳大利亚镇江联谊会成立】 2016 年 11 月 11 日，澳大利亚镇江联谊会在澳大利亚成立，并成立 8 人组成的理事会。澳大利亚镇江联谊会于 9 月中秋之际开始筹建，隶属于澳大利亚江苏总会。这是旅居澳大利亚全体镇江人以及和镇江有渊源的华人自发成立的民间团体，目的是为丰富在澳洲居住的镇江人的业余生活，增强归宿感。截至年底，澳大利亚镇江联谊会有 50 余人，成员来自各行各业，澳大利亚镇江联谊会填补澳大利亚没有镇江正式华人社团的空白。澳大利亚镇江联谊会的成立，得到市侨办、侨联等有关部门的支持，并在成立时分别发去贺电。（邱江祥）

【市华商会二届四次会员代表大会召开】 2016 年 12 月 18 日，镇江市华商会二届四次会员代表大会暨全市侨港资企业迎新春联谊会在镇江万达喜来登酒店举行，200 余人参加。市华商会会长陈荣华代表商会作 2016 年度工作报告，监事长、江苏七〇七药业有限公司董事长耿同全作商会年度财务报告。省侨办副主任、省侨商会副会长孙彬在致辞中肯定镇江华商会工作成绩，并希望镇江华商会在加强服务、联络联谊和做好指导等方面多下功夫，提高商会工作。市政府相关领导也对会员代表大会的召开表示祝贺。会上，还进行《江苏省保护和促进华侨投资条例》学习有奖问答及书法表演。（邱江祥）

港澳事务

【概况】 2016 年，镇江市接待港澳人士 5 批 12 人次。促进苏港澳创意创新基地与浙江合大太阳能科技有限公司合作，在江心洲推广实施光伏示范村增收惠民工程项目。引进 B2B 跨境电商服务中心阿里巴巴华东大区镇江站并落户苏港澳创意创新基地。同时，组织实施镇江（香港）现代服务业招商活动，市委书记夏锦文率辖市（区）和市属集团负责人赴港开展招商活动，签约项目 9 个。组织青年代表团赴澳门参加第六届苏港澳青年精英论坛。扬中香港商会在香港成立。（奚向红）

2016年港澳人士到镇江访问情况表

表6-6

到访月日	团组	访问目的	主要访问点
5月19日	香港科技及创新委员会中国区负责人张建韬一行3人	洽谈苏港澳创意创新基地合作方变更事项	镇江新区科技新城
6月20日	香港科技及创新委员会中国区负责人张建韬一行6人	洽谈美国亿歌项目	镇江新区
7月8日	香港华微集团陈跃进	洽谈技师学校党校地块合作项目	大市口
8月24日	苏港澳创意创新基地负责人张杰	考察江心洲"金屋顶光伏惠民工程"	江心洲
10月19日	海天城(香港)有限公司总经理蒋劲峰	洽谈长江游戏谷合作项目	正东路街道

(奚向红)

2016年镇江市邀请接待海外和中国港澳地区重点访问团组及客商情况表

表6-7

到访月日	团组	访问内容
1月8日	澳大利亚悉尼科技大学教授汪国秀一行3人	考察投资环境
1月9日	全美中文学校协会副总干事倪举凌一行4人	拜访市侨办
1月15日	全非洲和平统一促进会会长李新铸一行6人	考察访问
2月24日	澳大利亚墨尔本侨领陈荣华一行2人	与市侨办交流
2月25日	全美华商总会执行主席陈家榕一行2人	与市侨办交流
2月29日	留日博士总会会长李建平博士一行4人	推进项目、人才合作
3月18日	荷兰欧通投资公司执行董事卢雅娟一行8人	镇江荷兰国际合作项目推介会
4月8日	美国医学博士候尚伟一行2人	"金山英才"计划申报
4月24日	德国中德工业4.0专家团一行10人	与镇江企业对接交流
5月7日	澳大利亚华人画家李宏一行2人	举办个人画展
5月30日	美国阿林顿美中资源公司总裁金敢博士一行2人	联络联谊
6月5日	第八届海外知名侨领看江苏活动镇江行一行56人	考察镇江投资环境
6月15日	留日博士总会李建平、张书明等一行15人	考察丹阳、润州创新创业环境
6月19日	美国、澳大利亚、加拿大、欧洲、东南亚、中国香港等30余国家和地区150位高层次人才、侨领参加在镇江举办的"2016海外华侨华人高层次人才创新创业洽谈会"	镇江华创会、项目对接会
7月15日	墨西哥华侨华人联合总会副会长兼常务秘书长董其朝一行3人	考察镇江、加强交流
7月26日	留德中国物理学者学会主席刘百宁博士3人	拜访市侨办
8月9日	日本跨境会会长石田和靖一行2人	考察镇江、推介对接企业及项目
9月5日	留日博士总会李建平会长一行5人	项目后续服务
9月9日	韩国首尔叁源科技会会长范文备一行6人	项目推介、洽谈交流
9月23日	中国旅法航空航天协会徐翔宇会长一行2人	与市人才办签订结好协议
9月23日	西澳科学家协会王少芳会长1人	与市人才办签订结好协议
9月26日	纳米比亚和平统一促进会会长陈庆平一行5人	拜访市侨办
10月13日	韩国华助中心主任、中国在韩侨民协会总会会长王海军一行10人	签订项目合作协议
11月8日	巴西中国经济贸易促进会中国区主席陈捷一行5人	拜访市侨办
11月15日	日本大阪大学研究员范秦寅博士一行3人	洽谈人才交流事宜
12月17日	法国同济校友会会长窦豆一行2人	考察交流
12月26日	美国硅谷科技协会博士团一行9人	考察创新创业环境

(张伯华)

综　述

【概况】　2016年，镇江市有政协委员343人。市政协召开常委会议，围绕“推进信息化与工业化融合，促进制造业向中高端迈进”开展议政建言；主席会议就外贸出口方式转型升级、提高项目投入产出水平等开展专题议政。就发挥宗教文化资源优势促进旅游业发展、推进农产品电商平台建设、促进快递业健康有序发展等开展协商建言。10月，召开市政协二十二次常委会议，围绕“找准发展短板，决胜全面小康”组成6个调研组，分别围绕特色发展、百姓增收、生态建设、公共服务、社会平安、精准扶贫等6个专题开展调研，形成6份专题报告和1份综合报告。召开双月委员座谈会，委员们就提升镇江主城区首位度和区域竞争力提出意见和建议。

围绕党风廉政建设实施民主监督，邀请市委常委、纪委书记到市政协常委会议通报党风廉政建设工作，并与常委们开展互动交流。围绕民生保障和公共服务开展专题协商，就推进住宅小区物业管理提档升级、完善慢性病规范管理新模式、完善全民健身场所规划建设、书香镇江建设、校外青少年活动基地建设等开展协商议政和督查推进，形成一批意见和建议。围绕生态文明和重点项目建设开展督查推进，就国家生态城镇化示范区、海绵城市建设的进展情况开展调研考察，提出意见和建议。对高新区建设进展缓慢的问题进行跟踪考察，提出加快体制机制过渡、高水平编制规划、创新载体平台建设等方面的具体建议。为发挥提案在民主监督中的作用，市政协首次开展提案落实情况绩效评估工作，组成20个调研组，对2013年—2015年的20件重点提案落实情况进行“回头看”，逐一形成调研报告，并组织部分委员和镇江高专相关学者对报告进行专题评判，推动提案建议落地生根。

抓好“两学一做”学习教育，加强市政协的思想政治建设和制度作风建设。坚持每两个月举办一次“政协讲堂”，邀请金灿荣、梁作民等国内学者为市政协委员作国际形势与中国外交、经济新常态与供给侧结构性改革、信仰与生活、哲学思维与人生境界等专题讲座。在委员中开展“弘扬价值观、践行当模范”主题活动，评选出9名践行社会主义核心价值观“最美委员”，人民网、新华网、光明网等全国20多家媒体、网站都予以报道。组织机关年轻干部开展读书征文、演讲比赛活动。　（卢小芳）

重要会议和工作

【市政协七届五次会议】　2016年1月11日—14日召开，336名市政协委员出席会议。会议分组学习中共镇江市委书记夏锦文在市政协七届五次会议开幕式上的讲话，审议通过市政协主席李国忠所做的常务委员会工作报告和副主席朱开宝所做的提案工作情况的报告。全体与会人员列席市七届人大五次会议，听取和讨论《政府工作报告》和其他有关报告。举行“推进创新发展”“推进绿色发展”“推进共享发展”等3场专题联组讨论会。大会提案组收到提案420件，参与集体12个、委员268人次，其中市各民主党派、工商联和人民团体的集体提案70件，委员个人和联名提案350件。提案委员会对收到的提案进行审查，确定立案408件，按提案类别分为工农业类67件，财贸类19件，城建城管环保类177件，科教文卫体类86件，政治法律、劳动人事类47件，政协、统战类12件；不予立案12件，其中11件转为社情民意，1件撤案。会议选举朱云峰、卢道富为市政协副主席，丁夕平、张永意、张宜英、梁新歌为市政协常委，审议通过政协镇江市委员会第七届委员会第五次会议决议。市各部委、办、局负责人和在镇江的全国政协委员及省政协委员列席大会。　（卢小芳）

【常委会议】　2016年，镇江市政协召开4次常委会议。

1月11日，召开七届十九次常委会议第一次全体会议，听取市委常委、组织部部长秦海涛所做的候选人提名情况的说明；审议《政协镇江市第七届委员会第五次会议副主席、常务委员选举办法（草案）》、候选人建议名单和监票人建议名单。1月13日，召开七届十九次常委会议第二次会议，听取各讨论组讨论选举办法和酝酿候选人情况汇报，确定选举办法、正式候选人和监票人建议名单；讨论《会议决议（草案）》和提案审查情况的汇报；审议通过2016年市政协工作要点。

4月21日，召开七届二十次常委会议，围绕“推进‘两化’（即信息化和工业化）融合，促进制造业向中高端迈进”开展专题协商议政。市政协副主席朱云峰代表调研组发言，4名委员作专题发言，提出6个方面、20条建议。市委副书记、市长朱晓明到会听取委员意见并讲话，市政协主席李国忠主持会议并讲话。市发改委等10多个部门主要负责人列席会议。

7月28日，召开七届二十一次常委会议，民主监督推进党风廉政建设。市政协主席李国忠主持会议并讲话。会前，

2016 年镇江市政协主席会议一览表

表 7－1

日　期	会议名称	会议内容	参加部门
1 月 12 日	七届四十四次主席会议	审议通过《市政协 2016 年工作要点》	-
2 月 19 日	七届四十五次主席会议	专题推进“书香镇江”建设	市文广新局、机关工委、教育局、总工会、妇联、双拥办、司法局、残联、文广集团、镇江报业传媒集团
3 月 29 日	七届四十六次主席会议	围绕“发挥宗教文化资源优势，促进镇江旅游产业发展”开展专题协商议政	市民宗局、发改委、旅游委、规划局、文广新局、三山南山管委会、文旅集团
4 月 27 日	七届四十七次主席会议	围绕推进农产品电商平台建设开展专题协商议政	市委农办、市农委、发改委、经信委、供销社、商务局
5 月 27 日	七届四十八次主席会议	推进住宅小区物管提档升级	市住建局、规划局、城管局、环保局、民防局、公安局、民政局、质监局、丹徒区、京口区、润州区、镇江新区管委会
6 月 24 日	七届四十九次主席会议	围绕推进镇江高新区建设开展协商议政；审议通过有关人事任免事项以及召开七届二十一次常委会议有关事项	市发改委、经信委、财政局、科技局、商务局、规划局、国土局、民政局，镇江新区管委会、润州区政协
7 月 20 日	七届五十次主席会议	围绕“推进外贸出口方式转型升级”进行专题议政	市商务局、发改委、经信委、金融办、财政局、国税局、交通局（口岸办）、镇江海关、镇江出入境检验检疫局、人民银行镇江分行、镇江银监分局、镇江邮政管理局
8 月 29 日	七届五十一次主席会议	围绕推进“完善慢性病规范管理新模式”开展专题协商议政	市卫计委、民政局、财政局、人社局、食药监局、物价局、市医保结算中心，京口区、润州区政府
9 月 22 日	七届五十二次主席会议	就生态城镇化示范区建设进行民主监督推进；讨论通过召开市政协七届二十二次常委会议的有关事项	市政府办公室、生态城镇化示范区建设指挥部、发改委、住建局、规划局、国土局、环保局、交通局（铁路办）、交通产业集团、镇江高专、丹徒区政府、润州区
10 月 20 日	七届五十三次主席会议	围绕“提高项目投入产出水平”开展专题协商议政	市政府办，发改委、经信委、商务局、科技局、财政局、国土局、环保局、统计局
11 月 22 日	七届五十四次主席会议	视察推进海绵城市建设	市住建局、发改委、财政局、规划局、国土局、环保局、水利局、海绵城市建设指挥部，京口区政府、润州区政府
12 月 30 日	七届五十五次主席会议	审议七届市政协常委会工作报告和提案工作报告；协商八届市政协界别设置和委员人选安排；讨论有关人事任免事项；审议通过先进委员活动小组、优秀政协委员、优秀提案和优秀社情民意信息表彰名单；审议修订有关委员工作的两个文件；审议市政协八届一次会议有关事项；通过召开七届二十三次常委会议有关事项；传达市委七届二次全会精神	-

（卢小芳）

委员们现场参观以纪律教育为主题的市党纪教育馆。会上，市委常委、纪委书记孙健通报 2011 年换届后党风廉政建设情况，并与政协常委进行互动交流。会议还通过有关人事任免事项。

10 月 26 日，召开七届二十二次常委会议，专题协商“找准发展短板，决胜全面小康”。市政协副主席朱云峰就调研情况作综合说明，6 名政协常委分别代表调研组围绕发展短板提出意见和建议。市委书记夏锦文到会听取委员意见并讲话，市政协主席李国忠主持会议并讲话。市发改委等 20 多个部门主要负责人列席会议。市委常委、常务副市长倪斌通报市政协七届五次会议后提案办理情况。（卢小芳）

【重点提案办理】 2016 年，镇江市政协从立案的 429 件提案中选出《加快跨境和农村电子商务发展》《加快做强宗教文化旅游产业》《形成主体功能区协调发展机制》《做好农村精准扶贫》《运用大数据创新社会治理模式》《加强市食品药品检验检测中心建设》等 6 件作为重点提案。为推动重点提案落实，市政协以《重点提案摘报》的文件形式，直接报市委、市政府，得到市委、市政府主要领导的重视和批示。7 月 18 日开始，由市政协副主席分别带队，每位副主席督办 2 件重点提案，通过走基层、看现场、访群众的形式，对 6 个重点提案的办理情况开展逐一现场督查。对办结的重点提案开展绩效评估，由承办部门、政协委员、群众代表和相关专家组成第三方研判小组，对提案的办理质量进行测评。（卢小芳）

【茅以升“家乡土木工程奖”在镇江首次颁奖】 2016 年 6 月 16 日，2015 年度茅以升科技教育基金会“家乡土木工程奖”颁奖大会在镇江市首次颁奖。镇江市 10 名交通和建设工程行业第一线的技术人员获奖（名单附后）。茅以升科技教育基金会是为了纪念桥梁专家、教育家和社会活动家茅以升先生，于 1991 年由有关单位发起并捐资设立的。基金会已经成立 25 年，在全国奖励 3000 余名取得成就的工程技术人员和优秀师生。基金会专设茅以升“家乡土木工程奖”和“家乡教育奖”，从上年开始，两个奖项的颁奖大会交替在镇江举行。

茅以升科技教育基金会“家乡土木工程奖”获奖名单：

一、交通工程奖（5 名）

镇江市交通工程质量监督站站长、高级工程师　张卫东

镇江市交通工程招标投标管理办公室主任、高级工程师　张可嘉

镇江市交通规划设计院书记、高级工程师　黄雪松

镇江市公路管理处科长、高级工程师　李小民

镇江市交通工程招标投标管理办公室高级工程师　王英

二、建筑工程奖(5名)

镇江城市建设产业集团有限公司副总经理、高级工程师　曹俊

镇江城市建设产业集团有限公司项目负责人、高级工程师　吴德茂

镇江城市建设产业集团有限公司副主任、工程师　刘军

镇江索普建筑安装工程有限责任公司项目经理、高级工程师　徐连芳

镇江索普建筑安装工程有限责任公司项目技术负责人、高级工程师　李昌军　(卢小芳)

【茅以升120周年诞辰纪念活动在北京举行】 2016年1月9日是中国科学院院士、著名桥梁专家、镇江籍名人茅以升120周年诞辰纪念日,九三学社中央委员会和中国科学技术协会在人民大会堂举行"茅以升与中国梦——纪念茅以升先生诞辰座谈会"。第十二届全国政协副主席、九三学社中央主席韩启德,第十一届全国政协副主席、茅以升科技教育基金会主任王志珍以及原铁道部副部长、茅以升科技教育基金会第一副主任孙永福,中国铁路总公司副总经理卢春房等人出席座谈会。

茅以升是中国现代桥梁工程的奠基人,著名的科学家、教育家和社会活动家。20世纪30年代,他在钱塘江上建起由中国人自己设计施工的第一座公路铁路兼用的钢铁大桥;为支持抗日,亲手炸毁刚刚建成的钱塘江大桥,在抗战胜利后又重修钱塘江大桥。曾担任唐山交通大学等5所大学的校长、院长、教授,为中国工程建设、科技教育事业发展做出贡献。

韩启德、孙永福等回顾并缅怀茅以升一生业绩和精神,北京交通大学创作的话剧《茅以升》中茅以升扮演者董耀聪作为大学生代表发言;全国政协委员、画家刘宇一,西南交通大学校长徐飞,唐山学院刘学东献茅以升画像;会上还举行由茅以升科技教育基金会主编的《茅以升全集》新书发布仪式。　(江　鉴)

【"弘扬价值观、践行当模范"主题活动】 2016年3月—10月,镇江市在全体政协委员中开展"弘扬价值观、践行当模范"主题活动。活动紧扣建设"强富美高"新镇江的主题,围绕"四德"展开,即遵守社会公德、职业道德、家庭美德、个人品德,争当八个方面模范,即爱国守法的模范、敬业奉献的模范、诚实守信的模范、友善和谐的模范、热心公益的模范、助人帮困的模范、尊老爱幼的模范、崇德尚俭的模范。活动由市政协机关委办牵头,开展5项活动,即发出一封倡议、进行一次讲座、组织一次座谈、安排一次笔会、举办一次展示。各委员"做一件有意义的事",各小组"开展一次有意义的活动",各界别"组织一次有意义的主题实践"。在媒体推出主题活动公益宣传,定期刊(播)出,开展"最美委员"评选活动,在手机报开设"委员践行价值观"专栏。9位政协委员在活动中受到表彰。　(卢小芳)

【政协讲堂】 镇江市政协讲堂每两个月一次,逢单月举行,由市政协主席主持,从2015年3月开始创设。2016年年初,政协讲堂邀请社会各界学者,结合中央大政方针、国际国内形势和社会热点问题等为委员和政协干部作专题学习辅导。全年举办6讲,被评为市级机关"十佳学习品牌"。　(卢小芳)

重点建议

【全国综合运输服务示范城市创建的建议】 2016年2月29日,镇江市政协召开双月委员座谈会,围绕"推进全国综合运输服务示范城市创建"进行专题协商,提出四点建议:一是注重融合,与南京经济圈、宁镇扬同城化建设紧密结合,按照建设方案和实施意见的序时要求,向上争取政策、资金和项目,为提升镇江综合运输服务能力提供支撑。二是做强物流,加快构建"物流园—物流中心—配送场地"的三级物流节点网络体系,从税收政策调整、运输工具管理、建设用地管理、规划布局统筹等方面,细化落实相关政策,促进现代物流业发展。三是重在建设,尽快打通焦山路和檀山路北延段等断头路、丁字路,结合"海绵城市"建设增加家用轿车停车位,增加能挡风遮雨又能实时查看公交车到站情况的公交站台,注重公交停保场站建设和增添更多新能源公交车辆,在各类城市交通枢纽建设过程中实现"零换乘"。四是多部门联动、合力破解"鲜活农产品的储运难、让传统物流业搭上互联网快车、破解城乡公交尤其镇村公交巨亏"等各种难题,探索实践交通工程项目融资建设新模式、各类运输方式衔接转换新方式、物流企业运行管理的新机制、行业规范发展的新标准。　(卢小芳)

【旅游产业发展的建议】 2016年3月29日,镇江市政协召开七届四十六次主席会议,围绕"发挥宗教文化资源优势,促进镇江旅游产业发展"进行专题议政,提出五点建议:一是抢抓机遇,增强发展的紧迫感。二是强化顶层设计,坚持规划引领,坚持特色化发展,坚持"实现老景区提升与新景区创新"并重,坚持打造三山、南山、东山文化园、茅山、宝华山五大宗教文化旅游重点板块,以大景区支撑镇江"大旅游"格局。三是整合资源,加快现有景区的改造提升。把焦山打造成佛教文化研修中心,北固山突出三国文化,金山突出东晋文化,发扬光大"水陆法会";将金山湖、金山、北固山、焦山、西津渡串成一个大景区,实行统一管理,实施一票制,分别设计开辟水路游、陆路游两条线路。南山景区突出南朝文化,恢复招隐寺等宗教文化遗址,把修身、养性、养生结合起来。茅山景区以茅山道教人文景观和自然山水景观为旅游载体,加快崇喜万寿宫、中华养生园等重点项目建设,形成旅游观光、道教养生、中医中药保健康复、健康养老产业链。宝华山景区加快千华古镇建设,与隆昌寺景区实现一票制。四是打造品牌,推进龙头项目建设,综合利用韦岗温泉和周边丘陵山区开发,推进东山文化园项目规划建设,通过供奉佛祖舍利、建设江苏佛学院、打造戒、定、慧特色宗教文化等,将佛教文化资源串联起来。五是创新模式,确保推进,实行"政府搭台引领、企业主体运营、市场主导运作"的运营模式。　(卢小芳)

【推进"书香镇江"建设的建议】 2016年2月18日,镇江市政协召开七届四十五次主席会议,围绕"推进'书香镇江'建设"进行专题视察和协商议政,提出三点建议:一是让阅读成为市民的一种时代风尚、一种行为习惯。二是让全民阅读成为城市的一大文明标志、一道人文风景。在完善阅读服务体系上,完善图书馆阅读服务网络体系,扶持实体书店发展;在阅读对象的引导上,抓好领导干部和青少年;在全民阅读活动推广上,政府各部门要调动民间社团的积极性。三是把全民阅读作为保障人民基本文化权益的一种责任担当、一项民生工程。健全完善工作机制,落实到位扶持政策,营造阅读氛围。　(卢小芳)

【制造业向中高端迈进的建议】 2016年4月21日,镇江市政协召开七届二十次常委会议,就"推进两化融合、促进制造业向中高端迈进"进行专题议政,提出五点建议:一是将智能制造作为制造业

发展的主攻方向，制定和实施智能制造行动方案，抓住智能制造的关键环节和重点。二是加快制造业转型升级，以智能制造促进战略性新兴产业发展，运用先进适用技术和信息技术改造提升传统制造业，加速制造业与服务业融合发展。三是增强载体平台对制造业两化融合发展的支撑力，强化载体平台建设，打造制造业协同创新共同体，加强产学研合作，提高科技创新效能，实施“金山英才”计划，引培信息化人才团队。四是激发企业主体活力，提高企业经营者对“两化”融合发展重要性的认识，加强试点示范，增强企业“两化”工作的引领带动作用，贯彻国家“两化”融合管理标准体系，集成要素资源，推进企业集群特色化、品牌化发展。五是完善推进“两化”融合的体制机制，加强组织领导，完善政策措施，发挥行业协会优势，完善评价体系，强化目标考核，强化服务帮扶，营造“两化”融合发展环境。（卢小芳）

【公共体育设施规划和建设推进的建议】 2016年4月22日，镇江市政协召开双月委员座谈会，围绕“推进公共体育设施规划和建设”进行专题协商，提出三点建议：一是建立政府主导、部门协同的公共体育设施规划和建设机制，将公共体育设施建设纳入经济社会发展的总体规划，确保用地计划落实到位，履行建设项目审批。二是扩大公共体育资源的供给，落实“十三五”规划，拓展增量，实施《江苏省体育设施向社会开放管理办法》，盘活存量，结合建设项目，注入体育要素，利用山水优势，展示镇江城市特色。三是促进多方参与，管办分离、营利性和非营利性分开，发动基层组织、群众性体育组织，共同参与设施的管理和运行，引入商业保险，化解责任风险。

（卢小芳）

【农村电商推进发展的建议】 2016年4月27日，镇江市政协召开七届四十七次主席会议，专题协商推进全市农村电商发展，提出六点建议：一是加强农产品营销“两网”建设，推进农村电子商务应用工作。二是利用“市场资源”与做强“自主品牌”双线推进。三是做强产业基础，促进产业对接。四是推进城乡物流配送体系建设。五是鼓励青年参与农村创业，开展电商人才培训计划。六是加强组织引导，加大政策支持力度。

（卢小芳）

【住宅小区物业管理工作提升的建议】 2016年5月26日，镇江市政协召开七届四十八次主席会议，围绕“推进住宅小区物业管理工作提档升级”进行专题议政，提出四点建议：一是加强制度建设，出台《关于推进市区住宅小区物业管理提档升级的实施意见（2016—2020）》，制定《镇江市物业管理实施细则》，定期修订完善《镇江市区物业服务收费管理实施办法》和《镇江市区物业服务收费标准》，修订完善住宅专项维修资金的相关制度和政策支持体系。二是促进管理基础提档升级，全程监管住宅项目规划建设管理，发挥前期物业企业作用，规范物业服务交接工作。三是促进行业生态提档升级，规范招投标或选聘行为，鼓励物业企业“自我革命”，建立科学的物业服务评价机制。四是促进业主素质提档升级，提高业主对物业管理的认识，提升业主自我管理的水平。（卢小芳）

【镇江高新区推进建设的建议】 2016年6月24日，镇江市政协召开七届四十九次主席会议，围绕“继续推进镇江高新区建设”进行协商议政，提出五点建议：一是完善顶层设计，加快完成体制机制过渡，建议市委、市政府加快推进高新区管理体制和运行机制过渡，结合行政区划调整，抓紧明确高新区的管辖范围和工作职责。二是编制发展规划，体现核心产业特色，在规划理念上，强化以创新要素引领园区总体规划的理念，强化把科教阵地建成高新区核心板块的理念，强化把镇江最美山水留在高新区的理念；在空间布局规划上，按照“十三五”发展规划“一体两翼”“五大片区”的空间格局，统筹考虑各项功能定位；在土地利用规划上，加强与城市发展规划及土地利用红线控制区的衔接；在产业布局规划上，科学编制产业功能区规划，选培核心特色产业。三是加快创新载体平台建设，加快建设一批高层次科技创新平台、一批高水平科技企业孵化器、一批高品质科技服务平台和一批高端科技人才资源。四是创新政策服务体系，采取项目用地给予倾斜，强化财政资金引导，构建多元化投入机制，加快发展科技金融，建立科技顾问制度。五是完善考核机制，强化督查推进，建立“一区十四园”协同管理机制。（卢小芳）

【外贸产品出口方式转型升级的建议】 2016年7月20日，镇江市政协召开七届五十次主席会议，围绕“推进外贸产品出口方式转型升级”进行协商议政，提出四点建议：一是开拓多种渠道，加快发展跨境电子商务，搭建企业参展平台，创新出口方式。二是完善配套措施，加大对新兴出口方式政策的支持力度，加强相关部门沟通，设立技术性贸易措施应对中心。三是打造龙头企业，提高传统产业集群整体竞争力，实施外贸出口企业梯队培育计划，加快自主品牌争创和保护力度。四是加强协调服务，建立外贸工作联席会议制度，简政放权实行出入境、通关、检验检疫、税务等一站式服务，提供外贸综合服务平台和政策咨询服务，培育专门人才。（卢小芳）

【快递业健康有序发展的建议】 2016年8月27日，镇江市政协召开双月委员座谈会，围绕推进快递业健康有序发展进行专题研讨，提出四点意见：一是强化规划指导，完善顶层设计。二是加强基础设施建设，疏通快递服务“最后一公里”，加强园区建设，完善末端设施，畅通运输网络。三是加大政策扶持力度，促进快递业转型升级，推动跨境发展，推动快递下乡，支持业务创新，促进企业向技术密集型转变。四是完善体制机制，形成监管合力，建立高位协调机制，规范市场秩序，严格安全监管，发挥协会作用。

（卢小芳）

【“健康镇江”推进建设的建议】 2016年8月29日，镇江市政协召开五十一次主席会议，就“完善慢性病规范管理模式、深入推进‘健康镇江’建设”展开专题协商，提出三点建议：一是履行好“政府主导”的责任，从建设高水平小康社会的高度认识慢性病管理工作，制定扶持政策健全激励机制，拓展社会参与渠道，把完善慢性病管理模式作为深化医改的一项工作来抓。二是落实好“预防为主”的方针，强化各级各类医卫机构的资源整合，科学定位、合理分工、利益分享，形成慢性病防控体系，重视健康教育，强化“治未病”的理念和行为，开展群众性健身活动，增强人民体质。三是发挥好基层医疗卫生机构的职能，明确基本定位，加强队伍建设，落实到位政策。

（卢小芳）

【项目投入产出水平提高的建议】 2016年10月20日，镇江市政协召开七届五十三次主席会议，围绕“提高项目投入产出水平”进行协商议政，提出五点建议：一是强化招商选资，加强项目源建设。二是强化分类指导，增强项目建设的有效性，抓好续建竣工项目、计划新开工重大项目、在手重大前期项目和重大储备项目。三是强化载体建设，提升项目承载能力，建好国字号开发园区，壮大“三集”园区，打造特色小镇。四是强化要素保障，健全完善重大项目服务机制，落实现有政策措施，优化土地资源配置，拓宽投融资渠道，激发民间投资活力。五是强化组织领导，严格目标责任考核，完善项目推进机制，加强招商队伍建设，加大考核奖励力度。
（卢小芳）

【产业特色发展推进的建议】 2016年10月26日，镇江市政协举行七届二十二次常委会议，围绕“找准发展短板，决胜全面小康”进行专题协商，就推进全市产业特色发展提出五点建议：一是用生态领先的理念规划引领产业特色发展，实施主体功能区规划，优化生产力布局，推进港产城融合发展。二是打造现代特色产业体系，发展高质量服务业和现代制造业，加快推进传统产业特色发展。三是推进特色载体平台建设，加强国字号载体建设，培育特色小镇，发展“三集”园区。四是加强优质重大项目建设，推进投资要素向优质重大项目集聚，强化招商选资和重大项目储备，加大协调服务工作力度。五是探索完善产业特色发展的制度保障，制定完善和落实有关政策，打造创新人才高地，完善考核机制。
（卢小芳）

【百姓增收加快的建议】 2016年10月26日，镇江市政协举行七届二十二次常委会议，围绕“找准发展短板，决胜全面小康”进行专题协商，就加快百姓增收提出三点建议：一是处理好五方面关系，即优化发展与科学分配的关系、做强旅游产业、做实主体功能区的配套政策、创新推广“戴庄经验”、做好创业和创新共振的关系。二是解决两个具体问题，即供给侧改革中出现的下岗职工再就业问题和加快化解村级集体债务。三是抓住三大关键，即农村集体产权制度改革、增加城乡居民财产性收入、建好特色小镇。四是落实好两项政策，即有序减少农业人口、落实政府惠民政策。
（卢小芳）

【公共服务建设推进的建议】 2016年10月26日，镇江市政协举行七届二十二次常委会议，围绕“找准发展短板，决胜全面小康”进行专题协商，就公共服务建设提出三点意见：一是公共服务保障体系逐步完善，义务教育优质均衡发展，公共文化服务体系建设出成果，医疗卫生健康服务体系完善，养老服务业发展推进。二是公共服务发展短板依然存在，资源配置不均衡，供给不足，编制数量偏紧，人才短缺，经费投入不足，捉襟见肘。三是补齐公共服务短板势在必行，建立项目化驱动机制，优化育人用人机制，健全财政性投入稳定增长机制。
（卢小芳）

【良好生态环境打造的建议】 2016年10月26日，镇江市政协举行七届二十二次常委会议，围绕“找准发展短板，决胜全面小康”进行专题协商，就打造良好生态环境提出五点建议：一是适应全新体制，构建环境管理新体系。二是实施常态治理，推动区域环境持续改观。三是注重源头防控，提升面源污染治理水平。四是推动低碳转型，降低企业污染排放强度。五是汇聚各方力量，加强共建美好家园氛围。
（卢小芳）

【加强公共安全的建议】 2016年10月26日，镇江市政协举行七届二十二次常委会议，围绕“找准发展短板，决胜全面小康”进行专题协商，就抓好公共安全提出四点意见：一是食品安全防控的角度新一点，加强技术检测，提升社会共治水平，优化顶层设计。二是安全生产监管的精度准一点。三是社会治安管理的系统性强一点。四是民间借贷治理的维度宽一点，建立红黑榜制度，提高信用安全，明确监管部门，加强事中监管，出台鼓励政策，引导健康发展。
（卢小芳）

【精准扶贫工作的建议】 2016年10月26日，镇江市政协举行七届二十二次常委会议，围绕“找准发展短板，决胜全面小康”进行专题协商，就加强“精准扶贫”提出五点建议：一是以增收为重点，抓好产业配套和利益连接，提升产业发展水平，增加农民收入，发展农村产业，增加农民生产经营收入和财产性收入，提高农业生产的组织化、专业化程度，加强农业园区建设，发展专业合作社，推进农业龙头企业发展，提升农业产业的规模效益，加大供给侧改革的力度，提高农业整体效益。二是加大社会保障体系建设力度，重视收入型贫困的同时，关注支出型困难群体，依法救助。三是加强农村“三资”管理，拓宽村级集体收入渠道，即土地收益、村集体为农民和农业经营主体开展服务的收入、物业经济收入、财政扶持项目和资金。四是重视农村基础设施建设，把农村扶贫开发与“美丽乡村”“特色小镇”建设结合起来。五是加强组织领导，深化精准扶贫，重视社会组织的作用，建立政府购买服务机制，重点抓好茅山老区精准扶贫的同时，重视其他地区的精准扶贫工作，加强村组干部队伍建设，加快落实和完善配套政策，对经济薄弱村收入考核目标进行合理的调整。
（卢小芳）

【校外青少年活动基地建设的建议】 2016年10月30日，镇江市政协召开双月委员座谈会，以“推进我市校外青少年活动基地建设”为专题协商，提出三点建议：一是开展基地建设规划，纳入城乡建设总体规划，制定基地空间和功能布局专项规划。二是加快重点项目建设，即基础设施建设、内涵品牌建设、服务能力建设。三是健全制度、优化机制，强化组织，完善体系，强化投入，确保有效运行，强化治理，促进规范有序。
（卢小芳）

【中小企业健康稳定发展的建议】 2016年12月，镇江市政协经济科技委员会对促进全市中小企业健康稳定发展进行专题调研，提出六点建议：一是推进政策落实到位，利用各种媒介开展政策宣传解读活动，拓宽政企信息互动渠道，建立完善政府涉企部门与中小企业的定期对话机制，加强信息对接，建立中小企业融资服务平台和中小企业信息网络平台。二是强化公共服务功能，加快组建各级中小企业服务中心，鼓励区（市）、镇（街道）依托产业集群、创业基地建立中小企业服务中心，以“星级认定”、业绩奖励等方式完善服务功能，提升行业协会的行业管理和规范运作水平，建立和完善多功能公共服务支撑平台。三是加大融资支持力度，加快金融创新，拓宽多元化融资渠道，建立中小企业融资信用体，完善对中小企业担保机制。四是引进培养高端人才队伍，打造中小企业人才引进平台，“金山英才”计划更多地向中小企业倾斜，政府有计划地设立高等技术培训中心，培训各类创新型技术人才，政府完善引进人才的住房、户籍、子女就学等后勤保障。五是支持中小企业转型升级，各级政府及相关部门筹措中小企业发展专项资金，鼓励和引导企业开展技术创新，引导中小企业建立现代企业制度，鼓励金融机构规范收费行为，规范涉企行政事业收费项目，控制对中小企业的各种检查和评比活动，规范行政执法行为。
（卢小芳）

综 述

【概况】 2016 年,镇江市各民主党派、工商联履行参政议政、民主监督职能围绕市委中心工作,建言献策。市各民主党派、工商联负责人和无党派代表人士参加中共镇江市委组织召开的双月座谈会、情况通报会 10 次。在市政协七届五次会议上,市各民主党派、工商联提交集体议案 54 件,个人提案 219 件。全年全市各民主党派发展新成员 157 名,截至年底,有民主党派成员 3421 人。

全市 7 个民主党派完成换届工作。参加市委统战部组织举办的“不忘合作初心、继续携手前进”主题教育、市各民主党派新一届领导班子学习座谈等活动。继续投身“同心工程”实验区建设,多次组织民主党派市委委员赴实验区实地调研并开展“三下乡”扶贫帮困活动。

市工商联制定出台《市商会联合党委工作意见》《辖市(区)工商联工作考核细则》《市直各商(协)会工作考核细则》。举办“‘一带一路’城市与企业”专题研讨会、青年民营企业家培训班、“一带一路”政策解读专题报告会活动。推进“双型”先进党支部建设工程,加强商会党建工作。结合“商道酬信”品牌活动,开展“十佳亲清模范”、“十大诚信标兵”、“亲清”文化示范点评选,构建“亲清”新型政商关系。指导辖市(区)工商联完成换届工作。 (章云超)

民革镇江市委员会

【概况】 2016 年,民革镇江市委员会举办纪念孙中山诞辰 150 周年活动 5 次;开展“观故居,走多党合作之路”活动 5 次;12 名成员参加“中国梦 我的梦”演讲比赛;完成民革市委换届工作。全年发展新成员 20 人,平均年龄 38.3 岁。截至年底,有民革党员 323 名。建立完善后备干部信息库。成立民革镇江市青年委员会,开展“争先创优达标”支部评选活动。

开展坚持和发展中国特色社会主义学习实践活动,向各基层组织发放《习近平总书记系列讲话精神学习读本》《中国特色社会主义学习读本》,组织“三个一”学习活动。开展“观故居,走多党合作之路”活动,实地考察张治中、冯玉祥、邓宝珊等民革前辈故居,参与党员 150 余人。开展“孙中山廉政思想及实践活动”专题讲座、“坚持同心同德,做好政治交接”学习交流会等孙中山诞辰 150 周年主题纪念活动。编辑《镇江民革》四期,近 30 万字;民革网站发布信息近 200 条;微信公众号发表动态 120 条。参与民革江苏省委《群英风采——江苏民革人物事迹集》编写工作,撰写杨公崖等 9 人的特写文章、耿德星等 15 人的小传。

2016 年镇江市各民主党派组织、成员、参政情况一览表

表 8-1

党派名称	组织情况(个)				成员情况(人)			参政情况(人)									
								人大代表				政协委员				任处级以上实职数	市特邀(约)人次数
	市委会	总支部	基层委员会	支部(支社)	总数	高级职称	新成员	县(市)区	市	省	全国	县(市)区	市	省	全国		
民 革	1	2	-	12	323	157	20	2	6	-	-	20	15	1	1	3	20
民 盟	1	-	5	46	933	534	31	12	6	1	-	38	28	1	-	3	14
民 建	1	-	4	28	459	91	31	3	3	-	-	56	15	1	-	2	6
民 进	1	-	1	18	395	131	20	3	-	-	-	32	19	1	-	1	8
农工党	1	-	4	25	590	285	13	5	2	2	-	34	22	2	-	7	11
致公党	1	6	1	22	266	70	27	2	5	-	-	28	13	2	-	2	22
九三学社	1	-	4	25	455	336	15	3	2	-	-	32	16	2	-	2	4
合 计	7	8	19	176	3421	1604	157	30	24	3	-	240	128	10	1	20	85

(章云超)

全年提交建议、提案59件，其中，在全国政协会议上提交4件提案；向市政协大会提交8件集体提案；《关于加强农田“最后一公里”水利设施建设的建议》被评为市人大优秀建议。与民革无锡市委和广州市委开展海绵城市建设调研。参政议政委员会围绕发展宗教旅游文化专题，赴市旅游委等单位开展调查研究；妇委会赴全国文明社区示范点扬州市琼花观社区开展基层民主法治建设调研；老龄委组织老党员赴句容开展对千华古村镇开发建设情况调研。推荐成员担任省民革特约信息员和中共市委统战部特约信息员，全年报送信息130多条，被采用76条；6篇信息被镇江市委办公室《镇江信息》决策参考采用。

开展台海活动。举办“共叙中秋情 畅谈中国梦”座谈会；接待台湾时事评论员尹乃菁，交流和探讨台湾时势与传统文化。

开展社会服务活动，镇江中山学校当年招收新生近600人，建设完成新的办学大楼。组织医务专家、书画家和律师，赴大港送健康送春联送法律；组织镇江中山书画院的书法家，赴“同心”工程实验区句容市袁相村送文化送温暖。京口支部用特殊党费，看望资助一名困难女生；开展“与爱同行·爱暖童心”情寄留守儿童活动。江苏大学二支部赴窦庄卫生院开展“关注健康 与爱同行”义诊活动。文教支部用特殊党费援助青海互助县贫困学生上学。镇江民革中山法律工作服务部组织8名律师和法官，开展“国家宪法日”法制宣传活动。

（陈 梅）

【民革镇江市第十次代表大会】 2016年11月14日—15日，民革镇江市第十次代表大会召开，100名代表参加会议。大会审议和通过民革镇江市第九届委员会工作报告；选举产生13人组成的民革镇江市第十届委员会；十届一次委员会议选举王加友为主任委员，陆萍（女）、施伟东、方玉强为副主任委员；审议通过《中国国民党革命委员会镇江市第十次代表大会决议》。

第九届委员会任期内，发展新成员65人。成员平均年龄51.3岁，267人具有中、高级职称；在职人员中，有厅级干部3人、处级干部7人、科级干部22人；45人当选各级人大代表和政协委员，其中全国政协委员1名，省政协委员1人，市级常委5人，区级常委5人。参加中共市委双月座谈会、情况通报会等活动50次，提出10件建议；各级政协委员、人大代表提出提案、建议287件；编报社情民意信息近500条，被中共中央统战部、民革中央等上级组织采纳210多条。成立民革镇江市委监督委员会和民革镇江市青年委员会。举办各类培训班10次，参加人员达200多人次。近百名成员受到行业系统的表彰，60多名成员在国家级或省级专业刊物上发表论文500多篇。

（陈 梅）

【纪念孙中山150周年诞辰系列活动】 2016年，民革镇江市委会以纪念孙中山150周年诞辰为契机，开展“一篇征文、一次培训、一场演讲、一次讲座、一次展览”等纪念活动。开展以推进祖国和平统一大业和致力于实现中华民族伟大复兴中国梦为主题的“中国梦 我的梦”征文活动，收到论文12篇；组织市委委员、支部委员、各级人大代表及政协委员、党员中的科级以上干部60余人参加党史教育培训；举办“中国梦 我的梦”演讲比赛；邀请天津市孙中山研究会秘书长葛培林作“孙中山廉政思想及实践活动”专题讲座；与镇江市政协书画家联谊会等5家单位举办“纪念孙中山先生诞辰150周年诗书画印作品展览”等5个系列活动。

（陈 梅）

【医药卫生体制深化改革的建议】 2016年，民革镇江市委主委宋余庆在全国政协第十二届四次会议上，就推进医药卫生体制改革提出四点建议：一是推进医院改革，建立分级诊疗体系，将公立医院分为公益性医院和经营性医院两大类，将所有社区医院纳入公益性医院范畴，实施免费医疗；二是尊重医生，给医生独立诊疗权，保护创新精神，取消对医生诊治病人的各种限制，还医生独立诊治权；三是鼓励廉价药生产，降低患者医疗成本，政府要从市场机制上找手段，制定政策，鼓励低价药生产，缩小药品销售的链条，推动药价科学改革；四是突出公益性质，强化中国疾控体系，要重建预防为主的国家公共卫生体系，降低疾病发生率，重新思考疾控体系的发展战略和疾病预防控制规划，做到政府主导、回归公益，完善政府投入机制，落实社区医院为主的疾控责任保障机制。 （陈 梅）

民盟镇江市委员会

【概况】 2016年，民盟镇江市委员会通过报告会、座谈会等形式，组织全市广大盟员学习中共十八届五中、六中全会精神和习近平总书记关于统一战线的新思想、新观点、新论断。推进坚持和发展中国特色社会主义学习实践活动。民盟市委完成换届工作。全年发展盟员31人，全市有盟员933人，平均年龄56岁，中高级以上职称829人。

组织盟员参观沈钧儒、费孝通、华罗庚等民盟先贤纪念馆、故居；开展学习“身边人、身边事”活动；举办“学盟史、读盟章”知识竞赛；听取专家、学者关于“坚持和发展中国特色社会主义”专题讲座。民盟镇江市委员会开展“我与民盟”主题征文活动、出版镇江民盟60周年纪念图册、盟史盟章知识竞赛、开通民盟微信公众号，对业绩突出的民盟先进集体和优秀盟员进行表彰，举办盟员书画家向盟市委捐赠个人书画作品仪式等。加强市民盟机关文化建设，在机关建成民盟历史文化走廊，编辑出版《中国民主同盟全国（部分）传统教育基地资料汇编》。

全年民盟向市政协提交集体提案6件，盟员政协委员提交个人提案41件。参加中共镇江市委召开的双月座谈会、情况通报会和高层协商会，就镇江市重大经济社会发展问题、重要人事安排等提出意见建议。全年完成9篇调研报告，申报和承担盟省委调研课题5项，向民盟江苏省委、市委统战部等部门报送各类信息52件。其中“建议加快推广海绵城市，打赢‘内涝’攻防战”被中共江苏省委办公厅采用，“关于我市推进垃圾分类与处理的建议”被《镇江信息》采用，并得到市长朱晓明批示；“环境资源保护专门合议庭功能虚化现象应予关注”等2件被中共镇江市委采用。

民盟丹徒支部升格为基层委员会，丹阳委员会的医卫支部更名为人民医院支部，新成立中医院支部和云阳学校支部。全市有各级基层组织25个，其中基层委员会5个（下辖26个支部）、直属支部20个。组织盟员赴南京观看江苏民盟“携手奋进六十年”文艺会演，组织市委委员、40名基层组织负责人赴外地参观民盟传统教育基地等。举办新盟员培训班，全年培训盟员130多人次。

开展进监帮教“黄丝带行动”。组织盟员专家在省未成年犯管教所、省句容监狱举办“弘扬民族精神，做坚定的爱国主义者”“实用礼仪”专题讲座2场，监所干警、未成年犯近500余人现场听课。为省未成年犯管教所开办公益古筝培训班。组织多名盟员律师参加省司法厅“法润江苏·春风行动”进监帮教活动。推进“民盟服务进社区”活动。继续在润州、京口两区举办以特困家庭儿童为对象的公益古筝培训班。扬州评话省级代表性传承人、老盟员黄俊章多次走进社区、学校为百姓讲评书段子。民盟丹阳委员会组织盟员上门慰问近50

名参加抗战、抗美援朝老兵；组织盟员志愿者在中秋、重阳期间慰问敬老院老人。继续推进“农村教育烛光行动”。市民盟组织盟员骨干教师赴宿迁泗阳开展“爱心烛光 照亮泗阳”师资培训活动。组织盟员专家、志愿者在镇江民盟助残服务基地举办残疾人职业技能培训。举办主题为“教育国际化——培养具有国际视野的高素质人才”的镇江民盟第六届教育论坛。组织盟员参加第七届江苏教育论坛，2 篇论文获二等奖、1 篇获三等奖。出版发行《现代教育发展探索精萃》一书。（张苏明）

【民盟镇江市第十三次代表大会】 2016 年 11 月 8 日—9 日，中国民主同盟镇江市举行第十三次代表大会。本次会议听取并审议通过中国民主同盟镇江市第十二届委员会工作报告。选举产生民盟镇江市第十三届委员会，杨晓勤当选为主委，王瑞楠、袁建平、卢全有、林黎明当选为副主委。推举出席民盟江苏省第十二次代表大会代表 9 名。全市教育、文化、医卫、科技等界别 105 名代表出席会议。

民盟镇江市委第十二届委员会任期内，在人大、政协会议中，市民盟提交集体提案 32 件，盟员人大代表、政协委员提交个人建议案、提案近 400 件。其中，5 件集体提案、16 件个人提案被市政协评为优秀提案；6 件建议案、提案被市人大、市政协列为当年重点督办案；《发展散装水泥，促进节能减排》等议案被江苏省人大采纳；《加强渣土运输车、人力客运三轮车、占道经营货运车治理》等提案被市委、市政府采纳实施；《建议我市增设流动图书馆》等被评为市政府办 2012—2014 年度优秀社情民意。镇江市盟员有 20 多人获省、部级科技进步奖，100 多人次获省、部级以上表彰奖励。（张苏明）

【“城市病”综合治理的提案】 2016 年，民盟镇江市委在市政协七届五次会议中就综合治理“城市病”提出四点意见：一是深化城市管理体制改革，市一级仅保留城市管理协调委员会，主要实施对辖区的监督管理、考评考核、规则制定、协调问题，推动完成全市城市管理的各项工作任务，同时深化行政执法体制改革，尊重行政执法规律，借鉴公安模式，成立公安城市管理行政执法支队，实行城市管理行政执法垂直管理；二是转变城市发展方式，注重规划的全局性、科学性、前瞻性，避免部门规划，制定符合本地实际的可行性规划，注重城市发展质量，要从过去城市发展以规模扩张为主转变为以提高城市发展质量为主，注重规划的严肃性，规划时既要有专家论证，也要有公众参与，减少个人意志；三是让数字化成为精细化管理的法宝，增加财政投入，建设必要的城市管理现代技术设施，提高精细化管理水平；四是加强城市管理法治化建设，制定城市管理地方性法规，通过地方立法，健全依法管理、依法决策的体制机制，把公众参与、专家论证、风险评估等确定为城市重大决策的法定程序，依法行政，规范自由裁量权的使用，提高公众法治化水平，形成全民共治“城市病”的局面。（张苏明）

【加强生态文明法治化建设的建议】 2016 年，民盟镇江市委在市政协七届五次会议中就加强生态文明法治化建设提出四点建议：一是加快生态文明地方性法规建设，确定生态文明建设地方性法规立法内容，组建专家组起草制定生态文明建设地方性法规，立法明确部门在生态文建设中的职责；二是强化生态文明行政执法，改革现行的执法体制，实行生态文明综合执法，遵守行政执法程序，完善责任追究，拓展行政调解救济方式，化解行政争议矛盾，完善生态文明执法责任制度，量化细化考核指标，加强执法队伍建设，加强对执法人员的思想教育和业务培训；三是加强生态文明建设司法保护，在司法机关内部设立专门负责生态环境案件的起诉和审判部门，对生态环境污染、破坏生态的行为实行“零容忍”，引入恢复性司法理念，在非刑罚处理方法上，增加恢复生态环境的非刑罚处理办法，通过立法，建立环境公益诉讼制度，适度放开公益诉讼原告主体资格条件，赋予检察机关对生态环境纠纷提起诉讼的权利，完善生态环境司法与行政执法的衔接机制，健全行政执法与刑事司法信息共享、案情通报、案件移送制度；四是强化生态文明建设宣传教育，加大生态环境保护宣传力度，利用各种渠道深化生态文明教育，发挥群团组织和生态文明志愿者的宣传、参与、监督作用。（张苏明）

民建镇江市委员会

【概况】 2016 年，民建镇江市委加强思想教育和宣传理论工作，举办新会员培训班，31 名新会员参加培训并前往民建中央爱国主义教育基地施复亮故居参观学习，开展新会员集体谈话，组织民建市委委员赴安徽孙起孟故居参观学习。撰写的社情民意和宣传稿件被中央、省、市各级刊物采用 200 篇。

11 月 10 日—11 日，召开民建镇江市第十二次代表大会，选举产生民建镇江市第十二届委员会。全年新发展会员 31 名，平均年龄 36 岁，镇江民建会员总人数为 459 人，平均年龄 50.7 岁，大专以上学历占 88.9%，女性会员占 32.4%，经济界会员占 85.4%。市委会下辖 4 个基层委员会、28 个支部。完成对企业支部改选以及市级人大代表、政协委员推荐工作。会员管理数据库通过中央验收。

企业支部与市招商银行联合举办金融沙龙；京口区基层委员会参与“你是我的眼——帮我读书”爱心活动；润州区基层委员会与会员企业镇江美伦润滑油有限公司联合走访润州康居老年公寓；企业支部与文化委员会联合开展“九十五岁忆初心”活动；市直支部到江心洲、江大支部赴戴庄分别开展农村经济调研；丹徒区基层委员会组织会员参观镇江高校园区；城建、财经和机关支部联合开展考察活动。民建妇委会与农工党镇江市委妇委会联合举办庆祝“三八”妇女节活动；文化委员会赴常州学习调研；青年委员会赴苏州调研历史古村落保护；老年委员会组织老会员赴高淳参观。

在市政协七届五次会议上，民建镇江市委向大会提交集体提案 6 件，会员中的市政协委员提交个人提案 26 件。民建市委提出的《科学管理和利用我市长江岸线》《加快韦岗片区企业转型发展》《化解我市物业管理矛盾的建议》《关于进一步加快推进我市工业绿色转型发展的建议》等 4 件提案获优秀集体提案奖；《在出租汽车行业鼓励使用电动汽车》《进一步加强我市水环境综合整治》《加强企业信用体系建设》等 3 件提案获优秀个人提案奖；民建会员参与撰写的《完善三个机制，推进主体功能区建设》获优秀社情民意奖。

组织企业家会员参加丰会商道培训。继续对原工商业者及遗孀、家庭困难的会员开展走访慰问活动。赴句容袁相“同心工程”实验区进行慰问，并提供法律知识咨询和维权服务，向帮扶结对困难家庭每户提供 2000 元慰问金。向盐城龙卷风灾区捐出特殊会费 47971 元。（赵 红）

【民建镇江市第十二次代表大会】 2016 年 11 月 10 日—11 日，民建镇江市第十二次代表大会召开。大会听取并审议通过第十一届委员会工作报告，选举产生中国民主建国会镇江市第十二届委员会，选举孙中良为主委，夏军、陆霄霞、庄晋财为副主委，推举出席中国民主建国会江苏省第九次代表大会的代表。

民建镇江市第十一届委员会任期内，发展新会员140名。1名会员当选民建中央委员，3名会员当选市人大代表，16名会员任省、市政协委员，59名会员担任辖市（区）人大代表、政协委员。提交市政协31件集体提案，其中8件被市政协评为优秀集体提案，3件被市政协确定为主席领衔督办的重点提案。报送各类信息200余条。（赵　红）

【工业绿色转型发展加快推进的建议】 2016年1月，民建镇江市委在市政协七届五次会议上就关于进一步加快推进工业绿色转型发展提出五点建议：一是要发展新兴产业，推动工业发展高端化，要在合理规划产业布局、打造高端产业集聚基地、提升企业创新能力上下功夫；二是要改造提升，促进传统产业低碳化，建议从淘汰落后产能整治污染企业、运用技术改造高耗能企业、有条件实施清洁能源替代三方面着手；三是要培育延伸产业链，实现区域工业循环化，以园区为载体，打造物料循环产业链，同时打造重点行业清洁生产示范基地；四是要推进两化融合，实现工业能耗管控智能化。通过市场化运作手段，推进"中国电能云"平台的建设与运营，鼓励引导高耗能企业建立能源管控中心，提升重点用能企业的能源管理水平，以点带面加以推广；五是要合力作为，推进工业绿色转型发展常态化。要健全绿色发展组织体系，强化行政约束，营造工业绿色发展氛围。（赵　红）

民进镇江市委员会

【概况】 2016年9月23日，全国人大常委会副委员长、民进中央主席严隽琪到镇江考察，并接见民进镇江市委领导班子。全年民进镇江市委发展新会员20名，会员总数达395名，选派1名会员参加"2016年民进全省骨干会员培训班"，1名会员在"创新·凝聚·发展"主题演讲会上代表镇江民进发言。

在镇江市政协七届五次会议上，民进镇江市委提交集体提案6件、个人提案57件，其中3件被市政协评为重点提案。全年民进镇江市委向民进江苏省委上报多篇调研材料，其中1篇被采用为集体提案，1篇被转化为书面发言材料。民进镇江市委中标民进江苏省委当年招标课题《进一步健全外来务工人员随迁子女接受教育的保障机制》。在民进江苏省委开展的以"展望·对策——助力江苏'十三五'"为主题的"2016江海论坛"活动中，民进镇江市委有4篇论文获"优秀论文奖"，并入选论坛论文集。会员论文《浅析叶圣陶教育思想中"平等"的精髓》获"第二届全国叶圣陶教育思想与当代课程教学改革网络征文"三等奖。2名企业界会员应邀参加中共镇江市委统战部召开的"民主党派企业家座谈会"。全年民进镇江市委开展生态旅游、宗教旅游、农民工子女教育等课题调研，在中共镇江市委双月座谈会上提出建议。同时，民进镇江市委还接待民进江苏省委、民进宿迁市委、民进南通市委、民进连云港市委到镇江开展各类调研活动。

镇江市民进书画研究会完成换届，会员王家骏当选为会长。5月27日，民进镇江市委组织镇江市民进书画研究会、镇江市摄影学会赴泗洪县峰山中心小学开展"我和我的小伙伴"摄影活动，送去2000多张照片。6月22日，民进镇江市委会联合镇江市创业精英联合会和镇江"芦苇之家"赴句东戒毒所开展"携手战毒魔、关爱促新生"主题帮教活动，并与句东戒毒所签订为期3年的帮教协议。全员在江苏科技大学作"生命与信仰"的专题讲座，并向学生们赠送200册新书《诱惑你活着》。（卢普生）

【民进镇江市第七次代表大会】 2016年11月14日—15日，民进镇江市第七次代表大会召开。大会选举产生民进镇江市第七届委员会，15名会员当选为民进镇江市第七届委员会委员，其中徐平当选为主任委员，李耀明、邹家生、陈建红、尹红敏当选为副主任委员，尹红敏任专职副主任委员兼秘书长。大会还选举8名成员出席民进江苏省第十次代表大会代表。

民进镇江市第六届委员会任职期间内，发展新会员106名，平均年龄37岁，具有大学本科以上学历约占90%。成立句容支部，升级丹阳总支为丹阳基层委员会。向市政协提交集体提案30件，个人提案超过300件，中标民进江苏省委招标课题12个；有4个基层组织和5名会员获民进中央表彰，有11个基层组织和18名会员获民进省委表彰。（卢普生）

【跨境电商加快发展的建议】 2016年1月，民进镇江市委在市政协七届五次会议上就跨境电商发展趋势和跨境电商发展中存在的问题提出四点建议：一是发挥协会作用，培训内部专业讲师，并定期邀请外地企业精英及相关电子商务科技企业对会员企业外贸人员进行培训，提高业务水平，协同阿里巴巴走进高校，举行校企互动，为镇江企业定向培训符合企业需求跨境电商人才；二是成立跨境电商园区，企业之间互助共进，对弱小和有需求的会员企业进行帮助和指导，同时加大推广力度，让更多的企业认识到"互联网+"在企业创新中的作用；三是发挥经信委、商务局的政府职能，与其他国家和地区的相关协会和企业界进行联系沟通，帮助镇江地区相关企业"走出去"；四是各职能部门加强调研，扶持跨境电商发展，按照国家的政策和法令法规，尽快出台符合镇江企业环境的相关政策。（卢普生）

【海绵城市建设的建议】 2016年1月，民进镇江市委在市政协七届五次会议上就海绵城市建设中的技术规范、工种配合协调、维护保养等方面问题提出三点建议：一是海绵城市建设工程领导小组要发挥好指挥、协调职能，在工程建设中，政府各相关职能部门要密切配合、协调一致，提高工程效率，减少重复浪费现象；二是工程建设和设计单位应加快技术规范的完善工作，制定出最适合本土的技术标准；三是加快与海绵工程直接相关的公共私营合作制公司的组建工作，发挥好投融资平台的作用，在机构、技术上保证建设工程完工后管养维护到位。（卢普生）

农工党镇江市委员会

【概况】 2016年，农工党镇江市委建立"镇江农工"微信公众号和微信群，实现网络宣传全覆盖。全年新发展党员13名，其中中级职称以上5名，研究生以上5名，新党员平均年龄39岁。截至年底，有党员590人，基层委员会4个，支部委员会25个。

承办"走进基层 贴近党员 培育和践行社会主义核心价值观百场宣讲"活动。邀请王宗宏作"接受中国共产党的领导是农工党的历史选择"主题宣讲。组织新党员参加省委宣讲报告会，赴南京拜谒邓演达墓、殉难地，参观农工党省委机关。出台《基层组织换届工作方案》，开展各基层组织换届工作。推荐13名支部负责人参加农工党江苏省新任基层组织负责人培训班。下发《关于加强农工党镇江市委领导班子建设的意见》，建立民主生活会制度、座谈会制度、谈心会制度、述职制度、联系支部制度。

农工党镇江市委在镇江市"两会"上提出集体提案5件、个人提案30件。组织市医药卫生界人大代表、政协委员听取市卫计委的卫生计生事业改革发展情况汇报，并围绕公立医院改革、分级诊疗制度、基本药物制度等工作展开座谈。组织党员赴镇江市药品检验所调研食品药品安全工作，参观镇江市食品药品信息化监管平台、中药检验中心、化药检验中心，并就保健品、地沟油等进行座谈交流。组织市政协农工医卫组成员就“医疗和养老供给侧结构性改革”和“健康精准扶贫”开展座谈交流。全年申报省委调研课题13项，获省委立项3项，其中重点课题1项、联合课题1项。参与省委组织的“医养供给侧结构性改革”联合调研征文活动，报送选题3项，获征文评审二等奖1篇、三等奖1篇。下发《关于进一步加强社情民意信息工作的具体办法》，全年上报社情民意信息104篇，其中被省政协录用1篇，省委统战部录用22篇，《对推动我省“江海河联动、港产城融合”的建议》被省政协评为2016年度优秀社情民意信息。

开展“2016中国环境与健康宣传周”系列活动。在镇江市老年活动中心为老人义诊，发放健康手册和环保知识手册，宣传健康养生知识和环境保护常识；四院支部组织眼科专家开展爱眼宣传；为江苏科技大学老师和学生开设“环境污染与呼吸疾病的防治”专题讲座；开设“化妆品与皮肤病——春夏季皮肤病预防与皮肤保健”知识讲座。为句容市袁相村村民赠送价值5000元的药物。开展“国际科技与和平周”敬老爱老活动，组织机关干部赴镇江市信缘康护理院看望、慰问6位抗战老同志。举行“世界艾滋病日”科普宣教活动。为江苏科技大学在校人员进行艾滋病防治及生殖健康领域的科普宣教活动，发出各类科普手册、计生用品800余份。

四院支部与江苏科技大学相关师生开展“相约青春、关心健康”心理沙龙活动。人口资源与环境保护支部党员参加“世界气象日”气象科普服务。江苏科技大学支部举办首期教职工应急救护知识培训班。江苏大学三支部组织医护专家分赴江滨新村社区、平昌新城社区，开展公益义诊咨询活动；先后举办3场“走进南山、享受健康”大讲堂活动；“世界肠道健康日”在大市口举办主题义诊，普及肠道健康知识。（周　萍）

【农工党镇江市第十次代表大会】 2016年11月9日—10日，中国农工民主党镇江市第十次代表大会召开，全市100名代表出席会议。大会选举产生农工党镇江市第十届委员会委员和出席农工党江苏省第十二次代表大会的代表。蒋鹏程当选第十届主任委员，梁新歌、王卫方、李国海、李遇梅为副主任委员，会议任命梁新歌为第十届委员会秘书长。大会审议并通过农工党镇江市第九届委员会工作报告、农工党第十次代表大会决议。

农工党镇江市第九届委员会任职期间，发展新党员115名，其中硕士以上学历25人，占22%；高级职称34人，占30%；新主界别11人，占10%。提交政协集体提案23份、个人提案134份。报送社情民意信息545条，被农工党省委采用122篇，省委统战部采用29篇，省政协采用1篇，农工党中央采用8篇，全国政协采用1篇。在基层组织近50场次义诊体检、科普咨询等活动，免费为万余名群众提供价值约10万元的药品、医疗器械宣传资料。（周　萍）

【公立医院加大投入的建议】 2016年，农工党镇江市委在市政协七届五次会议上，就加大公立医院投入促进医院经济良性运转提出三点建议：一是加大政府投入，履行出资人责任，省政府明确到2017年各级政府卫生投入要达到1千亿元，平均增幅23%左右，并逐步化解公立医院债务，建议市政府在债务化解中发挥积极作用；二是调整医保政策，优化统账结构，强化基金征缴，增加医保统筹基金总量，用活个人账户，财政增加对离休人员、居民医保参保费用补助，减少总额预算超支；三是加强卫生监管，卫生计生部门加大对医院的运行监管力度，严格预算管理，强化成本核算，优化收入结构，规范医疗行为，控制费用，完善医保支付方式，优化结算考核方式，减少医院医保超预算总额，加快医药价格改革，提高劳务收入比重，增强医院偿债能力。（周　萍）

【“海上丝绸之路”江苏省蚕桑生态文化园建设的建议】 2016年，农工党镇江市委在市政协七届五次会议上，就建设“海上丝绸之路”江苏省蚕桑生态文化园提出四点建议：一是打造独具特色的“海丝”文化展示、研究、交流中心，建议发挥镇江市在长三角市群中的区位作用，聚拢长江、大运河沿线“海丝”文化资源，与“海丝”沿线国家交流互动、展出有关文化史料，保护并研究和展示好现存全国绝无仅有的21幢保护完好的建于1926年的蚕桑产业遗产建筑群，以蚕研所为首联合省内各地高校乃至世界各地学术力量开展“海丝”历史研究，讲好江苏“蚕桑与海丝的故事”，打造“海丝”文化展示中心、研究中心、交流中心；二是开展蚕桑生态系列文化开发工作，建设形成蚕桑丝绸种植、养殖、工业、贸易直至文化创意的一条完整的产业链，设立这条产业链中栽桑、养蚕、缫丝、织绸、印染、服装等主要环节生产活动的体验馆；三是建立蚕桑产品展示基地，开拓市场，吸引投资，搞活蚕桑经济，推动传统蚕业多元发展；四是利用21世纪海上丝绸之路博物馆的场馆建设，加强与“海丝”沿线国家的文化交流和互动，加强与“海丝”沿线国家的文化交流，邀请“海丝”沿线国家参与场馆的建设和专题展出等，联合沿海及两岸相关港口城市在“海丝”沿线国家进行专题展出和交流，引进蚕桑产学研的机构、企业、名牌和科技创新型成果落户基地，集中展示、经营与交流，形成集约与规模效应，培育新型科技发展型蚕业市场，推动传统蚕业向现代蚕业与多元蚕业的转型升级。（周　萍）

致公党镇江市委员会

【概况】 2016年，致公党镇江市第七次代表大会召开，选举产生致公党镇江市第七届委员会。3月，成立丹阳总支部委员会，形成下辖8个基层组织（1个基层委员会、6个总支部、1个基层支部）的组织架构。全年发展新党员27人，新党员平均年龄38岁。其中中级以上职称11人，具有硕士以上学历的5人。截至年底，全市有党员266人，平均年龄48.9岁。选荐4名党员参加全省信息员培训，5名党员参加全省基层支部负责人培训班学习。

全年立项省委资助课题8件，承担自筹经费课题2件。在市级政协会议上，提交集体提案6件、个人提案15件，向统战部门和本党上级组织提供信息、社情民意42条。6月，与市食药监局开展“关于健全食品质量安全追溯系统，确保百姓餐桌安全”的主题调研；9月，围绕中共镇江市委发展“大旅游”项目展开调查研究。2015年度《加强集体商标的创设、管理和保护的建议》《关于江苏地区非物质文化遗产传承和保护的调研报告》《关于排污权有偿使用和交易相关问题的建议》等3篇报告被致公党江苏省委评为优秀调研报告。

继续推进“同心工程”项目实施，参与袁相村特困家庭“一对一”帮扶活动，帮扶贫困农民3户；前往毕节七星关区为贵州省茶业对口项目提供技术援助；和新疆伊宁农四师第一中学交流，与丹阳第六中学新疆班建立合作关系，3月，在丹阳市六中为“致公·爱新站”挂牌。青年工作委员会举行“为留守儿童义卖，党员子女与留守儿童共度六一”活动；市直总支部在市老年康复中心开展“心手相牵”义工活动；丹徒总支部多次开展关爱归侨侨眷活动；京口三、四支部联合举办“关爱失独家庭”活动；与其他涉侨单位和部门组织党员参加镇江侨界“走进戴庄，感受亚夫精神”活动。组织医卫人员参与“暖侨关爱”系列活动，多次为困难归侨、侨眷、海归人员进行健康知识讲座及义诊。发动党员参加“最美致公人”、“致美江苏情”摄影大赛、“镇江侨家记忆”编印等活动。（蒋　薇）

【致公党镇江市第七次代表大会】 2016年11月10日—11日，致公党镇江市委召开第七次党员代表大会。75名党员代表审议并通过《中国致公党镇江市第六届委员会工作报告》，选举产生11人组成的第七届委员会。七届一次全委会选举张红娣（女）为主任委员，宗加伟、吴黎红（女）、易小辉当选为副主任委员，任命宗加伟兼任秘书长。

致公党镇江市第六届委员会任职期间，发展党员103名，其中本科以上学历的占87.4%，具有中、高级职称的占40.8%，入党平均年龄36.5岁。完成各类调研课题72个，在致公党省委立项课题28个；调研报告转化为全国政协发言、提案4件；省政协大会发言、提案26件；形成市政协大会发言、专题发言3篇，提交市政协集体提案30件；党员中市人大代表、政协委员提交议案、提案101件；向中共统战部门和该党上级组织提供信息、社情民意228条。（蒋　薇）

【非物质文化遗产加大保护和传承力度的建议】 2016年，致公党镇江市委在市政协七届五次会议上，对做好镇江市非物质文化遗产的保护、传承和发展提出四点建议：一是完善政策措施，为非遗传承人提供发展保障，制定更详细的、操作性更强的措施或办法，如金融、财政、税收、银行信贷等具体扶持办法，投入专项扶持资金，引导银行业对民间手工艺产业优惠贷款，对与民间手工艺相关的企业在税收上采取适当的调整甚至减免，对从事产业的个人少收或免收个人所得税等，完善非遗工艺、产品的认证体系和规范程序，从法律层面保护非遗文化；二是设立研究机构，保护和发扬好本地非遗文化遗产，支持有条件的地方、高校和企业建立非遗保护生产技术研究机构和重点实验室，加强非遗保护与生产技术的研发与改进，加大引导力度，加强不同项目、行业、学科和实践者与研究者之间的交流与协作，支持产业、科研单位建立相关研究工作室和机构，引导和支持对非遗项目中审美、文化、民族精神内涵的提炼、升华研究；三是建立中介组织，为非遗传承人提供专业化服务，强化民间艺术产业行业协会的指导凝聚作用，在民间艺术行业内建立技能培训、资金信贷、信息资源等中介组织，开展各种专业化服务，鼓励传承人在创新方面与艺术机构合作、吸纳当代审美因素、使用新媒体和当代流行方式，研究制定收益分享政策，构造相应机制；四是实施人才战略，为非遗传承发展打造精英队伍，率先进行非遗传承人才培养的规划和整合，破解非遗科目缺乏专业教师的困境，建立终身教育的人才培训制度，调动本地区职业院校、技工学校等各类学校的力量，为非遗传承培养专门人才，注重开展多层次非遗文化的大众教育，从课程设置、教材建设等方面推进非遗进中小学，推进大众对非遗的认知教育。（蒋　薇）

九三学社镇江市委员会

【概况】 2016年，九三学社镇江市委员会开展理想信念教育，先后组织两批次50多名社员赴安庆参观邓稼先故居接受社史教育，组织近100名骨干社员参加社章社史专题培训，邀请九三学社中央宣讲团作社史专题讲座。组织成员参加中共省委统战部举办的民主党派青年骨干培训班，组织市委委员、基层组织负责人和部分骨干社员赴重庆特园民主党派教育基地参观学习。13篇稿件被《团结报》、团结网采用；《我只是做了我应该做的事》《崇学向善　尚法为剑》被中共省委统战部《挚友》杂志、九三学社中央网站等采用。

召开组织工作座谈会，与基层组织负责人讨论确定组织发展计划。全年组织社员50余人次参加中共中央统战部、中共省委统战部组织的党外干部培训班及社中央、社省委组织的党派专职干部、宣传骨干、社情民意信息工作等培训班。全年发展社员15人。截至年底，社员总数455人，平均年龄57.7岁。具有博士、硕士以上学历的119人；具有高级职称336人，占社员总数73%。完成综合支社、丹徒支社等基层组织换届工作。召开九三学社第八次代表大会，选举产生九三学社第八届委员会。

全年完成《挖掘宗教文化旅游内涵　加大宗教文化旅游创意》《完善科技孵化体系　促进大众创业创新》等专题调研报告。在政协镇江市七届五次全会上，提交集体提案6件，提交个人提案或联名提案27件。围绕社中央思想调研课题、社省委参政议政课题招标活动及江苏九三论坛开展论文征集活动，申报社中央思想调研课题2篇，中标1篇；申报社省委参政议政课题14篇，中标5篇；上报江苏九三论坛征文12篇，被录用10篇。在第九届“江苏九三论坛”上，作《机械制造业转型升级面临的主要问题及对策》主题报告。全年上报信息158条，被全国政协采用1条，社中央采用7条，社省委采用83条。

开展“百名专家进乡村行动”，社蚕研所支社为丹阳桑园圣树种植专业合作社强化技术支撑和日常管理咨询，定期走访、答疑解难并提出合理化建议。继续参与“同心送温暖”活动，赴句容市茅山镇袁相村进行春节慰问，现场举行送春联、送药品、健康咨询等活动。扬中支社组织社员为国防园区建设出谋划策。丹阳委员会开展耕地质量建设长期定位观测并进行试验，研究成果应用于珥陵镇农业服务中心、丹阳市稻麦综合展示基地。润州委员会开展“送温暖到社区”活动，给特困家庭送去慰问金和生活用品。

全年社成员主持或参加国家“973”计划、国家“863”计划、国家重大科技计划、国家自然科学基金等各级各类科研项目40余项，发表学术论文150余篇，被SCI、EI、ISTP收录50余篇，出版专著近10部，申请和已授权的发明及实用新型专利20余项。（孙　凯）

【九三学社镇江市第八次代表大会】 2016年11月9日—10日，九三学社镇江市委员会召开九三学社镇江市第八次代表大会，会议听取和审议九三学社镇江市第七届委员会工作报告，选举产生九三学社镇江市第八届委员会领导班子，施卫东为新一届委员会主委，陈沛华、钱伯安、祝中昊、姚震球为副主委。

九三学社镇江市委第七届委员会在任职期间，发展新社员81人，成立扬中支社、句容支社、新区支社、市第一人民医院支社，合并润州一、二、三支社成立润州委员会，合并江苏科技大学一、二支社及蚕研所支社成立江科大委员会。市委会下设5个专门工作委员会，有基层委员会4个，基层支社25个。社市委提交集体提案26件，委员个人提案84件，参与社中央社省委参政议政课题申报，申报61个参政议政课题，中标16个，上报江苏九三论坛征文38篇，被录用32篇。上报信息650条、被录用160多条；其中被中共中央办公厅录用1条，社中央录用2条，省委统战部录用3条，社省委录用54条。（孙　凯）

【主体功能区划健全的建议】 2016年1月，九三学社镇江市委员会在镇江市政协七届五次会议上，对镇江市计划实施的主体功能区规划提出六点建议：一是推进基本公共服务均等化，缩小不同区域间人民生活水平和公共服务等方面的差距；二是建立科学的衡量标准，逐步将涉及人均收入和财富、城乡协调发展状况、地区宜居程度、区域可持续发展能力等方面的内容纳入指标，不断更新优化区域协调发展的内容和内涵；三是增强政策精准性，加快形成定位清晰、功能互为补充、相互衔接、有机统一的系统性规划体系；四是增强规划实施的有效性，推动建立完善的工作机制和有力的保障体系，注重出台的区域规划和政策文件的连续性；五是建立区域良性互动机制，推动行政区和经济区融合促进资源要素在跨行政区范围调动、配置和流动。六是推进重大区域创新试验，搭建具有创新试验功能的平台，探索研究各类创新试验形成的做法和经验。

（孙　凯）

镇江市工商业联合会

【概况】 2016年，镇江市有各级工商联会员12357家（个）、商（协）会组织177个。按照中央、省、市工商联（商会）换届文件精神，成立换届筹备工作领导小组。注重对年轻一代企业家的培养，吸纳优秀的年轻一代企业家加入中国共产党，并列入非公代表人士后备队伍。市工商联参加国务院督察组、国家发改委、全国工商联、省政府研究室等组织的相关调研，为“三去一降一补”攻坚破题；赴泰国、柬埔寨、越南等地就民营企业参与“一带一路”建设进行调研；组织工商联系统围绕经济社会发展的热点难点调研，为党委政府出台相关政策提供科学依据。新增句容市工商联为民营企业信息直报点。截至年底，全市有直报点2个、企业50余家，全年完成调研任务5次，上报调查问卷150余份，信息直报工作走在全省前列。在省政协常委会上《关于提升企业研发机构的质量与水平》的发言被《新华日报》报道；论文《镇江打造长江旅游带重要节点城市研究》获“镇江市第十一届哲学社会科学优秀成果”三等奖；《镇江市创新创业人才发展研究》被市人才办及社科联立项。

图8-1　2016年5月31日，镇江市委统战部联合市工商联举办“政商新关系　亲清当模范”主题培训班　（章云超　供稿）

持续打造“商道酬信”品牌，注入“亲清”内涵，开展“政商新关系、亲清当模范”主题活动，推动构建“亲清”新型政商关系。此举得到中央统战部、全国工商联领导的肯定，并在全国交流推广。

开展特色法律服务，编印《以案说法——商会与企业法律风险防控案例评析》，市委书记夏锦文为此书作序；举行“春季要约行动”，推动劳动关系协调发展。引导民营企业通过技改项目进行转型升级。举办“‘一带一路’城市与企业”专题研讨会；对接浙江清华长三角研究院杭州分院，达成4个合作项目；落实全市开放工作会议精神，举办“一带一路”政策解读专题报告会，组织参加“中澳自由贸易协定解读研讨会”。参与“百企帮百村”和“百村万户新达标”精准扶贫工作，发布《全市民营企业参与精准扶贫活动倡议书》，截至12月底，全市非公企业各项社会捐赠（含认捐）约6000万元。

指导建立中共党支部18个、党员258名。引导各级商会党组织开展“两学一做”学习教育。市创业精英联合会党支部成为全市唯一一家入选省级“两学一做”学习教育监测点的商会。

（左建香）

【“亲清”新型政商关系构建】 2016年，镇江市开展“政商新关系、亲清当模范”主题活动，在全国率先提出民营企业家“亲清自律公约”“五为五不为”要求，开展以“亲清”为主题的书法美术创作活动，创建民营企业“亲清”文化示范点等。市委组织部、市工商联、经信委、科技局等部门共同开展“亲清润企”专项调研督查，召开座谈会31场，集中访谈或个别访谈160人，现场问询15人，发放问卷698份，梳理当前构建新型政商关系中存在的问题，提出解决难点的思路。

（左建香）

【嫁接“名校、名企”资源　升级“创新、创业”园区的建议】 2016年，镇江市工商联赴浙江调研，与浙江清华长三角研究院杭州分院进行交流，向市政府提交《嫁接“名校、名企”资源，升级“创新、创业”园区》的调研报告，得到市领导的肯定并被应用到镇江高新区的建设中。具体建议有三点：一是学习先进地区理念，由市领导带队组织各相关园区的负责人“走出去”，学习杭州特色小镇、深圳南山区、北京中关村等先进发达地区的经验做法；结合各自园区的实际和特点，对于好的做法采取学习、借鉴、复制，提升全市的园区建设、管理水平、配套服务。二是加快体制机制创新，做强“科技金融”，在机制方面实现责权的统一。三是用市场化的手段升级园区建设，发挥“名校、名企”的带动作用，结合各自园区产业定位，推动品质功能现代化、主导产业集群化、运营机制市场化，升级“三集”园区，优化布局，提升质量，坚持“一园一特色”，集聚资源，拓展形成产业生态圈。　（奚　莹）

镇江市总工会

【概况】 2016年,镇江市总工会领导班子8人,下设10个部室3个驻会工委,机关干部50人,直属企事业6家,即文体活动中心、文化宫、职工学校、疗养院、互助互济会和职工旅行社。市直有11个行(产)业工委(会),4个市属产业集团工会。全市基层工会组织6743个,其中,独立基层工会6030家,联合基层工会713个,基层工会覆盖单位36754个,会员1275109人,其中女性会员501830人、农民工会员400934人。

2016年4月7日,市总工会召开进一步深化"效能革命"动员部署大会,传达贯彻市委、市纪委关于"效能革命"的有关部署和要求,提出实施依法履职、提速增效、激励担当、整庸治懒四大行动。市总工会全面推进"效能革命",被市委、市政府授予2016年度市级机关绩效管理考核"十佳单位"称号。"有难工会帮,四助显真情"服务品牌被授予2016年度市级机关"十佳服务品牌"称号,全年获全国、省、市各类表彰20项。

全市各级工会以"六型"职工之家建设为重点,确定2016年职工之家建设目标和重点任务。改进建家考核机制,制订并执行模范职工之家"积分晋级"办法。强化基层工会小组长考核管理机制,推动工作触角向车间、班组"小家"延伸。全年新建基层工会145家,新发展工会会员4.03万人。建立市总工会领导和有关部室挂钩联系、帮办服务责任制,组织结对双方开好互助"见面会"、专题"会诊会"和经验"分享会",组团为基层工会提供服务,推动建家取得实效。

围绕312国道改线等全市重大基础设施和重大项目建设步伐,开展"建功十三五、建设新镇江"劳动竞赛、"百家企业创新升级劳动竞赛"等一批重点工程劳动竞赛,镇江长江大桥建设工程被列入2016年度全省十大重点工程劳动竞赛。开展"安康杯"竞赛,参赛企业有1584家,职工参与面达36万人次,产生全国"五一劳动奖状"1个,全国"五一劳动奖章"2人,全国"工人先锋号"2个,49人获"省劳动模范和先进工作者"称号。组织开展劳模创新工作室标准化建设活动,评选出"十佳劳模创新工作室"。开展"百个工种万名职工"技能竞赛,组织一、二类技能竞赛196个,产生市级技术能手、高级工和技师1898名。

健全工会法律援助网络,全市企业劳动争议调解组织覆盖面为92.3%。参与韦岗铁矿、华通动力重工职工分流等劳动关系调处,发挥"稳压器"与"调节器"的作用。启动"七五"普法,开展"播洒法治阳光、共促善治和谐"主题活动,"组织职工维权律师团开展集中志愿服务行动"被纳入镇江市2016年法治为民办实事项目,全年开展送法进基层、进企业、进工地志愿服务活动30余场。

围绕供给侧结构性改革,在全市企业职工中开展"同舟共济、共克时艰"大讨论活动。开展"争当文明职工、争创文明班组"活动,产生50个市"五一文明班组"和100名市"文明职工"。成立职工读书写作协会、职工篮球协会,开展职工读书节、职工职业装展示、职工篮球联赛、"职场女神随手拍"等活动,获省总工会"全省第七届读书月优秀组织奖"。开展送文化下基层活动,组织各类文艺演出10场次,免费放映电影300场次,赠送图书1万余册。

参与全市《关于精准帮扶特困家庭奔小康工程的实施意见》的制订,推动将特困职工列为政府帮扶对象。与慈善总会开展"关爱职工暖流行动""情系模范送温暖"等活动。开展新一轮"党员进万家"活动,全市百个部门单位与千户困难职工家庭进行结对,落实帮扶资金60余万元。扩大"有难大家帮"服务对象,将农民工、辅警、困难职工配偶及子女纳入互助保障范围,设立"职场准妈妈"互助计划,职工互助互济保障有效覆盖30.5万名职工,2860名职工获给付保障金600万元。打造农民工帮扶服务"工惠互助"品牌,将农民工纳入全市工会帮扶体系,全年帮助211名困难农民工子女实现入学梦,为16394名农民工赠送互助互济保障21.5万元。 (方 宸)

【市总工会为基层、为职工"十送"实事项目】 2016年初,镇江市总工会推出为基层、为职工"十送"实事项目,以菜单式服务满足基层和职工需求。"十送"实事项目包括送温暖、送保障、送健康、送技能、送岗位、送清凉、送法律、送文化、送培训、送扶持等十大类内容。市总工会各承办部门明确目标任务、制定扎实措施,完成"十送"实事项目。

(方 宸)

【全市庆祝"五一"暨劳模表彰大会】 2016年4月29日,镇江市庆祝"五一"暨劳模表彰大会在南山艺术剧院举行。市委书记夏锦文出席会议并讲话,代表市委、市政府向广大劳动者致以节日的问候,向受到表彰的劳动模范表示崇高的敬意。全国"五一劳动奖状(奖章)"、"工人先锋号"和省先进工作者、省劳动模范以及市"五一劳动奖状"、"工人先锋号"、"五一"文明班组、"五一劳动奖章"、市文明职工的代表依次登上主席台领奖。省劳动模范、丹徒区世业镇先锋村党总支书记聂永平,代表全市的省劳

动模范和先进工作者宣读倡议书。（方　宸）

【王共鸣获江苏"最美职工"称号】 2016年5月26日，江苏"最美人物之最美职工"电视发布会和媒体见面会在镇江南山剧场举行。省委宣传部、省总工会共同授予中国能源建设集团江苏省电力建设第三工程有限公司焊工班班长王共鸣江苏"最美职工"称号。电视发布会上，全国先进工作者，中共十七大、十八大代表金燕为王共鸣颁发江苏"最美职工"荣誉证书。《江苏省最美人物——王共鸣》于5月31日晚10:30在江苏城市频道首播。（方　宸）

【《镇江市工会干部维权综合保障实施办法》出台】 2016年7月1日，镇江市总工会出台《镇江市工会干部维权综合保障实施办法》，从维权、医疗、意外伤害、生活等四方面为工会干部搭建起抵御风险的屏障；并按照文件精神开展"为工会干部送保障"活动，为维权者送维权保障、为送温暖者送贴心温暖，首批为市总工会委员、经审委员、市直行（产）业、重点骨干单位工会主席送出100份工会干部维权综合保障。（方　宸）

【"当百日工会主席"活动】 2016年8月16日，镇江市总工会跟进全国总工会、省总工会改革要求，从镇江实际出发，启动"当百日工会主席"活动，进行试点改革。首批推荐8人到乡镇、街道、开发园区，经民主选举担任工会副主席，挂职时间为100天。同时将选任单位作为市总工会相关部门工作联系点，市总工会部门与选派人员共同协助选任单位推进各项工作。（方　宸）

【纪念红军长征胜利80周年图片展】 2016年10月9日，"纪念红军长征胜利80周年"图片展在镇江市工人文化宫开展。该图片展是市总工会、市委宣传部、市委市级机关工委共同举办的大型公益活动，为期一个月，免费向广大职工群众开放，展览期间有超过1万人次参观图片展。（方　宸）

【工会干部荣誉奖章授荣仪式】 2016年10月19日，镇江市总工会举行工会干部荣誉奖章授荣仪式，为工会十四大以来离任的且从事工会工作十年以上的优秀工会干部授奖，有11人获奖，其中金质奖章3名，银质奖章3名，铜质奖章5名。（方　宸）

【"@镇江职工之家"获年度政务新媒体奖】 2016年12月26日，在镇江年度网络新媒体时间分享会上，市总工会的微信公众号"@镇江职工之家"获评市委宣传部"年度政务新媒体奖"。市总工会利用微信公众号"@镇江职工之家"及其他网络手段，宣传工会动态、开展丰富活动，搭建网上"六型职工之家"。（方　宸）

共青团镇江市委员会

【概况】 2016年，镇江市有团员青年19万人，基层团委328个，团总支273个，基层团工委40个，团支部5079个。

2016年，全市各级团组织坚持"四个导向"，突出"四化并举"，构建"四大体系"，推动全市共青团工作转型发展；全市深化共青团事业改革，各项事业迈上新台阶。

全年开展各类青少年教育引导活动220余场，覆盖青少年9万人次；打造"青壳汇"青年创业综合服务平台，新建7家"青壳"众创空间，推荐吸引60余个青年创业项目入驻孵化；开展各类创业培训交流分享活动140余场，吸引11000多名青年参与；推出"青创圆梦贷"，全年发放910笔1.2亿元；开展希望工程"圆梦行动"，资助329名大学新生，资助金额约107万元；开展"青春力量·绿动镇江"主题活动20场，举办"绿芽计划"环境教育课14场，覆盖青少年19000人次；全市建成各类型"青年之家"60个，创省级示范性"青年之家"11个；聚力"金山青年英才"计划，围绕"创新""创业""管理"三大类全年遴选青年英才80余人；开展"1+100"团干部直接联系青年制度（1个团干部联系100名青年），全市2378名团干部联系结对215595名青年，开展各类活动26962场。（许经纬）

【团市委十六届五次全会】 2016年2月1日，共青团镇江市委十六届五次全会在行政中心召开。团市委十六届委员、候补委员及各级团组织负责人170余人参加大会。大会表彰2015年度全市共青团工作先进单位、先进工作者、创新创优成果奖以及市级示范服务平台，审议通过《共青团镇江市十六届五次全会关于委员、候补委员卸职递补的确认案》。（许经纬）

【柬埔寨人民党青年政治家考察团一行到镇江访问】 2016年3月19日，柬埔寨人民党中央委员、中央宣教委员会副主席、中央青年工作组组长盖本兴率柬埔寨人民党青年政治家考察团到镇江访问，重点考察镇江市基层团组织建设和青年群众工作。（许经纬）

【市农村青年暨大学生村官创业大赛决赛】 2016年3月13日，由市委组织部、团市委主办的"农联·亚夫在线"杯镇江市农村青年暨大学生村官创业大赛决赛在镇江国家大学科技园举行。政府机关、高校、创投机构等相关人员，专家评审和创业代表200多人参加活动。其中，大学生村官组的"有机果园里的循环经济"项目、农村青年组的"原味生活生态信任农业平台"项目分获各组一等奖。（许经纬）

【第14届镇江青年造血干细胞捐献志愿者行动】 2016年3月27日，由共青团市委、市文明办、市卫计委、市红十字会和市志愿者协会组织的爱相"髓"点燃生命的希望——第14届镇江青年造血干细胞捐献志愿者行动启动。截至2016年年底，全市志愿加入中华骨髓库人数超过1.4万人，占江苏分库的10.5%；实现捐献人数60人，占全省捐献总人数的10.9%。（许经纬）

【第十一届"镇江市十大杰出青年"评选】 2016年4月8日，由市人才办、市文明办、团市委指导，市青年联合会、镇江报业传媒集团、市文化广电产业集团主办的第十一届"镇江市十大杰出青年"评选结果揭晓。亓玉盟等10人获第十一届"镇江市十大杰出青年"称号，柴昊淼等10人获第十一届"镇江市十大杰出青年"提名。（许经纬）

【全市青年人才工作会议】 2016年4月20日，全市青年人才工作会议召开，正式启动镇江"金山青年英才"计划。"金山青年英才"计划下设3个子计划："青年创新英才培养计划"从2016年起，每年选拔20名左右的青年创新英才进行重点培养，到2020年，培养一批100人左右的创新能力强、研发水平高、综合素质好的青年创新人才；"青年管理英才培养计划"从2016年起，每年遴选30名左右的具有管理才能和领导潜质的青年管理人才，到2020年，培养一批150人左右的政治强、业务精、敢作为、作风正的青年管理人才；"青年创业英才培养计划"从2016年起，每年选拔30名左右的青年创业英才给予精准扶持和服务，到2020年，培养一批150人左右创业项目实、发展潜力大、示范作用好的青年创业人才。（许经纬）

【第二届镇江青年创新创业节】 2016年4月23日，团市委、市委组织部、市人社局、市科技局举办的第二届镇江青年创新创业节在西津渡开幕。该届镇江青年创新创业节分为“青创·赛事、青创·分享、青创·展示、青创·服务”四个主题，包含17项子活动，旨在逐步构建起创业资源集聚、创业平台搭建、创业服务深化“三位一体”的青年创新创业工作体系。（许经纬）

【纪念五四运动97周年活动】 2016年5月4日，纪念五四运动97周年活动举行，镇江市委书记夏锦文与第十一届“镇江市十大杰出青年”以及全市创新创业一线的青年代表们面对面交流沟通。夏锦文一行先后调研“青壳”众创空间、镇江青年科技创业孵化基地，同时，参加镇江市纪念五四运动97周年暨青年创新创业座谈会。（许经纬）

【首届江苏省大学生村官创业大赛决赛】 2016年5月20日，由省委组织部、团省委主办，市委组织部、团市委承办的“创业富民 引领青春 成就梦想——首届江苏省大学生村官创业大赛决赛”在镇江市举行。市委书记夏锦文出席并致辞。镇江市大学生村官吴国涛的“南美白对虾（套养青虾）淡水养殖”项目获三等奖。（许经纬）

【机关专题开放日活动】 2016年6月17日，共青团市委举办“学讲话 话改革 谋发展——镇江团市委机关专题开放日”活动，全市机关事业单位、企业、学校、街道社区、青年社会组织、农村等各领域团员青年50余人，到团市委机关做客。团市委就青年提出的问题、意见和建议给予现场答复。（许经纬）

【“我们身边的好青年”青春分享会】 2016年6月23日，“我们身边的好青年”青春分享会暨“青年之声·镇青春”节目升级仪式在京口区文化艺术中心举行。镇江市崇实女子中学副校长徐玲、句容市后白镇泗庄村党支部副书记吴国涛、镇江聚力手艺人公益服务中心负责人陈杰群将他们的青春故事与青年代表们共同分享。（许经纬）

【2016江苏省希望工程“圆梦行动”公益跑】 2016年8月20日，由团省委、省慈善总会、省青基会主办，团市委承办的“团聚爱·慈善行”2016江苏省希望工程“圆梦行动”公益跑主题活动在镇江南山北入口广场举行。江苏省慈善总会会长俞兴德出席活动。活动实行“线下开跑，线上众筹”，每一名志愿者完成规定路线，爱心企业即捐出100元善款，用于资助希望工程“圆梦行动”。当天活动1000余名网友参加，募集善款10余万元。（许经纬）

【“青年之声”镇江市首届青年辩论赛】 2016年9月29日，共青团市委、市文广集团组织召开2016年“青年之声”首届青年辩论赛暨第七届中学生辩论赛新闻发布会。全市各党政机关、企事业单位、科研院所等24支代表队，120多人参赛。镇江市国际学校代表队获第七届中学生辩论赛的冠军；江苏大学附属医院代表队获首届青年辩论赛冠军。（许经纬）

【共青团镇江市金融工作委员会】 2016年11月8日，共青团镇江市金融工作委员会成立，成立大会在江苏银行（工人大厦）会议室召开。全市银行业、证券业、保险业等31家成员单位的团组织负责人及青年代表100余人参会。镇江银监分局党委委员、纪委书记陈家龙当选镇江金融团工委书记。（许经纬）

【市青年联合会第七届全会】 2016年12月26日，镇江市青年联合会第七届委员会全体会议在碧榆园举行。市委书记夏锦文向大会召开发出贺信。大会选举产生市青联新一届领导班子，团市委书记贾敬远当选为市青联主席。市青年联合会第七届委员会由250名委员组成，设12个界别组。其中，中共党员124名（含预备党员6名）；民主党派和无党派人士28人；女委员98名；少数民族委员5名；党政干部12名；企业家41人；工人、农民、农民工等劳动者30人；第六届委员连任16人；委员平均年龄31.6岁（其中年龄最大为40岁，年龄最小为20岁）；本科及以上学历221名，博士9人。（许经纬）

镇江市妇女联合会

【概况】 2016年，镇江市妇联坚持“一切在于干”，转变工作方式，汇聚资源力量，服务妇女群众，推动妇女事业取得新发展。

引领妇女创业创新，拓展妇女创业创新空间。实施“创业创新巾帼行动”，以“镇有一手”为主题举办女大学生创业项目设计大赛、“农家好厨娘”寻访等六大系列活动。搭建妇女创业创新平台，成立镇江市女性创业联盟，举办“镇发展·她力量”巾帼创业创新主题论坛，组织女性创业者赴浙江杭州、义乌等地参观学习，参与海峡两岸（江苏）名优农产品展销会等活动。创优妇女创业创新环境，举办农村妇女“网上行”“互联网+电商技能”等各类培训266期，培训妇女近2万人次；组织29场女性专场招聘会，提供2.3万个就业岗位；为421名妇女发放小额贴息贷款5163万元，创建29个省级巾帼示范基地，争取资金近百万元。

深化家庭文明建设，繁荣家庭文化。举办第六届社区家庭文化艺术节，组织女性书画摄影大赛、乒羽团体赛、家庭盆景展、家庭安全知识竞赛、女子健身操展示等活动。塑造良好家风，实施“最美家庭”建设行动，开展“最美家庭”寻访表彰、“最美家庭讲好家训”百场巡讲、“指尖上的亲情”家书征集等活动。选树各级各类“最美家庭”2300余户，张叶宏家庭当选首届全国文明家庭、2户家庭入选全国“最美家庭”、4户家庭获评江苏“最美家庭”。传播科学家教，组建家庭教育讲师团，命名首批11个家庭教育社会实践基地，组织家庭教育公益行活动162次。开展“我爱我家·同悦书香”亲子阅读活动，5户家庭获第二届全国“书香之家”称号，8户家庭入选第二届江苏省“书香家庭”。

维护妇女合法权益，实事化推进性别平等。完善政策法规性别平等评估咨询机制，举办“反家庭暴力法”专题讲座，召开“二孩”政策配套措施建议研讨会，发出家庭暴力告诫书11份、人身保护令31份。中共党代会女代表、人大女代表和政协女委员比例有较大幅度提升。常态化开展普法宣传，组织普法活动220场次，发放资料2.7万份，2.5万人受益。精准化提供维权服务，健全维权代言人信访接待日制度，接待来电来访398件，结案率100%。完善“和谐婚姻·幸福家庭”引导机制，婚姻嫁校开设讲座32场次。新命名康乃馨家庭工作室和维护妇女儿童权益示范岗各12个。开展“法律服务进万家”活动，78名律师志愿者与“妇女儿童之家”结对。

办好妇儿民生实事，推动规划实事落实，编制“十三五”妇女儿童发展规划，实施新一轮妇女儿童实事项目，开展全市留守儿童统计工作，推进儿童家庭监护缺失社会干预试点工作。实施妇女儿童公益项目，争取省级妇女儿童发展规划示范引导项目和妇女儿童公益社工服务项目资金79万元。开展“镇馨港湾”妇女儿童公益服务项目征集活动，6个项目立项。关爱困境妇女儿童，开展“冬日暖阳”、“母亲邮包”、“邻里守望·

姐妹相助”巾帼志愿服务等活动，为34位农村贫困“两癌”妇女争取人均1万元的救助金。新捐建11个“爱心书屋”，举办第七届“助学快车”活动，募集助学款91.45万元，资助困境儿童1600余名。

加强妇联自身建设，夯实基层基础。推进村（社区）妇代会改建妇联和乡镇妇联区域化建设，承接全省妇联组织区域化建设工作现场推进会，6家大型国有企业、4个专业园区、镇江高专、地税系统分别成立妇联组织。加强队伍建设，更新完善市、县、乡三级女性人才库，市本级入库女性人才近400名。举办中青年女干部、妇联干部、女性社团负责人培训班，组织“我与妇女儿童共成长”女大学生村官征文演讲比赛。优化工作作风，开展“两学一做”学习教育，以廉政党课、专题研讨、专家讲授、诗词诵读、主题党日等多种形式，增强党性修养，锤炼过硬作风。（冯新春）

【镇江女性创业联盟】 2016年3月8日，市妇联召开镇江市女性创业联盟成立大会。会议选举产生第一届理事会，市政协文史委主任徐伟珍当选为首届女性创业联盟会长。女性创业联盟建立在女性创业促进会的基础上，由有志于创业创新的女性、创业成功的女性以及为女性创业创新提供帮助的机关、团体、社会各界热心人士自愿结成的地方性、联合性、非营利性和服务性社会组织，旨在推动、引领和服务镇江女性投身“大众创业、万众创新”的社会实践，帮助女性圆创业就业梦想，汇聚女企业家和女性创业者的智慧和力量，为建设“强富美高”新镇江发挥好“半边天”的作用。（冯新春）

【纪念“三八”国际劳动妇女节106周年】 2016年3月8日，镇江市召开纪念“三八”国际劳动妇女节106周年大会。会上表彰全国、省三八红旗手（集体）、镇江市最美巾帼创客、十佳女性社会组织等一批先进集体和个人，并举办“镇发展·她力量”巾帼创业创新主题论坛。（冯新春）

【镇江市第六届社区家庭文化艺术节】 2016年4月11日，镇江市妇联、市文联、市文广新局举办镇江市第六届社区家庭文化艺术节开幕式暨第三届女性书画摄影作品展。活动收到书画摄影作品730件。经专家评审，评出一等奖6件、二等奖作品11件、三等奖26件、优秀奖93件。艺术节期间，市妇联与相关部门开展“最美家庭”寻访、乒羽混合团体赛、女子健身操大赛、家庭花卉盆景展、科学家教进万家等活动。（冯新春）

【镇江市2016年中青年女干部培训班】 2016年5月16日，镇江市2016年中青年女干部培训班开学典礼在市委党校举行。该次中青年女干部培训班纳入市委组织部干部调训计划主体班，各辖市（区）、市级机关部门、企事业单位的48名副处级后备女干部、中青年正科级女干部和部分优秀女大学生村官参加培训。（冯新春）

【《中华人民共和国反家庭暴力法》专题讲座】 2016年5月23日，镇江市妇联举办《中华人民共和国反家庭暴力法》专题讲座，邀请江苏警官学院治安系心理教研室副主任王燕解读《中华人民共和国反家庭暴力法》。市维护妇女儿童合法权益联席会议暨“平安家庭”创建活动领导小组的联络员，各辖市（区）、镇江新区派出所分管所长，社区民警代表，各基层法院相关法庭负责人，各辖市（区）妇联分管主席、权益部部长，镇江新区、市级机关妇工委主任，京口区、润州区街道妇联主席，社区妇联主席近200人参加讲座。（冯新春）

【“最美家庭讲好家训”百场巡讲】 2016年5月24日，镇江市“最美家庭讲好家训”百场巡讲启动仪式暨“最美”巡讲进高校活动在江苏大学举行。启动仪式上，由“最美家庭”成员和志愿者组成的市“最美家庭”事迹宣讲团成立，200多名江大师生聆听“中国好人”唐红梅家庭、首届“江苏最美警嫂”杨娟家庭的事迹，分享江苏“最美大学毕业生”、镇江“最美巾帼创客”柴昊森的成长故事，并观看以全国道德模范“提名奖”、江苏大学“百万善翁”邵仲义的爱心事迹为原型拍摄的微电影《背面》。活动还表彰全国、省、市“书香家庭”，并为获第二届全国“书香之家”的家庭颁发奖牌。（冯新春）

【“书香飘万家 亲子共成长”庆祝“六一”国际儿童节活动】 2016年6月1日，镇江市“书香飘万家 亲子共成长”庆祝“六一”国际儿童节主题活动在市中山路小学举行，活动旨在倡导全民阅读，深化“书香家庭”和“书香校园”建设，为建设“书香镇江”奠定基础。现场市委组织部、市妇联、市文广新局、市红十字会捐建10个爱心书屋。市体育局机关党委、市体彩中心与10名家庭生活困难学生结对。活动还向全市广大家长和学校发出“书香飘万家 亲子共成长”的倡议。（冯新春）

【第七届“助学快车”暨“罐”爱行动公益项目启动仪式】 2016年8月23日，市妇联、市残联、市体育局在行政中心市民大厅举行镇江市第七届“助学快车”暨“罐”爱行动公益项目启动仪式。活动现场启动“罐”爱行动公益项目，全国“最美家庭”代表张叶宏宣读倡议书，引导广大家庭、公民以认领爱心储蓄罐的方式，每天节省1元钱，每年捐赠365元，资助困境儿童。活动现场发放助学款91.45万元，结对1600余名留守流动等困境儿童。（冯新春）

【“镇有一手”巾帼创业创新创意主题系列活动】 2016年，镇江市妇联以“镇有一手”巾帼创新创业创意主题系列活动为切入点，在全市开展女大学生创业项目设计大赛等六大系列活动，陈露霖为主创的“镇江文博数据科技有限公司——外星客3D打印梦工厂”项目获女大学生创业项目设计大赛冠军，10个获奖的创业项目获巾帼创业项目扶持金；丹阳市访仙镇超力生态园王桂英烹制的“原味生态鸡汤”等10道农家菜被评为“十大特色农家菜”；句容茅山镇恒泰家庭农场汲静等10人被评为“产销结合我最强”十佳电商创业女能人；京口区李佩璜等10人被评为“十佳手工创意制作女能手”；扬中市月嫂朱敏获“金牌月嫂”冠军；纪学颖等3名女选手分获院前急救技能竞赛急救医生组、急救护士组、调度员组一等奖。（冯新春）

【“精美镇江·绿满家庭”镇江市第三届家庭花卉盆景展】 2016年10月1日，市文明办、市妇联、市旅游委举办的“精美镇江·绿满家庭”——“苏宁广场杯”镇江市第三届家庭花卉盆景展在苏宁广场开展。活动展出花卉盆景近百盆，涉及盆景、兰花、蒲草、多肉、花卉、花艺等多个品种。现场为市民家庭赠送盆栽绿植；举行“最美家庭”风采展、周艺之声古筝演奏会；中山路小学五（八）班的学生家庭认领一批“大白”爱心储蓄罐。（冯新春）

镇江市科学技术协会

【概况】 2016年，镇江市科学技术协会有直属学会（协会、研究会）56个，单位会员3960个，个人会员36500人，其中具有高级职称资格的有3850人。全市有企业科协39个，高校科协4个；全民科学素质教育基地62家，全民科学素质工作领导小组成员单位30家；中国科协海智计划江苏（镇江）现代农业工作基地成员单位3家。全市有科普志愿者1.86万人。

2016年，市科协以学会服务创新发展能力提升为切入点，组织建言献策与决策咨询，注重选塑学会典型，指导学会服务“大众创业 万众创新”，加强学会承接政府转移职能的能力；印发《关于镇江市全民科学素质行动计划纲要（2016—2020年）的实施意见》，与30家全民科学素质工作领导小组成员单位和62个全民科学素质教育基地共同组织实施《2016年度全民科学素质百项行动计划》、科普惠农兴村计划和社区科普益民计划，开展镇江市第28届科普宣传周、全国科普日活动和“三下乡”活动，全年全市公民科学素质达标率为9.8%，市科协被评为省科普宣传周活动优秀组织单位，7家单位和7名个人获省“十二五”实施全民科学素质行动计划纲要先进集体和先进个人称号；打响海智基地“农”字品牌，推广普及农业发展成果，市科协被中国科协海智办评为2016年度先进单位。

服务党政大局。市科协与市委农工办、市财政局、“亚夫在线”合作，就供给侧改革问题开展调研，调研主攻“镇江农业供给侧改革和农产品电商平台发展”课题，围绕茶叶、鸭稻共作、水产、应时鲜果的供给侧改革号脉开方，形成17篇调研文章，并以“科技工作者建议”的形式向市委、市政府上报“做大做强我市茶叶产业的建议”“从营销环节写好‘稻鸭共作’的文章”等建议。市科协与市外专局、市农委等部门分别签订合作协议，邀请日本农业专家到镇江做农业讲座，引进发酵床、有机堆肥和稻壳炭制作这3项生态农业新技术。与市科技局签订合作协议，推动科普、科技进校园。推动市人社局将公务员科普列入公务员培训课程。2016年，有8批26人次海外、境外科技团体和专家到镇江洽谈交流，市科协先后举办科技咖啡馆等国际学术讲座5场，邀请日本生态循环农业专家松沼宪治到镇江，开展堆肥、黄瓜栽培等生态农业技术交流；邀请日本全国先进农协研究会副会长黑泽贤治等，举办农产品营销专题讲座，受众400多人。同时，组织科技工作者赴巴西、智利、西班牙、葡萄牙、日本等国家和中国台湾开展科技交流和合作，并邀请海外专家到镇江创业发展。

服务科技。市科协开展镇江市科技论文（专著）评选工作，征集论文（专著）885篇（本）。经评选，6篇（本）获特等奖，24篇（本）获一等奖，60篇（本）获二等奖，120篇（本）获三等奖。宣传、选塑优秀科技工作者，丹阳姜建新获全国优秀科技工作者称号；市科协章奇特被中国科协、中组部等九部委评为《全民科学素质行动计划纲要》“十二五”实施工作先进个人；江苏大学赵文祥获第十五届“江苏省青年科技奖”；阎永齐、翟洪金、陈德玉、龙涛4人获第十二届“江苏省优秀科技工作者”称号。全市有94家企业入驻“中国科协企业创新服务平台”，培训企业专利应用工程师15名，13家企业对专利进行深加工，产生应用成果。镇江新区的江苏峰谷源储能技术研究院有限公司通过科协创新平台，申请专利10项，其中发明专利2项，实用新型专利8项；授权专利9项，其中授权发明专利1项，授权实用新型专利8项；发表论文1篇，形成MW级以上的智能电网储能系统示范项目1座，获批省高新技术产品1个；开发电池管理系统形成3项软件著作权。

助力“大众创业，万众创新”。市科协发挥江苏大学、江苏科技大学、镇江高专科协的作用，推动大学生“双创”工作的不断深入，分别开展培训、项目路演、创客竞赛等活动，江苏大学进入全国大学生双创工作前15名。全年市科协组织开展省青年会员创新创业大赛活动，征集双创优秀项目17项，报送10个项目参赛；举办大学生创新创业交流会暨成果展活动。与省级学会合作，建立省级科技服务站5个，推荐报批首席工程师4个。开展科技服务工作，组织农业专家赴新疆和重庆开展技术指导。推动沈阳机床与镇江金港产业园共建“双创”中心，成立科技服务站。有2批次30多名科技工作者为100余家“双创”企业服务。为江苏兴文集团在转型科普产业上提供帮助。联系协调日本农山渔村文化协会，帮助句容市茅山镇的“葡二代”赴日本研修葡萄种植技术。

打造服务“亚夫在线”新品牌。市科协与“亚夫在线”签订战略合作协议和实施细则，从科技、科普、形象宣传等多个方面支撑“亚夫在线”建设。推动现有的10多家市级以上科普惠农示范基地加入“亚夫在线”联盟，推广“基地＋互联网”模式，实现产品产、加、销一体化。建立服务“亚夫在线”和“三农”的现代农业智库，首批14名专家，包括1名中国台湾专家和1名日本专家。设计“亚夫在线”农机通板块，传播农业技术、开展在线咨询、开办“亚夫讲堂”等。

提升学会服务能力。市科协参与省科协新一轮“提升学会服务科技创新能力计划”，加大对学会的管理。56家学会中，AAA级以上的有26家，其中AAAA级以上8家；有21家学会实现“秘书处实体化、秘书长专职化”；15家学会建立监事制度；12家学会建立网站（网页）、微信微博。8家学会承接12项政府转移职能。市科协、市公路学会与上海公路学会举办道路建设泛长三角论坛；市医学会承办江苏省第二十次心血管病学术会议。全年举办学术交流192场，28000多人次参与。

加强信息宣传。市科协通过中国科协网，中国科协综合信息服务平台，省、市公众科技网，镇江科协微信公众号等媒体宣传优秀科技人物、创新团队、科协重大活动和创新举措。全年市科协系统在中国科协网站发布信息16篇，在省公众科技网“要闻快递”发布信息50篇。《镇江信息》连续2期以专报形式刊登市科技工作者建议。在镇江电视台开设《科普大篷车》电视专栏。镇江公众科技网发布信息25849篇，点击率52万次。镇江科协微信公众号全年编辑发布93期，累计发送292篇微信资讯信息，全年被阅读量累计6万余次。

（罗　悦）

【2016年度全民科学素质百项行动计划】 2016年度镇江市全民科学素质百项行动计划由未成年人、农民、城镇劳动人口、领导干部和公务员、社区居民五大人群科学素质行动；科学教育与培训基础工程，科普资源开发与共享工程，大众传媒科技传播能力工程，科普基础设施工程，行政法规、队伍建设与监测评估工作五大基础工程和全民科学素质教育基地行动等11大类100项行动计划构成，每个大类均明确主要任务和具体量化的任务。该行动计划中突出生态低碳、食尖安全、防震减灾、安全健康和关注民生等重点，倡导大联合、大协作的行动举措。（罗　悦）

【科普惠农计划和科普益民计划】 2016年，镇江市科学技术协会深入实施科普惠农兴村计划和社区科普益民计划，有1个农技协会、1个农村科普示范基地、1名农村科普带头人、2个社区分别获中国科协和财政部表彰，并获国家奖补经费支持；有1个农技协会、1个农村科普示范基地、2名农村科普带头人、1个社区获省科协和财政厅表彰，并获省奖补经费支持。镇江市评选表彰3个优秀农技协会、8个优秀农村科普示范基地、5名优秀农村科普带头人、4个优秀科普示范社区、5个优秀社区科普益民服务站、6名优秀社区服务科普志愿者。（罗　悦）

【第 28 届科普宣传周系列活动】 2016 年 5 月 14 日，以“创新引领，乐享生活”为主题的镇江市暨润州区第 28 届科普宣传周活动在西津渡“亚夫在线”联盟广场开幕，活动突出创新创业创造、生态发展理念、科学生活方式等重点内容，以项目体验为切入口，兼顾不同年龄层次人群的需求，通过形式多样的项目互动加深市民对科普知识的理解。现场开通微信有奖答题，市全民科学素质领导小组成员开展科技创新、节水防汛、防灾减灾和应急避险、垃圾分类等科普知识宣传，并组织戴庄有机大米、天成发酵床养殖的黑猪肉等优质农产品品尝，科普亲子等活动。科普周期间，开展防震减灾综合演练、第七届职工读书节、科普惠民行动、科普开放日和全民科学素质教育主题教育等七大主题的系列活动。市科技局、市文化局、市卫生局、市农委、市食药监局、市质检局、市地震局、市住建局、市城管局、市水利局、市民防局、市档案局等 20 多家成员单位和戴庄有机农业合作社、天成生态养殖基地、瑞京农业园金阳光宝贝城等科普基地开展 128 项科普活动。市科协组织开展科普志愿者服务月活动、“创新引领，乐享生活”科普巡回展、送科普图书到社区科普益民服务站等活动。（罗　悦）

【全国科普日活动】 2016 年，市科协、市教育局、市科技局、市经信委、市食药监局、市总工会印发《关于举办 2016 年全国科普日活动的通知》，以“创新放飞梦想，科技引领未来”为主题，在全市开展全国科普日活动。活动期间，开展重点活动 126 项。全年全市举办各类科普活动 4874 场，科普宣传车进校园活动 30 余次，受众 27000 多人次。

（罗　悦）

【青少年科技比赛活动】 2016 年，市科协参加第二十八届国际科学与和平周全国中小学生（江苏地区）“凤凰机器人杯”金钥匙科技竞赛、第二十七届省青少年科技创新大赛等活动。组织 3000 多人次参加省“金钥匙”科技竞赛，市科协获优秀组织奖，句容代表队获团体赛特等奖，京口区代表队获团体赛一等奖。全市 1300 余名初高中学生参加江苏省青少年信息学奥林匹克竞赛，镇江市连续 7 年获团体第三名。

（罗　悦）

【镇江市农村专业技术协会】 2016 年 11 月 16 日，镇江市农村专业技术协会第一次会员代表大会举行。省科协副主席冯少东到会讲话，145 名会员代表出席会议。大会听取筹备工作报告，审议并通过协会《章程》草案和选举办法，选举产生第一届理事会、监事会。在一届一次理事会全体会议上，选举产生理事长、常务副理事长、副理事长、秘书长和常务理事等，镇江市农科院院长庄义庆当选为第一届理事会理事长。会议同时举行农村电商创业培训与农业科技入户服务活动。（罗　悦）

【海智基地建设】 镇江海智基地是全国唯一的农业海智基地，是科协工作在区域内有影响的品牌之一。2016 年，该基地向外省推广稻鸭共作技术 6.67 平方千米，其中，“茬稻鸭共作”申报镇江市科技进步奖。乌嘴白羽凤头鸭新品种的选育工作取得进展，该基地推进与扬州大学的国家珍稀物种凤头鸭产学研合作项目。海智基地顾问、首席专家赵亚夫主持翻译“日本现代农业实用技术丛书”第二本《草莓种植新技术》。（罗　悦）

镇江市哲学社会科学界联合会

【概况】 2016 年，镇江市社科联（院）获评“全国社科组织”、“全省先进社科联奖”、“全省社科决策咨询奖”、“2011—2015 年全市普法工作先进单位”、市级机关绩效管理考核优秀单位等，党建工作获评“四星”双型先进党支部，同时，年度考核优秀。《刑事法学系列通俗读本》获全国优秀社科普及作品。2 人分获全国社科工作先进个人、全国优秀社会科学普及工作者，4 人入选镇江市首批“五个一批”和“青年文化人才”。

重点组织开展对中共中央总书记习近平系列重要讲话尤其是“5·17”重要讲话精神的理论研讨。开展“新理念、新征程、新台阶——镇江市社科理论界专家座谈会”。与《镇江日报》一起围绕《关于推进供给侧结构性改革的意见》开展系列解读，并刊发《发力镇江“十三五”之理性思考》等理论文章。

加强《镇江社会科学》重点栏目和特色栏目建设，组织开展“海绵城市大家建，企业代表看海绵”等活动，对中储粮、神牛集团等单位开展专题报道，扩大刊物在企业层面的影响力。

社科院 1 号课题“‘戴庄经验’可推广性研究”成果被市委、市政府应用于新农村建设的实践之中。与上海社科院开展“依托宗教文化资源，做强镇江文化产业”的课题研究，并举办专题学术报告会，展示阶段性研究成果。牵头开展“供给侧改革基础上的高端人才引进路径研究”市级重点课题研究。

市社科联（院）制定出台《镇江市“十三五”哲学和社会科学事业发展规划》，哲学社会科学第一次正式编入全市五年发展规划，明确之后社会主义理论研究、探索创新发展和城市竞争力提升、社会文化建设等多个重点研究领域的研究方向。围绕全市改革发展现实需求和“十三五”规划任务要求，制定、发布年度课题指南，收到 313 项课题申报材料，确定 2016 年度镇江市应用研究立项课题 238 项，其中，重点课题 5 项，一般课题 171 项，教育专项课题 30 项，人才发展专项课题 32 项。对结项课题组织专家评审，评出一等奖 9 项、二等奖 19 项、三等奖 35 项、优秀奖 30 项，并将获奖成果汇编，出版《新起点、新高度、新辉煌——2016 年镇江发展研究报告》专著。首次与市人才办开展年度人才发展专项课题研究，举办全市“创富镇江与人才发展”高层论坛。全年编印 10 期《镇江发展研究报告》。市社科院成立经济发展、新农村发展、民生与社会发展以及人才发展四个研究中心，围绕市委市政府中心工作，承接各项重要研究任务。

（徐晓丽）

【全市社科工作会议】 2016 年 4 月 1 日，镇江市社科工作会议召开。会议总结回顾 2015 年社科工作，对 2016 年工作作出部署，表彰“镇江中青年社科名家”，为市社科院“新农村发展”“经济发展”“民生与社会发展”三个研究中心授牌，并颁发首批特聘研究员聘书。省社科联党组书记、常务副主席刘德海，省社科院党委书记、院长王庆五出席，王庆五就加快发展镇江社科事业和特色建设新型智库提出建议。市社科工作领导小组成员，各辖市（区）委宣传部分管部长，在镇江高校宣传部、市委党校科研处负责人，各社科类学会、社科普及基地负责人，社科联兼职副主席、理事和社科专家代表参加会议。（徐晓丽）

【全市社科人才培训班】 2016 年 4 月 19 日—22 日，镇江市社科人才培训班在镇江市委党校举办，培训班开设五大发展理念、“十三五”发展规划及社团建设专题讲座，组织学会建设的经验交流，并部署 2016 年科研、科普及学会建设等工作。全市各学会（协会、研究会）及部分科普基地 56 人参加培训。

（徐晓丽）

【“发挥宗教文化优势资源，做强镇江文化产业”课题】 2016 年 5 月 7 日，镇江市社科联(院)召开“发挥宗教文化优势资源,做强镇江文化产业”课题研讨会,市社科联(院)介绍课题的前期研究情况,上海社科院副院长谢京辉从研究团队、总体思路、研究背景以及研究目的四方面介绍课题研究的总体方案。10月24日,举办“依托宗教文化资源做强镇江文化产业”专题学术报告会,谢京辉聚焦镇江市区宗教优势资源的整合和开发,以镇江市宗教优势资源分析以及国内外宗教文化资源产业开发的成功运作案例切入,提出镇江宗教文化优势资源产业开发的对策和建议。

(徐晓丽)

【社科方面“两个重大课题”开题会】 2016年5月30日,镇江市委、市政府举行“社会主义核心价值观培育与区域法治建设协同发展机制研究”“社会主义核心价值观培塑与生态文明建设统筹推进路径研究”两个课题的开题会。两个课题具有较大研究意义,是推进“四个全面”战略布局,落实“五大发展理念”的重要举措之一,两个课题相互融合,相互支撑,旨在对镇江在社会主义核心价值观、生态文明建设和区域法治建设三方面取得的重要经验进行概括,并且要上升到理论的高度,形成可复制、可推广的“镇江模式”。市社科联主要负责人介绍课题研究背景,江苏大学教授石宏伟、江苏科技大学马克思主义学院教授姚允柱,分别介绍两个课题的研究思路及方案。 (徐晓丽)

【市第十一届哲学社会科学优秀成果评奖】 2016年5月3日至10月23日,镇江市第十一届哲学社会科学优秀成果评奖活动举行,评奖收到申报成果250项。根据《镇江市哲学社会科学优秀成果奖励办法》,经评委会评选,评出各等级奖项118项,其中一等奖7项,二等奖30项,三等奖60项,优秀奖21项。

(徐晓丽)

【第二届镇江智库论坛】 2016年7月6日,由省社科联、市社科联(院)主办,以“聚焦‘戴庄经验’可推广性研究”为主题的第二届镇江智库论坛举行。扬州大学教授秦兴方代表“戴庄经验”可推广性研究课题组汇报课题研究成果。该课题充分认识“戴庄经验”在新时期的典型意义,科学理解“戴庄经验”的精髓及其作用机理,全面把握“戴庄经验”时空条件变化,提出对推广“戴庄经验”的建议。省农委主任吴沛良、省供销社主任诸纪录、省农科院院长易中懿、南京农业大学经济管理学院院长朱晶结合该课题分别作点评。市委书记夏锦文,省社科联党组书记、常务副主席刘德海出席论坛并讲话。 (徐晓丽)

【镇江市第十三届社会科学普及宣传周】 2016年9月23日,镇江市第十三届社会科学普及宣传周启动仪式举行,宣传周以“全面贯彻《江苏省社会科学普及促进条例》”为主题,开展大型社科普及知识展览、赠送优秀社科普及读物等活动;通报表彰8个获省级优秀社科普及资助的项目;公布33个市级社科普及示范基地并授牌;组织贯彻落实《条例》的典型交流发言。各辖市(区)宣传部,市社科普及示范基地,市各社科类学会、协会、研究会和社科普及志愿者代表参加活动。 (徐晓丽)

【获评“全国先进社科组织”】 2016年10月19日—21日,镇江市社科联(院)参加全国大中城市社科联第二十七次工作会议,被评为“全国先进社科组织”。同时获此称号的还有市建筑会计学会、镇江市注册会计师协会、茅山新四军纪念馆。卜松、丁六成、方学建、薛玉刚等4人获评“全国社科工作先进个人”。

(徐晓丽)

【“创富镇江与人才发展”高峰论坛】 2016年12月10日,镇江市社科联(院)、市委组织部、市人才办举行“创富镇江与人才发展”高峰论坛,清华大学教授许国权、南京大学院长刘洪、上海交通大学院长唐宁玉等专家就镇江市人才工作进行探讨交流。同时,论坛对2016年度16项市人才发展专项课题进行表彰颁奖,并举行《镇江人才发展研究2015—2016》赠书仪式。 (徐晓丽)

【社科普及“启航工程”】 2016年,镇江市社科联(院)开展社科普及“启航工程”,工程以“树立五大发展新理念,建设强富美高新镇江”为主题,以“启迪民智、传承文明、传播文化、护航发展”为定位,打造“启航工程”社科普及品牌,重点开展四大行动:“互联网+社科普及”行动、社科普及联合大行动、社科普及基地“四微”行动、社科名师基层行行动。市社科联与《镇江手机报》打造《社科悦读》专栏,全年编发社科普及信息156期,每期点对点发送给7万移动手机用户。社科普及《社科悦读》专栏等8个项目被评为全省社科普及优秀项目。“社科悦读”专栏获评市委宣传部、镇江报业集团授予的“年度政府新媒体奖”。全年全市新增16家社科普及基地,建成社科普及基地国家级1家,省级5家,市级27家,实现辖市(区)全覆盖。

(徐晓丽)

【国家级、省级课题项目立项】 2016年,镇江市首次成功立项国家社会科学基金项目“我国东部发达地区推进农业现代化有效路径及典型经验研究”。“社会主义核心价值观与区域法治建设”被列为中国法学会重点委托课题。“社会主义核心价值观与生态文明建设融合推进”等2项课题立项为江苏省哲学社会科学规划办公室重点课题,囊括省哲规办2016年度全部重点委托立项课题,另有21项获省级立项。受省社科院委托,完成省委书记、省长圈定课题

图9-1 2016年9月23日,第十三届社会科学普及宣传周启动仪式上,科普基地授牌 (汪建莉 供稿)

“江苏开发区创新与转型发展研究”，以《江苏发展研究报告》形式呈报，省委书记罗志军批示：“所做发展研究报告有质量，所提建议值得省委省政府分管领导作很好研究。” （徐晓丽）

镇江市文学艺术界联合会

【概况】 2016年，镇江市文联围绕“出作品出人才、出影响出形象”总目标，以重大文艺项目和文联事业拓展为切入点，推动各项工作迈上新台阶。

加大文艺精品创作力度。市文联实施重点文艺创作项目化运作，重点推进《中国价值——图说社会主义核心价值观的根与源》大型连环画图书；组织创作长篇报告文学《雪域高原的镇江海拔》《共和国平民简史》，长篇小说《纸媒无故事》《守望》；创意出版新锐时尚旅游口袋书《邂逅镇江的别样风情》。重视文艺理论建设，与市委宣传部共同举办首届金山文艺评论奖评选，举办“新京江画派”双月论坛和学术提名展，推进成立市文艺评论家协会。建立完善市各文艺门类定期展赛制度，举办镇江市第五届油画双年展、镇江市第五届书法篆刻双年展、“金十字”微电影节、“舞彩镇江”社会舞蹈大赛、广玉兰奖首届青年舞蹈演员大赛、镇江市首届摄影艺术周、“我爱我家”镇江家庭装饰设计小品大赛及展览等活动。

打造活动品牌。市文联履行自身职能，结合镇江文艺工作实际，打造地域文化品牌和自身工作特色，形成“金山合唱节”和“为人民绽放”首届文学艺术节两大品牌。上半年，承办镇江首届金山合唱节，使合唱艺术在全市兴起风潮。下半年，举办“为人民绽放”镇江首届文学艺术节，大小活动60多场次，历时三个月。

加强文艺人才培养。以“文艺新秀工程”为切入点，以全市宣传文化系统“五个一批”人才工程为统领，推进第四期新秀培养工程，组织新秀赴井冈山创作采风；组织舞台类青年文艺工作者观摩上海国际艺术节演艺类活动；举办“春华秋实”第四期文艺新秀汇报音乐会、书画作品展和摄影作品展。邀请国内权威专家授课和研讨，举办“艺术与人生”主题培训班、全市工业设计产业孵化培训班等多门类、多层次的培训班、讲座。举办国家出版工程“中国历史文化名人传”《癫书狂画——米芾传》首发式、《大地追梦》首发式，举办金桂芬扬剧专场演出，在江苏现代美术馆举办“苏风艺韵”廖松涛中国画精品展。

开展“文艺联万家”活动。创新和转变文艺工作的发展方式，开展文艺志愿服务和文艺惠民活动，让人民群众共享文艺发展成果。成立镇江市文联文艺志愿服务中心，与全市11个重点村（社区）文化服务中心开展试点“结对走亲”活动，组建市音乐协会合唱团等20支志愿服务团队，招募文艺志愿者1000多人。开展“城市因你而美丽”慰问环卫工人演出、“筑梦彩虹”慰问镇江高校园区建设者专场文艺演出、设计制作“我的城市我的歌”镇江城市主题歌曲CD免费发放给市民等文艺惠民活动100多场次，参加活动的文艺工作者超过3000人，惠及观众20多万人次。

（高兴玺）

【“为人民绽放”镇江首届文学艺术节新闻发布会】 2016年9月8日，“为人民绽放”镇江首届文学艺术节新闻发布会举行。文学艺术节以“为人民绽放，为时代讴歌，为城市喝彩”为主题，分为“文化引领城市”“文艺营销名城”“演艺惠民悦民”“艺术点亮生活”“蓄力文艺发展”“辖市区联动”等六个版块，活动内容涵盖文学、戏曲、音乐、舞蹈、美术、书法、摄影、影视、民间艺术、创意设计等各个艺术门类，内容丰富、形式多样。既有门类众多的专业艺术活动，又有各具特色群众性文艺活动；既有精品力作的展览展示，又有新人新作的赛事展演；既有面向市内的活动组织，又有面向全国的赛事安排；既有以镇江市区为中心的主场地，又有市县联动、遍布全市的分场地，多侧面、全方位展示镇江文学艺术的发展成果。 （高兴玺）

【市文联五届二次全委（扩大）会议】 2016年3月11日，镇江市文联在市行政会议中心召开五届二次全委（扩大）会议。市文联主席包建国在会上作题为“把握新机遇担当新使命努力为镇江文艺事业迈上新台阶做出新贡献”的工作报告，明确2016年文联工作以“出作品出人才、出影响出形象”为总目标，以“新视野、大文联”为总要求，以“围着协会转、领着协会走”为总思路，努力推动文艺和文联工作迈上新台阶，为建设富有特色的“强富美高”新镇江贡献文艺界的特有力量。 （高兴玺）

【市文联五届三次全委（扩大）会议】 2016年5月25日，镇江市文联在市行政会议中心召开五届三次全委会，会议对1月至5月工作进行总结，并就下一阶段重点工作向与会委员作介绍。工作成效有：《雪域高原的镇江海拔》《纸媒无故事》等重点作品创作有序推进；书画、摄影、戏曲、舞蹈等领域也相继主办一批优质演出和展览。下一阶段工作有：做好“为人民绽放”镇江市首届文化艺术节的筹备、镇江市文艺志愿服务总队的组建等一系列工作，更好地推动文艺惠民。全会选举孙彤为市文联第五届委员会副主席。 （高兴玺）

镇江市台湾同胞联谊会

【概况】 2016年，镇江市台胞总数128人。市台联组织开展“两学一做”专题教育活动，学习全国、省、市“两会”和中国共产党镇江市第七次代表大会以及市委七届二次全会精神。召开镇江市台湾同胞第八次代表大会，选举产生新一届理事会。通过台胞之家QQ群、微信等方式，介绍对台政策和两岸动态。

加强台胞之间联系，增进乡亲情谊。利用节日聚会机会，组织开展节日活动。组织6批18名台胞参加省台联青年台胞活动日、老台胞重阳节等活动，其中在省台联乒羽比赛中，镇江台胞获1个亚军，1个二等奖。关心老台胞，走访慰问“老病困”台胞28户次，发放困难补助费21户。及时为中考、高考台籍学生出具台籍证明。成立镇江台湾同胞志愿者服务队。编排2个文艺节目在省台联成立35周年座谈会上表演。参观由市文联举办的“工匠精神——我是手艺人”个人创作艺术展。

加强交流、促进交往。接待台湾社团、台商、台胞亲友6批61人次，安排1名台籍大学生参加省台联举办的两岸台胞大学生夏令营。协助全国台联在镇江召开2016年台胞青年千人夏令营总结会议。

加强调研，建言献策。围绕镇江经济发展、旅游发展、城市建设、城市管理、青少年教育、群众生活等方面，提出集体提案5件，个人提案12件。组织由台籍政协委员、台联理事、经商台胞等组成的调研组，到连云港调研学习。召开参政议政工作座谈会，交流情况，征求意见。

（刘　迅）

【关于进一步推动医养融合破解养老难的提案】 在2016年1月市政协七届五次全会上，镇江市台联就进一步推动医养融合破解养老难提出四点建议：一是促进医疗卫生资源进入养老机构。鼓励支持养老机构内设医疗机构，符合医疗条件的，可申请纳入医保定点范围，入住的参保老年人可直接持卡看病。缺乏条件的养老机构，可以与周边医疗机构签订合作协议，设立医务室，为入住老年人开展医疗服务。二是鼓励部分医院将闲置资源改造成康复医疗机构或增加老年病科床位。重视这类地方的医疗技能提升工作，提高医疗水平。三是加强社区卫生服务机构建设。建立社区医院与老年人家庭医疗服务关系，为老年人建立健康档案，开展上门诊视、健康查体、保健咨询等服务。四是加强医疗保险对接，完善医保报销制度，切实解决老年人异地就医结算问题。（刘　迅）

镇江市归国华侨联合会

【概况】　2016年，镇江市旅居海外的华人、华侨、港澳同胞有36000多人，全市范围内有归侨、侨眷61800多人，主要分布在美国、加拿大、澳大利亚、新西兰、德国、日本等国家。

江苏大学张弛的“过渡金属簇/复合物可控制备及其光电性能研究”获中国侨界（创新成果）贡献奖；益海芯电子技术江苏有限公司获中国侨界（创新企业）贡献奖。江苏安德信超导加速器科技有限公司和马上游科技股份有限公司受邀成为中国侨联新侨创新创业联盟创始理事会员单位。市侨联全年推荐镇江市7家新侨企业和单位参加中国侨联在南京举办的新侨创新创业成果展。威信广厦模块住宅工业有限公司被省侨联命名为“江苏省侨联新侨创新创业基地”。与江苏大学法学院、江苏科技大学经管学院分别合作开展“新侨知识产权保护”和“华人华侨与中国企业走出去”涉侨课题研究，其中与江苏科技大学经管学院合作课题获2016年度镇江市“社科应用研究精品工程”三等奖。

市侨联与市文联、市作协、京江晚报开展“亲情中华·镇江侨界故事”活动，在《京江晚报》开设专栏宣传侨界先进典型，并举办读者、编者、作者座谈会。与市文联、致公党市委会、市留学生亲属协会编辑发行《亲情中华·镇江侨家记忆》，并举办编辑发行座谈会。与涉侨部门召开《江苏省保护和促进华侨投资条例》贯彻实施座谈会并开展条例系列宣传活动。举办2016年全市侨情联络员培训班。与江苏省华侨公益基金会为全市农村58名困难归侨发放“弘阳助侨基金”。开展“侨界关爱送健康”活动，为镇江市48名农村困难归侨送上24000元的就医卡。

市侨界人大代表、政协委员围绕镇江市经济社会发展建言献策，提出《注重精准招商提高利用外资层次，进一步深化对外合作领域》《关于把低碳理念融入市民生活方式的建议》等10多件提议案。市侨联《抓住机遇、加快世业洲建设》《加大城市社区绿道建设》《注重精准招商提高利用外资层次，进一步深化对外合作领域》三项集体提案入选市政协优秀提案目录。

市侨联接待和邀请澳大利亚、德国、美国、泰国等海外华侨华人和侨商14批46人次，邀请德国马堡大学法学院院长Gilbert Gornig到镇江围绕“德国教育概况”和“中德教育相互借鉴”等内容作专题讲座。邀请泰国侨商王甲乙一行到镇江市开展贸易洽谈。（印钢林）

【关于注重精准招商提高利用外资层次，进一步深化对外合作领域的提案】　在2016年1月市政协七届五次会议上，镇江市侨联提出“关于注重精准招商提高利用外资层次，进一步深化对外合作领域”的提案。提案的内容是：镇江应创新思路，抢抓新一轮扩大利用外资机遇期，注重精准招商提高利用外资层次，进一步深化对外合作领域。一是强化全市统筹招商引资工作机制。从市级层面加强外资大项目的规划引导服务，整合各辖市（区）招商资源，因地制宜确定产业发展导向，避免无序竞争，促进产业“三集”发展。二是建立以质量、效益为主的综合评价导向机制。成立项目决策的专家咨询委员会，引入第三方评估机构，为项目引进决策提供科学依据。三是制定符合全市产业特点的招商发展规划。制定产业链发展规划，推出产业链招商项目，加速产业链的延伸、补缺和强化，做大规模，做优配套。紧盯世界500强企业和行业领军企业，研究其投资动态，加快引进重大高端项目尤其是龙头型、基地型项目。四是引领企业在“引进来”的同时要重视“走出去”的开拓理念。主动对接“一带一路”国家倡议，推进境外产业合作区和产业集聚区建设。（印钢林）

镇江市残疾人联合会

【概况】　2016年，镇江市残联围绕打赢残疾人全面小康和扶贫攻坚战两大目标，突出创新发展，推动全市残疾人事业加快转型升级、持续健康发展。

镇江市残疾人事业发展在“两个体系”建设推动下，出台若干惠及残疾人的保障政策和法规，扩大政策保障的覆盖面，改善残疾人生活状况。推进残疾人托养服务建设迈出新步伐。镇江市首创的“就业型”托养服务拓展“农疗、工疗、艺疗”三结合的新内涵。

促进残疾人就业增收。落实残联创业孵化政策。各残疾人就业管理服务中心加大就业推荐、就业咨询等服务力度，鼓励企业用人单位提供适合就业的岗位安置有需求的残疾人。把实施精准扶贫作为主要职责和重点考核目标，精准扶贫工作全面展开。加强信息化建设，以动态数据更新为契机，集中开展“假、错、空”残疾人证清理清查，全市注销死亡残疾人证2491人，注销假证9人，做到人证相符、残情相符。推进“残疾人之家”建设。残疾人体育获历史性突破。（肖钧文）

【托养服务】　2016年，镇江市残联对镇江市区贫困智力残疾人家庭进行走访，筛查出两批40名贫困智力残疾人入托镇江市残疾人托养中心。深化“就业型托养服务”模式，新引进开发劳动产品分拣、甜品烘焙、灵芝培植等新劳动项目，建立保安服务队、绿化园艺队和茶艺队，探索建立托养中心残疾人自服务系统，新签订“康复爱心枇杷园”“储晨松爱心园艺园”等8个志愿服务项目。为75名智力残疾人提供技能培训、康复、社会实践活动等服务。（肖钧文）

【就业增收】　2016年，镇江市各级残联围绕残疾人家庭增收致富开展盲人按摩、计算机应用、陶艺、园艺、茶艺和淘宝客服等技能培训班，培训残疾人1423人次。开展就业创业工作，多渠道、多层次安排残疾人就业创业，推进农村残疾人扶贫基地建设，通过捆绑农家乐，各类农场、农村合作化基地等形式，先后对10多家有规模的基地开展调查摸底，新增5家残疾人扶贫基地。落实残保金征收新政策，在全省率先开放使用就业年审新系统。全年全市新增就业残疾人316人。（肖钧文）

【扶贫工作】　2016年，镇江市残联将工作重点、经费保障向就业、创业和扶贫工作转移。对人均收入在8000元以下的残疾人家庭开展贫困残疾人建档立卡工作。截至2016年年底，全市认定标准范围以下贫困残疾人3075人。8月，结合市“百村万户达新标”活动，市残联与丹徒区宝堰镇鲁溪村结对帮扶，计划投入50余万元，重点建设两块高速公路广告牌和设立村级慈善基金，并为

贫困残疾人家庭免费提供电视机、洗衣机、电饭煲66件，开启扶贫攻坚新模式。（肖钧文）

【民生助残“十大行动”】 民生助残“十大行动”是镇江市委、市政府服务全市残疾人的品牌项目。2016年，实施复明行动：为全市贫困残疾人实行免费白内障手术，全市371名符合条件的对象接受手术。健行行动：为全市贫困肢体残疾人免费安装高品质钛合金假肢及矫形器，90例各种类型假肢全部安装适配。天籁行动：开展各类残疾预防工作，与市计生委一起开展耳聋基因检测，全年组织实施检测100多例。安宁行动：为市区（丹徒区、京口区、润州区）945例贫困精神残疾人免费提供药品，标准为3000元/年；市区181例精神残疾人进行免费体检，标准200元/人。平安行动：为全市6万多名持证残疾人免费购买人身意外伤害保险。阳光行动：扶持镇江市盲人创业就业，金手指盲人按摩旗舰店和14家金手指按摩连锁店实际收入比上年增长10.2%。彩虹行动：加大残疾人扶贫基地建设力度，新建成残疾人扶贫基地5家，为农村残疾人分散就业、脱贫脱困提供精准支持。暖心行动：维护残疾人的合法权益，关心帮助残疾人，接待残疾人到访，开通“12385”残疾人维权服务热线，直接救助和慰问残疾人900多人，对150多户贫困残疾人家庭访贫问苦。护苗行动：加强统筹协调，提标扩面，450余名残疾儿童全部纳入护苗行动的受助范围内，基本实现结对帮扶的全覆盖，与市第一人民医院、第四人民医院、“爱心家园”、“狮子会”、“大道之行”服务队等志愿团队签订长期志愿帮扶的书面协议。兜底行动：新出台《完善困难残疾人生活补贴和重度残疾人护理补贴制度实施办法》，扩大补贴对象，提高补贴标准，规范服务模式，各项补贴到位。（肖钧文）

【残疾人情况信息化建设】 2016年，镇江市直及各辖市（区）残联分别成立数据动态更新办公室，组织和动员全市残疾人专职委员、部分志愿者等一线调查员对每名持证残疾人进行入户走访，开展残疾人基本需求和服务状况动态化、制度化和规范化信息采集，入户率在97.5%以上，对不在户的采取窗口服务、电话询问等方式做好信息数据的登记、核实和更新。全市大部分调查员均使用全省研发的APP软件，在移动终端或PC端进行数据采集，了解每名残疾人40项基本服务状况和需求信息。全市采集61085名残疾人基本服务状况和需求信息更新数据。（肖钧文）

【“残疾人之家”建设】 2016年，镇江市残联对乡镇（街道）和村（社区）“苏馨家园”建设开展专题调研，出台“残疾人之家”创建的规范性文件。党组班子成员和各个辖市（区）残联理事长每人联系1个乡镇（街道）和村（社区），领办1个“苏馨家园”，打造以辅助就业为主，集托养、康复、劳动、培训、文化体育、维权为一体的残疾人综合服务机构，为残疾人提供便利常态化的基本服务，提升服务残疾人的成效。截至2016年年底，有20多个乡镇（街道）和村（社区）基本形成残联系统的六位一体“残疾人之家”。（肖钧文）

【残疾人体育】 2016年，在巴西里约残奥会上，镇江市的邹莉娟、刘静、胡鹏、刘赟涛4名选手获4金2银，破2项世界纪录，金牌数和奖牌数居全省前列，镇江实现历届残奥会上参赛运动员、金牌数、奖牌数等多项突破。（肖钧文）

镇江市红十字会

【概况】 2016年，镇江市有基层红十字会142个、冠名医疗机构10个、团体会员单位240个、会员总数7.13万人、注册志愿者3065人。市红十字会围绕市委、市政府中心工作和省红十字会工作要点，开展“511”等核心业务。造血干细胞捐献、红十字志愿服务、红十字文化传播工作保持全省优势地位。在2016年中国红十字会总会举办的防灾减灾红十字知识竞赛中，全市8家单位获最佳组织一等奖、10家单位获最佳组织二等奖、5家单位获最佳组织三等奖。市红十字会获中国红十字会2016年度报刊宣传先进集体三等奖。（贾建芬）

【人道救助】 2016年，镇江市红十字会系统募集款物250.38万元，发放救助款物265.05万元。其中市本级募集款物98.68万元。开展红十字“博爱送万家”活动，发放救助金43余万元、物资价值81.15余万元，3500户贫困家庭受益。开展博爱助老、助学、助困、助医等活动，全市发放救助款物140.9万元，实施火灾家庭人道救助、“沙文清医疗救助”、“博爱助学，为中考学子‘垫块砖’”、儿童白血病救助、“乐乐助学”、“爱心一元捐”等项目。与红十字社会儿女志愿服务队一起首次利用腾讯公益平台，为贫困老人“助医计划”项目筹款7.4万元。（贾建芬）

【百万救护培训】 2016年，镇江市继续实施“百万救护培训项目”。深入机关、学校、社区、企业开展应急救护培训，培训初级救护员5783人，普及性培训60091人。其中，市本级培训救护员790名，普及性培训9350名。（贾建芬）

【首届镇江市应急救护技能竞赛】 2016年8月9日—11日，镇江市红十字会、市职工教育培训技能竞赛领导小组办公室、市级机关工委在江苏科技大学举办首届镇江市应急救护技能竞赛。32名红十字志愿者和培训师参加比赛，通过理论考试、案例分析并现场编写教案制作PPT课件、技能考核等方式开展竞赛。扬中市代表队获团体一等奖，丹阳市、市直代表队获团体二等奖，句容市、京口区代表队获团体三等奖。沈云霞、王娟、黄良勇分获个人一、二、三等奖并被市人社局授予“镇江市技术能手”称号；陈小鹏等5位选手被市总工会授予“镇江市五一技术标兵”称号；沈云霞等15位选手被市红十字会授予“镇江市红十字应急救护能手”称号。（贾建芬）

【造血干细胞捐献】 2016年，镇江市新报名加入中华骨髓库志愿者1012人，实现造血干细胞捐献11人，入库志愿者和成功实现捐献人数继续保持全省领先水平。3月27日，市红十字会、团市委、市文明办、市卫计委等单位在大市口城市客厅开展爱相“髓”点燃生命的希望——第14届镇江青年造血干细胞捐献志愿者行动。组织捐献志愿者11次深入社区、高校、企业、大型活动现场开展造血干细胞捐献知识宣传和采集血样活动。9月3日，组织造血干细胞捐献志愿者团队参加首届江苏志愿者交流展示会，镇江市爱相“髓”造血干细胞捐献项目获首届江苏志愿者交流展示会铜奖。捐献者韦海燕被评选为“2016江苏好青年”。造血干细胞捐献工作获江苏省红十字会考核一等奖。（贾建芬）

【“大爱·髓缘”——镇江市造血干细胞捐献突破50例纪念活动】 2016年5月26日，镇江市红十字会、市文明办、团市委、市卫计委在京口区文化艺术中心举办“大爱·髓缘”——镇江市造血干细胞捐献突破50例纪念活动，近400人参加纪念活动。活动现场，市委书记夏锦文和市长朱晓明发贺信祝贺，市政府副市长、市红十字会会长胡宗元为全市第

图 9－2　2016 年 3 月 27 日，第 14 届点燃生命的希望镇江青年造血干细胞捐献志愿者活动现场　　（贾建芬　供稿）

49 例花晟、50 例徐川、51 例卢平、52 例姜长宝等捐献者颁发证书及博爱勋章。8 个单位和 30 名个人分别被市文明办、团市委、市卫计委、市红十字会评为“突出贡献单位”和“先进个人”。现场 2 对捐受双方见面，并播放《生命的火种》专题片。　（贾建芬）

【遗体器官捐献】　2016 年，镇江市新增遗体器官捐献登记志愿者 34 名，实现遗体捐献 8 例，器官捐献 3 例。4 月，在江苏大学医学院举办“博爱传承　生命永恒”镇江市遗体器官捐献缅怀公祭活动。生命永恒志愿服务队多次走进社区开展各种宣传活动，让更多市民了解捐献遗体器官事业。　（贾建芬）

【志愿服务工作】　2016 年，镇江市红十字会二届三次志愿者代表大会召开，会议总结回顾 2015 年志愿服务工作，部署 2016 年志愿服务工作，表彰优秀红十字志愿者 46 人、优秀红十字志愿服务团队 5 个、优秀红十字志愿服务项目 8 个。2016 年，新增注册志愿者 170 名，新成立红十字博爱人生志愿服务队、爱心车队志愿服务队和手拉手公益服务中心志愿服务队。培育志愿服务品牌意识，先后选送 6 名志愿服务骨干参加省红十字会志愿服务工作培训、20 名志愿者参加省红十字救护师资培训。组织红十字志愿者开展形式多样的助老、助学、助困、助残等志愿服务。暑期组织 10 支高校志愿服务队开展“博爱青春”志愿服务活动。镇江市红十字金山公益志愿服务队、造血干细胞捐献志愿者团队获评省红十字会“2010—2015 年度江苏省优秀红十字志愿服务组织”；志愿者曹霞、王芳、平凡、朱启明获评省红十字会“江苏省优秀红十字志愿者”；志愿者朱启明、王海鹰、潘国梅、吴秋华、张桂霞、王芳获评“江苏省五星级红十字志愿者”。　（贾建芬）

【“世界急救日”主题宣传活动】　2016 年 9 月 9 日，镇江市红十字会、红十字“家有学子”志愿服务队在京口区红旗小学举行主题为“儿童学急救、急救为儿童”宣传活动，活动现场，市红十字会对全校低年级学生、家长和老师开展“亲子专场救护知识”培训，向红旗小学捐赠急救箱，在校园内设立校园救护安全岛。组织 16 名救护培训师，走进镇江高等职业技术学校对 2016 级新生及班主任开展应急救护知识培训，1200 余人参训。　（贾建芬）

【应急救援救灾】　2016 年，镇江市红十字会编制和修订自然灾害应急预案。6 月，全市红十字会系统为盐城阜宁、射阳灾区募集善款 8.1 万元，并全部汇往盐城灾区红十字会用于灾后重建，市红十字会向受灾地区提供紧急人道救助款 10 万元。7 月上旬，句容部分乡镇地区遭受不同程度内涝，市红十字会做好灾情收集、统计、核对等工作，将中国红十字会总会下拨的价值 5.1 万元的棉被发放到受灾群众手中。　（贾建芬）

【“博爱青春”志愿服务】　2016 年，镇江市红十字会支持 3 所驻镇江高校红十字会开展“博爱青春”暑期志愿服务项目 10 个。江苏大学财经学院“有爱无支，同行同在”项目获江苏省“博爱青春”暑期志愿服务一类项目。镇江市红十字会和团市委开展市级“博爱青春”暑期志愿服务项目总结展示会，江苏大学财经学院“有爱无支，同行同在”项目等 3 个项目获评市优秀项目奖，刘原希等 20 人获评市优秀红十字志愿者，江苏大学红十字会分会获评“优秀组织奖”。　（贾建芬）

人民武装

【概况】 2016年，镇江军分区围绕改革自觉看齐追随，聚焦为战抓实各项准备，推动各项工作新发展。

思想政治工作。持续开展8个批次专题教育，组织“三新”大讨论，开展纪念中国共产党成立95周年和红军长征胜利80周年系列活动，牢固官兵“四个意识”特别是核心意识、看齐意识。协调召开市委常委议军会，开展“双百双建”活动。按照“六个深入”要求，肃清郭徐案件流毒影响。推进全民国防教育，全市主要新闻媒体每月开设一期国防教育专栏。

练兵备战工作。按照战备工作新要求，强化战备值班，构建战斗力标准体系。以“应急应战”为主题，完成省军区“开展新时代条件下人民战争‘六个行动’”课题攻关任务。开展实战化训练，组织全市专武干部集训。主动应对汛情、险情，5月12日，开展全市防汛抢险军地联合演练；6月28日，开展反恐维稳军地联合演练。开展机关“六会”技能训练和普考，首次组织副团（处）以下干部训练考核，参加省军区师级单位首长机关军事训练考核。拓展军民融合“镇江模式”优势，完成杭州、广州警备区和军事科学院专题调研。召开全市国动委会议，编组基干民兵，完成兵员征集任务，大学生比例为60%。

基层规范化建设。把工作重心放在基层，组织党委常委挂钩帮建工作，指导基层召开民主生活会。按照“三年一个周期”要求加强基层规范化建设，基层单位达标率60%，京口区四牌楼街道武装部被省军区评为“基层建设先进单位”。规范民兵党组织建设，干休二所老干部第二党支部“两学一做”做法被省军区推广。官兵休假体检、计划生育、随军家属就业、军转干部安置和住房社会化保障等工作全面落实。

安全管理工作。突出政治安全和重点目标、重点环节、重点时段安全，制定安全管理制度法规，上下联动开展安全大检查。开展“学法规、训队列、整纪律”活动，落实新体制下省军区安全管理6个规范性文件要求和安全形势分析、机关安全巡查、每月安全教育、隐患排查整治等机制，保持区、团两级安全稳定。

后装保障工作。坚持党委管审议审，统筹财力物力，组织供应保障。接受战区审计局对军分区党委班子经济责任审计，进一步规范财经管理运行秩序。开展有偿服务项目停止清理工作，区、团111个租赁项目，清退110项。依法科学管装，推进民兵武器装备仓库各项建设。

军民融合工作。落实《“十三五”军民融合式发展规划》，创成全省首家国家级军民融合示范区。加强顶层设计，开展军地科技互动发展、人才资源互动开发、基础设施互动建设、社会管理互动创新，深化“军地互办二十件实事”活动，推动形成多领域深度融合的新格局。推动建立统一领导、军地协调、顺畅高效的组织管理体系和政府主导、需求牵引、市场运作相统一的工作运行体系，健全政策激励制度体系。 （刘晓平）

【军分区党委十三届四次全体（扩大）会议】 2016年3月24日，镇江军分区党委召开十三届四次全体（扩大）会议。会议传达学习中央军委国防动员部党委、东部战区党委、省军区党委扩大会议和军委国防动员部纪检工作会议精神，围绕改革主线，凝聚强军力量，分析形势，研究工作，部署任务。市委书记、军分区党委第一书记夏锦文出席会议并讲话。会上，军分区党委书记、政治委员宋建新作《围绕改革主线，瞄准一流目标，奋力推进军分区全面建设和军事斗争准备创新发展》工作报告。市委常委、军分区党委副书记、司令员曹寅就如何发扬创新实干精神，凝聚改革强军力量，努力推进军分区军事斗争准备实现新跨越发表讲话。 （刘晓平）

【民兵组织整顿】 2016年，镇江军分区按照“一队多用、一专多能、全域覆盖、快速反应”的要求，围绕支援保障打仗、参与反恐维稳、参加抢险救灾三大职能，对民兵组织进行调整和优化，完成基干民兵编组任务，组建集安全警戒、应急维稳、抗洪抢险、山林灭火、防化救援、抗震救灾等功能于一体的综合性民兵分队，落实装备器材，确保数量压缩、质量不减，初步形成民兵组织建设新格局。

（刘晓平）

【实战化训练】 2016年，镇江军分区把提高民兵干部能力素质作为后备力量质量建设的关键，重点加强基层专武干部、民兵干部骨干、“四会”教练员集训工作。依托市国防园组织全市专武干部集训，提高现役干部和基层专武干部的军事素质和依法开展武装工作的能力。把实战化训练演练作为战斗力生成和提高的根本和关键，落实《民兵军事训练大纲》，按照“大专业小集中、小专业大集中”要求，依托民兵训练基地，先后组织6期反恐维稳、抗洪抢险、防化救援、森林灭火等重点民兵分队成建制基地化训练，提升民兵应急分队战斗力。

（刘晓平）

【国防动员体制建设】 2016年，镇江军分区把国防动员工作列入重要议事日程，健全完善“军队提需求、国动委搞协调、政府抓落实”的国防动员领导和工作机制，落实双重领导、双向兼职、党委议军、国动委第一主任述职、党政主要领导任期国防履职等制度，推进国防动员工作深入开展。重新修订《镇江市国防动员工作机构规范化建设若干规定》，并依托市人民防空办公室、丹徒区科技动员办公室组织先行试点和现场观摩。全面开展“三个机制”衔接工作，从组织指挥、力量建用、情报支援、综合保障、方案计划5个方面实现国防动员机制与军队指挥体制机制及政府应急管理机制紧密衔接，提高国防动员平时应急、战时应战的快速反应能力。（刘晓平）

【征兵工作】 2016年，镇江军分区适应夏秋季征兵特点，开展兵役宣传、兵役登记工作。先后召开全市征兵工作会议、征兵工作形势分析会和征兵新闻宣传协调会，并协调公安、卫生等部门开展工作动员和业务集训。在任务重、兵源少的情况下，经过军地合力，完成兵员征集任务，大学生比例为60%。（刘晓平）

【后勤训练战备】 2016年，镇江军分区完善非战争军事行动后勤保障方案，梳理总结防卫作战条件下后勤训练和后勤保障薄弱环节，并制定整改措施。加强对经济动员和交通战备工作的组织领导，协助经动办开展新一轮国防动员中心申报工作。结合民兵组织整顿，配齐民兵后勤专业分队。3月，组织开展后勤干部营房业务集训。结合镇江交通现状，围绕防卫作战条件下交通动员保障能力开展理论研究。（刘晓平）

武装警察

【概况】 2016年，中国人民武装警察部队镇江市支队，坚持“四个相适应”建设指向，咬定“稳中进、整体升”的阶段目标，部队建设趋稳向好。丹阳中队获总队“基层建设标兵中队”称号，二大队，镇江市、句容、扬中中队获总队“基层建设先进大（中）队”称号，士官侯新民获总部“优秀教练员”称号，指导员张东东获总队“十佳优秀‘四会’政治教员”称号，班长秦荣志获总队“十大执勤标兵”称号。

强化政治引领。开展主题教育，通过板报橱窗、演讲比赛、知识竞赛、影视展播等手段增强宣传效果。针对意识形态领域斗争新动向和官兵现实思想新变化，运用“三帮一带”“四互四有”等载体，掌握官兵思想，加强针对性教育引导，9名重点关注对象思想转化有成效。注重发挥任务中政治工作服务保证作用，演习中“八个到现场”的经验做法被总队转发。3月10日，武警镇江市支队党委四届九次扩大会议召开。5月20日，支队召开宣布命令大会，公布营以下干部任职命令，凝聚部队精气神。参与公益活动，与丹徒区签订协议，挂钩6所学校，资助25名贫困家庭学生，捐助经费物资4万余元；组织官兵参加义务献血活动。

突出履行使命。组织执勤隐患整治和“过勤务”活动，推进“五防一体化”建设，完成“603”“608”一级警卫、G20峰会泰州大桥南设卡警戒、“1·23”专案勤务、春运执勤、联勤武装巡逻以及金山寺新年撞钟祈福、长江国际音乐节和苏台灯会等安保任务，四中队成功处置一起在押犯企图脱逃事件。投入经费完善机关训练馆设施，为基层配备训练器材和轻型防暴巡逻车；组织狙击手、教练员集训和“魔鬼周”训练，提升官兵遂行任务能力。支队获某演习总评第一，完成总队贯彻落实“广西会议”精神现场观摩和总部装备工作检查任务。

厚实内涵底蕴。集中研究破解“人员管控难托底、公寓房建设推进慢”等20项现实难题和“指导帮建不精准、不落地”等7项重难点工作。制定“两防”工作督查实施细则，管控机关下基层人员数量和检查频率。以“过中队”方式制定精准帮建方案，采取“领导挂钩、股室结对”和“集中帮一段、跟踪帮全年”的方法，提升帮建质量效益，总部、总队先后转发支队党委精准帮建基层做法。开展安全工作大检查，探索手机使用管控措施，部队安全基础得到巩固。坚持帮困解难，全年补助40名家庭生活困难官兵；协调地方党委政府解决5名干部子女入学入托难题；开展干部大家访活动，制定为士官办实事具体举措；组织优秀士官疗养。

提高保障质量。按照“后勤变前勤”要求，聚焦任务抓备战，贴近实战搞保障，修订完善15种保障方案，补充更新战备物资500余件（套）。突出车辆、医疗、卫勤和应急保障队伍建设，依托演习和野营拉练，落实分队应急保障训练。加强岗位练兵，组织司务长、炊事员、军械员、驾驶员等培训，后勤应急保障能力和队伍素质提升。12月15日—17日，组织新兵野营拉练。开展“伙食精细管理年”活动，落实伙食“1126”和“6211”保障模式，经验做法被总队转发。加强基层基础设施建设，推进训练场地、公寓房等重点项目建设，军械库和加油站整治全部到位，清理对外有偿服务，二中队新营房搬迁入住。与市卫计委、第一人民医院签订对口支援医疗协议，保障官兵就医问诊。

加强风气建设。制定《支队党委班子加强自身建设十项措施》《党委机关组织生活规范》。肃清郭伯雄、徐才厚案件流毒影响。开展干部队伍“五个敬畏”经常性教育。组织军委回访巡视反馈问题整改、行业风气专项教育整顿、基层风气专项整治、财务大清查“回头看”自查自纠等活动，下发《党委机关下基层“七个严禁”》，确保部队风气清正。2016年，支队发展党员62名，表彰立功人员21名。（刘培军 王 俊）

【市委常委议警会议】 2016年1月22日，镇江市召开市委常委议警会议，专题研究加快推进武警镇江支队现代化建设问题。会上，武警镇江支队向市委汇报部队全面建设情况和面临的实际困难；市委常委讨论并审议通过《关于支持市武警支队落实强军目标 加强全面建设的实施意见》。市委常委、市相关部门和辖市（区）主要负责人、目标单位主要负责人及支队党委成员40余人出席会议。（刘培军 王 俊）

【抢险救援工作】 2016年7月12日19时，长江大堤世业洲西南角卫星村段发生两处管涌，且相距仅30米，直接威胁世业洲人民群众财产安全，涉及良田200多公顷。19时30分，武警镇江市支队按照预案紧急出动兵力先期前往处置。经过6个小时的抢险，官兵运送石料土方500余立方米，排码砂石400余袋，封堵管涌2处，加固堤坝100余米，有效控制险情。（刘培军 王 俊）

【武警总医院医疗分队医疗巡诊】 2016年7月20日，武警总医院医疗分队一行7人，到丹徒区世业洲防汛抗洪大堤一线开展医疗巡诊活动，为防汛抗洪一线的群众诊疗祛疾。巡诊期间，医疗队巡诊230余人，赠送药品3万余元。（刘培军 王 俊）

【扶贫帮困启动仪式】 2016年11月2日，武警镇江市支队官兵到丹徒新区石马幼儿园，举行扶困助学启动仪式。仪式上，支队与区政法委签订扶贫帮困协议。支队向丹徒新区石马小学、辛丰小学、黄墟小学等6所学校捐赠价值1.5万元文体器材，并赠送23名家庭困难学生学习用具和助学金。（刘培军 王 俊）

军事院校和医院

【镇江船艇学院】 2016年，镇江船艇学院以强军目标为引领，结合陆军转型发展和船艇人才培养实际，突出教学训练中心，铸军魂、谋打赢、促改革、保安全。

学院开展旅团党委“一年一题”和领导干部“一人一课”活动，推进党的创新理论“三进入”。举办“牢记使命、投身改革、聚力强院”知识竞赛，开展“普通党员讲党课”“党课微讲堂”等活动，结合教学训练任务，抓好承诺践诺。开展“党支部战斗堡垒作用大讨论”“弘扬井冈山精神、永做红色传人”等主题党日活动，严肃党内政治生活。组织改革强军专题教育，通过集体宣誓、讨论辨析、体会交流，引导官兵拥护改革、支持改革、献身改革。结合纪念建党95周年、长征胜利80周年，组织“英雄赞歌”歌咏比赛、主题征文和诗词征集活动。举办以“改革当先锋，运动我先行”为主题的第二十九届运动会，以及“江海杯”系列比赛。开展烈士陵园主题宣誓、毕业学员广场签名等活动，激发官兵安心尽职的事业心和当兵打仗、练兵打仗的使命感。2016年，学院有40余篇文章被军报记者、陆军微信公众号推送，近百篇政研文章在各类媒体刊发。

学院学员（兵）完成教学训练任务，课时量比上年增长7%，课堂教学优良率87%。适应陆军转型发展需求，开展部队建设、院校改革和“三位一体”船艇军事人才培养体系研究论证，推进军队“2110工程”重点学科专业建设，梳理完成船艇专业教学大纲目录和军事职业教育专业体系。落实海上演练，首次组织全院官兵夜间行军拉练，创新海岛驻训、野外综合训练模式，学员毕业联考合格率92.1%。22名学员组成的“剑鹰团队”与8所军地院校15支参赛队同台竞技，取得2个第一、1个第二和1个第四的成绩。学院全年开展各类项目研究158项，其中国家级课题4项、军队级课题53项，21个项目通过阶段评审；启动89项基本教材和数字媒体资源立项建设，6个教学想定通过验收，16篇论文在军委训练管理部组织的军事职业教育专题研讨中获奖。推动科研成果转化，编制装备操作使用教程并开展部队试用工作，安排教员赴部队指导、开展演训活动。

学院加强实战化教学训练条件建设，加速推进模拟训练中心专项建设。某工程竣工并形成保障能力，列装自航驳船，完成训练场地改造。定期慰问困难官兵，并开展被装、给养、医疗和老干部服务、家属随军、子女入学、幼儿教育、法律心理服务、计划生育等工作。完成危房拆除、乒羽馆修缮等营房维修工程。

学院组织学员（兵）队干部集训，结合演练驻训等大项任务，安排机关干部跟训代职。注重提升教员执教能力，开展教学基本功集训和教学大比武活动，先后选派干部参加柴油机维修、轻潜作业培训、北师大军事教育创新研训班和某演习等大型演训活动。开展学习成才和第二课堂活动，140余名学员在省部级以上各类竞赛中获奖。开展学雷锋、国防教育、扶贫助残等活动，完成8所地方院校1.5万名新生军训任务，学院政治部被表彰为镇江市“七创”双拥模范城二等功单位。 （吕 莹）

【中国人民解放军第三五九医院】 2016年，医院紧抓根本稳思想，紧扣使命保打赢，紧跟形势强内涵，紧盯安全守底线，医院全面建设稳步发展。

思想政治建设。开展主题教育，邀请专家教授围绕党章党纪等内容进行专题辅导授课。组织参观镇江新区航空科技产业园。组织开展电影周活动，播放红色电影，开展影评征文。号召全体党员向刘方刚、秦叔逵等典型学习，组织讨论交流，撰写心得体会。结合中国共产党建党95周年，组织召开专题组织生活会，开展党员承诺践诺活动，表彰优秀党员和党务工作者，慰问老党员和生活困难党员。开展“廉政主题教育月”活动，突出解决行业风气问题。肃清郭伯雄、徐才厚案件流毒影响，部署开展清理清查孙黄田、王国明信息工作。

军事训练情况。按照人员类别、任职长短、岗位特点，分层次、分阶段、分类型细化具体训练标准，开展分层分类专业技能训练。全年组织医务人员“三基”理论和技能培训考核4批次、627人次，考核参训率95%，优良率92%。全年医院完成战备教育14个课时，训练课目42个，累计训练时间230个小时。组织30人的抗洪抢险医疗队，按要求组织训练。6月，组织医疗队员与第81医院人员组成野战医疗队，开展野外驻训和对接实战演练。8月，组织参加跨区机动演习。

为军服务工作。开展就医感受调研，设立健康咨询专线和监督热线。以部队常见病、多发病及战创伤救治为方向，发挥医院学科优势，构建战创伤救治及康复一体的多学科联合发展链。推行“治未病”理念，结合季节性传染病和训练伤防治等特点，到军营、海岛和驻训点巡诊体检，开展健康讲座和心理干预，研发口腔体检治疗车，加大出院随访的频度和力度。设立军人就诊服务中心，优化军人门诊设置，开设无假日门诊，研发军人自助服务终端，简化诊疗流程；为候诊官兵送报刊，发放《健康知识手册》，为过生日、住院官兵送上祝福（自制长寿面、蛋糕等）；扩大网络门诊辐射范围，实现网上预约挂号、远程会诊、网上查房教学，开展老干部家庭病房网络化服务管理。2016年，医院诊治官兵3.3万余人次，专家医疗队到部队巡诊70余批次，服务官兵1.3万余人次；口腔体检治疗车进军营和干休所20余次，体检治疗3500余人次，该做法在《解放军报》报道。医院为军服务逐步实现从“医疗向预防，院内向院外，生理到心理”的延伸。医院获镇江市“七创”全国双拥模范城三等功，口腔科吴占敖记个人二等功，医务处丁敏记个人三等功。

提升医疗质量。开展“医疗安全月”和“医疗质量季”活动，围绕“质量、安全、服务”三个医疗过程中的重点环节，以强化核心制度落实、开展医疗行政查房、加强环节质量管理为切入点，强化医疗质量内涵建设和医疗安全管控；以创新为部队服务举措、医护联合实战化演训为亮点提升医疗服务水平。通过在科室成立质控小组、召开医疗纠纷案例责任分析会、举办金山大讲堂系列讲座、开展病历评比和全院展评等措施，促进医疗质量和服务水平的提升。医院刘方刚获江苏省“百名医德之星”称号。

军民融合发展。医院探索新体制下军队医院与地方卫生机构区域化融合发展、协同保障的模式与方法，以技术合作方式融入镇江医疗体系，开展医护技术、教学科研、双向转诊、人才培养、突发事件处置等多方面合作。参与镇江市江滨医疗集团医学工程中心建设，搭建市级大型医学设备维修一体化平台。医院是海军军医大学、空军军医大学、安徽医科大学及皖南医学院教学医院。每年派遣医疗专家小分队赴新疆巴里坤县医院进行技术帮带。发挥全军肢体伤残治疗中心技术优势，与江苏省残联，镇江、兴化、沭阳等市残联合作开展技术帮扶和扶残助残活动。口腔医学中心与乡镇医院开展指导帮带，深入社区、厂矿、校园开展免费体检服务；与市卫计委联合为镇江市小学生免费窝沟封闭3000余人次。 （周 桃）

人民防空

【概况】 2016年以来，镇江市民防系统强化人防军事斗争应急准备工作，推进人防建设与经济社会深度融合发展。5月13日，在第七次全国人民防空会议上，镇江市民防局获“全国人民防空先进单位”称号。

加强民防指挥通信能力建设。11月，镇江市本级及各辖市（区）的中型机动指挥通信系统建成并交付使用。结合装备交接，组织开展指挥保障人员使用操作培训，确保装备列装当年形成实战化保障能力。建设完成市、县非涉密计算机专网，提高民防指挥信息保密传输能力。开展常态化训练演练，每周开展省、市、县三级网络、有线、无线和视频等通信项目的联调联试，参测率和测试通过率均为95%以上。

深化防护设施普查监管工作。市区完成人防工程普查任务，各辖市（区）分别完成所辖区的人防工程普查，普查面积占竣工面积的95.6%，数据录入完整率84%，均超过江苏省平均指标。全年完成执法巡查80余次，对全市在建的人防工程依法实施监管。

开展人防工程安全生产大检查。5月5日—20日，镇江市民防局针对人防工程地势低，强暴雨可能导致的地质滑坡、排水不畅、积水倒灌等安全隐患，在全市范围内集中开展人防工程安全大检查。重点对早期人防工程、在建人防工程、自建人防工程、办公场所和人防指挥场所的安全用电用水、消防、送排风等设备运行情况进行拉网式排查，确保责任、措施、监管、人员、预案五落实。

深化民防工作示范社区创建。深入推进民防工作示范社区创建工作，在巩固完善全市132个达标社区工作的同时，在京口、润州两区各创建3～4个民防工作示范社区，实现民防工作进社区的常态化、规范化、优质化。

（刘　坚）

【《人防工程维护改造管理办法》出台】 2016年5月，镇江市出台《人防工程维修改造管理办法》，进一步规范人防工程维修改造程序，保证人防工程维护改造项目权力运行的公开、公正、廉洁、高效。该办法还明确人防工程维护改造施工合同签订、质量监管、安全生产、保修期限、工程款支付、工程量变更规定和绩效评估等要求，为各级民防部门组织各类新建、扩建、改建、维修和加固等项目提供制度保障。（刘　坚）

【中小学民防知识教育网上教学考核系统】 2016年8月29日，市民防局、市教育局依托“镇江市网上家长学校”平台，建成中小学民防知识教育网上教学考核系统，并于9月1日正式投入使用。该考核系统的题库，以省民防局、省教育厅出版的江苏省《中小学民防知识》教育读本为基础，内容包括防空防灾、应急自救互救的基本知识和技能。考核系统分为“小学组”和“中学组”两个组别，具备“日常训练”和“答题考试”功能。考核成绩列入教育局对全市各学校教学质量年度绩效考核内容。（刘　坚）

【人防体验馆】 2016年9月5日，镇江市首座人防体验馆免费向市民开放。该项目位于丹徒区石马中心小学内，总建筑面积350平方米。体验馆集宣传教育、公共安全知识普及、防空防灾体验为一体，包含人防展示区、火灾体验区、地震体验区、雷电和自救互救体验区、交通事故体验区5个展区。在采用展板、图片、模型等传统展示手段的同时，体验馆还运用高科技手段，将幻影成像、电子触摸屏、地震体验室等现代声光电技术融入多项展示和体验环节。（刘　坚）

图10－1　2016年4月15日，全市中小学民防知识教学师资培训班举行

（刘　坚　供稿）

双拥共建

【概况】 2016年是镇江市争创新一轮全国双拥模范城的开局之年，全市双拥工作按照“社会化、法治化、深度融合”的创建思路，进一步夯实基础，推动整体水平稳步提升。7月29日，在全国双拥模范城（县）命名暨双拥模范单位和个人表彰大会上，镇江市第七次获“全国双拥模范城”称号，实现双拥创建“七连冠”的目标。

全年实际接收安置任务172人，其中计划安置138人，自主择业34人。市区接收120人，其中计划安置88人。全年接收随调家属7人，其中事业安置5人，企业和货币化安置各1人。全市各地举办多场新兵入伍欢迎会和退役士兵返乡欢迎会，宣传退役士兵优抚安置、创业扶持政策措施。广泛开展退役士兵培育工程和职业教育、技能培训等各项工作。

落实《军人抚恤优待条例实施办法》等双拥优抚政策，完善抚恤补助自然增长机制，巩固发展优抚对象医疗保障成果。按照《镇江市退役士兵工作安置积分选岗暂行办法》，以积分的高低顺序组织选岗，实施分配，保障安置对象的第一次就业。退役士兵职业教育和技能培训率超过90%。推进烈士褒扬工作制度化。落实军人子女入学优待政策，将部队干部子女纳入优质教育学区、学校，解决部队官兵的后顾之忧。

推进军民融合式发展，开展双拥“六进”活动、“双拥在基层”等共建活动。2月，市双拥办、市民政局、军分区政治部组织实施第六轮“百户扶优”工程。3月，驻镇江部队整体联动，开展“八百行动”“奉献月”活动。4月，市双拥办、市文联、军分区政治部联合开展“传承长征精神，军民同心筑梦”纪念红军长征胜利80周年主题有奖征文活动。5月，驻镇江部队开展“感受镇江新发展，增强军人荣誉感”的活动。7月，全市各大书店开展送书进军营、向部队赠送图书、向官兵开展优惠售书等系列活动。“八一”期间，市委、市政府组成16个慰问团，分赴驻镇江团以上部队开展走访慰问活动。全市各地、各部门普遍开展走访慰问重点优抚对象、军队离退休干部、无军籍退休退职职工和现役军人家庭。9月30日，驻镇江73056部队和镇江船艇学院的3对军人夫妇参加镇江市烈士纪念日公祭暨新婚夫妇向革命烈士献花活动，驻镇江部队300名官兵、18名礼兵参加纪念活动。11月，全市开展评选命名"镇江市双拥示范基地（点）"活动。驻镇江各部队参与驻地经济社会建设，军地互办20件实事办结。镇江双拥宣传在江苏省双拥简报上用稿量保持在全省第一方阵。 （潘俊佳）

【镇江市第七次获"全国双拥模范城"称号】 2016年7月29日，全国双拥模范城（县）命名暨双拥模范单位和个人表彰大会在北京举行。镇江市第七次获"全国双拥模范城"称号。市委书记夏锦文作为江苏3个城市代表之一，赴北京参加表彰大会。中共中央总书记、国家主席、中央军委主席习近平会见与会代表并发表重要讲话。 （潘俊佳）

【"七创"全国双拥模范城总结暨"八创"动员大会】 2016年9月8日，镇江市委、市政府、军分区召开"七创"全国双拥模范城总结暨"八创"动员大会，大会对155个"七创"记功嘉奖单位和203名记功嘉奖个人进行表彰。大会要求，以"七创"成功为新起点，以"归零"心态开创新局面，力争实现全国双拥模范城创建"八连冠"。市委、市人大、市政府、市政协主要领导，市双拥领导小组各组长、辖市（区）主要领导、部门单位负责人及驻镇江部队军政主官300余人出席会议。 （潘俊佳）

【双拥宣传及国防教育】 2016年11月9日，《军民融合》头版头条以"镇江：蹚出一条'全面融合、全面提升'军地共进路"为题，用2/3版面介绍镇江市军地创新机制推进双拥深入开展的经验和做法。7月，市双拥办、镇江军分区政治部、镇江日报社联合在《镇江日报》推出《双拥天地》专栏。9月1日，江苏省委宣传部、江苏省军区政治部联合授予扬中市江苏友谊手套服饰有限公司董事长陈吕荣"江苏最美拥军人物"称号。

各辖市（区）开展省级、市级双拥示范点创建工作。双拥主题公园、双拥路（街）、双拥文化长廊等内容不断丰富，阵地不断壮大。12月，市双拥工作领导小组办公室命名丹阳市光荣院短疗中心、句容茅山新四军纪念馆、京口区象山街道宗泽路社区等14个场所为镇江市双拥示范基地。全市组织开展军民联欢、送文艺、送书画、送讲座活动近百场次。 （潘俊佳）

【军地互助】 2016年，镇江市军地资源互补、协同协作。各级为驻军部队办实事投入资金近3000万元。部队为文明城市创建、军民融合发展、助力社会公益事业等活动，累计出动官兵3000余人次；开展精准扶贫活动，团以上干部普遍开展结对抚优、结对帮贫、结对助学等活动；船艇学院、359医院、驻镇江73056等部队多次组织开展送医送药进乡村、进社区，免费为群众义诊等活动，累计送药价值近30万元；"6·23"盐城龙卷风灾情发生后，驻镇江73056部队、丹阳武警水电五支队、武警镇江消防支队官兵投入抢险救灾工作；7月4日，句容赤山湖即时水位13.4米，超警戒水位2.4米，驻镇江预备役高炮团奔赴险段守堤固坡，兵分多路深入村庄，帮助百姓撤离，协助转运物资；7月11日，驻镇江73016部队赴宜兴参加抗洪抢险，当天封闭多个镇村鱼塘缺口800多米，加固堤坝300多米；7月12日，丹徒区世业镇卫星村二道沟段大堤突发2处较大管涌险情，武警镇江支队火线支援，排除险情；驻镇江部队还先后驰援靖江危险品仓库灭火、安徽当涂等地抗洪抢险，参与丹阳丹北火灾、句容二圣湖抗洪等急难险重任务；73016部队为G20峰会的安保工作做出贡献；各驻镇江部队开放军史馆、荣誉室、训练场等，出动官兵为全市3万多名大学生和中学生开展军训；驻镇江部队官兵向地方义务献血几十万毫升。2016年度军地互办20件实事项目，除驻镇江73016部队、73018部队污水管网工程、边防特勤3中队建设项目为跨年度计划工程，继续列入2017年实事项目外，其余实事项目全部办结。

12月14日—15日，江苏省人大解放军代表团到镇江专题考察涉军维权工作。代表团负责人、东部战区善后办副政委汪晓荣指出："镇江始终把涉军维权工作放在重要位置，在继承优良传统中推进，在克服困难矛盾中拓展，在履职尽责中求实效，持续性很好，亮点很多，走在了全省前列。" （潘俊佳）

【2016年双拥十件大事】 2016年12月，经市双拥领导小组、市双拥办、市民政局、军分区政治部及相关双拥领导小组成员单位联合评选，评出2016年双拥工作十件大事：①7月29日，镇江市第七次获"全国双拥模范城"称号，实现双拥创建"七连冠"的目标。②9月8日，镇江市委、市政府、军分区召开"七创"总结表彰暨"八创"动员大会，大会为"七创"做出贡献的155个模范单位和203名先进个人记功嘉奖。③由市双拥办、市民政局、镇江军分区政治部组织驻军部队实施的第六轮"百户扶优"工程，省委常委、省军区政委曹德信批示："镇江此工程是贯彻全军政工会和省委、省军区关于军人荣誉感制度建设意见的实际举措，望抓出实效。"省军区司令员李大清批示："镇江驻军'百户扶优'工程着眼'三老'精准扶贫、精准脱贫，做法好，措施实，是拥军爱民的响亮名片。望持续抓出实效、结出硕果。"④12月14日—15日，江苏省人大解放军代表团到镇江市专题考察涉军维权工作。代表团首长在讲评时给予"镇江始终把涉军维权工作放在重要位置，在继承优良传统中推进，在克服困难矛盾中拓展，在履职尽责中求实效，持续性很好，亮点很多，走在了全省前列"的高度评价。⑤9月1日，江苏省委宣传部、江苏省军区政治部联合授予扬中市江苏友谊手套服饰有限公司董事长陈吕荣"江苏最美拥军人物"称号。⑥11月，为纪念红军长征胜利80周年，市双拥办、市文艺联合会，镇江军分区政治部联合主办，市水利局、市民防局、镇江恒顺集团协办，《金山》杂志社承办"传承长征精神，军民同心筑梦"有奖征文活动。活动评出一等奖作品2篇，二等奖作品6篇，三等奖作品15篇。⑦9月30日，驻军300多名官兵参加市委、市政府、军分区组织的烈士纪念日公祭活动。军地新婚夫妇首次参加向烈士献花活动。⑧11月19日，《中国社会报》头版头条以《镇江：蹚出一条"全面融合、全面提升"军地共进路》为标题，用2/3版面介绍镇江市创新双拥工作的经验做法。⑨12月，全市命名首批14个双拥示范基地。⑩驻镇江部队支持地方经济社会发展，3月，集中组织开展"八百行动"奉献月活动；先后驰援靖江、盐城危险品仓库灭火和龙卷风救灾行动；支援宜兴太湖、安徽当涂等地抗洪抢险；参与丹阳丹北火灾、句容二圣湖抗洪等急难险重任务；73016部队为G20峰会的安保工作做出贡献。

（潘俊佳）

综 述

【概况】 2016年，平安镇江建设扎实有效。市委政法委落实责任，推行社会治安综合管理（以下简称"综治"）目标管理责任制，凝聚共建合力。专题调研矛盾纠纷多元调处化解机制建设，建立矛盾纠纷定期研判机制，提高预警、预测、预防能力。完善人民调解、司法调解、行政调解衔接联动机制，推动形成化解合力。对25个治安重点地区和重点方面问题开展挂牌整治，从打击、防范、建设、管理等各个方面建立综合整治机制。出台《镇江市落实严重精神障碍患者监护责任以奖代补政策实施办法》，强化对严重精神障碍患者、刑满释放人员等重点人群的管控。解决制约平安建设的治安卡口建设、老小区技防改造、寄递业X光机、网格长通信费用等重点难点问题。夯实基层基础，推动三级综治中心高标准实体化运作和信息化建设。

法治镇江建设深化。围绕创建区域法治建设示范区目标，推进依法治市建设，所有辖市（区）均获省法治创建工作先进称号。建立法治建设工作指导制度，实施"法治惠民镇村行"工程，组织开展依法治企报告会和专题论坛。筹办《法治周刊》，实现法治宣传教育工作新跨越。调整充实案件评查专家库成员，组织开展新一轮案件评查，评比表彰"公正司法示范点"，推进全市政法机关执法司法规范化建设。（沙 跃）

地方立法

【概况】 2016年，镇江市把握城乡建设与管理、环境保护、历史文化保护三大立法权限，先后制定《镇江市制定地方性法规条例》《镇江香醋保护条例》《镇江市饮用水源地保护条例》等3部地方性法规，均在省人大常委会会议上通过。

为提高立法质量，全年制定《地方性法规立项论证办法》《立法听证办法》《民主立法工作规定》《立法评估工作规定》《地方性法规实施情况报告规定》《立法咨询专家工作规定》6项立法工作制度，推进科学立法、民主立法、精细立法。

在南京举办的2016年法治江苏建设高层论坛上，镇江市获地方立法权后制定首部地方法规——《镇江市金山焦山北固山南山风景名胜区保护条例》这一事件被评为江苏省第三届"十大法治事件"之首，成为法治江苏建设的标志性事件。（熊先楚）

【《镇江市制定地方性法规条例》实施】《镇江市制定地方性法规条例》主要依据《中华人民共和国地方各级人民代表大会和地方各级人民政府组织法》、《中华人民共和国立法法》和《江苏省制定和批准地方性法规条例》等法律、法规，分为八章六十一条，主要对总则、立法规划和立法计划、地方性法规的起草和提出、市人民代表大会及其常务委员会立法程序、地方性法规的报批、公布和解释等内容作出具体规定。该条例于2016年5月1日起施行。（熊先楚）

【《镇江香醋保护条例》实施】《镇江香醋保护条例》主要依据《中华人民共和国非物质文化遗产法》《中华人民共和国食品安全法》《中华人民共和国商标法》等相关法律、法规，并参照《无锡市宜兴紫砂保护条例》等地方性法规、《地理标志产品保护规定》等部门规章以及相关规范性文件的规定；分为六章四十一条，分别为总则、传统工艺保护与文化传承、集体商标和地理标志产品保护、监督和管理、法律责任及附则。该条例于2016年10月1日起施行。（熊先楚）

【《镇江市饮用水源地保护条例》出台】《镇江市饮用水源地保护条例》主要依据《中华人民共和国水法》《中华人民共和国水污染防治法》《中华人民共和国环境保护法》《江苏省人民代表大会常务委员会关于加强饮用水源地保护的决定》等法律、法规；分为七章三十九条，分别为总则、饮用水源地的设置和保护区的划定、饮用水源地的保护、监督和管理、饮用水源地突发污染事件应急处理、法律责任和附则。该条例计划于2017年3月1日起施行。（熊先楚）

政府法治

【概况】 2016年，镇江市政府制定出台首部实体性政府规章《镇江市城市绿化管理办法》，制定和修订《镇江市政府规范性文件制定程序规定》《镇江市企业登记并联审批实施办法》等4部规范性文件和22件政策性文件，备案审查各地各部门规范性文件21件，完成省地方性法规、规章征求意见17件。健全规章和规范性文件监督机制，建立规范性文件第三方评估机制，开展专家评审活动。对事关经济社会发展全局和涉及人民群众切身利益的政府规章施行满3年、规范性文件施行满2年的组织评估。对

2015年12月31日之前的104件市政府规范性文件进行清理，拟继续有效的七十三件，需要修订的8件，废止和宣布失效的23件。

通过宣传途径报道各地各部门法治政府建设工作信息，解读相关法律法规知识，推广政府法制工作经验。全年每周二早晨，在镇江新闻广播FM104频道开设“政府法制时空”专栏，全年开播49期；在国家、省、市各类信息刊物、网站和新闻媒体发表稿件129篇；编发《政府公报》6期。

全年全市收到行政复议申请294件，办结223件，纠错率12.5%。办理省政府涉及镇江市的行政复议案件16件，审结13件。办理以市政府为被告的行政诉讼案件68件，审结42件。市政府收到行政复议申请84件，办结56件，直接纠错率为7.14%。案件主要涉及房屋拆迁补偿、土地征收、行政处罚等。全年办案实现无错案。

镇江市推进行政调解“司法确认”和“立卷归档”工作，全年受理调处矛盾纠纷19275件，化解行政争议及民事纠纷17937起，调处成功率93.1%。

政府法制部门参与配合市人大常委会起草审核《镇江香醋保护条例(草案)》《镇江市饮用水源地保护条例(草案)》两部地方性法规。拓展社会各方参与政府立法制规的途径和方法，通过召开行政相对人座谈会以及在网站、报刊公示等方式提高立法公众参与度。重新确定8家单位(镇江市地方海事局、谏壁街道办事处、新坝镇人民政府、镇江新区平昌中心社区管委会、丹徒区上党镇薛村村民委员会、漫修律师事务所、江苏大学法学院、江苏恒顺集团有限公司)作为市级立法基层联系点，扩大联系点的覆盖范围和人群。

全年开展市政府常务会议学法四次，集中学习《中共中央、国务院法治政府建设实施纲要(2015—2020)》《国务院办公厅关于加强和改进行政应诉工作的意见》《国务院关于推进中央与地方财政事权和支出责任划分改革的指导意见》《江苏省行政许可监督管理办法》。4月，组织2014—2015年度188名新任县处级领导干部进行法律法规知识测试。 (方文茜　李欣欣)

【政府立法质量提高】 自2015年获得地方立法权后，镇江市继续完善立法制规制度体系，落实《镇江市人民政府规章制定程序规定》，健全政府立法的立项、起草、论证、协调、审议机制，推进政府立法精细化。2016年，镇江市第一部实体性政府规章《镇江市城市绿化管理办法》经市政府第七十三次常务会议审议通过，计划于2017年1月1日起实施。《镇江市海绵城市管理办法》《镇江市古籍保护办法》按序时进度推进。

(方文茜　李欣欣)

【法治政府基础建设】 2016年，镇江市印发《镇江市贯彻落实〈法治政府建设实施纲要(2015—2020年)〉实施方案》，从指导思想和总体目标，依法全面履行政府职能，推进行政决策科学化、民主化、法治化，坚持严格规范公正文明执法，依法有效化解社会矛盾纠纷，组织保障和落实机制等六个方面体现镇江特色。通过召开全市政府法制工作会议，印发年度《全市依法行政工作要点》《市政府常务会议学法计划》《规范性文件制定计划》《行政执法监督检查计划》《行政复议工作意见》，落实法治政府建设各项工作。组织开展法治政府建设十佳创新项目和十佳惠民实事项目活动。印发《镇江市法治政府建设指标体系(修订稿)》，严格工作考评。

(方文茜　李欣欣)

【重大行政决策决定程序落实】 镇江市制定《2015—2016年市政府重大行政决策目录》，推动相关责任部门落实重大行政决策的公众参与、专家论证、风险评估、合法性审查和集体讨论五大法定程序。做到重大行政决策未经合法性审查或审查不合法的，一律不予提交市政府常务会议讨论研究。选择5个市级部门开展重大行政决策合法性审查试点，在此基础上完善重大行政决策合法性审查程序，规范审查的标准化文书。

(方文茜　李欣欣)

【执法监督】 2016年，镇江市在全省率先开展行政执法标准化建设。按照省试点项目要求起草编制《镇江市行政执法标准》，经过专家评审后，在全市范围内推广。推行建立行政执法全过程记录制度，印发《镇江市人民政府办公室关于建立行政执法全过程记录的意见》，明确建立行政执法全过程记录制度的实施主体、实施内容、实施步骤和保障措施等方面的具体要求。组织全市行政执法主体和行政执法人员清理工作。经清理确认，全市行政执法主体398个，其中法定行政机关243个，法律法规授权的组织150个，集中行使执法权的组织5个；全市行政执法人员9011人，其中法定行政机关4674人，法律法规授权的组织4337人。 (方文茜　李欣欣)

【“阳光复议，法制惠民”工作】 2016年，镇江市贯彻落实《中华人民共和国行政复议法》及其实施条例，行政复议工作走在全省前列。4月，“阳光复议，法制惠民”项目以排名第一位当选为2015年度镇江市“十佳法治惠民实事项目”。全年通过微信平台接受行政复议咨询312人次，答复327人次。出版发行《权力监督与权利保护——行政复议焦点问题法律评析》一书，为全市行政复议办案人员提供指导和借鉴。

(方文茜　李欣欣)

【政府法律顾问工作】 2016年，镇江市政府法律顾问工作保持常态化、规范化、专业化，所有重大行政决策、政府协议都要把法律顾问合法性审查作为必经程序。提高工作规范化程度，规范工作流程、审查标准、法律意见书格式文本。政府法律顾问尽责意识增强，顾问水平提高，在注意法律风险提示的同时，提出解决办法，在保证质量的前提下不断提高工作效率。全年市政府法律顾问对86件重大项目、重大决策、重要协议进行合法性审查并出具法律意见书，同时参加各类论证会、案审会、协调会等50余场次。 (方文茜　李欣欣)

【江苏镇江法治政府研究院成立】 镇江市人民政府和江苏大学签订协议并联合发文决定成立江苏镇江法治政府研究院，市法制办和江苏大学法学院为具体执行单位。2016年6月19日，江苏镇江法治政府研究院揭牌仪式在江苏大学会议中心举行，该研究院是全国首家地方法治政府研究院。研究院下设区域法治政府理论与实务研究中心、地方政府法律顾问制度研究中心、地方法治政府建设评估中心，以此为依托，开展理论和实务研究。截至年底，江苏镇江法治政府研究院就9个重点课题开展研究并形成研究成果。同时，研究院开展县级政府第三方评估工作，是全省首家开展该工作的地方法治政府研究院。 (方文茜　李欣欣)

【仲裁】 2016年，镇江市加强仲裁机构规范化建设，强化仲裁员队伍建设，全年受理案件431件，涉案标的额5.07亿元。受理案件类型主要包括商品房买卖、建设工程、承包租赁、借款股权和土地出让等。

加强案件核阅工作，坚持裁决书三级核阅程序，从案件事实、法律适用、格式规范、文字表述等方面把关。对仲裁案件流程进行精细化管理，把办案管理覆盖到办案质量、效率、效果各个方面和全过程。坚持重大疑难案件讨论制度。对影响大、法律关系复杂的案件，视情况分别提交秘书处办公会议、专家咨询委员会讨论。强化案件审限管理。在年度仲裁工作目标责任状上，明确规定案件的限期结案率要在90%以上。对超期的案件重点督查，按照工作责任状考核。

利用会议、媒体、网络、广播的形式，发挥仲裁办事处、仲裁联络员的作用，建立仲裁宣传网络，宣传仲裁法律制度。在《京江晚报》《金山杂志》开辟仲裁专栏。做好仲裁案件的回访工作。通过定期走访调研活动，了解仲裁委下设7个分会、3个办事处的仲裁法律制度的推行情况。5月，镇江仲裁委在丹徒办事处基础上新设3个仲裁基层联络站，建立起覆盖乡镇的仲裁网络体系。

严格仲裁员的准入门槛，实施仲裁员办案规范化管理，对仲裁员办案质量进行个案跟踪考评，制定《仲裁员办案的若干规定》，要求仲裁员在接受办案时，签署公正办案承诺书。抓好案件满意度管理和公正廉洁办案教育。建立当事人意见反馈制度，在案件审理过程中向仲裁当事人发放意见反馈表，内容包括对仲裁庭是否公正合理、廉洁自律、审理期限、工作态度、仪容仪表等5方面的评价。强化首席仲裁员队伍建设，建立以业绩论能力、以贡献论待遇的首席仲裁员管理机制。 （朱 明）

公 安

【概况】 2016年，镇江市公安机关深化警务改革，推行巡查督导机制，构建“大巡查、大督导”工作格局。完善市、县两级智能指挥调度系统和以基础云、数据云、应用云为基础的云平台建设，整合各类数据15.6亿条。从严查处经济犯罪，侦破经济犯罪案件117起，挽回经济损失近5亿元，缉获2名境外逃犯。加大民生案件侦办力度，开展打击环境污染犯罪“清水蓝天”行动，破获公安部督办“孙某某非法销售假药案”，捣毁案值400余万元的假药仓储窝点，抓获犯罪嫌疑人23名。优化出入境管理模式，打造15～20分钟办证圈，京口、润州、丹阳、镇江新区等地相继建立分理点并投入使用，惠及周边20余万名群众。

打造便捷出行的“绿色通道”，对主城区252个路口信号灯配时进行优化，建成“绿波带”30条，施划市区道路沿线停车泊位3881个，提升通行效能。打造“农村交管新模式”，解决农村地区交管工作基础薄弱、保障乏力、创新不够等难题，《江苏公安简报》专门作经验推广。打造服务窗口“5+1升级行动”（即5个工作日加1个休息日），推行工作日和周六全天受理、中午不休息、重点单位和特殊需求群众24小时预约办事等服务举措。打造市“文明岗”、城乡“护学岗”，结合“啄木鸟行动”，启动49个校园“护学岗”，专题督导解决闹市区校园周边交通和治安问题，并推进长效管理；采取“社会招聘、部门联动、自筹经费”方式，在全市开展文明交通志愿服务，首期61个重点路口的150名志愿者上岗。打造“护企直通车”，出台《“金盾护企直通车”服务保障工作意见》，深入“惠龙e通”、北汽等大项目，实地对接发展难题，推出跟踪服务和保障措施。推进“7+1”改造项目征收扫尾、连淮扬镇铁路建设等省市重点工作，落实居民全市范围内户口通迁制度、“市人才管理改革试验区”新政策、外来投资经商人员在城镇落户优惠条件等。

市公安系统研究制定49项工作及3项重点任务分解书，全部付诸实施。建立由主办和协办侦查员组成、小规模合成作战的侦查团队制，破解办案责任下压不实、侦查业务合成不强、整体效能增长不快等问题，提升打击犯罪整体质效。年内，刑事案件破案数和抓获刑事作案成员数分别比上年增长2.8%、5.3%。在镇江新区分局试点推行“大部制”改革，推动警力下沉、扁平指挥、合成作战。侦查团队制、“大部制”改革的相关做法，分别被《江苏公安简报》、公安部改革办《各地动态》刊发；《法制日报》等媒体还作专题报道。实行行政区划调整，形成三山南山分局合并、食品药品与环境犯罪侦查支队成立、新闻中心实体化运行等改革方案并全部推行到位。为派出所民警统一配备无线上网本、警务电动车。举办首届镇江公安派出所所长论坛，推广京口分局四牌楼派出所“平安扣·扣平安”、丹阳市局中山路派出所“QQ群阵控法”等20余个经验做法。推进“镇江市急救中心监所（左湖）急救点”建设，被新华网江苏频道、江苏电视台、《人民公安报》、《江苏法制报》等新闻媒体报道。（周家星）

【维稳工作】 2016年，镇江市以全国“两会”、G20峰会等重大安保工作为重点，强化责任措施，维护社会稳定。全年妥善化解处置各类矛盾问题400余起。加快推进“大数据”指挥中心建设，实现各类信息资源和指挥要素集成应用、可视化智能指挥调度；全市72个户籍派出所建成勤务指挥室45个，交警、巡特警、消防等部门的指挥室实现实体化运作。围绕立体化、信息化社会治安防控体系建设，调整优化全市防控布局，布设18辆移动智能卡口车、75个“关城门”卡点，完善常态、加强、战时“三个勤务等级”，构建街面、社区、卡口“三张堵控网络”，固化巡逻处警、武装混编、机关合成“三支巡防力量”，增强动态防范、精准控制效能。全市“两抢”（抢劫、抢夺）警情比上年下降39.5%。完成全国“两会”、“苏台灯会”、G20峰会、2016首届镇江国际低碳技术产品交易展示会、长江国际音乐节等安保任务。

（周家星）

【打防犯罪】 2016年，镇江市公安系统组织开展社会治安综合整治“利剑”等系列专项行动，侦破丹徒区“5·2”故意杀人案、丹阳市“8·13”非法拘禁致人死亡案等一批大案、要案，命案破案率连续六年保持100%，全年刑事案件发案比上年下降10%，破案率上升3%。推进打黑除恶斗争，全年判决涉恶犯罪人员631名。加大对“两抢”、爆炸等严重暴力犯罪打击力度，侦破句容“6·29”邮寄爆炸物案、丹阳“4·14”网络贩卖枪支案及京口“7·28”飞抢案等一批恶性案件。以入室盗窃、盗窃沿街店铺、扒窃等侵财犯罪为主攻方向，加大对多发性侵财类案件的打击力度和防范宣传。全年破获“盗抢骗”案件4537起，抓获犯罪嫌疑人3341人，打掉团伙44个，收缴赃款赃物总值1000余万元。其中，省公安厅对镇江市8串重大、系列侵财案件进行挂牌督办，均全部破获。完善打击电信网络诈骗机制，破获各类电信网络诈骗案件106起，抓获电信网络诈骗犯罪嫌疑人208名，挽回经济损失620余万元。侦办公安部挂牌督办的2015年扬中市“8·22”、2016年京口区“5·22”、镇江新区“8·22”等影响较大的诈骗案件。深化网上追逃工作，抓获逃犯279人。其中，历年逃犯32人，公安部督捕和命案逃犯各1人。

（周家星）

【公共安全监管】 2016年，镇江市道路交通事故起数、死亡人数、受伤人数以及经济损失数分别比上年下降1%、0.4%、8.4%、11%。开发建设文明交通信用管理系统，归集相关人员信息1.6万条。联合市安监局、交通运输局及公路处等部门，检查客车、校车等5类重点车辆11.7万辆次。建成重点营运车辆“一车三方”（即一个车辆由市交通局、公安局、安监局三个职能部门共同监管）安全监管平台，实现对“两客一危”（即长途客车、旅游客车、危险化学品运输车辆）车辆的多层次、动态化监管，联动查处车辆违法违规运行问题。组织开展“压事故、除隐患、保平安”七大攻坚战以及集中整治道路交通违法行为“百日行动”，查处“三超一疲劳”、酒驾、涉牌、涉证及涉车、涉路等各类重点违法行为18.1万起。严打涉车、涉路违法犯罪，侦破危险驾驶案件150起、重特大交通肇事逃逸案件65起，查获伪造、变造号牌案件70起，吊销驾驶证750本。

推进消防能力建设，率先成立全省首支化工灾害事故现役专业救援队，“市长专项资金”划拨600万元添置化工专勤器材。推进消防设施联网监测系统建设，接入社会单位177家，接收报警信号109.7万次，消除各类火灾隐患和协助查处违法行为344处。组织开展“祛火源、降荷载、强设施、畅通道”集中行动、电气消防安全专项整治和“消防安全社区”创建活动，检查单位18821家，发现火灾隐患21780处，整改隐患22413处，责令“三停”142家。强化涉危企业安全隐患排查，检查涉危单位3700余家次，发现并整改安全隐患530处，下发整改通知书98份。

开展缉枪治爆专项行动，消除枪爆等涉危安全隐患。全年侦办涉枪刑事案件16起，收缴枪支133支、易制爆危险化学品2100千克、剧毒化学品5000余千克。组织开展9次集中销毁行动，销毁过期炸药6.7吨、烟花爆竹2300余箱，均未发生安全事故。

（周家星）

【道路交通事故分析】 2016年，镇江市发生道路交通事故445起、死亡269人、受伤296人、直接经济损失185万元，比上年分别下降1%、0.4%、8.4%、11%。

从事故发生地区分析，镇江新区、丹徒区、京口区及高速公路事故起数比上年呈下降趋势，扬中市、润州区、丹阳市、句容市事故起数呈上升趋势。

从事故死亡人数分析，丹阳市、句容市、镇江新区、京口区死亡人数呈下降趋势，丹徒区、润州区、扬中市及高速公路死亡人数呈上升趋势。

从事故发生道路分析，全市高速公路发案13起，致10人死亡；国、省道（不含高速）发案116起，致88人死亡；县、乡道路发案163起，致114人死亡；其他道路发案153起，致57人死亡。

从事故发生时间分析，9月—10月事故相对多发，发案94起，致56人死亡；周一事故发案较多（72起），周五死亡人数较多（45人）；事故高发时段集中在17～18时，发案40起，致23人死亡。

（周家星）

2016年镇江市汽车和驾驶员拥有量情况统计表

表11－1

名称	单位	合计	丹阳市	句容市	扬中市	市区直辖	丹徒区	京口区	润州区	镇江新区
民用汽车	辆	491974	160540	45075	57041	103	52591	75295	56616	44713
载客汽车	辆	458972	150482	40040	54581	101	47927	71644	52922	41275
私人汽车	辆	436807	144892	39636	51364	82	46683	66299	49617	38234
小型汽车	辆	453220	149378	39230	54110	101	47448	69903	52169	40881
驾驶员	人	1123209	296546	166046	147047	119201	84183	164386	92181	53619

（周家星）

2016年镇江市暂住人口情况统计表

表11－2　　单位：人

	合计	性别		暂住时间				来自地区				居住处所						
		男	女	半年以下	半年至五年	一年至五年	五年以上	省内		省外		租赁房屋	单位内部	工地现场	旅店	居民家中	自购房屋	其他
								乡村	城镇	乡村	城镇							
合计	472440	297693	174747	107852	114090	147672	102826	134748	73571	159356	104765	134117	130176	75510	7799	99303	4282	21253
务工	248902	167858	81044	50114	72019	76071	50698	78131	28169	96543	46059	58867	83183	55010	565	43840	964	6473
录(聘)用	3087	1984	1103	905	827	909	446	1073	881	637	496	616	663	263	88	1236	97	124
投资经商	30076	20101	9975	4463	7177	9992	8444	7336	8509	8607	5624	10967	3472	3986	2530	4904	1073	3144
务农	27283	15375	11908	3623	6479	9888	7293	8029	7704	8163	3387	9563	5019	1328	107	8485	564	2217
服务	92235	51723	40512	31672	12180	25163	23220	16932	16029	21925	37349	33013	25198	11914	62	18102	216	3730
就读	24879	14282	10597	3351	5703	10094	5731	8852	4193	8195	3639	9124	6952	325	89	5107	693	2589
随迁学龄前子女	4604	2071	2533	900	1304	1365	1035	2049	742	1134	679	2038	1085	413	18	395	519	136
治病疗养	4134	1974	2160	2828	245	510	551	861	1362	456	1455	24	0	0	5	3485	0	620
投靠亲属	7643	3867	3776	2014	1257	2394	1978	1842	2202	1968	1631	668	79	52	260	6368	26	190
探亲访友	10575	6592	3983	4848	1662	3144	921	2092	2308	3509	2666	1160	3062	89	4049	1890	25	300
其他	19022	11866	7156	3134	5237	8142	2509	7551	1472	8219	1780	8077	1463	2130	26	5491	105	1730

（周家星）

图 11－1 2016 年 9 月 1 日，镇江市做好 G20 峰会谏壁水上安保检查工作

（周家星 供稿）

【G20 峰会安保工作】 2016 年，镇江市做好 G20 峰会各项安保工作。启动最高勤务等级每日信息综合研判机制，实行全时空网络动态巡查，开展查处网络谣言和有害信息工作，落实 24 小时网上巡查网下查控措施，发现敏感信息 540 条，均及时稳妥处置。落实基础调查和动态监控措施，先后对 351 件突发问题、47 件重大矛盾进行疏导稳控，未发生有影响事端。落实购买散装汽油实名登记、物流寄递“3 个 100%”（即实行长途客车、旅游客车、危险化学品运输车辆 100% 实名登记、100% X 光机安检、100% 开箱验视）等制度。日均投入巡防警力 1600 余人，加强对核心区、重点部位和人员密集场所的布防、把守。在全市范围内组织开展 2 次社会治安集中清查整治行动，清查重点场所、部位 5200 余处（家），破获各类案件 23 起，抓获违法犯罪嫌疑人 134 名。 （周家星）

【出入境管理】 2016 年，镇江市公安出入境管理部门打造 15～20 分钟办证圈，设立丹阳市公安局出入境管理大队丹北分理点、镇江新区分局出入境管理大队丁卯分理点建成并投入使用，惠及周边 20 万名群众。推出居民港澳团队旅游再次签注“立等可取”便民举措，将原来的办理时间由 5 个工作日压缩到 1 小时，全年办理签注 7800 多份。推进出入境微警务应用，依托平安镇江微信公众号、门户网站、网上预约申请平台搭建“网络出入境”，实现申请人自主选择办证时间，随到随办。 （周家星）

【消防安全】 2016 年，镇江市落实地方消防业务经费计领标准，部队各级争取经费 9600 余万元，比上年增长 20.6%，落实 600 万元市长基金和 1130 万元专项经费，全年投入 5530 万元用于车辆装备更新换代、优化升级。新购特种、常规和专勤器材 3000 余件套、个人防护装备 2914 件套，11 辆云梯、泡沫、城市主战消防车列装部队。将消防队站建设纳入政府民生行动予以推进，句容市、润州区新消防站及丹阳司徒、句容开发区专职消防站投入执勤使用，扬中大队、谏壁中队、九里街中队和七里甸中队完成升级改造。

成立化工消防安全专家组，修订 123 家危险化学品企业“一企、一册”（一家易燃易爆企业一个底册），投入 1100 万元建设化工处置物资储备库，在全省率先建成化工灾害事故现役专业救援队。围绕高层地下建筑、大型城市综合体、高速公路、危险化学品事故、五凤口隧道等开展实战化演练，结合长江沿线做好抗洪抢险救援物资准备和专业训练，提升部队实战能力。搭建全市危险化学品源头管理和应急救援管理等数字化平台，成立大数据专项办公室。出台《关于加强全市政府专职消防队伍建设的意见》，完成丹阳市、句容市、丹徒区等 10 家政府专职消防队事业单位法人登记工作，提高专职队员业务素质和灭火救援能力。援助靖江“4·22”火灾爆炸和盐城“6·23”特别重大灾害事故，处置丹阳“8·6”火灾事故。

市政府出台《镇江市“十三五”消防事业发展规划》等 3 部规范性文件，先后 10 余次召开专题会议。集中开展各类专项行动，整治消防安全隐患，推动行业部门开展标准化管理，火灾四项指数大幅下降，连续 22 年未发生较大以上火灾事故。提前完成国务院安委会挂牌督办的重大火灾隐患整改销案工作，全市 12 家重大火灾隐患单位、3 家区域性隐患单位完成整改。试点安装撬装式微型消防站，推广电动车集中充电装置。组建中小学兼职“消防讲师团”和全省首家出租车消防志愿者服务队，制作的消防公益广告获全国一等奖。完成苏台灯会、G20 峰会、镇江国际低碳产品技术交易展示会等大型安保任务。 （张冰馨）

【火灾情况及分析】 2016 年，镇江市发生火灾 1450 起，造成直接财产损失 3328.2 万元。其中，居民家庭类火灾 512 起，草坪、废弃物等户外类火灾 119 起，工业建筑、农副业场所类火灾 17 起，交通工具类火灾 161 起，公共聚集场所类火灾 4 起，其他类火灾 378 起。全市火灾形势相对稳定，全年未发生重、特大火灾事故。

从火灾发生区域看，京口区火灾数为 194 起，润州区火灾数为 112 起，丹徒区火灾数为 104 起，镇江新区火灾数为 177 起，丹阳市火灾数为 603 起，扬中市火灾数为 64 起，句容市火灾数为 196 起。其中，丹阳市火灾总起数占全市火灾总起数的 41.5%。城市、县城城区发生火灾 543 起，农村、集镇发生火灾 687 起，开发区发生火灾 113 起。

从起火原因看，电气、生活用火不慎、吸烟是引发火灾的主要原因。从火灾原因调查情况看，各类电气故障引发的火灾 484 起，占火灾总起数的 33.3%；生活用火不慎引发的火灾 181 起，占比 12.4%；生产作业类的火灾 54 起，占比 3.7%。 （张冰馨）

检 察

【概况】 2016 年，镇江市检察机关加强司法办案，突出科技强检，推进司法改革，强化队伍建设。反贪办案、网信建设、检察宣传等工作在全省会议上作交流发言，侦查监督、职务犯罪预防、民事行政检察监督、检察技术、纪检监察等工作在全省业务竞赛中居于前列；有 7 人被评为全国、全省业务标兵、十佳能手，3 人入选省“333 工程”培养对象，6 人入选市“169 工程”学术技术带头人；有 44 篇理论研究在省级以上发表，18 篇论文在省级以上获奖。市检察院及丹阳、句容、扬中、京口、润州、开发区等基层检察院获“江苏省文明单位”称号。

全年批准逮捕各类刑事犯罪822件1075人，提起公诉2629件3717人。依法打击非法吸收公众存款、集资诈骗等涉众型侵财犯罪，突出惩治危害食品药品安全、侵犯知识产权犯罪，参与防范和打击电信网络诈骗犯罪专项行动。丹阳市检察院办理江南面粉公司法定代表人非法吸收公众存款81亿元案，扬中市检察院对公安部挂牌督办、中央电视台曝光的“8·22”系列电信网络犯罪案19名犯罪嫌疑人依法提起公诉。推进涉法涉诉信访工作机制改革，拓展远程视频接访系统使用范围，全年受理群众来信来访2626件2685次，依法处置涉案金额1亿元、受害群众5000余人的“e租宝”案件。

全市检察机关履行法律监督职能，加强侦查监督，纠正应当立案而不立案、不应当立案而立案的案件7件，监督行政执法机关移送涉罪案件15件18人，纠正漏捕、漏诉24人，书面纠正侦查活动违法19件次。依法履行刑事审判监督职责，提请抗诉2件，提出刑事抗诉3件。加强民事行政诉讼监督，提请省检察院抗诉12件，监督虚假诉讼10件，发出执行监督检察建议10件、督促履行职责检察建议27件。推进行政执法检察监督，建立全省首个行政执法检察监督信息中心，牵头制定《关于开展强制隔离戒毒检察监督工作的暂行办法》，弥补检察机关对强制戒毒类行政强制措施的监督缺失。强化刑事执行检察监督，组织开展集中清理判处实刑罪犯未执行刑罚专项检查活动，排查清理出专项活动对象38人，监督刑罚变更执行4185人，纠正不当减刑、假释提请66件，书面纠正违法9件次；开展羁押必要性审查45件，均被采纳。（谢　昊）

【生态环境司法保护】 2016年，镇江市检察院开展危害环境资源犯罪专项立案监督，依法打击破坏生态、污染环境犯罪，办理该类案件50件130人，人数比上年增长138%。开展环境公益诉讼，办理环保民事公益诉讼案件2件，提出环保督促履职建议15份，促进解决突出环境问题。针对一起危险化学品泄露事件，扬中市检察院督促环保部门对产生的260余吨固体废物进行处理，并发出316份支持起诉书。金山地区检察院设立环境资源司法论坛，与市公安局、法院、环保局等单位建立联席会议制度，统一证据标准和司法尺度，形成环保工作合力。市检察院联合市法院召开法治护航“绿色发展”新闻发布会，丹阳市检察院牵头成立江苏首个县级生态环境修复基地，受到省检察院的肯定与推介。

（谢　昊）

【职务犯罪查办】 2016年，镇江市检察机关立案查办贪污贿赂类职务犯罪72件92人，涉案金额100万元以上案件20件，其中300万元以上案件7件，1000万元以上案件1件，处级干部5人。针对群众反映强烈的滥用职权、失职渎职等问题，以及群体性事件和重大责任事故背后的渎职侵权违法犯罪案件，加大惩治力度，立案查办渎职侵权类职务犯罪19件28人，其中重特大案件15件，科级以上干部9人。查处江苏索普集团董事长、镇江市住建局副局长等重大有影响案件，取得震慑警示效果。在供销系统组织开展“新网工程”专项行动，查处5件10人，相关做法被省检察院向全省转发。查办的镇江市民防局原局长受贿案、镇江发电有限公司原总经理受贿案，分别被评为全省反贪精品案件、优质案件；查办的镇江市京口区科技局原副局长受贿案，被列为全国检察机关保障和促进科技创新工作十起典型案例，是江苏唯一入选案例。（谢　昊）

【网上科技预防品牌打造】 2016年，镇江市检察院开发出全国首个手机版网上警示教育基地，2000余家机关、企事业单位、乡镇基层组织10多万名党员干部安装启用。省检察院将其列为全省检察机关重点援疆项目，市检察院派员赴新疆为新疆兵团检察院第四师分院无偿建立全疆检察系统第一家手机版网上警示教育基地。镇江市检察院在全国首推网上预防邮路建设，推送党风廉政和警示教育资料，覆盖重点预防对象30000余人，发送各类职务犯罪案件信息、警示教育视频2500余份次。推行网上行贿档案查询，形成线上线下即时互动，受理各类查询申请11350次，对有行贿记录的5家单位和93名个人依法建议主管部门限入工程建设市场，处置率100%。开展职务犯罪风险防控暨创建示范单位评选活动，全市600余家单位参与。

（谢　昊）

【网信工作体系化建设】 2016年，镇江市检察院建成全国首个职务犯罪虚拟侦查中心，探索建立微反应实验室，自主研发出侦查大数据分析软件——8S反贪智网，被国家版权局授予计算机软件著作权。对市检察院“省苑”管理中心指定居所监视居住场所进行升级改造，中国人民大学法学院在镇江举行法治反腐场所规范化建设与使用专题研讨会。加强技术人才培养，推进信息技术与检察工作融合，在首届全国检察机关网络安全业务竞赛中，市检察院技术局干警以总分第一名的成绩被评为全国业务标兵。受最高人民检察院邀请，市检察院两次在全国检察信息网络人才培训班作专题讲座，相关做法在全省检察机关网信工作会议上作交流发言。（谢　昊）

【员额制检察官制度实施】 2016年，镇江市检察院推进司法责任制改革，完成员额制检察官入额遴选工作。10月底，人员分类管理全部调整到位，11月1日开始实施新的检察权运行机制。全市首

图11－2　2016年12月8日，镇江市两级检察院举行首批员额制检察官宪法宣誓仪式

（谢　昊　供稿）

批遴选产生239名员额检察官，员额比例为32.6%，其中独任检察官109名，设置检察官办案组65个。市检察院遴选配备56名员额检察官，员额比例为30.9%，其中35岁以下检察官16人，占比28.6%；36～45岁检察官21人，占比37.5%。按照检察官、检察辅助人员、司法行政人员3个类别，落实人员分类管理，注重人岗相适、人事相宜，突出员额检察官的办案主体地位，强化司法责任，优化司法资源，提高办案效率。12月8日，全市两级检察院举行首批员额制检察官宪法宣誓活动，239名员额制检察官面向国旗进行宣誓。（谢 昊）

【人民监督员制度改革】 2016年，镇江市检察院与市司法局加强沟通协调，推动审议通过《镇江市深化人民监督员选任制度改革实施方案》，选任48人为第四届镇江市人民检察院人民监督员。12月22日，举办新一届人民监督员颁证仪式暨初任培训班，新一届人民监督员开始履职。全年市检察院组织人民监督员246人次监督案件121件次，保障检察权的正确行使，提升司法办案公信力。

（谢 昊）

【检务公开】 2016年，镇江市检察院推进检务公开改革，加大案件信息发布和法律文书公开力度，公开案件程序性信息4314条、法律文书2216份。强化律师权益保障，出台律师阅卷接待规定，组织对保障辩护律师会见权情况进行专项检查，召开镇江市律师界代表座谈会，听取对检察工作的意见、建议，形成检律良性互动关系。与镇江电视台合作，建立法治节目制作中心，通过召开新闻发布会、公布典型案例以及利用微博、微信等现代网络媒体开展检察宣传，回应社会关注问题。（谢 昊）

审 判

【概况】 2016年，镇江市两级法院受理案件96475件（含减刑假释案件4110件），审执结77000件，分别比上年上升12.96%和11.8%。其中，市中级人民法院受理11509件，审执结10186件。审判质效水平提升，全市法院4篇裁判文书分获首届全国法院环境资源优秀裁判文书特等奖、三等奖，全国法院精品文书二等奖，全省法院优秀裁判文书一等奖。

全市法院受理刑事一审案件2969件，审结2738件，判处罪犯3300人。判处十年以上有期徒刑、无期徒刑、死刑57人，对1575名被告人依法适用缓刑。依法惩治毒品犯罪，一审审结毒品案件131件150人。审结镇江建市以来数量最大的毒品犯罪案，朱某某等3名被告贩卖、运输毒品数量达4.5万克，市中级法院一审分别判处3名被告死刑、死刑缓期两年执行、无期徒刑。依法加大职务犯罪打击力度，审结贪污贿赂及渎职犯罪案件102件117人，其中县处级以上6件6人。根据最高人民法院指定管辖，依法审理"山西系列"重大职务犯罪案件7件10人。市中级人民法院公开开庭审理山西省人大常委会原副主任金某某受贿案。

全市法院受理民商事一审案件48822件，审结39012件，分别上升4.89%和6.06%。其中，审结与群众利益密切相关的民间借贷、人身损害赔偿等案件13107件；审结婚姻家庭、抚养继承等案件4513件；审理一审劳动争议案件2741件；审结破产案件21件，运用重整、和解程序，挽救具有再生价值企业，依法清理处置"僵尸企业"；审结知识产权案件388件，发布知识产权司法保护白皮书和典型案例。

全市法院受理行政一审案件766件，下降1.54%，审结632件，上升0.96%。加大行政诉讼案件司法审查力度，依法对61起行政行为予以撤销或确认违法。推进行政机关负责人出庭应诉，行政机关负责人出庭应诉率达90.28%。做好非诉行政执行案件审查工作，依法及时召开听证会，保障被执行人陈述申辩权利，对违法行政行为依法裁定不予执行。全年受理并审结非诉行政执行审查案件879件，上升16.42%，裁定不予执行案件48件，占案件总数的5.46%。加强与政府法制部门、行政执法机关经常性工作联系，发布行政审判年度报告，与行政机关开展联合调研，协助培训行政执法人员，实现司法与行政良性互动。

全市法院受理执行案件32528件，执结24239件，分别上升30.18%和24.65%。8月，市中级人民法院向市委、市委全面深化改革领导小组专题汇报全市法院"基本解决执行难"工作情况，市委予以肯定并表示支持。组织开展"反规避执行、反消极执行"专项行动、涉民生案件、涉金融案件等集中执行活动，解决"执行难"问题。实行网络司法拍卖，全市法院司法网拍2583次，成交金额17.88亿元。京口法院以4.6亿元网拍镇江兆和皇冠假日酒店，创全市法院司法网拍成交额最高记录。公开曝光失信被执行人信息17856人次，对3名被执行人以拒不执行判决、裁定罪或非法处置查封财产罪判处有期徒刑。

（徐 达）

【法院人员分类管理改革】 2016年，镇江市法院系统推进法官员额制改革，坚持以案定员、以案定岗原则，突出工作实绩，严把入额标准，确保遴选优秀法官入额。截至年底，全市法院法官员额制改革工作基本完成，首批入额法官313名，最大限度满足一线办案需要。推进法官单独职务序列改革，推动完善法官权益保障机制。组织开展全市法院首批员额制法官宣誓活动，提升法官责任感和使命感。推进执行警务化改革，全市法院转任执行法警53名。深化聘用制书记员改革，市中级人民法院在全省实现首家书记员全员通过定级考核，通过率89.12%。（徐 达）

【审判权运行机制完善】 2016年，镇江市法院系统围绕"让审理者裁判、由裁判者负责"，推进司法责任制改革，探索审判团队办案模式，注重发挥法官会议作用，落实办案质量终身负责制和错案责任倒查问责制。市中级人民法院健全完善审判委员会讨论案件过滤机制，审委会讨论案件61件，比上年下降18.67%。人民法庭审判权运行机制改革试点工作成效得到省法院肯定。院、庭长办案工作实现常态化，全市法院院、庭长主办或参与办理案件34876件（不含减刑假释案件），占结案总数的45.29%；市中级人民法院院长、庭长办理2990件，占结案总数的49.21%。（徐 达）

【"执行天网"品牌打造】 2016年，镇江市法院系统开展"效能革命"，打造"执行天网"品牌，依托现代信息技术，构建以强制性为特征、以信息化为核心、以规范化为保证的智能化执行系统，解决被执行人难找、执行财产难查、协助执行单位难求、可供执行财产难处置等问题。完善执行指挥中心建设，基本建成网络查控平台，依法保障当事人及时实现胜诉权益，破解"执行难"的问题。

（徐 达）

【环境资源司法保护加强】 2016年，镇江市法院系统围绕"生态领先、特色发展"目标，深化环境资源案件"三审合一"集中审判，受理各类环境资源案件659件，审结656件。依法帮助丹阳眼镜企业解决树脂镜片固体废弃物性质认定问题。适用禁止令，对污染环境犯罪案件的被告人除科以刑罚及罚金外，禁止被告人在一定期限内从事相关活动。全年对6起污染环境刑事案件的7名被告人发出禁止令。加强与市检察院、公安局、环保局等部门协调，完善环境资源保护联动机制，筹建公益诉讼基金、建设替代修复基地，注重对生态环境的修复再造，促进经济社会可持续发展。（徐　达）

【矛盾纠纷多元化解机制完善】 2016年，镇江市法院系统与基层组织、市消协、妇联及保险、医疗等行业协会加强诉调对接，引导当事人选择非诉渠道解决纠纷。全市两级法院全部在诉讼服务中心设立律师工作站、人民调解工作室，市中级法院在丹阳国际眼镜城设立知识产权巡回审判庭，与市工商局、版权局联合建立知识产权纠纷诉调对接机制。扬中法院建立矛盾纠纷多元化解、基层组织协助送达激励机制，推进“无讼社区”创建。丹徒法院设立物业纠纷调解工作室，润州法院建立家事纠纷多元化解工作模式，丹阳法院“一站式”调处道路交通事故纠纷，取得较好成效。（徐　达）

【司法公开】 2016年，镇江市法院系统在全省法院率先全部实现对外委托摇号工作室同步录音录像、同步记录、同步显示记录“三同步”和互联网直播，市中级法院完成所有法庭高清化改造。全年法院网络庭审直播3646次，上网发布裁判文书41957份，召开新闻发布会35场次。两级法院全部开通外网、微博、微信，市中级法院设置户外公告屏，及时公布重要审务信息。镇江法院审理的“丹阳市珥陵镇鸿润超市诉丹阳市市场监督管理局行政登记案”“王国洪故意杀人案”等6起案件被中央电视台《新闻联播》《焦点访谈》等节目报道。（徐　达）

司法行政

【概况】 2016年，镇江市推进政府民生改善重点项目，在南徐核心地段打造4350平方米的“一站式、窗口化、综合性”市级公共法律服务中心。推进辖市（区）、镇街公共法律服务中心和村居司法惠民服务站、律师工作室实体化、规范化运作。提请市政府出台《关于进一步扩大法律援助范围的通知》，老年人法律维权工作、律师驻村深化司法惠民做法先后得到市委书记夏锦文的批示肯定。启动“七五”普法工作，省级以上“民主法治示范村（社区）”创成率为44.1%，居全省前列。“普法微公益创投”“领导干部新视野学法讲坛”等品牌效应提升，市政府被表彰为2011—2015年度全国法治宣传教育先进单位，市普法办被评为全国先进普法办。推进医患纠纷矛盾调处体制机制改革试点，28家调解组织被评为省级示范点。全年调处矛盾纠纷17823件，调解成功17709件，调解成功率达99.4%。开展社区矫正“三检查、三规范”专项整改，率先在全省范围对暂予监外执行人员病情复查工作予以规范，制定《社区矫正工作人员行为准则》。（童凯星）

【律师参与化解和代理涉法涉诉信访案件人才库建立】 2016年2月，镇江市采取自愿报名和择优选用相结合的方式，在全市范围选拔专业突出、政治坚定、公道正派、热心公益的律师，组建律师参与化解和代理涉法涉诉信访案件人才库。3月，镇江市参与化解和代理涉法涉诉信访案件律师人才库名录印制发放。经过市司法行政机关前期招募遴选，并征求政法机关意见，最终有118名律师入选人才库。印制的律师人才库名录统一发放到全市各司法机关信访窗口，供信访当事人选择，实行专案专人服务，为时间跨度长、化解难度大的疑难复杂涉法涉诉信访案件处理提供人才支撑和保障。（童凯星）

【司法鉴定机构规范化管理】 2016年3月，镇江市下发《关于加强全市司法鉴定机构规范化管理的意见》（以下简称《意见》），以此推动全市司法鉴定机构管理和司法鉴定人员执业行为规范化，提升司法鉴定社会公信力。《意见》从健全内部管理，加强规范化建设；加强学习培训，提高司法鉴定人素质；完善各项制度，提升司法鉴定整体水平；加强监督检查，强化司法鉴定责任意识等四个方面对司法鉴定机构提出明确要求。（童凯星）

【行业部门法律援助工作站管理】 2016年3月，镇江市制定下发《镇江市行业部门法律援助工作站管理办法》。该管理办法分为16条，涉及建立要求、名称要求、场所布置要求、人员配备要求、职能属性等，为管理全市各行业部门法律援助工作站提供依据。办法明确，行业部门法律援助工作站由市（区）级以上法律援助中心根据工作需要建立，并逐级上报至镇江市法律援助中心备案，由所在单位主管，业务上接受法律援助中心指导；工作站名称由建立的法律援助中心名称、主管单位名称（简称）和法律援助工作站组成；工作站应当有固定的办公场所和1名以上具有法律大专以上学历的工作人员，职能包括宣传法律援助制度；解答法律咨询，为困难群众代拟法律文书；接受法律援助申请并进行初审，协助符合条件的申请人向法律援助中心报送等。截至年底，行业部门法律援助工作站有139家。（童凯星）

【村（社区）法律顾问工作管理】 2016年4月，镇江市制定出台《镇江市“一村（社区）一法律顾问”工作绩效考核评比办法（试行）》（以下简称《办法》），提升该项工作标准化、规范化水平。《办法》规定，考评采取辖市（区）司法局、司法所、村（社区）、法律顾问“四位一体”综合计分评价法。《办法》还对法律顾问工作纪律作出规定，对8种情形实行一票否决。考评排名将与年终评先、法律顾问补贴发放挂钩。排名最后1位并且得分在70分以下的地区单位须向市局党组作专题报告，排名最后10位并且得分在70分以下的法律顾问取消法律顾问资格。（童凯星）

【“谁执法谁普法”工作机制建立】 2016年6月，镇江市法治办、普法办、司法局、法制办联合出台《镇江市国家机关“谁执法谁普法”责任制实施办法》（以下简称《实施办法》）。《实施办法》强调，国家机关应对履行职责所涉及的法律、法规、规章和规范性文件向公众进行宣传教育，并指导协调本系统下属单位开展相关普法工作，履行普法社会责任。在行使司法权、行政执法权过程中，应将相关的法律规定、执法依据以及相关权利义务，依法定程序书面或口头告知案件当事人、行政相对人和其他参与人，将法治宣传教育渗透到司法、执法的全过程。（童凯星）

【首次APP网络直播庭审普法活动】 2016年6月，镇江市司法局、市文广集团、润州区法院创新新媒体普法形式，组织首次手机APP网络直播庭审普法活动。此次直播依托“一起镇江”APP平台，选取近来较为多发、市民较为关注的诈骗案件庭审作为直播内容。直播过程中，网友可通过网络直播留言发问的方式同步参与互动。直播结束后，市司法局专门安排资深律师与主持人一起参与评案并现场讲解相关法律知识。直播期间，有2200余名市民观众参与。（童凯星）

【首届社会组织法治文化作品展举办】 2016年6月29日，镇江市举办首届社会组织法治文化作品展，约300幅法治文化作品在市行政中心市民大厅进行为期一周的展览。该次作品展包括由社会组织创作、制作的法治工艺作品138

件，法治文化阵地工程实例图110幅，法治书画作品23件，普法公益广告视频22个。作品展览首日吸引约500名市民参观。（童凯星）

【信访矛盾调处服务中心律师工作室成立】 2016年8月8日，镇江市信访矛盾调处服务中心律师工作室成立，50名律师成为市信访矛盾调处服务中心特聘律师。市信访矛盾调处服务中心律师工作室成立后，受聘律师于每周二、周四的上午轮流到市人民来访接待中心值班，参与信访接待和法律咨询工作，同时接受信访部门委托，调解或参与评查重大疑难复杂信访事项，为促成信访事项依法妥善解决提出法律指导意见。（参见第67页）（童凯星）

【暂予监外执行人员病情复查工作规范】 2016年9月，镇江市人民法院、检察院、公安局、司法局和卫计委联合出台《镇江市关于规范暂予监外执行人员病情复查工作的若干意见（试行）》（以下简称《意见》），加强对暂予监外执行人员病情复查工作的组织领导。《意见》分为十二条，对各辖市（区）暂予监外执行人员定期复查指定医院、精神病复查指定医院、指定医院病情诊断鉴定小组医师的专业技术职称、出具医学诊断意见书的内容等进行明确，对司法行政组织暂予监外执行人员病情复查的流程、司法行政机关与指定医院建立联络机制等方面进行详细规定。（童凯星）

【首个"司法鉴定社会开放日"活动开展】 2016年9月，镇江市组织开展首个"司法鉴定社会开放日"活动。该次活动在主动邀请基础上，面向社会开放预约，吸引市人大代表、政协委员、行风监督员、普通市民、媒体记者等多个行业的近百人参与。活动中，全市5家法医类司法鉴定机构对外开放。参与活动的市民实地参观鉴定机构的服务设施，现场观摩鉴定服务，查看相关资料，听取市司法局关于司法鉴定工作的介绍。司法鉴定专家现场与市民互动，就市民关心的内容解答疑惑。（童凯星）

【"六五"普法总结表彰暨"七五"普法动员部署会】 2016年10月31日，镇江市委、市政府召开全市"六五"普法总结表彰暨"七五"普法动员部署大会。会议总结全市"六五"普法工作，表彰2011—2015年度全国、全省和全市法治宣传教育先进集体、先进个人，对"七五"普法工作作部署。11月1日，镇江市政府新闻办举办全市"七五"普法规划新闻发布会。发布会介绍全市法治宣传教育工作总体情况和"七五"普法规划主要内容，并就"七五"普法期间，有哪些具体做法和创新思路推进"三个相适应"目标、如何更好地开展青少年普法、怎样坚持和弘扬法治文化建设品牌等回答记者提问。（童凯星）

【社区矫正工作人员行为准则制定】 2016年11月，镇江市制定出台《镇江市社区矫正工作人员行为准则》（以下简称《准则》），在全市社区矫正工作队伍中严明社区矫正工作纪律。《准则》分为四章十三条。《准则》要求全市各级社区矫正工作人员坚定理想信念，自觉遵纪守法、廉洁自律、爱岗敬业、开拓创新；社区矫正工作人员应当规范执法、遵章守纪，不得违法违规为社区服刑人员办理刑罚执行变更事项，不得违法违规实施监督管理、教育矫正和社会适应性帮扶措施。全体社区矫正工作人员对《准则》遵守情况，纳入个人年度考核内容，作为绩效评价和奖惩依据。（童凯星）

【镇江市人民调解协会成立】 2016年11月10日，镇江市召开人民调解协会第一次会员代表大会，通过《镇江市人民调解协会章程》，选举产生第一届协会理事会、常务理事会和会长、副会长。截至年底，全市有各类人民调解组织988个，形成以辖市（区）人民调解委员会为龙头，镇、街道调委会为骨干，村（社区）和企事业单位调委会为基础的人民调解组织体系。调解协会完善人民调解工作管理体制，有利于融合凝聚各方力量，促进人民调解工作发展。（童凯星）

【人民监督员选任培训】 2016年12月，镇江市举办第四届市检察院人民监督员颁证仪式和初任培训班，48名新任市级人民监督员获颁证书。这也是司法行政机关承接人民监督员选任管理职责后，镇江市司法局选任的首批人民监督员。初任培训班就人民监督员选任方式改革、职务犯罪相关法律法规知识、人民监督员制度发展与监督工作规定、职务犯罪侦查工作理论与实践作专题辅导。（童凯星）

【镇江公证处】 2016年，镇江公证处办理证件22566件，其中办理涉外及涉港、澳、台公证文书6781件，未出现错、假、伪证。镇江公证处打造"绿色继承"公证办理模式，被评为省十大公证案例，被镇江市委政法委、市法制办表彰为全市"公正司法示范点"。开展"公证敬老""公证助残"等公益活动，完善对老、弱、病、残上门办证、快速受理和减免收费等便民利民措施。建立重点联系企业、单位目录，实行专人对接。主动介入政府重大项目、重点工程，为海绵城市建设、三山风景区旅游基地建设、公车改革拍卖等提供公证服务。制定出台卷宗归档质量检查考核办法，常态化组织业务研讨，卷宗自查、互查、抽查考评，固化重大疑难公证事项讨论机制，推进公证质量提高，树立良好职业形象。（童凯星）

【江苏省司法警官高等职业学校】 江苏省司法警官高等职业学校位于镇江市桃花坞路一区14号，占地13.4公顷，校舍总建筑面积7.2万平方米。截至2016年年末，学校有在校学生2207人，设置7个专业和1个专业方向。在职教职工192人（民警165人，职工27人）。专任教师118人，其中本科学历115人，硕士研究生59人，博士研究生2人。

学校组织召开15次专业建设推进会，根据市场需要制定培养方案，成功申报罪犯心理测量与矫正技术专业，恢复安全防范技术专业招生并于当年招生50人。举办第六届教师教学业务技能大赛，组建8个微课团队，促进教师队伍成长。

全年有362人取得自学考试本科文凭，35人获学士学位证书；135名毕业生考取公务员，录取率为28.7%。举办2016届毕业生专场招聘会，利用学校网页和招生就业子网页，为毕业生进行就业指导。

10月，学生工作处被团中央命名为全国"青少年维权岗"。组织模拟法庭、旁听庭审、法律援助、顶岗实习等教学实践活动。举行第七届学生技能大赛，培养学生实际操作能力。推行"一生多证"制度，组织学生参加驾驶、速录、计算机、社会工作师、心理咨询师、安防工程师、普通话等级证书等各类证书考试。推行"桃李提优计划"，发挥骨干教师的教学与学术专长。

全年学校获准立项课题47项，其中省级以上21项；发表论文百余篇，其中核心期刊2篇；有4篇科研成果被司法部黄丝带项目丛书第一辑《中国刑事执行理论与实践》收录，是全国同级监狱及科研部门被收录最多的；1人入选第四届江苏省优秀青年法学家候选人。先后邀请学者杨士隆、吴宗宪、鲁兰等到学校讲学，邀请多名监狱长开设"监狱长讲坛"，出刊23期《司法警官学界》和4期《桃花坞语》。

举办司升督、军转干部、新招录民

警、党支部书记以及甘肃班、贵州班等各类培训班28期，培训近3600人次。当年新招录民警培训由3个月延长至6个月，培训分为三个时段和七大模块。9月6日，《江苏法制报》头版头条《铸就司法行政培训"江苏品牌"》，报道司法行政学院成立一年的工作情况。

推进司法警官职业学院建设。9月5日，省发改委批复同意桥林新校区工程项目立项，占地24.12公顷，总投资4.4亿元，总建筑面积8.8万平方米。

（刘保成）

【镇江监狱】 2016年，镇江监狱保持安全稳定，健全完善各项监管制度，安全隐患排查整治专项行动取得实效，安全管理更加规范、严密、精细。新建和改造物防设施，配套实施技防建设，发挥叠加防范效能，防范屏障更加坚固。健全完善与公安、武警应急管理联动响应机制，强化监狱应急处置能力建设，应急处置快速高效。

提升公正文明执法水平。严格执行各项法律、法规和规定，把规范执法、文明执法、廉洁执法贯穿于执法工作的每个环节。推行刑罚执行错案责任追究制，对问题采取倒逼整改方式，从源头上提高办案民警工作的责任心，全年实现减刑、假释等案件办理零差错，未发生执法不公的罪犯诉求。深化狱务公开，发放《狱务公开手册》1000册；发送狱务信息1500条。

提高罪犯教育改造质量。强化教育罪犯管理，保障教育时间、人员、内容和效果；坚持监区民警、监区领导、科室领导、监狱领导四级讲评教育机制，加强正面教育引导。举办"心理夏令营"等专题心理辅导118场次，咨询干预1472人次，心理危机干预28起。关心罪犯，改善罪犯服刑环境和改造条件，优化监区文化设计和建设，围绕美德主题，按照一监区一特色的美德文化环境，成立各类监区文化兴趣小组，组织开展夏季纳凉文艺晚会、全监书市和"监区文化周"等系列文化活动。关心罪犯生活困难和合理诉求，深化亲情帮教、社会帮教活动效果，开展亲情帮教、社会帮教432人次，帮扶特困罪犯170人次。加强安置帮教工作，加强与地方安置帮教机构对接，年内刑释人员全部实现回归衔接。

增强民警队伍综合素质。调整监区民警值勤模式，推行警队制建设，对监区民警实行分类管理，构建民警职业发展新路径，调动民警工作积极性。组织科级人员参加"领导力、执行力、创新力"研修班培训，对警长、专业岗民警等进行分类培训。开展"两学一做"学习教育活动，增强民警理想信念，强化履职行为，提高执法水平。选树党员先进典型，宣传民警中的先进事迹，放大典型示范效应。

（赵夏荣）

典型案例

【镇江市生态环境公益保护协会诉A公司环境民事公益诉讼案】 2016年，该案被最高人民法院公布为环境公益诉讼典型案例。A公司是丹阳市一家生产树脂眼镜镜片的企业。2006年，丹阳市环境保护科技咨询服务中心的环境影响报告表认定，当地眼镜生产加工企业因树脂镜片磨边、修边工段产生的树脂玻璃质粉末废物为危险废物HW13（有机树脂类废物）。2014年4月至7月期间，A公司将5.5吨该类废物交给3名货车司机，倾倒于某拆迁空地，造成环境污染。丹阳市环境保护局对污染场地进行初步清理，将该废物连同被污染的土壤挖掘并予以保管。镇江市生态环境公益保护协会提起诉讼，请求判令A公司采取措施消除污染，承担固体废物暂存、前期清理以及验收合格的费用，或者赔偿因其环境污染所需的相关修复费用234400元。

镇江市中级人民法院一审经委托鉴定查明，涉案树脂玻璃质粉末废物不在《国家危险废物名录》之列，原环评报告将其评定为危险废物不符合法律规定，遂向丹阳市环境保护局、当地眼镜商会发出司法建议，建议依法重新评定该类固体废物的属性，予以准确定性。后经组织评定，确认该类废物不具有危险特性，可交由第三方综合利用或者以无害化焚烧等方式进行处置。镇江市中级人民法院根据评定报告再次提出司法建议，建议为该类废物建立集中收集处置体系。丹阳市眼镜商会采纳该建议，参照固体废物相关环保管理要求，采取转移"五联单"的办法管理，并将该类废物运交垃圾发电厂焚烧发电。丹阳市环境保护局对新的评定报告予以认可，同意丹阳市眼镜商会提出的该类废物集中处置方案，并表示愿意监督A公司依法处置剩余废物。镇江市中级人民法院遂判令A公司在丹阳市环境保护局的监督下按照一般废物依法处置涉案废物。宣判后，双方均未上诉，一审判决生效。

（徐　达）

【蒋某某拒不执行判决、裁定公诉案】 2016年，该案作为江苏省高级人民法院唯一案例，被最高人民法院公布为依法审理拒执刑事案件典型案例。林某某诉蒋某某、胡某某民间借贷纠纷一案，丹阳市人民法院于2013年11月28日作出民事判决，判决被告蒋某某、胡某某夫妇向原告林某某返还借款5万元。林某某于2014年2月14日向法院申请强制执行。丹阳市人民法院立案执行后，及时发出执行通知书、财产申报通知书和传票，被执行人下落不明。经对被执行人的财产进行查询，发现无可供执行的财产，但蒋某某于2014年1月26日，出售其名下房产，2014年3月7日收得房款385000元，随即用该款偿还其他债务、以他人名义投资经商以及用于个人生活花销等。丹阳市人民法院以涉嫌犯罪为由，将该案移送丹阳市公安局立案侦查，蒋某某被公安机关抓获归案后，清偿对林某某的债务。

丹阳市人民法院经审理认为，被告人蒋某某对人民法院的判决有能力执行而拒不执行，情节严重，其行为已构成拒不执行判决罪，依法应予刑事处罚。被告人蒋某某归案后如实供述自己的罪行，依法可从轻处罚；其已于案发后履行全部执行义务，量刑时可酌情从轻处罚，并符合缓刑适用条件。依法判处蒋某某有期徒刑六个月，缓刑一年。（徐　达）

发展规划管理

【概况】 2016年，镇江市紧扣供给侧结构性改革，坚持生态领先特色发展，坚持稳中求进，突出提质增效，加快转型升级，全市经济运行总体平稳、稳中有进。全年完成地区生产总值3833.8亿元，比上年增长9.3%，增幅列全省第3位；一般公共预算收入293亿元，同口径增长4.7%。固定资产投资增长15.1%，增幅列全省第4位。推进八大类重点项目，丹徒北汽、丹阳图南合金等73个项目竣工或部分竣工；句容抽水蓄能电站、扬中际华园等71个项目开工建设；润州中能建、镇江新区力信锂电池等一批项目加快推进；句容恒大童世界、京口中储粮华东粮油物流基地三期等17个项目正式签约。五凤口高架全面建成，312国道南移工程试通车，连淮扬镇铁路、镇江长江大桥、丁卯桥路快速化改造等加快建设。社会消费品零售总额增长11.1%；汽车消费增长8.6%，比上年提高3.5个百分点；进出口总额增长2.5%，增幅列全省第2位；产业类实到外资13.1亿美元。工业经济缓中趋稳，规模工业增加值增长9.3%。

供给侧结构性改革初见成效，研究出台“1+5X”系列实施方案和政策意见并落实。去产能方面，淘汰落后产能项目43个，化解水泥产能110万吨，完成地条钢摸排整治工作。去库存方面，全市商品房和商品住宅待售面积分别下降29.2%、36%；商品房和商品住宅销售面积分别增长66.7%、75.4%；市区商品房去化周期降至10个月。去杠杆方面，扩大直接融资渠道，8支企业债券获国家发改委批复发行，债务结构进一步优化。新增挂牌上市企业37家。降成本方面，落实国家、省降成本措施，开展政银企对接、企业家沙龙、政策宣传对接、“暖企行动”等为企业服务活动，在全省率先降低企业失业、工伤和生育保险三项费率，出台14条降成本措施，为企业减负85.2亿元；加大金融扶持力度，新增贷款投放448.21亿元。补短板方面，聚焦茅山老区，启动实施“百村万户达新标”工程；开展“精准帮扶特困家庭奔小康”及“万个支部结对帮扶万户特困家庭”活动。

（秦艳贞）

【产业“三集”发展】 （参见第22页）

（陈长之）

【首届低碳技术产品交易展示会】 2016年11月29日，首届镇江国际低碳技术产品交易展示会闭幕，展示会以“技术创新、共享低碳”为主题，以“一会、一展、一路演、一发布”等多种形式，在国际舞台上展现低碳发展的“镇江声音”。展会云集美国GE公司、IBM公司、陶氏化学公司、霍尼韦尔公司等企业；近80家企业参加技术路演一对一活动，现场有10多家企业达成初步合作意向。镇江市政府与中信银行签署500亿低碳产业基金。国家应对气候变化战略研究和国际合作中心发布低碳发展“镇江指数”。大会组委会提出《低碳在行动——镇江倡议》，向全球发出率先碳排放达峰、创新低碳技术、探索碳价机制、绿化金融体系、建立跨界合作五条行动倡议，号召加快推动低碳新经济发展，共同应对全球气候变化。

（杨正跃）

【镇江出席相关低碳主题国际会议】 （参见彩色画页第10页）

（杨正跃）

【服务业发展】 2016年，镇江市服务业增加值1825.66亿元，比上年增长10.7%，增幅列全省第四位。服务业增加值占地区生产总值比重的47.6%，比上年提高0.7个百分点。服务业固定资产投资1352.14亿元，增长17.9%，列全省第一位；全社会消费品零售总额增长11.1%，高于全省平均0.2个百分点。全市30家现代服务业集聚区实现固定资产投资增长23.5%，入库税收增长15.7%，分别高于全市服务业固定资产投资和入库税收增幅5.6个和23.7个百分点。

（陈长之）

【战略性新兴产业发展】 2016年，镇江市战略性新兴产业增长较快，全年实现产品销售收入4089.95亿元，比上年增长12.5%，其中高端装备制造产业预计实现销售收入1310.78亿元，增长13.6%；新材料产业实现销售收入1212.87亿元，增长12.7%；新能源产业实现销售收入580.89亿元，增长16.9%；航空航天产业实现销售收入253.41亿元，增长6.9%；新一代信息技术产业实现销售收入490.97亿元，增长7.3%；生物技术与新医药产业实现销售收入241亿元，增长12.4%。战略性新兴产业对镇江市经济贡献支撑作用进一步增强，成为全市工业经济稳增长的主要动能。

（刘利召　吕　元）

【餐厨废弃物处置】 2016年，镇江市餐厨废弃物及生活污泥协同处理项目一期建设规模为260吨/日，其中餐厨废弃物140吨/日（含废弃油脂20吨/日），生活污泥120吨/日。项目于2016年建成投入试运行，市政府向社会发出餐厨废弃物集中处置公告，建立收运体系，完成市区2000余家餐厨废弃物产生单位的入户宣传，与500余家大中型餐厨废弃物产生单位进行收运洽谈，签订收运协议

145 家,截至 2016 年年底,处理餐厨废弃物 60 吨/日,污泥 85 吨/日,产生沼气 6000 立方米/日,产生沼渣 25 吨/日。

（杨正跃）

【园区循环化改造】 2016 年,镇江市根据省发改委循环经济发展的部署和园区实际,以园区和项目为支撑,以构建完善的循环经济产业链为目标,推进镇江新区国家级和丹阳市、句容市、丹徒区 3 家省级循环化改造试点园区建设,并完成 3 家省级试点园区的考核验收工作,镇江新区基本完成改造任务。扬中市、京口区、润州区和索普集团获评市级循环化改造试点园区,并实现省级以上开发区循环化改造全覆盖。下发《镇江市十三五循环经济发展规划》。恒顺集团、市教育局青少年教育基地获批省级循环经济教育示范基地。

（杨正跃）

【清洁能源利用】 2016 年,镇江市加快实施"金屋顶"计划,加快推进分布式光伏发电项目建设,新增装机容量 75.9 兆瓦;获取新增地面光伏电站建设指标 55 兆瓦,列苏南五市第一名。扬中市正式获批创建国家高比例可再生能源示范市,成为全国第二批、江苏首家获批的全国高比例可再生能源示范市。扬中高新技术开发区获批成为"全国首批增量配电业务改革试点"。加快充电设施建设,中联达通广、公交公司、江天集团、民通客运等一批充电站建成运行,全市充电设施网络逐步形成,全年全市建成充电桩 1080 个,超额完成省下达的任务。推广应用天然气,镇江燃气热电有限公司燃机热电项目加快建设,累计建成各类加气站 24 个,"西气、川气、外购"的多元供气格局更加完善。全年全市天然气利用量超过 5 亿立方米。加快推进煤电机组节能减排改造,11 台煤电机组完成节能升级改造、12 台煤电机组完成环保升级改造。

（智宝定）

国有资产监督管理

【概况】 2016 年,镇江市国资系统直接履行出资人职责的企业资产总额 3056.42 亿元,比上年增长 11.91%;净资产 1117.43 亿元,增长 5.92%;全年实现营业收入 201.11 亿元,增长 12.55%;实现利润 9.24 亿元。

推进国企改革。推动企业重组整合,成立镇江海纳川物流产业发展股份有限公司,加快国有企业物流业务的整合;国控集团和索普集团出资组建东普科技,实现从普通化工原料型企业向新型合成材料型企业的转型;依靠北汽规模集聚优势,以飞驰汽车等国有企业为载体,引进航天晨光、吉林车桥等战略合作项目,打造镇江汽车配套产业。推进企业资产证券化,做好优势企业"新三板"挂牌工作,完成海龙科技、恒达包装、威腾母线等 7 家新三板公司挂牌;大港股份完成定向增发 1.7 亿股,募集资金 10.8 亿元,股权结构进一步优化。处置改革改制遗留问题,完成韦岗铁矿、德龙港务、汽车钢圈厂破产工作,分流职工 787 名;解决煤矿系统 1200 多名农转非家属待遇问题;妥善处置锁厂、半导体厂、跃进机械厂、天元玩具厂因搬迁涉及的 500 多名职工的安置问题;落实 225 名职幼教退休教师待遇。

加强国资监管。制定《加强市属国有企业投资监督管理的实施意见》,规范企业的投资行为,增强投资决策科学性,提高投资风险管控能力;建立"三重一大"决策机制,理顺市属国有企业党委会、董事会、总经理办公会等决策主体在重大事项决策中的关系和界限,准确界定各主体决策事项范围和职责权限。加大对企业"三重一大"决策制度执行情况的检查力度,确保落实到位。协调推进市汽车产业投资有限公司融资 2.9 亿元,同步将北汽镇江公司注册资本金增至 10 亿元,推进一期项目形成实际生产能力;东普新材料产业园一期项目部分装置复产;高端商务旅居车、镇江专汽汽车零部件产业园项目开始实施;国家 863 项目——醋酸加氢制乙醇装置于 4 月底正式投产,开创国内工业乙醇自主工业化生产的先河;5 月,恒顺研发中心项目投入使用,高端灌装线项目当年投产。创立新丝路基金;建成长三角地区首个房车露营地;长江湿地公园开门迎客;魔幻海洋世界进入施工阶段;新河街完成拆迁;文保规划审批通过;铁瓮城确定 PPP 合作伙伴。对市属产业集团可变现资产进行全面摸底调查,清理出需补办权证的存量房产 232 宗,面积 146.91 万平方米;指导国有企业通过优化产权配置,清理退出低效、无效投资,处理新城花园等处闲置厂房,完成东方技校资产划转工作;建立资产评估项目监督机制,办理资产评估核准备案 2 件,评估后净资产增值率为 14.81%。完善业绩考核体系建设,2016 年考核指标由利润总额、营业收入、投融资控制、营运资金周转率、工程决算、当年投资额等 6 个指标体系构成,增强考核的准确性和科学性。规范企业负责人履职待遇,出台《市属国有企业负责人履职待遇、业务支出管理暂行办法》,从履职待遇、业务支出、财经纪律等方面明确标准,强化管理。加强企业外派监事会建设,市属国有企业外派监事会依照有关法定程序安排到位,3 名监事会主席、3 名专职监事进驻 7 家市属产业集团。扩大央企合作力度,11 月 30 日,市委、市政府举办"百家央(国)企镇江行"活动。截至 2016 年 11 月,全市签约落户的央企投资项目为 62 个,协议投资总额 1683.56 亿元,居全省前列,投资涵盖装备制造、港口物流、新型能源、航空制造等领域。

强化党建工作。党建与经济工作同部署、同考核,其中党建工作占比 10%,计入年度经营业绩考核范围,与企业负责人的薪酬挂钩。创新学习载体和活动方式,打造机关服务品牌——国企"好管家",开展国企党建创新征文比赛,组织"践行两学一做、争当国资先锋"主题演讲比赛,开展"国资魂·我点赞"系列文体活动。规范"三重一大"决策制度,企业重大事项必须先经过党委会集体讨论研究。开展"国资骄傲"评选活动,7 月 2 日,举行纪念建党 95 周年暨"国资骄傲"颁奖大会,11 名(支)国资战线先进典型(团队)获"国资骄傲"称号,一批优秀党员、党务工作者与党组织获表彰。

（张 明）

【镇江长江物流产业有限公司成立】 2016 年 7 月 22 日,镇江长江物流产业发展股份有限公司创立。镇江长江物流产业发展股份有限公司实行市场化运营,以 3 年实现资本证券化为目标,争取 2020 年营业收入超 100 亿元,实现利润 3 亿元以上。该公司可通过发挥原有危化品铁路、公路、水路多式联运优势,整合优质物流资源和核心业务,推进大宗资源商品交易,拓展优势业务的服务链和价值链,提升镇江物流产业辐射和服务华东地区经济社会发展的能力和水平。

（张 明）

【市属国有企业经营业绩考核】 2016 年 9 月 7 日,镇江市召开 2016 年度市属国有企业经营目标责任状签订大会,公布 2016 年度市属国有企业经营业绩考核办法,市国资委分别与国控、城建等 7 家市属国企负责人签订经营目标责任状。该次年度经营目标的制定综合考量全市产业集团,对公益类经营项目,重点考核融资成本;对商业类经营项目,重点考核盈利能力。根据各产业集团的功能定位、经营性质和业务特点,增加个性化分类指标,实行正向激励,增强考核的针对性和有效性。

（张 明）

2016 年镇江市国有资产监管企业经济效益指标表

表 12－1　　单位:万元

企业名称	资产总计	净资产	营业总收入	利润总额	上缴税费	工业总产值
江苏省镇江市市直监管单位汇总	30564203.23	11174303.36	2011063.07	92382.46	99408.68	1197346.31
江苏索普(集团)有限公司	857535.31	134762.85	732803.63	－41051.16	15182.37	459516.65
江苏恒顺集团有限公司	406811.59	101229.80	165834.49	2238.79	16331.41	175598.63
镇江国有投资控股集团有限公司	3325615.20	1932694.04	1061.22	－41643.03	0	0
镇江大东纸业有限公司	113053.04	38730.38	66643.70	111.25	3676.89	54637.00
江苏省镇江市路桥工程总公司	115904.19	12195.68	149754.38	928.43	4492.06	0
江苏太白集团有限公司	59011.56	－7469.52	58858.21	－2435.96	3505.59	55076.90
镇江市诚信担保有限责任公司	29987.28	21001.94	549.33	21.4	0	0
镇江飞驰汽车集团有限责任公司	53753.42	－3680.85	26853.11	140.19	349.02	24853.00
镇江港口有限责任公司	48184.12	27936.84	97.89	－76.31	0	0
江苏捷诚车载电子信息工程有限公司	97703.31	26228.36	108128.06	3802.30	3980.12	115271.23
镇江船山石灰石矿有限公司	322261.86	195280.47	177373.61	8736.43	15804.44	199029.97
镇江城市建设产业集团有限公司	10124384.22	4320367.71	275866.38	83656.46	13263.55	0
镇江华润燃气有限公司	131379.91	62649.37	113362.92	26214.07	10374.89	113362.92
镇江交通产业集团有限公司	8986134.65	1979731.90	1287.82	234.41	56.6	0
镇江文化旅游产业集团有限责任公司	4362131.34	1556279.91	85654.63	34593.15	8582.94	0
镇江市风景旅游发展有限责任公司	1526213.75	776068.49	44858.71	16989.08	3763.15	0
镇江体育产业发展有限公司	4138.51	295.99	2074.96	－77.03	45.66	0

(张培工)

2016 年镇江市国有及国有控股企业经济效益表

表 12－2　　单位:万元

分类	营业收入		利润总额		上缴税金		净资产收益率	
	全市	市直	全市	市直	全市	市直	全市	市直
工业企业(全市 29 家,市直 21 家)	1577712.99	1521317.86	－3414.97	－1583.63	75577.88	72626.14	－2.65	－2.55
投资公司(全市 21 家,市直 6 家)	1387732.45	363870.06	241507.46	76192.24	120855.57	21904.63	1.2	0.8
贸易及餐饮业(全市 11 家,市直 7 家)	52200.68	12336.53	－2171.72	－2166.07	543.84	111.31	143.47	42.63
房地产业(全市 15 家,市直 6 家)	144576.67	57340.53	6314.28	8124.76	11040.26	2776.00	0.39	0.7
服务及其他(全市 73 家,市直 19 家)	320397.58	230852.71	－14136.11	11178.13	10722.76	8582.55	－1.31	1.29
合计(全市 149 家,市直 59 家)	3482620.37	2185717.69	228098.94	91745.43	218740.31	106000.63	0.89	0.62

(张培工)

2016 年镇江市国有及国有控股企业经济效益表

表 12－3　　单位:万元

分类	资产总计		负债合计		净资产		国有资本金	
	全市	市直	全市	市直	全市	市直	全市	市直
工业企业(全市 29 家,市直 21 家)	2770336.92	2504093.43	2050742.77	1829509.25	719594.15	674584.18	183167.07	164308.58
投资公司(全市 21 家,市直 6 家)	52432201.02	26839690.36	31809460.92	17077140.62	20622740.09	9762549.74	1852145.75	404000.00
贸易及餐饮业(全市 11 家,市直 7 家)	93750.98	17551.74	94759.04	22994.21	－1008.07	－5442.46	14512.13	10938.94
房地产业(全市 15 家,市直 6 家)	4679528.26	3257955.88	3110491.34	2101442.53	1569036.92	1156513.35	186354.94	112670.00
服务及其他(全市 73 家,市直 19 家)	3385102.79	1873531.40	2147748.36	998836.70	1237354.45	874694.68	453276.51	197208.64
合计(全市 149 家,市直 59 家)	63360919.97	34492822.81	39213202.43	22029923.31	24147717.54	12462899.49	2689456.40	889126.16

(张培工)

2016年镇江市国有及国有控股企业基本情况表

表12-4

地 区	企业户数		国有资产总量(万元)	年末在岗职工人数(人)	职工人均工资(元/人)
	合计	其中:大中型			
镇江市国有企业汇总	149	34	23307007.07	21616	56210.00
市直	59	21	12104742.20	15731	61356.50
丹阳市	9	4	3954268.13	1861	53439.60
句容市	16	1	1423862.78	1351	32377.50
扬中市	2	2	9013.99	498	24584.20
丹徒区	43	4	1256591.59	1622	29646.90
京口区	2	–	-3974.66	25	28663.30
润州区	7	1	77645.78	223	52857.40
镇江新区	11	1	4484857.26	305	133057.10

(张培工)

【“百家央(国)企镇江行”活动】 2016年11月30日,“百家央(国)企镇江行”活动在镇江市举行。该次集中签约的项目有20个,其中,有先进制造、旅游、商务等15个产业项目,同时,还有路网建设、智慧社区等4个城建项目及1个产学研项目,总投资486亿元。现场还推介包括基础设施、高端装备制造、医疗养老、金融、现代物流、旅游等六大类38个项目。 (张 明)

【镇江文化旅游产业集团】 2016年,镇江文化旅游产业集团(以下简称镇江文旅集团)以“项目突破年”“改革深化年”“团队建设年”“遗留问题攻坚年”四个年活动为统揽,着重推进“投、建、营”一体化的企业转型与产业发展工作。镇江文旅集团年营收28亿元,比上年增长40%;下属企业实现营收14亿元,增长5倍。推进总投资285亿元的项目35个,年度完成投资约40亿元。

截至2016年年底,镇江文旅集团建成并运营中国长江生态湿地公园、金山湖国际房车露营地、水上飞机旅游基地、焦山东入口、大江书院、南山绿道配套驿站等产业项目。以“有机改造”方式启动新河街棚户区征收拆迁,项目征收基本完成;古运河上段完成平政桥至塔山桥河道清淤、平政桥至迎江桥河岸整治、运河社区滑坡整治,中段完成特教中心滑坡整治,下段完成经十四路至玉带河段河道整治、正大公路至上皇桥河道整治的水工部分、上皇桥至大运河口河道清淤。布局“城市旅游第一店”——“印巷·镇江”景区门店,广场店和“邻里E家”社区店8家,布局城市文化大咖连锁——金山文咖10家,提升打造“一泉”老字号品牌餐饮、住宿系列7家。

2016年2月22日,三山旅游服务基地(水上旅游)暨魔幻海洋世界开工,该项目完成前期手续办理、地块挂牌出让,推进地下基础及配套建设部分,项目二期“江海文化基地”分别通过项目评审和规划审查;6月,对新河街石浮桥复建、京口闸改造以及铁瓮城与北固山连廊建设等征求社会意见;10月,完成烈士陵园西侧38户危房征收和“僧伽塔”修缮亮化;12月,铁瓮城棚户区改造一期(西门)征收再次正式启动。

2016年1月3日,镇江文旅集团依托南山打造的新花鸟市场(南山绿集)正式营业。1月29日—2月25日,镇江文化旅游产业集团举办长江金山灯会暨第六届“江苏·台湾灯会”。6月10日,举办2016金山湖国际帐篷露营节。6月26日,举办首届“镇江民间藏宝专家把脉”大型鉴宝活动。7月20日,举办第四届“金山湖”啤酒节活动。7月23日,举办镇江金山湖荷花展暨第三十届全国荷花展(镇江分会场)。8月20日—21日,举办2016年首届“寻找镇江最美爱情故事”暨镇江首届水陆空婚礼嘉年华活动。10月1日—7日,在中国长江生态湿地公园与金山湖国际房车露营地举办2016金山湖国际露营嘉年华活动。10月16日,举办首届江苏航空体育旅游季活动。11月,承办2016中国足协业余联赛全国总决赛,镇江文旅华萨足球俱乐部获决赛第六名。 (朱 昊)

【镇江城市建设产业集团有限公司】 镇江城市建设产业集团有限公司(以下简称镇江城建集团)是镇江城市建设和产业投资、运营的主体,主要承担城市片区开发、基础设施代建、城市市政公用和公共服务产业等城乡建设和相关产业发展的职能。集团先后投资建设城市基础设施、南徐新城建设、旧城区棚户区、历史文化街区保护更新、保障性住房等200多项城建工程,总投资近700亿元。

2016年,镇江城建集团收入总额为60.33亿元,其中自营业务收入24亿元,城建施工收入16.43亿元,贸易收入19.9亿元;自营业务收入中房屋销售16.1亿元,自来水、污水收入4.64亿元,混凝土建材收入1.46亿元,其它1.8亿元。推进西津渡AAAAA级景区的申报,全年游客340万人次,比上年增长30.8%,游客满意度为98%,自营收入增长20.2%;发行镇江首单项目收益债券5亿元,突破传统企业发债条件限制,实现主体与项目信用隔离,开辟融资新渠道;子公司镇江建科集团股份有限公司“新三板”成功挂牌上市;收购海纳川物流股份有限公司股60%股份,进军物流产业;组织举办第六届“苏台灯会”圆满落幕、HIFI西津渡“看见中国”西津渡纪录片盛典、《中国好声音》(镇江赛区)等品牌文化活动;举行老市政府东大院项目集中签约仪式,招商落定率为66%;引进大众书局、中信证券、民生银行等优质商户。城建集团承担市委“六个年”

图12-1 鸟瞰西津渡 (田 飞 供稿)

和市政府"十大任务、百项工作"八大类重点项目29项,年度投资约51.86亿元,全年累计完成投资工作量55.6亿元;焦山路中段二期、九华山路改造等城市骨干道路全面贯通;赛珍珠文化公园、金山水城三期西地块、九华山庄新增地块3号楼竣工交付。

2016年,城建产业集团工会获全国职工互助保障工作考核成绩"优秀";获评"江苏省文明单位"、"江苏省房地产开发企业综合实力50强"、省"服务企业综合实力50强"、市"普法先进单位"、市"双拥七创嘉奖单位"。集团团委获市共青团工作先进单位及市共青团创新创优成果奖;锅盖面品鉴馆获长三角城市群"岁月余味"体验之旅特色餐厅称号;九华锦江国际酒店获国家优质工程奖,商务A区获茅以升科学技术奖、省优质工程奖。 (田 飞)

【镇江交通产业集团】 2016年,镇江交通产业集团(以下简称镇江交通集团)围绕改革转型,发挥党建工作的引领作用,在推进政府投资项目的同时,加快促进经营性项目见效。

2016年,镇江交通集团支持城建重点工程。为五凤口高架、312国道南移等重大项目累计提供资金26.9亿元,当年提供6.88亿元;由集团独立承建的丁卯桥高架工程,形象进度完成50%,当年完成投资近10亿元;开发建设的官塘新城初具规模;180万平方米的城中村拆迁完成75%,剩余45万平方米;落实"一湖九河"整治任务(主要包括四明河整治、周家河改造及凤栖湖开挖),四明河开挖4000米。总里程约65千米的官塘路网完工29%,三纵三横主干路网框架基本成型;紫园、官塘绿苑等安置房建设完成总量为80万平方米。

镇江交通集团由政府投融资平台向市场实体转型升级。加大股权投资,设立星耀创投基金,完成对江苏名通网络科技公司股权认购,推动上市公司的并购重组,增持江苏铁科定向增发股票。涉足健身产业,开设艾尚健身旗舰店1家与微健身店面5家。搭建金融板块,先后成立小贷公司、融资租赁公司和创投公司,提供衍生金融服务。加强资产商业运营,在物业招租和参与道路管养方面寻求突破,城际南广场商铺接近满租;对南广场地下停车场进行改造,停车收入提升50%;同时参与城市道路管养招投标,扩大经营收入。

镇江交通集团开展以"寻求金点子,创新发展路数;寻觅好苗子,创造发展动能"为主题的"双寻双创"活动被市委组织部作为"两学一做"典型案例进行推广;"支部建在项目上,身份亮在岗位上,党旗插在工地上"的特色做法被市委组织部作为亮点选送省委组织部;以"小切口、新作为、大促进"为切入点的"党支部+重点项目(重点区域、重点工作)"的特色工程全面启动。 (孟宪恕)

【镇江国有投资控股集团有限公司】
镇江国有投资控股集团有限公司(以下简称国控集团)拥有产业发展、金融服务、资产管理三大业务板块,有40余家全资、控股、参股子公司,包括恒顺集团、飞驰集团、太白集团、大东纸业、路桥公司、东普新材料等。2016年,国控集团编制战略发展规划,确立"双核双平台、三步六中心"战略,实现营业收入56亿元,完成投资17.5亿元。

推进产融结合。国控集团以基金和股权投资方式支持创新创业,助推战略性新兴产业的发展,实现与航天科技、深创投、国泰君安、中信资本等国内外机构的合作。截至2016年年底,参与设立基金规模有40亿元,推动总规模30亿元的北汽先进制造业基金、30亿元的中美绿色基金的设立。

并购重组工作。国控集团和相关单位完成对原格林艾普和东泰化工整体资产包的并购工作,用3.2亿元盘活13亿元的资产,并追加投资2亿元实施东普新材料产业园一期项目;实施总投资2亿元的江苏车驰年产1000台高端商务旅居车项目;启动总投资7亿元的镇江专汽汽车零部件产业园项目建设。

运营资金筹集。2016年,国控集团以供应链金融催生融资租赁、商业保理、平行进口贸易及终端卖场等新业务新业态,培育新的经济增长点。通过租赁、开发利用、合作经营等手段,盘活丝绸大楼、焦山片区扫尾、化工学校、东吴路90号地块等存量资产10余宗,变现收入近1亿元,充实改革专项"资金池"。国控集团优化债务结构,压降融资成本,新增债务成本控制在4.5%以下,比存量债务综合成本下降33%,并于2016年下半年开展成员企业资金统借统还和税务筹划试点,逐步置换下属企业高成本融资,为下属企业减负。 (沈 佳)

国土资源管理

【概况】 2016年,镇江市国土资源系统围绕"保护资源、节约集约、维护权益、改革创新"和"一切在于干"的工作总要求,实现"十三五"发展良好开局。

资源保护。市政府与各辖市(区)政府逐级签订《耕地保护目标责任书》,落实耕地保护责任,丹徒区上党镇、丹阳市司徒镇获评"2015年度省级耕地保护激励单位",分获奖励资金200万元。在扬中召开全市耕地占补平衡现场推进会,全年验收确认新增耕地6.5平方千米。使用省返新增费(全称为"省级返还新增建设用地土地有偿使用费")建成共青团农场和上党镇其益村两个高标准农田4.29平方千米。与市农委完成城市(镇)周边永久基本农田划定,成果通过国土资源部和农业部审查;编制完成市级永久基本农田划定方案,报省厅论证审核。《镇江市土地利用总体规划(2006—2020年)》调整完善方案通过市政府常务会议审议。《镇江市矿产资源总体规划(2016—2020年)》提请市政府报省政府批准;市区压覆重要矿产资源调查项目、镇江浅层地温能资源评价及开发利用研究项目通过省国土资源厅验收;丹阳城镇地质环境综合调查项目成果移交丹阳市政府;上海铁路局石榴园采石场创成省级绿色矿山试点单位。落实监管共同责任,2015年度土地卫片执法中全市违法占用耕地占新增建设用地占用耕地比例下降为2.62%。

资源供给。推进国土资源供给侧改革,实施建设用地供应减量化战略,鼓励未开发房地产用地转型利用,适度增加产业用地供应比例,实施定量定向调节,提高土地供给质量和效益。全市供应各类建设用地13.49平方千米,比上年下降12%。其中经营性用地供应3.71平方千米,比上年下降18%;收取土地出让金108亿元,提高1个百分点;工业用地供应5.67平方千米,增长14%。市政府出台《镇江市农转用计划统筹管理办法》,建立全市用地计划使用约束激励机制,落实"重保优供、分级保障"差别化供地政策,保障全市发展用地需求。完成城市综合地质调查。

节约集约。将"双提升"任务纳入对地方政府绩效考核,依法履行开竣工延期批准制度,土地动态巡查系统巡查维护率在90%以上,全市亿元地区生产总值占用建设用地规模为0.29平方千米/亿元,下降7.97%。全市新建高标准厂房31.5万平方米,在建22.5万平方米,丹阳市连续三年获评"全省高标准厂房建设使用先进地区";扬中、京口、润州等地获评省级"节约集约利用土地模范县(市、区)",并分获0.33平方千米用地指标奖励。全年盘活利用存量用地18.47平方千米,其中上市供应6.27平方千米,占供应总量的48%,比上年增加10%。全市盘活各类低效用地2.23平方千米,处置闲置土地55宗1.54平方千米，市区年度新增建设用地平均供地率为41%。

改革创新。建立镇江市土地调控管理联席会议制度，市区经营性用地实施“六统一”管理模式；44项行政许可服务事项全部在“四全服务”平台流转，受理办理18852件，全部实施效能督察。扬中市将不动产登记融入“四全服务”模式，实现多点异地办理。润州区“慧眼守土”综合动态智能监管平台建设试点通过省国土资源厅验收。句容市下蜀镇同一乡镇范围内村庄建设用地布局调整试点复垦项目通过市级验收；郭庄镇作为第二批试点乡镇，实施方案报省国土资源厅备案。

惠民利民。推进实施不动产统一登记工作。保障被征地农民合法权益，市区批准征收土地3.96平方千米，涉及76个项目，拨付补偿资金6.6亿元，安置被征地农民2178人。落实地质灾害防治工作，连续13年实现安全度汛。全年受理各类信访228件，比上年下降1.35%，办结率100%。

推进简政放权，对所有行政权力事项实行标准化运作，突出事中事后监管，随机检查。市国土局获评全市“六五”普法先进单位，市国土局行政服务窗口获评“群众满意窗口”。市国土局、地税部门协作实施“以地控税、以税节地”，累计向地税部门传输宗地信息12271宗。市政府在全省率先印发《镇江市“十三五”市级基础测绘规划》。“天地图·镇江”与市公安、地税、地震等部门实现共建共享。市国土局档案工作通过省五星级规范测评，机关六支部创成全市四星党支部。市国土局和3个辖区局获评全市预防职务犯罪先进单位，市国土局纪委监察室连续8年获评市直纪检监察机构先进集体。（巫少群　黄　维）

【发展用地保障】 2016年，镇江市国土局统筹安排建设用地指标，建立全市用地计划使用约束激励机制，重点保障年度省市重大项目用地，支持先进制造业、战略性新兴产业、现代服务业，新产业、新业态和大众创业、万众创新用地，对符合产业结构调整、促进转型升级的生产、旅游性服务业项目优先供地。全市审查报批各类建设用地13.33平方千米，其中农用地10.13平方千米。争取国家计划外用地指标4.57平方千米，具体为：争取2015年度江苏省国土资源节约集约利用模范县（区）奖励计划1平方千米，争取句容抽水蓄能电站、中林木业基地等省级独立选址计划3.14平方千米，争取魔幻海洋世界、高校园区等省级重大项目点供计划0.43平方千米，确保重大项目落地建设。（巫少群　黄　维）

【镇江市地质灾害应急地质环境保护技术中心】 2016年5月19日，镇江市地质灾害应急地质环境保护技术中心成立揭牌仪式在碧榆园举行。该中心在省地质灾害应急管理办公室的业务领导、省地质灾害应急技术指导中心的业务指导和市国土资源局的应急指挥下，开展市地质环境规划、调查、评价、监测等地质环境保护工作，参与市地质灾害防治和地质环境保护的规程与技术标准的编制、实施工作，保障人民群众生命财产安全。当年汛期，出动应急抢险队伍32次，处置滑坡、崩塌灾险情45起，紧急撤离群众319人，连续13年为实现安全度汛提供技术支撑。（巫少群　黄　维）

【《镇江市“十三五”市级基础测绘规划》】 2016年9月1日，《镇江市“十三五”市级基础测绘发展规划》在全省各辖市中率先印发执行。发展目标是：建立测绘基准现代化，2018年前统一全市测绘基准，所有测绘成果归算到2000国家大地坐标系，对外提供服务。地理信息覆盖全面化，建成覆盖全市市区1082平方千米的数字线划图（DLG）、数字正射影像图（DOM）、数字高程模型（DEM）、地上三维、地下管线三维等基础地理信息系统数据采集、维护、传输和管理的信息化测绘体系。测绘成果更新快速化，建立基础测绘3年1次的更新机制。测绘成果服务社会化，建立时空云信息平台和“天地图·镇江”等在线地理信息平台服务，提高测绘成果应用的广度深度，提升社会化应用水平。主要任务是：加强北斗增基改造，完善空间定位基准；建立覆盖全市市区的基础测绘数据库及信息系统；加速基础地理信息数据更新；开展地理国情监测，服务政府决策；加强基础测绘技术装备和地理信息应用能力建设；提升基础测绘公共服务水平。（巫少群　黄　维）

【全市不动产统一登记工作】 2016年，镇江市完成职责机构整合，全市各级不动产登记中心采用“互联网＋政务服务”模式，推出“延时服务”和“绿色通道”等措施，提高颁证效率，服务办证群众。6月25日，市本级首批不动产权证书颁发；6月28日，全省首本林权不动产权证书在句容市颁发；6月底前全市实现颁发不动产权证；11月，市公积金管理中心开设登记便民窗口。市国土局土地登记信息化成果，特别是宗地统一编码和市国土局档案数字化成果在不动产登记中全面运用，市本级建立“一局三中心”登记格局。全市累计颁发不动产权证书59628本，不动产登记证明35174本。其中市区颁发不动产权证书21613本，不动产登记证明7711本。（巫少群　黄　维）

【镇江市不动产登记中心调整为副处级建制】 2015年11月16日，镇江市机构编制委员会同意成立镇江市不动产登记中心，为隶属于市国土资源局管理的社会公益一类事业单位，科级建制，承担《不动产登记条例》规定的各类不动产登记经办职责，核定人员编制为20名，经费列入市财政全额预算。2016年5月25日，镇江市机构编制委员会报经省编办批准，同意将镇江市不动产登记中心调整为副处级建制，核定领导职数，主任1名，副主任2名。8月15日，镇江市机构编制委员会办公室同意增核市不动产登记中心副主任职数1名。9月20日，镇江市机构编制委员会同意增核市不动产登记中心人员编制10名。调整后，市不动产登记中心人员编制为30名。（巫少群　黄　维）

【市国土局档案工作通过省五星级规范测评】 2016年12月13日，江苏省档案局、省国土资源厅组成省档案规范测评组，市国土局通过测评组测评。市国土局有档案专用房380平方米，配置密集架61列、底图柜2组、专用橱柜8组、防磁柜1只，可容纳至少20年内形成的各种档案。截至2016年年底，存综合类、地籍管理类、建设用地类、监察类、利用规划类、地质矿产类等业务档案58005卷816.9421万页，全部实现数字化扫描，档案图像数据与“四全”服务平台档案管理系统挂接，可实现内网全文检索。（巫少群　黄　维）

工商行政管理

【概况】 2016年，镇江市工商系统以效能革命为切入点，以创新为动力，深化商事制度改革，转变市场监管方式，突破消费维权困局。

市场准入环境。商事制度改革实现“三率先、一创新”。率先实施“五证合一、一照一码”、个体工商户“两证整合”；率先落实住所登记制度改革。制定《关于进一步放宽市场主体住所（经营场所）登记条件的实施意见》，开创“集群注册”“一照多址”“信箱注册”三种登记模式；率先实现工商全程电子化登记；实现企业名称在线查询、申报，个体工商户和公司设立全程电子化登记。在全省创新《镇江市企业登记并联审批实施办法》，推进“多证合一”和“证照联办”。截至2016年年底，全市实有各类市场主体27.43万户，比上年增长16.51%。全市新开业各类市场主体4.18万户，其中新开业企业1.33万家、注册资本（金）1056.513亿元，比上年分别增长31.39%、30.92%，全市发放电子营业执照2.1万份。

事中事后监管。建立以信用为核心的监管体系。推动政府出台《关于实施证照联动加强事中事后监管的意见》，各辖市（区）实现证照联动监管。全面实施“双随机”抽查，通过黑名单和经营异常名录管理，实施信用约束与惩戒。依托“一中心一平台”和“全国网络交易平台监管服务系统”，开展2016网络市场监管专项行动。开展农资打假行动，完成160批次的农资商品监测，规范农资连锁加盟协议文本，在全市推广规范文本。

市场经济秩序。突出“项目化”治理，重点开展金融消费与公用企业、投资理财广告和房地产合同三个领域项目化治理，其中两例广告案件入选全省十大违法广告典型案例。在江苏省供电、供水、供气、有线数字电视四大公共服务行业满意度调查中，镇江消费者对四大公共服务行业总体满意度为90.0%，列全省第一名。全年查办违反工商行政管理法律法规的案件588件。

消费维权工作。以社会共享共治为理念，将“12315”坐席平台、网站平台、微信平台、“指尖上的315”平台融合成“智慧315”平台。构建工商及市场监管机关纵向到底、政府部门、市场主体、行业协会共同参与的立体维权网络。全年受理消费者咨询、投诉、举报17526件，比上年增长13.03%，为消费者挽回经济损失543.16万元。加强重点领域、重点商品质量抽检，开展质量抽检1464个批次，比上年提高10%，同时加大抽检结果公示力度，营造全市放心消费环境。

2016年，市工商局开展“党员示范岗”创建活动。细化廉洁风险防范措施，编印《廉洁自律准则和纪律处分条例百题问答》。落实监督执纪“四种形态”，开展督学促行正风肃纪活动。建立行政执法全过程记录制度，修订权力清单，梳理行政权力事项348项，制定行政权力办事指南478条。市工商局获评“中华诗词教育”先进单位和全市普法工作先进单位，并获镇江市职务犯罪风险防控示范单位第一名。（葛广研）

【“多证合一”登记新模式】 镇江市是江苏省政府确定的“三证合一”改革试点地区。自2016年9月起，市工商局在全省率先启动“多证合一、一照一码”登记改革，截至2016年年底，办理新开业企业“多证合一”营业执照5235家。同时，市政府印发《镇江市企业登记并联审批实施办法》，以申请人为中心、以项目为主线，深化和拓展“单一窗口”模式，实现跨部门跨层级的业务整合和流程再造；推行“多证合一”和“证照联办”改革，实现企业登记“进一扇门，找一个人，办成所有事”。（葛广研）

【市场主体住所（经营场所）登记条件放宽】 2016年，镇江市工商局放宽市场主体登记条件，推动市政府印发《关于进一步放宽市场主体住所（经营场所）登记条件的实施意见》和《镇江市工商行政管理局关于印发〈市场主体住所（经营场所）登记业务规范（试行）〉的通知》，推行住所（经营场所）信息申报制度、“住用商”负面清单制度和住所（经营场所）管理责任清单制度三项住所登记制度，创新“集群注册”“一照多址”“信箱注册”三种登记模式。4月起，全面实行市场主体住所（经营场所）登记信息申报制，截至10月底，有2.85万户市场主体受益。（葛广研）

【证照联动监管机制】 2016年，镇江市工商局建立以信用为核心的监管体系，市政府印发《关于实施证照联动加强事中事后监管的意见》。5月13日，市工商局牵头召开镇江市证照联动监管联席会议。6月1日，镇江市级市场监管信息平台正式运行，12月底，辖市（区）信息平台全部开通，基本实现工商（市场监管）部门、审批部门、行业主管部门及其他部门之间的信息实时传递和无障碍交换，保障部门间证照衔接、联动监管和执法协作，为全程电子化登记改革和并联审批改革提供支撑。2016年，平台归集各类市场主体数据286612条。（葛广研）

【“双随机、一公开”抽查】 2016年，镇江市工商局全面实施市场巡查“双随机、一公开”。将涉及工商监管的12项检查事项全面列入“双随机”抽查清单。落实信息公示与信用约束机制，对抽查发现的问题，全部在企业信用信息公示系统进行公示。落实信用监管制度，做好经营异常名录管理，贯彻落实《关于印发〈失信企业协同监管和联合惩戒合作备忘录〉的通知》文件要求，对被载入警示和黑名单管理的市场主体及相关责任人，在登记、抽查、评先评优等方面进行惩戒。全年归集黑名单信息4151条，列入经营异常名录信息32966条，837家企业在办理有关业务时，受到信用约束。（葛广研）

【商标“品牌护航”工程】 2016年，镇江市工商局推动“商标品牌”发展，深化“品牌护航”工程。驻点调研航空航天产业园，形成《航空航天产业园自主品牌建设情况调查分析与对策研究》报告，为实施商标品牌战略提供支撑。强化监管执法意识，加大商标维权力度，与市经信委制定《关于贯彻落实〈镇江香醋保护条例〉的实施意见》。指导制醋企业规范商标使用和管理，同时开展醋业市场专项整治。制定出台镇江市重点商标保护名录，全市15件商标列入保护名录。全年全市新增省著名商标50件，净增加30件。全市有驰名商标46件，省著名商标321件（有高新技术产品的企业为59家）。商标马德里国际注册有较大突破，全年申请22件。全市自主品牌企业增加值占地区生产总值比重17.5%，列全省第二名。（葛广研）

【网络市场监管】 2016年，镇江市工商局依托“一中心一平台”和“全国网络交易平台监管服务系统”，以依法管网、以网管网、信用管网、协同管网为思路，开展2016网络市场监管专项行动。通过“基础数据维护”“发标亮标”“查办网络案件”“线上线下一体化融合监管”等举措规范网络经营行为。全市运用“执法工作云系统”固定电子数据证据660条，利用“搜索研判系统”发现线索110件，立案51件。全市有经营性网站4038家（12家网络交易平台），经营性网店8553家，比上年分别增长44.6%和40%。全市“工商网监”电子标识申领率70.51%；贴标成功率44.92%，列全省前列。镇江市工商局获评江苏省工商局“2016网络市场监管专项行动工作突出单位”。（葛广研）

【“智慧315”消费维权平台构建】 2016年，镇江市工商局依托“大消保”格局，围绕建立消费维权社会共治新机制，搭建消费维权社会共治平台。创新维权技术手段，将“12315”坐席平台、网站平台、微信平台、“指尖上的315”平台融合为全市“十佳服务品牌”——“智慧315”平台，建立起依托工商及市场监管机关纵向到底，政府16个部门协同横向到边，市区近50余家市场主体、行业协会参与的立体维权网络。全年受理消费者咨询、投诉、举报17526件，比上年增长13.03%，为消费者挽回经济损失543.16

万元。同时运用消费维权数据分析，加强消费维权的风险评估和预警防范，加强消费引导，发布消费提示、消费警示，倡导适度消费、健康消费的理念。 （葛广研）

【社会热点问题重点治理】 2016年，镇江市工商局重点开展金融消费与公用企业、投资理财广告和房地产合同“项目化治理”。查处水电气等公用企业滥收费用、侵犯消费者权益等行为，全年查办线索12件；查处投资理财行业虚假宣传、店面门头字号不规范等行为。全市摸底相关市场主体650余户，发现案件线索32件，立案查处15件；查处格式合同不规范、广告违法等欺诈消费者行为。通过“双随机”定向抽查35家房地产企业，经专家委员会梳理出20余条违法合同条款，立案查处8件。 （葛广研）

物价管理

【概况】 2016年，镇江市价格工作以“推改革、促发展、强监管、优服务、提效能”为主线，围绕提高供给体系质量和效率，重点实施“5+X”行动，即素质效能提升行动、为企减负帮困“轻风”行动、停车收费整治行动、满意平价商店争创行动、价格诚信社区推广行动，探索市场价格监管新举措。

完善价格宏观调控机制。制定《镇江市2016年价格调控目标责任制实施意见》，分解价格调控任务，坚持价格调控联席会议制度，完善价格异动应急体系。市直全年使用价格调节基金200万元，用于平价商店和智慧物价建设。丹阳、句容、扬中分别建立800万元、200万元和100万元价格调节基金。发挥平价商店稳价惠民作用，减轻市民菜篮子负担。完善价格监测和发布体系，升级智慧物价系统，加强市场价格检查巡查，促进市场价格稳定。2月、3月低收入居民生活费用指数涨幅均超过3%。启动物价上涨动态补贴机制，对城乡4.6万名生活困难对象发放物价补贴493.18万元。全年居民消费价格总水平比上年累计上涨2.2%，实现3%左右的预期调控目标。

服务供给侧结构性改革。优化涉企价费环境，开展为企减负帮困“轻风”行动，完善收费目录清单管理制度，市价格部门、财政部门打造“双管双控”事中事后监管平台，提升收费监管实效。市价格部门、市纪委加强涉企行政审批前置服务收费管理，严查“红顶”中介乱培训、乱收费，取消和免征18项行政事业性收费、中介服务收费，减免收费近2000万元。降低工商业用电、十大产业链核心企业用水用气价格，取消出租汽车经营权有偿使用费，免除外贸企业海关查验环节吊装、移位、仓储费用，全年为各类实体经济减负近3.5亿元。开展市区房地产行业专题调研，从企业端、需求面、政策面、供给侧四方面提出建议。以13个月产销价格数据分析为基础，对钢铁、水泥、船舶、化工、通用设备等行业降本去存价格形势进行研究预判。

推进系列价格改革。基本实现居民生活用水、用气阶梯价格制度全覆盖。医改范围扩大到全市一级以上公立医院。继续执行差别电价政策，全年全市执行差别电量1134.95万千瓦时，加价总额310.25万元。制定出台电动汽车充电收费政策，服务生态建设。修订完善煤热价格联动办法，化解矛盾，维护供需双方利益。

规范市场价格秩序。以基层物价队伍为依托，建立覆盖辖市（区）、乡镇、街道、社区和大型商场超市的价格监管网络。编制《镇江市商业促销价格行为指南》，规范市场价格秩序，引导消费者维护自身价格权益。组织“价格巡回讲堂”，价格政策讲师团为交通运输企业、市区大型商场、超市负责人和物价员进行价格政策培训。在全市开展诚信社区推广行动，完善“133”信用体系建设，评定发布92家企业价格信用等级。组织涉企收费减免政策落实情况专项检查，重点检查民政、民防、交通、旅游和气象等五部门及其32家下属单位的涉企收费情况。开展景区门票、商品房、停车、银行、电信、环保电价等价费专项检查，纠正不规范价格行为，引导经营者加强自律。受理价格举报、投诉和咨询2292件，办结率97%。全年对违反价格法律法规的经营者实施经济制裁2006.5万元。

完善价格工作基础。坚持“凡调必审”工作制度，全年监审民生行业、基础性服务行业14个，监审总金额15.5亿元，核减不合理成本7200万元。出台并实施“行政执法全过程记录”制度，在保障执法相对人权益的同时，约束执法人员的行为。通过梳理规范，将镇江市价格系统行政权力分为6大类56项，确保市级价格行政权力依法、公开、规范、高效。开展“两学一做”学习教育，第四党支部（监测中心、成本分局）创成四星级党支部。组织“我为发展出份力，我为物价添光彩”主题活动，编印经典文化诵读本每月集中诵读，获评“江苏省书香机关建设示范点”。2016年，市物价局获评“江苏省公众参与行政程序建设示范单位”“双拥模范城创建嘉奖单位”“2011—2015年全市普法工作先进集体”等。 （姚秀峰）

【价格运行概况】 2016年，镇江物价水平总体平稳，全年CPI（居民消费价格指数）上涨2.2%，涨幅比全国平均水平高0.2个百分点，比全省平均水平低0.1个百分点。1月—12月，镇江CPI各月同比指数呈温和上涨走势，分别为101.6、102.2、101.6、101.6、102.0、102.5、102.6、102.3、102.5、102.4、102.4、102.1。八大类商品和服务价格呈“六升二降”，除交通和通信类、教育文化和娱乐类下降，另外六大类均呈现一定程度上升。食品烟酒类比上年增长4.0%，影响价格总指数上涨1.11个百分点，对CPI上涨的贡献率为51.5%。工业生产资料价格总体震荡运行，监测的八大类工业生产资料价格与上年同期相比多数从低谷走向回暖。 （姚秀峰）

【“出力·添彩”主题活动】 2016年，镇江市物价局以“我为发展出份力，我为物价添光彩”为主题，推进机关作风建设。修订《局机关绩效管理考核评比办法》，对业务工作、工作效能实施“双百制”考核；制定《关于提升工作效能的工作意见》，压缩价格服务时限；出台《重点工作网络督查督办实施意见》，将效能革命与考核评先挂钩，增强工作推进力度。打造“平价惠民365”服务品牌；开展“服

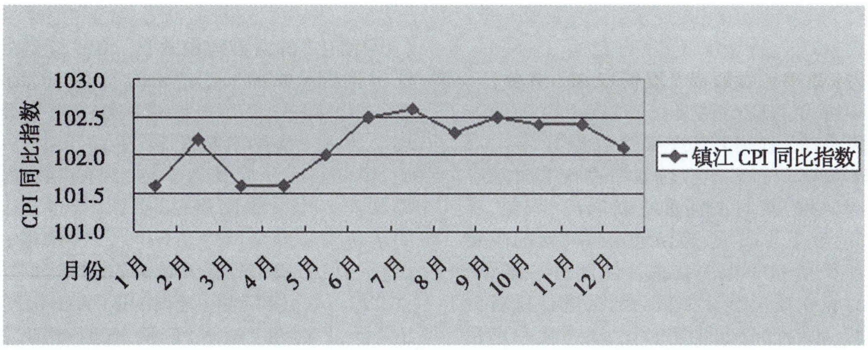

图12－2 2016年镇江市居民消费价格指数运行图 （姚秀峰 供稿）

务效能”竞赛，增树“效能标兵”。（郑立广）

【为企减负帮困“轻风”行动】 2016年，镇江市物价局在全市价格系统部署开展减负帮困“轻风”行动，服务企业降本增效，助推供给侧结构性改革。全市价格系统组织6个服务小组，先后分三次走访服务企业119家。通过实地调研、交流座谈、发放征求意见表和服务联系卡等形式，了解企业价费负担情况。针对企业反映强烈的涉企收费问题，组织专项检查，纠正、查处涉企乱收费、优惠政策不落实等违法违规行为，保障企业价费权益。对于价格部门自身难以解决的问题，向市政府和省物价局反映，推动问题解决。（黄　伟）

【“平价惠民365”服务品牌】 2016年，镇江市物价局打造“平价惠民365”品牌，参与市级机关十佳服务品牌创建。组织“满意”平价商店争创活动，形成经营者为主导、物价部门引导把关、社会共同参与监督的品牌创建形式。通过义务价格监督员“找茬”、群众参与、网上评选等环节，评选出10家“优秀平价商店”。完成新增20家平价商店准入审核工作，全市平价商店总数维持在100家左右。全市平价商店全年销售平价商品5019万千克，减轻市民菜篮子负担2816万元。（孙广岩）

【价格管理巡查制度】 2016年，镇江市物价局建立《镇江市价格管理巡查办法》，规定巡查工作职责、内容、方式、结果运用等各个环节，明确业务巡查与价格检查的互通与衔接，改变以往单纯以检查、处罚纠正问题的做法，使业务部门主动融入监管，为价格管理政策、管理要求的落实提供制度保障。开展重点收费单位巡查，确保收费公开、政策到位；开展医疗价格联动巡查，通过现场检查、通报情况、限时整改，纠正、规范医疗价格行为；开展物业收费公示专项巡查，增强物业收费透明度，维护业主权益。（郑　丹）

【行政事业性收费“双管双控”平台】 2016年，镇江市物价局对接市财政局非税系统，研制开发“双管双控”平台，对市直部门行政事业性收费进行实时跟踪和监控，及时调整和更新取消、减免、降低、变更等事项，确保录入该平台的收费项目和标准合法有据。借助这一载体，对收费单位统计上报的数据进行比对分析，收费监管实现实时化、动态化和远程化，提升收费监管效果。（黄　伟）

【新一轮城市公立医院医药价格综合改革】 2016年1月15日起，镇江市在全市市一级以上公立医院实施医药价格综合改革。单价2000元以上高值耗材继续实行零差率销售，实行慢性病规范管理的医院对符合建立慢性病健康档案的人员免收门诊诊察费，全面推行药品零差率。编印发放《镇江市医疗服务项目价格手册》，建立医疗收费联动巡查制度。市物价局、市卫计委通过现场查看收费台账、随机抽查病患费用清单、听取病患家属意见等形式，每季度重点选择收费举报多、群众意见大的医院开展巡查，将巡查结果形成《巡查情况通报》，发放到全市所有医院对照整改，组织回访，逐一核查整改情况，保障医药价格综合改革成果。（刘国福）

【价格托底保障强化行动】 2016年，镇江市物价局助力全市特困群体托底保障工程，编印一万份《镇江市区困难家庭价费优惠政策指南》，列出镇江市区困难群众在水、电、气、有线电视、殡葬、医疗、教育、旅游等方面享受价格保障的范围和标准。市、区价格部门联动，到社区开展优惠政策宣传，通过报纸、广播、电视和网络宣传扩大价费优惠政策知晓度。组织业务处室走进相关收费窗口，开展优惠政策落实情况“回头看”。（姚秀峰）

【智慧物价系统转型升级】 2016年，镇江市物价局开发基于因特网和手机客户端的平价店管理系统、价格监测管理系统；建成“价格帮帮您（www.jiage880.com）”网站前后台；开发“镇江智慧物价”安卓和苹果手机客户端APP；在全省率先开通“12358”智慧物价电视频道。升级后的智慧物价系统涵盖民生价格、每日菜价、平价惠民、公共事业、景点门票、医疗服务、药品价格、江鲜指数、新闻资讯、银行收费、商品房价、生产资料价格等板块，与市政府供给侧改革的配套项目“e办事”平台、江苏省物价局官网、镇江市物价局官网、“智慧镇江”、“my0511网站”实现对接。（姜欣宇）

【“网格化”价格管理模式】 2016年，镇江市物价局按照“网定格、格定人、人定责”的思路探索市场价格“网格化”管理。建立三级网格监管服务网。市物价局、镇江新区分局及六个辖市（区）物价局共建8个一级网格；以乡镇、街道、相关单位为管理单位建立58个二级网格；以村、社区、商场、超市等为管理单位建立209个三级网格。价格部门工作人员、企业物价员、义务价格监督员、“12358”价格投诉联络站负责人等609人担任网格管理员，上级网格指导下级网格开展工作。网格管理员的职能是在网格内对价格举报（咨询）快速反应，及时发现和收集价格违法行为线索；开展价格法律法规和价格诚信宣传教育；在线服务，随时解答群众的价格政策咨询；开展日常巡查和节假日市场专项检查，配合价格部门开展市场价格热点专项整治，调解价格争议等。（佘殿福）

【物业服务收费公示工作】 2016年，镇江市物价局选择在镇江新区的17个小区推行物业收费公示“六统一”（统一公示收费标准、统一公示收支情况、统一公示服务内容、统一公示价格政策、统一公示民生价费信息、统一公示价格举报电话）。与市住建部门印发通知，明确全市普通住宅前期物业服务收费公示内容、格式、方法，对200多家物管企业开展政策培训，并开展政策落实情况排查与抽查，增强物业收费管理透明度。（秦　镜　赵　飞）

【公平竞争审查制度】 2016年11月，镇江市物价局推动市政府下发《镇江市人民政府关于在市场体系建设中建立公平竞争审查制度的实施意见》。制度要求：2017年1月1日起，镇江市行政机关和法律、法规授权的具有管理公共事务职能的政策制定机关制定市场准入、产业发展、招商引资、招标投标、政府采购、经营行为规范、资质标准等涉及市场主体经济活动的规章、规范性文件和其他政策措施，以及提请人大审议的地方性法规草案等，在起草过程中，应从维护全国统一市场和公平竞争的角度，严格对照审查标准进行自我审查，并做出公平竞争审查报告，未进行自我审查的，不得提交审议。（姚秀峰）

【价格认定工作】 2016年，镇江市物价局贯彻实施国家发改委《价格认定规定》和《江苏省价格条例》，提请镇江市政府办出台《镇江市价格认定实施办法》，对全市价格认定工作的职能任务、程序方法进行明确和固化。和市地税局、市财政局印发《镇江市存量房涉税价格认定工作实施细则》，开创“税务＋物价”认定模式，全年全市增加税源4.12亿元。开发使用“镇江市价格争议调处网络平台”，及时化解价格矛盾，维护社会稳定。（马　力）

质量技术监督管理

【概况】 2016年，镇江市质监系统加快职能转变、深化改革创新、提升工作质效，各项工作在整合中求发展、在融合中求推进。

质量强市工作。市政府印发《关于进一步加强标准化工作的意见》《关于推进计量工作发展的实施意见》，并建立联席会议制度，夯实质量工作基础。“加强品牌和质量建设”被纳入市政府“十大任务百项工作”，“提升产品质量水平、加快发展品牌经济”被列为《〈中国制造2025镇江行动纲要〉2016年实施意见》的重要任务，质量强市工作向纵深推进。第四届市长质量奖评选活动完成，江苏大学附属医院、扬中环太集团、丹阳江南生物科技公司获评2016年度镇江市市长质量奖。“质量月”期间，以“提升供给质量、建设质量强市”为主题，开展质量专家园区行、卓越绩效现场交流会、质量管理知识讲座、“质量强企、品牌强企”专题研讨等系列活动，营造质量工作氛围。

质量品牌建设。6月，扬中市中低压工程电气产业以全省第一的高分通过国家质检总局验收，创成“全国知名品牌示范区”，提高区域品牌的知名度和影响力。镇江市4个品牌登上2016中国品牌价值榜单，其中，大全集团获电气类品牌价值第一名，恒顺集团获食品加工类品牌价值第三名。培育组织全市76家重点企业申报“江苏名牌产品”。在全市企业中推广“卓越绩效”等先进的质量管理方法，培训“首席质量官”100余人次，建立专业的质量人才队伍。

低碳计量工作。11月28日，举办首届镇江国际低碳技术产品交易展示会，市政府与中国计量科学研究院签署战略合作协议，将镇江市作为全国首个“国家低碳计量试点城市”，在低碳计量、科技创新、国际合作等方面先行先试，打造低碳计量镇江模式。国家流量计型式评价实验室的气体流量标准装置组(p. V. T. t)建成并通过验收，填补国内相关技术领域能力的空白。打造“镇江市能源低碳计量服务平台”，该平台列为全市“主要减碳示范项目”之一。

标准引领工作。聚焦优势产业实施精准服务，丹阳眼镜产业实现“四个一”：一个国家级服务业标准化试点项目通过验收，一个江苏省团体标准试点获批，一个省级标准化技术委员会获批筹建，一个省级地方标准获批立项。4个国家级标准化项目和2个省级标准化项目通过验收。2016年，镇江市在建标准化项目为36个，总数列全省第一名。贯彻落实国务院深化标准化工作改革方案，推进企业标准自我声明制度，有1099项企业标准进行自我声明公开。

质量安全监管。保障特种设备安全，开展“电梯安全攻坚战”“气瓶安全专项整治攻坚战”“燃煤锅炉节能减排攻坚战”“油气输送管道隐患整治攻坚战”四大战役和10余项特种设备专项整治，督促整改各类特种设备安全隐患485条，重大隐患整改率100%。开展各类特种设备应急演练19次，全省特种设备事故应急处置综合演练在镇江市索普集团举行。强化产品质量安全监管，以消费品安全为重点，以“质检利剑”“双打”专项行动为主线，组织开展20余项专项打假执法行动，查办各类质量违法案件85件，维护全市质量安全环境。

质量惠民成效。“96333”镇江市区电梯困人应急救援平台有序运行，全年接处市民困梯求助电话1046起，解救被困人员1503人，救援人员到达现场平均用时不到15分钟，实现电梯困人24小时救援保障。市政府重点民生项目“民生计量检定平台”建成，开展覆盖水、电能、油气等民生保障方面的计量检测服务。在全省试点气瓶安全监管新模式，对全市30余万只气瓶实施一瓶一码管理，为气瓶查询提供信息化技术支撑。开展全市“两免费”检定工作，全年对集贸市场和农村医疗机构的11358台在用计量器具进行免费检定。开展“5·20关爱您”“全市标准化成果展”等大型广场公益活动。 （杨　霁）

【p. V. T. t气体流量标准装置组通过验收】 2016年8月，镇江市计量检定测试中心的国家流量计型式评价实验室的多用途p. V. T. t气体流量标准装置组通过国家质检总局验收。该装置是国内首套同时实现常压和正压两种方法检测音速喷嘴与可实流检定0.2级的高精度流量计的装置，是国际上原级标准中检测量程最大的装置。项目建成后，可对全国范围高等级气体仪表进行型式评价实验、开展广泛的技术研发，同时还可直接服务于技术机构、科研院所和石油航空等国家重点工程。 （杨　霁）

【江苏省特种设备事故应急处置综合演练】 2016年12月20日，由省质监局牵头，省安监局、市应急办、市质监局等单位在镇江市的江苏索普集团有限公司共同举办2016年江苏省特种设备事故应急演练活动。省市相关领导以及全省各市质量技术监督局、省特检院、各县区市场监管局特种设备安全监察人员100余人现场观摩该活动。 （杨　霁）

【4个国家级标准化项目通过验收】 2016年，镇江市4个国家级标准化项目通过国家标准委组织的考核验收，分别为：丹阳市政府承担的国家级眼镜服务业标准化试点项目、句容市政府承担的国家级基本公共服务综合标准化试点项目、扬中市政府承担的国家级农村公共服务运行维护标准化试点项目、丹徒区政府承担的国家级茶叶综合标准化示范区。 （杨　霁）

【多个企业品牌进入2016年中国品牌价值榜单】 2016年12月12日，2016年中国品牌价值榜单揭晓，镇江市4个品牌进入榜单。其中，大全集团以927分获电气类品牌价值第一名，江苏恒顺股份有限公司以911分获食品加工类品牌价值第三名，堂皇集团也入围纺织类品牌价值榜。在地理标志区域品牌（加工

图12－3　2016年5月20日，市质监局在香江花城社区开展“5·20关爱您——计量惠民服务进社区”活动 （卞亚婷　供稿）

食品类)中,镇江香醋由上年的第七名上升到第二名,品牌价值为450多亿。
(杨 霁)

食品药品监督管理

【概况】 2016年,镇江市食品药品监督管理系统以落实"四个最严""四有两责""社会共治"和"标本兼治"统筹食品药品安全工作,出台《关于2016年全市食品药品安全工作的意见》《镇江市"十三五"食品药品安全发展规划》及《镇江市食品安全工作考核评价办法》等,将食品药品安全纳入到对各级党委政府的目标考核和综治考核两大体系;同时,将深化社会共治、信息化监管平台建设、食品安全放心工程、食品安全城市创建、农贸市场快检室建设等工作纳入到市政府十大任务百项重点工作和民生改善重点项目范畴。全市食品药品安全状况稳中向好。

2016年,镇江市食药监局查破涉及食药安全刑事案件22起,抓获犯罪嫌疑人38人,破获公安部挂牌督办案件1件,省挂牌督办案件1件。发出85件次不合格食品处置排查案件,结案40件。
(狄 安)

【食品生产监管】 2016年,镇江市食药监局加强食品生产环节监管,受理食品生产许可申请185家,做出不予行政许可16家,依法申请注销51家企业55张食品生产许可证。全市食品获证企业90%以上设立监督公示栏,24家食品生产企业建成电子追溯系统。开展食品生产企业"飞行检查",检查企业56家次;抽检食品添加剂11批次,食用明胶产品38批次,生鲜乳、乳粉122批次,乳制品及含乳食品抽检763批次,食用油塑化剂21批次。
(狄 安)

【食品流通监管】 2016年,镇江市食药监局加强食品流通环节监管,制定出台《关于加强食用农产品市场准入与产地准出衔接工作的意见》《镇江市透明菜市场建设指导意见(试行)》《关于实行食品摊贩备案管理有关事项的通知》等文件;实施信用管理,全市评价获证食品经营主体5783户、农贸市场47户、农贸市场内经营户979户;开展农村食品"扫雷"行动,全市累计出动检查人员6629人次,发出责令整改通知书3242份,查处不合格食品案件85件,促进换发和补发食品经营许可证8367户,取缔无证经营户354户。开展"情系民生,你点我检"活动,累计为市民提供食品快速检测服务近1000批次。
(狄 安)

【餐饮安全监管】 2016年,镇江市食药监局开展餐饮单位量化分级管理工作,全市开展量化分级动态评定餐饮单位9509家,优秀、良好总数占74.90%;开展学校食堂检查,全市488家应量化分级的学校食堂中,211家达"A"级单位标准。加强网络订餐安全监管,对第三方网络订餐平台进行责任约谈。开展违法添加使用罂粟壳(粉)专项整治,使用快筛试纸对全市范围内近400家餐饮单位进行抽检。完成中高考、长江国际音乐节、国际低碳产品技术交易展示会等30余项重大活动餐饮保障工作。
(狄 安)

【保健食品监管】 2016年,镇江市食药监局开展保健食品生产企业信用等级评定以及分级管理工作;开展保健食品等三类食品非法添加、非法声称问题专项治理,全市检查生产经营企业613家次,快检106批次,抽样2批次;开展保健食品会议营销专项整治,检查保健食品生产经营企业200余家。
(狄 安)

【化妆品监管】 2016年,镇江市食药监局根据相关法律法规要求,指导全市3家化妆品生产企业通过换证审查,申领新的生产许可证。开展化妆品包装、标识、说明书专项监督检查行动,检查化妆品生产经营单位319家,检查化妆品品种1200个。
(狄 安)

【药品生产监管】 2016年,镇江市食药监局全面推进新版药品GMP(药品生产质量管理规范)实施,对7家企业开展"飞行检查"、对2家企业开展跟踪检查;完善风险评估与防控制度,制订《镇江市药品质量风险评估与防控工作方案》,督促全市正在生产的7家制剂生产企业进行风险评估;开展基本药物生产监管和医疗机构制剂监管;督促企业开展仿制药一致性评价工作。
(狄 安)

【药品(医疗器械)不良反应(事件)监测工作】 2016年,镇江市食药监局完成ADR(药品不良反应)报告表的审核3703份,达1191份/百万人;MDR(医疗器械不良事件)报告3066份,达986份/百万人;完成药物滥用监测调查表的报告审核1005份,完成任务量的287%;收集化妆品不良反应监测报告表19份。成立药品和医疗器械安全性监测专家委员会,为药械不良事件的及时发现、报告、调查、核实、评价和应急处置能力提供组织和技术保障;在江苏省药品不良反应监测中心组织的2016年全省监测业务测评工作中,市药品不良反应监测中心列全省第一名。
(狄 安)

【药品流通监管】 2016年,镇江市食药监局对16家企业开展GSP(药品经营质量管理规范)认证;开展"双随机"检查,检查药品批发企业12家,零售连锁14家,单体药店120家,医院126家;开展药品流通领域集中整治,先后开展疫苗排查、民营医院用药质量专项检查、药师在职在岗的专项检查和互联网药品信息发布和交易检查。
(狄 安)

【医疗器械监管】 2016年,镇江市食药监局开展注射用透明质酸钠、轮椅车生产企业、定制式义齿生产企业、医疗器械流通环节冷链、经营和使用环节、二级以上医疗器械使用单位等专项检查;推进医疗器械生产经营质量管理规范的实施,巩固无菌、植入医疗器械和体外诊断试剂生产企业规范实施成果,督导第三类医疗器械生产企业规范实施。
(狄 安)

【食品安全放心工程】 食品安全放心工程是2016年镇江市民生重点改善项目之一。镇江市本级完成食品抽检1052批次,其中不合格食品15批次,合格率98.57%。检测涵盖25大类食品及相关产品。抽样对象包括镇江市规模以上食用农产品批发市场,乳制品、肉制品等风险等级较高的食品企业,市场占有率较高的地方特色食品企业,学校食堂和大型餐饮单位,网络销售食品等。其中,抽检食品生产环节41批次,食品流通环节842批次,餐饮消费环节169批次。
(狄 安)

【"161"社会共治体系建设】 2016年,镇江市食药监局推进"161"社会共治工程,构建由食药安全社会监督员1000人、食药专家委员会专家60人、食药安全志愿者1000人组成的共治队伍。建设社会共治网格化示范点28个,建设规范化基层分局10家,打通监管"最后一公里"。
(狄 安)

【信息化监管平台建设】 2016年,镇江市食品药品信息化平台具备视频监控、信息采集、科学预警、便民服务等功能,全市近90%食品企业许可准入、执法检查、稽查处罚等信息入库;对全市589家餐饮单位后作间实现24小时视频监控,食品药品舆情分析预警系统自动抓取并及时处置舆情信息,所有投诉举报全部

在系统中及时办理。 （狄 安）

安全生产监督管理

【概况】 2016年，镇江市发生工矿商贸类生产安全事故68起、死亡67人（根据新调整的口径统计），比上年分别下降15%和17.3%，实现事故起数和死亡人数连续15年“双下降”，实现全年未发生较大以上和有影响的生产安全事故。

2016年，镇江市按照“党政同责、一岗双责、失职追责”的要求，完善安全生产考核机制和办法，起草修订市安委会成员单位工作职责，继续强化安全生产责任体系“四级五覆盖”，各层各级签订目标责任状3000余份。全面启动“企业主体责任落实年”活动，督促企业建立岗位安全生产责任清单、执行安全生产承诺和报告制度，落实安全风险等级管理和隐患排查治理。创新开展构建危化品防范处置源头管控、企业安全生产、政府监管、应急救援、责任追究“五大体系”建设，被列为市政府2016年度“十大任务”之一。截至2016年年底，“五大体系”基本建设完成，并完成市区企业录入72家。

全市结合工作实际和季节特点，针对事故多发、问题突出的行业，开展隐患排查整治工作。尤其是靖江“4·22”事故和江西丰城“11·24”事故发生后，按照国务院和省委、省政府的有关部署和要求，在全市范围内先后开展危险化学品安全专项整治和安全生产大检查工作。大检查期间，全市累计出动16637个检查组次，检查企业24231家次，查出隐患49621条，隐患整改率98%。

全市贯彻全省安全生产执法工作暨执法机构规范化建设推进会精神，按照依法行政、程序适当、高效便民、权责统一的基本原则和要求，开展安全监管执法机构规范化建设，并组织全市首届安监人员现场执法演练竞赛活动。采取联合执法、交叉互查、定期督查等方式，加大隐患排查和事前处罚力度。全年全市下发整改指令书787份，办理事前处罚101起，处罚金额230余万元。

镇江市发挥安全生产隐患自查自报系统的优势，督促企业持续开展隐患自查自报和整改工作。同时，推进“互联网+安全生产平台”智能终端建设，打造隐患自查自报升级版。截至2016年年底，全市有225家企业安装终端1500余个，完成建设任务并正式上线运行，同等数量企业的自查自报隐患数，比上年增长近20%。

镇江市安监系统构建立体式宣传网络。开展“安全生产月”活动；在《镇江日报》开辟《强安助企，立安为民》专栏；开通微信公众号；举办广场咨询、警示教育、案例巡展、应急演练等系列活动。启动开展“基层安监机构规范化建设和能力提升年”活动，7月、11月，分别依托浙江大学和北京市首钢技师学院，举办两期近150余名基层安监人员参加的培训班。9月初，市安监局邀请法律专家对新颁布的《江苏省安全生产条例》进行全面解读，市安监局全体人员，各辖市（区）安监局、镇江新区安监局全体人员，市各有关部门分管领导和职能处室负责人到场学习，提升全民安全生产法制意识和依法行政能力。 （朱 姝）

【全国人大常委会安全生产法执法检查组到镇江检查】 2016年9月23日—24日，全国人大常委会副委员长严隽琪率全国人大常委会安全生产法执法检查组到镇江实地检查。重点检查贯彻落实《中华人民共和国安全生产法》的情况，调研安全生产法在实施中存在的问题，并听取不同类型企业管理层和职工对进一步加强安全生产的意见和建议。 （朱 姝）

【基层安监人员综合能力提升轮训工程启动】 2016年7月11日—17日、11月21日—25日，市安监局分别依托浙江大学和北京市首钢技师学院，举办两期培训班，启动实施基层安监人员综合能力提升轮训工程，提升基层安监人员能力，近150余名基层安监人员参加。 （朱 姝）

审 计

【概况】 2016年，镇江市审计机关依法履行审计监督职责，面向公共资金、国有资产、国有资源和领导干部经济责任实施“全覆盖”审计。当年完成重大政策落实情况跟踪审计4轮；开展本级预算执行审计和8家部门预算执行审计、6项重点专项资金审计；实施保障性安居工程、援疆资金、国外贷援款项目等跟踪审计10项、企业资产负债损益审计2项；以制定《镇江市内部审计规定》《镇江市“十三五”审计工作规划》为重点，健全全市审计制度框架设计。当年，全市审计机关集中力量打造全市十佳科研项目、“依法审计·守护民生”、“智慧援疆”等一批特色品牌；市审计局先后获评全省内部审计指导工作表彰单位、全省审计通联工作成绩突出单位、全市“六五”普法工作先进单位、全市法治政府建设先进单位、市直纪检监察机构先进集体、全市社会信用体系建设工作三等奖等。

2016年，镇江市审计局根据《审计结果整改跟踪监督办法》建立审计整改动态跟踪库，全年完成对48个审计项目的跟踪督查，结果表明：审计报告反映的464个问题中，有444个整改到位，整改到位率为95.69%；下达的4条审计决定100%执行到位；提出的113条审计建议有102条被采纳，采纳率为90.27%。各单位结合审计发现的问题和审计建议，制定完善规章制度66件，涉及预算管理、财务管理、资产管理和内部监督管理等诸多方面，其中，市本级预算执行审计促进出台或修订制度7项；常州市新北区党政领导经济责任审计促进出台制度7项。

2016年，镇江市审计局开展“审计质量现场管理年”活动，以实施《江苏省审计现场管理办法》为核心，以召开审计现场管理推进座谈会、评选和推荐优秀项目、组织项目质量交叉互评、开展业务类专题交流和培训等工作为切入点，优化审计项目的操作流程，提高审计作业效率，增强工作规范性。当年镇江市推荐的一个审计项目被江苏省审计厅评为优秀项目，且列全省第一名。

（李晓凤 姜爱贵）

【审计业务导师制】 2014年—2016年，镇江市审计局根据《审计业务导师制试行办法》，聘请审计业务骨干担任导师，对11名青年干部实施“一对一”教学培养。2016年年底，市审计局根据《审计业务导师制考核试行办法》，组织专家对导师、学员的教学成果进行综合考核，最终评出优秀学员4名，全体学员均达到培养目标。 （闵卫平）

【审计信息化建设】 2016年，镇江市审计局在现有住房公积金联网审计平台的基础上，启动社保资金联网审计平台建设，为实时动态开展审计监督创造条件。建立健全预算部门、国有企业、领导干部经济责任、政府投资项目动态管理等4个专业数据库，通盘掌握审计对象信息，为开展“全覆盖”审计提供基础要件。运用GIS（地理信息系统）工具辅助审计获取违法违纪案件线索。 （李晓凤）

【政策措施落实情况跟踪审计】 2016年，镇江市审计局按照上级审计机关的部署，对国家和省级重大政策措施落实情况实施跟踪审计。其中，一季度对镇江至丹阳高速公路项目情况进行审计，摸清年度项目计划及完成情况、资金到位、使用和结存情况；二季度对镇江市本级财政存量资金盘活消化情况、各类财政专户情况、地方政府债券规模和资金使用情况进行梳理；三季度对盐城龙卷风特大灾害救灾款物筹集和管理、使用情况进行调查；四季度对各地区、各部门行政审批改革政策落实情况、减轻企业税收和规费负担政策落实情况进行审计。2016年，审计报告被市政府主要负责人批示2次。（曹　敏）

【市直预算执行审计】 2016年，镇江市审计局对市直2015年度预算执行和其他财政收支情况进行审计。审计重点关注预算编制及执行、专项资金（基金）管理、结余结转资金管理、财政往来款管理等事项。审计报告反映部分自收自支单位收支未纳入预算管理、部分非税资金缴库不及时、无预算调度财政资金等17个问题，出具审计决定书1份；提出进一步推动养老保险改革和事业单位改革政策落实、进一步加大往来款项清理力度等建议；审计还针对事业单位经费保障、专项资金管理等方面存在的症结，向市政府提交审计专报5份，促进市政府及相关部门出台规范性文件4份。

（马　畅）

【新区预算执行审计】 2016年，镇江市审计局对镇江新区2015年度预算执行和其他财政收支情况进行审计。审计重点关注上级专项资金管理、非税资金收缴管理、结余结转资金管理等事项。审计报告反映预算草案未按要求细化、部分收入和支出未纳入预算管理、部分上级专项资金当年未拨付等问题；促进镇江新区管委会修订《镇江新区政府性债务管理办法》《镇江新区区级财政对外借款管理办法》等相关文件。（周　爽）

【行政事业单位审计】 2016年，镇江市审计局对市直8家部门预算执行和其他财政财务收支情况进行审计，并对14家单位“三公”经费等公务费用开展审计调查。12月，镇江市审计局与市财政局召开市级部门预算及财政财务收支常见问题与预防工作会议，从预算编制、资产管理、财务收支等方面对部门预算和财政财务收支审计中发现的常见问题进行梳理，逐条援引法律法规，讲解正确做法，全市80多家预算单位派员参加会议。

（嵇　卿）

【领导干部经济责任审计】 2016年，镇江市审计机关完成领导干部经济责任审计项目78个，领导干部经济责任审计涵盖离任审计、任中审计、党政领导同步审计、省管干部异地交叉审计、三责联审等类型，其中，按审计对象分：地方党政领导干部审计32项，部门、事业单位和人民团体领导干部审计42项，国有企业领导干部审计4项。通过审计，移送案件线索3条，提出审计建议133条，撰写审计信息29篇，审计结果报告被地方领导批示2篇次。当年，镇江市审计局在江苏省委组织部的委托和江苏省审计厅的授权下，首次对常州新北区党政主要领导、兴化市委原书记等省管干部实施异地交叉审计。（史　宏）

【领导干部自然资源资产离任审计】 2016年，根据江苏省审计厅安排，镇江市审计局对兴化市委原书记进行自然资源资产离任试点审计。审计主要针对领导干部任职期间的自然资源资产开发利用和保护情况、生态环境保护情况进行，审计结果表明：兴化市节能、减排基本完成上级下达的节能、减排目标，但同时也存在违规减免、返还土地出让金、虚增土地出让收入、复垦耕地改变用途、违规向融资平台注入土地及公益性资产、部分土地整理项目实施缓慢、违规使用排污费等问题。审计就执行国家土地政策、加强基本农田保护、统筹安排生态建设资金等事项提出审计建议。（宋道清）

统　计

【概况】 2016年，镇江市统计系统以落实“四三要求”为引领，以深化“三百行动”为工作着力点，开展各项工作。镇江市统计局获2016年度市级机关绩效管理考核“十佳单位”，10余篇次统计材料获市领导批示，1个课题获市政府调研类课题评比二等奖，1个课题获镇江市第十一届哲学社会科学优秀成果三等奖，“中国统计开放日现场活动走出去新模式之镇江实践”项目获2016年度全省统计工作“重大创新奖”。（呼兴庄）

【第三次全国农业普查】 2016年2月10日，镇江市政府印发《关于做好第三次全国农业普查工作的通知》，并成立“镇江市第三次全国农业普查领导小组”，正式启动镇江市第三次全国农业普查工作。8月25日，市政府召开全市第三次全国农业普查领导小组第一次全体会议，动员和部署全市第三次全国农业普查工作。9月20日，第七届“中国统计开放日”在镇江举办。镇江第三次全国农业普查领导小组办公室根据《江苏省第三次全国农业普查实施方案》制订并印发《镇江市第三次全国农业普查清查摸底工作方案》。11月15日—12月15日，开展历时1个月的农业普查清查摸底工作。清查摸底涉及有63个镇（涉农街道），776个普查区，5347个普查小区，7865名普查员、普查指导员参加清查。摸底住户48.87万户，其中确认普通农户登记对象40.32万户，规模农业户登记对象5059户；摸底单位数3467个，其中农业法人单位3053个，产业活动单位43个，未注册单位310个。12月22日，镇江市第三次全国农业普查领导小组办公室印发《镇江市第三次全国农业普查现场登记工作细则》，对2017年1月1日正式开始的农业普查现场登记工作做出明确要求。（呼兴庄）

【第七届“中国统计开放日”】 2016年9月20日，由国家统计局主办，江苏省统计局、江苏调查总队、镇江市政府协办，镇江市统计局承办的第七届“中国统计开放日”活动在镇江举行。这是“中国统计开放日”首次在北京以外的地方举办。国家发改委副主任、国家统计局局长宁吉喆，江苏省委常委、副省长杨岳，江苏省政府副秘书长夏心旻，省统计局局长和镇江市委书记、市长等参加。统计开放日以“农业普查福到农家”为主题，有“农业普查惠农家”“服务三农奔小康”“科技神器助普查”以及“天南地北农普人”四大板块。国家统计局专门致信市委、市政府表示感谢。“中国统计开放日现场活动走出去新模式之镇江实践”项目获2016年度全省统计工作“重大创新奖”。（呼兴庄）

【统计监测】 2016年，镇江市统计局强化各项监测统计，完成“八项工程”、基本现代化、民生幸福“六大体系”、全面小康、妇女儿童发展等重点监测统计任务，并形成监测报告。深化产业“三集”（集中集聚集约）监测统计。完善统计制度和方法，按季度更新80个园区法人单位名录库，组织各地按时上报数据；示范园区按月度统计数据，及时对外发布，反映产业集中集聚集约发展成果。开展房地产去库存监测，跟踪房地产库存动态，按月度进行数据统计，分析研究并撰写监测报告。建立重点企业家分析师例会制度，从全市重点行业、重点企业中选择一批企业负责人作为企业家分析师，定时召开企业经营形势分析会，分析各企业及其相关行业的走势，为统计局准确分析把握全市经济提供依据。

（呼兴庄）

图 12－4 2016 年 9 月 20 日，第七届“中国统计开放日”活动在镇江举行
（统计局 供稿）

【信息分析研究】 2016 年，镇江市统计局强化信息分析写作和研究能力，提高分析研判的质量，全年撰写进度分析和专题报告近 100 篇，统计信息 160 篇，50 多篇信息、分析被市委《镇江信息》采用，全年综合得分居市级机关前列；26 篇信息和 12 篇分析被市政府门户网站采用，综合得分居市级机关第 2 位；80 多篇分析和 200 多篇动态被省统计局内网采用，综合得分居全省第 5 位。围绕经济转型、聚焦“三去一降一补”等主题，全年组织中青年干部完成转型升级、供给侧改革、房地产去库存等重点调研课题 17 项，1 个课题获市政府调研类课题评比二等奖，1 个课题获镇江市第十一届哲学社会科学优秀成果三等奖，10 余篇调研课题分别在《统计科学与实践》、《江苏统计》、《镇江社会科学》、市委《创新》等期刊上发表。 （呼兴庄）

【统计服务】 2016 年，镇江市统计局围绕市委、市政府关注的供给侧结构性改革、房地产去库存等重点问题，加强分析研究。按季度对全年政府工作目标、人代会目标进行预警研判，按月提供《月度经济运行分析报告》。扩展统计资料发放范围，发放对象延伸至基层，每月发放 720 余本。全年向全市人大代表、政协委员、党代表和重点企事业单位发放《镇江统计 2016》2000 余册，免费向社会各界提供《镇江统计年鉴—2016》。为市“两会”定制《统计画册 2015》并发放千余册。建立“数据镇江”综合数据平台，将主要统计指标纳入平台，涉及范围为全市、各辖市（区）以及全省，历史数据上溯到 2005 年。初步将《镇江统计年鉴 2015》电子化，并上传至平台，保证数据齐全，实时维护。开发查询平台和手机 APP，为党政领导、社会公众及时查询数据提供又一渠道。开通“镇江统计”微信号，开设统计数据、统计资料、统计百科三大栏目，及时向公众推送最新统计数据、分析研究报告、统计工作动态以及统计相关知识。 （呼兴庄）

【统计队伍建设】 2016 年，镇江市统计局加强统计人员教育培训力度。全年选派 8 名干部职工参加国家统计局举办的统计基础班、提升班进行学习深造，1 人参加北京大学培训，2 人赴中国香港、1 人赴法国参加统计专业知识培训。市统计局分别于 5 月与浙江大学和 10 月与上海交通大学举办为期 5 天的统计人员统计素质提升培训班，全市统计系统 130 余人参加培训。全年举办“统计讲坛”11 期，邀请国家统计局、省统计局和市各相关部门专家讲解统计制度，分析研究经济热点等问题。 （呼兴庄）

【统计依法行政】 2016 年，镇江市统计局制订《2016 年镇江市统计监督检查和行政指导工作计划》，并结合市纪委《关于进一步规范涉企检查工作的通知》，开展统计执法检查。对丹阳访仙镇、句容下蜀镇、京口四牌楼街道等 7 家单位进行统计监审，抽查 104 家“四上”企业。辖区执法检查同步跟进，各地结合“专项治理”，加大执法力度。利用“12・4”国家宪法日、“12・8”全国普法日和“9・20”全国统计开放日开展统计法律法规宣传教育，并制定《镇江市统计法治宣传教育第七个五年规划》。结合各专业年定报布置培训会议，并通过开展《中华人民共和国统计法》《全国农业普查条例》知识竞赛宣传统计法律法规。 （呼兴庄）

【作风行风建设】 2016 年，镇江市统计局强化统计行风建设，制定《2016 年镇江市统计局党风廉政建设和反腐败工作要点》《镇江市统计局 2016 年行风建设工作方案》，召开镇江市统计系统作风建设大会。开展“市情市力晴雨表”品牌创建活动；召开行风监督员座谈会；深化“三百”行动。 （呼兴庄）

综　述

【概况】 2016年，镇江市人力资源社会保障工作以就业创业富民、全民保障幸福、人才集聚提升、劳动关系和谐、公共服务便民、效能建设基础“六大工程”建设为切入点，精准落实市委、市政府11项重点任务和省人社厅9项“两大体系”试点项目，10件实事30项任务等各项工作取得成果，市人社局获市委、市政府以上重要荣誉15项，市人社局获评省文明单位。

工作创新。创新“四个并重”基础人才开发理念，实施新兴产业紧缺型基础人才引进培养行动计划、万名技能人才培育工程，鼓励高校、科研院所专业技术人员在职创业和离岗创业，开展“百名专家服务百企”行动，盘活现有人才智力资源。打通技能人才成长和发展“四大通道”政策文件被人社部全文转发，创新做法在全国推广。推进“大众创业、万众创新”，开展“创业镇江”行动，培树大学生、农民、城镇失业和留学回国等四大创业主体，全新打造5家“互联网+”创业载体，全市新增省级创业示范载体3家。举办“创富镇江·互联网+”创业大赛，全省363个项目报名参赛，“大众创业、万众创新”成为助推全市经济增长新引擎。应对养老保险基金赤字压力，先后制定16项措施，分解目标责任，加大扩面征缴力度，做到“应保尽保、应收尽收”，确保市区16万名参保群众按时足额领取养老金。实施医保反欺诈“亮剑”行动，加强医保智能监管，多管齐下堵塞医保基金漏洞。建成市县联动的劳动关系预警指挥调度平台，实现对突发事件报警、人员指派、案件处置、跟踪指导的全过程监管，“智慧人社云平台”上线运行。创新机关事业单位人事管理制度，市级机关部门公务员平时考核实现“全覆盖”。深化公立医院人事管理制度和义务教育学校“校长职级制”“县管校聘”制度改革，推行事业单位“校园招聘”。创新法定途径分类处理信访投诉请求，经验做法在全省专题会议进行交流。优化整合工作资源，“三园”建设提档升级，镇江创业园创成全国创业孵化示范基地，并被评为省级巾帼创业创新孵化基地和省级互联网众创园；江苏镇江人力资源服务产业园、镇江创业大学挂牌成立。就业质量监测国家级试点稳步推进，“街道（镇）人社平台建设和服务”被列为2016年度全省首批地方标准项目。

重大改革。服务供给侧结构性改革，在帮助企业松绑减负的同时，把稳定岗位、稳定职工就业摆在突出位置，为全市2300家企业发放援企稳岗补贴6790万元，为2.4万家企业减少社保负担3.54亿元。检视镇江医保模式，提出深化医保改革的路径和措施。启动机关事业单位养老保险制度改革。稳步推进国有企业负责人薪酬制度改革。持续深化简政放权，加快推进放管服相结合的行政审批制度改革，在全省率先将社会保险登记纳入“五证合一”系统，建立行政执法与刑事司法“两法”衔接机制做法在全市作经验介绍。全面清理整顿职业资格，实施医疗定点机构协议管理。策应国家军队体制改革，在全省率先出台“特岗选拔+积分选岗”安置办法，改进军转干部进高校培训方式。

惠民措施。实施精准扶贫“六大行动”，立足职能补足民生短板，帮助困难群众脱贫致富，确保“全面小康、一个家庭都不能少”。帮扶城乡困难人员再就业4865人，帮助农村劳动力转移就业9900人，扶持农村劳动力自主创业3706人，实施“三支一扶”计划首次招募20名高校毕业生从事基层扶贫工作。以高校毕业生和城乡困难人员为重点，推进大学生就业促进和创业引领“两大计划”，实施精准就业援助行动，全市连续132个月保持零就业家庭“动态清零”。实施社保“全覆盖”三年行动计划，逐步整合城乡居民医保制度，加快推进全市异地就医联网结算。稳步提高社保待遇水平，企业退休人员养老金实现“十二连增”，全市月人均养老金为2157元，居民医保财政补贴标准为425元。出台《关于全面治理拖欠农民工工资问题的实施意见》，开展为期四个月的专项治理行动，遏制恶意欠薪行为，为8825名职工追回拖欠克扣工资5510.71万元。

（郑仁轩）

就业创业

【概况】 2016年，镇江市新增城镇就业7.99万人，新增转移农村劳动力9900人，3.08万人参加城乡劳动者就业技能培训。

把就业作为最大的民生，实施就业优先战略，加大政策扶持和资金投入力度，出台《新形势下就业创业工作的实施意见》《关于支持农民工等人员返乡创业的实施意见》等扶持政策。支持服务供给侧改革，出台新一轮失业保险支持企业稳定岗位和降低社会保险费率系列政策，为全市2.4万家企业减少社保负担3.54亿元，为2300家企业发放援企稳岗补贴6790万元。采取“内部分流、内部退养、转岗就业、托底安置”四大渠道，妥善安置“去产能”分流的职工。实施精准就业援助行动，推进大学生就业促进、创业引领“两大计划”，创新实施“三支一扶”计划，加大离校未就业高校毕业生实名登记和跟踪帮扶力度，组织25场就业创业进校园宣传活动。开展农村劳动力转移“春风行动”，在全省率先实现省级农村劳动力充分转移就业镇创建率100%。开展“创业镇江”行动，推进“互联网+创业”载体建设。失业动态监测和企业用工需求监测平台正式上线运行。（郑仁轩）

【精准扶贫“六大行动”特色做法在全省推广】 2016年，镇江市人社局制定《关于切实做好人力资源社会保障精准扶贫工作的实施意见》，实施就业援助、创业扶持、人才支持、社保托底、技能提升、人社服务“六大扶贫专项行动”，以农村贫困劳动力和城乡就业困难群体为重点，精准识别，动态管理，开展“一人一策”重点帮扶，促进困难群众脱贫致富。全年帮扶城乡困难人员再就业4865人，帮助农村劳动力转移就业9900人，扶持农村劳动力自主创业3706人，实施“三支一扶”计划首次招募20名高校毕业生从事基层扶贫工作，人社精准扶贫特色做法在全省推广。（郑仁轩）

【“四大计划”引领大众创业】 2016年，镇江市人社局围绕“大众创新、万众创业”目标，开展“创业镇江”行动，实施大学生创业引领、农村创业富民、城镇失业人员创业促进、留学回国人员创新创业“四大计划”，全市扶持创业1.08万人，创业带动就业5.21万人。推进创业载体建设，建成“互联网+”创业载体5家，新增省级创业示范载体3家，镇江创业园被评为省巾帼创业创新孵化基地和互联网众创园，创成全国创业孵化示范基地。举办“创富镇江·互联网+”创业大赛，全省363个项目报名参赛。整合全市创业资源，建设集“创新创业教育、创新创业实训、科研实践指导、创新创业孵化”等功能于一体的镇江创业大学，在全省率先成立众创空间发展促进会。（郑仁轩）

社会保障

【概况】 2016年，镇江市主要险种覆盖率在98%以上，企业养老保险、职工基本医疗保险、失业保险分别参保90.29万人、89.95万人、52.9万人，基金分别征收65.22亿元、28.82亿元、3.18亿元。

深化社保领域重点改革，实施全民保障幸福工程，不断完善社会保障体系，启动实施机关事业单位养老保险制度，制定改革实施办法，全面开展参保登记工作。推进医保制度改革，制订医保政策调整方案，推进异地就医联网结算。实施社会保障“全覆盖”三年行动计划，完善困难群体参保帮扶机制，健全灵活就业人员参保缴费激励政策，推动被征地农民刚性参保，将进城务工农民纳入城镇社保体系。应对保发放（社会保险金保证发放到位）的形势与压力，落实市政府《关于进一步做好社会保险扩面征缴工作的意见》，实现扩面征缴完成情况与证照审验、税费减免及专项资金扶持、参加政府采购招投标资格审核、评先评优及表彰奖励、“四证合一”、征信管理等“六挂钩”，并纳入全市诚信管理体系。依法推进基金征缴和清欠工作，市区近16万名退休人员养老金按时足额发放。稳步提高社会保障待遇水平，企业退休人员养老金实现“十二连增”，全市月人均养老金为2157元，居民医保财政补贴标准为425元，年筹资标准为585元，职工医保制度内报销比例稳定在85%左右。实施全民参保行动，建立社会保险续保引导激励机制和被征地农民“即征即保”机制，从9月20日至12月31日，开展市区社会保险扩面征缴“百日攻坚行动”。加强社会保险基金监管，开展医疗保险稽核专家库申报工作，提升医保医药服务行为监管水平。开发医保智能监控系统，逐步将监管系统延伸到医院端和医生工作站，实现全市范围医保智能监控全覆盖。开展医疗保险反欺诈“亮剑”行动，制定医疗保险稽核工作规程，针对参保人员和定点医药机构等不同主体，依法处理各类违法违规行为，全面堵塞医疗保险基金管理漏洞。完善社会保险基金运行监测预警机制，建立社会保险运行分析指标体系，围绕稽核、内控、反欺诈和清欠四项重点，强化大数据分析。完善内控管理制度，对全市社会保险经办机构的内部控制情况实施检查评估，实现业务、财务、退管、稽核、信息工作环环相扣、互相监督。（郑仁轩）

【医疗保险改革】 2016年，镇江市人社局全面检视22年来全市医保模式，坚定保基本、社会化、重共济、促公平、控浪费的发展方向，谋划医疗保险改革发展蓝图。坚持“稳步快走”原则，理顺市区医保管理体制，完善制度政策，整合自费补充保险、特殊医疗补充保险等为统一的补充医保制度。实施医保精准扶贫，推动“医保+救助”与慈善助医相衔接。优化个人账户管理与使用，拓展职工二级账户使用功能，提高补充医疗保险和特殊医用材料报销标准，减轻参保人员医疗负担。优化公共服务，建成全市及省内两大异地就医联网结算平台，实现全市和省内异地就医联网结算；调整职工医保定点就医管理办法，方便群众就医和费用结算。强化医保基金监管，确保基金安全平稳运行。（郑仁轩）

【社会保险经办服务标准化建设】 按照“管理向上集中、服务向下延伸”要求，2016年，镇江市人社局整合社会保险经办服务资源，完善参保登记、基金征缴、关系转接、权益记录、待遇给付等一系列标准化规程，初步建成以市级综合

图13-1 2016年10月29日，“创富镇江·互联网+”创业大赛决赛获奖者上台领奖（郑仁轩 供稿）

大厅为中心，覆盖全市的四级标准化社保经办服务网络，实现基层平台服务功能全覆盖，群众满意率为99%，初步达到全国社会保险标准化建设“先行城市”要求。推行网上社保、掌上人社、微信平台等新型服务载体建设，建成“网上公共服务办事大厅”，为群众提供政策咨询、信息查询、业务办理等便民服务，引导群众“上网路、少跑路”。延伸面向企业、社区、银行、高校的社会化服务，在全市12家规模以上企业设立社会保险委托经办服务站，在部分银行网点设立社会保险服务窗口，实现委托经办和直通服务，方便企业和群众。（郑仁轩）

人力资源

【概况】 2016年，镇江市从业人员194.32万人，其中城镇职工50.49万人。全市城镇非私营单位在岗职工504999人（国有单位141751人，集体单位16090人，其他单位347158人）。

地区分布：

2016年镇江市城镇非私营单位在岗职工人数一览表

表13－1 单位：人

地区	人数
镇江	504999
市区	225480
丹阳市	110654
句容市	94962
扬中市	73903
丹徒区	42646
京口区	77390
润州区	56891
镇江新区	48553

全年实施人才集聚助推工程，打造苏南人才高地，落实全市创新人才大会精神，推进“金山英才”计划及高技能领军人才子计划申报工作，征集“镇江制造2025”项目358个、现代服务业项目95个、现代农业项目56个、高技能领军人才子计划项目115个。实施新兴产业紧缺型基础人才引进培养行动计划、万名技能人才培育工程，加大基础性人才队伍培育力度。出台《高校、科研院所专业技术人员创新创业有关人事管理办法》，开展百名专家服务百企行动，激活现有人才智力资源。紧贴产业发展招才引智，举办第九届新兴产业项目与人才对接洽谈会、第六届新一代信息技术和软件产业人才交流会等招才引智品牌活动，全市引进本科以上人才15370人，其中硕士以上研究生1964人，新增高技能人才1.48万人。注重提高技工院校师资队伍理论素养、业务能力及教研水平，推进“135师资培训工程”，首次承办由人社部中国职工教育和职业培训协会主办的“全国技工院校骨干教师教研能力提升培训班”，推荐12名教师分赴英国、德国和美国研修。首次发布全市技工院校教科研成果目录，全市取得各级各类教科研成果166项。全面落实政府购买培训成果政策，对在百名技师带徒活动中成绩突出的10名市技能育徒名师分别给予1万元的一次性奖励，对3家市第四批“技能大师工作室”分别给予2万元启动资金。出台《关于加快推进人力资源服务业发展的实施意见》，成立全市人力资源服务业行业协会，培育现代人力资源服务业态，江苏镇江人力资源服务产业园挂牌成立，同步推进丹阳、句容、扬中分园区建设，形成“一核多园”功能布局。全市有6个高技能人才重点项目获评2016年全省高技能人才重点项目，其中镇江技师学院被评为省级高技能人才专项公共实训基地，沈春雷等5名高技能人才被评为省“企业首席技师”。（郑仁轩）

【“四个并重”理念盘活人才存量】 2016年，镇江市人社局创新“技能人才与专技人才、引进人才与用好人才、政策激励与平台建设、政府推动与市场培育”即“四个并重”理念，实施新兴产业紧缺型基础人才引进培养行动计划、万名技能人才培育工程，新增专业技术人才2.01万人。在全省率先打通技能人才在事业单位招考、职称评价、军队士官报考、纳入高层次人才培养计划等成长和发展“四大通道”，政策文件被人社部转发并在全国推广。鼓励高校、科研院所专业技术人员在职创业和离岗创业，开展“百名专家服务百企”行动，引导各类专家走进生产一线，与企业开展联合技术攻关、项目研发，将专家智力资源和科研成果转变成现实生产力。（郑仁轩）

【博士后科研工作站建设】 2016年，镇江高新技术产业开发区创成镇江市首家博士后科研成果转化试点基地，搭建博士后科研成果向现实生产力转化平台，全省获批试点基地仅有5家。加大新建博士后科研工作站（创新实践基地）培育力度，江苏精工特种材料有限公司等5家单位获批省级博士后创新实践基地。全市建成省级博士后科研工作站49家、国家级21家。人社部副部长汤涛和省人社厅厅长谭颖考察恒顺集团博士后科研工作站。（郑仁轩）

【职称评审工作规范开展】 2016年，镇江市人社局开展建设、电子高级职称和11个系列中级职称申报和评审工作，加强对设立在各行业条口评委会的监督和管理，在审核申报人员资格条件基础上，重点对结果公示环节做出明确要求。进一步规范评审程序，注重标准条件和岗位控制，对部分破格申报人员结合专业论文进行答辩，有效测试申报人员的真实专业技术水平，为专家组形成评审结论提供可靠依据。注重加强评委库建设，按照省专业技术资格评审办法，结合镇江市实际，对新闻、农业、工程等专业中级评委库成员进行增补和调整，增补70名评委库成员。首次举办建设工程专家评委培训班，组织工程管理、监理、市政、规划、测绘等专业的33名专家评委参加培训。推进职称制度改革，出台《关于印发全市乡村教师职称评审政策若干意见的通知》，建立符合镇江市乡村教师特点的人才评价机制，在乡村教师职称评审中淡化评审论文、科研要求，取消职称外语、计算机应用能力要求，鼓励和吸引优秀人才到乡村任教。（郑仁轩）

人力资源权益保障

【概况】 2016年，镇江市实施劳动关系和谐工程，全力保障职工合法权益。认真贯彻党中央、国务院《关于构建和谐劳动关系的意见》，推动建立“党委领导、政府负责、社会协同、企业和职工参与”的劳动关系综合协调机制。规范企业薪酬管理，推进国有企业负责人薪酬制度改革，开展工资集体协商春季要约行动和“服务企业，促进和谐”活动，提高劳动合同签订率和履行质量，全市已建工会企业集体合同签订率99.1%。坚持行政执法与刑事司法联动机制，专题部署全市建设领域农民工工资清欠工作，高压打击恶意欠薪行为。实施严重欠薪失信行为联动惩戒制度，制定出台《关于推进严重欠薪失信行为联动惩戒工作的实施意见》，推动形成“一处失信、处处受限”的社会合力。劳动监察智能预警平台建设初显成效，建成市和辖市（区）联动的现场视频传输指挥调度平台，实现对突发事件报警、人员指派、案件处置、跟踪指导全过程监管。劳动保障投诉举报平台高效运转，平台案件动态录入率和按期结案率均为100%。展开清理整顿人力资源市场秩序、规范劳务派遣的专项检查和劳动保障的书面审查，对问题频发的企业进行全面体检，对违法案件实行有报必查、违法必究。推行法定途径分类处理信访投诉请求这一做法，经验做法在全省人社系统信访维稳工作会议上进行交流。全市劳动仲裁机构立案处理劳动争议3154件，涉及职工5207人，涉案金额7877万元，受理集体劳动争议案件74件，劳动矛盾纠纷总量比上年下降5.3%，调解仲裁结案率98%。（郑仁轩）

【拖欠农民工工资治理】 2016年，镇江市人社局出台《关于全面治理拖欠农民工工资问题的实施意见》，召开全市治理拖欠农民工工资专题会议，高压打击恶意欠薪行为，全市劳动监察机构查处欠薪案件996起，涉及职工1.3万人，涉案金额6900万元。加强行政调解与司法调解联动，出台《办理劳动者追索劳动报酬申请诉前财产保全案件的指导意见》，全面实行工程建设领域农民工工资保证金制度，全市建筑施工企业农民工工资保证金2.4亿元。出台《推进严重欠薪失信行为联动惩戒工作的实施意见》，将17家严重欠薪失信企业纳入"黑名单"，对16家施工企业和2家劳务公司做出清出镇江市建筑市场的处理，对6家企业予以通报批评并记入企业不良信用档案，对18名项目经理做出不同程度处理。工资支付保证金差异化缴存、农民工实名制管理等治理拖欠农民工工资特色做法在全省推广。（郑仁轩）

图13-2　2016年10月12日，镇江市公务员平时考核工作动员部署会（郑仁轩　供稿）

人事制度改革

【概况】 2016年，镇江市严格执行公务员考录政策，科学规范编制考录职位，完成面向社会公开招考326名公务员和参照管理单位工作人员的招录任务。强化政府机关部门职数管理，在干部选拔任用中实行职数预审制度，严把干部配备职数关。做好奖励表彰综合管理工作，强化评比达标表彰活动的监督检查，推动全市评比达标表彰活动健康有序开展。深化义务教育学校"校长职级制""县管校聘"制度改革，创新公立医院人事管理制度，出台《创新市属公立医院备案制人员人事管理省级试点试行实施办法》，为市属医院备案制人员人事管理提供政策依据。探索创新事业单位公开招聘途径，试点教育系统"先面试后笔试"招录模式，根据岗位特点，加大试讲和面试在教师招录中权重。创新开展事业单位"校园招聘"，专门制定招聘工作方案，明确招聘程序和测评办法。加强事业单位岗位设置动态管理，建立以岗位管理为重心的事业单位人事管理制度，从严控制领导岗位设置，规范职数预审流程。实施事业单位人员聘用制度，进一步规范完善事业单位聘用行为，制定出台《关于做好2016年度事业单位人员聘用合同签订、到期续签等工作的通知》，加强对事业单位人员聘用工作的监督管理。实施流动、招聘等新进人员聘用合同综合管理部门鉴证制度，坚持人员聘用合同信息系统管理制度和聘用合同到期及时续订和变更制度。应对军队转业干部安置压力加大的新形势，调研完善军转安置办法，做好军队转业干部安置工作。全市公务员在职培训15000人次，人事考试项目规范管理达标率100%，机关事业单位工勤人员职业素质提升培训考核860人。（郑仁轩）

【公务员平时考核制度】 2016年，镇江市人社局探索创新公务员平时考核制度，与市委组织部共同制订出台《镇江市市级机关公务员平时考核实施办法（试行）》，采取定性考核与定量考核、分类考核与分级考核、领导评鉴与群众评议相结合的方式，对全市科级及以下公务员履职尽责和行为表现进行平时考核，并将考核结果作为公务员职务级别调整、交流轮岗、教育培训、奖励惩戒的重要依据，解决公务员平时工作干好干坏、干多干少一个样的问题。市人社部门先行先试建立突出岗位责任、动态序时、综合研判、绩效测评等公务员综合考核评价与激励机制，经验做法在《中国组织人事报》刊登，并在全市推广。（郑仁轩）

综 述

【概况】 2016年，面对经济下行压力加大、气象灾害和病虫害多发、主要农产品价格持续低迷、农民增收速度放缓等诸多挑战，镇江市各级各部门在市委、市政府的领导下，迎难而上、砥砺奋进，农业农村发展保持稳中有进的良好态势，实现"十三五"良好开局。

农业结构逐步优化。2016年，镇江市粮食总产为118.7万吨，种养结构和产业布局趋于合理，优质稻米种植面积占比30%，地产菜自给率超过50%，茶果花药等主要园艺作物总面积236.8平方千米，生猪大中型规模养殖比重为57%，镇江市被农业部授予"中国江蟹之乡"称号。农村新产业新业态加速发展，30个现代农业产业园区实现总产值359亿元，休闲观光农业综合收入17亿元，农业电商主体网上销售额突破15亿元。

农民增收取得突破。2016年，镇江市农民人均可支配收入为20922元，比上年增长8.9%，增幅列全省第六、苏南第一，城乡居民收入比继续缩小。推进精准扶贫，全面启动"百村万户达新标"和茅山老区振兴发展行动，确立到2019年村集体年经营性收入稳定达到80万元、低收入人口年收入稳定达到8000元的"双八"目标，完善"五个有"帮扶机制（"领导挂帅、部门结对、企业挂钩、强村参与、干部驻村"），下派"第一书记"204人，400多个帮扶项目有序推进，全年有74个经济薄弱村达标、4600余户贫困户脱贫。

综合产能不断增强。镇江市农机化水平和农业科技进步贡献率分别为82.5%和65%。全年新增高标准农田20平方千米，镇江市高效设施农业面积、有效灌溉面积和旱涝保收田面积占比分别为20%、92.2%和86%。推进粮食仓储、烘干设施建设，新建仓容6万吨，各类经济主体日烘干能力达到8770吨，粮食收储能力提升。

农村改革深入推进。农村土地承包经营权确权登记颁证工作加快推进，镇江市应确权镇（村）基本完成权属调查、测量制图和审核公示工作，扬中市完成县级验收并率先申请省级验收。全市国有林场改革走在全省前列，丹阳市国有林场改革实施方案为全省首家批准实施。"戴庄经验"进一步推广，重点扶持发展10个示范村，新增市级以上示范家庭农场126家，全市家庭农场经营比重为38.5%。农村金融改革不断深化，推出"镇农贷"金融产品，完善"助农贷"合作协议，解决农民融资难问题。

新农村建设取得实效。办好农村实事工程，综合整治农村人居环境，加快发展农村社会事业，农村生产生活条件明显改善。丹阳市获批全省新一轮农村改革试验区。句容市建成苏南最大农村电商产业园、全国首家"农业互联网医院"。扬中市全面落实河道管护"河长制"，工作经验全国推广。丹徒区以"2016中国·丹徒旅游文化节"为载体，举办各类节庆活动，带动农民增收。京口区推进中林国际木业产业园、中储粮粮油精深加工三期等重点农业项目建设，农业产业化水平不断提升。润州区组建"新农人联合会"，开发"阳光菜园"众筹项目，推进农业电商平台建设，产业融合加速推进。镇江新区深化产学研合作，建成国家基因库长江流域种质资源中心和中国水科院鱼类基因组学研究中心，强化科技支撑。 （白登峰）

【"百村万户达新标"行动】 2016年，镇江市委、市政府按照省委省政府"标准再提高、重点再聚焦、内涵再丰富、底线再织牢"的工作要求，组织开展加快茅山老区振兴发展暨"百村万户达新标"行动。下发《镇江市人民政府关于开展"百村万户达新标"行动的实施意见》《镇江市人民政府关于加快茅山革命老区振兴发展的意见》等文件，按照市定"双八"标准（即：经济薄弱村年经营性收入达到80万元，建档立卡低收入人口年人均收入达到8000元）开展新一轮建档立卡工作，全市符合"80万元"建档立卡标准的村204个，占全市行政村总数的1/3；符合"8000元"建档立卡标准的农户12099户、22572人。截至2016年年底，全市有70余个市定经济薄弱村达标，4600余户7600余名农村低收入人口"脱贫"，实现当年30%达标率目标。推进茅山老区镇村特色优势产业发展、基础设施和公共服务建设，改善低收入农户生活条件。

（卢更生）

【镇江农科院】 2016年，全院组织申报各类项目30多项，获项目经费1300余万元；发表论文39篇，其中学报级10篇，SCI 2篇；申报专利39项、授权专利97项，授权品种权11项，1个甘蓝品种通过国家鉴定、11个蔬菜花卉及甜瓜新品种通过省级鉴定；制定市级地方标准8项；获省院科技进步奖二等奖1项、市科技进步奖二等奖1项；登记农药产品1个，稻麦品种（系）经营许可转让7个、转让6个专利，合同收益2500多万元。

推荐32个稻麦油新品系、新组合参加各级中间试验，3个新品系新组合通过生产试验，1个两系不育系通过江苏省鉴定。粳稻育种方法研究取得突破，组群配组理论得到进一步验证，育种效率明显提高，育成的中熟中粳稻新品系和迟熟中粳、糯稻新品系均进入江苏省区试，呈现出一批苗头性新品系，有望筛选出更好、更优、更强的水稻新品种。确立稻瘟病抗性育种技术体系，创制出聚合多个抗稻瘟病基因的核心种质，逐步引进基因编辑技术开展水稻早熟基因育种应用研究。全年获770多万元的项目经费，7个稻麦品系经营权转让，合同收益2032万元。"草莓"和"葡萄"学科被列入省院"小而特"学科。草莓、桃、梨、葡萄的杂交育种持续推进，10个草莓组合抗病性表现较好，其中2个表现突出；选配多个梨组合，获实生后代200余株；新选配桃杂交组合4个，新代-3顺利通过省级专家鉴评，对已选育出的3个优良单株后代进一步筛选；新引进葡萄新品种5个，启动葡萄杂交育种，取得34个杂交组合种子。开展草莓多年一栽省工节本栽培技术研究，建立多个草莓全程生物防治示范点；开展早熟、稳产、无核化、促成栽培等葡萄技术研究，葡萄的病害调查及绿色防控技术研究深入推进。在猕猴桃中建立红阳、早雄等二倍体品种的外植体，并在进一步扩繁中；开展猕猴桃相关配套栽培技术研究，蓝莓、杨梅、大樱桃、核桃品种筛选试验及栽培新模式研究，建成以展示新品种、新技术的猕猴桃试验园和樱桃试验园。加强自交不亲和系和自交系的选育与利用，配制出近百个甘蓝、青花菜杂交组合，扩大甘蓝胞质不育系的转育规模，选育出优良稳定的胞质雄性不育系十多份。引进一批西甜瓜中间材料和种质资源，试配杂交组合数十个，分别筛选出一个综合性状优良的西甜瓜组合。花卉研究进展良好，试配出多个新组合，筛选出数个优良组合。建立甘蓝类蔬菜游离小孢子培养技术体系，辣椒芽黄胞质雄性不育系进入实际生产验证阶段。研制出4个种衣剂专利产品，实施技术转化。研制出数个对稻瘟病、纵卷叶螟以及水稻前中期病害有明显防控效果的复配农药和超长效种衣剂等新产品。初步建立水稻病虫害省力化防控新技术体系，并在丹阳、句容等地示范稻田66.67公顷。加快小麦赤霉病防控研究，以小麦诱抗免疫为主要手段，开发出2个新配方，并申请农药登记。成立全省首个园艺作物病虫害抗药性检测、监测与治理技术研究专业团队。在草莓、葡萄及桃的生防技术上，制订完善4项绿色防控技术方案，筛选出数个生物药剂组合。景观园艺研究全面启动，栽培1000余盆适合庭院、公园、行道摆放，景观绿化与生产采摘相结合的各类果树。推进黑茶、桑茶研究开发，技术工艺提升。开展葡萄园、桃园、薰衣草土壤改良试验研究，在羊血清抗原制备、奶山羊养殖等方面开展工作。

加强华阳园和行香园的管理，进一步拓展完善华阳园的功能设施；启动行香园南扩工作，完成拟新增土地面积的测量；中以园10公顷土地相关协议签订，并完成征地拆迁。与郑州果树所合作启动猕猴桃育种平台项目建设，"农作物病原菌抗药性灾害性监测与治理实验室"被认定为市级重点实验室。进一步完善农科院智能温室的建设方案。

2016年，围绕推进农业增效、农民增收，在全市各辖市（区）及省内外开展科技推广服务，主动对接省内外的农业合作社、家庭农场、农业公司等农业新型主体，实施推进挂县强农富民工程、戴庄经验推广等项目，先后开展各类科技培训现场会60多场次，建立科技示范点30多个，培训农民1万多人次，帮助新建种植基地1.33平方千米。在丹徒区举办西甜瓜全覆盖栽培模式及西甜瓜新品种展示交流会；承办江苏省梨树形观摩和早熟梨品种品鉴会、省农科院系统科技服务工作会议，进一步提升科技服务影响力。与茅山镇的镇、村、贫困户进行对接帮扶，开展一系列的对接活动。修订现代农业产业发展规划，帮助引进中国农科院蚕桑研究所、南京农业大学等院校的研发中心、产业基地等科研项目落户；向永兴村提供10万元的帮扶款；组织无偿赠送农资；筹集资金2万余元，用于结对的茅山镇东霞村5户特困户和前陵村5户贫困户的脱贫差额补助。运用信息网络技术等开展科技服务，依托创建的草莓、葡萄等微信群，"智农通""农技耘"等APP平台，加强科技专家、生产经营主体、农业种植户的互动交流，开展科技对接，共享信息资源。

2016年，农科院开展"双型"党支部创建工作，第六党支部通过市级"五星"党支部资格复审，第二党支部达到"五星"条件，3个支部被评为"三星"党支部。开展党费补缴工作。选拔3名副科级干部。完成省"333工程"四期培养对象和省"333工程"五期申报，其中1人考核优秀；新入选省"333工程"第三层次培养对象10人。新入选市"169工程"学术技术带头人9人、科技骨干25人。2人晋升研究员、3人晋升副研究员，糜林被评为镇江市优秀共产党员，龚红兵被评为镇江市有突出贡献中青年专家。

（王敬根）

【农业生态建设】 2016年，镇江市坚持生态立农理念，把绿色作为镇江农业发展的底色重点打造。以10个"戴庄经验"试点示范村为重点，在全市推广以"稻鸭共作""发酵床养殖""林—草—禽""林—草—畜"等为内容的40项生态种养技术，全市新增稻鸭共作面积1.81平方千米，比上年增长77.8%，新推广发酵床生态养殖面积1万平方米。推进绿化造林，完成造林面积7.06平方千米，完成省级绿化示范村建设26个，全市自然湿地保护率为51.8%。连续14年开展长江渔业资源增殖放流活动，扬中珍稀渔种保护与利用项目、镇江新区华大长江水生生物基因保存中心项目获农业部审批进入实施。推动化肥农药增长行动，全年全市测土配方施肥面积1891.33平方千米，主要农作物测土配方施肥技术覆盖率为95%，高效、低毒、低残留农药使用量占农药使用量的81.3%，农作物病虫害统防统治覆盖率在60%以上。

（徐 静）

图14-1 2016年，丹阳市香免扑簌簌果专业合作社美国紫薇种植基地 （茅蓉芳 供稿）

【新型农业经营主体】 2016年,镇江市促进新型主体规范化建设,分别建立《2016年市级示范家庭农场名录》《2016年政府优先扶持农民合作社名录》。全市具备家庭农场条件和特征的家庭农场有1969家,比2015年新增171家,家庭农场经营面积为272.33平方千米,占家庭承包经营总面积的39%,完成全年目标,省、市两级示范家庭农场总量突破200家。按照《推广"戴庄经验"发展生态农业试点方案》,深入推进10个"戴庄经验"试点示范村建设,组织召开"戴庄经验"试点示范村推进工作会议,参与《"戴庄经验"及其可推广性研究》课题的调研工作,制定出台《"戴庄经验"试点示范村考核办法(试行)》。建立2016年度政府优先扶持农民合作社名录,734家合作社进入省级优先扶持名录。推进示范社建设,建立国家、省、市、县四级农民合作社示范社联创机制,争取省级专项扶持资金1275万元。做好农民资金互助合作社清理规范工作,出台《关于做好农民资金互助合作社清理规范的通知》,维护社会稳定。做好合作社年度报告公示工作,公示率为58.5%,比2015年提高2.6个百分点。 (滕士安)

【农村土地承包经营权确权登记颁证试点】 2016年,镇江市农村土地承包经营权确权登记颁证工作稳步推进,全市46个乡镇、453个村开展这项工作,涉及承包地870.6平方千米,农户37.9万户。2月,市委、市政府办公室下发《关于确保基本完成农村土地承包经营权确权登记颁证工作的通知》,进一步明确工作目标和保障措施。市级确权登记颁证工作联席会议办公室发挥组织和协调职能,加强对各辖市(区)的工作指导和督促,1月31日和10月18日两次向辖市(区)和各镇党委、政府主要负责人发出《关于全面完成农村承包地确权颁证工作的一封信》,阐明工作要求和目标任务。全年走访42个镇203个村,发放《工作通报》12期,定向发放《重点问题整改函》4份。截至2016年年底,全市累计完成合同签订36.2万户,发放证书34.5万本。 (魏永春)

【农产品质量安全】 2016年,镇江市农产品质量安全监管工作以确保不发生较大农产品质量安全事故为底线,以提升全市农产品质量安全监管水平为核心,坚持"产出来"和"管出来"两手抓两手硬,从源头上保障农产品质量安全。全市乡镇农产品质量安全监管能力进一步提升,基层网格化监管模式进一步完善,全员监管方式扩大至60%。市级检测能力不断提高,市农产品检测中心完成国家综合性农产品检测中心项目建设,农产品质量检测效率有较大幅度提高。农产品质量筛查覆盖面大幅增加,建立本地蔬菜例行检测制度,每月对本地蔬菜生产基地进行抽检;针对消费点环节和质量安全隐患密集品类,重点对全市蔬菜质量安全开展例行检测,重点时段同每月抽检两次。市本级对市郊蔬菜基地定量检测187批次,县级开展定量检测1431批次,发现11例非禁用农药超标,市县共同开展溯源跟踪监督抽查工作。乡镇级速测蔬菜样品27305个。监督抽查209批次,未发现违法生产、销售不合格农产品现象。协助部省例行监测和监督抽样1172批次。实施瘦肉精监测2.1万份,未发现阳性。发展"三品一标"农产品,完成无公害农产品产地复查换证企业56家,236.67平方千米;新申报无公害产地26家,30平方千米;复查换证无公害农产品135个;新申报无公害农产品95个;绿色食品续展15个,新申报9个;有机新申报2个,获证2个;"三品"新增115个。种植业食用"三品"产量占种植业食用农产品总量的42.5%,种植业"三品"基地面积占耕地的91.5%。在禁限用农药、"瘦肉精"、生鲜乳违禁物质、兽用抗菌药经营使用、生猪屠宰、农资打假、水产品质量安全等7个方面开展整治行动。开展农产品质量诚信及创牌立信示范活动,6家企业获评省级创牌立信示范单位,12家企业获评市级创牌立信示范单位。

(黄杰文)

农业产业化发展

【概况】 2016年,镇江市有县级以上认定农业龙头企业322家,其中国家级4家、省级33家、市级132家、县级153家。全市37家省级以上龙头企业实现销售收入411.44亿元,比上年增长19.9%;实现净利润14.56亿元,增长0.7%;实现税收11.52亿元,增长4.4%;新增研发技改投入2.8亿元,增长11.7%。全市农业龙头企业带动农户总数突破120万户(全国范围),增长11.2%。 (陆廷峰)

【惠农服务】 2016年年初,镇江市农委会同市人社、妇联等部门共同组织开展为期3个月的"春风行动",服务农民增收,帮带农民就业。组织20家县级以上农业龙头企业参加全市联动大型就业招聘会,提供就业岗位680个。全市4家农业产业化国家级重点龙头企业通过农业部第七次动态监测。12月,会同镇江农行邀请60余家企业举办农业产业化龙头企业政银企对接会,介绍目前各类惠农金融政策,为企业与银行合作搭建平台。 (陆廷峰)

【"一村一品"工作】 2016年,镇江市以特色经济发展为引导,找准发展"一村一品"的切入点,安排财政专项资金1200万元,对发展特色产业的农业企业、农民合作社、家庭农场、种植大户等经营主体进行扶持,规划扶持农产品加工、畜牧、水产、园艺等四大类"一村一品"项目76个。句容市后白镇西冯村、丹徒区上党镇敖毅村获全国"一村一品示范村镇"认定。 (陆廷峰)

【镇江农业企业上市取得突破】 2016年8月26日,农业产业化国家重点龙头企业——江苏花王园艺股份有限公司成功登录上海证券交易所主板,正式挂牌交易,募集资金3.54亿元。这是全国园林行业第2家、江苏省园林行业首家主板上市企业,也是镇江市继恒顺醋业、大亚科技后第3家上市的农业龙头企业。

(陆廷峰)

【外向型农业】 2016年,镇江市吸引社会资本投资农业51.65亿元。10月21日,举办中国镇江现代农业项目洽谈会,200多位境内外客商参加洽谈会,有52个项目达成合作意向,其中集中签约20个项目,场外签约32个项目,项目涵盖农业种植业、养殖业、加工业、流通业、休闲农业等,总投资58.06亿元。组织企业参加第十四届中国国际农产品(昆明)交易会、第十八届江苏国际农业合作(连云港)洽谈会、第十四届江苏名特优农产品(上海)交易会、中国安徽(合肥)农业产业化交易会、第三届江苏优质农产品(南京)农交会、中国农产品加工贸易(驻马店)洽谈会等展销会,现场销售收入300余万元。 (毕凤兰)

农业综合开发

【概况】 2016年,镇江市农业综合开发项目立项治理面积3532.73公顷,总投资21058.88万元,财政资金8428万元,其中中央财政资金2345万元、省级财政资金4953.75万元、市级财政配套资金202.5万元、县级财政配套资金503.75万元,自筹资金12630.88万元。全年全市立项的土地治理项目总投资4555.84

2016 年镇江市农业综合开发项目情况表

表 14－1　　　　单位：万元、公顷

项目名称	总投资	财政资金						自筹	建设面积	备注（建设地点）
		小计	中央	地方配套						
				小计	其中：省级	其中：市级	其中：县级			
土地治理项目	4555.84	4500	2250	2250	1575	202.5	472.5	55.84	2000.00	－
高标准农田建设示范项目	753	750	375	375	262.5	－	112.5	3	333.33	丹阳市皇塘镇
高标准农田建设示范项目	751.4	750	375	375	281.25	－	93.75	1.4	333.33	句容市白兔镇
高标准农田建设示范项目	751	750	375	375	243.75	－	131.25	1	333.33	扬中市三茅街道
高标准农田建设示范项目	762.06	750	375	375	262.5	67.5	45	12.06	333.33	丹徒区上党镇
高标准农田建设示范项目	757.26	750	375	375	262.5	67.5	45	7.26	333.33	丹徒区江心镇
高标准农田建设示范项目	781.12	750	375	375	262.5	67.5	45	31.12	333.33	丹徒区宝堰镇
产业化贴息项目	11130	423	0	0	0	0	0	10707	0	－
丹阳市 10 万吨小麦粉加工原料收购流动资金贷款贴息项目	5700	207	－	－	－	－	－	5493	－	丹阳市永兴面粉有限公司
丹阳市 20000 吨信用菌栽培及加工原料收购流动资金贷款贴息项目	5430	216	－	－	－	－	－	5214	－	江苏江南生物科技有限公司
产业化项目	387.41	190	95	95	63.75	0	31.25	197.41	0	－
扬中市年产 45 吨美国鲥鱼生态养殖基地扩建项目	306	150	75	75	48.75	－	26.25	156	－	镇江市绿色农业科技有限公司
句容市年产 16 吨优质茶叶加工新建项目	81.41	40	20	20	15	－	5	41.41	－	句容市茅山风景区福泽家庭农场
省级丘陵山区项目	4985.63	3315	0	3315	3315	0	0	1670.63	1532.73	－
丹阳市经济开发区颜春农业生态园建设项目	408	400	－	400	400	－	－	8	200.00	江苏省丹阳经济开发区管委会
丹阳市秭丹橙子种植基地项目	105	70	－	70	70	－	－	35	27.33	丹阳秭丹果橙专业合作社
句容市茅山镇丁庄葡萄大观园丘陵山区开发项目	400	400	－	400	400	－	－	0	266.67	茅山镇人民政府
句容市后白镇大润家庭农场经济林果基地项目	120	80	－	80	80	－	－	40	31.87	句容市后白镇大润家庭农场
句容市边城镇仑山花木基地	130	65	－	65	65	－	－	65	25.33	句容市仑山花木场
句容市茅山镇同心茶果复合栽培基地	120	80	－	80	80	－	－	40	33.33	句容市茅山镇同心家庭农场
句容市后白镇薄壳山核桃示范基地	75	50	－	50	50	－	－	25	21.33	句容能宁达家庭农场有限公司
句容市华阳街道榉园农业苗木基地	240.28	120	－	120	120	－	－	120.28	53.33	句容市榉园农业科技有限公司
句容市天王镇未来味好生态农业高效种植示范项目	180	90	－	90	90	－	－	90	33.33	江苏未来味好生态农业发展有限公司
句容市郭庄镇千亩榉树家庭农场种植基地	225	150	－	150	150	－	－	75	66.67	句容市郭庄镇千亩榉树家庭农场
句容市天王镇秋实家庭农场苗木种植示范项目	105	70	－	70	70	－	－	35	33.33	句容市秋实家庭农场有限公司
句容市后白镇润程家庭农场花木种植基地	150	100	－	100	100	－	－	50	40.00	句容市后白镇润程家庭农场
句容市白兔镇林牧生态种养示范基地	100	50	－	50	50	－	－	50	25.73	江苏巨鑫牧业有限公司
句容市天王镇白马家庭农场种养基地	120	80	－	80	80	－	－	40	44.13	句容市天王镇白马家庭农场
句容市后白镇兴道谷生态农业园示范基地	202.27	100	－	100	100	－	－	102.27	40.00	江苏兴道谷实业有限公司

续表 14－1

项目名称	总投资	财政资金							自筹	建设面积	备 注（建设地点）
		小计	中央	地方配套							
				小计	其中：省级	其中：市级	其中：县级				
句容市天王镇唐陵村花卉苗木高效种植示范项目	400	200	–	200	200	–	–	200	91.20	南京御典园林发展有限公司
句容市天王镇元萍苗木基地	90	60	–	60	60	–	–	30	26.67	句容市后白镇元萍家庭农场
句容市后白镇春联农业科技发展有限公司苗木基地	200	100	–	100	100	–	–	100	41.33	句容市春联农业科技发展有限公司
句容市白兔镇骄阳家庭农场生态种养示范基地	135	90	–	90	90	–	–	45	30.00	句容市白兔镇骄阳家庭农场
句容市后白镇圣宏科技苗木基地	240	120	–	120	120	–	–	120	53.33	江苏圣宏农业科技有限公司
句容市天王镇浮山村果品苗木高效立体种养示范项目	225.03	150	–	150	150	–	–	75.03	66.67	句容市天王镇山乡缘家庭农场
丹徒区海旺生态农业园项目	120.11	80	–	80	80	–	–	40.11	32.53	丹徒区上党海发家庭农场，上党镇薛村村
丹徒区民众茶叶种植基地项目	90.08	60	–	60	60	–	–	30.08	22.00	丹徒区高资民众家庭农场，高资镇西斛村
丹徒区上党镇丰城村观光农业基地建设项目	153.28	150	–	150	150	–	–	3.28	66.67	丹徒区上党镇丰城村村民委员会，上党镇丰城村
丹徒区盛泰茶叶种植基地改扩建项目	90.17	60	–	60	60	–	–	30.17	20.40	丹徒区上党盛泰茶叶种植家庭农场，上党镇墅山村
丹徒区沁华果树种植基地项目	135.24	90	–	90	90	–	–	45.24	37.47	丹徒区荣炳沁华苗木种植家庭农场，荣炳镇胜利村
丹徒区今日苗木种植基地项目	135.08	90	–	90	90	–	–	45.08	33.33	上党今日家庭农场，上党镇上会村
镇江市丹徒区白鹅养殖基地项目	90.16	60	–	60	60	–	–	30.16	26.67	丹徒区八零后家庭农场，荣炳镇曲阳村
丹徒区翰雅有机茶叶基地建设项目	200.93	100	–	100	100	–	–	100.93	42.07	江苏翰雅生态农业有限公司，上党镇丰城村
合 计	21058.88	8005	2345	5660	4953.75	202.5	503.75	12630.88	3532.73	

（纪建兵）

万元，财政资金4500万元，其中：中央财政资金2250万元、省级配套资金1575万元、市级配套资金202.5万元、县级配套资金472.5万元，自筹资金55.84万元，新建高标准农田2000公顷。项目新建渠系建筑物2595座，修建排灌站46座，修建机耕路48.17千米，开挖疏浚渠道6千米，衬砌渠道68.57千米，绿化造林80公顷。通过综合治理，新增灌溉面积433.33公顷，改善灌溉面积1400公顷，新增除涝面积420公顷，改善除涝面积1100公顷，新增节水灌溉面积1186.67公顷，年节水量1.38万立方米，增加农田林网防护面积813.33公顷，扩大良种种植面积666.67公顷，新增粮食生产能力222.2万千克，新增油料生产能力3.6万千克，新增蔬菜生产能力25万千克，新增其他农产品生产能力24万千克，新增种植业总产值792.82万元，项目区农民收入总额增加686万元。

（纪建兵）

种植业

【概况】 2016年，镇江市种植粮食17.4万公顷，比上年下降0.7%；粮食平均单产6823千克/公顷，下降4.4%；实现粮食总产118.72万吨，下降5.1%。播种夏粮7.43万公顷，增加0.2%；单产4704千克/公顷，下降7.1%；总产34.97万吨，下降6.9%。其中，小麦总产量34.5万吨，下降6.8%。播种秋粮9.97万公顷，下降1.3%；单产8400千克/公顷，下降3.1%；总产83.76万吨，下降4.4%。其中：种植水稻8.65万公顷，下降3.7%；单产8983千克/公顷，下降1.6%；总产77.67万吨，下降5.3%。种植油菜21.91千公顷，下降0.99%；油菜籽单产2486千克/公顷，增长1.84%；总产54474吨，增长0.84%。茶园面积5139.8公顷，增长0.54%；茶叶总产量1764.7吨，下降0.23%；实现产值4.63亿元，增长0.04%；果品面积11073公顷，增长1.2%；果品总产量17.2万吨，增长8.8%；实现产值15.2亿元，增长3.7%。花卉苗木面积6855公顷，下降4.6%；实现产值5.23亿元，下降1.32%。镇江金山翠芽品牌价值为9.05

亿元，比上年增长6.35%。（成春枫）

【江苏“陆羽杯”名特茶评比镇江占1/5】 2016年，江苏省第十七届“陆羽杯”名特茶评比结果揭晓，镇江选送的金山翠芽、吟春碧芽、茅山长青、茗苑曲毫等茶样中有29只获奖，其中特等奖10只，一等奖19只，获特等奖数占全省绿茶特等奖总数的21.3%。这次获特等奖数量为历届最好成绩。江苏省第十七届“陆羽杯”名特茶评比活动收到参评茶样196只，评选出绿茶特等奖47只，一等奖69只。（茅蓉芳）

【全国葡萄评比镇江占1/3】 2016年，第九届中国“中山杯”优质葡萄评比结果揭晓，镇江选送的金手指、阳光玫瑰、巨峰、醉金香等葡萄样品获得特等奖1个，金奖14个，银奖27个，获特等奖数占全国葡萄特等奖总数的33.33%，获金奖数占全国葡萄金奖总数的46.67%，获银奖数占全国葡萄银奖总数的87.1%。有来自河南、上海、江苏等地100个优质葡萄样品参加该评比，评出特等奖3个、金奖30个、银奖31个。（茅蓉芳）

【江苏草莓评比镇江获两金一银】 2016年，江苏首届“盐都大纵湖杯”优质草莓评比结果揭晓，镇江市组织选送的草莓样品获两金一银，其中白兔镇云兔草莓专业合作社红颊草莓、白兔镇柏生草莓专业合作社红颊草莓获金奖；白兔镇笪小华家庭农场红颊草莓获银奖。镇江市草莓连续六届在省级草莓评比活动中获金奖。（茅蓉芳）

2016年镇江市参加“陆羽杯”名特茶评比获奖情况表

表14－2

奖项	单位名称	茶样名称
特等奖	江苏吟春碧芽股份有限公司	吟春碧芽牌吟春碧芽
	句容市张庙茶场	华阳牌茅山长青
	丹阳市丹北镇管山茶叶专业合作社	管山云峰牌云峰扁茶
	句容市林场	句林牌宝华玉笋
	丹阳市丹北镇后巷建林茶场	丁建林牌金山翠芽
	句容市浮山果园	浮翠硒茶牌茅山长青
	句容市赵庄林苗场	清谷香牌清谷香
	江苏茗苑茶叶科技开发有限公司	高庙牌茗苑曲毫
	丹徒区上党三泉茶场	三泉牌长山剑毫
	句容市赵庄林苗场	句曲牌赵庄白茶
一等奖	丹徒区上党三泉茶场	三泉牌三泉红茶
	句容市赵庄林苗场	句曲牌金山翠芽
	句容市叶茗茶叶专业合作社	依芽伊叶牌茅山长青
	句容市下蜀茶场	金翠牌金山翠芽
	丹徒区醉园春茶叶专业合作社	横峰揽翠牌长山剑毫
	句容市林场	句林牌句容白茶
	句容边城镇仓山湖白茶茶场	苏叶牌句容白茶
	句容市龙山茶场	容华牌茅山长青
	丹徒区西林茶叶专业合作社	长山剑毫
	句容市赵庄林苗场	句曲牌茅山长青
	丹徒区上党三泉茶场	三泉牌玉雪白茶
	句容市边城茶场	仓山湖茅山长青
	丹徒区坞庄茶叶专业合作社	上丹牌长山剑毫
	句容市方山茶场	翠竹牌茅山长青
	镇江市五峰茶场	五峰迎春牌五峰迎春茶
	句容市茅山茶场	金茅牌茅山长青
	镇江市五峰茶场	彭公牌金山翠芽茶
	句容市龙山茶场	容华牌龙山白玉螺
	丹徒区坞庄茶叶专业合作社	上丹牌上党白茶

（茅蓉芳）

第九届中国“中山杯”优质葡萄评比结果表

表 14－3

奖项	单位名称	葡萄名称
特等奖	句容市老方葡萄协会	金手指
金 奖	句容市茅山镇介文葡萄专业合作社	巨峰
	丁庄兰轩家庭农场	巨峰
	丁庄农果家庭农场	巨峰
	句容市茅山镇介文葡萄专业合作社	美人指
	句容市三新家庭农场	金手指
	句容市丁庄葡萄研究所	巨峰
	句容市茅山镇满园香家庭农场	红巴拉多
	句容经济开发区葡中葡家庭农场	夏黑
	句容市老方葡萄科技示范园	阳光玫瑰
	句容市后白镇永峰葡萄专业合作社	夏黑
	句容市白兔镇致富专业合作社	夏黑
	句容市七彩玉葡萄科技有限公司	阳光玫瑰
	句容市二丫葡萄专业合作社	醉金香
	句容市三新家庭农场	阳光玫瑰
银 奖	句容市老方葡萄专业合作社	金手指
	句容市茅山镇景记家庭农场	无籽巨峰
	句容市白兔镇倪塘鲜果专业合作社	夏黑
	句容天之源生态农业发展有限公司	美人指
	句容市茅山镇满园香家庭农场	金手指
	句容市茅山镇恒泰家庭农场	巨玫瑰
	句容市辰梵果园专业合作社	夏黑
	句容市七彩玉葡萄科技有限公司	金手指
	句容市柘溪小篮农产品专业合作社	巨玫瑰
	句容市茅山镇介文葡萄专业合作社	金手指
	句容市老方葡萄协会	巨峰
	李辉芳	巨峰
	句容市二丫葡萄专业合作社	夏黑
	刘基隆家庭农场	夏黑
	丁庄心意家庭农场	夏黑
	丁庄兰轩家庭农场	夏黑
	丁庄农果家庭农场	白罗莎里奥
	句容市老方葡萄协会	阳光玫瑰
	句容市三新家庭农场	黄玉
	句容市老方葡萄专业合作社	巨峰
	句容市老方葡萄科技示范园	金手指
	句容市茅山镇满园香家庭农场	巨峰
	丁庄心意家庭农场	巨峰
	句容市白兔万山红遍家庭农场	夏黑
	范海峰	夏黑
	句容市行香金根果园	醉金香
	句容市二丫葡萄专业合作社	红罗莎里奥

（茅蓉芳）

养殖业

【概况】 2016 年，镇江市水产养殖面积 1.95 万公顷，实现水产品总产量 9.85 万吨，比上年增长 0.82%，实现渔业总产值 56.03 亿元，增长 3.66%。

（马 梁）

【镇江江蟹品牌建设】 2016 年 7 月，镇江创成“中国江蟹之乡”。镇江市江鲜产业协会连续两年举办江蟹评比大赛，评选出 502.7 克的“蟹王”，359.3 克的“蟹后”。参加 2016“王宝和杯”全国河蟹大赛，与上海、江苏、安徽、浙江、江西、山东、河南等地 70 余家参赛单位进行角逐，获“最佳种质奖”（5 名）和“金蟹奖”。（马 梁）

【动物检疫】 2016 年，按照全省动物卫生监督“三化一整治”活动的要求，镇江市组织实施畜产品质量安全、“瘦肉精”、生鲜乳、动物诊疗、种用乳用动物调运等专项整治行动，推进“饲料质量安全管理规范示范创建”工作。创成省级“饲料质量安全管理规范”示范企业 2 家，分别是镇江天和生物技术有限公司和中粮饲料（茂名）有限公司镇江分公司。9 月，组织全市饲料企业和辖市（区）监督部门负责人现场学习观摩《饲料质量安全管理规范》部级示范企业——南通海大生物科技有限公司、英联动物营养（南通）有限公司。11 月，市动物卫生监督所在句容市召开全市动物卫生监督工作现场会。12 月，市动物卫生监督所组织全市官方兽医培训班，培训主题为“学法律法规，学文件精神，做合格官方兽医”。全年实施生猪产地检疫 33.58 万头，家禽检疫 2000 万只，牛羊 1104 只，检出病猪 166 头。屠宰检疫 52.7 万头，检出病猪 107 头折合病害猪肉产品 8 吨，检出率为 0.02%。其中城区屠宰检疫量 14.2 万头，检疫不合格生猪及其产品无害化处理率 100%。

（戎沿华）

【渔业生态资源保护】 2016 年，镇江市开展渔业增殖放流活动。3 月 5 日，在金山湖边组织大学生志愿者开展“绿色放养，保护河流生态”活动；6 月 23 日在镇江新区大港港区四期工程码头举办 2016 年镇江市长江渔业资源增殖放流活动，投放鲢鱼、鳙鱼、中华绒螯蟹等 1700 多万尾（只）。严格执行休渔期制度，3 月至 6 月禁渔期，组织执法行动 94

次，接受举报5起，查处举报5起，查获违禁捕捞船3艘次，取缔“迷魂阵”1891米，深水张网11部，电捕鱼器具2台(套)。加强豚类保护巡护管理，做好长江南京以下12.5米深水航道二期工程保护区施工现场管护，开展保护区生态修复与渔业资源增殖放流，推进江豚救护繁育基地建设。　　（马　梁）

【畜禽养殖】 2016年，受养殖污染治理影响，镇江市畜禽养殖总量下降，但养殖效益总体较好。生猪出栏57万头，家禽出栏4760万只，比2015年分别下降12%、0.5%；奶牛存栏4650头，下降10%；肉羊出栏11.3万只，下降7%；肉、蛋、奶产量分别为13.1万吨、3.47万吨、1.87万吨。　　（祝　威）

【规模养殖持续推进】 2016年，镇江市县级以上畜禽规模养殖场1805家，大中型规模养殖场555家，生猪、蛋禽、肉禽、奶牛规模养殖比重分别为80%、86%、76%、96%。生猪大中型规模养殖比重58.47%。新增农业部标准化示范场1家、省级生态健康养殖示范场6家。

实施水污染防治计划，配合市环保部门编制全市畜禽禁限养区划定方案。全面启动“两减六治三提升”环保专项行动，制订畜禽养殖污染治理专项行动实施方案。禁养区需关闭搬迁县级以上规模养殖场803家，实际关闭439家，完成率55%。　　（祝　威）

【重大疫情】 2016年，镇江市实施三大集中防疫行动，畜禽重大动物疫病应免密度和免疫效果达到省规定的标准。全面推行免疫效果飞行监测，各级疫控部门监测样品1.3万份。组织实施小反刍兽疫消灭计划实施方案(2016—2020年)，制定《小反刍兽疫防控工作应急预案》，完成小反刍兽疫防控现状评估工作。　　（祝　威）

林　业

【概况】 2016年，镇江市深化林业改革，加强林业生态建设，发展绿色富民产业，强化森林资源保护，弘扬森林生态文化，在植树造林、资源管理信息化建设、国有林场改革和林业结构调整等多方面取得进展，为全市林业发展打下坚实基础。完成造林面积6.89平方千米，完成省计划造林任务的125%，超额完成省下达的造林任务。全年完成绿化示范村建设26个，其中7个为森林生态示范村。全年实施森林抚育面积40.67平方千米，其中森林抚育试点补贴项目任务4平方千米。深化国有林场改革工作，贯彻落实中央和省政府的决策部署，实施以生态建设为主的林业发展战略，围绕保护生态、保障职工生活两大目标，推进改革。句容市是全省首家上报国有林场改革实施方案的单位；丹阳市国有林场改革实施方案首家获准批复；丹徒区上报方案。镇江市国有林场改革工作走在全省前列。

图14-2　2016年6月23日，镇江市长江渔业资源增殖放流活动举办
（王　成　供稿）

2016年，镇江市森林采伐蓄积总量1774.4160立方米，批准使用的永久性林地面积33.3369公顷，所有林地使用和采伐均逐块现场勘查，全市没有发生违规审批现象。　　（王　晓）

【森林防火】 2016年，镇江市按省级标准整合完毕7支、171人的专业化森林消防队伍，累计有专业、半专业灭火队伍28支595人。全年全市发生森林火灾2起，均启动应急预案四级响应程序，迅速扑灭火灾。经勘查，过火面积1.87公顷左右，燃烧物全部为荒草，无任何活立木损失。完成火灾年控制率1.2公顷/次以下，受害率0.3‰以下，火案查处率80%以上的任务目标。第七届全省森林消防技能竞赛，全省13支代表队参赛，句容代表队获三等奖，丹阳代表队获优秀奖。　　（王　晓）

【湿地与野生动植物保护】 2016年，镇江市开展湿地保护工作，完成全市湿地基础数据校正工作，推进句容赤山湖国家湿地公园试点建设，全年完成湿地恢复面积133.33公顷，全市自然湿地保护率为50.3%；加大野生动植物保护力度，完善陆生野生动物救护中心建设，陆生野生动物救护率100%；全面开展资源普查，第二次全国重点保护野生植物资源调查通过国家验收，开展江苏省第二次陆生野生动物资源调查水鸟同步调查；加强业务培训，强化陆生野生动物疫源疫病监测防控工作；开展“国际爱鸟日”“江苏省爱鸟周”“野生动物保护宣传月”等宣传教育活动。　　（王　晓）

【林业有害生物防控】 2016年，镇江市完成林业清理防治面积18.47平方千米，清理松树1.95万株。与2015年同期数据相比，全市松材线虫病发生面积下降4.2%，病死树数量下降14.4%。对松材线虫疫区不断加强技术指导及日常监测，运用物理、生物等综合措施防治。京口区和镇江新区达到基本拔除疫区的条件，准备报国家林业局全面验收。同时，加大对美国白蛾等危险性林业有害生物的防控力度，对易发生美国白蛾疫情的区域进行重点监测。截至2016年年底，全市未监测到美国白蛾疫情的发生。拍摄林业病虫害和天敌等相关照片3000余张，拍摄视频10多套。制作标本600余套，获得林业虫害标本200余种，制作虫害生活史标本12套；获得病害标本100余种，得到初步鉴定的近100种。普查到葛根等林业有害植物6种。普查到四星瓢虫等生物天敌10余种。　　（王　晓）

【古树名木普查】 2016年，镇江市做好古树名木普查工作，市绿化委员会办公室制订下发《镇江市古树名木资源普查实施方案》，组织全市普查人员进行技术培训，明确技术规范。经普查，全市有古树名木384株，其中一级古树31株，二级古树92株，三级古树258株，名木3株。　　（王　晓）

农业机械

【概况】 2016年,镇江市农机总动力为145.7万千瓦,农机化水平82.5%。其中,小麦机收面积740.67平方千米,机种率98%、机收率99%;水稻机种面积749.33平方千米,机种率86%,机插率82.2%,机收率98%;秸秆机械化还田面积1333.33平方千米,还田率65%,秸秆综合利用率95%;粮食日烘干能力1.5万吨。 (刁野军)

【农机装备发展】 2016年,镇江市做好农机购置补贴工作。围绕"缩范围、降定额、促敞开"的总体思路,规范实施农机购置补贴和报废更新政策,大批高效节能、先进适用的农机具得到推广应用。全年实施农机购置补贴资金4135.3万元,受益2075户,带动农民投入1.34亿元。市级农机化发展资金加大投入。争取市级农机化发展资金700余万元,用于扶持农机化发展和秸秆综合利用,大拖、粮食烘干、高效植保和高速插秧机等重点机具发展迅速。 (刁野军)

【重要农时服务】 2016年,镇江市在夏秋两季农忙期间,组织服务"抢收抢种",先后有4000多台联合收割机、5000多台插秧机及10万台配套机具投入农业生产。重点做好各类服务与技术指导工作,减少恶劣天气对农业生产造成的损失,保障粮食生产安全。 (刁野军)

【秸秆机械还田和综合利用】 2016年,镇江市按照"夏秋还田为主,多形式利用为辅"原则,开展秸秆机械化还田工作,拓展秸秆利用多元化途径,确保秸秆机械化还田和综合利用水平"双提升"。强化组织保障,将秸秆机械化还田任务列入政府考核指标,各级政府成立领导机构,建立协调推进机制。强化资金扶持,争取市级财政资金400万元,分别对秸秆收储点、收储量建设和收集机械给予补贴。强化监督考核,实行"行政检查、社会监督和第三方核查相结合"考核机制,严把作业质量和面积关。 (刁野军)

【农机人才培训】 2016年,镇江市从农业生产需求出发,加大农机教育培训力度,全市举办培训班255期,培训各类农机操作人员12764人次,完成"获证奖补"鉴定451人次。按需施教,有针对性的制订培训实施方案。对培训目的、招收对象、补贴标准等进行宣传、公示,实施过程坚持阳光公开。 (刁野军)

【农机安全生产】 2016年,镇江市加强农机安全监管力度,防控农机事故,全年未发生重大事故和安全生产责任事故,道路外农机事故3起,死亡3人,低于省控指标。加强法规条例的宣传贯彻,深化安全生产意识。注重源头管理,全年财政补贴机具上牌率100%,开展农机安全监理执法150次,查处无牌无证32起,排查隐患单位1221家,隐患整改率100%。深化"平安农机"创建,全市新创建"平安农机示范合作社"5个,"国家级平安农机示范市"3个。 (刁野军)

【农机行政执法】 2016年,镇江市农机监理所重新梳理农机监理行政许可、行政处罚、行政强制、行政裁决、行政检查及其他行政权力,统一列入政府审批项目清单,统一在市政府公开网公示。完善行政监管制度,制订落实《建立行政执法全过程记录制度工作方案》和《农机监理事中事后监管工作措施》。提高监管力度,加强监理队伍建设,组织监理人员法制和技能培训6期,开展江苏省农机监理业务技能竞赛,提高农机监理人员的业务水平。全省统一开展号牌专项检查和档案评查等活动,省市县三级同步开展农机号牌库专项清理整顿,市农机监理所清理无效及过期号牌392副,发放催检通告,报废注销拖拉机1481台。 (严 中)

【农机监管】 2016年,镇江市制订《镇江市农机安全生产专项整治行动方案》,开展"安全生产月"及安全生产大检查等,成立局负责人为组长,管理处、监理所负责人为组员的领导小组。各辖市(区)农机主管局均制订工作方案,成立专门工作班子,明确具体工作目标和措施,落实各级各部门责任。突出监管重点,从源头抓起把好农机安全检审关,消除事故隐患。开展农机安全"送检下乡"工作,协调公安、保险、移动公司、中石化等部门,为农民机手提供农机年检、安全宣传教育、跨区作业证发放、农机保险、"平安农机通"入网、"双优"加油卡发放、违法违章行为咨询等一条龙服务。认真排查隐患,农机监理执法检查150次,出动执法人员408人次,检查各类农业机械1298台,查处无牌无证32起。排查隐患单位1221个,一般隐患446项,整改446项,整改率100%。开展"违法行为清零"活动261人次。 (严 中)

【农机安全宣传】 2016年,镇江市以宣传贯彻新修订的《中华人民共和国安全生产法》和《江苏省农业机械安全监督管理条例》为主线,开展农机安全生产月、咨询日、学习日等群众性安全文化活动。通过开展送检下乡,驾驶人培训、考试,农机具推广、安全检查等多种形式,将宣传教育的重点延伸到基层,扩大到每个农机手、农机合作组织。全市悬挂宣传横幅82条,张贴宣传标语152条,印制宣传手册10000余本,发放农机安全教育专刊1000余本,受教育机手12000余人。丹阳市举办农机合作社负责人、安全员、农业机械新机手培训班7期,参训机手252名,以乡镇为单位组织机手集中进行警示教育2次,受训机手143名。扬中市在年检现场专门配一台40寸彩色电视循环播放事故警示片20场次,举办安全教育培训班8次,培训教育驾驶操作人员600余人次。组织"安全生产月"大型广场宣传咨询活动,重点落实"强化安全发展观念、提升全民安全素质"的宣传主题。开展农机安全生产事故警示教育周活动,丹徒区通过举办拖拉机道路交通事故典型案例展览等形式,用典型农机事故、道路交通事故案例教育农机手,提升公众农机安全意识。开展安全生产宣传咨询日活动,深入到农村集市、田间场院、农机经营维修网点和农机合作社等,广泛宣传农机安全法律法规和安全操作知识,现场通过发放机手安全倡议信和农机安全生产知识宣传画册,以及播放农机安全宣传片等方式,集中宣传农机安全生产方针政策、法律法规、安全知识和自救互助方法。现场解答农机手关于农机安全生产、农业机械维修保养和农机惠农政策等方面的问题。 (严 中)

【优化服务效能】 2016年,镇江市深化"效能革命",农民机手减负增收170万元。加大农机免费监理、购置补贴、报废更新、农机政策性保险的实施力度,惠农政策不断完善。从2016年4月30日起,全面实行免费监理,惠及6900人次,完成农机政策性保险2350台,驾驶员意外伤害险2270人,补贴农机手120万元,报废更新联合收割机28台,补贴机手45万元,免费发放跨区作业证610份。农机加油卡"双优"惠农,全市办理"双优卡"4523份,市农机局与中石化镇江分公司联合发布《三优一免农用柴油供应公告》,开辟52个农机"双优"加油绿色通道,设立农机定点灌桶站,公布投诉电话。优化"平安农机通"推广方案,提高"平安农机通"的吸引力。"平安农机通"掌上平台加强涉农服务,发播安全提醒、作业等信息31条,累计用户4600户,联系超过13万人次。 (严 中)

综　述

【概况】　2016年，镇江市水利工作以工程建设为基础、深化改革为驱动、群众满意为目标、自身建设为保障，推进安全、生态、民生、法制“四个水利”的建设。面对当年汛情，全市上下全力防汛抢险，最大程度降低洪涝灾害损失，确保全市317千米江港洲堤无一处决堤，未出现人员伤亡事故；全市超额完成重点水利建设任务，长江镇扬河段三期整治工程、新孟河延伸拓浚工程等一批重大水利项目开工建设，完成《镇江市城市防洪规划（2014—2030）》《镇江市“十三五”水利发展规划》编制工作，并由市政府批复后印发实施；市水利局牵头制定《镇江市饮用水源地保护条例》，坚守水资源开发利用、用水效率控制、水功能区限制纳污“三条红线”，全市全年集中式饮用水源地水质达标率为100%；全市完成农村水利建设投资6.51亿元，其中争取省以上补助2.04亿元；全市创成赤山湖国家级水利风景区，小水库管理规范化率从72%上升至76%，保持全省第一。推进小型水利工程管理体制改革、河长制、确权划界等水利管理工作。（龚　源）

农村水利

【概况】　2016年，镇江市完成农村水利建设投资6.51亿元，其中争取省以上补助2.04亿元。全年全市有效灌溉面积为1337.33平方千米、旱涝保收田面积为1247.67平方千米、节水灌溉工程面积为899.47平方千米，有6个镇、28个村被列入省“水美乡村”建设名单。镇江市中央财政小型农田水利重点县绩效考评继续保持全省第一，农田水利工程运行管理、农村河道管护绩效考评全部优良；农田水利设施的专业化社会化服务组织管护率全省第一。2016年度小型农田水利重点县建设、千亿斤粮食田间工程、中型灌区节水配套改造等重点项目顺利完成。全市小型农田水利建设完成投资2.3亿元。（龚　源）

【农村河道疏浚整治】　2016年，镇江市完成疏浚县乡河道79条、183千米，土方量265万立方米，整治村庄河塘529座、土方量227万立方米。实施完成丹阳市、句容市、扬中市、丹徒区4个省级农村河道疏浚整治项目及扬中市中小河流治理重点县建设项目。（龚　源）

【水土保持工作】　2016年，镇江市完成治理水土流失面积28.3平方千米（占年度计划任务的113%），其中完成省级立项水土保持项目1个（丹徒区茹墅河水土保持小流域治理项目）；实施市级立项水土保持项目2个（润州区韦岗水土保持小流域、句容市鲍亭水土保持小流域治理项目）。进一步加强水土保持监督执法力度，市、县两级年度审查审批水保方案34个；落实水土保持“三同时”制度，控制新增人为水土流失。（龚　源）

【农村水利管护工作】　2016年，镇江市农村水利工程设施主要按照分级管理、分级负责的原则，落实管护主体和责任。县乡骨干河道实现专业化管理的全覆盖、分条逐段明确并落实管护经费和人员，村庄河塘结合农村环境长效管理等工作以村为单位统一落实管护工作；小型农田水利设施主要由各镇（街、区）水利（农机）站负责监督管理和业务指导，骨干灌排工程由乡镇水利（农机）站直管或者委托给灌排服务组织管护，田间小型水利工程主要由所在村负责管理或者委托给服务组织管护。截至2016年年底，全市小型农田水利设施市场化、专业化管理的乡镇覆盖面在80%以上，形成公司化运作、农民合作组织提供用水服务和农业经营主体自主管护等模式。全年全市农村水利合计投入各类运行管护经费约7000万元。（龚　源）

【农村水利改革工作】　2016年，扬中市和丹阳市分别作为国家级和省级农田水利设施产权制度改革和运行管护机制创新试点县，按照批复实施方案要求完成全部改革试点任务。4个涉农辖市（区）完成农业水价综合改革实施方案的县级人民政府批复工作。推进基层水利服务体系建设，丹徒区解决乡镇水利农机站经费保障问题；健全句容市乡镇水利农机站的体制，解决其经费保障问题。（龚　源）

城市水利

【概况】　2016年，镇江市水利局以规划工作为先导、前期工作为基础、项目建设为重点、规范管理为关键、安全生产为保障，为提高流域、区域和城市防洪水利能力提供项目支撑。《镇江市城市防洪规划（2014—2030）》通过市政府审议并正式印发；《镇江市“十三五”水利发展规划》编制完成，并经市政府批复实施；《镇江市城市水系保护控制规划》修订工作完成，《镇江市城市水系保护控制规划》（专项补充）通过审查；秦淮河流域、太湖湖西地区等水利治理规划有序开展；按照监测计划组织实施镇扬河段重点工段汛前、汛中、汛后水下监测分析。

镇江市在全省率先组织开展市级工程质量管理专项考核工作，引导水利工程开展标准化工地建设，在运粮河闸站建设工地引入远程视频监控系统，将项目稽查、质量及安全专项稽查纳入正常化轨道，加强各阶段验收工作的专家技术把关及施工图、招标文件等审查工作，确保设计变更管理及时有效。

（龚　源）

【建设项目准备工作】 2016 年，国家 172 项重大水利项目中的新孟河延伸拓浚工程初步设计获批复；镇扬河段三期整治工程初步设计得到批复；长江中下游应急崩岸治理可行性研究报告通过水利部水规总院初审。区域治理工程中扬中市沙家港闸站工程、九曲河整治、长江镇扬河段沙头河口上段及和畅洲潜坝下游应急护岸工程初步设计获批复；上述重点工程总投资超过 25 亿元。

（龚　源）

【水利重点工程建设】 2016 年，江苏省水利厅下达镇江市水利重点工程建设任务 4.8 亿元，全年全市水利重点工程完成投资 6.39 亿元。其中：扬中市长江坍江应急治理工程及长江镇扬河段世业洲左汊 2014 年度应急护岸工程全部建成；长江镇扬河段三期整治工程、新孟河延伸拓浚工程、湖西区九曲河整治工程、扬中市沙家港闸站工程、镇江市长江镇扬河段沙头河口上段及和畅洲潜坝下游应急护岸工程全面开工；镇江市运粮河七摆渡闸站主体工程基本完成。

（龚　源）

【安全生产监督工作】 2016 年，镇江市水利系统以民生"三安"为引领，贯彻"安全水利"这条主线，全面推进以安全生产大检查、"打非治违"和专项整治行动为重点的各项工作措施的落实，全市水利系统安全生产形势总体稳定趋好，没有发生一起等级生产安全事故，实现生产安全事故起数和死亡人数的"双下降"。（龚　源）

防汛防旱

【概况】 2016 年，镇江市汛期、梅雨期的全市面平均降雨量比历年同期（指 1981 年—2010 年的平均值）分别偏多 60%、1.2 倍。长江镇江站出现列镇江历史第二位的高水位。7 月初，全市遭遇一场强降雨袭击。出梅后连续高温少雨，局部丘陵高岗地出现气象伏旱。汛后，连续阴雨，10 月降雨量是常年平均的近 7 倍。全市各地、各部门通力协作，快速反应，全力应对，保障防汛防旱工作的推进。

（龚　源）

【汛前准备】 2016 年，镇江市 317 千米长江江港洲堤防、51 条市级以上骨干河道、在册 100 座中小型水库、大中型闸站和 62 座重点塘坝等水利工程防汛行政责任人、技术责任人汛前全部落实，并及时修订、通报、印发防汛责任制手册，寄出防汛责任一封信。4 月 22 日，市政府组织召开全市防汛防旱工作电视电话会议，对全市防汛防旱工作做详细部署，并与各地政府签订防汛工作责任状。主汛前完成全市各级防汛防旱指挥部成员调整。全市各级认真组织水利工程汛前大检查，对汛前检查梳理出的 35 处度汛隐患，逐一落实处置方案，落实应急度汛措施。汛前修订、印发《镇江市防汛应急预案》，完善城区金山湖水系调度方案，完成湖西区、秦淮河流域洪水联合调度方案。对涉水在建工程，督促建设单位编制报批施工度汛应急预案。加强防汛物资储备，下达年度储备计划，汛前物资储备数量达到省政府下达的指标要求。强化防汛专业队伍建设，全市汛前组建防汛抢险队伍 380 个，并与军队合作开展防汛抢险演练，开展应急抢险联动机制前期工作。加快防汛指挥系统建设，汛前对雨情、水情监测设施进行校核、维护，确保信息传输及时高效、工程运用优化调度，为科学指挥提供技术支撑。组织防汛值班培训，加强值守，确保信息畅通。完成长江镇扬河段、扬中河段水下监测分析，掌握江岸发展趋势。

（龚　源）

【汛期应对】 2016 年，镇江市全力防汛抢险，最大程度降低洪涝灾害损失。降雨前，全市骨干河湖库底水足，长江水位高，外排困难。6 月 26 日，镇江市防汛防旱指挥部下达指令开启谏壁抽水站、九曲河枢纽泵站全力预降内河水位。降雨后累计抽排涝水约 5.4 亿立方米；引航道泵站降雨期间抽排城区涝水 1750 万立方米。

7 月 2 日 10 时发布洪水蓝色（Ⅳ级）预警并启动防汛Ⅳ级应急响应，各地各单位按照预案响应。7 月 3 日 7 时，市防指发布洪水黄色（Ⅲ级）预警，7 月 4 日 19 时，防汛应急响应由Ⅲ级提升为Ⅱ级。7 月 29 日 12 时起，市防指结束洪水Ⅳ级预警和防汛Ⅳ级应急响应。各辖市（区）根据实际汛情也启动和调整防汛应急响应，丹阳市最高启动Ⅱ级、句容市Ⅰ级、扬中市Ⅱ级、丹徒区Ⅱ级。镇江市防汛防旱指挥部办公室（简称"市防办"）通过短信平台、电视台、报纸及微信等平台及时发布预警、响应信息。

秦淮河流域在降雨前，对水库和河网进行预降。赤山闸先后控制下泄流量和关闸，并启用白水荡、郭庄镇西万亩圩滞洪。该次赤山湖片区滞洪 3140 万立方米，滞洪面积 12.5 平方千米。

湖西区在降雨前，苏南运河丹阳站水位预降到 4.5 米。降雨后水位迅速上涨，最高涨到 6.97 米。市防指下达指令，调控凌塘、仑山、墓东水库错峰滞洪。

沿江城区在降雨前，金山湖水位预

图 15－1　2016 年 5 月 12 日，镇江军分区司令部、市防汛防旱指挥部在镇江市征润洲西南角的引航道枢纽站举行防汛抢险军地联合演练　（李启顺　供稿）

降到5.57米，古运河水位预降到5.55米。降雨后，丹徒南闸向东边京杭运河排水，古运河水位仍快速上涨。市防办及时开启引航道泵站、运粮河泵站向长江抽排金山湖涝水。城区西片运粮河受降雨影响，水位达到8.45米，为确保沪宁铁路安全，市防指组织专题会商，落实调控方案，启用七摆渡下闸挡洪，并开启运粮河闸向金山湖控制分洪，维持运粮河水位在8.0米~8.2米之间，既保证铁路安全，又减轻主城区涝水向金山湖分洪的压力。

市防指印发《关于做好长江安全度汛工作的通知》《关于全力做好当前防汛工作的紧急通知》《关于进一步做好巡查除险工作的通知》。7月2日7时，市水利局派出6个工作组，从7月3日开始，每日赴各辖市（区）察看汛情，指导巡查、抢险等工作。

市防办对长江易坍段、重点工段进行应急监测，掌握发展态势，并实施丹徒区和畅洲原江心自来水厂段的应急抛石抢险，完成抛石36057吨。受长时间高水位影响，长江堤防渗漏、管涌现象时有发生，市防办派出督查组赴扬中、丹徒、润州现场督查指导应对。

（龚　源）

【汛后修复】 2016年，镇江市针对汛期暴露出的薄弱环节，下发防汛应急和水毁工程修复经费1500多万元，各辖市（区）积极配套，着重推进河道堤防管涌、渗漏处理，闸站机电设备维修，病险水库除险加固和城市防洪工程建设。

（龚　源）

水政水资源管理

【概况】 2016年，镇江市推进全市水资源统一管理和节约保护工作，深入开展水生态文明建设。以镇江历史文化为依托，以青山绿水的城市特色为背景，开展全市水情教育，培育市民现代水文明意识。完成市水利系统行政权力事项清理工作，公示行政许可、行政处罚、行政强制、行政收费等行政权力清单。完成市水利系统行政权力事项规范精简工作。

（龚　源）

【水行政服务与执法】 2016年，镇江市水利局按照政府权力清单开展水行政审批工作，全年完成市级行政审批项目9项，全部在网上进行公示；加大对审批项目事中事后的监管力度，对一批存在问题的建设项目实施督办。2016年，市水利局牵头起草《镇江市饮用水源地保护条例》。该条例是镇江市人大取得地方立法权之后的第三部地方性法规，该法规于2017年3月1日起施行。同时序时开展刑事司法与行政执法“两法”衔接、“双随机”（随机抽查事项清单、随机抽查对象库）监管、行政执法标准化、行政执法全过程记录等工作。保持打击长江非法采砂高压态势，部署开展“护江2016”和“汛期集中整治”专项行动，两个市级水政执法基地完成招投标，进入全面建设阶段。

（龚　源）

图15-2　2016年3月22日，镇江市水利局在镇江市梦溪广场举行纪念第24届“世界水日”、第29届“中国水周”暨“最美不过家乡水”摄影征文大赛启动仪式

（郝　健　供稿）

【水法宣传工作】 2016年，镇江市水利局开展第24个“世界水日”和第29届“中国水周”纪念宣传活动。启动“七五”普法规划制定工作。开展节水护水志愿服务活动。组织近百名学生参加《江苏省节约用水条例》知识竞赛，组织近50名社区民众开展节水知识问答及现场节水操作技能竞赛，组织150名小学生开展“情系家乡水，美画古运河”爱水护水活动，组织20名企业代表在光大环保能源（镇江）有限公司开展节水型企业宣传活动，丹阳市拍摄水法宣传微电影。

（龚　源）

【水资源保护工作】 2016年，镇江市水利局完成《镇江市水生态文明先行示范区实施方案》《镇江市节水型社会“十三五”规划（初稿）》编制工作。完成长江征润洲饮用水源地、扬中二墩港饮用水源地达标建设，召开长江丹阳江心洲饮用水源地达标建设推进会，并与市住建局、环保局、海事局联合建立镇江市供水水源水质监测预警联动机制。强化水质监测，每月对全市118个水功能区实行全覆盖水质监测，每月两次对全市集中式饮用水源地水质监测，每年两次对全市主要的58个入河排污口的水量、水质实行同步监测，每月对全市辖区内的省公布名录中12个湖泊的水生态实行监测。2016年，全市水功能区水质达标率为77.1%，金山湖、赤山湖等水质全年保持Ⅲ类水以上。通过中央环保督查组及长江检查组的检查，对2005年之后镇江市审批的26个排污口及长江沿线的34个取水口进行全面核查，并完成全市规模以上排污口出水水质的监测工作。完成长江管理范围内占用情况遥感监测现场核查工作，对长江管理范围内106个遥感监测变化点开展实地核查。

（龚　源）

【水资源管理】 2016年，镇江市创成36所市级“节水型学校”，5所省级“节水型学校”，8个省级“节水型载体”，1处“节水教育基地”，复查18家省级“节水型载体”，并与机关事务管理局联合开展节水型单位创建活动。截至2016年年底，全市创建省级“节水型载体”85家，市级“节水型学校”164家。市水利局制定全市重点监控用水单位名录，将全市地表水50万立方米以上、地下水10万立方米以上的自备水用户纳入取水许可重点监控名录。全年加大“最严格水资源管理制度”落实力度，严格执行水资源开发利用红线、用水效率控制红线、水功能区限制纳污红线等“三条红线”。

（龚　源）

水利工程管理

【概况】 2016年,镇江市各级水利部门重视工程管理工作,推动管理模式不断创新,推进管理技术持续进步。开展国家级和省级"水管单位"创建、小水库规范化管理、水利风景区"河长制"和"美丽库区、幸福家园"等建设,提升管理水平,改善水环境面貌。

2016年9月,赤山湖水利风景区通过水利部验收,成为全市第二家国家级水利风景区,并同时享有国家湿地公园称号。丹阳九曲河枢纽高分通过水利部复核,丹阳市长江堤防工程管理处等5家省级水利工程管理等级水管单位通过复核;江心排涝总站、茅山、北山水库省等级单位创建工作完成。 (龚 源)

【河湖库管理】 2016年,镇江市水利局统筹抓好河道、湖泊和水库管理工作。在河道组织管理方面,推进"河长制"和"河段长"制,强化长江堤防规范化管理。丹阳市打造"一镇一河一特色",城区河道注重水环境改善工作,乡村河道开展集中清杂清障工作;扬中市通过"四个一"(一河一长、一河一策、一河一档、一河一特),围绕畅通水系、改善水质、稳定水面、营造水景开展工作;句容市各乡镇健全完善河道管护资料,实现"一河一档";镇江新区出台《镇江新区河道、水库和湖泊管护办法(试行)》,每年财政投资1500万元用于全区河湖库管护。12月12日,中央电视台《新闻联播》报道扬中市推行"河长制"的经验和做法。在湖泊组织管理方面,建立健全湖泊管理保护制度,开展湖泊日常巡查管理及监测,杜绝违法占用和圈圩事件的发生。在水库管理工作上,开展水库隐患专项检查和隐患处理,确保2016年汛期大水期间水库无一出险;完成句容水库、凌塘水库大坝安全鉴定工作。开展16座"省规范化管理小水库"复核,新创建4座"省规范化管理小水库",规范化率从72%上升至76%。完成6座不在册水库的竣工验收,注册后全市境内小水库增至99座。推进河湖、水利工程确权划界工作,市水利局组织编制市直及6个辖市(区)河湖及水利工程管理范围划定工作实施方案,并通过符合性审查。2016年,扬中市作为试点市完成政府验收,市直和各辖市(区)单元完成招投标工作。 (龚 源)

【工程管理体制改革及规范化管理】 2016年,镇江市小型水利工程管理体制改革推进顺利。全市各地出台《"小水改"实施方案》,省试点县扬中市通过验收,明晰工程产权5542个,发放产权证书200份;丹阳市完成小水库小水改工作市级试点。全市完成水利工程基本情况调查,总工程数量约15000个,明晰并发放产权证书的工程数量为8140个,落实管护经费4300多万元。深化以全面落实"两项经费"为重点的水管体制改革,探索通过"财政购买日常管理服务"方式,加强日常管理考核,推进落实公益性人员基本支出和维修养护经费,推进"管养分离",培育水利工程维修养护市场。全市31家国管水管单位体制改革工作通过省水利厅验收。全市深化以"两项经费"落实为重点的水管体制改革,出台《镇江市城市水利工程长效管理考核及管护经费奖补办法(试行)》,强化市直水利工程维修养护管理,下达市直维修养护经费700万元。 (龚 源)

水利发展保障

【概况】 2016年,镇江市水利系统加强水利科技创新,建设水利人才队伍,加大保障性资金投入,宣传挖掘水文化,不断提升全市水利软实力,为各项水利改革发展事业提供支撑。

经费保障。2016年,镇江市出台《镇江市城市水利工程长效管理考核及资金补助办法》,建立考核机制,落实资金585万元,用于市直水利单位运行管护的保障。在此基础上,又研究解决市直水利单位人员基本保障的途径;市本级及各辖市、区严格执行省水利厅防汛防旱、维修养护和小型农田水利工程等专项资金使用管理办法;省级水利重点工程配套资金100%落实到位。

宣传工作。2016年,镇江市加强宣传的统筹与协调,先后配合中国水利报社、《新华日报》、省水利信息中心等宣传报道镇江市水利取得的成就。组织局主要领导参加市广电"政风行风热线"活动。创新宣传载体,推出《水利万物——镇江水利》画册,通过配图、配诗、配画,重点宣传镇江水文化与水利发展,举办《水利万物——镇江水利》画册首发赠书仪式暨"最美不过家乡水"水利摄影展开幕式。开通镇江水利微信公众号,出版《镇江水文化笔谈系列丛书》,镇江市也成为江苏省首家出版水文化丛书的地级市。 (龚 源)

【水利科技工作】 2016年,镇江市水利科技工作坚持"科教兴水"的发展战略,将水利科技成果转化为驱动力与生产力。全系统申报4个水利科技项目,其中"草莓智能滴灌水肥一体化技术研究与推广应用"项目在省水利厅立项,争取省级科技补助费20万元。完成对"镇江市金山湖调水引流对城市内河水环境修复改善研究""镇江市城区防洪排涝模型研究""秦淮河流域赤山湖片区洪水调度研究""水行政执法、水资源管理视频监控系统""农业汇水区河沟周丛生物反硝化脱氮特征与面源氮调控潜力分析"5个项目的审核和申报工作。完成对"基于多闸站联动的镇江金山湖水系水质水量联合调度研究""沿江码头群对河道的水流运动影响研究""九曲河枢纽工程现代化示范基地""镇江市城市水文水动力模型与洪涝风险分析系统研究""长江世业洲汊道近期演变特性与治理方案研究与应用"5个项目的申报验收并结题。 (龚 源)

【水利人才队伍建设】 2016年,全市申报省水利工程中高级职称8人,通过评审7人,通过率为88%。同时,选派7人参加全省乡镇水利站站长和管理骨干培训班;组织10人参加全省智慧水利信息技术推广培训班;选派2人参加全省水利系统通用工种和特有工种技能人才培训;组织4名工勤人员参加第七轮继续教育培训班等。组织62人参加全市水利信息化工作培训班。 (龚 源)

综 述

【概况】 2016年，镇江市工业受宏观经济下行影响，部分指标增幅出现震荡波动、小幅收窄，工业经济总体"L"型走势清晰，降速未演变成失速，工业运行仍处于合理区间。镇江市有规模以上工业企业2710家，从地区分布来看，丹阳市759家，句容市564家，扬中市450家，丹徒区359家，京口区49家，润州区81家，镇江新区448家；按登记注册类型分，国有企业9家，集体企业34家，股份制企业1973家，三资企业529家，其他165家。全市规模以上工业完成增加值2065亿元，按可比价增长9.3%，高于全省平均1.6个百分点，增幅列全省第7位。分轻重工业看，全市轻工业增加值增长8.9%；重工业增长9.4%。分经济类型看，全市股份制工业企业完成增加值增长10%，较上年上升1.4个百分点；三资工业企业增长9.7%，较上年回落4.8个百分点。全市民营企业完成增加值增长10%，高于全市平均0.7个百分点，其中私营企业增长10.3%，较上年回升1.6个百分点。分地区看，全市各辖市（区）均保持平稳增长，其中镇江新区、扬中市、丹徒区、句容市增幅高于全市平均，分别增长10.6%、10%、9.9%、9.7%；京口区、润州区、丹阳市增幅低于全市平均，分别增长5.8%、6%、8.5%。

工业经济总体平稳。从主要指标看，全市规模以上工业增加值比上年增长9.4%，全年走势平稳，受季节性因素影响，增速在9.4%上下小幅波动。工业用电量累计完成173.77亿千瓦时，增长5.1%，增幅列全省第2位。受光伏行业"630"、石化等部分行业触底回暖以及上年基数等综合影响，工业用电全年呈现"先高后低"的态势。工业应税销售完成3572亿元，增长6%。受上年基数影响，全年走势震荡走高。

运行质量好转。全市规模以上工业实现利润、利税分别为585亿元、907亿元，分别增长6.4%和7%。全市规模以上工业利润率、利税率分别为6.6%和10.2%，分别比上年提高0.2个和0.5个百分点。工业企业亏损面10.1%，同比、环比分别下降0.1个和0.1个百分点。亏损企业278家，环比减少2家。亏损企业亏损额16亿元，增长8.8%。两项资金（应收账款和产成品存货）占用1130.9亿元，增长6.5%，其中应收账款增长6.6%，产成品存货增长6.4%，环比分别增长1.8个和0.1个百分点，流动资金压力有所增大。

工业产销稳中向好。全市规模工业产销率98.5%，高于全省0.2个百分点，增长0.2个百分点，全年总体保持平稳。全市重点监测的49种大类产品中，有29种产品产量增长，增长率59.2%。其中，饮料酒、原盐、中成药、眼镜成镜、自行车、复合木地板等6种产品产量增长10%以上，分别增长51.7%、32%、26%、17.9%、16.6%、10.1%。从地区产销率来看，除丹阳市、句容市产销率略有下降外（分别下降0.08%和0.59%），京口区、润州区、镇江新区、扬中市、丹徒区产销率分别增长4%、1.9%、0.32%、0.22%和0.18%，支撑全市指标回升。

要素供给总体稳定。煤炭供给总体宽松，截至2016年12月底，全市主要电厂煤炭库存约为14.4天的用量，与11月底持平，比上年同期略有下降。交通运输平稳增长，全年全市公路、水路货运量完成8877万吨，增长2%，增幅环比增长0.4个百分点；货物周转量完成117.2亿吨千米，增长3%。制造业贷款小幅减少，全年全市制造业贷款余额1030亿元，较年初减少55亿元，占全市各项贷款总额的29.7%，较年初下降6.2个百分点。

重点行业运行平稳。全市装备制造业、原材料、消费品三大产业保持总体平稳，完成应税销售3158亿元，增长6%，其中装备制造业、消费品产业分别增长9.4%和9.7%，原材料产业克服下行压力，实现由负转正，增长1.1%。根据120家企业销售、用电综合情况，企业所处行业运行情况总体良好。其中，汽车及零部件、航空航天、工程和农业机械、电力电气（光伏）等行业，受市场回暖和宏观政策影响，产销两旺，用电分别增长24.23%、23.45%、25.23%和18.06%，销售分别增长17%、63%、31%和21%。医药食品、轻工纺织等行业受物价持续上涨影响，销售增幅快于用电，其中医药食品业用电、销售分别增长13%和23.6%，轻工纺织用电、销售分别下降1.8%和增长9.1%。石油化工、建材等行业受市场和环保政策综合影响，产品价格持续低位，更加严格的环保政策对产能形成影响，两个行业用电分别下降1.7%和增长1.6%，销售分别下降8.3%和1.6%。

推进供给侧改革。完成落后产能淘汰项目43个，化解水泥产能110万吨；完成地条钢专项整治工作任务。推进企业兼并重组工作，全年完成"江苏东普新材料"重组等10个兼并重组项目。降低企业经营成本，为实体经济企业减负85.23亿元；72家企业享受直购电34.32亿千瓦时，降低企业用电成本1.2亿元；发放企业周转贷款138.6亿元，减少企业融资成本9000万元。8月2日，全省各市级人民政府2015年度节能目标责任评价考核结果公布，镇江获评"超额完成"等级。其中，2015年全市单位地区生产总值能耗下降7.40%，降幅居全省第3位，超全省平均水平0.67个百分点；“十二五”单位地区生产总值能耗累计下降25.69%，降幅居全省第3位，超全省平均水平2.79个百分点；完成省下达镇江市“十二五”目标的142.7%，超全省平均水平15.5个百分点，完成目标比例列全省第2位。11月6日，市政府获评“全省节能工作成绩突出先进单位”。

推进转型升级。镇江市获批“中国制造2025”试点示范城市。实施国家强基工程项目2个，新增省级智能车间13个、省级技术中心12个、省“双新”认定产品29个、涉军企业8家、两化融合贯标试点企业16家（1家国家级、15家省级）。高端装备制造业完成销售1450亿元，新增省级高端装备制造业特色（示范）产业基地5个，新增总数列全省第一。7月20日，省经信委、省财政厅下达2016年度省级工业和信息产业转型升级专项引导资金，全市117个项目争取扶持资金9633万元，资金总量超过扬州、泰州，列全省第六位。其中：企业制造装备升级类争取资金3845万元，企业互联网化提升类争取资金3420万元，产业绿色发展类争取资金1203万元，企业生产制造服务类争取资金1165万元。11月18日，镇江市开展“镇江工业绿色转型媒体行”活动，新华社、《中国工业报》等10多家新闻媒体的记者到镇江重点培育的“绿色工厂”参观。

强化企业服务。制定“暖企行动”方案，开展“三聚”（聚焦产业、聚集资源、聚合力量）服务以及企业家沙龙17场（次），帮助358家企业协调解决发展难题450个，企业满意率98%以上；帮助企业争取省级以上专项资金2.5亿元。5月11日，市经信委、发改委、银监局组织有关金融机构和供电公司，与镇江新区新材料产业园有融资和电力需求的12家企业开展对接服务。

2016年1月16日，镇江市被中国城市商业信用环境指数课题组、中国管理科学研究院诚信评价研究中心和中国市场学会信用学术委员会联合评为“‘十二五’商业信用环境优秀城市”；3月8日，镇江市公共信用信息中心被中国管理科学院诚信评价研究中心、中国市场学会信用学术委员会认定为“2015—2016全国城市信用体系研究示范基地”和“中国城市商业信用环境指数”（CEI）课题定点调研单位。4月22日，镇江市食品工业协会在全省13个省辖市食品工业（行业）协会中，首家获省民政厅“江苏省示范性社会组织”称号。12月6日，鱼跃医疗的“9F－3AW制氧机”和“天宏自动化数控立式镁铝合金车轮旋压机”在2016年江苏省工业设计产品大赛中分别获金奖和银奖。 （鲍 兴）

2016年镇江市工业应税销售百强企业汇总表

表16－1

序号	地区	企业名称	序号	地区	企业名称
1	丹阳市	江苏沃得集团有限公司	35	丹阳市	恒宝股份有限公司
2	镇江新区	镇江奇美化工有限公司	36	扬中市	江苏新韩通船舶重工有限公司
3	镇江新区	金东纸业（江苏）股份有限公司	37	丹徒区	江苏恒顺醋业股份有限公司
4	京口区	中储粮镇江粮油有限公司	38	丹阳市	大赛璐安全系统（江苏）有限公司
5	丹阳市	江苏天工集团有限公司	39	镇江新区	江苏超跃化学有限公司
6	京口区	江苏鼎胜新能源材料股份有限公司	40	丹徒区	江苏捷诚车载电子信息工程有限公司
7	京口区	中国国电集团公司谏壁发电厂	41	润州区	中船动力有限公司
8	京口区	江苏索普（集团）有限公司	42	丹徒区	江苏振光电力设备制造有限公司
9	扬中市	大全集团有限公司	43	丹阳市	江苏精工特种材料有限公司
10	丹阳市	大亚科技集团有限公司	44	丹阳市	海昌隐形眼镜有限公司
11	扬中市	镇江荣德新能源科技有限公司（含仁德）	45	句容市	建华建材（江苏）有限公司
12	扬中市	江苏环太集团有限公司	46	京口区	国电江苏谏壁发电有限公司
13	句容市	华电江苏能源有限公司	47	丹阳市	江苏晶工工具有限公司
14	丹阳市	丹阳龙江钢铁有限公司	48	镇江新区	江苏正丹化学工业股份有限公司
15	镇江新区	道达尔润滑油（中国）有限公司	49	镇江新区	凯迩必机械工业（镇江）有限公司
16	丹徒区	金海宏业（镇江）石化有限公司	50	镇江新区	优利德（江苏）化工有限公司
17	句容市	江苏东昇光伏科技有限公司	51	丹阳市	江苏辰阳电子有限公司
18	丹徒区	江苏镇江发电有限公司	52	丹阳市	江苏瑞美福实业有限公司
19	镇江新区	中节能太阳能科技（镇江）有限公司	53	丹阳市	江苏卡威汽车工业集团股份有限公司
20	丹阳市	江苏大力神科技集团有限公司	54	丹徒区	帝高力装饰材料（江苏）有限公司
21	京口区	江苏鸿泰钢铁有限公司	55	丹徒区	北汽（镇江）汽车有限公司
22	丹阳市	江苏鑫海铜业有限公司	56	镇江新区	镇江东方电热科技股份有限公司
23	镇江新区	镇江均和重工有限公司	57	镇江新区	恩坦华汽车零部件（镇江）有限公司
24	镇江新区	镇江联成化学工业有限公司	58	扬中市	现代重工（中国）电气有限公司
25	润州区	江苏船山集团有限公司	59	句容市	句容台泥水泥有限公司
26	丹阳市	江苏鱼跃医疗设备股份有限公司	60	镇江新区	镇江南帝化工有限公司
27	句容市	巨宝精密加工（江苏）有限公司	61	镇江新区	镇江大东纸业有限公司
28	镇江新区	镇江市大港通达铜材有限公司	62	扬中市	江苏通灵电器股份有限公司
29	丹徒区	镇江焦化煤气集团有限公司	63	镇江新区	江苏镇钛化工有限公司
30	镇江新区	镇江江南化工有限公司	64	扬中市	江苏威腾电气集团有限公司
31	句容市	句容宁武新材料股份有限公司	65	丹阳市	江苏超力电器有限公司
32	扬中市	有能集团有限公司	66	京口区	爱励铝业（镇江）有限公司
33	镇江新区	索尔维（镇江）化学品有限公司	67	丹阳市	江苏申阳集团有限公司
34	润州区	江苏省镇江船厂（集团）有限公司	68	扬中市	香江科技股份有限公司

续表 16－1

序号	地区	企业名称	序号	地区	企业名称
69	丹徒区	镇江李长荣综合石化工业有限公司	85	镇江新区	江苏吉贝尔药业股份有限公司
70	丹阳市	汉高(江苏)汽车零部件有限公司	86	镇江新区	华东泰克西汽车铸造有限公司
71	扬中市	江苏中海粮油工业有限公司	87	扬中市	金海新源电气江苏有限公司
72	丹阳市	江苏万新光学有限公司	88	润州区	江苏柳工机械有限公司
73	丹阳市	江苏肯帝亚木业有限公司	89	扬中市	江苏天舜金属材料集团有限公司
74	润州区	镇江强凌电子有限公司	90	扬中市	江苏大津重工有限公司
75	丹阳市	丹阳荣嘉精密机械有限公司	91	扬中市	江苏锋芒复合材料科技集团有限公司
76	句容市	句容毅马五金制品有限公司	92	镇江新区	中粮包装(镇江)有限公司
77	镇江新区	镇江耐丝新型材料有限公司	93	丹徒区	江苏领先电子有限公司
78	丹阳市	江苏彤明高科汽车电器有限公司	94	镇江新区	阿雷蒙汽车紧固件(镇江)有限公司
79	扬中市	华鹏集团有限公司	95	镇江新区	嘉吉饲料(镇江)有限公司
80	扬中市	中电电气集团有限公司	96	京口区	普莱克斯(镇江)工业气体有限公司
81	丹阳市	江苏中超新材料科技有限公司	97	镇江新区	江苏艾科半导体有限公司
82	丹阳市	江苏丹毛纺织股份有限公司	98	丹阳市	江苏海伦隐形眼镜有限公司
83	镇江新区	巴斯夫造纸化学品(江苏)有限公司	99	镇江新区	江苏新越沥青有限公司
84	镇江新区	镇江中船瓦锡兰螺旋桨有限公司	100	扬中市	天源华威集团有限公司

（鲍 兴）

2016 年镇江市首批“单打冠军”企业一览表

表 16－2

序号	地区	企业名称	产品名称
1	丹阳市	大亚科技集团有限公司	圣象地板
2	丹阳市	江苏天工集团有限公司	高速工具钢
3	丹阳市	博昱科技(丹阳)有限公司	超薄三维微纳结构导光板
4	丹阳市	丹阳市丹盛纺织有限公司	异形涤纶纤维功能纱线及面料
5	丹阳市	海昌隐形眼镜有限公司	隐形眼镜
6	丹阳市	恒宝股份有限公司	智能 IC 卡
7	丹阳市	江苏恒神股份有限公司	碳纤维及其复合材料
8	丹阳市	江苏仅一包装技术有限公司	stick 包装系统生产线
9	丹阳市	江苏梅花机械有限公司	汽车真空泵
10	丹阳市	江苏图南合金股份有限公司	铸造高温合金(母合金)
11	丹阳市	江苏万新光学有限公司	树脂镜片
12	丹阳市	江苏沃得农业机械有限公司	全喂入履带式联合收割机
13	丹阳市	江苏鱼跃医疗设备股份有限公司	血压仪、制氧机
14	句容市	巨宝精密加工(江苏)有限公司	笔记本电脑机壳
15	句容市	江苏天晟药业股份有限公司	甘草酸铵盐
16	句容市	建华建材(江苏)有限公司	预应力混凝土管桩
17	扬中市	江苏成城电气有限公司	MDmax 低压抽出式开关柜
18	扬中市	金海新源电气江苏有限公司	光伏智能支架
19	扬中市	江苏康尔臭氧有限公司	大型高频臭氧发生器
20	扬中市	江苏绿扬电子仪器集团有限公司	“绿扬”牌示波器
21	扬中市	江苏奇佩建筑装配科技有限公司	装配式综合管线支吊架
22	扬中市	镇江荣德新能源科技有限公司	多晶硅片
23	扬中市	长江三星能源科技股份有限公司	重质劣质原油深度电脱水脱盐设备
24	扬中市	镇江苏惠乳胶制品有限公司	乳胶检查手套
25	扬中市	威腾电气集团股份有限公司	LV 系列密集型母线槽
26	扬中市	镇江大全赛雪龙牵引电气有限公司	MBS 轨道交通直流成套开关设备
27	扬中市	镇江默勒电器有限公司	MODAN6000 低压开关柜
28	扬中市	镇江市电器设备厂有限公司	桥架
29	扬中市	镇江西门子母线有限公司	低压母线槽
30	扬中市	中电电气(江苏)股份有限公司	非晶合金能效节能变压器
31	扬中市	江苏通灵电器股份有限公司	太阳能接线盒系列
32	丹徒区	江苏海雷德蒙新能源有限公司	能源塔空气源热泵机组
33	丹徒区	江苏恒顺醋业股份有限公司	食醋
34	丹徒区	镇江江大泵业科技有限公司	110 千瓦高效节能型潜水电泵
35	丹徒区	江苏润模汽车检测装备有限公司	汽车整车匹配主模型
36	丹徒区	镇江市欧菱电气自动化系统设备有限公司	消防泵自动巡检设备

续表 16－2

序号	地区	企业名称	产品名称
37	丹徒区	江苏镇安电力设备有限公司	船舶岸电系统
38	丹徒区	华通动力重工有限公司	路面摊铺机
39	京口区	爱励铝业(镇江)有限公司	航空级铝合金中厚板
40	京口区	江苏鼎胜新能源材料股份有限公司	空调箔
41	京口区	江苏海龙核科技股份有限公司	有机硅酮材料
42	京口区	镇江立达纤维工业有限责任公司	纤维毡
43	润州区	中船动力有限公司	23/30 中速柴油机
44	润州区	江苏省镇江船厂(集团)有限公司	多功能全回转工作船
45	润州区	贝克尔船舶系统(江苏)有限公司	导流罩
46	润州区	江苏弘信华印电路科技有限公司	刚挠结合板
47	润州区	惠龙易通国际物流股份有限公司	惠龙易通平台
48	润州区	普尔利斯(中国)环保分离设备制造有限公司	高校分离叶片
49	润州区	镇江液压股份有限公司	全液压转向器
50	润州区	江苏柳工机械有限公司	滑移转向装载机
51	镇江新区	镇江港和新型建材有限公司	多孔质生态混凝土
52	镇江新区	江苏常青树新材料科技有限公司	粗二乙烯苯
53	镇江新区	江苏兆能电子有限公司	大功率、高效率总线电压变换 DC－DC 电源模块
54	镇江新区	镇江耐丝新型材料有限公司	高速耐磨螺旋切割钢丝
55	镇江新区	镇江奇美化工有限公司	ABS 塑胶粒
56	镇江新区	江苏赛菲新材料有限公司	连续碳化硅纤维
57	镇江新区	镇江东方电热科技股份有限公司	PTC 电加热器
58	镇江新区	江苏正丹化学工业股份有限公司	偏苯三酸酐
59	镇江新区	镇江中船瓦锡兰螺旋桨有限公司	可调桨
60	镇江新区	金东纸业(江苏)股份有限公司	铜版纸
61	镇江新区	江苏豪然喷射成形合金有限公司	喷射成型铝合金材料

（鲍 兴）

2016 年镇江市工业总产值前 50 家企业表

表 16－3

序号	企 业 名 称	所属地区	序号	企 业 名 称	所属地区
1	镇江奇美化工有限公司	镇江新区	26	索尔维(镇江)化学品有限公司	镇江新区
2	江苏沃得机电集团有限公司	丹阳市	27	江苏宏达新材料股份有限公司	扬中市
3	大全集团有限公司	扬中市	28	优利德(江苏)化工有限公司	镇江新区
4	江苏天工集团有限公司	丹阳市	29	江苏振光电力设备制造有限公司	丹徒区
5	金东纸业(江苏)股份有限公司	镇江新区	30	中国国电集团公司谏壁发电厂	京口区
6	大亚科技集团有限公司	丹阳市	31	句容宁武高新技术发展有限公司	句容市
7	大力神科技集团	丹阳市	32	沃得重工(中国)有限公司	丹徒区
8	丹阳龙江钢铁有限公司	丹阳市	33	江苏新韩通船舶重工有限公司	扬中市
9	金海宏业(镇江)石化有限公司	丹徒区	34	巴斯夫造纸化学品(江苏)有限公司	镇江新区
10	有能集团有限公司	扬中市	35	江苏天舜金属材料集团有限公司	扬中市
11	江苏环太集团有限公司	扬中市	36	镇江耐丝新型材料有限公司	镇江新区
12	江苏中电输配电设备有限公司	扬中市	37	江苏瑞美福实业有限公司	丹阳市
13	镇江联成化学工业有限公司	镇江新区	38	丹阳新华美塑料有限公司	丹阳市
14	中节能太阳能科技(镇江)有限公司	镇江新区	39	丹阳市申阳电梯部件有限公司	丹阳市
15	镇江荣德新能源科技有限公司	扬中市	40	镇江东方电热有限公司	镇江新区
16	巨宝精密加工(江苏)有限公司	句容市	41	丹阳中超化工有限公司	丹阳市
17	镇江江南化工有限公司	镇江新区	42	江苏长丰科技集团	丹阳市
18	中储粮镇江粮油有限公司	京口区	43	天源华威集团有限公司	扬中市
19	江苏同力机械有限公司	丹阳市	44	恩坦华汽车零部件(镇江)有限公司	镇江新区
20	江苏肯帝亚木业有限公司	丹阳市	45	江苏鸿泰钢铁有限公司	京口区
21	华鹏集团有限公司	扬中市	46	江苏太白集团有限公司	镇江新区
22	江苏银佳企业集团有限公司	扬中市	47	华电江苏能源有限公司	句容市
23	江苏晶工工具有限公司	丹阳市	48	江苏久正光电有限公司	句容市
24	江苏鼎胜新能源材料股份有限公司	京口区	49	江苏超跃化学有限公司	镇江新区
25	江苏鑫海铜业有限公司	丹阳市	50	镇江南帝化工有限公司	镇江新区

（统计局）

2016 年镇江市工业企业主营业务收入前 50 家企业表

表 16－4

序号	企 业 名 称	所属地区	序号	企 业 名 称	所属地区
1	镇江奇美化工有限公司	镇江新区	26	优利德(江苏)化工有限公司	镇江新区
2	江苏沃得机电集团有限公司	丹阳市	27	华鹏集团有限公司	扬中市
3	江苏天工集团有限公司	丹阳市	28	中国国电集团公司谏壁发电厂	京口区
4	大全集团有限公司	扬中市	29	江苏宏达新材料股份有限公司	扬中市
5	金东纸业(江苏)股份有限公司	镇江新区	30	句容宁武高新技术发展有限公司	句容市
6	大亚科技集团有限公司	丹阳市	31	江苏振光电力设备制造有限公司	丹徒区
7	丹阳龙江钢铁有限公司	丹阳市	32	沃得重工(中国)有限公司	丹徒区
8	有能集团有限公司	扬中市	33	江苏新韩通船舶重工有限公司	扬中市
9	镇江联成化学工业有限公司	镇江新区	34	江苏瑞美福实业有限公司	丹阳市
10	江苏环太集团有限公司	扬中市	35	镇江耐丝新型材料有限公司	镇江新区
11	江苏中电输配电设备有限公司	扬中市	36	丹阳新华美塑料有限公司	丹阳市
12	大力神科技集团	丹阳市	37	镇江东方电热有限公司	镇江新区
13	金海宏业(镇江)石化有限公司	丹徒区	38	江苏长丰科技集团	丹阳市
14	中节能太阳能科技(镇江)有限公司	镇江新区	39	丹阳市申阳电梯部件有限公司	丹阳市
15	中储粮镇江粮油有限公司	京口区	40	江苏久正光电有限公司	句容市
16	巨宝精密加工(江苏)有限公司	句容市	41	天源华威集团有限公司	扬中市
17	镇江江南化工有限公司	镇江新区	42	江苏太白集团有限公司	镇江新区
18	镇江荣德新能源科技有限公司	扬中市	43	江苏鸿泰钢铁有限公司	京口区
19	江苏同力机械有限公司	丹阳市	44	江苏超跃化学有限公司	镇江新区
20	江苏晶工工具有限公司	丹阳市	45	巴斯夫造纸化学品(江苏)有限公司	镇江新区
21	江苏鼎胜新能源材料股份有限公司	京口区	46	镇江南帝化工有限公司	镇江新区
22	江苏肯帝亚木业有限公司	丹阳市	47	江苏索普(集团)有限公司	京口区
23	江苏银佳企业集团有限公司	扬中市	48	华电江苏能源有限公司	句容市
24	江苏鑫海铜业有限公司	丹阳市	49	江苏东昇光伏科技有限公司	句容市
25	索尔维(镇江)化学品有限公司	镇江新区	50	江苏欣隆羽绒有限公司	丹阳市

(统计局)

2016 年镇江市工业企业利税总额前 50 家企业表

表 16－5

序号	企 业 名 称	所属地区	序号	企 业 名 称	所属地区
1	江苏沃得机电集团有限公司	丹阳市	26	江苏同力机械有限公司	丹阳市
2	镇江奇美化工有限公司	镇江新区	27	沃得重工(中国)有限公司	丹徒区
3	金东纸业(江苏)股份有限公司	镇江新区	28	巨宝精密加工(江苏)有限公司	句容市
4	大全集团有限公司	扬中市	29	镇江耐丝新型材料有限公司	镇江新区
5	江苏天工集团有限公司	丹阳市	30	句容宁武高新技术发展有限公司	句容市
6	中国国电集团公司谏壁发电厂	京口区	31	大力神科技集团	丹阳市
7	有能集团有限公司	扬中市	32	江苏肯帝亚木业有限公司	丹阳市
8	金海宏业(镇江)石化有限公司	丹徒区	33	江苏鼎胜新能源材料股份有限公司	京口区
9	江苏环太集团有限公司	扬中市	34	天源华威集团有限公司	扬中市
10	镇江江南化工有限公司	镇江新区	35	丹阳龙江钢铁有限公司	丹阳市
11	镇江联成化学工业有限公司	镇江新区	36	江苏瑞美福实业有限公司	丹阳市
12	华电江苏能源有限公司	句容市	37	巴斯夫造纸化学品(江苏)有限公司	镇江新区
13	大亚科技集团有限公司	丹阳市	38	海昌隐形眼镜有限公司	丹阳市
14	镇江荣德新能源科技有限公司	扬中市	39	国电江苏谏壁发电有限公司	京口区
15	索尔维(镇江)化学品有限公司	镇江新区	40	丹阳新华美塑料有限公司	丹阳市
16	中节能太阳能科技(镇江)有限公司	镇江新区	41	江苏新韩通船舶重工有限公司	扬中市
17	江苏晶工工具有限公司	丹阳市	42	镇江南帝化工有限公司	镇江新区
18	江苏银佳企业集团有限公司	扬中市	43	恩坦华汽车零部件(镇江)有限公司	镇江新区
19	道达尔润滑油(中国)有限公司	镇江新区	44	江苏恒顺集团有限公司	丹徒区
20	江苏鱼跃医疗设备股份有限公司	丹阳市	45	江苏真绩机械制造有限公司	丹徒区
21	江苏镇江发电有限公司	丹徒区	46	镇江华润燃气有限公司	润州区
22	江苏宏达新材料股份有限公司	扬中市	47	华盟家饰工业有限公司	丹阳市
23	优利德(江苏)化工有限公司	镇江新区	48	江苏东昇光伏科技有限公司	句容市
24	华鹏集团有限公司	扬中市	49	江苏沃得起重机有限公司	丹徒区
25	江苏中电输配电设备有限公司	扬中市	50	恒宝股份有限公司	丹阳市

(统计局)

2016年镇江市工业企业利润总额前50家企业表

表16－6

序号	企业名称	所属地区	序号	企业名称	所属地区
1	江苏沃得机电集团有限公司	丹阳市	26	江苏中电输配电设备有限公司	扬中市
2	金东纸业(江苏)股份有限公司	镇江新区	27	华鹏集团有限公司	扬中市
3	镇江奇美化工有限公司	镇江新区	28	巨宝精密加工(江苏)有限公司	句容市
4	江苏天工集团有限公司	丹阳市	29	大力神科技集团	丹阳市
5	大全集团有限公司	扬中市	30	江苏肯帝亚木业有限公司	丹阳市
6	有能集团有限公司	扬中市	31	江苏瑞美福实业有限公司	丹阳市
7	中国国电集团公司谏壁发电厂	京口区	32	丹阳新华美塑料有限公司	丹阳市
8	金海宏业(镇江)石化有限公司	丹徒区	33	巴斯夫造纸化学品(江苏)有限公司	镇江新区
9	镇江江南化工有限公司	镇江新区	34	大亚科技集团有限公司	丹阳市
10	镇江联成化学工业有限公司	镇江新区	35	江苏鼎胜新能源材料股份有限公司	京口区
11	华电江苏能源有限公司	句容市	36	华盟家饰工业有限公司	丹阳市
12	中节能太阳能科技(镇江)有限公司	镇江新区	37	海昌隐形眼镜有限公司	丹阳市
13	江苏环太集团有限公司	扬中市	38	镇江南帝化工有限公司	镇江新区
14	索尔维(镇江)化学品有限公司	镇江新区	39	恩坦华汽车零部件(镇江)有限公司	镇江新区
15	江苏鱼跃医疗设备股份有限公司	丹阳市	40	镇江华润燃气有限公司	润州区
16	江苏镇江发电有限公司	丹徒区	41	天源华威集团有限公司	扬中市
17	镇江荣德新能源科技有限公司	扬中市	42	丹阳龙江钢铁有限公司	丹阳市
18	优利德(江苏)化工有限公司	镇江新区	43	句容宁武高新技术发展有限公司	句容市
19	江苏晶工工具有限公司	丹阳市	44	江苏真绩机械制造有限公司	丹徒区
20	镇江耐丝新型材料有限公司	镇江新区	45	国电江苏谏壁发电有限公司	京口区
21	江苏宏达新材料股份有限公司	扬中市	46	江苏新韩通船舶重工有限公司	扬中市
22	江苏同力机械有限公司	丹阳市	47	江苏山宝集团有限公司	丹阳市
23	江苏银佳企业集团有限公司	扬中市	48	镇江东方电热有限公司	镇江新区
24	道达尔润滑油(中国)有限公司	镇江新区	49	丹阳市中阳电梯部件有限公司	丹阳市
25	沃得重工(中国)有限公司	丹徒区	50	江苏恒顺集团有限公司	丹徒区

（统计局）

2016年镇江市工业企业资产总额前50家企业表

表16－7

序号	企业名称	所属地区	序号	企业名称	所属地区
1	金东纸业(江苏)股份有限公司	镇江新区	26	江苏宏达新材料股份有限公司	扬中市
2	江苏沃得机电集团有限公司	丹阳市	27	华鹏集团有限公司	扬中市
3	华电江苏能源有限公司	句容市	28	江苏苏润高碳材股份有限公司	丹徒区
4	大全集团有限公司	扬中市	29	江苏镇江发电有限公司	丹徒区
5	大亚科技集团有限公司	丹阳市	30	江苏新韩通船舶重工有限公司	扬中市
6	江苏大航智能电气有限公司	扬中市	31	镇江联成化学工业有限公司	镇江新区
7	江苏天工集团有限公司	丹阳市	32	江苏晶工工具有限公司	丹阳市
8	镇江奇美化工有限公司	镇江新区	33	海昌隐形眼镜有限公司	丹阳市
9	镇江荣德新能源科技有限公司	扬中市	34	江苏恒顺集团有限公司	丹徒区
10	中国国电集团公司谏壁发电厂	京口区	35	江苏沃得起重机有限公司	丹徒区
11	江苏鼎胜新能源材料股份有限公司	京口区	36	江苏中电输配电设备有限公司	扬中市
12	大力神科技集团	丹阳市	37	有能集团有限公司	扬中市
13	二重集团(镇江)重型装备厂有限责任公司	丹徒区	38	恒宝股份有限公司	丹阳市
14	江苏鱼跃医疗设备股份有限公司	丹阳市	39	镇江市东方电热科技股份有限公司	镇江新区
15	巨宝精密加工(江苏)有限公司	句容市	40	江苏省镇江船厂(集团)有限公司	润州区
16	江苏恒神纤维材料有限公司	丹阳市	41	江苏肯帝亚木业有限公司	丹阳市
17	沃得重工(中国)有限公司	丹徒区	42	江苏西卡特密斯建筑材料有限公司	丹徒区
18	中节能太阳能科技(镇江)有限公司	镇江新区	43	天源华威集团有限公司	扬中市
19	金海宏业(镇江)石化有限公司	丹徒区	44	索尔维(镇江)化学品有限公司	镇江新区
20	中储粮镇江粮油有限公司	京口区	45	江苏鹤林水泥有限公司	丹徒区
21	江苏环太集团有限公司	扬中市	46	江苏欣隆羽绒有限公司	丹阳市
22	江苏索普(集团)有限公司	京口区	47	江苏银佳企业集团有限公司	扬中市
23	江苏东昇光伏科技有限公司	句容市	48	巴斯夫造纸化学品(江苏)有限公司	镇江新区
24	句容台泥水泥有限公司	句容市	49	江苏扬子机电科技有限公司	镇江新区
25	爱励铝业(镇江)有限公司	京口区	50	镇江市自来水公司	京口区

（统计局）

【全国电力需求侧管理专题会议】 2016年3月19日—20日，由工信部组织的2016年全国电力需求侧管理专家指导委员会第一次会议在镇江召开。中国工程院院士、清华大学教授、中国电力发展促进会常务理事韩英铎主持会议。会上，专家组一行听取镇江市工业领域电力需求侧管理示范区创建工作情况汇报，并就电力需求侧管理、互联网+智慧能源发展、分布式可再生能源开发等工作开展研讨。会议审议通过《加强实施电力需求侧管理倡议书》，动员全国工业领域企业深入开展电力需求侧管理工作，提高用电效率，促进节能减排，实现生态绿色发展。专家组一行还到全国工业领域电力需求侧管理示范企业——环太集团实地考察。（鲍　兴）

【“中国制造2025”试点工作】 2016年5月18日，镇江市在北京举行“中国制造2025”镇江发展推介会。会上初步达成33个投资项目意向，总投资186亿元。工信部、科技部、商务部等部委相关人员，北京大学、清华大学、中科院信息工程研究所等重点高校和科研院所专家，中航工业、中船股份、中国铁塔等企业代表及重点客商180人参会。9月30日，经国家制造强国建设领导小组同意，工业和信息化部发文，镇江、南京、无锡、常州和苏州等5市集体获批“中国制造2025”试点示范城市群。这是全国首个获批的“中国制造2025”试点示范城市群。10月20日，“中国制造2025”镇江发展推介会在上海举行，市经信委就《中国制造2025镇江行动纲要》的主要内容、相关项目、人才需求和镇江的发展优势开展专题推介。15个项目现场签约，总投资96.36亿元。镇江市经济条线相关部门，各辖市（区）、镇江新区及有关特色园区相关负责人，上海及周边地区的近百名客商参加推介会。在会上分别介绍“中国制造2025”镇江行动，推介镇江的先进制造业和各板块特色产业。11月22日，“金山英才”计划、“镇江制造2025”领军人才项目签约仪式在镇江市举行，市经信委与56个入围项目签约。（鲍　兴　陈砚琳）

【江苏省中小企业主管理研修（镇江）班】 2016年6月16日，由市经信委牵头，市中小企业服务中心（市经济管理培训中心）承办的2016年江苏省中小企业主管理研修（镇江）班在镇江市经济干部学校开班。研修班培训周期为3个月、120学时；每月组织3～4次集中学习，每次1～2天。在课程设置上，研修班安排“当前经济形势和中小企业商机”“企业家的情绪与压力管理”“互联网时代传统企业的创新与变革”“九型人格与识人用人”等课程。全市90余名企业负责人参加学习。（鲍　兴）

【首笔项目节能量交易完成】 2016年6月30日，镇江市经信委按照《江苏省项目节能量交易管理办法（试行）》要求，在对句容宁武高新技术发展有限公司年产2000吨聚氨酯催化剂项目和江苏顺达新材料有限公司年产1000吨有机锡材料项目开展能评审查时，要求项目建设单位进行新增能耗实施等量置换，并协助企业开展节能量交易。两家企业通过购买江苏鸿泰钢铁有限公司二轧生产线技术改造项目形成的节能量387吨标准煤，获江苏省节能量证书，成为镇江市完成的首笔项目节能量交易。（鲍　兴）

图16－1　2016年5月18日，镇江市在北京举行“中国制造2025”镇江发展推介会（鲍　兴　供稿）

【镇江市单位（企业）参加第十八届江苏国际服装节】 2016年9月9日—11日，第十八届江苏国际服装节在南京国际博览中心举行。服装节以“品牌江苏、时尚江苏”为主题，旨在打造国内外有较强影响力的纺织服装业展示交流与贸易合作平台，推动江苏省纺织服装业向中高端发展。镇江市丹阳户外帐篷（皇塘镇、导墅镇联合组团）、宜禾股份有限公司、丹毛集团3家单位（企业）参展。宜禾股份公司以服装节主题广告的形式展示企业形象；丹阳户外帐篷与安徽宣城等地区达成多项合作协议。丹阳市、皇塘镇分别获评省纺织工业协会“江苏旅游户外用品基地”和“江苏纺织服装特色名镇建设示范单位”。（鲍　兴）

【电量竞价交易】 2016年9月19日，镇江市组织符合条件的7家重点用能企业通过交易平台开展集中竞价交易。江苏鸿泰钢铁有限公司等7家企业交易电量9.56亿千瓦时，占全省总量的19.12%，列全省第一位；按每千瓦时电价下降0.0215元计，直接为企业降低用电成本2055.4万元。（鲍　兴）

【“电机效能提升项目”结题暨“绿色工厂创建”开题会】 2016年9月19日，镇江市和WWF（世界自然基金会）联合举行“电机效能提升项目”结题暨“绿色工厂创建”开题会，在会上，双方签署工业绿色转型发展项目二期合作备忘录。根据合作项目方案，双方将在“绿色工厂”的创建上开展合作，推动工业绿色转型；到2017年年底前，在镇江创建成50家“绿色工厂”。（鲍　兴）

新兴产业

【概况】 2016年，镇江市形成高端装备制造、新材料、航空航天、新能源、新一代信息技术、生物技术和新医药等六大新兴产业，其中重点发展以“海陆空”交通装备和智能电气为代表的高端装备制造业和以高性能合金、碳纤维及其复合材料、高分子复合材料为代表的新材料产业。全年全市新兴产业完成销售 4050 亿元，比上年增长 10.5%，占全市工业销售比重 46.4%，其中高端装备制造业销售收入 1450 亿元，新材料产业销售收入 1300 亿元。

智能电气产业链。列入统计的市智能电气产业链企业有 185 家，全年产业链主营业务收入 846.26 亿元，增长 12.1%；实现利税 90.35 亿元，增长 9.9%；利润 55.21 亿元，增长 7.7%。智能电气产业链主导产品包括桥架、高压母线、封闭母线、电力变压器、互感器、开关柜、高低压成套电气、智能元器件、高压 GIS、配电柜、中低压断路器、气体绝缘高压输电设备、噪声处理设备、电气火灾监控系统等；配套产品包括电缆、换位导线、组合导线、传感器、负荷开关、光伏逆变器、绝缘材料、分布式光纤传感测控设备等。

新能源（光伏）产业链。全市新能源产业主要集中在太阳能光伏、生物质能、新能源汽车及动力电池、核电、风电和智能电网等领域。全年全市新能源（光伏）产业链规模以上企业有 71 家，实现销售 510 亿元，增长 16.8%；利税总额 64.4 亿元，增长 12.7%；利润总额 46 亿元，增长 14%。

生物技术与新医药产业链。全市生物技术与新医药产业链涉及企业 200 多家，规模以上企业 71 家，主要集中分布在医疗器械、医药制造和生物制造 3 个领域，其中，医疗器械领域规模以上企业数量占整个产业链的 66.7%，医药制造占 15.3%，生物制造占 18.0%。产品主要集中在诊疗装备、医疗器械、药品、生物制品和医药包装 5 个方面，其中，医疗器械生产厂家最多，占全产业链的 45.8%；其次是生物制品，占 18.1%；药品、医药包装和诊疗装备则分别占 13.9%、11.1% 和 6.9%。全市生物技术与新医药产业链保持较大幅度增长，全年规模以上企业实现销售 260.6 亿元，增长 14.7%；实现利税 28.7 亿元，增长 17.2%；实现利润 20.1 亿元，增长 15.8%。

高性能合金产业链。全年高性能合金产业链实现销售 638.55 亿元，增长 1.3%，占新材料产业销售 48.7%；实现利税总额 45.73 亿元，增长 8.5%。全市有高性能合金企业 72 家，其中丹阳市 28 家、句容市 9 家、扬中市 4 家、丹徒区 13 家、京口区 2 家、润州区 2 家、镇江新区 14 家。在高性能合金领域，形成行业“单打冠军”5 个、高新技术企业 16 家，并有江苏省（丹阳）高性能合金材料研究院、上海交通大学金属基复合材料国家级重点实验室（镇江）中心、高性能铝材料联合创新平台等 3 个重点研发平台。高性能合金产业链主导产品主要有航空用铝板、高速工具钢、高性能工模具钢、热轧圆钢、热轧盘条、球墨铸铁、飞机发动机精密铸造件、航空油管、不锈钢精密薄板和钛合金精密薄板等；配套产品主要有镍基高温合金焊接材料、高电阻电热合金丝和精密电阻合金等。

特种船舶与海洋工程产业链。全市有船舶与海工装备制造及配套企业 63 家，规模以上企业 48 家。其中，船舶制造企业 20 家（项目和码头手续完备的企业 6 家，手续不完备的企业 14 家），另有江苏新兴船舶、江苏世星船舶处于停产整改中。全年镇江船舶与海洋工程装备产业实现销售 201.2 亿元，增长 10.1%。全市船舶与海工装备产业链主要由高技术与特种船舶制造业、船舶关键配套产业、海工关键配套产业、海洋工程装备制造产业 4 个方面组成。有镇江船厂、新韩通、大津重工等 6 家重点船舶制造企业和 14 家小规模造船企业，另有中船动力、正茂集团、赛尔尼柯、瑞吉格泰、瓦锡兰螺旋桨等 43 家重点配套企业。

工程和农业机械产业链。全市有工程和农业机械企业 51 家，其中重点企业 33 家，核心企业 6 家，重点项目 3 个（2 个市级重点项目）。全市工程和农业机械产业链实现主营业务收入 504.8 亿元，增长 7.9%；实现利税 53.9 亿元，增长 5.2%；实现利润 39.2 亿元，增长 5.2%。

航空航天产业链。全年新增涉航企业 9 家，全市涉航企业总数为 77 家，其中镇江新区 48 家，丹阳市 15 家，京口区 6 家，句容市 3 家，扬中市 2 家，丹徒区 2 家，润州区 1 家。主要集中分布在镇江新区航空航天产业园、丹阳航空航天产业园、京口航空航天产业园、官塘新城航天科普教育园等四大基地。全年全市航空航天产业链（涉航企业口径）实现销售 379 亿元，增长 14.5%，高于六大新兴产业平均增幅 2 个百分点。

汽车及零部件产业链。全年全市汽车及零部件产业实现销售 592.3 亿元，增长 15.7%，其中 227 家规模以上企业实现销售 409.6 亿元，增长 17.2%；整车生产 27701 辆、销售 28647 辆，分别增长 97% 和 104%。在《道路机动车辆生产企业及产品公告》中，镇江新增江苏格瑞德交通科技有限公司 1 家车辆生产企业，累计达 9 家，其中丹阳市 3 家、句容市 1 家、丹徒区 2 家、京口区 1 家、镇江新区 2 家；车辆生产产品新增 117 个，累计为 388 个。 （鲍 兴）

【高性能变频调速设备应用示范项目通过验收】 2016 年 1 月 5 日，江苏省经信委在有能集团召开“高性能变频调速设备（省首台套）应用示范项目”竣工验收会。由东南大学、江苏大学、中兴华会计师事务所等单位的专家组成的项目竣工验收小组对项目工程建设和生产运行情况进行现场察看，审查有关竣工验收资料。经质询和讨论，有能集团公司承担的“高性能变频调速设备（省首台套）应用示范项目”通过竣工验收。 （鲍 兴）

【公共充电桩项目】 2016 年 2 月 23 日，市新能源汽车推广应用领导小组办公室牵头，成立由多部门组成的充电设施项目核查验收工作组，对镇江供电公司投资建设的沪蓉高速公路仙人山服务区、窦庄服务区正反向 4 座充电站设施开展现场验证核查。该项目是镇江市第一个公共充电桩核查验收项目。4 座充电站于 2015 年 12 月初建成投入运行，每个充电站由充电设备和膜结构车棚等组成，建有 4 个乘用车直流充电桩、2 台分体式直流充电机，每台分体式直流充电机最大功率 120 千瓦，配套建设 1 台容量为 630 千伏安的箱式变压器。

（鲍 兴）

【航空航天产业省市共建】 2016 年 2 月 26 日，全省经信工作会议上，省经信委和镇江市政府签订《共同推进航空航天特色产业创新发展战略合作协议》，航空航天产业成为镇江市唯一一个省市共建的特色产业。根据合作协议，省市共建航空航天产业将重点突破一批关键核心技术，建设一批智能车间（工厂），创建一批自主品牌，培育一批国际化企业，力争到 2018 年，航空航天特色产业园区的销售收入占全市航空航天产业销售收入的 80% 以上。3 月 14 日—15 日，省市共建航空航天产业服务对接会在镇江市举行，在会上，省经信委介绍促进产业发展的各类优惠政策，包括省级特色产业集群和中小企业产业集聚示范区的认定，高标准厂房建设、国际国内市场开拓，以及企业税收、财政补贴、用电等方面的优惠扶持政策，引导涉航园区和企业争创争取，助推镇江航空航天产业发展。 （鲍 兴）

【3 家单位入选“江苏省高端装备制造业特色和示范产业基地”】 2016 年，省经信委公布“第二批江苏省高端装备制造业特色和示范产业基地”名单，镇江市新增 3 家“江苏省级高端装备制造业特色（示范）产业基地”。润州船舶配套科技创业园被认定为“省高端装备制造业示范基地”；镇江新区航空航天产业园、丹阳市沿江装备制造产业园被认定为“省

高端装备制造业特色基地”。（鲍 兴）

【8个产品入选“江苏省首台(套)重大装备及关键部件”名单】 2016年4月4日，省经信委公布“2016年江苏省首台(套)重大装备及关键部件”名单，菲舍尔航空部件(镇江)有限公司“空客A380襟翼肋”、江苏仅一包装技术有限公司“JGS50S－TM70－10型颗粒stick包装机”、江苏天宏自动化科技有限公司“THXY－1数控立式镁铝合金车轮旋压机”、江苏华通动力重工有限公司“HTH3400B型滑模式水泥摊铺机”、江苏航天惠利特环保科技有限公司“BVRE－500型冷凝吸附耦合法有机废气资源化装置”、江苏中远环保科技有限公司“ZYHB－1000型油气回收处理装置”、江苏科海生物工程设备有限公司“KRH－CPJ－10型微生物发酵多模态控制装备”、江苏巴威工程技术股份有限公司“BVPD－24T－8E型8效MEP沙漠苦咸水淡化装置”等8个产品入选。8个产品主要集中在航空航天、智能制造、工程机械、节能环保、生物技术、海洋装备等领域，其中航空航天1项、智能制造2项、工程机械1项、环保装备2项、生物工程1项、海洋装备1项。（鲍 兴）

【高端装备制造海外华侨华人高层人才对接活动】 2016年6月21日，镇江市经信委牵头的高端装备制造海外华侨华人高层人才对接活动举行。德国、荷兰、瑞典、日本、美国、加拿大、澳大利亚等国家(地区)的25位高端装备制造业专家，携带3D打印、汽车控制装置、机器人设计等高端技术产业项目参会，全市30余家高端装备制造企业参加对接活动。对接活动现场有7家企业与专家形成初步合作意向。（鲍 兴）

【镇江大力液压马达股份有限公司科技项目通过“国家重大科技成果转化项目”验收】 2016年8月9日，镇江大力液压马达股份有限公司承担的2012年“数字配流智能调速型摆线液压马达的开发与产业化”国家重大科技成果转化项目通过省专家组的验收。该项目主要有4个方面创新：将数字配流技术应用于传统摆线液压马达，实现智能化精准控制；揭示出数字配流的基本规律并制定出相应的配流算法，建立相应的数学模型；提炼出摆线液压马达转速调节的智能控制算法并设计专用的智能控制器，实现液压马达由执行单元向智能控制单元的升级；提出基于摆线啮合理论的一套数字配流计算、验证、优化的理论方法，奠定数字配流与智能调速控制技术成功应用于摆线液压马达的理论基础。（鲍 兴）

【全省首批高端装备研制赶超工程中标项目】 2016年年初，江苏省经信委启动高端装备研制赶超工程，首批列出智能化成套装备领域、数控机床领域、高档专用装备、轨道交通装备、智能电网与新型电力装备、机械基础件、农副产品精深加工装备等7个重点领域10个招标项目。11月7日，中标结果公布，全省有9个项目中标，镇江市的大全集团有限公司“高分断智能型塑壳断路器”、大力液压马达股份有限公司“高压大功率摆线液压马达”2个项目中标。（鲍 兴）

【变压器能效提升国际合作项目】 2016年11月18日，镇江市经信委与国际铜业协会就“镇江地区老旧变压器能效提升暨节能服务模式研究”项目进行签约。按照《镇江市配电变压器能效提升实施方案(2015—2017年)》，镇江将用3年时间，扩大高效配电变压器应用比例，加快高耗能配电变压器淘汰，提升高效配电变压器产业化水平。到2017年，镇江市将基本完成工业企业S9(1997年以前投运)及以下型号高耗能配电变压器淘汰任务，累计推广高效配电变压器200万千伏安以上，高效配电变压器在网运行比例提升15%，当年新增量中高效配电变压器占比达70%。（鲍 兴）

【镇江“智能制造”参展首届世界智能制造大会】 2016年12月6日—8日，以“让制造更聪明”为主题的首届世界智能制造大会在南京国际博览中心举行。镇江市智能制造重点企业大全集团、沃得精机，携带智能制造解决方案和产品参加大会。大全集团以“智慧的心、智能的电”为主题，采用模型、展板、多媒体、实物等多种方式，向观众展示企业在工业企业能源管理系统、新能源光伏监控和预测系统、智能变电站系统等方面最新的技术成果和智能化解决方案。沃得精机的“DS1－110数控伺服单点精密压力机”等2款高端智能制造产品参展，新产品为锻压行业升级换代提供优化解决方案。（鲍 兴）

2016年镇江市航空航天产业链重点企业及主要产品情况表

表16－8

产业链环节	企业名称	所在地	主要产品
航空航天新材料	江苏航科复合材料科技有限公司	镇江新区	高性能碳纤维
	江苏赛菲新材料有限公司	镇江新区	聚二甲基硅烷、碳化硅纤维及制品
	航天华创实业发展江苏有限公司	镇江新区	复合管、钢带增强聚乙烯波纹管
	剑乔科技江苏有限公司	镇江新区	超高分子量聚乙烯纤维及其制品
	江苏巨贤合成材料有限公司	镇江新区	聚酰亚胺纤维材料
	江苏中欧材料研究院有限公司	镇江新区	新型精密复杂长寿命高端模具材料等
	前瞻复合材料科技有限公司	镇江新区	航空级预浸料及复合材料制件
	大力神科技集团	丹阳市	高强高韧耐蚀铝合金板带材
	江苏呈飞精密合金股份有限公司	丹阳市	航空不锈钢、钛合金制品
	江苏立新合金实业总公司	丹阳市	高电阻电热合金和特种不锈钢焊接材料
	爱励铝业(镇江)有限公司	京口区	航空航天及交通运输用大规格高强度铝合金板
	江苏鼎胜新能源材料股份有限公司	京口区	高强高韧耐蚀铝合金板带材
关键部件	航天海鹰(镇江)特种材料有限公司	镇江新区	飞机复合材料次结构件
	菲舍尔航空(镇江)有限公司	镇江新区	飞机复合材料内装饰件及结构件
	江苏美龙航空部件有限公司	镇江新区	飞机内饰、结构件及精密航空机加件
	江苏逸帆航空科技有限公司	镇江新区	直升机内饰
	江苏豪然喷射成形合金有限公司	镇江新区	喷射成型高性能铝合金制品

续表 16－8

产业链环节	企业名称	所在地	主要产品
关键部件	江苏捷科彤明航空电器有限责任公司	镇江新区	航空灯光电源
	江苏三明航空电器有限公司	镇江新区	航空灯光电源
	镇江市逸帆航空部件有限公司	镇江新区	飞行器内饰系统、航空复合材料的研发机械加工、电子气动件研发销售
	江苏金航程航空科技有限公司	镇江新区	航空安全座椅
	卓达航空工业(江苏)有限公司	镇江新区	飞机座椅、机载应急滑梯等飞机部件
	江苏晶海新材料科技有限公司	镇江新区	航空发动机用镍基高温合金单晶涡轮叶片
	镇江恒驰科技有限公司	镇江新区	新一代航空发动机动力控制系统
	江苏塞孚航空科技有限公司	镇江新区	飞机地面空调地面机组
	系统电子科技(镇江)有限公司	镇江新区	光电元器件
	江苏中科大港激光科技有限公司	镇江新区	激光测距机等、激光加工设备
	航发优材(镇江)高温合金有限公司	镇江新区	高温合金和其他合金精密制件、涡扇发动机粉末盘、涡轴发动机粉末盘
	江苏晶海新材料科技有限公司	镇江新区	航空发动机用镍基高温合金涡轮单晶叶片
	镇江海威新材料科技有限公司	镇江新区	高性能低成本复合材料、预浸料
	江苏恒神股份有限公司	丹阳市	聚丙烯腈基碳纤维及复合材料制品
	江苏图南合金股份有限公司	丹阳市	高温合金复杂薄壁熔模铸造结构件及管件
	丹阳市龙鑫合金有限公司	丹阳市	高温合金、钛合金、耐蚀合金及制品
	江苏奇一科技有限公司	丹阳市	连续纤维增强热塑性复合材料、航空集装箱
	丹阳市丹金航空材料有限公司	丹阳市	飞行器复合材料部件
	江苏呈飞电子有限公司	丹阳市	射频连接器
	江苏昊泰气体设备科技有限公司	丹阳市	制氧设备
	江苏深迪亚微电子有限公司	丹阳市	微机电系统(MEMS)陀螺仪传感器
	江苏中科四象激光科技有限公司	丹阳市	高功率激光器
	丹阳爱邦测控科技有限公司	丹阳市	民用无人机发动机
	江苏爱仕特精密电子科技有限公司	丹阳市	通讯配件
	江苏冰城电材股份有限公司	丹阳市	无人机氢燃料电池
	江苏育达复合材料有限公司	句容市	高性能复合材料制品
	江苏华阳金属管件有限公司	句容市	航空管配件
	江苏赛纳美克特种材料有限公司	句容市	航空复合材料内饰
	江苏希西维轴承有限公司	丹徒区	航空用精密滑动轴承
	江苏飞亚轴承有限公司	润州区	航空用精密滑动轴承
空天信息技术应用	镇江中安通信科技有限公司	镇江新区	北斗导航芯片
	江苏蓝箭电子有限公司	镇江新区	射频连接器
	镇江行素科技有限公司	镇江新区	航空线束、电控箱、连接器
	航天晨光(镇江)专用汽车有限公司	镇江新区	机场特种车辆
	江苏惠通集团有限公司	京口区	航天级射频连接器
	江苏锐天信息科技有限公司	京口区	航空航天软件、测试系统
	镇江金海星电科导航服务有限公司	京口区	北斗导航与位置服务
	镇江市电子管厂	京口区	脉冲闪光灯管
	江苏绿扬电子仪器集团有限公司	扬中市	数字示波器
	江苏向荣集团	扬中市	多光谱图像融合智能感知系统
	江苏捷诚车载电子信息工程有限公司	丹徒区	导航通信车、无人机装载车辆
通用航空整机	江苏瀚星通航投资有限公司	镇江新区	西锐、范思、格莱斯艾尔等通用飞机
	席勒(江苏)航空产业发展有限公司	镇江新区	席勒通用直升机研发、生产、维修、教育、培训
	德扬航空工业(江苏)有限公司	镇江新区	大棕熊多用途通用飞机
	江苏中陆航星航空工业有限公司	镇江新区	涡桨型公务机、涡扇型公务机
	江苏天翁科技有限责任公司	镇江新区	测绘拍摄无人机
	翔瑞通用飞机设计(镇江)有限公司	镇江新区	轻型通用飞机领域技术研发
	安翔泰岳(镇江)科技有限公司	镇江新区	民用无人机设计、制造及相关技术试验
	飞瑞航空科技(江苏)有限公司	镇江新区	农业植保无人直升机等

续表 16－8

产业链环节	企业名称	所在地	主要产品
通航服务	江苏润扬通航江苏有限公司	镇江新区	通用航空运营
	江苏圣豪通用航空有限公司	镇江新区	通用航空飞行员培训
	江苏众邦通用航空有限公司	镇江新区	高端私人飞行执照培训、飞行体验
	镇江华运航空服务有限公司	镇江新区	航空业务咨询及相关服务(贝尔直升机维修基地)
	蔚蓝投资控股有限公司	镇江新区	教育培训
	镇江大路通用机场管理有限公司	镇江新区	固定运营基地(FBO)、培训、紧急救援
	大通国际信息科技(镇江)有限公司	镇江新区	培训中心
	江苏无国界航空发展有限公司	镇江新区	航空培训(通用航空业务除外),教育项目研究与开发、教育信息咨询、教育文化交流、航空服务咨询
	江苏瑞众通用航空有限公司	镇江新区	通用航空咨询服务
	镇江瑞峰航空服务有限公司	镇江新区	航空信息咨询服务,航空配件、机场设备销售
	江苏宝利航空装备投资有限公司	镇江新区	航空装备产业及其他产业进行投资

(鲍　兴)

2016 年镇江市高性能合金产业链重点企业及主要产品情况表

表 16－9

企业名称	所在地	主要产品	企业名称	所在地	主要产品
江苏天工集团	丹阳市	高速工具钢	江苏鼎胜新能源材料股份有限公司	京口区	空调箔
江苏图南合金股份有限公司	丹阳市	铸造高温合金(母合金)	江苏豪然喷射成形合金有限公司	镇江新区	喷射成型铝合金材料
爱励铝业(镇江)有限公司	京口区	航空级铝合金中厚板	－	－	－

(鲍　兴)

2016 年镇江市新能源产业链重点企业及主要产品情况表

表 16－10

企业名称	所在地	主要产品	企业名称	所在地	主要产品
镇江大成新能源有限公司	镇江新区	硅片	江苏环太集团有限公司	扬中市	太阳能级多晶硅片
镇江大全太阳能有限公司	扬中市	电池片	镇江荣德新能源科技有限公司	扬中市	硅片
江苏东昇光伏科技有限公司	句容市	多晶组件	江苏通灵电器股份有限公司	扬中市	接线盒
镇江丰源新能源科技有限公司	扬中市	光伏组件	江苏兆伏新能源有限公司	扬中市	光伏并网逆变器
句容中友光伏科技有限公司	句容市	光伏组件	中节能太阳能科技(镇江)有限公司	镇江新区	多晶硅太阳能电池组件

(鲍　兴)

2016 年镇江市智能电气产业链重点企业及主要产品情况表

表 16－11

产业链环节	企业名称	所在地	主要产品
配电、输电	镇江华东电力设备制造厂有限公司	润州区	电缆桥架、消声器、工业吸尘装置、封闭母线、压力容器、石子煤真空清理系统、配电开关控制设备
配电	镇江市欧菱电气自动化系统设备有限公司	丹徒区	电气自动化系统设备、消防联动控制系统、应急电源设备、逆变器、变压器、稳压电源、不间断供电电源
输电、配电	江苏振光电力设备制造有限公司	丹徒区	输变电铁塔、钢管杆、变压器、开关柜
配电	江苏镇安电力设备有限公司	丹徒区	高低压成套开关设备、电器制造、安装;金属制品、非标准件的制造、电力器材的销售
用电	江苏东昇光伏科技有限公司	句容市	研究、开发、生产、加工、销售太阳能设备、太阳能控制设备、太阳能发电安装系统、新能源发电设备、分布式电源及其配套产品、太阳能灯具及其配套产品等
输电	江苏南瓷绝缘子股份有限公司	句容市	高低压绝缘子、电瓷电器、电瓷专用设备、输变电设备及设施、环保材料及设备、非金属材料、工业及建筑陶瓷的生产、销售
变电	江苏巨业电缆有限公司	句容市	机车电缆、电磁线
输电	江苏句容联合铜材有限公司	句容市	大型变压器用电磁线
发电	句容信达光伏发电有限公司	句容市	光伏电站开发、建设,光伏设备及元器件销售
配电	江苏中容电气有限公司	句容市	新型输配电及配套产品、新能源电力设备研发生产;主要产品:大中型变压器用电磁线、油箱

续表 16－11

产业链环节	企业名称	所在地	主要产品
配电	江苏中容科技有限公司	句容市	新型输配电及其配套产品
输电	江苏德厚机电有限公司	句容市	辅助压缩机组、干燥器
变电	江苏国能电力设备有限公司	句容市	电磁线、片式散热器、变压器配件制造、销售
输电、变电、配电	江苏华大天益电力科技有限公司	句容市	电力新技术研发及成果推广；软件开发；信息系统集成服务；信息技术咨询服务；通信线路工程施工等
输电	句容市华通电器有限公司	句容市	高压、低压电器及元件、音视频零件、二极管、天线配件、整流桥制造、销售；普通货物运输
配电	江苏京华电气有限公司	句容市	高低压开关柜、元件研发、制造、销售等
配电	句容联泰机电有限公司	句容市	新型机电，电子元器件部件及相关零配件
配电	江苏五洲电磁线有限公司	句容市	铁路机车车辆配件、电机配件研发、制造；电磁线、电工器材制造
配电	江苏新德变压器有限公司	句容市	输配电设备的设计、研发、制造；光伏太阳能产品销售、贵金属加工；自营和代理各类产品及技术的进出口业务
变电、配电	江苏智达高压电气有限公司	句容市	变压器套管、互感器及测试仪器设备的生产与销售
配电	江苏中容铜业有限公司	句容市	变压器配件及输配电控制设备制造；铜杆、铜棒、铜铝制造等
配电	江苏中旭电力设备有限公司	句容市	高新并网逆变器、光伏汇流箱、高低压成套电器设备及元件、电子产品及仪表的研发设计制造
发电、输电、变电、配电	大全集团有限公司	扬中市	电器机械和器材制造业、新能源；主要产品为电气、新能源、轨道交通
输电、变电、配电	华鹏集团有限公司	扬中市	母线、桥架、开关柜、电缆、静电除尘器、钢铝复合导电轨、电力母排、刚性柔性悬挂接触网等
配电	金海新源电气江苏有限公司	扬中市	光伏发电设备、光伏支架设备、分布式光纤传感设备
配电	有能集团有限公司	扬中市	输配电设备、大功率电力电子设备
用电	镇江鼎圣电器有限公司	扬中市	电缆桥架、高低压母线槽、高低压开关柜、配电箱、仪表管阀件、预分支电缆、滑触线、半导体和电子元件、热水器等
发电	江苏福泰电力设备有限公司	扬中市	管道支吊架
配电	江苏宏强电气集团有限公司	扬中市	桥架、母线、高低压成套开关柜等
用电	江苏华吉电气科技有限公司	扬中市	高低压开关柜、母线槽、桥架、电缆等产品专业生产加工
用电	江苏华联电力器材有限公司	扬中市	电缆汇线桥架、母线槽、仪器仪表管阀件、低压开关柜、管缆制造销售
输电	江苏华强电力设备有限公司	扬中市	高、低压开关柜、母线槽、电缆桥架、大型燃气轮机空气过滤系统、管型母线等系列产品
输电	江苏瑞能电力设备有限公司	扬中市	桥架、母线、开关柜、自动化仪表成套控制系统
输电	江苏瑞欧宝电气股份有限公司	扬中市	风力发电专业母线槽的研发、设计、制造、销售、安装及相关技术服务
用电	扬中市神华电仪设备有限公司	扬中市	电缆桥架、电控柜、母线槽、仪表、阀门加工、制造、销售
发电、输电、变电、配电、用电	江苏士林电气设备有限公司	扬中市	船舶用防水母线，船舶桥架，电器机械及器材，桥架、母线、开关柜、玻璃钢桥架、玻璃钢管槽、格栅、仪表保温箱、消防箱、防火材料设计、加工、制造；自营和代理各类商品和技术的进出口业务
用电	江苏双联电气有限公司	扬中市	工业用电加热器、焊接设备、桥架、母线、低压开关柜销售
用电	天源华威集团有限公司	扬中市	高低压成套开关设备、红外气体探测仪、新材料等
用电	江苏万宝电气有限公司	扬中市	桥架、母线、高低压开关柜、配电箱
配电	向荣集团有限公司	扬中市	高低压成套电器、母线槽、电缆桥架等
发电	江苏星河集团有限公司	扬中市	仪表管阀件，电缆桥架，塑料管道
用电	镇江市建成电器有限公司	扬中市	电缆桥架，桥架，玻璃钢桥架，桥架紧固件，电器机械及器材，桥架连接件
配电	江苏中环电气有限公司	扬中市	桥架、母线槽、开关柜、塑料制品、四氟制品、矿用设备、配电箱等电气设备；自行代理各类商品的进出口业务
用电	江苏中顺电气有限公司	扬中市	电缆桥架、高低压母线槽系列产品开发、生产、销售
用电	江苏中源电力设备有限公司	扬中市	工业用电加热器、焊接设备、桥架、母线、低压开关柜生产、销售
输电、变电、配电	江苏圣大中远电气有限公司	扬中市	电气化铁路器材、电力成套设备、桥架、母线槽、开关柜、电器设备元件、铸造件制造；智能断路器及配网自动化终端设备、无功补偿装置、隔离开关制造、加工；金属表面处理，防火堵料销售
输电	中电电气（江苏）股份有限公司	扬中市	输配电设备的研发、制造、销售。主要生产各类干式、油浸式、特种变压器
用电	江苏奥凯电气有限公司	镇江新区	生产输配电设备、框架断路器、高低压开关柜、高低压封闭母线及电缆桥架、从事工业产品的设计、技术研发、技术转让及技术咨询服务

续表 16－11

产业链环节	企业名称	所在地	主要产品
变电	江苏宝亨新电气有限公司	镇江新区	变压器、开关柜、桥架、母线、箱变的加工制造和销售，工业产品的设计、研发、技术转让和技术咨询服务
输电	江苏宇通线缆有限公司	镇江新区	电缆
配电	江苏德顺祥电气有限公司	镇江新区	电容柜、有源滤波柜、桥架、母线槽、开关柜等
用电	镇江东方电热科技股份有限公司	镇江新区	电加热元件、电加热管(器)、PTC 电加热器等电加热材料的研发、制造、销售、技术转让和服务
配电	镇江市东亚电子散热器有限公司	镇江新区	散热器
输电、变电、配电	江苏辉能电气有限公司	镇江新区	万能式断路器、塑料外壳式断路器、双电源自动转换开关、交流接触器、微型断路器及热过载继电器等
发电、输电、变电、配电、用电	威凡智能电气高科技有限公司	镇江新区	节能与电能质量治理、电力综合自动化系列产品及电抗器产品研发和制造
配电	镇江香江云动力科技有限公司	镇江新区	通信设备，节能设备，精密钣金制造，通信电力塔包括数据机房等相关产品的开发、研制

（鲍　兴）

2016 年镇江市生物技术与新医药产业部分重点企业及主要产品情况表

表 16－12

企业名称	所在地	主要产品	企业名称	所在地	主要产品
江苏鱼跃医疗设备股份有限公司	丹阳市	制氧机、X 光机、轮椅车、血糖仪、血压计	江苏天晟药业有限公司	句容市	原料药
海昌隐形眼镜有限公司	丹阳市	隐形眼镜、护理液	镇江康富生物工程有限公司	句容市	药用辅料
江苏富林医疗设备有限公司	镇江新区	制氧机、轮椅车、血压计	镇江市恒康调味品厂	丹徒区	镇江香醋、镇江香醋、陈醋，各类花色醋
镇江苏惠乳胶制品有限公司	扬中市	乳胶手套	江苏恒顺集团有限公司	丹徒区	食醋、醋胶囊、奶醋、醋豆等
英科(镇江)机械有限公司	镇江新区	轮椅车、冷热敷袋	江苏耕耘化学有限公司	丹徒区	农药原药、中间体、制剂等
江苏七〇七天然制药有限公司	润州区	制剂	镇江茂源化工有限公司	丹徒区	水杨酸及其延伸产品等
江苏吉贝尔药业有限公司	镇江新区	制剂、原料药	镇江市润宇生物科技开发有限公司	镇江新区	农药制剂
江苏海宏制药有限公司	镇江新区	制剂	镇江高鹏化工有限责任公司	镇江新区	水杨酸及其延伸产品等
镇江恒新药业有限公司	镇江新区	制剂、原料药	江苏耘农化工有限公司	镇江新区	农药制剂加工
镇江前进化工有限公司	镇江新区	原料药	江苏普源化工有限公司	镇江新区	水杨酸系列化学品、医药中间体及其他精细化学品研发和生产
江苏海华生物科技有限公司	镇江新区	药用辅料	镇江高鹏药业有限公司	镇江新区	叶酸、水杨酸系列原料药产品
镇江星华工业气体有限公司	镇江新区	医用气体	镇江长兴酒精有限公司	镇江新区	食用酒精、二氧化碳(液化)、无水乙醇、酒糟
江苏嘉鸿药业有限公司	镇江新区	中药饮片	丹阳市春晓农化有限公司	丹阳市	1,1－环己基二乙酸等
江苏中兴药业有限公司	丹徒区	制剂、原料药	丹阳市助剂化工厂有限公司	丹阳市	环氧酯、氯化石蜡 52%，环氧大豆油，二异丁酯，PVC 内外润滑剂，柠檬酸三辛酯等
镇江氧气有限责任公司	丹徒区	医用氧	丹阳市正大油脂有限公司	丹阳市	氯化石蜡，二异丁酯；环氧大豆油等
江苏昕宇药业有限公司	丹徒区	药用辅料	丹阳中超化工有限公司	丹阳市	对氯甲苯、邻氯甲苯、对氯苯甲醛等
江苏力凡胶囊有限公司	丹徒区	药用辅料	江苏丰泽生物工程设备制造有限公司	扬中市	原料药设备及机械等
江苏云阳集团药业有限公司	丹阳市	制剂、原料药	江苏天宁香精香料有限公司	句容市	香精、香料等
江苏华洪药业科技有限公司	丹阳市	中药饮片	天宁香料(江苏)有限公司	句容市	香精、香料等
江苏华康中药饮片有限公司	扬中市	中药饮片	句容新奥香精香料有限公司	句容市	香精、香料等
江苏苏南药业实业有限公司	句容市	制剂	句容长宁生物化工有限公司	句容市	浓硫酸，精制硫酸，氨基磺酸，铁精粉等
南京厚生药业有限公司	句容市	制剂			

（鲍　兴）

电力工业

【中国国电集团公司谏壁发电厂】 2016年,中国国电集团公司谏壁发电厂(国电江苏谏壁发电有限公司)应对新形势,适应新要求,规范执企治企,推进安全生产标准化建设,推进企业和谐稳定发展。全厂7台燃煤发电机组,总装机容量3650兆瓦(国电谏壁发电厂3×330兆瓦+2×1000兆瓦,国电江苏谏壁发电有限公司2×330兆瓦),累计完成电量208.72亿千瓦时,供热量186万吨,实现利税19.94亿元。连续4年获评中国国电集团公司"五星级企业"和"A级企业",获评江苏省电力行业协会"江苏省电力行业能效水平对标标杆电厂",连续20年获评"省文明单位",获评"全国电力行业设备管理工作先进单位"。

安全生产。开展"安全生产月"活动,在企业内树立安全"底线"思维和"红线"意识,企业获评国电集团"2016年度'安全生产月'活动先进单位"。集团运用信息化手段,提升安全管控能力,投用并完善安全生产智能管控平台;开展"事故警示日"教育、"百日事故学习讨论"等专题安全活动;贯彻落实地方政府G20保电方案,确保G20期间各项工作顺利完成。实现全年无事故,连续安全生产2195天。

节能工作。实施行业和区域对标,定位问题症结,开展机组标准化检修和节能环保技改工作,提升设备节能运行水平。供电煤耗完成291.02克/千瓦时,比上年下降2.27克/千瓦时;发电厂用电率3.16%,下降0.36个百分点。两台百万机组供电煤耗在国电集团同类型机组对标中列第一位。8号机组获国家能源局"发电可靠性金牌(A级)机组"称号,14号机组被评为江苏省电力行业能效水平对标标杆机组。

环保工作。推进环保改造工作,完成第二台百万机组超低排放改造,并获超低排放电价。提前开展老30万机组超低排放改造可行性研究、系统设计和设备选型等前期工作。全年二氧化硫排放绩效完成0.06克/千瓦时,氮氧化物排放绩效完成0.19克/千瓦时,烟尘排放绩效完成0.02克/千瓦时。全年未发生有效环保投诉事件。

企业管理。运用"三化一素"管理方法(规范化运作、差益化管理、协同化经营、全要素控制),以"规范经营年"活动为切入点,营造"需要规范经营、必须规范经营、可以规范经营"的氛围。"全要素"控制经营风险点,及时建立提升点。落实国电集团"四个集中管控"要求,协调处理集中管控框架下厂内业务之间,部门与上级之间的关系,保证业务的正常运转和集中管控的有效落实。执行"三重一大"制度,加强财务、薪酬管理,规范资金管控,未发生"小金库"问题。

党建工作。实施"工程化党建·积分亮绩"制度,把党员岗位履责纳入"基础积分",把工作绩效纳入"贡献积分",奖惩结合,促进党员全面尽责保分,多做贡献争分。"两学一做"工作作为唯一的企业代表在全市"两学一做"推进会上作经验交流。开展的"领导干部立家规,普通党员正家风"活动被市委确定为典型,在《镇江日报》上刊载。

队伍建设与稳定工作。结合企业实际,因岗、因人制订实施培训方案,推动职工成长成才。12名干部职工先后获评中央企业优秀共产党员、省劳动模范、省五一巾帼标兵等称号。定期开办"身边榜样、前行力量"道德讲堂。办好"职工医疗互助基金会"和"爱心基金会",全年补助生病住院职工105人次,争取各类补充医疗保险赔付427人次,慰问补助137人次。 (张 欣)

【国网镇江供电公司】 2016年,镇江市全社会用电量232.41亿千瓦时,比上年增长7.46%;供、售电量分别为210.39亿千瓦时和202.38亿千瓦时,分别增长7.91%和7.76%;调度最高用电负荷创历史新高,达385万千瓦时,增长14.2%(按新统计口径)。全市有35千伏及以上变电站152座,其中500千伏3座、220千伏27座、110千伏84座、35千伏38座;变压器290台,主变容量1963万千伏安;35千伏及以上输电线路长度4648千米,其中500千伏580千米、220千伏1233千米、110千伏1767千米、35千伏1068千米。2016年,公司连续安全生产4295天。截至2016年年底,该公司服务电力客户185.2万户。全市累计申请业扩报装容量2833.50兆伏安。

该公司落实项目管理和设备运维主体责任,严格现场许可和到岗到位,杜绝"以包代管"。深化配农网作业变电化管理,创新实施红绿布幔、安措平面布置图等举措,主动安全能力提升。坚持全口径生产"日计划"发布和"四不两直"安全督查。立足内部抢险和外部救灾,构建基于实战的"1+3"应急管理新体系,提升抵御自然灾害能力。完成支援盐城阜宁抗灾抢险任务。全年各类人员人身事故"零发生"。

该公司推进坚强智能电网建设,推进句容抽蓄电站、丹徒燃机电厂配套送出线路工程项目前期工作。投产220千伏官塘改造、110千伏东门新建等4项输变电工程,提前完成15项单主变扩建任务,供电能力和供电可靠性进一步提升。完成配电线路改造1272条,率先在全省实现配电自动化全覆盖,提升配网故障处置效率。完成鱼塘上方中压裸导线绝缘化改造2543处。

该公司深化工单处理"跟踪、升级、终结"机制,编制应用电费催收、计量封改等24类服务"口袋书",提升规范服务水平。应用"互联网+"营销服务渠道,推广线上业扩报装、电力报修、电费缴纳等新型服务。创新"优化工作票填写""未尽事项联系卡"等服务举措,提升工程建设服务协同水平。应用用电信息大数据分析手段协助市政府开展地条钢专项整治活动。服务大客户直购电交易,全年减少企业购电成本1.07亿元。布局长山大学城、新民洲等电网薄弱区域规划建设,服务地方经济社会发展。新建港口岸电35套,推广电锅炉98台,建成投运电动汽车快充站14座。

该公司实施"旗帜、育德、领航"三项工程,推动党组织战斗力不断转化为生产力。规范完成公司"两委"换届。加强党风廉政建设,实施"强责、防控、清风、育廉"四项行动,编印《"两个责任"落实清单工作手册》,推广应用"位低权重岗位廉政看板"督察机制。举办职业经理人和支部书记集中培训,开展"四个一"交叉体验月活动。公司竞赛调考积分排名全省第二位。公司党委获"江苏

2016年镇江市电力工业主要经济指标一览表

表16-13 单位:万元

项 目	电力、热力的生产和供应业
单位数(家)	9
从业人员平均人数(人)	3816
工业销售产值	1199309
主营业务收入	1205892
利税总额	384456
利润总额	285790

(统计局)

省先进基层党组织”称号。 （孙咸凯）

【电力故障线上报修模式】 2016年，镇江供电公司针对传统电话报修存在过程管控难、流转效率低、与用户沟通不足等问题，依托“国网江苏省电力公司”微信公众号，开发“电滴”电力故障报修平台。客户通过在微信平台填写报修信息和联系方式发起报修业务。平台通过比对用户报修地址与计划停电信息，自动筛选出非计划停电工单，减少人工核查工作量。配网抢修人员根据工单开展电力抢修、跟踪督办和服务回访等工作，实现抢修资源的集中调度、就近利用。配网抢修客服、报修客户可以实时查询报修业务进程信息，实时了解抢修进展和预计恢复供电时间，实现抢修进程信息全程监管。抢修业务结束后，客户可在线进行满意度评价，填写相关建议意见，为持续提升电力抢修效率提供依据。该模式在镇江应用以来，成功受理工单1082起，平均故障报修处理时间缩短36%，客户满意率100%。 （孙咸凯）

【全国产化智能配电网调控系统】 2016年7月23日，镇江供电公司上线运行国内首套全国产化智能配电网调控系统。最新一代D5200配电网智能调度控制系统使用全国产品牌硬件设备，采用国产凝思操作系统和国产达梦数据库，实现核心技术、核心设备、核心系统全国产化，直接降低相关设备采购成本300余万元，日常运维成本降低45%。系统突破大容量实时数据接入处理技术瓶颈，具备8万个配电自动化终端、100万个实时数据处理能力，满足未来8～10年发展需要。开发系统配备标准传输接口，提升与相关业务系统间的信息共享和业务集成水平。系统创新应用网格化单元制配网监控模式，综合考虑负荷密度、行政级别等因素，科学划分供电区域，减少配网监控信息量，提升运行监控效率。系统在镇江投运后，运行稳定可靠，配电网故障发现和处理时间从小时级缩减至分钟级，配网调控运行效率和系统安全防护水平得到较大提升。 （孙咸凯）

【220千伏官塘输变电工程投运】 2016年12月27日，220千伏官塘移址改造工程启动投运。该期建设线路20.95千米，建设180兆伏安主变压器2台，220千伏出线6回，110千伏出线14回，10千伏出线24回，静态投资2.82亿元。工程建成投运后，原官塘变电站退出运行。原官塘变电站为镇江地区第一座220千伏变电站工程，为配合官塘新城城市建设，实施移址改造。新官塘输变电按照电网规划与城市规划相结合的原则开展设计，站址和线路通道充分考虑城市景观和负荷需求。 （孙咸凯）

【110千伏御东输变电工程投运】 2016年7月6日，110千伏御东输变电新建工程正式启动投运。该工程位于句容市华阳镇，采用全户内设计，主变压器容量31.5兆伏安，配电设备采用110千伏全封闭式GIS设备和10千伏中置式开关柜，10千伏出线12回。变电站的建成，完善句容城区主网架结构，为句容市南部新城发展、房家坝片区建设以及城区周边经济发展提供电力支撑。 （孙咸凯）

【110千伏界牌变电站扩建工程投运】 2016年11月5日，丹阳界牌110千伏变电站1号主变增容扩建工程投运。界牌地区经济发展较快，夏冬季节用电高峰期间电力负荷需求增长较快。该变电站投运设备包括1台63兆伏安的主变，新增10千伏Ⅰ段母线接地变及电容器成套设备。 （孙咸凯）

图16－2　220千伏官塘变电站外景　（孙咸凯　供稿）

【220千伏金凤至永胜线路工程投运】 2016年12月30日，220千伏金永线π入访仙变线路投运。该线路路径长度14.829千米，是扬中地区电网加强项目。该线路的竣工投运较大程度解决扬中地区220千伏电网结构薄弱等问题，提高扬中电网供电可靠性。 （孙咸凯）

【中国能源建设集团江苏省电力建设第三工程有限公司】 2016年，中国能源建设集团江苏省电力建设第三工程有限公司完成营业收入60亿元。全年投产、移交火电机组6台，计374万千瓦；移交风电机组141台，累计26.6万千瓦；完成送变电线路27条，里程数431.8千米；投运变电项目22个，容量488万千伏安。公司推进自主创新和科技进步，获发明专利1项，实用新型专利1项，全国工程建设QC成果奖2项，省部级QC小组成果奖11项；参编的《核电厂常规岛有色金属焊接工艺规程》《核电厂常规岛焊接热处理技术规程》2项行业标准获批准发布；“基于高空栈桥的履带吊高空布置技术”获中电联技术成果三等奖；承建的国电宁夏石板泉99兆瓦风电场工程获评“2016—2017年度国家优质工程奖”。公司地方及行业资信等级保持AAA级水平，全年先后获国家工商总局“守合同重信用企业”、2016年度电力企业管理认证优秀企业、江苏省建筑业竞争力百强企业等称号。 （沈　聪）

冶金建材工业

【镇江焦化煤气集团有限公司】 2016年，镇江焦化煤气集团有限公司出口各类焦炭58.7万吨、阳极产品7.5万吨，实现销售收入22.6亿元、利税1.13亿元、出口创汇近1亿美元。江苏苏润高碳材股份有限公司加大降本增效和市场开发力度，全年出口各类焦炭34.6万吨，保证国际市场份额。江苏华元焦化有限公司经营状况逐步好转。江苏苏亚迪炭材有限公司管理工作持续改进，产品质量稳步提升，全年生产煅烧石油焦46.6万吨，出口24.1万吨。江苏苏菱铝用阳极公司开展二期扩建设备投用后的调试工作，全年生产各类阳极17.6万吨，出口

2016 年镇江市冶金建材工业主要经济指标一览表

16－14　　　　单位：万元

行　业	单位数（家）	从业人员平均人数（人）	工业销售产值	产品销售收入	利润总额	利税总额
采矿业	14	2741	273595	279599	18915	36122
非金属矿物制品业	212	39153	4001624	3968859	194132	345300
黑色金属冶炼和压延加工业	37	12233	2011937	1982742	67016	106059
有色金属冶炼和压延加工业	75	17247	2960357	2909141	107475	179927
金属制品业	289	36252	4333308	4278389	234419	367068
合　计	627	107626	13580821	13418730	621957	1034476

（统计局）

7.5 万吨，产品合格率超 92%。江苏苏润港务物流公司在集团内部的业务减少，流动资金短缺的情况下，超额完成年度的预算指标；全年装卸船 989 艘次，吞吐量 244 万吨。镇江苏润精工机械有限公司和江苏贝雷钢桥有限公司，借助贝雷钢桥的品牌优势，主攻国家南海诸岛开发建设和西部大开发建设工程项目，经营稳中向好。南徐船舶机械公司进行产品结构、技术结构、组织结构方面的调整，开拓新产品、新客户，成为上海沪东船厂的供应商；和江科大合作完成“静音式侧向推进器”科技项目，完成“全回转舵桨”实用新型专利的申报，完成特种船用推进器商标注册，完成侧向推进器 7 个品种 512 张图纸的产品设计开发，形成产品系列化和标准化；向新加坡出口小型船用齿轮箱 116 台，其中国内自行设计的 6 台 32 型船用齿轮箱装船试用。镇江苏润能源贸易公司争取多元化销售渠道，获较好经济效益。镇江苏润丽景房产有限公司二期工程全部竣工，验收扫尾工作基本结束，业绩较好。丽景国际饭店调整经营策略，把握体育赛事商机，承办特色家宴，完成年度预算。全年集团科技创新和技术改造方面获新成果，江苏苏菱铝用阳极二期“18 万吨铝用预焙阳极续建技改”项目、江苏苏亚迪碳材有限公司“脱硫系统技术改造”分获镇江市专项资金奖励；江苏苏润高碳材股份有限公司“各向同性碳材料关键技术的研发和应用”获镇江市科技创新项目。（张　军）

【天工国际有限公司】 2016 年，天工国际实现销售收入 205.58 亿元，比上年增长 3.6%；实现利润 13.35 亿元，比上年增长 9.4%；纳税 6.2475 亿元，比上年增长 5%。该公司应诉欧盟“双反”案，获终裁胜诉，成为中国特殊钢行业首个成功案例。公司完成工模具钢及钛合金薄板项目、硬质合金刀具项目建设，开发生产 M42 双金属锯条钢，打破锯条用钢依赖进口的局面。公司筹备组建江苏省海洋工程新材料研究中心、南航天工科技钛合金智能制造及应用联合研究中心。公司被中国钢研战略所列入中国重点特殊钢生产企业，成为中国重点特殊钢生产民营企业第一家。4 月 15 日，公司加拿大销售分公司正式成立，海外销售分公司增至 12 家，电商销售增速明显，销售额突破 2000 万元。员工人均工资 5228 元/月。公司入围 CCTV 发现之旅《品质》栏目，成为《品质》开播以来唯一一家入围的特殊钢企业。同时，公司成为第二届“中国制造 2025”高峰论坛全程唯一战略合作伙伴。（白世国）

化学医药工业

【江苏索普（集团）有限公司】 2016 年，江苏索普（集团）有限公司实现营业收入（含参股企业）112.92 亿元，实现利润（含参股企业）－4.18 亿元，实现税金（含参股企业）1.13 亿元。全年生产甲醇 55.82 万吨、醋酸 101.63 万吨、醋酸乙酯 22.59 万吨、烧碱 5.82 万吨、ADC 发泡剂 4.68 万吨、漂粉精 3661 吨、硫酸 28.5 万吨。甲醇合成催化剂自 2012 年 5 月开始运行至 2016 年 7 月装置检修，创造国内连续 49 个月的运行记录。索普股份 ADC 产品 12 月底实现利润 1141.85 万元，实现扭亏增盈。

7 月 13 日，集团主要负责人调整，凌荣春任党委书记，并提名董事长。索普集团明确“坚定初心、提升绿色化工水平，二次创业、再造索普辉煌业绩”的发展思路，确定“一个主业、两个融合、三个平台、四个百亿”的“十三五”发展战略。集团完善组织架构，设立新能源事业部，强化主业生产管理力量；独立设置审计（法务）部，加大对经营行为的监管力度；设立人力资源部，建立健全考核激励机制；组建江苏东普新材料科技有限公司，形成第二生产基地；调整成立镇江海纳川物流产业发展有限责任公司，做大做强现代服务业；打造“找化网”电子商务平台，“互联网＋化工”提升企业竞争力。

2016 年，索普集团投产国家“863”项目——万吨级醋酸加氢制工业乙醇项目；启动索普金港联动基础设施建设 PPP 项目，先后实施热电锅炉脱硫除尘技术改造、甲醇西厂界噪声整治、股份 ADC 及硫酸厂清污分流、离子膜氯碱装置停运、废水排口统一改造等环保整改措施，提升环保治理水平。集团和吉林松原天安生物制品有限公司 2 亿元担保案终审胜诉，挽回经济损失约 2.5 亿元，解除 2700 余万股股票的查封。集团在经济下行压力下仍然关爱职工，开展“十件贴心实事”活动，建成全市首个国企党群综合体、首个国企妇联组织。

2016 年，索普集团列“中国化工 500 强”第 143 位，并先后获镇江市市长质量奖、全国工业品牌培育示范企业、全国石

图 16－3　2016 年，江苏索普（集团）有限公司的国家“863”项目——万吨级醋酸加氢制工业乙醇项目投产　　（索普集团办公室　供稿）

2016 年镇江市化学医药工业主要经济指标一览表

表 16－15　　单位:万元

行　　业	单位数(家)	从业人员平均人数(人)	工业销售产值	产品销售收入	利润总额	利税总额
石油加工、炼焦及核燃料加工业	10	3238	1303625	1312650	156975	216228
化学原料和化学制品制造业	191	41955	16957356	17114348	1307105	1850301
医药制造业	25	3695	422732	404744	26568	48085
化学纤维制造业	5	1912	50781	48050	－18098	－16635
橡胶和塑料制品业	107	11648	1023740	1036269	72923	110979
合　计	338	62448	19758234	19916061	1545473	2208958

（统计局）

化行业新闻宣传先进单位、中国石化行业最具社会责任企业、江苏省互联网与工业融合创新示范企业、镇江市最佳“慈善义工”服务组织支持单位等称号。

（索普集团办公室）

【索普集团获评“2015 年全国工业企业品牌培育示范企业”】 2016 年 8 月 1 日,工信部公布“2015 年度全国工业品牌培育示范企业”名单,索普(集团)有限公司入选,全国 76 家企业获此称号。按照评选要求,工业品牌培育试点企业需要具备 4 个条件:在本地区、本行业具有较强影响力;拥有自主品牌,具有一定的品牌管理基础,有实施品牌战略的意愿;诚信经营,具有良好的质量信誉;产品质量稳定,具有自主创新能力。

（索普集团办公室）

【江苏太白集团有限公司】 2016 年,江苏太白集团有限公司生产金红石型钛白粉 5.5 万吨,销售 5.7 万吨,实现销售收入 5.89 亿元。公司以确保环保安全生产为前提,以技术改造为切入点,进一步降低成本,提升产品品质。全年完成窑尾尾气余热回收、酸解黑渣磁选和清水项目等一系列技术改造项目,收率提升 2%,经济效益较好。新品“R－986”试车。　（朱阳光）

机械工业

【中电电气集团有限公司】 2016 年,中电电气集团推进销售全球化战略布局和生产国际化战略,集团形成国内四大产业基地、国外四大工厂及 13 个分支机构的布局,产品销售到世界 40 多个国家和地区。变压器方面,中电变压器继续在首都国际机场、国家载人航天工程、小浪底枢纽工程、深港跨海大桥等国家重点建设项目中运行外,还运用在南海军事基地、南京地铁四号线、南同蒲铁路、无锡地铁、常州地铁、吉电白城电厂、天津宁河电力等项目中。光伏市场方面,内蒙古乌兰浩特电站、贵州威宁“母亲幸福光伏电站”、湖北通山电站、贵州盘县电站、河北沙河电站等一批电站开发项目即将完工或并网。土耳其工厂成为土耳其最大的光伏组件制造企业,制造业排名 336 位,列土耳其财富 500 强企业第 440 位。科学研究方面,研发团队承担的国家“863”项目“效率 20% 以上基于高效背场和背钝化技术的晶体硅电池产业化成套关键技术及示范生产线”以及国家国际科技合作专项项目“原子层沉积氧化铝实现低成本高效晶体硅太阳能电池”,完成国家自然科学基金项目验收。　（张悦洋）

【江苏省机械工业供销储运总公司】 2016 年,江苏省机械工业供销储运总公司做好风险防控,突出质量效益,公司经济保持平稳发展。公司稳定金桥装饰城的经营,强化安全管理,通过举办大型建材促销活动带动市场人气。公司自营的金桥墙纸布艺市场是镇江唯一一家将墙纸与窗帘集合在一起经营的专营市场;公司下属子公司“苏垦金桥装饰材料有限公司”主营建材贸易,在福建水头、山东五莲建立石材生产加工供应基地,为客户打造采供一体化服务平台。2016 年,公司完成原控股子公司苏垦金属制品有限公司与江苏省农垦金属材料有限公司的整合重组,整合后的钢贸公司注重项目的投入产出和品牌效应,运用整合优势加大市场开拓力度,先后与北京中铁、上海七建、中铁二十四局等施工单位建立合作关系,全年实现营业收入近 10 亿元。南京地区业务扩展到周边市场,并增加板材的资源经营品种。镇江原有经营业务分别在苏州、无锡、常州、南京等地开辟新市场。　（李　璟）

船舶汽车工业

【中船动力有限公司】 2016 年,中船动力有限公司有职工 876 人、在岗职工 776 人、专业技术人员 314 人,其中高级职称 48 人,中级职称 68 人,高级技师 8 人,技师 23 人。全年完成柴油机对外交验 363 台、51.1 万千瓦,比上年分别下降 22.1% 和增长 1.0%;实现营业收入 118029 万元,增长 1.7%;工业总产值 100073 万元,下降 24.8%;新接合同 137111 万元,下降 7.5%。截至 2016 年年底,中船动力本部中速机产量突破 6000 台,低速机突破 100 台。

2016 年,国内外造船市场整体形势停滞下滑,公司进行结构调整,并通过重点项目投资,加速产业集聚,推进企业健康发展。全年公司本部上缴税收比上年增长 78.3%。公司三大品牌的中速机产品在国产中速机市场占有率超过 50%,其中公司主产品 MAN 中速机市场占有率上升约 10 个百分点。合同承接、营业收入、货款回笼均超额完成年度计划,签订 5 个项目,业务承接增长。低速机承接 17 台(均为自主承接合同),自主承接创企业历年新高,11 月,完成世界首台商用 W5X35B 的技术开发、生产、装配和试车提交。3 月,由 MAN 首次设计的极地散货船的 23/30DF 双燃料发动机交由该公司生产与试验验证,为双燃料中速柴油机的开发提供订单支持,丰富公司产品型谱。公司探索出一条适合公司 MAN 中速柴油机氮氧化物排放标准的技术路线,首次承接 8.5 万立方米 CLEC 船 SCR 项目的配套。　（纪锡丹）

【中船动力有限公司所属参股投资公司】 2016 年,中船动力有限公司所属参股投资公司生产经营情况如下:镇江中船

2016 年镇江市机械工业主要经济指标一览表

表 16－16　　单位:万元

行　　业	单位数(家)	从业人员平均人数(人)	工业销售产值	产品销售收入	利税总额	利润总额
通用设备制造业	178	31280	4061101	4090134	263056	394961
专用设备制造业	122	21168	2794911	2775973	266403	375838
电气机械及器材制造业	399	83199	15442766	15219829	1025225	1536908
其他制造业	31	5892	355309	355449	19890	37173
金属制品、机械和设备修理业	1	56	937	2109	－56	－56
合　计	731	141595	22655024	22443494	1574518	2344824

（统计局）

2016年镇江市船舶汽车工业主要经济指标一览表

表16－17　　单位:万元

行　业	单位数(家)	从业人员平均人数(人)	工业销售产值	产品销售收入	利税总额	利润总额
汽车制造业	164	30535	2898198	2881267	162301	257522
铁路、船舶、航空航天和其他运输设备制造业	71	22323	3999029	4001314	217433	323229
合　计	235	52858	6897227	6882581	379734	580751

(统计局)

日立造船机械有限公司完成工业总产值1.3亿元,比上年增长20.4%;营业收入1.3亿元,增长20.4%;实现利润505万元,增长236.7%。镇江中船现代发电设备有限公司完成工业总产值2.5亿元,增长23.8%;营业收入2.5亿元,增长19.0%;实现利润485万元,下降3.4%。镇江中船瓦锡兰螺旋桨有限公司完成工业总产值4亿元,下降11.5%;营业收入4.5亿元,增长1.1%。　(纪锡丹)

【北汽(镇江)汽车有限公司】 2016年,北汽(镇江)汽车有限公司从项目建设转入正常生产经营,围绕"建设北汽集团创新转型标杆基地"的目标开展各项工作。7月28日,完成首款产品北京牌BJ20轿车,9月10日,BJ20上市。全年完成产销1.8万辆,实现销售收入16亿元。2016年,北汽镇江公司获评"江苏省先进基层党组织",冲压车间申报成功江苏省工业和信息产业转型升级专项资金项目,并获评"江苏省2016年第一批示范智能车间"。　(高　洁)

【镇江飞驰汽车集团有限责任公司】 镇江飞驰汽车集团有限责任公司是镇江国控集团下属的全资公司,有1个子公司、1个分公司和5个驻外营销办事机构,有员工500多人。企业主营业务为冷藏保温运输装备和相关厢式类专用汽车以及高档商务车的研发与制造,主要产品有0.5～20吨系列冷藏保温汽车,厢式货车,厢式类特种改装车,军、民用方舱(房),运血车,饮食保障车,高档商务车等,产品涵盖国家公告内的民用产品近百种。企业消化吸收国外铝合金板和"三明治"板结构技术;购买美国VENUS公司强化树脂纤维的制造技术和设备;通过联合国开发计划署UNDP项目,购进多台进口层压和喷涂、灌注设备。企业先后申请各类专利31项,其中发明专利2项,实用新型专利29项,逐步成长为国家级高新技术企业。企业有江苏省著名商标——"飞球"牌;信用等级为AAA级;2012年获德国奔驰改装授权资质。2016年,企业营业收入2.68亿元,比上年增长63%;产销量2079台,增长60%;经营利润增长124%。(李默之　孟欣悦)

轻工业

【江苏恒顺集团有限公司】 2016年,江苏恒顺集团有限公司实现营业收入16.5亿元,其中主营业务实现销售14.1亿元,比上年增长10.1%;全年利润2282万元。恒顺管理系统化再造工程和恒顺商学院建设启动,恒顺国家级企业研发中心投入使用。企业建立健全目标管理和KPI指标体系,恒顺商学院"雄鹰计划"深入推进。企业举办国际食醋论坛,包括中国工程院院士在内的行业专家到镇江共同研讨。企业推出"三色"("红",寓意旗帜引领,筑牢基础;"绿",寓意降本增效,高效运营;"黄"寓意实现愿景,硕果共享)家文化建设,打造党建创新品牌。2016年,恒顺获"江苏省质量奖",是全省调味品企业中唯一获此奖项的单位。　(王　娜)

【镇江大东纸业有限公司】 镇江大东纸业有限公司始建于1951年,企业性质经历私有、公私合营,国有到中外合资,再回归国有的多次转制。2010年,公司退城进区,整体搬迁至镇江新区(大港)东方路8号。新厂注册资本3.28亿元,占地24.7公顷。有7条机制纸生产线,2条加工纸生产线;12000千瓦时发电机组;75吨/小时、50吨/小时循环硫化床锅炉各一台;日处理1.5万立方米污水处理场和日处理2万立方米清水场各一座。2015年,建成锅炉脱硝系统。厂房、仓储、办公和员工生活设施累计建筑面积11.2万平方米。公司是"国家高新技术企业",有5项发明专利、1项实用新型专利、2项外观专利;公司先后通过ISO 9001质量管理体系认证、FSC认证、PEFC认证、ISO 14001:2015版环境管理体系认证和复印纸中国环境标志产品认证。

公司产品主要分为食品用包装纸系列;防伪纸系列;高档文化用纸系列;彩色卡纸系列;工业用纸系列及其他特种纸,如:铝箔衬纸、医用防粘纸、白单光纸、白牛皮纸、艺术原纸、离型原纸、热转移纸等几十个品种。同时,开发有甘醇环保纸杯原纸、无铝烟包衬纸、工业电极隔膜用纸、水稻除草纸等多种新品,年产能15万吨左右。2016年4月,公司建成中水综合利用工程;5月,第一条热转移纸生产线正式投产,公司推进节能改造工程——金屋顶发电项目(光伏发电)。　(任　典)

2016年镇江市轻工业主要经济指标一览表

表16－18　　单位:万元

行　业	单位数(家)	从业人员平均人数(人)	工业销售产值	产品销售收入	利税总额	利润总额
农副食品加工业	31	4755	2311232	2427329	105696	130023
食品制造业	18	2739	287062	299399	30144	49828
酒、饮料和精制茶制造业	7	669	123494	126970	8080	12888
纺织业	82	15745	1227514	1226726	65266	104472
纺织服装、服饰业	127	30474	1536311	1532790	71438	137608
皮革、毛皮、羽毛及其制品和制鞋业	49	8144	663303	664646	27285	54950
木材加工和木、竹、藤、棕、草制品业	14	14163	2254940	2267304	77746	168026
家具制造业	5	699	54614	54241	1761	3618
造纸和纸制品业	42	14877	2927325	3090605	221089	295994
印刷和记录媒介复制业	32	4387	342875	355827	19390	35157
文教、工美、体育和娱乐用品制造业	64	11711	743615	740988	44954	76916
废弃资源综合利用业	6	847	187956	191689	18021	20156
合　计	477	109210	12660241	12978514	690870	1089636

(统计局)

交通·物流·邮政

责任编校：赵昱霖

交通运输综述

【概况】 2016年，镇江市辖区内公路总里程7354千米，公路网密度191.52千米/百平方千米。其中，高速公路182.105千米，一级公路820.075千米，二级公路917.973千米，三级公路760.06千米，四级公路4674.473千米。公路客运站场28个，长江汽渡4个（镇扬汽渡、扬高汽渡、大港汽渡、江心汽渡）。内河航道（不含长江）70个，总里程597.19千米，航道网密度15.54千米/百平方千米，其中三级航道61.1千米，六级航道27.85千米，七级航道22.35千米，等外航道485.89千米。通航船闸2座。港口2个（镇江港、镇江内河港），码头泊位368个，码头总延长32576米。其中，万吨级以上深水泊位55个，5万吨级以上深水泊位30个，专业化集装箱泊位7个。铁路里程达273.65千米，车站14个。通用机场1个。

2016年，全市境内公路客运量0.3574亿人次，旅客周转量22.4935亿人千米；公路货运量0.695亿吨，货物周转量77.6679亿吨千米。水路（不含长江）货物运输量0.1458亿吨，货物周转量39.4463亿吨千米。镇江港货物吞吐量1.3136亿吨，集装箱吞吐量37.301万标准箱。内河港口（不含长江）货物吞吐量0.175亿吨。

加强交通基础设施建设。全年实施34个项目，完成投资80亿元。五凤口高架全面建成；312国道南移通车，打造城市“金腰带”；镇丹高速推进，高速大外环初具形态；连镇（连云港至镇江）铁路快速推进，镇江长江大桥初现规模；丁卯桥路全面开工，镇句、镇丹快速路启动，城市集聚发展项目全面展开。改造农路180千米、农桥30座，“农路富农+定制式帮扶”工程入选全国民生示范工程。长江南京以下12.5米深水航道加快推进，建成后5万吨级海轮可全天候进港；完成苏南运河疏浚工程（二期），打造水上高速；建成新民洲、高桥港区等4个5万吨级泊位，港口竞争力增强；建成港政执法基地，港口发展体制进一步完善。丹阳市建成吕东大桥连接线；句容市建成西部干线、宁茅公路等项目；扬中市加快推进238省道西来桥段改造；丹徒区建成265省道镇荣公路二期主体，打造镇江南部纵深通道；京口区推进镇澄路建设；润州区保障交通工程建设，扫清施工障碍；镇江新区建立农路建设、养护投入机制，政府支持交通建设力度加大。

服务民生改善。创建全国“综合运输服务”示范城市，47个重点项目实施；镇江火车站南北一体化改造工程和连镇铁路镇江东站、大港站以及丹阳城际站、句容城际站等项目加快推进，构建“三主四辅”枢纽格局。市区公交新购新能源车200辆，新辟优化线路19条，交通“一卡通”率先在全省实现互通互联，有责投诉率下降19.26%，公交出行分担率24.03%。取消市区出租车有偿使用费，引导网约车规范发展。建成南徐客运站自助式车站、“空巴通联盟”平台，开通定制线路8条。镇江东货场搬迁选址工作推进，宏福物流首开“丹阳—北京”特需班列，宝华、飓风物流入选省级甩挂运输示范项目，镇江盐商冷链物流园开业，“亚夫在线”江天城市配送信息平台开通。“惠龙e通”建成物流配送“天网”“地网”，覆盖全国所有县、市。

推进绿色智慧交通建设。国家绿色交通试点城市项目通过中期考核，支撑项目完成87%，实现减排二氧化碳15.1万吨；举办首届国际低碳产品展示会交通分论坛，打造镇丹高速、312国道南移两个全国低碳示范高速公路、干线公路项目，启动国家绿色交通综合展示馆建设，开展公路、航道碳汇林建设，新增绿化面积1.55平方千米。淘汰老旧货车504辆、客车261辆，拆解老旧船舶9艘，新增清洁能源客车185辆、占全市客车总数的35%，新增专用货车388辆、占全市货车总数的35.9%。完成智慧交通顶层设计，省、市、县三级建立数据传输通道和应用系统；公路开发运用综合协同巡查系统，省交通运输厅智能管控技术现场会在镇江召开；市航道部门拓展水上ETC（不停航缴费系统）应用，建成谏壁船闸智能调度系统；市运管部门实现道路客运、危运“两证”（道路运输证和经营许可证）网上审验，建成运管数据中心；地方海事应急救援平台获国务院应急管理办公室肯定，建成船舶超限智能检测系统；公交ERP系统（公交企业内部管理的集成系统）试运行，完成智能公交调度、信息发布系统开发。

强化行业监管。镇江市交通运输局履行安全监管职责，制定责任清单，修订监管制度，明确管理部门及个人监管职责，建立平安交通网络化管控体系；完成春运、“两会”、“G20峰会”等安保任务；组织开展“港口安全管理年”“道路运输平安年”等专项行动，举办各类应急演练7次，内河水上应急搜救成功率100%，保障行业安全稳定。加速法治交通进程，推行“双随机”（随机抽取被检查对象、随机选派检查人员）、“双公示”（指行政许可、行政处罚等信用信息做出决定后上网公示的制度）管理，率先推广使

图 17－1　　312 国道镇江城区改线段主体　　（任一鸣　供稿）

用执法记录仪，落实行政执法与刑事司法衔接工作，细化市级权力事指南 705 项，办理行政审批事项 7077 件，办结率、满意率均为 100%。市交通运输局获省“六五”普法先进单位、省文明示范窗口等称号。加强工程建设和养护监管，落实工程“四制”（项目法人责任制、招标投标制、工程监理制、合同管理制），市属工程质监覆盖率、项目招投标率均为 100%，润通公司为全省唯一连续六年信誉考核 AA 等级监理单位；全市公路技术状况指数 94.6，优良路率为 97.7%；内河干线航道通航保证率 98%，船闸通航保证率 98%。

加强党建创新发展。推进“双型”先进党支部建设、“两部两建”，开展首届“最美交通人”评选、青年人才论坛、处长论坛等特色活动，增强党建工作的凝聚力、感召力。全系统 12 家单位获省文明单位称号，谏壁船闸获“全国交通运输行业文明单位”，市公路处获省交通运输文化建设示范单位称号，“畅·镇江”列全省交通行业十大服务品牌首位。强化“五廉”教育，发挥领导干部家属助廉作用，营造风清气正的良好氛围。开展信访维稳、“送温暖”、群团共建、“96196”热线服务等工作，化解各类矛盾，保持行业和谐稳定。

2016 年，市交通运输局获评全市“百村万户”双达标先进单位，受到市委、市政府的表彰。（卞贻辉　王伟艳）

【312 国道镇江城区改线段主体建成】 2016 年年底，312 国道城区改线段工程主体建成。该项目是市重点工程、“五型示范”工程、全国首批普通国省道绿色循环低碳主题性示范工程。项目完成投资 22.2 亿元，全长 23.053 千米，起点至石马段 16 千米按城市快速路标准建设，路基全宽 58 米，主车道双向六车道，辅道双向四车道；石马至终点段 7 千米按普通一级公路标准建设，路基宽 33.5 米，双向六车道。（蒋　慧）

【“农路富农 + 定制式帮扶”工程入选 2016 年民生示范工程】 2016 年 10 月 19 日，主题为“精准扶贫，共享发展”的第四届中国民生发展论坛在人民日报社举行，论坛发布 2016 民生示范工程。镇江市交通运输局“农路富农 + 定制式帮扶”工程入选。市交通运输局实施“农路富农 + 定制式帮扶”工程，实现帮扶镇村集体经营性收入和贫困户人均纯收入“双达标”。推进农路富农项目，实现村村通、镇村通。2014 年—2016 年，市交通运输局完成投资近 5000 万元，修建扶贫路 32 条 90.6 千米，惠及 21 个乡镇，农民出行更加方便。在实施江心洲帮扶工程时，该局还帮助镇政府做好全岛交通规划，投入 1660 万元，补助 682 万元，新改建农路 42.76 千米、危桥 2 座。改建江心洲汽渡设施，增加运行班次，方便群众出行。镇江交通农路建设，连续四年被评为全省农路公路一等奖。（王伟艳）

【2016 镇江国际低碳技术产品交易展示会交通分论坛】 2016 年 11 月 28 日，2016 镇江国际低碳技术产品交易展示会交通分论坛在镇江举行，该论坛由中国土木工程学会城市公共交通学会、镇江市交通运输局联合主办，全国公交企业及交通行业的 200 多名代表参加论坛。会上，中国土木工程学会城市公共交通学会秘书长王丰余致辞，江苏省交通运输厅副厅长金凌围绕“十三五”期间发展目标，提出江苏交通推动绿色交通及交通信息化的设想。论坛内容包括交通低碳经验分享、绿色交通产品演讲、绿色交通科技演讲等主题。（王伟艳）

【全国综合运输服务示范城市创建】 2016 年，镇江市政府印发《关于加快推进综合运输服务发展的实施意见》，意见提出：加快完善镇江市综合运输服务体系，推进综合客运枢纽、三级物流网络、综合信息服务、运输组织模式、公共管理服务、规划标准规范六大工程 47 个重点项目，累计投资超过 210 亿元。逐步形成“覆盖面广、衔接顺畅、服务优质、管理规范”的综合运输服务体系，满足人民群众高质量的出行需求和低成本、高效率的货物运输需求。（王伟艳）

【华东六省一市新能源新技术交流会】 2016 年 5 月 6 日—7 日，由中国土木工程学会城市公共交通学会举办、镇江公交承办的华东六省一市新能源新技术暨电动汽车充电解决方案交流会在镇江举行，省内和省外的 40 多家公交企业代表及 30 多家配套厂商代表 180 多人参加会议，共同探讨新能源汽车技术应用、电动汽车充电解决方案等热点问题。中国土木工程学会城市公交秘书长王丰余致辞，会上有 5 家公交企业代表和厂商代表作经验、技术交流。（朱之豪）

【“公铁联运”物流特需专列开通】 2016 年 2 月 25 日，宏马物流“丹阳—北京”特需班列正式开通，这是华东三省一市首列发往北京的特需班列。“公铁联运”新模式采用“一站式”运行，即货物从丹阳铁路东货场装上车皮，到达北京后进行分拨，全程由宏马物流进行操作。该模式铁路运输全程 1280 千米，从丹阳、北京两个节点分散货物则采用公路运输，货运车程一般不超过 200 千米，时间短，效率高，安全性提升。（朱　彤　王　璐）

【国务院应急办调研镇江市内河应急救援指挥平台】 2016 年 4 月 14 日，国务院应急管理办公室副主任陈胜率队调研镇江市内河应急救援指挥平台，调研组重点了解镇江市内河应急救援指挥平台应用情况。该平台由镇江市地方海事局自主研发，在应急搜救、安全监管、服务民生、节能减排等方面均可发挥作用。“十二五”期间，全市地方海事系统接处警 963 起，及时处置船舶火灾、搁浅、碰撞、机损等小事故 160 余起，组织、协调水上搜救行动 201 次，成功救助遇险船舶 250 艘、遇险人员 648 人，挽回和避免直接经济损失 1.35 亿元，搜救成功率保持在 100%。（郑　伟）

【2家多式联运项目入围全省首批示范工程】 2016年3月16日，江苏省交通运输厅、江苏省发展改革委和江苏省经信委联合公布江苏省首批多式联运示范工程项目名单，镇江市惠龙港和宏福物流多式联运示范工程通过评审，被列入江苏省首批15个多式联运示范工程项目名单中。多式联运是一种新型运输组织模式，对降低物流成本、发展现代物流起到基础支撑作用。 （朱彤 王璐）

【江苏润通项目管理有限公司】 2016年，江苏润通项目管理有限公司中标项目17个，直接新签合同22个，完成监理、检测经营合同量5968.97万元，涉及监理工程量近60亿元。该公司坚持"立足江苏、走出省外"的多元发展思路，中标海启高速公路、524国道常熟改扩建工程和镇江丁卯高架三个超1000万元监理费的重点工程项目，在省内公路局、交建局、航道局三个大系统内的重点工程项目上均有建树，公司连续七年在全省监理单位履约考核中保持信誉AA等级，被江苏省交通建设监理协会评为2014—2015年度"优秀监理企业"，公司所监理的盱眙淮河三桥工程、丹阳市南三环路丹金溧漕河段桥梁工程、常州至溧阳高速公路工程被省交通运输厅评为2016年度"江苏省交通建设优质工程"项目。公司下属恒信检测公司在2016年全省公路水运工程试验检测机构外加剂对比试验中超过省内甲级，成为镇江市唯一一家评定指标达到优秀等级的检测单位。 （陈虹）

【镇江市交通规划设计院】 镇江市交通规划设计院是镇江市交通运输局直属的正科级事业单位，具有独立法人资格，成立于1991年，2016年获工程设计公路行业（公路）专业甲级资质。服务项目包括道路和桥梁项目的规划咨询、项目建议书和工程可行性编制、方案设计、初步设计、施工图设计以及交通安全性评估。2016年，该院完成设计产值1200多万元。完成312国道镇江段养护大中修工程、233国道镇江段"畅安舒美"G233SJ－A标段等国省干线快速改造设计，完成丹阳、句容等辖市（区）的农村公路提档升级及生命防护工程设计，完成金港产业园创普大道、交产集团官塘水系四明湖台江软件园段道路和桥梁新建工程，与其他院合作完成镇澄路中段（谏壁闸桥至莺歌桥段）拓宽改造工程、312国道东延建设工程、358省道丹徒及句容段养护改善工程、312国道镇江段"畅安舒美"示范路创建等项目的设计。对设计全过程进行质量管理，把海绵城市、低碳城市等设计理念应用到具体的设计项目中，设计的"扬中市长江路建设工程""丹阳延陵至句容茅山公路新建工程（丹阳段）"获镇江市优秀勘察设计项目奖。 （陈宽长）

【江苏省镇江市路桥工程总公司】 2016年，镇江市路桥工程总公司在PPP项目上实现零的突破，与上海浦东路桥建设股份有限公司组成联合体，中标浙江山水六旗基础设施配套工程PPP项目，全年中标18个，总额14.2亿元。完成盐淮高速大丰港至盐城段FY－21标、228省道张家港以南段改扩建、长深高速南京绕越公路东北段等16个项目，其中4个被江苏省交通运输厅评为"江苏省交通建设优质工程"，实现营业收入14.9亿元。在312国道镇江城区改线工程中，开展六项技术的研究应用，把绿色循环低碳理念应用到设计、施工全过程，打造出全省第一条集理念创新、质量创优、科技创新、低碳绿色、智慧公路于一体的"五型"示范工程。公司获江苏省建筑行业协会"江苏省建筑业竞争力百强企业"称号，连续24年获评"重合同守信用企业"。 （杨歆）

铁路运输

【概况】 2016年，铁路镇江站围绕"建设全路先进的现代运输企业"目标，克服老站改造等困难，抓好运输组织工作，提高企业经营效益和运输服务质量，满足镇江地区社会经济发展需求。车站全年完成旅客发送1054.8万人次，与上年基本持平。完成客运运输收入9.74亿元，比上年减少0.63亿元，降幅6%；完成货物发送161.8万吨，减少23.5万吨，降幅12.7%；完成货物运输收入2.08亿元，减少0.35亿元，降幅14.3%。 （侯晓强）

【镇江站北广场站房停止运营并拆除】 2016年12月12日15点21分，根据镇江火车站改造施工整体计划，因站房及相关配套设施施工需要，南京开往广州的K527次列车从镇江站发出后，北广场老站站房停止运营，同步实行封闭施工，全部拆除进行原址重建。12月13日起，新建成的2号、3号站台以及雨棚、进站天桥、出站地道投入使用。停靠镇江的普速列车继续开行，乘坐普速列车的旅客购票和进出站迁至南广场城际站进行过渡，南广场城际站临时承担起同时办理高铁和普速列车的售票、候车和乘降等任务。 （侯晓强）

【镇江至大连首开直达高铁】 2016年5月15日，全国铁路进行列车运行时刻调整，镇江增加大连方向直达高铁列车，车次为G1252次（上海虹桥站始发，至大连北站），停靠镇江南站。镇江与大连之间运行时间由原来的最快21小时47分钟压缩至9小时30分钟。 （侯晓强）

【镇江高铁直达西安、太原、郑州等城市】 2016年9月10日，郑徐高铁开通运营，全国铁路实行新的列车运行图。新图实施后，从京沪高铁镇江南站每天有4趟高铁到郑州东站、4趟高铁到西安北站、2趟高铁到太原南站。在此之前，镇江至西安、太原、郑州列车全部是普速和动车组列车，且部分车次因车站改造施工停办。 （侯晓强）

公路运输

【概况】 2016年，镇江市提升公路通行品质、优化公共服务效能，服务品牌"畅·镇

2016年铁路镇江站主要运输任务和技术指标完成情况表

表17－1

项目	单位	计划	实绩	比上年增长
旅客发送量	万人	1030	1054.8	－0.5%
货物发送量	万吨	183	161.8	－12.7%
客运收入	万元	94100	97362.2	－6.0%
货运收入	万元	21300	20753.2	－14.3%
日均装车	车	－	113	27.0%
日均卸车	车	－	42	－46.2%
货车静载重	吨/车	－	39.3	－30.9%
货车停留时间	时/次	17.4	17.2	－0.6%

（侯晓强）

江”获第六届江苏交通十大服务品牌第一名；市公路处先后获全国总工会“职工书屋”示范点、全省交通运输行业文化示范单位、全市双拥“七创”三等功单位等称号。同时，全市公路系统获全省公路系统争先创优考核评比一等奖第二名。市公路处开展“两学一做”学习教育活动，深化“我是党员看我的”主题活动，全系统星级先进党支部覆盖率100%，创建五星党支部1个。

全年全市完成干线公路建设投资25.9亿元，建成通车31.5千米。打造城市“金外环”，建成312国道镇江城区改线段“五型示范工程”。投资8000余万元实施6条国省干线大中修工程，对197座干线桥梁开展专业化检查，全市路况水平保持稳定。多部门联动，推进公路环境“六项整治”，试点开展综合巡查，提升路域环境。推进低碳公路、智慧公路、惠民公路建设，104国道“畅安舒美”公路创建三个新型服务点，被推荐为省级创新创优项目，镇江市被省公路局确定为路面施工质量智能管控示范市。丹阳市通过省交通运输厅公路局组织的“四好农村路”示范县创建验收，成为镇江市首家创成的“四好农村路”示范县。

2016年，全市公路客运量0.36亿人次、周转量22.5亿人千米，比上年下降7.4%和7.7%；公路货运量0.7亿吨、货运周转量78亿吨千米，均增长2.0%；水路货运量0.15亿吨、货运周转量39亿吨千米，分别增长-1.4%和5.1%；城市客运量2.5亿人次，增长1.3%；机动车维修121万辆次，增长1.1%；培训驾驶员9万人，下降12.6%，行业发展保持平稳走势。

推进公交优先发展，全市新辟线路15条、优化21条；开通微循环公交、定制公交、旅游公交等特色公交，满足群众个性化出行需求；新增新能源公交车225辆，新建公交枢纽站1个、公交首末站5个；完成镇江市公共交通乘客委员会换届改选，强化公交随访和服务质量考核。全年完成公交客运量1.58亿人次，比上年增长4.08%，城市公交分担率24.03%，社会满意率91.59%，有责投诉下降18.6%。全市城乡客运一体化发展水平获评AAAAA级。连续第四年开展镇村公交“回头看”，新辟、优化城乡及镇村公交线路9条，开通毗邻镇村公交线路1条，评选文明示范线路8条，镇村公交服务能力和服务质量提升。

推进综合运输服务示范城市建设，47个重点项目实施。试点镇江至周庄运游结合服务模式，建成“空巴通”联程联运网上服务平台，开通镇丹、镇常、镇扬等定制客运线路8条，完成南徐客运站自助式车站建设。发展省级多式联运示范工程项目2个，宏福物流公铁联运首开“丹阳—北京”特需班列。支持“惠龙e通”等企业开展“无车承运人”试点工作。培育省级甩挂运输示范项目2个，宝华、飓风物流纳入省级甩挂运输项目库，兴港物流通过部甩挂运输项目验收。推动城乡物流配送发展，引导江天配送建成“亚夫在线”江天城市配送信息平台；恒伟冷链物流完善集成信息系统供应链管理，实现产供销一体化；镇江盐商冷链物流园开园，开启农产品冷冻物流“新市场、大流通”新业态。加快推进物流信息化建设，惠龙港货运集配电子商务平台完成升级改造，卫星定位监控平台投入运营；飓风物流完成智运通网上集货配车平台建设及“来货拉”手机APP开发；兴港物流“中国国际物流运输网”服务平台投入运营。

推进汽修和驾培行业发展。加强维修事中事后监管，出台事故车修理管理办法。深化“江苏车大夫”品牌建设，组织“车大夫”惠民公益活动，建立“镇江车大夫”微信公众号，建成多功能综合维修服务平台。推广“预约培训、计时收费”学驾新模式，有50%驾校提供新模式服务，考试合格率90%。开展“万人评驾培”活动，建立驾培服务质量监督考评体系，学员满意度93%。开发镇江学车网、“镇江掌上学车”手机APP、微信公众平台，为学驾人提供便捷服务。

推进绿色智慧运输发展。淘汰高油耗老旧客车261辆、货车504辆，拆解老旧船舶9艘。新增清洁能源客车185辆、专用货车388辆。全市清洁能源客车占全市客车总数的35%，专用货车占全市货车总数的35.9%。深化绿色汽修创建，新增市级示范企业5家，全市有示范企业41家，其中省级24家。建成运管数据中心，升级市县运政信息网络，提升网络效率。首次实现道路客运、危运和公交“两证”网上审验。

加强运输安全监管。制定责任清单，修订安全监管制度，明确管理部门监管职责。加强重点时段行业安全督查，完成G20峰会道路运输安保工作。建成市、县、企三级监管（控）平台，实现联网监控。出台营运车辆动态监控工作规范和动态监管工作考核办法，每月通报县企平台动态监管情况。落实“一车三方”联合监管制度，“三位一体”监管实现全覆盖。修订镇江市突发公共事件道路运输应急保障预案，更新应急运力储备数据库，组织开展突发事件应急救援演练。应对“先照后证”改革，加强执法“双公示”，监督检查“双随机”。修订处罚依据适用标准、许可文书制作规范和处罚文书规范。组织执法智能化培训，推广使用“运政通”移动执法应用设备，行政执法能力和水平提升。

（蒋　慧　朱　彤　王　璐）

【干线公路“三项专项公路整治”活动】 2016年9月15日—12月31日，镇江市公路部门在全市范围内开展为期100天的干线公路路面污染、桥梁隐蔽部位违法占用、非交通标志违法设置等“三项专项整治”活动。按照整一段、成一段、巩固一段的思路，对全市482千米国省干线公路开展全面排查，制订有针对性的整治方案，结合辖市（区）的力量集中整治全域内国省干线公路路域环境，基本实现路面污染全面控制，桥梁隐蔽部位非法占有清除控制，公路、公路用地范围无违法非公路标志等目标。

（蒋　慧）

【全市治理货车非法改装和超限超载工作】 2016年11月10日，镇江市落实“治超新政”（指交通运输部等相关部门出台的治理超载的规章、标准和文件），召开全市治理货车非法改装和超限、超载工作动员会，推进为期一年的货车非法改装和超限超载治理行动，保护人民群众生命财产安全。市政府成立领导小组及办公室，制定出台《镇江市人民政府办公室印发关于进一步做好全市货车非法改装和超限超载治理工作实施方案的通知》《镇江市交通运输局、镇江市公安局关于印发整治公路违法超限超载行为专项行动工作方案的通知》等专项行动方案，开展专项整治。（蒋　慧）

【朱方路六角桥泵房由给排水部门接养】 根据市政府《关于推进市区市政基础设施管养移交工作的会议纪要》，从2016年10月1日起，朱方路六角桥泵房及附属设施由市给排水部门接养，并纳入城市综合排水体系，市财政部门将管养费用纳入年度预算。该泵房移交由市交通运输局、市住建局、市财政局等7个部门共同签署《市政基础设施管养移交协议书》，落实移交事宜。（蒋　慧）

【路政许可会办制度】 从2016年5月开始，镇江市公路部门每月10日、20日、30日前后，召开专项行政许可审查会议，按照许可事项简易进行分类，内容简单的，简化手续，可直接报送行政中心办理审批；内容复杂且需进行安全技术评估的，明确办理流程及进度，并在下一次

旬办会议上，通过回头看进行落实。全年办理行政许可147件。（蒋　慧）

【《镇江市农村公路安全生命防护工程实施意见》】 2016年5月10日，镇江市公路部门出台《镇江市农村公路安全生命防护工程实施意见》，意见明确工作目标：2017年底，全面完成急弯陡坡、临河傍水等重点路段的安全隐患治理；2020年底前，基本完成乡道及以上行政等级公路安全隐患治理，实现农村公路交通安全基础设施明显改善、安全防护水平显著提高，公路交通安全综合治理能力提升。（蒋　慧）

【镇江市首次为剧毒化学品道路运输人员核发资格证】 2016年2月22日，镇江市首批44名剧毒化学品道路运输人员通过从业资格考核，获剧毒化学品道路运输从业资格证。根据要求，凡从事剧毒化学品、爆炸品道路运输的从业人员，必须取得"剧毒化学品运输"或"爆炸品运输"类别的从业资格证。规定于2016年3月1日起实施。镇江市运输管理处组织首批培训，46人参加，44人通过考核。（朱　彤　王　璐）

【《镇江市交通事故机动车修理管理办法》实施】 自2016年3月15日起，由镇江市运输管理处、镇江市保险协会和镇江市消费者协会发布的《镇江市交通事故机动车修理管理办法》正式实施。该办法的制定，规范镇江市行政区域内从事事故车修理、保险理赔以及监督管理行为；明确承接事故车辆维修的企业资质；理清修理事故车辆必备程序及管理要求。对相关保险公司不得与质量信誉考核低于A级的修理企业进行合作、不法利益关系第三人不得参与事故车修理及理赔等内容进行规定。（朱　彤　王　璐）

【道路运输"自助式"服务】 2016年9月19日，镇江市运输管理处服务大厅新配1台道路运输服务自助一体机。自助一体机是镇江市运输管理处为方便经营业户办理相关业务而专项研发的新型设备，其业务内网与运政业务系统相连，具有运输车辆信息查询、IC卡道路运输证年审信息更新、打印年审标贴、车辆违章查询等功能。（朱　彤　王　璐）

【丹徒宝堰镇至常州金坛区毗邻市镇村公交开通】 2016年9月30日，丹徒区宝堰镇至常州市金坛区登冠集镇的毗邻镇村公交K333路发车仪式在宝堰镇举行，这是丹徒区继上年开通荣炳至西阳毗邻镇村公交后第二条毗邻市镇村公交线路。该线路全程约13千米，沿途停靠17个站点，每日运行6班，计12班次。2016年，2条镇江城乡公交线路、2条毗邻镇村公交线路、1条城乡客运班线和4条镇村公交线路在宝堰客运站无缝衔接，实现宝堰集镇居民单次出行直达毗邻乡镇的公交出行目标。（朱　彤　王　璐）

【镇江驾培网和"镇江掌上学车"APP上线】 2016年年初，镇江驾培网（www.zjjpw.org）上线，该网站由镇江市运输管理处创建，为学驾驶人员提供全科目的学车指南，网站包含驾培行业最新动态、网上报名入口、政策法规、视频教学和模拟理考、投诉等多项服务功能。同时，"镇江掌上学车"手机APP推出。该款手机APP可提供在线报名、模拟驾考、电子快捷支付、即时评价、在线维权等基本功能，学员还可根据自己时间安排预约课时和教练员。（朱　彤　王　璐）

【"预约培训、先培后付"学驾模式】 2016年起，镇江市运管部门逐步在驾校中推广"预约培训、先培后付"学驾新模式，截至2016年年底，全市40家驾校中有一半提供新模式服务。新模式让学员有更多自主选择的空间，学员可随时通过网络方式预约，对所学的内容进行确认，对教练员的服务进行评价，并可以随时更换教练员。镇江市驾培市场传统模式与新模式并存，各试点驾校新模式的培训费用每小时在110元～130元之间。（朱　彤　王　璐）

【10人获"爱岗敬业驾驶员、汽修工楷模"称号】 2016年，省交通运输厅、总工会召开会议通报表扬一批爱岗敬业驾驶员、汽修工楷模，镇江市道路运输行业有10人入选。其中，获省级"爱岗敬业驾驶员"称号的6人，获省级"爱岗敬业汽修工"称号的3人。镇江江天汽运集团丹阳分公司驾驶员巢国滨连续安全行驶里程超过200万千米，获交通运输部、中华总工会授予的"爱岗敬业驾驶员楷模"称号。（朱　彤　王　璐）

内河水路运输

【概况】 2016年，镇江市交通航道部门加快推进航道建设尾留项目，全市完成航道投资1.6亿元。"苏南运河镇江段三级航道整治"获江苏省优质工程奖"扬子杯"。中山桥、陵口大桥、吕城大桥右半幅三座桥梁工程及疏浚工程通过交工验收，苏南运河镇江段全面进入三级航道时代。做好内河航道管养工作，贯彻执行《中华人民共和国航道法》，严格航政管理，定期巡航，参加省交通运输厅航道局举办的行政执法能力比赛，获集体一等奖。提前48天完成年度过闸费征收任务，全年征收过闸费6400万元。

强化行业监管，提升行业治理能力。高度重视安全生产，构建航道系统安全生产防控体系、应急处置体系和全员安全责任体系；丹金溧漕河丹阳段航道2标、3标获全省公路水运工程"平安工地"建设活动省级"示范工地"，谏壁船闸自建闸后安全运行逾13200天。推进航闸养护改善工作，全年完成航闸养护工程项目7项；完成省、市干线航道扫床，大运河全线整治建筑物技术状况现场巡查，向社会公布大运河、丹金溧漕河两条航道的维护尺度和标准。组织开展内河航道"卡脖子"段摸底调查，重点做好内河航道绿化和环境整治工作，出台专项行动实施方案，开展宣传发动、调查摸底和管理范围内即知即改等方面的工作。强化科技创新，船闸QC（质量控制）小组和QC项目成果获评全国交通运输行业年度优秀质量管理小组及成果。打造"船民驿站"，新创"微引航"服务平台，实施"江河汇·亮党旗"工程，展示航道发展成就。

2016年，镇江市地方海事部门组织开展深化"严格执法推进年"活动、"平安船舶"专项行动、船舶污染防治专项行动、船舶配员专项整治、水上"打非治违"、船员穿着救生衣劝导等活动，完成春运、"两会"、G20杭州峰会、"四季七节"等重要时段的通航保畅以及安保工作。实行全天候电子巡航为主、海巡艇巡航为辅的新机制，电子巡航9.64万千米，电子巡航风景区、油码头1830次，电子抓拍船舶动态违章245起，发现船舶AIS异常379次；人工上航1.56万人次，出艇0.70万艘次，巡航0.81万小时/5.58万千米，检查船舶18.38万艘次，查处、纠正违章船舶3.02万艘次。接处警115起，处理一般事故1起及小事故6起，排除航道堵塞险情10起，开展应急搜救行动39起，救助遇险船舶42艘、遇险人员97人，挽回和避免经济损失1259万元，搜救成功率100%。

2016年4月，经过两年的船厂适检条件评估活动推广，镇江有20家船厂资质申报获省船舶检验局的认可。其中，一类企业10家、二类企业3家、三类企业2家、四类企业5家。这20家船厂全部配备电子U盾，即申请人自主申报所需的网络设备。这标志着镇江辖区新建船舶检验申报可通过互联网实现。

（王文倩　郑　伟）

【苏南运河镇江段“四改三”航道疏浚工程通过交工验收】 2016年12月20日，苏南运河镇江段“四改三”航道疏浚工程通过交工验收。该线按照三级航道标准进行疏浚，3月26日开工，除丹阳市区段2.917千米，所有疏浚工程于11月30日完成。疏浚后的航道达到通行千吨级船舶三级航道标准，提高航段的通航条件。（孙肇然　王文倩）

【苏南运河镇江段“四改三”三座桥梁工程通过交工验收】 2016年12月20日，苏南运河“四改三”镇江段中山桥、陵口大桥、吕城桥右半幅三座桥梁工程通过交工验收。本次交工的三座桥梁均位于丹阳市境内，投入使用后，可改善当地居民的出行条件，对完善城镇功能、缓解交通拥堵、拉动运河沿线经济发展等具有重要意义。（姚晶晶）

【苏南运河镇江段三级航道整治工程获省“扬子杯”工程奖】 2016年，苏南运河镇江段三级航道整治工程获江苏省优质工程奖“扬子杯”，这也是该工程继2014年获省交通运输厅“江苏省交通建设优质工程”奖后再获奖。该工程建设指挥部按照“质量优良、技术创新、绿色环保、全力打造优质样板工程”的目标定位，强化质量管控，采用新工艺新方法，全面建设精品工程、样板工程、廉洁工程。（王文倩）

【谏壁船闸获“全国交通运输行业文明单位”称号】 2016年，交通运输部对2014—2015年度全国交通运输行业精神文明建设先进集体和先进个人进行表彰，江苏省谏壁船闸获“全国交通运输行业文明单位”称号，是镇江市唯一一家上榜单位，也是全省唯一一家上榜的二级单位。该单位开展“青年职工拜师学艺”、“名师带队教学”、“刘海荣工作室”创建、“水上雷锋服务台”服务品牌和“江河汇·党旗亮”党建品牌建设等活动，促进单位建设全面发展。

（江　挺　锁诗洁）

【过闸费征收工作】 截至2016年11月13日，江苏省谏壁船闸过闸费征收为5400.7万元，提前48天完成省局下达的5400万元过闸费征收任务。全年征收过闸费6400万元，占年度计划的118.5%，其中ETC过闸船舶收入370万元，比上年增长160.6%，船舶通过量12900万吨，比上年增长4%。（锁诗洁）

【谏壁船闸水上ETC运行】 截至2016年12月31日，谏壁船闸安全运行13322天无事故。截至2016年8月24日，谏壁船闸水上ETC安全运行1000天。谏壁船闸水上ETC于2013年年底正式开通使用，船舶过闸船民无须上岸办理过闸手续，船舶过闸从原来的上岸、登记、征收、调度等繁琐的程序减至ETC简单的识别、调度、过闸三个步骤。（锁诗洁）

【《镇江地方海事“十三五”发展规划》】 2016年3月16日，镇江市地方海事局印发《镇江地方海事“十三五”发展规划》。规划明确“十三五”期间，重点构建三个示范区。一是现代化水上监管示范区。以苏南运河镇江段、丹金溧漕河丹阳段为主要对象，以应用自主开发的海事现场综合管理平台为基础，优化现场管理模式和执法模式，多角度探究现代化内涵，多维度展示现代化成效。二是标准化高桥船检示范区。发挥技术、品牌等优势，引进优质企业，打造船舶制造、船舶配套和船舶服务综合产业链。从船厂侧、监理侧和船检侧三个层面入手，整体提升高桥船检办事处的服务能力和水平。三是规范化应急搜救示范区。以适应辖区水上搜救需求为导向，健全“互联互动”的应急指挥体系，完善“1+II+N”（“1”为镇江市内河搜救指挥中心，“II”为筹建一个II级应急搜救基地，“N”为分布于全市各地的N个内河搜救应急待命点）应急搜救布局，提升针对复杂水域突发事件的人命救助和综合处置能力。（郑　伟）

【“规范化应急搜救示范区”建设实施方案】 2016年5月，镇江市地方海事局印发《镇江市地方海事局“规范化应急搜救示范区”建设实施方案》，这是全省首个“规范化应急搜救示范区”建设实施方案，明确4个方面39项任务。总体目标是以适应辖区水上搜救需求为导向，健全规范化内河水上应急搜救体系，完善应急搜救布局，推进水上搜救、防范、联动、保障四个能力建设，实现应急管理规范化、应急队伍专业化、应急装备现代化、应急预案科学化、应急搜救高效化“五化”目标任务，及时做好水上突发事件的应急和处置，保障群众安全和防止水域污染。（郑　伟）

【全国第一家锚链生产厂家取得ZC工厂认可证书】 2016年4月28日，正茂集团有限责任公司获ZC（中国船检局）工厂认可证书，成为全省进入船用产品检验发证系统规模最大的锚链生产厂家。镇江的正茂集团有限责任公司是全国第一家锚链生产厂家，年生产能力为8万吨，产品销往多个国家和地区。获ZC工厂认可证书后，公司每年通过ZC检验的产品销售额达1000万元。

（郑　伟）

【苏南运河镇江段洪水II级预警】 2016年7月初，受长江上游来水和本地连续强降雨影响，苏南运河水位持续上升，镇江谏壁水位屡创新高，最高到8.06米，危及船舶航行安全，苏南运河沿线也因常州钟楼闸的关闭而一度全线断航。镇江地方海事部门于7月5日6时45分至7月9日20时实施洪水橙色（II级）预警，实行24小时相关责任人带班，应急办、航安科、两个海事处和所有应急队员处于应急待命状态，封航管控船舶800余艘。（郑　伟）

【首艘危险化学品应急专用艇功能通过全省会审】 2016年11月30日，省地方海事局组织13个省辖市地方海事局分管领导或安全监管部门负责人，集体会审并原则通过由镇江市地方海事局承担的全省首艘危险化学品应急救援专用艇的技术方案。不同于常规的海巡艇，该艇具备泡沫消防、危险货物过驳、溢油处置、安全防护、数据采集及信息管理等功能，专用于水路常见危险化学品泄漏事故的现场先期处置。（郑　伟）

【大港汽渡成为全国首家北斗导航汽渡防碰撞系统应用单位】 2016年8月26日，镇江的大港汽渡同江苏金海星科技有限公司正式签约，成为全国首家应用北斗导航汽渡防碰撞系统的渡运单位。整个预警平台采用“BDS+3G+GIS+Internet+MIS+AIS+雷达”等多种技术相结合的方式，实现对船舶的精确定位、违规报警、盲区续传、轨迹回放、规则设定、图像传输、手机查询、碰撞触警、运营分析、绩效统计和管理决策支持等。该系统运用1项国际先进技术、3项北斗智慧交通专利技术、4项北斗应用自主知识产权、6项专利北斗云产品。该系统还可通过手机APP随时查看或调阅渡船的航行动态和运营状况，提升对船舶航行动态监管水平。

（陈治国）

城市公共交通

【概况】 镇江市公共交通有限公司成

立于1962年9月，是以经营城市公共交通为主的国有企业，主要承担丹徒区、京口区、润州区和镇江新区等市区范围内的公共交通运输任务。截至2016年底，有从业人员2500余人，公交车辆1251辆，其中有天然气公交车307辆，油电混合公交车270辆，纯电动公交车130辆。新能源与清洁能源公交车总数707辆，占车辆总数的56.5%。线路营运车辆中实现空调车的全覆盖；营运线路110条，线路长度2011千米，实现城乡公交全覆盖；公交场站数达到79个，总面积约46.2万平方米。2016年总客运量为1.43亿人次，公交社会满意度91.59%，公交出行分担率24.03%。公交智能调度系统一、二级平台全部建成使用，实施车辆智能调度系统的运用，实施网上自助充值等业务；市区智能公交站台435座，实现公交车GPS全覆盖、车内WiFi信号全覆盖。2016年，镇江公交获“江苏省文明单位”，在七创全国双拥模范城工作中获三等功，获评“镇江市五一劳动奖状”“镇江市六型职工之家示范点”，镇江公交“企业文化月”活动获评2016年度“我爱我家”优秀特色成果。镇江公交216路驾驶员洪素琴，在2016年全市交通运输行业首届十佳“最美交通人”评选活动中获评第一。当年，洪素琴先后获省交通运输厅和省总工会授予的“爱岗敬业驾驶员”、市“五一巾帼标兵”、“镇江好人”等称号。

2016年，镇江市区计划有出租汽车1623辆，实际在线营运车辆数为1616辆，行业从业人员2900余人。全年市区出租汽车实载率55.9%，年客运量约3714万人次，行业年营业收入3.15亿元。出租汽车全部为汽油、天然气双燃料车。镇江市出租汽车行业2015年度城乡道路客运成品油价格改革财政补贴资金，每车674.7元/月全部发放到位。完成镇江市出租汽车一卡通系统的软硬件开发及设施改造工作。

（朱之豪　解叶青）

【出租汽车经营权实行无偿使用】 2016年3月28日，镇江市交通运输局、市物价局与市财政局在市客运管理处召开镇江市区出租车实行无偿使用情况通报会，市区11家出租车公司负责人与驾驶员代表及新闻媒体参加会议。会上通报镇江市政府决定，自2016年4月1日起取消市区出租汽车有偿使用费，对市区出租车经营权实行无偿使用。5月31日前，市客运管理处完成有偿使用费清退工作。同时，出租汽车企业公司化经营车辆每月降低承包费300元。截至5月1日，辖市（区）出租汽车经营权均实行无偿使用。

（解叶青）

【新能源公交车投用】 2016年12月底，镇江市公交新投用200辆新能源公交车，包括160辆油电混合型车和40辆纯电动车，在车长规格上分为10米长与12米长两种，其中纯电动公交车长度均为10米。纯电动公交车具有无噪音、节能环保等诸多优点，主要投放在市区至周边的一些距离相对短、客流量相对较小的线路上，如62路、63路、130路等线路，此外还投放到部分旅游线路上。

（朱　彤　王　璐）

【“公交出行周”活动】 2016年9月19日，镇江市在行政中心公交首末站组织开展2016年镇江市“公交出行周”暨“城市公交走进社区”活动启动仪式。活动以“优选公交、绿色出行”为主题，开展“无车日免费乘车”、“公交开放日”、“走进社区”、“走进校园”、“文明公交站台（广场）宣传”、市民代表座谈会等系列活动。通过宣传公交优先发展政策，培育“优选公交、绿色出行”的城市公共交通文化，在全社会营造了解公交、关心公交、支持公交、选择公交的氛围，引导社会公众参与城市公共交通发展。

（朱之豪）

【两条微循环公交线开通】 2016年12月28日起，镇江市区开通公交70路（丹徒新城枢纽站—丹徒新城枢纽站）、71路（体育会展中心—体育会展中心）两条循环公交线，运行模式采取单向循环。线路的开通使镇江丹徒新城和南徐片区公共交通实现更好衔接，方便居民出行。

（朱之豪）

【67路公交线开通】 2016年1月18日，镇江市公交公司开通公交67路线，解决沿线单位和群众到行政中心、公安部门办事，以及市民到南山、西津渡等景点游览不方便等问题。67路沿途停靠西津渡、蒜山游园、江南新村（江南幼儿园）等站点，采取一元一票无人售票制。

（朱　彤　王　璐）

【汽车修理工职业技能竞赛】 2016年9月8日—9日，镇江市公共交通有限公司举办“公交汽车修理工职业技能竞赛”，全市公交行业40名修理人员参赛，镇江公交修理分公司的王鲲获修理工职业技能竞赛一等奖，所有获奖选手获由市人力资源和社会保障局核发的高级职业资格证书。

（朱之豪）

现代物流业

【概况】 2016年，镇江现代物流业平稳、较快发展，全市社会物流总额10730亿元，比上年增长7.7%；社会物流总费用568.6亿元，增长5.2%，社会物流总费用与地区生产总值的比率为14.8%；物流业增加值266亿元，增长12%，占全市地区生产总值的6.9%，占服务业增加值的14.6%。

企业发展稳中向好。39家省市重点物流企业（基地）全年实现营业收入123亿元，其中营收超亿元物流企业有14家。物流企业加快新模式新业态发展，“互联网+物流”发展迅速，“惠龙e通”货运集配平台升级版和云达冷链智慧物流云平台正式上线。多式联运加快发展，宏马物流在华东地区率先开通“丹阳—北京”日发特需班列，直接降低物流成本20%以上。企业向资本市场推进，宏马物流、索普港集团等企业筹备上市。

园区和项目建设加快。扬中市、丹徒区、京口区等物流园区整体建设较快，全年累计完成投资30亿元。其中，扬中临港物流园基础设施基本建成，丹徒孟家港、润祥油品物流项目按序推进，京口新民洲港码头一期对外开放。全市重点推进的21个投资亿元以上项目全年完成投资60亿元。其中，中林木材物流基地、船港物流园、盐商冷链等3个项目投入运营；汇鸿冷链、深基地物流等项目准备运营。加强大型物流项目招引，普洛斯电子商务及供应链产业园、DHL跨境电子商务产业园落户句容；中远保税物流和跨境电商综合基地落户镇江综合保税区。

企业品牌建设加快。全年新增省级重点物流企业1家、省级物流企业技术中心1家；累计培育省级重点物流基地（企业）16家、市级重点物流基地（企业）23家、省级物流企业技术中心6家。惠龙易通和宏马物流获“全省多式联运示范项目”称号；飓风物流、中远物流、十野物流分别创成江苏省首批智慧物流示范企业、省重点物流企业、省物流企业技术中心，同时新认定5家市级重点物流基地和企业。

2016年5月20日，人力资源和社会保障部、中国物流与采购联合会在北京人民大会堂举行全国物流行业先进集体、劳动模范和先进工作者表彰大会，镇江市惠龙易通国际物流股份有限公司获“全国物流行业先进集体”称号，宏马物

流有限公司分公司经理刘国方获“全国物流行业劳动模范”称号。（邱玉珊）

【宏马物流“丹阳—北京”特需班列】 2016年2月25日，华东地区首家公铁联运特需班列开通，“丹阳—北京”79060/79059次特需班列为客户量身定制，采用“点对点”“一站直达”的运输方式，从丹阳东站货场启程，挂有丹阳、常州、镇江等地车皮30个，驶往北京，全程1280千米。由于途中不需重新编组，运输时间从原70小时缩至22小时左右。（鲍 兴）

邮 政

【概况】 截至2016年12月31日，镇江市邮政企业和规模以上快递服务企业业务收入(不包括邮政储蓄银行直接营业收入)12.41亿元，比上年增长27.45%；业务总量完成16.62亿元，增长28.32%。全市依法取得快递业务经营许可证的企业53家，分支机构159个，经营体制有国有、民营、港澳台控股和外资4种，分属37个品牌。（徐 璐）

【镇江市邮政管理局】 2016年，镇江市邮政管理局以“创新促快，深化改革，精细管理，和谐稳定”为工作思路，推进“五个邮政”建设，实现镇江邮政事业稳定发展。2016年，该局获省“扫黄打非”工作先进集体、市安全生产先进单位、市社会治安综合治理先进单位、二季度信息公开优秀单位等称号。

与市公安、国安等部门建立联合监管协作机制，定期召开会议通报监管情况，相互转交违法、违规线索，共同处置违法违规行为。实施快递进校园工程，建成校园快递公共服务平台2个。有7家智能快件箱运营企业完成备案登记工作，全市投放智能快件箱1166组，格口约5.37万个，全年投递约420万件。与市商务局共同出台《关于推进“快递下乡”工程 促进农村电子商务发展的意见》，推动培育5个本地区“快递+”特色农产品样板项目，项目产生的业务量为1.13万件，农村企业通过寄递农产品所获收益为400.54万元。完成村邮站“收官工程”，3年累计建设村邮站542个，覆盖全市所有行政村，超额完成建站计划，实现“村村建站，户户通邮”的目标。“一站一路”镇江村邮站建设模式，被《新华日报》《扬子晚报》等多家媒体报道。出台《镇江市邮政业“十三五”规划》。办好《镇江邮管》刊物，全年刊发12期。开展“世界邮政日”系列宣传活动，16万余人参与知识有奖竞答，在苏宁广场设立现场宣传展示平台。全年组织4批200名快递员参加职业鉴定考试，将快递职业技能鉴定纳入全市农村劳动力职业技能培训鉴定奖励补贴。举办首届快递业务员职业技能竞赛、召开全市邮政业通讯员培训会等活动，提升快递业务员综合素质。开展申诉工作，受理国家邮政局消费者申诉处理系统申诉案件4982件，其中有效申诉1160件，挽回经济损失173324.95元。全年行政约谈19次，执法检查137次，出动执法人员612人次，查处违法行为15次，下达处罚决定8份，罚款31.4万元。全年无重大安全事故发生。

建立健全日常监管工作制度，在全行业创新推行“开箱验视证明卡”制度，管控收寄行为，推动100%收寄验视制度落实；在快递企业网点推广寄递业治安管理信息系统，通过二代身份证识别仪校验证件，实现身份证查验留痕；推动首批X光机购置计划实施和地方补助资金落实，全年新增X光安检机20台。（徐 璐）

【邮政业】 2016年，中国邮政集团公司镇江市分公司实现业务收入4.75亿元，比上年增长16.1%。公司获“江苏省文明单位”“江苏省模范职工之家”“全省厂务公开民主管理先进单位”“消费维权特别贡献企业”“消费者信得过单位”“治安工作先进集体”“工会工作先进集体”等称号。

打造四个“一把手工程”。打造代理金融“一把手工程”，2016年年末余额规模为136.3亿元。打造包裹快递“一把手工程”，“双11”期间完成快递包裹日均4.5万件，峰值8.3万件，全国收寄量排32位。打造农村电商“一把手工程”，建成“邮乐购”加盟店881个，构建“网点、加盟店、社会零售点、县级电商运营中心、仓储中心”服务平台。打造实物网与投递网优化“一把手工程”，整合全区实物网资源，实施大平面投递作业。

开展“两大提升工程”。打造员工素质提升工程，开展区内人才交流和区外输送学习，开展“校企合作”，推进学历继续教育。打造员工幸福提升工程，提高薪酬福利待遇，举办职工运动会，开展职工体检，建成职工食堂。

提升管理精细化水平。完善营销体系建设，为客户提供综合服务方案，与“亚夫在线”、江苏航院等签署战略协议。深化全面预算管理、全成本损益核算，强化资金管理。强化企业运营质态管控，推行全区薪酬、福利、框架一体化，开展网点员工动态配员。网运质量提高，投递质量提升，实行押运外包，开展“安全生产月”培训。

提高服务质量。强化代理金融风险管控，组建11人的金融合规检查队伍，全部网点配备两套双录设备。制定《窗口服务规范》，强化窗口服务管理。健全“五级防控体系”，落实“三级检查体系”。投递员张伟祥获评省级劳动模范。（陆 斌）

【镇江邮政三大板块与“亚夫在线”签订战略合作协议】 2016年6月30日，镇江邮政分公司、邮储银行、速递物流公司与农村电商企业“亚夫在线”签署四方战略合作协议。协议旨在发挥各家的网络和业务特长，建立密切、长久、融洽的战略合作伙伴关系，并在业务捆绑、市场营销、产业推动等多个领域开展强强合作，实现资源共享、优势互补，促进四方产品与服务的延伸和拓展。（陆 斌）

【税邮合作协议】 2016年9月，镇江邮政分公司及丹阳、句容、扬中三个辖市分公司分别与所在地国税局签署《业务合作框架协议》。市国税局授权邮政开展面向社会的便民办税业务，并在丁卯等支局摆放税收自助设备。通过邮政便民办税窗口，可以代征零散税收，对小规模纳税人和个体工商户代开普通发票，发放定额等相关发票。镇江邮政分公司建设“税邮共建便民服务窗口”，统一标识，制定项目管理办法，规范业务流程；强化便民办税宣传；运用邮政名址数据库(指邮政部门拥有的，由基础地址信息、组织机构信息和个人名址信息三类信息组成的名址数据库)对国税局纳税人信息进行匹配清洗；为国税局提供约投挂号信等服务。（陆 斌）

【邮乐农品网镇江馆上线】 2016年10月28日，邮乐农品网镇江馆正式上线，汇集四大品类、80余款镇江地方特色产品。镇江邮政分公司通过建立邮乐农品网镇江馆，为农户提供产品网络销售渠道，并建立全程监管、可溯源的管控体系，为农户、农产品提供商品包装展示、营销推广、订单处理、资金管理、物流配送等一条龙服务。（陆 斌）

·快递业·

【概况】 2016年，镇江市规模以上快递服务企业业务量完成6920.60万件，比上年增长38.19%；业务收入完成7.92亿元，增长41.70%。快递业务量突破200万件的企业有10家，与2015年持平。快递业务收入突破2000万元的企业有13家，比2014年和2015年分别增加7家和6家。

全市规模以上快递服务企业快递业务量6920.60万件，比上年增长38.19%，日均投递量18.96万件。“双11”期间快递日均处理90.62万件，日均收件44.67万件，日均派件45.95万件。

同城快递业务量收入完成799.30万件和0.52亿元，比上年分别增长29.72%和21.58%；异地快递业务量收入完成6062.94万件和5.65亿元，增长39.60%和40.54%；国际及港澳台快递业务量完成58.36万件，增长19.93%，国际及港澳台快递业务收入完成0.73亿元，增长25.42%。（徐 璐）

2016年镇江市快递业情况一览表

表17－2

序列号	企业名称	许可证号	企业品牌	企业性质	注册地址	企业法人
1	丹阳浩宇物流有限公司	国邮20150568C 苏邮20140707B	天天快递	民营控股	丹阳市开发区市门一路东侧	黄 坚
2	丹阳快捷速递有限公司	苏邮20100357B	快捷速递	民营控股	丹阳市开发区七纬路南侧	唐建军
3	丹阳市非常快递有限公司	苏邮20100395B	UC优速	民营控股	丹阳市开发区新世纪工业园	邱军平
4	丹阳市全通速递有限公司	苏邮20100269B	国通	民营控股	丹阳市开发区兰信公寓1幢10室	张志刚
5	丹阳市全一快递有限公司	苏邮20110535B	全一快递	民营控股	丹阳市开发区兰信公寓4幢3室	何云燕
6	丹阳市瑞顺快递有限公司	苏邮20100076B	汇通快运	民营控股	镇江丹阳市开发区兰信公寓5栋1室	杨海泉
7	丹阳市申通快递有限公司	苏邮20100058B	申通快递	民营控股	丹阳市开发区大亚东路东侧	潘和青
8	丹阳市天翼速递有限公司	苏邮20100452B	速尔	民营控股	丹阳市开发区北苑路长段村佳亮眼镜厂内	吴愿军
9	丹阳市星通快运有限公司	苏邮20100118B	圆通速递	民营控股	江苏省丹阳市港口东路11－12号（眼镜工业园综合楼）	陈东辉
10	丹阳市韵达快递有限公司	苏邮20100219B	韵达快运	民营控股	丹阳市开发区金陵西路8号	王正贤
11	丹阳市中通速递有限公司	苏邮20100205B	中通速递	民营控股	丹阳火车站斜对面	束红伟
12	江苏江韵物流有限公司	苏邮20130619B	韵达快运	民营控股	句容市空港新区塘西路66号	聂腾云
13	句容市天天快递有限公司	苏邮20100392B	天天快递	民营控股	句容市华阳镇万宏天源城19幢401号门市	阮祥宁
14	句容市海通国际货运代理有限公司	国邮20150587C	其他（自主）	民营控股	江苏省句容市经济开发区华阳北路领秀星城103室	徐 兵
15	句容市申通快递服务有限公司	苏邮20100311B	申通快递	民营控股	句容市华阳镇杜家山（综合大市场14幢48－50号）	胡学锋
16	句容市通圆速递有限公司	苏邮20100067B	圆通速递	民营控股	句容市开发区西环路（自来水安装公司南边）	唐忠继
17	句容市韵达快运有限公司	苏邮20140652B	韵达快运	民营控股	句容市华阳镇南大街18号	吴大维
18	句容中通快递有限公司	苏邮20150794B	中通速递	民营控股	句容经济开发区西转盘西300米处104国道南侧01幢	张书花
19	句容中通物流有限公司	苏邮20120579B	中通速递	民营控股	句容经济开发区西转盘西300米处104国道南侧01幢	郑成宝
20	扬中鸿顺速递有限公司	苏邮20100071B	圆通速递	民营控股	扬中市华丰生物技术公司综合楼（开发区新扬路）	唐焕照
21	扬中立名快递服务有限公司	苏邮20100473B	快捷速递	民营控股	江苏省镇江扬中市三茅街道友好村10组	许兴红
22	扬中市骏捷快运有限公司	苏邮20110514B	速尔	民营控股	扬中市外环南路333号	孙 健
23	扬中市全一快运有限公司	苏邮20110004B	全一快递	民营控股	扬中市三茅镇迪雅苑5幢114室	匡 源
24	扬中市瑞达快运有限公司	苏邮20100145B	天天快递	民营控股	扬中市昌盛路518号（大众村173号）	吴加根
25	扬中市润通物流有限公司	苏邮20140680B	百世快递	民营控股	扬中市三茅街道外环南路333号—A31号	郭明弘
26	扬中市申通快递有限公司	苏邮20100257B	申通快递	民营控股	扬中市中乔工业园区	傅 什
27	扬中市速尔货运有限公司	苏邮20150841B	速尔	民营控股	镇江市扬中市三茅街道滨江村1176号	任立胜
28	扬中市韵达快递有限公司	苏邮20100229B	韵达快运	民营控股	扬中市美食一条街132号	孙长兵
29	扬中市中通快递服务有限公司	苏邮20100450B	中通速递	民营控股	扬中市新坝镇红联村联丰三组	肖 敏

续表 17－2

序列号	企业名称	许可证号	企业品牌	企业性质	注册地址	企业法人
30	镇江捌诚合众网络科技有限公司	苏邮 20161276B	百世快递	民营控股	镇江市润州区和平街道太平圩 203 号	尹吉祥
31	镇江大同快运有限公司	苏邮 20100431B	全一快递	民营控股	镇江新区丁卯谷阳路 66 号四区 12 幢第 103 室	王　玲
32	镇江禾东物流服务有限公司	苏邮 20161282B	江苏大学快递超市	民营控股	镇江市京口区学府路 301 号江苏大学 B 区六栋	王　琪
33	镇江金韵达货运代理有限公司	苏邮 20161062B	韵达快运	民营控股	镇江市润州区蒋乔街道蒋家门社区凤凰山西路润州开发区钢模出租站内	戴运聪
34	镇江快捷快速递有限公司	苏邮 20100373B	快捷速递	民营控股	镇江市润州区官塘桥镇秀山村宗巷组	石　红
35	镇江品见物流快运有限公司	苏邮 20161193B	优速物流	民营控股	镇江市京口象山街道红旗三组万寿寺 10 号	卜昆轩
36	镇江琮华速递有限公司	苏邮 20161251B	圆通速递	民营控股	镇江市丹徒工业园区华园路 57 号	袁文勤
37	镇江市汇通通信有限公司	苏邮 20100209B	汇通快运	民营控股	镇江新区丁卯经四路 26 号	殷瑞梅
38	镇江市佳友宅急送物流有限公司	苏邮 20150912B	宅急送	民营控股	镇江市润州区御桥路 9 号郁馨花园 6 幢 114－115 号	徐熬赢
39	镇江市强峰快运有限公司	苏邮 20140703B	全峰	民营控股	镇江市新民洲临港路 23 号	陈加海
40	镇江市全合国际货运代理有限公司	苏邮 20150767B	其他(自主)	民营控股	镇江市丹徒区幸福城格林蓝天 34 幢 3 室	符德才
41	镇江市申通快递有限公司	苏邮 20100098B	申通快递	民营控股	江苏省镇江市丹徒新城工业园瑞山东路 98 号	蔡　萍
42	镇江市顺丰速运有限公司	国邮 20100031－54C 苏邮 20100306B	顺丰速运	民营控股	江苏省镇江市学府路 58 号京口花园 54 幢第 1 层到 2 层 0010 室	徐丽平
43	镇江天天快递有限公司	苏邮 20110566B	天天快递	民营控股	镇江市京口区扬帆路 3 号	印安章
44	镇江通用物流有限公司	苏邮 20161063B	韵达快运	民营控股	镇江新区丁卯纬五路 17 号 2 幢第 1 至 2 层 103 室	周保强
45	镇江新春货运服务有限公司	苏邮 20161090B	韵达快运	民营控股	镇江市京口区京岘山庄 2 幢 105 室	刘新春
46	镇江新区韵达快递有限公司	苏邮 20110529B	韵达快运	民营控股	镇江新区港中路 129 号丽景花苑 3 幢 0101 室	张　晶
47	镇江鑫飞鸿速递有限公司	苏邮 20100388B	鑫飞鸿	民营控股	镇江市御桥路江南华庭 3 栋门面房 101 号	朱瑞青
48	镇江优速货运代理有限公司	苏邮 20140674B	优速物流	民营控股	镇江市梦溪路 7 号 5 幢第 6 层 601 室	梁幸军
49	镇江指针物流有限公司	苏邮 20161054B	韵达快运	民营控股	镇江市京口区学府路恒美嘉园 B 区 21 幢 104－105 室	叶会涓
50	镇江中通速递有限公司	苏邮 20100243B	中通速递	民营控股	镇江高新技术产业开发园区扬帆路 1 号	刘月珍

（田瑜铭）

综　述

【概况】 2016年，镇江市信息化发展工作以“善政、兴业、惠民”为目标，推动信息化向智慧化迈进。12月29日，市政府组织召开全市“全光网”城市建成发布会。发布会上通报全市实现100%光缆进楼、100%光纤到户、100%行政村光缆覆盖的建设目标，宽带平均速率从2015年的21兆提升到50兆，镇江建成“全光网”城市。全年全市新建住宅项目光纤到户执行率100%，新增光纤覆盖家庭30.32万户。城市、农村宽带平均接入能力均为100兆以上。城市新建小区光纤接入共建共享率为100%，基站资源共享率达82%。12月，在由工信部、国家发改委指导，新华网、宽带发展联盟联合主办的2016“宽带中国”城市发展市长论坛暨“宽带中国”示范城市建设成果展上，镇江市获“宽带中国”示范城市最佳实践奖。

智慧经济发展。制定出台《关于加快智慧经济发展的指导意见》，建立智慧经济标准体系，明确智慧经济的产业范围，建立智慧经济监测体系。全年排选智慧经济重点项目40个，协调推进。强化智慧经济发展宣传报道，扩大智慧经济影响。

大数据中心建设。制定出台《镇江市大数据中心建设方案》。开展政府部门数据资源调查工作，编制出台《镇江市政务信息资源目录》。制定《镇江市政务数据共享交换管理办法》，改造完善数据共享交换平台。编制《镇江大数据中心安全管理规范》，确保数据安全可控。

智慧民生信息服务体系建设。按照《镇江市智慧民生示范工程评定办法》，推进综合类平台示范试点工程。组织开展智慧民生服务平台信息安全监督检查工作，对信息安全软硬件技术应用、信息安全制度建立、个人隐私信息安全保障等方面开展检查，确保民生信息服务平台安全可控。4月，镇江市惠龙易通国际物流股份有限公司的“惠龙e通”智慧江苏建设重点示范工程入选2016年江苏省信息消费示范工程。

市民卡工程建设。加快市民卡发放，拓展市民卡应用，增加公共停车、图书借阅、社区应用等功能。

（李　蕴　凌　鹏）

【“引领光网新时代　共创‘智造’新镇江”发布会】 2016年1月22日，镇江市经信委与中国电信镇江分公司共同举办“引领光网新时代　共创‘智造’新镇江”发布会。发布会上，点亮“千兆光网智慧镇江”启动球，标志着镇江成为“千兆光网城市”。“十二五”期间，镇江市投入21.5亿元，完成“全光网”建设，构建起“百兆、千兆到户到桌面、万兆到楼、T级出口”的端到端全新光网络能力。会上，中国电信镇江分公司和全市多家企事业单位签订“企企通”合作框架协议。

（鲍　兴）

【镇江市获评“2016中国智慧城市领军城市”】 2016年，第七届中国智慧城市大会暨“2016中国智慧城市领军城市”颁奖典礼在北京召开，镇江市获评“2016中国智慧城市领军城市”，镇江市经济和信息化委员获评“2016中国智慧城市贡献单位”。“2016中国智慧城市领军城市”的评选按照城市常住人口规模，评选出“领军城市”。要素包括环保、单位能耗、食品安全、公共安全、生产安全、健康水平、政务效率、交通拥堵、社区服务便捷度、教育水平、创业和创新、法治、文化旅游、养老、扶贫和城乡差距建设成果等。

（李　蕴）

【镇江“数字给排水”上线】 2016年1月，镇江“数字给排水”上线运行。“数字给排水”集纳行业管理、数字给水、数字排水、数字防汛4个模块25个子系统，综合运用在线监测、模型分析、Web等技术手段，建立一个连接整个城市给排水各业务单元的信息网络平台。“数字给排水”的上线运行，可强化城市调度防汛能力。

（李　蕴）

【“互联网＋多评合一”试点项目】 2016年，镇江日泰工程设备有限公司“关于食用菌液态深层发酵关键控制技术及装置”项目，作为国家首个“互联网＋多评合一”试点项目，在京口区进入“互联网＋多评合一”评审工作流程。该项目总投资1.4亿元，占地面积约1.67公顷，主要研发、生产生物发酵关键技术和控制装置。

（李　蕴）

【“互联网＋智慧停车”项目】 2016年4月，国内首例市级“互联网＋智慧停车”项目落户扬中市。该项目采用PPP模式，由中兴智能交通投资建设及运营，项目特许经营年限为20年，覆盖1000个车位，旨在打造城市级静态交通“O2O(线上到线下)服务运营体系”，让找车位、出入场、反向寻车、快捷支付等环节变得更加便捷、高效。

（李　蕴）

【镇江新区司法云平台】 2016年4月，镇江新区推出司法云平台。该平台是镇江市首个基于“互联网＋”的一站式公共法律服务平台，囊括法律咨询、法律援助、公证服务、司法鉴定、公职人员学法考法等多项功能，通过后台大数据分析，司法部门能够了解群众需求，提高司法预测预判和应急响应能力，实现导向性普法、精准化服务。平台借鉴电商的O2O（线上到线下）模式，线上市民可以联系平台聘请的40多名专家、律师，享受法律服务；线下律师会定期到村（社区）公共司法惠民服务站提供司法服务。同时，平台还带有地图导航功能。（李　蕴）

【企业网络服务平台新闻发布会】 2016年4月29日，镇江市政府召开镇江市企业网络服务平台新闻发布会。从5月1日起，市企业网络服务平台启用专线电话“965808”、专网“965808. gov. cn”和专门邮箱“zj965808@qq.com”。中国网、《新华日报》、新华网、新浪网、腾讯网等14家新闻媒体记者参加发布会。（参见第19页）（鲍　兴）

【两化融合管理体系贯标培训会】 2016年6月16日，镇江市两化融合管理体系贯标培训会召开。培训会以推动镇江市企业的产业信息化和工业化深度融合为主旨，由有关专家向与会企业解析两化融合体系的实施流程和标准，引导企业通过开展贯标，促进新一代信息技术向产品研发、设计、生产、营销、管理、服务等环节渗透融合，提升信息化应用水平，增强核心竞争力，推动镇江市制造业向中高端迈进。各辖（区）主管部门及企业负责人近百人参加培训。（李　蕴）

【农业互联网医院】 2016年8月，句容市组建全国首家农业互联网医院，该医院汇聚全省相关领域知名专家，对农户遇到选种育苗、种植管养、“触网”销售等方面的“疑难杂症”，通过综合会诊的方式提出专属“治疗方案”，实现为农服务“私人订制”，推动农业及电商健康持续发展。（李　蕴）

【“4+X”未成年人司法保护云平台】 2016年8月，扬中在全国率先建立“4+X”未成年人司法保护云平台。“4”是指以检察机关为主导，公安局、法院、司法局等密切配合的主体框架，“X”是指团市委、教育局、人社局以及众多社会支持力量参与，形成从诉前至诉后纵向延伸司法保护触角、从再犯预防至临界预防横向拓宽司法保护对象的新局面。该平台具有数据统计分析功能，有利于掌握未成年人犯罪特点、发展趋势，预防和减少未成年人犯罪，加强未成年人法治宣传教育。（李　蕴）

【2家企业入选“2016—2017年江苏省规划布局内重点软件企业”】 2016年8月18日，经江苏省软件行业协会组织专家评审和省经信委综合审查，恒宝股份有限公司及江苏锐天信息科技有限公司入选“2016—2017年江苏省规划布局内重点软件企业”名单，并分别被认定为“规模型”软件企业和“潜力型”软件企业。（鲍　兴）

图18－1　2016年4月29日，镇江市政府召开镇江市企业网络服务平台新闻发布会（鲍　兴　供稿）

【《关于加快智慧经济发展的指导意见》】 2016年12月，镇江市出台《关于加快智慧经济发展的指导意见》，意见主要包括4个方面。智慧应用产业：在政务、产业、民生、城市运营等领域全面应用大数据和其他智能技术，实现全社会发展智慧化。同时，培育和带动智慧应用产业发展。智慧技术产业：加快云计算、大数据挖掘分析等先进信息技术创新应用模式，促进智慧技术产业化，为智慧应用提供服务和支持。智慧支撑产业：通过物联网采集大数据，通过宽带互联网、移动互联网传输大数据，实现数据基础服务的产业化，为智慧应用产业和智慧技术产业提供支撑。智慧产业载体：主要包括项目、平台、企业、园区等，为智慧产业发展提供承载支撑。（李　蕴）

新一代信息技术产业

【概况】 2016年，镇江市新一代信息技术产业实现销售收入490.97亿元，比上年增长7.3%，形成网络通信、物联网、集成电路、平板显示、电子元器件及应用电子等五大集聚领域。11月16日—21日，主题为“创新驱动 质量引领”的第十八届中国国际高新技术成果交易会在深圳举行，云神科技股份有限公司作为云计算服务商代表在“宽带中国”专题馆参加展览。

网络通信领域销售收入160亿元，主要以光通信器件及相关配套产品生产制造为主，重点集中于镇江新区，其中代表企业有正恺电子、奥雷光电、惠通集团等。

物联网领域销售收入70亿元，主要以系统集成及行业应用为主，重点分布在丹阳、扬中等地，其中代表企业有中煤电子、香江科技、新通达科技等。

集成电路领域销售收入25亿元，主要从事集成电路封装测试及配套原材料生产制造，重点分布在镇江新区、丹阳等地，其中代表企业有艾科半导体、奥瑟亚新材料、恒宝股份等。

平板显示领域销售收入56亿元，主要以面板模组生产制造为主，重点分布在句容、扬中等地，其中代表企业有和成显示、骏成电子、久正光电等企业。

电子元器件及应用电子领域销售收入180亿元，主要以电容电阻等电子配套产品及照明器件等应用电子生产制造为主，重点分布在镇江新区、丹阳、扬中等地，其中代表企业有辰阳电子、绿扬电子、稳润光电等。（朱　卯）

【海外华侨华人高层次人才对接活动新一代信息技术专场】 2016年6月21日，海外华侨华人高层次人才对接活动新一代信息技术专场在镇江举行。会上，市经信委介绍镇江产业发展环境、镇江新一代信息技术产业发展特色优势及下一步重点突破领域等情况；华侨华人专家介绍合作项目的主要技术、应用领域、市场前景及项目投资额等情况；镇江科技新城、睿泰数字产业园等园区重点介绍园区主要发展方向及人才招引、财税优惠等扶持政策，江苏畅远信息科技有限公司等企业重点介绍主要业务、技术优势等。会后，镇江30余家相关领域的重点园区和骨干企业代表与海外华侨华人的项目开展对接。（鲍　兴）

【大全集团入选"中国电子信息百强企业"】 2016年7月15日，工信部、中国电子联合会联合召开2016年中国电子信息百强企业发布会，公布"2016年(第三十届)中国电子信息百强企业"名单，镇江市大全集团入选，列第42位。
(朱 卯)

【集成电路产业创新(镇江)高端对话会】 2016年8月25日，首届集成电路产业创新(镇江)高端对话会在镇江新区召开，大会由中科院微电子研究所、工业和信息化部软件与集成电路促进中心、镇江新区联合主办，中科院物联网研究发展中心、江苏中集电半导体科技有限公司和江苏艾科半导体有限公司承办。会议期间，集成电路领域的专家学者，知名企业、投资机构、行业主管部门等相关人员围绕集成电路测试的发展与现状、实验设计与分析在集成电路研发与制造中的应用、先进封装技术发展趋势等主题展开交流，探寻合作机会。
(朱 卯)

【30个软件园区及企业参加第十二届南京(国际)软件博览会】 2016年9月2日—5日，第十二届南京(国际)软件博览会在南京国际展览中心举行。镇江大学科技园、睿泰数字产业园、惠龙易通、亚夫在线、恒宝股份、名通科技等30个软件园区及企业参加博览会，通过大屏幕播放、图文展示、实物展示、互动演示等方式，集中展示镇江市特色软件园区、游戏、电子商务、"互联网+"(教育、健康养老、旅游)、智能制造(嵌入式软件)、云计算和大数据等特色软件产业，咨询人数500多人次。镇江市茴香豆网络科技公司和研宝数据管理统计公司参加项目现场推介会，全市重点园区及企业近100人到会。
(朱 卯)

【镇江大数据中心】 2016年9月30日，镇江大数据中心挂牌成立。按照中心规划，将重点建设政务和行业两大数据中心。政务数据中心建立全市统一的数据标准规范这"1个标准"；信息共享目录、信息公开目录"2个目录"；共享交换平台、数据分析平台、智能决策平台"3个平台"；数据采集机制、数据处理机制、数据存储机制、数据安全机制"4个机制"；人口数据库、法人数据库、空间地理和建筑物数据库、宏观经济数据库、社会信用数据库"5个基础数据库"。其中，"3个平台"可实现各部门的信息互通和数据共享，分析各类数据之间的关联性，预测数据发展规律，依据数据分析结果，提供智能化决策建议。"5个基础数据库"主要是为全社会提供自然人、法人单位、土地及建筑物、经济活动、信用状况等方面的基础信息。行业大数据中心聚焦四大特色领域，将建设城市直流微电网、桌面云、基因大数据和创新创业公共服务平台。其中城市直流微电网可为城市物联网提供直流电力能源，同时，完成物联网末端设备的信息采集、传输和控制管理。
(朱 卯 李 蕴)

图18－2 2016年9月30日，镇江大数据中心成立仪式举办
(鲍 兴 供稿)

【中国冷链物流智慧云平台】 2016年9月10日，由中国交通运输协会物流企业分会、镇江市经信委、句容市政府联合举办的中国冷链物流智慧云平台上线仪式暨大数据时代冷链科技创新与食药品安全高峰论坛召开。中国冷链智慧云平台将"互联网+冷链"的发展模式引入冷链行业，用互联网思维为冷链行业和广大农产品种植户提供解决方案，在有效整合资源策略的基础上，智能化抽取用户特征，对冷链运输需求提供更为精准的匹配服务，带动冷链运输行业与相关需求企业更为良性的互动。近150名与会代表围绕大数据时代冷链科技创新与食药品安全议题开展交流。
(鲍 兴)

【江苏省两化融合管理体系贯标宣讲环省行活动】 2016年10月，江苏省两化融合管理体系贯标宣讲环省行活动在镇江扬中长江大酒店举行。活动由省经信委主办，市经信委和省企业信息化协会承办。会上，省经信委介绍两化融合管理体系贯标的意义，解读政府管理体系贯标的扶持引导等相关政策；相关贯标咨询服务机构、贯标评定机构分别从贯标工作要点、实施贯标取得的经验和成效、贯标案例分析、信息安全等方面开展宣讲。省经信委、省企业信息化协会、省内两化融合贯标服务咨询服务机构，以及镇江各辖市(区)发改经信委、镇江新区经发局，镇江市国家、省两化融合管理体系贯标试点及贯标意向企业负责人150人参会。
(朱 卯)

【镇江新一代信息技术暨大数据产业(成都)推介会】 2016年12月20日，由镇江市政府主办的镇江新一代信息技术暨大数据产业(成都)推介会在成都举行。推介会上，镇江市从镇江发展现状和特色优势、"镇江制造"重点打造的产业链、镇江发展的软环境三个方面向与会代表作专题推介，重点介绍镇江大数据产业的优势及未来发展方向；大学科技城、睿泰数字产业园等7个重点特色园区围绕新一代信息技术产业发展分别开展推介。成都的50余家企业负责人和高校科研院所负责人参加会议。会上，集中签约6个项目，总投资超过8亿元。
(朱 卯)

通信服务业

【概况】 2016年，镇江市电信业务总量93.25亿元(统计公报数)，比上年增长58.3%。年末，固定电话用户75.79万户，比上年减少11.44万户。移动电话用户305.89万户，减少3.67万户。固定互联网宽带接入用户107.69万户，增加15.88万户。
(江 鉴)

【中国电信股份有限公司镇江分公司】 2016年，中国电信股份有限公司镇江分公司(以下简称镇江电信)以中国电信转型3.0战略和"256"重点为指引，进一步提升份额、扩大规模、优化结构、改善效益。基础业务规模进一步拓展，新增天翼用户5.2万户，4G用户21万户；新增宽带用户3.9万户。宽带网络能力提升，改造全光网格476个，FTTH光宽带用户占85%。城域网出口带宽扩容100G，达380G；IDC出口带宽扩容180G，达1170G，在全省宽带业务总体感知测评中列第4位。4G网络保持品牌优势，新建LTE 1.8G室外站683个，室内分布210套；新增载扇数2313个，新增容量78.6 Gbps；以支局为单位，优化无线网络区域75个，达标支局68个，达标率90.6%。服务质量提升，投申诉总量比上年下降9.16%、原始申诉量下降40.52%；投诉管控能力提升，全业务投诉率0.95‰，原始申诉率8.5(季度)，位于全省前列；在省电信公司组织的第三方测评中，客户满意度比上年提升2.5分，同业对比第一。公司获"消费维权特别贡献企业""2015—2016年消费者信得过单位"等称号。（谢月珍）

【电信实名制管理】 2016年，中国电信股份有限公司镇江分公司全面推进实名制管理工作。制定实名制违规问责处罚办法，规范已实名用户二次业务办理规则，明确未实名用户补登记要求。对业务类别进行分级，分别要求通过身份证识别仪校验证件原件、手机验证码、客户服务密码等验证方式办理，并通过IT系统固化流程。对入网、过户、补卡等风险较高的业务，要求必须通过身份证识别仪读卡识别后才可办理。通过短信群发、语音外呼、宽带推送、专人上门等多种方式进行实名登记宣传和联系未实名用户进行补登记。加强实名制执行规范宣传、培训，全面核查实体渠道合作代理商与门店，做到资质合规、协议完整、合作流程规范。加强营业员工号实名制管理，执行"一号一人"，确保用户受理信息可追溯到商、店、员。截至11月底，全市用户全面实现实名。（谢月珍）

【"一种通信电缆的定位追踪系统和方法"获国家知识产权专利】 2016年，中国电信股份有限公司镇江分公司的"一种通信电缆的定位追踪系统和方法"获国家知识产权专利。该项专利采用GPSONE定位技术，用Client/Server方式，将无线辅助AGPS和高级前向链路AFLT三角定位法两种定位技术有机结合，防盗定位装置采用微型化设计，使得系统具备较高的定位精度、灵敏度和冷启动速度，更低的终端耗电等优点，并且可以在市区楼群间、室内等复杂环境下正常工作，防盗效率提升。该项专利在镇江电信打击通信电缆盗窃工作中发挥作用，通过提供直接线索，协助公安机关破获盗窃案件61起，抓获盗窃团伙6个，挽回直接经济损失100多万元，并在全国多地区和城市推广应用。此外，该专利也可用于汽车、变压器、野外重要设备的防盗，稍加改造，还可应用于服务老人、儿童、智障人群等方面。（谢月珍）

【中国移动通信集团江苏有限公司镇江分公司】 2016年，中国移动通信集团江苏有限公司镇江分公司按照"网络基础+能力布局+智慧应用"的思路，加快落实"智慧镇江""宽带镇江"战略，开展4G网络建设及移动互联网业务应用，巩固市场主导地位。完成4G四期、4G攻坚战、4G高铁增补的工程建设，新增宏站792个，室分200个，微站272个。打造新一代移动通信网、无线局域网、光纤宽带网协同发展的立体化精品网络，4G网络综合覆盖率98.3%，家庭宽带100%覆盖，做到光纤到户，所有小区具备100M接入能力。开展4G网络弱覆盖专项整治，解决4G弱覆盖区域555个，全年镇江网络运行稳定。开展"品质宽带"大会战活动，宽带覆盖用户从109万户增加至129万户。强化应急安全工作，完成G20峰会保障、防洪救灾、春节金山撞钟等应急通信保障任务30余次，开展网络维护应急演练20次，网络安全应急演练4次，提升突发情况的应变能力。加强网络与信息安全管理，落实网络安全三同步机制，从网络与业务两个层面推进安全加固。常态化推进垃圾信息治理、客户信息安全保护、网站备案等工作，提升IP地址报备准确率，网站备案率为100%。

该公司拓展智慧应用范围，研究打造各类成熟的标准化应用，嵌入行业生产流程。拓展智能公交、移动执法、数字化监管、智慧旅游、智慧教育等服务，助力各行各业转型升级。打造"智慧镇江"民生综合服务平台，获"2016年度镇江市智慧民生示范（试点）工程"称号，装机用户超过75万户。与规划设计研究院合作，开展基于手机信令数据的居民出行调查研究，为后续城市道路规划编制提供数据支撑，项目获"行业信息化全国'百佳标杆'创新转型奖"。与市旅游局合作，开发建设镇江市旅游智慧洞察大数据平台。该公司获江苏省文明单位、六型职工之家示范点、镇江市消费维权特别贡献企业等称号。（杨　欣）

【伪基站侦测与追踪系统】 2016年1月，中国移动通信集团江苏有限公司镇江分公司与镇江市公安局、镇江市无线电管理委员会联合开展代号为"猎狐行动"的伪基站专项打击行动。公司采用"伪基站侦测与追踪系统"辅助实施侦测工作，提升监测伪基站的能力。该系统具备3分钟内实时监控到伪基站的发送情况、精确定位伪基站所在位置100米范围内、呈现伪基站活动轨迹等功能，提升破获伪基站的成功率。"猎狐行动"中，公司配合公安破获伪基站案件7起、缴获设备7套、抓获嫌疑人12名。（杨　欣）

【应急车载视频采集项目】 2016年1月，中国移动通信集团江苏有限公司镇江分公司完成应急车辆视频采集项目建设，为市政府应急指挥增添信息化手段。该项目以移动4G和千里眼平台为基础，在应急指挥车上安装高清车载视频设备，并对设备软件进行升级，通过4G APN专网安全高效的接入移动千里眼平台，实现应急指挥现场视频实时传送至指挥中心。该项目的建设完成，便于应急指挥中心及时掌握突发事件现场情况，并第一时间进行应急指挥调度，提高应急指挥效率。（杨　欣）

【V网通+】 2016年，中国移动通信集团江苏有限公司镇江分公司通过在V网通中嵌入民生平台，为企事业单位打造个性化应用，解决集团客户V网通客户端下载量和激活率双低的难题，提升应用渗透率。该项目除实现IM即时信息传递、管理企业通讯录以及聊天群组等基础办公功能外，还结合行业特性，不断开发满足用户工作、生活需求的新功能。针对企事业单位的党务工作，开发"两学一做"应用，便于用户随时学习；以用户查询出行、违章信息习惯为突破口，增加"镇江公交""交通违章"等应用；新增"交汇点新闻""冲浪新闻""舆情监测"等功能，提供社会热点新闻、政府舆情等。（杨　欣）

【镇江教育云平台】 2016年6月，镇江市教育云平台正式上线，首批近50个应用面向市属16所学校的师生全面开通。中国移动通信集团江苏有限公司镇江分公司承建教育云平台的IDC机房、硬件和网络系统等基础平台建设，通过搭建各种应用系统、虚拟桌面、视频监控等一系列应用，丰富教育模式。（杨　欣）

【"智慧安防"】 2016年9月，中国移动通信集团江苏有限公司镇江分公司承建的扬中"智慧安防"系统正式上线。该系统具备人证合一核查、重点人员身份辨认、特定布控人员人像比对等功能，同时，还可应用于各派出所、看守所，用于人员信息采集建库，为信息检索、数据挖掘等高级应用积累数据资源。系统帮助解决公安系统对身份认证、城市监控、逃犯追捕、黑名单排查等需求，提高扬中公安防控和安检工作效率。（杨　欣）

【“智慧镇江”综合服务平台】 2016年，中国移动通信集团江苏有限公司镇江分公司自主研发的“智慧镇江”综合服务平台获评“2016年度镇江市智慧民生示范工程”。“智慧镇江”是由多个智慧城市应用集合组成的综合类民生服务平台，有五大类别、16大功能的“云平台架构”构成，有公交查询、预约挂号、社保查询等功能。可以以便捷的方式向政府、企业、民众提供各类智慧应用，该平台由统一窗口实现一站式访问和服务。截至12月底，“智慧镇江”装机量75万户。（杨　欣）

【中国联合网络通信有限公司镇江市分公司】 2016年，中国联合网络通信有限公司镇江市分公司（以下简称镇江联通）规范经营行为，坚持有效发展。在实名制管控、用户质态控制、用户欠费控制等方面保持全省领先。全业务坏账率保持在全省前三名以内。坚持效益导向，提高投入产出。市场条线加强营业费用的使用管理；网络条线加强投资控制，开展节能减排和降本增效。EBIDTA完成率在全省排名靠前。落实“沃超越”4G精品网络建设工作，NPS提升明显。4G的网络附着率、户均流量等指标具有优势。公众宽带新增覆盖10.07万户，比上年增长47.04%，全省排名第4；新拓展9个乡镇。通过视频业务、百万用户提速等工作，加大宽带存量经营，收入保有率全省第2名。无线网建设方面，4G实现乡镇以上场景连续覆盖，语音网广覆盖，4G城区路面覆盖率99.25%。覆盖向乡镇延伸，4G乡镇覆盖率88.07%，其中A类乡镇覆盖率94.5%，B类乡镇覆盖率85.6%。公司获评全省“沃超越”4G精品网络建设拼搏金奖，并获“2013—2015年度江苏省文明单位”称号。（高　飞）

广电网络

【概况】 2016年，镇江有线数字电视推进“高清镇江”普及惠民工程，全面带动广电宽带、互动电视、云媒体电视和数据专网的发展。截至2016年年底，全市有线电视用户达78万户，终端110万台，高清互动终端34万台，云媒体用户7万户，9万户家庭使用广电宽带。做好市县两级省政务视频会议系统建设改造工作和公安机房、机要局机房租赁项目。加快融入智慧城市建设步伐，开通智慧物价频道，开展“无线城市”建设。4月，江苏有线镇江分公司启动位于市南山路61号的新机房搬迁工作，该次搬迁广播业务和宽带业务同步进行。搬迁期间，先后进行9次信号割接和9次平台搬迁，全程有线电视网络平稳运行。公司结对支持73056部队营区数字电视建设，让官兵看上数字电视。公司全年为重大活动和社会公益事业营造舆论氛围，发布文明城市建设等公益性开机画面32幅，开机天数40天。（李钟秀）

【“无线城市”建设试点】 2016年，江苏有线镇江分公司启动“无线城市”建设试点工作，并完成对“无线城市”建设的相关规划和技术方案论证。首批体验网试点建设选择在金山公园、大市口。通过推进试点建设，既提升镇江安全便利的生活服务水平，也促进市政公用设施网络和城市运行安全保障体系的建设。（李钟秀）

【智慧物价频道上线】 2016年12月28日，“12358”智慧物价频道正式上线。智慧物价频道是由江苏有线镇江分公司与市物价局合作建设的公共信息服务平台，具有新闻资讯、每日菜价、平价惠民、民生价格、公共事业、景点门票、医疗服务、药品价格、江鲜指数、银行收费、商品房价、生产资料等多项应用查询功能。该频道实现互动点播平台本地信息化栏目的前移，成为省内物价系统和镇江民生服务在电视终端上的创新者、实践者。用户在直播电视界面使用遥控器，依次按1、2、3、5、8键，就可以直接进入频道。（李钟秀）

图18-3　江苏有线镇江分公司新搬迁的信号调度总控机房现场
（李钟秀　供稿）

综 述

【概况】 2016年，镇江市区实施城建项目142个，完成投资398亿元，完成征收拆迁面积123万平方米。

加强项目建设，完善城市综合功能。焦山路全线贯通，成为主城区东部地区又一条纵贯南北的主通道。九华山路、矿机路北段改造建成通车，有效缓解交通压力，太古山路及地下综合管廊试点工程开工建设。大港水厂一期工程主体竣工，改造燃气管道42千米，征润洲污水处理厂扩建、餐厨废弃物及生活污泥协同处理项目建成投运，城市综合保障能力进一步提升。镇江市区新增绿地340公顷，京口区、润州区、丹徒区和镇江新区各建成1个街头绿地，提升团山路、黄山西路、禹山北路等8条道路绿化效果。

安居惠民，提升城市宜居水平。镇江市区获棚改专项贷款授信额度111.04亿元，改造棚户区面积93万平方米。镇江市区保障性安居工程新开工6593套、基本建成7154套，危房空斗墙解危面积5.3万平方米。全市农村危房改造三年任务两年完成。花山湾一区、广厦新村等63.6万平方米老小区整治一新，同步完成江滨新村30号、臻美源等10个老旧小区物业提升工作，改造积水区40余处、街巷道路1万平方米，铺设区域供水管道30千米，对4万户受冻损坏的自来水户表进行防冻升级改造，修缮直管公房5875平方米。

绿色发展，改善城乡生态环境。镇江市通过国家三部委组织的海绵城市建设试点期中期评估，海绵城市PPP项目公司正式落地，募集社会资本13.85亿元，完成35个小区LID（Low Impact Development低影响开发）改造，建成5个中小学海绵校园，江苏大学海绵校园及海绵公园开工建设，完成年度投资28.81亿元。编制“一湖九河”水环境整治规划，完成运粮河综合整治及生态修复等14个整治项目。镇江市通过国家节水型城市复查，在全省排水防涝工作考核中列第一位。扬中市新坝镇建成美丽宜居镇，丹徒区世业镇还青洲等10个村建成“美丽宜居村”，新坝镇新治村获住建部第四批“美丽宜居示范村庄”称号。丹阳市、句容市、扬中市和丹徒区被确定为全国首批村庄生活污水治理示范县，争取省级专项引导资金1.15亿元，全市70个规划发展村庄完成生活污水治理任务。镇江获批江苏省既有建筑节能改造示范城市，争取省级专项资金3686万元，完成既有建筑节能改造48.5万平方米，新增绿色建筑136万平方米，镇江新区获批江苏省绿色建筑和生态城区区域集成示范。深化与中美建筑节能与绿色发展基金会的对接，3个合作项目签约，合作资金近40亿元。

深化改革，房地产去库存。推进供给侧结构性改革，出台房地产去库存工作的政策意见，举办2016年镇江市夏季房展会。全市商品住房销售面积998.7万平方米（按住建系统统计口径），比上年增长105.9%，创历史新高；商品住房月末累计可售面积565.6万平方米，比2015年年底减少391.7万平方米，下降40.9%，去化周期（房地产的销售周期）由2016年年初的24个月下降至2016年年底的10个月（不含句容），去化周期在全省排第三位。其中，市区商品住房销售面积283.2万平方米，增长54.8%；商品住房月末累计可售240.1万平方米，比2015年年底减少95.4万平方米，下降28.4%，去化周期由上年年初的22个月下降至年末的10个月。

创新驱动，建筑行业转型升级。全市完成建筑业总产值603亿元，实现利税75亿元，江苏省交通工程集团有限公司、中交二航局第三工程有限公司等5家企业获江苏省建筑业“百强企业”称号，全市新增省级建筑产业现代化示范基地3个。镇江获省住建厅招投标改革试点，19条改革措施将在全市范围推行。修订《镇江市建筑施工民工工资保证金管理办法》，实行全市统筹，减轻建筑企业负担。南徐新城商务办公A区A1楼获国家优质工程奖。安全生产形势平稳可控，创建省级标准化文明工地74个。修订《镇江市物业管理实施办法》，新增国家一级资质企业2家、二级资质企业11家。 （蒋昊持）

【自来水】 2016年，镇江市自来水公司实现售水量1.25亿立方米，比上年增长3.9%；最高日供水量46.92万立方米；新增客户3.78万户，服务客户55.98余万户；自来水水质综合合格率、管网水余氯合格率、管网水大肠菌群合格率、管网水浊度合格率和管网水压力合格率均为100%。加大区域供水范围内老旧管网的改造力度，投入800万元，实施姚桥集镇、港中新村、湖上线等片区改造，改造供水管道31千米。结合道路建设，投入约2500万元，新建、改造供水管道22千米。大港水厂一期一步净水厂土建主体竣工。投入3360万元，完成城区户表防冻升级改造43000户，完成主城区、丹徒新城、大港片区居民小区的45000只埋地水表井、城区平台表，以及上党、宝堰等丹徒区南部乡镇集镇片区埋地水表井填沙工作，实施86个小区高层管廊保温改造，确保冬季供水安全。

（胡 祥）

2016 年镇江市房屋征收拆迁面积情况汇总表

表 19－1　　　　单位:万平方米

序号	区域	实施总面积	完成总面积	完成率	国有		集体		其中当年项目		当年中国有		当年中集体		其中结转项目		结转中国有		结转中集体	
					实施面积	完成面积	实施面积	完成面积	实施面积	完成面积	实施面积	完成面积	实施面积	完成面积	实施面积	完成面积	实施面积	完成面积	实施面积	完成面积
一、市　区																				
1	京口区	36.3	34.1	93.9%	12	11.7	24.3	22.4	34.1	32.2	9.9	9.8	24.2	22.4	2.2	1.9	2.1	1.9	0.1	0.0
2	润州区	70.8	55.6	78.5%	30.5	19.9	40.3	35.7	48.1	37.2	20.7	12.5	27.4	24.7	16.9	8.8	9.8	7.4	12.9	11.0
3	丹徒区	32.7	23.5	71.9%	0.0	0.0	32.7	23.5	28.7	19.5	0.0	0.0	28.7	19.5	4.0	4.0	0.0	0.0	4.0	4.0
4.0	镇江新区	16.2	9.8	60.5%	1.1	0.7	15.1	9.1	3.3	3.0	0.5	0.5	2.8	2.5	12.9	6.8	0.6	0.2	12.3	6.6
市区合计		156.0	123.0	78.8%	43.6	32.3	112.4	90.7	114.2	91.9	31.1	22.8	83.1	69.1	41.8	31.1	12.5	9.5	29.3	21.6
二、辖　市																				
1	丹阳市	58.3	44.6	76.5%	43.6	29.9	14.7	14.7	28.3	26.3	13.6	11.6	14.7	14.7	30	18.3	30.0	18.3	0.0	0.0
2	句容市	2.1	1.9	90.5%	2.1	1.9	0.0	0.0	0.0	0.0	0.0	0.0	0.0	0.0	2.1	1.9	2.1	1.9	0.0	0.0
3	扬中市	26.2	24.6	93.9%	10.7	10.1	15.5	14.5	23.4	22	10.1	9.5	13.3	12.5	2.8	2.6	0.6	0.6	2.2	2.0
辖市合计		86.6	71.1	82.1%	56.4	41.9	30.2	29.2	51.7	48.3	23.7	21.1	28	27.2	34.9	22.8	32.7	20.8	2.2	2.0
全市总计		242.6	194.1	80.0%	100	74.2	142.6	119.9	165.9	140.2	54.8	43.9	111.1	96.3	76.7	53.9	45.2	30.3	31.5	23.6

（薛伟忠）

【大港水厂一期工程】 大港水厂一期工程是2016 年镇江市的城建工程重点项目之一,建设大港水厂可满足大港等东部地区快速增长的用水需求,保障城市供水安全,实现城市双水源地取水和城市东西区域对置供水。该工程于2012 年 8 月 7 日立项,主要建设取水泵站、净水厂及原水、清水、废水管道等设施,概算总投资 9.063 亿元。大港水厂一期工程计划分两步实施,一期一步主要建设净水厂(实现 10 万立方米/天常规处理能力和 20 万立方米/天供水能力)和管道工程,预计投入 4.5 亿元,取水工程预计投入 1.5 亿元。　（胡　祥）

【天然气】 2016 年,镇江华润燃气有限公司投入工程建设资金 6620 万元,敷设各类燃气管线 142 千米,组织各类燃气工程建设 567 项。重点实施 312 国道、九华山路、丁卯桥路、焦山路中段、矿机路、环山路、红光路、和平路、镇澄路中段等燃气管网改造和拓建工程。加快乡镇燃气管网建设,重点实施辛黄路、姚桥船舶园 2 号路、友谊新村、金汇小区、港中新村等管网延伸工程;句容郭庄至湖熟燃气管道全线贯通;加快老旧管网改造,完成电力路、长江路 4 号、东吴路、江滨新村 30 号、市政路、谏辛公路等地下老管网改造 30 千米。完成华润新村、江滨新村、桃花坞、花山湾等老小区立管改造10075 户。全年销售天然气 3.49 亿立方米,发展民用户 5.6 万户,全市各类燃气用户有 38.9 万户,连续供气率 99.99%,24 小时维修及时率 100%。　（丁　宁）

城乡规划

【概况】 2016 年,镇江市以现代化“山水花园城市”为规划目标,加快规划编制步伐,强化城乡规划管理,提升依法行政和规划服务水平,推进城乡规划工作再上新台阶。

启动城市总体规划修编的前期准备工作。镇江市总体规划修编前期准备工作和修改工作同步,工作程序上,先启动修改、再适时转为修编;编制程序上,先确定 2030 年的修编方案,再编制近期规划—总规修改。项目组于 2013 年 4 月成立,相继开展《城市总体规划实施评估》《镇江市城市总体规划纲要(2014—2030)》《镇江市城镇体系规划(2014—2030)》等前期准备工作,并完成部分专题研究初稿。

编制重点地区和重要项目规划。组织或配合编制《宁镇一体化规划研究》《海绵城市试点区域控制性详细规划》《镇江高新区创新区一期工程规划》《长山国际旅游度假区总体规划》《“街区制”规划研究》《镇江市历史建筑认定规划》等城市保护及发展重点、重要规划。编制《中心城区基本公共服务设施布局规划》《地下综合管廊专项规划》《九华山路改善工程规划》等关系群众日常生活的市政民生工程规划。完成行政公寓、弹药库等重大项目的选址及规划要点研究工作,完成李家大山片区、万科南地块等 140 余项上市地块规划条件的编制。

落实精美镇江行动计划。制订《关于落实全市城市工作会议的实施方案》,将《行动计划》中的重点工作细化分解,强化时间节点,确保按时保质完成各项任务。编制系列规划,启动《精美镇江规划》《中心城区城市设计高度研究》等规划编制工作,规划完成阶段性成果。

推进镇村特色发展。组织完成全市优化镇村布局规划成果数据入库工作。组织修编《辛丰镇总体规划》,编制《华山村、儒里村、黄墟村村庄建设规划》及《镇江市农房建设指引》。参与省级美丽乡村建设示范村、市美丽宜居镇村“一镇十村”示范点规划工作,强化特色村的乡土文化和个性打造。完成《宝堰历史文化名镇保护规划》编制工作,上报省政府待批。镇江新区姚桥镇儒里村、丁岗镇葛村入选第八批江苏省历史文化名村。

创新规划管理机制。推动基于“多规合一”的规划管理改革,试行“多规合一”与“多评合一”联动服务,制定出台《关于做好工业项目规划设计方案事前服务工作的意见(试行)》《关于对列入

2016 年镇江市城乡居民用电情况一览表

表 19－2

	城乡居民生活用电			城市居民用户数		农村居民用户数	
	用电量(亿千瓦时)	增长率(%)	占比(%)	数量(万户)	占比(%)	数量(万户)	占比(%)
全　市	26.05	19.87	100	74.7056	100	78.55	100
市　区	10.82	19.66	41.54	49.7693	66.62	17.1508	21.83
丹阳市	7.81	20.58	29.98	13.1858	17.65	27.6936	35.26
句容市	4.57	20.23	17.54	7.9823	10.69	24.6774	31.42
扬中市	2.85	18.15	10.94	3.7682	5.04	9.0282	11.49

（孙咸凯）

镇江市"多评合一"项目试行建设工程规划许可承诺备案制的意见》等文件。各基层单位和机关处室开展上门服务,组织"规划进企业"活动 40 余次。

全年组织召开 8 期市规委会规划审查会和 22 期分管主任项目专题审查会,分别审查项目 25 个和 144 个。开展规划许可工作,全年核发建设项目选址意见书 59 份,选址许可面积累计 296.7 公顷;核发建设工程规划许可证 787 份,规划许可面积 391.35 万平方米;核发建设用地规划许可证 132 份,用地许可面积 708.12 公顷。做好跟踪管理和规划核实工作,对 91 家建设单位,105 个建设工地,851 栋总面积约 825 万平方米的建筑实施跟踪管理,核发竣工核实 828 份,竣工核实面积 525.49 万平方米。

房地产项目消化商办存量。研究制定《鼓励房地产结构转型和消化商办存量有关操作规程》《在建商品房项目降低商业办公用房比例的操作流程(讨论稿)》等文件。强化基本公共服务设施布局规划的实施,按照"六统一"的要求,将中小学、菜市场等配套服务设施整体规划,加强行政许可的事中、事后监管,确保规划制定的公共配套项目实施到位。研究制定《关于提升上市地块规划条件中有关绿色建筑规划要求时效性的通知》,将绿色建筑标准、65% 建筑节能等内容作为审批要求,在规划条件、方案审定和施工图上予以明确。

完善规委会审查制度。新修订《镇江市规划委员会工作规程》。推进重大行政决策规范化建设,建立健全重大行政决策制度,完善操作规则和工作流程,严格合法性审查,实行目录化管理。完善行政会议制度,建立健全局长专题会、规划条件审查会、规划设计方案审查会、处罚委员会等各类议事会议制度。

加强行政复议、行政应诉工作。完善责任机制,加强案件跟踪,提高行政复议、诉讼应诉的能力和水平,未有行政诉讼败诉、赔偿案件。推进政府信息依申请公开工作,针对依申请公开来件多、答复难度大的特点,从制度建设、规范答复等多方面加强依申请公开工作,全年依申请公开答复 28 件。推行项目审批事前听证制度,全年举办听证会 5 场次,妥善化解规划领域的矛盾纠纷。

规划遥感督察图斑及违法建设查处工作。开展图斑督察工作,将图斑核查结果通报辖区政府和相关部门,对违法图斑的查处整改进行实时跟踪。协调做好图斑专项督查工作,促进各辖区政府履行属地职责,遏制违法建设势头,强化城乡规划的权威性。市规划局配合市防违办做好违法建设查处工作。

创新事中事后监管方式,推行"双随机、一公开",对工业项目建设进行监管,用制度限制自由裁量权,实现阳光执法。

基础数据收集工作。建立历史文脉演变的资源数据库,对市区 1088 平方千米范围内 619 处从唐代以来的历史文化资源进行整理归类,建立系统、全面、可即时更新的现状历史文化资源数据库,为历史文化遗产保护提供分析依据。完成管线地形图测绘工作,完成丁卯、谏壁综合管线普查 3850 千米、上市地块规划条件图测绘 7.7 平方千米、专项规划地形图修测 71 平方千米。开展拍摄存档工作,接收 738 个单位工程档案和 110 个项目的城市基础设施工程档案,对高校园区项目等 20 项城建重点工程进行跟踪拍摄,对全省 26 个传统古村落中的 12 个进行系统全面的拍摄。

新兴技术应用。在海绵技术方面,构建管网 GIS 系统,对排水能力、内涝风险、城市面源污染和排水设施工程决策等进行定量评估;转变排水设计模式,从单纯的排水管网设计到结合 LID 设施的综合排水防涝系统设计。在测绘技术方面,引进多旋翼无人机,为应急测绘、影像数据更新、现状三维建模等提供技术支持;开展 CCTV(Closed Circuit Television,内窥电视)管道机器人的应用,为排水管网的破裂、渗漏、污水偷排等进行检测;利用三维激光扫描技术,为地下人防工程内部进行精准的测量和实景三维模型的建立。

信息系统建设水平提升。深化"一张图"新平台的建设目标和内容,推广电子防伪签章系统在建筑施工图、规划平面布局图等业务审批环节的应用。完善"多规合一"冲突检测工具的功能,修改美化系统界面,新增交通信息统计分析功能,在空间库中增加最新道路网规划数据、行政区划数据,为全面集成各类规划数据打下基础。完善 OA 系统(规划管理信息系统),增加规划条件编制和规划设计方案审批流程,根据各处室实际需求及时调整修改业务流程及表单。

科研水平提高。论文《城市历史文化遗存摄影刍议》在全省档案学术交流中获一等奖,《基于规划视角的镇江低碳生态城市建设路径研究》《农村城镇化与生态文明建设耦合研究——以镇江宝堰镇为例》分获市社科应用研究精品工程二等奖和优秀奖。"镇江历史文化地图编制"等 11 个项目获国家、省、市级优秀项目奖,"镇江市白蚁防治动态管理信息系统"获省测绘科技进步二等奖,镇江市勘察测绘研究院获"十二五"全省建设科技工作先进集体称号。《镇江东乡雕花门楼》图集被全省城建档案编研成果评比中获一等奖。照片《珍珠湖》在全省优秀城建声像档案评比中获照片组一等奖。电视片《华山畿》在全省优秀城建声像档案评比中获电视片组二等奖。档案馆被省住建厅评为"十二五"以来的城建档案管理工作先进单位。

开展"双型"党支部创建。创成"四星级"党支部 3 个,其余 10 个党支部全部创星达标。团委获省团属报刊宣传工作先进单位、全市共青团工作年度先进单位、创新创优成果奖等集体荣誉。

政风行风建设。接受市人大常委会的监督、政协的民主监督,代表委员满意率 100%。全年受理各类网络回帖 244 件,办理"12345 政府热线"答复 181 件,受理来信 19 件,接待来访 45 批次,满意率均在 98% 以上。 (朱　娴)

【常态化动态更新与维护基础数据库】 2016 年,镇江市对"镇江市 1:500、1:1000 规划基础地形图""中心城区三维模型数据""城市规划区范围影像数据库""地下综合管线数据""城乡规划勘察地质数据"五个基础数据库进行常态化动态更新与维护;完成丁卯、谏壁片区地下综合管线普查 3908 千米;构建镇江市生态新城启动区三维模型,打造地上地下空间一体化的三维仿真场景。完成局级科研项目"基于倾斜摄影的实景三维技术研究与实现""三维激光扫描技术在人防工程中的应用""镇江市粉质粘土膨胀性研究"。 (宋大明)

【镇江市白蚁防治动态管理地理信息系统】 2016 年,该项目获省测绘地理科技进步二等奖。该系统综合利用时空数据库技术、开源 WebGIS 技术、移动 GIS 技术、图文表一体化以及 Web 工作流技术,以经过专门加工处理的基本地形图、遥感影像图以及三维效果图数据为基础,集成镇江市白蚁防治所的专题业务数据,建立 Web 端白蚁防治内业管理和移动端现场工作一体化的镇江市白蚁防治业务管理系统,实现白蚁防治业务管理的数字化和办公自动化。 (宋大明)

【《镇江历史文化地图》编制】 2016 年,该项目获中国测绘地理信息学会优秀地图作品裴秀奖铜奖、江苏省城乡建设系统优秀勘察设计二等奖。《镇江历史文化地图》通过地图载体以图示形式对镇江名城的历史文化内容作地理表达与概括,突破以往关于此类问题研究和记载仅有文字或图片的零散表述而无系统、客观及直观化表达的局限性。地图客观真实地反映镇江城市的发展演变轨迹,标注镇江的历史文化遗存,展现现存历史人文遗

址、遗迹的分布状况。（宋大明）

【丹徒、官塘、大港综合管线普查】 2016年，该项目获省优秀测绘地理信息工程二等奖。项目查明测区范围内的现有给水、排水（雨水、污水、雨污合流）、燃气、热力、电力、通讯、工业等市政管线以及石油等其他单位专用管线。查明各种管线的平面位置、埋深（或高程）、走向、性质、规格、材质、埋设时间和权属单位等信息。编制计算机数据成果文件、编绘地下管线图（综合管线图和专业管线图），并同步建立地下管线数据库和地下管线信息管理系统。（注：丹徒、官塘、大港综合管线普查范围包含丹徒、官塘片区，面积约154平方千米，大港片区，面积约96平方千米，探测管线长度4168千米。测区内的主要道路有谷阳西大道、谷阳中大道、谷阳东大道、茅以升路、长香路、宜城大道、官塘桥路、312国道、金港大道、金润大道、新港西路、新港东路、平昌路、青龙山路、北山路、通港路、港中路、五峰山路、圌山路、横山路等主次干道。）（宋大明）

【吾悦广场三维地理信息系统在城市规划中的应用】 2016年，该项目获省优秀测绘地理信息工程二等奖。吾悦广场位于镇江新区。该项目成果以现有的空间信息数据为基础，综合运用虚拟现实、遥感、地理信息系统、数据库等信息技术，建立含有建筑退让线、建筑轮廓线、道路边界线等信息的二维数据库、含有真实的地形地貌和建筑模型等信息的三维数据库，以二维、三维立体方式呈现详细的规划方案及相关联的属性信息和规划指标信息，结合GIS三维空间分析工具，为规划人员提供具体的分析数据，为规划管理提供技术支撑。（宋大明）

【四个项目获省城乡建设系统优秀勘察设计三等奖】 2016年，崇实女子中学校园建筑设计、解放路综合改造工程、云台山片区路网道路工程、亚东·紫檀公寓等四个规划设计项目获省城乡建设系统优秀规划设计三等奖。

镇江崇实女子中学改造设计项目位于镇江市风车山山顶。校园占地总面积为4.50公顷，地面标高最高处为35.6米，最低处为22.2米。地块地形复杂，高差大。校园整体规划以建筑融于自然为设计理念，结合校园高低错落的地势，设计将校园分为教学办公区、艺体活动区、宿舍区三个功能区。教学、办公区处于校园最高点，场地标高35米；艺、体活动区则位于校园最低点，场地标高22米；规划宿舍区则处于校园最北边，与规划风车山路有11米高差，规划考虑设计两层半地下层作为洗浴用房和自行车停放点。设计保留校园原有东大门作为主要出入口，并考虑在附近设置地下停车场地，同时在北侧的风车山路设置人行、车行次入口，让校园内整个行车系统环绕贯通。步行系统为流线设计的重点，将整个校园的人行流线贯通起来，使得学生到各个功能区方便快捷。台地式布局不仅满足使用要求，更营造出园林式校园风貌。

解放路位于镇江市老城核心区，工程设计技术：老路改造，按城市主干路标准建设，路段“四改六”，路面“白改黑”。创新要点：优化道路断面及沿线交通组织，考虑道路微循环系统；结合“山水园林城市”建设，保护300余株法桐现状，设置花卉灌木绿带，强化绿化景观效果；路面采用新材料AR－SMA13改性沥青玛蹄脂，节约、节能、环保；重视慢行交通功能，打造慢行交通系统；生态化排水设施设计，体现海绵城市建设理念。

云台山片区路网道路工程项目位于西津渡云台山片区。设计技术：道路均为老路改造，为单块板道路，迎江路按城市次干路标准建设，其余均按城市支路标准建设，在施工时注意对法桐的保护。创新要点：项目贯穿节能、节水、节电的理念，坚持以人为本，创新理念，建设绿色交通、绿色市政工程；项目结合历史街区保护规划，体现民国特色；迎江路推广应用LID技术，人行道采用透水铺装，路外设置雨水花园，采用防沉降型井盖及雨水篦子。

镇江市亚东·紫檀居住小区项目地块位于镇江市主城区西南，规划总用地约9.79公顷，其中居住建筑面积12.63万平方米，商办建筑面积8000平方米，物管用房建筑面积540平方米，容积率2.0。设计运用地块地形，集中体现舒适、灵活、合理、多样、简约的特点，以兼顾适应多种人群的需求。建筑造型采用新古典主义中的简约法式风格。（马　强）

海绵城市建设

【概况】 2016，镇江市海绵城市建设指挥部牵头协调各责任主体，推进海绵城市建设试点工作，镇江市通过国家三部委组织的海绵城市建设试点期中期评估，为全面完成三年试点目标任务打下基础。

PPP项目正式落地。镇江市海绵城市建设PPP项目在江苏省政府采购中心进行公开招标，经过资格预审、勘察答疑、磋商评审等工作，确定中国光大水务有限公司为中标单位，于4月18日签订合作协议，该项目也是全国首个海绵城市及PPP双示范项目。6月，光大海绵城市发展（镇江）有限公司正式组建。

镇江市在海绵城市建设上，抽调16人专职从事海绵城市建设工作。从规划设计方案审查、工程标后管理、竣工验收等7个方面建立工作机制，明确工作程序，规范参建各方行为。发挥市海绵城市建设指挥部及市海绵办的统筹协调作用，全年召开指挥部工作会议2次、工作协调会7次、海绵办会议53次，解决项目建设过程中存在的规划、资金、用地等矛盾和问题，累计开展工作进展情况督查及工程质量联合巡查21次，发放任务通知单64份、督办单7份、整改通知单22份，推进海绵城市建设工作。

2016年，镇江市创新宣传载体，设立“海绵镇江”微信公众号，发布镇江市海绵城市建设信息，普及海绵城市建设的相关知识，全年编辑和推送文章24期，“海绵镇江”微信公众号获评市委宣传部2016年度“政务新媒体”。全年在各级媒体上发表新闻稿件50余篇，其中在《中国建设报》等国家、省级媒体发表稿件10余篇。组织开展“走进会客厅”“海绵城市大家建，企业代表看海绵”等各类活动60余次。在海绵城市建设中，邀请社会热心人士担任特邀督察员，参与海绵工程的监督和民意收集。（张　宁）

【工程建设】 2016年，镇江市海绵城市建设试点工作计划开工项目178个，计划总投资35.98亿元，其中，PPP公司计划开工项目23个，计划总投资8.95亿元；各城建主体、社会主体计划开工项目155个，计划总投资27.03亿元。截至2016年年底，PPP公司实际开工项目23个，竣工4个，建成35个海绵小区、5个中小学海绵校园，开工建设海绵城市主题公园、江苏大学海绵校园两个示范工程，完成投资8.96亿元；各城建主体、社会主体实际开工项目151个，竣工100个，完成投资19.85亿元。（张　宁）

【海绵城市建设项目】 该项目包括海绵小区建设工程、海绵校园建设工程、海绵屋顶花园示范工程、海绵积水达标工程、海绵排水泵站建设工程。

海绵小区建设工程主要是对三茅宫、江滨新村二区、花山湾、华润新村等35个小区进行海绵城市改造，其中花山湾五区、江二社区、置业新村等10个小区完成改造，总投资约4亿元。建设内容主要是对原有老旧雨污水管道进行更新改造，同时采用透水铺装、雨水花园和下凹式绿地增加下垫面雨水调蓄能力。建成后可健全小区内基础设施，并缓解强降雨产生的内涝问题。2016 年 1 月开工，12 月竣工，由市住建局组织实施。

海绵校园建设工程包括对江滨实验小学（润阳校区）、香江花城小学、镇江市第三中学、镇江市实验小学、镇江市崇实女子中学进行海绵校园改造，总投资约 674 万元。建设内容主要包括雨落管断接、屋顶绿地贴，透水停车场、透水广场等，在条件许可区域增加生态草沟、雨水花园等设施。建成后可解决校园铺装破损、雨天湿滑不适合活动及校园积水问题，同时增加校园屋顶绿化量。2016 年 8 月开工，9 月竣工，由市住建局组织实施。

海绵屋顶花园示范工程主要是对解放路雨水泵站等进行屋顶花园示范工程改造，总投资约 182 万元。建设内容为将原先近 200 平方米的平屋顶按照海绵设计理念进行设计，使其在雨天时可以发挥收集雨水、净化水质、涵养水源的"海绵体"功能，为屋顶花园项目的推广起到示范作用。2016 年 9 月开工，11 月竣工，由市住建局组织实施。

海绵积水达标工程包括对松村路，南苑新村，梳儿巷 14 号、16 号 3 个易涝积水区进行专项整治，总投资约 2100 万元。建设内容为采用顶管施工等技术手段对施工难度较大的几个城市低洼积水区进行雨污水管道建设与整治。建成后将解决周边居民反应强烈的积水、污水排放等问题，改善居民生活环境。2015 年开工，2016 年 12 月竣工，由市住建局组织实施。

海绵排水泵站建设工程包括长江雨水泵站和御桥村雨水泵站，总投资约 6200 万元。建设内容包括泵站进水前池、泵房与河道衔接段、泵池、变配电间、高位出水池、出水涵等。建成后可解决象山圩区、三茅宫西北侧地块的防洪排涝能力，确保泵站服务范围有效应对 30 年一遇强降雨，提升周边片区的综合排水防涝能力。2015 年开工，2016 年 7 月竣工，汛期开始发挥功能，由市住建局组织实施。（蒋昊持）

【制度体系建设】 2016 年，镇江市规划系统完成《镇江市城市总体规划》《镇江市城市绿地系统规划》《镇江市城市综合交通规划》修编和海绵专项补充工作，出台《镇江市海绵城市建设规划管理办法（试行）》《镇江市海绵城市建设规划设计导则（试行）》。市水利局完成《镇江市城市防洪规划》《镇江市城市水系保护控制规划》海绵专项补充工作，出台《关于推进海绵城市建设水利工作的实施意见》《镇江市河湖水系保护管理办法》。市财政局出台《镇江市海绵城市建设专项资金管理暂行办法》。市海绵城市建设指挥部制定《镇江市海绵城市建设相关规范制度》《镇江市海绵城市建设试点项目奖补办法（试行）》《低影响开发透水铺装技术规程（试行）》，编制完成的《镇江市海绵城市专项规划》《镇江市海绵城市管理办法》通过专家评审。（张 宁）

城市建设重点工程

【概况】 2016 年，镇江市区计划实施城建项目 142 个，年度投资 397 亿元，其中，续建项目 66 个，年度投资 146 亿元；新建项目 76 个，年度投资 251 亿元。市区实际实施城建项目 142 个，完成投资 398 亿元，完成征收拆迁面积 123 万平方米。项目分为市政基础设施建设、宜居工程建设、环境建设项目、重点片区建设、房地产市场、镇村建设六大类。其中，焦山路、九华山路改造工程、312 国道镇江城区改线段工程、征润洲污水处理厂改扩建项目、餐厨废弃物及生活污泥协同处理项目、长江自保堤加固、旺北路、北汽大道、凤凰山路及铁道口整治、港中路南延、百里路、大路长江堤防提标工程、金山圩区水系整治等项目完成。（蒋昊持）

【焦山路】 焦山路北起焦山景区大门，南接五凤口高架，是东部城区的一条重要南北向干道。2016 年建成焦山路中段二期段和焦山路南延段，其中焦山路中段二期段北起禹山路，南至老山路，全长 1.5 千米，宽 30 米；焦山路南延段北起学府路，南至丁卯桥路、五凤口高架，全长 823 米，宽 40 米，包括跨古运河桥梁一座，全线完成征收 404 户、5.7 万平方米，总投资 7.5 亿元。工程于 2016 年 5 月开工，12 月主体完成，由市城建集团、市文旅集团委托市干道办代建。（蒋昊持）

【九华山路改造工程】 九华山路改造工程，北起南徐大道，南至 312 国道，全长 4658 米，宽 33 米，总投资约 1.08 亿元。建设内容为将人非混行车道改造为非机动车专用道和人行道，并对部分路段进行降坡处理，提高道路通行效率及安全性。2016 年 6 月开工，12 月竣工，由市城建集团委托市干道办代建。（蒋昊持）

【312 国道镇江城区改线段工程】 312 国道镇江城区改线段工程，东起现 312 国道三山谢巷村南侧，西至现 312 国道与高资通江路交叉处，全长约 23 千米，按双向六车道一级公路结合城市快速路标准设计，城镇路段加设辅道，总投资约 22.2 亿元，建成后使镇江主城区南扩 220 多平方千米。2014 年开工建设，2016 年年底主体竣工，由市交通运输局、丹徒区政府、润州区政府组织实施。（蒋昊持）

【餐厨废弃物及生活污泥协同处理项目】 餐厨废弃物及生活污泥协同处理项目位于京口污水处理厂污泥处置预留用地内，建设规模为 260 吨/日，其中餐厨废弃物 140 吨/日（含废弃油脂 20 吨/日），生活污泥 120 吨/日，项目总投资约 1.6 亿元。该项目作为国家第四批餐厨废弃物资源化利用和无害化处理试点项目，采用"餐厨废弃物预处理 + 污泥热水解 + 协同厌氧消化 + 深度脱水 + 太阳能干化"工艺方案，产生的毛油与有资质的公司合作提炼生物柴油；产生的沼气除锅炉自用外，剩余部分经提纯、加压后直接并入市政管网；产生的沼渣经高干脱水后，用于土壤改良、园林绿化等；产生的沼液可提纯作为液态肥用于苗木培育种植。整个处理过程近乎零排放，实现餐厨废弃物和污泥减量化、稳定化、无害化，保障食品安全，促进资源循环利用。2015 年 5 月开工，2016 年 6 月竣工并试运行，由镇江市水业总公司组织实施。（蒋昊持）

【征润洲污水处理厂改扩建项目】 征润洲污水处理厂改扩建项目位于征润洲污水处理厂内，建筑面积约 1.9 万平方米，总投资约 3.2 亿元。污水处理总规模为 20 万立方米/天，其中提标改造工程规模为 12.5 万立方米/天，扩建工程规模为 7.5 万立方米/天。建成后可提升征润洲污水处理厂的污水处理能力，解决污水处理能力不足的问题，并将排放标准从《城镇污水处理厂污染物排放标准》一级 B 提高到一级 A，进一步改善区域水环境。2015 年 1 月开工，2016 年 12 月竣工，由镇江市水业总公司实施。（蒋昊持）

【虹桥港水质生态治理工程】 虹桥港水质生态治理工程西起虹桥港闸，东至象山桥，总投资约 400 万元，全长约 610 米。改造内容包括浮岛反应器、驳岸生物膜处理设施、布水设备及其他辅助设备。该项目运用国外仿珊瑚礁挂膜介质浮岛反应器和国内菌藻共生生物聚生毯技术结合形成的创新集成式系统处理技术，可有效去除河道水体主要污染物。工程于2015年3月开工，2016年2月竣工，由市住建局组织实施。

（蒋昊持）

【街头公共绿地建设】 街头公共绿地建设包括京口区、润州区、丹徒区和镇江新区街头绿地，总投资约4000万元。京口区街头绿地位于江滨路与征润洲路的交叉口处，总面积约4100平方米；润州区街头绿地位于朱方路和蚕桑路交界处，总面积约3000平方米；丹徒区街头绿地位于长香路与米芾路交接处，总面积约20000平方米；镇江新区街头绿地南起平昌路，北至银环路，总面积约42000平方米。工程于2016年1月开工，12月竣工，由京口区、润州区、丹徒区和镇江新区管委会组织实施。

（蒋昊持）

【西津音乐厅及实验剧场工程】 西津音乐厅及实验剧场工程位于长江路以南、迎江路以东，总投资约1.2亿元。其中音乐厅规划建筑面积约0.87万平方米，建设内容有舞台、观众席、池座及包厢、观众门厅，座位数合计400个左右；实验剧场地上约1500平方米，地下约600平方米，主楼3层，钟楼处7层。工程于2014年3月开工，2016年年底竣工，由市城建集团组织实施。（蒋昊持）

【赛珍珠文化公园工程】 赛珍珠文化公园工程地处太古山B3地块，位于红光路与润州山路交叉口西南角，总建筑面积约0.24万平方米，总投资约2.95亿元。主要建设内容包括保留修缮文保单位和原有相关遗迹及景点，新建赛珍珠纪念馆和综合办公楼，新建景区主入口、停车位、书店、厕所等。工程于2016年9月开工，2016年年底建成交付，由市城建集团组织实施。（蒋昊持）

2016年镇江市城建重点项目竣工情况表

表19－3

序号	项目名称	项目概况	开竣工时间	责任单位
1	312国道镇江城区改线段工程	全长23千米，其中起点至石马段16千米按城市快速路标准建设，主车道双向六车道，辅道双向四车道	2013年7月—2016年12月	市交通运输局、丹徒区政府、润州区政府
2	焦山路建设工程	学府路—丁卯桥路，长约823米，宽33～36米；禹山路—老山路，长1539米，宽30米	2016年1月—12月	市住建局、市城建集团、市文旅集团
3	九华山路改造	南徐大道—312国道，长约4700米，宽30～33米，对道路进行改造	2016年1月—12月	市住建局
4	黄鹤山路改造工程	南徐大道到林隐东路，全长524米，宽20米	2015年9月—2016年12月	市交通集团
5	恒运北路建设工程	学府路—焦顶山路，长430米，宽20米	2015年12月—2016年6月	市住建局、京口区政府
6	矿机路北段建设工程	改造矿机路北段及支路，天桥路—鸿鹤桥路，长约336米，宽16米	2016年1月—12月	市国控集团、市住建局
7	红光路建设工程	红光路西起太古山路，东至黄山北路，全长855米，红线宽20～23米	2014年9月—2016年12月	市城建集团
8	迎江路建设工程	迎江路北起长江路，南至伯先路，全长250米，红线宽22米	2015年5月—2016年9月	市城建集团
9	大东片区路网	包括征润洲路及北固湾路两条道路。征润洲路自东吴路至滨水路，长1047米，宽40米，北固湾路自滨水路至征润洲东路，长315米，宽20米	2015年6月—2016年12月	市文旅集团
10	金山圩区路网建设	龙门港路西起京江路西端，东至港前路，全长1366米，红线宽24米	2016年3月—12月	市城建集团
		中山北路北段（征润洲路北延）北起引航道南路，南至金山湖桥，全长742米，红线宽35米	2016年1月—6月	市文旅集团
11	官塘路网建设	三里岗路：宝平路—丹徒东大道，长5147米，谷阳路以南宽60米，谷阳路以北50米	2012年9月—2016年12月	市交通集团
		和儿庙路（莱山路—四明河路）全长1420米，道路宽35米	2012年9月—2016年12月	市交通集团
12	镇江新区路网建设	北沙腰河东侧道路北起长征河南侧，南至田桥河北侧，全长约2600米，红线宽20米	2014年12月—2016年12月	镇江新区管委会
		百里路西起金港大道辅道，东至北山路，全长约1300米，红线宽15～18米	2015年1月—2016年12月	镇江新区管委会
		滨江北路北起沙腰河路，南至兴港东路，全长约700米，红线宽22米	2015年11月—2016年9月	镇江新区管委会
		姚桥园区道路由中兴路、车船园内环路、胜洲路和姚桥商业中心南侧道路组成，全场约1100米，红线宽14米	2016年1月—12月	镇江新区管委会
		通港路北段道路起点兴港西路，终点临江西路，全长690.5米；红线宽度40米	2016年7月—12月	镇江新区管委会

续表 19－3

序号	项　　目	项目概况	开竣工时间	责任单位
13	丹徒路网建设	旺北路北起上党大道，南接兴汽路，全长约 1800 米，红线宽 32 米	2015 年 2 月—2016 年 12 月	丹徒区政府
		北汽大道西起镇荣公路，东至茅以升大道，全长约 2200 米，红线宽 40 米	2015 年 2 月—2016 年 12 月	丹徒区政府
14	农村公路提档升级工程	农路提档升级 180 千米，农桥改造 30 座	2016 年 1 月—12 月	市交通运输局、各辖市（区）政府
15	紫园安置房	紫园安置房位于金广路西侧地块，北临城际铁路，南至黄山西路、东至金广路（九华山路），规划总用地面积约 1.9 万平方米	2013 年 1 月—2016 年 12 月	市交通集团
16	龙泉安置房建设	龙泉安置房位于镇江新区大港兴港东路以南，烟墩山路以西地块，规划总用地面积约 12 万平方米	2013 年 1 月—2016 年 12 月	镇江新区管委会
17	平昌新城 A10 安置房建设	平昌新城 A10 安置房位于扬子江路以南，烟墩山路以东，规划总用地面积约 12.4 万平方米	2013 年 1 月—2016 年 12 月	镇江新区管委会
18	姚桥安置房 C/D 标	姚桥安置房 C/D 标位于姚桥镇滨江路以西、通江路以北，规划总用地面积约 15.6 万平方米	2013 年 1 月—2016 年 12 月	镇江新区管委会
19	老小区整治改造	2016 年纳入改造的老小区为花山湾 1～8 区、广厦新村，改造面积约 10 万平方米	2016 年 1 月—12 月	市住建局、京口区政府、润州区政府
20	住宅小区物业提升工程	对京口区松盛花苑、江滨新村 30 号大院、京口路 50 号一期；润州区金环花园、臻美源、北花苑等 10 个老旧小区进行物业提升改造	2016 年 1 月—12 月	市住建局、相关辖区政府
21	餐厨废弃物及生活污泥协同处理项目	餐厨废弃物及生活污泥协同处理项目位于京口污水处理厂污泥处置预留用地内，总规模为 260 吨/日，其中餐厨 120 吨/日，油脂 20 吨/日，污泥 120 吨/日	2015 年 5 月—2016 年 6 月	市住建局、市城管局
22	征润洲污水处理厂改扩建工程二期	征润洲污水处理厂改扩建项目位于征润洲污水处理厂内，建筑面积约 1.9 万平方米	2015 年 5 月—2016 年 12 月	市住建局
23	积水区及街巷整治	完成约 1 万平方米街巷改造及 10 个积水区整治	2016 年 1 月—12 月	市住建局
24	老小区供水、燃气管线改造	对江滨新村、花山湾、桃花坞、南门大街等 10 个片区供水管进行防冻升级改造，同时进行老小区立管改造 1 万户	2016 年 1 月—12 月	市住建局、镇江华润燃气、相关辖区政府
25	北港闸改造	北港闸改造工程位于北何家港，排涝流量 60 立方米/秒，泵站排水流量 10 立方米/秒	2015 年 1 月—2016 年 12 月	镇江新区管委会
26	长江自保堤防加固	长江自保堤防加固工程，全长 2324 米，江堤沿新民洲滩涂前沿而建，东端与港池北侧主江堤相接，西端与鼎盛港机公司北侧主江堤相接	2016 年 1 月—12 月	京口区政府、新民洲临港产业园中林新民洲港务有限公司
27	镇江市港政执法基地（镇江基地）	镇江市港政执法基地工程位于镇江引航道河口下游约 800 米处，后沿设有一座接岸引桥与陆域相接，陆域设置必要的生活辅助设施	2016 年 1 月—12 月	市交通运输局、市财政局
28	海绵小区建设工程	对三茅宫、江滨新村二区、花山湾、华润新村等 35 个小区进行海绵城市改造，其中花山湾五区、江二社区、置业新村等 9 个小区完成改造	2016 年 1 月—12 月	市住建局
29	海绵校园建设工程	包括江滨试验小学（润阳小区）、香江花城小学、镇江市第三中学、镇江市实验小学（如意江南小区）、镇江市崇实女子中学等学校的生态化排水工程建设	2016 年 1 月—12 月	市住建局
30	海绵屋顶花园建设工程	解放路泵站屋顶花园等屋顶花园的建设	2016 年 1 月—12 月	市住建局
31	海绵积水达标工程	包括松村路易涝达标工程，南苑新村易涝达标工程，梳儿巷 14 号、16 号积水整治等积水达标工程的建设	2016 年 1 月—12 月	市住建局
32	海绵排水泵站建设工程	包括长江雨水泵站、御桥村雨水泵站等雨水泵站建设	2016 年 1 月—12 月	市住建局
33	古运河上段综合整治工程	古运河上段综合整治工程西起平政桥，东至迎江桥，岸线长约 680 米，对河道进行综合整治，提升景观标准	2013 年 8 月—2016 年 12 月	市文旅集团、市水利局
34	古运河下段综合整治工程	古运河下段综合整治工程，西起经十四路，东至玉带河，整治河道长度约 500 米，对河道进行综合整治，提升景观标准	2013 年 8 月—2016 年 12 月	市文旅集团、市水利局
35	运粮河水利综合整治工程	运粮河水利综合整治工程从西河口到运粮河闸全长 6.2 千米	2014 年 10 月—2016 年 12 月	润州区政府

续表 19-3

序号	项目	项目概况	开竣工时间	责任单位
36	虹桥港水质生态治理工程	东起象山桥西至虹桥港闸，全长约610米，改造内容包括浮岛反应器、驳岸生物膜处理设施、布水设备及其他辅助设备	2015年3月—2016年2月	市住建局
37	四明河综合整治工程	三里岗至秀山路段河道、四明湖以及四明湖至官塘桥路段河道，主要建设内容为河道开挖、河堤整修加固、清淤疏浚、驳岸(护坡)、河边生态绿化等	2016年1月—12月	市交通集团
38	四圩铁路河整治工程	东起润州路下穿箱涵，西至新建御桥村雨水泵站，全长629米	2016年5月—9月	市住建局
39	跃进河整治工程	西起戴家门路，东至头道河，整治河道全长3.2千米	2016年3月—12月	市城建集团
40	大路、姚桥内河水系建设	镇一河、镇二河、北沙腰河、沙腰河改造	2015年1月—2016年12月	镇江新区管委会
41	街头公共绿地建设	在京口区、润州区、丹徒区和镇江新区建设一个街头绿地或垂直绿化一条街道	2016年1月—12月	相关辖区政府
42	西津音乐厅及实验剧场工程	音乐厅位于长江路以南、迎江路以东，总建筑面积约0.87万平方米；实验剧场总建筑面积约0.21万平方米	2014年3月—2016年12月	市城建集团
43	西津湾地下通道工程	位于长江路以北，西津渡景区主入口东侧，通道横跨长江路布置，呈南北走向，通道总长52米，主体结构净宽6米，净高4.3米，北面起于西津湾地下公共停车场，南至西津渡主入口	2015年7月—2016年9月	市城建集团
44	环云台山特色酒店工程	环云台山特色酒店工程包括雅阁璞邸酒店和桔子酒店，其中雅阁璞邸酒店位于云台山路与京畿路交界处，总建筑面积约1.7万平方米，桔子酒店位于伯先路西侧，总建筑面积约0.7万平方米	2015年1月—2016年12月	市城建集团
45	赛珍珠文化公园	赛珍珠文化公园工程位于太古山B3地块，北起红光路，东至润州山路，西、南面是协信住宅，总建筑面积约0.24万平方米	2015年12月—2016年12月	市城建集团
46	宝塔山僧伽塔修缮及公园提升	宝塔山僧伽塔修缮及公园提升工程位于镇江市宝塔山公园内，塔本体占地面积140平方米，塔院占地面积1260平方米	2016年1月—12月	市文旅集团
47	金山湖国际房车露营地	金山湖国际房车露营地位于金山湖与长江交汇处，紧依“江海之门”地标性建筑，东接中国长江生态湿地公园、南连征润洲大型旅游休闲区及“三山”国家风景名胜区，营区规划“春江”“花月”两大主题房车营区，可容纳近百座房车，布局6万平方米树屋营区及2万平方米草坪营区	2016年5月—9月	市文旅集团
48	水上飞机项目	水上飞机项目位于三山风景区魔幻海洋世界项目东北角，区域占地约6万平方米	2016年1月—10月	市文旅集团
49	焦山东大门建设工程	焦山东大门建设工程位于京江路南侧、焦山东侧，建设内容焦山景区东入口、广场及停车场	2016年1月—12月	市文旅集团
50	高校园区高专一期建设工程	高专一期建设工程位于丹徒区十里长山片区，北起十里长山，南至长香路，西起高校园区共享区，东邻省交通技术学院，一期项目总建筑面积17.9万平方米，包含15幢单体建筑	2013年1月—2016年12月	高校园区建设指挥部
51	高校园区共享区体育馆建设工程	高校园区共享区体育馆建设工程位于镇江丹徒新区长香路北，海燕西路南侧，包括游泳馆和篮球馆两个区域，总建筑面积约4.1万平方米	2013年1月—2016年12月	高校园区建设指挥部
52	美丽宜居镇村建设	建成1个美丽宜居镇，10个美丽宜居村庄	2016年1月—12月	市住建局、相关辖市(区)政府
53	农村生活污水处理项目	按照国家试点的要求，开工建设丹阳市、句容市、扬中市、丹徒区农村污水收集处理设施	2016年1月—12月	市住建局、相关辖市(区)政府

(沈执中)

村镇建设

【概况】 2016年，镇江市建成1个美丽宜居镇、10个美丽宜居村。年度投资约2亿元，102个规划发展村庄和居民点完成生活污水治理。全市农村危房完成改造301户。全市建制镇用水普及率100%，燃气普及率96.55%，建制镇绿化覆盖率25.50%，人均公共绿地4.41平方米，人均道路面积21.25平方米。

(邵君兰)

【美丽宜居镇村建设】 2016年，镇江市建成1个美丽宜居镇——扬中市新坝镇，10个美丽宜居村庄，分别是丹阳市珥陵镇新庄行政村夏甲村、丹阳市访仙镇草塘行政村草塘村、丹阳市开发区建山行政村前刘家村、句容茅山管委会上杆行政村上杆村、句容市天王镇农林行政村黄土塘村、句容市后白镇西冯行政村朱巷村、扬中市新坝镇新治行政村新治村、扬中市三茅街道友好行政村友好花苑，丹徒区世业镇世业行政村还青洲、丹徒区上党镇上会行政村宝庄村。其中扬中市新坝镇新治行政村新治村获住建部第四批“美丽宜居示范村庄”称号。丹徒区世业镇世业行政村还青洲等村通过省级美丽乡村特色示范项目验收。

（邵君兰）

【农村危房改造】 2016年，镇江市农村危房完成改造301户，其中丹阳市完成改造70户，句容市完成改造158户，丹徒区完成改造68户，镇江新区完成改造5户。

（邵君兰）

房地产开发

【概况】 2016年，镇江市商品房批准预售770.53万平方米，比上年增长20.59%。其中，商品住房批准预售665.36万平方米，增长31.03%。市区商品房批准预售226.24万平方米，增长3.31%。其中，商品住房批准预售177.93万平方米，增长7.28%。

截至2016年12月31日，全市商品房可售面积964.42万平方米，比上年下降29.48%。其中，商品住房累计可售面积565.55万平方米，下降40.92%。市区商品房累计可售面积432.49万平方米，下降18.62%。其中，商品住房累计可售面积240.12万平方米，下降28.43%。

2016年，全市商品房累计合同销售1083.41万平方米，比上年增长91.80%；累计销售金额756.75亿元，增长97.50%。其中，商品住房累计合同销售86609套，累计销售面积998.68万平方米，增长105.85%；累计销售金额678.91亿元，增长125.57%。

截至2016年12月31日，全市商品住房去化周期10个月，比2015年12月31日（下同）减少14个月。其中，丹阳市10个月，减少17个月；句容市4个月，减少18个月；扬中市11个月，减少17个月；市区10个月，减少12个月。

2016年，全市商品房平均成交价格为6985元/平方米，比上年增长2.98%。其中，商品住房（含别墅）平均成交价格为6798元/平方米，增长9.58%。市区商品房平均成交价格为6663元/平方米，增长减少4.96%。其中，商品住房（含别墅）平均成交价格为6319元/平方米，增长0.04%。

（张世顺）

【棚户区改造和危旧房空斗墙解危】 2016年，镇江市区计划实施棚户区（城中村）改造面积91万平方米，实际完成改造93万平方米。出台《镇江市区政府

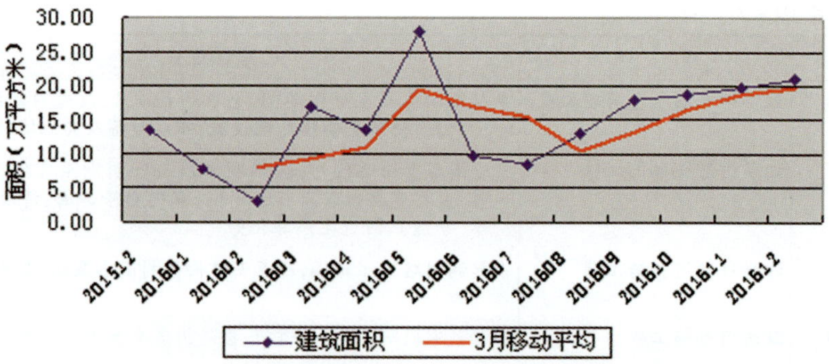

图19－1 2015年12月—2016年12月镇江市商品住宅月度新增供应情况图

（江 波）

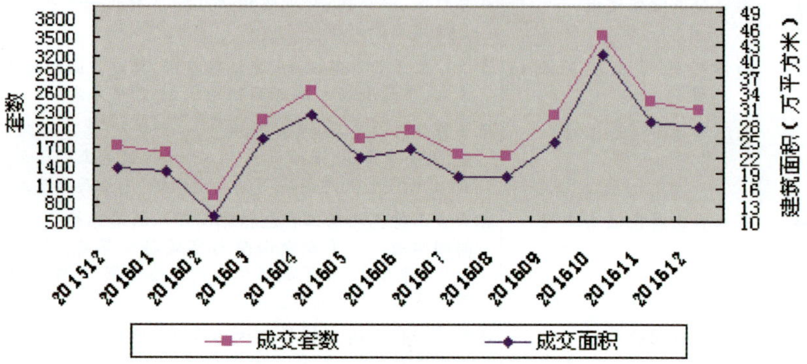

图19－2 2015年12月—2016年12月镇江市新建商品住房月度成交走势图

（江 波）

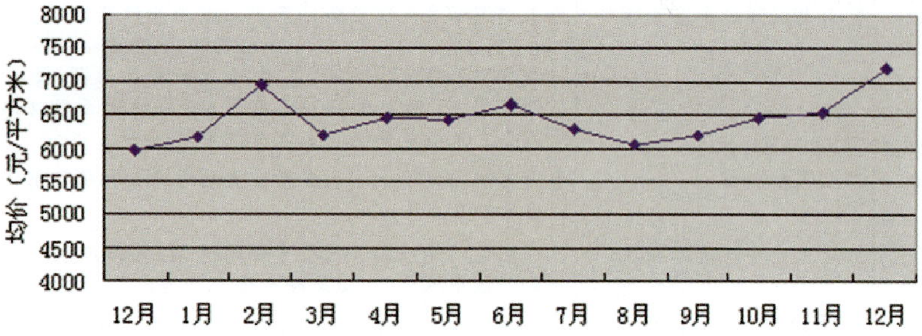

图19－3 2015年12月—2016年12月镇江市商品住房（不含别墅）月度算数均价走势图

（江 波）

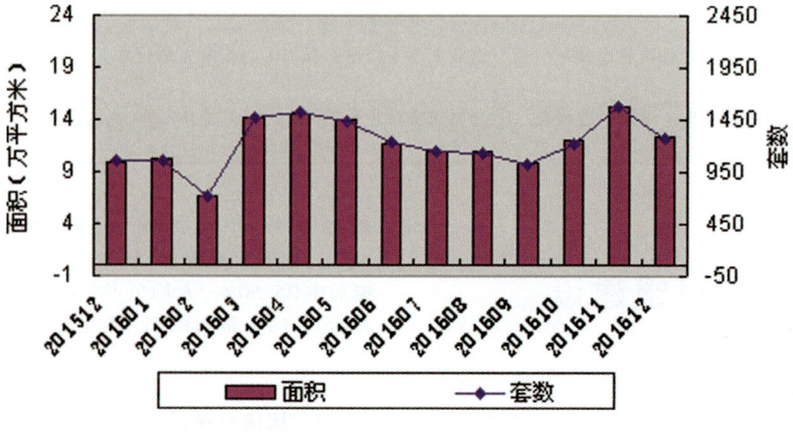

图19－4 2015年12月—2016年12月镇江市二手住房成交走势图 （江 波）

购买棚改服务实施办法》和《关于加快推进镇江市区棚户区改造货币化安置的贯彻意见》。利用国家重点支持棚户区改造金融贷款的政策机遇，组织各责任主体做好国开行棚改专项贷款和江苏银行棚改基金申报工作，市区累计获棚改专项贷款授信111.04亿元。

2016年，镇江市区实施危房和空斗墙房屋解危面积5.328万平方米。

（蒋昊持）

【保障性安居工程】 2016年，镇江市保障性安居工程新开工18204套，基本建成14611套。其中，市区新开工6593套、基本建成7154套。动态调整住房保障准入标准，其中低收入标准由家庭人均月可支配收入1400元（含）以下调整为1500元（含）以下，中等偏下收入标准由家庭人均月可支配收入2100元（含）以下调整为2300元（含）以下。

（蒋昊持）

建筑业

【概况】 2016年，镇江市完成建筑业总产值611亿元，其中镇江市以外总产值146亿元，占总产值比例的24%；利税总额63亿元。全市年产值5亿元以上企业21家，合计总产值293亿元，占全市建筑业总产值的48%。其中，年产值50亿元以上企业1家，30～50亿元企业2家，10～20亿元企业9家。全市新增建筑企业43家，新晋升一级资质企业1家、二级资质企业6家，江苏合发集团有限责任公司、江苏山水环境建设集团股份有限公司、中国能源建设集团江苏省电力建设第三工程有限公司、江苏省交通工程集团有限公司、中交二航局第三工程有限公司获江苏省建筑业百强企业称号，行业整体质态进一步改善，龙头骨干企业作用愈发明显。全市建筑企业拓展到国内29个省、市、自治区和15个海外市场，境外营业收入22.6亿元，比上年增长36%。省电力三公司、中交二航局三公司、省交通工程集团有限公司等企业赴境外、省外开展工程承包和劳务输出，拓展基础设施建设市场，参与国家对外援助工程建设。镇江市企业参与创建“鲁班奖”1项，主创全国性建筑类专业奖项6项，参与创建国家优质工程奖2项，其中镇江索普建安公司承建的南徐新城商务办公A区A1楼获国家优质工程奖，实现镇江本市土建总承包企业创建国家优质工程奖零的突破。24个项目创成省“扬子杯”优质工程，105个项目被评为市“金山杯”优质工程，创建省级文明标准化工地74个、市级文明标准化（示范）工地150个，获评全国QC（Quality Control，质量控制）成果3项、省级优秀QC成果25项、市级优秀QC成果220项；创成省级新技术应用示范工程7个、市级新技术应用示范工程15个；创成省级工法（工程方法或工艺方法）6个、市级工法10个。（鲍习文）

【工程质量治理两年行动】 2016年，镇江市按照住建部印发《工程质量治理两年行动方案》，组织建筑市场综合大检查3次，开展辖市（区）专项督查2次，组织其他各类市场检查10余次。全市建筑领域立案查处各类违法违规行为323件，涉及企业170家，处罚金额2763万元，记入相关违法违规的建设、施工、监理等单位不良行为记录135条，工程质量治理两年行动收官。（鲍习文）

【“四库一平台”】 2016年，镇江市发挥“数据一个库、监管一张网、管理一条线”作用，完善镇江市建筑市场监管与诚信信息一体化平台，企业库、人员库、项目库、信用库四库数据实现互联互通，并与省级平台对接，实现网上合同备案、质量安全报监、施工许可等项目报建手续全链条办理。全市建筑业市场监管系统中注册建筑企业1446家、各类专业技术经济人员数据9万余条、施工合同备案信息1824个。开展建筑业企业综合信用评价工作，通过市住建局网站向社会公布各阶段评价结果。（鲍习文）

【建筑市场环境】 2016年，镇江市出台《镇江市建筑施工民工工资保证金管理办法》，全市建筑企业民工工资保证金交纳凭证实现全市互认，减轻企业负担。全面清理工程建设领域各类保证金，除工程质量、农民工工资、投标及履约四种保证金外，其他保证金一律取消，同时清退逾期保证金1795万余元。梳理外地建筑业企业进镇江备案管理相关规定和办理程序，取消施工、监理等外地建筑业企业进镇江备案核查制度。（鲍习文）

【质量安全监管】 2016年，镇江市加强住宅工程质量通病控制，强化对工程实体几何尺寸以及渗漏、空鼓、开裂等通病的检查，推行单位工程样板间制度。开展建筑工地“地条钢”专项整治，累计检查工地238个，抽查送检钢筋437组。建立混凝土质量追踪管理系统，全市混凝土企业纳入管理范围，实时完整记录各企业质量管理体系运行情况，保证建设工程主体结构安全。（鲍习文）

【建筑产业现代化】 2016年，镇江市选定镇江建科集团为市建筑产业现代化示范城市技术服务单位，与市建筑产业现代化联席会议办公室合署办公，开展建筑产业现代化规划、设计标准、设计体系研究和编制，共同推进建筑产业现代化创建工作。江苏镇江建筑科学研究院集团股份有限公司设计研发类基地、江苏中森建筑设计有限公司设计研发类基地、镇江奇佩支吊架公司装配式支吊架部品生产类基地创成省级示范项目。加大宣传力度，建成镇江市绿色建筑与建筑产业化网，设立微信公众号，举办2016年建筑节能与建筑产业化推介会。

（鲍习文）

城市管理

【概况】 2016年，镇江市城管系统突出动态监管，优化考评体系，落实长效管理，提升工作成效。

加强日常环卫考核工作，提高环境卫生质量。划分16个考核责任区，对背街小巷、商业网点、公园等重点区域和早、中、晚等特殊时段加大检查考核力度，对市区道路、转运站、公厕等作业项目进行合理分工，实行网格化管理，分片包干、责任到人，确保发现的问题能够快速反应、及时解决，使环卫作业考核全覆盖，不留死角。

依托数字平台，每日对环卫作业车辆运行轨迹进行检查，确保环卫车辆全覆盖作业。针对部分路段积尘严重的情况，要求各作业公司加大冲洗力度，加强道路冲洗作业的精细化管理。每周召开环卫作业例会，对突出问题进行汇总，要求责任单位及时整改，并对整改后的情况进行复查。

2016年，市城管系统做好环卫信息化管理平台的运行维护、优化完善工作。经开发和调试，焚烧厂一期扩建监控视频接入平台，另外新增车辆管理模块；运用已建平台，开展环卫作业智能化考核，进行考核任务派发和定期汇总统计；收集环卫相关数据，定期与各区环卫和市场化作业公司进行核对、更新。对各区新增道路、公厕进行地图标注，全年标注道路114条，环卫公厕9座。全年征收垃圾处置费2676万元。垃圾焚烧发电厂运转正常，处理生活垃圾61.8万吨，发电2.05亿千瓦小时。

城管基础设施建设。完成公共智能停车三期工程10个二级、16个三级诱导屏基础及供电接电基础建设，核准200个物联网技术无人收费管理道路临停泊位，并在万达广场周边试运行；全年新增1000个道路临停泊位，100个闲置地块临停泊位，全面出新道路临停泊位停车设施，完好率99.5%。完成市区公共自行车二期项目出新工作，投入约140万元，整体更换22个站点694个锁车器，零星更换220个锁车柱。推进建设公共自行车服务系统三期项目。完成城东垃圾填埋场二期库区覆膜及填埋气应急处置工程。推进生活垃圾焚烧发电厂二期续建项目和垃圾应急填埋场工程各项准备工作。

完成市政道路养护维修工作量6162万元，为年度目标任务的176%；其中养护维修工作量2301万元，完成年度计划的110%，道路完好率95.02%；巡查桥梁4000余次，查出病害80处，安装桥梁限载标志牌39枚，完成南门高架和七里甸铁路桥防护桩的安装，桥梁运行良好；承建老小区生态化排水，海绵城市改造，矿机路、胜利路、邮电支路改造，跑马山滑坡治理项目。完成路灯养护维修工作量2454万元，其中养护维修工作量1457万元，代建工作量852万元，街改老住宅区工程工作量145万元。主干道平均亮灯率为99.30%、次干道及支路亮灯率98.57%；设施完好率98.99%。

2016年，市城管局、市建设工程运输车辆集中整治领导小组办公室、市公安局、市住建局等职能部门围绕渣土扬尘整治管理目标，治理“两超”（超载、超速）、遏制“三带”（带泥、带土、带沙）和“滴、漏、撒”现象，落实“六统一”和“四到位”监管措施，强化运输车辆进出场冲洗、平车厢运输，以及渣土车安全运营秩序管理工作，促进渣土运输企业等级化考核工作。

2016年，市城管局先后开展镇江城区道路交通环境综合整治百日行动、万达商业圈的专项整治、占道洗车整治、车载经营整治、校园及菜市场周边整治等。整治突出主次干道沿线、菜市场和校园周边、公园景点和广场周边等重点区域，出动执法人员14000余人次，查纠主次干道沿线占道经营行为5600余起、菜市场周边占道经营行为5900余起、校园周边占道经营行为为2000余起；清理乱堆放、乱钉挂、乱贴画6800余起，督促修复和清除破损户外广告625起。规范人行道上非机动车停放4400余起。

户外广告专项整治。加强户外广告日常监管，对新生、到期户外广告进行整治拆除，全年累计拆除各类违章户外广告和店招店牌17830平方米。京口区重点拆除焦山公园对面、烟草大厦裙楼楼顶、解放路嘉乐迪三面翻、帝宝花园酒店围挡广告等，对南门大街南段局部12户和江滨新村怡馨路整体42户商铺店牌店招实施整治改造，置换出新。润州区重点拆除黄鹤山路、北府路等户外广告。镇江新区重点拆除丁卯桥路违章广告1000余平方米，对新禧路、美林湾路店招字牌进行改造出新。另外，拆除铁路沿线违章户外广告11处1670平方米。

防违拆违。从3月起，市城管局、市防违办牵头各区（管委会）连续实施十轮月度“集中拆违行动”，10次集中拆违拆除违建745处13.87万平方米。全年市区累计拆除违建2722处43.8万余平方米（含拆迁地块21.2万平方米）。其中，拆除新生违建885起12.7万余平方米；拆除存量违建1837起31.1万余平方米。

推进城市管理立法工作，加强城市管理执法领域立法研究，完成《镇江市城市管理综合行政执法条例》草案及配套材料。在完善《市城管（执法）局行政执法与刑事司法工作衔接制度》《关于贯彻〈镇江市委关于全面推进依法治市工作的意见〉的实施意见》和《市城管局加强事中事后监管实施细则》的基础上，制订《镇江市城市管理行政执法局行政执法全过程记录工作实施方案》《执法记录仪管理使用规定》《行政执法双随机抽查事项清单》《行政执法标准化实施细则》。开展全省统一的执法人员清理和换证工作，组织执法人员参加全市集中培训，严格行政执法人员资格管理和证件注册工作；同时对涉及行政许可、行政征收直属单位的38名监管人员，向市法制办申请办理行政执法证件。推行“一案三防”责任制建设，行政执法人员在办案过程中凡行政处罚自由裁量基准达到3000元时，均须填写“一案三防”承诺书。

从严审查一般程序案件，督办重大行政处罚案件，在市级行政处罚案卷抽评中获一等奖。2016年，办理行政强制执行案件2宗，重大行政处罚案件3宗（其中听证案件1宗），受理行政复议并予驳回案件1宗。全年发生行政诉讼案件2宗，行政复议案件1宗，无行政诉讼败诉和行政复议被撤销或变更案件。承办人大、政协建议和提案43件，满意率100%。 （黄　晋）

【城市管理示范创建工作】 2016年，镇江市加强示范创建的指导协调，创成京口区双井路、镇江新区东丰路、句容市华阳西路3条省级市容示范路和京口区焦顶山社区、句容市新村社区、葛仙社区3个省级示范社区。 （黄　晋）

【城市环境综合整治】 2016年是镇江市城市环境综合整治两年接续行动的第一年，全市列入省政府目标任务书的城市环境综合整治项目273个，其中市区158个，三个辖市115个。除3个经省整治办批准跨年度实施的项目外，年度计划整治目标任务全部完成。市城管局发挥市整治办的牵头作用，定期召开城市环境综合整治工作点评推进会，突出整治的序时进度和长效管理；健全城市环境综合整治工作领导小组组织架构，层层签订目标任务书，明确目标任务，明晰工作职责，强化协调领导推进力度；将城市环境综合整治与生态环境整治、城建重点项目推进等重大任务相结合，推进全市城市环境综合整治工作。

（黄　晋）

【环卫保洁市场化全覆盖】 2016年，镇江市城管局牵头组织京口区、润州区城管局完成公开招投标、合同签订等一系列工作，6月1日起两区外围街道市场化保洁全部到位，涵盖京口区、润州区16个街道（园区），实现主城区环卫保洁市场化全覆盖，提升两区农村环卫管理水平和保洁质量。 （黄　晋）

【网格化管理】 2016年，镇江市城管局按照“属地管理、守土有责”的要求，深化城市长效管理网格运行机制，实现城市长效管理精细化、长效化、常态化。全市累计建立86个网格，其中京口区在全区8个街道建立35个网格；润州区在全区7个街建立35个网格；丹徒区在宜城街道建立5个网格；镇江新区在2个街道建立11个网格。同时，加强“网格化”的监督考核，规范“网格化”管理流程。

（黄　晋）

【“大城管”考评体系】 2016年，镇江市城管局按照“突出重点、打造亮点、提升品位、建立长效”的原则，加大对城市管理中职责不清、责任交叉等问题的协调。将城市管理工作纳入市委、市政府对辖市（区）绩效管理考核（占3分），并出台辖市（区）城市管理类指标绩效管理考核实施办法，提高“大城管”考评权威性。 （黄　晋）

综 述

【概况】 2016年，镇江市围绕"生态领先、特色发展"的目标定位，以推动绿色转型、深化污染治理、改善环境质量、严格环境监管为重点，加强全市环境保护工作。镇江市人民政府颁布实施《镇江市"十三五"环境保护规划》，明确"十三五"时期全市环境保护的总体思路、目标、任务及重点工程。《镇江市2016年大气污染防治工作计划》和《2016年度镇江市水污染防治工作方案》制定实施，年内完成大气污染防治工程74项，完成G20峰会期间空气质量保障任务。投入资金4亿多元，实施"一湖九河"（金山湖和古运河、运粮河、虹桥港、玉带河、周家河、光明河、丁卯团结河、大港河、丁岗团结河）水环境综合整治工程项目25个，并在"一湖九河"布设10个水质自动监测点。全年全市空气质量优良天数的比例76.44%，较2015年提高4.66个百分点，$PM_{2.5}$年平均浓度49微克/立方米，较2015年下降13.28%，年均浓度削减率在全省排名第4位；全市地表水国家考核断面好于Ⅲ类水质的比例75%，高于62.5%的年度目标；地表水省级考核断面好于Ⅲ类水质的比例60%，达到年度目标。全市进一步严格环境准入，《镇江市固定资产投资项目碳排放影响评估暂行办法》制定实施，对环境影响较大或环境风险较大的建设项目一律从严把关，基本取缔不符合国家和本市产业政策的小型造纸、制革、印染、染料、炼焦、炼硫、炼砷、炼油、电镀、农药等严重污染水环境的生产项目，对热浸镀锌、化工、电镀、铅酸蓄电池、碳素生产等行业实施环境保护专项执法检查和整治。全市出动执法人员21387人次，检查工业污染源企业7425家次，较2015年分别增长22.1%、11.25%；全市环境行政处罚案件289起，建议处罚金额1504.7623万元，案件数较2015年增长31%，其中，移送公安机关案件25件，实施查封、扣押案件13起，实施限产停产119起，实施按日计罚3起；全市环境信访总量下降14.9%，省部级信访量下降18.65%。年内，镇江市环境保护部门开展生态环境保护宣传，在镇江市穆源民族学校组织开展生物多样性知识讲座，邀请长江豚类保护区专家讲解水生动物知识，该校100多名学生参加；在镇江市实验小学礼堂举办生物多样性保护电影专场，组织该校学生及家长400多人观看生物多样性电影。在全市范围举办"生态文明杯"环境保护摄影大赛，征集到反映生态文明建设以及展现镇江自然景观等作品200余幅。2016年6月5日世界环境日，镇江市围绕"改善环境质量推动绿色发展"主题，在大市口广场举办"规中方圆"环境保护法律法规宣传、"变废为宝"现场环境保护手工制作、"童心画绿"儿童百米长卷绘画创作和"留给江豚的微笑"宣传活动，现场发放环境保护法律法规宣传单1000余份，接受市民咨询900多人次。 （颜正清）

【中央第三环境保护督察组对镇江开展环境保护督察】 2016年7月14日—8月20日，中央第三环境保护督察组进驻江苏省，开展环境保护督察工作；其间，7月25日—8月2日，中央环境保护督察组在镇江市进行督察。此次督察采取现场检查、资料台账检查、听取汇报、接受信访等形式，检查各地突出环境问题及其处理情况、环境质量及区域流域整治

图20－1 2016年4月29日，全国环境保护志愿者丁兆瑞走进谏壁小学进行演讲 （李 鹤 供稿）

情况;督察地方党委和政府及其有关部门环境保护不作为、乱作为的情况;了解地方落实环境保护党政同责和一岗双责、严格责任追究等情况。督察江苏期间,中央第三环境保护督察组收到涉及镇江市环境保护问题信访 115 件(列全省第 9 位,全省 2451 件),经查属实 103 件,主要是部分畜禽养殖场污染环境,部分采石轧石及建材企业噪声、粉尘污染环境,一些小型工业企业大气、水污染物超标排放,城市建成区一些餐饮企业油烟、噪声扰民等。7 月 16 日,镇江市政府召开全市环境保护突出问题整改推进会,对做好中央环境保护督察整改工作做出部署,并成立中央环境保护督察交办事项整改工作领导小组,由市长朱晓明任组长,相关副市长任副组长,按条口分工挂钩,分管副市长每日一督办,市长三天一会办。问题整改工作主要由属地政府负责,市有关部门配合,共同推动整改落实,市纪委、市监察局对组织不力、敷衍塞责甚至造成严重环境问题的相关责任人,启动约谈问责程序。镇江市各辖市(区)、各相关部门对查实问题从严从快处理,对所有信访件均在规定期限内办结到位。在办理过程中,责令整改 92 件,关停取缔 10 家,立案处罚 38 件,处罚金额 369.28 万元,问责 56 人。8 月 10 日,《新华日报》刊登镇江市中央环境保护督察整改报道《聚力攻坚 解决突出环境问题》。《镇江日报》刊登报道中央环境保护督察整改情况的文章 34 篇,丹阳市、句容市、扬中市等地媒体亦大量报道中央环境保护督察交办问题的整改情况。11 月,经省有关部门推荐,镇江市作为做好中央环境保护督察整改工作的典型,由中央电视台进行新闻采访报道。

(颜正清)

【《镇江市"十三五"环境保护规划》】 2016 年 9 月 7 日,镇江市政府颁布《镇江市"十三五"环境保护规划》(以下简称《规划》)。《规划》包括"十二五"环境保护工作回顾和"十三五"期间环境保护形势、指导思想基本原则与目标指标、主要任务、重点工程、保障措施等内容。《规划》设定主要任务 9 项:1. 加强大气污染防治,提升空气环境质量;2. 加强水污染防治,改善水环境质量;3. 科学防治土壤污染,保护土壤环境质量;4. 加强噪声污染控制,减少噪声扰民问题;5. 加强固体废物污染防治,确保安全处置;6. 实施生态领先战略,提升生态保护水平;7. 严控环境风险,保障环境安全;8. 环境保护倒逼经济转型,促进产业低碳绿色发展;9. 加强环境保护能力建设,提升环境监管水平。《规划》确定"十三五"时期环境保护重点工程,其中"控霾"工程 26 项、"治水"工程 54 项、"净土"工程 2 项、生态工程 3 项、农村环境综合整治工程 8 项、节能减排工程 6 项、环境监管能力建设工程 7 项、环境风险防控工程 2 项。

(胡纪全)

环境管理

【概况】 2016 年,镇江市审批建设项目环境影响评价文件 79 个,比 2015 年下降 43%;竣工环境保护验收项目 74 个(2015 年 60 个),比上年上升 23%;验收不通过项目 2 个。根据简政放权要求,制定《镇江市建设项目环境影响评价文件分级审批管理办法》,取消建设项目试生产审批。市环境保护部门制定出台《镇江市危险废物经营许可审批管理办法》,完善全市固体废物网上申报系统,全市申报企业数 296 家。全市第 12 批清洁生产审核重点企业 31 家,开展审核工作 30 家(1 家企业关闭)。按照《镇江市主要污染物排污权有偿使用和交易管理办法(试行)》和《镇江市主要污染物排污权有偿使用和交易管理办法(试行)实施细则》,对符合要求的新、改、扩建的 35 个项目实施排污权有偿使用。按照《国务院办公厅关于加强环境监管执法的通知》、环境保护部办公厅《关于进一步做好环保违法违规建设项目清理工作的通知》、江苏省《全面清理整治环保违法违规建设项目的通知》要求,对全市排查出的 4662 个违法违规建设项目全部进行清理整治,其中淘汰关闭 1046 个,整顿规范 2080 个,完善备案 1536 个。2016 年初中入学考试、普通高校招生考试期间,镇江市环境保护局制定实施考试期间环境管理方案,加强学校、考点周边环境管理。

(袁桂珍)

【《关于镇江市环境监管网格化的实施意见》】 2016 年 1 月 1 日起,《关于镇江市环境监管网格化的实施意见》实施。镇江市及各辖市(区)、镇(街道)、村(社区)划分环境保护网格,落实市级督察、辖市(区)监管、乡镇(街道、园区)负责巡查的机制。2 月,市政府办公室下发《关于成立镇江市网格化环境保护管理工作领导小组的通知》,各辖市(区)均制定下发本地区网格化环境监管实施方案,其中扬中市、丹徒区、镇江新区设立监管工作组(巡查组)。全市划分一级网格 1 个、二级网格 7 个、三级网格 65 个,配备巡查人员 1474 人。 (刘 浩)

"十三五"期间镇江市环境保护主要目标一览表

表 20-1

类别	序号	指 标	单位	2015 年现状值	2020 年目标值	指标属性
环境质量	1	空气质量达到二级标准的天数比例	%	70	80 左右	约束性
	2	$PM_{2.5}$ 年均浓度下降率	%	–	3	约束性
	3	地表水国控断面优于Ⅲ类水质比例	%	73	75 左右	约束性
	4	地表水劣Ⅴ类水质比例	%	15.2	基本消除	约束性
	5	县级以上集中式饮用水源水质达到或优于Ⅲ类比例	%	100	100	约束性
污染减排	6	单位地区生产总值化学需氧量排放强度	千克/万元	1.33	完成省下达任务	约束性
	7	单位地区生产总值二氧化硫排放强度	千克/万元	2.02		约束性
	8	单位地区生产总值氨氮排放强度	千克/万元	0.16		约束性
	9	单位地区生产总值氮氧化物排放强度	千克/万元	2.19		约束性
	10	重点重金属污染物排放强度下降比例	%	–		预期性
环境管理	11	城镇生活垃圾无害化处理率	%	100	100	预期性
	12	生态红线区域占国土面积	%	22.3	22.3	约束性
	13	危险废物安全处置率	%	100	100	约束性

(胡纪全)

图 20－2　2016 年 7 月 16 日，镇江市政府召开全市突出环境问题整改推进会，推进中央环境保护督察组交办问题整改工作　（李　鹤　供稿）

【突发环境事件应急演练】　2016 年 12 月，镇江市以过境运输船发生碰撞导致装载化学品泄漏，造成扬中市二墩港取水口上游水源水体遭到污染为背景，开展水源地环境应急演练，演练过程中重点考察环境监察、环境监测、污染物拦阻、备用水源保障等动作，磨合各部门环境应急联动处置能力，同时邀请江苏省环境保护厅领导现场指导，镇江市各辖市（区）环境保护部门管理人员现场学习观摩。2016 年，镇江市还在丹徒经济开发区金海宏业（镇江）石化有限公司开展危险化学品泄漏事故应急救援演练；在句容玉明化工有限公司开展“针对盐酸储罐阀门泄露事件”应急演练；在扬中市镇江苏惠乳胶制品有限公司开展以氯气泄漏为背景的应急演练，邀请辖市（区）应急管理部门和各镇（区）、街道环境保护助理和重点企业环境保护员观摩学习。

2016 年，镇江市省级环境应急专家由原来 8 人增加到 17 人，专家来源主要为镇江市大学教授及科学研究机构专家以及部分行业企业专家，涉及环境工程、化学、分析化学、遗传育种、石油化工、生物医药、环境科学、安全生产等多个领域。　（孙　斌）

太湖流域水污染防治

【概况】　2016 年，镇江市实施太湖流域水污染防治工程 46 项，完成 41 项，年内投入太湖治理工程资金 7.2 亿元。太湖流域水质保持稳定，7 个国家考核断面达标 4 个，不达标 2 个（通济河紫阳桥断面，鹤溪河殷家桥断面），1 个进行河道整治未实施监测。

推进实施《太湖流域撤并乡镇污水处理全覆盖规划》，新增污水管网 97 千米，完成句容监狱污水收集工程。实施太湖流域 1 家无配套农田污水处理设施的大型养禽场、10 家水冲粪养殖的大中型养殖场治理，关闭太湖流域禁养区内畜禽养殖场 245 家，其中，丹阳市 224 家、句容市 19 家、丹徒区 2 家。开展化肥农药零增长行动，全市测土配方施肥面积 18.9 万公顷次，化学氮肥利用率 27.8%，建立水稻病虫害绿色防控和专业化防治融合示范区 6 个，拥有植保专业化服务组 232 家，农作物病虫害统防统治覆盖率达 60% 以上。全市新建种植业循环农业工程 9 处、畜禽粪便综合利用项目 5 处。

（付艳慧）

2016 年镇江市太湖流域水污染防治重点工程（实际投资 500 万元以上）完成情况表

表 20－2

项目名称	项目实施地点	主要建设内容	计划投资（万元）	实际投资（万元）	当年目标	目标完成情况
太湖流域湖西区九曲河整治工程	丹阳市	综合整治河道 27 千米	12000	13000	开工建设	开工建设
句容市污水收集管网工程	句容市	新建污水收集管网 20 千米	3000	10375.02	完成	新建污水收集管网 21 千米
金山湖达标示范工程	京口区、润州区（市住建局实施）	建设下沉式绿地、雨水调节池、雨水泵站等	10000	10000	完成金山湖区域 3.8 平方千米主要示范工程建设	江滨新村第二社区、置业新村生态化排水结合老小区改造全部完成。花山湾五区海绵城市专项工程全部完成。古城路低影响开发改造进入总平面图设计阶段
征润洲污水处理厂改扩建工程	润州区（市住建局实施）	扩建 7.5 万吨/日	8000	8000	完成	完成
镇江市餐厨废弃物及污泥协同处置工程	京口区（市住建局实施）	处理规模 260 吨/日，建设餐厨废弃物收运体系，餐厨废弃物及生活污泥协同处理和资源化利用体系	6000	6000	完成	基本完成
句容市赤山湖湿地保护与恢复工程	句容市	恢复湿地 400 公顷，包括白水荡（含小新圩）和华兰墩两大片湿地，建设内容有土方、园建、绿化	7300	4545.51	完成主体工程	土方完成 80%，园建完成 85%，绿化完成 78%
丹徒区管网完善工程	丹徒区	新建污水收集管网 50 千米	6000	4000	完成	完成

续表 20-2

项目名称	项目实施地点	主要建设内容	计划投资（万元）	实际投资（万元）	当年目标	目标完成情况
丹阳市管网完善工程	丹阳市	新建污水收集管网 15 千米	3000	3163.76	完成	完成 14.8 千米
司徒农业面源污染连片治理示范区建设	丹阳市	(1) 建设田间粪污存贮池、吸粪泵站、沼液输送管道、秸秆收贮棚、购置粪污运输车辆、秸秆还田设备;(2) 建设农田生态沟渠 7 条、生态塘 7 处;(3) 建设农村生活污水处理设施 2 座,处理规模 160 吨/日,配套建设污水管网等设施;(4) 建设喷滴灌等设施,购置太阳能杀虫灯;(5) 建设农田防护林 4.67 公顷,建设生态隔离带 18 千米	1203	2563	完成	建设完工
句容监狱污水收集	句容市	建设内容:10 千米管网和三座泵站。具体为:在句容监狱现有两座污水处理站处,建设两座污水提升泵房,泵站规模分别为 600 吨/每日和 1900 吨/每日,建设管道输送系统污水抽到亭子集镇泵站(在亭子集镇新建 1 座泵站,泵站规模为 3500 吨/每日),沿句蜀路输往下蜀污水处理厂,整体管线长度 10 千米	2000	1800	完成主体工程	完成主体工程
句容河城区段水环境整治工程	句容市	6.45 千米清淤	1300	1300	建成	完成
镇江市污水收集管网工程	京口区、润州区（市住建局实施）	新建污水收集管网 10 千米	1000	1200	完成	新建污水收集管网 11 千米
古运河综合整治工程	京口区、润州区（市文旅集团实施）	古运河上段平政桥至塔山桥长 5.1 千米河道清淤;古运河中段瑞泰新城段约 800 米河道拓浚、抗滑桩及岸坡生态修复;古运河下段(经十四路至玉带河、镇大公路至上埠桥)1.4 千米河道清淤 15 万立方米、1.4 千米岸坡整治、生态修复 15 万平方米、生态挡墙 2.8 千米等;古运河下段(上埠桥至大运河口)1.5 千米河道清淤 11 万立方米及岸坡修整	7316	1028	完成	在建
句容长江建材有限公司	句容市	企业关闭	1200	901	企业停产,设备拆除	已关闭
循环农业项目(7 个)	丹徒区	(1) 田间垃圾收集池(不可降解)、有机废弃物堆沤池;(2) 田间干粪钢架发酵大棚、田间粪污/沼液存贮池,自卸式运粪车(总载重不少于 4 吨)1 辆、自吸式吸粪车(总容积不少于 4 立方米)1 辆;(3) 太阳能杀虫灯;(4) 改造生态沟渠塘;(5) 配套建设和购置其他辅助设施设备	1260	685.89	完成 50%	完成 50%
句容市区污水处理厂扩建	句容市	扩建 2.5 万吨/日	1000	540	土建施工	土建施工完成 60%
铁路河、潮水沟整治工程	京口区、润州区（市住建局实施）	铁路河 400 米及潮水沟 900 米河道清淤 6 万立方米,植草护坡 1.6 万平方米,互锁砖及浆砌块石 1 万平方米,箱涵 40 米等	1200	500	完成	完成

（付艳慧）

污染控制

【概况】 2016 年,镇江市实施污染减排重点项目 70 个,初步测算:削减化学需氧量 4.13%(省政府下达任务为 3.78%)、氨氮 4.09%(省政府下达任务为 3.96%)、总氮 3.66%(省政府下达任务为 3.66%)、总磷 3.84%(省政府下达任务为 3.64%)、二氧化硫 4.20%(省政府下达任务为 4.00%)、氮氧化物 4.20%(省政府下达任务为 4.00%)。全市完成大气污染治理重点项目 74 个;完成整治燃煤小锅炉 696 台,10 蒸吨及以下燃煤锅炉基本实现清洁能源、可再生能源替代或淘汰;完成黄标车淘汰任务 6691 辆,对新注册和异地转入车辆统一实施国Ⅴ标准；完成石油化工企业 LDAR（泄漏检测与维修，下同）技术改造1家，重点行业煤电节能改造2家，有机化学原料行业 LDAR 7家，化工园区挥发性有机物治理项目27家。（汤　立）

【六个重点行业环境保护专项检查行动】 2016年，镇江市环境保护部门开展重点行业环境保护专项检查行动。（1）热镀锌行业突击执法检查行动。此次行动检查企业15家，根据检查情况，全市热浸锌企业基本消除脏乱差现象，但是部分企业环境保护意识及管理水平还存在不足，部分污染治理设施不能稳定正常运行。对此，镇江市环境保护部门逐家下达责令改正违法行为决定书，并依法对存在环境违法行为的镇江市盛港热镀锌有限公司等6家企业进行立案处罚。（2）碳素企业突击执法检查行动。经查，全市有碳素生产加工企业18家（润州2家、丹徒8家、句容7家、镇江新区1家），其中6家（润州1家、句容5家）停产，其余12家（润州1家、丹徒8家、句容2家、镇江新区1家）正常生产。在产12家碳素企业中，2家企业环境保护手续不齐全，2家企业废气脱硫设施建设不到位，1家企业废气排放口不规范，1家企业废气防治设施现场损坏未及时修复。针对发现的违法问题，镇江市环境保护部门下达《责令改正违法行为决定书》6份，立案处罚企业5家，交办立案处罚企业1家，总计处罚金额126万元。（3）化工园区及环境问题突出企业专项执法检查。出动检查人员2348人次，检查企业476家次，检查工业园区6个，排查环境隐患167个，化解环境矛盾10个，立案处罚企业41家，停产整治企业19家。（4）打击涉危险废物环境违法犯罪行为专项行动。出动执法人员700余人次，检查涉危险废物企业346家，处罚环境违法案件19起，罚款61万元，其中2起案件涉嫌违法犯罪移送公安部门。（5）全市生物质发电企业专项检查。镇江市环境保护局联合丹阳市环境保护局对涉及生物质发电的江苏华晟生物发电有限公司污染防治情况进行专项执法检查，未发现有环境保护违法违规情况。（6）废铅酸电池回收炼铅企业专项排查。在全市组织开展土法炼铅企业专项排查工作，根据摸底排查结果，未发现相关土法炼铅企业。（刘　浩）

环境质量

【概况】 2016年，镇江市环境空气质量达标率76.4%，较2015年上升4.2个百分点，各辖市（区）达标率范围为67.6%～80.9%。镇江市区发生6次重污染天气过程，发布预警快报5期，预警短信60余条。全市酸雨平均发生率5.9%，降水年均pH值6.09。镇江市区、丹阳市、扬中市酸雨发生率分别为2.7%、10%、15%，句容市未采集到酸雨样品。与2015年相比，全市酸雨平均发生率下降0.7个百分点。2016年，镇江市地表水环境质量总体处于轻度污染。被列入国家《水污染防治行动计划》地表水环境质量考核的8个断面中，水质符合《地表水环境质量标准》（GB 3838—2002）Ⅲ类的断面比例75%，Ⅳ类水质断面比例25%；被列入江苏省“十三五”水环境质量目标考核的20个流域地表水断面中，水质符合Ⅲ类的断面比例60%，Ⅳ～Ⅴ类水质断面比例35%，劣Ⅴ类断面比例5%。2016年，全市声环境质量总体保持稳定，各类声源声强及分布情况无明显变化，生活噪声和道路交通噪声仍是影响全市声环境质量的主要因素。全市危险废物产生量12.81万吨，综合利用量7.6万吨，处置量3.9万吨，贮存量1.3万吨。截至年底，全市建成危险废物集中处置设施3座，其中焚烧处置设施1座，焚烧处置能力3.24万吨；填埋处置设施2座，填埋处置能力4万吨，全市基本建成危险废物综合利用和集中处置网络。（颜正清）

【城市和城镇空气质量】 2016年，镇江市区空气中主要污染物浓度有不同程度下降或保持稳定，其中 $PM_{2.5}$年均浓度较2015年下降15.3%，较2013年下降30.6%。市区环境空气中 $PM_{2.5}$、PM_{10}、二氧化硫、二氧化氮年均浓度分别为50微克/立方米、80微克/立方米、24微克/立方米和38微克/立方米；一氧化碳和臭氧（最大8小时）按年评价规定计算，浓度分别为0.878毫克/立方米和96微克/立方米。与2015年相比，$PM_{2.5}$、PM_{10}、臭氧（最大8小时）和二氧化氮浓度分别下降15.3%、2.4%、8.6%和9.5%，二氧化硫和一氧化碳浓度保持稳定。按照《环境空气质量标准》（GB 3095—2012）二级标准进行年评价，各辖市（区）环境空气质量均未达标，超标污染物为 $PM_{2.5}$、PM_{10}、臭氧。其中，各辖市（区）$PM_{2.5}$均超标；除丹阳以外，各辖市（区）PM_{10}均超标。（刘　烨）

【饮用水和主要河流水质状况】 2016年，镇江市区征润洲水源地、丹阳市长江江心洲水源地、扬中市二墩港水源地、句容市北山水库和句容水库水源地均达标（达到或优于Ⅲ类标准）。太湖流域7个重点断面水质达标率66.7%，较2015年下降4.7个百分点。镇江市长江干流水质为优，4个监测断面水质类别均为Ⅱ类，与2015年相比水质保持稳定。主要入江支流总体水质为良好，10个控制断

图20－3　2016年，镇江市环境空气质量达标率76.4%，比2015年上升4.2个百分点（杨宪华　供稿）

面中，除运粮河永庆桥断面因河道整治未参与统计外，其余9个断面水质符合Ⅲ类、Ⅳ类和Ⅴ类分别占77.8%、11.1%、11.1%。与2015年相比，符合Ⅲ类标准水质断面比例上升7.8个百分点，劣Ⅴ类断面比例下降30个百分点，总体水质明显改善。（王　琳）

【土壤环境】 根据江苏省环境保护厅要求，镇江市布设土壤监测点位127个，其中国控点位117个、省控点位10个。2016年，镇江市对其中12个土壤监测点位开展了监测，包含风险点位9个（主要针对污染企业周边土壤），背景对照点位3个。监测结果表明，12个监测点位中，有10个达到《土壤环境质量标准》（GB 15618—1995）二级标准，占83.3%；超标点位中，处于轻微和中度污染的点位分别为1个，各占8.33%。超标项目为汞和苯并[a]芘。（邹云娣）

【城市和城镇声环境质量】 2016年，全市区域声环境质量总体较好，昼间噪声平均等效声级为55.5dB（A）。根据《环境噪声监测技术规范 城市声环境常规监测》（HJ 640—2012）评价，市区和扬中达到城市区域环境噪声昼间二级水平。丹阳和句容达到城市区域环境噪声昼间三级水平。影响全市区域声环境质量的主要声源仍为生活噪声，所占比例74.3%；其余依次为工业噪声、交通噪声和施工噪声，所占比例分别为19.4%、6.1%和0.2%。

依据国家《声环境质量标准》（GB 3096—2008）评价，全市1类～4类功能区声环境昼间达标率分别为96.9%、97.9%、100%、100%，夜间达标率分别为93.7%、97.9%、97.2%、85.0%。全市环境噪声平均等效声级表现出与城市日常生产、生活和作息规律相似的变化特征，昼间平均等效声级6时—8时上升明显，8时—18时维持在较高水平，18时—21时逐步减弱。

全市道路交通昼间声环境质量总体评价为好，平均等效声级为66.1dB（A），达道路交通噪声强度等级一级。全市超过70dB（A）（国家昼间标准限值）的路段长度占监测道路总长比例0.5%。（邹云娣）

【辐射环境质量】 2016年，镇江市辐射环境3个国控点和14个省控点监测结果表明，环境γ辐射吸收剂量率监测结果、空气中氡浓度监测值、土壤中主要放射性核素浓度与1989年江苏省环境天然放射性水平调查测量结果处于同一水平；重点饮用水水源地取水口水中放射性指标符合《生活饮用水卫生标准》（GB 5749—2006）要求。环境中电磁辐射监测结果均低于《电磁辐射防护规定》（GB 8702—2014）中公众曝露控制限值的要求。（庞春霞）

图20－4　2016年“6·5”世界环境日期间，镇江市环境保护执法人员对镇江新区化工园区企业进行夜间突击检查（李　鹤　供稿）

环境监测与科研

【概况】 2016年，镇江市环境保护部门通过微博发布空气质量预报364条，编发环境空气质量预警快报5期、东部地区自动监测预警快报2期、太湖流域水质预警快报4期、镇江新区孩溪河水体异常监测快报1期，编制金山湖蓝藻预警快报1期。自2016年6月5日起，镇江市环境保护局在该局网站设立“环境质量人人知”飘窗专栏，专栏包括环境质量信息公布、环境保护法律法规及标准、环境保护小常识3个信息查询版块，以及在线咨询和监督投诉2个在线互动版块。信息公布的内容涵盖空气质量监测实时数据、空气质量日报和48小时预报、空气质量异常实时预警、水源水质周报、环境综合质量状况月报、夏季金山湖蓝藻预警监测周报、夜间施工公告及查询等内容。在江苏省环境保护厅组织的泰州市靖江德桥仓储“4·22”火灾事故环境应急工作中，镇江市环境监测中心站派出两名监测技术人员赴现场开展事故后周边环境应急采样和监测任务，市环境监测中心站及2名个人受到江苏省环境保护厅表彰。市环境监测中心站承担镇江市重点研发社会发展项目“镇江市大气灰霾成分监测分析及防控措施的研究”“卤化氧铋基复合光催化材料的制备及其光催化降解化工酚类废水技术研究”、省环境监测中心课题“江苏省鸟类生态调查及生态监测技术研究”、市科技局重点研发项目“饮用水中有毒有害有机物高效快速吸附技术研究及其应用”等环境类科研项目。镇江市环境科学研究所联合江苏大学申报江苏省科技计划“多孔氮化碳限域生长金属氧化物纳米阵列复合材料及其增强光催化性能研究”，获江苏省自然科学资助10万元。年内，镇江市环境监测中心站发表环境保护方面论文29篇，其中发表于英文期刊6篇、国家级期刊2篇（其中中文核心期刊1篇）、省级期刊21篇。（邹云娣）

【无人监测船开展水质监测】 2016年6月，镇江市环境保护部门使用搭载监测仪器的无人监测船在北固湾湖面上进行网格式连续监测。该无人监测船能根据设定好的水文目标地图，依据GPS点位进行无人行驶，并通过搭载的监测设备，实时向控制终端传递监测信号和数据，控制终端同步形成污染物分布状况图。相对于人工监测，使用无人监测船可避免天气、水文条件等因素的影响，还可以通过搭载声呐、超声波等设备，监测河道水温条件和排查水下暗管，提高监测效率和准确度。镇江市环境保护部门使用该船开展城市水体水质监测，在全省是首例。该设备目前主要用于特殊天气状况下的水质监测。（王　琳）

旅　游

【概况】　2016年，镇江市旅游总收入714.35亿元，列全省第5位、苏南第1位，增幅比全省高近2个百分点，其中三山南山景区全年接待国内外游客198.83万人，比上年增长11.2%；实现旅游综合收入3816万元，增长8.7%。全市旅游增加值占全市国民生产总值比重达7.93%。旅游项目年度投资118.1亿元，增长18.1%，其中新业态项目33个，投资占比78.7%。

全市新增国家A级旅游景区2家，其中AAAA级1家（江苏茶博园），AAA级1家（扬中园博园）；新增11家省星级乡村旅游区，其中4星级3家（扬中市南湖农场、扬中市江之源生态园、句容市茅宝葛园），3星级8家；镇江中国旅行社由4星级旅行社升为5星级，是镇江市首家5星级旅行社，并首次进入"全省30强"旅行社名单，列第18位；新增1家2星级旅行社（丹阳中国旅行社）；新增1家省工业旅游区（光大环保能源镇江有限公司）、1家省自驾游基地（扬中市长江鱼文化生态园）。

截至年底，全市有国家A级旅游景区44家（AAAAA级2家、AAAA级7家、AAA级11家、AA级24家）；省星级乡村旅游区101家（4星级22家、3星级47家、2星级32家）；省级旅游度假区3家；省级工业旅游示范点6家；星级饭店34家（5星级3家、4星级8家、3星级17家、2星级6家）；旅行社数量为107家（5星级1家、3星级15家、2星级13家、1星级2家、非星级76家）；国家级重点风景名胜区1家（三山风景名胜区）、省级2家（茅山风景名胜区、南山风景名胜区）、市级1家（圌山风景名胜区）。全市有导游4046人，其中高级导游21人，中级导游86人。　（秦　臻）

【国际园林博览会获奖】　2016年5月，第十届中国（武汉）国际园林博览会闭幕。镇江展园以主题突出、设计经典、工艺精湛、文化浓郁等特点，获本届园博会"室外展园综合类"金奖、"设计类"大奖、"优质工程类"大奖、"建筑小品类"大奖以及"植物配置类"优秀奖；镇江市人民政府获"优秀组织奖"，镇江市园林局获"展园建设最佳奖"。镇江市的获奖等次与数量位于全省5个代表城市之首。
（秦　臻）

【品牌旅游线路推出】　镇江市"山水礼佛深度游"和"镇江—南京—马鞍山诗歌游"2条游线入选2016长三角自驾游十大推荐线路，"漫游古刹·朝觐三日游""携手相伴·同享天伦之乐——亲子三日游""游学互动·领略工业魅力——苏南五日游"3条游线入选"扬子江名城之旅"线路，以宝华山千华古村为主的"人文镇江　休闲生活"1条游线入选2016年江苏省十条新线路。　（秦　臻）

旅游建设

【概况】　2016年，镇江市以江苏科技大学公共管理学院为主体成立江苏首家旅游智库，聘请21位专家组成为镇江旅游业发展提供智力支撑的团队。市旅游发展研究院在江苏科技大学揭牌。镇江市入选"国家全域旅游示范区"第二批创建单位。市级的重点旅游项目43个，完成投资88.36亿元。12月，恒大旅游集团与句容市签订合作协议，总投资300亿元的恒大童世界一期项目落户句容市，计划打造全球唯一全室内、全天候、全季节的童话神话主题公园。　（秦　臻）

【天下第一泉历史文化展示馆开放】　2016年8月，金山景区将一泉中泠阁一楼改造成为天下第一泉历史文化展示馆，免费向游客开放。展示馆占地面积180平方米，馆内有大量的图片展览、文字说明和出土文物碑刻展示，游客可以了解"天下第一泉"历经千年的历史渊源和传承发展。　（李春明）

【南山景区提升工程启动】　2016年，南山景区启动文苑—竹林景区景观提升工程。文苑—竹林景区是南山风景名胜区的核心组成部分，项目总投资约1300万元，包括文苑景区学林轩、文心阁、知音亭及其内饰维修出新和保护，竹林景区天王殿、五观堂、净业居、清风轩等古建筑维修，实施道路、铺装、给排水、供电等基础设施改造。其中，竹林寺作为遗址公园进行保护性开发，项目竣工后计划深入挖掘竹林寺文化内涵，进行宣传展示。　（李春明）

【景区改造及界标设置工程】　2016年，焦山景区完成山上吸江楼、听竹山房、碑亭、壮观亭、百寿亭、三诏洞等古建筑的维修出新工作，景观效果得到提升。北固山景区完成生态型应急停车场建设并投入使用，缓解景区及周边停车压力。确定风景名胜区界标的位置和设定界标的数量，完成三山南山风景名胜区57块界标设置工作。统一导游着装、讲解词及标识标牌，增加宣传资料品类和特色旅游纪念品，强化地面厕所卫生保洁，提升景区精细化水平。　（李春明）

【镇江市入选国家全域旅游示范区第二批创建单位】　2016年2月，句容市入选选国家全域旅游示范区第一批创建单位。11月，国家旅游局公布，镇江市入选国家全域旅游示范区第二批创建单位。截至年底，省内南京市、苏州市、镇江市入选。市第七次党代会提出“发展全域旅游，打造千亿产业”目标，贯彻党代会精神、发展全域旅游成为镇江市旅游发展重点。（秦 臻）

【旅游智库和旅游发展研究院成立】 2016年5月19日，镇江市旅游委、人才办、服务业办、江苏科技大学以江苏科技大学公共管理学院为主体，成立江苏省首家旅游智库。旅游智库聘请21位专家，为镇江旅游业发展提供智力支撑。12月29日，市旅游发展研究院在江苏科技大学揭牌，研究院是市旅游委与江苏科技大学公共管理学院两家共建，以江苏科技大学公共管理学院为核心，整合江科大其他涉及旅游业院系的教学、研究资源设立，主要围绕全域旅游发展等8个方面开展工作。（秦 臻）

【上海—镇江旅游专列开通】 2016年10月，镇江市旅游委与上海铁路国旅签订2017年度战略合作协议，计划每年开通不少于10趟、2000人次的旅游专列。截至年底，开通3趟旅游专列、近600名上海游客到镇江参加三天两晚的旅游活动。（秦 臻）

旅游活动和宣传

【概况】 2016年，镇江市巩固拓展旅游客源市场，组织市重点景区赴上海、杭州等地开展旅游推介，参加上海500家组团旅行社推广销售洽谈会、2016中国—东盟博览会旅游展等20多次大型旅交会。举办“2016百家旅行社和媒体镇江行”活动。组团赴德国、奥地利、美国和加拿大等国家开展镇江旅游宣传推介活动，借助13个国际友好城市以及孔子学院平台，开展旅游合作，推进旅游国际化。随省旅游局赴澳大利亚、巴西、日本、新加坡等国举办旅游推介活动。在省级以上重要媒体播放以“镇江，一座美得让您吃醋的城市”为主题语的旅游宣传片。在旅游旺季、黄金周、小长假等时段，推出报刊专版。与新浪网、凤凰网等网络加强合作，利用“镇江智慧旅游”微信、“遇见镇江”微信、镇江旅游网、旅游手机报等开展宣传。中央电视台、韩国《朝鲜日报》、新浪《江苏寻味之旅》摄制组等先后到镇江市采访。全年在京沪高铁700趟列车上播放《乘着高铁去旅行——镇江游》宣传片，受众近千万人次。在首都国际机场、高铁北京南站、高铁南京南站等设立城市旅游广告牌。（秦 臻）

图21－1 2016年1月29日，首届“长江金山灯会”暨第六届“江苏·台湾灯会”亮灯仪式 （王瑞稼 供稿）

【第六届苏台灯会】 2016年1月29日—2月25日，由江苏省旅游局和镇江市政府主办，市旅游委、文旅集团、城建集团和三山南山管委会联合承办的2016长江金山灯会暨第六届“江苏·台湾灯会”在金山湖和西津渡两个景区举办。28天接待游客约350万人次，2月9日，创下接待游客单日峰值20.6万人次的记录。接待中外媒体记者500余名，各类媒体发布报道3000余条。苏台灯会入选“不忘初心·点赞我们的2016”镇江网友眼中的十件文化大事。2月10日—24日，镇江市“满眼风光”灯组代表江苏省赴台湾桃园参展，展示镇江“三山一湖”美景和水漫金山、刘备招亲等历史文化。（秦 臻）

【三山南山景区节庆活动】 2016年春节期间，金山景区举办第十届“金山庙会”，开展曲苑大舞台文化表演、民间绝活展示、舞龙舞狮、中华灯谜、新春擂鼓、新春祈福留言墙等活动。南山景区推出以“生肖闹春、鸿运南山”为主题的新春灯笼展、迎春花卉展、“福寿文化”剪纸艺术书画展。

3月20日—5月25日，金山景区举办“金山春韵”游园会，期间开展春韵花卉景观造型展、“风舞春韵，放飞心情”风筝文化展、曲艺大联欢、邂逅最美白娘子等四大主题活动。

4月24日—5月30日，南山景区以“快乐旅游、赏花观景”为主题举办第17届杜鹃花节，包括“南山健康大讲堂”系列讲座、瑜伽、古筝表演、茶艺展示、拍客PK赛等系列活动。

6月25日—8月25日，金山景区举办第十三届夏季荷花展，活动期间景区分别与《镇江日报》、《京江晚报》、my0511网站、市摄影家协会合作，举办“荷风金山”小记者采风活动、金山荷花摄影大赛、历届金山荷花展摄影作品展等系列活动。

9月15日—10月15日，焦山景区举办第十八届焦山桂花节，围绕国庆黄金周、中秋节、重阳节等节日开展桂花节系列活动。金山景区举办“花漫金山”秋季游园会。

9月30日—11月15日，南山景区以“养生山水、福地南山”为主题，举办第十一届长寿节，开展南山“福寿文化展”、众筹建设“南山读书台”、膏方养生讲堂、清秋品茗汇、万人登山等活动，分享长寿元素。

10月1日—11月30日，北固景区举办“相约北固秋色里”系列游园活动，包含“第一江山 醉美北固”第二届民俗文化周、“满眼风光北固楼”篆刻作品展、“甘露流芳”菊花精品展、“甘露流芳”艺术插花展、“九九重阳北固登高”文艺会演等系列活动。（李春明）

【“爱我家园·体验镇江”惠民旅游活动】 2016年5月，镇江市旅游委举办“爱我家园·体验镇江”惠民旅游活动，组织环卫工人、外籍专家和学生等17个行业、3100多名市民代表免费体验丹徒长山薰衣草庄园、米芾书法公园和宝华山千华古村等旅游新产品、新线路。其中，米芾书法公园是国家AAAA级旅游

景区,2015 年入选江苏省十大新景区;长山薰衣草庄园和宝华山千华古村于 2016 年年初开业。（秦 臻）

【赴德国和奥地利开展旅游促销】 2016 年 9 月 27 日—10 月 5 日,镇江市旅游委组团赴德国曼海姆市和奥地利格拉茨市开展旅游推介,并与两市旅游部门开展交流合作。在奥地利格拉茨,通过卡尔·法兰茨大学孔子学院平台开展文化交流,在格拉茨市中心广场举办镇江旅游推介会,与格拉茨市旅游部门签订两市旅游合作意向备忘录。（秦 臻）

【“2016 全国百家旅行社和媒体镇江行”活动】 2016 年 10 月,镇江市举办“2016 全国百家旅行社和媒体镇江行——镇江旅游产品说明会”,邀请全国百家组团旅行社负责人和 20 家媒体记者到镇江采风踩线,参加首届江苏航空体育旅游季开幕式,考察旅游新项目。会上,副市长雷志强和华东长三角旅游联合体会长张新忠分别致辞,镇江旅游形象大使推介镇江旅游产品及最新奖励政策。市旅游委分别与华东长三角旅游联合体和上海铁路国旅签订 2017 年度战略合作协议,同时,举办“2016 专栏作家品镇江”活动,邀请《中国旅游报》《文化范儿》等旅游资深媒体人、散文作家一行 10 人到镇江采风创作。（秦 臻）

【2016 镇江旅游产品推介暨招商会在上海举行】 2016 年 11 月 25 日,由镇江市政府主办,市旅游委、住建局、发改委承办的“2016 镇江旅游产品推介暨招商会”在上海希尔顿酒店举行。副市长雷志强与上海旅游局副局长张旗致辞。市旅游委推介城建旅游项目、镇江旅游产品及奖励政策。上海爱乐乐团介绍将在西津音乐厅举办的首场《西津听涛》演出情况。最后举办项目签约,17 个旅游项目现场签约,总投资约 90 亿元;发布 40 个项目,总投资约 337 亿元。上海春秋旅行社、港中旅、上海铁路国旅等 60 多家重点旅行社负责人以及 40 多位重点客商参加。（秦 臻）

【景区宣传推介活动】 2016 年,镇江市三山南山管委会组织景区参加上海、江苏、山东、安徽、河北等地国际、国内旅游交易会和宣传推广活动,在第二届海上丝绸之路(福州)国际旅游节、2016 中国—东盟博览会旅游展、2016 中国国际旅游交易会、上海 500 家旅行社销售洽谈会等大型推介会上宣传三山南山景色,介绍三山南山活动;组织景区加强与扬州、南京及本地等主要旅行社沟通合作,挖掘上海、浙江、山东等客源市场。全年发放旅游宣传资料及旅游纪念品 50000 余份,提升三山南山对外形象。（李春明）

旅游行业管理

【概况】 2016 年,江苏省命名镇江市丹徒区长山文化产业园管委会(中国米芾书法公园)、镇江金山旅行社、丹阳中国旅行社、句容曙光国际大酒店有限公司、宜禾股份有限公司(中国职业装博览馆)、江苏茅宝葛业有限公司、江苏丹阳眼镜市场发展有限公司、扬中市惠扬旅游商品销售中心等 8 家单位被评为省诚信旅游示范单位。镇江金陵润扬大桥酒店被江苏省旅游局评为“江苏省精品休闲度假饭店”。

全年检查旅行社 69 家、分公司 11 家、旅行社门市部 33 家,提出整改意见和建议 33 条。依法对镇江瑞年康健公司违规经营旅游业务开展行政指导,联合镇江新闻频道《老戴维权》开展典型案例分析。处理旅游投诉 56 起,结案率 100%,满意率 95% 以上。全年批准设立旅行社 3 家,分公司备案 6 件,门市部备案 45 件;旅行社注销 6 家,质量保证金减退 6 家。全年开展 5 次安全大检查,派出检查组 23 个、157 人次,检查出较大安全隐患 59 处,完成整改 57 处,其余 2 处隐患得到监控;举办旅游安全培训 4 场、参训 200 人次。在旅游景区发放旅游安全宣传资料 1300 多份。新(改)建旅游厕所 53 座、4330 余平方米;新(改)建停车场 32 座、24.4 万平方米。实现首批 24 家景区 Wi-Fi 免费覆盖。完成市区 3 条路段的 15 块旅游交通标牌标识建设。开始建设镇江火车站、镇江火车南站、金山湖 3 个市级旅游集散中心。建设“互联网 + 旅游目的地”运营服务中心项目,项目获得国家发改委批准。与携程等合作运营“镇江旅游”微博,拥有粉丝 8 万余人,“镇江智慧旅游”微信公众号推送 150 余条,阅读累计 9 万余人次。完成 2016 年导游资格考试,509 人参加。完成 1900 名导游年审,参审率 48.7%。整理导游档案,新办、补办导游 IC 卡 269 张。举办全市重点景区讲解员、A 级旅游景区管理等培训班,600 余人参训。筹建地接导游工作室,建设地接示范导游队伍,举办全市导游大赛。联合交通部门在所有旅游大巴中设置“导游员专座”,保障导游安全。（秦 臻）

“遇见镇江”镇江旅游官方微信公众号

“镇江智慧旅游”镇江旅游官方微信公众号

【《镇江市旅游业发展考核奖励办法》修订出台】 2016 年 10 月,《镇江市旅游业发展考核奖励办法》(以下简称《办法》)经镇江市政府常务会议讨论通过并颁布实施。《办法》新增 3 个奖励项目,即对省 4 星级以上工业旅游示范点考核,旅行社游客招徕包机、包专列、包游轮等单项奖,在旅行社游客招徕特别奖中增加游览本市 4 个 A 级收费景区,并在本市住宿 2 晚以上,在原基础上增加 100% 奖励;提高 8 个方面奖励幅度,即提高旅行社地接奖励标准、提高外地旅行社送客奖励标准、提高单个旅行社游客招徕单项奖励标准、提高本市旅行社累计奖励标准、提高外地旅行社累计奖励标准、提高旅行社招徕自驾游奖励标准、提高本市旅行社突出贡献奖标准、提高诚信服务工作奖励标准。计划在 2017 年将旅游奖励经费从 200 万元提高至 700 万元。（秦 臻）

【景区整治安保加强】 2016 年,镇江市三山南山管委会继续推进落实文明敬香,通过周边控香、门口劝香、园内送香等举措疏堵结合,让景区“烟熏火燎”现象得到改观。加强治安防控,牵头景区公安分局抓好重大节庆活动安保工作,全年完成“元旦”祈福撞钟、“苏台灯会”、“除夕祈福敬香”等大型安保任务 50 余场。加大违建查处,景区城管分局坚持每天巡防与重点监控相结合,开展专项活动 6 次,拆除违章建筑 400 多平方米。强化服务考核,规范和完善景区各项规章制度,细化岗位操作规程,结合景区管理、培训制度及绩效考核管理办法,强化对景区导游、工作人员的管理。（李春明）

综　述

【概况】 2016年，镇江市实现社会消费品零售总额1236.78亿元，总量保持全省第九位，比上年增长11.1%，增幅列全省第五位。按经营单位规模分：限额以上企业（单位）消费品零售额581.09亿元，增长4.96%；限额以下企业（单位）消费品零售额655.70亿元，增长17.07%。按经营单位所在地分，城镇消费品零售额1170.93亿元，增长11.5%；乡村消费品零售额65.85亿元，增长3.3%。按消费形态分，批发业零售额194.99亿元，增长7.9%；零售业零售额891.95亿元，增长10.6%；住宿业零售额13.97亿元，增长31.3%；餐饮业零售额135.87亿元，增长17.3%。从分类商品零售情况看，汽车类增长8.6%，石油及制品类增长11.2%，通信器材类增长18.1%，日用品类增长14%，家用电器和音像器材类增长7.5%，化妆品类增长2.7%，金银珠宝类增长6.4%，文化办公用品类增长21.3%，建筑及装潢材料类增长14.6%，服装类增长11.6%，粮油食品、饮料烟酒类增长6.2%。　（张映和）

【丹阳眼镜市场获评“2016年江苏省转型升级示范市场”】 2016年7月，江苏省丹阳眼镜市场发展有限公司被江苏省商务厅确定为“2016年江苏省转型升级示范市场”。该公司运用互联网技术，将电子商务和内外贸相结合，推进转型升级。整合品牌和资源，打造“丹阳眼镜”的统一名片。加快各公共服务主平台和专业平台建设，提供跨地区、跨行业、跨市场的统一专业服务。建设“互联网+丹阳眼镜”电商平台，1月，丹阳眼镜特色交易平台正式上线，截至12月底，实现网上销售额2亿元。同时，该市场还构建眼镜行业公共海外仓，扩展跨境贸易。2016年，该市场是中国最大的眼镜商贸交易采购中心、眼镜检测中心、眼镜研发中心。　（谢　芳）

【电子商务】 2016年，镇江市组织开展市级电商示范企业创建活动，评选出首批市级电商示范企业9家、示范园区1个、示范镇6个、示范村12个。创成省级电商示范镇2个、示范村2个。同时，争创省农村电商十强县（镇、村），完成2016年省级示范企业（园区）申报工作。市商务局举办电商领导小组成员单位及各辖市（区）（包括重点镇、村）从事电商工作人员培训班；市商务局、经信委、农委在句容市举办“迎双十一电子商务专题培训”。

电子商务业态。镇江当地电商平台以B2C为主，镇江首家社区生鲜电子商务平台“我的社区365”，入驻商户近千家。“淘丹阳”等服务于居民日常消费；“亚夫在线”“原味生活”等服务于农产品流通；“丹阳眼镜”“亿都购”等依托大型市场设立；“美酒网”“协酒网”等是酒类流通平台；“百瑞网”“中网世纪”等从事跨境贸易。镇江当地B2B平台主要有“飞龙网”；O2O平台主要有“恺源旅游超市”“翰诺团购网”等。惠龙易通在全国31个省、市、自治区发展地区代理性质的会员管理单位800多家，在线交易货值超600亿元。宏福物流园开通运营“丹阳—北京”特需班列，金山物流的“公路配载”、云达冷链平台的“蔬果配载”具有一定影响。全市有快递品牌24个，快递企业54家，网点300余个，邮政普服网点106个。镇江尚古电子、易润信息、明辉贸易、名通信息、悦虎信息等企业为电商企业提供软件开发、业务培训、专业咨询、数据分析、会展推介、平台代运营等专业服务。

电商载体建设。镇江形成眼镜、汽配、五金工具、木业、家纺、雪地靴等特色电商群落，其中“淘镜网络”的国际电商年业务总额突破1亿元；“大亚木业”的网上销售平台年销售额近10亿元；家纺行业的骏浩科技、堂皇集团、爱伦家纺、奥丹奴家纺等企业年销售额过亿元；丹徒区高桥镇开设雪地靴网店600多家，实现网络销售额超2亿元。大禹山创意新社区、高创中心、归国博士园、开发区科学创业园、云阳高新区科创园等一批电子商务载体建设不断完善。句容市农村电子商务产业园总建筑面积约2万平方米，设有农村淘宝服务中心、大学生孵化中心、农产品质量检测中心、农村电子商务创业孵化基地。春城农业电商产业园规划总占地面积33.3公顷，规划建设由农业新品展示、种植新技术示范、电子商务销售、电子商务物流集散为一体的产业园区。后白镇电子商务产业园总面积2万平方米，并入驻永丰果园、花味道、岩藤农场、后白悠品等一批企业。

农村电商情况。全市自建的农业电商平台或涉农电商平台有10余家。全市100多家农业龙头企业，200多家种养大户、合作社、家庭农场开设网店。句容“亚夫优品”以句容当地11家农产品生产企业为主，面向南京、上海等大城市消费人群。镇江“原味生活”生态农业平台，定位网络社区农产品销售，注册家庭用户1300多个。这类农业平台还有句容草坪网、西冯生态村网、“后白悠品”、“茅山人家”、“江南上一道”等。句容培育7个电子商务示范村，年实现农产品网络交易额超亿元。后白镇五星村获江苏省青年电商培训示范基地称号；丹阳皇塘镇白兔村、句容茅山镇丁庄村、丹徒高桥镇京江村获评江苏省“一村一品一店”示

范村；老方葡萄专业合作社获评江苏省农业电子商务示范单位。（刘　峰）

【第三方专业化城配】 2016年，依托江天集团、“亚夫在线”成立的第三方专业化城市共同配送公司，经过一年多的发展，城配范围不断扩大，与国美电器、苏宁电器、中石化、象山蔬菜、广玉兰早餐等20多家大型商贸企业进行合作，开展电商配送、冷链配送、仓配一体化服务、送装一体化服务以及干线分拨配送等业务。2016年，公司与北京速派得公司合作，建成无车承运同城快运系统，实现多点取送、智能规划、线上下单、全程监控功能。（张映和）

【市场应急调控体系建设】 2016年，镇江市制定《镇江市生活必需品市场供应突发事件应急预案》，按照突发事件引发的生活必需品市场供应异常波动Ⅰ级（市级）、Ⅱ级（县区级）和Ⅲ级（片区级）三个级次，在统一组织体系内，在不同领导机构的指挥下，采用信息引导、应急采购、区域调剂、动用储备、紧急征调和限价限量销售等不同的应急处置措施。建立8000头生猪活体储备、冬季300吨在库蔬菜储备、240吨饮用水和1万箱方便面的滚动储备，提高应急保供能力。（张映和）

【城市特色商贸】 2016年，镇江市商务局出版《新闻见证：镇江“老字号”》，并组织10家“镇江老字号”参加镇江市第五届年货博览会。镇江锅盖面行业协会注册镇江地理标志证明商标，制定镇江锅盖面省级地方标准。3月—4月，在扬中市举办以河豚为主题的中国扬中河豚文化节及系列消费促进活动，吸引各地游客逾60万人次。（张映和）

【第二届长三角商业论坛】 2016年12月17日，以“商本、跨界、融合、创新”为主旨的第二届长三角商业论坛在镇江举办。论坛由江苏、浙江、上海三地商业联合会，商业经济学会联合主办，江苏经贸职业技术学院、镇江市开放发展研究院承办。长三角区域著名商业街、商业城镇和商贸业、服务业企业代表，江浙沪商业联合会企业代表及部分省市政府部门、相关学术研究的专家学者等200多人参会。论坛旨在通过加强三地商业领域的紧密合作，在为推动各地区商业发展寻找新思路、新突破、新方向的同时，提升江浙沪商业的联动，促进长三角区域一体化发展。论坛期间，江浙沪三省市商业经济学会与浙江省商业经济研究所共同启动“长三角城镇商业创新研究”课题。（张映和）

【“私营公管”菜市场改造试点】 民营菜市场在安全隐患、管理机制、费用征收等方面存在问题，市民多有反映。但是若采用回购的方式，政府财政压力大。2016年，镇江市商务局采取“私营公管”的方式，转换管理主体和机制：按照属地管理原则，由菜市场属地街道与菜市场产权人签订回租管理协议，明确公共财政承担一部分菜市场标准化升级改造费用，菜市场产权人向街道交纳管理费用，街道获得菜市场的公共管理权，街道按规定配备市场管理人员入场管理。江滨菜市场作为试点单位，经过三个多月的标准化改造，按“私营公管”管理机制正式对外营业。从运行后的情况看，市场硬件条件提升，安全隐患消除，检测配备到位，达到标准化菜市场的要求；管理“内包装”实现升级换代，街道重新获得管理权，管理制度和人员保障落实到位，菜市场能更多体现公益性和服务性功能，周边环境改善。（谢　芳）

【打击侵权假冒伪劣商品工作】 2016年，镇江市打击侵权假冒工作领导小组印发《中国制造海外形象维护“清风”行动镇江市2016年实施计划》《关于印发2016年镇江市打击侵犯知识产权和制售假冒伪劣商品工作任务分解表的通知》《关于进一步做好2016双打宣传工作的通知》《关于印发镇江市互联网领域侵权假冒专项整治工作方案的通知》等文件。全市行政执法部门立案侵权假冒案件561件，办结553件，涉案金额701万元。公安部门破案28起，抓获犯罪嫌疑人63名。检察机关批捕案件5件，批捕犯罪嫌疑人7名；起诉案件13件，起诉犯罪嫌疑人72名。审判机关受理案件21件，审结15件，判决人数41人。全年侵权假冒行政处罚案件222件，应公开案件全部公开。（秦锐文）

放心消费创建

【概况】 2016年，镇江市强化流通领域商品和服务质量监管，深化消费维权制度改革，打造消费维权社会共治格局。镇江市放心消费创建办公室开展形式多样的宣传咨询活动，与市消费者协会举行消费教育进社区活动10多场次，并通过新闻媒体刊登播出相关消费警示内容；与市消费者协会举办“3·15”晚会、万达广场“3·15”宣传咨询等各类放心消费创建知识宣传活动；开展消费文化“五进”活动。3月18日，与市卫计委、市食药监局、市工商局等8家单位，在永辉购物超市牌湾店组织开展“放心消费进超市”大型咨询服务活动，围绕百姓关注的食品、药品、保健品、农产品、烟酒、健康卫生、物价、法律、消费维权等消费问题进行现场答疑解惑；7月30日，与市消协和镇江报业传媒集团在镇江苏宁广场开展“百姓民生现场维权”大型现场宣传咨询活动；12月16日，与市工商局、市公安局在镇江万达广场组织开展“打击传销、规范直销”广场宣传、咨询活动，动员市民自觉抵制传销、远离传销，活动现场发放资料300余份，接受咨询50人次。（葛广研）

【商品比较试验】 商品比较试验工作是镇江市放心消费创建办公室与市消费者协会，通过各类市场或销售渠道，模拟消费者购买商品或服务，并参照相关标准或专业测试方法，从消费者关注与实用角度，用公正的评价程序对同类商品或服务进行分析、对比，向消费者提供消费信息和咨询服务，促进消费者更好地享有知情权和自主选择权的一项工作。2016年，两家单位分别对市区月星九润家居广场、亿都家居建材城、金桥装饰城、全市中小学生校服质量、金山湖游乐天地等大型游乐设施、放心粮油市场大米质量进行比较试验。通过反馈、整改试验结果，督促企业诚信经营，保障广大市民消费安全。（葛广研）

【放心消费装饰建材家居诚信承诺联盟】 2016年9月9日，镇江市放心消费创建办公室、市消费者协会与市文广集团召开“放心消费装饰建材家居诚信承诺联盟”成立大会。联盟的建立旨在贯彻落实市委、市政府“效能革命”总体部署，打造“智慧315维权惠民生”服务品牌，倡导镇江市装饰建材家居行业、企业主动承担社会责任，自觉践行诚信服务理念，提高行业的诚信度、消费者的满意度。联盟成立后，组织开展“2016装饰建材家居诚信承诺联盟秋季精品博览会”、送装饰建材家居知识进社区、装饰建材家居消费体察、“诚信经营、放心消费”调查等一系列“装饰建材家居放心消费服务民生”活动。（葛广研）

【“放心粮油”创建活动评比】 2016年5月25日，镇江市放心消费创建办公室、市消费者协会、市工商局、市粮食局、市粮食行业协会等5部门开展“放心粮油”创建活动评比。评比按照“企业自愿、逐级申报、考核评定、媒体公示、公开授牌”的程序开展，有18家企业申报创建“放心粮店”。欧尚超市丹阳店等11家单位被评为“放心粮油示范店”，永辉超市东方伟业店等4家单位被评为“放心粮油销售店”。截至2016年年底，全市有“放心粮店”125家。（葛广研）

餐饮服务业

【概况】 2016年，镇江市餐饮业在经济下行压力仍然较大的形势下，全年行业实现稳步发展。市餐饮服务行业协会、烹饪协会围绕“大众化餐饮要市场，品质餐饮要提升、绿色餐饮要前景”的发展定位，在行业内倡导诚信服务，宣传财税政策，加强业务交流，助力行业发展。全年全市餐饮业收入135.8亿元，比上年增长17.3%；住宿业收入13.9亿元，增长31.3%。（何绍珍）

【餐饮服务行业比赛交流】 2016年1月13日，市旅游委、市商务局和镇江新区服务业发展办公室共同举办的2016镇江新区东乡美食节暨美食品鉴会在明都大饭店开幕，28家饭店的厨师推出56道美食参加品鉴活动。1月15日，由市旅游委、市商务局、镇江新区管委会共同主办的“镇江市首届东乡羊肉美食节”暨以羊肉为主料的烹饪技能比赛，在镇江新区举行，30家专营羊肉的企业参加比赛。3月，第三期中式烹调技师班开考，参加考核的学员有24人。7月5日，镇江市餐厅服务员职业技能培训竞赛在宴春酒楼举行，有18家餐饮企业参加，51名选手报名参赛。7月19日—21日，市餐饮服务行业协会、烹饪协会组织避风塘、丹徒会展中心、顺水鱼馆、味道世家、王四龙虾五家店与镇江新区吾悦广场联合开展龙虾美食促销评比活动。12月21日，市餐饮服务行业协会、烹饪协会组织市“潘正平大师工作室”部分成员在观海楼大酒店开展专场菜肴品鉴活动。（何绍珍）

【餐饮服务行业活动】 镇江市餐饮服务行业协会、烹饪协会连续8年组织为贫困家庭送年夜饭活动，2016年，捐赠年夜饭1243份，其中51家餐饮企业赠送年夜饭482份，每份300元，价值144600元；赠送火锅调料2400袋，价值72000元。3月15日，市餐饮服务行业协会、烹饪协会年会在九华锦江国际酒店召开，各单位负责人90多人参会。会议总结工作，统一共识，并开展“大数据时代餐饮会员管理之道”“中小企业定位式经营”和创建认知优势的九大差异化方法等主题培训。4月26日，镇江、丹阳、扬中三地餐饮烹饪协会联谊会在丹阳丹亚大酒店召开，会议分析餐饮形势，交流相关信息。4月16日，河南开封餐饮业到镇江开展交流活动。5月12日，市餐饮服务行业协会、烹饪协会举办餐饮企业劳动用工研讨会，解析实际案例，加强学习交流。5月18日，市餐饮服务行业协会、烹饪协会、市工商联、市食品安全监督所共同举办新《中华人民共和国食品安全法》的学习培训班，解读如何依法合规经营，保障餐饮食品安全的相关要求。5月26日，市餐饮服务行业协会、烹饪协会与镇江国税局联合举办“营改增”试点政策培训班。6月12日，市餐饮服务行业协会、烹饪协会组织10多家餐饮企业负责人到苏州餐饮烹饪协会所属得月楼参观学习经营管理和菜肴品种。夏季，味雅大酒店、避风塘等餐饮企业为环卫工人提供免费休息场所以及免费的绿豆汤和矿泉水。6月24日，市餐饮服务行业协会、烹饪协会组织企业负责人参加市药监局召开的“明厨亮灶”推进会。11月15日，餐饮业企业家联谊活动在大市口宴春酒楼举行，会议分析餐饮行业形势，解析实行“营改增”以后应注意的问题；中国烹饪协会名厨委员会副主席周元昌到会指导。（何绍珍）

图22－1 2016年7月5日，镇江市餐厅服务员职业技能培训竞赛在宴春酒楼举行，图为获奖单位合影（何绍珍 供稿）

烟草专卖

【概况】 2016年，镇江市烟草系统销售卷烟12.04万箱，比上年下降6.25%，其中重点品牌卷烟11万箱，占总销量的91.4%；实现销售收入（不含税）38.17亿元，下降3.35%；实现利税12.8亿元，增长3.98%，其中利润5.38亿元，下降14.47%；单箱销售额（不含税）31709元，增长3.1%。2016年，全系统三项费用额增长0.77%；费用率为2.64%，增长0.19个百分点。围绕“三个面向”（面向消费、面向品牌、面向客户）和“十个视角”（消费、状态、价类、价位、品规、客户、区域、进度、流动、政策），加强供需匹配，实行货源精准投放，满足消费需求，维护客户权益，卷烟销售保持平稳有序。做好科技创新工作，全市烟草系统开展基层创新课题28项，参与江苏省烟草专卖局创新课题4项。“降低卷烟销售预测误差率”和“提高扬中地区低焦油卷烟销售占比”QC课题分别获2016年度江苏省优秀QC小组成果一、二等奖；“一种手持式价签制作仪”“一种多功能笔记本电脑包”“一种可安装于书写文具端部的假烟辨识装置”“一种小型汽车卡钳”获实用新型专利。落实安全生产责任制，开展企业安全文化建设，通过安全生产标准化二级达标复评，获“2015年度省安全文化建设示范企业”称号。开展结对帮扶、社区慰问、志愿服务、无偿献血、专项捐款等文明创建活动，打造“责任烟草”形象。全系统5家单位获“2013—2015年度省级文明单位”称号，首次实现省级文明创建“满堂红”。系统内职工花晟捐献造血干细胞288毫升，成为镇江市烟草系统首例捐献者。该职工在烟草行业2016年“身边的公益榜样”征集活动中被授予“感动人心奖”，并获“江苏省优秀红十字志愿者”称号。（雎杰明）

【烟草专卖管理】 2016年，镇江市烟草系统保持卷烟打假高压态势，健全情报网络，强化案件经营，完善打假协作机制，加强对互联网涉烟问题和物流运输环节的监管。以杜绝公开摆卖“假私非”(“假”:假烟;“私”:走私烟;“非”:未在当地批发企业进货的卷烟)卷烟为重点,提升市场监管效能,实现市场监管与卷烟打假的衔接。强化许可证后续监管,开展证件排查和清理,提高许可证“含金量”。全年全系统出动执法人员22930人次;查处卷烟违法案件1157起,查获违法卷烟18.65万条;移送司法机关拘留12人,逮捕1人,判刑4人;办结符合国标网络案件3起,其中,“1·30”生产、销售假冒伪劣商品案被列为部级督办案件。面向社会大众、消费者、卷烟零售客户、企业职工开展烟草专卖相关法律法规宣传,构建完善“法治宣传教育、法律风险防范、法律服务保障”三个体系。市烟草专卖局获“2011—2015年全省普法工作先进单位”和“镇江市消费者权益保护活动30年消费维权先进集体”等称号。 (雎杰明)

粮　食

【概况】 2016年,镇江市国有粮食企业政策性粮食库存占比较高、出库较难,收购仓容缺口较大。粮食部门通过多渠道、多方式去库存,出库跨省移库玉米4.5万吨、集并托市小麦1.2万吨、租赁社会仓容3.5万吨。组织实施托市收购,全市各类收购主体收购小麦33.78万吨、稻谷22.46万吨,其中国有粮食购销企业收购小麦18.96万吨、稻谷16.74万吨。

推进行政权力清单标准化管理,编制部门行政许可、行政处罚等权力事项清单53项。对粮食收购市场进行巡查督查,开展粮食收购资格核查,开展收购政策执行情况联合执法检查,清查库存粮食72.31万吨。全市各级粮食行政管理部门开展各类检查69次,检查企业548家次。组织开展粮食品质测报工作,检测小麦等样品141份,及时准确掌握小麦质量状况;针对夏粮收购中小麦质量普遍较差的问题,配备呕吐毒素快速检测仪等设备。加强原粮入库质量检测,抽取450份地方储备粮,最低收购价收购粮进行常规指标和原粮卫生指标检测,检测合格率100%。

2016年,镇江市列入统计的粮油加工企业实现销售收入191亿元、利税8.9亿元。江苏江南面粉集团有限公司、丹阳同乐面粉有限公司2家企业获“全国小麦粉加工企业50强”称号,镇江京友调味品有限公司获“全国芝麻油加工企业10强”称号。 (周开静)

【“‘粮’心为民”服务品牌建设】 2016年,镇江市粮食部门推进“‘粮’心为民”服务品牌建设。对各地收购的超标小麦,协调市有关部门落实20元/吨的奖励政策,调动各地支持“三农”的积极性。添置清理筛5台、小麦色选机1台、谷糙分离设备5台,帮助农民整理不合格粮食及联系饲料加工企业提供代收服务,国有企业收购等外、超标小麦8.6万吨,减轻农民因灾损失。对口支援盐城市阜宁金沙园区龙卷风受灾农户28万元。推进“放心粮油”工程建设,创建“放心粮店”36家,加大粮油产品的抽检力度,对19批次大米、面粉样品开展检测。服务、推进粮油加工企业品牌建设,创建和复评通过省级名牌2个、市级知名商标1个。 (周开静)

【粮食基础设施建设】 2016年,镇江市投资6000多万元,新建仓容6万吨,维修仓容4万吨,国有粮食购销企业有效仓容为51.2万吨。投资1000多万元,加强粮食烘干设备建设,新增粮食日烘干能力近1000吨。全市各类经济主体日烘干能力为8770吨,其中国有粮食购销企业3100吨,70%的规划库点配置粮食烘干设备。投入1500多万元,建成市级粮食信息化管理平台,完成7个库点的智能化升级。 (周开静)

【地方储备粮管理】 2016年,镇江市粮食部门落实地方粮食储备任务,强化对地方储备粮的管理,定期对承储企业储备粮的账实情况、管理情况、粮情等进行检查,把握地方储备粮轮换节奏和数量,适时、有序安排储备粮轮换吞吐,发挥储备粮调控市场的功能。筹划《镇江市地方储备粮管理办法》,并报市政府审议,促进镇江市地方储备粮管理的法制化、制度化、规范化。 (周开静)

供销合作

【概况】 2016年,镇江供销合作系统营业总收入176.8亿元,比上年增长3.19%。全年推进星级农村综合服务社创建工作,推荐全国供销总社星级农村综合服务社30家。开展市级高标准为农服务中心建设,提档升级为农服务社56家。新发展农民专业合作社38家,其中联社4家;培训农产品经纪人509人,其中中级农产品经纪人207人。全年病虫害统防统治78233.3公顷。推进项目兴社战略,新建项目15个,改扩建项目7个,完成投资3.2亿元。 (陈　玉　戴小玲)

【供销社综合改革】 2016年,镇江供销合作社系统深化综合改革工作,并接受省委农村工作领导小组“县县到”供销合作社综合改革督查调研。句容市成立郭庄农村消费合作社,该社是全省首家“农综社”(以农民为主体的综合性合作社)。句容市供销社推进以“中心社”管理体制为重点的基层供销社重组改造,在大田托管、统防统治服务等方面取得进展,农业社会化服务格局初步建立。“丹阳清云农业”获批全国供销总社产业融合项目,获中央、省奖补资金800多万元。扬中市供销社成立集团总公司,并正式实质运作;扬中商城股份制改造继续推进。全年全市实现4家县级联合社参公管理。 (李　瑞　曹尧东)

【基层供销社建设】 2016年,镇江市供销合作总社制定《关于落实省社“千个乡镇基层供销合作社推进为农服务工作行动计划”的实施意见》,明确建立市供销社领导挂钩联系制度。同时,与市财政联合出台《2016年全市供销合作系统为农服务建设项目管理办法》,明确财政资金150万元,重点用于扶持农村综合服务社(中心)建设、“三体两强”(自主经营实体、农民社员主体、合作经济组织联合体和综合实力强、为农服务能力强)示范基层社创建、薄弱基层社改造[对无资产、无经营或有资产、无经营的基层供销社,对照“六有”标准(有证照、有场所、有标识、有人员、有收入、有为农服务项目)进行升级改造]。全年完成4家“三体两强”标杆社创建和2家薄弱基层社改造任务。 (田春雷　颜　光)

【“农资惠”服务平台】 镇江市供销合作总社创新农资经营服务模式,联手“亚夫在线”,与中华全国供销总社“供销e家”、省供销总社“供销网城”等签订战略协议,在全市范围内开展集农资销售、技术指导、测土配方、农民培训、信息发布、质量追溯等功能于一体的线上线下同步运行的标准化“农资惠”服务平台创建工作。全市建成“农资惠”服务网点31家,并投入使用。 (史书龙　姚　强)

【2016海峡两岸(江苏)名优农产品展销会】 2016年10月21日—23日,2016海峡两岸(江苏)名优农产品展销会在镇江举办(以下简称农展会)。农展会设展位340个,会场面积1.5万平方米。有各类企业、农民专业合作社、家庭农场、种养植大户1000多家,各类农产品

图 22-2 2016 年 10 月 21 日—23 日,2016 海峡两岸(江苏)名优农产品展销会在镇江举办 (张 斌 供稿)

2500 多种参展,参展单位、参展人数、参展品种均创历年新高。现场参观购物的市民 9 万余人次,比上年增长 28.57%;实现销售金额 2023 万元,增长 34.87%。在组织展示展销的同时,镇江市专题举行 2016 中国镇江现代农业项目洽谈会、省定经济薄弱村特色农产品推介签约仪式等会议;此外,还举办江苏省供销合作总社"地平线"农村电商平台县级馆集中开馆仪式、台湾宜兰县文化交流和镇江地方特色时装秀等活动。 (张 新 陈 茜)

石 油

【中国石化销售有限公司江苏镇江石油分公司】 2016 年,中国石化销售有限公司江苏镇江石油分公司是中国石化在镇江地区唯一以经营成品油、天然气业务为主的全资子公司,下辖谏壁油库及丹阳、句容、扬中三个县级分公司。谏壁油库总库容 9.3 万立方米,年吞吐量超过 165 万吨,具有沿江对外开放万吨石化码头 2 座,是苏南成品油管道的第二站,承担苏南成品油管道输送的任务。截至年底,在营加油站 100 座,加气站 7 座,轻资产合作站 6 座。全年成品油销售比上年增长 7.6%,零售业务增长 3.6%,批发业务增长 24.7%,天然气销售 4500 余吨。公司推行"人人都是微商,个个都是创客"的理念,推进"微信公众号+会员制,微商城+全民微商"的微商业务营销新模式。1 月 21 日,中石化镇江石油微商城上线,开拓易捷便利店 O2O 业务,非油品销售业务增长 65%。 (未亚平)

【中国石油天然气股份有限公司江苏镇江销售分公司】 2016 年,中国石油天然气股份有限公司江苏镇江销售分公司有加油站 48 座,其中营业站 46 座;销售成品油 24.06 万吨,总资产比上年增长 3.5%;零售纯枪销量 12.31 万吨,增长 3.5%;成品油直批销售 11.75 万吨,增长 26%;非油品销售以润滑油、便利店商品为主,完成销售收入 3489.8 万元,增长 15.2%;全年实现销售收入 12.45 亿元,上缴税款 2963.4 万元。安全环保工作零事故。 (张 衡)

盐 业

【概况】 2016 年,江苏省苏盐连锁有限公司镇江分公司全年销售各类盐产品 29143.97 吨,为上年的 95.68%。其中:销售食盐 24494.52 吨,为上年的 96.82%(按新统计口径);销售小包装食盐 13276.36 吨,为上年的 92.47%(未剔除高桥供应区域划转扬州部分)。全年实现营业收入 8624.10 万元,为上年的 100.09%。实现利润 185.25 万元(含视同利润 113.54 万元),为上年的 111.05%。 (胡建兵)

【盐业经营管理】 2016 年,江苏省苏盐连锁有限公司镇江分公司突出主业及非盐经营,强化薪酬考核激励,加大市场监管力度,确保食盐市场的稳定和安全。全面使用"外勤 365"系统,营销人员运用移动终端,通过系统随时上报订单、反馈市场动态、制订访销计划(路线)以及开展市场营销等活动。强化考核激励,将全年营销计划分解到每一个经营单元,将主副营销售业绩与营销人员月度收入挂钩,调动职工积极性。围绕厨房产品特色定位,引进中储粮系列食用油、"阜丰"味精、"阿八"榨菜、"太太乐"鸡精、"幸福门"食用油等 6 个厨房类新品。以"千年淮盐,家乡好盐"为主题,开展"淮盐"品牌宣传,运用电视电台、公交车身(站台)、高档社区电梯轿厢、户外广告牌、制作淮盐品牌微视频等载体进行宣传。开展淮盐产品进商超陈列活动 20 余场次、品牌宣传进社区活动 202 场,向市民发放宣传材料 2.8 万份、赠品 8000 份,巩固和维护淮盐在镇江食盐市场的主体地位。发展线上线下一体化的商业模式,建设"苏盐生活家"镇江学府路店、句容华阳路店 2 家线下体验中心,并采用线下门店、线上平台(安装"苏盐生活家"APP,关注"苏盐生活家"微信服务号、"苏盐让你舒颜"订阅号等)方式发展会员。 (胡建兵)

【盐政执法】 2016 年,镇江市查处盐业违法案件 106 件,案件数比上年下降 30.26%;查处违法盐产品 3.85 吨,下降 37.9%,罚款 4816 元;发放各类法制宣传材料 3 万余份;检查各类宾馆、饭店、餐饮摊点 4000 余家,零售商户 9000 家,食品加工点 680 多个。全市无复议、诉讼案件发生。

镇江市盐务管理局围绕食盐安全中心目标,加大食盐市场整治力度,优化食盐消费环境,保障全市食用盐安全。强化日常监管力度,按月开展日常巡查;与市工商、食品、卫生等部门开展制贩假盐专项治理等联合执法行动;开展节日期间的专项整治行动,以及"旺季秋风食盐安全专项行动"、学校食堂食盐安全管理、夏季餐饮检查等活动;强化物流码检查、碘剂检测。规范散食盐管理,以辖区内的食品加工户、卤菜熟食加工点、炒货点、养殖户为检查重点,进行动态监控;对工业副产盐流向严格监控。开展"3·15""5·15""尚德守法 共治共享食品安全"等大型宣传咨询活动,并利用"法律讲堂""访万家"等活动将法律法规、健康知识送进学校、社区。与市工商局、食药监局共同起草食盐监管工作通告,引导个体经营户、餐饮饭店、集伙食堂、饮食摊点食品加工生产单位,在"盐改"过渡期间从正规渠道购买食盐,确保全市食盐安全。 (胡建兵)

对外及对港澳台经济贸易

责任编校：叶兆国

综　述

【概况】 2016年，镇江市确认实到外资13.5亿美元，比上年增长3.5%，总量全省第七位，与上年持平；增幅列全省第八位，比上年退3位。完成进出口总额103.16亿美元，增长2.5%，总量列全省第七，比上年前移1位；增幅全省第二，比上年前移5位。其中：出口69.51亿美元，增长1.1%；进口33.65亿美元，增长5.5%。完成服务执行额12.89亿美元，增长16.5%，其中离岸外包执行额5.63亿美元，占外包执行额的43.66%。全市当年新批境外投资项目34个，中方协议投资1.95亿美元，下降10.8%。

2016年，镇江市统筹市级新兴产业投资引导基金，设立镇江中植商务发展产业子基金。与江苏大学合作，组建开放发展研究院，集聚国家级智库人才，开展商务领域前瞻性、实用性、可操作性和储备性研究。创成第二批中国服务外包示范城市，出台技术先进型服务企业认定管理办法，让政策红利惠及广大企业。针对新型贸易业态的培育热题，争取南京海关批复同意开展跨境电子商务试点，镇江跨境电商监管中心建成并试运营。开展市级外贸品牌评选培育工作，评选产生首批市级进口商品交易中心1个、外贸转型升级集聚区2个；重点培育国际知名品牌5个、公平贸易预警点2个。支持综保区复制推广自贸试验区经验，首批“29+6”项、第二批19项均超额完成任务。支持中瑞生态产业园百瑞网等三大平台上线，新签项目33个。编印2000本商务政策汇编送到企业，组织多层次政策宣讲会，指导企业用好、用足各项政策。向上争取国家和省级资金1.6亿元，比上年增长30%。市商务局指导天工集团应诉欧盟“双反”，历时8个月，获胜诉。

2016年，全市外商投资企业占全市定报企业26%，创造全市33.51%的工业总产值，比上年提高0.5个百分点；贡献33.87%的工业增加值，比上年提高0.27个百分点；贡献17.31%的税收收入，比上年提高0.6个百分点；贡献近10%的固定资产投资，比上年提高0.8个百分点。　（章存保）

【全市开放发展大会】 2016年4月5日，镇江市委、市政府召开全市开放发展大会，动员全市深刻把握“厚植开放”最新要求，切实形成“大抓开放”浓厚氛围，聚力落实“改革开放深化年”重点任务，以更高水平双向开放，拓展“强富美高”新镇江建设的更大空间。会议对外商投资、对外贸易、对外经济技术合作先进企业进行表彰。会议出台“1+4+7”文件（1个主文件《关于推动镇江更高层次开放发展的实施意见》，4个阶段性文件分别是《关于支持镇江综合保税区加快发展的指导意见》《关于促进服务外包产业加快发展的意见》《关于印发镇江市推广中国（上海）自由贸易试验区可复制改革试点经验实施方案的通知》《关于加快镇江跨境电子商务发展的意见（试行）》，7个年度性文件分别是《关于印发2016年全市主要商务指标的通知》《关于印发2016年全市招商活动计划安排的通知》《关于印发2016年镇江市参与“一带一路”经贸合作工作计划的通知》《关于印发加快培育外贸竞争新优势实施方案的通知》《关于印发2016年外资绩效考核办法的通知》《关于印发镇江市国家级省级经济开发区绩效考核办法的通知》《关于印发2016年镇江综合保税区发展绩效考核办法的通知》）。“外资、外贸季度末位述职制”强化各辖市（区）完成任务的职责。

（章存保）

【商务运行机制改革】 2016年6月，镇江市确定未来3～5年全市商务“招商、服务、亮点”三大工作重点。市长办公会议纪要（2016年第15号）确定国投中心和商务中心的改革方向，市商务、发改、编办、人社、财政等五部门联合印发两个中心的改革实施方案。国投中心通过政府购买服务的方式，实施绩效管理，从各辖市（区）优选8名招商人员到国投中心挂职，加强招商队伍力量。商务中心通过政府购买服务的方式，确定“会展”和“平台”两大职能。依托“互联网+”，整合商务系统各类平台，建设镇江市商务综合服务云平台。该平台作为全市“e办事”平台的子平台，为企业和基层提供“店小二式”的综合商务服务。

（章存保）

【招商活动】 2016年，镇江市新推进的近120个千万美元以上外资项目，一半项目注册，1/3项目外资到位。市商务局（国际投资促进中心）获国中医药、新松机器人、军用护目镜、无人机发动机、绿岛新能源等新项目信息10多个，组织赴美国、加拿大、澳大利亚、新西兰、韩国以及中国香港、北京、上海、深圳等地招商活动，邀请近20家生态低碳行业外资企业参加首届镇江国际低碳展。

5月6日—10日，市长朱晓明带队赴韩国开展经贸及友好城市交流活动，参加江苏省政府在韩国举行的“江苏·韩国经贸合作交流会”。镇江市政府与釜山市江西区政府签署《关于生态新城建设战略合作框架协议》，双方将在生态智能城市规划、发展绿色产业、生态技术利用、生态环境保护修复等领域开展全面交流与合作。

5月31日，在上海西郊宾馆举办“2016镇江(上海)总部经济对接会”，市长朱晓明参会，近百名外国驻上海领事馆官员、商协会及跨国公司地区总部代表、功能性机构和部分企业的高管到会，17个高端制造业和现代服务业项目签约，总投资约130亿元。

9月12日，在镇江举办“2016镇江市国际服务外包合作对接会”，副市长王常生到会致辞，美国和欧洲、亚洲等国家和地区客商50余人参会。

11月2日—4日，在香港举行2016中国镇江(香港)现代服务业项目招商活动，市委书记夏锦文等参加，9个现代服务业重点项目集中签约，总投资额约75亿美元。 (章存保)

图23－1 2016年11月4日，2016中国镇江(香港)现代服务业项目签约仪式举行 (许德成 供稿)

对外及对港澳台贸易

【概况】 2016年，镇江市进出口总额103.2亿美元，比上年增长2.5%，总量居全省第7位，比上年进1位；增幅居全省第2位，进5位。其中，出口69.5亿美元，增长1.1%，增幅居全省第5位，退3位；进口33.6亿美元，增长5.5%，增幅居全省第2位，进9位。

全市外贸系统自8月开始，进出口、出口、进口三项指标连续5个月实现同步正增长，促使全年进出口总额较2015年增加2.5亿美元，占全省份额由2015年的1.85%提升至2.03%。从规模看，1月、3月、8月、9月、12月为高点，月度进出口突破9亿美元，尤其8月、12月突破10亿美元，创历史新高。从增幅看，全年有7个月单月进出口正增长，有8个月单月出口正增长，有7个月单月进口正增长。从全省排位看，进出口、出口、进口三项增速指标全部排全省第一的有4个月，进出口排全省第一的有5个月，出口排全省第一的有5个月，进口排全省第一的有9个月。

全市重点监测的出口前20位市场中9个正增长。其中，对美国出口持续8个月下降，全年出口12.84亿美元，比上年下降10.5%；对日本出口持续11个月下降，全年出口4.3亿美元，下降4.6%；对中国香港销售9.54亿美元，增长51%。新兴市场中，对拉美、非洲、大洋洲出口全部负增长，降幅分别为14.8%、18.1%、2.9%；“金砖国家”市场方面，对印度出口增长7.1%，对俄罗斯出口在2015年低基数基础上恢复性增长14.9%；巴西、南非出口分别下降10.9%、11.5%。

全市出口前50位商品合计出口34.82亿美元，比上年增长17.7%，占全市58.9%。其中，镇江市特色产品纸张出口7.7亿美元，增长3.2%；眼镜出口3亿美元，增长6.2%；汽车零部件出口4.9亿美元，下降7.7%；五金工具出口2.7亿美元，下降2.8%。机电产品全年出口31.11亿美元，增长6%，占全市的44.8%；高新技术产品全年出口12.69亿美元，增长61.17%，占全市的18.3%。

全市进出口前50强企业30家实现正增长，合计进出口60.8亿美元，比上年增长16.4%，占全市比重58.9%。其中，进出口方面，艾科半导体进出口8.1亿美元，增长5.6倍，直接拉动全市进出口增速8个百分点；中林林业依托央企海外林业资源和镇江岸线资源优势，打造林产品进口、仓储、加工基地，全年进口1.1亿美元，增长4.6倍；中储粮拓展自营大豆加工，进口4船大豆，进口额1.1亿美元。出口方面，全市出口总体呈现小幅增长态势，亿翔科技、美科、鼎胜新能源、肯帝亚等实现5%～83%的增幅。

全市民营企业进出口增长12.8%，占镇江市外贸总值的45.8%，超过外资企业所占份额，领跑全市外贸。此外，一般贸易进出口增长1.5%，占比为69.7%；加工贸易进出口增长13.3%，占比为26.9%。 (洪 靓)

【12家镇江企业参加第26届华交会】 2016年3月1日—5日，第26届中国华东进出口商品交易会(华交会)在上海举行。镇江市组织12家企业参展，展位13个。按照展区类别划分，时尚成衣展区参展企业3家，展位3个；服装配件展区参展企业3家，展位3个；居室用纺织品展区参展企业1家，展位1个；个护清洁用品展区参展企业2家，展位3个；餐厨用品展区参展企业2家，展位2个；工艺礼品展区参展企业1家，展位1个。按照企业属性划分，三资企业3家，占参展企业总数的25%；私营企业9家，占75%。实现出口成交0.98亿美元，比上年下降3.1%。其中，轻工服装稳步增长，家纺产品萎缩明显；日本市场基本稳定。 (洪 靓)

【镇江市组团参加第119届、120届广交会】 2016年4月15日—5月5日，第119届中国进出口商品交易会(广交会)在广州举行。镇江分团有205家企业参展，摊位数302个。接待外商约2万人次，欧美客商占35%左右，东南亚客商占20%左右，日韩、俄罗斯、印度和中东地区客商占40%左右，南美、澳洲等其他地区客商占5%。东南亚、南亚、中东、非洲、拉美等地到访客商较上届略有增加，美国、欧洲基本持平，日韩略有下降。意向总成交1.5亿美元，比上届增长3%。成交价微涨，20%企业表示报价上涨，涨幅在5%～10%左右；60%企业表示报价基本与上年持平；20%企业表示报价下调，降幅在5%以内。订单短、小、散，多数企业在手订单以三个月以内的短期订单为主，约占全部订单的70%。10月15日—11月4日，第120届广交会在广州举行。镇江分团有225家企业参展，摊位数302个。每届广交会约接待外商2万人次，东南亚、南亚、中东、非洲、拉美等地到访客商较上届略有增加，美国、欧洲基本持平，日韩略有下降。从企业接待客商情况看，30%的企业到访客商增长10%以上，60%的企业到访客商持平或略增，10%的企业反映到访客商减少。从下单意向来看，深度洽谈客商3000人次，占到访客商总数的15%。广交会短单、小单、散单占比为七成。 （洪 靓）

【外贸梯次培育机制】 2016年，镇江市培育和打造外贸亮点和区域竞争优势，研究制定相应政策和考核管理办法，设立市级“进口商品交易中心”“外贸转型升级集聚区”“外贸出口品牌”和“公平贸易预警点”四项梯次培育项目。经申报、审核、认定及公示等程序，培育丹阳眼镜、丹徒高桥雪地靴2个市级产业集聚区，中林林业1个市级进口商品交易中心，顺发电器等10个外贸品牌，丹阳眼镜协会1个公平贸易预警点。 （洪 靓）

【全市跨境电子商务专题培训会】 2016年，镇江市外贸系统举行跨境电商专题培训两场，培育壮大跨境电商经营主体。6月30日，举办跨境电商初级培训班，内容主要是跨境电商知识的普及，近150人到会学习。7月13日，举办全市第二次跨境电商业务实操培训班，从上海邀请玻璃烛台行业阿里平台销售冠军企业负责人到镇江授课，约200人参加培训。 （洪 靓）

【跨境贸易电子商务监管中心“第一单”】 2016年，镇江市成立跨境电商公共服务平台和跨境电商监管中心。该中心9月开始建设；12月29日，镇江跨境电商“第一单”转关上海浦东机场海关，2017年1月2日被捷克客户签收，标志着镇江市跨境电商的便利化通关渠道建成。 （洪 靓）

【加工贸易类审核改革】 2016年9月1日起，按照《国务院关于促进加工贸易创新发展的若干意见》以及行政审批改革总体部署，全国范围内取消加工贸易业务审批。镇江市外贸系统建立健全事中事后监管机制，市商务局窗口通过电话、QQ群等载体，向全市加工贸易企业宣传改革要求，明确操作规程及相关要求。同时，市商务、环保、社保、消防、安全生产、外汇管理、检验检疫等部门联动，为企业办理认证手续提供服务。 （洪 靓）

2016年镇江市辖市(区)进出口商品额完成情况一览表

表23-1 单位：万美元

辖市(区)	进出口		出 口		进 口	
	累计数	比上年增长(%)	累计数	比上年增长(%)	累计数	比上年增长(%)
全 市	1031659	2.5	695166	1.1	336493	5.5
丹阳市	254368	-9.3	213995	-8.9	40373	-11.0
句容市	59322	12.3	47104	3.8	12218	64.5
扬中市	57289	1.9	45355	-5.4	11934	45.0
丹徒区	56422	0.0	51835	0.7	4587	-6.9
京口区	133282	20.0	101297	11.7	31985	56.8
润州区	52855	-28.0	44100	-28.3	8755	-26.5
镇江新区	408641	8.6	187619	20.8	221022	0.1

（洪 靓）

2016年镇江市进出口贸易方式一览表

表23-2 单位：万美元

贸易类型	出 口			进 口			进出口		
	当年数	比上年增长(%)	占全市(%)	当年数	比上年增长(%)	占全市(%)	当年数	比上年增长(%)	占全市(%)
贸易方式	695166	1.21	100.0	336493	6.05	100.0	1031659	2.74	100.0
一般贸易	513537	1.74	73.9	205473	0.97	61.1	719010	1.52	69.7
加工贸易	175837	3.71	25.3	101374	34.99	30.1	277211	13.31	26.9
来料加工装配贸易	114309	44.49	16.4	71392	76.65	21.2	185702	55.36	18.0
进料加工贸易	61527	-31.96	8.9	29982	-13.55	8.9	91509	-26.86	8.9
其他贸易	6352	-51.58	0.9	31496	-22.12	9.4	37848	-29.33	3.7

（洪 靓）

2016年镇江进出口产品类别一览表

表23-3 单位：万美元

贸易类型	出 口			进 口			进出口		
	当年数	比上年增长(%)	占全市(%)	当年数	比上年增长(%)	占全市(%)	当年数	比上年增长(%)	占全市(%)
机电产品	311140	6.00	44.8	104082	41.13	30.9	415223	13.05	40.2
高新技术产品	126868	61.17	18.3	72279	108.34	21.5	199147	75.60	19.3
纺织服装	51979	-15.61	7.5	2183	23.86	0.6	54162	-14.51	5.2
农产品	2655	-25.37	0.4	20855	3.31	6.2	23510	-0.98	2.3

（洪 靓）

2016 年镇江市出口(销售)商品额超亿美元国家(地区)一览表

表 23 -4　　单位:万美元

国别(地区)	当年数	比上年增长(%)	占全市(%)	国别(地区)	当年数	比上年增长(%)	占全市(%)
美国	128377	-10.47	18.5	澳大利亚	14056	-3.00	2.0
中国香港	95376	51.03	13.7	俄罗斯	13935	14.87	2.0
欧盟	86293	1.38	12.4	加拿大	13856	5.24	2.0
东盟	77432	-0.74	11.1	阿联酋	13274	-25.35	1.9
日本	43148	-4.63	6.2	土耳其	12130	5.49	1.7
印度	35292	7.08	5.1	巴西	10993	-10.92	1.6
韩国	35016	48.21	5.0	墨西哥	10809	-18.85	1.6
中国台湾	19315	-21.59	2.8				

(洪　靓)

2016 年镇江市进出口商品额 3000 万美元以上企业一览表

表 23 -5　　单位:万美元

企业名称	出口额		进出口额	
	当年数	比上年增长(%)	当年数	比上年增长(%)
金东纸业(江苏)股份有限公司	71848	2.34	120536	-4.74
镇江艾科半导体有限公司	40512	7.86	81080	557.89
镇江奇美化工有限公司	437	96.87	68122	-16.54
镇江亿翔科技有限公司	34003	33.53	34003	33.53
江苏鼎胜新能源材料股份有限公司	18435	5.11	18512	5.54
江苏美科硅能源有限公司	15747	75.63	17029	57.06
江苏天工工具有限公司	15969	-12.79	16377	-14.50
大赛璐安全系统(江苏)有限公司	6652	3.16	15744	29.50
镇江江南化工有限公司	11228	-4.38	11379	-3.54
镇江中林林业有限公司	0	-	11207	457.28
中储粮镇江粮油有限公司	0	-	10931	46.51
帝高力装饰材料(江苏)有限公司	10473	23.53	10608	24.56
江苏苏润高碳材股份有限公司	8728	-13.93	8922	-12.17
镇江中沙保税物流有限公司	7	-41.40	8511	144.33
江苏锐升新材料有限公司	7362	83.06	7373	83.06
江苏福荣服装有限公司	6943	65.40	7214	65.75
江苏久正光电有限公司	4586	0.52	7070	0.68
索尔维(镇江)化学品有限公司	3363	-4.15	6922	-5.72
江苏苏亚迪炭材有限公司	6799	-17.75	6882	-16.75
道达尔润滑油(中国)有限公司	0	-	6700	23.01
巨宝精密加工(江苏)有限公司	56	-38.75	6545	252.27
镇江中船瓦锡兰螺旋桨有限公司	4969	75.23	6465	86.17
句容宁武新材料股份有限公司	6406	17.69	6406	17.69
江苏正丹化学工业股份有限公司	3833	-14.31	5946	-26.17
爱励铝业(镇江)有限公司	4792	-16.49	5712	-1.72
江苏肯帝亚木业有限公司	5375	52.34	5514	55.24
优利德(江苏)化工有限公司	1715	45.86	5449	-2.48
江苏泛华进出口有限公司	5339	-8.60	5353	-8.46
恒宝股份有限公司	513	19.20	5066	-41.11
现代重工(中国)电气有限公司	3982	-20.28	4980	-23.70
镇江盛临电子科技有限公司	4600	0.00	4600	0.00
江苏沃得农业机械有限公司	2577	73.11	4599	63.26
镇江市荣德新能源科技有限公司	0	-	4361	60.15
大亚车轮制造有限公司	4352	-30.37	4359	-30.37
中国镇江外轮代理有限公司	175	-	4344	-23.97
江苏淘镜有限公司	3987	22.48	4265	26.92

续表 23－5

企业名称	出口额		进出口额	
	当年数	比上年增长(%)	当年数	比上年增长(%)
江苏大力神科技股份有限公司	4204	57.60	4204	57.60
镇江长兴酒精有限公司	0	–	4103	4.81
江苏万新光学有限公司	2495	21.19	3758	9.16
江苏苏菱铝用阳极有限公司	3280	62.38	3694	82.57
镇江环太硅科技有限公司	2181	－49.19	3645	－37.03
镇江大展硅科技有限公司	2758	87.96	3515	35.16
江苏省镇江船厂(集团)有限公司	2757	－82.02	3431	－81.79
镇江爱迪进出口有限责任公司	3417	98.38	3420	53.85
镇江原源国际贸易有限公司	3410	9.50	3410	9.50
江苏鱼跃医疗设备股份有限公司	3311	8.08	3346	2.72
镇江中船动力有限公司	29	－63.35	3316	－21.66
镇江艾康医疗器械有限公司	3176	12.72	3181	12.89
江苏菲尼迪金属制品有限公司	3058	31.99	3058	31.98
江苏瑞美福实业有限公司	4	－12.24	3017	－20.21

（洪　靓）

2016 年镇江市出口额 1000 万美元以上商品一览表

表 23－6　　单位：万美元

商品名称	出口额	商品名称	出口额
其他书写、印刷纸及纸板，含机械纤维≤10%	53716	其他装置	3494
手持(包括车载)式无线电话机	31917	其他碳电极	3302
处理器及控制器	27887	加工中密度板，密度＞0.8g/cucm，5 毫米＜厚≤9 毫米	3190
氯乙烯聚合物制铺地制品	22398	镀或涂铝锌合金的铁或非合金钢平板轧材	3141
其他经掺杂用于电子工业的已切片化学元素等	20868	液压马达	3140
其他已煅烧石油焦	20440	品目 8512 所列装置的零件	3105
其他材料制未列名眼镜片	19247	其他漆刷及类似刷	3028
成卷的书写、印刷纸及纸板，含机械纤维≤10%	14413	化纤棉填充的其他寝具及类似用品	2959
其他集成电路	13315	水杨酸的其他酯及其盐	2941
其他材料制工作部件的钻孔工具	12899	其他钢铁制家用炊事器具及加热板	2880
草甘膦	11556	太阳能电池	2870
非机械驱动残疾人用车	8206	其他睡袋	2851
轧后未加工无衬背铝箔，0.01 毫米＜厚≤0.2 毫米	8169	未列名塑料制品	2799
液晶显示板	7010	其他金属家具	2792
初级形状的其他聚醚	6434	品目 6301～6307 的未列名制成品，包括服装裁剪样	2778
其他车辆用铝合金制车轮及其零附件	6157	其他橡、塑或再生皮革外底，皮革鞋面的鞋靴	2622
机动车辆用电气照明装置	6117	塑料制窗板、百叶窗或类似制品及其零件	2584
其他合金钢锻造条、杆	5621	钛白粉	2581
带充气系统的安全气囊及其零件	5395	以太网络交换机	2561
未列名矫正视力、护目等用途的眼镜等物品	5319	其他涂布无机物书写、印刷纸，机械纤维＞10%	2533
未列名电灯及照明装置	5120	未列名化纤女式带风帽防寒短上衣、防风衣等	2528
船用推进器及桨叶	4875	供运输或包装货物用的乙烯聚合物制袋及包	2506
棉制女裤	4758	联合收割机	2376
其他无衬背铝箔	4725	其他合金钢热加工条、杆(除热轧，热拉拔或热挤压外未经进一步)	2306
带有天然或合成金刚石、立方氮化硼制的圆锯片及部件	4376	未列名化学工业及相关工业化学产品及配制品	2292
铝合金矩形板、片，厚度＞4 毫米	4031	加工中密度板，密度＞0.8g/cucm，厚＞9 毫米	2225
未列名圆锯片，包括部件	3981	品目 8701 至 8704 所列其他车辆用未列名零、附件	2212
猪鬃制漆刷及类似刷	3942	铝合金矩形板、片，0.2 毫米＜厚＜0.28 毫米	2036
其他芳香多元羧酸及其酸酐等及其衍生物	3833	其他钢铁结构体；钢结构体用部件及加工钢材	2028
轧后未加工无衬背铝箔，厚度≤0.007 毫米	3765	带有钢制工作部件的圆锯片	2001
乙酸乙酯	3678	化纤制针织钩编套头衫、开襟衫、外穿背心等	1999

续表 23－6

商品名称	出口额	商品名称	出口额
其他自动调节或控制仪器及装置	1948	精梳毛≥85%的机织物，平方米重量≤200克	1305
喷汽机、喷砂机及类似的喷射机器	1900	棉制男内裤	1267
其他高速钢条、杆	1875	其他非合金铝板、片及带，厚度＞0.2毫米	1266
未列名未装配的光学元件	1867	机动车辆用视觉信号装置	1249
其他坐具	1857	发射药	1244
化纤制女式羽绒大衣	1847	测试或检验半导体晶片或元器件用仪器及装置	1201
厨房废物处理器	1744	砂布	1195
聚氯乙烯浸渍、涂布、包覆或层压的人造革	1719	品目9405所列货品的其他材料制零件	1188
氢氧化钾(苛性钾)	1716	其他冰乙酸	1181
载重量≤15万吨的机动散货船	1703	其他橡胶、塑料或再生皮革制外底的短统靴	1154
未装有滚珠或滚子轴承的轴承座;滑动轴承	1673	紧凑型热阴极荧光灯	1152
以塑料片或纺织材料作面通常置于口袋或手提包内的物品	1592	用于电压不低于72.5千伏，但不高于220千伏的线路的隔离开关及断续	1152
(臭氧、氧气、喷雾)治疗器、人工呼吸器等	1573	品目8711至8713所列其他车辆用辐条	1148
水杨酸、水杨酸钠	1572	油漆块垫及滚筒	1128
自动断路器，线路电压≤1000伏特	1546	同轴电缆及其他同轴电导体	1120
品目8426、8429、8430的其他零件	1533	未列名具有独立功能的电气设备及装置	1106
以塑料或纺织材料作面的提箱、小手袋、公文箱、公文包、书包及类	1514	未列名的机器零件，不具有电气器材特征的	1098
未命名	1503	其他功率＜1千瓦直流稳压电源，精度＜1/10000	1089
其他材料制变色镜片	1462	眼镜架	1076
车身(包括驾驶室)的未列名零件、附件	1461	硫化橡胶制其他分指、连指及露指手套	1060
针织的帽类及用成匹的花边、毡呢或其他纺织物制成的帽类	1459	拖轮及顶推船	1055
深沟球滚珠轴承	1449	动物玩具	1045
割刀水平旋转草坪、公园或运动场机动割草机	1386	玻璃制坛、瓶、缸等容器，容量≤0.15升	1042
钢铁制脚手架、模板或坑道支撑用支柱等设备	1383	16英寸及以下的未列名自行车	1025
棉制其他男裤	1361	未列名有线数字通讯设备	1025
缓冲器(保险杠)及其零件	1349	未列名成卷成张矩形浸涂印花纸，纸板，纤维纸	1000
工具钢	1325		

（洪　靓）

2016年镇江市出口额前50位商品一览表

表23－7　　单位：万美元

商品名称	当年数	比上年增长(%)	占全市(%)	商品名称	当年数	比上年增长(%)	占全市(%)
其他书写、印刷纸及纸板，含机械纤维≤10%	53716	－1.48	7.73	液晶显示板	7010	9.83	1.01
手持(包括车载)式无线电话机	31917	72.25	4.59	初级形状的其他聚醚	6434	17.89	0.93
处理器及控制器	27887	464.78	4.01	其他车辆用铝合金制车轮及其零附件	6157	－30.30	0.89
氯乙烯聚合物制铺地制品	22398	51.15	3.22	机动车辆用电气照明装置	6117	4.47	0.88
其他经掺杂用于电子工业的已切片化学元素等	20868	25.89	3.00	其他合金钢锻造条、杆	5621	－1.12	0.81
其他已煅烧石油焦	20440	－9.95	2.94	带充气系统的安全气囊及其零件	5395	－10.15	0.78
其他材料制未列名眼镜片	19247	1.61	2.77	未列名矫正视力、护目等用途的眼镜等物品	5319	11.91	0.77
成卷的书写、印刷纸及纸板，含机械纤维≤10%	14413	－0.63	2.07	未列名电灯及照明装置	5120	26.92	0.74
其他集成电路	13315	9578.11	1.92	船用推进器及桨叶	4875	71.68	0.70
其他材料制工作部件的钻孔工具	12899	－4.13	1.86	棉制女裤	4758	12.94	0.68
草甘膦	11556	－0.06	1.66	其他无衬背铝箔	4725	38.36	0.68
非机械驱动残疾人用车	8206	－2.69	1.18	带有天然或合成金刚石、立方氮化硼制的圆锯片及部件	4376	－3.53	0.63
轧后未加工无衬背铝箔，0.01毫米＜厚≤0.2毫米	8169	－15.36	1.18	铝合金矩形板、片，厚度＞4毫米	4031	－25.36	0.58

续表 23－7

商品名称	当年数	比上年增长（%）	占全市（%）	商品名称	当年数	比上年增长（%）	占全市（%）
未列名圆锯片，包括部件	3981	－7.97	0.57	水杨酸的其他酯及其盐	2941	－10.45	0.42
猪鬃制漆刷及类似刷	3942	－12.81	0.57	其他钢铁制家用炊事器具及加热板	2880	29.66	0.41
其他芳香多元羧酸及其酸酐等及其衍生物	3833	－15.78	0.55	太阳能电池	2870	74.22	0.41
轧后未加工无衬背铝箔，厚度≤0.007毫米	3765	1.01	0.54	其他睡袋	2851	10.35	0.41
乙酸乙酯	3678	－	0.53	未列名塑料制品	2799	21.78	0.40
其他装置	3494	－1.11	0.50	其他金属家具	2792	30.29	0.40
其他碳电极	3302	60.00	0.47	品目6301至6307的未列名制成品，包括服装裁剪样	2778	－16.14	0.40
加工中密度板，密度＞0.8g/cucm，5毫米＜厚≤9毫米	3190	－45.53	0.46	其他橡、塑或再生皮革外底，皮革鞋面的鞋靴	2622	－50.73	0.38
镀或涂铝锌合金的铁或非合金钢平板轧材	3141	137.74	0.45	塑料制窗板、百叶窗或类似制品及其零件	2584	1.00	0.37
液压马达	3140	11.95	0.45	钛白粉	2581	20.52	0.37
品目8512所列装置的零件	3105	－9.45	0.45	以太网络交换机	2561	4.71	0.37
其他漆刷及类似刷	3028	0.44	0.44	合　计	409786	17.69	58.95
化纤棉填充的其他寝具及类似用品	2959	1.39	0.43				

（洪　靓）

利用外资及港澳台资

【概况】 2016年，镇江市实际利用外资13.5亿美元，比上年增长3.49%，总量列全省第七位；占全省比重为5.5%，比上年提高0.12个百分点。协议注册外资24亿美元，增长64.92%。新批准设立外资企业106家，增长13.98%，其中，新批及净增资3000万美元以上企业37家，增长42.31%。

镇江市制造业实际利用外资4.98亿美元，比上年下降22.2%，占全市比重为36.9%，下降10.6个百分点。爱励铝业、大亚家具、力信能源科技等多个项目到位外资1000万美元以上，新引进席勒航空、圣晖莱新能源科技和大赛璐安全技术等一批总投资超1000万美元的先进制造业项目。

镇江市服务业实际利用外资7.58亿美元，比上年增长33.3%，占全市比重为56.1%，比上年提高12.54个百分点。其中，现代服务业增长显著，尤其是租赁和商务服务业，利用外资3.36亿美元，增长600.5%，占服务业的44.33%，成为服务业外资中最大行业和新增长点。传统批发零售业和房地产业进一步下降，分别利用外资1.5亿美元、1.1亿美元，分别下降37.23%、40.46%。

镇江市实际利用港资10.6亿美元，比上年增长16.29%，占全市比重为78.6%，列全市第一；实际利用英属维尔京群岛、百慕大、萨摩亚等自由岛地区外资1.08亿美元，下降52.34%，占全市比重为8%；实际利用欧盟、美国和日本等外资8579万美元，增长39.88%，占全市比重为6.4%。

山特维克、宝龙广场等近50个项目增资扩股，实际利用外资5.8亿美元，占全市利用外资总量的43%；天工工具利润再投资，以及债转股、无形资产、PPP项目等利用外资新方式不断涌现，累计实际利用外资近3亿美元。　（王永涛）

【外商投资企业审批制度改革】 2016年2月，镇江市外商投资企业设立"一口受理、并联审批"的最后一道程序完成，商务部门审批平台和工商部门注册平台实现互联互通。10月1日开始，外商投资企业设立、变更、注销审批改为备案制，由原来工商登记前置审批改为后置备案。市商务局探索改革办法，试点外资登记、备案信息的互联互通，利用窗口与工商窗口联系优势，推进外商投资企业登记备案"一表申报、单一窗口"的并联登记备案模式。　（王永涛）

2016年镇江市外商及港澳台商直接投资情况表

表23－8　　单位：万美元

地　区	产业类实到外资		协议注册外资		新注册企业数	
	当年数	比上年增长（%）	当年数	比上年增长（%）	当年数	比上年增长（%）
全　市	135068	3.49	240485	64.92	106	13.98
丹阳市	32210	－2.54	49117	23.49	28	16.67
句容市	22082	－21.24	52283	6.72	18	28.57
扬中市	11801	－9.73	12561	29.73	7	40.00
丹徒区	10728	17.89	27933	544.47	14	40.00
京口区	6936	9.38	18426	901.97	5	－37.50
润州区	6180	－31.51	6116	－57.89	9	－25.00
镇江新区	45132	41.51	74049	177.59	25	31.58

（王永涛）

2016 年镇江市实到外资及港澳台资 1000 万美元以上企业一览表

表 23－9　　单位:万美元

企业名称	实到外资	企业名称	实到外资
镇江新区金港融资租赁有限公司	27091	力信(江苏)能源科技有限责任公司	1840
席勒(江苏)航空产业发展有限公司	6105	丹阳市泽丰农业机械有限公司	1800
江苏句容秦淮源开发建设有限公司	5000	中建国际投资(句容)有限公司	1773
丹阳市教育投资发展有限公司	4409	堂华新能源科技(江苏)有限公司	1610
江苏句容中盛建设有限公司	4300	金隆浆纸业(江苏)有限公司	1500
江苏大亚家具有限公司	3992	镇江中海物流有限公司	1500
丹阳市高新区保障房开发有限公司	2974	丹阳市速佳建筑设计有限公司	1500
镇江鹏来机电有限公司	2650	镇江金控融资租赁有限公司	1470
光大海绵城市发展(镇江)有限公司	2458	镇江凯盛房地产发展有限公司	1470
丹阳博电电子有限公司	2320	镇江禾裕医用新材料有限公司	1363
丹阳浩宇能源科技有限公司	2320	扬中润弛坩埚有限公司	1237
江苏能建环保科技有限公司	2255	天工爱和特钢有限公司	1222
镇江华盈生态农业发展有限公司	2208	爱思开新材料(江苏)有限公司	1200
镇江深基地仓储有限公司	2168	镇江丰堰阳商贸有限公司	1200
江苏丰元信息科技开发有限公司	2061	汉高(江苏)汽车零部件有限公司	1186
镇江中林资产管理有限公司	2018	镇江余林进出口有限公司	1117
镇江悦盛房地产发展有限公司	2008	句容立德置业有限公司	1032
丹阳新城宏盛房地产发展有限公司	2000	江苏顺华电气有限公司	1019
丹阳龙江钢铁有限公司	2000	江苏木匠谷旅游发展有限公司	1014
句容碧桂园房地产开发有限公司	2000	镇江创世农业发展有限公司	1003
丰镇物流(镇江)有限公司	1976	爱励铝业(镇江)有限公司	1000
镇江宝龙置业发展有限公司	1959	明胜(镇江)商业管理有限公司	1000

(王永涛)

国际服务外包

【概况】 2016 年,镇江承接服务外包执行额 12.89 亿美元,比上年增长 16.5%。其中,承接离岸服务外包执行金额 5.6 亿美元。新增服务外包从业企业 76 家,新增从业人员近 4000 人。截至 2016 年年底,全市有服务外包企业 582 家,从业人员近 6 万人。新增服务外包企业注册资金超过千万元的企业有 46 家,占全市新增服务外包企业的 60.5%。　(黄　蓓)

【国家级服务外包示范城市】 2016 年 5 月,经国务院批准,商务部等九部委联合下发《关于新增中国服务外包示范城市的通知》,将镇江等 10 个城市确定为"中国服务外包示范城市",镇江市将享受"每年给予示范城市公共技术服务平台 500 万元支持"的政策。同时,还享受以下政策:经认定的技术先进型服务企业,可享受减按 15% 的税率征收企业所得税;经认定的技术先进型服务企业发生的职工教育经费支出,不超过工资薪金总额 8% 的部分,准予在计算应纳税所得额时扣除;超过部分,准予在以后纳税年度结转扣除;对离岸服务外包业务免征营业税。　(黄　蓓)

2016 年镇江市服务外包情况表

表 23－10　　单位:万美元

辖市(区)	服务外包执行额				通过认证数(个)		
	总金额		其中:离岸外包		当年新增		累计数
	当年数	比上年增长(%)	当年数	比上年增长(%)	新增数	比上年增长(%)	
全　市	128948.90	9.72	56305.32	－4.30	12	－29.41	332
丹阳市	15212.69	15.87	12130.68	9.36	2	－33.33	33
句容市	13533.05	20.44	1098.64	105.66	3	200.00	28
扬中市	16030.92	16.42	8061.91	－6.73	5	0.00	60
丹徒区	10928.36	17.51	1167.24	428.04	0	－100.00	3
京口区	31114.06	4.46	11310.45	－21.86	1	－75.00	102
润州区	13007.70	23.11	2843.60	391.04	0	－100.00	24
镇江新区	29122.12	－2.09	19692.81	－15.45	1	－	82

续表 23－10

辖市(区)	服务外包合同额				登记企业数(家)			新引进注册资本1000万元以上企业数(家)	
	总金额		其中:离岸外包		当年新增		累计数	新增数	比上年增长(%)
	当年数	比上年增长(%)	当年数	比上年增长(%)	新增数	比上年增长(%)			
全　市	137916.73	8.64	59062.99	－2.79	76	80.95	582	46	109.09
丹阳市	15242.15	13.61	12159.98	8.58	25	257.14	80	14	250.00
句容市	14544.67	26.15	1119.93	87.67	28	250.00	85	19	216.67
扬中市	17453.26	12.96	8635.63	－10.40	14	100.00	82	7	75.00
丹徒区	13886.03	17.58	1364.68	409.55	0	－100.00	23	0	－
京口区	35834.46	0.45	14110.55	－7.31	6	0.00	115	4	300.00
润州区	12893.63	46.45	2495.10	853.75	0	－100.00	83	0	－
镇江新区	28062.52	－7.26	19177.12	－18.65	3	－62.50	114	2	－66.67

(黄　蓓)

对外及对港澳台经济技术合作

【概况】 2016年,镇江市批准196家企业在65个国家和地区,投资270个境外项目,中方协议投资11.09亿美元。全年新批境外投资项目34个,比上年下降22.73%;中方协议投资1.95亿美元,下降10.8%。其中,7家企业在“一带一路”沿线的俄罗斯、印度、新加坡3个国家投资设立7个项目,中方协议投资额1592万美元。

主要投资项目:鱼跃医疗投资1121万美元在德国设立生产研发公司;鼎胜铝业投资900万美元在中国香港设立贸易公司;天奈材料投资860万美元在英国设立纳米材料研发生产公司;恒神股份投资803万美元在澳大利亚设立碳纤维研发公司;中印彩投资750万美元在中国香港设立贸易公司。

全市11家企业有对外承包工程经营权(镇江国际公司有劳务合作和工程承包双权)。工程承包市场分布在欧盟、东南亚、南亚、拉美、非洲等10多个国家和地区。劳务市场分布在64个国家和地区,有建筑工、缝纫工、计算机工程师、机械工程师、石油勘探工等工种。全年全市新签订对外承包工程合同额4018万美元,比上年下降17.49%。完成营业额3.28亿美元,增长88.15%。新派劳务1442人,增长14.63%。

主要工程承包项目:电建三公司中标马尔代夫电厂建设项目,合同金额3亿美元;二航三公司中标泰国和记黄埔码头堆场项目,合同金额1亿美元;二航三公司中标马来西亚吉隆坡地铁2号线项目,合同金额1亿美元;省交通工程公司中标喀麦隆N15号国道项目,合同金额6285万美元。 (孙标艳)

【外经服务工作】 2016年,镇江市为近30家企业申领外经类扶持资金244.01万元。其中,国家外经贸发展专项资金17.95万元,省级商务发展专项资金93.56万元,市级开放发展专项资金132.5万元。全年督促企业进行劳务培训946人次;在人寿保险为全市对外劳务合作企业外派的劳务人员申领“走出去”人生意外伤害险946份。组织企业参加第十九届中国国际投资洽谈会、第十三届中国—东盟博览会、全省“一带一路”法律实务专题培训班、2016年全省对外承包工程高级人员培训班等;组织企业负责人参加江苏省外经企业老总沙龙等。 (孙标艳)

2016年镇江市国际经济合作情况表

表23－11　　　　单位:万美元、人

辖市(区)	投资项目数及协议投资额				新签合同额		完成营业额		当年新派人数及期末在外人数(人)		
	项目数	比上年增长(%)	协议投资额	比上年增长(%)	累计数	增幅(%)	累计数	增幅(%)	新派人数	比上年增长(%)	期末在外人数
全　市	34	－22.73	19541.48	－10.80	4018	17.49	32761	88.15	1442	14.63	3524
丹阳市	13	30.00	5338.32	4.40	－	－	－	－	95	179.41	256
句容市	4	－33.30	900.10	－13.15	－	－	－	－	－	－	－
扬中市	0	－	0.00	－	－	－	－	－	－	－	－
丹徒区	2	－50.00	200.00	－80.94	－	－	165	24.10	93	3000.00	159
京口区	3	－25.00	2150.62	168.83	3073	－6.00	18882	69.80	782	9.37	1069
润州区	3	200.00	493.00	－38.38	945	81.73	9549	55.80	201	－56.30	1526
镇江新区	9	80.00	10459.44	60.51	－	－	4165	13783.00	271	489.13	514

(孙标艳)

国际及港澳台贸易促进工作

【概况】 2016 年，镇江市签发原产地证 26047 份，比上年增长 19.45%，涉及出口金额 15.6 亿美元，其中优惠产地证 5862 份，增长 122%；办理商事证明书 1700 份；ATA 单证册 20 份；使馆认证 880 份，增长 4.8%；贸促会新注册企业 90 家，会员企业总数 1776 家。完成展览项目 55 个，参展面积 2610 平方米，落实摊位 290 个，参展企业 300 家。接待国（境）外来访团组 6 个；举办各类经贸活动 6 次，参加人数 800 人次。

（沈为民）

【新兴市场开拓】 2016 年，镇江市在组织镇江企业拓展欧美传统市场的同时，对企业开拓“一带一路”新兴市场在展位费、人员交通费、展品运输费等方面给予补贴，降低企业参展成本，增强企业开拓新兴市场的积极性。针对产业特色和市场特点，将伊朗工业展、孟加拉纺织面料展、斯洛文尼亚照明展、阿拉伯医疗器械展、越南五金工具展等作为重点项目，组织企业参展。展前利用 QQ 群、微信群等网络媒体对企业开展参展培训。

优势产业开拓市场。在巩固汽配、工具等传统行业的同时，组织船舶、医药、新材料新能源等行业企业开拓国际市场。首次组织船舶行业企业开拓国际市场，组织中船设备等船舶企业参加 2016 年亚太国际海事展；首次组织医药行业企业开拓市场，组织江苏昌吉永生物科技公司等医药行业企业参加亚洲医疗展；首次组织碳纤维等新材料企业参加展会，组织江苏金桥科技公司等企业参加在德国杜塞尔多夫举办的国际新材料展，展示宣传镇江新材料产业。

行业企业开拓市场。按照行业组织规模展团开拓国际市场，组织镇江五金工具展团参加德国科隆五金工具展和越南国际五金工具展，组织镇江汽配展团参加法兰克福国际汽配展，组织镇江照明展团参加中国香港国际灯饰展，组织句容针织行业展团参加美国拉斯维加斯纺织服装展，组织丹徒高桥皮革制品展团参加美国鞋展。 （沈为民）

【法律服务】 2016 年，中国国际贸易促进委员会镇江市委员会针对企业在开展外贸业务中面临的法律问题和可能遇到的法律风险，为企业提供法律“体检”服务。“体检表”内容涉及公司法人治理结构、合同管理、劳动人事管理、企业融资并购、知识产权、诉讼与仲裁等六个方面。贸促会了解企业运营状况，帮助分析其中的问题与风险，为 100 多家企业开具“体检报告”，提出应对建议。

市贸促会、市中级人民法院、镇江海关、市出入境检验检疫局、镇江市律师协会等单位共同组建镇江市国际商事法律顾问团，聘请 11 名涉外法律专家担任法律顾问。顾问团成立后开展“企业直通车”活动，深入江苏希西维轴承有限公司等企业提供法律服务。

市贸促会全年受理国际贸易纠纷调解案 10 件，涉案金额 696.25 万美元。与贸促总会国际商事法律服务中心合作，强化境外商账追收服务，为江苏臻元工具有限公司等企业追回外国客户拖欠多年的货款。企业赠送“服务企业，共筑诚信”锦旗。对有着信用不良、恶意违约等情况的外国客户，向省贸促分会上报，将其纳入国际企业资信管理平台资信不良企业名单，为出口企业开拓国际市场提供参考。

市贸促会首次代理版权登记，为镇江祥飞进出口公司代理美术设计的版权登记，并获得登记证书；首次代理专利申请，为江苏鼎力工具有限公司代理包装外观专利的申请；丹阳中佑鞋业贸易有限公司申请的注册商标被西班牙某公司提出异议，经贸促会多方收集佐证材料，最终该商标被准予注册，这是贸促会首次商标抗辩成功。

2016 年，市贸促会两次举办涉外法律业务培训，邀请专家为企业解读相关法规政策，帮助企业提高外贸风险防范能力，维护自身合法权益。200 多人次参加培训学习。 （沈为民）

【“贸促空中大课堂”】 2016 年，中国国际贸易促进委员会镇江市委员会建立贸促家园 QQ 群、微信公众号、“云信通”移动服务平台、展览微信群等多个网络信息服务平台，推出“贸促空中课堂”，将各类经贸信息、外贸预警信息、涉外法律知识等整合汇总，定期向企业推送，帮助企业及时了解海外政策法规、市场需求信息、行业发展趋势等。截至 12 月底，吸纳会员 3000 人次。

（沈为民）

【交流合作工作】 2016 年，中国国际贸易促进委员会镇江市委员会加强与境外商会合作，先后与印度尼西亚国家工商会、奥地利联邦商会、东盟贸易投资商会等建立合作关系，并就市场开拓、法律合作等方面达成合作意向。与镇江出入境检验检疫局签署《关于加强原产地签证工作服务“走出去”战略合作备忘录》，建立联络会商机制，在产地证数据分析、自贸协定政策宣传、企业信用记录共享、经贸摩擦应对等方面开展合作交流。与镇江电子口岸合作，将镇江商贸一站通服务平台与镇江电子口岸进行链接，两个平台的 2000 多家注册企业能进入平台申请相关服务，提高办事效率。与镇江市律师协会签订战略合作协议，为镇江企业在国际商事法律咨询、经贸风险防范、贸易纠纷解决、知识产权保护等方面提供服务。 （沈为民）

【商贸一站通平台建设】 2016 年，镇江商贸一站通服务平台注册的服务企业有 1000 家，点击率超过 9 万次，成为外贸全程式电子商务服务平台。当年增加“镇江制造”“企业联盟”等板块，宣传推介镇江的特色产业和优势产品，发布企业新闻，为企业刊登招聘信息；增加平台与企业互动性，企业通过 QQ 在线交流等渠道反映在外贸经营过程中遇到的困难和问题，平台给予答复；开通平台微信公众号，每天（含周六、日）向企业推送经贸信息和国际国内政策法规。

（沈为民）

综　述

【概况】 2016年，镇江市交通运输局落实“一带一路”倡议和长江经济带战略，围绕“江海河联动、港产城融合”的港口发展定位，整合岸线资源，推进港口建设，发展现代港口经济，提升镇江港发展质量和效益。全年完成长江港口建设投资14.45亿元，完成规模以上港口货物吞吐量13668.5万吨，完成外贸货物吞吐量2749.6万吨，完成集装箱吞吐量550.4万吨。镇江口岸对外开放码头泊位45个(其中万吨级以上33个，万吨级以下12个)，有出口加工区(综合保税区)和海关直通式监管点各1个。

推进港口重点项目建设。全年全市港口建设项目完成投资14.98亿元，新增泊位4个(均为万吨级以上)，新增货物通过能力1060万吨；建成镇江港政执法基地建设。港口重点建设项目顺利推进，句容华电一期码头工程、谏壁发电厂5万吨级煤码头工程、润华物流通用码头工程、中储粮后方港池板桩码头工程均完工，并通过竣工验收；新民洲港区码头一期工程进入竣工验收准备环节；新民洲港区码头二期工程水工部分完成2个泊位并开始试运行；中交二航三公司预制厂码头工程完工；圣灏通用码头工程、长旺作业区一期工程、荷花池作业区一期散货码头工程(2个泊位完工)等港口建设项目均按计划施工。

强化港口规划和课题研究。出台《镇江市“江海河联动、港产城融合”十大行动计划》，计划用5年时间，完成60个重点任务，将镇江市打造成长江经济带重要节点城市、江海河联动区域枢纽城市、港产城融合发展示范城市和江海河生态保护样板城市。开展《镇江港总体规划》的修编工作；完成《镇江港高桥港区三益桥作业区规划方案调整》编制，并获交通运输部和江苏省政府批复。推进高桥港区润祥油品码头工程岸线的调整报批工作；组织召开连镇铁路镇江大桥南岸临时码头、连镇铁路镇江大桥北岸临时码头使用长江岸线的征求意见会，并按市长江岸线管委会工作流程予以批复。开展《镇江市长江港口岸线利用评价及管理问题研究》《镇江市长江通江支流河口岸线综合利用研究》《镇江港海港化政策研究》等课题研究，并完成初稿。主持制订《镇江市岸线资源管理实施意见》，并形成报审稿。

加强岸线资源管理利用。开展全市岸线普查工作，对全市沿江码头泊位、岸线利用情况及港口企业生产经营情况开展全面排查梳理。推进临港岸线优化整合，鼓励业主码头开放经营，进一步提升岸线资源管理水平。起草《镇江市岸线资源管理实施意见》，为落实镇江市岸线资源开发方针和战略提供依据，探索建立岸线利用效益评估机制。开展《镇江市长江港口岸线利用评价及管理问题研究》，以建立一套简单有效的港口岸线利用评价指标体系和评价标准，为镇江港口岸线利用管理提供科学有效的方法。推进岸线资源整合，通过加固改造、技术改造、靠泊能力论证和在万吨级大泊位内档建设小泊位等方式，提高现有泊位靠泊吨级和装卸效率，从而提高岸线资源利用效率，实现集约化利用。

全面优化口岸服务工作。完成江苏新民洲港务有限公司码头1号、2号泊位对外开放，推进江苏新民洲港务有限公司码头6号泊位、国电谏壁发电厂码头2号泊位对外开放。发挥镇江电子口岸的作用，对接镇江海关、镇江出入境检验检疫局，全面推行通关“三个一”(一次申报、一次查验、一次放行)，加快推进“单一窗口”建设，提升口岸通关效率。配合镇江海关提出的船货一体化需求，完成初期数据采集调研和系统开发工作。推进镇江市跨境电商平台建设，完成“跨境电子商务平台”上线试运行工作，完成镇江市跨境电商监管中心的建设。完成镇江市综合保税区镇江电子口岸保税监管服务平台的建设。对口岸联检中心国检的实验室进行升级改造，完成镇江口岸卫生检疫核心能力卫生监测平台建设。镇江出入境检验检疫局完成实验室双回路电源改造。完成西部港区新建镇江边防检查站三中队的选址、规划设计和建设资金筹措等工作；完成镇江边防检查站水上执法基地的选址、规划和建设资金筹措等相关工作。

加强港口安全监管。按照省交通运输厅“平安交通”和省交通运输厅港口局“港口安全管理年”活动要求，强化安全管理基础，推进安全生产标准化建设，完善应急救援体系和应急演练，深入开展隐患排查治理。开展“吸取‘4·22’靖江事故教训专项检查”“安全生产月”“危险化学品专项整治”等各类专项活动，完成2016年度第一批港口设施保安符合证书年度核验工作。推进安全生产标准化工作，全年有9家港口企业通过省二级达标考评。完善应急物资储备，举办港口危险化学品泄漏及火灾应急演习，完成《镇江港危险点风险分析及管控措施研究报告》。全年受理港口危险货物3508艘次，安全接卸危险货物628.5万吨，未发生安全生产责任事故，安全四项指标全部为零。　　（王伟艳）

【“江海河联动、港产城融合”十大行动计划】 2016年8月，镇江市委、市政府印发《镇江市“江海河联动、港产城融合”十大行动计划》，计划未来5年

(2016—2020年),重点实施现代港口集疏运体系建设、港口结构调整、港口产业发展等“十大行动计划”,完成60个重点任务,把镇江市打造成长江经济带重要节点城市、江海河联动区域枢纽城市、港产城融合发展示范城市和江海河生态保护样板城市,提升镇江港口经济发展水平,优化沿江、沿河生产力布局,科学开发、利用和保护长江和内河资源。

(王伟艳)

【新民洲港务有限公司码头1号、2号泊位对外开放】 2010年9月,港区公共码头一期工程(1号、2号泊位)开工,2015年6月完成开放预验收,2016年2月通过省级验收并正式对外开放。江苏新民洲港务有限公司港区公共码头位于长江下游镇扬河段六圩弯道下段北岸即新民洲港区规划公用岸线内,其中一期工程(1号、2号泊位)占用岸线528.5米,建设5万吨级多用途泊位、通用泊位各1个,有3座引桥(340米×15米)连接。工程投资5.68亿元。码头年吞吐量为236万吨,主要经营木材、钢铁、煤炭、铁矿石及集装箱业务。 (朱守芹)

【锦州港至扬中港航线开通】 2016年12月10日,锦州港—扬中港班轮首航仪式举行。为共同建设“海外内运、北粮南运、江海联运”的现代化物流体系,和润集团、锦州港务以及北大荒粮食集团合作开通锦州港至扬中港航线,进一步贯通长江沿线的粮食物流配送,携手共建互联互通的江海物流大通道。

(王伟艳)

【镇江港政执法基地主体建成】 镇江港政执法基地工程于2016年6月开工,2016年12月底主体完工,该工程位于镇江引航道河口下游约800米处的崩窝内,总投资2769.69万元。工程建设内容包括60米趸船码头1座,可同时停靠1艘30米和1艘25米的港政执法艇,后沿建设接岸引桥1座及其他附属设施。

(陈爱红)

【非法码头专项整治】 2016年5月16日,镇江市政府办印发《全市非法码头专项整治工作方案》,成立市非法码头专项整治推进协调小组,由分管副市长任组长,市政府分管副秘书长、市交通运输局局长任副组长,各辖市(区)政府、镇江新区管委会、机关各部门和单位负责人为小组成员,负责落实推进专项整治工作。通过开展专项整治,打击违法违规建设经营行为,使港口岸线资源得到有效利用和集约开发,保障生态、供水、防洪、航运安全和河势稳定。全年下发停止违法通知书32份、责令整改通知书8份,码头巡查100余次,约谈非法码头业主100多人次。全市拆除取缔各类非法码头45座。 (王伟艳)

【全市长江水域砂石过驳市场整治】 2016年8月,镇江市政府办公室印发《镇江市长江水域砂石过驳市场整治规范工作方案》,按照统一领导、分级负责、多措并举、综合治理的原则,加强对非法浮吊过驳作业的清理整治,维护镇江市长江水域正常的航行、停泊秩序和水源地安全,保障“江海河联动、港产城融合”发展。同时,成立镇江市长江水域砂石过驳市场整治规范协调小组,明确主体责任,建立问责机制,确保整治效果,逐步建立较为规范的全市长江水域砂石过驳市场。 (王伟艳)

【华电句容煤炭储运码头工程初步设计获批】 2016年3月,镇江港高资港区华电句容煤炭储运码头工程初步设计获交通运输部批准,该工程主要建设2个5万吨级煤炭接卸泊位(按靠泊7万吨级散货船设计)、1个1万吨级煤炭装船泊位(泊位长度按同时靠泊2艘3千吨级散货船设计)及配套设施。码头泊位总长度717米,设计年通过能力1750万吨,工程总概算约13.43亿元。

(王伟艳)

【镇江市跨境电子商务公共信息平台上线】 2016年9月—11月,镇江跨境电子商务公共信息平台试运行,12月正式上线运行。该平台利用信息化手段优化跨境电子商务业务的通关流程,将信息流、资金流、物流进行整合,在电子商务企业、报关企业、物流企业和海关、国检、外管、国税等管理部门之间进行数据交换与信息共享,提升完善跨境贸易电子商务中的服务水平和监管能力,推动镇江跨境电子商务规范运行、健康发展。

(谈 啸)

【镇江电子口岸保税监管服务平台上线】 镇江电子口岸保税监管服务平台建立综保区公共信息平台、海关物流监控系统(企业申报端)、国检物流信息系统(企业申报端)、查验场站管理系统。2016年1月,平台试运行;2月,平台正式上线运行。该平台通过合理的网络架构方式实现海关、检验检疫、查验场站、综合保税区区内企业及其供应商之间的数据传输、数据交换和信息共享,实现对进出口货物的全方位、全过程物流监管,打造一个“一体化管理、一站式服务”的统一应用平台,满足海关、检验检疫对综合保税区区内企业开展的各类业务进行有效监管和高效管理的要求,提高综合保税区的通关速度,降低企业的物流成本,实现企业、海关和检验检疫监管与服务的有机统一。 (谈 啸)

【首批港口设施保安符合证书年度核验工作完成】 2016年,镇江市完成第一批港口设施保安符合证书年度核验工作。符合年度核验条件的7家港口企业全部通过年度核验。这是省政府将港口设施保安符合证书年度核验工作由省交通运输厅下放转移至所在地港口行政管理部门后的首次核验。 (王伟艳)

港口生产经营和服务

【概况】 2016年,受宏观经济下行压力的影响,镇江市水运需求增长相对乏力,港口发展进入结构调整、提质增效的新阶段,港口生产总体以稳为主。

港口货物吞吐量方面。2016年,镇江市规模以上港口完成货物吞吐量13668.5万吨,比上年增长0.7%。其中,进港货物吞吐量总计7713.5万吨,增长1.0%,出港货物吞吐量总计5955.0万吨,增长0.4%。全市沿江港口完成货物吞吐量13136.9万吨,比上年增长1.0%。其中进港货物吞吐量总计7447.5万吨,增长1.8%;出港货物吞吐量总计5689.4万吨,下降0.1%;全市内河港口完成货物吞吐量531.6万吨,下降4.6%。

外贸货物吞吐量方面。2016年,镇江港完成外贸吞吐量2749.6万吨,比上年增长20.8%。其中,进港外贸货物吞吐量2200.8万吨,增长24.5%;出港外贸货物吞吐量548.7万吨,增长8.1%。

集装箱运输方面。2016年,镇江港完成集装箱吞吐量550.4万吨,比上年增长15.0%,其中外贸集装箱完成吞吐量278.0万吨,增长29.7%。完成集装箱箱运量37.3万标准箱,下降8.4%。其中外贸箱量18.1万标准箱,增长19.4%;内贸箱量为19.2万标准箱,下降24.9%。

主要货种运输发展情况,镇江市进出港货种主要以煤炭及其制品、金属矿石、矿建材料等为主。2016年主要货种完成吞吐量如下:煤炭,规模以上港口完成煤炭吞吐量3931.9万吨,占全港货物吞吐量的28.8%,比上年增长7.4%;煤炭外贸吞吐量完成592.0万吨,增长80.8%,占煤炭吞吐量的15.1%;矿建材料，镇江市港口完成矿建材料2262.6万吨，下降3.3%，占全港货物吞吐量的16.6%；金属矿石，规模以上港口完成金属矿石吞吐量2661.2万吨，占全港货物吞吐量的19.5%，下降2.1%，其中外贸吞吐量506.7万吨，占金属矿石总吞吐量的19.0%，增长27.5%；铁矿石，完成吞吐量2470.0万吨，其中外贸量完成418.2万吨，占铁矿石吞吐量的16.9%；非金属矿，规模以上港口完成非金属矿石吞吐量1096.5万吨，增长7.1%，其中外贸量316.9万吨，占非金属矿石总吞吐量的28.9%，增长14.3%；化工原料及制品，镇江市港口完成化工原料及制品394.9万吨，下降0.3%，其中外贸吞吐量128.4万吨，增长5.2%；粮食，镇江市港口完成粮食吞吐量860.4万吨，下降17.6%，其中外贸吞吐量389.6万吨，占粮食吞吐量的45.3%，下降18.5%；木材，沿江港口完成木材吞吐量214.4万吨，是上年的4.8倍，其中外贸吞吐量155.4万吨，占木材吞吐量的72.5%。

港口经济运行特点。港口生产总体平稳，稳中向好。上半年，受宏观经济不确定因素的影响，镇江市港口生产下行压力较大，有放缓迹象，7月以后，在煤炭、矿建等材料主要货种运输生产形势逐渐趋于好转的带动下，镇江市港口吞吐量形势开始有所好转，到第三季度增速由负扭转为正，下半年镇江市沿江港口完成货物吞吐量较上年增长3.9%。同时，镇江港务集团采取加大集装箱揽货力度及提高装卸效率等措施，集装箱吞吐量平稳增长，集装箱空箱量下降。2016年，镇江市集装箱空箱比由上年的51.2%下降为37.0%。外贸货物吞吐量快速增长。受益于进出口市场规模需求的影响，镇江市港口外贸吞吐量延续快速增长的态势，全年累计完成外贸量较上年增长21.1%。因外煤煤价低、品质好，需求持续攀升，外贸量位居镇江全港第一，其中扬中港区、大港港区、高资港区煤炭外贸量分别是上年的2.9倍、2.2倍、1.8倍。新民洲港全年进口木材超过100余万立方米，占全市港口木材外贸量的85.2%。镇江市港口木材的外贸量虽然仅占港口外贸量的5.7%，但增速却是上年的4.2倍。受去库存压力的影响，镇江市粮食外贸量呈下降态势。

（吕敬忠）

【镇江港务集团有限公司】 2016年，镇江港务集团有限公司管辖生产性泊位25个，其中万吨级泊位14个、5万吨级泊位1个、7万吨级泊位5个，码头总长度4799米，设计通过能力2694万吨。公司把握“大船、库房、高价位、直取率”四大要素，完成货物吞吐量5891.5万吨、自然吨3336.5万吨、外贸量1589.4万吨，比上年分别增长5.7%、8.1%和14.5%；完成集装箱量37.3万标准箱，下降7.2%。

深入推进综合改革。重新划分组织体系，进行分类控制。推行组织绩效和个人绩效考核，统一劳动定额和工资结构。推行两级机构改革，部室由9部1室减少到5部1室，分流安置366名正式工。推进一般管理人员和一线工人薪酬制度改革，对不同序列岗位员工实行分层分类分级管理。推进商务营销体制、财务管理体系改革和星海物流混合所有制改革，完善企业运行机制。

强化设备设施管理。完善港口作业功能，建成104库和508库，新增仓储面积2.36万平方米；推进11号泊位散货直取装卸工艺改造项目和大港港区污水治理项目；改造9号泊位，完备沥青作业条件；做好12号泊位改扩建工程前期工作。实施安健环（安全健康环保）信息化建设项目，生产经营管控平台、无人值守磅房系统和移动式视频监控摄像系统等投入运行。开展QC（质量控制）、“五小”（即小发明、小革新、小改造、小设计、小建议）等群众性技术革新活动，推广应用“四新”技术（即新技术、新工艺、新产品、新设备），推进节能减排工作。

健全企业内控体系。建立全额成本管理体系，开展“两金”（应收债权、存货）占用专项清理。推进企业权证办理，注销海员俱乐部。加强法务工作，健全风险防范体系。试行水平运输社会化，调整东港公司码头作业功能，共享基层单位设备设施等资源。专项清理“三外”费用，严格控制各类非生产性成本。推进安健环体系，开展职业健康卫生检测和职业病危害效果评价，通过ISO 9001质量体系复审。落实《班组建设四级管理评价标准》，公司连续两年获评国投系统“班组建设优秀单位”。

（马丽娜）

【中国外运长江有限公司镇江分公司】 2016年，公司按照集团公司加快业务转型和拓展的整体要求，重点打造国际一流的综合物流企业，提升企业核心竞争力和可持续发展能力。全年实现营业收入1.74亿元，代理集装箱23466标准箱，海运大宗散货代理、船舶代理艘次、航空货代、铁路货代、报关和报检量都呈稳步增长趋势。该公司获“镇江市企业职工文化示范单位”称号；公司党支部获评镇江市“法制型、服务型”四星级党支部；1个岗位被评为镇江市商务局系统“党员示范岗”；1个部门获评镇江市“五一文明班组”；1人获评镇江市“五一文明职工”。

（喻　宁）

【中石化长江燃料有限公司镇江分公司】 中石化长江燃料有限公司镇江分公司隶属于中石化长江燃料有限公司（简称中长燃公司），是中长燃公司在长江和沿海设立的18个分（子）公司之一，是经国家相关部委批准主要从事国际航行船舶保税油供应、国内水运船舶燃润料供应的专业性企业，也是镇江唯一从事航行国际航线船舶保税油供应单位。2016年，公司坚持以效益为中心，强化经营，实现经营总量10.8万吨，比上年增长35%。全年企业安全生产局面稳定，各项经营管理工作平稳运行。

（阙　蕾）

【镇江中联理货有限公司】 2016年，镇江中联理货有限公司完成理货船舶7627艘次，件杂货理货量126.7万吨，集装箱船舶理货量19.74万标准箱，集装箱装拆箱理货量2.85万标准箱。服务满意率、制单合格率均为100%。公司继续开展油品计量、水尺计量、监装监卸、危险品、煤炭采样取样等检验业务。完善内部管理，提升理货服务功能与品位，加快服务方式的转型升级，实施理货信息系统更新升级，提升理货服务功能。加强与海关、集装箱公司等多家单位数据联网，理货信息网上实时查询，快捷、准确、方便地为口岸涉外单位、码头及各代理提供理货服务，让客户能在第一时间掌握理货信息数据。

（万　雨）

港口运行与管理

【概况】 2016年，镇江市加强港口建设管理，形成组织有力、协调有序、运转高效的工作机制，确保港口运营和管理的规范有序。

规范港口建设程序。严把设计、咨询质量关，确保港口工程结构安全、稳定，对扬中港区西来桥作业区润华物流通用码头食用油输油管线工程、新民洲港区新港国际通用码头工程（水工部分）施工图设计开展审查、审批。推进港口工程竣工验收，按照《港口工程竣工验收办法》，确保资料符合要求。谏壁港区中储粮镇江粮油有限公司2号泊位后方港池板桩码头等工程竣工验收，配合省交通运输厅完成江苏华电句容发电有限公司一期（2×1000兆瓦）工程码头工程、谏壁港区谏壁发电厂5万吨级煤码头等工程的竣工验收。

规范港口经营许可管理。加强港口经营许可证新办证和延期换证工作，开展许可现场核查，严格许可标准，确保新办证企业符合规定和要求，确保港口经营许可证延期换证的有效衔接；加强对码头新建、改扩建试运行期间经营许可管理工作，确保试运行期间持证经营；贯彻《港口经营管理规定》，鼓励船舶港口服务企业规模化经营。全年办理核发“港口经营许可证”47件（其中新领证6件，换证41件）。截至2016年年底，全港持有“港口经营许可证”的企业有163家，其中码头企业123家，船舶服务企业40家。

推进低碳港口发展。加强与长三角港口群其他港口的信息互通合作。鼓励惠龙易通、兴港物流等企业港口物流信息平台做大做强。推广靠港船舶使用岸电，在沿江万吨级码头推进低压岸电系统，在内河码头推广一批船用供电设施，逐步实现沿河岸电系统全覆盖；新码头建设严格推行船舶岸电技术，老码头实行逐步改造，加快港口岸电设备设施建设和船舶受电设施设备改造，实现船舶在靠港期间零排放。镇江市港务集团建成4套低压岸电系统。制订全市港口粉尘污染专项治理行动方案，严格按照环保要求，全面推进大宗散货码头、堆场的环保设施建设与改造，防治港口粉尘污染。

规范港口行政执法。对全市港口企业定期开展巡查，主要巡查港口岸线使用和码头建设、经营情况，对货物装卸量较大或者特殊用途的码头每年检查次数不少于两次，对巡查中发现的问题，要求企业限期整改，做到违规违法行为早发现、早制止、早消除，维护港口建设秩序和经营秩序。开展港口未批先建专项整治工作，清理整改违规行为。制订《镇江市港口未批先建行为专项整治实施方案》，对全市未批先建项目建立跟踪整改机制，召开相关企业约谈会，督促建设项目法人限期进行整改，依法对符合条件的项目履行补办相关手续的程序。同时，采取措施遏制新的未批先建项目出现。开展非法码头专项整治工作，全年下发停止违法通知书32份、责令整改通知书8份，码头巡查100余次，约谈非法码头业主100多人次，拆除取缔各类非法码头45座。（王伟艳）

【长江镇江航道管理处】 2016年，长江镇江航道管理处在长江航运管理体制改革的大背景下，按照“改革释放活力、更加聚焦公益服务”的改革目标，聚焦公益，强基固本，实施“立足地方、融入地方、服务地方”发展战略，理关系、畅航道、优机制、抓安全、强服务，完成全年工作任务，确保辖区航道畅通安全，推进长江南京以下12.5米深水航道初通，服务船舶、企业及重点工程建设，加大航道保护力度，蝉联“镇江市文明单位”“江苏省文明单位”称号。（杨　欣）

【长江引航中心镇江引航站】 2016年，长江引航中心镇江引航站引领中外籍船舶10772艘次，比上年增长8.1%，引航艘次连续五年突破1万艘次。该站按照长江引航中心统一部署，以安全引航为主线，深化服务主题，坚持引航员主体，安全形势稳定。全年发生引航险情2起，无上报引航责任事故，有效保障辖区港口水域安全。全年引领受限船舶1678艘次，增长23.5%，其中吃水11米及以上船舶93艘次，船长250米及以上船舶139艘次，引领14艘开普型船舶靠泊镇江港，3艘船长300米的新造船安全出江。夜航引领船舶6322艘次，夜航率58.7%。坚持引航员主体，加强引航员队伍建设，内部通过开展半军事化训练、安全技术研讨等措施提升引航员综合技能，对外加强引航员与海事及码头代理人员之间的沟通协作和技术交流，建立信息互通的合作机制，保持引航良好形象。（王霁雯）

检查、检验、检疫

【概况】 2016年，镇江口岸查验机构及口岸服务单位完善口岸协作机制，提高通关效率，推动镇江市外向型经济发展，全年完成外贸货物吞吐量2749.6万吨，新增2个泊位对外开放。镇江电子口岸建成镇江综保区信息化管理平台、镇江跨境电子商务公共服务平台、海关船货一体化管理系统。镇江海事局推进海事“三化”建设，连续四年在江苏海事系统政风满意度测评中名列第一，全年保障25.9万艘次船舶、1.39亿吨货物进出镇江港。镇江海关围绕“优化管理、深化改革、争先领先”工作思路，加快推进通关一体化等各项业务改革，全年监管进出境货运量2401万吨，比上年增长17.2%，货物总值66亿美元，完成税收入库47.5亿元人民币。镇江出入境检验检疫局加强“国检好快省”品牌建设，蝉联“全国文明单位”“江苏检验检疫系统文明单位标兵”称号。全年检验检疫出入境货物11812批，货值35亿美元，检疫出入境船舶1892艘，签发原产地证书21540份，帮助企业享受进口国关税减免3516.35万美元。镇江边防检查站推进边检服务“江苏模式”镇江品牌提档升级，全年检查船舶2777艘次，检查出入境人员34795人次，办理各类证件24162份，完成口岸维稳管控工作。长航公安局镇江分局履行职能，保持辖区治安秩序稳定。镇江引航站引航申请受理率、船舶按时开航率100%。南京航道局镇江航道处全年航标维护正常率为100%，航道维护尺度保证率100%。（解安方）

【镇江出入境检验检疫局】 2016年，镇江检验检疫局通过全国文明单位复审，蝉联“江苏检验检疫系统文明单位标兵”称号、镇江市垂直管理部门“优质服务奖”，并获全省系统“阳光国检”大赛一等奖。承办江苏省食品检验工技能状元大赛镇江地区选拔赛和集训工作，获镇江市优秀组织奖和优秀集训奖。化矿实验室主任方原民，获评全国质检系统唯一一个“中央国家机关最受欢迎的法治人物”。

加强党的建设。开展“两学一做”学习教育活动，局党组成员余峰撰写的《一封家书》被江苏出入境检验检疫局评选为“优秀家书”，据其拍摄的微视频《官德》获江苏检验检疫系统“我爱我家”微视频大赛一等奖。夯实基层基础，激发党建活力，提出“一个支部、一个品牌”目标，强化支部战斗堡垒作用的发挥，致力“旗帜下宣讲”“法治型、服务型先进党支部”2个党建品牌的创建工作；发挥党员先锋模范作用，通过专题学习会、支部会、进军营集中学、录制光盘独自学等方式，确保教育内容全覆盖、受教育党员全覆盖。修改、制定《镇江局党组议事规则》《镇江局应急车、执法车使用管理办法》等，以制度规范权力；参与镇江市委、市政府“效能革命”活动，改进机关作风，提高办事效率，连续多年在镇江市作风建设考核中没有失分。

提升执法把关成效。2016年，镇江局检验检疫出入境货物1.1万批，货值34.9亿美元，检出不合格货物682批，货值9.9亿美元。查验进出境集装箱9904标准箱，检出问题2108标准箱。检疫出入境船舶1892艘，查验出入境人员32710人次，确保寨卡、黄热病等突发事件和重大疫情“零输入、零疏漏、零感染”。全年截获有害生物339种8277种次，确诊传染病病例43例。签发各类原产地证书21247份，帮助企业享受关税减免3478.9万美元。围绕输非商品质量提升和“清风行动”，强化重点敏感商品检验监管，退运1批放射性超标进口泰国锆英砂；发现一起出口医疗器械假冒品牌和产地的违法行为，对涉案公司进行立案处罚；一批儿童安全座椅的退运调查案例被江苏出入境检验检疫局作为典型案例转发全省并上报国家质量监督检验检疫总局。推进业务改革。8月，ECIQ（中国电子检验检疫，检验检疫部门自主研发的一套系统程序，通过电子方式处理相关检验检疫事项）上线运行。11月，无纸化报检批次覆盖率为91%，镇江口岸实现与上海、山东、江西、安徽等省及省内各口岸的“出口直放”。

服务地方经济发展。镇江检验检疫局围绕镇江港口270千米自然岸线、46个开放泊位的资源优势，推动有关口岸规范化建设的意见建议纳入镇江市“江海河联动、港产城融合”十大行动计划，服务的粮食、木材等大项目成为市政府推动港口建设的重点项目。发挥检验检疫资源优势，通过获取指定口岸资质帮助镇江实现港产城融合发展。2016年，镇江口岸依托粮食指定口岸资质，在国家对粮食进行调控、减少进口的情况下，进口大豆量逆势上扬，全年进口近250万吨，比上年增长25.6%。同时帮助地方增加税源。雄特牧业、润华物流、中林集团等大型企业在镇江注册、纳税。

（杨　昉）

【支树平考察镇江检验检疫工作】 2016年12月10日，国家质量监督检验检疫总局局长、党组书记支树平到镇江考察检验检疫工作。支树平一行来到镇江检验检疫局参观标准化视频会议室建设情况，听取该局工作情况汇报。期间，支树平赴江苏恒顺集团有限公司现场调研，参观镇江香醋的生产过程，并询问在质量管理上的措施，听取企业入选“三同”示范企业情况的报告。支树平希望“镇江加强产品质量管理，充分利用政策，合法使用地理标志，扩大中国地理标志产品的影响力，促进经济发展”。

（杨　昉）

【不合格进口姜茶粉销毁】 2016年3月11日，在镇江检验检疫局的全程监督下，704千克菌落总指标超出国家标准限量规定的进口姜茶粉被销毁处理。这是镇江口岸首次进口姜茶粉，也是首次销毁姜茶粉。该批姜茶粉来自牙买加，有200箱，2月3日抵达镇江口岸，通过现场查验、抽样送实验室检测后发现属不合格产品，依法将其封存，并向进口企业出具卫生证书和检验检疫处理通知单。

（杨　昉）

【国内首次退运环保不合格的进口柴油机】 2016年1月1日起，新《中华人民共和国大气污染防治法》正式实施。5月，镇江检验检疫局在对一批韩国进口的高空作业车进行检验时，发现其装用的柴油机排放不符合中国强制标准要求，属禁止进口范围。查验人员出具《检验检疫处理通知书》，同时责成进口商对装用的柴油机进行拆除并退运。这是新《中华人民共和国大气污染防治法》实施后因为排放不合格的首次退运，国家质检总局为此发布关于污染物排放超标进口机电产品的警示通告。（杨　昉）

【丹阳汽车零部件出口四方合作协议签署】 2016年6月30日，坐落于丹阳的江苏车用灯具实验室与中汽认证中心，德凯认证（上海）公司及德凯认证（荷兰）公司战略合作签约仪式在镇江检验检疫局举行，协议四方在认证检测、技术服务、学术科研等方面达成合作意向，为丹阳汽车零部件出口提供检测、认证一站式服务。（杨　昉）

图24-1　2016年8月10日，镇江检验检疫局检疫人员对美国进口的大豆进行卸截过程中的现场查验和检疫监管（李干荣　供稿）

【“同标同质同线”工作】 2016年，镇江检验检疫局推进出口食品企业“三同”创建工作，江苏恒顺集团醋业有限公司、丹阳颐和食品有限公司、丹阳荷利特佳食品有限公司成为江苏省出口食品“同标同质同线”上线企业。11月30日，江苏恒顺集团醋业有限公司成为全国首批24家“三同”示范企业之一。（杨　昉）

【全国首次截获7种有害生物】 2016年，镇江检验检疫局从进境木材、粮食、船舶检疫中，首次截获圆魅朽木象、锈角巨胸叩甲、桤木跳象、霜天蛾、接骨木钩蛾、银锭夜蛾、鹰翅天蛾7种有害生物；在进境大豆中，首次发现大耳禾鼠。同时，在镇江口岸首次截获检疫性杂草白苍耳、有害物种南瓜实蝇和粗双棘长蠹。

（杨　昉）

【进境木材】 2016年，中林集团新民洲进境木材产业的木材进口国家扩大到新西兰、澳大利亚、赤道几内亚、俄罗斯、美国和加拿大6个国家，材种由单一的辐射松扩大为辐射松原木、桉木原木、奥古曼原木、花旗松原木、加勒比松原木、科西嘉松、南洋杉木、铁杉原木、冷杉原木以及云杉原木10种。全年进口木材55船132万立方米、货值1.55亿美元，比上年的4船14万立方米、货值0.13亿美元有较大增幅。镇江检验检疫局专门成立专业队伍，免费进行复尺检测。

（杨　昉）

【镇江海事局】 2016年，镇江海事局围绕水上安全监管中心工作，推进海事“三化”建设，保障长江镇江段水上交通安全、服务港口经济发展。当年，镇江海事局作为镇江市唯一代表被授予“全国五一劳动奖状”称号，并通过“江苏省文明单位”复核，中央国家机关工委副书记陈存根、交通运输部副部长何建中等到镇江海事局调研指导工作。全年监管进出港船舶7.73万艘次，船载货物1.39亿吨，其中危险货物3558万吨。办理船舶登记108艘次，办理水上水下施工作业许可46件，影响通航作业报备55件，办理受限制船舶进出江核准2084艘次；辖区货物吞吐量1.39亿吨，其中外贸货物2558.8万吨；办理船舶进出港签证7.73万艘次，办理国际航行船舶进出口岸手续2857艘次。全年保障辖区安全渡运旅客792万人、车辆480万辆。有效实施交通组织7.3万次,累计巡航9694航次、出动执法人员16158人次,处置水上险情89起,成功救助遇险船舶166艘、遇险人员1158人,船舶救助成功率和人员救助成功率分别为93.4%、99.8%。辖区发生等级以上水上交通事故2起、死亡失踪2人、沉船11艘、直接经济损失2283万元,比上年分别下降60%、33.3%、75%、15.9%。

服务港口发展,推动江苏海事局与镇江市、镇江海事局与扬中市分别签订面向"十三五"期间的战略合作协议,巩固和提升海事监管现代化镇江示范区建设成果。服务镇江长江经济带港口物流核心区建设,定期组织专家实地技术指导,助推扬中和润、丹徒孟家港、京口新民洲等临港大项目建设;支持谏壁发电厂2号泊位和新民洲码头6号泊位对外开放,服务镇江港务集团12号泊位升等改造。做好苏台灯会、江苏首届航空旅游节等涉水重大活动水上安保工作,确保长江南京以下12.5米深水航道、镇江长江大桥等重点工程施工建设安全保障,实现工程施工、船舶通航与港口生产"三不误、三安全"。坚持船舶交通组织、应急值班待命和政务办理服务三个"全年全天无休工作制",落实"加急、延时、预约"等便民举措,服务保障船舶安全便捷进出港口。加快电子政务建设,完善微博、微信平台建设,为行政相对人提供高效的政务服务。推进"苏冀电煤航线"品牌建设,上门服务为船方答疑解惑,为电煤等重点物资水上运输提供便利服务。

服务保障民生,加强《渡口渡船安全管理规定》的落实,督促渡运单位严格执行车客分离等要求,指导辖区25艘在航渡船全部完成抗风等级标注并在渡船醒目位置公示。指导镇扬汽渡、大港汽渡建立渡船防碰撞预警系统和气象观测系统,推动扬高汽渡完成渡船亮化工作。开展客汽渡船舶"防碰撞、查隐患、纠违章"专项行动,消除渡运安全风险,遏制渡运事故发生。实施饮用水水源地重点巡查,严格落实水源地保护区"禁捕、禁航、禁靠"要求。在海事处设立船员驿站,为船员提供免费知识更新、临时住宿、应急救助物资等服务。开设水上流动党员之家,吸纳船员中流动党员参与党组织生活。开展"集中无偿献血""慈善一日捐"和"党员干部向龙卷风灾区专项捐款"等社会公益活动,累计献血0.7万毫升,捐款捐物金额10.2万元。全局人员注册加入"志愿江苏"服务平台,构建线上线下志愿服务体系。参与镇江市"万个党支部结对万户特困家庭"奔小康活动,所属7个党支部与7户特困家庭一对一结对帮扶。关心帮助青少年成长,推动局指挥中心、大沙海事处和征润洲海事处成为镇江市第二批"校馆衔接"校外实践阵地。

提升监管效能,立足辖区通航环境和事故险情发生特点,制定下发5类68项事故预防预控措施,明确对重点船舶、重点水域、重点行为安全监管举措。深化落实"12345"安全管理长效机制和现代化动态执法机制,完成节假日、"两会"等重点时段安全监管工作。密切跟踪长江汛情和台风等极端天气信息,防抗"尼伯特""莫兰蒂"等台风影响。做好长江南京以下12.5米深水航道初通期通航安全监管,在船流高峰时实行海巡艇现场疏导,合理控制船舶交通流。加强对交叉河口、渡口渡线、涉水工程和取水口等重点水域的监督管理,尹公洲、六圩河口等重点水域事故险情数下降。开展船舶污染防治、船舶超载等专项整治活动,查处各类违法违章行为。联合水利、公安、渔政等部门治理非法碍航采砂活动。落实镇江市政府部署要求,开展长江水域砂石过驳市场整治规范行动,清理长江和畅洲左汊浮吊过驳船,并取得工作成效。坚持执行领导带班值班、应急搜救24小时值班待命制度,处置80余起突发险情。

夯实发展基础,开展"十三五"项目规划编制和项目前期工作,镇江海事局上报的6个海事趸船浮码头项目列入部"十三五"期间建设规划,镇江长江大桥和西来桥海事趸船浮码头工程获立项批复。全面总结海事趸船执法监管、应急值班、机务维修、电子监控"四位一体"的标准化建设经验,完成船山矿和润州海事趸船浮码头配套60米、80米趸船建造工作。润州趸船浮码头"1+1"工程(一艘80米工作趸船和一艘生活趸船)完成,丰乐桥和尹公洲、姚桥海事趸船浮码头工程竣工验收,40米级指挥船"海巡0639"列编。船舶溢油应急库码头工程基本完工,VTS改扩建项目、12.5米深水航道配套工程推进。突出智慧海事建设,提升执法信息数据分析处理能力,健全海事执法全程信息化系统,推进信息化资源与现场执法监管的深度融合。探索现代执法管理模式,开展指挥分中心建设,推进执法资源向一线倾斜、监管力量向现场集中。全面开展重点航道辅助决策系统建设,完成交管扩建配套CCTV系统(视频监控系统)建设和扬中捷水道CCTV系统建设。 (魏 静)

【镇江边防检查站】 2016年,镇江边检站坚持理念兴站、实干兴站、品牌兴站、素质兴站、发展兴站"五大理念",提升凝聚力、管控力、创新力、战斗力、保障力"五个能力",打造平安和谐口岸,完成以边检执勤为中心的各项任务。不断完善"江苏模式"镇江品牌建设,链条式"风险评估预警、智慧边检运行、网格服务管控、双向诚信考评、四方共管落实、边检协管辅助、士官效能发挥"镇江边检勤务发展格局形成。制定边检服务口岸发展九项举措,汇编《镇江边防检查站边检服务手册》,服务地方码头省级开放验收工作。全年检查出入境(港)船舶2777艘次,出入境人员34795人次,签发各类证件24162份。连续21年获评镇江市文明单位,连续26年获评口岸工作先进集体。

图24-2 2016年6月8日,镇江边检站组织召开G20峰会"环浙护城河"安保动员部署会 (张 磊 供稿)

2016 年，镇江边检站开展“讲党性、迎考验”和改革强警主题教育，牵头镇江公安现役部队主题教育协作区和总队宁镇扬政治工作协作区活动，全年组织召开联席会议 3 次，教育配套活动 5 次，中央电视台 3 次报道该站主题教育实践活动。打造“法韵清风”廉政教育品牌和廉政教育基地，相关经验做法在《中国边防警察报》头版报道，廉政教育基地获评江苏省公安边防总队首批廉政教育基地。

镇江边检站完成“两会”、G20 峰会“环浙护城河”和部队防汛抗灾等重大边防安保工作，推进“固边 1 号”“固边 2 号”“固边 3 号”专项行动，组建特战分队和特战小组，组织各类演练 36 次；开展“货郎船”治理、打击成品油走私、码头集中治理等联合执法行动 10 余次。G20 峰会安保期间，该站妥善处置 1 起 5 名未持出入境证件越南籍渔民随船入境事件，越南驻上海总领事馆专门致函公安部边防管理局和省公安厅感谢该站工作。（王国文）

【长江航运公安局镇江分局】 2016 年，长江航运公安局镇江分局融入长江经济带建设和地方经济社会发展大局，维护辖区政治治安稳定。全年接处警 979 起，其中立刑事案件 92 起（其中重大案件 52 起），破案 83 起（其中重大案件 47 起），打击处理 52 人；查处行政案件 133 起，处罚 143 人；处置群体性事件 33 起；处置水域未知名尸体 20 具。

提升维护稳定能力。以情报信息为先导，密切关注“e 租宝”事件和长江南京以下 12.5 米深水工程等社会热点，完善矛盾纠纷调处机制，妥善处置各类群体性事件，维稳基础进一步巩固。尤其在 G20 杭州峰会安保期间，该局以“四个坚决防止”为目标，检查入浙江船舶 881 艘次，其中危险化学品船舶 26 艘次，核查人员信息 2772 人次，抓获网上逃犯 3 人，完成安保任务。

完善执法协作机制。以贯彻落实《关于深化长江海事、公安联合执法指导意见》为切入点，分别与镇江、扬州、常州、泰州海事局签订《水上联合执法合作备忘细则》；与市渔政、水利、海事等单位协作配合，打击非法捕捞、非法采砂活动，组织开展“三保一创”、浮吊乱停乱靠、非法码头治理等专项整治行动，发挥长江航运执法机构综合效能。

提升严打犯罪效能。情报导侦与多库联侦相结合，发挥大数据对实战的支撑作用，攻坚破案能力得到提升。先后破获“4·28”煤炭诈骗案、“5·24”铁矿粉盗窃案等一大批物流犯罪案件。对水上涉恶势力露头就打，侦办“6·29”寻衅滋事案，打击欺行霸市的行径。全年破获各类刑事案件 83 起，打击处理 52 人，该局获“交通公安打击水运经济领域犯罪专项行动成绩突出单位”称号。

稳定消防安全形势。镇江分局辖区内沿江危化品码头多、储运量大，消防安全形势严峻，该局按照“横向到边、纵向到底、全面覆盖、不留死角”的总要求，适时开展危险化学品储运消防安全专项检查及“六月江安”行动，开展消防安全检查 395 次，督促整改火灾隐患 407 处，下发《责令限期改正通知书》52 份。针对少数企业装卸甲类油品未落实现场消防监护的问题，加大重大隐患整改力度，专题报请地方政府协调整改，保障航运生产安全。同时强化消防站、船管理，组织战斗员开展火灾扑救演练，提升消防船舶水上应急救援能力。全年处置船舶火灾 11 起，查办消防行政案件 20 起，确保辖区消防形势的安全稳定。

规范执法行为。该局以制度建设、法制培训和执法考评为切入点，推进执法规范化建设。从提升执法能力着手，组织开展教育培训，有 57 名民警通过中级执法资格考试，4 人通过高级执法资格考试，3 人通过国家司法考试，民警执法素质进一步提升。

增强支撑保障能力。该局按照做实做强基层的思路，推进工程建设，5 月，泰州派出所业务用房投入使用；9 月，警备码头业通过竣工验收；完成派出所公安网、视频会议线路升级，为业务工作开展提供支撑。

推进正规化建设。以推进“星级”党支部创建为载体，以创先促党建。通过提拔选用年轻有为的青年民警，优化干部队伍结构，激发队伍活力。督促民警牢固树立底线思维和红线意识，防止民警在枪、酒、车、赌等方面违纪问题的发生。加强宣传工作，先后在中央电视台、江苏卫视、镇江电视台等新闻媒体刊登稿件 249 篇。该局获评“2013—2015 年度江苏省文明单位”称号。（凌秋平）

海　关

【概况】 2016 年，镇江海关强基础、重规范、树新风、创特色，做好把关服务工作。全年征收税款 47.2 亿元，比上年增长 1.3%；审结报关单 4.42 万份，增长 1.43%，其中无纸化报关单 4.04 万份，报关单无纸化率 91.56%；监管货运量 2401 万吨，增长 17.2%；监管货物总值 66.1 亿美元，下降 7.5%；备案加工贸易合同 519 份，下降 16.6%，合同备案金额 16.1 亿美元，增长 85.43%；新增注册企业 526 家，增长 4.78%。

加强综合治税工作，参与南京关区汇总征税改革，全年纳税 5.82 亿元，约占南京关区总量的 8.9%；持续推进通关作业无纸化改革和税单电子支付，全程无纸化率 91.56%，电子支付比例 96%。落实税收责任制，坚持月度税收分析和税收变化要素必报制度，提高税收征管质量，全年审价、归类、原产地补税 2687 万元。

严密口岸实际监管，完善大宗散货“船货一体化”监管模式，加强对重点敏感商品的监管工作。全年监管进出境船舶 2836 艘次，比上年增长 4.2%；监管货运量 2401 万吨，增长 17.2%；监管进出境集装箱 12.6 万标准箱，增加 20.5%。

创新保税监管模式，推行“加工贸易集中作业模式”改革，自 2016 年 6 月启动至 12 月，试点企业通过一体化平台设立加工贸易手册 32 份，变更加工贸易手册 3 份，备案金额 1737 万美元。全年办理加贸合同备案 519 份，比上年下降 16.56%；备案金额 16.1 亿美元，增加 85.43%；E 账册（电子账册）进出口金额 11 亿美元，减少 0.13%。

发挥后续监管合力，落实“三查合一”业务协调机制，发挥稽查核查、企业管理、减免税管理合力，贯彻落实新修订的《中华人民共和国海关稽查条例》，探索建立企业“主动披露”制度，有 4 家企业向海关提交主动披露报告。推进差别化稽查作业模式，全年稽查企业 30 家，核查企业 49 家，完成稽查补税 220.42 万元。（曾　强　孙弘升）

【镇江海关缉私分局】 2016 年，镇江海关缉私分局立刑事案件 8 起，采取强制措施 13 人次，抓获犯罪嫌疑人 8 人，检察机关批准逮捕 1 人。案值 8729.12 万元，涉税 3398.54 万元，刑事追缴人民币 241.9 万元。行政立案 102 起。其中一般案件 32 起，案值 2787.08 万元，涉税 242.37 万元（包括行政违规案件 27 起，走私行为案件 5 起）；简单案件 3 起，案值 12.54 万元；简易程序案件 67 起。（张　倩　吴　悦）

【“国门利剑 2016”专项行动】 2016 年，镇江海关缉私分局打击重点领域商品走私，立案侦查“多晶硅走私”系列案件，被海关总署列为二级挂牌督办案件。打击非涉税案件成效显著，立案侦办非涉税案件 2 起，其中立案侦查仲某涉嫌走私枪支案，查获高压气枪 3 支，铅弹若干发。相关案件获公安部领导批示。（张　倩　吴　悦）

财 政

【概况】 2016年，镇江市完成财政总收入671.39亿元，其中一般公共预算收入293.01亿元，同口径增长4.7%，其中税收收入231.40亿元，同口径增长4.7%，税占比79%。各辖市（区）中，丹阳市、镇江新区、句容市、扬中市收入总量分别突破60亿元、50亿元、40亿元和30亿元；京口区、润州区、丹徒区在完成既定目标的同时，保持较好收入质量；句容市、丹阳市、扬中市税收占比在全省44个县市中分列第1、第16和第19位。

落实供给侧结构性改革。聚焦去产能，安排淘汰落后产能资金420万元，投入绿色发展专项资金1200万元，引导企业节能降耗，提升企业技术装备和节能减排水平。帮助企业搭建产业与技术合作的平台载体，安排“科技人才类”专项资金2.2亿元，助推国家高新区、高校园区等协同发展。聚焦去库存，参与制订《镇江市关于房地产去库存工作的实施方案》，从购房补贴、公积金贷款、鼓励租赁经营等方面，支持市区楼市库存降低去化周期。聚焦去杠杆，向上级争取新增债、置换债，多措并举降低融资成本，2016年省财政厅下达镇江市的置换债券限额86.9亿元，新增债务23.2亿元。聚焦降成本，推开“营改增”改革试点等结构性减税以及小微企业减负政策。安排8000多万元壮大产业发展资金池规模，帮助企业降低融资成本，仅“周转贷”一项就为镇江市企业节约融资成本超亿元。聚焦补短板，贯彻执行脱贫攻坚政策，新设扶持村级集体经济奖补资金4000万元和振兴发展茅山革命老区专项资金1000万元。

保障基本公共服务。落实各项民生政策提档提标提补，加大资金投入，补齐教育、社保等社会事业发展短板，确保市级财力增量的80%、全市财力的70%用在民生领域。落实主体功能区转移支付和生态补偿两个机制，筹措主体功能区生态补偿资金1.2亿元。安排专项资金1000万元，用于“四碳”创新和“生态云”管理平台建设。筹集专项资金2500万元加快推进黄标车、老旧汽车淘汰报废。安排专项资金5500万元，统筹实施用于城市老小区整治，筹集安排资金2.1亿元，支持镇澄路东中西段、解放路南段、汝山路南段、中山东路道路恢复工程建设。

推进财税改革。全口径预算体系逐步完善，“四本预算”统筹力度加大，政府住房基金等10项政府性基金全部转列一般公共预算，国有资本经营预算调入比例提高至19%。推进PPP项目，市级在手推进的5个PPP项目总投资118.2亿元，并纳入省储备库。同时争取海绵城市等项目省PPP融资支持资金8.6亿元。推进预决算信息公开，出台《2016年镇江市市级预决算信息公开工作方案》，细化预决算公开内容，特别是明确“三公”经费增减变化原因，提高预决算公开的科学化、精细化、规范化水平。开展绩效管理工作，采取单位自评价、财政评价和重点评价的方式，组织对68个政府关注、群众关心的重点项目开展绩效评价，涉及财政性资金总量25.14亿元。

加强队伍建设。深化法治财政标准化建设，成立法律顾问团，增强财政干部运用法治思维和法治方式聚财理财的能力。以“效能革命”为契机，开展人人争当“效能标兵”活动，营造高效、为民、务实、清廉的氛围，办理代表建议、政协提案37件，满意率100%，处理办文单800多件，回复书记和市长信箱及各类在线咨询百余件。市财政局被市委、市政府评为2016年度“十佳”单位，获全省“2011—2015年法治宣传教育先进单位”，赵红文在市级机关十佳“效能标兵”评选中列第一名。 （冷叶卉）

【现代财政管理制度体系构建】 2016年，镇江市财政局优化财政业务管理流程，将国库集中支付、非税收入管理等纳入财政一体化业务平台，实现基本信息与项目支出预算线上汇编。提升预算编制精准化水平，完善公用支出定额标准体系，借助财政“一体化”平台加强项目管理。加大“四本预算”有机衔接，除教育收费外，市级非税收收入全部纳入预算管理，政府住房基金、无线电频率占用费等转列一般公共预算，国有资本经营预算调入比例提高至19%。 （林 海）

【国库集中支付电子化管理系统】 2016年，镇江市财政局成立镇江市市级国库集中支付电子化管理工作领导小组，制订《镇江市市级国库集中支付电子化管理实施方案》，并获省财政厅批准。中国工商银行和江苏银行配合，中科江南及富深公司组织软件开发和系统改造，经过8个月的推进，完成系统改造和业务流程改造。11月17日，镇江市市级国库集中支付电子化管理系统上线。上线当天发起1200多笔支付业务，结算金额1.65亿元。 （祝月娥）

【资金引导机制创新】 2016年，镇江市财政局推出“镇农贷”金融产品，完善“助农贷”合作协议，发挥“助农贷”“镇农贷”等担保基金作用。同时，争取中央财政资金400万元，与保险机构合作撬动4000万元，推出“镇江农保贷”金融产品，鼓励和吸引金融保险机构加大对涉农贷款投放及产品创新，解决新型农业经营主体融资贵、融资难问题，激发农户发展高效农业的积极性。截至2016年年底，吸引各类社会资本投农37.2亿元，累计为全市120户农业经营主体发放农业担保贷款近1.5亿元。 （欧阳荣）

【助力企业降低融资成本】 2016年，镇江市财政局与镇江农行合作，开展"苏微贷"业务。通过省市财政各出资500万元，设立1000万元融资风险池，以镇江市小微企业作为主要发放贷款对象。由于有财政出资的风险补偿资金作担保，只要符合财政补偿基金的基本要求，即使没有抵押物和担保，小微企业也可以获得农行"苏微贷"信贷资金的支持。5月，市财政局与镇江农行正式合作签约，并对镇江市元致亨食品有限公司等首批4家小微企业发放授信总计1010万元。截至2016年年底，全市有46家纳入"苏微贷"业务企业库。 （王 兰）

2016年镇江市财政收支情况表（按项目）

表25－1 单位：万元

项 目	2016年	2015年（同口径）	同口径增幅（%）	项 目	2016年	2015年	比上年增长（%）
一、公共财政预算收入	2930110	2799805	4.7	一、公共财政预算支出	3629382	3487276	4.07
（一）税收收入	2314039	2214156	4.5	一般公共服务	365036	350720	4.08
#增值税	660823	506175	30.6	公共安全	256468	209090	22.66
营业税	608881	707379	－13.9	教育	670466	644423	4.04
企业所得税	221606	225367	－1.7	科学技术	134811	122718	9.85
个人所得税	116398	139046	－16.3	文化体育与传媒	95652	84639	13.01
城市维护建设税	159373	162896	－2.2	社会保障和就业	328425	262529	25.10
土地增值税	145155	148903	－2.5	医疗卫生与计划生育	233449	217554	7.31
契税	182222	113611	60.4	节能环保	167157	167333	－0.11
（二）非税收入	616071	585649	5.2	城乡社区事务	587878	651099	－9.71
#专项收入	168115	191648	－12.3	农林水事务	341689	322328	6.01
行政事业单位收费收入	184783	182357	1.3	交通运输	74086	65222	13.59
罚没收入	53644	58320	－8.0	资源勘探和电力信息等事务	115439	101576	13.65
国有资源（资产）有偿使用收入	183029	129410	41.4	住房保障支出	89191	114818	－22.32
二、政府性基金收入	1279710	1747469	－26.8	其他各项支出	169635	173227	－2.07
三、社保基金收入	1044386	927385	12.6	二、政府性基金支出	1574566	1867496	－15.69
四、上划中央收入	1436922	1625132	－11.6	三、社保基金支出	1044258	927346	12.61
五、国有资本经营预算收入	22865	20022	14.2	四、国有资本经营预算支出	14254	15720	－9.33

（陈 一）

2016年镇江市财政收支情况表（按地区）

表25－2 单位：万元

地 区	公共财政预算收入			公共财政预算支出		
	2016年	2015年（同口径）	同口径增幅（%）	2016年	2015年	比上年增长（%）
镇江市	2930110	2799805	4.7	3629382	3487276	4.07
市 级	1544787	1482770	4.2	1917368	1806427	6.14
县 级	1385323	1317035	5.2	1712014	1680849	1.85
镇江市本级	900612	869563	3.6	1274838	1140402	11.79
市 直	400282	389003	2.9	876683	738467	18.72
镇江新区	500330	480560	4.1	398155	401935	－0.94
京口区	180622	172365	4.8	164502	178539	－7.86
润州区	206595	199041	3.8	185607	207442	－10.53
丹徒区	256958	241802	6.3	292421	280044	4.42
丹阳市	655469	635539	3.1	790060	800700	－1.33
扬中市	325028	313698	3.6	386599	385260	0.35
句容市	404826	367799	10.1	535355	494889	8.18

（陈 一）

【政府购买公共服务】 2016年,镇江市财政局与市文广新局、民政局分别联合出台《镇江市向社会力量购买公共文化服务实施办法(试行)》《镇江市民政局向社会力量购买公共服务实施办法(暂行)》。修订完善《镇江市政府购买服务目录》(以下简称《目录》),《目录》划分为基本公共服务、社会管理性服务、行业管理与协调性服务、技术性服务、政府履职所需辅助性事项及其他适宜由社会力量承担的服务事项六大类,具体包括公共设施管理服务等60多个品目。政府购买服务项目涉及领域除传统的道路保洁、绿化养护、物业管理等外,还包括PPP项目、规划编制、法律咨询、养老服务、就业培训等新兴领域,同时推进公共文化、民生事务、棚户区改造、土地收储等行业的购买服务工作落实。截至2016年年底,镇江市市本级政府购买服务项目185个,实际完成合同金额30152.98万元,数量、金额与上年比,分别增长72.89%、46.44%。 (朱朝阳)

【公务用车制度改革】 2016年,镇江市财政局参与市级公车改革政策制定和实施,牵头镇江市执法执勤用车改革,研究做好公车改革后相关经费保障与预算管控,参与实施公车改革执行情况监督。根据执法执勤用车改革政策,落实各项规定,向省财政厅争取,提高镇江市执法执勤用车保留控制数,化解矛盾,对市直改革后保留的执法执勤用车建立管理台账。根据车改后公务出行保障方式的变化,调整市级差旅费管理办法,保证公务交通补贴及时发放。 (周立平)

【PPP模式推广运用】 2016年,镇江市财政局按照省委、省政府开展PPP工作试点"先行先试、大胆创新、积极探索、勇于实践"的要求,在组织保障、宣传培训、制度建设、项目示范、政策支持等方面,开展一系列探索。镇江市市级在手推进的PPP项目有海绵城市、新河街、铁瓮城、体育运动学校和金港产业园5个项目,总投资118.2亿元,均纳入省储备库。其中海绵城市项目被列为部、省双试点项目,新河街和体育运动学校项目被列为省试点项目,海绵城市和金港产业园项目落地实施。市财政局把列入市级以上PPP项目纳入政府采购服务范畴,购买服务所需资金纳入年度财政预算和中长期财政规划。争取上级资金支持,帮助海绵城市、新河街及体育运动学校项目获省财政厅PPP项目费用补贴250万元。为海绵城市项目申请省PPP奖补资金998万元和省PPP融资支持资金1亿元,新河街项目申请省PPP融资支持资金4亿元,铁瓮城项目申请省PPP融资支持资金3.6亿元,三个项目申请期限均为10年。 (韩年庚)

【生态领先战略实施】 2016年,镇江市财政局围绕生态立市战略,加强资金政策集成,支持"生态镇江"提升年建设。加大环境保护,强化市级污染防治专项资金使用,重点向大气、水污染防治和监测能力建设项目倾斜,规范太湖流域水污染防治专项资金分配,贯彻落实排污费和污水处理费差别化征收政策。支持低碳城市"九大行动",安排专项资金1000万元,用于"四碳"创新和"生态云"管理平台建设以及举办首届国际低碳技术产品交易会。筹集专项资金2500万元加快推进黄标车、老旧汽车淘汰报废。加大对重点整治片区和领域财政投入,支持开展市区"一湖九河"水环境综合整治、谏壁西南高资三片区环境综合整治、淘汰落后产能、美丽宜居镇村建设等项目。 (王大华)

【民生类保障标准】 2016年,镇江市财政局完成第12年的企业职工养老待遇"调待"工作,企业职工人均增幅6.9%,月人均增加160元左右。提高老年居民和参加居民养老保险人员基础养老金财政补贴标准,月提标10元,调整后的老年居民基础养老金财政补贴标准为年满60周岁未满80周岁的115元、年满80周岁及以上的155元,远高于省定每人每月115元的财政补贴标准,全年增加支出约300万元。推进医药卫生体制改革,提高城乡居民医疗保险财政补贴标准,从每人每年380元提高到425元,全年净增支出约850万元。 (吴盛祥)

国税

【概况】 2016年,镇江市国税系统完成全口径收入206.75亿元,比上年增收35.83亿元,增长20.97%,增幅在全省13个设区市中排名第三(仅次于宿迁和连云港)。其中:直接收入192.25亿元,增长24.10%,剔除四大行业"营改增"后新增收入(22.44亿元),增长9.61%。全年全市完成地方公共财政预算收入81.41亿元,增收30.38亿元,增长59.54%;按老口径计算完成地方公共财政预算收入55.23亿元,增长8.23%。全年直接减免退税49.34亿元,办理出口退(免)税45.94亿元,合计落实税收优惠超95.28亿元。

市区收入总量和增幅均高于辖市,地区间差异较大,句容市收入首超扬中市。2016年市区(包括丹徒区)累计入库104.15亿元,比上年增长27.88%;辖市累计入库102.60亿元,增长14.67%。市区收入总量高于辖市1.55亿元、增幅高于辖市13.21个百分点。7个考核单位中有6个单位出现两到三位数高增长,仅有丹阳市增幅较低(9.63%)。其中京口区、润州区增长较快,镇江新区因部分企业所得税预缴高增长,全区收入实现较高增幅,分别增长59.23%、65.57%和28.16%;句容市、丹徒区、扬中市也实现两位数的增长,分别增长32.08%、10.52%和10.33%,辖市中句容市由于房地产收入大幅增长,收入总量首次超过扬中市。

增值税入库152.06亿元,比上年增长31.64%(其中"营改增"收入32.13亿元,增长320.47%);消费税入库5.45亿元,增长25.66%;企业所得税入库41.48亿元,下降3.42%;车辆购置税入库7.77亿元,下降4.38%。

产业结构持续优化,工业经济占比提升,第三产业和民营经济稳步发展。从全市国税收入产业结构分析,2016年第二产业累计入库139.32亿元,税收规模比上年增长11.58%,比2015年度增长率提升4.12个百分点,税收比重为76.13%,比2015年提升3.12个百分点。其中制造业实现税收108.97亿元,增长4.97%,全市实体经济增长稳定。第三产业入库60.33亿元,增长31.72%,剔除全面"营改增"因素影响,入库43.75亿元,下降4.48%。全年民营经济税收122.62亿元,增长25.07%,剔除全面"营改增"因素影响,入库99.66亿元,增长1.65%。

十大重点税源行业"六增四减",电力、热力生产和供应业入库税款居首位,房地产业增势明显。全年全市十大重点行业累计净入库100.13亿元,占全市入库税款的52.11%,比上年增长12.95%。全市十个行业"六增四减",其中电力、热力生产和供应业入库20.27亿元,总量位列全部行业第一位,比上年增长11.31%。重点企业句容华电能源入库3.63亿元,增长45.63%;镇江市纳税第一大户谏壁电厂入库6.89亿元,下降15.19%。非金属矿物制品业(主要是水泥行业)下降21.08%。受全面"营改增"和房地产行业回暖影响,房地产行业入库13.96亿元,增长449.61%,如剔除"营改增"因素影响,增长76.77%。

2016年,镇江市国税局开展"作风

建设深化年”主题实践活动，加强机关作风建设。组织开展岗位练兵、技能比武和业务竞赛。开展巡视整改和全面自查自纠工作，对2个市区分局开展巡视检查，对1个辖市（区）局开展巡视“回头看”，对辖市（区）局政府采购开展执法监察，对税务稽查案件实施“一案双查”。

（李文江　吴继新）

【征管体制改革】　2016年，镇江市国税局推进国地税合作，加强联合办税平台建设，推进45项合作事项。推行应对任务竞标管理，加强税收风险应对绩效的科学考评，提高税收征管的专业化和精细化水平。全年直接增加税收2.49亿元，综合管理成效为5.4亿元。

（吴继新）

【“营改增”试点推广】　2016年，镇江市全面推开“营改增”（以前缴纳营业税的企业改为缴纳增值税）试点。全市3.12万户纳税人实施税制转换。税负分析工作的开展为政策效应评估提供支持。实施“营改增”减税56亿元。　（吴继新）

【金税三期系统】　2016年10月8日，镇江市金税三期系统上线运行。金税工程（三期）应用系统的建设包括税收业务管理、税务行政管理、外部信息管理、决策支持管理四大应用系统。按照国家税务总局要求，2016年10月，全国各地税务机关必须全部使用金税三期进行税收管理工作。金税三期上线，可统一全国国税局、地税局征管应用系统版本，实现全国征管数据大集中。　（吴继新）

【依法治税】　2016年，镇江市国税局深化行政审批改革，全面落实“放管服”要求，加强事中事后的管理和抽查检查。加强税收政策确定性管理，推进行政执法全过程记录，规范行政处罚自由裁量权行使。推行“审前听述”，推广说理式文书，以典型案例指导执法，使依法治税进入制度化、规范化轨道。加大涉税违法案件查处力度，打击发票违法犯罪，推进依法治税，规范税收秩序。

（吴继新）

【纳税服务】　2016年，镇江市国税局开展“问需求、优服务、促改革”活动，深化“便民办税春风行动”，打造“e路绿道·清新国税”服务品牌，国地税合作平台建设全省领先。全面推广应用“电子税务局”，提高办税效率。推进纳税信用增值利用，提升纳税遵从（纳税人依照税收法律履行纳税义务）。　（吴继新）

（单位：万元）

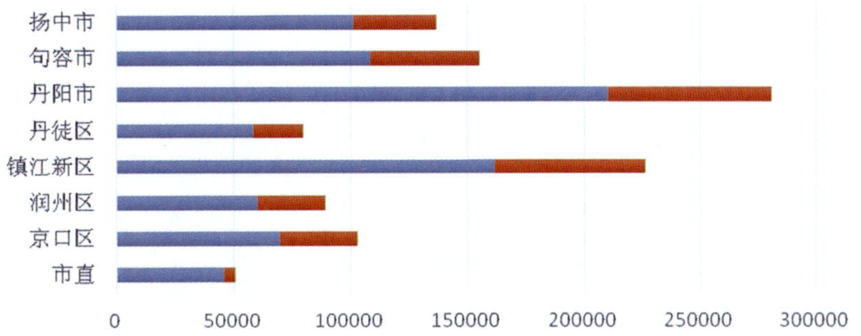

	市直	京口区	润州区	镇江新区	丹徒区	丹阳市	句容市	扬中市
税额(万元)	45520	69503	60125	161515	58130	209959	108143	101209
增减额（万元）	4945	33134	28482	64362	21155	70548	46402	34885
增减（%）	12.19	91.10	90.01	66.25	57.22	50.60	75.16	52.60

税额(万元)　增减额（万元）　增减（%）

图25－1　　2016年镇江市国税地方公共财政预算收入分地区情况表

（李文江）

（单位：万元）

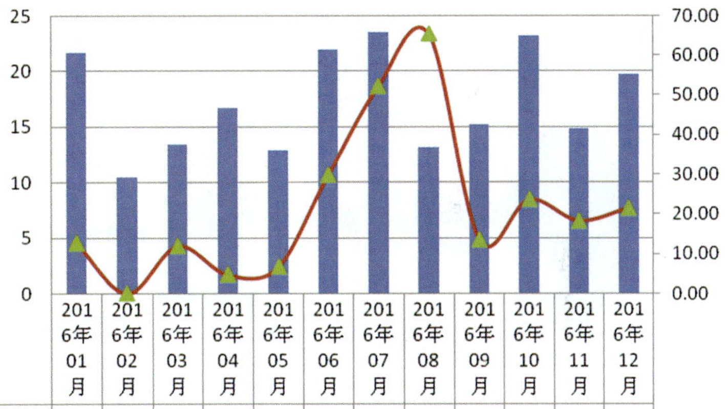

	2016年01月	2016年02月	2016年03月	2016年04月	2016年05月	2016年06月	2016年07月	2016年08月	2016年09月	2016年10月	2016年11月	2016年12月
本期收入数	21.7	10.5	13.4	16.7	12.9	22	23.5	13.2	15.2	23.1	14.8	19.7
增减率（%）	12.7	0.10	12.0	4.76	6.79	29.7	52.1	65.3	13.5	23.6	18.3	21.5

图25－2　　2016年镇江市国税收入分月度情况表　　（李文江）

（单位：万元）

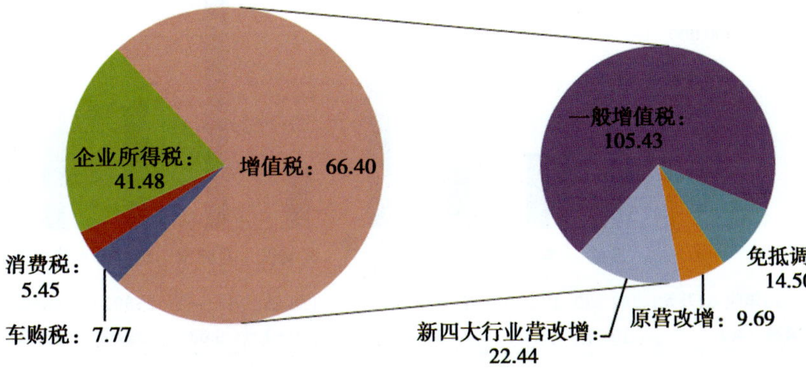

图25－3　　2016年镇江市国税收入分税种情况图　　（李文江）

（单位：万元）

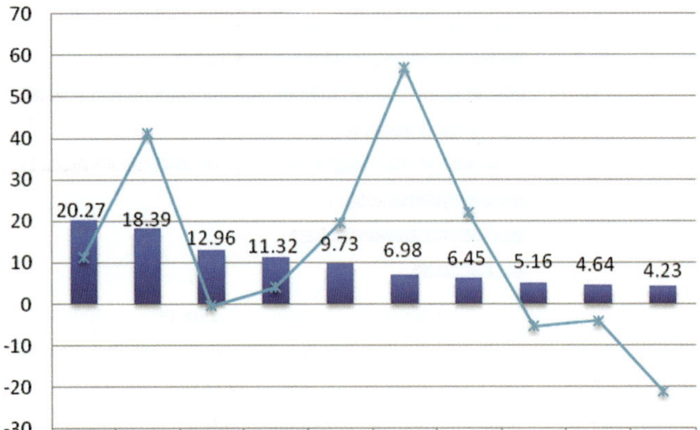

	电力、热力生产和供应业	批发业	电气机械和器材制造业	化学原料和化学制品制造业	汽车制造业	货币金融服务	专用设备制造业	零售业	金属制品业	非金属矿物制品业
2016年净入库(亿元)	20.27	18.39	12.96	11.32	9.73	6.98	6.45	5.16	4.64	4.23
增减率(%)	11.31	41.24	-0.46	4.04	19.68	56.85	22.16	-5.49	-4.13	-21.08

图 25－4　2016 年镇江市十大重点行业入库情况图　（李文江）

（单位：万元）

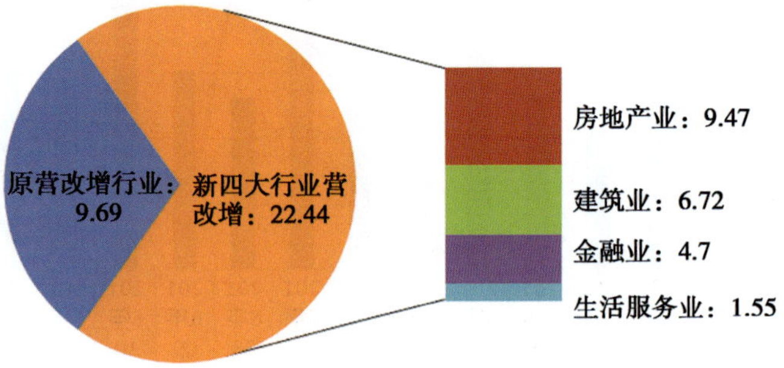

图 25－5　2016 年镇江市"营改增"收入情况图　（李文江）

（单位：万元）

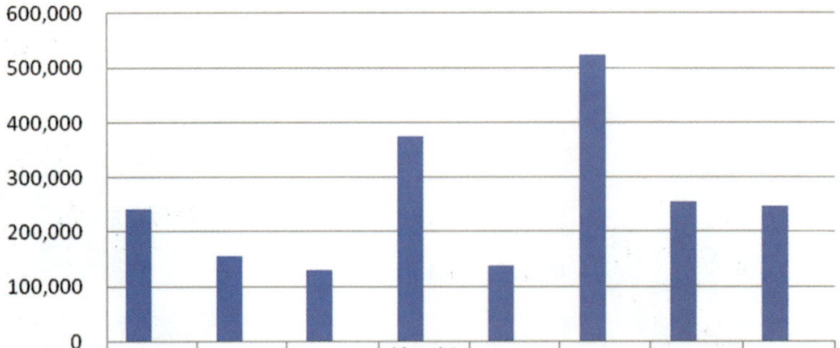

	市直	京口区	润州区	镇江新区	丹徒区	丹阳市	句容市	扬中市
2016年收入(万元)	242,380	156,395	129,438	374,798	138,481	523253	255929	246862
增减（%）	10.21	59.23	65.57	28.16	10.52	9.63	32.08	10.33

图 25－6　2016 年镇江市全口径收入分地区情况表　（李文江）

【全市国税系统第二届税收业务技能大赛决赛】 2016 年 3 月 31 日，镇江市国税局与市总工会联合举办全市国税系统第二届税收业务技能大赛决赛。技能大赛决赛分个人赛和团体赛两部分。在决赛个人赛中，此前复赛决出的 80 名选手参加涵盖风险分析、税额确定书制作、约谈询问预案等内容的机考。在决赛团体赛中，全系统 11 个税收风险应对单位派出代表队参赛，经过必答题、抢答题和风险题等环节，扬中市国税局获一等奖，开发区国税局、丹徒区国税局获二等奖，丹阳市国税局、国税市区三分局、四分局获三等奖。镇江市国税系统各部门和系统各单位代表 150 余人观摩税收业务技能大赛决赛团体赛。　（徐守政）

地　税

【概况】 2016 年，镇江地税系统组织各项收入 304 亿元，同口径剔除"营改增"影响因素比上年增长 14.1%。其中，税收收入 192.6 亿元，同口径增长 18.2%，一般公共预算收入 157.4 亿元，同口径增长 29.4%；征收社保费 97.3 亿元，其他基金费 14.2 亿元。

服务经济发展。2016 年，镇江地税系统开展"降成本"专题调研，向江苏省委、省政府，镇江市委、市政府建言献策，用税收的"减法"换取企业发展和经济结构转型的"加法"，减免各类税收 26.5 亿元；倡导"平等、互信、合作、共赢"的征纳关系，以打造"地税与你零距离"服务品牌为切入点，推进办税便利化改革，深化国地税合作，健全合作机制，拓展合作领域，连续推出联合办税、委托代征、简并征期、信息共享等举措，实现"进一家门，办两家事，省三方力"；通过"税银互动"，帮助 326 家企业解决融资近 8000 万元，连续三年获全市社会信用体系建设一等奖。

干部队伍建设。2016 年，镇江地税系统修订议事规则，逐层压实责任，逐级传递压力，推动依法、科学、民主决策；创新推行"建议意见征集制度"，畅通建言献策的通道；在市级机关率先成立妇联组织。组织"岗位大练兵、业务大比武"，3 人进入全省前 100 名，1 人入选全省"专业骨干项目"，10 人入选全省"岗位能手项目"。

从严治党工作。镇江地税系统开展"两学一做"学习教育，从严执行纪监督问责，创新实行派驻专职纪检监察员制度。　（丁俊杰）

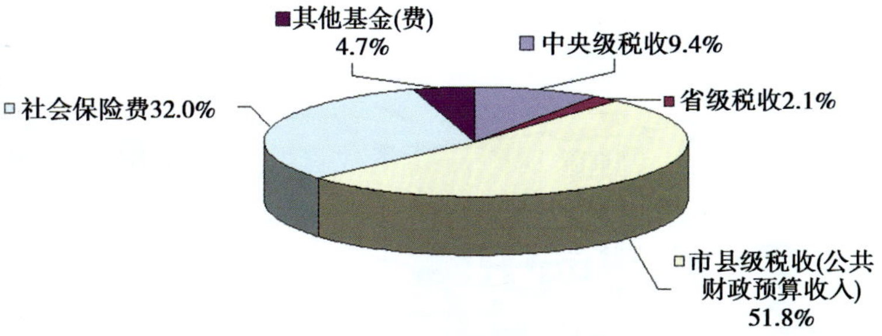

图 25－7　　地税各项收入比重示意图(2016 年)　　(冷　进)

2016 年镇江市地税主要税种收入统计表

表 25－3　　单位:万元

税　种	合　计	市区	丹徒区	丹阳市	句容市	扬中市
营业税	758836	304394	74702	158398	119070	102273
比上年增收	－463529	－180235	－64282	－113423	－47727	－57862
增长%	－38	－37	－46	－42	－29	－36
城建税	159490	70040	14401	34966	20213	19870
比上年增收	－3538	2998	－2489	－4200	2187	－2034
增长%	－2.2	4.5	－14.7	－10.7	12.1	－9.3
企业所得税	154084	44471	29314	26215	30338	23746
比上年增收	2733	574	－4104	－6849	6673	6439
增长%	1.8	1.3	－12.3	－20.7	28.2	37.2
房产税	82843	36400	6947	23756	7308	8431
比上年增收	5422	378	568	3147	443	886
增长%	7.0	1.0	8.9	15.3	6.5	11.7
土地使用税	63817	23280	8544	15041	10153	6800
比上年增收	2935	43	382	2346	－469	633
增长%	4.8	0.2	4.7	18.5	－4.4	10.3
个人所得税	290995	161954	12529	61721	31642	23150
比上年增收	－56615	－60155	1841	－2552	4151	100
增长%	－16.3	－27.1	17.2	－4.0	15.1	0.4
土地增值税	145153	45053	16896	19105	49808	14292
比上年增收	－3750	－16224	7896	－14752	12407	6923
增长%	－2.5	－26.5	87.7	－43.6	33.2	94.0

(冷　进)

【改革创新工作】　2016 年,镇江地税系统贯彻落实国家税务总局、江苏省地方税务局的改革方案,渐次推出 18 项改革举措。委托代征工作全省领先;研发的“房产交易手机办税系统”被国家税务总局评为“互联网＋税务”创新项目二等奖;推广“以地控税”系统,“房土”两税(房产税和土地使用税)加强管理;落实全面营改增试点,联合市国税部门清底册、调系统、抓培训,移交管户 66805 家,代征增值税 1.55 亿元。开展税负调研,完成资源税改革;市地税局创新的“测试剧本”(对新上线的金税三期系统所有模块设计一套全面的测试内容)全省推广,风险测试率先完成;公开税收权责清单,落实“五证合一”和个体户“两证整合”商事制度改革,降低纳税人制度性交易成本;健全事中事后税收监管体系,强化风险管理,推进数据治税,树立需求导向,服务的精准度和实用性提升。

(丁俊杰)

【依法治税】　2016 年,镇江地税系统完成“十三五”依法治税规划,全面深化行政审批制度改革,完成行政执法与刑事司法衔接,建立公职律师和法律顾问团队;加强税收政策确定性管理,清理登记执法主体资格,推行“执法全过程记录”制度,让税收权力在阳光下运行;在全省跨区域执法督察中,率先实践税收优惠执法督察“四步法”。推进内控机制建设,加大督查内审力度,进一步发挥督察内审促规范、防风险的作用,保障干部安全履职、高效履职。

(丁俊杰)

2016 年镇江市地税分地区收入统计表

表 25－4　　单位:万元

地　区	合　计	市区	丹徒区	丹阳市	句容市	扬中市
地税税收总额	1925895	782519	196006	412164	318714	216492
比上年增收	－431752	－229962	－41871	－113327	－897	－45695
增长%	－18.3	－22.7	－17.6	－21.6	－0.3	－17.4
其中:中央级税收	286538	128482	27113	53128	38408	39407
比上年增收	－12839	－31112	641	－5275	7714	15192
增长%	－4.3	－19.5	2.4	－9.0	25.1	62.7
省级税收	65103	30166	3639	16027	8541	6730
比上年增收	－48387	－22892	－151	－14637	－5328	－5378
增长%	－42.6	－43.1	－4.0	－47.7	－38.4	－44.4
公共财政预算收入	1574254	623871	165254	343009	271765	170355
比上年增收	－370526	－175958	－42361	－93415	－3283	－55509
增长%	－19.1	－22.0	－20.4	－21.4	－1.2	－24.6

(冷　进)

综 述

【概况】 2016年，镇江市资金保障更加有力，全年社会融资规模达1124.73亿元；其中银行贷款比年初增加448.21亿元，增长14.82%；发行企业债、公司债、银行间市场债务融资工具等各类债券473.8亿元。

上市融资更加迅猛。全年全市新增上市挂牌企业37家，上市挂牌企业总数达117家，花王股份登陆上交所主板。全市上市挂牌企业股权融资87亿元，超过历年股权融资总和。

合作成效更加显著。全年加强与省级金融部门和金融机构的交流沟通，争取信贷资源倾斜，与中行省分行签订450亿战略合作协议，与中信银行签订500亿元“低碳产业基金”合作协议；加强政银企合作，满足企业和项目建设资金需求，举办“金融支持制造业发展银企对接会”，现场合作签约18个项目，授信总额近60亿元。

服务能力更加优化。全年持续推进授信总额联合管理和到期续签工作，覆盖全市97家企业、授信管理总额达198亿元；减轻企业负担，将市区小微企业周转贷款规模扩大至3亿元，累计以基准利率发放贷款3052笔、199.59亿元；创新金融扶持方式，推出镇科贷、镇文贷、经信贷、小微创业贷等12项合作产品，投放贷款32.69亿元。

保险服务更加完善。全市新开业保险公司3家，全年保费总收入100.96亿元，增长26.1%；赔（给）付金额34.53亿元，增长26%。

金融生态更加稳定。在机构监管方面，加强对小贷公司的监管，在中贷协开展的“双推”活动中，全市5家小贷公司获选全国优秀小贷公司，全省排名第一位；在企业风险处置方面，监测企业逾期欠息状况，加大对恶意逃废金融债务、逾期欠息企业的惩治力度。加大不良贷款处置力度，全年处置不良贷款92.04亿元，为银行新增信贷投放腾挪空间；在非法金融活动防范打击方面，加大防范和处置非法集资工作力度，严格市场准入，结合互联网金融风险专项整治工作对全市2000多家企业开展“投资理财”类公司风险排查，化解风险隐患，维护区域金融生态稳定。 （毛盼盼）

【资本市场发展】 2016年，镇江市上市挂牌企业有117家，其中境内上市企业10家，境外上市企业6家，“新三板”挂牌企业42家，四板挂牌企业59家。全年新增上市挂牌企业37家。丹阳花王股份于8月26日登陆上交所主板，成为全市第十家境内上市企业；6家企业进入“新三板”创新层。

全年全市上市挂牌企业实现股权融资87亿元，超历年总和，其中上市企业首发融资3.87亿元，再融资63.55亿元，“新三板”挂牌企业实现融资13.86亿元。

镇江市与沪、深交易所签订战略合作备忘录，搭建与两大交易所的合作交流平台，开创上交所、深交所同时与地级市政府开展战略合作的先河，助推镇江企业对接资本市场。调整完善全市推进企业上市工作领导小组成员单位，为企业上市、融资做好服务。市金融办与沪深交易所、中国资本市场学院举办“镇江企业上市推介会”“镇江上市企业再融资与市值管理研修班”等培训活动，加强培训引导，加快上市培育。 （郑 菡）

银 行

【概况】 2016年，镇江市有银行业金融机构30家，其中政策性银行1家（农业发展银行），国有商业银行4家（工商银行、农业银行、中国银行、建设银行），股份制商业银行10家（交通银行、中信银行、华夏银行、广发银行、招商银行、浦发银行、兴业银行、民生银行、南京银行、光大银行），外资银行1家（大新银行），邮政储蓄银行1家，城市商业银行1家（江苏银行），农村商业银行4家（镇江农商行、丹阳农商行、句容农商行、扬中农商行），异地农村商业银行分支机构3家（丹阳张家港农商行、句容吴江农商行、扬中太仓农商行），村镇银行5家（丹徒蒙银、丹阳保得、句容茅山、扬中恒丰、润州长江），下设分支机构641个，银行从业人员11046人。全市银行业金融机构本外币各项存款余额4835.19亿元，比上年增长19.19%；本外币各项贷款余额3472.35亿元，增长14.83%。 （宋 静）

【存款】 2016年年末，镇江市银行业金融机构本外币各项存款余额4835.19亿元，比年初增加778.49亿元，增长19.19%，增速列全省第四位，高于全省平均水平6.4个百分点。

从存款部门分布看，住户存款小幅增长，非金融企业存款和非存款类金融机构存款增加较多，广义政府存款增速放缓。全市住户存款余额1899.19亿元，增加144.95亿元，增长8.26%。全市非金融企业存款余额1805.64亿元，增加404.25亿元，增长28.85%。全市非存款类金融机构存款余额320.09亿元，增加131.19亿元，增长69.45%。全市广义政府存款余额805.66亿元，增加98.33亿元，增长13.9%。

从存款期限看，存款仍呈活期化态势。住户存款和非金融企业存款增量中活期占比为32.65%，增加5.11个百分点。其中非金融企业存款中活期存款余

2016年镇江市主要金融机构主要经营指标情况表(本外币合计)

表26－1　　　　单位:亿元

金融机构	各项存款	比年初增加	与上年相比(%)	各项贷款	比年初增加	与上年相比(%)
农发行	64.65	35.92	125.02	184.19	52.85	40.24
工　行	394.68	26.24	7.12	392.64	38.31	10.81
农　行	623.90	54.25	9.52	343.06	3.46	1.02
中　行	404.76	31.30	8.38	345.19	41.42	13.64
建　行	445.71	78.20	21.28	325.22	16.77	5.44
交　行	260.06	17.43	7.19	201.35	－12.48	－5.84
江苏银行	369.49	50.14	15.70	232.08	2.40	1.05
邮储银行	231.88	43.62	23.16	151.44	65.29	75.77
华夏银行	105.61	16.60	18.65	88.37	20.93	31.04
浦发银行	89.04	6.62	8.04	81.15	4.91	6.44
民生银行	441.27	124.28	39.21	162.31	35.02	27.51
大新银行	13.82	3.00	27.72	2.67	1.09	68.99
招商银行	42.86	－7.63	－15.12	47.64	－9.01	－15.91
村镇银行	34.67	10.60	44.00	38.13	2.94	8.43
中信银行	161.69	31.20	23.91	151.81	36.54	31.71
农商行	737.20	108.67	17.29	523.29	60.23	13.07
兴业银行	161.71	62.95	63.73	80.23	24.98	45.21
广发银行	36.72	－5.89	－13.82	19.80	－6.81	－25.60
南京银行	146.99	51.26	53.56	65.21	32.80	101.25
光大银行	46.34	46.34	–	36.56	36.56	–
合　计	4813.05	785.10	19.49	3472.35	448.21	14.83

说明:本外币各项存款不含中国人民银行财政存款和各银行机构代理财政性存款22.15亿元

(宋　静)

额699.14亿元,增加264.26亿元,增长60.76%,增速比上年末高48.54个百分点。

(宋　静)

【贷款】 2016年年末,镇江市银行业金融机构本外币贷款余额3472.35亿元,比年初增加448.21亿元,增长14.83%,增速比上年末高4.27个百分点。

从贷款期限看,全市短期贷款负增长,中长期贷款继续增加并创历史新高。全市短期贷款余额1437.57亿元,减少34.24亿元,下降2.09%,增速下降1.14个百分点。全市中长期贷款余额1855.06亿元,增加452.76亿元,增长32.18%,增速上升11.15个百分点。全市票据融资余额169.46亿元,增加39.89亿元,增长31.07%。

从贷款部门分布看,住户贷款快速增长,主要是个人住房贷款增加较多。全年全市个人住房按揭贷款新增252.43亿元,增长60.38%,增速上升39.46个百分点。全市非金融企业及机关团体贷款增加205.85亿元,增加2.39亿元。

贷款利率运行平稳。12月,金融机构人民币贷款利率下降,加权平均利率为5.38%,比上年同期下降35个基点,金融机构人民币贷款中固定利率贷款占比为73.89%;个人住房贷款加权平均利率为4.46%,下降6个基点;金融机构银票贴现利率为3.9%,上升62个基点。

(宋　静)

【经营效益】 2016年,镇江市不良资产处置力度加大,不良贷款证券化、债转股等化解不良资产政策措施逐步推进,银行业金融机构账面资产质量改善,不良贷款余额与不良率均有所下降。截至年末,全市银行业金融机构不良贷款余额68.68亿元,比年初减少8.58亿元,下降11.11%;不良贷款率1.98%,下降0.58个百分点,15家银行业金融机构不良贷款下降。分地区情况看,市区不良贷款余额增加4.33亿元,不良贷款率上升0.18个百分点;丹阳市不良贷款余额下降15.91亿元,不良贷款率下降2.21个百分点;句容市不良贷款余额增加1.59亿元,不良贷款率上升0.02个百分点;扬中市不良贷款余额增加1.40亿元,不良贷款率上升0.12个百分点。全年全市银行业金融机构利润40.98亿元,减少1.96亿元,下降4.56%。

(宋　静)

【跨境人民币业务】 2016年,镇江市办理跨境人民币结算业务168.44亿元,比

2016年镇江市贷款分行业情况统计表

表26－2　　　　单位:亿元

行　业	贷款余额	比上年增减	增幅(%)
A. 农、林、牧、渔业	39.88	－15.24	－27.65
B. 采矿业	7.16	－1.69	－19.04
C. 制造业	919.09	－50.27	－5.19
D. 电力、热力、燃气及水生产和供应业	48.48	9.98	25.93
E. 建筑业	133.39	18.40	16.00
F. 批发和零售业	214.92	－3.89	－1.78
G. 交通运输、仓储和邮政业	42.56	－8.60	－16.80
H. 住宿和餐饮业	12.74	3.75	41.74
I. 信息传输、软件和信息技术服务业	4.15	－1.75	－29.72
J. 金融业	7.74	－0.96	－10.99
K. 房地产业	156.83	－62.14	－28.38
L. 租赁和商务服务业	373.30	163.13	77.62
M. 科学研究和技术服务业	8.08	5.16	176.65
N. 水利、环境和公共设施管理业	352.94	113.43	47.36
O. 居民服务、修理和其他服务业	9.68	4.89	102.13
P. 教育	10.33	0.39	3.90
Q. 卫生和社会工作	26.60	1.34	5.30
R. 文化、体育和娱乐业	14.68	－9.92	－40.32
S. 公共管理、社会保障和社会组织	25.61	2.37	10.19
T. 国际组织	0.00	0.00	0.00
对境外贷款	0.66	－8.71	－92.97
个人贷款及透支	894.07	248.68	38.53
贷款总计	3302.89	408.32	14.11

说明:不含票据融资

(宋　静)

上年下降22%。其中,经常项下结算业务83亿元,下降40%,资本项下结算业务85.5亿元,增长11%。经常项下跨境人民币结算业务中,货物贸易结算金额78.27亿元,下降40%,服务贸易及其他经常项目结算金额4.67亿元,下降42%。资本项下跨境人民币结算业务中,直接投资结算金额61.7亿元,增长21%,其他投资结算金额1.67亿元,增长18%,跨境融资结算金额22.66亿元,下降15%。（宋 静）

【国际收支】 2016年,镇江市外汇收支总体表现为“收入减少支出减少、结汇减少售汇较少”,跨境资金总体呈现出“流入动力不足、流出趋势趋缓”的特点。全年全市结汇58.98亿美元,比上年下降3.65%;售汇30.12亿美元,下降14.95%;结售汇顺差为28.87亿美元,上升11.86%。跨境对外收入88.12亿美元,下降8.69%;跨境对外支出47.39亿美元,下降26.44%;外汇收支顺差40.73亿美元,上升26.94%。货物贸易项下收付汇及结售汇顺差一升一降,全市货物贸易项下跨境收汇62.03亿美元,下降8.47%,跨境付汇29.15亿美元,下降16.23%;收付汇顺差32.88亿美元,下降0.27%。货物贸易项下结汇48.77亿美元,下降2.3%;售汇16.09亿美元,下降13.87%;货物贸易结售汇顺差32.68亿美元,上升4.61%。服务贸易项下结售汇及收付汇逆差双升,全市服务贸易项下跨境收汇3.48亿美元,下降13.03%。其中,加工服务收汇2.8亿美元,下降13.82%。跨境付汇4.44亿美元,上升3.07%。其中,旅行服务3亿美元,规模占服务贸易项下付汇的67.57%。服务贸易项下逆差9668万美元,上升208.45%。服务贸易项下结汇1.46亿美元,增长67.31%,以来料加工服务费为主的其他服务项下结汇1.12亿美元,增长87.49%;售汇6.24亿美元,增长18.59%,其中旅游项下售汇5.57亿美元,增长20.56%;咨询服务售汇1430万美元,下降28.1%。服务贸易结售汇逆差4.77亿美元,增长1666%。资本和金融项下收付汇顺差及结售汇逆差一升一降,全市资本和金融项目项下跨境收汇21.6亿美元,下降7.67%。资本和金融项目项下跨境付汇12.15亿美元,下降46.14%。资本和金融项目项下顺差9.45亿美元,增长1026.79%。资本和金融项目项下结汇7.21亿美元,下降15.59%。其中投资资本金结汇6.21亿美元,下降0.16%;跨境贷款结汇6278万美元,下降60.19%。售汇7.22亿美元,下降29.13%。其中购汇归还跨境贷款3.68亿美元,下降20.25%。结售汇逆差0.01亿美元,下降99%。（宋 静）

【货币信贷工作】 2016年,镇江市疏通货币信贷政策传导渠道,制定落实年度货币信贷工作要点,召开季度金融形势分析会、各类专题银企对接会,为全市稳增长提供支撑。

重视运用货币政策工具,信贷结构实现新优化。利用市场利率定价机制和行业自律机制,引导金融机构把握国家利率政策,确保降息政策惠及实体经济。全年全市办理再贴现22.81亿元、再贷款0.9亿元,引导金融机构支持经济转型升级和民生保障。用好信贷政策导向效果评估成果,指导全市金融机构贯彻落实《关于金融支持工业经济稳增长调结构增效益的若干意见》和江苏省“金融支持制造业提质增效行动计划”,逐步改善信贷投放过度向基础设施和房地产领域集中的问题,全市制造业贷款止跌回稳,金融支持“双创”工作、茅山革命老区金融扶贫服务工作等稳步推进,涉农贷款、小微企业贷款增速放缓得到遏制,金融服务实体经济的水平提升。

重视银政企互信合作,融资效率有新进展。推动直接债务融资工具持续发展,加强与交易商协会的沟通协调,推动企业拓展直接融资渠道,全年有9家企业通过银行间市场发行各类债务融资工具141.5亿元,占全省的4.16%。截至年末,全市直接债务融资工具存续余额441.5亿元,比年初增长80亿元,增长22.13%。推动政银企融资对接,举办金融支持制造业发展银企对接会,设立民营经济协会金融服务中心,联合辖市(区)政府召开政银企合作恳谈会,推动更多资源回流实体经济。支持重点企业与重点项目发展,及时更新产业升级重点项目清单,按月做好重大项目融资月报制度,帮助重点企业和项目协调解决有关融资问题,提升服务银企合作实效。（宋 静）

【金融改革与创新】 2016年,镇江市组织推动地方法人金融机构宏观审慎评估。准确理解把握宏观审慎评估(MPA)政策内涵,按照宏观审慎评估体系要求,加强事中监测和定向窗口指导,按季做好宏观审慎评估和定价行为评估工作,督促法人机构加强自我约束和自律管理。推动通过合格审慎评估的2家法人机构发行大额存单11.06亿元。

推动“两权”抵押贷款试点工作。落实《省政府关于开展农村承包土地的经营权和农民住房财产权抵押贷款试点的实施意见》,召开全市法人金融机构“两权”抵押贷款试点工作推进会,并借鉴“两权”抵押贷款全国试点地区泗洪县的工作规范和经验,加强机制建设,落实主办银行,探索把农村土地经营权抵押与创业担保贷款相结合,推进“两权”抵押贷款试点的宽度和深度。截至年末,全市“两权”抵押贷款余额872万元。

推动利率市场化改革。完善市场利率定价自律机制的组织机制,加强联动合作,发挥自律机制作用,维护利率定价秩序,关注辖内金融机构存贷款利率差异化定价情况,对个别银行业机构违反利率定价自律协议行为,督促自律机制秘书长单位对其开展诫勉谈话,要求立即整改,纠正挂牌利率,维护利率市场稳定和公平竞争环境。

推动外汇管理改革创新。推动全口径跨境融资宏观审慎管理业务实施,将外债借用对象由外商投资企业扩大到所有企业,统一中、外资企业跨境融资政策,为解决境内机构尤其是中资企业境内“融资难、融资贵”问题提供新途径,全市3家企业签约登记近1.2亿元人民币外债。推广跨国公司外汇资金集中运营管理,获批3家外币资金池企业,盘活境内、外资金,节约财务成本500万美元。（宋 静）

【金融稳定工作】 2016年,镇江市强化日常金融风险监测预警。定期监测分析重点行业领域的风险数据,关注地方政府债务风险、房地产市场风险、融资平台偿债压力、企业担保圈问题、影子银行业风险隐患等情况。跟踪监测法人银行业金融机构资产质量变化情况和流动性风险状况、全市不良贷款风险趋势。落实证券期货监管合作机制,加强与保险行业协会、样本保险公司的工作交流,关注投保产品的满期给付风险,开展社会理财类非金融机构风险排查工作,扩展风险关注的范围。

强化重大金融风险的化解处置。坚持“地方政府领导、人民银行主导、各部门协作配合”的金融稳定协调机制工作框架,协助做好个别大型企业债务风险,加强部分地区担保圈风险预警,加大打击逃废债行为力度,依法保护银行债权。按期完成互联网金融专项整治工作,部署落实第三方支付机构风险排查和清理整顿工作,以及互联网金融资产管理和跨界金融业务的摸底排查和清理整顿工作。

强化金融生态环境建设。根据新修

订完善的金融生态县创建指标体系，完成辖内金融生态优秀县申报及金融生态环境评估工作，向地方党委、政府通报江苏省金融稳定工作协调小组对镇江辖区县域金融生态环境综合评估情况，对排名下滑明显的辖市（区）加强提示，得到各级地方政府高度重视。举办“诚信为本共赢未来”主题政银企合作推进会，加强诚信示范引领，提升区域金融生态环境建设水平。

强化存款保险工作。加强市县联动，按期完成辖内9家地方法人银行机构投保手续办理、保费核算及征收工作。根据审慎性原则，对辖内投保机构风险评级开展试打分工作，客观反映法人机构在公司治理、内部控制、资产质量、流动性风险等经营管理情况。按照“存款保险现场核查三年全覆盖”的工作计划，完成对3家投保机构的存款保险现场核查并上报核查发现的问题、政策建议等，提升存款保险现场核查水平。

（宋 静）

【金融监管工作】 2016年，镇江市做好光大银行镇江分行等3家分支机构的开业管理及运营管理，完成对18家银行业金融机构的综合评价工作，改进综合评价结果的应用，完成对2家评价C类银行的综合执法检查，建立健全重大事项台账，落实好重大事项“零报告”机制，开展对5家金融机构重大事项报告制度执行情况的核查，提高金融机构执行中国人民银行政策的自觉性。

继续加大支付服务市场监管力度。落实个人银行账户三级分类管理制度，完成辖内所有银行同业结算账户专项检查。开展非银行支付结构风险专项整治工作，对2家涉嫌无证经营预付卡发行与受理的公司开展专项整治。贯彻《中国人民银行关于加强支付结算管理防范电信网络新型违法犯罪有关事项的通知》，督促辖内5家村镇银行完成电信诈骗风险交易事件管理平台上线运行工作，强化网银交易风险控制。开展整治银行卡信息非法买卖专项行动，排查线索并移送公安机关，配合做好打击银行卡信息非法买卖犯罪工作。

继续加强反洗钱监管力度。完善反洗钱工作机制，建立与市国家安全局、公安局的协同机制，加强反洗钱可疑交易分析筛查，联合开展打击反恐融资、非法集资、利用离岸公司和地下钱庄转移赃款、电信诈骗等工作。按照对反洗钱义务主体实施差别化分类监管的原则，组织地方法人义务主体开展洗钱风险自评估工作，依法对2家银行机构、1家保险机构、1家证券机构开展反洗钱现场检查，推动义务主体履行反洗钱职责。加强反洗钱前瞻性研究，探索人民币冠字号数据应用于反洗钱的工作思路。

（宋 静）

【金融服务工作】 2016年，镇江市加强对金融机构经营行为的监督检查，运用现场检查、机构评估、产品评估、投诉调查督办等方法，督促金融机构落实金融消费权益保护各项工作要求。创新开展消费者金融素养问卷调查工作，举办金融知识普及月系列宣传活动，解决各类金融消费投诉40件，办结率100%。

金融统计和研究工作加强。强化日常监测分析，提高分析监测的前瞻性和准确性。加强与监测对象的联络，通过走访座谈、调整企业样本及监理企业银行调查联络员制度等方式，提高监测工作基础。推进金融统计核心指标采集，探索金融业综合统计工作。加强统计质量管理，开展金融统计培训和业务竞赛，促进统计质量整体提升。提高基层人民银行调研水平，围绕化工、光伏、产能过剩等热点问题，开展调研工作，为上级行提供决策参考的服务价值。

货币发行服务水平提升。做好硬币自循环试点工作，完善硬币流通环境。推进二代货币发行管理系统扩大试点，提高发行库管理水平，改善辖内人民币流通环境。分析、预测辖内现金投放回笼情况，增强发行基金调拨的计划性。开展反假币宣传“进千家入万户”行动及各类培训活动，夯实反假币工作基础。

征信服务水平改进。提高应收账款融资效率，实施应收账款融资服务工作目标管理，平台融资金额397亿元，完成4个供应链融资业务。继续推进小微企业和农村信用体系建设，成为全省首批正式上线运行江苏省企业信息管理系统的单位，采集18余万条农户信息，农村青年信用示范户创建突破1993户，授信达6亿元。开通市区首个个人信用报告代理查询点，宣传和推广信用报告互联网查询。做好新设金融机构和村镇银行征信系统接入工作，村镇银行、小贷公司接入系统工作有序进行。

支付服务水平提升。继续深化农村支付服务环境建设，加强同城清算系统管理，督促商业银行做好流动性管理，确保支付清算系统正常运行，新增同城业务清算行1家、交换行6家、开户行8家，交换机构更名3家，注销同城机构1家，新增支付机构间接参与者7个。做好地方法人金融机构代理接入ACS综合前置子系统工作，辖内7家地方性法人机构完成全部上线工作，实现资金归集的商业银行分支机构8家。深化农村支付服务环境建设，促进辖内中国银行与“益农信息社”成功共建农村金融综合服务站，将农业服务延伸到乡村和农户。

金融信息化建设推进。普及金融科技知识，开展“全国科技活动周”金融信息宣传活动，提高社会公众金融安全风险的防范意识。推进金融IC卡应用，发行金融IC卡831万张，金融IC卡新增占比为97%。加强金融IC卡环境建设，推进辖内POS和终端非接及流程优化改造工作，开展移动金融和金融IC卡受理环境安全和标准符合性专项抽查。

国库服务水平提高。完成国库集中

图26－1　2016年4月28日，镇江市个人信用报告代理查询点启动仪式现场

（宋 静 供稿）

支付电子化工作，提高财政资金的清算效率和安全性。继续推行国库直接支付业务“常态化”，扩大直接支付范围，全辖办理直接支付项目7个、15728笔，金额5721万元，提高财政资金运转效率。国家“营改增”政策落地，各商业银行完成3.8万余条银税协议号的维护工作，保证“营改增”实行。健全出口退税绿色通道，办理出口退税和个人退税额64.14亿元，支持外向型经济和小微企业的发展。 （宋 静）

【外汇管理工作】 2016年，镇江市加强外汇管理真实性、合规性审核，构建大额购付汇监测、大额购付汇报告、异常购付汇约谈长效工作机制，完成50余家（次）大额购付汇企业的数据核查，约谈异常购付汇企业8家（次）、异常售汇银行4家（次），对14家违规主体予以立案处罚，打击外汇违法违规行为，传递监管意图和政策压力。

改进外汇服务水平。配合地方政府做好《关于推进镇江更高层次开放发展的实施意见》等文件的编制工作，参与和支持地方跨境电商试点工作，牵头制定跨境电商企业外汇管理操作流程。继续推进“一站式”全流程外汇服务模式，做好货物贸易名录登记及变更业务、货物贸易现场报告业务、外债登记变更业务等，完成金融机构代码、金融机构标识码申领以及特殊机构赋码工作，组织开展外汇政策宣讲和外汇政策现场辅导等工作。

提升统计监测数据质量。加强国际收支统计申报，做好日常核查，提高大额交易重点核查频率，适时开展对不同项目、不同主题的转向核查。定期开展银行结售汇统计、贸易信贷及进出口企业问卷调查，做好银行结售汇综合头寸统计和监测。 （宋 静）

【银行业监督管理】 2016年，镇江银监分局组织银行业金融机构推进供给侧结构性改革，提升金融服务地方实体经济质效，促进辖区经济金融平稳发展。

完善全市银行组织体系。2016年年初，光大银行镇江分行开业。支持银行机构向社区、县域延伸网点，批准新设兴业银行扬中支行、华夏银行扬中支行、南京银行扬中支行等县域机构网点6个、社区支行6家，提高金融服务覆盖面。

优化银行信贷结构。引导辖内银行机构加大对高端装备制造业和示范产业基地的信贷支持，截至年末，全市银行制造业企业贷款（含票据融资）余额1030.06亿元，占各项贷款余额的29.66%，列全省第二位，高于全省平均水平11.16个百分点。2015年10月8日，“抱团取暖共赢镇江”政银企合作恳谈会上签约的29个重大项目中，落实授信142.21亿元，发放贷款103.53亿元。全年新组建银团贷款项目6个，授信总额35.2亿元。推进升级版授信总额联合管理。全市银行机构对97户企业实施授信总额联合管理，贷款余额198.24亿元。

加大绿色能效信贷支持。围绕建设低碳示范城市目标，督促银行机构支持绿色、循环、低碳经济发展，全市节能环保项目和服务贷款余额51.44亿元，比年初增长75.52%；对环保信用评价为优秀（绿色）和良好（蓝色）的企业贷款余额457.26亿元，占所有评级企业贷款余额的97.58%。

组建债权人委员会。落实增贷、稳贷、减贷等“一企一策”措施，全市符合条件的89家企业完成债委会组建，其中87家企业运行平稳，净增贷款达69亿元。

支持房地产去库存。全市22家银行机构开办住房按揭贷款业务，截至年末，全市银行业住房按揭贷款余额670.52亿元，比上年增长60.38%，高于各项贷款增速45.55个百分点。相关银行机构通过公积金贷款转个人住房商业贷款和向公积金管理中心授信等方式，缓解住房公积金流动性紧张局面。市区商品住宅去化周期降至11个月。

降低企业融资成本。建立银行业新增贷款融资成本情况监测制度。推动银行机构还款方式创新，推动市政府扩大财政转贷资金规模。截至年末，全市26家银行机构开办续贷业务，续贷金额381.06亿元。全市财政性转贷资金总规模为6亿元，镇江市区小微企业周转贷款全年为企业发放转贷资金1205笔、金额90.69亿元，为企业节约利息支出4800多万元。对部分银行机构开展“融资难融资贵”专项现场检查，督促银行加大减费让利力度，全市银行为企业减免各项费用2.72亿元。

发展普惠金融。改善小微企业金融服务，持续加大小微企业信贷投入。截至年末，全市小微企业贷款余额1187.49亿元，小微企业贷款余额占全市各项贷款余额的34.2%。支持大众创业、万众创新，全市银行业发放创业担保贴息贷款2.07亿元，扶持创业2032人，以创业带动就业4214人。加大对建档立卡贫困户和扶贫开发的金融支持，发放扶贫小额贷款179户328万元。新增阳光授信户数5.2万户，增加授信金额81亿元。

加强信用风险防控。督促银行机构进一步加大处置核销力度，全年全市银行业处置不良贷款92.04亿元，比上年增加23.35亿元。截至年末，全市银行机构不良贷款实现比年初“双降”。推动银行机构采取追加资产置换担保、变更担保主体、压缩贷款等措施，化“大圈”为“小圈”，逐步实现从“圈内”到“圈外”，全市242家企业126.21亿元贷款实现破圈解链。

推动打击恶意逃废债行为。完善企业贷款逾期欠息统计监测制度，按月报送镇江市委、市政府。配合地方党政加强区域信用环境建设，参与开展打击恶意逃废债专项行动，帮助基层银行机构清理逾期欠息，丹阳地区被曝光企业归还逾期贷款1.61亿元、欠息1098万元。

防范外部风险传染。开展防范打击电信网络新型违法犯罪活动，全市银行业营业网点阻截诈骗案件63起，拦截诈骗资金284.8万元。配合市政府开展互联网金融风险专项整治相关工作，组织银行机构开展打击和防范非法集资宣传教育。

推动产品服务创新。利用科技金融助力创业创新，全市24家银行机构开办科技信贷业务，向708家企业发放科技贷款余额61.24亿元；江苏银行镇江分行探索外部投贷联动服务模式，获批投融贷项目2个，总金额2100万元。发挥产业基金融资撬动作用，辖区银行机构参与设立15个产业基金，规模95.38亿元。推动辖内银行机构与税务部门构建银税合作平台，推出“税e融”“税易贷”等银税合作产品，为1340家纳税信用A级企业授信余额689.25亿元，授信户数占全市纳税A级企业总数的29.42%，贷款余额占全市各项贷款余额的13.47%。开展农村承包土地经营权抵押贷款试点，发放金额1245万元。探索文化金融新举措，南京银行与市财政等部门合作推出“镇文贷”金融产品，向4家文化企业发放贷款1100万元。

维护银行业消费者合法权益。推进银行理财、代销产品销售录音录像，全市银行机构基本实现“双录”。组织银行机构开展普及金融知识万里行、金融知识进万家、“3·15”消费者权益保护日等集中宣传活动，增强银行业消费者防范金融风险和使用正规金融服务的意识。走进政风行风热线，宣传有关金融政策，解答处理听众咨询投诉。

成立共青团镇江市金融工作委员会。为整合镇江市银行、证券、保险等金融机构青年工作资源，2016年11月8日，共青团镇江市金融工作委员会成立，举办关爱贫困学生和留守儿童的“微心

愿 大感动”爱心公益活动，被镇江市委宣传部评为镇江年度公益活动。

（赵晓雯）

【中国农业发展银行镇江市分行】 2016年年末，中国农业发展银行镇江市分行投放贷款82.76亿元，年末各项贷款余额为184.19亿元，比年初增加52.85亿元。粮棉油和农村基础设施建设等政策性业务占比达98.5%。全年实现利润2.57亿元，增加0.72亿元，存款余额64.65亿元，新增35.92亿元。各项中间业务收入849.14万元。国际业务结算量5701万美元，实现辖内5家机构全覆盖。建立银行同业合作关系，年末同业存款余额8.2亿元。

农发行镇江市分行把支持国家临时储备和各级储备粮油计划落实作为工作重点，做好粮油收储信贷业务和粮食购销储业务。围绕改善人居环境建设和棚户区改造两大重点领域，年末营销改善人居环境项目50.5亿元，棚户区改造项目18.5亿元，营销项目贷款97.8亿元，发放农发重点建设基金项目4个，投放农发基金3.68亿元，支付农发基金2.16亿元，支付率73%。采取贷款重组、担保代偿、债务转移和债权转让等措施解决辖内6家重点企业、5.79亿风险贷款。

（刘文周）

【中国工商银行股份有限公司镇江分行】 2016年年末，中国工商银行镇江分行总资产411.06亿元，总负债404.09亿元；有支行9家、网点57家；全行在编职工总人数1187人。年末本外币各项存款余额394.68亿元，比上年增加26.24亿元；各项贷款余额392.64亿元，增加38.31亿元。账面拨备前利润11.79亿元，增幅17.95%；不良贷款余额4.7亿元，不良率1.22%。全年项目贷款审批额96.6亿元、投放额54.3亿元。

开展100家先进制造业企业的名单制营销和小微企业创业贷营销的组织推动工作，为名单中39家制造业企业增加综合授信额度21.7亿元、非专项授信额度6.6亿元；为85家小微企业投放小微创业贷3.04亿元。成功竞标镇江烟草公司卷烟销售货款跨行支付结算项目，抓好企业通平台开户，全行可办理工商企业通业务的网点数达23个，实现企业通新开户2433家，新增对公存款2.56亿元，新开有效结算账户2310户。牵头组织推进省内首家个体工商户全程电子化试点工作。

依托“融e购”平台，与句容市后白镇联手打造农产品品牌“后白悠品”；与计划进行电商转型的恒顺集团合作，形成线上、线下一体化销售网络。投产27个智能服务网点，智能服务网点客户等待时间平均下降2.76分钟。全年网点堵截通信网络诈骗14笔、金额24.6万元，配合公安机关，追回被诈骗款项52万元。

（蒋 群 李秀清）

【中国农业银行股份有限公司镇江分行】 2016年年末，农业银行镇江分行总资产644.7亿元，总负债638.6亿元；有支行7家、网点95家；全行在编职工总人数1883人。年末，本外币各项存款余额623.90亿元，比上年增加54.25亿元，增长9.52%，其中个人存款余额354.06亿元，增加25.11亿元。各项贷款余额343.06亿元，增加3.46亿元，增长1.02%，其中个人贷款余额123.88亿元，新增25.16亿元，占比36.11%。小微企业贷款余额44亿元，增加5.83亿元，增长15.26%。涉农贷款余额180.4亿元，下降1亿元。实现拨备前利润12.07亿元，增长5.7%。不良贷款余额4.6亿元，减少9.5亿元；不良率1.34%，下降2.8个百分点。

新发放公积金中心流动资金贷款4.9亿元。设立宝华个贷分中心，全年个人住房贷款41.22亿元。发放全省首笔农民安家贷，年末余额5.8亿元。新拓展授信3000万元以下非低险小微信贷客户53户、2.17亿元。三农贷款余额221.6亿元，增加14.4亿元。与丹徒区政府和市交通运输局等签订全面战略合作协议，深化与市级四大平台合作，分销地方债2亿元。全年实现跨境人民币结算量25.6亿元，国际收支量21.84亿美元，结售汇业务14.7亿美元。撤并低效网点3个、装修7家、迁址3家；优化劳动组合，释放柜员90人。投放超级柜台155台、超柜分流率91%。

（鄢楚慧）

【中国银行股份有限公司镇江分行】 2016年年末，中国银行股份有限公司镇江分行辖内（不含分行营业部）有7家中心支行，53家经营性支行。分行有员工1274人。本外币各项存款余额404.76亿元，比年初新增31.30亿元，增长8.38%；各项贷款余额345.19亿元，新增41.42亿元，增长13.64%。支持地方基础设施建设，获批项目16个，累计投放金额78亿元。支持包括连淮扬镇铁路项目、为江苏省交通工程集团有限公司“走出去”融资4亿元等重点领域；叙作包括丹阳优美新农村、扬中中小学校舍安全等7个政府购买服务类项目，实现投放18.3亿元。与句容市人民政府达成战略合作，现场签约8家重点企业，承诺授信支持22亿元；与京口区人民政府签订战略合作协议，签约重点项目28个，达成授信意向150亿元。响应市经信委、银监小微企业周转贷款发放工作，实现叙作3.57亿元。

（束谊滢）

【中国建设银行股份有限公司镇江分行】 2016年年末，建设银行镇江分行总资产463.33亿元，总负债460.95亿元；设有8家支行（含营业部），60家营业网点；本部内设18个部室，全行在编职工总人数1226人。本外币各项存款余额445.71亿元，比上年增加78.21亿元，增长21.28%，其中对公存款余额243.65亿元，增加68.08亿元；个人存款余额202.06亿元，增加10.13亿元。各项贷款余额325.22亿元，增加16.77亿元，增幅5.44%，其中个人贷款新增36.91亿元，增加25.82亿元，增长41.58%。实现账面拨备前利润11.13亿元。

发放华电句容发电二期固贷银团、大力神铝业流贷银团，助力新区航空航天产业园、丹阳军民融合产业示范基地建设，支持句容市新农村建设及现代农业项目、镇江市丁卯桥路快速化改造项目、镇江市海绵城市专项治理工程等。为“一市两县”公积金中心新增授信17亿元。小企业业务向小额化、标准化、网络化方向转型，与镇江市税务系统签订《“银税互动”合作协议》，投放大数据信用贷款客户55户，贷款金额2204万元。与镇江交通产业集团联合发行“惠生活”卡，加载公交功能行业应用，截至年底，发卡超过1.2万张。与镇江文化旅游产业集团联合发行“金山福卡”。为惠龙易通创新“惠龙通”“惠龙卡”联名借记卡和“惠龙e通”信用卡等金融产品。独家承办镇江市自由职业者个人公积金集中缴存和使用业务，全年办理公积金签约2584户。

全年完成营业网点的3家续建、5家原址装修、2家迁址装修、3家局部改造、3家机构升格建设项目。新建离行式自助银行10家、附行式自助银行1家、改建自助银行9家；新增存取款一体机44台、自助终端19台、布放标准版柜员机66台。在全省建行系统内率先实现7人以上网点大堂经理全覆盖。完成“普惠金融”星级乡镇网点的创建工作。

（乔 欢）

【交通银行股份有限公司镇江分行】 2016年年末，交通银行镇江分行本外币总资产300.05亿元，总负债297.1亿元，有支行（网点）23家，全行在编职工总人数532人。本外币各项存款余额260.06亿元，比上年增加17.43亿元，增长7.19%。其中，对公存款余额169.96

亿元,增加3.7亿元;个人存款余额79.8亿元,增加9.0亿元。各项贷款余额201.35亿元,减少12.48亿元,下降5.84%。其中,个人贷款30.5亿元,新增2.5亿元。实现净利润4.76亿元。不良贷款29973万元,不良贷款率1.49%,分别下降8442万元和0.99个百分点。

全年新发放个人住房贷款7.8亿元,增加2.5亿元。组织和参与“普及金融知识万里行”等各类消费者金融知识宣传教育活动179场,接受消费者咨询2.15万人次。全年完成11单创新业务,筹集资金66亿元。针对利差、汇差波动,围绕企业避险需求,利用境内外联动,应用贸易融资、跨境双向人民币资金池等产品引进境外低成本资金18亿元。

优化网点布局,调整市区自助银行布局,撤销南门大街离行自助银行,新建丹徒宝龙城市广场离行自助银行。在扬中市和句容市各新增1家普惠网点。截至年底,交通银行镇江分行有36家离行式自助银行,与人工网点比例达到1.57∶1。 (朱 超)

【江苏银行股份有限公司镇江分行】 2016年年末,江苏银行镇江分行下辖一级管辖支行9家,营业网点31家。各项存款369.49亿元,比年初增长50.14亿元,增长15.7%,其中储蓄存款余额126亿元,增加74.3亿元。本外币对公贷款余额232.08亿元,增加2.4亿元,增长1.05%。小微贷款余额121亿元,增加10.1亿元,增长9.1%;涉农贷款余额82.23亿元,增加1454万元,增长1.8%。全年完成国际结算量19.78亿美元,跨境人民币业务量12.43亿元。实现中间业务净收入1.97亿元,增加5977万元,增长43.6%。实现报表口径拨备前利润5.94亿元,下降1879万元。

全年审批通过结构化融资业务34亿元,投放金额11亿元;信托代理推介募集成功,实现投放1.99亿元;非金融企业债务融资工具审批通过22亿元;债权融资计划审批通过13.5亿元;稳银计划B款产品审批通过23.5亿元,提款21亿元。签约并落地棚改基金项目,带动存款增长近20亿元。制造业贷款占整个贷款比重为31.3%;绿色金融新增8.29亿元;校安贷业务审批通过18.5亿元,投放9.2亿元。开展“镇农贷”“经信贷”“人才贷”业务。陆续完成市自来水公司阶梯水费改造、公积金报盘格式升级、丹阳非税移植、丹阳商品房预售监管系统开发、手机银行查询人社信息(全市金融系统首家)、养老金跨行汇款项目(全辖首家)等项目开发、测试、联调和上线工作。 (王旭杰)

【中国邮政储蓄银行股份有限公司镇江市分行】 2016年年末,邮储银行镇江市分行总资产250.18亿元,总负债249.84亿元;有支行24家、网点102家;全行在编职工总人数1291人。本外币各项存款余额231.88亿元,新增43.62亿元,增长23.16%,其中个人存款余额186.23亿元,新增27.20亿元,增长17.10%。各项贷款余额151.44亿元,新增65.29亿元,增幅75.77%,其中个人贷款余额101.82亿元,新增46.29亿元,增长83.36%。小微企业贷款余额31.09亿元,新增5.60亿元,增长21.95%;涉农贷款余额102.52亿元,新增47.33亿元,增长85.76%。实现账面拨备前利润1.84亿元,增幅15.83%。 (张 皓)

【华夏银行股份有限公司镇江分行】 2016年年末,华夏银行股份有限公司镇江分行总资产107.76亿元,总负债107.89亿元;下辖支行5家(含分行营业部、社区支行)、网点5家;全行在编职工总人数153人。各项存款余额105.61亿元,比年初增加16.6亿元,增长18.65%;各项贷款余额88.37亿元,增加20.39亿元,增长31.04%。全年投放2笔计16亿元理财项目融资业务;投放25.01亿元产业基金业务,该笔业务是华夏银行南京分行首单产业基金业务,也是江苏省内首单市场化运作的文化旅游产业基金业务。7月1日,镇江分行首家社区支行香江花城社区支行营业。8月22日,扬中支行营业。 (李平凡)

【上海浦东发展银行股份有限公司镇江分行】 2016年年末,上海浦东发展银行股份有限公司镇江分行总资产90.79亿元,总负债89.82亿元;有1家营业部、3家全功能支行、1家小微支行、5家离行式自助银行;全行职工总人数134人。本外币各项存款余额为89.04亿元,新增6.62亿元,增幅8.04%,其中个人存款余额6.87亿元,增加1.25亿元。各项贷款余额81.15亿元,增加4.91亿元,增长6.44%,其中个人贷款新增10.99亿元,占比13.55%;小微企业贷款余额14.76亿元,增加2.28亿元,增长18.26%;涉农贷款余额39.97亿元。不良贷款1.81亿元,下降0.48亿元,不良贷款率2.23%,下降0.77个百分点。实现营业净收入3.99亿元,实现账面拨备前利润3.17亿元。

全年实现投行业务收入2415万元,储备各类债务融资项目54亿元,完成海外债业务投资业务金额1.1亿美元。8月,作为资管计划的主要资产提供方,由总行与广发资管合作推出全市场首单保函项下应收账款资产证券化产品——“鑫创1号”资产支持专项计划。 (袁 军)

【中国民生银行股份有限公司镇江支行】 2016年年末,民生银行镇江支行有在编职员工230人。辖内有7家分支机构(分别为丹阳、句容、扬中3家县域支行,大港、丹徒、润州、营业部4家同城综合型支行)、11家社区支行、40家离行式自助银行网点。各项存款余额441.27亿元,比年初增加124.28亿元,增长39.21%,其中一般性存款余额232.96亿元,比年初增加35.01亿元。各项贷款余额162.31亿元,增加35.02亿元。增长27.51%。

全年新增发行5支企业债券,合计31.5亿元,发债总额超百亿。大亚科技股票质押式回购等多笔投行业务位于领先地位。金融资产破亿元的社区支行有2家,金融资产规模达48.56亿元。对镇江二重实施以股抵债5921万元并又投放二重重组银团贷款647.2万元。 (马弋惠)

【大新银行(中国)有限公司镇江分行】 2016年年末,大新银行镇江分行下设1家营业部;总资产15.36亿元,总负债14.13亿元。授信额度4.71亿元,比年初增加1.38亿元,增长41.44%。存款余额13.82亿元,增加3.00亿元,增长27.72%;贷款余额2.67亿元,增加1.09亿元,增长68.99%。实现账面拨备后利润0.23亿元,增长16.95%。 (董娅玲)

【招商银行股份有限公司镇江分行】 2016年年末,招商银行镇江分行总资产46.18亿元,总负债52.43亿元;有综合型网点4家、离行式自助银行6家、离行式单点ATM 1处;全行在编职工总人数128人。本外币各项存款余额42.86亿元,比上年减少7.63亿元,下降15.12%,其中个人存款余额8.66亿元,减少0.4亿元。各项贷款余额47.64亿元,减少9.01亿元,下降15.91%,其中个人贷款新增2.55亿元,增长28.88%。小微企业贷款余额15.7亿元,减少4.98亿元,下降24.08%;实现账面拨备前利润9675万元,下降24.33%。

推进债务融资、撮合、租赁等新兴业务,为国控发债25亿元。推出“服贸贷”“苏科贷”“三版贷”“专利贷”等产品,首笔平台境外发债业务1.4亿美元债券发行,解决平台融资渠道与融资价格问题。

7 月，镇江新区支行开业。（卢剑敏）

【中信银行股份有限公司镇江分行】 2016 年年末，中信银行镇江分行总资产 187.8 亿元，总负债 184.73 亿元；有支行 6 家、离行式自助银行 5 家；全行在编职工总人数 178 人。本外币各项存款余额 161.69 亿元，比上年增加 31.20 亿元，增长 23.91%，其中个人存款余额 21.02 亿元，增加 3.33 亿元。各项贷款余额 151.81 亿元，增加 36.54 亿元，增长 31.71%，其中个人贷款新增 11.38 亿元，占比 14.57%。小微企业贷款余额 18.21 亿元，增加 7.37 亿元，增长 67.99%；涉农贷款余额 77.05 亿元，增加 26 亿元，增长 50.93%。实现拨备前利润 5.89 亿元，增长 28.32%。

结合镇江市低碳城市建设发展需求，由南京分行与镇江市政府共同签约设立总金额 500 亿元的“镇江市低碳产业基金”，重点投资镇江市低碳城市、绿色交通、水安全、可再生能源、低碳产业等领域。全年为实体经济提供融资 69.64 亿元，制造业合作客户占全行合作客户数的 67%。截至年末，获批城镇化项目 3 个，批复金额 37 亿元。向政府重大基础设施项目提供直接资金支持达 50 亿元。中信银行与江苏银行、镇江市农商行、丹阳市农商行和扬中市投资担保公司签订周转贷协议，缓解小微企业资金周转难的问题。牵头注册 3 单交易商协会债券，金额合计 54 亿元，当年发行 24 亿元；协同中信系券商，获批交易所公司债 66 亿元，发行 50 亿元。（陈成刚）

【兴业银行股份有限公司镇江分行】 2016 年年末，兴业银行镇江分行下辖丹阳支行、扬中支行、梦溪嘉苑社区支行、解放路社区支行等 4 家支行，有在职员工 163 人。本外币各项存款余额 161.71 亿元，比年初增加 62.95 亿元，增幅 63.73%，其中对公存款余额 111.02 亿元，增加 24.17 亿元，个人存款余额 5.01 亿元，减少 1.83 亿元。本外币各项贷款余额 80.23 亿元，增加 24.98 亿元，增长 45.21%，其中个人贷款余额 23.14 亿元，增加 16.93 亿元，实体企业贷款余额 22.55 亿元，增加 7863 万元。不良贷款余额 1.30 亿元，增加 3392 万元，不良贷款率 1.62%，下降 0.12 个百分点。实现账面利润 4742 万元，减少 578 万元。

全年置换政府债务 14 亿元，为地区道路工程项目、文化旅游项目、棚户区改造项目、水利工程项目、污水处理项目、教育基础设施建设项目筹融资 52 亿元。参与、投资各级政府平台企业发行人民币债券和海外债券，为 6 家平台企业的人民币发债项目投资 11.6 亿元，为 3 家平台企业的海外债发债项目投资 2.47 亿美元，并通过中国香港分行为 2 家平台企业的外债发行提供账户监管服务。办理周转贷业务 60 笔，累计金额 5.29 亿元，对纳入联合授信名单的 8 家企业续投放授信敞口 2.72 亿元。（刘耀成）

【广发银行股份有限公司镇江分行】 2016 年末，广发银行镇江分行总资产 36.26 亿元，总负债 36.95 亿元；有分行营业部 1 家；全行在编职工总人数 61 人。本外币各项存款余额 36.72 亿元，比年初减少 5.89 亿元，下降 13.82%，其中对公存款 33.78 亿元，占比 91.99%，储蓄存款 2.94 亿元，占比为 8.01%。各项贷款余额 19.80 亿元，减少 6.81 亿元，降幅 25.59%，其中个人贷款 0.87 亿元，实体经济客户贷款 11.77 亿元，小微企业贷款余额 4.23 亿元。实现账面拨备前利润 0.67 亿元，增长 9.84%。

全年上报授信获批 22.55 亿元，当年投放 11.56 亿元。落地扬中市三茅镇小企业政银批量项目、镇江市丹徒区丹徒新城管委会小企业政银批量项目，其中扬中市三茅镇小企业政银批量项目总金额 1 亿元。（杜卫兵）

【南京银行股份有限公司镇江分行】 2016 年年末，南京银行镇江分行资产总量 185 亿元，下辖营业部、丹阳支行、扬中支行 3 家营业机构，分行员工人数 146 人。各项存款 146.99 亿元，增加 51.26 亿元，增长 53.56%。各项贷款 65.21 亿元，增加 32.8 亿元，增长 101.25%。

（蒋丽莉）

【中国光大银行股份有限公司镇江分行】 2016 年 1 月 28 日，中国光大银行镇江分行开业。截至年底，光大银行镇江分行总资产 46.87 亿元，总负债 48.03 亿元，有分行营业部 1 家，全行在编职工总人数 53 人。各项存款余额 46.34 亿元，其中个人存款 1.51 亿元，对公存款 44.83 亿元；各项贷款余额 36.56 亿元。全年末发生不良贷款。（朱 华）

【江苏镇江农村商业银行股份有限公司】 2016 年年末，镇江农商银行总资产 205.29 亿元，总负债 183.79 亿元；全行营业网点 35 家，其中支行 34 家、分理处 1 家；在编职工 527 人。各项存款余额为 152.12 亿元，比上年增加 27.07 亿元，增长 21.65%，其中个人存款余额 66.19 亿元，比年初增加 5.22 亿元，增幅 8.56%；各项贷款余额为 102.09 亿元，净增 10.81 亿元，增幅 11.84%，其中个人贷款余额 21.25 亿元，增加 6.56 亿元，增幅 44.6%；小微企业贷款余额为 90.53 亿元，增加 9.75 亿元，小微企业申贷获得率 98.22%；实现账面拨备前利润 3.52 亿元，增加 6332 万元。

全年金融支持重大项目资金 9.19 亿元，办理企业“周转贷款”1065 笔，金额 79.51 亿元。在农村打造“阳光信贷”升级版工程，农户建档面 100%，授信面 70%，走访面 25%；推进“农村金融服务站”建设，设有 173 台“农富通”。在城区打造“闪亮萤 V 金融服务团队”品牌，解决微小企业（种养殖户、小商户、个体工商户等）融资难、金融需求满足度低等问题。全年服务客户 3670 户，贷款余额净增 6.48 亿元。推进社区银行建设，进行 6 家网点的试点工作。（姚 叶）

【江苏丹徒蒙银村镇银行股份有限公司】 2016 年年末，丹徒蒙银村镇银行总资产 4.99 亿元，总负债 4.15 亿元；有支行 1 家、网点 2 家；全行在编职工总人数 51 人。本外币各项存款余额 3.07 亿元，比年初增加 0.6 亿元，增长 24%，其中个人存款余额 1.03 亿元，增加 0.23 亿元，对公存款 2.04 亿元，增加 0.37 亿元。各项贷款余额为 4.38 亿元，下降 0.16 亿元，其中小微企业贷款余额 4.26 亿元，占比 97%，涉农贷款余额 2.26 亿元，占比 52%，涉农企业贷款余额 1.98 亿元，农户贷款余额 0.28 亿元。实现净利润 0.19 亿元。（陈成建）

保 险

【概况】 2016 年，镇江市有市级保险机构 61 家（其中产险公司 28 家、寿险公司 30 家，专业保险代理机构 3 家），从业人员约 2.4 万人。全市保险业保费收入 100.96 亿元，比上年增长 26.1%，其中，产险公司保费收入 25.34 亿元，增长 10.8%；寿险公司保费收入 75.62 亿元，增长 32.3%。保费收入总量首次突破 100 亿元。全行业上缴地方税收约 4 亿元，其中代收车船税约 1.7 亿元。全年为 50.1 万辆汽车及 39.4 万辆摩托车提供保险保障 4254 亿元；为企事业生产运营提供 7249 亿元风险保障；累计承保人次 2600 万人，提供 8.6 万亿元的人身保障。产险、寿险给付支出 34.53 亿元，增长 26.0%。其中，财产险赔款支出 13.74 亿元，人身险给付支出 20.79 亿元。截至年底，全市保险深度 2.63%，增长 14.3%；保险密度 3174 元，增长 7.9%。

与政府相关部门合作推进生育关怀

系列险、关爱“失独”家庭保险、关爱残疾人保险、老年人意外伤害保险等一批关注弱势群体项目。计划生育系列保险覆盖育龄妇女、失独家庭、计生特困家庭等人群，全市承保 56.1 万人次，支出赔款 1492.65 万元；老年人意外伤害保险覆盖全市 39.6 万名老年人口，支出赔款 1582.6 万元。

承办大病保险，参与社会基本医疗管理，探索大病保险新路径，形成“基本医疗经办 + 大病保险承办 + 商业补充保险 + 健康管理服务”四位一体经办模式，为全市 73 万名居民医保和新农合参保人员大病费用提供保障，全年处理结案各类赔案 65245 件，给付大病补偿款约 4.8 亿元。

发展个人储蓄性养老保险，落实个人税收递延型养老保险，推动保险与养老服务业融合发展，实施保险机构承办机关事业单位职业年金保险。全年为全市 60 多家企事业单位建立企业年金计划，资产管理规模 3.95 亿元，服务职工人数 3000 多人，其中市政公司年金项目成为全省协助事业单位改制企业建立企业年金计划的第一单。

把与公众利益关系密切的各种责任保险作为发展重点，扩大生产领域安全责任保险、环境污染责任保险、电梯责任保险的承保面；医疗机构责任保险实现应保尽保；养老机构、旅行社、产品质量以及各类职业的责任保险、产品责任保险和公众责任保险取得进展；发挥责任保险在事前风险预防、事中风险控制、事后赔付保障等方面的功能作用，用经济杠杆化解民事责任纠纷。

全市保险业做好 1 月份低温雨雪冰冻天气应急处置工作，配合当地政府理赔，简化手续，接报案 1100 余件，赔款金额 700 余万元。

保险行业与政府建立“联办共保”农险经营模式。全年农险品种 21 个，覆盖粮油、蔬菜、畜禽、林木等主要农业生产品种。实现保费 5299 万元。为种养两业及特色农业、高效设施农业提供 9.69 亿元风险保障，参保农户 54 万户，支付农户赔款 4766.93 万元。全市建成中心乡镇营销服务部 15 个，乡镇三农保险服务站 41 个，乡村三农保险服务点 433 个，建立起以中心乡镇机构为核心，商业网对接政策网的“三农”保险服务模式。

探索推进特种种植保险、茶叶低温气象指数保险等，承保茶场数十家，承保面积 333.5 公顷，签出全省第一单水稻种植商业性补充保额保险和内塘螃蟹水文指数保险。开办涉农贷款保证保险，支持 50 多家新型农业经营主体获取贷款近 5000 余万元。 （汤 岚）

2016 年镇江市财产保险业务情况表

表 26－3 单位：万元

单位		累计承保金额	累计保费收入																			比上年(%)	赔款支出		赔付案件(件)	市场份额(%)
			企财险	家财险	工程险	车险保费总额	商业车辆险		交强险				运输险	船舶险	责任险	保证险	人意险	健康险	信用险	农险	其他险	累计		累计	赔付率(%)		
								其中：电销	汽车	其中：电销	摩托车	拖拉机															
人保财险	市区	17491730	1774	82	298	37687	30210	10897	7401	2955	70	6	363	203	1021	1090	736	2	104	227	3	43590	19	21932	50	41078	36
	丹阳	23864273	1538	195	7	23737	19028	8377	4663	2227	0	46	148	0	841	53	1191	1	146	2090	1898	31845	7	19330	61	34337	
	句容	2543153	169	9	0	6845	5207	1823	1359	515	216	63	68	0	304	7	612	0	4	1726	0	9744	14	4442	46	11501	
	扬中	2763764	386	45	0	5220	4133	1603	1046	439	27	14	83	0	284	28	370	0	9	440	－3	6862	12	3645	53	6650	
	合计	46662920	3867	331	305	73489	58578	22700	14469	6136	313	129	662	203	2450	1178	2909	3	263	4483	1898	92041	14	49349	54	93566	
太保财险	市区	13085715	3531	11	8	10688	8407	3070	2281	829	0	0	319	156	503	0	241	83	0	0	0	15540	15	8677	56	11053	12
	丹阳	3197932	345	8	0	6800	5399	2268	1278	579	123	0	1	0	153	0	326	58	28	5	0	7724	1	6705	87	7068	
	句容	1283392	187	6	18	1686	1328	605	357	176	1	0	39	0	55	0	237	5	0	0	0	2233	－2	1412	63	1742	
	扬中	2918526	987	18	0	3307	2608	1409	688	332	11	0	339	0	101	0	93	25	0	0	0	4870	4	2877	59	3435	
	合计	20485565	5050	43	26	22481	17742	7352	4604	1916	135	0	698	156	812	0	897	171	28	5	0	30367	8	19671	65	23298	
平安财险	市区	4482114	474	13	3	13661	10749	5069	2877	1523	35	0	96	17	481	0	401	51	23	0	8	15228	4	6722	44	12255	15
	丹阳	3249870	1006	2	7	11993	9606	4177	2387	1200	0	0	47	0	370	0	169	29	－7	3	0	13619	15	6665	49	9638	
	句容	669724	162	4	9	4710	3791	1781	919	519	0	0	15	0	34	0	87	5	0	0	0	5026	30	1960	39	3699	
	扬中	795242	175	9	2	3093	2466	1441	627	414	0	0	8	82	79	0	143	2	0	0	0	3593	15	1552	43	2640	
	合计	9196950	1817	28	21	33456	26612	12468	6809	3656	35	0	166	99	964	0	800	87	16	3	8	37465	12	16899	45	28232	
国寿财险	市区	8182906	782	17	30	11550	8878	1089	2652	289	20	0	34	72	611	0	81	0	0	0	220	13397	29	6664	50	8173	8.8
	丹阳	1619268	176	1	1	4061	3134	779	927	190	0	0	0	0	210	0	3	0	0	11	3	4466	7	3116	70	3697	
	句容	724930	73	2	0	2142	1656	388	486	95	0	0	1	0	77	0	18	0	0	0	0	2313	－4	1315	57	1789	
	扬中	687020	30	2	16	2142	1628	545	507	139	7	0	13	0	29	0	4	0	0	0	3	2239	－12	1509	67	1998	
	合计	11214124	1061	22	47	19895	15296	2801	4572	713	27	0	48	72	927	0	106	0	0	11	226	22415	15	12604	56	15657	
阳光财险	市区	2621518	56	10	2	3596	2767	816	823	250	6	－	1	－	80	2034	674	4	－	－	－	6457	76	2037	32	4183	4.1
	丹阳	167107	7	5	－	1600	1269	525	330	155	1	－	－	－	4	－	26	－	－	－	－	1642	－4	1094	67	1870	
	句容	117082	17	1	－	1116	882	317	232	92	2	－	－	－	5	－	16	－	－	－	－	1155	－19	710	62	1557	
	扬中	114266	30	3	－	964	741	266	222	83	1	－	－	－	15	－	13	－	－	－	－	1025	－1	618	60	1207	
	合计	3019973	110	19	2	7276	5659	1924	1607	580	10	0	1	0	104	2034	729	4	0	0	0	10279	31	4459	43	8817	
中华联合	市区	1322349	94	3	34	2130	1649	553	475	155	6	－	39	26	249	－	250	7	－	1	－	2833	2	1506	53	2265	2.3
	丹阳	329351	41	2	－	1176	937	290	239	78	－	－	－	－	6	－	10	－	－	－	－	1235	－9	820	66	1005	
	句容	296154	34	7	3	836	658	167	178	41	－	－	－	－	3	－	46	－	－	－	－	929	－6	565	61	720	
	扬中	239167	20	1	4	772	579	207	193	61	－	－	－	－	65	－	29	－	－	－	－	891	－12	543	61	955	
	合计	2187021	189	13	41	4914	3823	1217	1085	335	6	0	39	26	323	0	335	7	0	1	0	5888	－4	3434	58	4945	
太平财险	市区	1451681	311	11	19	3366	2539	621	821	191	6	－	6	2	49	－	81	8	－	－	－	3853	－5	2221	58	4474	2.1
	丹阳	226399	15	－	－	780	591	189	189	54	－	－	3	－	2	－	3	－	－	－	－	803	－16	621	77	1026	
	句容	121693	22	－	－	320	236	103	74	27	10	－	－	－	3	－	7	－	－	－	－	352	－34	330	94	610	
	扬中	98696	2	－	－	436	316	68	120	18	－	－	－	－	－	－	1	－	－	－	－	439	－17	413	94	708	
	合计	1898469	350	11	19	4902	3682	981	1204	290	16	0	9	2	54	0	92	8	0	0	0	5447	－10	3585	66	6818	

续表 26－3

单位		累计承保金额	累计保费收入																				赔款支出		赔付案件（件）	市场份额（%）
			企财险	家财险	工程险	车险保费总额	商业车辆险		交强险				运输险	船舶险	责任险	保证险	人意险	健康险	信用险	农险	其他险	累计	比上年（%）	累计	赔付率（%）		
								其中：电销	汽车	其中：电销	摩托车	拖拉机															
天安财险	市区	1423546	257	113	0	1452	1092	771	354	86	6	0	88	0	29	595	68	26	0	0	0	2628	0	1297	49	2182	2.4
	丹阳	804302	210	－	－	1426	1083	188	342	49	1	－	40	－	33	－	57	9	－	－	－	1775	17	972	55	1357	
	句容	790448	12	－	－	1215	927	221	287	57	1	－	－	－	65	－	15	12	－	－	－	1319	2	860	65	1051	
	扬中	266275	83	0	－	338	263	60	75	15	－	－	4	－	21	－	6	4	－	－	－	456	12	174	38	395	
	合计	3284571	562	113	0	4431	3365	1240	1058	207	8	0	132	0	148	595	146	51	0	0	0	6178	6	3303	54	4985	
大地财险	市区	1286578	71	4	1	1734	1294	668	434	234	6	－	8	－	44	－	220	38	－	－	－	2120	25	1020	48	1423	2.3
	丹阳	668409	4	3	－	1889	1423	572	466	181	－	－	1	－	9	－	46	－	－	－	－	1952	－7	1283	66	1610	
	句容	389445	20	1	－	856	647	268	209	90	－	－	－	－	33	－	47	－	－	－	－	957	47	360	38	638	
	扬中	238045	－	1	－	695	518	249	177	88	－	－	1	－	1	－	17	－	－	－	－	715	24	355	50	639	
	合计	2582477	95	9	1	5174	3882	1757	1286	593	6	0	10	0	87	0	330	38	0	0	0	5744	14	3018	53	4310	
紫金财险	市区	1139588	158	1	－	1414	1090	386	316	122	5	3	22	－	42	－	74	10	－	805	－	2526	11	2162	86	1916	2.2
	丹阳	690116	111	8	1	1687	1327	331	359	102	－	1	－	－	25	1	34	9	－	－	－	1876	26	875	47	1424	
	句容	203975	20	－	－	378	288	130	90	41	－	－	－	－	6	－	12	6	－	－	－	422	6	155	37	438	
	扬中	378459	25	－	－	727	563	217	162	64	2	－	1	16	24	4	27	5	－	－	－	829	19	407	49	585	
	合计	2412138	314	9	1	4206	3268	1064	927	329	7	4	23	16	97	5	147	30	0	805	0	5653	16	3599	64	4363	
英大财险	市区	735288	16	－	92	1950	1481	402	467	－	2	－	1	12	110	166	10	－	－	－	－	2357	－26	1891	80	1560	1.1
	丹阳	154558	16	2	－	290	229	171	61	－	－	－	－	－	23	33	14	－	－	－	－	378	－16	－	0	279	
	合计	889846	32	2	92	2240	1710	573	528	0	2	0	1	12	133	199	24	0	0	0	0	2735	－25	1891	69	1839	
永安财险	市区	688965	73	－	17	1954	1420	9	530	3	4	－	43	6	92	－	43	－	－	－	－	2228	23	1327	60	2237	1.6
	丹阳	186777	13	－	－	549	396	7	153	2	－	－	－	－	－	－	－	－	－	－	－	562	－14	406	72	809	
	句容	279575	－	－	5	867	646	14	221	4	－	－	4	－	18	－	22	－	－	－	－	916	－16	615	67	1046	
	扬中	183899	2	－	－	312	230	4	82	1	－	－	2	－	18	－	2	－	－	－	－	336	－12	165	49	348	
	合计	1339216	88	0	22	3682	2692	34	986	10	4	0	49	6	128	0	67	0	0	0	0	4042	3	2513	62	4440	
中银保险	市区	1589118	621	26	5	1276	1010	－	263	－	3	－	26	－	226	6	331	82	－	－	－	2599	－1	886	34	1317	1.3
	丹阳	612695	268	4	－	283	222	－	61	－	－	－	－	－	－	－	44	22	－	－	－	621	－13	319	51	308	
	合计	2201813	889	30	5	1559	1232	－	324	0	3	0	26	0	226	6	375	104	0	0	0	3220	－3	1205	37	1625	
长安责任	市区	348407	40	1	－	708	555	173	150	55	3	－	1	7	109	－	202	－	－	－	－	1068	－7	576	54	670	1.1
	丹阳	211425	8	－	－	539	417	149	122	46	－	－	－	－	5	－	347	－	－	－	－	899	21	407	45	593	
	句容	219550	12	－	－	585	428	143	157	43	－	－	－	3	21	－	82	－	－	－	－	703	－36	531	76	681	
	合计	779382	60	1	0	1832	1400	465	429	144	3	0	1	10	135	0	631	0	0	0	0	2670	－10	1514	57	1944	
都邦财险	市区	1132727	88	－	20	1341	1037	143	302	27	2	－	11	－	103	－	46	13	－	－	3	1625	－16	1079	66	1373	0.8
	丹阳	14520	9	－	3	462	340	25	122	12	－	－	－	－	5	－	3	3	－	－	－	485	2	261	54	382	
	合计	1147247	97	0	23	1803	1377	168	424	39	2	0	11	0	108	0	49	16	0	0	3	2110	－13	1340	64	1755	
安诚财险	市区	849248	98	－	75	1992	1507	－	485	－	－	－	22	－	71	－	39	－	－	－	－	2297	－2	1321	58	1414	1.1
	扬中	115663	2	－	－	520	380	－	140	－	－	－	－	－	2	－	11	－	－	－	－	535	－	332	62	425	
	合计	964911	100	0	75	2512	1887	0	625	0	0	0	22	0	73	0	50	0	0	0	0	2832	22	1653	58	1839	
华泰财险	市区	333047	1	1	0	2903	2257	0	644	0	2	－	10	0	21	0	37	－	－	－	－	2973	32	1545	52	1863	1.2
华安财险	市区	233990	4	－	－	628	468	62	159	27	1	－	5	－	146	－	24	21	－	－	－	828	17	554	67	600	0.8
	丹阳	176653	3	－	－	608	404	59	204	24	－	－	－	－	－	－	2	－	－	－	－	613	－27	866	141	637	
	句容	69733	1	－	－	329	227	24	101	11	1	－	－	－	1	－	3	－	－	－	－	334	19	159	48	208	
	扬中	50352	－	－	－	152	115	5	37	4	－	－	－	－	－	－	18	－	－	－	－	170	70	67	39	120	
	合计	530728	8	0	0	1717	1214	150	501	66	2	0	5	0	147	0	47	21	0	0	0	1945	1	1646	85	1565	
亚太财险	市区	650295	94	－	－	905	731	64	174	63	－	－	9	－	33	55	266	－	－	－	－	1362	9	457	34	662	0.9
	丹阳	438393	98	－	－	854	665	231	189	－	－	－	－	－	－	10	61	－	－	－	－	1023	110	382	37	764	
	合计	1088688	192	0	0	1759	1396	295	363	63	0	0	9	0	33	65	327	0	0	0	0	2385	37	839	35	1426	
安邦财险	市区	227832	－	－	－	924	683	278	240	51	1	－	－	－	1	－	1	－	－	－	－	926	31	295	32	481	0.8
	丹阳	71358	－	－	－	305	222	100	83	16	－	－	－	－	－	－	－	－	－	－	－	305	15	114	37	190	
	句容	51265	－	－	－	164	116	52	48	13	－	－	－	－	－	－	6	－	－	－	－	170	27	62	37	98	
	扬中	188486	1	－	－	689	538	39	146	7	4	1	1	－	－	－	－	－	－	－	－	691	34	309	45	450	
	合计	538941	1	0	0	2082	1559	469	517	87	5	1	1	0	1	0	7	0	0	0	0	2092	29	780	37	1219	
永诚财险	市区	392041	12	－	10	779	567	272	211	87	1	－	10	16	18	－	8	－	－	－	－	853	－24	613	72	1116	0.3
安信农业	市区	47305	7	－	－	－1	－1	－	－	－	－	－	－	－	22	27	23	－	－	11	－	89	－90	340	382	405	0

续表 26－3

单位		累计承保金额	累计保费收入																			比上年(%)	赔款支出		赔付案件(件)	市场份额(%)
			企财险	家财险	工程险	车险保费总额	商业车辆险		交强险				运输险	船舶险	责任险	保证险	人意险	健康险	信用险	农险	其他险	累计		累计	赔付率(%)		
								其中:电销	汽车	其中:电销	摩托车	拖拉机															
泰山财险	市区	788983	10	1	–	693	540	5	153	2	–	–	–	–	140	–	9	–	–	–	–	853	40	194	23	388	0.6
	扬中	132154	–	–	–	599	480	1	119	–	–	–	–	–	5	–	–	–	–	–	–	604	25	290	48	500	
	合计	921137	10	1	0	1292	1020	6	272	2	0	0	0	0	145	0	9	0	0	0	0	1457	34	484	33	888	
浙商财险	市区	347612	59	–	13	1057	874	12	182	–	1	–	–	3	1	–	37	–	–	–	–	1170	15	744	55	1196	0.5
渤海财险	市区	61764	19	–	–	125	50	18	19	6	–	56	–	–	–	–	59	–	–	–	–	203	－21	120	59	159	0.1
信达财险	市区	433435	66	–	11	856	620	166	236	54	–	–	5	8	66	–	1	–	–	–	–	1013	245	156	15	587	0.4
安盛天平	市区	68843	–	–	–	190	148	129	42	37	–	–	–	–	–	–	1	–	–	–	–	191	0	47	25	115	0.1
合计	市区	61416625	8716	294	638	105558	82622	25673	22691	7046	180	65	1119	528	4268	3973	3963	345	127	1044	234	130807	14.3	66383	51	105145	100
	丹阳	36683406	3868	230	19	59039	46692	18438	12175	4915	125	47	240	0	1686	97	2336	131	167	2109	1901	71823	7.0	44236	62	66994	
	句容	7760119	729	30	35	22049	17037	6036	4718	1724	231	63	127	3	625	7	1210	28	4	1726	0	26573	6.5	13476	51	25778	
	扬中	9170014	1743	79	22	19966	15558	6114	4341	1665	52	15	452	98	644	32	734	36	9	440	0	24255	9.2	13256	55	21055	
	总计	115030164	15056	633	714	206611	161909	56261	43924	15350	588	190	1938	629	7223	4109	8243	540	307	5319	2135	253457	10.8	137351	54	218972	

说明:上表不含 2016 年年末新增的富德财产保险股份有限公司镇江中心支公司相关数据 (汤 岚)

2016 年镇江市人寿保险业务情况表

表 26－4 单位:万元

单位		累计保费收入								比上年(%)	累计给付金额			累计给付案件(件)	累计退保金额	累计承保人次	市场份额(%)
		合计	其中														
			首年新单	首年期缴	续收	团险	营销	银邮	其他业务		理赔给付	其他给付	合计				
中国人寿	市区	72552	33300	18424	39252	4011	51306	17235	–	20.1	3355	30532	33887	5683	12157	4477049	32.27
	丹阳	86455	35092	21404	51363	3341	66115	17000	–	24.1	4688	27592	32280	5982	16996	7204472	
	句容	38823	16352	9705	22471	1972	28572	8279	–	25.6	1720	18796	20516	3290	5093	5994376	
	扬中	46191	20014	10136	26177	2729	29824	13637	–	16.5	3352	13596	16948	4279	7891	4617397	
	合计	244021	104758	59669	139263	12053	175817	56151	0	21.6	13115	90516	103631	19234	42137	22293294	
平安人寿	市区	21818	9310	6271	12508	821	16955	2028	0	37.2	1266	1699	2965	2469	804	7889	8.73
	丹阳	28468	11559	9356	16909	1259	25997	3109	0	16.7	1941	2605	4546	3786	1232	21904	
	句容	7446	2974	2407	4472	328	6782	811	0	17.0	506	679	1185	988	321	2953	
	扬中	8280	3873	2412	4407	329	6782	811	0	30.1	507	679	1186	987	322	2843	
	合计	66012	27716	20446	38296	2737	56516	6759	0	24.5	4220	5662	9882	8230	2679	35589	
阳光人寿	市区	24765	21225	4359	3540	253	1904	21053	1555	－28.0	144	3110	3254	236	19400	4989	3.99
	丹阳	2214	724	724	1490	–	2214	–	–	23.0	71	–	71	53	371	704	
	句容	828	412	412	416	–	828	–	–	102.4	34	–	34	25	58	689	
	扬中	2393	1211	1211	1182	–	2393	–	–	74.3	88	–	88	47	122	1436	
	合计	30200	23572	6706	6628	253	7339	21053	1555	－20.5	337	3110	3447	361	19951	7818	
太保人寿	市区	26085	8101	7128	17984	934	25036	115	–	20.8	1249	3302	4551	28099	1539	2281211	6.31
	丹阳	8919	2708	2114	6211	623	8129	167	–	15.8	567	2398	2965	9565	486	82392	
	句容	6746	2276	1303	4470	977	5768	1	–	19.3	207	249	456	1718	570	56558	
	扬中	5946	1687	1354	4259	338	5235	373	–	－4.0	293	839	1132	4165	760	64704	
	合计	47696	14772	11899	32924	2872	44168	656	0	15.9	2316	6788	9104	43547	3355	2484865	
人民人寿	市区	14166	12336	1367	1830	210	928	13028	–	18.4	859	17272	18131	7405	3676	3525	3.94
	丹阳	6027	5755	332	272	129	300	5598	–	2.6	110	3600	3710	2014	1078	934	
	句容	3473	2794	757	679	82	1118	2273	–	－32.8	95	3307	3402	1895	1663	3520	
	扬中	6126	5531	704	595	152	1283	4691	–	－32.7	91	1487	1578	814	2008	3250	
	合计	29792	26416	3160	3376	573	3629	25590	0	－7.2	1155	25666	26821	12128	8425	11229	

续表 26－4

单位		累计保费收入								比上年（%）	累计给付金额			累计给付案件（件）	累计退保金额	累计承保人次	市场份额（%）
		合计	其中								理赔给付	其他给付	合计				
			首年新单	首年期缴	续收	团险	营销	银邮	其他业务								
利安人寿	市区	73977	72921	924	1056	1871	659	71439	8	249.8	197	704	901	350	17391	25791	10.35
	丹阳	2151	1294	519	857	30	2121	–	–	39.9	12	139	151	1	31	2729	
	句容	927	415	174	512	4	923	–	–	63.8	–	67	67	–	16	311	
	扬中	1224	718	388	506	82	1142	–	–	94.6	5	109	114	8	7	4725	
	合计	78279	75348	2005	2931	1987	4845	71439	8	227.8	214	1019	1233	359	17445	33556	
君康人寿	市区	3181	3128	60	53	–	52	3121	8	－85.5	15	1405	1420	774	19192	13454	0.42
太平人寿	市区	19094	8840	4797	10254	–	13105	5989	–	8.4	290	–	290	287	2661	5822	3.54
	丹阳	4659	2011	1775	2648	–	4659	–	–	48.3	38	–	38	40	70	1338	
	句容	1508	238	214	1270	–	1508	–	–	15.7	6	–	6	5	43	363	
	扬中	1504	510	441	994	–	1504	–	–	58.1	18	–	18	7	29	574	
	合计	26765	11599	7227	15166	–	20776	5989	–	16.3	352	–	352	339	2803	8097	
富德生命	市区	16333	11542	2029	4791	–	5205	21767	71	30.2	19	1783	1802	220	2633	1480	5.01
	丹阳	8326	5649	1181	2677	–	3640	–	–	46.0	15	946	961	37	1215	641	
	句容	7104	4450	968	2654	–	3412	–	–	34.4	4	836	840	25	934	668	
	扬中	6085	4152	1026	1933	–	3753	–	–	22.2	5	810	815	19	1054	785	
	合计	37848	25793	5204	12055	0	16010	21767	71	32.7	43	4375	4418	301	5836	3574	
新华人寿	市区	16575	7993	3288	8582	436	10870	5269	–	27.0	508	3777	4285	6882	4187	23740	3.08
	丹阳	4933	2088	2088	2845	–	4933	–	–	22.7	90	577	667	1057	639	9437	
	句容	1098	387	387	711	–	1098	–	–	16.8	50	141	191	300	156	4923	
	扬中	707	194	194	513	–	707	–	–	－14.1	61	58	119	211	65	1776	
	合计	23313	10662	5957	12651	436	17608	5269	0	23.8	709	4553	5262	8450	5047	39876	
泰康人寿	市区	23410	12702	4331	10708	53	13801	9556	–	77.6	618	11431	12049	3172	1973	5425	4.32
	丹阳	5330	2020	1866	3310	–	5330	–	–	29.6	–	–	0	–	–	2000	
	句容	1920	699	688	1221	–	1920	–	–	39.4	–	–	0	–	–	1101	
	扬中	1997	948	804	1049	–	1997	–	–	50.0	–	–	0	–	–	1097	
	合计	32657	16369	7689	16288	53	23048	9556	0	63.3	618	11431	12049	3172	1973	9623	
建信人寿	市区	19175	18815	697	360	422	–	18753	–	50.2	82	1525	1607	51	10827	–	2.54
人保健康	市区	16855	16442	160	413	7838	2	7454	1561	78.7	8297	165	8462	200	5486	677387	2.20
农银人寿	市区	10797	9951	707	846	267	863	9667	–	35.4	151	306	457	–	3509	258	1.43
东吴人寿	市区	23373	23337	2797	36	3	774	22596	–	167.4	142	–	142	–	11540	3109	3.13
	丹阳	81	81	81	–	–	81	–	–	－4.7	–	–	0	–	–	143	
	句容	79	79	79	–	–	79	–	–	－2.5	–	–	0	–	–	127	
	扬中	114	114	–	–	–	–	114	–	–	–	–	0	–	–	2	
	合计	23647	23611	2957	36	3	934	22710	0	165.5	142	0	142	0	11540	3381	
国华人寿	市区	12530	12529	–	1	–	5	12525	–	68.8	73	68	141	–	19872	–	1.66
华夏人寿	市区	18827	17079	6574	1583	177	2555	15005	2	1036.9	128	1419	1547	228	134	17136	3.27
	丹阳	4268	1968	1968	2414	–	5029	–	–	47.4	2	1238	1240	13	58	2929	
	句容	394	181	181	223	–	514	–	–	－8.8	–	179	179	1	11	408	
	扬中	1255	867	867	429	–	1462	–	–	445.7	–	13	13	1	4	974	
	合计	24744	20095	9590	4649	177	9560	15005	2	374.6	130	2849	2979	243	207	21447	

续表 26－4

单位		累计保费收入								比上年(%)	累计给付金额			累计给付案件(件)	累计退保金额	累计承保人次	市场份额(%)
		合计	其中								理赔给付	其他给付	合计				
			首年新单	首年期缴	续收	团险	营销	银邮	其他业务								
民生人寿	市区	2599	143	115	2456	6	2039	352	202	－8.5	142	9672	9814	107	2083	7350	0.50
	丹阳	469	37	33	432	–	469	–	–	0.9	54	30	84	5	20	1467	
	句容	229	4	3	225	–	229	–	–	－4.2	8	25	33	5	4	962	
	扬中	502	14	12	488	–	502	–	–	－3.5	2	79	81	6	36	1623	
	合计	3799	198	163	3601	6	3239	352	202	－6.5	206	9806	10012	123	2143	11402	
华泰人寿	市区	4606	1158	1107	3448	72	4005	524	5	21.3	57	1152	1209	–	147	1913	0.61
中宏人寿	市区	4590	1253	1234	3337	100	4313	162	14	16.4	259	93	352	1105	81	8128	0.61
信泰人寿	市区	2665	913	767	1752	–	2034	442	189	36.0	–	3277	3277	20	1909	999	0.42
	丹阳	137	137	137	–	–	137	–	–	87.7	–	–	0	–	–	223	
	句容	400	400	400	–	–	400	–	–	117.4	–	–	0	–	–	561	
	合计	3202	1450	1304	1752	0	2571	442	189	44.5	0	3277	3277	20	1909	1783	
长城人寿	市区	504	100	83	404	–	504	–	–	12.8	17	74	91	54	18	504	0.33
	丹阳	1016	661	59	355	–	1016	–	–	173.9	12	79	91	15	21	1016	
	句容	571	144	120	427	–	571	–	–	34.7	11	77	88	3	32	571	
	扬中	428	60	52	368	–	428	–	–	－9.3	8	68	76	8	14	428	
	合计	2519	965	314	1554	0	2519	0	0	47.0	48	298	346	80	85	2519	
信诚人寿	市区	393	163	163	230	69	265	24	35	73.9	97	780	877	699	42	1458	0.27
	丹阳	1637	842	842	795	–	1637	–	–	58.8	–	–	0	–	–	–	
	句容	4	–	–	4	–	4	–	–	－93.0	–	–	0	–	–	–	
	合计	2034	1005	1005	1029	69	1906	24	35	54.8	97	780	877	699	42	1458	
	句容	564	69	64	495	3	560	1	–	3.5	8	42	50	–	52	–	
	合计	564	69	64	495	3	560	1	0	3.5	8	42	50	0	52	0	
同方全球	市区	252	173	173	79	–	11	240	–	－40.3	7	252	258	82	174	563	0.03
合众人寿	句容	564	69	64	495	3	560	1	0	3.5	8	42	50	139	52	0	0.07
	合计	564	69	64	495	3	560	1	0	3.5	8	42	50	139	52	0	
陆家嘴国泰	市区	860	525	463	335	4	836	20	–	93.7	8	80	88	10	10	–	0.11
友邦保险	市区	445	313	191	132	3	442	–	–	109.9	23	–	23	40	2	–	0.06
英大人寿	市区	735	531	520	204	–	735	–	–	260.3	11	–	11	–	3	1158	0.12
	丹阳	201	201	197	–	–	201	–	–	–	–	–	0	–	–	–	
	合计	936	732	717	204	0	936	0	0	358.8	11	0	11	11	3	1158	
百年人寿	市区	4850	4850	478	–	–	171	4679	–	0	–	–	0	–	2	720	0.64
	丹阳	0	0	–	–	–	–	–	–	0	–	–	0	–	–	–	
	句容	0	0	–	–	–	–	–	–	0	–	–	0	–	–	–	
	扬中	0	0	–	–	–	–	–	–	0	–	–	0	–	–	–	
	合计	4850	4850	478	0	0	171	4679	0	0	0	0	0	0	2	720	
合计	市区	436012	309673	69207	126174	17550	159375	263043	3650	42.1	18014	93878	111892	58051	141452	7571058	100
	丹阳	165291	72827	44676	92578	5382	132008	25874	0	24.4	7600	39204	46804	22568	22217	7332329	
	句容	72114	31874	17862	40250	3366	54286	11365	0	21.4	2649	24398	27047	8255	8953	6068091	
	扬中	82752	39893	19601	42900	3630	57012	19626	0	13.9	4430	17738	22168	10552	12312	4701614	
	合计	756169	454267	151346	301902	29928	402681	319910	3650	32.3	32693	175218	207911	99426	184933	25673092	

说明：上表不含2016年年末新增的国联人寿保险股份有限公司镇江分公司相关数据 （汤 岚）

【镇江市保险行业协会】 镇江市推进商业车险条款费率管理制度改革，做好商业车险改革各项准备工作。6 月 2 日—7 日，市保险协会接受省保监局委托，开展各财险公司商业车险新产品现场验收工作。6 月 24 日，新老商车险系统切换运行。为稳定商业车险改革期间市场秩序、规范财险公司经营，协会组织开展车险自律工作，对保险市场出现的“最惠保”等手机 APP 网络保险平台、买酒送保险活动等扰乱市场秩序的问题进行专题调查，并向省保监局报告，有关违规行为在商车费改期间得到遏制。

推进放心消费创建活动，平安财险镇江中心支公司获评 2015 年度江苏省放心消费创建示范单位，新华人寿、利安人寿、国寿财险镇江中支公司获评 2015 年度江苏省放心消费创建先进单位。市保险协会与放心办、市消协组成联合考评小组，对申报 2016 年度省、市级放心消费创建示范、先进单位 8 家公司进行现场考核验收。

市保险协会加强与行风监督员的联系，定期召开座谈会，听取行风监督员的意见和建议，研究改进措施；联合市消协对全市财险公司机动车辆保险查勘理赔服务进行现场模拟测试，将查勘理赔现场测试结果量化打分排名并通报，促进各产险公司注重提升理赔查勘服务能力。与交警部门完善快赔服务中心建设，全年处理轻微交通事故 8932 件，为 14864 余辆保险事故车辆进行快速定责、定损、维修服务。

参加消费维权年“新消费我做主”主题活动，倡导“消费者优先”理念，组织全市保险公司参加“3·15”大型广场宣传咨询服务活动，开展保险知识宣传，为客户答疑解惑，收集各类投诉咨询问题和案例，提出解决办法。全年市保险协会受理咨询 220 件、投诉 83 件，其中寿险投诉 56 件，产险投诉 27 件，投诉解决率 98%。全年处理寿险满期给付、退保 6.5 万件，金额 26.3 亿元，完成率 95.3%，未发生群体性事件。

营造全社会学保险、懂保险、用保险的氛围。《京江晚报·保险之窗》进行扩版，全年《保险周刊》整版保险宣传 56 版，刊登文章 183 篇；协会刊物《镇江保险信息》月刊发行量继续扩大，发行 45 个地市，月发送量 350 份。

推进保险纠纷诉调对接机制，推进全市诉调对接工作开展。全年全市诉调对接工作室调解成功 161 个案件。丹阳保险分会与法院沟协同建立诉前引导、第三方进驻人民调解工作室模式，将人民调解与行业调解、第三方调解合而为一，实现将法院诉讼案件引导至法院指导下的行业调解模式。市保险协会聘请的第三方机构在丹徒、丹阳、句容、镇江新区和京口交警大队设立 6 个工作室，全年调解案件 2630 件、调解成功率 98%。加大医疗责任保险理赔工作力度，驻医患矛盾调处中心全年受理医责险纠纷案件 133 件，调解结案 56 件，赔付金额 338 万元。

加强打击保险欺诈违法行为，组织召开反保险欺诈委员会工作会议，研究建立反保险欺诈相关工作机制。加强与市公安、法院等部门的协作，各财险公司向公安移送反欺诈可疑案件线索 2000 余件，其中公安侦破 300 余件，减损 1300 余万元，公司内部打假 580 余件，减损 1800 余万元。维护和完善反欺诈 QQ 群和微信群，提高信息反馈的及时性和便捷性。参与《江苏省司法鉴定管理条例》修订工作，建议在条例中增加“加大对违规行为的处罚力度”“鉴定机构和鉴定人必须遵守司法鉴定程序通则”等条款，部分意见在省人大公布的条例中予以采纳。市保险协会配合平安财险公司对镇江市一起司法鉴定机构虚假人伤鉴定予以揭露，涉事司法鉴定人受到警告，机构受到停业处分。

参与汽修企业道路交通事故车辆维修规范管理工作，市保险协会与市运管处、市消协共同制定《镇江市交通事故机动车修理管理办法》并发布实施；发布《贯彻落实〈促进汽车维修业转型升级提升服务质量的指导意见〉实施方案座谈会纪要》，搭建保险行业与运管部门合作管理平台，赋予保险业参与全市汽修企业质量信誉评级的职责。11 月 14 日，市保险协会与市运管处、市消协对市财险公司、市区汽修企业落实《交通事故机动车维修管理办法》的情况进行抽查。

打击和处置非法集资，开展互联网金融专项整治活动，防范保险从业人员违规销售非保险金融产品风险。市保险协会与市公安局经侦支队建立打击防范涉及保险从业人员非法集资风险信息排查联系机制，组织保险公司开展风险排查、增加管控环节和内控监督。加强代理人正面引导和严格管理，防止客户信息泄露，消除因管理疏忽放松警惕带来的风险隐患。 （汤 岚）

图 26－2 2016 年 7 月 8 日，镇江市保险协会在酒海街社区组织开展“7·8”全国保险公众宣传日活动 （汤 岚 供稿）

【中国人民财产保险股份有限公司镇江市分公司】 2016 年年末，公司从业人员 497 人。全年保费收入 9.2 亿元，比上年增长 13.50%。其中车险实现保费收入 7.3 亿元，增长 15.48%；财产险保费收入 1.41 亿元，增长 7.84%；农险保费收入 4483.41 万元，增长 1.75%。市场份额 36.31%。全公司处理赔案 93566 件，支付各险赔款 4.93 亿元，赔付率 53.6%，下降 5.73 个百分点。6 月，镇江船厂（集团）有限公司出险，赔付金额 1077.6 万元。 （吴 晨）

【中国人寿保险股份有限公司镇江市分公司】 2016 年年末，公司有营业网点 61 家（其中市分公司 1 家，支公司 6 家，营业部 1 家，营销服务部 53 家），从业人员近 8000 人。全年保费收入 24.40 亿元，比上年增长 21.6%，其中个险保费收入 17.58 亿元，团险业务保费收入 1.21 亿元，银邮代理保费收入 5.62 亿元。市场份额 32.27%。给付案件 19234 件，给付金额 10.36 亿元，增加 101.7%。重要保险项目保费收入 1321.43 万元；重大保险给付案件 39 件，

给付金额1322.75万元。 （赵文静）

【中国太平洋财产保险股份有限公司镇江中心支公司】 2016年年末，公司有营业网点8家，从业人员172人。全年保费收入3.04亿元，比上年增长7.9%，市场份额12.0%，其中车险保费收入2.25亿元，增长2.1 %；非车险保费收入7886万元，增长28.96%。全年处理赔案23298件，支付各险赔款1.97亿元，赔付率64.8 %，增长0.6%。重大保险赔案3件，赔付金额649.66万元。重要保险项目20个，保费收入5500万元。 （朱 彤）

【中国太平洋人寿保险股份有限公司镇江中心支公司】 2016年年末，公司有营业网点15家，从业人员1684人。全年实现保费收入4.77亿元，比上年增长15.9%，其中个人业务保费收入4.42亿元，法人业务保费收入0.35亿元。市场份额6.3%。给付案件43547件，给付金额0.91亿元，给付率19.1%。重要保险项目4个，保费收入296.89万元。重大保险给付案件3件，给付金额253.2万元。 （奚 佳）

【中国平安财产保险股份有限公司镇江中心支公司】 2016年年末，公司有营业网点5家，从业人员172人。全年保费收入3.75亿元，比上年增长12.1%，市场份额14.8%。全年处理赔案28232件，支付各险赔款1.69亿元，赔付率45.1%，增长3.5%。重要保险项目：汽车延保项目保费收入100万元。重大保险赔案：丹阳市众泰客运服务有限公司青岛翻车事故，赔付金额38万元。 （童振鹏）

【中国平安人寿保险股份有限公司镇江中心支公司】 2016年年末，公司有营业网点20家，从业人员3164人（营销员3014人）。全年保费收入6.60亿元，比上年增长24.5%，市场份额8.73%。给付案件8230件，给付金额9882万元，给付率96.67%，增长19.8%。重大理赔案：给付疾病身故保险金65万元，给付重疾理赔款49万元。 （狄建华）

【新华人寿保险股份有限公司镇江中心支公司】 2016年年末，公司有专业网点机构6家，兼业代理网点33家，员工总人数（不含营销员）117人，持证营销员608名。全年实现保费收入2.33亿元，比上年增长23.8%，市场份额3.08%。给付案件8450件，给付金额5262万元，给付率37.2%，下降9.8%。 （汤钰婷）

【天安财产保险股份有限公司镇江中心支公司】 2016年年末，公司有营业网点4家，从业人员61人。全年保费收入6178万元，比上年增长5.8%。市场份额2.44%。全年处理赔案4985件，支付各险赔款0.33亿元，赔付率53.89%，下降11.52%。重要保险项目：财产综合险保费170万元；诉讼财产保全责任保险保费9万元；国内水路、陆路货物运输定期保险保费82万元。重大保险赔案赔款72.21万元。 （任淑丽）

【永安财产保险股份有限公司镇江中心支公司】 2016年年末，公司有营业网点5家，从业人员50人。全年保费收入0.4亿元，比上年增长2.8%，市场份额1.6%。全年处理赔案4440件，支付各险赔款0.25亿元，赔付率62.2%，增长16.5%。重要保险项目4个，保费收入67.65万元。重大保险赔案22件，赔付金额490万元。 （吉丹妮）

【阳光财产保险股份有限公司镇江中心支公司】 2016年年末，公司有营业网点6家，从业人员80人。全年保费收入1.03亿元，比上年增长31.18%。市场份额4.1%。全公司处理赔案8817件，支付各险赔款4459万元，赔付率43.4%。重要保险项目：共保建工团意险业务保费收入100万元。 （傅 荟）

【泰康人寿保险有限责任公司江苏镇江中心支公司】 2016年年末，公司有营业网点11家，从业人员1179人。全年实现保费收入3.27亿元，比上年增长63.3%，其中个险保费收入2.3亿元。市场份额4.32%。给付案件3172件，给付金额1.20亿元。 （朱 燕）

【中国人民人寿保险股份有限公司镇江中心支公司】 2016年年末，公司有营业网点5家，从业人员545人。全年保费收入2.98亿元，比上年下降7.2%；其中首年新单2.64亿元，下降11.86%；首年期缴3160万元，增长96.4%；续期收入3376万元，增长56.44%；团险保费收入573万元，下降59.48%；营销保费收入3629万元，下降5.84%；银邮代理保费收入2.56亿元，下降4.63%。市场份额为3.94%。全年赔付案件12128件，赔付金额2.68亿元，增长34%。 （黄海滨）

【富德生命人寿保险股份有限公司镇江中心支公司】 2016年年末，公司有营业网点5家，从业人员800人。全年保费收入3.78亿元，比上年增长32.7%，其中个险保费收入1.6亿元。市场份额5.01%。给付案件301件，给付金额4418万元，给付率96.5%。 （陈 俊）

【太平人寿保险有限公司镇江中心支公司】 2016年年末，公司有营业网点5家，从业人员1038人。全年实现保费收入2.68亿元，比上年增长16.3%，其中个险保费收入2.08亿元，银险保费收入0.6亿元。市场份额3.54%。给付案件339件，给付金额352万元，增长47.9%。重大保险给付案件给付金额60万元。 （郭 青）

【利安人寿保险股份有限公司镇江分公司】 2016年年末，公司有营业网点5家，从业人员510人。全年保费收入7.83亿元，比上年增长227.8%，其中一般寿险保费收入7.25亿元，分红型保险保费收入0.5亿元。市场份额10.35%。给付案件359件，给付金额1233万元，增长97%。重大保险给付案件3件，给付金额121.38万元。 （汤 杰）

【东吴人寿保险股份有限公司镇江分公司】 2016年年末，公司有营业网点5家，从业人员300人。全年保费收入2.36亿元，比上年增长165.5%，其中银保保费收入2.27亿元。市场份额3.13%。给付案件77件，给付金额142万元，给付率0.59%。重大保险给付案件1件，给付金额100.6万元。 （马 亮）

【阳光人寿保险股份有限公司镇江中心支公司】 2016年年末，公司有市、县营业网点4家，从业人员506人。全年实现保费收入3.02亿元，比上年下降20.5%。市场份额3.99%。给付案件361件，给付金额3447万元，给付率89.7%，增长140%。重大保险给付案件11件，给付金额141.02万元。 （吴启秀）

【华夏人寿保险股份有限公司镇江中心支公司】 2016年年末，公司有营业网点6家，从业人员1376人。全年实现保费收入2.47亿元，比上年增长374.6%，其中寿险保费收入0.95亿元。市场份额3.27%。给付案件243件，给付金额2979万元，给付率100%，增长185%。重大保险给付案件2件，给付金额51.3万元。 （陈丽娟）

【中国人民健康保险股份有限公司镇江中心支公司】 2016年年末，公司有营业网点19家，从业人员24人。全年保费收入1.69亿元，比上年增长78.72%，其中团险业务短期健康险保费收入0.78亿元。市场份额2.2%。给付案件200件，给付金额8462万元，给付率49.22%，增长0.34亿元。重要保险项目4个，保费收入0.77亿元。重大保险给付案件122件，给付金额0.83亿元。
（华　巍）

【中宏人寿保险有限公司江苏分公司镇江市营销服务部】 2016年年末，公司有营业网点1家，从业人员137人。全年保费收入4590万元，比上年增长16.4%。市场份额0.61%。给付案件1105件，给付金额352万元。重大保险给付案件8件，给付金额57.7万元。
（盛永梅）

【农银人寿保险股份有限公司镇江中心支公司】 2016年年末，公司有营业网点2家，从业人员115人。全年实现保费收入1.08亿元，比上年增长35.46%，市场份额1.34%。给付案件19件，给付金额457万元，给付率98.8%，增长3.7%。重大保险给付案件1件，给付金额108.35万元。（刘玉洁）

【民生人寿保险股份有限公司镇江中心支公司】 2016年年末，公司有营业网点4家，从业人员78人。全年保费收3799万元，比上年下降6.5%，市场份额0.5%。给付案件123件，给付金额1亿元，增长894.2%。重大保险给付案件：民生一年团体定期寿险1件，赔付30万元，民生金玉满堂两全保险D款1件，赔付24.4万元，民生如意金康终身重大疾病保险3件，赔付30万元，民生长乐两全保险1件，赔付10万元，民生附加提前给付重大疾病保险1件，赔付10万元。（戴玲玲）

【华泰人寿保险股份有限公司镇江中心支公司】 2016年年末，公司有营业网点5家，从业人员258人。全年保费收入4606万元，比上年增长21.3%。市场份额0.61%。给付金额1209万元。
（戚　蓉）

【陆家嘴国泰人寿保险有限责任公司江苏分公司镇江营销服务部】 2016年年末，公司有营业网点1家，从业人员85人。全年保费收入860万元，比上年增长93.7%，其中长期寿险保费收入0.07亿元，健康险保费收入0.03亿元。市场份额0.11%。给付案件10件，给付金额88万元。
（陈　佳）

【长城人寿保险股份有限公司镇江中心支公司】 2016年年末，公司有营业网点4家，从业人员71人，其中镇江市区9人、句容市34人、丹阳市13人、扬中市15人。全年保费收入2519万元，市场份额0.33%。给付案件80件，给付金额346万元。（孔欢欢）

【建信人寿保险有限公司镇江中心支公司】 2016年年末，公司有营业网点1家，从业人员24人。全年保费收入1.92亿元，比上年增长50.2%，其中银行保险保费收入1.8亿元。市场份额2.54%。给付案件51件，给付金额1607万元。（施文霞）

【君康人寿保险股份有限公司镇江中心支公司】 2016年年末，公司有营业网点1家，从业人员20人。全年保费收入3181万元，比上年下降85.5%，其中个险保费收入52万元，银保保费收入3121万元。市场份额0.42%。给付案件774件，给付金额1420万元。（张　彬）

【信诚人寿保险有限公司镇江中心支公司】 2016年年末，公司有营业网点3家，从业人员103人。全年实现保费收入2034万元，比上年增长54.8%，其中个险保费收入1906万元。市场份额0.27%。给付案件699件，给付金额877万元，给付率95.5%。重大保险给付案件2件，给付金额28万元。
（丁邦强）

【英大泰和人寿保险股份有限公司江苏分公司镇江中心支公司】 2016年年末，公司有营业网点2家，从业人员140人。全年保费收入936万元，比上年增长358.82%，其中个险保费收入936万元。市场份额0.12%。给付案件11件，给付金额11万元。（方　康）

【同方全球人寿保险有限公司江苏分公司镇江营销服务部】 2016年年末，公司有营业网点1家，从业人员16人。全年保费收入252万元，比上年下降40.3%，市场份额0.03%。给付案件82件，给付金额258万元，短期险赔付率3%。（李　颖）

【信泰人寿保险股份有限公司镇江中心支公司】 2016年年末，公司有营业网点4家，从业人员205人。全年实现保费收入3202万元，比上年增长44.5%。市场份额0.42%。给付案件20件，给付金额3277万元，给付率100%，增长2.5%。（孙海燕）

【友邦保险有限公司江苏分公司镇江中心支公司】 2016年年末，公司有营业网点1家，从业人员30人。全年实现保费收入445万元，比上年增长109.9%。市场份额0.06%。给付案件40件，给付金额23万元。重大保险给付案件1件，给付金额15万元。（王蓝田）

【合众人寿保险股份有限公司江苏分公司镇江中心支公司】 2016年年末，公司有营业网点3家，从业人员26人。全年保费收入564万元，比上年增长3.5%。市场份额0.07%。给付案件139件，给付金额50万元。（殷颖娇）

【国华人寿保险股份有限公司镇江中心支公司】 2016年年末，公司有营业网点1家，从业人员10人。全年实现保费收入1.25亿元，比上年增长68.8%，其中一般寿险保费收入1.25亿元。市场份额1.66%。给付金额141万元。
（郑　勋）

【百年人寿保险股份有限公司镇江中心支公司】 2016年新开业，截至年末，公司有营业网点1家，从业人员95人。全年保费收入4850万元，其中个险保费收入171万元，银行保险保费收入4679万元。市场份额0.64%。全年无给付案件。（葛秋月）

【中国人寿财产保险股份有限公司镇江市中心支公司】 2016年年末，公司有营业网点5家，从业人员124人。全年保费收入2.24亿元，比上年增长14.8%。市场份额8.80%。全年处理赔案15675件，支付各险赔款1.26亿元，赔付率56%，下降4.4个百分点。重要保险项目：中储粮集团财产险项目，保费收入约200万元；索普集团财产险项目，保费收入约300万元。重大保险赔案项目：江苏名和建设公司案件，赔付金额84万元；杨耀清案件，赔付金额90.57万元。（韦　锋）

【中华联合财产保险股份有限公司镇江中心支公司】 2016年年末，公司有营业网点5家，从业人员72人。全年保费收入5888万元，比上年下降4.2%。其中车险实现保费收入4914万元，负增长2.8%；非车财险保费收入631万元，增长6.8%。市场份额2.3%。全年处理赔案4945件，支付各险赔款3434万元，综合赔付率58%，增长17.54%。重大保险赔案20件，赔付金额888.05万元。
（唐国卿）

【中银保险有限公司镇江中心支公司】 2016年年末，公司有营业网点2家，从业人员22人。全年保费收入3320万元，比上年下降3.2%。其中企业财产险实现保费收入889万元，增长23.6%；责任险保费收入226万元，增长78%；人意险保费收入375万元，增长16.8%。市场份额1.3%。全年处理赔案1625件，支付各险赔款1205万元，赔付率37.4%，下降43.1%。
（许再文）

【中国大地财产保险股份有限公司镇江中心支公司】 2016年年末，公司有营业网点4家，从业人员71人。全年保费收入5744万元，比上年增长14.3%。其中车险实现保费收入5174万元，增长11.2%。市场份额为2.3%。全年处理赔款案件4310件，支付各险赔款3018万元，赔付率为52.5%，下降24.8%。
（任 毅）

【紫金财产保险股份有限公司镇江中心支公司】 2016年年末，公司有营业网点5家，从业人员71人。全年保费收入5653万元，比上年增长16%。其中车险实现保费收入4206万元，增长26.1%；财产险保费收入465元，增长31.36%；市场份额2.2%。全年处理赔案4363件，支付各险赔款3599万元，赔付率63.7%，增长11.2%。重要保险项目：江苏沿江高速项目，保费收入86.39万元。重大保险赔案：江苏船山矿业股份有限公司，赔付金额48.88万元。
（史玺刚）

【华泰财产保险有限公司镇江中心支公司】 2016年年末，公司有营业网点1家，从业人员10人。全年保费收入2973万元，比上年增长32.30%。其中车险保费收入2903万元，增长33.3%；责任险保费收入21万元，增长162.5%；人意险保费收入37万元，增长12.1%。市场份额1.2%。全年处理赔案1863件，支付各险赔款1545万元，赔付率52%，增长16.3%。
（杨 宁）

【安诚财产保险股份有限公司镇江中心支公司】 2016年年末，公司有营业网点2家，从业人员32人。全年保费收入2832万元，比上年增长21.5%。其中车险保费收入2512万元，增长30%；非车险保费收入320万元，下降20.1%。市场份额1.1%。全年处理赔案1839件，支付各险赔款1653万元，赔付率58.4%。重大保险赔案5件，赔付金额228万元。
（王红娟）

【永诚财产保险股份有限公司镇江中心支公司】 2016年年末，公司有营业网点1家，从业人员29人。全年保费收入853万元，比上年下降24.18%。其中车险保费收入779万元，下降25.6%。市场份额0.34%。全年处理赔案1116件，支付各险赔款613万元，赔付率71.9%，下降25%。重要保险项目：中储粮集团财产险、机动车保险，保费收入20万元；重大保险赔案赔付金额85.58万元。
（笪 颖）

【长安责任保险股份有限公司镇江市中心支公司】 2016年年末，公司有营业网点3家，从业人员40人。全年保费收入2670万元，比上年下降10.4 %。其中车险保费收入1832万元；财产险保费收入71万元，下降28.6%；意建险保费收入631万元，增长29.6%。市场份额1.1%。全年处理赔案1944件，支付各险种赔款1514万元，赔付率56.7%，下降24.6%。重要保险项目：长安建筑工程施工人员团体意外伤害保险，保费收入115万元。重大保险赔案赔付金额61.2万元。
（戴俊莉）

【安邦财产保险股份有限公司镇江中心支公司】 2016年年末，公司有营业网点5家，从业人员50人。全年保费收入2092万元，比上年增长28.82%。其中车险保费收入2082万元，增长29.32%。市场份额0.8%。全年处理赔案1219件，支付各险赔款780万元，赔付率37.3%，下降24.3%。重大保险赔案2起，赔付金额159.79万元。
（马 超）

【安信农业保险股份有限公司镇江市新区营销服务部】 2016年年末，公司有营业网点1家，从业人员5人。全年保费收入89万元，其中农险11万元，非车险50万元，涉农业务27万元。全年处理赔案405件，支付各险赔款340万元，赔付率382%，比上年下降6.6%。其中茶叶低温气象指数保险赔付金额8万元，赔付率152%。参与“助农贷”小额信贷保险，全年承保贷款金额近1000万元。
（袁竹钧）

【英大泰和财产保险股份有限公司镇江中心支公司】 2016年年末，公司有营业网点2家，从业人员30人。全年保费收入2735万元，比上年下降25%。其中车险保费收入2240万元，下降1.9%；非车险保费收入495万元，增长35.62%；市场份额1.1%。全年处理赔案1839件，支付各险赔款1891万元，赔付率69.1%。重大保险赔案5笔，赔付金额362.42万元。
（魏晓帆）

【亚太财产保险有限公司镇江中心支公司】 2016年年末，公司有营业网点2家，从业人员22人。全年保费收入2385万元，比上年增长37.4%。其中车险保费收入1759万元，增长61.4%。市场份额0.9%。全公司处理赔案1426件，支付各险赔款839万元，赔付率35%，下降20%。重要保险项目：镇江港国际集装箱码头有限公司财产险、机损险保费收入42.58万元。重大保险赔案：中冶东方江苏重工有限公司车险赔付金额62.49万元。
（王冬梅）

【都邦财产保险股份有限公司镇江中心支公司】 2016年年末，公司有营业网点2家，从业人员66人。全年保费收入2110万元，比上年下降12.8%。其中车险保费收入1803万元，意健险保费收入65.3万元。市场份额0.8%。全年处理赔案1755件，支付各险赔款1340万元，赔付率63.5%，增长8.6%。
（彭萍娟）

【泰山财产保险股份有限公司镇江中心支公司】 2016年年末，公司有营业网点2家，从业人员19人。全年保费收入1457万元，比上年增长33.5%。其中车险保费收入1292万元，增长39.7%；企财险保费收入10万元，家财险1万元，责任险保费收入145万元，人意险保费收入9万元。市场份额0.6%。全年处理赔案888件，支付各险赔款484万元，赔付率33.2%，下降13.1%。
（沈月梅）

【浙商财产保险股份有限公司镇江中心支公司】 2016年年末，公司有营业网点2家，从业人员12人。全年保费收入1170万元，比上年增长15.4%。其中商业险保费收入874万元，增长6.8%；人意险保费收入37万元，增长184.6%。市场份额0.5%。全年处理赔案1196件，支付各险赔款744万元，赔付率55.0%，下降18%。重大保险赔案21件，赔付金额129.34万元。
（姚秀芳）

【华安财产保险股份有限公司镇江中心支公司】 2016年年末，公司有营业网点4家,从业人员32人。全年保费收入1945万元,比上年增长0.9%。其中车险保费收入1717万元,下降9.5%。市场份额0.77%。全年处理赔案1565件,支付各险赔款1646万元,赔付率84.6%,下降39.77%。重要保险项目:成功招投标润扬大桥项目,保费收入43.98万元。重大保险赔案赔付金额450万元。 (孙 凯)

【信达财产保险股份有限公司镇江中心支公司】 2016年年末,公司有营业网点1家,从业人员14人。全年保费收入1013万元,比上年增长244.6%。其中车险保费收入856万元,增长229.2%;财产险保费收入156万元,增长524%。市场份额0.4%。全年处理赔案587件,支付各险赔款156万元,赔付率15.4%,下降16.17%。重要保险项目:承保港务集团一揽子保险18.66万元;承保宏顺热电有限公司财产一切险及机损险26.27万元;镇江市公共住房投资建设有限公司建筑工程一切险11.29万元。重大保险赔案1起,赔付金额10.08万元。 (王 跃)

【渤海财产保险股份有限公司镇江中心支公司】 2016年年末,公司有营业网点2家,从业人员9人。全年保费收入203万元,比上年下降21.3%。市场份额0.1%。全年处理赔案159件,支付各险赔款120万元,赔付率59.1%,下降51.4%。重要保险项目企业财产险,保费收入19万元。 (董俊梅)

【安盛天平财产保险股份有限公司镇江中心支公司】 2016年年末,公司有营业网点1家,从业人员7人。全年保费收入191万元。其中车险保费收入190万元;人意险保费收入1万元。市场份额0.1%。全年处理赔案115件,支付各险赔款47万元,赔付率24.6%。 (涂 悦)

证 券

【概况】 2016年年末,镇江市有证券公司14家,设证券营业部22家,其中丹阳6家,句容3家,扬中2家,京口区5家,润州区6家,丹徒区1家。账户数133.4万户(其中,资金账户39.7万户 ,A股证券账户68.8万户,B股证券账户0.5万户,基金账户24.4万户),指定与托管证券市值493.27亿元。全年市场交易量比上年下滑,证券公司盈利水平下降,股票基金交易量8552.97亿元,手续费及佣金收入2.57亿元,全行业实现净利润1.05亿元。 (宋 静)

【华泰证券股份有限公司镇江分公司】 2016年年末,华泰证券镇江分公司有营业网点5家、员工58人。全年股基交易量为1834.80亿元,业务收入3762.57万元。总客户数11.5万户,净新增客户1.5万户,比上年增长15%。市场份额为11.56%,增长8%。

全年新增私募产品开户7户,新增私募产品总规模9.5亿元。质押收入0.2亿元,增长48%。与索普集团、恒顺醋业、大港股份等上市公司或上市公司股东,开展股票质押式回购、收益权互换等业务。 (姜 晨)

【安信证券股份有限公司镇江中山东路营业部】 2016年年末,安信证券镇江营业部未设下属网点,有员工16人。全年股基交易量783.20亿元,比上年下降14.51%;股基手续费收入1570.44万元,下降65.08%;总客户数27926户,新增客户1945户,下降42.2%。股基市场占有率0.02%。全年安信镇江"新三板"团队帮助"蓝舶科技(838766)、汤辰机械(870251)、欧瑞电气(838279)"3家企业完成新三板挂牌,完成股权融资5580.53万元。 (陈国兴)

【南京证券股份有限公司镇江中山东路营业部】 2016年年末,南京证券镇江营业部在册员工18人。全年股基交易量838.97亿元;手续费及佣金收入2348.56万元;总客户数增长733户,新增客户990户,比上年增长3.02%;市场占有率0.05%,提升32.93%。营业部开通沪港通122户,深港通32户,开通融资融券589户。 (代盈盈)

【海通证券股份有限公司镇江中山西路营业部】 2016年年末,公司有营业网点1家、员工10人。全年股基交易量152.64亿元,比上年下降23.04%;手续费收入625.13万元,下降7.17%;总客户数20357户,新增客户9183户,增长82.18%。市场占有率0.005%。 (成 剑)

2016年镇江市主要证券机构经营情况表

表26-5 单位:万元

证券机构	手续费及佣金收入	增幅(%)	交易金额	增幅(%)
安信证券	1570.44	-65.08	7832027.56	-14.51
东吴证券	475.52	-24.95	1836339.92	0.82
国联证券	1151.82	-59.24	3215589.76	-43.98
银河证券	355.68	69.72	733478.21	19.04
南京证券	2348.56	-56.12	8389749.04	-29.74
中信证券	812.72	-41.60	3417748.32	-24.62
海通证券	625.13	-7.17	1526413.21	-23.04
申银万国	2810.03	-58.99	7710149.35	-37.57
中投证券	254.99	-	1027188.13	-28.62
海通证券(丹阳)	1190.48	-35.05	2596922.96	-38.66
西部证券(丹阳)	1848.38	-58.26	3399708.85	-49.37
光大证券(丹阳中新路)	3455.85	-51.40	6196839.06	-58.07
光大证券(丹阳东方路)	687.94	-47.65	1333641.81	-36.43
南京证券(句容)	93.39	-46.33	284367.03	-40.11
申银万国(句容)	954.76	-64.22	1931365.61	-48.13
南京证券(扬中)	630.99	-52.35	1727483.96	-31.84
华泰证券(扬中)	1456.78	-63.65	5353472.18	-37.21
华泰证券(镇江)	3762.57	-69.63	18347956.79	-44.68
华泰证券(丹徒)	535.68	-38.24	6078045.75	114.06
华泰证券(丹阳)	294.68	-11.68	1106123.63	12.65
国联证券(丹阳)	24.24	364.64	86649.5	405.23
华泰证券(句容)	324.79	-42.26	1398478.47	-18.90

(宋 静)

【国联证券股份有限公司镇江檀山路证券营业部】 2016年年末，营业部有营业网点1家、员工15人。全年股基交易量321.56亿元；手续费收入1151.82万元；总客户数11647户，新增客户1213户，比上年增长11.63%。公司与江苏共青团、江苏大学共同举办"国联证券杯"江苏省大学生理财高手大赛，90所高校，5万余名选手参赛。（万姗姗）

【东吴证券股份有限公司镇江解放路证券营业部】 2016年，东吴证券股份有限公司镇江营业部迁址镇江市解放路267号，更名为东吴证券股份有限公司镇江解放路证券营业部。截至年底，公司有营业网点1家、员工10人。全年股基交易量183.63亿元，比上年增长0.82%；手续费及佣金收入475.52万元，下降24.95%；总客户数5144户，新增客户1131户，下降25.98%。融资融券余额0.15亿元。（苏 翔）

【东方证券股份有限公司镇江东吴路证券营业部】 2016年1月28日，东方证券股份有限公司镇江东吴路证券营业部试营业。截至年末，东方证券镇江营业部有员工8人；全年股基交易量82.09亿元；手续费及佣金收入186.85万元；客户总数1096户。（梁 娟）

图26-3 2016年1月28日，东方证券股份有限公司镇江东吴路证券营业部试营业（梁 娟 供稿）

非银行融资性机构

【概况】 2016年末，镇江市列入民间融资监测管理联席会议监测范围的非银行融资性机构141家，分别为小额贷款公司44家、融资性担保公司14家、典当行32家、农民资金互助社17家、备案创投公司20家、注册资本1.5亿元以上的投资有限公司14家。141家机构当年融资总额128.87亿元，比上年下降32.26%；融资月利率最高为20‰，最低为2‰；担保费月率最高为1.6‰，最低为0.8‰。（毛盼盼）

【小额贷款公司】 2016年，镇江市有开业的小额贷款公司44家，贷款余额57.99亿元，比上年减少5.93亿元，下降9.28%；当年累放贷款54.71亿元，下降32.06%，占民间融资比重为42.5%；最高月利率20‰，最低月利率2‰。（毛盼盼）

【融资性担保公司】 2016年，镇江市有开业的融资性担保公司14家，在保余额45.49亿元，比上年减少5.67亿元，下降11.08%；当年担保责任发生额44.76亿元，下降27.08%，占民间融资比重为34.7%；最高月费率1.6‰，最低月费率0.8‰。（毛盼盼）

【典当行】 2016年，镇江市有典当行32家，典当余额4.25亿元，比上年增加2.22亿元，增长109.36%；当年典当总额12.64亿元，增长21.66%，占民间融资比重9.8%；最高月利率4.1‰，最低月利率4‰。（毛盼盼）

【农民资金互助合作社】 2016年，镇江市有农民资金互助社17家，其中丹阳市10家，丹徒区6家，京口区1家，贷款总余额5亿元，比上年减少0.97亿元，下降16.25%；当年贷款累放额2.39亿元，下降52.1%，占民间融资比重为1.9%；最高月利率18.5‰，最低月利率3.75‰。（毛盼盼）

【备案创投公司】 2016年，镇江市有备案创投公司20家，投资余额10.76亿元，比上年增加1.19亿元，增长12.43%；当年投资总额1.18亿元，下降57.55%，占民间融资比重为0.9%。（毛盼盼）

【镇江市诚信担保有限责任公司】 2016年，镇江市诚信担保有限责任公司担保金额4.14亿元，年末担保责任余额4.4亿元。公司成立17年累计担保金额72.4亿元，服务企业960家，担保项目近3000个。公司主要涉足汽车制造、汽车零部件制造、机械设备、商贸、轻工业、生态农业建设等行业；合作银行有5家，分别为江苏银行、交通银行、广发银行、华夏银行、中国银行。全年未发生操作性风险和流动性风险。

2016年，公司一次性通过省、市经信委对融资性担保机构的年检审查，继续保留"融资性担保公司经营许可证"。在省经信委组织的全省担保机构信用评级中，继续保持A+的信用等级。全年接受省、市财政补贴273.2万元（其中省财政厅23.2万元，增资奖励200万元，市财政局50万元）。同时，经江苏省信用再担保公司批准，继续成为全省再担保体系的主办单位。（彭峥峥）

2016年镇江市141家机构民间融资数据表

表26-6 单位：亿元

机构类别	2016年金额	2015年金额	增减(%)
小额贷款公司贷款累放额	54.71	80.53	-32.06
融资性担保机构担保责任发生额	44.76	61.38	-27.08
典当行典当总额	12.64	10.39	21.66
农民资金互助社贷款累放额	2.39	4.99	-52.1
备案创投公司投资总额	1.18	2.78	-57.55
投资有限公司(样本)投资总额	13.19	30.18	-56.3

（毛盼盼）

综　述

【概况】 2016年，镇江市民营经济工作围绕市委、市政府“六个年”的工作部署，坚持“生态领先，特色发展”战略，全市民营经济运行稳中向好。

规模总量增长。全市新注册私营个体经济43033户，比上年增长10.3%，累计266175户，增长19.3%；新增注册资本864.15亿元，累计完成4572.15亿元，增长23.3%；新增从业人员17.34万人，增长22.9%。其中，私营企业新注册11933户，增长20.7%，日均新增32.6户，注册资本新增811.35亿元，增长21.38%；从业人员新增10.28万人，增长18.9%；个体工商户新注册31100户，增长34.9%，注册资本新增52.8亿元，增长4.1%，从业人员新增7.06万人，增长29.3%。

运行态势平稳。2016年，全市民营经济实现增加值2433.88亿元，占全市地区生产总值的63.5%，增长10.3%，高于地区生产总值增幅1个百分点。吸纳民间投资2034.98亿元，增长21.5%，分别高于全国、全省平均水平18.3、14.7个百分点，占固定资产总投资的70.8%，累计吸纳3709.38亿元。全市企业家信心指数比上年提高3个百分点，86.3%的被调查企业家表示将“增加”及“保持”投资。

工业效益良好。全市有规模以上民营工业企业2130家，占规模以上工业企业的78.6%。实现总产值5560.67亿元，占规模以上工业的61.3%，增长8.5%，从全市36个大类行业看，超过七成行业的产值保持正增长，超过六成的企业产值实现正增长。实现增加值1220.24亿元，增长10%，占规模以上工业的59.1%，超全市工业增加值增幅0.7个百分点。其中，规模以上私营工业增加值增长10.3%，高于全市规模以上工业增速1个百分点。实现主营业务收入5404.61亿元，增长8.4%。产生主营业务成本4648.71亿元，增长8.5%。实现利润总额322.74亿元，增长9.8%，分别高于总产值和主营业务收入增幅1.3个和1.4个百分点。实现税收257.37亿元，增长0.8%。

对外贸易向好。民营企业成为出口的主力军，出口总额36.12亿美元，增长4.8%，高于全市平均3.7个百分点，占全市的52%，比上年提高1.9个百分点。

创新能力提升。全市民营科技企业9978家，增长10.3%；实现总收入5811.24亿元，增长4%；年末从业人数67.37万人，其中从事科技活动人员8.27万人。全市研发投入占地区生产总值的2.59%，比上年提高0.04个百分点，其中民营企业科技研发经费超130亿元；新增发明专利授权量2942件，增长5.2%，有效专利累计有39210件。全年引进国家“千人计划”专家14人、省“双创计划”人才（团队）45人，80%以上落户民营企业。全年获批国家级孵化器3家；入选国家级众创空间2家，入选省级众创空间7家。

竞争资本增强。全市5家民营企业入选“中国民营企业500强”。新认定国家高新技术企业134家，新认定省级高新技术产品203项，全市高新技术产业产值占比49.1%，提高0.5个百分点，继续保持全省第一。镇江液压股份有限公司获评第一批“制造业单项冠军示范企业”，61个产品成为行业单打冠军，18个产品市场占有率列全国前三名；新增省级企业技术中心12家，省级品牌30个，有省级首台（套）重大装备及关键部件45个，38个项目被列入省级新产品研发和推广类项目，3个项目被列入省级质量攻关类项目。

集聚发展提升。2016年，20个先进制造业特色园区完成应税销售1269.5亿元，增长10.7%；完成入库税收50.71亿元，增长7.6%；完成工业固定资产投资669.8亿元，增长22.6%；新开工标准厂房建筑面积221.34万平方米，当年竣工厂房建筑面积180.98万平方米，新竣工厂房综合利用率56.23%。

服务体系完善。2016年，全市有国家中小企业公共服务示范平台2个（其中市区1个、丹阳1个）；江苏省中小企业五星级公共服务平台3个、四星级5个、三星级19个；江苏省小企业创业示范基地17个、江苏省小企业创业培育基地10个；镇江市企业公共服务示范平台26个；镇江市小企业创业示范基地15个。

融资环境优化。截至2016年年底，全市贷款余额3472.37亿元，比年初增加448.52亿元；其中中小企业贷款余额2022.03亿元，比年初增加219.85亿元。全年全市担保机构新增担保业务44.75亿元，新增担保户数254户；年末在保余额45.49亿元，在保836户（全部为中小企业）。全市企业应急周转资金年发放量为2761笔，累计168.55亿元。

（陈砚琳）

2016 年镇江市私营企业基本情况统计表

表 27－1

项 目	户数(户)		从业人员(人)		注册资本(万元)	
	全 市	其中:市区	全 市	其中:市区	全 市	其中:市区
一、总 计	70396	31826	982500	353682	42471727	20791926
城镇	50534	26812	641768	282663	31450135	19026338
农村	19862	5014	340732	71019	11021592	1765588
二、按行业分						
第一产业	1616	487	17161	4828	661356	232246
农、林、牧、渔业	1616	487	17161	4828	661356	232246
第二产业	29164	9268	585582	164494	17406506	5191235
工业	23478	6407	499020	125332	13821596	3711165
采矿业	27	8	576	57	49539	45299
制造业	23337	6365	496569	124881	13508787	3577714
电力、热力、燃气及水生产和供应业	114	34	1875	394	263270	88152
建筑业	5686	2861	86562	39162	3584909	1480070
第三产业	39616	22071	379757	184360	24403865	15368445
批发和零售业	21740	11515	177539	76867	6159232	3172364
交通运输、仓储和邮政业	1891	1133	22688	12997	827950	542329
住宿和餐饮业	681	470	12654	6416	112921	51227
信息传输、软件和信息技术服务业	1935	1147	14336	8083	667951	491074
金融业	220	114	2598	1371	1113496	828381
房地产业	1415	745	19910	9597	1968343	1048644
租赁和商务服务业	5881	3667	60732	37027	8822278	7663248
科学研究和技术服务业	3329	1683	45967	20288	4056940	1252696
水利、环境和公共设施管理业	218	94	3948	999	168121	63883
居民服务、修理和其他服务业	1381	925	12395	7298	202279	132434
教育	186	120	1304	675	42051	23334
卫生和社会工作	49	24	584	185	114407	6962
文化、体育和娱乐业	690	434	5102	2557	147898	91870
其他	0	0	0	0	0	0
三、当年新增	11933	5071	102797	26139	8113464	4382748

（统计局）

2016 年镇江市个体工商户基本情况统计表

表 27－2

项 目	户数(户)		从业人员(人)		注册资本(万元)	
	全 市	其中:市区	全 市	其中:市区	全 市	其中:市区
一、总 计	190431	78220	397855	178105	3302406	1238210
城镇	138299	62299	282374	135063	2028296	711841
农村	52132	15921	115481	43042	1274110	526369
二、按行业分						
第一产业	6695	1852	16887	6607	343042	112002
农、林、牧、渔业	6695	1852	16887	6607	343042	112002
第二产业	22833	6157	83708	23732	625270	177949
工业	21522	5731	79953	22367	584098	168133
采矿业	30	13	224	49	777	271
制造业	21437	5700	79595	22273	582155	167641
电力、热力、燃气及水生产和供应业	55	18	134	45	1165	221
建筑业	1311	426	3755	1365	41172	9816
第三产业	160903	70211	297260	147766	2334094	948259
批发和零售业	110589	47909	182980	89483	1564514	650634
交通运输、仓储和邮政业	4769	967	6850	2042	69378	15718
住宿和餐饮业	18686	8491	50895	26916	319049	128692
信息传输、软件和信息技术服务业	325	152	610	293	4305	1390

续表 27-2

项　目	家数(家)		从业人员(人)		注册资本(万元)	
	全　市	其中:市区	全　市	其中:市区	全　市	其中:市区
金融业	15	11	32	24	466	176
房地产业	596	361	1159	801	6400	3666
租赁和商务服务业	2944	1367	6012	2908	49912	21738
科学研究和技术服务业	657	361	1539	904	8093	3912
水利、环境和公共设施管理业	57	26	220	112	1744	999
居民服务、修理和其他服务业	20131	9784	41998	22064	271771	108647
教育	361	217	999	587	4413	2181
卫生和社会工作	136	109	352	281	1805	1188
文化、体育和娱乐业	1631	451	3608	1347	32234	9312
其他	6	5	6	4	12	9
三、当年新增	31076	13049	70588	31955	528032	182670

（统计局）

政策与管理

【概况】 2016年，镇江市落实《镇江民营经济升级发展政策意见》《镇江市人民政府关于扶持小型微型企业健康发展的补充意见》《2015年扶助小微企业专项行动实施方案》等政策文件精神，促进中小企业平稳健康发展。同时，进一步整合涉企政策资源，梳理企业政策、科技创新和产业鼓励政策，形成《惠企政策集中发布工作机制实施意见》《惠企政策集中发布规范（标准）》；向41个市级部门收集涉企政策“干货”268项，编辑出版《政企直通——镇江市企业网络服务平台服务指南》，并通过镇江市企业网络服务平台等渠道发布政策信息3000余条为企业和基层提供政策指南。市经信委做好工信部、省经信委重点监测企业月度、季度运行监测网上调查工作，加强对重点企业跟踪调查，定期通报中小民营企业运行情况，分析企业运行中存在的问题和不足。加强对中小企业的资金扶持力度，组织申报省级、市级中小企业专项资金，全年申报项目42个，最终32个项目获省级、市级扶持资金1338万元。运用“互联网+政务服务”思维，整合涉企服务资源，在国内地级市率先建设“965808”（谐音“就让我帮您办”）——企业网络服务平台（参见第19页），该工作获评市级机关“十佳服务品牌”。15个园区、38家企业分别被认定为省“企企通”建设试点园区、企业。

推动创新发展。通过择优培育、示范认定，制定印发《镇江市中小企业专精特新产品认定办法（试行）》，太平橡胶等3家企业入围“2016年度江苏省科技小巨人企业”；双进油双电场重劣质原油高效电脱盐脱水成套装备等3个产品成为“2016年度江苏省专精特新产品”；光伏组件用硅酮密封胶等13个产品被认定为“2016年度镇江市中小企业专精特新产品”。镇江三山文化传媒有限公司和江苏中能电力设备有限公司等11家企业成为首批“江苏省‘专精特新’小巨人企业”。加快实施“小进规”工程，印发《关于上报“小进规”培育企业运行情况的通知》，把培育小微企业上规模与开展小微企业运行监测工作结合，建立中小微企业信息数据库和统计调查、监测分析、定期发布、企业培育制度；印发《关于做好2016年“小进规”培育工作的通知》，择优选择152家核心技术领先、市场份额领先，走“专业化、精细化、特色化、新颖化”之路的高成长性企业，重点培育，建成“小进规”培育目录库。引导企业专注创新和产品质量提升，以全液压转向器为主营产品的镇江液压股份有限公司入围工信部首批“制造业单项冠军示范（培育）企业”名单，全省有6家企业上榜。开展聚焦产业、聚集资源、聚合力量“三聚”服务活动，助推“双创”人才项目发展、重点冷链物流企业、光伏产业链提升、智能电气产业链转型等十大产业链、重点园区、重点企业和项目，争取国家、省有关扶持、引导和奖励政策，并形成常态化服务。

实施“走出去”战略。印发《2016年镇江产品供需对接活动实施方案》，举办光伏产品协作配套暨“金屋顶”项目洽谈对接会。大全太阳能等20余家光伏生产企业，国华绿能等近10家“金屋顶”承建单位以及市机关事务管理局、市文广集团等8家具备屋顶资源的单位互通信息，有13家与会企业达成合作意愿；市银监局、光大银行、江苏银行、工商银行介绍光伏产品相关金融政策，为与会光伏企业融资提供途径。组织江苏索普环保科技有限公司等3家企业赴宜兴参加“2016江苏中小企业环保产业协作配套对接会”。组织沃得农机等企业报名参加第四届江苏中小企业工程机械、现代农业装备产业协作配套（常州）对接会。组织江苏捷诚车载信息工程有限公司等8家企业参加“2016江苏中小企业汽车产业协作配套对接会”。举行2016年江苏省大众创业万众创新活动周“镇江日”启动仪式，并进行成果展示。推荐市区中靖、铁科、鼎胜3家企业6名人员报名参加“企业进高校”活动。突出招商选资。出台《关于做好民营经济精准招商工作的通知》，印发《关于开展“民资招商季”活动的通知》，启动“民资招商季”活动，突出主导产业开展“补链、延链、强链”和服务配套招商活动。举办“中国制造2025”镇江发展（上海）推介会，北京、上海、杭州、福州等地的100余名客商到会，现场签约项目15个，总投资达96.36亿元。推荐江苏卓远激光科技有限公司、益海芯电子技术江苏有限公司2家公司参展第13届中国国际中小企业博览会。审核并推荐镇江耐丝新型材料有限公司等8家企业参与省中小企业专精特新发展咨询诊断工作。

推进银企合作。规范融资担保行业发展，结合担保行业发展实际，注重监管和服务并举的工作思路，推动担保行业健康规范发展。制定出台《2016年全市融资性担保行业发展工作要点》，完成14家担保机构的许可证换发工作，全年全市担保机构新增担保业务44.75亿元，新增担保户数254户，年末在保余额45.49亿元，在保836户（全部为中小企业）。先后组织19家银行、风险投资、担保等金融机构深入制造业园区开展8场专题银企对接活动，服务企业130多家，解决融资需求80亿元。推动“经信贷”发放，截至2016年年底，“经信贷”发放2.4亿元，完成总规模的80%，服务企业70多家，其中制造业企业占95%以上。

通过采取降低财政存款利率、完善考核机制和开展业务补助等举措，提升周转资金的服务作用。2016 年，“周转贷”发放 153.5 亿元，超年度目标 27.9%，帮助 1400 多家企业降低融资成本 7000 多万元。

助推产业“三集”发展。实施基础设施建设、平台载体提升、产业项目引建、企业品牌培扶、市场化运作五大重点工程，重点打造 10 个市级制造业示范园区，数量占全市的 50%。推进标准厂房建设，印发《2016 年度全市产业“三集”发展标准厂房建设和利用工作考核办法》，按季度推进标准化厂房建设，全年全市新开工标准厂房建筑面积 221.34 万平方米（占全年目标的 105.7%），竣工厂房建筑面积 180.98 万平方米（占全年目标的 111.9%）。开展优秀公共服务平台建设评选工作，评选出“先进制造业园区优秀公共服务平台”8 个，并推荐“965808”企业网络服务平台成为全市产业“三集”综合服务平台，优秀平台数量占全市的 39.1%。（陈砚琳）

【创业精英公益学堂】 2016 年 1 月 26 日，由镇江市中小企业服务中心、镇江市创业指导服务中心、镇江市中小企业协会、镇江市创业精英联合会联合举办的首期“创业精英公益学堂”开班。“创业精英公益学堂”旨在搭建创业精英、中小企业主、企业家学习交流平台，打造有特色、有影响力的公益性企业家管理培训品牌，推进镇江市企业家创新创业能力的不断提升。学堂课程推广以线上为主，线上线下联动报名听课。70 多名中小企业主参加首期课程。（陈砚琳）

【镇江市中小企业服务中心获评省“创新创优服务中心”】 2016 年，江苏省中小企业发展中心面向全省各市、县（市）、区中小企业服务中心，组织开展 2015 年度全省中小企业服务中心“创新创优服务中心”评选活动。镇江市中小企业服务中心等 13 家单位获评“2015 年度江苏省‘双创’服务中心”。（陈砚琳）

【省级中小企业公共服务星级平台建设】 2016 年，镇江市中小企业服务中心、丹阳市精通眼镜技术创新服务中心有限公司 2 家单位获评“2015 年度省级中小企业公共服务五星级平台”，该次评选五星级平台全省有 6 家单位入围。镇江道博科技信息有限公司获评“2015 年度省级中小企业公共服务三星级平台”。（陈砚琳）

【江苏鱼跃医疗设备股份有限公司获评“国家级企业技术中心”】 2016 年，国家发改委、科技部、财政部、海关总署、国家税务总局 5 部门联合下文公布“2015 年度国家级企业技术中心”认定名单，镇江市的江苏鱼跃医疗设备股份有限公司技术中心入围，成为继大全集团、大亚科技集团、江苏恒顺集团和镇江中船动力有限公司之后第 5 家国家级企业技术中心。（陈砚琳）

【部分企业及负责人分别获省委省政府表彰】 2016 年，省委、省政府印发《关于表彰江苏省先进开发区、江苏省优秀企业、江苏省优秀企业家的决定》，镇江市有 5 家企业和 5 名企业负责人受到表彰。大全集团有限公司、大亚科技集团有限公司、恒宝股份有限公司、江苏恒顺醋业股份有限公司、江苏鼎胜新能源材料股份有限公司等 5 家企业获“江苏省优秀企业”称号；江苏鱼跃科技发展有限公司董事长吴光明、惠龙易通国际钢铁物流股份有限公司董事长施文进、江苏省镇江船厂（集团）有限公司董事长郭琰、江苏环太集团有限公司董事长王禄宝、镇江东方电热科技股份有限公司董事长谭荣生等 5 名企业负责人获“江苏省优秀企业家”称号。（陈砚琳）

【7 家企业获省食品行业表彰】 2016 年 4 月 18 日，在全省食品行业工作会议暨推进食品工业企业诚信管理体系建设会议上，全省 8 家食品企业获省“食品行业诚信管理体系建设示范企业”称号，江苏恒顺集团有限公司、江苏天琦生物科技有限公司、丹阳市亭亭食品有限公司 3 家企业入选，入选数量列全省第一。另有江苏恒顺、丹阳酒厂、浮玉麻油公司、恒康调味品厂在会上被授予 2015 年度江苏省食品行业优秀品牌企业。（陈砚琳）

【“江苏经信企业家学院”创客训练营】 2016 年 5 月 19 日—21 日，由江苏省经信委、镇江市经信委主办，江苏省苏商会、市经济管理培训中心以及市中小企业协会承办的“江苏经信企业家学院”创客训练营在镇江举办。初创型企业、成长性企业管理人员以及创业项目团队的 60 余名学员参加培训活动。“创客训练营”培训项目主要面向初创型企业、成长性企业管理人员以及创业项目团队，包含专家授课、交流对话、企业参访、项目路演等多种培训形式。（陈砚琳）

【6 家企业入围“2016 年度江苏省科技小巨人企业和专精特新产品”名单】 2016 年，镇江市有 6 家企业入围江苏省科技小巨人企业和专精特新产品名单。江苏省科技小巨人企业分别是江苏太平橡胶股份有限公司、江苏天晟药业股份有限公司、江苏扬碟钻石工具有限公司；江苏省专精特新产品分别是江苏金门能源装备有限公司“双进油双电场重质劣质原油高效电脱盐脱水成套装备”、江苏凯德电控科技有限公司“高性能电动风门”、镇江同舟螺旋桨有限公司“稍部非线性折翼高效节能船用螺旋桨”。根据《江苏省科技小巨人和专精特新产品认定管理办法》，经认定的科技小巨人和专精特新企业，省经信委将在技术改造、多渠道融资、培育品牌、提升管理水平、技术转化应用等方面给予重点扶持，引领中小企业转型升级、加快发展。（陈砚琳）

图 27－1　2016 年 1 月 26 日，“创业精英公益学堂”开班　（陈砚琳　供稿）

【"金山杯"企业家沙龙活动】 2016年5月26日,镇江市政府以制造业推行服务化为切入点,交由市经信委牵头的2016年第一届"金山杯"企业家沙龙活动举行。活动以"加快服务型制造,助推产业向高端攀升"为主题,通过典型企业经验介绍、专家讲解、政策引导等形式,为在场的30多家工业企业推介服务型制造的相关要求。7月19日,第二届"金山杯"暨"镇江制造2025"领军人才企业家沙龙活动举行。活动邀请专家作题为《新常态下的人才开发》的专题辅导报告,恒顺集团、恒神碳纤维分别作交流发言。10月12日,2016年镇江市第三届"金山杯"企业家沙龙活动举行。活动以"培育'单打冠军',做强'镇江制造'"为主题,邀请工信部专家为企业作专题辅导。同时,市经信委选出61家"单打冠军"企业在活动中集中发布。(陈砚琳)

【镇江市企业参加"江苏产品万里行"太原展销会】 2016年5月28日—30日,由江苏省政府部署,省经信委主办的"江苏产品万里行"太原展销会在中国(太原)煤炭交易中心举行。展销会以"展江苏名品风采,促区域合作共赢"为主题,有130多家江苏企业参展。镇江市组织卡威汽车、恒顺集团、鸿凯医疗等11家企业参展,并特邀鱼跃医疗参加互联网应用展区展示。(陈砚琳)

【8家企业获省管理创新表彰】 2016年6月3日,省经信委在南京召开题为"管理创新、持续发展"的全省企业管理创新经验交流会,会议现场表彰"2015年度省级管理创新示范企业和优秀企业"。镇江市的江苏恒顺醋业股份有限公司、江苏希西维轴承有限公司、镇江耐丝新型材料有限公司3家企业获"省级管理创新示范企业"称号,江苏鼎胜新能源材料股份有限公司、大全集团有限公司、恩坦华汽车零部件(镇江)有限公司、江苏振光电力设备制造有限公司、江苏兆鋆新材料股份有限公司5家企业获"省级管理创新优秀企业"称号。(陈砚琳)

【安德信科技获"2016 APEC中小企业创新实践"奖】 2016年7月14日,以"创新推动发展,合作创造未来"为主题的第九届APEC中小企业技术交流暨展览会在深圳召开。展会秉承技术、创新、合作的发展理念,集中展示APEC成员经济体中小企业的新发现、新技术、新产品、新材料及公共技术服务平台建设成果。安德信科技江苏德佐电子科技有限公司受江苏组委会特邀参加会议,并展示"带电粒子加速器与大功率固态放大器"领域的最新研发成果。该公司获"2016 APEC中小企业创新实践"奖,也是江苏省唯一获该奖的企业。(陈砚琳)

【镇江市中小企业服务中心获评"2016全国'中小企业创业创新服务典型案例'优秀案例"】 2016年7月20日,第四届中国中小企业投融资交易会主论坛在北京国家会议中心召开。会议上,镇江市中小企业服务中心获评"2016全国'中小企业创业创新服务典型案例'优秀案例"。全国人大原副委员长顾秀莲,新西兰前总理珍妮·玛丽·希普利,中国中小企业协会会长李子彬,全国政协经济委员会副主任、全国工商联副主席陈经纬等参加论坛并为获奖单位代表颁奖。(陈砚琳)

【2家企业获江苏中小企业创新创业大赛三等奖】 2016年7月29日,由省经信委、省中小企业局主办的2016中国江苏中小企业创新创业大赛在南京落幕。该次大赛6月初正式启动,全省有148个项目参加比赛,有30个项目进入总决赛,参赛者全部为2013年1月1日后设立的中小企业创业者。镇江加勒智慧电力科技股份有限公司、镇江海威新材料科技有限公司2家企业获大赛三等奖,并和江苏银行签约,获江苏银行的授信支持。市经信委获评"优秀组织奖"。(陈砚琳)

【4家企业入围"2015年江苏省营业收入百强民营企业(集团)"】 2016年,省经信委、省工商联联合发布"2015年江苏省营业收入百强民营企业(集团)"名单。镇江市有4家企业入选,分别是江苏沃得集团有限公司(第34位)、江苏天工集团有限公司(第41位)、大全集团有限公司(第49位)、大亚科技集团有限公司(第56位)。2015年,全省百强民企营业收入入围门槛为93.2亿元,比上年提高1.4亿元。(陈砚琳)

【3家企业获评"江苏消费品工业增品种提品质创品牌示范企业"】 2016年,省经信委公布"江苏消费品工业增品种提品质创品牌示范企业(第一批)"名单,镇江市的江苏恒顺醋业股份有限公司、江苏鱼跃医疗设备股份有限公司、宜禾股份有限公司等3家企业入选。该次评选,全省有32家企业入选。(陈砚琳)

【5家企业入围"2016中国民营企业500强"】 2016年8月25日,全国工商联发布"2016中国民营企业500强"榜单,镇江市有5家民营企业入围:沃得集团210位(221亿元)、天工集团234位(196亿元)、大全集团270位(175亿元)、大亚科技集团319位(152亿元)和建华建材494位(102亿元)。该次评选入围门槛为营业收入101.75亿元,首次突破百亿元。(陈砚琳)

【镇江市企业参加"江苏产品万里行"宁夏展销会】 2016年9月24日—26日,由江苏省政府部署,省经信委主办的"江苏产品万里行"宁夏展销会在银川国际会展中心举行,同期还举行"一带一路"物流合作论坛。200多家企业参加展销会。镇江市组织卡威汽车、恒顺集团等10家企业参展,并特邀镇江互联互通网络信息科技有限公司参加互联网应用展区展示。(陈砚琳)

【12家企业入围"省示范智能车间"】 江苏省经信委公布2016年第一批江苏省示范智能车间名单,镇江市的北汽(镇江)汽车有限公司"冲压智能生产车间"、江苏东昇光伏科技有限公司"太阳能光伏组件智能生产车间"、江苏丹毛纺织股份有限公司"针织智能生产车间"等12个企业生产车间入选,数量超过前两年之和,创历史最好水平。截至2016年年底,全市共创建省示范智能车间19个。(陈砚琳)

【省减轻企业负担政策宣传活动首站到镇江】 2016年10月24日,第五届全国减轻企业负担政策宣传周活动正式启动。10月25日,由工信部运行局、省减负办、省人社厅、省地税局、省财政厅、省编办、省物价局、省金融办等部门组成的省减轻企业负担政策宣讲组到镇江市开展首场全省减轻企业负担政策宣传活动。宣讲组成员重点介绍降成本的相关政策措施,并与在场企业家进行互动交流。(陈砚琳)

【12家企业登陆江苏省"专精特新板"】

2016年12月27日,江苏省"专精特新板"开板暨首批专精特新小巨人企业挂牌仪式在江苏省会议中心举行。江苏成城电气有限公司等12家镇江市"专精特新小巨人(培育)企业"登陆江苏省"专精特新板",占全省挂牌总数的12%。"专精特新板"由江苏省经信委、江苏股权交易中心合作共建,旨在针对性地促进"专精特新小巨人企业"的规范治理、提升企业融资效率,有效帮助"专精特新小巨人企业"了解、试水资本市场,并借助资本市场的力量，实现创新转型。

（陈砚琳）

民营经济协会

【概况】 2016年，镇江市民营经济协会以服务“大众创业、万众创新”为重点，以推进“效能革命”为切入点，以服务会员企业为己任，发挥协会服务和协调功能，优化服务职能，推动镇江市民营经济健康发展。镇江市锦绣皇宫大酒店总经理鄂秀萍、扬中市华日塑料电器厂厂长陆茂生获“全国先进个体工商户”称号，并受到中共中央政治局常委、国务院总理李克强接见。

3月，市民营经济协会、交通银行联合举办“服务民企，助推发展”银企对接座谈会，40多位小微企业负责人和10多位行业协会、商会负责人参加座谈；协会与交通银行、民生银行、农村商业银行等单位联合走访民营企业50余家，发放金融产品宣传册500余份。11月15日，协会与人民银行联合成立镇江市民营经济协会金融服务中心，组织首场银企对接会，现场签订贷款协议4780万元，全市21家商业银行以及100多家民营企业的负责人参与对接活动。截至2016年年底，帮助民营企业融资25亿元。

（葛广研）

【“诚信之星”“诚信标兵”推选活动】 2016年，镇江市民营经济协会按照省民营经济协会的统一部署，在全市开展江苏省第三届“百名诚信之星”推选活动。4月，组织镇江市首届“诚信之星”“诚信标兵”在镇江烈士陵园举办“栽花植树慰英灵，共建强富美高新镇江”活动，参加活动的企业负责人作以“诚信做人，守信经营”为主要内容的宣誓，并种植“诚信树”数百棵。市民营经济协会向江苏省第三届“百名诚信之星”组委会推送12名候选人，镇江液压有限公司董事长潘正东当选“十大诚信标兵”，6家企业负责人当选“百名诚信之星”。

（葛广研）

【镇江市民营经济协会法律服务中心】 2016年7月27日，镇江市民营经济协会、江苏江成律师事务所联合成立镇江市民营经济协会法律服务中心，并举办首场“企业法律风险防范”专题讲座。法律服务中心的成立旨在为会员提供较为专业的法律咨询，帮助会员解决各类纠纷和涉外经济案件，提高协会服务会员的能力。中心成立后帮助协调解决纠纷案133件，达成相互谅解58件。

（葛广研）

【创业就业帮扶工程】 2016年5月，镇江市民营经济协会、北大青鸟教育集团、市人社局、市科技局和团市委联合举办镇江市创新业创新高级人才CMBA研修班。研修班旨在通过中短期课程的培训，使大学生树立创新思维模式，帮助其学习现代企业管理知识与品牌营销策略技能。央视老故事频道《公益中国》栏目制片人、主持人、品牌联盟联合创始人张吕清和优客商学院创业导师、北大总裁班营销讲师梅峰，分别就创新思维与创业、品牌创新与管理等内容进行授课。江苏大学、江苏科技大学和镇江高专等高校的300余名大学生参加开班典礼。

（葛广研）

行业商会

【镇江市福建商会】 2016年，镇江市福建商会建立会长轮值制度、会长办公会制度、财务管理制度、会议迟到乐捐制度等一系列商会规章制度。全年组织开展太极拳培训、出游踏青联谊等活动；定期开展“绿色环保·健康生活”为主题的南山健行活动；参与瑞泰地产举办的中秋感恩答谢盛会；组织商会企业家太太旗袍走秀等。商会微信公众号通过《商会简介》《商会动态》《会员服务》三个栏目展示商会的工作和活动。举办“营改增税收与经济”专题讲座，为商会企业解读营改增政策和具体征收的相关操作内容。组织与美国闽商联合会、江苏省福建商会及兄弟商会的交流座谈活动。参与镇江中国历史文化名城建设，商会捐资11万元帮助在一泉公园修建闽籍镇江知府王仁堪铜像。2016年，商会获“全省工商联商会组织先进集体”称号，会长王家庆被授予“优秀中国特色社会主义事业建设者”称号。 （夏晴云）

【镇江市溧阳商会】 2016年，镇江市溧阳商会围绕“团结、诚信、合作、发展”的宗旨，以服务会员为根本，开展商会工作。增选商会执行会长和常务副会长，并健全日常管理制度。商会运用自建的网站和信息平台，传达上级政府有关政策信息，如建筑企业“营改增”税收政策、个税政策等；与《镇江商道》、环球商协会联盟《联盟》、溧阳上海商会《上海溧阳人》等刊物建立联系和合作，为提升商会及会员企业的知名度提供宣传服务平台。商会设立爱心基金，慰问孤寡老人、贫困家庭学生及会员家属等，先后收到爱心基金36.4万元，捐款32.6万元。商会组织部分会员到泰国寻找合作投资项目；组织会员参加各种讲座学习活动；组织党员会员赴溧阳旧县江南新四军指挥部旧址参观学习。7月1日，中共镇江市溧阳商会党支部成立，选举董国华为党支部书记。2016年，商会被评为“AAAA级社会组织”。 （夏晴云）

【镇江市温州商会】 2016年，镇江市温州商会围绕创新主题，以活动为载体，拓展商会职能。强化横向联系，与全国近百家温州商会建立互动关系。组织会员到河南考察眼镜市场，并参加广州、衢阳、南通、常州等商会活动。组织企业参加北京奥林匹克商务推介会、丹阳市眼镜旅游文化节、境内外各类眼镜展，全年参展金额1.8亿元。到浙江嵊泗，召开商会三届三次理事会。商会参加抗震救灾、扶贫帮困、希望工程等社会公益活动：9月，台风“莫兰蒂”给温州文成、泰顺两县造成严重灾情，商会组织开展“情系乡梓、爱心捐赠”活动，为灾区捐款5万元；商会为车站社区成立慈善分会捐款1万元；为眼镜市场白血病患者捐款1万元；参与茅山老区脱贫工作；支持教育事业，捐助学校建设1.5万元；会员企业负责人王宗贤、洪邦照等为开发区慈善分会捐款20余万元。在丹阳开发区慈善工作表彰大会上，洪作南、谢公晚被评为“最具有爱心慈善捐赠先进个人”。2016年，温州商会发扬新时期“温商”精神，抱团求变、求发展。江苏明月光学有限公司纳税3300万元，新天鸿光学有限公司纳税1560万元。江苏明月光学有限公司获丹阳市政府“2016年度纳税先进企业”称号。

（夏晴云）

【镇江安徽商会】 2016年，镇江安徽商会加强领导班子建设，注重以党的组织建设促进商会建设。开展对会员企业的帮扶活动，帮助会员解决实际问题，提升会员对商会的信任度、满意度。运用专业律师团队，提供有关法律咨询和权益服务，全年接受会员免费咨询26人次；受理诉讼和仲裁代理援助11件；维护会员企业合法权益标的近4000万元。全年新发展会员17人。参与慈善公益活动，向社会各界捐助款物合计168.25万元。2016年，会长艾学平当选市工商联兼职副主席；常务副会长封孝权获“优秀中国特色社会主义事业建设者”称号。商会获“全省工商联商会组织先进集体”、镇江市“示范商会”等称号，并被评为“AAAA级社会组织”。 （夏晴云）

【镇江浙江商会】 2016年，镇江浙江商会坚持“团结、互助、教育、维权、服务”的办会宗旨，秉持团结兴会、服务立会、制度管会、实体强会的发展思路，创新工作方式，拓宽服务领域，促进商会健康稳定发展。运用网站载体，把会员企业经营范围、服务对象、企业需求等信息上网，服务会员企业。钱国华、叶珊虹、方益民等成员参加“2016民营资本投资江苏大会和江苏省浙江商会成立十周年庆典”。会长钱国华带队出访欧洲，到希腊、西班牙等国参观考察。商会理事到河南参观考察。7月13日，组织会员到淮安周恩来纪念馆和故居，接受红色经典教育。11月，浙江清华长三角研究院杭州分院副院长李晓峰带队到商会考察。商会为出现延期交房纠纷、钢构企业去产能后补偿等问题的房地产公司向政府和有关部门进行协调。商会会员为丹徒区45名学生助学，为盐城阜宁、射阳等地遭龙卷风袭击和其他多项慈善事业捐款20余万元。2016年，商会获“江苏省示范性社会组织”称号，获评2015年—2016年度镇江市工商联系统“示范商会”。

（夏晴云　方益民　项水生）

图27－2　2016年7月13日，浙江商会组织会员到淮安周恩来纪念馆接受爱国主义教育　（项水生　供稿）

【镇江市创业精英联合会】 2016年，镇江市创业精英联合会与市经干校对接，设立“创业精英公益学堂”和“才商智库”两个公益培训项目，分别保证每两个月举行一次公益讲座，确保会员学习培训机会。组织会员参加“创业精英北大纵横总裁班”“江苏省中小企业管理研修班”两个企业家培训班。联合会在“my0511”网站梦溪论坛开设“创业精英”版块，宣传创业政策，开展创业交流；成立“创业导师团”，于5月16日、6月22日先后到镇江高专、省句东戒毒所，分别为大学生、涉毒人员开展创业指导。2016年，联合会获评“镇江市中小企业公共服务示范平台”，并获专项资金；获镇江市委、市政府、军分区“七创”全国双拥模范城嘉奖；获评镇江市文明办、市慈善总会“最佳慈善义工服务组织支持奖”；获评2015年—2016年度镇江市工商联系统“示范商会”；获评2016年度镇江市工商联系统先进集体；获评“AAAA级社会组织”。联合会党支部被省委组织部列为镇江市“两学一做”学习教育联系监测点，并通过市“五星党支部”评审。会员陈露霖获镇江女大学生“镇有一手”创业项目设计大赛一等奖。

（夏晴云）

【镇江市家居装饰业商会】 2016年，镇江市装饰建材商会经一届四次会员大会通过，更名为镇江市家居装饰业商会。2月11月，商会分别在维新汽车市场和体育会展中心举办春、秋两季家博会。家博会被总商会评为“十大亮点工程”。4月，商会和室内设计师协会打造镇江市家装公益大讲堂，请设计师走进商家，为市民提供免费家装服务和知识普及。7月19日，商会党支部与市消费者协会党支部开展“两学一做”学习交流活动。商会设立维权投诉站，维护消费者合法权益。商会获评市“消费者权益保护工作先进集体”。8月，商会与第六空间家居广场共同举办家居建材团购会活动，100多个品牌商家参与活动。会长陶靠军获“消费维权特别贡献企业家”称号。9月，商会组织迎国庆第二届掼蛋大赛。12月，商会与市消费者协会举办镇江市2016年度“消费者喜爱的十强装饰公司、消费者喜爱的十强设计机构”评选活动。2016年，商会获评江苏省示范性社会组织，获评2015年—2016年度镇江市工商联系统“示范商会”，获评2016年度镇江市工商联系统先进集体等。（夏晴云）

【镇江市山西商会】 2016年，镇江市山西商会健全各项规章制度，成立首届监事会，并进行人事调整。5月底，商会和中海微银签署合作框架协议，商会首次内部融资方案落地，会员企业蓝火清洁能源公司完成融资500万元，解决5家企业资金短缺的问题。江苏新昌化工有限公司和上市公司三聚环保建立战略联盟；德马化工在大港化工园区建成并试生产；蓝火清洁能源公司在高资园区建设完工；东艺机械公司在三山园区建成投产。商会开展公益活动，与“达人会”、镇江电视台联合组织山西吕梁滞销红枣的义卖活动；与镇江麦田义工服务社联合将100箱全新衣服免费发放到青海玉树牧区、老人院和临汾隰县特殊教育学校；与镇江市川大校友会共同发起为青海捐赠冬衣活动；为江苏盐城龙卷风灾区捐赠现金。（夏晴云）

【镇江市扬州商会】 2016年6月，镇江市扬州商会成立，选举仲金梅为会长。商会由镇江市宝应商会、高邮江都等县市（区）同乡联谊人员重组筹建。商会坚持中国共产党的领导，建立健全内部机构和规章制度，并同步成立镇江市扬州商会党支部。在商会成立大会上，商会向全市异地商会倡导承诺带头执行“五为、五不为”的内容。2016年，商会分获镇江市工商联系统“示范商会”和“先进集体”称号。（夏晴云　姜光和）

科技综述

【概况】 2016年，镇江市高新技术产业产值占规模以上工业产值比重为49.1%，连续五年保持全省第一位；全社会研发投入占地区生产总值比重为2.59%，万人发明专利拥有量为23件；每万名劳动力中研发人员数为140人年，科技进步贡献率为61%。

推进苏南国家自主创新示范区建设。编制《镇江苏南国家自主创新示范区空间布局规划》，确立全市“一区十四园”的创新发展空间布局，建立“一区十四园”协同管理联席会议制度。镇江高新区获省苏南示范区建设专项奖补资金2100万元并获批为第二批科技服务业试点单位，创新型特色园区创建不断推进。丹阳高新技术产业开发区获批省级高新技术产业开发区，京口区获批第六批省创新型试点县（区），镇江国家农业科技园区核心区选址在句容市建设。

深化科技合作。强化宁镇扬产学研协同创新，把宁镇扬科教资源转化为创新发展的新优势，举办“2016镇江市—宁镇扬在地高校院所科技合作对接会”“2016镇江—上海‘科技合作周’”专题产学研活动；举办“2016年江苏省产学研专场对接洽谈会——船舶与海洋工程产业专题活动暨中国船舶与海洋工程产业知识产权联盟年会”，推动镇江市船舶与海洋工程产业向高端发展；组织企业参加首届“四平·中国科技成果展洽会”、宿迁先进复合材料、连云港节能减排、徐州安全产业等产学研专场对接洽谈会。全年组织产学研活动50余场次，参加对接会企业200余家，新增意向合作协议300多项。设立宁镇扬在地高校院所产学研合作专项，将市级科技创新资金的15%用于支持宁镇扬高校院所在镇江市成立新型研发机构和与镇江在地企业开展科技合作。国际科技合作有声有色，组织镇江市美加科技经贸代表团、镇江市创新科技人才招引考察团、镇江市瑞士德国科技考察团等3个团组出国访问，“镇江市创新科技人才招引考察团”代表镇江市与瑞士苏黎世应用科技大学签订科技和人才合作协议。

培育创新企业集群。“科技小巨人”培育行动计划推进，全市获批高新技术企业223家，其中新增134家，继2015年后新增高新技术企业数量再次超过100家，全市高新技术企业总数达619家，占规模以上工业企业数的比例达22.6%。全年全市60个科技创新重点项目投资19.72亿元，完成年度计划的102.2%，销售216.25亿元，利税16.67亿元。

发展高新技术产业。围绕船舶与海工配套、新材料、航空航天等战略性新兴产业重点领域，实施高新技术产业“双提升”计划，19个项目获省产业前瞻与共性关键技术项目立项，5个项目获省重大科技成果转化项目立项。落实“三去一降一补”，推动供给侧结构性改革开展，全年帮助企业争取科技方面优惠政策超9亿元。引导企业加强自主创新，294项产品获省级新认定高新技术产品，截至年底，全市省级高新技术产品总数达2969个。全市新增省级以上研发机构14家，全市规模以上企业拥有研发机构占比为42.3%；新认定市级工程技术研究中心47家、市级重点实验室14家。江苏省先进流体工程装备产业技术创新战略联盟在镇江市成立。

注重知识产权工作。开展先行先试和试点示范，镇江市是全省唯一、全国两家国家专利质押融资和专利保险“双示范”城市，国内唯一的眼镜产业知识产权快速维权中心“中国镇江丹阳（眼镜）知识产权快速维权中心”获批建设。镇江市在国家知识产权示范城市建设考核中列全国地级市第四名，专利执法与维权考核结果列全国第九位，连续第四年被评为国家知识产权示范城市建设先进集体。镇江知识产权创新产业平台（以江苏省知识产权研究中心为依托建设）于11月开馆运营。实施专利申请数量和质量双提升专项行动，全市全年专利申请总量达34260件，专利授权总量为13836件，专利创造主要指标增幅列全省前三位。

深化科技体制改革。镇江市出台《镇江市“聚力创新”六条政策措施》和《关于深化科技体制改革的意见》；筹建镇江市低碳产业技术研究院和镇江市技术交易所；优化科技创新资金使用方式，有偿使用和后资助等方式资助科技项目的比重超过70%。科技创新由研发管理不断向创新服务转变，镇江市开通为企服务的“科技创新直通车”，得到省委书记李强的批示肯定。 （周长旭）

科技管理

【概况】 2016年，镇江市制定出台《关于深化科技体制改革的意见》《镇江市“聚力创新”六条政策措施》，重点支持国家级科技创新平台、镇江市低碳产业技术研究院、镇江市技术交易市场、新型研发机构等，强化科技供给。筹建镇江市低碳产业技术研究院和技术交易所。修订出台《镇江市市级科技计划项目管理办法》，明确细化项目的结题标准和方式，规范项目管理。同时，推动科技创新资金使用改革，围绕产业链，部署创新链，配套资金链。2月25日，镇江市制定下发《镇江市2016年度辖市（区）科技与人才工作目标责任制实施意见》《关于下达2016年全市科技与人才工作目标任务的通知》。12月，考核小组评选出一等奖4名，分别为丹阳市、镇江新区、扬中市、润州区；二等奖3名，分别为京口区、丹徒区、句容市。（李祥华）

【国家农业科技园区建设】 2016年2月，镇江市初步制订国家农业科技园区总体规划及建设实施方案。5月，市科技局委托科技部中国农村技术开发中心对丹阳粮油加工贸易集中区、句容万山红遍果品科技园、扬中长江水产养殖科技园3家省级现代农业园进行考察，并按照国家农业科技园区现场考察评分体系对3家园区2015年建设情况进行综合评价，得分情况分别为丹阳园84.6分，扬中园85.4分，句容园89.8分。依据综合评分的情况，确定句容万山红遍果品科技园为国家农业科技园区核心区。（张　舒）

【镇江可持续发展实验区通过省级验收】 2016年12月25日，江苏省科技厅组织专家对镇江市“江苏省可持续发展实验区”建设进行验收，一致同意通过验收。2015年3月，镇江市委、市政府研究决定创建江苏省可持续发展实验区，成立以市长为组长的领导小组，编制《镇江市创建江苏省可持续发展实验区规划》，明确建设目标任务和政策措施，确定可持续发展重点示范项目。启动建设以来，镇江市以“发展低碳经济 建设生态文明”为实验主题，推进工业化、城镇化、信息化与农业现代化进程，构建资源节约型、环境友好型社会，为同类型地区实现可持续发展提供实践经验，发挥示范作用。（张　舒）

【科技体制改革深化】 2016年12月30日，镇江市委、市政府出台《关于深化科技体制改革的意见》，分为总体要求、理顺科技创新管理体制、强化协同创新体系建设、聚力推动“三区一园”建设、建立技术创新市场导向机制、实施重大科技项目和工程、健全促进科技成果转化的机制、深化财政科研项目和资金管理改革、推动大众创业万众创新、深入开展知识产权强市建设、推动形成深度融合的开放创新局面、构建统筹协调的创新治理机制等12个部分23条。该意见将科技创新作为镇江市全面创新“核心的核心”，围绕科技与经济结合、调动科技人员积极性这条主线，谋划和推进科技体制改革。（周长旭）

【财政科研项目和资金管理改革】 2016年，镇江市市级科技计划在沿袭重点研发计划、政策引导类计划、创新能力建设计划、知识产权计划四大类基础上，优化资金分配方案，倾斜支持新型研发机构建设，特别是镇江市低碳产业技术研究院和技术交易所建设。制定出台《省科技金融风险补偿资金备选企业入库管理办法》，规范资金入库程序。（李祥华）

科技合作

【概况】 2016年，镇江市围绕推进科技体制改革和苏南国家自主创新示范区建设，构建产学研协同创新体系。紧抓宁镇扬一体化协同发展机遇，通过重点产学研活动的开展，引导企事业单位加强与宁镇扬高校院所合作，将宁镇扬高校院所丰富的科教资源转化为现实创新优势。加大对宁镇扬科技合作项目的扶持力度，设立宁镇扬在地高校院所产学研合作专项，对镇江市企业与宁镇扬高校科技合作的31个项目给予535万元补助，促进更多科技成果在镇江市转化。加强与国内外著名高校院所和企业的科技合作，组织企业参加“首届中国—中东欧国家创新合作大会”和“中国·江苏第五届国际产学研合作论坛暨跨国技术转移大会”，围绕推进镇江市创新国际化，引导企业有效利用国际创新资源，引进、吸收、消化国际先进技术，推进国际创新资源向镇江集聚。全年组织200多家企业赴北京、上海、南京、深圳等地开展50多场次专题产学研活动，征集企业需求420项，新增产学研项目和意向合作协议300多项。华北电力大学扬中智能电气研究中心获省科技厅创新能力建设计划（联合载体类）项目立项。（金　茜）

【2016镇江市—宁镇扬在地高校院所科技合作对接会】 2016年4月1日，“2016镇江市—宁镇扬在地高校院所科技合作对接会”在镇江召开，南京大学、中科院南京分院等49所在地高校院所，以及金融机构、创投公司、高新技术企业等250余位代表参加会议。镇江市政府与江苏大学、江苏科技大学、南京师范大学、南京工业大学、南京邮电大学、扬州大学等6家高校签订合作协议，江苏大学镇江流体工程装备技术研究院、江苏科技大学镇江海洋装备研究院、南京师范大学镇江发展研究院、扬州大学镇江高新技术研究院等4所校地共建研究院揭牌，36家企业与宁镇扬在地高校集中签订科技合作协议。与会的宁镇扬高校院所向镇江市科技型企业提供高新技术成果近3700项，镇江市科技型企业发布技术创新需求377项。镇江市“十二五”宁镇扬在地高校院所科技合作成果展在对接会期间举办。（金　茜）

【2016镇江—上海科技合作周】 2016年7月4日—6日，“2016镇江—上海科技合作周”活动在上海市有关高校院所开展，镇江市政企代表团130余人先后走访复旦大学、同济大学、上海交通大学、上海大学、华东理工大学等10余所教育部重点高校及上海市重点高校举办科技对接活动，与高校科研团队现场洽谈，活动期间达成初步合作意向近30项。（金　茜）

2016年镇江市承担江苏省国际科技合作项目一览表

表28-1

序号	项目编号	项目名称	项目承担单位	拨款（万元）
1	BZ2016013	超声波结合传统香醋工艺的功能性食品联合开发	镇江恒顺生物工程有限公司	100
2	BZ2016031	船用水下机器人控制系统技术引进与合作开发	江苏舾普泰克自动化科技有限公司	80
3	BZ2016032	汽车启停装置电池隔离膜关键生产技术的合作研发	镇江泰舸电池隔膜科技有限公司	80
4	BZ2016033	SIK城市轨道交通智能型箱式牵引整流变电站联合研发	镇江大全赛雪龙牵引电气有限公司	80
5	BZ2016041	镇江中瑞国际技术转移中心建设与国际技术转移服务	江苏新中瑞联合投资发展有限公司	70
合　计				410

（金　茜）

2016年镇江市国际科技合作项目一览表

表28－2

序号	项目编号	项目名称	承担单位	拨款(万元)
1	GJ2016001	超精度金属研磨带关键技术开发	江苏锋芒复合材料科技集团有限公司	40
2	GJ2016002	新型换热器和强化传热的研究	江苏唯益换热器股份有限公司	40
3	GJ2016003	自动立体虚拟现实系统的联合研发	镇江魔能网络科技有限公司	30
4	GJ2016004	1.1类创新药－治疗肠炎药物SAN－ZJ－006的研制	镇江圣安医药有限公司	30
5	GJ2016005	鱼菜共生生态农业循环系统的开发	镇江市百源康生态农业有限公司	30
6	GJ2016006	液体stick充填包装线	江苏仅一包装技术有限公司	30
7	GJ2016007	永磁铁氧体材料JM7不加镧钴制造技术的研发	镇江金港磁性元件有限公司	30
		合　计		230

（金　茜）

2016年镇江市承担江苏省产学研联合创新资金项目一览表

表28－3

序号	项目编号	项目名称	承担单位	拨款(万元)
1	BY2016072－01	新一代舰船用离心泵关键技术研究及产品开发	江苏大学	15
2	BY2016072－02	高效特种轴流泵关键技术研制及应用	江苏大学	15
3	BY2016072－03	基于模拟胃肠道消化技术的胶原肽制备研究与肽醋产品开发	江苏大学	15
4	BY2016072－04	一种新型耐磨、耐蚀工程链条的研制与开发	江苏大学	15
5	BY2016072－05	大型双向流道轴流泵装置高效节能关键技术研发	江苏大学	15
6	BY2016073－01	大排量恒压恒速泵全工况高带宽永磁伺服控制系统	江苏科技大学	22.5
7	BY2016073－02	低发烟量阻燃皮革的开发研究	江苏科技大学	15
8	BY2016073－03	油井超弹性金属封隔器的研制及其关键技术的研究	江苏科技大学	15
9	BY2016073－04	极地船舶抗冰撞载荷结构设计关键技术研究	江苏科技大学	15
10	BY2016073－05	功能微生物复合菌剂的研发与产业化	江苏科技大学	15
11	BY2016073－06	高性能聚氨酯酰亚胺绝缘材料的研发	江苏科技大学	15
12	BY2016073－07	车载平台自动化系统关键技术研究	江苏科技大学	15
13	BY2016073－08	高性能耐候钢与新型管线钢焊丝焊接工艺性能研究	江苏科技大学	15
14	BY2016073－09	船厂管子加工车间智能制造执行系统研究	江苏科技大学	30
15	BY2016073－10	400英尺自升钻井平台通风空调系统关键技术研究	江苏科技大学	30
16	BY2016073－11	适用全海域新型船舶空调系统关键技术研究和系统开发	江苏科技大学	30
17	BY2016073－12	基于金属热加工的新型保护涂料研制	江苏科技大学	15
18	BY2016074－01	抗析晶高稳定性大尺寸石英坩埚研制	镇江市高等专科学校	30
19	BM2016009	华北电力大学扬中智能电气研究中心建设	扬中智能电气研究院有限公司	1000
		合　计		1337.5

（金　茜）

2016年镇江市产学研合作项目奖名单一览表

表28－4

一等奖(2项)				
序号	项目名称	合作高校院所	合作企业	主要完成人
1	千吨级纳米碳管及万吨级导电浆料关键技术研发和产业化	清华大学	天奈(镇江)材料科技有限公司	郑　涛、毛　鸥、岳帮贤、严　燕、魏　飞
2	超超临界锅炉关键技术研发与产业化	浙江大学	江苏绿叶锅炉有限公司	陈建平、谭志东、周新良、周　昊、蔡红庆
二等奖(6项)				
1	AP1000核电蒸汽发生器用安全止振组件成形技术研发	南京航空航天大学	丹阳市龙鑫合金有限公司	王国年、陶　杰、姜建东、束志华、张　勋

续表 28－4

序号	项目名称	合作高校院所	合作企业	主要完成人
2	用伸缩性羊毛纱开发生产形态记忆精纺面料	东华大学	江苏丹毛纺织股份有限公司	周彩琴、胡吉永、杨旭东、符爱芬、陈新华
3	页岩发泡陶瓷吸声材料关键技术开发和产业化	郑州大学	江苏南瓷绝缘子股份有限公司	张志刚、马成良、刘少华、罗　杰、韩晓春
4	茶园机械化防霜装备与智能控制技术开发及应用	江苏大学	江苏吟春碧芽股份有限公司	胡永光、李萍萍、王金和、史德林、徐新芳
5	KRH 型微生物发酵多模态控制装备	江苏大学	江苏科海生物工程设备有限公司	朱湘临、陈永琪、嵇小辅、王　博、刘元清
6	船用中速柴油机脉冲增压系统优化设计	哈尔滨工程大学	中船动力有限公司	张晓铭、黄汉龙、沈建华、于恩程、王臣臣
三等奖(13 项)				
1	广汽丰田汽车技术服务人才产学研合作教育平台共建项目	镇江市高等专科学校	镇江长达汽车销售服务有限公司	王　琦、金立江、章育慧、魏胜宏、徐　沛
2	基于 FTTH 智能小区物联网信息服务集成平台	江苏大学	江苏联盟信息工程有限公司	朱　娜、王　昌、江晓明、朱　轶、何　冲
3	基于移动 GIS 的 iPad 版镇江市规划展示系统	南京大学	镇江市勘察测绘研究院	徐必胜、佘江峰、马雪萍、肖　凯、陆旭龙
4	江苏省微氮直拉单晶工程技术研究中心	浙江大学	镇江大成新能源有限公司	王　谊、罗涤城、环　超、王玉芝、黄　昱
5	4G 技术在轨道交通中的应用研究	北京交通大学长三角研究院	镇江冈山电子有限公司	张　杰、刘　峰、杨芳南、李红辉、刘　真
6	高光泽高分散高耐候钛白粉的研发	江苏大学	江苏镇钛化工有限公司	王俊秋、邱健亭、陈　俊、刘　俊、殷恒波
7	TH－165 型工业搬运机器人	哈尔滨工业大学	江苏天宏机械工业有限公司	周彩英、张培军、张达鑫、叶松军、潘益琴
8	镇江恒顺香醋酿制技艺非物质文化遗产传承关键技术研究	金陵科技学院	江苏恒顺醋业股份有限公司	余永建、沈志远、朱胜虎、李　童、李　信
9	3GKM－40 型果园多功能管理机	江苏大学	镇江市农业机械技术推广站	刘继展、卞丽娜、詹国祥、胡必友、李继伟
10	富水液相色谱固定相的制备及同步筛查食品中多种极性非法添加物技术研究	江苏大学	镇江出入境检验检疫局	韩　娟、陈　桐、王　赟、刘　源、朱皖宁
11	富含 γ－氨基丁酸的酵素生产关键技术及系列新产品开发	江苏大学	镇江恒顺生物工程有限公司	王振斌、夏　蓉、张存胜、陶汇源、王　林
12	20000 立方米/小时撬装喷嘴组与标准表组组合式气体流量标准装置的研制	江苏大学	镇江市计量检定测试中心	石建荣、汤　跃、肖　晖、周　轶、董　芳
13	基于噬菌体抗体库技术的抗多残留兽药单克隆抗体快速制备技术	江苏大学	江苏维赛科技生物发展有限公司	薛永来、张宏恺、刘振江、朱　方、曾　昆

（金　茜）

【“科技之家大使俱乐部”秋季活动】 2016 年 9 月 26 日—28 日，由科技部国际合作司主办，镇江市政府、中国国际科技合作协会共同协办的“科技之家大使俱乐部”秋季活动在镇江举行。前驻法国大使赵进军、前驻欧盟大使团团长关呈远、前联合国副秘书长沙祖康等以及科技部、中国国际科技合作协会等相关一行人员考察镇江市高端装备制造和新材料两大主导产业，参观考察中瑞镇江生态产业园、大全集团、中船动力有限公司、恒神股份有限公司、北汽集团华东(镇江)生产基地等产业园及科技企业，了解镇江市在科技创新驱动发展方面的进展和面临的挑战，并通过“科技大讲堂”活动，为镇江市如何加快经济科技发展及如何加强国际科技合作工作提出建议，推动镇江市科技创新国际化步伐。（金　茜）

【船舶与海洋工程产业专题活动暨中国船舶与海洋工程产业知识产权联盟年会】 （参见第 291 页）（金　茜）

科技计划

【概况】 2016 年，镇江市科技部门围绕科技创新重点工作，组织申报省级以上各类科技计划项目 1885 项，其中国家级科技计划项目 1017 项，获国家级、省级各类科技计划立项 457 项，获上级科技拨款近 2.56 亿元。获得立项的省级以上科技计划项目大多数来自于高端装备制造、新材料、新能源、生物技术及新医药、电子信息、现代农业、节能环保等新兴产业领域。受理申报市级科技计划项目 543 项，立项 272 项，引导企事业单位科技投入近 4 亿元，产生专利近 1000 件，其中发明专利 650 余件。（李祥华）

【省重点研发计划(现代农业)项目立项】 2016 年，江苏沃得农业机械有限公司等 12 家单位申报的项目获省农业重点研发计划(现代农业)项目立项，获经费 1000 万元，立项数和经费数均列全省第二位。另外，丹阳食用菌产业分店、丹阳经济林果产业分店、句容经济林果产业分店等3家科技服务超市获省政策引导类计划(农业科技社会化服务奖补资金)项目60万元支持。

(张　舒)

【4家“星创天地”获科技部首批备案认定】 2016年11月,科技部发文公布全国首批“星创天地”备案名单,丹阳市农产品深加工星创天地、句容市设施农业星创天地、句容市经济林果星创天地、扬中市长江特色渔业星创天地获备案认定。这4家“星创天地”孵化面积超3万平方米,在孵农业科技企业33家,拥有创业领军人物式导师27位,拥有农村淘宝服务中心、大学生孵化中心、农产品质量检测中心、农村产权交易中心、农业互联网医院、众包服务中心、创客沙龙、众创中心、应时鲜果病虫害测报预警平台、科技服务超市、天使专项资金等服务功能。4家“星创天地”通过市场化机制、专业化服务和资本化运作方式,利用线下孵化载体和线上网络平台,聚集创新资源和创业要素,促进农村创新创业低成本、专业化、便利化和信息化。

(张　舒)

【省自然科学基金项目立项】 2016年,镇江市获省基础研究计划(自然科学基金)项目立项120项,比上年增长13.21%;项目总经费2395万元,增长26.72%。其中,省杰出青年基金项目立项3项,省优秀青年基金项目立项1项,省青年基金项目立项89项,面上项目立项27项。江苏大学和江苏科技大学两所高校获国家自然基金项目立项211项,增长9.9%;获总经费8269万元,增长12.77%。

(张　舒)

【省重点研发计划(社会发展)项目立项】 2016年,镇江市获得省重点研发计划(社会发展)项目立项14项,立项金额1000万元,分别比上年增长250%和185.7%,立项经费列全省第四位。其中,省重点研发计划(社会发展)重点项目——重点病种规范化诊疗类别立项数达3项,立项经费为600万元,占全部立项总经费60%。

(张　舒)

2016年镇江市获省重点研发计划(现代农业)立项项目一览表

表28－5

序号	项目编号	项目名称	申报单位	省拨经费(万元)
1	BE2016352	声协同发酵豆粕制备活性多肽关键技术研究与设备开发	江苏大学	50
2	BE2016353	用麸皮米糠创制新型益生酵母饲料菌剂的研究	江苏大学	50
3	BE2016354	基于物联测控的茶园生产精确管理关键技术研究	江苏大学	50
4	BE2016355	油脂饼粕固体发酵制备多肽生物饲料关键技术及装备研制	中储粮镇江粮油有限公司	100
5	BE2016356	高性能大喂入量玉米稻麦联合收获机研制	江苏沃得农业机械有限公司	150
6	BE2016357	葡萄特色产业乡村面源污染控制技术研究与示范	江苏润永生态农业有限公司	150
7	BE2016358	长江特色现代渔业创新技术集成与示范	扬中市中扬现代渔业发展有限公司	150
8	BE2016409	优质高产多抗强筋小麦新品种镇麦12号选育和应用	江苏丘陵地区镇江农业科学研究所	50
9	BE2016410	高产稳产优质多抗适合机械作业油菜新品种镇油6号	江苏丘陵地区镇江农业科学研究所	50
10	BE2016411	优质晚熟耐寒结球甘蓝新品种瑞甘21选育和应用	江苏丘陵地区镇江农业科学研究所	50
11	BE2016412	抗稻瘟病优质高产早熟晚粳稻新品种镇稻15号、16号的选育	江苏丰源种业有限公司	50
12	BE2016413	高产稳产优质多抗迟熟中粳稻新品种镇稻14号的选育	江苏丰源种业有限公司	100

(张　舒)

2016年镇江市获省重点研发计划(社会发展)立项项目一览表

表28－6

序号	项目编号	项目名称	承担单位	省拨经费(万元)
1	BE2016712	基于MVR的高效节能工业废水净化处理关键技术应用研究	江苏科化节能环保设备有限公司	40
2	BE2016713	食品中痕量氟喹诺酮类抗生素快速免疫分析技术开发及产品研制	江苏维赛科技生物发展有限公司	40
3	BE2016714	基于基因多态性和分子分型的食管癌规范化及个体化综合治疗研究	江苏大学附属医院	200
4	BE2016715	基于肿瘤标志物的前列腺癌规范化及个体化综合诊治研究	江苏大学附属医院	200
5	BE2016716	靶向TAM的cicrRNAs雷达系统在早期卵巢癌诊疗一体化中临床应用研究	江苏大学	40
6	BE2016717	干细胞来源exosome在肝纤维化诊疗中的应用及机制研究	江苏大学	40
7	BE2016718	DNA双链断裂修复障碍卵巢癌的个性化治疗研究	江苏大学	30
8	BE2016719	急性冠脉综合征区域化协同救治的网络构建与推广研究	江苏大学附属医院	40
9	BE2016720	“降铁疗法”防治“绝经后骨质疏松”的关键技术临床应用研究	江苏大学附属医院	30
10	BE2016721	Lnc－IL7R/jmjd3/KGF通路在ARDS炎症损伤中的早期诊断、治疗研究和机制探讨	江苏大学附属医院	40
11	BE2016722	胶质细胞调节神经退行性疾病分子机制及转化医学研究	江苏大学附属医院	200
12	BE2016723	船舶岸电规划及健康管理云平台关键技术研究	江苏科技大学	20
13	BE2016724	基于SIRT1/PGC－1α信号调控为基础的产褥期抑郁症干预研究	镇江市第四人民医院	40
14	BE2016725	镇江市餐厨废弃物及生活污泥协同处理关键技术应用研究	镇江市水业总公司	40

(张　舒)

高新技术产业化

【概况】 2016年,镇江市高新技术产业完成产值4451.5亿元,比上年增长8.2%,占全市规模工业产值的49.1%,居全省第一位,其中民营企业实现高新技术产业产值3028.8亿元,占全市高新技术产业产值的68.0%;外商及港澳台企业实现高新技术产业产值1250.4亿元,占全市高新技术产业产值的28.1%;国有企业实现高新技术产业产值172.3亿元,占全市高新技术产业产值的3.9%。全年全市高新技术产业实现主营业务收入4390.9亿元,增长7.6%,占全市规模工业销售收入的49.6%;完成利税457.8亿元,增长9.4%,占全市规模工业利税的50.5%。 (许定星)

【苏南国家自主创新示范区建设】 2016年,镇江市制定《镇江苏南国家自主创新示范区(镇江国家高新区)"一区十四园"协同管理考核办法(试行)》以及镇江市、扬中市、丹阳高新区对标找差、争先进位工作方案,明确各园区建设的目标任务。完善制定《苏南国家自主创新示范区发展规划纲要(2015—2020年)镇江市实施方案》,推进苏南国家自主创新示范区和高新区建设各项工作。调整完成《镇江市苏南国家自主创新示范区空间布局规划(2015—2020年)》,调整后的规划包括14个分园、25个子园,总面积为35.36平方千米。 (郑淇元)

【区域创新载体建设】 2016年5月17日,丹阳市获省政府批准建设省级高新区。编制完成镇江高新区建设创新型特色园区工作方案和丹阳省级高新区总体规划。推进扬中省级高新区创建国家级高新区,句容高新区创建省级高新区。句容高新区创建工作方案于11月上报江苏省政府。推进创新型县(区)和乡镇建设,京口区获批第六批省创新型试点县(区),镇江市有创新型试点县(区)5个,创新型试点乡(镇)12个。

(郑淇元)

【创新创业成果】 2016年,镇江市推动孵化器和众创空间建设,江苏富达高新技术创业服务有限公司、丹阳市开发区科创园运营管理有限公司、扬中市新坝科创服务有限公司、句容高新技术创业园等4家孵化器获批国家级孵化器,全市国家级孵化器增至10个,实现各辖市(区)全覆盖,国家大学科技园获得科技部资助100万元,中瑞镇江生态产业园创新中心获批省级孵化器。福地创客吧、创客方舟2家众创空间入选国家众创空间,万舟创客汇等11家众创空间入选省众创空间。推动创新创业活动,组织176个科技项目(团队)参加第四届江苏科技创业大赛,推动镇江高新区承办完成全省电子信息行业赛,江苏奇一科技有限公司获省大赛三等奖,江苏奇一科技有限公司、江苏绪普信息科技有限公司2个项目获全国大赛优秀奖;镇江博联电子科技有限公司、镇江博昊科技有限公司、江苏天诺新材料科技股份有限公司、江苏云端重工科技有限公司4家企业入围中央财政支持的第四届中国创新创业大赛优秀企业。参与组织镇江市"双创活动周"、农村青年及大学生村官创业大赛、"创享青春·筑梦镇江——镇江青年创新创业节"等创新创业活动;推荐孙安等5人入选中国创业导师。

(许定星)

图28-1　　镇江国家大学科技园外景　　(卢永慧　供稿)

【高新技术企业培育】 2016年,镇江市培育创新主体,5家企业入选2016年度江苏省创新型百强企业,8家省创新型领军企业通过复审。274家企业申报国家高新技术企业(其中新申报174家),223家获得认定(其中新认定134家)。强化民营科技企业培育,评选备案省民营科技企业167家、复审52家。市科技局与市发改委、商务局、财政局、国税局、地税局等6部门联合出台《镇江市技术先进型服务企业认定管理办法(试行)》,支持高技术服务企业加快发展。引导企业加强自主创新,组织申报省级高新技术产品360项,获认定294项,通过率80%以上。落实全省"一中心一基地"建设要求,推动成立江苏省先进流体工程装备产业技术创新战略联盟,集聚全国20多位一流专家和全省80多家行业企业。 (许定星)

【科技政策落实】 2016年4月22日,镇江市召开全市科技企业政策培训会议,培训高新技术企业税收、研发费用加计扣除、股权激励个人所得税优惠等最新政策。11月2日,镇江市专题举办宣传落实江苏省"科技创新40条"优惠政策专题培训会,邀请省科技厅政策法规处对省政府"40条政策"进行宣讲、解读,全市各级科技部门相关人员、科技政策辅导员、高新技术企业负责人、大中型工业企业负责人等近260人参加此次培训,全年全市召开5场省科技创新"40条政策"专题培训会,培训人员超1000人。强化科技政策引导和落实,组建116名科技政策辅导员和15名高校科技政策专员队伍;通过门户网、微信、电视台、电台、报纸、短信、QQ群等多种媒体对科技政策进行宣传;向全市近1000家高企、大中型企业和孵化器等单位,先后快递科技政策文件资料5000多份,全年落实科技优惠政策超过9亿元。

(许定星)

【科技服务业】 2016年,镇江市支持地方政府围绕主导产业,在科技服务产业基础好、人才队伍优、发展后劲足的创新创业核心区,通过规划引导和政策扶持等手段,集聚创新资源,镇江高新区获科技部批准成为第二批科技服务业试点单位。全市列统科技服务业单位208家,科技服务业总收入245.79亿元。

(郑淇元)

【科技金融】 2016年，镇江市推进实施“苏科贷”“镇科通”“镇保贷”等科技金融产品，帮助解决经济形势下行科技企业融资难的问题。制定出台《省科技金融风险补偿资金备选企业入库管理办法》，规范入库程序。加强探索创新，镇江市科技局联合市财政局、江苏银行、人保镇江公司等，完善“镇保贷”补偿机制，调动保险机构积极性；推动镇江市参与合作开展省科技保险风险补偿工作，探索“天使贷”等科技金融创新产品设立的可行性。组织申报天使投资引导资金项目，推荐力合天使入库省天使投资机构，2个项目分别获省天使投资引导资金300万元、75万元风险保障支持。全年各类科技金融产品引导银行金融机构发放科技贷款122笔，帮助科技企业融资超过6.4亿元。 （许定星）

2016年镇江市新增省级工程技术研究中心一览表

表28－7

序号	编号	项目类别	项目名称	承担单位	属地
1	BM2016260	省工程技术研究中心	江苏省建筑废弃物再生工程技术研究中心	江苏镇江建筑科学研究院集团股份有限公司	市直
2	BM2016261	省工程技术研究中心	江苏省（沃得）工程机械工程技术研究中心	沃得重工（中国）有限公司	丹徒
3	BM2016262	省工程技术研究中心	江苏省车用铝合金工程技术研究中心	大力神铝业股份有限公司	丹阳
4	BM2016263	省工程技术研究中心	江苏省超强度切削材料工程技术研究中心	江苏精工特种材料有限公司	丹阳
5	BM2016264	省工程技术研究中心	江苏省包装工程技术研究中心	江苏仅一包装技术有限公司	丹阳
6	BM2016265	省工程技术研究中心	江苏省车用电动空调工程技术研究中心	江苏晨宇车业有限公司	丹阳
7	BM2016266	省工程技术研究中心	江苏省智能化网游工程技术研究中心	江苏名通信息科技有限公司	京口
8	BM2016267	省工程技术研究中心	江苏省数字教育出版工程技术研究中心	江苏睿泰数字产业园有限公司	润州
9	BM2016268	省工程技术研究中心	江苏省有机废气资源化工程技术研究中心	江苏航天惠利特环保科技有限公司	扬中
10	BM2016269	省工程技术研究中心	江苏省特种防腐涂料工程技术研究中心	江苏欣安新材料技术有限公司	扬中
11	BM2016270	省工程技术研究中心	江苏省锂离子储能电池工程技术研究中心	江苏峰谷源储能技术研究院有限公司	镇江新区
12	BM2016271	省工程技术研究中心	江苏省碳纳米材料工程技术研究中心	天奈（镇江）材料科技有限公司	镇江新区
13	BM2016272	省工程技术研究中心	江苏省阻燃电缆材料工程技术研究中心	欧宝聚合物江苏有限公司	镇江新区
14	BM2016047	企业院士工作站	企业院士工作站	江苏吉贝尔药业股份有限公司	镇江新区

（郑淇元）

2016年镇江市省重点研发计划（产业前瞻与共性关键技术）立项项目一览表

表28－8

序号	项目编号	项目名称	承担单位
1	BE2016009	水面水下多用途无人智能航行器关键技术与系列化装置研发	江苏科技大学海洋装备研究院
1－1	BE2016009－1	水面水下多用途无人智能航行器关键技术与总体设计	江苏科技大学海洋装备研究院
1－2	BE2016009－2	水面水下多用途无人航行器人工智能动力技术与制造	镇江四洋柴油机制造有限公司
1－3	BE2016009－3	无人化水面水下一体化的通讯导航控制系统与装置	中船重工鹏力（南京）大气海洋信息系统有限公司
1－4	BE2016009－4	水面水下多用途无人航行器模块化及轻量化结构设计与制造	南京中船绿洲机器有限公司镇江船舶辅机厂
2	BE2016016	人工合成石墨高导膜研制	镇江博昊科技有限公司
3	BE2016143	国产柴油发动机高转速可变截面涡轮增压器研发	江苏瑞尔隆鼎实业有限公司
4	BE2016144	高性能激光复合织构刀具关键技术及装备研究	江苏永伟精密工具有限公司
5	BE2016145	面向第五代移动通信系统的大功率小体积电源模块研发	江苏兆能电子有限公司
6	BE2016146	面向离散制造的汽车回正部件自动化生产系统研发	镇江泛沃汽车零部件有限公司
7	BE2016147	新能源汽车用自供能式电磁主动悬架关键技术研究	镇江市江苏大学工程技术研究院
8	BE2016148	汽轮机叶片激光冲击均匀强化技术及其装备研发	江苏大学
9	BE2016149	电动汽车智能辅助驾驶系统关键技术研究	江苏大学
10	BE2016150	无轴承永磁电机直驱精密电主轴关键技术研究	江苏大学
11	BE2016151	热交换器用高性能铝基复合箔材关键技术的研究	江苏鼎胜新能源材料股份有限公司
12	BE2016152	基于机器人平台的多轴智能纤维缠绕机关键技术研发	镇江奥立特机械制造有限公司
13	BE2016153	海洋工程用防漏油双骨架输送管的研发	江苏太平橡胶股份有限公司
14	BE2016154	双金属复合精密刀具用超硬高速钢细丝制备关键技术研发	江苏天工工具有限公司
15	BE2016155	汽车智能网联关键技术研究及可视化平台开发	江苏新通达电子科技股份有限公司
16	BE2016156	基于小曲率半径核级带直段弯管的柔性推弯成形技术研发	江苏华阳管业股份有限公司
17	BE2016157	基于石墨烯透明导电薄膜的新一代智能调光膜关键技术研发	江苏天贯碳纳米材料有限公司
18	BE2016006－2	薄层石墨烯的绿色高效工业生产技术及装备的研发	镇江市迪博新材料科技有限公司
19	BE2016003－2	柴油机SCR低温催化剂及DPF被动再生催化剂关键技术	凯龙蓝烽新材料科技有限公司

（许定星）

2016年镇江市认定223家高新技术企业名称一览表

表28－9

序号	企业名称
	（丹阳市）
1	江苏知民通风设备有限公司
2	丹阳市盛力机械有限公司
3	江苏华燕船舶装备有限公司
4	江苏艺佳精密仪器制造有限公司
5	丹阳市铁龙机客车配件有限公司
6	江苏新万宝车业制造有限公司
7	丹阳金城配件有限公司
8	江苏江龙科技发展有限公司
9	江苏梅花机械有限公司
10	迅驰车业江苏有限公司
11	江苏飞亚金属制品有限公司
12	大力神铝业股份有限公司
13	丹阳市裕桥精密元件有限公司
14	江苏锋泰工具有限公司
15	视悦光学有限公司
16	中鸿纳米纤维技术丹阳有限公司
17	江苏宏达电气有限公司
18	江苏轩博电子科技有限公司
19	釜玛机械（江苏）有限公司
20	江苏大亚印务有限公司
21	江苏天乐金属制品有限公司
22	江苏耀华医疗器械科技有限公司
23	丹阳市联创汽车附件有限公司
24	江苏文光模具技术有限公司
25	江苏远洋车灯有限公司
26	江苏恺之电子模塑有限公司
27	江苏爱仕特电子科技有限公司
28	江苏友和工具有限公司
29	江苏鑫海铜业有限公司
30	丹阳佰易视光学眼镜有限公司
31	丹阳镇威汽配有限公司
32	江苏大亚滤嘴材料有限公司
33	江苏大亚新型包装材料有限公司
34	江苏和伟美科技发展有限公司
35	江苏康美达光学有限公司
36	江苏全真光学科技股份有限公司
37	江苏瑞尔光学有限公司
38	江苏锐升新材料有限公司
39	午和（江苏）差别化纤维有限公司
40	江苏腾飞纺织品有限公司
41	丹阳假肢厂有限公司
42	丹阳市龙鑫合金有限公司
43	江苏云阳集团药业有限公司
44	圣象实业（江苏）有限公司
45	江苏利普机械有限公司
46	双峰格雷斯海姆医药玻璃（丹阳）有限公司
47	江苏申阳电梯部件有限公司
48	江苏鼎泰工程材料有限公司
49	江苏海伦隐形眼镜有限公司
50	江苏天宏机械工业有限公司
51	江苏同力机械有限公司
52	江苏昊泰气体设备科技有限公司
53	丹阳市车船装饰件有限公司
54	鸿运汽车有限公司
55	江苏彤明高科汽车电器有限公司
56	江苏新昌汽车部件有限公司
57	江苏沃得植保机械有限公司
58	江苏大力神科技股份有限公司
59	江苏华昌工具制造有限公司
60	丹阳市丹盛纺织有限公司
61	诺德科技股份有限公司
62	江苏万新光学有限公司
63	丹阳宏图激光科技有限公司
64	江苏精工特种材料有限公司
65	丹阳市金晟医用橡塑制品有限公司
66	丹阳市新美龙汽车软饰件有限公司
	（句容市）
67	江苏金基特钢有限公司
68	江苏东昇光伏科技有限公司
69	江苏兴文包装有限公司
70	句容毅马五金制品有限公司
71	江苏华途数控科技有限公司
72	江苏金联金属制品有限公司
73	建华建材（江苏）有限公司
74	江苏桓通环境科技有限公司
75	江苏通瑞环保科技发展股份有限公司
76	江苏天毅冷镦股份有限公司
77	句容市天龙电气有限公司
78	江苏智达高压电气有限公司
79	镇江润祥园林科技发展有限公司
80	江苏金曼科技有限责任公司
81	镇江北新建材有限公司
82	江苏海田技术有限公司
83	江苏金沃机械有限公司
84	江苏兆鋆新材料股份有限公司
85	江苏建华新型墙材有限公司
86	江苏骏成电子科技股份有限公司
87	江苏天工科技股份有限公司
	（扬中市）
88	江苏大方金属粉末有限公司
89	江苏超宇电气有限公司
90	江苏省绿岛管阀件有限公司
91	江苏金波新材料科技有限公司
92	镇江大全太阳能有限公司
93	江苏丰泽生物工程设备制造有限公司
94	江苏鸿承机电设备有限公司
95	江苏华兴电气科技有限公司
96	江苏津荣激光科技股份有限公司
97	扬中市通发实业有限公司

续表 28－9

序号	企业名称	序号	企业名称
98	扬中新亚自控工程有限公司	148	镇江英赛德铸造材料有限公司
99	镇江力帆防爆电器有限公司	149	镇江汇通金属成型有限公司
100	镇江纽普兰气力输送有限公司	150	镇江银海科技材料有限公司
101	镇江远东电讯电机有限公司	151	镇江南方电子有限公司
102	江苏绿扬生物电子工程有限公司		（京口区）
103	江苏国华电力器材有限公司	152	江苏易乐网络科技有限公司
104	镇江洋溢汽车部件有限公司	153	镇江市明诚管业有限公司
105	江苏恒兴制漆有限公司	154	镇江建科建设科技有限公司
106	江苏文昌新材料科技有限公司	155	镇江中福马机械有限公司
107	扬中市橡胶塑料厂有限公司	156	江苏怡通数码科技有限公司
108	宜禾股份有限公司	157	镇江华测金太医学检验所有限公司
109	江苏银佳电子设备有限公司	158	江苏鼎盛重工有限公司
110	通华机电集团有限公司	159	镇江立达纤维工业有限责任公司
111	江苏锋芒复合材料科技集团有限公司	160	江苏安德信超导加速器科技有限公司
112	佳明新材料科技有限公司	161	江苏长江环境科技工程有限公司
113	金海新源电气江苏有限公司	162	江苏正恺电子科技有限公司
114	江苏长凯机械设备有限公司	163	江苏海龙核科技股份有限公司
115	江苏裕兴电器有限公司		（润州区）
116	江苏吉星新材料有限公司	164	镇江市建科工程质量检测中心有限公司
117	镇江维纳特气门有限公司	165	镇江金鹏软件科技有限公司
118	江苏航天惠利特环保科技有限公司	166	镇江浩华通讯有限公司
119	江苏美科硅能源有限公司	167	江苏骁翔实业有限公司
120	现代重工（中国）电气有限公司	168	镇江飞力照明有限公司
121	江苏兆伏新能源有限公司	169	镇江长城注浆设备有限公司
122	江苏沪运制版有限公司	170	江苏鼎峰信息技术有限公司
123	江苏星鑫工程管道有限公司	171	江苏弘信华印电路科技有限公司
124	江苏润弛太阳能材料科技有限公司	172	贝克尔船舶系统（江苏）有限公司
125	镇江市江岛电器制造有限公司	173	江苏美佳马达有限公司
126	江苏士林电气设备有限公司	174	惠龙易通国际物流股份有限公司
127	江苏大力城电气有限公司	175	镇江惠龙长江港务有限公司
128	江苏中能电力设备有限公司	176	镇江美格照明有限公司
129	长江三星能源科技股份有限公司	177	镇江晶至科技制衣有限公司
130	江苏海纳机电集团有限公司	178	镇江市镇研种业有限公司
131	江苏奇佩建筑装配科技有限公司	179	江苏三顺实业有限公司
132	扬中市华能电力设备有限公司	180	镇江市恒源汽车零部件有限公司
133	江苏星河集团有限公司	181	镇江船舶电器有限责任公司
	（丹徒区）	182	镇江华印电路板有限公司
134	镇江宝城注浆设备有限公司	183	镇江奥立特机械制造有限公司
135	江苏真绩机械制造有限公司	184	江苏大唐机械有限公司
136	镇江合力汽车紧固件有限公司	185	镇江佳峰儿童用品有限公司
137	江苏润模汽车检测装备有限公司		（镇江新区）
138	镇江市华展电子科技有限公司	186	镇江市润宇生物科技开发有限公司
139	镇江市丹徒区粮机厂有限公司	187	江苏美龙航空部件有限公司
140	镇江市恩帝斯精密机械有限公司	188	飞瑞航空科技（江苏）有限公司
141	江苏振光电力设备制造有限公司	189	江苏瑞尔隆鼎实业有限公司
142	镇江康元电器有限公司	190	中润油新能源股份有限公司
143	江苏蓝圈新材料有限公司	191	江苏和创生物科技有限公司
144	江苏中兴药业有限公司	192	爱普特聚合物江苏有限公司
145	镇江利德尔复合材料有限公司	193	江苏西玛环境科技有限公司
146	江苏昕宇药业有限公司	194	江苏科化节能环保设备有限公司
147	上豪包装机械（镇江）有限公司	195	江苏梦溪智能环境科技有限公司

续表 28－9

序号	企业名称	序号	企业名称
196	江苏德驰电气有限公司	210	系统电子科技(镇江)有限公司
197	菲舍尔航空部件(镇江)有限公司	211	镇江同舟螺旋桨有限公司
198	天奈(镇江)材料科技有限公司	212	镇江通达内饰材料有限公司
199	江苏中云科技有限公司	213	镇江新宇固体废物处置有限公司
200	镇江普天电子有限公司	214	江苏翰诺信息科技发展有限公司
201	江苏常青树新材料科技有限公司	215	江苏英科医疗制品有限公司
202	江苏四达特材科技有限公司	216	江苏运达精密零部件有限公司
203	镇江大东纸业有限公司	217	镇江威特药业有限责任公司
204	镇江森华阻燃工程科技有限公司	218	江苏超跃化学有限公司
205	江苏向荣电气有限公司	219	江苏凌创电气自动化股份有限公司
206	镇江奥博通信设备有限公司	220	江苏富林医疗设备有限公司
207	江苏瑞吉格泰油气工程有限公司	221	江苏豪然喷射成形合金有限公司
208	江苏天诺道路材料科技有限公司	222	镇江诺尼基智能技术有限公司
209	马弗橡塑(镇江)有限公司	223	凯龙蓝烽新材料科技有限公司

（许定星）

2016 年镇江市获省级新认定高新技术产品一览表

表 28－10

序号	产品名称	承担企业	序号	产品名称	承担企业
	（丹阳市）		21	高精度胶合透镜	丹阳丹耀光学有限公司
1	强走位电镀镍表面活性添加剂	江苏梦得新材料科技有限公司	22	基于同方 THD86EF59AC 的金融 IC 卡操作系统软件 V1.0	恒宝股份有限公司
2	双一级耐水注射剂瓶	双峰格雷斯海姆医药玻璃(丹阳)有限公司	23	一种 Flash 存储空间的动态恢复方法及装置	恒宝股份有限公司
3	超声波连续逆流提取机组	江苏华泰重工装备有限公司	24	镍铁精密合金材料	丹阳市龙鑫合金有限公司
4	环保型装饰彩涂板	江苏大力神科技股份有限公司	25	智能感应仿生肌电手	丹阳假肢厂有限公司
5	ZKSX－4008 光纤耦合输出高功率全固态激光器	江苏中科四象激光科技有限公司	26	上臂感应智能仿生手	丹阳假肢厂有限公司
6	珍菊降压片	江苏云阳集团药业有限公司	27	24W－QC3.0 快速充电器	江苏辰阳电子有限公司
7	克霉唑片	江苏云阳集团药业有限公司	28	USB TYPE C PD 适配快速充电器	江苏辰阳电子有限公司
8	ZH－P1 型改性复合纳米纤维	中鸿纳米纤维技术丹阳有限公司	29	阻燃性核壳型丙烯酸酯类水性涂料组合物	丹阳市日月漆业有限公司
9	ZH－N1 型特种纳米吸油毡	中鸿纳米纤维技术丹阳有限公司	30	耐磨防脱离多功能型汽车雨刷	丹阳镇威汽配有限公司
10	耐划伤耐低温冲击塑化车用包围	江苏高标科技发展有限公司	31	黄材单反镜片	江苏双仪光学器材有限公司
11	优美诺(赛美诺)牌黏膜抗菌剂	江苏丹晟生物科技有限公司	32	W1169 环氧改性不饱和聚酯浸渍漆	丹阳市沃德立电工材料有限公司
12	1kW 单模连续光纤激光器	江苏天元激光科技有限公司	33	镀锡软圆铜线(热镀)	江苏鑫海铜业有限公司
13	动力渐进多焦点镜片	丹阳佰易视光学眼镜有限公司	34	无氧电工圆铜线(Φ3mm～Φ0.05mm)	江苏鑫海铜业有限公司
14	天窗冲压精密模具	江苏文光模具技术有限公司	35	防静电面料	江苏腾飞纺织品有限公司
15	高精密太阳能天窗及其部件	江苏文光模具技术有限公司	36	高光亮高整平镀铜中间体	江苏梦得新材料科技有限公司
16	自润滑多段关节式无缝隙接触汽车雨刷	丹阳镇威汽配有限公司	37	全自动节能多效蒸发器	江苏华泰重工装备有限公司
17	高耐候耐腐蚀刚性与弹性混合结构型汽车雨刷	丹阳镇威汽配有限公司	38	多组份超弹力毛针织精纺面料	江苏丹毛纺织股份有限公司
18	新能源客车高效能、智能 LED 组合前照灯	江苏文光车辆附件有限公司	39	高速铁路软路基用双向高强聚酯经编土工格栅	江苏鼎泰工程材料有限公司
19	智能安全提示的爆闪式 LED 警示灯具	江苏文光车辆附件有限公司	40	盐酸可乐定片	江苏云阳集团药业有限公司
20	雾化器	江苏鱼跃医疗设备股份有限公司	41	全拉丝车轮	大亚车轮制造有限公司

续表 28－10

序号	产品名称	承担企业
42	新型双面抗蓝光变色树脂眼镜片	视悦光学有限公司
43	W1179 大功率机车及动车用无溶剂浸渍漆	丹阳市沃德立电工材料有限公司
44	高光内衬纸	江苏大亚新型包装材料有限公司
45	高强度轻量化导流罩	江苏科新汽车装饰件有限公司
46	10KV 户外智能真空断路器	江苏宏达电气有限公司
47	干喷湿纺 HF30S 碳纤维	江苏恒神股份有限公司
48	汽车离合器用无刷直流电动机	江苏超力电器有限公司
49	LED 工矿灯	江苏施诺照明有限公司
50	磷酸铁锂正极材料	江苏元景锂粉工业有限公司
51	JH21 开式固定台压力机	沃得精机（中国）有限公司
52	自动远近光切换反射镜	江苏海德莱特汽车部件有限公司
53	自适应前组合灯	江苏海德莱特汽车部件有限公司
54	高精度耐水性 HC1 级硼硅医用玻璃瓶	江苏潮华玻璃制品有限公司
55	汽车遮物帘	丹阳市国美汽配有限公司
56	接触网悬挂状态检测监测装置	江苏新绿能科技有限公司
57	管制玻璃瓶生产线自动上管设备	江苏惠宇机械制造有限公司
	（句容市）	
58	一种 LCD 显示屏用 UV 固化树脂涂料	江苏海田技术有限公司
59	一种 LCD 显示屏用防眩 UV 固化树脂涂料	江苏海田技术有限公司
60	一种 LCD 显示屏用抗污 UV 固化树脂涂料	江苏海田技术有限公司
61	一种 LCD 显示屏用硬化聚酯薄膜	江苏海田技术有限公司
62	新型高性能预应力混凝土管桩用端板	句容毅马五金制品有限公司
63	非金属隔声板	江苏新光环保工程有限公司
64	含耐磨衬筒的漂浮嵌环胶管	江苏华神特种橡胶制品股份有限公司
65	橙色液晶显示器	句容骏升显示技术有限公司
66	宽视角电表液晶显示器	句容骏升显示技术有限公司
67	低 VOC 聚醚多元醇 NJ－330V	句容宁武新材料发展有限公司
68	全视角垂直取向液晶显示器	江苏骏成电子科技股份有限公司
69	盘形悬式绝缘子	江苏南瓷绝缘子股份有限公司
70	页岩发泡陶瓷吸声板	江苏南瓷绝缘子股份有限公司
71	自洁型高强度棒形瓷绝缘子	江苏南瓷绝缘子股份有限公司
72	100μm 以细高精度电镀金刚石线	江苏三超金刚石工具有限公司
73	环保节能低辐射中空玻璃	江苏齐光玻璃科技有限公司
74	耐高压聚脂亚胺漆包扁线	江苏中容电气有限公司
75	网格捆绑型自粘加强半硬换位导线	江苏中容电气有限公司
76	苦参素	江苏天晟药业股份有限公司
77	可自修复智能防腐涂层护栏	江苏固格澜栅防护设施有限公司
78	高强度汽车可调光安全玻璃	江苏新富瑞节能玻璃有限公司
79	补肾强身胶囊	江苏苏南药业实业有限公司
80	一种用于电子元件封装的壳体	句容市博远电子有限公司
81	造币用金属表面抛光助剂	江苏金曼科技有限责任公司
82	造币用电镀液抑雾剂	江苏金曼科技有限责任公司
83	超节能隔热保温安全玻璃	江苏新富瑞节能玻璃有限公司
84	复合隔热防火玻璃	江苏耀兴安全玻璃有限公司
85	高强度防紫外线夹层玻璃	江苏耀兴安全玻璃有限公司
86	MF73 超大功率型 NTC 热敏电阻器	江苏时瑞电子科技有限公司
87	高性能小尺寸功率型 NTC 热敏电阻芯片	江苏时瑞电子科技有限公司
	（扬中市）	
88	多层同心盘管螺旋流换热器	镇江飞利达电站设备有限公司
89	KRH－CPJ 型微生物发酵多模态控制装备	江苏科海生物工程设备有限公司
90	KRH－BPQ 型蜜环菌智能发酵装备	江苏科海生物工程设备有限公司
91	HMGS－G80 SF6 气体绝缘开关柜	现代重工（中国）电气有限公司
92	航空、汽车发动机、汽车变速器及复杂汽车模具用高效精密超硬刀具	江苏扬碟钻石工具有限公司
93	7.2 吋纳米级蓝宝石扫描仪窗口片	江苏吉星新材料有限公司
94	DCR5000 光纤无线融合电力设备监测装置	金海新源电气江苏有限公司
95	全焊接板管换热器	江苏巴威工程技术股份有限公司
96	节能全焊板式生水加热器模块系统	江苏巴威工程技术股份有限公司
97	具有耐磨性能的新型蓄电池 PE 隔板	江苏神力电源科技有限公司
98	液体发酵罐系统	江苏尚昆生物设备有限公司
99	环保微生物菌剂	江苏尚昆生物设备有限公司
100	ACu－50 热导管烧结式高压水雾化纯铜粉	江苏大方金属粉末有限公司
101	稀土多元合金镀层太阳能发电支架	江苏中远稀土新材料有限公司
102	DQN－12 氮气绝缘环网柜	江苏大全长江电器股份有限公司
103	UR4－17.5/T1250－31.5 户内金属交流金属铠装移开式开关设备	镇江大全伊顿电器有限公司
104	瓷化阻燃防火硅酮密封胶	江苏天辰新材料股份有限公司
105	陶瓷化耐火高温硫化硅橡胶	江苏天辰新材料股份有限公司

续表 28 - 10

序号	产品名称	承担企业
106	冷凝—吸附耦合法有机废气资源化装置	江苏航天惠利特环保科技有限公司
107	三层共挤乙丙橡胶绝缘高压管型母线系统	江苏士林电气设备有限公司
108	可分离式多功能模块化接线盒 - PV - HT013	江苏海天微电子股份有限公司
109	多晶硅还原炉用高效加热器	扬中市华荣电器设备有限公司
110	BMA6 型数据中心用智能母线	香江科技股份有限公司
111	XJ - DPF01 型通信光电一体化机柜	香江科技股份有限公司
112	大型电站锅炉燃烧温度场在线监测系统	江苏中能电力设备有限公司
113	SIVACON S8 高性能低压配电系统	镇江西门子母线有限公司
114	SMD 高安全级别智能型配电箱	镇江西门子母线有限公司
115	防紫外线橡胶医用制品	镇江苏惠乳胶制品有限公司
116	碟式钎焊板式换热器	江苏巴威工程技术股份有限公司
117	小型板式蒸馏淡化装置	江苏巴威工程技术股份有限公司
118	稀土多元合金镀层组合支吊架	江苏中远稀土新材料有限公司
119	BSFMV - 620 有机硅耐高温油漆	江苏海晟涂料有限公司
120	大豪色二合一柴油机专用油漆	江苏海晟涂料有限公司
121	MTR - 1667A/1500V 型直流牵引整流器	镇江大全赛雪龙牵引电气有限公司
122	WLG 型管型母线槽	威腾电气集团股份有限公司
123	XR - SVG 静止无功发生器	向荣集团有限公司
124	MODAQO - M 模数化智能低压配电柜	镇江默勒电器有限公司
125	镀金刚石线切割多晶硅片	镇江荣德新能源科技有限公司
126	拉绒磨片用 JX - AD 砂布卷	江苏锋芒复合材料科技集团有限公司
127	SIK - 35kV/0.4kV 高压/低压预装式箱式变电站	江苏大全箱变科技有限公司
128	能够自动控温的发酵罐系统	江苏尚昆生物设备有限公司
129	全自动灭菌发酵罐系统	江苏尚昆生物设备有限公司
130	智能型消防应急照明疏散指示系统设备	江苏银佳电子设备有限公司
131	PERC 电池背铝浆	江苏正能电子科技有限公司
132	高效的铅酸蓄电池 PE 隔板成套生产设备	镇江奥美机电设备有限公司
133	改性超高分子量聚乙烯板	镇江伟民新材料制品有限公司
134	3500L 动物细胞悬浮培养反应器	江苏绿扬生物电子工程有限公司
135	固态发酵智能控制发酵罐	江苏绿扬生物电子工程有限公司
136	节能型轻质智能电缆桥架	扬中市众成管路配件有限公司
137	KFM5 - 160 塑料外壳式断路器	江苏大全凯帆开关有限公司
138	FQS80 消防水炮专用球阀	扬中市通发实业有限公司
（润州区）		
139	85 米海洋石油平台维护工作船	江苏省镇江船厂(集团)有限公司
140	LNG 单燃料动力推进全回转工作船	江苏省镇江船厂(集团)有限公司
141	强迫风冷离相封闭母线	镇江华东电力设备制造厂有限公司
142	带绝缘检测的封闭绝缘管型母线	镇江华东电力设备制造厂有限公司
143	冰箱用供水泵	江苏凯德电控科技有限公司
144	节能型高性能低噪音电动风门	江苏凯德电控科技有限公司
145	节能环保型特种合成混炼橡胶	江苏宝利来斯橡胶有限公司
146	PV 系列优先阀	镇江液压股份有限公司
147	107 系列低噪音全液压转向器	镇江液压股份有限公司
148	智能高速超薄铝箔分切机	镇江市宏业科技有限公司
149	智慧教育云平台	江苏鼎峰信息技术有限公司
150	高回弹力的刚挠结合印制板	江苏弘信华印电路科技有限公司
151	高柔软度的刚挠结合印制板	江苏弘信华印电路科技有限公司
152	耐高挠折的刚挠结合印制板	江苏弘信华印电路科技有限公司
153	高性能焊接型射频同轴连接器	江苏华兴通讯科技有限公司
154	增强防护智能型电缆分支箱	镇江华东电力设备制造厂有限公司
155	射频同轴避雷器	江苏华兴通讯科技有限公司
156	2Q - KR 高速动车组自动门支撑滚轮轴承	镇江飞亚轴承有限责任公司
157	7DT22 汽车双离合器分离轴承	镇江飞亚轴承有限责任公司
158	实时课堂控制系统	江苏鼎峰信息技术有限公司
159	CLG853 轮式装载机	江苏柳工机械有限公司
160	CLG833 轮式装载机	江苏柳工机械有限公司
161	兆瓦级风力发电机液压辅助弹性支撑	江苏铁科新材料股份有限公司
162	轨道车辆用复合材料弹性旁承阻尼板	江苏铁科新材料股份有限公司
163	C80 系列转向架用环保型斜楔主摩擦板	江苏铁科新材料股份有限公司
164	转向架交叉支撑用组合式缓冲体	江苏铁科新材料股份有限公司
165	L21/31 新型陆用电站	中船动力有限公司
166	管端扩缩机	镇江市恒源汽车零部件有限公司
（京口区）		
167	中重型车用降噪隔热垫	镇江立达纤维工业有限责任公司
168	低 VOC 再生纤维多孔吸声材料	镇江立达纤维工业有限责任公司
169	基于 MCU 的 LED 分段式交替导通电路的照明灯	镇江苏能光电有限公司

续表 28－10

序号	产品名称	承担企业	序号	产品名称	承担企业
170	节能汽车专用高性能安全连接管件	镇江市明诚管业有限公司	200	基于红外传感器的灯具节能定时控制器	镇江英格电气有限公司
171	FP－CF 核级电缆防火涂料	江苏海龙核科技股份有限公司	201	高性能射频同轴连接器	镇江市华展电子科技有限公司
172	大数据广告投放精准运营平台	江苏名通信息科技有限公司	202	新型隔油回收组合设备	江苏江大环境工程有限责任公司
173	水稻育秧盖籽土	镇江兴农有机肥有限公司	203	MLS 低压成套开关设备	江苏镇安电力设备有限公司
174	新型草莓育苗基质	镇江兴农有机肥有限公司	204	用于光伏逆变设备的高效节能电抗器	江苏领先电子有限公司
175	新型蔬菜栽培基质	镇江兴农有机肥有限公司	205	SBH150＋DC02＋TM01 可调式卷筒方底纸袋机(开窗覆膜功能)	上豪包装机械(镇江)有限公司
176	新型蔬菜育苗基质	镇江兴农有机肥有限公司	206	汽车减震系统用高密封性液压悬置流道板	镇江仕德汽车零部件有限公司
177	锐天综合试验流程管理系统软件 V1.0	江苏锐天信息科技有限公司	207	KZ3001 智能节水灌溉控制系统(V1.2)	镇江科众信息科技发展有限公司
178	低互调 4.3/10 型射频连接器电缆组件	江苏正恺电子科技有限公司	208	9YGQ－1300 型捡拾打捆机	沃得重工(中国)有限公司
179	低互调 7/16 型射频连接器电缆组件	江苏正恺电子科技有限公司	209	9YFQ－1960 型捡拾打捆机	沃得重工(中国)有限公司
180	低功耗蓝牙遥控器	江苏惠通集团有限责任公司	210	高强型明胶空心胶囊	江苏力凡胶囊有限公司
181	多功能集成模组	江苏惠通集团有限责任公司	211	新型高性能的高效风机	镇江市丹徒区粮机厂有限公司
182	100 万级汽轮发电机用软连接	镇江四洋特种金属材料制造有限公司	212	低回波损耗射频同轴连接器	镇江市胜超电子有限公司
183	计算机视觉在线检测分级设备	江苏高创机电制造有限公司	213	零转弯收割机电磁操纵阀	江苏真绩机械制造有限公司
184	8090 网页游戏精准推荐运营平台	江苏名通信息科技有限公司	214	底盘升降电磁阀	江苏真绩机械制造有限公司
185	电缆用高屏蔽铝箔	江苏鼎胜新能源材料股份有限公司	215	BD－FC 型低损耗高稳定性光纤连接器	江苏八达电子有限公司
186	新型功能型铝箔毛料	江苏鼎胜新能源材料股份有限公司	216	高性能低损耗平面波导光分路器(1×32PLC)	江苏八达电子有限公司
187	移动游戏精准推荐运营平台	镇江乐游网络科技有限公司	217	转向机构定位用四点接触球轴承	江苏希西维轴承有限公司
188	科大商品房预售款监管平台软件	江苏科大汇峰科技有限公司	218	车辆后桥拉杆系统自润滑角接触关节轴承	江苏希西维轴承有限公司
189	科大后勤数字化服务平台软件	江苏科大汇峰科技有限公司	219	新型船舶岸电系统	江苏镇安电力设备有限公司
190	科茂连锁药店综合业务管理系统软件 V1.0	江苏科茂信息技术有限公司	220	有线/无线灵活自组网的智能配电系统	江苏镇安电力设备有限公司
191	科茂车辆信息管理系统软件 V1.0	江苏科茂信息技术有限公司	221	基于安卓平台的自航式挖泥船疏浚监控系统	镇江明润信息科技有限公司
192	轮胎式集装箱门式起重机	江苏鼎盛重工有限公司	222	自带耦合度连接器	镇江南方电子有限公司
	(丹徒区)		223	ALU－RAM 950 耐高温干式振动炉衬料	镇江市中铸耐火材料有限公司
193	新型多级循环洗涤吸收塔组合设备	江苏江大环境工程有限责任公司		(镇江新区)	
194	高可靠性低驻波比射频同轴连接器	镇江通达电子有限公司	224	永磁耦合联轴器	江苏磁谷科技股份有限公司
195	BMH 系列大扭矩摆线液压马达	镇江大力液压马达股份有限公司	225	永磁耦合调速器	江苏磁谷科技股份有限公司
196	BMK6 系列高压摆线液压马达	镇江大力液压马达股份有限公司	226	智能型起重永磁铁	江苏磁谷科技股份有限公司
197	SBH450－518TH 全伺服扁绳纸袋制作机	上豪包装机械(镇江)有限公司	227	醋氯芬酸	江苏吉贝尔药业股份有限公司
198	基于能源塔热泵技术的整体式能源塔	江苏海雷德蒙新能源有限公司	228	QWL 自引冷却潜水螺旋泵	江苏国泉泵业制造有限公司
199	Φ16mm 高等级起重圆环链	镇江市黄墟锚链有限公司	229	长轴立式离心泵	江苏国泉泵业制造有限公司

续表 28－10

序号	产品名称	承担企业	序号	产品名称	承担企业
230	自引冷却离心式潜水排污泵	江苏国泉泵业制造有限公司	262	感温警示多功能冷热敷理疗袋	江苏英科医疗制品有限公司
231	C650 海工船用系列发电机	镇江中船现代发电设备有限公司	263	低压开关成套设备	千盛电气集团有限公司
232	冷藏专用单面铜版纸	金东纸业(江苏)股份有限公司	264	交流金属铠装移开式高压开关成套设备	千盛电气集团有限公司
233	主机遥控装置	镇江赛尔尼柯自动化有限公司	265	新型组合结构低压开关柜	宝亨新电气(集团)有限公司
234	蜂胶流态化超临界 CO_2 提取物	江苏江大源生态生物科技股份有限公司	266	紧凑管密集型母线槽	宝亨新电气(集团)有限公司
235	新型结构节能地埋变压器	江苏宝亨新电气有限公司	267	发泡液体硅橡胶	镇江高美新材料有限公司
236	汽车油泵用全密封耐高电压耐腐蚀平面碳换向器	特耐斯(镇江)电碳有限公司	268	支持车车安全通信的多功能车载单元	镇江市江苏大学工程技术研究院
237	轻型化,小型化车载马达用碳刷	特耐斯(镇江)电碳有限公司	269	江大·蜂胶粉	江苏江大源生态生物科技股份有限公司
238	大型智能发酵成套设备	镇江东方生物工程设备技术有限责任公司	270	单组份加热固化液体硅橡胶	镇江高美新材料有限公司
239	XJ－BMA01 型通信机房智能母线装置	镇江香江云动力科技有限公司	271	准工业级高精度激光光固化 3D 打印机	江苏锐辰光电技术有限公司
240	XJ－BMA02 防护型插接式母线	镇江香江云动力科技有限公司	272	超高扭转性能轻型钢帘线	镇江耐丝新型材料有限公司
241	XJ－DPF08 型数据中心用精密电源分配列柜	镇江香江云动力科技有限公司	273	太阳能硅片用超细高强度非线性异形切割钢丝	镇江耐丝新型材料有限公司
242	连续碳化硅纤维(Sic－NF)	江苏赛菲新材料有限公司	274	稍部非线性折翼节能船用螺旋桨	镇江同舟螺旋桨有限公司
243	三维高导热石墨复合材料	镇江博昊科技有限公司	275	高纯二乙基锌	江苏爱姆欧光电材料有限公司
244	FR100 无人直升机	飞瑞航空科技(江苏)有限公司	276	锂电池用高效碳纳米管导电浆料	天奈(镇江)材料科技有限公司
245	一种以甘油及苯酐副产物合成的新型不饱和树脂	镇江联成化学工业有限公司	277	绿色环保型聚磷酸铵阻燃剂	镇江森华阻燃工程科技有限公司
			278	Y 系列智能化多功能可调节轮椅	江苏英科医疗制品有限公司
246	高精度 HSK 刀柄尺寸检测仪	镇江布尔机电科技有限公司	279	R 型高强度多功能旋风轮椅	江苏英科医疗制品有限公司
247	高模量车用生物质麻纤基材	镇江通达内饰材料有限公司	280	SY 型高性能高强混凝土	镇江港和新型建材有限公司
248	铝屑回收熔化设备	镇江裕久智能装备股份有限公司	281	SY 型高性能早强防冻混凝土	镇江港和新型建材有限公司
249	铝合金车轮热处理生产线设备	镇江裕久智能装备股份有限公司	282	SY 型高性能抗渗混凝土	镇江港和新型建材有限公司
250	铝合金连续熔炼设备	镇江裕久智能装备股份有限公司	283	FR50 植保无人机	飞瑞航空科技(江苏)有限公司
251	铝合金轮毂 ZYZP 重力加压铸造机	镇江裕久智能装备股份有限公司	284	稳定环保橡胶沥青	江苏天诺道路材料科技有限公司
252	喷射成形 7055 铝合金锻件	江苏豪然喷射成形合金有限公司	285	面向三网融合的平面波导式光分路器	镇江华坚电子有限公司
253	DP2 与 PTI 综合 PMS 船用配电板	镇江赛尔尼柯电器有限公司	286	卷筒数码印刷专用铜版纸	金东纸业(江苏)股份有限公司
254	智能船用机舱监测报警系统(SAS)	镇江赛尔尼柯电器有限公司	287	中硼硅玻璃管制注射瓶	双峰格雷斯海姆医药包装(镇江)有限公司
255	高效节能电动汽车 PTC 电加热器	镇江东方电热科技股份有限公司	288	Ⅰ类工程级反光膜	江苏特森特新材料科技有限公司
256	奥迪 EA888Ⅲ汽车发动机缸体	华东泰克西汽车铸造有限公司	289	轻质、高强、防火的高性能纤维复合材料	江苏美龙航空部件有限公司
257	单晶硅太阳能电池	中节能太阳能科技(镇江)有限公司	290	一次性环保型可控温瞬间制冷冰袋	江苏英科医疗制品有限公司
258	耐高压晶硅光伏组件	中节能太阳能科技(镇江)有限公司	291	FR200 植保无人机	飞瑞航空科技(江苏)有限公司
259	新能源电动汽车车载 DC－DC 变换器	江苏兆能电子有限公司	292	高纯度甲基苯乙烯	江苏常青树新材料科技有限公司
260	筒形拉伸件	镇江泛美汽车零部件有限公司	293	低萘食品级二乙烯基苯	江苏常青树新材料科技有限公司
261	聚碳硅烷(PCS－NP)	江苏赛菲新材料有限公司	294	新型高效环保亚磷酸一苯二异辛酯	江苏常青树新材料科技有限公司

(许定星)

科技成果

【概况】 2016年，镇江市科技成果鉴定64项。新修订《镇江市科学技术奖励办法》，加大对产业转型升级类重大科技成果的奖励力度，新设立"镇江市科技进步奖特等奖"。获国家科学技术奖4项，其中国家技术发明二等奖3项，国家科学技术进步二等奖1项；获省科学技术奖21项，其中省科学技术一等奖5项，省科学技术二等奖5项，省科学技术三等奖11项。获批省科技成果转化专项资金项目5项，省拨经费4800万元。36个人才（团队）获得省人才计划支持，获省财政资助1745万元。全年评出镇江市科学技术突出贡献奖2项（分别为江苏恒顺集团有限公司李国权、镇江市第四人民医院许文林等2人）、科技创新优秀企业奖2项（分别为江苏仅一包装技术有限公司、中船动力有限公司等2家企业）；镇江市科技进步奖特等奖2项（分别为大全集团有限公司完成的"大容量中压直流断路器"、江苏柳工机械有限公司完成的"多功能智能化滑移转向装载机研发及产业化"等2个项目）、一等奖7项、二等奖21项、三等奖40项，其中工业领域45项，农业领域7项，社会事业领域15项，软科学领域1项。

（郭秋丽）

【技术合同成交情况】 2016年，镇江市签订技术合同602项，技术合同成交总金额29.04亿元，比上年增长1.7%。技术开发合同成交金额28.82亿元，技术转让合同成交金额2188万元。在成交合同中，涉及技术秘密、技术许可、专利、计算机软件著作权等知识产权的技术合同有47项，成交金额2188万元。进入技术市场进行交易的各级科技计划项目137项，成交金额达26.64亿元。全市通过技术市场认定登记实现减免税的技术合同达465项，合同成交总额2.41亿元，技术交易额2.36亿元，合计减免各类税收约1400万元。

（何卫东）

2016年镇江市获国家科学技术奖项目一览表

表28－11

序号	奖励名称	项目名称	完成单位	完成人员
1	国家技术发明二等奖	灵巧假肢及神经信息通道重建技术	丹阳假肢厂有限公司等	傅丹琦等
2	国家技术发明二等奖	直流配电系统大容量断路器快速分断技术及应用	大全集团有限公司等	朱忠建等
3	国家技术发明二等奖	强容错宽调速永磁无刷电机关键技术及应用	江苏大学等	朱孝勇、全　力等
4	国家科学技术进步二等奖	钎料无害化与高效钎焊技术及应用	江苏科技大学等	吴铭方等

（郭秋丽）

2016年镇江市获省科学技术奖项目一览表

表28－12

序号	奖励名称	项目名称	完成单位	完成人员
1	省科学技术一等奖	卫星与无线通信融合系统研发及产业化	江苏大学等	孙　俊、鲍　煦、夏　景等
2	省科学技术一等奖	全工况高性能泵关键技术研究及工程应用	江苏大学等	刘厚林、董　亮、谈明高、王　勇、王　凯等
3	省科学技术一等奖	核岛用高性能关键金属构件精密塑性成形技术及装备	江苏华阳金属管件有限公司、丹阳市龙鑫合金有限公司等	李　鸣、王国年、束志华、丁月霞、姜建东等
4	省科学技术一等奖	船舶与海洋工程结构物全寿期可靠性评估与风险控制技术及应用	江苏科技大学	嵇春艳、王自力、尹　群、白　旭、张　健、王　珂、施兴华、李良碧、李永正、刘　昆、崔　杰
5	省科学技术一等奖	茶叶加工过程智能在线监测技术及新产品开发	江苏大学等	陈全胜、赵杰文、欧阳琴、郭志明、邹小波、黄星奕、蔡健荣等
6	省科学技术二等奖	大型电站燃烧制粉系统环保节能优化运行关键技术及装备	江苏中能电力设备有限公司等	丁为平、陈太文、陈克祥等
7	省科学技术二等奖	电动客车整车控制系统关键技术	江苏大学等	何　仁、胡东海等
8	省科学技术二等奖	第三代多功能超深水集约型海洋风电安装船的关键设计及制造技术	江苏科技大学、江苏大学等	姚震球、顾永玉等
9	省科学技术二等奖	电力计量终端可靠性保障关键技术、体系及应用	国网江苏省电力公司镇江供电公司等	－
10	省科学技术二等奖	食品多模式超声辅助生物加工装备创制及其产业化应用	江苏大学、江苏江大五棵松生物科技有限公司、江苏恒顺醋业股份有限公司、江苏天琦生物科技有限公司等	马海乐、毛　健、周存山、王振斌、任晓锋、孟祥勇、曲文娟、何荣海、马海燕
11	省科学技术三等奖	模式生物家蚕在生命科学研究中的应用	江苏大学、江苏科技大学等	陈克平、李木旺、吕　鹏、陈　亮、潘　晔、周　阳等
12	省科学技术三等奖	新能源汽车用高能锂离子电池动力电源系统关键技术研究与应用	江苏大学等	栗欢欢等
13	省科学技术三等奖	纳米级超光滑大尺寸热交换法蓝宝石衬底技术研发及产业化	江苏吉星新材料有限公司	秦光临

续表 28－12

序号	奖励名称	项目名称	完成单位	完成人员
14	省科学技术三等奖	新型电力谐波污染治理与节能装置关键技术及应用	江苏德顺祥电气有限公司、镇江中茂电子科技有限公司等	姜筱锋等
15	省科学技术三等奖	功能导向的先进微纳米结构材料的可控合成及构效关系	江苏大学等	沈小平、朱国兴、季振源等
16	省科学技术三等奖	高效油气输送用泵关键技术研究及产业化	江苏大学、江苏国泉泵业制造有限公司等	朱荣生、王秀礼、付　强、刘　栋、卢永刚、杨孙圣、赵媛媛
17	省科学技术三等奖	磁悬浮电机系统基础理论与应用关键技术	江苏大学	孙晓东、杨泽斌、李　可、汪若尘、潘　伟、陈建锋
18	省科学技术三等奖	玻镁板成型工艺及高效加工成套装备	江苏科技大学等	齐继阳、李钦奉、王筱蓉、陈　忠、苏世杰、吴　琼等
19	省科学技术三等奖	铰链式混凝土生态护坡关键技术创新及其推广应用	江苏科技大学等	王丽艳等
20	省科学技术三等奖	农林剩余物低能耗清洁制浆关键技术及产业化	江苏金沃机械有限公司等	范刚华等
21	省科学技术三等奖	炎症信号分子在斑块演进致“心—脑组织”缺血—损伤的相关研究	江苏大学附属医院	严金川、李国红、王翠平、徐良洁、王中群、陈　蕊、吴　骏

（郭秋丽）

2016 年镇江市科技进步奖项目一览表

表 28－13

序号	奖励名称	项目名称	完成单位	完成人员
1	特等奖	大容量中压直流断路器	大全集团有限公司	朱忠建、邱中军、周海东、唐　建
2	特等奖	多功能智能化滑移转向装载机研发及产业化	江苏柳工机械有限公司	龚　勋、汪　琰、陈建军、杜　丹、袁华山
3	一等奖	高性能煤制乙二醇催化剂关键技术研发及产业化应用	江苏金聚合金材料有限公司	吴晓金、胡晓鸣、石　晓，汤　涛、吴维果
4	一等奖	热交换法 170kg 级蓝宝石晶体加工大尺寸衬底及窗口片	江苏吉星新材料有限公司	蔡金荣、杭　寅、孙敦陆、王晨宇、杨　华
5	一等奖	低振低噪离心泵节能设计关键技术研究及推广应用	江苏大学	王　凯、刘厚林、董　亮、吴贤芳、代　翠
6	一等奖	脱醇型单组份阻燃特种工业用硅酮密封胶的研发与产业化	江苏天辰新材料股份有限公司	阚新宇、耿　政、徐文俊、徐古月
7	一等奖	肿瘤耐药的调控新机制研究及其临床应用	江苏大学附属医院、东南大学附属中大医院、江苏大学第四附属医院	沈慧玲、许文林、陈宝安、林　琳
8	二等奖	油菜适合机械化作业核心种质资源创制及系列品种选育与应用	镇江市农业科学院	岳绪国、顾炳朝、杨　军、李　闯、茅玉兰
9	二等奖	大型机械－流体复合传动系统高效节能关键技术研究及推广应用	江苏大学	谢方伟、王　匀、王存堂、张　兵、孙　奇
10	二等奖	恒宝金融智能卡操作系统研发及产业化项目	恒宝股份有限公司	付　睿、梁　宇、赵英伟、张　玙、张红学
11	二等奖	肺癌基因诊断和个体化治疗的转化研究	江苏大学附属医院	李　坚、李小琴、汪　毅、丁　琴、王建中
12	二等奖	机械零件表面织构微智造的关键技术及装备	江苏大学	符永宏、尹必峰、华希俊、纪敬虎、叶云霞
13	二等奖	Th17 细胞参与类风湿性关节炎发病的机制研究	江苏大学附属医院、香港大学、江苏大学	王胜军、吕力为、田　洁、汤新逸
14	二等奖	252 千伏气体绝缘金属封闭高压开关设备	现代重工（中国）电气有限公司	姜钟浩、李基赫、郑成男、杭连根、李小龙
15	二等奖	优质草坪草新品种的选育	江苏农林职业技术学院	李祖祥、潘静霞、蒋为民、方敏彦
16	二等奖	新型环保玻镁平板及其生产装备的研发	江苏科技大学、张家港市玉龙科技板材有限公司	齐继阳、李洪华、李钦奉、王筱蓉、陈　忠
17	二等奖	蚕蛹高附加值深加工关键技术及应用	江苏科技大学、江苏江南生物科技有限公司	桂仲争、贾俊强、吴琼英、姜建新、荆　祎
18	二等奖	大型船舶与海洋工程工件快速高精度三维形状测量系统	江苏科技大学	史金龙、钱　强、庞林斌、白素琴、王　直
19	二等奖	面向环境污染物的分离分析新技术	江苏大学	潘建明、牛湘衡、孟敏佳、戴江栋、戴晓晖
20	二等奖	快速切除变压器死区故障保护的研究和示范应用	国网江苏省电力公司镇江供电公司、江苏大学、国电南瑞科技股份有限公司	汤大海、黄永红、陈永明、龙　锋、曹　斌
21	二等奖	三层共挤乙丙橡胶绝缘复合屏蔽封闭管型母线系统产业化	江苏士林电气设备有限公司	陈道华、马道平、吴　戈、任　贵、范维君

续表 28－13

序号	奖励名称	项目名称	完成单位	完成人员
22	二等奖	自润滑耐磨减振金属橡塑缓冲条的一体化精密成型技术与装备	镇江三维输送装备股份有限公司、江苏大学	李光千、崔熙贵、郭玉琴、涂文斌、陈修祥
23	二等奖	直接在锈层上涂装的材料技术体系及其应用系统	江苏科技大学	高延敏、邵守言、朱桂生、唐　丽
24	二等奖	具有消音和弹性效果的多功能环保地板关键技术研发及产业化	江苏肯帝亚木业有限公司	郦海星、郦林生、房轶群、郦书二、张军华
25	二等奖	慢性乙肝重症肝衰竭发病机制新认识及应用性研究	镇江市第三人民医院、苏州大学附属第一医院	谭友文、邹圣强、甘建和、葛国洪、叶　云
26	二等奖	长期耐高低温防水母线槽的研发	江苏科技大学、江苏江城电气有限公司	汤继俊、李照磊、张娇霞、李为立、陈定选
27	二等奖	工业烟气大功率高频高压除尘电源的研制与产业化	江苏科技大学、镇江天力变压器有限公司	曾庆军、章　飞、陈　峰、陶守林、汤　丰
28	二等奖	偏苯三酸三辛酯新型催化剂与新工艺的开发及产业化	江苏正丹化学工业股份有限公司	曹正国、荆晓平、任　伟、王　福、王立俊
29	三等奖	HMGB1/PGC－1α 等转录因子在神经精神与心血管疾病发生中的基础与临床研究	江苏大学	王　佳、张维宁、许化溪
30	三等奖	炎症因子介导脑血管变化致抑郁症海马结构功能障碍的研究	江苏大学附属医院、镇江市精神卫生中心、东南大学附属中大医院	李月峰、李国海、朱　彦、王　赞、眭　升
31	三等奖	物联网中基于溯源技术的数据可信性快速评估方法及其应用	江苏大学	王昌达、宋雪桦、金　华、宋　泽、毛　健
32	三等奖	4LZ－6 型谷物联合收割机关键技术研究及产业化	江苏沃得农业机械有限公司	胡必友、邢立成、朱平国、杨震寰、朱亚辉
33	三等奖	肿瘤缺氧微环境及其因子 HIF－1a 在胰腺癌发生发展中的基础与临床研究	江苏大学附属医院、复旦大学附属中山医院	王冬青、陈秋云、曾蒙苏、张礼荣、朱海涛
34	三等奖	不粘、自灭菌电凝镊应用开发	江苏大学、镇江恒生涓恩医疗器械有限公司	王爱丽、殷恒波、沈灵沁、李银映、李树林
35	三等奖	胰岛素样生长因子－1 对退变椎间盘髓核的修复作用及其机制研究	江苏大学附属医院、苏州大学附属第一医院、江苏大学医学院	李大鹏、杨惠林、孙继芾、黄永辉、吴　燕
36	三等奖	镇江市服务外包战略规划、发展路径与应用研究	镇江市政府办公室、江苏大学、镇江市发展和改革委员会	张伟清、江心英、谈沁磊
37	三等奖	发动机缸体切削冲孔设备自动控制系统	华东泰克西汽车铸造有限公司	周建鑫、王卓为
38	三等奖	深水作业全回转动力定位综合舵桨(Z 型)推进系统研究	江苏科技大学、江苏华阳重工股份有限公司	陈　宁、杨兴林、包国治、温华兵、丁郁华
39	三等奖	箱式重油移动电站模块化研发	中船动力有限公司	沈建华、董日京、邵亚丁、周锦冰、冷跃忠
40	三等奖	食管癌 miRNA 流行病学研究－DNA 异常甲基化在食管癌早期诊断中的应用	扬中市人民医院、南京医科大学公共卫生学院	薛恒川、马祯凯、王建平、戴　春、王建明
41	三等奖	反射隔热用近红外反射二氧化钛材料的研发及产业化	江苏泛华化学科技有限公司	廖向阳、谢宏伟、王　玲、倪晓光
42	三等奖	非金属复合吸声板	江苏新光环保工程有限公司	洪少华、张玉岁、朱文浩、宣　君、许晶晶
43	三等奖	海洋工程用大口径高寿命智能控制阀关键技术研发及产业化	江苏亿阀集团有限公司、常州工学院	钱玉峰、高　强、郭　魂、王启贵、唐国兴
44	三等奖	高性能连续纤维增强热塑复合材料	江苏奇一科技有限公司	曹志平、韩晓军、周　谦、范恩海、沃晓剑
45	三等奖	多层同心盘管螺旋流换热器	镇江飞利达电站设备有限公司	黄永福、张　琴、谢　飞、姚恒凤、杨　燕
46	三等奖	20000 立方米/小时撬装喷嘴组与标准表组组合式气体流量标准装置的研制	镇江市计量检定测试中心、江苏大学	石建荣、汤　跃、肖　晖、周　轶、董　芳
47	三等奖	数控立式铝镁合金车轮旋压机研发项目	江苏天宏自动化科技有限公司	张达鑫、叶松平、张秋白、徐　桢、潘益琴
48	三等奖	老年性痴呆的发病机制及干预策略	江苏大学附属医院	于　明、毕荣华、孙　涛、李桂珠、殷　俊
49	三等奖	高效、智能型环保安全天窗	丹阳市光华汽车内饰件有限公司	殷钰湘、许丹俊、梁军军、夏　慧
50	三等奖	基于 LED 的汽车前、后组合灯	丹阳谊善车灯设备制造有限公司	郭志强、张剑强、吴柏汉、严海霞、张　彬
51	三等奖	YK201/202 型智能安全电动轮椅关键技术的研发及产业化	江苏英科医疗制品有限公司、江苏大学	王茂坤、陈士安、李富柱、姚　明、张霞晨
52	三等奖	农产品黄曲霉毒素残留上转换免疫检测技术研究及产品研发	江苏维赛科技生物发展有限公司、江苏大学	杜道林、薛永来、朱　方、刘振江、曾　昆
53	三等奖	千吨级碳纳米管及万吨级导电浆料研发及产业化项目	天奈(镇江)材料科技有限公司	郑　涛、毛　鸥、张美杰、岳帮贤

续表 28－13

序号	奖励名称	项目名称	完成单位	完成人员
54	三等奖	页岩发泡陶瓷吸声板	江苏南瓷绝缘子股份有限公司	张志刚、刘少华、罗　杰、韩晓春
55	三等奖	镇江部分农村肿瘤病因与干预措施的应用研究	镇江市疾病预防控制中心、江苏大学、句容市疾病预防控制中心	韩方岸、施德源、蒋兆峰、王苏华、姜洪方
56	三等奖	调度数据网业务应用实时监测、预警系统的开发	国网江苏省电力公司镇江供电公司、江苏方天电力技术有限公司	高雪生、霍雪松、夏卫进、尹　飞、郑　飞
57	三等奖	聚醚多元醇 NW－450	句容宁武新材料股份有限公司	应　珏、翟洪金、郑　磊、徐华丽、任翠环
58	三等奖	NOX－Nrf2 通路在小鼠颅脑外伤后相互作用机制的研究	镇江市第一人民医院	陆新宇、李巧玉、陆培松、孔　杰、于　强
59	三等奖	反应型橡胶改性沥青密级配混合料设计方法与路用性能研究	江苏省镇江市公路管理处、东南大学	陈辉方、黄晓明、赵永利、赵淑敏、马　涛
60	三等奖	酰胺基－玻璃粉梯度复配有机硅超耐高温防腐蚀涂层材料	江苏荣昌新材料科技有限公司	常　春、祝红良、王　维、陆朝军
61	三等奖	草莓脱毒种苗快繁及配套栽培技术集成创新研究	江苏农林职业技术学院	颜志明、王全智、韩艳丽、王媛花、贾思振
62	三等奖	高压智能金属封闭固体绝缘真空组合电器的研制	北京交通大学长三角研究院	文化宾、张　雷、王　毅
63	三等奖	智能灌溉施肥机关键技术及装备	江苏农林职业技术学院	刘永华、俞卫东、高菊玲、吴玉娟、孙昌权
64	三等奖	SP－C 错折叠启动内质网应激在 BPD 中的作用及机制	江苏大学附属医院、江苏大学	卢红艳、邵根宝、邱旭华、高楚楚、唐　炜
65	三等奖	面向 4G 的多功能高互调高增益一体化天线研发及产业化	江苏联海通信股份有限公司	张瑞峰、欧阳骏、王　俊、徐　旭、徐晨晨
66	三等奖	多种方式介导的新型载药超声造影剂靶向肿瘤综合诊治研究	镇江市第一人民医院	钱晓芹、张　津、张冬梅
67	三等奖	快速检测下呼吸道感染病原菌多重降落 PCR 方法的建立及其检测试剂盒的研制	江苏大学、江苏大学附属医院	邵世和、邵　晨、赵建忠、罗欲承、侯艳娇
68	三等奖	新型高层预应力钢结构体系关键技术研究	江苏科技大学	唐柏鉴、邵建华、王　飞、王治均、沈超明

（郭秋丽）

2016 年镇江市获省科技成果转化专项资金项目一览表

表 28－14

序号	项目编号	项目名称	承担单位	省拨经费（万元）	地区
1	BA2016156	基于菌群功能调控的富含川芎嗪镇江香醋研发及产业化	江苏恒顺醋业股份有限公司	1000	丹徒
2	BA2016157	船用大功率微引燃双燃料发动机研发及产业化	中船动力有限公司	1000	润州
3	BA2016158	基于力控制的复杂工件表面精整机器人研发及产业化	江苏天宏机械工业有限公司	1000	丹阳
4	BA2016159	汽车发动机用高强抗疲劳铝合金及其纳米强化减震部件研发及产业化	丹阳荣嘉精密机械有限公司	1000	丹阳
5	BA2016160	工业废水处理复合微生物菌剂与应用技术的研发及产业化	江苏尚昆生物设备有限公司	800	扬中
合　计				4800	－

（郭秋丽）

2016 年镇江市获省人才计划资助一览表

表 28－15

序号	类　别	人才姓名	申报单位	资助金额（万元）
1	双创人才创业	李志成	镇江进取信息科技有限公司	50
2	双创人才创业	秦　学	江苏津谊新能源科技有限公司	50
3	双创人才创新	周　昊	江苏绿叶锅炉有限公司	50
4	双创人才创新	张　川	江苏沥泽生化科技有限公司	50
5	双创人才创新	陈明杰	江苏江南生物科技有限公司	50
6	双创人才创新	付世晓	江苏省镇江船厂（集团）有限公司	50
7	双创人才创新	张　玲	江苏中科大港激光科技有限公司	50
8	双创人才创新	李　勇	威凡智能电气高科技有限公司	50
9	双创人才创新	熊宇迪	江苏峰谷源储能技术研究院有限公司	50

续表 28－15

序号	类　别	人才姓名	申报单位	资助金额(万元)
10	双创人才创新	张　泉	香江科技股份有限公司	50
11	双创人才创新	陈　涛	江苏扬碟钻石工具有限公司	50
12	双创博士	张洪吉	丹阳沃特新材料技术有限公司	15
13	双创博士	靖海国	中船动力有限公司	15
14	双创博士	李召广	江苏吉贝尔药业股份有限公司	15
15	双创博士	陈文娟	丹阳市宇晟纺织新材料有限公司	5
16	双创博士	嘉红霞	江苏鼎盛重工有限公司	5
17	双创博士	王　静	句容市博远电子有限公司	5
18	双创博士	周正基	江苏峰谷源储能技术研究院有限公司	5
19	双创博士	王韦刚	江苏赛达电子科技有限公司	5
20	双创博士	张　净	江苏科茂信息技术有限公司	5
21	双创博士	徐　建	江苏安德信超导加速器科技有限公司	5
合　计				630

(郭秋丽)

知识产权工作

【概况】 2016年，镇江市印发实施《镇江市"十三五"知识产权发展规划》，提出建成具有镇江特色的知识产权强市奋斗目标，为镇江市未来五年知识产权工作指明发展方向。镇江市连续第四次被评为国家知识产权示范城市建设先进集体，举办国家知识产权示范城市培训班。扬中市入选2016年度江苏知识产权强省建设区域示范市，镇江经济技术开发区和江苏丹阳经济开发区获2016年度省知识产权示范区域建设推进专项立项支持。中电集团、文光集团通过国家知识产权示范、优势企业复核，江苏惠通入选国家知识产权优势企业，全市国家知识产权示范、优势企业有11家。企业维权服务工作推进，"中国镇江丹阳(眼镜)知识产权快速维权中心"获国家知识产权局批准建设。专利保险工作推进，78家企业投保123单专利保险，承保专利160件；专利维权托管服务开展，全年完成托管专利超160件，向企业发送专利预警维权建议书超600份，镇江市被评为国家专利质押融资和专利保险"双示范"城市。组织开展"正版正货"示范街区创建工作，全年认定市级"正版正货"示范街区4家，2家省级"正版正货"示范街区。全年受理市级软科学项目96项，立项46项；获省软科学计划项目立项2项。专利行政执法力度不断加大，开展执法维权"护航"专项行动，全年立案查处各类专利案件592件，向企业发送专利预警维权建议书。开展知识产权宣传培训，组织各类培训42场，参训规模以上企业有2687家。(王　强)

【《镇江市知识产权"十三五"规划》发布】 2016年9月7日，《镇江市"十三五"知识产权发展规划》(以下简称《规划》)印发实施。《规划》对深化创新驱动战略，创建知识产权强市；夯实企业主体地位，打造优势企业；坚持知识产权引领，支撑产业转型升级；强化知识产权保护，营造良好市场环境；构建特色运营体系，加快实现经济价值；创新知识产权管理，提升管理效能；深入健全服务体系，完善基础支撑；构筑专业人才高地，助力创新创业等8项重点任务进行阐述、部署，涉及24个方面的具体工作。《规划》提出发挥知识产权对经济社会发展的支撑作用，将镇江打造成知识产权运用风向标和知识产权保护高地，全市知识产权运用成效更加凸显、保护环境更加优化、创造能力更加突出、管理体系更加完善、服务体系更加健全、人才队伍更加集聚，发展主要指标达到国内先进水平的目标。(何　春)

【知识产权工作会议】 2016年3月15日，镇江市召开知识产权工作会议，各辖市(区)知识产权局分管局长及业务科室负责人，部分高校和服务机构代表30余人参加会议。会议对2015年镇江市知识产权工作进行总结，分析全市知识产权工作面临的形势和存在的差距，并对2016年知识产权重点工作任务进行部署。市知识产权局职能处室负责人结合业务工作，就新常态下如何建设国家知识产权示范城市、实现知识产权工作科学发展、提升知识产权工作能力、促进知识产权转化、推进专利事业提质增效、健全完善知识产权服务体系、争创国家知识产权服务业集聚发展试验区、加大知识产权保护力度等重点工作进行说明和任务布置。(王　强)

【知识产权发展与保护状况通报会】 2016年4月，镇江市召开2015年度知识产权发展与保护状况新闻通报会，向社会发布《2015年镇江市知识产权发展与保护状况》白皮书，总结、展示和宣传2015年镇江市知识产权发展保护状况以及知识产权工作的经验和成效，营造知识产权发展和保护环境。市知识产权局、工商局、文广新局就知识产权公共服务平台功能、驰名商标申报、版权登记政策等问题回答记者提问。(王　强)

【"知识产权进校园"系列活动】 2016年4月24日，镇江市"知识产权进校园"系列活动在江苏科技大学举行，本次活动包括大学生知识产权知识竞赛、大学生知识产权志愿者授旗仪式、知识产权进校园现场咨询、"尊重知识产权，保护知识产权"千人签名活动等，鼓励大学生在参与发明创造的同时，运用好专利制度，维护自身的发明创造权益。(王　强)

【"4·26"世界知识产权日广场宣传咨询活动】 2016年4月25日，镇江市知识产权联席会议办公室组织相关成员单位和丹徒区、京口区、润州区知识产权局，在万达广场开展知识产权宣传咨询活动，庆祝第16个世界知识产权日。此次宣传咨询活动以"加强知识产权保护运用，加快知识产权强国建设"为主题，重点宣传展示镇江市2015年知识产权发展保护状况，普及专利、商标、版权基本知识，宣传知识产权法律法规与政策、

接受群众咨询、提供知识产权维权辅导等，现场发放知识产权法律法规书籍等宣传资料2000余份。 （王　强）

【专利导航产业发展工作研讨会】 2016年5月18日，国家专利导航试点工程（江苏）研究基地在镇江市召开专利导航产业发展相关工作研讨会，全国13个省（自治区、直辖市）知识产权局、17个专利导航实验区以及江苏省有关省辖市知识产权局的代表参加此次的会议研讨。本次会议重点交流国家专利导航产业发展实验区建设和重点产业知识产权运营基金的工作经验，并总结2013年开始进行的试点工作经验。同时，对未来试点工作的专利运营基金的创设、运营、投资走向及对专利运营业的发展产生深刻影响等内容进行研讨。 （何　春）

【《企业知识产权管理规范》贯标监督审核培训】 2016年5月26日，镇江市《企业知识产权管理规范》贯标监督审核培训在江苏大学会议中心举办，全市通过国标第三方认证企业知识产权总监、知识产权工作人员和各辖市（区）、镇江新区知识产权局职能科室负责人100余人参加培训。本次培训邀请中华全国专利代理人协会、中规（北京）认证有限公司等单位的国标认证领域专家进行授课，针对最新国标贯标审核监督的政策进行解读，对企业提出的在知识产权管理体系运行过程中出现的问题进行解答。 （何　春）

【市知识产权保护协会第二届理事会】 2016年5月26日，镇江市知识产权保护协会召开第二届理事会，协会理事会同意毛健辞去市知识产权保护协会会长职务，肖敬东和刘春安辞去市知识产权保护协会副会长职务；决定吸收市科技局（知识产权局）局长周必松、市文广新局副局长张志耕等2人为协会会员；表决通过周必松、赖忠民、张志耕等3人为协会理事，并由周必松任第二届理事会会长、法人代表，赖忠民、张志耕任第二届理事会副会长。 （王　强）

【7家企业获省企业知识产权推进计划项目立项支持】 2016年5月，江苏省财政厅、江苏省知识产权局联合发文，确定金东纸业、万新光学、中电电气、稳润光电、迅捷科技、万乐复合、苏南药业等7家镇江市企业获批“省企业知识产权推进计划项目”立项支持，获得350万元省级财政经费支持，位居全省第四位。这些项目的立项和组织实施，可以提升全市企业实施知识产权战略的能力和水平，为打造国家知识产权示范优势企业提供支撑。 （何　春）

【“知识产权进企业”活动】 2016年7月20日，镇江市组织江苏省知识产权研究中心、江苏大学专利培育与运营中心专家赴二重集团（镇江）重型装备厂有限公司开展知识产权进企业活动，指导企业开展知识产权和科技创新工作。围绕专利制度的基本内容、如何读专利、如何查专利、如何挖掘专利、如何写专利、专利申请流程等专利申请基础知识向企业做宣讲，并就二重集团（镇江）重型装备厂有限公司如何加强企业知识产权工作提出建议。 （王　强）

【江苏省知识产权工程师培训（镇江）班】 2016年7月22日，江苏省知识产权工程师培训（镇江）班在江苏省知识产权培训基地（江苏科技大学）开班，全市企事业单位的科技人员和知识产权管理人员200余人参加培训。培训分自学和面授两个阶段进行，面授阶段8天，内容包括企业知识产权风险防范及应对、知识产权行政、司法保护、专利法律法规、企业知识产权运营、专利申请文件撰写、专利申请与审批流程、专利申请相关手续及PCT专利申请、专利文献检索与应用、商标审批流程、《企业知识产权管理规范》解读及实施、企业知识产权布局等。经过结业考核，180名合格人员获得知识产权工程师培训结业证书。

（王　强）

【专利导航产业创新发展工作】 2016年7月，镇江市知识产权局邀请国家知识产权局审协北京中心专家到镇江高新区，就专利导航产业创新发展相关工作举行座谈交流，实施创新驱动发展战略和知识产权战略，加快推进镇江专利导航产业创新发展工作。国家知识产权局审协北京中心专家表示，未来会参与镇江开展的专利导航产业发展工作，围绕镇江高新区的高技术船舶与核心部件产业，开展专利导航研究，帮助研究制定专利布局规划和产业发展方向导航，依靠知识产权资源推动产业创新发展、跨越发展。镇江市知识产权局根据专利导航产业发展工作的开展情况，启动镇江市专利导航产业发展实验区建设工作，出台本地实施专利导航工程的扶持政策，通过项目资金引导各类产业集聚区，开展专利导航产业工作。 （何　春）

【镇江企业入选国家知识产权服务品牌培育机构名单】 2016年7月，国家知识产权局公布第三批全国知识产权服务品牌培育机构名单，江苏汇智知识产权服务有限公司被纳入其中，成为江苏省新入选的5家单位之一，实现镇江市“国家知识产权服务品牌培育机构”零突破。江苏汇智知识产权服务有限公司是镇江市较早专业化开展专利培育、专利运营、专利托管、企业知识产权管理的知识产权服务机构。该公司拥有全国知识产权领军人才1名，全国百千万知识产权人才工程百名高层次人才1名，专利代理人12人，律师2人，GB/T 29490—2013《企业知识产权管理规范》审核员10人，其中硕士及以上学历人员占员工总数68%。公司是中国知识产权运营联盟常务理事单位，全国知识产权贯标咨询服务常务理事单位，首批国家财政股权投资试点机构。 （何　春）

【镇江市获批成为国家专利质押融资和专利保险“双示范”城市】 2016年8月15日，国家知识产权局将镇江市列为首批国家专利质押融资和专利保险示范城市，镇江市也成为全国两个、全省唯一的“双示范”城市，全市逐步形成“银行+知识产权 & 有形资产担保”和“银行+政府+中介机构（评估/保险）”两种知识产权质押融资业务模式，知识产权和金融工作融合，“苏科贷”“镇知贷”等科技和知识产权金融产品得到推行。镇江市创新设计专利保险产品和模式为企业服务，专利保险的方法、模式被其他城市所引用，形成专利保险的“镇江模式”。

（何　春）

【知识产权贯标内审员培训班】 2016年9月1日—2日，镇江市企业知识产权贯标内审员培训班在国家知识产权培训基地（江苏大学）举办。来自全市知识产权管理机关、贯标创建企业和中介服务机构等单位230余人参加培训。培训邀请江苏省知识产权行政管理部门、江苏省知识产权研究中心、中规（北京）认证有限公司等单位的知识产权贯标管理专家授课，内容涵盖贯标的政策条款解读，贯标工作程序，企业知识产权管理体系构建，贯标体系的策划、内审、管理评审和认证要求等，在师资上体现权威和专业，在课程设置上体现理论基础和实战操练相结合。培训结束后，通过结业考试的考生获得江苏省知识产权研究中心颁发的内审员培训合格证书。

（何　春）

【江苏省知识产权总监培训（镇江）班】 2016年10月27日，江苏省知识产权总监培训（镇江）班在江苏科技大学开班，来自全市高新技术企业、上市企业、省知识产权战略推进计划和市专利密集型企业培育计划承担单位、知识产权贯标优秀企业的75名知识产权总监或分管技术副总参加培训。培训为期3天，邀请省内外知识产权专家、学者进行集中授课，内容包括知识产权与企业发展、企业专利布局与知识产权运营、企业商标战略与品牌提升、企业知识产权管理热点、企业知识产权战略及管理、知识产权风险管理与纠纷处理、企业知识产权管理的保障条件建设等。 （王　强）

【国家知识产权示范城市工作培训班】 2016年11月1日—3日，由国家知识产权局主办、江苏省知识产权局和镇江市知识产权局共同承办的国家知识产权示范城市工作培训班在镇江市开班。国家知识产权局专利管理司副司长赵梅生、江苏省知识产权局副局长施蔚、镇江市副市长詹立风出席开班仪式，全国相关省、市、自治区和64个示范城市180余名代表参加培训。培训班为期3天，邀请国家知识产权局专利管理司有关负责人以及知识产权相关领域专家就知识产权保护、知识产权运营的理论与实践、知识产权宏观管理、知识产权强省建设等问题进行探讨；培训班设有经验交流环节，与会代表们就各地示范城市建设做法进行经验交流与探讨；培训会期间，承办方安排代表们赴镇江知识产权双创空间实地参观考察镇江市国家知识产权示范城市建设情况。 （何　春）

【第四届“三江知识产权国际论坛”】 2016年11月4日，由江苏大学、中国专利保护协会主办，江苏省知识产权研究中心、江苏汇智知识产权服务有限公司承办的第四届“三江知识产权国际论坛”在镇江市举行。中国专利保护协会秘书长马维野、镇江市市长朱晓明、江苏省知识产权局局长支苏平、江苏大学校长袁寿其等出席论坛开幕式并致词。本届论坛的主题是“知识产权与资本化——新价值 新动力 新发展”，美国、德国、日本、韩国等国家产学研政经代表发表演讲，讨论知识产权与资本化相关热点，分享最新的研究成果和成功经验。论坛设有“专利运营CEO对话——让创新更有价值”“知识产权+资本——创业新动力”“企业知识产权资本化——实现新发展”三大分论坛，分论坛以对话形式开展，主持人、发言嘉宾、点评嘉宾和参会嘉宾围绕各个主题进行讨论。 （何　春）

【国家级知识产权示范、优势企业培育】 2016年12月26日，国家知识产权局公布2016年度国家知识产权示范企业和优势企业评审结果，镇江市江苏惠通集团有限责任公司获评国家知识产权优势企业。截至年底，镇江市累计入选国家级知识产权示范企业2家、优势企业9家。 （何　春）

【知识产权贯标工作】 2016年，镇江市新增海昌隐形眼镜有限公司、江苏凯德电控科技有限公司等17家企业通过国家《企业知识产权管理规范》认证，累计通过企业数位居全省前列。中节能太阳能科技（镇江）有限公司、江苏天晟药业有限公司等14家企业获得省财政知识产权贯标奖励资金180万元，获得经费数位居全省第二位。截至年底，全市有知识产权贯标创建企业600余家、知识产权贯标通过认证企业近100家。 （何　春）

【知识产权创新创业平台建成使用】 2016年11月3日，镇江市支持江苏大学、江苏汇智知识产权服务有限公司在全国率先建成知识产权创新创业平台并投入使用。知识产权创新创业服务平台下设知识产权科普馆、专利导航实训馆、知识产权创新体验区、知识产权创业孵化区等。平台拥有一批专利发明人，以智产汇网络平台与知识产权创新创业服务平台线上线下结合的方式，实现知识产权“产、学、研、用”一体化，构成以知识产权为纽带的“人、创新、产业”的协同创新价值链，发挥知识产权撬动创新与产业发展的作用。截至年底，该平台接待长沙市知识产权局、大连市知识产权局等20多个地方知识产权局学习考察。 （何　春）

【专利申请质量提升工程】 2016年，镇江市推进企事业单位知识产权创造水平提升，促进专利数量增长，质量提高。全市专利申请量达34260件，比上年增长37.57%；发明专利申请量达13514件，专利授权达13836件，万人发明专利拥有量超23件，专利创造主要指标增幅居全省前三位，PCT专利（专利合作条约）申请达124件，申请增幅居全省第一位。全市145家企事业单位及个人申请授权的549件高价值专利获江苏省专利资助资金304.1万元。 （何　春）

防震减灾

【概况】 2016年，镇江市把防震减灾工作列为市政府重要工作，纳入市国民经济和社会发展规划及年度计划。《镇江市“十三五”防震减灾发展规划》被市政府列入专项规划，并印发实施。建立和完善防震减灾计划体制及相应经费渠道，市及各辖市（区）地震事业经费得到财政部门保障，防震减灾事业经费投入每年增加。市及各辖市（区）均建立防震减灾工作联席会议制度。组织、配合相关部门和单位对2014—2015年全市防震减灾工作目标管理责任书落实情况进行考核通报。4月，省地震学会第八届二次常务理事会在镇江举行；5月，召开全市防震减灾工作联席会议，会议期间，市政府与各辖市（区）人民政府、镇江新区管委会签订2016—2017年防震减灾工作目标管理责任书；9月，镇江市参加第30届全国中心城市防震减灾工作联席会议；11月，参加第14届南京都市圈防震减灾区域联防协调会，强化区域间交流合作和协调联动。

市地震局调整充实全市防震减灾信息员队伍，编制印发《2016年镇江市防震减灾宣传工作要点》。市防震减灾科普馆被市级机关工委推荐为市级机关党员教育活动基地。组织参加市第28届科普宣传周活动启动仪式等系列活动，在部分学校、社区开展防震减灾科普知识巡回展，普及防震减灾法律法规和地震应急避险知识；免费向公众发放宣传挂图、折页、光盘、地震科普宣传彩页、防震减灾知识宣传手册等宣传资料。开展“7·28”纪念唐山大地震40周年防震减灾科普宣传活动，通过现场咨询、听科普讲解、领取防震减灾宣传资料、观看地震科普知识展板等形式，对新城社区居民进行防震减灾知识宣传教育。参加全省市县防震减灾信息管理系统培训班和全省防震减灾宣传工作培训，对市地震局全体人员进行防震减灾信息管理系统应用培训。组织开展送防震减灾知识“进学校、进企业、进社区、进农村、进家庭”活动，发放地震科普读物、宣传画册，展出科普知识展板，普及防震减灾法律法规和地震应急避难知识。深化地震科普示范学校创建工作，新增丹阳市华南实验学校为省级防震减灾科普示范学校，全市有25所省级防震减灾科普示范学校。 （黎建新）

【震情动态】 2016年，镇江市地震监测台网测定6月10日16时4分丹阳市导墅镇发生1.9级地震。处理近震及地方震54个，速报地震0个。镇江市辖区内发生2次小震。发送震情短信98批次（含自动及正式测定地震），编制12期《台网月报表》、12期《震情通报》、4期《震情监视报告》。 （黎建新）

【地震监测】 2016年,镇江市有7个地震监测台站涉及3大学科10个观测项目和地震宏观观测点17个。市地震局制定实施《2016年度镇江市震情监视和短临跟踪工作方案》,坚持24小时震情值班和主副班工作制,跟踪监测震情。完成《江苏省2017年度地震趋势研究报告(镇江市部分)》编撰,并在2016年度省地震趋势研究报告评比中获优秀。开展四分量钻孔应变仪试运行工作,完成试运行报告编写。对台网传输专线进行升级改造,由原来2兆线路改为6兆光纤传输。向各地震监测台站赠送除湿设备,对台网中心弱电中心不间断电源进行更换,及时做好测震台网、前兆台网及流动数字地震仪器的日常维护、标定工作,各地震监测台站运行正常,地震监测资料连续可靠,测震资料连续率达99.3%。11月,市地震局、民政局联合开展全市灾害信息员暨防震减灾"三网一员"培训,强化群测群防工作。加强宏观异常核实,及时处置10月20日4时51分盐城市射阳县(北纬33.70°,东经120.30°)发生的4.4级震群和苏丹徒18井水位异常、苏句容16井水温异常。

(黎建新)

【地震法制】 2016年,镇江市落实《中华人民共和国防震减灾法》《江苏省防震减灾条例》,围绕防震减灾法律法规制定《市地震局行政审批事项申报材料及前置中介服务清单》《市地震局事中事后监管责任清单》《市地震局随机抽查事项清单》等一系列文件。重视防震减灾法律法规高层教育,参加省地震局举办的《中国地震动参数区划图(GB 18306—2015)》培训班;邀请市民参观市防震减灾科普馆,普及防震减灾法律法规知识。建立科学有效防震减灾法规大众教育机制,在市索普中学、丹徒区曲阳社区等地方开展防震减灾法律知识图片巡回展系列活动;组织开展"12·4"国家宪法日暨全国法制宣传日广场法制宣传咨询活动;组织参加全市"六五"普法活动。组织市地震局执法人员参加全省法制工作培训、市级行政执法人员集中培训考试、全市行政复议应诉人员培训、全市法治工作培训、全市行政执法与刑事司法衔接工作专题培训等各种法治提高培训班,提升执法人员依法行政水平;组织市地震局全体在职公务员参加全省第五届"万人学法"竞赛活动;完成市地震局行政执法主体资格清理和确认、市地震局行政执法人员清理、江苏省行政复议应诉人员资格证申领和年检注册卡换领等工作。依法开展地震行政执法工作,对抗震设防要求执行情况,地震监测设施、地震观测环境、地震遗址、遗迹保护,增建抗干扰设施或新建地震监测设施,地震安全性评价工作等依法开展随机抽查;8月,完成涉企收费清理情况执法检查;10月,对镇江市人民检察院办案和技术用房建设项目进行抗震设防要求执行情况检查;组织开展行政执法自查,推进行政执法标准化、行政执法全过程记录和"两法衔接"等工作。变坐等服务为主动上门,利用各种形式向建设工程业主宣传防震减灾法律法规知识,帮助需要进行地震安全性评价建设工程项目业主协调推进工作进度,提供法律保障服务。在市地震局官网开设"镇江市行政许可和行政处罚等信用信息公示"专栏。定期登录权力阳光系建平台,通过电子监察系统对行政审批事项进行全程监督。市政务服务管理办公室地震局窗口全年受理行政许可事项11件,均按承诺时限办结,办结率100%。 (黎建新)

【地震应急】 2016年,镇江市加强对市有关部门和单位地震应急预案编制工作指导和督查,修订印发《镇江市地震应急预案》,实现地震应急预案电子网络化管理。参加全省地震应急短波电台联合通信测试活动,完成"基于短波电台的全省应急通信系统"镇江市地震台节点短波电台现场安装和约8个月实际通话测试。初步建立应急基础数据库,在完成地震烈度速报及预警系统基础上,完成地震应急快速反应项目前期调研等准备工作,"市地震应急指挥中心"得到完善。组织全市地震系统人员参加中国地震局地震应急救援系列视频讲座;参加全省"提升工程"应急分项相关系统使用维护业务培训。利用"3·1"《中华人民共和国防震减灾法》实施日、"5·12"四川汶川地震日、"7·28"唐山地震纪念日、10月国际减灾日时机督促指导学校、社区、企业开展专题地震应急演练200余次。与省地震局联合举办2次应急通信演练。市地震局与市住建部门共同参与应急避难场所建设技术指导与验收,全市建成各类地震应急避难场所21处。9月,省检查组对全市地震应急避难场所规划建设和运行情况进行检查,对镇江市工作给予肯定。新增地震应急包、劳保防护用具等应急物资,海事卫星电话、数码发电机等应急救援装备物资得到更新和补充。 (黎建新)

【抗震设防】 2016年,镇江新区城乡建设局新成立人防地震科,消除抗震设防管理空白点,实现市及各辖市(区)、镇江新区抗震设防监管全覆盖、全过程。贯彻落实国务院、省市政府深化行政审批制度改革要求,清理规范行政审批中介服务事项。完成市、县两级地震部门行政权力事项和行政处罚自由裁量基准收集、整理、汇总、报送工作。遵循市场监管信息平台数据接入标准规范,实现地震局业务信息系统与市场监管信息平台对接,按有关要求登录市场监管信息平台,及时上传、录入、处理市场主体有关信息,依法履行审批、监管职责。参加市级行政权力事项清单、办事指南标准化入库软件操作培训,完成行政权力事项和行政权力事项办事指南入库等政务服务"一张网"上线相关工作。组织实施"平安震防"服务品牌创建和"效能标兵"争创工作。加强地震安全社区建设,新建2个省级地震安全示范社区,全市建成1个国家级地震安全示范社区和14个省级地震安全示范社区。配合市住建部门宣传普及农村民居地震安全知识和建筑抗震知识,指导农民在新建民居时选用抗震、住建部门推广的经济适用建筑类抗震设计图集,杜绝新建空斗墙、预制空心板房,逐步提升农村民居抗震能力。 (黎建新)

【地震监测台网中心门前道路拓宽改造项目】 2016年,镇江市地震局在市干道办协助下进行地震监测台网中心门前道路拓宽改造项目,1月,完成项目可行性论证和专业设计;2月,完成土地租用手续和道路两旁坟墓迁移;3月,先后完成杂树清理、土方开挖、路基平整、路面施工及保养、沥青摊铺、道路两旁绿化等工作,4月,项目竣工并通过验收,市地震监测台网中心门前原有道路由3米拓宽至5米,并建成1个500平方米停车场,新增1200平方米绿化。 (黎建新)

【防震减灾科普馆升级改造项目】 2016年,镇江市地震局投入70余万元,按照"国内领先,省内一流"定位,突出地震科技应用和前瞻性,实施市防震减灾科普馆升级改造项目。4月,完成《市防震减灾科普馆升级改造方案》编制及论证,11月,完成科普馆升级改造项目并通过验收,全年免费接待20余批3000多人次参观。 (黎建新)

【地震烈度速报及预警系统建设任务完成】 该项目于2015年年初报经镇江市政府批准实施,列入2015年、2016年镇江市民生改善重点项目,市财政核拨总经费90万元,建设周期2年。市地震局在完成镇江市辖(区)内地震烈度速报监测仪选址、安装和1台人工触发地震预警信息接收终端机安装工作基础上,2016年,在镇江实验学校魅力之城分校、镇江市江滨实验小学、丹徒区辛丰中心小学、丹阳市华南实验学校等 4 所学校完成 4 台人工触发地震预警信息接收终端机安装工作，完成全部建设任务，系统进入试运行，能通过无线网络进行控制，并对地震烈度进行速报。（黎建新）

【防震减灾综合演练】 2016 年 5 月 12 日，由镇江市政府与江苏省地震局联合主办的 2016 年防震减灾综合演练在市体育会展中心举行，省地震应急救援中心、市应急办、市地震局等 17 个单位、1000 多名人员参加演练，实景再现规范化救援过程。江苏省委新闻网、中国急救网、江苏防震减灾网、中国文明网、中国高校之窗网、《镇江日报》、镇江电视台、中国镇江网、镇江金山网等 9 家媒体均同步进行宣传报道。（黎建新）

气　象

【概况】 2016 年，镇江市气象现代化指标总分由 86.3 分提升为 88.3 分，16 项指标有 11 项达到或超过 90 分，现代化指标得分列全省第六位。全市地面综合气象探测质量指标达 99% 以上，农气、自动土壤、酸雨工作未出现错情，业务质量稳定，全年气象预报准确率综合排名全省第一位，并在第十一届江苏省气象行业职业综合技能竞赛中获得团体第五名。

做好寒潮、雾霾、强降水等灾害性天气监测预警服务，完成春运、"两会"、高考、关键农事季节以及"苏台灯会""江苏航空旅游季""海峡两岸农展会"等活动气象保障工作。汛期总降雨量多，7 月持续暴雨导致全市出现汛情，市气象局多次启动重大气象灾害应急响应，发布《重要天气报告》《专题天气情报报告》36 期，通过手机短信、"96121"、气象微博及微信、电子显示屏等方式发布气象预报预警信息。

开展专题调研，开展直通式气象服务，与市农委加强会商合作，多次开展本地水稻病虫害防治工作，发布服务产品，形成信息互通机制，全年制作发布特色气象服务产品 12 期，并联合省气象局发布茶叶生长关键期材料，在丹徒淮阴村和扬中金香园安装物联网设备。

与市公安局、城管局、安监局联合发文在全市范围禁止施放氢气球。全年开展文物保护防雷安全检查 1 次，化工生产企业防雷安全检查 1 次，全市防雷安全重点单位全年防雷安全检测 2 次，对 300 余家企事业单位进行防雷安全检测，查出各类隐患 100 余处，发出检测报告 200 余份，整改意见书 27 份。

4 月，镇江市取消防雷设计审核验收收费，推进防雷体制改革工作，制定《镇江防雷体制改革实施方案》，完成建设工程防雷许可工作的交接。市、辖市（区）气象局做好地方气象事业经费保障，落实情况总体良好，但不均衡。

（居小虎）

水　文

【概况】 2016 年，江苏省水文水资源勘测局镇江分局下辖国家防汛指挥系统镇江水情分中心、江苏省水环境监测中心镇江分中心以及城区、句容监测中心。镇江水文初步建成布局较合理、项目较齐全的地表水、地下水基本和专用水文站网体系，其中地表水基本站 19 处、专用站 26 处；浅层地下水监测井 11 处、深层地下水监测井 13 处。另有省级报汛站 10 处（其中墒情站 3 处、地方水利系统管理的报汛站 7 处）、小型水库防汛通信预警系统站 93 处、水量巡测断面沿江口门 8 处及市界口门 4 处、固定墒情站 2 处、水质监测断面 150 多处。

镇江水文分局主要负责境内水文站网规划建设与管理、水文监测分析与预报、水文资料审查与汇交、水文设施和水文监测环境的保护等工作，管理全市水文数据库，为工程规划设计和管理提供水文资料，为防汛防旱防台、改善水环境提供水文情报和预报，为水资源管理和水生态环境保护进行水量水质监测、水资源调查评价，为建设项目提供水文、水资源、水土保持等专项服务。持有国家有关部门颁发的水文水资源调查评价、建设项目水资源论证、测绘、生产建设项目水土保持监测、水土保持方案编制等 5 个乙级资质证书，以及"国家计量认证合格证书"。（姚允龙）

【水文监测】 2016 年，镇江市完成国家基本水文测站资料的测验和整编如下：降水 18 站年、蒸发 1 站年、水位 8 站年、流量 6 站年；浅层地下水逐日水位 4 站年、五日水位 3 站年、水温 2 站年；深层地下水十日水位 6 站年、水温 2 站年；另有中小河流水文监测系统以及市水文现代化站网中降水 21 站年、水位 3 站年、墒情 3 站年。其他监测站年数：自记雨量（镇江、丹阳、句容）降水 3 站年、沿江巡测站流量 6 站年、市界口门巡测站流量 4 站年。（姚允龙）

【水文情报】 2016 年，镇江市 51 处雨水情遥测站运行稳定，向水利部、省水文局、市防汛抗旱指挥办公室（以下简称市防办）发送雨水情遥测数据 3000 多万个，遥测数据入库率近 100%。全年编发水情月报 12 期、雨水情分析 16 期、水情报表 170 余份，发送雨水情短信 24000 多条。5 月 1 日起，对长江镇江站潮位开展日常化预报 360 多个潮次，达到甲等预报精度。建立长江、大运河等重要河道的洪水预警机制，7 月初暴雨期间，由市防办授权，通过短信平台、镇江水文信息网和全国雨水情预警汇集系统，发布镇江市洪水蓝、黄色预警信息各 1 次；市防办使用分局短信平台发布橙色预警 1 次，变更橙色预警至黄色预警 1 次。

（姚允龙）

【水资源监测】 2016 年，镇江市加强省级重点保护湖泊、重要城市供水水源地和市界水质的监测工作。全年每月监测全市 118 个省级水功能区，监测站点 128 处，包括集中式饮用水水源地、深层和浅层地下水、主要入河排污口、长江干流断面、市界断面和湖泊。全年监测 89 个项目，取水样 3000 多个，获水质数据 6 万多个。（姚允龙）

【水文分析评价报告】 2016 年，镇江水文分局编制《水功能区水质通报》12 期、《镇江市湖泊水生态监测简报》12 期、年报 1 期。编制《2016 年度镇江市水功能区水环境质量年报》《2016 年镇江市水资源公报》《2016 年度深层地下水动态监测报告》以及《句容市水功能区水质及湖泊水生态通报》等报告。

（姚允龙）

综　述

【概况】 2016年，镇江市教育系统以省教育综合改革试点市为契机，实施"教育现代化建设、现代教育治理体系建设与教育管理服务体系建设"三大重点工程。

教育现代化建设加快。以教育现代化先进镇（街道）和先进学校创建为切入点，落实"三步走"发展战略。截至2016年年底，镇江市提前并超额完成2018年既定目标，受到省政府领导批示肯定。推进教育综合改革。2016年，镇江市成为省教育综合改革试点市，承担学前教育体制、校地融合发展、职业教育混合所有制、教育督导评估机制、教师县管校聘、校长职级制等六大改革任务。市委、市政府出台《关于深化教育领域综合改革的意见》，市教育局根据实际实施教育教学质量机制建设等一系列改革，并与相关辖市（区）签订改革任务书。学前教育体制改革成为国家级试点和国家级发展实验区。落实教育惠民政策，教育部门取消收费"家校通"，实施免费"微家校"，该举措惠及20万学生家庭，每年为学生家庭节省2000万元；落实外来民工子女100%在公办学校就读政策；实现100%校车公交化，并实施师生人身保险扩面工程，将保险对象由原来的乘车师生扩大至所有在校学生及随车照管教师。镇江青少年活动基地创成国家示范基地，承办全国校外教育经验交流会。全市有各级各类学校474所，在校学生449807人，其中普通中小学239034人。全市学前教育毛入学率99%，义务教育九年巩固率100%，高中阶段毛入学率100%。从教育资源覆盖看，全市所有辖市（区）均成为国家义务教育发展基本均衡县（市、区），其中，3个辖市（区）进入全省首批17个义务教育优质均衡发展示范县（市、区）行列。优质教育资源学生覆盖率为75%，其中，义务教育学校标准化建设及均衡度列全省第一，公办普高省三星以上学校占比100%、四星以上学校占比超过76%；公办职校的省四星以上学校占比100%。从重要指标全省排位看：教育现代化建设水平监测、高考质量连续多年进入全省前五，学生体质健康监测、职校师生技能大赛均位列全省前四。学前教育普及率、义务教育普及率、高等教育毛入学率等基本指标继续居全省前列。6月，市教育局获评省"宣传工作先进集体"；10月，市教育局获评全国"教育新闻宣传先进单位"。在"2015年度江苏教育新闻奖"评选中，市教育局有4篇作品分获一、二、三等奖，连续两年获省教育新闻一等奖。市教育局获评2015年度"省教育信息工作先进单位"。全市被《人民日报》、《光明日报》、中央电视台、《中国教育报》等省以上媒体采用稿件180余篇。《中国教育报》在一版头条、《中国教师报》用整版篇幅报道镇江市推进幼儿园课程游戏化建设的实践经验。　（裴　伟）

【教育综合改革】 2016年，镇江市成为全省教育综合改革试点地区，市委、市政府出台《关于深化教育领域综合改革的意见》，6个试点全面启动，市委、市政府建立教育综合改革联席会议制度，明确"立足全局推进试点，以改革试点带动全局"的总体思路。

校地结合改革试点：联席会议筹备工作就绪，江苏航空职业技术学院与航空产业融合进入实质性运作。学前教育体制改革试点：启动国家学前教育改革发展实验区建设，健全农村公办幼儿园县级财政投入为主的保障机制，基本完成2016年的新建、改扩建项目任务。出版改革成果《构建普惠优质的学前教育公共服务体系》。启动第三轮"3～6岁儿童学习与发展指南"实验基地建设。教育督导和职业教育混合制改革试点：建立教育督导评估信息管理平台，建成市教育督导评估监测中心（市督学工作中心）。丹阳中专引入3家企业联合办学；润州中专与同济大学及德国职教机构企业三方合作建立中德职业教育中心，完成阶段性中德合作课程开发和首期合作班学员培训。义务教育教师县管校聘改革试点：市政府印发《关于推进中小学教师"县管校聘"管理改革的指导意见（试行）》；市教育局出台《辖市区教师队伍建设发展性评价办法》，在市属学校率先试行先面试、再笔试的教师招聘新办法；句容完成义务教育教师"县管校聘"管理意见和实施办法的修订。中小学校长职级制改革试点：扬中、镇江新区分别制定《中小学校长职级制改革实施意见》《关于深化和完善中小学校长职级制改革的实施意见》。　（裴　伟）

【辖市（区）政府教育工作督导考核】 2016年年初，镇江市在"两会"期间对辖市（区）政府2015年度教育工作督导考核结果进行公示，并下发2015年度辖市（区）政府教育工作督导考核情况通报。上半年对2013年以来辖市（区）政府年度督政考核工作进行全面总结，较大幅度修订《2016年辖市区政府教育工作督导考核标准和细则》。新修订的标准二级指标由18条增加到22条，三级指标由50条增加到60条，更加突出质量内涵建设，注重激励改革创新。加强责任督学挂牌督导工作，以创建"全国中小学校责任督学挂牌督导创新县（市、区）"为契机，建立健全工作制度，优化挂牌督学队伍，强化工作保障，提高工作实效。润州区、句容市和丹阳市先行先试创成省级示范县（市、区）。4月12日—13日，江苏省“全国中小学校责任督学挂牌督导创新县（市、区）”迎评工作会议在句容市召开。征集责任督学挂牌督导案例上报省教育督导室，4篇案例入选江苏省《责任督学挂牌督导工作案例选编》。下半年，扬中市、丹徒区、京口区以及镇江新区加快“全国中小学校责任督学挂牌督导创新县（市、区）”创建步伐，并通过省级督导评估。镇江、常州和南通成为全省首批全区域整体创建成功的设区市。调整市政府教育督导委员会成员，明确各成员单位教育工作职责。经市编办批复同意成立市教育督导评估监测中心，同时加挂“镇江市督学工作中心”牌子。推进教育督导评估信息化平台建设，探索数字化督导，建立教育督导评估信息管理平台，推动信息采集、信息直报、过程管理、交流互动、考核评价的信息化，推进教育评估方式和手段现代化。（裴 伟）

教育投入与建设

【概况】 2016年，镇江市教育经费总投入751212万元，较上年752906万元减少1694万元，下降0.22%。其中：国家财政性教育经费总投入668293万元，较上年688424万元减少20131万元，下降2.92%，其中公共财政预算教育经费拨款664940万元，较上年686977万元减少22037万元，下降3.21%；政府性基金预算安排的教育经费累计3271万元，较上年1371万元增加1900万元，增长138.58%。民办学校中举办者投入3260万元，较上年2343万元增加917万元，增长39.14%。捐赠收入1293万元，较上年972万元增加321万元，增长33.02%。事业收入53722万元，较上年51742万元增加1980万元，增长3.83%，其中学费收入44826万元，较上年41482万元增加3344万元，增长8.06%。其他收入24644万元，较上年9425万元增加15219万元，增长161.47%。（焦叶飞 蒋 峰）

【苏南教育现代化示范区建设】 2016年，镇江市推进教育现代化先进镇、先进学校创建工作，对2015年20个需整改通过的单位开展“回头看”检查，检查“双创”（创建教育现代化先进镇或街道、创建教育现代化先进学校）评估问题整改落实情况，巩固“双创”成果，提高创建质量。全年全市有89个单位（含需复查单位）通过创建评估，教育现代化创建任务完成进度为92.3%，其中镇（街道）占比为94.8%，学校占比为91.98%，提前两年实现实施意见中“到2018年，全市85%的镇（街道）、90%左右的学校建成市教育现代化先进镇（街道）和市教育现代化先进学校”的目标任务。

完成《2015年度镇江市教育现代化建设监测报告》，2015年度，全市教育现代化建设监测综合得分87.98分，在全省各辖市排名中列第五名。与2014年度监测结果相比，各辖市（区）教育现代化建设水平均有较大提升，7个辖市（区）监测得分均在85分以上。全省106个县（市、区）中，综合得分在90分以上的县（市、区）有24个，润州区、丹阳市、扬中市和京口区名列其中，均列前20名。润州区93.04分在全省列第三名。各辖市（区）得分最低与最高分相差由2014年的10.17分下降为7.48分，最低分与市综合得分相差由2014年的5.35分下降为2.42分，全市教育现代化建设均衡程度提高。（裴 伟）

【镇江市特教中心迁建奠基】 2016年10月18日，镇江市特教中心迁建开工奠基。市特教中心前身为聋哑学校，1995年迁至鼎石山下星星村并更现名。市特教中心迁建工程项目是2016年市委、市政府为民办实事项目之一，也是2014—2018年市政府改造薄弱学校项目之一。新校选址位于彭公山路（东篱春晓小区）以东、南山路以南、扬溧高速公路以西、团山路以北地块，占地面积约5万平方米，总建筑面积2.9万平方米，计划投资1.2亿元。根据项目规划，新建镇江市特教中心将按51个教学班规模建成“盲、聋、培三位一体”、从学前到高中体系完整、功能齐全的全省一流、全国有影响的现代化特殊教育学校。建成的新校将承担全市聋、盲、培三个残障类别学生的文化教育、职业教育、康复训练的教育教学任务，以及全市随班就读残疾学生的指导工作和镇江市部分重残儿童送教上门的服务工作。（裴 伟）

学前教育

【概况】 2016年，镇江市有幼儿园231所，其中公办园154所、民办园77所，省优质园167所、市优质园13所，拥有独立法人资格幼儿园213所。在园幼儿73695人，分设2156个班级。教职工8177人，其中专任教师4486人。省幼儿园课程游戏项目7个，省基础教育前瞻性项目1个，市3～6岁儿童学习与发展指南实验基地38个。（贡 青 凌育朵）

【江苏省幼儿园课程游戏化建设现场研讨】 2016年4月27日—29日，江苏省幼儿园课程游戏化建设现场研讨会在镇江召开，会议内容包括专家讲座、分会场研讨、参观幼儿园等，全省第一、二期幼儿园课程游戏化建设项目园园长、教师，各市、区（县）幼教干部、教研员等500多人参加会议。（贡 青 凌育朵）

【2名教师入选（围）“2016最美幼儿教师”】 2016年9月7日，由省教育厅批准，省教育基金会和江苏教育报刊总社联合主办的“感动江苏教育人物——2016最美幼儿教师”表彰仪式在南京举行。全省在246名参评教师中评选20人，丹阳市练湖中心幼儿园殷瑞芳获“2016最美幼儿教师”奖，句容市天王镇袁巷中心幼儿园喻兴艳获“2016最美幼儿教师”提名奖。（贡 青 凌育朵）

【国家学前教育改革发展实验区】 2016年年初，教育部办公厅发文公布全国36个地区国家学前教育改革发展实验区名单，镇江市入选。镇江市承担扩大公益普惠的学前教育财政投入保障机制、贯彻落实《3～6岁儿童学习与发展指南》等试点任务。9月25日，镇江市国家学前教育改革发展实验区启动仪式在扬中举行。会议围绕“明确政府职责、完善体制机制、构建学前教育公共服务体系”三大追求，突出“扩大普惠性资源、健全公益普惠的学前教育财政投入保障机制、优化幼儿园教师队伍建设机制、深入贯彻落实《指南》”四大任务，打造镇江学前教育改革发展的“升级版”。（贡 青 凌育朵）

【幼儿教师赴澳大利亚培训】 2016年10月15日—30日，镇江市22名幼儿园游戏化课程建设高级研修班骨干教师赴澳大利亚培训，这是全省首个由设区市教育行政部门自组的幼儿园教师出国培训班。在15天的培训里，受训学员通过讲座、研讨、参观、教学观摩等了解、学习和借鉴澳大利亚学校的教学经验和方法，强化专业能力，拓宽眼界。（贡 青 凌育朵）

基础教育

【概况】 2016年，镇江市有普通小学

111 所,在校生 143830 人。普通中学 110 所,其中高级中学 16 所,初级中学 67 所,九年一贯制学校 23 所,十二年一贯制学校 2 所;初中在校生 63643 人,高中在校生 31561 人。（袁广明）

【中考改革】 2016 年,镇江市中考录取实施两项改革:强化物理化学实验考查结果的运用,由原先作为普通高中录取的参考依据改为达到“优秀”等级方能享受热点普通高中指标分配降分录取待遇。优化志愿填报工作,将第二批次由传统志愿改为平行志愿,学生可选择的学校更多,录取的概率更大。（袁广明）

【招生考试】 2016 年,镇江市 11297 人参加普通高校招生全国统一考试,录取新生 10721 人,其中本二以上录取 5979 人。10126 人参加普通高中学业水平测试必修科目考试,10196 人参加普通高中学业水平测试的信息技术考试。7482 人参加成人高校招生考试。完成空军飞行学院在镇江市招收空军飞行学员的工作。全年自学考试人数超过 10.1 万人次。（张小兰）

【普通高考成绩】 2016 年,镇江市普通高考在参考人数比上年减少 1592 人的情况下,普通类(不含体艺)本二以上一次性进线人数为 5682 人,达线率为 58.14%,增加 6.54 个百分点,其中本一进线率为 18.75%,增加 1.28 个百分点。市区普通类(不含体艺)本二以上一次性进线人数为 1587 人,净增 70 人,达线率为 62.19%,增加 9.2 个百分点,其中,本一进线率为 24.02%,增加 2.64 个百分点。全市文科、理科成绩最高分均在省镇江一中,其中理科吴天昊 426 分,文科沈昱成 412 分。（袁广明）

2016 年镇江市区普通高中(公办)录取分数线表

表 29 -1　　单位:分

学校	统招			
	文化	美术	音乐	日语
镇江中学	569	–		
镇江第一中学	573	–		
市实验高中	540	509	490	493
镇江崇实女中	520	–		
市国际学校	553	–		

（向建文）

【基础教育课程基地建设】 2016 年 7 月,有 2 所普通高中(镇江崇实女子中学、省镇江第一中学)、2 所初中(镇江市江南学校、扬中市八桥中学)、3 所小学(句容市天王中心小学、镇江市桃花坞小学、丹徒区三山小学)分别入围省级课程基地建设项目、薄弱初中课程建设项目和小学特色文化建设项目。截至 2016 年年底,全市有省级课程基地建设项目学校 36 所。（袁广明）

【体育卫生艺术教育】 2016 年,镇江市新增全国校园足球特色学校 14 所,省级足球特色幼儿园 4 所;体育传统校省级 7 所、市级 16 所,艺术特色学校省级 4 所,市级 6 所;省健康促进学校金牌 6 所、银牌 24 所,铜牌 29 所。截至 2016 年年底,全市国家、省、市体育传统项目学校分别有 3 所、14 所和 73 所,国家级青少年俱乐部 25 所、省级奥林匹克青少年体育俱乐部 14 所,省、市艺术教育特色学校 54 所,省健康促进学校 198 所占全市中小学的 85%。完成教育部《国家学生体质健康》数据上报复核工作。市学生体质健康监测工作连续 5 年获省一等奖;全市大一新生身体素质综合排名在全省列前 6 名。市教育部门承办 2016 年全国体育特级教师思想论坛暨“长三角地区中小学体育特级教师教学研讨活动”;市教育局、市体育局承办“全国学校科技体育工作论坛暨全国学校科技体育校长培训班”。（李云芳　马正汉）

【长三角地区中小学体育特级教师教学研讨活动】 2016 年 11 月 16 日,2016 年长三角地区中小学体育特级教师教学研讨活动在镇江新区开幕。教育部原副总督学杨贵仁、镇江市副市长曹丽虹等出席活动。全国中小学体育教育指导委员会委员、省中小学教学研究室体育教研员孟文砚主持开幕式。活动为期两天,主题为“基于学生发展核心素养的有效教学”。两省一市近 600 名中小学体育教研员、体育特级教师观摩市伯先中学的体育教学和大课间活动,观看镇江新区体育教育专题片《奔跑,向希望》,并开展交流。（李云芳　马正汉）

【周书梅获“首届全国十佳中学体育教师”称号】 2016 年,首届全国双十佳中小学体育教师评选结果揭晓,镇江实验学校初中体育教师周书梅获“首届全国十佳中学体育教师”称号。周书梅是江苏省唯一获此称号的中学教师。该活动由陶行知教育基金会、新华社体育部和体坛传媒集团共同主办。周书梅自 1989 年走上体育教师岗位后,一直在体育教学与训练的第一线,她先后获评镇江市“十佳教师”、镇江市“169 中青年科技骨干”。（李云芳　马正汉）

【扬中丰裕中心小学学生参加全国中小学生艺术展演】 2016 年 4 月 9 日,扬中丰裕中心小学剪纸代表团一行,作为江苏省唯一代表参加国中小学生艺术展演现场工作坊展示活动。央视《朝闻天下》对工作坊进行专访,学生们根据央视记者现场出题进行即兴剪纸表演。全国中小学生艺术展演三年一届,该届展演首次增设学生艺术实践工作坊项目,加强中华优秀传统文化和各地地域文化特色展示,给农村地区小学生搭建展示平台。每省只遴选一所学校作为代表参加。（李云芳　马正汉）

【校外教育联席会议制度】 2016 年 8 月,镇江市建立由市教育局、市发改委、市文明办、市财政局、市体育局、市妇联等 20 余家单位参加的镇江市青少年校外教育联席会议制度。以文件形式明确联席会议及联席会议办公室职能,初步构建“政府统筹领导,教育部门主管,有关部门配合,社会积极支持,学校广泛参与”的校外教育格局。（孙国芳）

【镇江市中小学德育研究实践基地】 2016 年,镇江市教育局建立首批镇江市中小学德育研究实践基地。基地围绕学生核心素养培育评价体系,现代班集体建设,区域、学校德育工作发展性评价体系三大主题开展研究与实践。全市 87 所中小学、幼儿园参与研究实践,丹阳市华南实验学校、镇江市江南学校成为首批学校类基地,领衔 19 所学校开展相关研究。（孙国芳）

职业教育和社会教育

【概况】 2016 年,镇江市有中职和五年制高职学校 11 所,在校生 2.5 万人。开设 14 个专业大类 60 多个专业,有省级品牌特色专业 30 个,国家级、省级职业教育实训基地 20 个。首次编制发布中等职业学校质量年度报告。江苏省丹阳中等专业学校创建成为第三批国家中等职业教育改革发展示范学校。镇江高等职业技术学校旅游管理专业群和江苏省扬中中等专业学校机电技术应用专业群被认定为首批省职业学校现代化专业群。（林雨生　许大宏）

【技能比赛】 2016 年 5 月 29 日,由教育部、江苏省政府等单位主办,江苏省教育厅、镇江市政府承办的 2016 年全国职业院校技能大赛“数字影音后期制作技术”赛项在镇江高等职业技术学校举行,全国134所职业学校的159人参加比赛。镇江市选手获12枚金牌(其中3个全国第一名),1枚铜牌。

2016年,在全国职业院校信息化教学大赛中,镇江市选手获一等奖1个、二等奖1个。在省职业学校技能大赛中,镇江市选手获一等奖22个;镇江高职校连续7年获全省技能大赛学校总分第一名。在省职业教育创新大赛中,镇江市选手获一等奖6个、二等奖12个、三等奖15个。镇江高等职业技术学校潘俊旅游管理名师工作室和江苏省丹阳中等专业学校蒋伟凤心理健康名师工作室被认定为江苏省职业教育名师工作室。

(林雨生 许大宏)

【镇江高等职业技术学校】 镇江高等职业技术学校(江苏联合职业技术学院镇江分院)是一所以五年制高职教育为主体的职业院校,是首批国家中等职业教育改革发展示范学校、首批江苏省高水平现代化职业学校。学校由主校区和南山校区组成,占地面积17.92万平方米,建筑面积9.78万平方米,实训基地面积3.38万平方米。2016年,有在校生4918人,专任教师总数422人。面向社会开展各级各类技能培训年均7000人次以上。

学校按照发展现代职业教育的要求,以"合适的教育、尽心的服务"的办学理念和"三服务"(服务于学生的现实发展、服务于学生的持续发展、服务于学生的幸福生活)的办学宗旨,明确"精学业、高就业、善创业"的培养目标和"自信乐观、智能精湛、好学儒雅、敢为人先"的学生素质发展目标,优化学校专业设置、课程结构、人才培养模式、课堂教学过程,为培养目标的实现奠定基础。学校有现代制造、信息技术、财经商贸、旅游艺术、化工等五大类专业,16个五年制高职专业(6个省品牌专业,2个省特色专业)。先后建成国家数控技术应用专业技能型紧缺人才培养培训基地、江苏省软件人才培养基地,立项建设电工电子、信息技术、旅游综合、现代制造4个江苏省职业教育高水平示范性实训基地(电工电子建设完成)。有信息技术类、加工制造类(数控)2个省级职业教育技能教学研究基地,固定资产总值39488.7万元。

学校有在编专任教师422人,其中正高级职称1人,副高级职称165人,高级职称占39.3%;在读博士5人,研究生(含硕士在读)201人,占比48.8%。"双师"教师205人,占专业专任教师的90.7%,其中技师以上资格164人,占72.6%。2015—2016学年,学校有全国职教名师1人,省教学名师1人,省"333"培养对象2人,省职教领军人才高级研修班成员5人,省青蓝工程培养对象3人,联合学院专业带头人5人、教学能手3人,省职业教育教科研中心组成员9人,市名教师工作室2个,省职业教育名师工作室2个。全年参加全国职业院校技能大赛获10个一等奖,列全国第一名。

2016年,学校获全国文明风采大赛优秀组织奖、江苏省文明校园、省技能大赛团体优胜奖、省高技能人才摇篮奖、省智慧校园、市先进基层党组织、市首批养正学校先进学校、市社团建设优秀学校等称号,在全市学生健康体质监测中获职业学校第一名。学校旅游综合、信息技术两个基地网评通过省现代化示范性实训基地的验收,旅游管理被确定为省现代化专业群。 (姚金荣)

【社会教育和民办教育】 2016年,京口区创建成为全国社区教育示范区,扬中市创建成为全国社区教育实验区。丹阳市、句容市、扬中市、润州区、镇江新区创建成为江苏省社区教育示范区。句容市宝华镇仓头绿色果品稻米基地创建成为省教育服务"三农"高水平示范基地。句容市茅山镇社区教育中心、丹徒区世业镇社区教育中心、京口区象山街道社区教育中心、句容市经济开发区社区教育中心创建成为省标准化社区教育中心。 (林雨生 许大宏)

【镇江市老年大学】 2016年,镇江市老年大学有文史系、书画系、体卫系、家政系、艺术一系、艺术二系和表演系等7个系,开设42个专业152门课程,招收202个班级,任职教师136人,在校学员9800多人次。学校分别与市老干部活动中心、中国电信镇江公司等单位联合办学,与镇江开放大学共同设立老年高等学历教育课程。学校组建校艺术团,有舞蹈、合唱、时装、戏曲等11个演出团队。成立学委会、志愿者大队、老年体协、常青树文学社、壮心诗社、摄影协会、书画协会等校内社团组织。2016年年底,学校被中国老年大学协会评为首批"全国示范老年大学"。 (毛建国)

【镇江市少年宫】 2016年,镇江市少年宫是镇江地区最大的公益性校外教育机构,当年有教职工24人,有科技楼、艺术楼、少儿剧场、展览馆、乒乓馆、培训楼等6个活动场馆。全年少年宫推出各类教学展览、开展社团群文活动60多次,参与学员20000人次。围绕"我们的节日"开展主题活动,在开展"五一"劳动最光荣书法比赛、庆"六一"游园活动、迎新书法绘画展、"写春联送吉祥"等传统公益活动外,暑期还开展"圆梦蒲公英"少儿素质拓展公益夏令营活动。面向社会开设全免费公益课程30门,有近千名少年儿童报名参加。11月,传统活动"小青蛙"讲故事比赛吸引全市6000余名儿童参加。

关注传统文化传承,以"传统文化伴我成长"为主题,推出"乱针绣""太平泥叫叫""剪纸""面塑""梅庵派古琴""扬州评话"等非遗传承项目公益课程。9月,少年宫梅庵派少儿古琴社学员获第一届"敦煌杯"中国古琴艺术展演非职业儿童组金奖。扬州评话社团利用双休日和节假日在甘露书场定期活动。

5月,少年宫微信公众号及课程网络报名工作启动,网站进行改版。10月,市少年宫东校区(优盛分宫)签约筹建。

(徐小红)

【镇江市青少年活动中心】 镇江市青少年活动中心和镇江青少年综合实践基地是两块牌子一套班子,有教职工27人。市青少年活动中心成立于2006年4月。2013年8月,中心从万古一人路71号迁址江滨新村68号。主要承担市属初中劳技课教学,每年服务学生20000人次。镇江青少年综合实践基地成立于2015年11月,位于丹徒区世业镇卫星村,占地面积33.33公顷,是国家示范性综合实践基地、国家航空飞行营地、江苏省农业循环经济教育示范基地和江苏省首批研学旅游示范基地。基地有国家二级心理咨询师、社会工作师、国家一级裁判员、茶艺师、体验教育师、高级营养师等各类师资。基地课程自成体系,整合形成"亚夫"农业、航空科技、"乡情"文化、素质拓展、健康教育和主题教育6大类120多门课程。基地2016年4月对外运行,先后接待70000多人次学生参与综合实践活动,开设活动类型有"一天"模式、"两天一晚"模式和"三天两晚"模式。 (夏 岚)

【全国校外教育经验交流】 2016年12月23日,全国校外教育经验交流暨研学旅行工作部署会在镇江召开,交流各地校外教育取得的经验,推进研学旅行工作持续开展。会前,参加会议的教育部有关负责人和与会代表一起实地考察镇江青少年综合实践基地的建设、管理等情况。会上,江苏、重庆、安徽、陕西、广东、上海等省(直辖市)以及成都、大同、潍坊等市分别交流各地结合地域特点,探索校外教育、让广大青少年享受到校外教育发展成果的经验做法。市委书记

夏锦文会见教育部基础教育一司司长吕玉刚一行。 （裴　伟）

高等教育

【概况】 2016年，镇江市有6所普通高校，全日制本、专科学生77907人，硕士研究生8610人，博士研究生964人，教职员工10162人，其中专任教师5690人。6所高校中，江苏大学是以工科为特色的综合性大学；江苏科技大学是教育部批准的卓越工程师教育培养计划高校，船舶、国防、蚕业是其三大特色；镇江市高等专科学校与多个行业优势企业建立合作育人机制；江苏航空职业技术学院是市属新办高校，是江苏首家航空类高职院校，为全国航空工业职业教育教学指导委员会单位、全国航指委无人机专业指导委员会主任单位；江苏农林职业技术学院是全省唯一的农业类国家示范性高职院校；金山职业技术学院是全市唯一一所民办高等学府，2015年与苏州大学合作开展本科教育。全市高校涵盖工学、理学、医学、农学、管理学、经济学、法学、文学、哲学、教育学、艺术学等10多个门类；有国家级实验教学示范中心2个，国家人才培养模式创新实验区2个，部省级重点实验室、工程技术研究中心24个，博士后科研流动站13个，博士学位授权一级学科11个，国家级重点学科3个，省部级重点学科18个。

（裴　伟）

·江苏大学·

【概况】 2016年，江苏大学有专任教师2649人（其中教授近500人，拥有博士学位的比例为56%，拥有海外学习背景的比例为25%）。全日制在校生42000余人，其中研究生12000余人，外国留学生1800余人。学校占地203公顷，各类建筑面积120余万平方米，教学科研仪器设备总值7.6亿元。学科涵盖工学、理学、医学、管理学、经济学、法学、文学、哲学、教育学、艺术学等10大门类，设有24个学院，88个本科专业。有13个博士后科研流动站，9个博士学位授权一级学科，42个博士学位授权点，35个硕士学位授权一级学科，170个硕士学位授权点，10个硕士专业学位类别，26个工程硕士授权领域。有2个国家重点学科，1个国家重点（培育）学科，6个江苏高校优势学科，7个江苏省“十三五”一级学科重点学科，2个江苏省“十三五”一级学科重点（培育）学科。工程学、材料科学、临床医学、化学和农业科学5个学科进入ESI（基本科学指标数据库）全球学科排名前1%。有国家水泵及系统工程技术研究中心、混合动力车辆技术国家地方联合工程中心、现代农业装备与技术教育部重点实验室、国家级新农村发展研究院，以及2个国家级实验教学示范中心、2个国家人才培养模式创新实验区，并建有国家知识产权培训（江苏）基地。学校先后与美国、英国、德国、澳大利亚、奥地利、日本等国家（地区）的123所高校及教育科研机构建立友好联系和长期合作关系，学校与奥地利格拉茨大学共建孔子学院和汉德语言文化中心。

排名、获奖。2016年1月11日，艾瑞深中国校友会网公布“2016中国大学专利奖排行榜”，江苏大学以5项专利奖并列全国第17位。在“2016中国大学最具影响力百篇学术论文排行榜100强”榜单中，江苏大学以8篇论文与同济大学、厦门大学等并列全国第33位。据1月14日国家知识产权局“2015年我国发明专利申请授权有关情况新闻发布会”公布的信息显示，江苏大学2015年发明专利授权985件，排名列全国高校第6位。3月，中国管理科学研究院《中国大学评价》课题组发布《2016中国大学评价》报告，在大学综合实力百强榜中，江苏大学名列第48名，首次进入中国大学综合实力排名前50强。8月17日，在国家自然科学基金委员会公布2016年度国家自然科学基金申请项目评审结果中，江苏大学获批国家自然科学基金169项（全国高校第42位），其中重点项目1项，面上项目78项，青年科学基金89项，国际（地区）合作与交流项目1项。在10月12日—15日举行的第二届中国“互联网＋”大学生创新创业大赛全国总决赛中，江苏大学首次入围总决赛，并获银奖1项。“十二五”以来，获国家级科技成果奖8项，何梁何利基金科学与技术创新奖1项，国家级教学成果奖1项，“全国优秀博士学位论文”提名奖3篇。

人才培养。学校通过教育部本科教学审核评估。机械设计制造及其自动化、车辆工程、化学工程与工艺、食品科学与工程、计算机科学与技术、电气工程及其自动化以及环境工程7个专业通过国家工程教育专业认证，土木工程通过住建部专业认证。获批省级虚拟仿真实验教学平台1个、省级虚拟仿真实验教学项目3项。获评省“教学名师”1人。获全国大学生英语竞赛一等奖6项、二等奖16项，获“高教社杯”全国大学生数学建模比赛一等奖2项。全日制本科招生5957人，比上年增加253人。2016届本科生就业率保持在96%以上，毕业生中有1000余人考取北大、清华、复旦等学校研究生。858名学生赴海外学习交流，创历年新高，其中有170余人赴哈佛大学、加州大学圣地亚哥分校等学校深造。江苏大学教授邹小波因在农产品加工及贮藏工程领域的卓越研究，当选为“长江学者奖励计划”特聘教授。

科学研究。全年科研总经费6.89亿元，其中纵向经费2.31亿元。1项合作成果获国家技术发明二等奖。9项成果获教育部高校科研优秀成果奖，列全国第5名。获省科技进步一等奖2项、中国机械工业科技进步一等奖1项。发表SCI检索论文1400篇，出版专著50部。授权专利1233件，其中发明专利858件、美国发明专利4件。1项成果入选中国高校产学研合作十大优秀案例。获省重大科技成果转化项目12项，列全省第一名。

学科建设与研究生教育。工程学、材料科学、临床医学和化学4个学科进入ESI全球学科排名前5‰。13个一级学科硕士点通过省合格评估。获省优秀博士论文3篇、优秀硕士论文8篇、优秀专硕论文2篇。2门在线课程入选全国工程硕士在线课程重大建设项目。获批省研究生创新项目125项、教改课题8项、优秀课程5门。获国家博士后基金特别资助13项、面上资助80项、省博士后基金37项，各类博士后资助经费有1463万元。首获“香江学者计划”2项。新增省产业教授20名、省研究生工作站31家，均列全省第一名。录取硕士生2169人、博士生166人。

师资队伍。全年引进博士128名，其中资格教授21人，具有留学经历人员占43.7%。引进“千人团队”1个。新增国家“万人计划领军人才”等国家级人才3人。入选省“333工程”第一、二层次培养对象15人，第三层次26人，省创新团队2个，省“六大人才高峰”团队1个，获省“六大人才高峰”资助的28人及省“青蓝工程”优秀青年骨干教师7人，入选数均列全省高校第1。一批高层次人才获批江苏特聘教授、双创人才、有突出贡献中青年专家、省“外专百人计划”等，获批数继续保持全省前列。

国际交流。新增友好海外高校23所，加入江苏·安省大学联盟、中国—东盟工科大学联盟和国际教育创新发展联盟，牵头成立“一带一路”国际人才培养产学联盟。6大洲113个国家和地区的留学生有1897人，其中学历生1391人，规模位列全国第42名、江苏第2名。3

门课程入选教育部英文授课品牌课程（并列全国第5）、5门课程入选省英文授课精品课程。学校成为全国首批27所通过教育部“来华留学质量认证”的高校，并入选“留学江苏目标高校”。

党的建设。2项成果获江苏高校“最佳党日活动”优胜奖，1个基层组织获评省教育系统先进基层党组织，1个项目入选全省教育系统培育和践行社会主义核心价值观创新案例。微电影《青春圆梦》获首届全国高校网络宣传思想教育优秀作品特等奖。统战工作典型经验获全省统战理论政策研究创新成果二等奖。（霍建伟）

【江苏大学进入泰晤士高等教育亚洲大学和世界大学排行榜】 2016年6月，据泰晤士高等教育（Times Higher Education）发布2016年度亚洲大学排行榜及世界大学排行榜，江苏大学列亚洲第195位，全球第864位。泰晤士高等教育世界大学排名主要参考教学、科研、引用、成果转化以及国际化程度5个领域的10多个指标。（霍建伟）

【农业科学进入ESI全球学科排名前1%】 2016年1月，江苏大学农业科学学科（领域）进入ESI全球学科排名前1%，列全球第709位。截至2016年1月，学校有5个学科（领域）进入ESI全球排名前1%，并列全国高校第34位、江苏高校第4位。（霍建伟）

【江苏大学男子沙滩排球队获2016中国大学生沙滩排球精英赛男子组冠军】 2016年6月26日，由中国大学生体协主办的中国大学生沙滩排球精英赛在宁夏沙湖结束赛事。江苏大学男子沙滩排球队以五战全胜的战绩获专业组冠军，并获代表国家参加世界大学生沙滩排球锦标赛的资格。（霍建伟）

【农业部蔬菜脱水加工技术集成基地建设】 2016年7月，农业部批准江苏大学建设“农业部蔬菜脱水加工技术集成基地”，项目总投资1066万元，建设期2年。该项目是全国首个蔬菜脱水加工技术集成基地，主要建设内容包括改造中试车间730平方米，建设蔬菜预处理技术、蔬菜脱水、蔬菜产品去杂分拣与杀菌包装及智能仓库等4套装备，旨在整体提升蔬菜脱水加工的技术创新与研发能力，突破该产业的技术瓶颈，促进蔬菜脱水行业的快速发展。（霍建伟）

【2人入选国家“万人计划”科技创新领军人才】 2016年8月1日，中共中央组织部办公厅发文公布第二批国家“万人计划”领军人才入选名单，江苏大学食品与生物工程学院教授邹小波、材料科学与工程学院教授乔冠军入选，入选人数列省属高校第2位。（霍建伟）

【4门课程获评“国家级精品资源共享课”】 2016年6月28日，教育部公布第一批“国家级精品资源共享课”名单，江苏大学的“创业管理”“食品加工机械与设备”“现代食品检测技术”和“电路”4门课程获评“国家级精品资源共享课”。（霍建伟）

【第九届全国大学生节能减排社会实践与科技竞赛】 2016年8月10日—12日，“荣威新能源”杯第九届全国大学生节能减排社会实践与科技竞赛决赛在江苏大学举行。比赛历时三天，清华大学、哈尔滨工业大学、华中科技大学、江苏大学等90所高校的1000多名大学生携180个节能减排科技创新项目参加决赛。江苏大学有12件作品获奖，其中特等奖1项、一等奖2项、二等奖2项、三等奖7项，列江苏高校第一名。（霍建伟）

【1个项目获2016年度中国机械工业科学技术一等奖】 2016年11月8日，2016年度中国机械工业科学技术奖颁奖大会在北京举行。江苏大学赵玉涛、程晓农团队完成的项目“原位纳米强化铝合金及其构件成形关键技术研究与工程应用”获中国机械工业科学技术一等奖。该项目实现电磁/超声场调控原位纳米颗粒增强块体铝基复合材料的合成制备、高强抗疲劳纳米强化铝合金新体系Al－Si－Zr－B－X的设计开发、航空航天及汽车重要构件成形技术及性能优化等，打破国外技术封锁，促进中国原位纳米强化铝合金及高端部件行业的科技进步。（霍建伟）

【1项成果获全国研究生教育成果二等奖】 2016年11月11日，中国学位与研究生教育学会2016年度会员代表大会暨学术研讨会举行，会议期间发布第二届中国学位与研究生教育学会研究生教育成果奖评选结果，由江苏大学陈欣主持的“国际化背景下研究生公共英语课程模式的创新实践”获研究生教育成果二等奖。该奖项每两年评选一次，是专门为国内研究生教育理论研究与教学实践成果设立的奖项。（霍建伟）

【2件作品获“创青春”全国大学生创业大赛金奖】 11月15日—20日，2016年“创青春”中航工业全国大学生创业大赛决赛在成都电子科技大学举行。江苏大学参赛作品“江苏太阳谷新材料科技有限公司创业计划”获第十届“挑战杯”大学生创业计划竞赛金奖（材料组—已创业类），“镇江市红包兔信息技术有限公司”获创业实践挑战赛金奖。（霍建伟）

【1中心获批国家级国际联合研究中心】 2016年11月29日，江苏大学骆英领衔申报的国家国际科技合作基地“高端装备关键结构健康管理国际联合研究中心”获国家科学技术部发文认定。该国际联合研究中心主要研究方向有结构损伤跨尺度智能监测理论、现代结构损伤无损检测新技术、材料力学性能的跨尺度分析理论与技术等。（霍建伟）

【9学科获批江苏省“十三五”重点学科】 2016年12月8日，江苏省教育厅、财政厅发文公布“十三五”省重点学科名单。江苏大学力学、控制科学与工程、计算机科学与技术、交通运输工程、环境科学与工程、管理科学与工程6个学科获批为一级重点学科，化学和应用经济学获批为一级重点（培育）学科。截至2016年年底，该校有9个“十三五”省重点学科，总数列全省第六名。（霍建伟）

【1个项目获中国军民两用技术创新应用大赛银奖】 2016年12月8日，由工业和信息化部、国防科工局、全国工商联共同举办的首届中国军民两用技术创新应用大赛结束。江苏大学研究员施卫东领衔的“特种高效涡轮驱动混流泵关键技术研究及应用”项目获技术创新类银奖，是全国参赛高校在该次大赛中所获的最高奖项。（霍建伟）

·江苏科技大学·

【概况】 2016年，江苏科技大学有镇江东、南、西3个校区和张家港校区，占地约173.33公顷。建设中的镇江市丹徒新区十里长山新校区占地约156.67公顷。学校有教职员工2013人，其中专任教师1220人。有正高职称人员167人，副高职称人员581人。有在校公办普通本科生10461人、研究生2322人、全日制外国留学生315人；江苏科技大学苏州理工学院有学生5956人。学校纸质图书文献总量195万册，电子图书270万种。

学校设有15个学院，54个本科专业（含方向），有1个博士后科研流动站、

2个一级学科博士学位授权点、6个二级学科博士学位授权点、12个一级学科硕士学位授权点、48个二级学科硕士学位授权点。2016年，在全国25个省份参加重点本科批次录取，录取本科生6035人、博硕士研究生832人。

2016年，学校机械工程、控制科学与工程、土木工程、计算机科学与技术和冶金工程5个学科成为江苏省"十三五"省重点(培育)学科。完成科技经费到款总量19897.26万元，民品计划项目立项357项，其中：国家级项目49项(包括国家自然科学基金项目45项，国家社会科学基金项目1项)；省部级项目59项；军工项目立项9项；获各类引智项目11项。获各类科技奖64项，其中国家奖1项，省部级11项(含国防奖1项)。其中参与获得国家科技进步二等奖1项(单位排名第三)；以第一单位获高水平科研奖励5项，包括教育部高等学校科学研究优秀成果奖(科学技术)一等奖1项、二等奖1项(蚕研所)，江苏省科学技术一等奖1项，中国造船工程学会科学技术一等奖1项，中国产学研合作创新成果一等奖1项。获专利授权336件。公开发表论文1798篇，出版著作28部。

学校主办有《江苏科技大学学报(自然科学版)》《江苏科技大学学报(社会科学版)》《中国蚕业》《蚕业科学》等公开出版学术刊物。

学校牵头成立中国船舶与海洋工程产业知识产权联盟、江苏省船舶与海洋类高校联盟，先后与海军政治部、中国船舶工业集团公司、中国船舶重工集团公司、中国舰船研究院、中国农业科学院等单位建立全面合作关系。6月30日，江苏科技大学成为国防科工局与江苏省政府共建高校之一。学校建有海外教育学院，与俄罗斯、乌克兰、美国、英国、法国、澳大利亚、印度、日本等国开展科研与办学合作；与江南造船集团公司、上海外高桥造船有限公司、大连船舶重工集团、上海沪东造船厂、中远川崎船舶工程有限公司等一批企业建立长期合作关系。中国船舶工业工程师继续教育学院设在学校，学校各类奖、助学金总额2000余万元/年。其中，招商局慈善基金会、江苏陶欣伯助学基金会等多家企事业单位在学校设立各类奖、助学金20余项。

(戴苏越)

【1个项目获国家科学技术进步二等奖】 2017年1月9日，中共中央、国务院在北京召开2016年度国家科学技术奖励大会，由江苏科技大学(第三完成单位)以及学校材料科学与工程学院吴铭方参与的"钎料无害化与高效钎焊技术及应用"项目获国家科学技术进步二等奖。

(戴苏越)

【张耀笑入选"江苏十大感动人物"】 2016年，在"2015感动中国·江苏十大感动人物"评选中，张耀笑入选"江苏十大感动人物"，并获江苏省委教育工委"优秀共产党员"称号。2015年3月，江苏科技大学土建学院研究生张耀笑被确诊为乳腺癌；2015年10月16日，张耀笑的父亲出车祸受重伤抢救。社会各界8000余人捐款90余万元对她进行援助。张耀笑的父亲离世后，张耀笑信守承诺，将剩余善款全部捐出，并发起成立"耀笑爱心互助基金"，帮助其他患重大疾病学生缓解经济压力。

(戴苏越)

【与中船集团签署全面战略合作协议】 2016年9月22日，中国船舶工业集团公司与江苏科技大学在镇江签署全面战略合作协议。中国船舶工业集团公司董事长董强，镇江市委书记夏锦文，江苏省教育厅副厅长丁晓昌，江苏科技大学党委书记王济干、校长王自力等出席签约仪式。根据协议，双方将在人才培养、协同创新、资本运作、机制改革等方面进一步加大合作力度。该全面战略合作协议，标志着双方合作向着更宽的领域拓展和深化。

(戴苏越)

【神舟十一号"航天蚕"出自江科大蚕研所】 2016年10月17日，神舟十一号载人飞船发射升空，跟随神舟十一号上天的蚕宝宝出自江苏科技大学蚕业研究所。"航天蚕"秋丰X白玉由老一代科学家章佩祯1989年育成，具有耐氟性强、丝质优、产量高的特点。主要推广地区是浙江、云南等省市自治区，先后累计推广1500多万张，出口到乌兹别克斯坦等国家100多万张，创经济效益20多亿元。江科大蚕研所参与家蚕空间飞行实验研究多年，曾获解放军总装备部军队科技进步二等奖。

(戴苏越)

【"古巴—中国蚕丝实验室"】 2016年11月29日，由江苏科技大学蚕业研究所与古巴国家蚕桑项目处共建的"古巴—中国蚕丝实验室"在哈瓦那伊拉德克士(Hilatex)纺织厂建成。中国农业部副部长余欣荣，古巴国家蚕桑项目负责人(古巴农业部原部长)玛丽亚为"古巴—中国蚕丝实验室"揭牌。在"古巴—中国蚕丝实验室"建设中，江苏科技大学"中古蚕桑科技合作中心"协调国内有关蚕丝产学研单位，根据古巴实际情况，筛选符合当地条件的缫丝检验设备，派出6人次专家帮助古巴蚕丝实验室进行设备安装，并帮助培训2名古巴缫丝技术人员。

(戴苏越)

【1个项目获"创青春"全国大学生创业大赛全国金奖】 11月15日—20日，由共青团中央、教育部、人力资源保障部、中国科协、中华全国学生联合会、四川省政府共同主办，成都电子科技大学承办的2016年"创青春"中航工业全国大学生创业大赛决赛在成都举行，学校的"威尔德焊接设备有限责任公司"项目获"创青春"创业计划竞赛全国金奖，"镇江腾锐科技有限责任公司"项目获"创青春"电子商务专项赛全国铜奖、"南京贝贝帮教育有限公司"项目获"创青春"创业实践赛全国铜奖。该届大赛以"大众创业、万众创新"为主题，三项主体赛事收到全国2200余所高校11万余件参赛作品，200多万大学生直接参与。

(戴苏越)

【江苏船舶与海洋类高校协同发展联盟】 2016年12月5日，由江苏科技大学、淮海工学院、中国人民解放军镇江船艇学院、江苏海事职业技术学院、南通航运职业技术学院、江苏省无锡交通高等职业技术学校6所学校共同发起的江苏船舶与海洋类高校协同发展联盟成立。6所发起学校各自办学特色鲜明、定位层次各有侧重，但学科布局相对分散，联盟的成立旨在抢抓海洋强国、海洋强省战略机遇，推动船舶工业发展，促进江苏经济社会发展特别是海洋强省的建设。

(戴苏越)

·镇江市高等专科学校·

【概况】 2016年，镇江市高等专科学校占地面积54.58公顷，总建筑面积32.56公顷(含新校区)，全日制在校生7000余人，各类成人教育学员近5000人。设有12个学院(系、部)、35个专业，其中中央财政支持重点专业建设项目2个，省高校"十二五"重点专业(群)3个，省级品牌特色专业2个。有教职工639人，其中享受国务院特殊津贴1人，省"333工程"培养对象6人(其中第二层次1人)，省、市突出贡献中青年专家3人，省高校"青蓝工程"学术带头人、"169工程"学术带头人及科技骨干16人。有省"六大人才高峰"高层次人才团队2个，省级以上综合实训基地5个，校内实训基地36个、实训室145个，紧密型校外实训实习基地275个。

2016年，学校明确"创优升本"目标，推进改革发展进程，"升本"工作列入镇江市"十三五"发展规划。围绕"创优升本",启动"2333"工程:立足本土化、国际化发展,做大卫生护理和学前教育专业、做精人文、旅游、艺术等专业、做强材料、装备、交通、电气电竞等专业;实施"三项千万"工程,分别引进或培养3~5个高端教学科研团队,建设3个左右全省全国有影响的品牌专业,打造100名左右"卓越工匠";探索实践"政校企"三元混合所有制办学。

校内综合改革。推进院系、部门设置调整,推进二级管理改革和各部门工作的微观改革,形成"小机关、大学院,小管理、大服务"格局。实施"2.5+0.5"人才培养模式改革,优化人才培养方案。新获批国控专业学前教育和助产、工业机器人技术、财务管理、飞行器维修技术等4个新专业,投入1290万元启动建设6个品牌专业和3个骨干专业。遴选、确定28个教学改革项目、21个实践教学改革项目和8门优质网络课程,完成状态数据采集工作。

全年引进博士1人,硕士7人,内培教授5人。新增二级教授1人,三级教授2人,享受国务院特殊津贴专家1人;省"333"工程二层次培养对象1人,三层次培养对象6人;省青蓝工程学术带头人1人、青年骨干教师3人、市"169五期工程"培养对象16人。派遣10多人出境访学,组织开展骨干教师培训62人次。全年立项课题147项,其中获省级自然科学研究项目2项,横向课题29项;入账经费526.95万元,横向科研和社会服务到账经费248.94万元;授权专利83件,其中发明17件。

文化建设。举办吕凤子先生130周年诞辰纪念大会暨吕凤子艺术、教育思想学术研讨会,启动中国正则绣博物馆暨镇江高专校史馆筹建工作。"'四维'空间传承'崇爱尚美'"项目获评2015年全省大中学生培育和践行社会主义核心价值观活动优秀项目,"青春呵护蒲公英"志愿服务项目获评江苏省优秀青年志愿服务项目。学校先后获2013—2015年度江苏省文明校园以及镇江市文明单位等称号。

技能竞赛。获大学生技能竞赛国家级一等奖3项、二等奖1项、三等奖3项,省级特等奖2项、一等奖12项、二等奖20项、三等奖22项。校航模队代表镇江参加2016年中国国际飞行器设计挑战赛总决赛暨科研类全国航空航天模型锦标赛,获两个一等奖、团体总分第三名和优秀团队奖。 (何 斌)

【镇江高专获批新专业和新项目】 2016年4月,教育部公布2016年普通高等学校高等职业教育专业设置备案和审批结果,镇江市高等专科学校获批2016年国控"学前教育"专业。该专业为高中起点,三年学制。

根据《省教育厅关于做好2016年江苏省现代职业教育体系建设试点工作的通知》,经省教育厅审核,镇江高专与江苏科技大学分段培养"3+2"本科项目获批。同时获批的还有"3+3"中职与高职分段培养、"4+2"中职与高职分段培养等项目,涉及护理、计算机应用、会计、机电一体化技术、电气自动化技术、机械制造与自动化等专业。 (何 斌)

【镇江市社会科学院"经济发展研究中心"】 2016年4月1日,镇江市社科工作会议召开,镇江高专与市社科院共同成立镇江市社会科学院"经济发展研究中心"。该研究中心是以学校的社科研究资源和人才团队为核心,吸纳镇江社科研究人才,组建以区域产业经济为重点、面向城市发展的社科研究专业机构,主要围绕市委、市政府中心工作以及区域产业发展过程中重大理论和应用实践问题展开系统研究,为党委、政府以及职能部门提供决策支持。 (何 斌)

【省级实训平台建设】 2016年,镇江市高等专科学校、江苏润模汽车检测装备有限公司、江苏申模数字化制造技术有限公司共同申报的智能装备制造与检测技术集成应用与服务实训平台通过省教育厅、财政厅专家评审并立项。该项目是江苏省教育厅在"十三五"期间重点建设的高等职业教育产教深度融合实训平台。 (何 斌)

【教育部工业自动化人才培训(IAAT)基地】 2016年6月14日,镇江市高等专科学校电气与信息工程学院的教育部工业自动化人才培训(IAAT)基地揭牌仪式举行。相关协会、高校负责人,以及实验实训中心、电气与信息工程学院负责人和师生代表100多人参加揭牌仪式。

教育部工业自动化人才培训(IAAT)以培养技能型、创新型人才为目标,其认证证书分设为初级(助理)工程师、中级工程师、高级(注册)工程师三个级别。通过系统的工业自动化技术课程培训,帮助院校师生和各类工程技术人员提升自动化知识与技能,对完善工业信息技术人才测评体系,加快创新型、复合型工业信息技术人才培养起推动作用,为电气自动化专业学生提供电气工程师认证的渠道。 (何 斌)

【校企合作签约暨教学用车捐赠仪式】 2016年5月24日,镇江市高等专科学校与广汽丰田汽车有限公司校企合作签约仪式在铜鼎广场举行。南京、镇江、扬州、泰州广汽丰田各经销店代表,学校相关负责人和师生代表100多人参加庆典仪式。

镇江高专是广汽丰田在江苏省第一家合作的高职院校。在合作中,广汽丰田将为高专提供教材、教具,定期组织教师进行培训,传授丰田的新技术。学校汽车专业的学生第一学年修完文化及专业基础课程后,可有机会进入丰田经销店实习,甚至在丰田经销店就业。 (何 斌)

【学生在江苏省计算机等级考试中获佳绩】 2016年春,镇江市高等专科学校在江苏省计算机等级考试中,有1596人获合格以上的成绩,其中153人成绩优秀。考试总体通过率为81.51%(比上年高出近6个百分点),高于全省平均通过率14.07个百分点;优秀率为7.81%,高于全省平均优秀率4.82个百分点。在省一级B等级考试单项排名中,学校列第13位,全语种综合排名列第4位。 (何 斌)

【新校区建设】 截至2016年年底,镇江市高等专科学校新校区一期工程(17.9万平方米)全面完工并通过验收;二期工科综合实训楼主体建筑封顶,中心景观仍在施工,中国正则绣博物馆(校史馆)设计图纸完成,基础施工作业展开。同时,新校区的智能化校园建设、设施设备的招标采购、老校区树木移栽等工作展开。 (何 斌)

·江苏航空职业技术学院·

【概况】 2013年12月,镇江市委、市政府决定筹建一所高等职业技术学院,并成立筹建工作指挥部和工作组;2014年11月,筹建工作组进一步开展调研论证,学院正式定名为"江苏航空职业技术学院",并上报申报材料;2015年1月,省教育厅正式同意筹建"江苏航空职业技术学院";2015年12月22日和2016年2月26日,省教育厅两次组织专家到学院进行学院设置评估;2016年3月16日,省政府正式同意建立江苏航空职业技术学院;5月11日,学院领导成员基本到位;6月20日,镇江市委书记夏锦文和江苏省教育厅厅长沈健共同为江苏航空职业技术学院揭牌;9月18日,航院迎来首批学子。2016年录取446人,录取率高于同类院校近20个百分点,新生报到率为95%,实现当年成立、当年招生、当年开课。

江苏航空职业技术学院(简称“江苏航院”)位于镇江新区,是江苏省首家航空类专业高职院校。学院占地46.67公顷,建筑面积近15万平方米,具备一流的教育、教学及生活条件,是全国航空工业职业教育教学指导委员会委员单位、全国航指委无人机专业指导委员会主任单位。学院下设4个二级学院 ,开设9个航空专业,建有基础实验实训中心、现代制造实训中心、航空维修实训中心、无人机协同创新实训中心、航空服务实训中心等一批实验实训中心,其中,无人机协同创新中心获批镇江市重点实验室,实验室老师在2016年9月的全国职业院校无人机的大赛中获教师组第一名。学院师资队伍初具规模,有教职工123人。学院实施“半军事化”管理,到学生内部开展思想政治教育,坚持每天出操、每周升旗、每月星级宿舍评比等制度,并组建江苏航院国旗班,成立大学生礼仪队、航模队等6个学生社团组织,举办首届校园文化节。截至2016年年底,学院接待各界考察和洽谈合作38批258人次,先后承办全国职业院校首届无人机大赛和2016年中国国际飞行器设计挑战赛。推进校企合作,学院和江苏大学、江苏科技大学、大路机场等共同组建航空产学研联盟。学院加强干部队伍建设,首批任命的8名中层干部全部到位。开展基层党组织建设,结合航院实际,成立6个直属党支部,配齐配强支委会,基层党组织工作全面展开。建立健全教职工代表大会制度,召开学院首届“两代会”。 (刘 红)

图29-1 2016年6月20日,江苏航空职业技术学院揭牌成立 (潘 璐 供稿)

【全国航空职业院校无人机应用创新技能大赛】 2016年9月23日—24日,“中国银行杯”全国航空职业院校无人机应用创新技能大赛在江苏航院举行。大赛以“创新技能,成就未来”为主题,全国16个航空职业院校的23支学生组参赛队和17支教师组参赛队参加大赛,江苏航院教师获教师组第一名。同时,全国无人机应用技术专业教学指导委员会成立大会、无人机教育创新发展论坛、航空百年青少年嘉年华等活动也同步召开。 (刘 红)

【2016中国国际飞行器设计挑战赛总决赛】 2016年10月15日—22日,2016中国国际飞行器设计挑战赛总决赛在江苏航空职业技术学院举行,100余所高校的2200多人参加大赛。江苏航院获国家体育总局授予的“优秀组织单位”称号。(参见第359页) (刘 红)

【“半军事化”学生管理】 2016年,江苏航院学习借鉴解放军政治工作的优良传统和管理的科学经验,结合航空类职业院校特点,实行“半军事化”管理模式,培养学生良好的政治素质、思想素质、作风素质和一定的军事素质。“半军事化”管理就是将学生一日常规管理与军队作风建设相结合,主要包括升旗制度、一日晨练制度、内务管理制度、晚自习制度、晚点名制度。 (刘 红)

【无人机协同创新中心】 2016年5月,江苏航空职业技术学院无人机协同创新中心成立,该中心承担无人机应用技术专业的教学工作及无人机研发工作,主要包括无人机飞控调试工作室、无人机协同定制工作室、无人机飞行工作室等工作室,开展航模、无人机的研发、制作、维修、操作训练等教学科研工作,设备总值近300多万元。9月,学院无人机协同创新中心获批镇江市重点实验室。 (刘 红)

·江苏农林职业技术学院·

【概况】 江苏农林职业技术学院创建于1923年,位于句容市城区,是国家示范性高等职业院校。学院占地面积2.44平方千米,建筑面积47万多平方米,实训基地3.76平方千米。有校本部和茅山校区两个校区,江苏茶博园和江苏农博园两个实训基地。学院有8个系59个专业(方向),全日制在校生13000多人,教师700余人。2016年,新增省级教学名师1人,省“333”培养对象4人,省高校“青蓝工程”培养对象6人,省“六大人才高峰”培养对象1人,新晋升三级教授3人。学院先后获得全国第五届黄炎培职业教育奖、全国职业院校技能大赛突出贡献奖、江苏省首批平安校园示范高校称号。《农民日报》《中国教育报》《新华日报》和中央电视台等省级以上官方媒体报道学院的办学成绩和创新举措49次。

专业建设。学院园艺技术专业获江苏高校品牌专业“创新领军者”“睿智领军者”称号。食用农产品技术、现代农业、畜牧兽医、园林技术等4个省重点专业群通过验收。植物种苗工厂化繁育和宠物养护立项“省级产教融合实训平台”建设。园艺技术国家专业教学资源库基本完成建设任务,2本教材立项省级重点教材建设,3本省级重点教材出版,12门课程申报江苏省在线开放课程。

人才培养。与扬州市农委、盐城市盐都区政府、大北农集团等合作,新开办“扬州班”“盐都班”“大北农班”“康禾人才班”。园林技术、农业装备应用技术、农业生物技术3个专业通过中国现代农业职业教育集团“现代学徒制”试点建设立项。获省级优秀毕业论文三等奖3项,优秀毕业论文团队奖1项。毕业生获“北美枫情杯”全国林科十佳毕业生称号。学院师生共同开发的“旅长APP”获中国电子商务协会一等奖。

技能大赛。在全国职业院校技能大赛上,学院选手参加的5个赛项全部获一等奖,5名教师获评优秀指导教师,7名教师获评优秀工作者。在全国农业、食品等行指委组织的技能大赛上,获3

个一等奖。在第44届世界技能大赛全国选拔赛上，学院学生叶希珈在精细木工赛项中获第1名，并获人社部资助赴瑞典观摩世界技能大赛欧洲联赛，5名选手入选世界技能大赛3个项目的备战集训队。学院被确定为世界技能大赛园艺项目中国集训基地和江苏省世界技能大赛5个项目的集训基地。

招生就业。2016年，学院报到各类新生4213人。2件作品入选"全国高职院校大学生创新创业作品展"，3个项目获第十一届全国高职高专"发明杯"大学生创新创业大赛一等奖，学院获优秀组织奖。10个项目获第二届"互联网+"创新创业大赛江苏省赛、江苏省第十一届职业规划大赛等省级奖项。截至2016年12月底，总就业率为98.61%。学院获"全国高职院校创新创业示范校"50强称号，获评中国电子商务协会"青年创业基地"。

科研服务。学院获省市级以上科技类项目立项19项，累计获资助经费634万元。获江苏省教育科学研究成果奖(高校科学技术研究类)一等奖和三等奖各一项。授权专利107项(发明授权47项)。制定省级地方标准1项，市级地方标准6项。中江种业公司参加国家重点研发计划"水稻分子设计育种"项目和全国稻麦良种重大科研联合攻关协作组，为江苏唯一一家企业成员单位。江苏现代园艺工程技术中心完成省教育厅绩效评估；与省海洋渔业局合作建设江苏省现代渔业(长江特色鱼)养殖培训中心。

继续教育。学院参加成人高考改革试点，扩大成人招生规模，全年招收各类成人学历教育新生1874人，成人在籍学历学生有5500人。多渠道多形式培训农民15000多人次，承担各级政府部门组织的面向特定对象的教育、培训11000多人次。面向校内外人员开展31个工种的职业技能鉴定工作，鉴定3621人次。

对外交流合作。中国现代农业职教集团调整集团组织机构和理事单位，修订集团章程，部署全年重点工作。举办2016年全国农业职业院校技能大赛和首届"隆平杯"大学生(农科)创新创业大赛。学院举办中法农业培训中心校企合作研讨会，中法农业培训中心、法国在华11家涉农企业与中国现代农业职教集团签署合作意向书。全年接收肯尼亚、刚果、老挝等国家的33名全日制留学生。先后开办肯尼亚埃格顿大学孔子学院学生培训班、印度尼西亚中学师资培训班等培训班，培训日本、美国、印度尼西亚、肯尼亚等国家的255名学员。派遣教师赴美国、荷兰、法国等国(境)考察培训39人次，派遣学生出国(境)研修、实习、交流68人次。在中国台湾研修的学生，获第六届国际创新发明竞赛银奖。与荷兰Lentiz(郎蒂斯)教育集团合作开展园艺技术BTEC联合办学项目，14名学生赴荷兰培训3个月，全部获国际认证的园艺学BTEC证书，学院成为全省首家开启BTEC班国外阶段培训的院校。

办学条件建设。学院争取财政拨款2.4亿元，全年预算资金4.05亿元。工科楼、实训楼建设完成，机电、信工两系完成实验室建设规划，部分实验室和设备搬迁。江苏茶博园正式获批为国家AAAA级旅游景区。"茗苑曲毫"获第十七届"陆羽杯"特等奖。江苏农博园通过国家AAA级旅游景区、全国休闲农业与乡村旅游五星级园区、江苏省首批自驾游基地、江苏省四星级乡村旅游示范点等复核认定工作。馆藏图书总量为106万册，开通包括中国知网、万方数据知识服务平台等数据库20个。 (陈凡学)

·金山职业技术学院·

【概况】 金山职业技术学院是经教育部备案、江苏省政府批准，独立设置的全日制民办普通高等学校，学院投资方为扬中绿洲新城实业集团有限公司。学院有机电系、经管系、建筑系及基础教学部4个系(部)，开设21个专业，在校生2103人。

2016年，学院录取新生1008人，实际报到946人，报到人数比上年度增长53.07%。

2016年，学院引进一批素质高、业务精的教师充实教师队伍，青年教师作为指导老师申报大学生创新实训平台项目9项，指导学生参加江苏省高职高专学生英语演讲大赛并获2个三等奖，1名教师获省级教学竞赛一等奖，2名教师晋升副教授。学院出台《金山职业技术学院教科研奖励办法(试行)》鼓励教师积极开展教科研工作。学院为教师参加各级各类培训创造条件，全年有31人次参加省、市级培训。

学院投入专项资金200多万元，用于校内实验实训室建设，如CIMS实验室、建筑现场施工实验室、高铁乘务专业化妆教室等。以CIMS实验室的建成为平台，申报扬中市科技项目，服务地方经济。在校外实训基地建设上，学院与环太集团、上汽集团等企业加强合作，借助企业的专业资源，为学生提供技能训练平台。修订2015、2016年人才培养方案，对机电一体化技术、会计2个校级特色专业进行阶段验收，对三维室内设计、大学英语、电机与电气控制及基础会计4门精品课程进行结项验收；完成《激光加工技术》《电工电子实训》两本校企合作教材的编撰。10月，学院根据市场需要和学院办学实际，申报工业机器人技术、城市轨道交通运营管理、幼儿发展与健康管理等3个新专业。

学院制订并实施《教学质量提升活动实施方案》，重点聚焦内涵建设，围绕教学中心工作，规范教学管理，提升教学质量。组织维修电工(中级工)、汽车维修工(中级工)、Auto CAD绘图员(高级工)、计算机网络管理员(高级工)等技能培训，其中维修电工(两次)通过率92%，汽车维修工通过率88%，Auto CAD绘图员(高级工)通过率74%，计算机网络管理员(高级工)通过率91%。组织2014级建筑装饰专业学生参加人力资源社会保障部的室内装饰设计员的考证，合格率81%。组织54人参加会计应用软件(用友T3系统、U系统8)考试，通过率100%；组织125人参加普通话水平测试，88人获二级乙等以上，占总人数的70.4%。截至2016年12月，2014级学生实现人均一证。

学院以绿色校园文化培育人，开展多种校园文体活动。组织的赴边远地区爱心支教、赴扬中市特教中心对口帮扶等志愿活动成为较具社会影响力的品牌活动；社团文化艺术节、社团嘉年华、大学生风采节、校园歌手大赛、水果拼盘大赛、笔记本大赛等一系列校内特色活动成为学生展示风采、锻炼提高自身素质的平台；第十三届田径运动会的举办，促进学校体育事业发展。学院重视爱国主义教育，组织学生观看庆祝长征胜利85周年大会，该活动还被《江苏新时空》报道。

学院通过各种途径协助毕业生就业。学校联系企业，定期公布就业信息，通过校园网、微信平台开展就业心理疏导、就业政策普及，通过举办校园招聘会及企业专场招聘会，帮助学生与企业全面接触。2016年11月9日的校园招聘会，有100多家企业到学校招聘，提供相应岗位近2000个。2016届毕业生年终就业率为94.26%。

学院除向企业开展科技服务外，还面向扬中组织各级各类培训10多场，培训人数712人。 (戴禄胜)

教师队伍

【概况】 2016年，镇江市有教职工42315

人,其中专任教师31676人。高校教职工10462人,其中专任教师5690人。中等职业学校教职工1892人,其中专任教师1645人。普通中小学教职工21918人,其中专任教师19720人。小学专任教师9632人,初中专任教师6557人,高中专任教师3531人。幼儿园教职工8177人,专任教师4486人。特殊教育学校教职工166人,专任教师135人。

(裴　伟)

【中小学教师职业道德建设】 2016年,镇江市教育部门组织400多所中小学、2.3万教师集中开展党员重温入党誓词、教职工师德宣誓仪式,并表彰2016年度镇江市中小学、幼儿园各学段"十佳教师"。市属学校1人获评省委、省政府"江苏省先进工作者",21个集体、13名先进个人、7名教学名师获省教育厅表彰,推荐申报通过率列全省前3名。1人入选"感动江苏——十佳最美幼儿园教师"。探索"五位一体"师德测评体系,在市属2所学校试点网络师德测评工作。教育部门制定《镇江市中小学教师志愿导学工作管理办法》,全年市区1000名教师参加志愿导学活动,5000人次学生接受辅导。(裴　伟)

【高层次人才队伍建设】 2016年,镇江市通过多元评价方式开展省第14批特级教师推荐申报工作,通过率列全省第5名。与市人才办共同举办市基础教育"169"人才高级研修班。组织参加首届江苏省教育教学研究成果奖评选,获一等奖1个,二等奖3个,三等奖3个。出台《镇江市中小学领军后备人才高级研修班实施办法》,计划通过3~5年时间培养一批教育科研、管理和评价方面的专家。(裴　伟)

【教师专业技术职务评聘工作】 2016年,镇江市完善教师高级职称笔试、面试、申报材料网络评审的多元评价方式,将一级教师评审纳入多元评价范围,进一步凸显重师德、重能力、重业绩的评审导向。下发《镇江市乡村教师职称评审若干意见》,在职称评定中将乡村教师单列。222人申报中小学、幼儿园高级教师职称,通过率为80%,其中乡村教师类别通过率为86%;23人申报中等职业学校高级讲师,通过率75%。做好中小学、幼儿园正高级教师评审推荐工作,有18人参加申报,市级择优遴选推荐7人,评审通过率100%。

(裴　伟)

【教育人事综合改革】 2016年,镇江市在市属率先试行先面试、再笔试的教师招聘办法,增强教师招聘的针对性和实效性。推进中小学教师"县管校聘"管理改革,组织市教育、人社、财政等部门相关负责人到如皋、淮安清浦区学习考察试点经验。教育部门起草《全市中小学县管校聘管理改革指导意见》,做好改革牵头协调推进工作。推进公办幼儿园编外教师人事代理用人制度改革,做好编外教师"五险一金"等待遇保障工作。

(裴　伟)

【镇江市义务教育学校县管校聘改革专题培训班】 2016年7月7日—9日,镇江市政府委托青岛大学举办镇江市义务教育教师队伍县管校聘管理改革专题培训班,参训学员为辖市(区)政府分管领导,市人社局、财政局、编办、教育局等部门负责人52人。主要任务是学习山东省在义务教育教师队伍县管校聘改革方面的经验做法。目的是通过举办该培训班,统一思想认识,推进镇江市教育综合改革。培训班邀请青岛市(省教育综合改革试验区)、潍坊市(省教育综合改革试验区)、寿光市(教育综合改革试验区示范市)教育局负责人以及寿光市部分义务教育校长,开展专题讲座与工作交流。(裴　伟)

语言文字工作

【概况】 2016年,镇江市教育部门继续将语言文字工作纳入全年教育工作考核,参与研究制订县域语言文字工作评估监测操作方案,开展推广普通话宣传周、经典诵读等活动,传承中华文明,弘扬社会正能量。市语委、市文明办等部门联合举办第七届"京江明月中秋韵"中华经典诵读活动。活动注重展示原创特色、地域特色和时代特色,具有一定的创新性、艺术性和鉴赏性。语言文字工作除推广普通话外,还参与开展方言等口头文化采录工作。(裴　伟)

【语言保护工程方言采录】 按照省语委安排,中国语言资源保护工程(江苏)镇江采录点录制工作在南京师范大学完成,第一次现场采录是在2016年4月8日—9日,第二次扫尾是11月24日。2008年,江苏省率先启动中国语言资源有声数据库建设试点。根据教育部、国家语委有关文件和省语委《关于做好中国语言保护工程江苏实施工作的通知》部署,全省设35个调查点,其中镇江2个,即镇江城区调查点和丹阳城区调查点。调查对象分别为方言(老男、老女、青男、青女),地方普通话,口头文化,调查内容包括专家选定的字词句、讲述当地情况、风俗习惯、传统节日、歌谣、规定故事等。

2016年1月25日,省教育厅发布江苏语言资源保护工作成果,900多万字的《江苏语言资源资料汇编》(以下简称"汇编")、70个调查点方言语音资料同时亮相。"汇编"由凤凰出版社在2015年12月出版,全19册,前13册按行政区划分,13个设区市每市1册,镇江卷为第11册;后6册以方言内容编排成四卷,分语音系统卷、字音卷、词汇卷、句子卷。镇江市区方言发音合作人为许金龙、沙跃。省教育厅将江苏语言资源有声数据库建设工作档案以及采录语音档案转交省档案馆,并向全省各市、县图书馆赠送汇编。(裴　伟)

【京江明月中秋韵经典诵读大赛】 2016年9月14日,"京江明月中秋韵·中华经典诵读大赛"决赛在实验高中剧场举行,全市各地选拔的镇(街道)、村(居委会)的青年干部参赛。句容市白兔镇马里村仲华、崇明街道新村社区的杨紫获一等奖;丹阳市云阳街道戴金萍、京口区社区服务中心胡红娣等5人获二等奖;扬中市西来桥镇文体服务中心徐伟维等7人获三等奖。大赛以中华经典诗文和各地富有人文特色的名人名作作为诵读内容。诵读大赛是镇江市语言文字工作委员会、文明办、教育局等部门共同创办的品牌文化活动,活动连续开展7年。(裴　伟)

【江苏省县域国家通用语言文字普及情况试点监测】 2017年11月9日—10日,江苏省县域国家通用语言文字普及情况试点监测工作在句容进行。该次实地监测是根据《省语委关于印发县域国家通用语言文字普及情况监测指标体系(试行)的通知》进行的县域试点监测。省语委办公室委派扬州市语委组织监测专家小组,在为期2天的实地监测中,从法律法规知晓度、普通话普及度、社会用字规范度、语言生活和谐度4个维度的30个监测内容入手,对9个政府机关单位及媒体、6所中小学、2所幼儿园、9处公共领域、2个镇等30多个监测点进行现场监测。(裴　伟)

文化

责任编校：赵昱霖

综 述

【概况】 2016年，镇江市推进现代公共文化服务体系建设，全年新建成中心示范点70个，全市100%的村（社区）建成综合性文化服务中心，并按“1＋X”模式为城乡群众提供文艺演出、读书看报等综合性文化服务。中央改革办督察镇江市基层综合性文化服务中心建设时，认为镇江市以“1＋X”模式推进基层综合文化服务中心建设，为基层打造一站式、窗口式、网络式综合性公共服务平台，实现人、财、物的统筹使用，各个综合文化服务中心的活动丰富多彩，达到中央改革办对基层综合性文化服务中心要求的效果和目的。制定《村（社区）综合文化服务中心管理服务规范》，该规范列入2016年度第1批江苏省地方标准项目计划。建设“镇江公共文化云”平台，该项目被列为2016年镇江市政府信息化项目。制订《镇江市“艺术之光”全民艺术普及2016—2018三年行动计划》，明确2016年至2018年三年镇江市推进全民艺术普及工作的目标任务和实施步骤。进一步拓展艺术普及的覆盖面，全年市直文化单位组织开展全民艺术普及“六进”活动70场，惠及市民10万多人次。组建镇江市公益培训联盟，全市56个社会艺术培训机构加入公益培训联盟，公益培训教学点全面覆盖6个辖市（区）。镇江市公共文化产品和服务社会化运作平台——“淘文化网”运行通畅。扬剧《完节堂1937》列入2016年江苏省舞台艺术精品工程精品剧目，获江苏省第三届文化艺术节“优秀剧目奖”“优秀表演奖”，《花旦当家》在北京梅兰芳大剧院参加全国基层院团戏曲会演开幕式演出，现代扬剧《红船》入选文化部剧本重点孵化计划并于12月18日在镇江首演；扬剧演员龚莉莉获第26届上海白玉兰戏剧表演艺术奖主角奖。江苏省第十二届五星工程奖比赛中，镇江市获1金2银2铜。

全年全市举办文心系列公益文化活动140场（期），其中文心讲堂22场、文心讲座14场、文心公益培训9期、文心剧场12场、文心大舞台50场、文化艺术展览33场，惠及群众18多万人次。5月，开展为期一个月的2016年“金山”文化艺术展演月活动，活动由“文艺展示”“文艺创作”“文艺推广”三大板块组成，包括精品剧节目展演、经典器乐赏析会、古琴雅集、美术作品展览等22项主题活动。在春节、元宵节、国际劳动妇女节、国际消费者权益日、国际劳动节、端午节、中秋、国庆等节日期间，全市开展26场“节日展风采”广场主题文化活动。举办第四届文心阅读节，组织实施150个全民阅读项目，举办近3000场阅读活动。组织开展诗文大家进镇江、镇江市传世名著评选、阅读早教包计划、书香八进、“家庭书架·邻里共读”、向读者推荐16本好书等活动。5户家庭入选全国“书香之家”，8户家庭入选江苏省“书香家庭”。镇江梦溪书城建成镇江首家24小时实体书店，试行多元化经营，打造24小时阅读与文化休闲空间。镇江市全民阅读促进会成立；丹阳市成立全省首家县级全民阅读促进会；出版《历史文化名城镇江》《影响中国的镇江传说》《八窍珠》等书籍。

2016年，文物安全综合管理信息平台上线运行。该项目被列入镇江市2016年“十大任务百项工作”。完成全市第一次全国可移动文物普查数据的上报工作，镇江市在普查中申报文物30739件（套）。全市其他收藏单位也完成文物上报工作，累计登录文物30185件（套）。镇江市政府公布市第五批非物质文化遗产代表性项目名录，其中新增项目10项，扩展项目2项。举办“第一江山，醉美北固——第二届民俗文化周”活动。茅山新四军纪念馆入选全国抗战主题红色旅游精品线路。

制定出台《镇江市创新风险补偿资金贷款风险池基金使用管理办法》《“镇文贷”操作细则》。举办省级产业发展专项资金申报培训会，吸引全市50余家文化企业到会参加。组织全市41个项目申报国家和省级文化产业、新闻出版广播影视发展专项资金。多次组织文化企业参加相关产业博览会。

印发《关于贯彻实施〈艺术品经营管理办法〉的通知》，全面开展艺术品经营单位的调查摸底和备案登记工作。动员3家演出经营单位加入省演出行业协会。组织开展“双美双优”网吧评选等活动。指导各辖市（区）、市网吧协会开展“绿色网吧”的建设、评定和上报工作。指导市网吧协会举办镇江市首届电子竞技大赛，100余支队伍近千人参赛。召开全市“扫黄打非”进基层推进会，承办全国侵权盗版及非法出版物集中销毁江苏分会场活动。组织开展“清源2016”“净网2016”“护苗2016”“秋风2015”和“固边2016”等专项行动。组织开展校园周边环境专项整治、高校及其周边复印店专项检查等活动。协助公安部门破获“10·26”特大网络销售侵权盗版图书案。全市出动执法人员3700余人次，检查各类文化经营场所800余家次。组织开展网吧专项整治、“小耳朵”专项整治等活动。制订行政执法全过程记录工作方案，实现行政执法全过程记录。建立双随机抽查制度，搭建随机抽查平台，建立双随机抽查事项清单、抽查对象分类名录库、检查人员名录库

等，维护文化市场健康发展秩序。（张 冰）

【江苏省戏曲现代戏研究会镇江创作基地】 2016年6月16日，江苏省戏曲现代戏研究会镇江创作基地挂牌仪式在镇江举行，省文化厅副厅长、省戏曲现代戏研究会会长吴晓林和镇江市副市长曹丽虹出席仪式并为江苏省戏曲现代戏研究会镇江创作基地揭牌。省戏曲现代戏研究会和镇江市文艺界代表等参加揭牌仪式。江苏省戏曲现代戏研究会是全国唯一一家省级戏曲现代戏学术性社会团体组织，隶属江苏省文化厅。江苏省戏曲现代戏研究会镇江创作基地，是江苏省戏曲现代戏研究会在省辖市设立的第一个创作基地。（张 冰）

【公益艺术培训联盟】 2016年3月16日，镇江市公益艺术培训联盟集中签约仪式在市文化馆举行，全市19家各类培训机构现场签约。该联盟以市文化馆培训中心为核心，吸纳社会各方面办学力量，为市民提供免费培训服务。联盟首批成员单位分别来自句容市、京口区、润州区、丹徒区、镇江新区等5个辖市（区），艺术门类覆盖美术、书法、舞蹈、泥塑、成人形体、少儿故事等方面，培训课程27种、培训班次110个，市民可以通过《镇江市公益艺术培训联盟服务手册》了解培训课程、招生对象、时间、地点等信息，并根据自己的居住地就近选择联盟成员单位。截至2016年年底，全市50个社会艺术培训机构加入联盟，公益培训教学点覆盖丹阳市、句容市、丹徒区、京口区、润州区、镇江新区6个辖市（区），教学点先后举办公益性讲座20余场、100多班次，培训人数超过5万人次。（张 冰）

【第二届民俗文化周活动】 2016年10月1日至10月5日，由市文广新局、市旅游发展委员会、镇江三山南山管委会主办，镇江市非遗保护中心、北固山风景区、镇江民间文化艺术馆承办的第二届民俗文化周活动在北固山公园举办，活动以"第一江山，醉美北固"为主题。活动邀请镇江非遗项目传承人进行面塑、中国结编织、丝网花、剪纸等手工技艺现场展示，丹凤龙舞、荡湖船、挑花担、大头娃娃、抖空竹、太平花灯、春城马灯、嶂山马灯、丹阳九狮图、宝堰双推车等10多个非遗项目的表演，向市民和游客展示镇江市的非遗传统文化。（张 冰）

【全民阅读媒体联盟】 2016年8月11日，镇江市全民阅读媒体联盟成立。该联盟由镇江市报纸、广播电视、互联网、驻镇江记者站等新闻单位组成。联盟吸收《镇江日报》、镇江市电视台、《金山网》以及《新华日报》驻镇江记者站等13家媒体参加，联盟秘书处设在市全民阅读活动领导小组办公室。各成员单位在媒体联盟的统一部署下，按照各自职能开展工作，主要职责为开辟专版、栏目、频道，推动阅读活动开展。宣传报道全民阅读活动信息动态，每年至少组织两次全民阅读集中宣传活动。参与全民阅读活动有关策划工作，组织开展有关全民阅读的活动。全民阅读媒体联盟制定会议制度、联系制度、协调制度、讲评制度等四项日常工作制度。（张 冰）

【第三届"书香镇江·少儿阅读季"】 2016年7月9日，第三届"书香镇江·少儿阅读季"在镇江市图书馆开幕。活动从7月9日到10月9日，为期3个月，开展11个项目103场少儿阅读推广项目与分享活动。该活动连续举办三届，2016年在前两届的基础上，全新推出"阅读+"积分兑换课程活动、佩佩故事会、英文绘本故事展演等项目，开通佳言悦耳故事馆、丁丁当当背古文等形式的"微推广"。少儿数字图书馆线上线下活动载体新颖，采用AR（Augmented Reality，增强现实技术）、VR（Virtual Reality，虚拟实境）等新技术。该活动入选镇江市"网友眼中的十件文化大事"。（张 冰）

文学艺术

【扬剧《花旦当家》进京演出】 2016年6月11日，扬剧《花旦当家》在北京梅兰芳大剧院参加江苏省优秀现代戏市场推广演出；7月5日，《花旦当家》在北京梅兰芳大剧院参加由中宣部、文化部主办的全国基层院团戏曲会演，并作为开幕式演出剧目。2016年3月31日，该剧演员龚莉莉获第26届上海白玉兰戏剧表演艺术奖主角奖。（参见《镇江年鉴（2016）》第290页）（张 冰）

【"灵秀镇江·生态之美"写生创作展】 2016年2月2日，"灵秀镇江·生态之美"写生创作展在镇江市美术馆开展，展览由市委宣传部、市文广新局、市文联共同举办，70多幅作品参展。同日，由江苏大学出版社出版的画集《灵秀镇江——生态之美写生创作展作品集》首发。灵秀镇江——大型美术系列写生创作活动从2013年开始举办，连续举办三届展出。（张 冰）

【第四届"百花争艳——宁镇扬女书画家作品邀请展"】 2016年3月8日，第四届"百花争艳——宁镇扬女书画家作品邀请展"在镇江市美术馆开展，由镇江市文广新局、市文联、镇江画院举办，是以宁镇扬地区女画家为主的书画创作集中展示。展出作品从女性的角度描摹自然风物，体现女性书画家在艺术语言上的探索。展览同时编印出版《百花争艳——2016女书画家作品展作品集》。（张 冰）

【"丝路墨韵 情满疆苏"第二届镇江·乌鲁木齐两地书法交流展】 （参见第299页）（张 冰）

【当代诗书画咏镇江作品展】 2016年10月1日，当代诗书画咏镇江作品展在镇江博物馆开展，展览由市委宣传部、市文广新局、市文联主办，镇江博物馆承办。展览从当代诗人吟诵镇江的诗词中选出数十首，邀请书法家挥毫泼墨；同时，借用清代"京江画派"代表人物周镐创作"京江二十四景"的形式，组织创作"镇江新二十四景"。展览展出当代艺术作品100件。（张 冰）

【《中国价值——图说社会主义核心价值观的根与源》大型连环画图书"创作手稿"艺术展】 2016年7月21日，《中国价值——图说社会主义核心价值观的根与源》大型连环画图书"创作手稿"艺术展在市行政中心市民大厅举办。大型连环画图书项目是镇江市实施培育和践行社会主义核心价值观载体创新工程的举措，全书围绕社会主义核心价值观基本内容，挖掘和整理中华文明史中的经典故事，分国家、社会和个人三个层面，对应社会主义核心价值观12个关键词，选取60多个具有一定代表性的故事，以图文并茂的形式进行创作。其中绘画部分由画家担纲创作，文字部分由江苏大学文法学院撰写。（高兴玺）

【《中国价值——图说社会主义核心价值观的根与源》连环画原创作品展北京展】 2016年9月9日，由团中央宣传部、国家图书馆、镇江市委宣传部、镇江市文联主办的《中国价值——图说社会主义核心价值观的根与源》连环画原创作品展在北京国家典籍博物馆开幕。展出作品内容紧扣社会主义核心价值观12个关键词，以张骞出使西域、林则徐虎门销烟等中国历史上62个典故为载体，用300多幅连环画展现社会主义核

心价值观的内涵。 （高兴玺）

【“城市因你而美丽”新春慰问环卫工人文艺演出】 2016年1月30日，“城市因你而美丽”新春慰问环卫工人文艺演出在镇江影剧院举行。市长朱晓明向环卫工人代表送“福”和慰问金。

（高兴玺）

【首届镇江金山合唱节】 （参见第40页） （高兴玺）

【“春华秋实”第三季——镇江市文联第四期文艺新秀汇报音乐会】 2016年12月17日，镇江市文联、镇江市音乐家协会在市实验高中礼堂举办“春华秋实”第三季——镇江市文联第四期音乐类文艺新秀汇报音乐会。第四期音乐类文艺新秀王冀艺、孙秋霞、姜黎和她们带领的团队登台献艺。市音乐家协会向镇江市民免费赠送200张音乐会门票。

（高兴玺）

【“中小企业风采”主题摄影大赛】 2016年5月6日，镇江市摄影家协会在会员大会上颁发由市经信委、市中小企业协会、市摄影家协会共同举办的“中小企业风采”主题摄影大赛组织奖项，京口区摄影家协会、润州区摄影家协会、市老干部摄影家协会和江苏科技大学摄影家协会获大赛优秀组织奖。“中小企业风采”主题摄影大赛，于2015年7月初启动，至2015年9月30日截稿，征集到近200人的1624件作品，其中专业组142人、1320件，业余组58人、310件。83件作品获专业组优秀奖，13件作品获专业组等级奖，37件作品获业余组优秀奖，7件作品获业余组等级奖，京口区摄影家协会等4个单位获优秀组织奖。

（鲍 兴）

【《邂逅镇江的别样风情》首发式】 2016年10月23日，镇江首本时尚旅游口袋书《邂逅镇江的别样风情》首发式在镇江博物馆举行。由市文联牵头创作的《邂逅镇江的别样风情》，旨在“以文艺营销镇江，以众筹推广旅游”。该书首次通过网络汇聚众筹众创的力量，以多图多手绘的轻质阅读，带给读者新的阅读体验。 （高兴玺）

【米芾书法临摹大赛】 2016年10月7日，由镇江市委宣传部、市文联、米芾书法公园等主办的中小学生米芾书法现场临摹大赛在米芾书法公园举行，镇江市50多名中小学生在米芾书法公园，现场临摹米芾书法。 （高兴玺）

【《大地追梦——“时代楷模”赵亚夫》】 2016年6月21日，《大地追梦——“时代楷模”赵亚夫》图书首发暨长篇报告文学创作座谈会在市文艺家协会会议室举行，省作协书记处书记、副主席汪政出席首发式。《大地追梦——“时代楷模”赵亚夫》是以“把论文写在大地上”的农业战线先进典型赵亚夫为主角的长篇报告文学，作者、市作协主席蔡永祥在首发式上介绍创作历程和体会。（高兴玺）

【习近平讲话用典书法展】 2016年9月26日，习近平讲话用典书法展在镇江市行政中心市民大厅举办，书法展由市文联与市级机关工委主办。作为迎国庆市级机关“两学一做”专题活动，活动邀请镇江市20位书法家，创作60件以中共中央总书记习近平用典名句为内容的书法作品。 （高兴玺）

【镇江市级机关廉政文化“我崇尚的好作风好家风”原创诤言书法展】 2016年7月4日，镇江市级机关廉政文化“我崇尚的好作风好家风”诤言书法展在镇江市行政中心市民大厅举办，展览由镇江市文联与市纪委、市委组织部、市委宣传部、市委市级机关工委共同举办。作品展旨在通过书法这一艺术形式，弘扬具有当地特色的家风家训和清正廉洁的优良作风，形成好家风与好作风良性互动，使参观者从中获得道德的教化和思想的引导。展出活动征集到“我崇尚的好作风好家风”原创诤言2716条，其中90条入选优秀原创诤言。活动邀请镇江市的书法家和机关书法爱好者以优秀原创诤言为内容创作书法作品50件。

（高兴玺）

【“新京江画派”实验基地揭牌和学术提名展】 2016年4月14日，“新京江画派”实验基地揭牌仪式和首回学术提名展暨“新京江画派”双月学术论坛在镇江市的京口美术馆举行。市委常委、宣传部部长曹当凌与省美协副主席徐惠泉为“新京江画派”实验基地揭匾。美术馆同时举行“新京江画派”美术作品展和首次双月学术论坛。

“新京江画派”学术提名展（第二回）于6月28日—7月5日举办，主要展示林长俊、马黎、王中明、徐俊四人的作品。同时，举行“新京江画派”第二回学术提名展研讨会，邀请画家李苇成、赵绍虎对参展的作品开展点评。

“新京江画派”学术提名展（第三回）于9月10日开幕。画展展出卞美岗、王小军、潘志荣和吴煜明四人的山水、花鸟作品。开展当日，举办（第三回）学术研讨会。

“新京江画派”学术提名展（第四回）于11月13日开幕。画展分别展出镇江市新京江画派中“学院系”的四位画家刘佳宁、徐志敏、王宏彦以及张淑斐的作品。开展当日，举行新京江画派的学术研讨，画家李苇成、赵绍虎以及陈建东、孙炜等，对作品展开点评。

“新京江画派”学术提名展（第五回）于12月24日开幕。画展主要展出李小农、孙炜、马军、陈立军的作品。开展仪式之后，举行双月学术研讨会。

（高兴玺）

【苏风艺韵·晴风·镜观·近观·静观廖松涛中国画镜片精品展】 2016年9月9日，苏风艺韵·晴风·镜观·近观·

图30－1 2016年10月23日，在《邂逅镇江的别样风情》首发式上，在线销售同时启动

（王 呈 供稿）

静观廖松涛中国画镜片精品展在南京的江苏省现代美术馆举行。画展是由镇江市文联向江苏省文联“苏风艺韵·轮展轮演”平台推送的专题活动。“苏风艺韵·轮展轮演”是江苏省文联打造的一个全省文化展演、艺术展示的平台。

（高兴玺）

【“丝路墨韵·情满疆苏”第二届乌鲁木齐、镇江两地书法交流展】 2016年7月16日—20日，“丝路墨韵·情满疆苏”书法交流展在乌鲁木齐市美术馆展出。该次书法交流展由镇江市文联、镇江市文广新局、乌鲁木齐市文联主办，镇江市书法家协会、乌鲁木齐市书法家协会、乌鲁木齐市美术馆承办。新疆维吾尔自治区、乌鲁木齐市、镇江市的书法界代表近200人参加。展览展出作品120幅，乌鲁木齐、镇江各60幅。10月28日，书法交流展移师镇江美术馆展出。

（高兴玺）

【安徽六安·江苏镇江两市油画交流展暨镇江市第五届油画双年展】 2016年11月27日，安徽六安·江苏镇江两市油画交流展暨镇江市第五届油画双年展在镇江市城市山林美术馆举办。展览由镇江市文联、六安市文联主办，交流展收到作品600余件，展出作品145件，评选出金奖作品10件，镇江市美术家陈权、王治和陈子懿的油画作品获金奖。

（高兴玺）

【镇江市第五届书法篆刻双年展】 2016年9月15日，镇江市第五届书法篆刻双年展在镇江城市山林美术馆、镇江焦山碑刻博物馆开展。镇江市书法篆刻双年展是镇江市举办的最高水平的书法、篆刻类届别展，展览收到投稿作品近300件，经评审入选作品200件。

（高兴玺）

【镇江市首届摄影艺术周】 2016年10月29日—11月20日，镇江首届摄影艺术周举行，艺术周包含近20项活动。其中展览9个，省级：江苏省第22届摄影艺术全省巡展于11月9日—11日在西津画院展出；“江苏摄影奖”创作奖获奖作者作品展于11月9日—20日在焦山书画院展出；纪念建党95周年“江苏6城市摄影联展”于10月29日在焦山风景区焦山书院展出，画展由南京、苏州、无锡、常州、徐州、镇江六个城市摄影家协会共同主办。市级：镇江市第13届摄影艺术展览于10月29日—11月3日在城市山林美术馆展出，展出摄影作品200余幅；镇江市第四期文艺（摄影）新秀汇报展于11月12日—17日在西津画院展出；“民俗花盛开”摄影联展于10月30日在行摄天下影艺画廊举办，展出吴猛、陈联军、杨克勤、董友洪、赵勤、袁海冬6人的摄影作品；“百年恒顺、万里飘香”恒顺醋业摄影回顾展于10月起在恒顺醋文化博物馆、研发中心大楼长期展出；“打开你的家庭相册”大型摄影图片展于11月10日起在东大院（原市政府）展出；与摄影同行——吴寅伯摄影纪念展于11月12日至20日在镇江图书馆展厅展出，该纪念展是吴寅伯的作品首次回家乡展览。

（高兴玺）

【镇江市首届“金十字”微电影节】 2016年11月12日，镇江首届“金十字”微电影节开幕式暨中国优秀微小说系列微电影开机仪式在万达广场举行启动仪式。（参见第40页）

（高兴玺）

【“老镇江的百年记忆”民间老物件展】 2016年10月29日—11月6日，“老镇江的百年记忆”民间老物件展在西津渡西津画院举办，该展览由市委宣传部、市文联、市城建集团主办，展出承载有百姓衣、食、住、行的各类票证300余件、实物近200件，以及教育专版、婚俗专版、文革专版、上山下乡专版等。

（高兴玺）

【工匠精神——新型民间文化创意作品展】 2016年5月22日—29日，工匠精神——新型民间文化创意作品展在镇江市西津画院举办。展览展出用传统工艺和现代科技手段相结合、采用多种手法而创作、合成的一批跨门类的特殊雕刻工艺品，讲述一位手艺人的创业故事，弘扬工匠精神。

（高兴玺）

·文学艺术界协会·

【镇江市作家协会】 2016年，镇江市作家协会有会员450人，其中省级会员105人，国家级会员17人。

全年出版多部作品：作家王川出版长篇人物传记《米芾传》，市作协主席蔡永祥出版长篇报告文学《大地追梦：时代楷模赵亚夫》，市作协副主席陆渭南出版长篇小说《纸媒无故事》。新秀作家陶然出版长篇小说《繁华落尽》《三重奏》，自称“草根作家”的董新建出版长篇小说《守望》。市文联主导，市作协多位成员集体创作的时尚旅游口袋书《邂逅镇江的别样风情》出版发行。

多篇作品发表在各大期刊：市作协副主席尤恒的短篇小说《少女楚楚之死》《放大》分别发表于《北方文学》和《青年文学家》。作家任珏方中篇小说《星期六晚餐》发表于《小说月报》；中篇小说《眼球》被《中篇小说月报》和《小说月报》转载。曾竹花诗歌发表于《散文诗》《星星》等；李文华诗歌发表于《扬子江》。

编剧成果：陶然参与编剧的大戏《红船》《辣妈犟爸》和独立编剧的儿童剧《长征故事》上演。天下归元的长篇小说《凰权》改编成电视剧。

2016年，省作协副主席汪政受邀到镇江指导业务工作。举行《大地追梦：时代楷模赵亚夫》图书首发暨长篇报告文学创作座谈会和第四次文学剧本创作恳谈会暨《纸媒无故事》作品研讨会。蔡永祥、任珏方加入中国作协，尤恒、马健加入“雨花写作营”，胡浩网络小说与省作协签约。

（高兴玺）

【镇江市戏剧曲艺家协会】 2016年，镇江市戏剧曲艺家协会有会员134人，其中省级会员41人，国家级会员9人。市戏剧曲艺家协会履行联络、协调、服务职能，做好市级会员梳理核查和登记工作，推荐协会5位会员加入江苏省戏剧家协会并获批准。

协会在节假日开展各类文艺活动。中秋、国庆期间在西津渡尚清戏台重点开展一系列的戏曲、文化专场演出。协会组织参加江苏省戏曲“小梅花”奖的评选活动，收获7项奖项。

协会协助文化部门排演扬剧《完节堂1937》和《红船》，当年《完节堂1937》获江苏文化艺术节优秀剧目奖。由协会选拔、推荐的曲艺作品扬州评话《疏通“官”道》在第六届江苏曲艺“芦花奖”中获作品奖、表演奖。

（高兴玺）

【镇江市音乐家协会】 2016年，镇江市音乐家协会有会员571人，其中省级会员186人，国家级会员27人。

市音乐协会组织首届镇江金山合唱节。2016年6月10日—30日，先后组织合唱节开幕式音乐会、合唱比赛、合唱指挥培训、合唱节闭幕式合唱大会等一系列活动。合唱活动邀请浙江音乐学院八秒合唱团、上海小荧星合唱团、上海AHA人声乐团、首都警官合唱团等团队进行表演。全市有四十多支合唱团参加合唱比赛，小燕子合唱团、镇江女教师合唱团、老年大学合唱团分获各个组别的金奖。吴灵芬、阎宝林开设的合唱大师课，有山东、安徽、浙江等周边六个省市的合唱同行到镇江观摩。

组织高中生才艺大赛，拓展音乐协会服务社会的功能。10月19日，市音乐家协会等单位组织镇江2016高中生才艺大赛，全市12所高中的193名在校高中生参加音乐和舞蹈两个大类的才艺比赛。最终有79名选手获钢琴、古筝、竹笛等21个项目的金奖。

打造文艺团队。2016年，协会先后组织成立镇江女教师合唱团和镇江音协女声合唱团，筹建镇江音协VOX人声乐团。女声合唱团注册团员68人，女教师合唱团团员48人。6月，女教师合唱团参加镇江首届金山合唱节，获中青年组金奖，女声合唱团获中老年组银奖，协会获优秀组织奖。（高兴玺）

【镇江市舞蹈家协会】 2016年，镇江市舞蹈家协会有会员275人，其中省级会员75人，国家级会员16人。市舞蹈协会举办镇江舞蹈"广玉兰奖"首届青年演员大赛，组织参加江苏省第五届社会舞蹈大赛暨第七届少儿舞蹈比赛。镇江市选送的少儿舞蹈《我和我的机器人》《咱们班》分获创作一等奖、表演二等奖；少儿舞蹈《阿哩哩》获创作、表演三等奖；社会舞蹈《红灯笼》获表演优秀奖；镇江市舞蹈家协会获"优秀组织奖"。（高兴玺）

【镇江市美术家协会】 2016年，镇江市美术家协会有会员474人，其中省级会员133人，国家级会员18人。全年市美协有9人的10件作品入选国家级展览，其中2件作品获全国优秀作品奖。

2016年1月，市美协组织镇江市画家赴安徽霍山写生；3月，组织赴安徽三界（明光市附近）写生；4月下旬，组织赴山东荣成写生；10月，组织赴河南巩义写生；11月，组织赴安徽黟县写生。11月27日，在镇江市城市山林美术馆举办安徽六安·江苏镇江两市油画交流展暨镇江市第五届油画双年展。（高兴玺）

【镇江市书法家协会】 2016年，镇江市书法家协会有会员316人，其中省级会员178人，国家级会员42人。

市书法家协会协办"好作风·好家风"专题书法展，组织书法爱好者创作50件原创诤言书法作品。举办习近平用典书法名家作品邀请展，邀请20位书法家，创作60件以中共中央总书记习近平用典名句为内容的书法作品。承办"丝路墨韵·情满疆苏"第二届乌鲁木齐、镇江两地书法交流展。协办2016"国资魂·我点赞"镇江国资系统"国控杯"书画大赛作品展，收到参赛作品149幅，作品获奖者中年龄最大的有97岁高龄。承办中小学生米芾书法临摹大赛，收到作品300余件，小学组和中学组评出获奖作品55件。（高兴玺）

【镇江市民间文艺家协会】 2016年，镇江市民间文艺家协会有个人会员329人，其中省级会员131人，国家级会员33人。镇江市民间文艺家协会获评镇江市2016年度优秀文艺家协会，金璐明、刘猛获评镇江市优秀文艺工作者。

市民间文艺家协会加强会员培训力度，举办"镇江市省级、国家级民间艺术奖项参赛作品创作培训班"，提高创作参评能力。在第四届东方工艺美术之都博览会暨江苏省民间文艺"迎春花奖"民间工艺美术作品奖评选活动中，申报36件作品，有26件入选参加"第四届东方工艺美术之都博览会"，有7件作品获评"迎春花奖"，协会获"优秀组织工作奖"，1人获"组织工作先进个人奖"。协会组织所有入展作品作者到南京参观展览。举办"工匠精神——新型民间文化创意作品展"，主要展示雕刻民间艺术家刘猛的艺术作品近百件。举办"老镇江的百年记忆"民间老物件展，通过展示600余件市民家藏宝贝，重现城市生活的发展轨迹，展览获评"2016年镇江年度致敬文艺项目"。（高兴玺）

【镇江市摄影家协会】 2016年，镇江市摄影家协会有会员1054人，其中省级会员401人，国家级会员103人。当年新增会员94人，其中省级会员48人，国家级会员13人。镇江市摄协（摄影艺术）志愿服务队被省委宣传部、省文化厅、省文联等部门评为"江苏省优秀群文团体"。在江苏省纪念建党95周年摄影展中，市摄影家协会被省文联和省摄影家协会评为"组织工作奖"。

市摄影家协会举办镇江首届摄影艺术周活动。举办《吴寅伯摄影作品回顾展》，并邀请摄影家开设讲座。命名镇江市摄影家协会第一批创作基地：江苏科技大学，金山公园，焦山公园，江苏恒顺醋文化博物馆，句容市后白镇西冯村。第一批服务基地：润州区西津渡社区，江苏中艺广告装饰装潢公司。第一批愿意者服务队：句容市摄影家协会，镇江新区摄影家协会，镇江市老干部摄影协会，江苏科技大学摄影协会，京口区千秋桥社区摄影协会。组织会员到句容后白镇西冯村，润州区小街社区等为村民和居民拍摄全家福，把放大的照片送到一家一户。

比赛和培训工作。市摄影家协会举办"小仲数码杯"摄影月赛、"新区工会杯"摄影比赛、首届茶文化摄影大赛、"换个高度看城建"飞行器航拍大赛、体育摄影大赛、"交通产业集团"杯摄影大赛、"美在后白"主题摄影大赛、镇江旅游全省摄影大赛等摄影比赛。在千秋桥社区、江科大等基层举行免费摄影知识讲座，每月不少于一次，听课者近2000人次。（高兴玺）

【镇江市电影电视家艺术家协会】 2016年，镇江市电影电视艺术家协会有市级会员243人，其中省级会员25人，国家级会员7人。

2016年，市电影电视艺术家协会举办镇江市首届"金十字"微电影节，评选出最佳微电影《底线》及最佳编剧、导演、摄影、男女主角等奖项；举办"曾经的记忆"老电影海报展；开展"最美系列公益行动"拍摄最美乡村风光片5部；承接市委宣传部微小说转微电影第一季资助项目，拍摄微电影《原始积累》等5部微电影；邀请省电影家协会专家到江苏大学举办微电影创作公益讲座；协助京口区委宣传部创作以镇江"最美社区医生"杨玲为原型的微电影《洁白风铃草》。（高兴玺）

【镇江市设计艺术家协会】 2016年，镇江市设计艺术家协会有市级会员172人。镇江市设计艺术家协会成立于2016年1月，是镇江市设计艺术领域人才与设计艺术工作者们自发组织的专业性人民团体，也是江苏省首个以设计艺术大类命名的新兴社会团体。

举办专业赛事。10月—11月，由协会牵头并承办的"第六空间杯"2016"我爱我家"家庭装饰设计小品大赛开赛。与市文联、市文化产业协会等单位在镇江市第六空间国际家居广场举行颁奖仪式暨优秀作品展。

3月，协会召开一届二次理事大会，理事会成员围绕"城市老建筑如何开发再利用"及"城市建设如何彰显文化品格"的课题，初步拟定"镇江壁画村"项目规划方案。启动以呈现现代绘画艺术为主题的"宝盖山壁画村"项目的建设。该工程列入市文联的2017年的重点工作之一。（高兴玺）

公共文化和群众文化

【概况】 2016年，镇江市公共文化与群众文化发展深入推进。公共文化服务标准化、均等化、社会化、数字化水平提升。全市100%的村和社区建成综合文化服务中心，并按"1+X"模式为城乡群众提供综合性文化服务，形成一批具有地方特色的公共文化服务品牌。镇江市公共文化产品和服务社会化运作平台——“淘文化网”运行通畅。“文心”系列活动、“金山”文化艺术展演月、“节日展风采”广场主题文化活动等品牌文化惠民活动满足基层群众多样化的文化需求。

（张 冰）

【镇江市5家单位入选第五届江苏省服务农民服务基层文化建设先进集体表彰名单】 2016年5月，在中共江苏省委宣传部、江苏省文化厅、江苏省新闻出版广电局公布的第五届江苏省服务农民服务基层文化建设先进集体表彰名单中，丹阳市吕城镇文化站获评“先进乡镇文化站”（全省23家），丹阳市文化行政综合执法大队获评“先进基层文化市场管理和‘扫黄打非’机构”（全省7家），丹徒区影剧公司流动电影放映队获评“先进基层放映集体”（全省5家），句容市广电网络有限公司茅山服务站获评“先进基层广播电视机构”（全省5家），扬中市新坝镇新治村农家书屋获评“先进基层图书发行单位（含农家书屋）”（全省3家）。

（刘 昱）

【镇江市获江苏省首批群众文化“百千万”工程表彰情况】 2016年5月20日，中共江苏省委宣传部、江苏省文化厅、江苏省新闻出版广电局、江苏省文学艺术界联合会公布江苏省首批群众文化“百千万”工程评选结果，镇江市“欢乐家园”广场文化活动、文心阅读节、长江国际音乐节等3个品牌获“优秀文化活动品牌”（全省33个），镇江市文心艺术团、摄影艺术志愿服务队、丹阳市木兰艺术团、丹徒区宝堰古镇文化艺术团、康盛剧社、扬中市乡村行艺术团、句容市群星艺术团、润州区阳光艺术团等8支团队获“优秀群文团队”（全省98支），20人获“优秀文艺骨干”（全省261名）。

（刘 昱）

【“节日展风采”广场主题文化活动】 2016年，镇江市委宣传部、市文广新局及18个市级有关单位在全市范围内以联动的形式开展“节日展风采”广场主题文化活动。活动历时11个月，以“节日展风采”为主题，以文化广场为载体，组织开展“欢欢喜喜过大年”广场民俗活动、“正月十五闹元宵”歌舞晚会、“三八”妇女节、“3·15”国际消费者权益日、“五一”镇江职工服装秀、“五四”青年节、“5·12”护士节、助残日、中国旅游节、庆“六一”、禁毒日、世界环境日、端午节、中国文化遗产日、全国土地日、中国人民抗日战争纪念日、庆“八一”军民联欢晚会、七夕节、教师节、中秋节、国庆节、重阳节、记者节、消防宣传日、国际残疾人日、国家宪法日暨全国法制宣传日等26项专场群众性节日文化活动，形式有诗歌、戏剧、音乐、舞蹈、曲艺、美术、书法、摄影、民间文艺等文学艺术形式。

（刘 昱）

【首批群众文化“十百千”工程评选】 2016年11月，镇江市委宣传部、市文广新局、市文联面向全市组织开展镇江市首批群众文化“十百千”工程（打造十个各呈精彩的优秀文化活动品牌、百个各具特色的优秀群文团队、千名各显其能的优秀文艺骨干）优秀文化活动品牌、优秀群文团队、优秀文艺骨干评选活动。经评审，“家在润州”文化广场活动、“魅力京口”广场系列文化活动、扬中市社区（农民）文化艺术节等3个“优秀文化活动品牌”，以及20支“优秀群文团队”、200名“优秀群众文艺骨干”获表彰。

（刘 昱）

【基层综合性文化服务中心建设】 2016年，镇江市新建中心示范点70个，全市100%的村（社区）建成综合性文化服务中心，并按“1+X”模式为城乡群众提供文艺演出、读书看报等综合性文化服务。6月，中央改革办专项督察调研镇江市基层综合性文化服务中心建设。《村（社区）综合文化服务中心管理服务规范》入选2016年第一批省级地方标准项目制定计划。10月，全省基层综合性文化服务中心建设推进会在镇江市召开，镇江市作为国家级试点城市在大会上作经验交流，镇江市的“1+X”建设模式获全面推广。12月，镇江市到北京汇报基层综合性文化服务中心试点建设情况，“1+X”建设模式通过文化部验收。

（张 冰）

【“镇江公共文化云”平台】 2016年，“镇江公共文化云”平台以互动、惠民、便捷、高效为原则，融入镇江市文广新局门户网站的内容与社会文化资源，旨在打造让市民了解镇江市文化的窗口、搭建惠民服务和互动体验的平台，推动镇江市公共文化服务体系建设。“镇江公共文化云”平台主要功能有：一是解决部分公共文化资源分散、服务群体受限、服务渠道单一、服务模式落后等关键问题；二是取得支撑数字公共文化服务体系的关键技术和资源整合标准；三是构建涵盖公共文化的资源融合、内容生产、服务供给、百姓互动、人才培养、管理评估等一体化服务解决方案，构筑以信息为主导的新型数字公共文化服务体系；四是打破时间空间局限，提升公共文化服务效能呈数量级放大。“镇江公共文化云”平台建设项目被列为2016年镇江市政府信息化项目。

（张 冰）

【全民艺术普及工作】 2016年，镇江市在全国率先由市政府印发《关于加快推进全民艺术普及工作的意见》。镇江市制订《镇江市“艺术之光”全民艺术普及2016—2018三年行动计划》，向社会公开发布65个全民艺术普及活动项目。成立镇江市公益艺术培训联盟，全市50个社会艺术培训机构加入，公益培训教学点覆盖京口区、润州区、丹徒区、句容市、丹阳市、镇江新区6个辖市（区），并举办公益性讲座20余场、100多班次，培训人数超过5万人次。开展全民艺术普及“六进活动”（进农村、进社区、进学校、进企业、进机关、进军营），全年组织开展全民艺术普及活动640余场次。

（张 冰）

【“淘文化网”】 2016年，镇江市公共文化产品和服务社会化运作平台“淘文化网”运行通畅，网站有23家文艺团队291个节目对群众提供“超市式”供应，实现政府根据评价购买服务的新模式，促进文化惠民项目与群众文化需求的衔接，全年通过“淘文化网”送文艺演出下乡下基层50场，惠及城乡群众6万多人次。

（张 冰）

【林场书屋建设】 2016年10月31日，镇江市林场书屋揭牌仪式在句容市林场举行。镇江市有句容市林场、磨盘山林场、东进林场、丹阳市林场和丹徒区长山林场5家国有林场，干部职工1000余人。在林场书屋建设中，镇江市文广新局与丹阳市、句容市、丹徒区文化行政主管部门，采取赠送书架和图书的方法同步完成镇江辖区内所有林场书屋建设，书屋藏书平均为1500册。作为重点打造的林场书屋，镇江市图书馆在句容市林场书屋设立首个林场分馆，并根据林场的需求，为句容市林场书屋选配各类图书3000余册以及期刊、报纸杂志等120余种。

（张 冰）

【2016年“金山”文化艺术展演月】 5月5日，2016年“金山”文化艺术展演月在镇江影剧院开幕，活动由镇江市文广新局、镇江市金山、焦山、北固山、南山国家风景名胜区管理委员会共同举办，活动持续一个月。活动由开幕式以及“文艺展示”“文艺创作”“文艺推广”三大板块组成，包括精品剧节目展演、经典器乐赏析会、古琴雅集、美术作品展览等22项主题活动。具体包括“京剧《智取

威虎山》暨金山艺术展演月开幕式”、“金桂芬扬剧专场演出”、“节日展风采”广场主题文化活动、茅山红色夏令营等内容。 （张 冰）

【第四届文心阅读节】 2016年4月23日，第四届文心阅读节在镇江影剧院启动，活动由市委、市政府主办，市委宣传部、市文广新局承办，主题为“一城山水一城诗”。在历时8个月的时间里，汇集全市各个层面的阅读推广力量，市县区联动，组织开展“书香八进”“诗文大家进镇江”“镇江市职工读书节”“镇江市农民读书节”“少儿阅读季”“文心讲堂”等150个全民阅读项目，举办近3000场阅读活动。启动仪式上，诗人欧阳江河、臧棣朗诵歌咏镇江现代的诗作，市全民阅读领导小组办公室发布30部镇江传世名著评选结果。2016年，“文心阅读节”被江苏省委宣传部、省文化厅等评为江苏省首批群众文化“百千万”工程优秀文化活动品牌。 （张 冰）

【“绚丽人生 舞动镇江”镇江市第二届广场舞大赛】 2016年10月23日，“绚丽人生 舞动镇江”镇江市第二届广场舞大赛（决赛）在镇江影剧院落幕。比赛由市文广新局主办，市文化馆承办。润州区文化馆选送的镇江市实验学校代表队获金奖，句容市文化馆选送的句容市华阳街道党工委代表队，润州区文化馆选送的润州区南徐小学代表队等2支代表队获银奖，丹徒区文化馆选送的宝堰古镇文化艺术团代表队，京口区文化馆选送的京口区绿叶俱乐部代表队，丹阳市文化馆选送的丹阳市群星艺术团、木兰艺术团代表队等3支代表队获铜奖。大赛于6月启动，全市约110支团队近4000人参赛，最终6个团队进入决赛。市文化馆业务干部编排简单易学、适合不同层次人群学习的广场舞《倍儿爽》《幸福山歌》，在全市文化广场舞蹈创作培训班上进行推广，两支广场舞被选定为大赛的规定舞蹈。 （张 冰）

【第四届群众文艺会演】 2016年9月4日，第四届群众文艺会演在南山剧场举行，会演由镇江市文广新局主办，有15个节目参加，其中音乐节目7个、舞蹈节目3个、戏剧（含小戏、小品）节目4个、曲艺节目1个。作品题材多样，不仅有围绕中国梦主题创作的歌曲《我的china》，有反映外来务工人员现实题材的小品《小美进城》，还有镇江特色的器乐合奏《北固随想》及舞蹈《回眸金陵渡》、原生态表演唱《耘耥号子》、小品《轮椅上的飞翔》等。 （张 冰）

【2016年农民读书节】 2016年8月至9月，镇江市举办农民读书节，活动以“悦读成就最美的自己”为主题，以提升农家书屋使用率，引导农民多读书、读好书，浓厚农村阅读氛围为目的，主要包括六项活动：一是开展协同共建农家书屋活动。引导企事业单位和各类社会阅读组织与农家书屋结对共建，帮助解决农家书屋软硬件问题。二是开展暑期少儿阅读实践活动。以农家书屋为平台，开展“七彩的夏日·共享阅读”“暑期我当书屋管理员”“小手拉大手”等阅读实践活动，带动农村各类群体阅读。三是开展“我的书屋，我的梦”征文活动。组织中小学生围绕农家书屋，抒写读书、实践的真实感受。四是开展好书推荐和图书联展活动。结合农村读者实际，开展各类好书推荐和“三农”出版物惠农联展，吸引更多农村群众走进农家书屋。五是开展“城乡阅读手拉手”活动。组织优秀民间阅读组织和优秀阅读推广人走进农家书屋，针对农村各类人群开展读书讲座、阅读辅导、阅读分享等形式多样的阅读推广活动，推动每个农家书屋建立读书会等形式的阅读组织，定期开展阅读活动。六是开展媒体进书屋活动。组织镇江市全民阅读媒体联盟宣传报道农家书屋，扩大农家书屋知晓率，提高农家书屋图书借阅率和活动参与率。 （张 冰）

图30-2 2016年4月23日，镇江市第四届文心阅读节在镇江市影剧院开幕
（张 梅 供稿）

文化产业

【概况】 2016年，镇江市文化产业实现营业收入648.4亿元，比上年增长10.9%，完成增加值163.9亿元，增长13.6%，文化产业增加值占地区生产总值比重的5.4%。

为企业争取资金和政策支持。举办省级文化产业发展专项资金申报培训会，全市50余家文化产业企业参加。组织41个项目申报省级以上文化产业发展专项资金，江苏睿泰数字出版产业园获中央新闻出版广播影视专项资金600万元，“米芾互动体验馆”等4个项目获省级文化产业发展专项资金400万元，“茅山小道士”和“绿色数字印刷升级与改造工程基地”两个项目获省级新闻出版广播影视专项资金200万元。指导文化单位申报文化部重点实验室、动漫品牌建设和保护计划、小微企业发展案例等各项资质。组织10家重点文化企业参加全省文化产业发展机遇与挑战培训班。

推进文化产业与相关领域融合发展。推进文化与金融融合，建立“镇文贷”，制定出台《镇江市创新风险补偿资金贷款风险池基金使用管理办法》和《“镇文贷”操作细则》。举办“镇文贷”签约仪式，发放首批贷款。推动文化与旅游融合，组织开展“B12星球”杯文化旅游创意产品设计大赛。扶持江苏奥博洋信息技术有限公司拓展数字出版市场，推动台江文创园、湛蓝影视、微端科技等新兴产业发展。

开展文化产业招商活动。探索采用文化产业点对点招商、以商招商等形式，帮助园区、企业对接意向客商。9月上旬，组织辖市（区）单位及相关文化产业企业赴广州、中山、深圳等地进行招商考察，参观10多个文化产业园区，走访20

多个文化产业企业，并通过座谈交流形式宣传推介镇江市的文化产业项目与优惠政策。举办2016镇江文化产业项目推介签约会，睿泰数字产业园、镇江科技产业园等10个入园项目，3D梦工厂、漫书城等7个投资项目正式签约，投资总额超8000万元。

鼓励文化产业企业走出去。组织赵军二胡、奥博洋信息技术、快智慧知识产权服务公司等参展第五届苏州创博会；组织丹阳正则秀参展第八届中国西部文化产业博览会，威勒科技、澜竹数字科技和方美珑乱针绣参展第五届无锡文化艺术产业博览会，并首次支付参展企业展位费补贴。动员引导台江文化产业园、湛蓝影视、堂皇家纺等企业参加扬州文创展、常州动漫艺术周、校企合作交流会等活动。组织江南书画院等4家单位参展江苏省第二届国际艺术品博览会。

（张　冰）

【"镇文贷"合作签约仪式】 2016年3月28日，由镇江市人民政府、南京银行主办，镇江市文广新局、南京银行镇江分行承办的"镇文贷"合作签约仪式举行。部分文化产业企业家代表出席会议。会上，镇江市文广新局局长与南京银行镇江分行负责人共同签署"镇文贷"合作协议。"镇文贷"风险补偿资金按照"政府引导、市场运作、风险共担"的原则设立。由财政资金引导合作银行共同设立"镇文贷"风险池基金，合作银行按照一般不低于风险池基金规模的10倍放大贷款授信。按照协议，市财政文化资金出资1000万元，南京银行镇江分行按1亿元的授信额度向全市文化企业发放贷款。原则上单笔贷款额度不超过300万元，期限1年～3年。该业务有单笔贷款额度大，享受贷款利率、抵质押率优惠，办理贷款周期相对短等特点。

（张　冰）

【睿泰数字产业园参加第十二届中国（深圳）国际文化产业博览交易会】 2016年5月12日，睿泰数字产业园参加第十二届中国（深圳）国际文化产业博览交易会（简称"文博会"），镇江两款全新数字产品"云畅阅"和"悦读悦乐"参展。"云畅阅"是新研发的24小时自助阅读平台和宣传媒介，用户通过手机扫描二维码可将数字版书刊免费下载进行离线阅读。"悦读悦乐"是一款专为小学生量身定做的课外阅读在线评价系统，具备书目推荐、在线测评、写感想、做书评、积分激励、报表统计等功能，通过多维度可对比自动阅读统计分析报告培养学生阅读兴趣，增加学生知识储备。展会期间，国家新闻出版广电总局副局长阎晓宏、江苏省新闻出版广电局局长周琪、江苏省文化厅副厅长徐循华等到睿泰展馆参观考察。睿泰集团展馆获文博会组委会颁发的"优秀展示奖"。

（张　萌）

【乐泰数字产业基金成立大会】 2016年5月18日，由江苏省财政厅、镇江市政府和睿泰数字产业园联合发起的乐泰数字产业基金举行成立大会，市委副书记、市长朱晓明出席成立仪式并参加合作项目签约。该基金首期规模1.8亿元，主要面向数字教育、数字出版等行业提供股权投资服务，促进资本与产业的协同发展。

（张　萌）

【18个文化产业项目参加第八届中国南京文化创意产业交易会】 2016年10月28日，镇江市18个文化产业项目参加南京文交会，参展项目涉及文化科技、演艺娱乐、旅游休闲、工艺美术、特色非遗等5大类。活动现场，镇江展区的江苏首控制造技术公司的测绘无人机、京口文化科技园的VR游戏体验、丹阳市省级非遗项目"乱针绣"、可一文化艺术产业园高仿字画等项目获得较多关注。

（张　萌）

【4家文化产业企业上市】 2016年1月12日，江苏镇江建筑科学研究院集团在"新三板"挂牌，股权代码835457，主营范围包括建设科技研究与开发、工程检测、建筑设计、工程管理与代建等。6月28日，江苏茴香豆网络科技有限公司在江苏股权交易中心挂牌，股权代码690786，主营范围包括网络购物平台、网络投融资、网页游戏、众筹秒杀等。8月26日，江苏花王园艺股份有限公司在上海证券交易所主板上市，股票代码603007，主营范围包括园艺园林，绿化工程设计、施工、养护，绿色装饰装潢等。11月8日，扬中市永胜纸制品有限公司在上海股权托管交易中心正式挂牌，主营范围包括纸制品业、包装装潢、印刷业等。

（张　萌）

【江苏易乐网络科技有限公司获"江苏民营文化企业30强"称号】 2016年11月11日，江苏省民营文化企业30强名单公布，江苏易乐网络科技有限公司获2015—2016年度"江苏民营文化企业30强"称号。该公司始创于2010年，有员工400余人，是江苏省最大网页游戏研发公司，公司获软件著作权37项，有软件产品5个、商标14个，2016年实现营业收入6900余万元。

（张　萌）

【2016年镇江文化产业项目推介签约会】 2016年11月22日，镇江文化产业项目推介签约会在九华锦江国际酒店举行。活动邀请40余位海内外客商和50余位镇江文化企业家代表参会交流。7个镇江文化产业园区与8个客商代表的文化项目分别进行推介发布，睿泰数字产业园、镇江科技产业园等10个入园项目，3D梦工厂、漫书城等7个投资项目正式签约，投资总额超8000万元。

（张　冰）

【镇江市文化旅游创意产品设计大赛】 2016年7月4日，"B12星球"杯文化旅游创意产品设计大赛启动，比赛由市文广新局、市旅游发展委员会、台江文创产业园共同主办，面向全国征集文化旅游创意产品。参赛作品分为实物类与设计类两种，凡是从事文化旅游创意产品设计、研发的专业人员以及相关的研发机构、高校师生等均可选送作品参加。活动期间大赛收到全国各地的参赛作品近200件，12月29日组委会评审公布金奖、银奖、铜奖、组织奖和优秀奖63个。大赛获奖作品在镇江博物馆展厅展出。

（张　冰）

【镇江市首届电竞大赛】 镇江市首届电竞大赛由市文广新局主办，市网吧行业协会承办，台江弈利科技（镇江）有限公司独家赞助，于2016年4月23日举行启动仪式，5月7日正式开赛，100余支队伍历经两个月的角逐，ZJ战队和BNG战队进入最后决赛。6月18日举行决赛，BNG战队获冠军，赢得1.5万元赛事奖金；ZJ战队和WL战队分获亚军、季军，赢得8000元和5000元奖金。

（张　冰）

图书馆事业

【概况】 2016年，镇江市的全部图书馆做好免费开放和服务工作，提高服务质量，完善服务设施，图书馆总分馆制全面实施，新建图书馆分馆、城市新阅读空间9家，在京口区环卫分馆下设"书香驿站"10个。促进书香城市建设，组建"镇江市全民阅读促进会"。编纂大型地方文史类丛书《镇江文库》。（张　冰）

【镇江市图书馆】 2016年，镇江市图书馆有持证读者5万人，年借还图书113万册，年接待读者132万人，与上年相比，持证读者增长3%，到馆人次约增加2%，图书流通册次约增长3%。镇江市图书入选“省级事业单位法人治理结构建设示范点”。2016年，通过招投标流程，镇江市图书馆与北京慧阅公司合作开发镇江市图书馆“悦读”平台，包括“悦读”系统PC端、“悦读”手机APP，特别是专门针对IOS开发的镇江市图书馆“悦读”平台首次登入“苹果商城”。第一期软件基本满足馆际图书统一检索平台服务要求，并纳入句容市图书馆20多万册图书MARC数据。同时，添置2台对称式分布服务器，完成平台的硬件搭建。在全省率先开通全民阅读网站。与北京中文在线合作提供3万多册电子书、有声书和课件视频。组织开展第三届“书香镇江·少儿阅读季”活动。深化馆校合作，推动分级阅读，在全市中小学校开展“图书馆畅游计划”，实施“一人一证”计划，编写《镇江市小学生分级阅读推荐书目》。

举办陈曦、卞祖善、谢军、王志庚等名人名家文心讲座22场，内容涉及吉他之梦、中国交响乐名著赏析、培养孩子专注力、幼儿早期阅读的十个问题等主题。其中，吉他世界冠军陈曦，国际象棋大师、世界冠军谢军，国家图书馆少儿馆馆长王志庚，全国阅读推广人、南京大学教授徐雁，历史学家、清史专家阎崇年等8场讲座座位满员。“文心讲堂”首次走出馆门，在江苏省女子戒毒所设立讲堂分会场。组织“文心展览”10场，开展“文心影厅”放映场次103场，开展“文心悦读”推广活动295场，开展“全国文化资源共享工程”业务培训场次30场。全年举办环球图书馆之旅、“同筑中国梦共度书香年”网络楹联文化展、纪念红军长征胜利80周年图片展等10场展览，其中“同筑中国梦 共度书香年”网络楹联文化展运用网络载体，首次尝试开通“网上展厅”。

推进古籍保护一体化工作，开展镇江传世名著评选活动。开展古籍数字化建设。镇江市图书馆《集千家注分类杜工部诗文集》《古今全史一览》《宋朝道学名臣言行录外集》三部古籍入选第五批《国家珍贵古籍名录》。截至2016年年底，市图书馆入选国家级珍贵古籍名录的藏本有31种400余册。“江苏省立镇江图书馆馆徽”“须曼居士手抄贝叶金经”等文物的说明、图片等资料，被省文物局主办的全省第一次可移动文物普查成果展采用。（张 冰）

【镇江市图书馆入选“省级事业单位法人治理结构建设示范点”】 2016年10月，省编办下发《关于确定省级事业单位法人治理结构建设示范点的通知》，公布“省级事业单位法人治理结构建设示范点”14家，镇江市图书馆入选，是镇江市唯一入选单位。同时镇江市图书馆“法人治理结构改革获省级示范点”当选2016年镇江文化十件大事。（张 冰）

【镇江市图书馆服务体系建设】 2016年，镇江市图书馆在全省首家建成跨不同系统整合的文献数据统一检查、通借通还的服务平台。该平台覆盖镇江全市，由市—辖市（区）—乡镇、街道—村、社区四级公共图书馆（室）、农家书屋组成，为全市文献资源共建共享提供服务。通过该平台，全市读者可查询镇江地区所有公共图书馆馆藏书目数据。后期开发后将实现通借通还，最终将实现纸质资源和数字资源在全镇江范围内的全民阅读。（张 冰）

【镇江市全民阅读促进会】 2016年4月9日，镇江市全民阅读促进会在镇江市图书馆成立。镇江市全民阅读促进会由镇江市图书馆、镇江新华书店有限责任公司、镇江新区姚桥老约翰书籍出租店、镇江市中艺教育培训中心、京口区梦溪书城和江苏睿泰数字产业园有限公司6家单位联合发起成立，旨在倡导以阅读为乐、阅读为荣的理念，团结和组织会员开展丰富多彩的阅读创作活动，进一步在全社会形成多读书、读好书的良好氛围和社会风尚。（张 冰）

【《镇江文库》编纂】 2016年11月，《镇江文库》第一辑由扬州广陵书社出版发行。《镇江文库》分四辑修纂。第一辑“历代方志”，收编整理镇江地区的所有地方志汇集成册；第二辑“地情史乘”，汇集镇江市历代名人名家保存下来的重要的笔记资料和历史史料；第三辑“家乘年谱”，收录镇江地区留存的重要家族的家谱和名人的年谱；第四辑“镇江文存”，收录镇江地区古今作者的诗文集及学术著作，集中展示镇江地区文学、学术上的突出成就。（张 冰）

【江苏省古籍保护工作会议】 2016年9月28日，江苏省古籍保护工作会议在镇江召开，全省60余家图书馆、博物馆的古籍保护工作人员110多人参加会议。这是全省性古籍保护工作会议首次在地市举行。镇江市图书馆在会上就《镇江市古籍保护办法》作交流发言。会议向与会古籍专家和工作人员介绍“古籍数字化切割”“基于互联网下的众包平台”等古籍保护、利用的新技术、新格式和新运用。（张 冰）

【江苏大学图书馆】 江苏大学图书馆由校本部馆，北固、梦溪、中山三个校区借阅处，京江学院分馆和四个资料室组成，总面积60469平方米（不含资料室）。截至2016年12月，图书馆纸质馆藏总量299.77万册，馆藏电子资源总量21.5TB，可使用电子图书166.9万种，电子报刊3.2万余种。全年获批国家社科基金项目1项，校级项目1项。获第五届江苏省图书情报学学术成果奖一等奖1项、二等奖7项、三等奖4项；获江苏省高校哲学社会科学科研成果奖三等奖1项；获江苏省图书馆学会课题结项三等奖1项。获2016年镇江市第十一届哲学社会优秀成果奖二等奖1项、三等奖1项、优秀奖1项；发表或录用论文35篇，其中CSSCI论文发表/录用17篇。承办全国高校信息素养教育研讨会，全国30个省的200余所高校的近350名代表参加会议。

拓展服务外延。2016年接待读者140万人次，其中社会读者2.8万人次；借还图书59万册，接待上机13.4万小时；新增各类社会办证读者740人次，办理省通用借书证42张；文献传递360篇，提供SCI/ESI、CSSCI等数据库查收查引证明1189人次，论文查重检测402人次。全年完成查新报告5398项，完成专利申请13项、知识产权检索分析报告1份、专利侵权分析报告1份，为江苏省教育评估院提供6份《江苏省高校进入ESI全球前1%学科动态快报》；为学校提供《江苏大学及江苏高校进入ESI全球前1%学科动态快报》《2006－2015年江苏大学ESI学科竞争力分析报告》《2006－2016江苏大学ESI学科科研绩效分析报告》，发布《江苏大学22个学院ESI期刊推荐目录》，引进开发ESI论文成果引用平台。完成昆明理工大学、南通大学、常州大学、江苏科技大学等六所高校ESI学科发展分析报告。获江苏省高校图书馆先进集体。馆长卢章平获“江苏省高校图书馆事业发展杰出贡献奖”。

以赛珍珠文献中心建设为媒介，开展多项文化活动。2016读书节以“走近赛珍珠”为主题，邀请赛珍珠研究专家郭英剑和姚君伟作专题报告；组织大学生开展舞台剧、名著导读等活动；开展以“走近赛珍珠”为主题的征文比赛，收到67篇优秀作品；赛珍珠主题诗书画巡展到宿州、淮安等地开展；举办“赛珍珠与亚洲”学术研讨会，国内外学者40多人参与。赛珍珠文献资源中心建成，为国内外赛珍珠文献资源品种最多，内容最丰富的资源中心。

搭建教学示范服务体系，帮助青年教师提升教学水平。开展“辉煌一课”

示范活动，邀请名师传授教学经验，示范授课基本功。举办“教学资料展”，展出老教师手稿、备课笔记、试卷标准卷、教案、教学资料、科研笔记、国家重点学科专业教材等，展示老教师的敬业精神与专业造诣。

开展交流活动。组织创建新一届“江苏大学图书馆读者协会”。创新“那些年，有我的图书馆”毕业季主题活动，在为毕业生免费制作发放纸质“纪念书单”“纪念书签”基础上，新增毕业生自行制作电子书单平台，设置的“共勉寄语”毕业留言墙有近千人留言。开展原版电影影视欣赏活动。以阅读推广为主线，策划“书的盛宴”主题活动，以及“好书推荐”“一院一书”“江图新书”“带本好书回家过年”等系列活动。组织“第五季”征文活动，开展阅读交流活动。

（卞丽芳）

【江苏科技大学图书馆】 2016年，江苏科技大学图书馆有职工84人。图书馆部分职工74人（含借调1人，退休返聘3人，内退1人）中，正高职4人，副高职7人，中职39人，技师4人，初职8人，工人12人；本科及以上学历49人。期刊编辑部职工10人中，正高职2人，副高职1人，中职7人；硕士及以上学历7人，本科学历2人。全馆购入中文图书78644册，外文图书413册。订购中文期刊1738种，报纸123份，外文期刊91种。有数据库47个。新入库中文图书73124册，外文图书146册。新增中文期刊合订本2932册，外文期刊合订本200册。截至2016年年底，全馆中外文图书藏书总量1862841册，中外文期刊合订本97284册。图书、期刊合订本馆藏总量为1960125册。全年外借图书65948册次，接待书刊阅览13316人次，电子阅览室文献阅览22978人次。完成文献检索课10个专业466名本科生，10个学院研究生200人、3个班162名工程硕士的教学工作。

全年校拨图书馆经费781.5万元，其中用于书刊、电子文献资料的总经费为700万元，日常运行费16.1万元（含业务招待费1万元）。校拨期刊编辑部运行总经费50.40万元、学报特约稿件专项约稿费15万元。

《江苏科技大学学报（自然科学版）》全年出版6期，发行6000份。2016年收到稿件616篇，退稿380篇，在审稿88篇，录用148篇，录用率为28%。刊登论文111篇，其中有基金项目支撑的论文70篇（其中国家级项目48篇），占刊登论文的63.1%。刊登外稿34篇，约占31%；刊登本校内稿件77篇，占69%。当年向江苏省计算机模式识别高峰论坛、江苏省人工智能会议组稿，共组稿28篇，录用优秀论文13篇。向博导约稿1篇。2016年度共收到校内各类稿件302篇，录用112篇，录用率37%。学报（自科版）在2015年的江苏省科技期刊出版质量评估中，得分72.43分，在参评的222种科技类学术期刊中排名第96；在参评的39种大学学报类期刊中排名第17；连续两年被教育部科技发展中心评为“中国科技论文在线优秀期刊”；获评中国高校科技期刊研究会“中国高校编辑出版质量优秀科技期刊”。学报编辑部获第八届江苏省期刊编辑技能大赛组织金奖。学报（自科版）在第八届江苏科技期刊“金马奖”评选中被评为“十佳期刊传播奖”。截至2016年12月14日，《江苏科技大学学报（社科版）》到稿总数为373篇，全年4期登载64篇，其中约稿4篇，自然来稿登载60篇，刊出率16%。完成学报（社科版）4期的纸质版和4期的网络版出版工作，发行2000份。《中外船舶科技》全年收到论文44篇，其中校外37篇，校内7篇，信息等164则，专利120条；照片4张；刊登论文29篇，产品与科技信息39则，海外信息等27则，与船舶相关的专利74条，《中外船舶科技》发行4400份。全馆职工在各类会议及刊物上发表学术论文31篇。

（王翠华）

【镇江市高等专科学校图书馆】 镇江高专图书馆有建筑面积14231平方米，分设校本部图书馆及丹阳师范学院图书馆，馆员31人。2016年，注册读者7000余人，有纸质藏书68万余册和各类电子版图书300万种。订有中外文报刊600余种及电子期刊全文数据库1万多种3000多万篇。

2016年，高专图书馆优化文献信息资源结构，拓宽服务范围，深化服务层次，提高服务质量。在图书馆网站首页开通由专业馆员负责的QQ实时咨询版块，为读者提供在线帮助；开展读者问卷调查，了解读者对图书馆的资源建设、管理、服务、办馆条件等各方面的意见和建议，及时加以改进，提升读者满意度；做好每月两期的新书介绍专栏，引导学生多读书、读好书；制订并印发《关于推进大学生读书活动的指导意见》，同时开展2015年度“阅读之星”“书香班级”“书香学院”的评选、图书馆官微的阅读推广互动等活动，推进书香校园建设。2016年，图书馆申报的《镇江高专图书馆新生入馆教育培训及测试系统》案例，在江苏省高校图情工委组织的“高校图书馆新生入馆教育优秀案例”评比中，获优秀奖。

（徐丹黎）

文博事业

【概况】 2016年，镇江市文博系统坚持文化遗产保护工作方针，发掘地方传统文化精华，提升文化遗产保护利用水平。2016年文物安全综合管理信息平台上线运行并列入镇江市“十大任务百项工作”。镇江市文物安全综合管理实验区建设影响扩大。镇江市文物安全综合管理实验区内容在2015年、2016年两年被列为江苏文博干部培训班（四期）的教学内容；在2016年9月该内容在泰州市文化遗产保护培训班上做介绍；10月21日，在《中国文物报》报道；11月10日，在全省新闻出版广电依法行政培训班做介绍。11月，江浙沪文物行政执法联席会议在丹阳召开。完成全市第一次全国可移动文物普查数据的上报工作。镇江市在一普中申报文物30739件（套），除镇江博物馆的约500多件（套）文物国家文物局未完成转换外，全市其他收藏单位均完成文物上报工作。制订《镇江市文物法人违法案件专项整治行动（2016—2018年）实施方案》《区域评估文物保护评价工作实施方案》。承办2016年全省文物工作会议。“镇江非遗保护传承研修中心”落户江苏大学艺术学院。组织开展第五批市级非遗项目评审、市级非遗项目保护单位认定等工作。完成省级9个非遗试点项目中长期保护规划草案。评审公布第三批34名市级非遗传承人。举办“第一江山，醉美北固——第二届民俗文化周”“第二届梅庵琴荟”等活动。组织文艺代表团赴马来西亚、新加坡文化交流，出版《影响中国的镇江传说》和《八窍珠》等书籍。

全年实施川东港工程东台新团墓地、镇丹高速公路马家双墩大型土墩墓、句容抽水蓄能电站东山遗址、连镇铁路镇江城市遗址之虎头山片、丹阳管山遗址、镇江梦溪园遗址等17个考古项目，发掘面积1万多平方米。对丹阳凤凰山遗址开展勘探工作，完成勘探面积3万平方米；对镇江辖市（区）各三集园区进行考古调查；对铁瓮城、京口闸遗址的做好看管与日常维护工作。指导镇江博物馆完成《全国重点文物保护单位铁瓮城遗址2017—2020年考古工作计划》，并上报省文物局。全市文博系统19个项目争取到国家、省文物保护专项补助资金。制订纪念镇江国家历史文化名城命名30周年系列活动方案，组织镇江建城史专家论证会、阅读遗存主题解读、镇江历史文化特色论文征集、“名城掠影”摄影大赛暨展览、名城30周年考古成果展、名城印象书画展等系列活动。镇江博物馆全年接待观众近53万人次，讲解接待416场，讲解团体观众22226人次，讲解满意率100%。茅山新四军纪念馆组织开展第六届“茅山红色夏令营”主题教育实践活动，全年接待青少年10万余人次。

茅山新四军纪念馆入选全国抗战主题红色旅游精品线路，并获评“江苏省级机关党员教育示范基地”。3月25日，江苏省机关工委与茅山新四军纪念馆举行“党员教育基地”协议签订暨挂牌仪式。7月6日，茅山新四军纪念馆与94994部队签订“四有”新一代革命军人教育基地共建协议。镇江博物馆举办“锦绣春秋——清代、民国绣品展”“穿越古滇文明之光——云南玉溪文物精品展”“海贸遗珍——清代广州外销艺术品展”“王城春秋——东周洛阳文明展”“海上丝绸之路广州史迹与世界文化遗产展”“瓯骆印象——广西百越文化文物精品展”“美哉灵鉴——仪征出土汉代铜镜精品展”“天府遗珍——四川宋代文物特展”“B12星球杯镇江国际摄影展——2016中意贰+贰”“天马来兮从西极——伊犁草原文化展”“当代诗书画咏镇江作品展”“名城地下的名城——镇江城市考古成果展”“名城地下的名城——镇江城市图片展”等13个专题展览。组织“古吴神韵——镇江出土吴文化青铜器精品展”到山西大同博物馆和上海松江博物馆展出，“古韵茶香——镇江博物馆馆藏历代茶具精品展”到广西壮族自治区博物馆、云南保山市博物馆和广州博物馆展出。挑选15件清宫旧藏文物，参加沈阳故宫博物院“曾在盛京——沈阳故宫南迁文物特展”；出借馆藏文物给浙江省博物馆，参与南宋文物展“中兴纪胜——南宋风物观止”展；挑选馆藏玉器精品，参与“比德于玉——江苏精品玉器联展”（淮安展）；出借24件沙清泉先生版画给河南省美术馆，参与协办“清泉长流——沙清泉百年诞辰纪念展”。

2016年春节期间，镇江博物馆开展“‘才猴送福’——写春联、送祝福”“‘大圣寻宝’——儿童剧展演”和“‘灵猴舞灯’——喜气洋洋迎元宵”等6场活动；举办“海贸遗珍”临时展览时，组织亲子活动，帮助孩子了解“青瓷”与“广彩”，并让孩子体验彩色瓷盘的制作。在“七彩的夏日”主题活动中，分批邀请青少年到博物馆，为青少年讲解拓片、团扇和版画的发展历史和相关故事，并亲手制作拓片、团扇和版画。面向幼儿园的幼儿，组织“小小文物考古家‘修复’七彩风车”活动。围绕2016年国际博物馆日“博物馆与文化景观”的主题，镇江博物馆面向青少年美术爱好者组织开展“画意@镇江——我与博物馆”创意绘画作品展，面向市民群众组织开展“让镇江名人故居折射光彩——2016首届名人故居摄影展”，同时开展“‘博物馆与文化景观’——西津渡文化访谈”公益讲座。镇江博物馆制作“博物馆馆藏精品文物展”和“镇江人民革命斗争史”两大流动展，先后在学校、工厂、社区、部队和广场等处巡回展出14场。开展“乐享传统节”“我与博物馆”“流动博物馆”“彩虹手工坊”四大品牌活动。（张 冰）

【镇江市文物安全综合管理信息平台运行】 2016年9月，镇江市文物安全综合管理信息平台正式上线运行，该平台被列入镇江市“十大任务百项工作”。镇江市文物安全综合管理信息平台建立基础信息数据库、行政许可管理、移动执法管理、移动保护巡查管理平台及APP终端、监控监测集成管理平台等功能模块，做到文物相关数据整合、行政审批横向纵向整合、文物管理和行政执法整合、重点目标监控与监测整合，实现对文物安全的综合监管。根据教育部科技查新教育站出具的《科技查新报告》，该成果在“基于GIS系统及3D数字镇江地图，实现对全市文物的监管监控”“基于文保单位与文保工程互动管理的移动检查APP系统”“集成监控监测管理”等方面在国内具有创新性。（张 冰）

【镇江国家历史文化名城命名30周年系列活动】 （参见第307页）（张 冰）

【“名城地下的名城——镇江城市考古展”】 2016年12月8日，由镇江市文化广电新闻出版局主办，镇江博物馆承办的“名城地下的名城——镇江城市考古展”在镇江博物馆开展。该展集中展示镇江建城以来，特别是镇江城市发展史上较为重要的先秦、六朝、唐宋、明清时期的城址和相关遗迹等突出考古成果，展品200余件，涉及石器、玉器、木器、铜器、铁器、陶器、瓷器等。其中，元代孔雀蓝釉瓷香炉、元代青花云龙纹瓷香炉和截至2016年中国发现的元青花中尺寸最大的元代青花海水龙纹青花瓷香炉等珍贵文物也与观众见面。（张 冰）

【2016年江苏省考古学会年会】 2016年12月28日—31日，由江苏省考古学会和镇江博物馆举办的省考古学会2016年年会在镇江召开。江苏省文化厅副厅长、南京博物院院长龚良出席会议，全省各地的120位考古工作者参加。会议上，镇江市副市长曹丽虹、南京博物院副院长李民昌分别致辞。年会上，江苏省文化厅副厅长、南京博物院院长龚良，浙江省文物考古研究所所长刘斌分别作《〈中国文物古迹保护准则〉在现实中的应用》和《浙江史前考古的收获与思考》专题报告。大会通报2016年江苏省考古奖获奖情况，其中，镇江博物馆主持的镇江孙家村遗址和丹阳马家双墩遗址两项考古发掘项目获2016年度江苏省田野考古奖，句容抽水蓄能电站工程和川东港工程两项考古发掘与保护项目获2016年度江苏省考古与遗产保护奖。（张 冰）

【第三批市级非物质文化遗产代表性传承人公布】 2016年2月5日，镇江市文广新局公布第三批市级非物质文化遗产代表性传承人名单，董永传说传承人朱照网、古琴艺术（梅庵琴派）传承人刘善同等34人获评第三批市级非物质文化遗产代表性传承人。截至2016年年底，全市市级非遗代表性传承人增至65人。（张 冰）

【第五批市级非物质文化遗产代表性项目公布】 2016年12月30日，镇江市政府公布市第五批非物质文化遗产代表性项目名录，其中新增项目10项，扩展项目2项。公布的代表性名录中，传统医药类项目占据大半，累计6项，分别是镇江市中医院推荐申报的张氏肝病中医术、朱氏肾病中医术、“庭”字门中医儿科，句容市老人山医院有限公司申报的老人山程氏祖传中医骨伤疗法，润州许正顺诊所申报的许正顺膏药（许氏正顺膏）制作技艺和林氏正骨工作室申报的正骨复位术。镇江市市级非物质文化遗产代表性项目数量增至64项。（张 冰）

【《影响中国的镇江传说》和《八窍珠》出版】 2016年7月和9月，《影响中国的镇江传说》和《八窍珠》由江苏大学出版社出版发行。《影响中国的镇江传说》23万字，是根据镇江民间文化艺术馆库藏的各类民间传说编辑而成的，分为白蛇篇、董永篇、三国篇等6个篇章69篇。《八窍珠》是根据扬州评话艺术家黄俊章口述的80小时材料整理编辑而成，分为40回100万字，是中国已经濒危的著名扬州评话书目之一。（张 冰）

历史文化名城研究与建设

【概况】 2016年，镇江市历史文化名城研究会加强学术研究、应用性研究，提升咨询服务水平。编印《镇江历史文化名城研究论文》第十七集。完成跨年度课题“镇江传奇文化研究”；完成镇江老城区传统建筑和大西路（西段）片区历史文化调研任务；策划沪宁快速通道镇江段沿线历史文化及景观设计方案；完成北固山西侧《海绵公园规划及概念设计》报告；组织太古山路网工程历史文化研究；考察论证生态新城尚湖湿地的策划方案、北固山前峰和中峰的连接方案和西津音乐厅的软装方案。（蓝纯龙）

【第十七次学术研讨会】 2016年3月5日，镇江市历史文化名城研究会在京城饭店召开2016年年会暨第十七次学术研讨会。会长李壮云作工作报告。会议重点围绕历史文化名城建设与保护、推进生态文明城市建设和山水花园城市建设、弘扬优秀传统文化等内容展开研讨。研讨会选收生态领先特色发展研究、名城建设与保护研究、文化旅游研究、文史研究、人物研究等论文70篇。（赵康琪）

【纪念名城命名30周年系列活动】 2016年是镇江被命名为国家历史文化名城30周年。市历史文化名城研究会举办《名城镇江文史研究丛书》（全8册）出版座谈会；与市政协文史委和镇江日报社共同开展纪念镇江命名全国历史文化名城30周年《我与名城30年》征文活动，并召开纪念名城命名30周年暨征文集首发座谈会。在镇江市互联网协会和镇江报业传媒集团主办的“不忘初心，点赞2016年”活动中，纪念名城命名30周年系列活动排在“镇江十件文化大事”榜首。（赵康琪）

【参与省炎黄文化研究会学术研讨】 2016年11月7日—8日，镇江市历史文化名城研究会参加省炎黄文化研究会在淮安举办的“江苏地域优秀传统文化与社会主义核心价值观”研讨会，有6篇论文入选大会论文集，其中朱珠的论文《镇江优秀传统文化在培育和弘扬社会主义核心价值观方面的资源价值》作大会交流发言。（王玉国）

【镇江传统建筑文化研究调研报告】 2016年，镇江市规划设计研究院和镇江市历史文化名城研究会共同组织30多名专家分成5个小组，对老城区及84处传统建筑作调研，通过实际考察和查阅相关史料，形成《镇江传统建筑文化研究调研报告》，总结镇江部分传统建筑的历史变迁、艺术风格和形态特征、文化掌故等基本情况，反映伯先路历史文化街区、大龙王巷历史文化街区的脉络，调研的传统建筑中，整体保存较好的占总数的32%，一般的占44%，较差的占24%。（王玉国）

【太古山路网历史文化研究报告】 2016年3月，受市干道工程办公室委托，镇江市历史文化名城研究会组织课题组，对太古山路网所辐射的整个太古山城区，即北至宝盖路—京畿路，南至中山西路，西至朱方路，东到黄山北路，总面积约为103.7公顷的区域，进行历史文化资源的挖掘整理，形成《太古山路网历史文化研究报告》文本。该文本主要分为区域位置和基本情况、区域内历史文化资源、历史文化资源利用和保护的建议三个部分。建议在路网改造项目中要保护有价值的历史遗存，体现历史文化特色，并应考虑赛珍珠文化公园建成后的交通需求；建议将宝盖山铁路隧道与工务段建成一座百年机车博物馆，并将宝盖山建成一座城市森林公园。（罗福春）

【大西路（西段）片区历史文化调研报告】 2016年3月下旬至9月中旬，受市西津渡文化旅游有限责任公司的委托，镇江市历史文化名城研究会组织课题组对大西路（西段）片区的文保建筑、历史事件、民风民俗、通商口岸、民族工商业和民国文化等历史文化资源开展调查，形成《大西路（西段）片区历史文化调研报告》。提出对该片区保护和开发利用的建议：规划引领，做好全面整体风貌的保护；整合片区历史文化资源，发展旅游业；推进大西路片区振兴工程；以人为本，改善人居环境；加强规划管理，完善城市管理和服务。（罗福春）

赛珍珠研究

【概况】 2016年，镇江市赛珍珠研究会按照“硬件上台阶，研究上水平”的工作思路，围绕“赛珍珠文化公园”建设等重点工作，扩大研究范畴，开展文化交流活动。研究会组建微信群、开通微信公众号，定期推出研究工作动态，转发各地学者最新研究成果。多渠道做好赛珍珠研究的大众普及工作。利用本地人力资源，有计划组织赛珍珠原著中文翻译工作，完成《正午时分》等6本原著中文译校并刊印“赛珍珠研究资料译丛”第一辑。12月8日，在市委、市政府召开的纪念国家历史文化名城命名30周年座谈会上，市赛珍珠研究会作题为《让赛珍珠名片增添名城魅力》发言。（裴　伟）

【赛珍珠文化公园建设】 2016年，赛珍珠文化公园全面开工建设。公园位于镇江城区西部登云山，北侧为登云山路，东侧为润州山路，总用地面积为1.64公顷。市赛珍珠研究会按照“体现中西文化结合、山水花园特色、多项功能集聚的城市新坐标”理念，参与公园整体建设的规划设计工作，并做好纪念馆的拆迁工作，对全部馆藏用品登记造册，妥善存放。研究会通过调研，确定“故乡镇江”“文学殿堂”“中国情结”“慈善博爱”“珍珠永辉”5个展区方案。8月18日通过市旅游部门对原赛珍珠文化园的国家AA级旅游景区复审。（裴　伟）

【参观调研接待】 2016年2月12日，全国人大常委会副委员长桑国卫参观赛珍珠故居。5月16日，外交部政策规划司副司长黄峥率调研组一行3人到镇江，省外办副主任孙轶陪同，调研组参观考察江苏大学“国际赛珍珠文献资源中心”。（裴　伟）

【赛珍珠年会暨学术研讨会】 2016年3月13日，赛珍珠研究会2016年年会暨学术研讨会召开，近百名会员参加会议。9名论文作者在会上作交流发言。研究会根据工作需要，进行人事调整。会上印发《赛珍珠研究文集》第五辑，文集收录“纪念中国人民抗日战争胜利70周年暨2015赛珍珠国际学术研讨会”部分市内参会作者论文31篇。（裴　伟）

【“赛珍珠与亚洲”学术研讨会】 2016年7月8日，2016年“赛珍珠与亚洲”学术研讨会在江苏大学图书馆举办。国内外18所高校的40多位学者对全球化形势下纵深研究赛珍珠文学和文化视野进行研讨，范围从“赛珍珠与中国”走向“赛珍珠与亚洲”。研讨会收到大会交流演讲稿30多篇。研讨会由中国人民大学教授郭英剑主持，9位学者做交流发言。会议明确在《江苏大学学报（社会科学版）》开设《赛珍珠研究与亚洲》专栏，和原有品牌专栏《赛珍珠与中美文化交流》共同从不同视角诠释、研究赛珍珠。（裴　伟）

【赛珍珠主题诗书画巡展】 2016年6月3日，由江苏大学、市赛珍珠研究会举办，宿州学院承办的“赛珍珠主题诗书画巡展”在宿州学院举行巡展开幕式。宿州是中国书画之乡，也是小说《大地》主要取材地。巡展所有展品选自《大地珍珠：赛珍珠主题诗书画选萃》一书。展览展出当代诗人、学者、书画家独创或合璧作品64件。宿州学院在展厅展出当地作者创作的雕塑、国画、水彩画、连环画、摄影作品19件。巡展6月30日结束。6月2日，镇江—宿州学院赛珍珠学术交流研讨会召开。7月15日，巡回展在淮安市清河区文化馆开幕，淮安是赛珍珠到中国居住的第一座城市，社会各界100多人参加开幕式。（裴　伟）

【赛珍珠国际考察】 2016年8月1日，镇江市赛珍珠文化考察团参观考察费城青山农场赛珍珠故居并祭扫赛珍珠墓。其间，美国赛珍珠国际组织CEO韦尔、总裁珍妮特·明泽会见镇江考察团成员，并听取镇江赛珍珠文化公园建设方案介绍。考察团向赛珍珠国际赠送“大地珍珠”插屏、“珍珠永辉”铜印、“大地之土”标本瓶。（裴　伟）

【美国重启“赛珍珠奖”】 2016年4月20日，《女勇士》（*The Woman Warrior: Memoirs of a Girlhood Among Ghosts*）作者、美国华裔女作家汤亭亭（Maxine Hong Kingston）在美国伦道夫学院（Randolph College）接受“赛珍珠奖”（Pearl S. Buck Award）。

汤亭亭的许多作品都描绘自己及家人在美的种种经历，并具有浓厚的中国风情。她曾获美国“国家艺术奖章”“国家人文科学金牌奖”等奖项。“赛珍珠奖”开设于1998年，距上一次颁奖有12年。为纪念赛珍珠诞辰125周年，作为赛珍珠母校的梅肯伦道夫学院重启该奖项。校方表示，“赛珍珠奖”授予能够彰显赛珍珠的理想、价值观和承诺的杰出女性，学校重启“赛珍珠奖”，并计划未来隔年颁发一次该奖项。“赛珍珠奖”的上一位获奖者是越战纪念碑设计师林璎（Maya Lin），她于2004年获该奖。（裴　伟）

【《春江花月夜：赛珍珠》首轮全球巡演开票】 2016年5月20日，舞台剧《春江花月夜：赛珍珠》首轮全球巡演正式开票。制作团队邀请太阳马戏团的编导，运用杂技元素将舞蹈演员送到高空琴弦上，演绎音符上的舞蹈。6月14日—18日，舞台剧在加拿大蒙特利尔帝国剧院拉开全球巡演北美站序幕，随后在加拿大、美国的多个城市演出。11月23日，《春江花月夜：赛珍珠》作为第三届江苏文化艺术节收官剧目在南京保利大剧院上演，并获艺术节剧目“特别奖”。（裴　伟）

《三国演义》研究

【概况】 2016年，镇江市《三国演义》学会完成镇江市社科联公布的课题。5月30日，市社科联（院）下发《关于公布2016年度镇江市社科应用研究立项课题的通知》，其中重点课题5项，一般课题171项。学会完成其中的8项。王玉国、徐苏、彭一义完成5项重点课题中的“新时期‘镇江精神’研究”。王玉国完成的“关于建立东吴体验园研究”，获市社科联（院）评选的2016年度镇江市“社科应用研究精品工程”一等奖。李金坤完成“新时期镇江精神研究”，王书敏完成“利用考古成果进行传统文化教育的实施对策研究”，李冬梅完成“镇江宗教文化旅游发展策略研究”，吴芳完成“开发博物馆教育资源，实施博物馆课程进校园研究”，褚正东完成“镇江市智能公交数字化推广项目”，周再兴完成“弘扬铁军精神，传播红色文化”。

完成《镇江三山文化系列丛书》的撰稿任务，该书由镇江市历史文化名城研究会主编，学会协编3本，《镇江金山》《镇江北固山》《镇江焦山》分别由学会王玉国、徐苏、张大华撰稿，并为系列丛书撰写前言。编印《三国文化》刊物2期。该刊物从2016年第一期开始，由中国《三国演义》学会主办。出版《周瑜故里论三国》，该书为第二届周瑜文化暨第二十三届《三国演义》学术研讨会的学术成果汇编，该书由王玉国主编。褚正东、徐苏完成专著《名人镇江情》。

11月2日，镇江市《三国演义》学会第六届学术研讨会在北固楼召开。研讨会收到论文24篇。镇江市社科联、文广新局、名城研究会的邵利明、周连锁、赵顺凌出席研讨会并讲话。

参与“我与名城三十年”征文活动，学会会员撰写20余篇纪念文章在《镇江日报》发表。学会主编的《三国文化》的13期选登镇江市《三国演义》学会会员撰写的8文稿。（王玉国）

【“镇江市三国文化研究中青年专家库”首次成员会议】 2016年6月22日，会议在镇江市《三国演义》学会召开。“专家库”14名成员、部分老专家约30人出席会议。会议同时向专家库成员每人赠送15部图书资料。（王玉国）

【学术交流活动】 2016年8月9日—11日，由中共辽宁省委宣传部、辽宁省教育厅、辽宁省社会科学界联合会等单位联合主办，辽宁省古代文学学会、中国武侠文学学会、渤海大学文学院、大连大学语言文学研究所等单位承办的“第二届中国古代文学文化研究学术研讨会”在渤海大学举行。镇江高专教授张永刚作《晚明党争与文学生态及文学分期》的发言。7月8日，由江苏大学和镇江市赛珍珠研究会主办的“2016年赛珍珠与亚洲”学术研讨会在镇江江苏大学召开。学会王玉国、裴伟等应邀出席会议。9月24日，南师大举办民俗学回顾与发展论坛，学会王玉国应邀出席会议并作题为《南京和镇江在六朝时期的地位与关系及镇江的民俗文化》的讲座。11月11日—14日，第三届全国市县三国研究机构学术会议在绵阳召开。学会会长王玉国出席会议，作题为《挖掘“三国”文化资源 建设东吴体验园》的论文交流。（王玉国）

综 述

【概况】 截至2016年年底,镇江市有1家出版社、7种报纸、14种期刊、8家报刊社驻镇江记者站、461家印刷企业。全年全市的版权登记点增加至8个,并对外接受登记,全市一般作品版权登记数量为2947件,列全省第7位。(张 冰)

出版管理

【概况】 2016年,镇江市睿泰产业园入选"江苏版权产业最具影响力企业",签约30家上下游企业,奥博洋公司开发的敲宝网的在线会员超过10万人。6月,镇江市软件正版化信息管理平台在全省率先正式上线,该项目入选镇江市2016年度法治惠民实事项目。8月4日,全省机关软件正版化培训会议在镇江召开,镇江市作为唯一省辖市代表在会上交流发言。全市8个版权登记点相继建成并对外接受登记。探索版权行政调解与司法的衔接,市文广新局与镇江市中级人民法院联合发布《关于建立著作权类知识产权纠纷案件诉调对接机制的规定》,在全省率先开展诉调对接实践。

(张 冰)

【国际数字教育版权交易中心建设】 2016年,镇江市加快推动睿泰集团打造国际数字教育版权交易中心,申报建立江苏版权贸易基地镇江园区。睿泰版权交易中心成立海外业务部,进行全球优质教育版权的遴选与引进,与中国台湾小牛顿、美国Brainpop、英国BBC等版权机构达成联合运营,有版权2700集,又与龙源、奕阳、东方娃娃、亲近母语等国内代表型内容提供商签订战略合作协议;设立乐泰数字产业基金,推进版权金融与产业投资;拥有互联网发行平台—时光阅读网,移动端发行平台——今日书院,以及云畅阅24小时自助阅读发行网络;与咪咕阅读、当当网、小米阅读、掌阅、十分科技等主流发行渠道实现战略合作。(张 冰)

【印刷业管理】 截至2016年年底,镇江市有印刷企业461家,其中出版物印刷企业15家,专项印刷企业5家,包装装潢印刷企业263家,其他印刷品印刷企业177家,数字印刷企业1家。全市印刷业工业总产值为73.07亿元,工业增加值15.12亿元,实现销售收入68.27亿元。全市亿元以上产值印刷企业为14家,产值5000万元以上印刷企业为17家。全市印刷业从业人员1.38万人,资产总额105.78亿元,实现利税总额0.46亿元。

2016年,指导2家印刷企业申报全省第二批示范印刷企业。江苏大亚印刷有限公司入选2016年"江苏省印刷示范企业"。扶持引导实体书店发展,评选表彰5家"镇江市最美书店",各奖励1万元用于开辟公共阅读空间,开展阅读推广活动。镇江博世书店获评"江苏省最美书店"。加强印刷复制发行行业监管,开展安全生产检查,联合执法支队抽查12家印刷和发行单位,消除安全隐患。

(张 冰)

【发行管理】 2016年,镇江市有出版物企业397家,其中出版物批发单位12家,经营网点534个,注册的网上书店46家。全市出版物发行单位销售总额37554.45万元,比2015年增加4008.64万元,增长11.9%。落实国家新闻出版广电总局等11部门《关于支持实体书店发展的指导意见》,召开座谈会听取实体书店负责人意见,研究制定全市实体书店扶持政策。指导镇江梦溪书城建成镇江首家24小时实体书店,试行多元化经营,打造24小时阅读与文化休闲空间。市文广新局加强对传统期刊社的出版监管和报刊审读工作,2016年印发《镇江报刊审读与管理》26期。组织新闻出版广电从业人员资格培训,有425人通过考试。(张 冰)

【版权管理】 2016年,镇江市文广新局对文化企业、基层文化部门版权工作人员、版权登记点工作人员、市残联相关工作人员等开展免费的版权培训和版权登记指导。举办"4·26世界知识产权日"广场咨询活动,接受群众咨询。全市8个版权登记点相继建成并对外接受登记,版权登记点实现辖市(区)全覆盖。全市一般作品版权登记数量为2947件,列全省第7位。"巾帼调解站"的1名调解人员获全国打击侵权盗版案件有功个人二等奖。全年全市完成行政调解12起,书面行政调解版权纠纷3起,座谈调解9起,参与法院民事诉讼调解1起。

(张 冰)

2016 年镇江市公开发行报纸一览表

表 31－1

报纸名称	刊　号	刊　期	地　址
镇江日报	CN32－0015	日报	镇江市中山东路4号
京江晚报	CN32－0064	日报	镇江市中山东路4号
江苏声屏·镇江广播电视	CN32－0082/04	周报	镇江市长江路33号
丹阳日报	CN32－0070	周六报	丹阳市开发区东方路报业大厦
江苏大学报	CN32－0809/G	半月报	镇江市学府路301号
江苏科技大学报	CN32－0821/(G)	旬报	镇江市梦溪路2号
镇江高等专科学校报	CN32－0838－(G)	20天	镇江市学府路61号

（张　冰）

2016 年镇江市公开发行期刊一览表

表 31－2

期刊名称	国内统一连续出版物号	刊　期	地　址
金山	CN32－1035/I	月刊	镇江市正东路34号
蚕业科学	CN32－1115/S	季刊	镇江市四摆渡中国农科院蚕业研究所
中国蚕业	CN32－1421/S	季刊	镇江市四摆渡中国农科院蚕业研究所
江苏船舶	CN32－1230－U	双月刊	镇江市正东路37号
农业装备技术	CN32－1646/S	双月刊	镇江市学府路71号
排灌机械	CN32－1171－TH	季刊	镇江市学府301号
江苏实用心电学杂志	CN32－1484/R	双月刊	镇江市解放路438号
江苏大学学报(自然科学版)	32－1450－N	双月刊	梦溪园巷30号
江苏大学学报(社科版)	32－1655－C	季刊	梦溪园巷30号
江苏大学学报(医学版)	32－1434－R	季刊	梦溪园巷30号
江苏大学学报(高教版)	32－1075－G	季刊	梦溪园巷30号
江苏科技大学学报(社科版)	32－1422－U	双月刊	镇江市梦溪路2号
江苏科技大学学报(自然科学版)	32－1608－C	季刊	镇江市梦溪路2号
镇江高专学报	CN32－1511/G4	季刊	镇江市学府路61号

（张　冰）

2016 年镇江记者站一览表

表 31－3

记者站名称	地　址
《江苏工人报》镇江记者站	镇江市梦溪路5号
江苏法制报社镇江记者站	镇江市学府路3号
新华日报社镇江记者站	镇江市正东路32号
《扬子晚报》镇江记者站	镇江市梦溪路4号3－205室
《江苏电力报》镇江记者站	镇江市电力路182号
《镇江日报》丹阳记者站	丹阳市行政中心
《镇江日报》扬中记者站	扬中市政府机关大院
《镇江日报》句容记者站	句容市华阳镇

（张　冰）

【江苏大学出版社】 2016 年，江苏大学出版社出版图书 495 种，其中新书 274 种，重印书 221 种，重印书占 45%。新书码洋 2361 万元，重印书码洋 2004 万元。出版的新书品种包括高校教材教辅 129 种、学术著作 77 种、大众读物 65 种和中小学教材教辅 4 种，各类别的比例分别为 47%、28%、24% 和 1%。全年销售码洋 2222 万元，实际销售收入 1400 万元。该社有员工 45 人，其中具有高级职称的专业人员 7 人，具有硕士学位的 22 人。

2016 年，《主义·文化·思想：马克思主义中国化的理论与实践研究》《吕凤子研究丛书》《清朝涉外战争史》《中国赛珍珠研究丛书》《中国楹联与诗词文化》《大跨空间钢结构施工关键技术》入选江苏"十三五"重点图书、音像、电子出版物出版规划；《中小城市承接服务外包研究：以镇江市为例》《文化的内核与张力》获江苏省第十四届哲学社会科学优秀成果奖三等奖；《主义·文化·思想：马克思主义中国化的理论与实践研究》获 2016 江苏省高校哲学社会科学研究成果二等奖；《不可超越的利益之争：大学生存价值观探析》《文化的内核与张力》获 2016 江苏省高校哲学社会科学研究成果三等奖；《十个为什么》获 2016 年江苏省优秀科普作品三等奖；《中国西部地区抗战文化遗址图说》获评"2015·苏版好书"；《新闻见证：道德楷模赵亚夫》获评"2016 苏版好书"（第一季度）；《大手牵小手：0～3 岁亲子共读指导》获评"2016 苏版好书"（第二季度）；《大地珍珠：赛珍珠主题诗书画选萃》获第九届华东书籍设计双年展优秀奖。

（常　钰）

【"十二五"和"十三五"重点出版物规划项目出版情况】 2016 年，江苏大学出版社承担的国家"十二五"重点出版物规划项目"当代台湾文化研究新视野丛书"，至 2015 年出版 3 种。2016 年，推出《台湾文学生态——从戒严法则到市场经济》《战后台湾文化重建（1945—1947）》

《遥望那一树缤纷——台湾文学漫论》等3种。省"十二五"重点出版物规划项目"日本现代农业实用技术丛书"的第一册《机插水稻稀植栽培新技术》于2014年出版,并入选"2014年江苏省农家书屋";2016年,推出该丛书的第二册《草莓栽培新技术》。

2016年,出版社有6种图书入选江苏"十三五"重点出版物规划项目,分别是《主义·文化·思想:马克思主义中国化的理论与实践研究》《吕凤子研究丛书》《清朝涉外战争史》《中国赛珍珠研究丛书》《中国楹联与诗词文化》和《大跨空间钢结构施工关键技术》。其中的《主义·文化·思想:马克思主义中国化的理论与实践研究》于2016年10月正式出版。 (常 钰)

【教材类出版物出版情况】 2016年,江苏大学出版社拓展新的教材领域,与江苏大学对外汉语教研室合作,推出"留学生汉语基础系列教材"——《魅力汉语》。丛书紧扣国家对外汉语教学领导小组办公室的《高等学校外国留学生汉语教材大纲(长期进修)》要求,依据大纲的语法项目与功能项目,按照综合、读写、听说三种课型,将教材设置为《综合》1~6册、《读写》1~3册、《听说》1~6册,分别对应新HSK各级考试要求。 (常 钰)

【地方文化类出版物出版情况】 2016年,江苏大学出版社发掘地方文化资源,出版一批文化类图书。其中"名城镇江文史研究丛书"8册,以新的视角,由面到点,选择那些在中华民族历史文化中有一席地位的闪光点,反映镇江在考古、考证、人文、山林等方面研究的新成果;《邂逅镇江的别样风情》《历史文化名城镇江》《影响中国的镇江传说》《名人镇江情》《旧拓瘗鹤铭:焦山碑刻博物馆藏本》等,介绍镇江的风土人情,讲解镇江的名人、名地、名碑。 (常 钰)

【农业主题出版物出版情况】 2016年,江苏大学出版社推出《草莓栽培新技术》《农缘》和《农原》等介绍农业新技术和农业工作者的图书。《草莓栽培新技术》是省"十二五"重点出版物规划项目"日本现代农业实用技术丛书"中的一本。该丛书精选日本综合性农业杂志《现代农业》历年关于各类农业新技术的文章,组织农业专家翻译而成。赵亚夫担任丛书主编,并参与翻译工作。《农缘》和《农原》两书主要选择作者曲振国30多年从事农业科研、农业技术推广、农业国际合作、农业政策研究、农业服务等方面的工作经验汇编成册。这些体会和经验对于"三农"工作有借鉴意义。 (常 钰)

【"海峡文丛"系列出版情况】 2016年,江苏大学出版社重点项目"海峡文丛"推出最后一辑5种:《文化生产与身份认同》《文化重构:创意经济与城市美学》《当代文化产业:转型与创新》《当代美学的文化使命与理论重构》和《文化研究与文学问题》。该系列丛书出版6辑22种,均是对海峡两岸文化热点问题的研究和探讨,反映相关学科研究的最新成果,在两岸学术界甚至海外学术界引起较大反响。 (常 钰)

【传统出版和新兴出版融合发展】 2016年,江苏大学出版社申报"2017年新闻出版改革发展项目库项目"——"国学数字化传承与传播平台——基于互联网+国学之融合"。项目响应国家"互联网+"的发展理念,将传统国学以数字化、新媒体化、维基化、微课化的方式进行释义、研讨、教学、传播、出版及发行。项目在内容上保留国学原文,体现中国文言文精炼却富含深意的魅力;用现代语言对国学进行阐释注解,适合现代人理解阅读;通过讲解典故,让学习过程更为生动有趣。通过维基模式,让更多人参与学习讨论,摈弃陈旧内容,继承经典内容,发展新鲜内容;以多媒体微课形式,将深奥的巨著进行合理"碎片"化,方便教学。项目平台建成后将包括图书出版发行、数字出版系统、手机APP、多媒体及网络服务系统、互动教学系统。 (常 钰)

【畅销书出版情况】 2016年,江苏大学出版社在畅销书出版方面进行尝试。出版《魔杰座的八度空间》,该书从多个维度对"周杰伦文化现象"进行全面的解读。出版社对该书从章节体例、文字风格,到书名文案、装帧设计进行全程策划,并借周杰伦国内巡回演唱会的机会推出。《B12星球之时空穿越纪事》是台湾"飞碟研究教父"、科幻小说作家吕应钟以B12星球为科幻场景创作的科幻题材小说。 (常 钰)

【服务全民阅读】 2016年,江苏大学出版社多次向镇江市残联,街道、学校贫困生等捐赠图书,并参加镇江市文广新局举办的"镇江市书香进军营"捐书仪式及图书展销活动,给基层部队战士送去科技、人文、普及类图书百余种。在第六届江苏书展上,出版社在扬州主会场举办"校园健康与医学急救知识讲座"和"阅读——打开孩子成长宝库的金钥匙讲座"活动。 (常 钰)

报 纸

【概况】 2016年,镇江报业传媒集团以准确报道、及时反映、全面配合市委、市政府各项工作为导向,提高媒体的舆论传播力、引导力、影响力、公信力。加强舆论引导,加快报业转型和媒体融合,推动广告经营和产业发展。

常态化开展行走基层活动,"新春走基层,关注老字号"系列报道,将"老存仁堂"、鼎大祥、甘露等一批老字号的发展历程展现在读者面前,强化市民对镇江名城的文化认同。开设《晚报实验室》,澄清或纠正受众某些模糊或错误认识,给予实用性指导。推出《创新实干百企行》《特色发展看园区》《行走京口》等一批专栏,以记者的视野,深度发掘基层故事。

按照精致、精深、精品的工作思路,加强纸媒建设,巩固主流阵地。《镇江日报》突出高端、深刻、权威,加强内容和栏目建设,通过打造《新闻观察》《今日视点》《朝花即拾》等栏目,提升权威性和厚实度。《京江晚报》突出贴近、互动、服务,策划"万人游镇江""爱心年夜饭""书香行动"等系列活动,增强对用户的黏性。《镇江画报》突出文化、时尚、生活,更多地运用图文形式彰显城市文化,传递时代信息。

2016年,镇江报业传媒集团加强以金山网为龙头的网络媒体建设,通过丰富网络新闻资讯、生活服务、网络活动等,扩大网络影响力。加强以"两微一端"为重点的移动媒体建设,通过镇江手机报、金山网微博微信公众号、镇江发布和"智慧镇江"客户端等新媒体产品的建设运营,丰富主流新闻传播渠道。加强以网络舆情开发为重点的媒体智库建设,通过《镇江网情》等产品开发,提升网络舆情的管理引导水平。

镇江报业传媒集团在加快纸质媒体、网络媒体、移动媒体和户外媒体等传播渠道建设的基础上,以内容生产、机制创新为关键,推进信息采集、内容生产、多次发布的流程再造,促进传统媒体与新兴媒体的融合发展。在市党代会、镇江"两会"等重大主题报道以及突发事件的舆论引导中,综合运用文字、图片、音视频等多形式展示,通过纸媒、网络媒体、移动媒体和户外媒体等多平台推送,扩大主流舆论的影响力。成立"京晚艺术+"工作室,服务镇江文化市场。

加强和规范对集团独资和控股子公

司的建设管理，开展增收节支、降本增效活动。加快实施户外终端项目，在提供公共文化服务的同时，进一步优化户外媒体布局，新建户外公共阅报栏50个，建成公共自行车亭100个，总量分别为300个和250个。做好数字出版产业园一期工程扫尾。

在省级以上新闻作品评选中，集团有近80件作品获奖。在年度省报纸优秀作品评选中，集团有26件作品获奖，其中一等奖5件，创下历史新高，8件作品获赵超构全国新闻奖。此外，集团获评“2015年度全市宣传思想文化工作创新奖（新媒体宣传矩阵平台）”、“2012－2014年度镇江市文明单位”、“省级文明单位”、“六五”普法先进集体、“镇江市第七次创建全国双拥模范城二等功单位”、“模范职工之家”等称号。“镇江日报社成立60周年”入选“不忘初心，点赞我们的2016”镇江网友眼中的十件文化大事，集团4人获评镇江市“名记者、名编辑”。（张　翼）

【新闻报道】 2016年，镇江报业传媒集团关注省市“两会”、省市党代会、中国共产党建党95周年、低碳交易会、市委全委会等重大事件，不断推出形式多样、内容全面的重大主题宣传。

省市“两会”期间，推出《两会聚焦》《两会走笔》等栏目，既聚焦经济社会发展的大主题，也关注百姓生活的小细节，全景展示两会；围绕市第七次党代会的召开，开设《喜迎党代会》《我在镇江这5年》《影像中的镇江》《来自一线的党代表》《喜迎党代会记者看变化》等多个专栏，全方位呈现会议氛围和代表姿态，以及镇江市近年的变化；为庆祝中国共产党建党95周年，筹划并推出“鲜红的党旗高高飘扬纪念建党95周年”特别报道。

围绕“六个年”“十大任务百项工作”“八大类重点项目”等市委、市政府重大决策部署，推出《围绕六个年、干出奋进态势》等专栏，跟踪报道火车站北广场改造、苏宁广场建设、312国道南移、连淮扬镇铁路和镇江长江大桥建设以及丁卯桥快速通道等重点工程。（张　翼）

【社会公益活动】 2016年，镇江报业传媒集团策划组织“互联网＋会客厅”、“京晚艺术＋”、“寻访影响中国的江苏文物古迹”、“西津渡迷你网博会”、镇江千余网友齐聚黄鹤山植树、黄明节圌山环保公益行动、“最美不过家乡水”摄影暨征文大赛、对话“老党员　成长新青年——口述历史活动”等各类大型活动。“爱心年夜饭”“金山e支教”“万人游镇江”“书香镇江”“增华阁阅读写作大赛”等品牌活动形成较大影响。（张　翼）

【“京晚艺术＋”工作室】 2016年，镇江报业传媒集团成立“京晚艺术＋”工作室，运用网上平台，整合文化书画资源，促进和服务镇江文化市场。加强与“两报一网”拍客、书画栏目联动互动，建设创作研究基地，延伸服务领域，拓展书画等艺术品市场。（张　翼）

2016年镇江报业传媒集团新闻作品获奖情况表

表31－4

2015年度江苏省报纸优秀作品篇目			
奖级	标　题	类　别	作者、编辑
一等奖	十年多近18000笔扶贫小额贷款无一坏账　句容农民把诚信看得比金子还贵重（《镇江日报》）	消息	滕庆海　栾继业（编辑一等奖）
	低碳有道，江南古城吸引全球目光——写在巴黎气候大会“镇江日”活动之际（《镇江日报》）	通讯	梁和峰
	“老记重书《观刈麦》日记”（《镇江日报》）	系列报道	刘兰明　王景曙　王鹏程　司马珂
	聚焦“最后一公里”（《镇江日报》）	专栏	刘兰明　张　涛　徐肖东
二等奖	全国首朵“生态云”镇江上线（《镇江日报》）	消息	梁和峰
	联合国气候大会举办“镇江日”活动（《京江晚报》）	消息	张翀煜　张立华
	姜建新捧回国家科技进步奖（《丹阳日报》）	消息	余桂兵　蒋须俊
	与C919同步“白手起家”，未来机舱内满眼“镇江造”——镇江航空业“伴飞”国产大飞机（《镇江日报》）	通讯	梁和峰　姜木金
	获得感不能“被代表”（《镇江日报》）	言论	王鹏程
	一把小小雨伞撑起友善真意（《京江晚报》）	系列报道	张翀煜　张立华
三等奖	“80后”独子成器官捐献最多者　助4人获新生、2人重见光明（《镇江日报》）	消息	朱　婕　庄　中
	我市探索盘活资产发展众创空间　李克强总理批示要求推广这一“镇江经验”（《京江晚报》）	消息	沈春来　邱隆洪　姚　勇　徐贤礼（编辑三等奖）
	“小市民日记”见证时代大变迁（《丹阳日报》）	消息	殷显春　刘　伟
	诺奖“青蒿素”幕后的“镇江元素”（《镇江日报》）	通讯	刘兰明　王景曙　马　坚（编辑三等奖）
	345天全面建成首车下线，28年“汽车梦”一朝成真——“镇江精神”成就北汽速度（《镇江日报》）	通讯	刘兰明　梁和峰　吴　斌（编辑三等奖）
	温情账单，见证小伙大爱情怀（《京江晚报》）	通讯	邱隆洪　李明明　徐贤礼
	距离创客，我们有多远？（《镇江日报》）	言论	华　翔
	聚焦“最后一公里”听社区干部说难题（《镇江日报》）	系列报道	王鹏程
	“探寻创新基因”系列报道（《镇江日报》）	系列报道	王红卫　朱纪平　刘兰明　刘玉祥　张　涛　张　辉　滕庆海　胡建伟　司马珂　姜木金　梁和峰　朱　婕
	透视分级诊疗的“镇江样本”系列报道（《京江晚报》）	系列报道	张翀煜　张立华；李　恒　徐贤礼（编辑三等奖）
	“书香镇江·关爱学子”与关爱青年系列活动（《京江晚报》）	重大主题策划	王红卫　张翀煜

续表 31－4

2015 年度江苏省报纸版面获奖作品

奖级	标　题	类　别	作者、编辑
二等奖	《镇江日报》6 月 19 日 9 版	版面	编辑：方　舒　夏永奕
三等奖	《京江晚报》12 月 29 日 A2－A3 版	版面	编辑：沙艳秋　胡　骏

2015 年度江苏省报纸新闻摄影作品评选获奖篇目

奖级	标　题	类　别	作者、编辑
二等奖	胜利港河道惊现“绿毯”（《镇江日报》）	摄影	王　呈

2015 年度江苏省优秀新闻论文获奖篇目

奖级	标　题	类　别	作者、编辑
三等奖	典型人物报道要念好“三字经”——从十年追访赵亚夫说起（《传媒观察》）	论文	王鹏程
三等奖	以主题活动让纸媒“活”起来、“动”起来——以《京江晚报》三场大型主题活动为例（《中国记者》）	论文	李　恒

2015 年度江苏省网络新闻获奖作品

奖级	标　题	类　别	作者、编辑
二等奖	生命的能量——镇江 20 年癌症生存者访谈	网络新闻	陈　洁　王　丹　张　明　盛林娟　高　寅　费　菲　黄跃巍　时　英
三等奖	金山 e 支教大爱中国行之陇上行	网络新闻	谭坚强　许益明　陈　洁　费　菲　张晨霞　沈　菲　黄跃巍

2015 年度中国报纸副刊作品评选获奖情况

奖级	标　题	类　别	作者、编辑
二等奖	当风吹过小巷（《镇江日报》）	杂文	作者：马　温　编辑：花　蕾
三等奖	爱好去哪儿了（《镇江日报》）	杂文	作者：汪泽涵　编辑：花　蕾
三等奖	原来还有感动（《京江晚报》）	杂文	作者：张翀煜　编辑：张翀煜　何　菁
最佳专栏	写在闹市边上（《京江晚报》）	专栏	编辑：张翀煜　何　菁
优秀专栏	平凡人正能量（《镇江日报》）	专栏	编辑：花　蕾　笪　伟
优秀版面	2015 年 2 月 6 日《镇江周刊》1 版	版面	编辑：贺　莺
优秀版面	2015 年 4 月 10 日《名城》12 版	版面	编辑：郑海伦　戴　蓉
三等奖	《副刊触网，大有可为》（《镇江日报》）	论文	作者：贺　莺
三等奖	《大俗大雅说基层》（《镇江日报》）	论文	作者：笪　伟
三等奖	千言万语，不如莫言（《京江晚报》）	杂文	作者：张翀煜　编辑：张翀煜　肖方元

2015 年度江苏省报纸副刊作品评选获奖篇目

奖级	标　题	类　别	作者、编辑
二等奖	乡愁之于格非（《京江晚报》）	版面	作者：何　菁　编辑：戴　蓉　张翀煜
三等奖	葛洪与青蒿素——屠呦呦诺奖背后的“镇江灵感”（《京江晚报》）	版面	作者：戴　蓉　何　菁 编辑：何　菁　刁　斌
	原来还有感动（《京江晚报》）	版面	作者：玉生烟（张翀煜） 编辑：何　菁　肖方元
	赛珍珠及其家人的“镇江情结”（《镇江日报》）	版面	作者：金存启 编辑：贺　莺
	无人替代的衰老（《镇江日报》）	版面	作者：牟沧浪 编辑：滕建锋
	紧缺的“小”儿科如何走出困局（《镇江日报》）	版面	作者：曾海蓉 编辑：滕建锋　贺　莺

2015 年度赵超构新闻奖作品篇目

奖级	标　题	类　别	作者、编辑
一等奖	联合国气候大会举办“镇江日”活动（《京江晚报》）	消息	作者：张翀煜　张立华
二等奖	透视分级诊疗的“镇江样本”系列报道——创新模式，织起立体化医疗服务网（《京江晚报》）	系列报道	作者：张翀煜　张立华
三等奖	我市探索盘活资产发展众创空间（《京江晚报》）	通讯	作者：邱隆洪　沈春来　姚　勇

续表 31－4

2015 年度赵超构新闻奖作品篇目			
奖级	标　　题	类　别	作者、编辑
版面类			
一等奖	联合国气候大会举办“镇江日”活动(《京江晚报》)	消息	编辑：李　恒　沙艳秋
二等奖	透视分级诊疗的“镇江样本”系列报道——创新模式，织起立体化医疗服务网(《京江晚报》)	系列报道	编辑：李　恒　徐贤礼
三等奖	我市探索盘活资产发展众创空间(《京江晚报》)	消息	编辑：徐贤礼
三等奖	2015 年 9 月 3 日 A4、A5 版(《京江晚报》)	版面	编辑：李　恒　徐贤礼
摄影类			
二等奖	“功夫”发传单(《京江晚报》)	图片	作者：马镇丹

（张　翼）

广播电视

【概况】　2016 年，镇江文广集团强化舆论引导，加速转型升级，促进提质增效。

宣传业务。镇江文广集团所属媒体推出全国“两会”特别报道、《实现新发展，一切在于干》、《“十三五”规划解读》、《推进供给侧改革结构性改革》、《“两学一做”学习教育》、《三农新天地》、《治国理政新方略》、《马上就办》等专题专栏；推出《致敬匠心》《新农民——青春的脚步》系列报道。发挥舆论监督作用，与“12345”热线互通，开设“曝光台”；做好国家卫生城市建设、节俭养德、核心价值观、啄木鸟行动等内容的宣传报道；推出《镇江最美警察》评选活动、《回眸与展望　精彩新镇江》专题节目。《法治进行时》栏目完成庭审直播。制做《阅读是人生最美的姿态，读书是心灵最好的旅行》等公益宣传片。开展“真情爱心送考”、微店销售戴庄水蜜桃公益助农、健康讲座进社区等一系列公益活动。健全媒体融合的组织领导机制，建立跨部门的内容生产、供稿和传播机制。探索互联网在线视频传播，组织 2016 长江国际音乐节、镇江市纪念中国共产党成立 95 周年群众合唱大会等活动的网络视频直播。FM102.7 直播秀场开播。2016 年，央视用稿 50 多条，其中《新闻联播》用稿 12 条；省电视台用稿近 1400 条，其中《江苏新时空》头条 12 条，用稿量在全省前列，并获评“江苏电视新闻繁荣奖”；省电台用稿 260 多篇，并获评“向省台发稿先进单位”。动画片《茅山小道士》、纪录片《茅山》在央视播出。举办《飞寻美丽新镇江》2016 镇江首届全国无人机航拍电视展播活动。集团 1 件电视作品获第 32 届江苏省电视奖，16 件作品获全省优秀广播电视节目奖、技术质量奖一等奖。

产业拓展。推进江苏穿越金点、北京华江亿动、五十弦文化传播、文广国际旅游等公司“新三板”首次公开募股进程。“文广农贷”高效安全运营，推出“文广助农贷”小微金融服务与信贷系统。文广资金互助合作社成立润州“春天里一号”分社。承办“2016 中国·丹徒旅游文化节”，整合、放大丹徒区旅游资源整体效应。文化融资担保公司投入运行，筹备成立镇江文化产业基金。推出“茅山小道士”文化创意运动饮用水。原创多媒体舞台剧《春江花月夜：赛珍珠》完成改版提升，于 6 月 14 日在加拿大蒙特利尔开启全球巡演；11 月 23 日，参加省第三届文化艺术节闭幕演出。联合创作的现代扬剧《花旦当家》《完节堂 1937》多次到北京演出。动画片《茅山小道士》入选国家专项资金项目。举办 2016 长江国际音乐节、2016HiFi 西津渡音乐汇、“大爱镇江”爱之行、“3·15 晚会”、“寻找最美环卫人”、“镇江市年度企业颁奖及经济盛典”、“一起周末”2016 镇江文化演出季、经典戏剧展演月、“中国·镇江国际纪录片盛典”、“中国·镇江文物艺术品交易博览会”、少儿春晚、青少年新年音乐会、马拉松比赛等品牌文化活动。

事业发展。深化供给侧结构性改革，提高资源使用效率，改革体制、转变机制，推进实施全员岗位责任制，推行“一岗双责”机制。集团获中国广告协会“CNAA I”媒体服务类一级广告企业证明商标准用证；由《镇江壹周》运营的“大爱联盟网络社会组织服务中心”获 2016 网络公益年度机构奖；“基于 DTMB 的移动电视业务平台”项目获 2016 年度第九届中国电影电视技术学会科学技术奖三等奖；集团获双拥七创二等功单位；原创多媒体舞蹈剧《春江花月夜：赛珍珠》获 2015 年度全市宣传思想文化工作创新奖一等奖。新闻频道获 2016 传媒中国十大品牌影响力城市广播电视频道，《新闻镇江》栏目获 2016 传媒中国品牌影响力广播电视栏目十佳。民生频道获“2015—2016 年度两岸四地频道四小龙”。《镇江壹周》关爱“星星的孩子”自闭症康复项目获首届江苏志愿服务展示交流会金奖。集团团委获 2015 年度镇江市共青团工作先进单位。在市第二届“名记者、名编辑、名主持人”评选中，集团的李强、项磊获“名记者”称号，周萍获“名编辑”称号，黄岩获“名主持人”称号。（姚福军）

【镇江文广集团获“江苏电视新闻繁荣奖”】　2016 年，镇江文广集团再获江苏电视新闻对外宣传最高综合奖项——“江苏电视新闻繁荣奖”，这是镇江市电视外宣工作连续 12 年获此奖项。2016 年，新闻频道向上发片 5524 条，省台用稿近 1400 条，央视用稿 50 条，其中《新闻联播》用稿 12 条。（姚福军）

【中美联合制作原创多媒体舞台剧《春江花月夜：赛珍珠》国际巡演、国内首演】　2015 年 8 月，该剧在美国纽约林肯艺术中心大卫寇驰剧院首演，2016 年年初重新进行完善，并开始全球巡演，先后登陆加拿大蒙特利尔帝国剧院、温哥华伊丽莎白皇后剧院、多伦多索尼中心等世界著名剧场，获中外媒体和专业人士的高度评价。11 月 23 日，国内版《春江花月夜：赛珍珠》在第三届江苏艺术节闭幕式上压轴演出，获省市领导、专家的高度评价。（姚福军）

【2016 长江国际音乐节】　2016 年 4 月 30 日—5 月 1 日，以“正是江南好风景，缤纷时节又逢君”为主题的 2016 长江国际音乐节在镇江世业洲举行。音乐节主打体验牌：该次长江音乐节演唱会版块由后街男孩专场表演，音乐节部分则有歌手孙燕姿、林忆莲演唱流行歌曲，摇滚歌手

崔健、许巍、杨乐同台表演，阵容涵盖多种音乐元素；音乐节与 Flitto 翻易通合作搭建“线上双语导览平台”，方便全球的音乐爱好者，音乐体验升级；音乐节设长江、运河两个舞台，技术团队测算其模拟声场，并对舞台位置及朝向进行相应调整，让听众身处户外能够感受 3D 立体环绕音效。 （姚福军）

【2016 第四届“中国·镇江西津渡国际纪录片盛典”】 2016 年 12 月 10 日，2016 第四届“中国·镇江西津渡国际纪录片盛典”在镇江西津渡举行。盛典活动由中国文化信息协会、半岛国际纪录片节、镇江广播电视台、镇江文化广电产业集团和镇江市城市建设产业集团主办，北京电影学院和镇江市西津渡文化旅游有限责任公司协办。活动主题为“看见中国”。活动从 2016 年 4 月启动，组委会收到全国电视台、媒体机构、影视公司、纪录片制作人及各大高校选送的节目 500 多部，20 部优秀纪录片获奖。活动期间，除举办颁奖、优秀纪录片点评等活动外，“半岛国际纪录片节”“法国克莱蒙费郎短片电影节”“纽约中国电影节”等国际电影电视节代表，还挑选优秀纪录片参加各国际电影电视节竞赛和展映。 （姚福军）

【动画片《茅山小道士》入选国家专项资金项目】 2016 年 5 月 23 日，国家新闻出版广电总局公布 2015 年度少儿节目精品及国产动画发展专项资金项目评审结果，由镇江广播电视台摄制的动画片《茅山小道士》获优秀国产动画片一等奖。该片以茅山环境为背景，通过小道士“茅小胜”拜师学艺、下山游历的故事，在中华文化的坐标中，塑造一个诙谐智慧、调皮可爱、武义高超的小道士形象。国家新闻出版广电总局认为，该作品坚持正确价值导向，具有较高艺术水准和制作水平，并鼓励各地予以优先安排播出。 （姚福军）

【镇江文广集团获中国广告协会“CNAA I”媒体服务类一级广告企业证明商标准用证】 2015 年，镇江文化广电产业集团有限公司根据“CNAA”证明商标申报（2015 版）要求，首次申报“媒体服务类一级”，经过为期一年的初审、复审、终审，最终于 2016 年 4 月获“CNAA I”（媒体服务类一级）商标准用证，成为镇江市唯一一家“中国一级广告企业”。“CNAA”是经国家工商行政管理总局商标局注册的证明商标，用于证明广告企业的专业服务能力和特定品质，从而使资质广告企业的合法权益得到法律保护。“CNAA I”用以表明中国一级广告企业资质。 （姚福军）

【“大爱联盟网络社会组织服务中心”获“2016 网络公益年度机构”奖】 2017 年 1 月 12 日，“因爱同行”2016 年度公益发布颁奖典礼在北京宋庆龄国际艺术中心未来剧院举行。由《镇江壹周》运营的“大爱联盟网络社会组织服务中心”获“2016 网络公益年度机构”奖。 （姚福军）

图书发行

【概况】 2016 年，镇江新华书店围绕江苏凤凰出版传媒股份有限公司下达的经营管理目标和各项工作任务，加强管理，改革创新，拓展市场，组织多种全民阅读推广活动，并开展创建文明单位、创星级门店活动，发行工作继续保持健康发展的势头。全年销售收入（含丹徒区）为 1.24 亿元，实现利润 599.96 万元，完成股份公司下达的各项经营指标。镇江新华书店被江苏凤凰出版传媒集团有限公司评为“2015 年度发行板块发行先进单位”。2016 年 2 月 1 日、9 月 28 日，镇江新华书店、丹阳新华书店、句容新华书店分获中共镇江市委、镇江市人民政府授予的“2012—2014 年度镇江市文明单位”称号和省文明委授予的“2013—2015 年度江苏省文明单位”称号。 （王永萍）

【小学生诵读经典比赛】 2016 年 6 月 1 日，由镇江新华书店、镇江文广集团广播新闻中心、镇江文广集团《镇江壹周》联合主办，安徽少年儿童出版社协办的“小学生诵读经典比赛”，在镇江新华书店中山东路书城一楼举行。中山路小学、市实验小学、八叉巷小学、中华路小学、解放路小学、江科大附小、江滨实小、香江花城小学、谏壁小学、姚桥小学等 10 所小学的 21 名选手参加比赛。中山路小学的赵旭、八叉巷小学的梁欣怡获一等奖。 （王永萍）

【顾保孜到镇江举办读书报告会】 2016 年 7 月 8 日，应镇江新华书店邀请，作家、江苏好书《周恩来的最后 600 天》的作者顾保孜，走进北汽（镇江）汽车有限公司，为该公司的 300 多名干部员工作一场题为“让梦想插上翅膀”读书报告会。报告会上，她通过自己读书、写作经历，讲述阅读是孕育梦想的启蒙星，阅读是建立自我的过程，可以帮助读者实现梦想。她的讲座受到员工的欢迎。 （王永萍）

【镇江作家蔡永祥、王桂宏举办签名售书活动】 2016 年 7 月 10 日，应镇江新华书店邀请，镇江作家蔡永祥、王桂宏在中山东路书城分别签售其最新作品《大地追梦——“时代楷模”赵亚夫》和《乡愁》（苏州卷）。《大地追梦——“时代楷模”赵亚夫》的主人公、全国“时代楷模”赵亚夫，与该书作者蔡永祥一起和全市广大读者见面，许多读者与他们合影留念。一小时内签售《大地追梦——“时代楷模”赵亚夫》和《乡愁》300 多册。 （王永萍）

【“凤凰姐姐讲绘本”活动】 2016 年，在镇江新华书店中山东路书城，每周双休日下午 2:30—3:00，由凤凰姐姐（新华书店评选的服务明星、首席导购员），为少年朋友及家长讲读如何阅读绘本图书，激发孩子的阅读兴趣，给孩子艺术审美的熏陶，培养孩子的认知能力、观察能力、沟通能力、想象力、创造力。 （王永萍）

2016 年镇江市新华书店经营情况表

表 31－5

店　名	销售总额（万元）	册　数（万册）	利润总额（万元）	利税总额（万元）	劳动生产率（万元/人）	年末固定资产原值（万元）
镇　江	11413.21	472.55	518.85	638.58	135.87	1617.99
丹　徒	992.01	63.60	81.11	92.57	110.11	537.21
丹　阳	6005.00	420.12	434.39	515.84	133.44	3234.56
句　容	3442.76	228.66	217.94	300.09	83.97	4433.22
扬　中	2381.25	180.13	169.7	189.84	64.36	818.4
合　计	24234.23	1365.06	1421.99	1736.92	112.20	10641.38

（李明华　王永萍）

【"暑假阅读优秀课外读物征文"活动】 2016年,为引导学生阅读优秀读物,镇江新华书店与京口、润州教育局、镇江新区社会发展局,联合举办"阅读优秀课外读物征文活动",有4万多名中小学生参加活动,收到征文5000多篇。镇江新华书店在中心门店——中山东路书城三楼设立优秀课外读物专架。

（王永萍）

【"你阅读,我买单"活动在全省推广】 由镇江新华书店研发,并于2015年4月23日与江苏大学图书馆正式启动的"图书馆读者书店借阅系统服务平台"(即"你读书,我买单"活动),2016年在全省推广。镇江、南京、无锡、常州、宜兴、溧水、东台、宿迁、靖江、通州、扬中等新华书店及上述地区有12家图书馆开展此项活动,并取得良好成效,2016年上述地区图书馆读者借阅图书近4.3万册、143万元。（王永萍）

【出版物职业技能竞赛镇江地区选拔赛】 2016年10月28日,镇江新华书店举办2016中国技能大赛——全国新闻出版广播影视行业职业技能竞赛镇江地区选拔赛,镇江新华书店选手李友茹、孟君、徐淑湘,丹阳新华书店选手赵伟、倪蓓、朱燕分获团体第一、二名;丹阳新华书店曾健、蒋小燕、镇江新华书店张蓓分获个人四项技能总分第一、二、三名。

（王永萍）

【儿童文学作家秦文君走进镇江校园】 2016年11月8日—9日,儿童文学作家秦文君走进镇江四所小学,作"快乐阅读 诗意写作"主题讲座。讲座后,秦文君为同学们签售她作为主策划人推出的长篇幻想小说《小熊包子》系列图书,签售累计16万元。此外,2016年镇江新华书店还先后邀请儿童文学作家祁智、庞婕蕾、徐玲等开展校园人文行活动,举办读书报告会18场。（王永萍）

【镇江地区选手在出版物职业技能竞赛江苏选拔赛取得成绩】 2016年11月18日,镇江新华书店选手吴玉瑶、丹阳新华书店选手曾健在2016中国技能大赛——全国新闻出版广播影视行业职业技能竞赛江苏选拔赛中,分获个人四项技能总分第一名、第四名。（王永萍）

网络媒体

【概况】 截至2016年12月底,镇江市IPv4地址数为99.1万个,列全省第五位;域名总数1.4万个;注册地在镇江的备案主体数为1.1万个,备案网站数为1.2万个。镇江市网民规模为192.5万人,互联网普及率为60.6%;手机网民规模为186.3万人。手机是镇江网民上网的首选设备,使用率为96.7%。镇江网民人均每周上网时长为28.6小时,比2015年增长0.2小时,高出全国平均水平2.2小时,高出江苏整体水平0.2小时,略低于苏南地区的平均水平。镇江网民对即时通信、网络新闻、搜索引擎、网络视频、网络音乐等应用使用率相对靠前,均在70%以上;网上支付、网络购物使用率接近70%,旅行预订使用率为46.0%,比上年提升7.4个百分点,是增速最快的应用。

互联网运用管理再创特色。镇江市贯彻落实习近平总书记网络安全和信息化工作座谈会讲话精神,持续深化管网用网创新,"互联网+会客厅"平台获市"十佳服务品牌"称号,先后有11个部门走进网上会客厅,88个单位常年活跃在网上会客厅,近40万人次的网民通过网上会客厅实现互动。在全国地级市中率先成立网络社会组织联合会,建立"一中心两基地",新培育"大爱联盟""爱心家园"等多支网络社会组织,开展网民节、公益援助等上百场网络文化活动,网络社会组织建设获国家网信办肯定。建立网络安全联席会议制度,壮大"网络妈妈"评议团队伍,启用"甄网炫"网评账号。深化"发声音亮观点"行动,开展"好网民、好作品"征集评选。组织开展20多项重点专题网上宣传,妥善处置"出租汽车掐架滴滴专车""江苏省高考'减招'"等多起重要敏感舆情,引导网上舆论,净化网络空间。

（于 芳 茅希磊）

【打造"互联网+会客厅"品牌】 2016年,镇江市以"网络发言人"工作为基础,整合线上线下资源,打造现场和网上、现实和虚拟相结合的"互联网+会客厅",邀请各部门负责人走进"会客厅",就热点话题与网民进行交流,推动领导干部走"网上群众路线"。"互联网+会客厅"提高政务公开透明度,调动网络社会组织及网民参政议政的积极性,推动"政网互动"成为常态,获2016年度市级机关"十佳服务品牌"。全年全市有国土、卫生、发改、经信等11个部门负责人走进"会客厅",金山公益、"网络妈妈"、文旅户外等近20个网络社会组织、上百万人次网民通过线上或线下方式参与其中。（凌 霄）

【"网络妈妈"工作】 2016年,镇江市将"网络妈妈"工作作为引进社会力量管网重要切入点,强化该项工作的作用。一方面新增市关工委作为工作指导单位,另一方面新成立"网吧啄木鸟""网络环卫工"两支队伍。相关队伍通过开展集中督查行动、强调"定点定员,划片包干"、为成员安排网上"责任田"等举措,加强对未成年人进网吧问题的监督工作,同时加强对属地网站、微博、微信、手机客户端等网络平台的监控。

（凌 霄）

【网络舆论管理专项行动】 2016年,镇江市先后开展"集中整治'号贩子'和'网络医托'专项行动""镇江市互联网金融风险专项整治""全市投资理财类公司非法集资风险排查专项工作"等多项网络舆论管理专项行动,维护网络舆论的清朗空间。（凌 霄）

【网络安全联动机制】 2016年,由镇江市委网信办牵头,一方面启动由市网信、通管、经信、公安多部门参加的网络安全联席会议,推动建立信息安全事件通报机制、会商制度、交办督查制度、应急处置制度等;另一方面下发《关于加强我市智慧城市网络安全管理工作意见》,加强智慧城市网络安全工作的统筹协调和顶层设计,建设网络安全预警监测系统(平台),将党政机关、事业单位和重点国有企业网站统一纳入智慧城市信息系统监测预警平台进行监测管理。此外,开展对全市关键信息基础设施的全面摸底、排查、部署工作,开展面向党政机关、事业单位的网络安全工作培训,定期发布《网络安全事件通报》并督促整改等。

（凌 霄）

【网络社会组织工作】 2016年,镇江市委网信办正式发文认定网络社会组织48家;对网络社会组织服务与监管并重,规范与引导并行,保证全市网络社会组织鲜明的正能量属性;开展网络社会组织党建工作,市网络社会组织联合会成立党支部,并推动有条件的网络社会组织逐步成立党组织;开通"镇江网络社会组织"微信公众号及网站专栏,建立西津渡服务基地等网络社会组织线上线下平台;全国地市级层面率先成立网络社会组织联合会,实现网络社会组织自律自治,打通政府部门、网络社会组织、网民之间的环节枢纽;"大爱联盟"网络社会组织获2016全国网络公益"年度机构"称号;《镇江市积极团结引领网络社会组织用好网络空间治理第三部门》《江苏镇江以成立网络社会组织联合会为抓手引领推动属地网络社会工作发展》先后被中央网信办《网信动态》刊载;“大爱联盟”负责人获中央网信办邀请参加网络社会组织学习习近平总书记“4·19”重要讲话精神座谈会并作发言。

（孔 昊）

【全市网评工作】 2016年,镇江市对“发声音 亮观点”网评员平台功能进行升级,打造一支100人规模战斗力强的网评员队伍,完成上级网评指令的同时,也在本地论坛上就网民关心的话题进行常态化发帖、跟评工作,累计正面顶帖近万条,助力全市网络生态清朗氛围的营造;通过“镇江发布”双微平台、全市新媒体联盟、网评员队伍三平台集结力量统一部署,以网评工作助推省、市两级党代会、低碳产品交易会等一系列重点宣传工作,协助参与部分敏感、突发舆情的处置工作;组建网评文章写手团队,围绕G20,全国、省“两会”等重点工作,上报近百余篇网评文章,同时开通“甄网炫”网评账号,致力于在本地网站、论坛围绕当前全市重点工作、时下热门议题主动发声。

（孔 昊）

【“e动镇江·聚力起航”2015镇江网民节颁奖典礼】 2016年1月9日,“e动镇江·聚力起航”2015镇江网民节颁奖典礼在镇江影剧院开幕。江苏省委宣传部副部长、网信办主任蔡丽新,镇江市领导曹当凌、王萍、曹丽虹、宋余庆出席典礼。典礼现场盘点2015年镇江的网络年度“好作品”“好声音”,表彰“十佳网络社团”“新媒体运用榜样单位”,其间穿插网民自编自演的节目以及抽奖和“发红包”环节,和在场观众形成良好互动。

（胡晓健）

【2016镇江网民节暨纪念红军长征胜利80周年毅行活动启动仪式】 2016年11月5日,2016镇江网民节暨纪念红军长征胜利80周年毅行活动启动仪式在镇江市焦山广场举行。全市20多个户外协会、1000多人参加活动。市委常委宣传部部长童国祥宣布活动启动,发布镇江网民节活动方案,并为“网络啄木鸟”队伍授旗。根据方案安排,市互联网信息办公室将牵头举办4大类、13项活动。此次毅行活动从焦山广场出发,途经北固山、西津渡、镇江博物馆、伯先公园、虎踞桥、梦溪园、铁瓮城等景点,终点设在京口宝鼎广场,全程16千米,沿途设12个打卡点,走完全程需要近4个小时。

（胡晓健）

【金山网】 金山网创办于2002年12月,隶属于镇江日报社,由镇江报业网络传媒有限公司营运,是镇江地区唯一一家国家一类新闻网站。拥有镇江手机报、镇江数字报、今日镇江APP、智慧镇江APP、金山网微博微信矩阵、《镇江网情》杂志等新媒体产品资源以及网络问政、网络发言人、网络居委会等网络栏目,是镇江互联网新媒体领域主流新闻传播舆论平台。

2016年,金山网发挥主流媒体作用,提供有力舆论支持。组织完成全媒体直播“两会”盛况、啄木鸟行动、网友盯项目、治国理政主题宣传等系列重点报道。其中,两会直播总点击量为40万人次。“治国理政”主题宣传获江苏省委网信办全省通报表扬。

2016年,金山网两微传播力位居全国前30名,阅读量过千万人次。金山网微信粉丝增长近50%,发布1256篇,累计阅读量304万人次以上,累计点赞数1万次以上,单条最高纪录为7万人次以上,1万人次以上的有22篇。头条号累计阅读量为724万人次。金山网、全媒体中心、镇江报业集团、《镇江日报》微博矩阵的粉丝增长5万以上,发布微博1万多条。“智慧镇江”客户端激活用户量从40万户增长到50万户,日活跃量为12万户。其中,《生命的能量——镇江20年癌症生存者访谈》《金山e支教大爱中国行之陇上行》分获江苏省好新闻(网络类)二、三等奖,《H5:励精图治建设“强富美高”新镇江》获评2016年三季度镇江网络好作品,金山网微信获“2016年度江苏地区最具潜力十大公众号”称号,“智慧镇江”获江苏省十佳APP、“镇江市民生示范工程”称号。

2016年,金山网开展多种社会公益活动。金山e支教公益活动开启新疆行,获第二届最佳“慈善义工”服务组织支持单位。金山网金山公益团队获第二届最佳“慈善义工”团队称号。

（高 新）

【“镇江网友之家”】 “镇江网友之家”(my0511.com)隶属于镇江市超速科技网络有限责任公司,创办于2000年5月,是镇江地区主流社区门户网站。截至2016年年底,网站有职工55人,旗下有梦溪论坛、镇江房产网、家装频道、婚嫁频道、亲子频道等多个知名板块,注册会员120多万人,网站访问量突破10亿人次,日均访问量为200万人次。

网站致力于为镇江市民提供各类免费信息服务,其中有消费娱乐指南、镇江房产介绍、租房售房、婚介交友、便民查询和互动交流等,并配合政府部门开展政务公开改革的相关工作,成为市民问政、政府发言的沟通桥梁。

网站举办各类活动,有线下年货大街大联欢、脸谱日历晒秀活动、千人规模的全市网友登山活动、全城乐享生活嘉年华活动等。网站参与公益事业,多次帮助“0511爱心家园”开展线上捐款救助活动,救助白血病患儿张宫印、小佳佳等,同时关爱困难家庭青少年及孤独老人等,传递“大爱镇江”的理念。2016年,网站关注民生和消费,开设《小城故事》《镇江凡人志》等图文专栏;开办各类公开课,有美食公开课、亲子公益课堂、家装公益大讲堂等;开展线下亲子活动,有童乐会等。

（张 卉）

综 述

【概况】 2016年，镇江市卫生计生系统落实全国卫生与健康大会等会议精神，促进卫生计生事业全面发展。市卫计委"助您健康"服务品牌获市级机关"十佳服务品牌"；建成"五星"先进党支部2个、"四星"先进党支部12个、"三星"先进党支部3个。市直6家医疗卫生计生单位获评镇江市职务犯罪风险防控示范单位；6人获评镇江市职务犯罪风险防控先进个人。市直医疗卫生单位上交"阳光账户"资金8683.02万元，上交"红包"128万元。3家单位建成省级文明单位，5家单位通过省级文明单位复审。镇江市第一人民医院获评镇江市"双美双优"示范医院称号。有5300余人加入"志愿江苏"平台。石春和获"中国好人""江苏好人"称号，5人获"镇江好人"称号；康裕斌获江苏省"十大医德标兵"称号，6人获江苏省"百名医德之星"称号。

卫生计生规划编制确定。确定卫生与健康发展规划和23个专项规划，形成镇江市卫生计生规划体系，出台"十三五"卫生与健康发展规划、健康镇江(2016—2020)行动方案、妇幼健康事业发展规划。编制全市"十三五"大型医用设备配置规划，13台设备全部通过省、市级评审。优化配置全市医疗资源，康复集团市儿童医院搬迁至市第四人民医院，江滨集团成立市第三人民医院儿科工作站，市妇幼保健院与句容市、润州区等机构组建联合体。

公立医疗机构改革。全市公立医院药(不含草药)占比28.87%，比上年降低1.62个百分点，百元医疗收入卫生材料消耗降低1.2元，门诊均次费用增长4.54%，出院均次费用降低0.56%，医疗收入增长5.13%。市财政安排公立医院债务化解资金4000万元，辖市(区)安排债务化解资金2314万元。对接全省医药价格改革政策，第三次调整公立医院医药价格。推进人事薪酬制度改革和编制备案制改革，规范用工行为，完善市直公立医院绩效考核制度。完善药品供应保障机制，两大医疗集团联合实行"量价挂钩""招采合一"，建立以市场为主导的药品价格形成机制；加大基本药物配备力度，实现二级以上医院与基层医疗卫生机构用药衔接，全市基层医疗卫生机构采购基本药物3.9亿元，减轻群众医药费用负担约1.6亿元；完善短缺药品储备及调用机制，市级短缺药品储备品种扩大到35种；市第三人民医院与国药集团合作推进药品内外供应链改革试点工作。完善市、县级信息平台功能，强化市区基层医疗机构与两大医疗集团的远程协助关系；加强电子健康档案和电子病历数据库建设，统一市区医保定点机构参保人员的疾病代码；市第一人民医院、第四人民医院试点开展医疗机构诊间结算工作。全市有49家基层医疗卫生机构开设76个"全科—专科联合门诊"，专科涵盖面广，接诊39631人次；新建康复联合病房16家，收治下转康复期病人1076人次；14家社区卫生服务中心开展家庭医生个性化签约服务，239个村卫生室开展乡村医生签约服务，占全市的75.16%。

基层卫生工作。2家社区卫生服务中心入选"全国百强社区卫生服务中心"，6家卫生院获评国家"群众满意的乡镇卫生院"；创成11家省级"示范村卫生室"；4家基层医疗卫生机构特色科室获省级专项建设资金；建成或建设特色科室的基层医疗卫生机构占全市的38.2%。全年开展慢病管理基层医务人员培训21376人次；开展农村订单定向医学生免费培养工作，实际招录本科60人、专科37人；开展基层卫生骨干人才遴选，在遴选的183名基层卫生骨干人才中，有110人被确认为省级"基层卫生骨干人才"；组织参加省基层卫生岗位练兵和技能竞赛，获3个二等奖、1个三等奖及1个优秀组织奖。推行医务人员轮岗制度化，市区下派对口支援医师113名，组织32名乡镇和71名乡村医生开展务实进修。全市新农合人均筹资标准为626元，各级财政补助450元，县、乡两级政策范围内住院费用报销比例为78.05%。全面推进省级联网医院"六统一管理"(统一转诊管理、统一用药目录、统一诊疗项目、统一补偿办法、统一结算程序、统一即时结报)；建立支付标准动态调整机制，逐步扩大按病种付费的病种数。

公共卫生服务。基本公共卫生服务项目人均补助标准为55元，落实专业公共卫生机构基本公共卫生服务项目负责制，12类46项服务项目全部落实。推进妇幼重大公共卫生项目服务工作，住院分娩补助、叶酸补服和"两癌"检查任务完成率分别为107.7%、104.6%和106.4%，补助标准分别为500元/例、24元/例和128.6元/例。

疾病预防控制。全市报告甲、乙类传染病病种14种3225例，比上年下降13.79%，无甲类传染病病例发生；以乡镇为单位，6岁以下儿童11种一类疫苗接种率保持在95%以上，预防接种专项活动通过省级考评；重大传染病防治任务全面落实，全市结核病疫情呈整体下降趋势，肺结核病人住院率下降至41%，减轻患者负担近1000万元。全市检测各类人群32.6万人次，感染者和病人社区随访管理率92.6%。全市查螺近1.5亿平方米，灭螺3300多万平方米，查治病9.4万人。丹徒区、润州区通过省级血吸虫病传播阻断考核，丹阳市通过省级血吸虫病传播消除考核；全市连续10年未发生急性血吸虫病感染疫情，并通过省级消除疟疾考核。严重精神障碍患者检出率为3.74‰，管理率为93.41%。加强卫生应急工作，实现省级卫生应急工作示范（规范）县（市）区全覆盖，有13个乡镇（街道）达到市级卫生应急规范建设标准。推进急救科技体验馆二期工程建设，实施全民自救互救覆盖式培训，开展卫生应急知识“六进”活动，普及各类应急自救互救技能知识。全年参与保障各类重要活动126场次。

爱国卫生工作。镇江市、丹阳市均通过国家卫生城市复审，并被确认为“病媒生物单项控制达标先进城市”。全市完成改厕4008户，无害化卫生户厕普及率为96.93%，丹阳市获“2016年省农村改厕示范县”称号。全市农村饮用水水质监测继续保持“五个全覆盖”。组织开展市级健康宣传咨询活动11次、健康素养巡讲14场次；运用大众传播媒介开展健康素养干预活动；扬中市通过全国首批健康促进县评估。丹阳等3家县级疾控中心建成省食品安全风险监测县级分中心，市第一人民医院等5家医院建成省级哨点医院；食源性疾病等20类风险监测任务全部完成。献血量满足临床用血需要，全市血站核酸检测实现全覆盖，市中心血站以总分全省第一通过第七周期省采供血机构技术审查和执业评审。

医疗服务内涵建设。门诊预约诊疗率三级医院≥30%、二级医院≥20%，住院患者分时段预约检查比例80%。日间手术试点覆盖面进一步扩大，二、三级综合医院平均住院日分别控制在7.6天、8.4天左右，专科医院平均住院日比上年度有所下降。扩大临床路径应用覆盖面，健全医疗费用管控体系。全市二级以上医院完成临床路径管理病例62563例，入径率80.14%，完成率88.54%。推进“品管圈”活动，在第四届全国医院“品管圈”大赛中，市第一人民医院“灵药圈”等项目获一、二等奖。加强抗菌药物临床应用管理，降低门、急诊抗菌药物静脉使用比例和使用量，全市二级以上医院（除儿科）全面停止门诊患者静脉输注抗菌药物。开展“孕产妇和新生儿危急重症救治中心”建设，危重孕产妇和危重新生儿救治成功率均为100%。实施妇幼健康分级服务项目，京口区获“江苏省妇幼健康优质服务示范区”称号。全市免费婚检覆盖率90.33%，免费孕检任务完成率104.9%，托幼机构卫生保健合格率100%；孕产妇艾滋病、梅毒和乙肝检测率均保持在97%以上；全市孕产妇死亡率、婴儿死亡率和出生缺陷发生率分别为4.08/10万、2.37‰和3.72‰。

医学科教人才队伍建设。建成21个省级临床重点专科、3个省妇幼保健重点学科（含1个建设单位）、37个市级临床重点专科（含3个建设单位）。全年产生省“医学创新团队（领军人才）”2人、省“医学重点人才”1人、省“青年医学人才”35人及市“医学重点人才”35人；入选享受国务院政府特殊津贴1人、省“突出贡献中青年专家”和“特聘医学专家”各1人、省第十三批“六大人才高峰”项目资助计划2人、省“卫生领军人才”4人、省“卫生拔尖人才”25人、市“有突出贡献中青年专家”4人；柔性引进第三批“临床医学领军人才”项目7个；新招录住院/全科医师规范化培训199名，325名住院医师获住院医师规范化培训合格证书。有99项科研课题获各级科技部门立项，获科研资助经费1357.5万元；获各类医学科技成果奖41项；获准国家级继续医学教育项目6项、省级项目31项。开展“三位一体”医疗损害赔偿救助工作，保险公司受理赔付医疗责任保险、医疗意外保险“两险”案件35起，赔付金额186.26万元；无过错医疗损害救助金救助11例，救助金额37.5万元，赔付金额下降，赔付程序简化，赔付时限缩短。11所医院获评市级“平安医院”，平安医院达标率95%。

中医药工作。全市100%社区卫生服务中心、乡镇卫生院和96%的社区卫生服务站、村卫生室能够提供中医药服务。建成35家基层医疗机构中医综合服务区（中医馆）。建成省级“乡镇卫生院示范中医科”和省级“中医特色社区卫生服务中心”3个、基层医疗机构中医特色专科4项。建立中医战略联盟协作机制，中医药专家走基层活动经常化、制度化，基层中医药服务率提升。举办第六届“中医药就在你身边”中医药文化科普巡讲81场次，受益群众2.1万人次；推动中医药文化进社区、进校园、进家庭，中医药内容达到健康教育内容40%以上。5个中医项目入选市级非物质文化遗产；出版发行《镇江中医药名家》。加强中医药与旅游融合，句容市开展创建“国家中医药健康旅游示范区”工作。镇江市建成“全国基层名老中医药专家传承工作室”1个、省“名老中医药专家传承工作室”2个；入选全国、省级“优秀中医临床人才”各1人，“全国中医护理骨干”1人，省级“农村优秀临床中医人才”7人；新建省级重点专科3个；开展师承教育考核工作，推进师承教育工作规范开展。

综合监管工作。市卫计部门检查各类公共场所1.66万户次，查处违法违规行为108起，罚款16.46万元；强化饮用水卫生监督监测，检查供水单位520户次，监督抽检水样137份，合格率97%；加强学校环境、饮用水卫生的监督监测，检查各类学校、托幼机构251所、400余户次；加强健康相关产品管理，抽检样品527份，合格率99%。全年批准设置医疗机构6所，其中综合医院1所、专科医院3所、护理院1所、医学检验所1所；11所医疗机构与其他组织涉嫌违规合作的18个科室项目终止合作协议；查处各级各类医疗机构违法违规行为8起、非法行医54起。检查放射诊疗单位169户次，查处违法违规行为3起；督查各类单位传染病防治542户次，查处违法违规行为4起。对28项事中事后监管责任清单和7项市级随机抽查事项清单进行报备公示；梳理行政权力网上公开运行事项274项，全部在权力阳光系统中报备；对接“e办事”平台建设，对16个行政权力事项进行深度分级和分类；衔接省委托、下放的5项行政审批事项；下放3所医疗机构的执业登记、校验及医师的执业注册和管理权限。

（卫计委办）

【卫生机构、床位和人员】 2016年，镇江市有各级各类卫生计生机构976个，其中医院47所，卫生院50所，社区卫生服务中心33家，妇幼保健院（站、所）7家，疾病预防控制中心7家，卫生监督（检验）机构7个，其他卫生单位10家，其他门诊部、诊所、医务室、卫生所、村卫生室和社区卫生服务站等774个，计划生育技术服务机构41个。

全市实有床位14585张，比上年减少52张，其中医院病床10823张，增加391张，占全市病床总数的74.21%。综合医院、中医院、卫生院和社区卫生服务中心分别有病床7280张、1184张、1891张和1113张，分别占病床总数的49.91%、8.12%、12.97%和7.63%。

全市有卫生人员24154人，增加834人，其中卫生技术人员19449人，增加464人，占人员总数的80.52%，全市每千人有卫生技术人员6.11人。全市有执业（助理）医师7884人、注册护士8278人，每千人有执业（助理）医师和注册护士分别为2.48人和2.60人。隶属于卫生部门的486个卫生机构有卫生人员20750人，增加394人，占人员总数的85.91%。其中，卫生技术人员、其他技术人员、管理人员和工勤人员分别为

16847 人、1196 人、706 人和 1601 人，分别占人员总数的 81.19%、5.76%、3.40% 和 7.72%。 （李 娟）

【卫生收支情况】 财政拨款：2016 年，镇江市医疗卫生计生机构争取到各级财政拨款 152869.27 万元，比上年增加 17316.64 万元，增长 12.77%。其中：医疗机构的财政补助 95198.91 万元，增加 8335.19 万元，增长 9.6%，其中公立医院减少 643.71 万元，下降 1.39%；基层医院增加 8978.9 万元，增长 22.17%；中医医院减少 1111.21 万元，下降 13.14%。卫生计生机构的财政拨款 57670.35 万元，增加 8981.44 万元，增长 18.45%。

收入情况：全年医疗机构实现收入 710337.41 万元，增加 37308.87 万元，增长 5.54%。公立医院的业务收入 507914.29 万元，占收入比重 91.7%，比上年增加 27869.28 万元，增长 5.81%，其中，药品收入占业务收入的比重为 30.75%，下降 1.86 个百分点。基层医疗机构全年实现医疗收入 94845.24 万元，占收入比重 60.63%，减少 403.43 万元，下降 0.42%，其中，药品收入占医疗收入比重平均为 50.76%，下降 2.17%。全市卫生计生机构总收入 60614.6 万元，增加 7769.42 万元，增长 14.7%，其中，实现事业收入 2944.25 万元，减少 1212.02 万元，下降 29.16%。

支出情况：支出情况：全市医疗卫生计生机构支出 795032.69 万元，比上年增长 7.99%。公立医院支出 553897.78 万元，增加 12286.83 万元，增长 2.27%，其中，医疗业务成本 484668.32 万元，管理费用 69162.46 万元，其他支出 4082.91 万元。基层医疗机构年度支出 152044.27 万元，增加 10367.96 万元，增长 7.32%，其中，医疗卫生支出 148417.06 万元，增加 9825.78 万元，增长 7.09%，其中的医疗支出占比 86.68%，公共卫生支出占比 13.32%。卫生计生机构支出 60964.61 万元，增加 8063.56 万元，增长 15.24%。

工作量完成情况：全市医疗机构完成门急诊工作量为 1914.84 万人次，减少 34.25 万人次，下降 1.76%。实际出院人数 38.29 万人，增加 1.93 万人次，增长 5.31%。实际开放总床日为 434.72 万床日，实际占用总床日数 351.26 万床日，病床使用率 80.8%，病床周转次数 32.03 次。

均次费用：公立医院门诊均次收费为 189.15 元，其中，药品费 70.12 元。每床日平均收费 985.82 元，其中，药品费 273.89 元。出院者平均医药费用 8586.49 元，其中，药品费 2385.58 元。基层医疗机构门诊均次收费为 91.91 元，其中，药品费 50.57 元。每床日平均收费 315.88 元，其中，药品费 103.98 元。出院者平均医药费用 3338.85 元，其中，药品费 1099.07 元。 （邵乐婷）

【规划和资源管理】 2016 年，镇江市制定“十三五”卫生计生事业发展规划编制目录，建立“十三五”卫生与健康发展规划为核心、23 个专项规划为支撑的规划编制体系，并印发《镇江市“十三五”卫生与健康发展规划》《健康镇江（2016—2020）行动方案》《镇江市“十三五”妇幼健康事业发展规划》；规范中央预算内投资卫生计生项目管理，编报“十三五”中央投资建设卫生计生项目储备库，出台《镇江市医疗卫生计生领域中央预算内投资项目管理办法（试行）》；加强大型医用设备配置管理，编制全市“十三五”大型医用设备配置规划，组织 3 次市级评审，13 台设备全部通过省级评审。 （规划信息处）

【智慧健康信息化建设】 2016 年，镇江市重新调整成立镇江市卫生和计划生育信息化工作领导小组；推进电子健康档案和电子病历数据库建设，统一市区医保定点机构参保人员的疾病代码，严格执行国际疾病代码目录；推进诊间结算，制定实施方案，市第一人民医院、市第四人民医院先行试点；完善市、县级区域健康信息平台功能，扬中市、丹阳市通过三级分级评测；加强各业务系统建设和应用，完善基层医疗卫生信息系统、集团医院信息系统、公共卫生信息系统，规范门诊和住院电子病历；推进远程医疗系统建设，推动市区基层医疗机构与两大医疗集团建立远程协助关系，丹阳市、句容市、扬中市依托辖区人民医院、两大医疗集团和其他高端优质医疗资源加快远程医疗建设进程；推进“三个一”工程，丹徒区、润州区深化省级试点，全面推行以“3＋X”家庭健康服务团队、医疗卫生网格化管理分队等为载体的家庭医生签约服务，加强居民电子健康档案动态更新，推进“市民卡·居民健康卡”发放工作；组织全市卫生计生系统开展关键信息基础设施安全自查和网络信息安全自查；探索“互联网＋健康医疗”服务，开展移动终端、自动终端、手机 APP 应用等信息惠民服务。 （汪 峰）

疾病预防控制与卫生应急

【概况】 2016 年，镇江市疾控系统以“健康镇江”建设为主线，完善疾病预防控制规范管理体系，推进重大疾病的综合防控；坚持平战结合原则，强化预警、健全预案，科学应对各类突发事件，全市疾病预防控制、卫生应急工作取得成效。

健康教育。全市通过各种形式宣传健康知识，举办健康宣传咨询活动、健康巡讲 4100 多场次，发放材料 260 多万份；与市文广集团合作举办“2016 全民健康节”；开发的传媒材料参加各类评选，先后获镇江市好新闻二等奖、健康科普传播奖、“十佳微视频”等。

职业与放射卫生。职业健康监护和职业危害因素监测、射线卫生监测单位和人数达 1300 多个单位 5.7 万人，职业病信息报告与职业健康体检管理机构督导考核、职业病诊断机构排名全省第一名；重点职业病监测项目排名全省第二名；职业健康检查机构排名全省第三名；健康促进企业建设在国家卫计委现场推进会上经验交流。

食品、环境与学校卫生。疾病预防控制中心入选首批江苏省食品安全风险监测市级中心，并建成 3 个辖市分中心和 5 个哨点医院；入选国家级雾霾监测点，空气污染对人群健康影响的监测工作完成；城市饮水卫生合格率 100%，获全省优秀生活饮用水卫生监测分析报告二等奖；通过“饮水安全事件卫生应急响应关键技术研究”课题省级示范点建设评审验收。对全市 17 所中小学 1.7 万名学生开展健康体检，加强学校疾病防治指导。

消毒与媒介生物防制。成立专业组督导各地开展居民区毒饵站建设及蚊蝇孳生地清理工作，通过国家卫生城市暗访复审，通过省爱国卫生运动委员会组织的病媒生物防制达标评估验收。对全市 17 所医院开展透析液和透析用水监测。 （疾控处 施泉清）

【慢病防制】 2016 年，镇江市高血压和糖尿病患者规范管理试点范围从原有 4 个区扩大到丹阳、句容、扬中、丹徒、京口、润州、镇江新区等辖市（区），全市对 14545 名高血压患者、6306 名糖尿病患者规范管理。制定下发《镇江市脑卒中患者规范管理项目实施方案（试行）》《镇江市脑卒中患者规范管理项目实施细则》和《镇江市部分恶性肿瘤规范管理试点项目方案》，启动实施脑卒中、部分恶性肿瘤规范化管理项目，探索慢性病高危人群管理模式。开展江苏省糖尿病区域性“疾控中心—医院—基层社区”一体化综合管理试点项目和高危人群健康管理项目。句容市创建国家级示范区慢性病综合防控示范区；向中国疾控中心慢病中心推荐3个慢性病示范区建设最佳案例。开展精神疾病规范管理项目4个社区的试点工作,提高患者检出率和管理率,4个试点社区检出率均超过4.3‰。全市开展三次严重精神障碍患者排查工作,截至2016年12月31日,全市严重精神障碍患者检出率为4.04‰,登记在册患者管理率为91.93%。实施“健康口腔、幸福晚年”项目,解决镇江市部分老年人群的口腔健康问题。完成儿童口腔疾病干预(窝沟封闭)项目。京口区完成第四次全国口腔健康流行病学调查任务。 (寻海占)

【计划免疫】 2016年,镇江市70家预防接种门诊达标率为100%,数字化门诊建成率80%。全市适龄儿童疫苗免疫预防接种达标;预防接种规范管理专项活动通过省级考评;新增留观门禁系统16家,在全省率先开展预防接种知情告知签核系统建设,81%的门诊建成使用。儿童预防接种专用客户端APP软件全市推广。全市预防接种异常反应保险补偿机制全面启动。 (寻海占)

【血吸虫病、寄生虫病和地方病防治】 2016年,镇江市查螺近1.5亿平方米,灭螺3300多万平方米,查治病数9.4万人;通过农业部、国家卫计委、水利部等有关部门组织的“血防春查”检查。丹徒区、润州区通过省级血吸虫病传播阻断考核,丹阳市通过省级血吸虫病传播消除考核。全市连续10年未发生急性血吸虫病感染疫情。京口区通过消除疟疾县级达标考核,镇江市以大市为单位,通过省级消除疟疾考核。句容市通过肠道线虫病有效控制县级达标考核。 (寻海占)

【急性传染病防制】 2016年,镇江市报告甲、乙类传染病病种14种3225例,比上年下降13.79%,无甲类传染病病例发生。全市111家传染病诊疗机构网络正常运行率为100%,首次纳入评价的就诊患者有效证件完整率97%以上,全市疫情报告质量综合率为99.47%。全市强化多方联动,完成多起疫情处置。加强流感、禽流感、寨卡病毒病、手足口病、麻疹等传染病防控。75%的医疗卫生机构完成基于HIS系统的传染病监测报告系统建设并投入使用;市第一人民医院和丹阳市人民医院完成流感样病例(ILI)监测信息系统建设。 (寻海占)

【结核病防制】 2016年,镇江市结核病疫情呈下降趋势,医疗机构结核病人报告率、转诊率、防治机构追踪到位率、系统管理率及涂阳病人家属筛查率“五率”高位达标。“利福平”敏感肺结核和耐药肺结核确诊患者纳入治疗率分别为99.9%、84.0%,患者管理率100%。中盖结核病项目二期通过国家评估验收,“三新一加强”与结核病规划结合,通过DOT管理、手机模式管理、家庭成员管理等方式,出院后“六见面”交接率、患者管理率、符合政策病人实时报销实施率均为100%。结核病新型综合防治体系建设经验在全国推广,多次在国内外会议交流。镇江市被国家卫计委列入全国“分级诊疗综合防治模式试点城市”。 (寻海占)

【艾滋病防制】 2016年,镇江市以“镇江市第三轮艾滋病综合防治示范区”项目工作为切入点,落实艾滋病各项防治措施。全市检测各类人群43.4万人次,全人群检测比例为13.7%,随访管理各项指标均高位达标。制定下发《镇江市艾滋病病毒感染者和病人综合管理项目方案》,建立医疗机构、疾控机构、基层医疗卫生机构“三位一体”的综合管理工作机制。健全监测检测体系,全市建成艾滋病检测实验室104个,各级医疗卫生机构艾滋病检测实验室覆盖100%。支持和引导5个社会组织参与艾滋病防治基金项目工作。 (寻海占)

【卫生应急工作】 2016年,镇江市制定下发《镇江市“十三五”卫生应急体系建设和发展规划》,并对《镇江市突发公共卫生事件应急预案》《镇江市突发重大传染病疫情应急预案》等总体预案及专项预案重新修订。推进“全民自救互救素养提升工程”。推进“急救科技体验馆”二期工程建设,重点建设情景模拟体验馆,普及各类应急自救互救技能。开展卫生应急知识“六进”活动,通过进社区、进企业、进家庭、进学校、进农村和进机关,开展全民自救互救覆盖式培训,全年全市培训94900余人。参与各类服务社会活动的卫生保障工作,全年参与、组织重要赛事(活动)保障132场次,出动保障救护车辆172车次,派遣医疗保障人员728人次。

卫生应急规范化建设。11月,丹徒区通过“省级卫生应急工作规范县”考核验收,全市所有县区均建成“省级卫生应急示范(规范)县(市、区)”,覆盖率100%。丹阳市界牌镇等13个乡镇(街道)获评“镇江市卫生应急工作规范乡镇(街道)”。下发《关于进一步加强突发公共卫生事件信息报告工作的通知》,规范镇江市突发公共卫生事件信息报告工作,提高信息报告的时效性、准确性和主动性,杜绝迟报、漏报、瞒报和谎报情况。

预警监测和风险评估。加强对H7N9、MERS、埃博拉、SARS及群体性不明原因疾病等突发急性传染病的监测、检测和应对能力建设,建立健全预警研判机制。全市各类预警信息响应率、异常信息及时处置率均为100%。建立健全风险评估机制,开展报告(表)质量抽查和督导检查,强化风险评估覆盖率和评估结果的利用率,疾控机构按照“一月一评、一事一评、一案一评”的“三个一评估”原则定期完成风险评估报告。推进“全省传染病监测预警项目试点城市”项目任务。

突发事件处置。处置丹阳电镀整治园区火灾事故。事故发生后,市卫计委

图32-1 2016年6月30日,国家卫计委应急办到镇江市急救中心调研卫生应急社会发动及自救互救体验馆建设工作 (卫计委宣传处 供稿)

启动应急预案，赶赴现场指挥，并组织国家、省专家开展技术支援，将对人员和环境的危害控制在最小范围内。处置丹徒区高级中学水痘暴发疫情。疫情发生后，市、县两级疾控中心开展突发公共卫生信息网络直报，快速调查处置，并和相关部门共同落实防控措施，控制疫情蔓延。

联防联控应急演练。2月26日，市卫计委和镇江出入境检验检疫局联合召开急性传染病联防联控会议，重点商讨急性传染病的联防联控工作，确定11条具体的防控措施，制定镇江市口岸重点传染病联防联控流程图，并形成会议纪要下发。6月20日，市卫计委和市水利局、镇江船厂等单位，组织开展"洪涝灾害卫生应急演练"。9月21日，江苏省第一届卫生应急院前急救技能大赛在镇江市举行，江苏省13个城市的25支急救队伍参赛。镇江市组织的参赛队伍获团体一等奖和两个单项一等奖。

（寻海占）

卫生监督

【概况】 2016年，镇江市卫生监督机构落实国家卫生城市复审迎检、全国文明城市创建、卫生计生全行业法制管理等重点工作，完成各项目标任务。机构及人员正式实行参公管理。全年出动监督员2.35万人次，现场快速检测和监督抽检3600份样品；开展各类专项整治141类次，查处各类违法违规案件192件，罚款51.29万元，没收违法所得21.26万元；查处非法行医54起，移送公安机关11件，罚款26.62万元，没收违法所得14.5541万元，没收医疗器械及药品240余件。镇江市卫生监督所通过"2013—2015年度省级文明单位"考核。

2016年，镇江市卫生监督机构许可审批办件5188件，其中省级8件、市本级2761件，其余为辖市（区）办件。市本级办件中，公共场所46件（新发证8件），放射8件，生活饮用水12件，涉水产品11件，医疗机构设置审批4件，医疗机构执业许可34件，医师护士注册2596件，医疗广告28件，母婴保健执业许可22件。开展"监管零收费、服务零距离"活动，减免各类规费、培训费22.8万余元，零距离服务6800余户次。全年受理各类投诉149件（市级23件，辖市、区126件），投诉举报内容查实90件。其中医疗卫生类109件，公共场所类28件，生活饮用水类4件，其他类8件。处理市卫计委"局长信箱"投诉2件，处理市卫计委群众信访来信2件，所有办件结案率、群众满意率均为100%。投诉中，涉及医疗服务的投诉举报占73.15%，是投诉举报的热点和重点。

（监督所）

【卫生行业监管】 2016年，镇江市卫生监督机构完善公共场所管理档案，在"五小"行业落实"六个一"管理（一个公示牌、一本指导手册、一封公开信、一个管理制度、一套卫生标识、一本规范台账）；推出公共场所"6+2"管理服务模式，通过业务培训、现场指导、交叉督查、技术监督等方法，检查各类公共场所1.66万户次，查处违法违规行为108起，其中一般程序80件，简易程序28件，罚款16.46万元。开展饮用水卫生监督监测，检查供水单位520余户次，监督抽检水样137份，合格率97%。加强学校卫生监管，检查各类学校、托幼机构251所，400余户次，出具文书157份，行政处罚4起。开展各类健康相关产品监督抽检，抽检样品527份，合格率99%。承担针对调味品类别的《食品中污染物限量》（GB 2762—2012）、《食品中真菌毒素限量》（GB 2761—2011）、《食品营养强化剂使用标准》（GB 14880—2012）、《食品添加剂使用标准》（GB 2760—2014）四项食品安全国家标准的跟踪评价工作。

（监督所）

爱国卫生

【概况】 2016年，镇江市以"健康镇江"项目为平台，启动农村改厕提升工程，推进健康教育与健康促进工作，强化饮用水卫生监测，巩固提升城乡卫生创建成果，开展城乡环境卫生整洁行动，落实病媒生物防制措施。镇江市爱卫办综合工作被省爱卫办通报表彰。

结合全国第28个爱国卫生月和江苏省第20个健康教育宣传月、世界无烟日等重大活动，组织开展市级健康宣传咨询11次、市级健康素养巡讲14场次。10月，镇江市举办"2016全民健康节"。11月，扬中市通过全国首批"健康促进县"评估。镇江市和丹阳市通过国家卫生城市复审暗访；句容市茅山镇通过国家卫生镇考核，丹阳市司徒镇、扬中市新坝镇和西来桥镇通过国家卫生镇复审。全市新申报江苏省卫生村32个。2016年，完成省、市城乡生活饮用水水质卫生监测点任务，监测水样数520份，监测覆盖率100%，水样合格率100%。

（毛俊峰）

【"健康镇江"行动】 2016年，镇江市政府将"健康镇江"行动纳入到与各辖市（区）政府签订的医改工作责任书，并筹集1300万元市级项目经费，实施项目化管理。10月，市政府印发《健康镇江（2016—2020）行动方案》，提出到2020年，"健康镇江"建设的主要目标，并明确5大行动、25项重点任务、50个主要指标和系列保障措施。11月，镇江市政府受邀在第九届全球健康促进大会上作主旨发言，"健康镇江"作为中国官方推荐案例向世界公开发布；同月，镇江市被全国爱卫会确定为38个首批全国健康城市建设试点城市之一。"健康镇江"建设的做法与成效被中央电视台《焦点访谈》、新华网、《健康报》、江苏电视台、

图32－2　2016年10月25日，镇江市召开"健康镇江"行动新闻发布会

（卫计委宣传处　供稿）

江苏教育电视台等多个国家和省级媒体报道。（毛俊峰）

【农村改厕工作】 2016年，镇江市将农村改厕工作列入市委常委会工作要点、"六个年"重点任务和市政府"十大任务百项工作"项目，每月跟踪考核、督查推进。全年全市下达改厕资金300万元（含省、市下达项目奖补资金），在丹阳市和丹徒区的9个乡镇33个村，完成农村改厕任务4008户。丹阳市获评省爱卫办"2016年省农村改厕示范县"。

（毛俊峰）

【病媒生物防制】 2016年，镇江市开展病媒生物监测、抗药性监测和多轮次的灭鼠、灭蚊蝇、灭蟑螂等病媒生物防制工作。其中，镇江市区投入病媒生物防制资金154万元，投药12.8吨，完善防制设施建设5.5万件，新建灭鼠毒饵站4.3万个。镇江市和丹阳市分别通过"省病媒生物防制达标城市"考核。

（毛俊峰）

基层卫生

【概况】 2016年，镇江市基层卫生工作围绕省、市重点卫生计生工作目标和医改工作要求，加强服务体系和能力建设，完成年度工作任务。

基层卫生综合改革。市卫计委、编办、发改委、财政局、人社局、物价局等部门下发《关于进一步深化城乡基层医疗卫生机构运行机制改革的实施意见》，在财政补助、人事分配、医保支付、价格管理等政策措施上加大改革力度，推动卫生工作重心下移，资源下沉。

新农合制度建设。全市参加新农合人口160.78万人，参合率100%。新农合人均筹资标准为626元，各级财政补助450元，人均筹资能力高于省定标准。县、乡两级政策范围内住院费用报销比例为78.05%。推进大病保险工作，人均筹资标准为30元。

基层服务能力建设。以创建群众满意的乡镇卫生院和开展社区卫生服务提升工程为切入点，做好各项示范创建工作。做好基层医疗卫生机构特色科室建设，培育建设特色科室7个，建成或正在建设的特色科室的基层医疗卫生机构占比38.2%。2家社区卫生服务中心入选"全国百强社区卫生服务中心"；6家卫生院获评国家"群众满意的乡镇卫生院"；创成省级示范村卫生室11家，申报省级基层医疗卫生机构特色科室4个。遴选基层卫生骨干人才183名，其中110名被确认为省级"基层卫生骨干人才"。在全省基层卫生岗位练兵和技能竞赛总决赛中获二等奖3个、三等奖1个以及优秀组织奖1个。组织32名乡镇卫生院临床骨干和71名乡村医生开展务实进修，其中10名优秀乡村医生在市区三级医院进修实用技能。镇江市"全—专联合门诊"做到统一标识标牌、统一服务流程、统一服务规范，有49家基层医疗卫生机构开设76个"全科—专科联合门诊"，专科类型涵盖心内科、内分泌科、中医科、精神科、妇科等。上级医院下派专科医生按人头累计服务1340天，下派专科护士累计服务151.5天，接诊39631人次。

基本公共卫生服务。将基本公共卫生服务工作目标和要求纳入对各地医改考核、重点工作考核指标之中，确保项目任务按时序稳步推进。市卫计委、市财政局下发《2016年镇江市基本公共卫生服务项目绩效考核指标体系》，设置慢病管理、签约服务两个创新项目，实行单独考核、单独补助。补助资金跨区统筹使用，合理拉开分配差距，发挥考核的引导和激励作用。2016年，镇江市基本公共卫生服务经费人均补助标准为55.14元，其中市区基本公共卫生人均补助标准55元，全市项目资金总量为1.75亿元。

（钱 茜）

【分级诊疗服务模式】 2016年，江苏康复医疗集团和江滨医疗集团做好下派医务人员到所属社区全日制坐诊工作，折算成全年工作时间，下派医务人员52人。上级医院医生到基层开展业务知识讲座319次、教学查房797次；基层选派153名医务人员到上级医院免费进修。建成康复联合病房16家，收治上级医院下转康复期病人1076人次。（钱 茜）

【签约服务】 2016年，镇江市新增5家省级家庭医生服务模式创新建设单位，开展"3+X"家庭健康责任团队服务。组织开展"助您健康"家庭医生一对一签约服务活动，14家社区卫生服务中心开展家庭医生个性化签约服务。推进乡村医生签约服务，开展签约的村卫生室覆盖率为75.16%。（钱 茜）

妇幼健康

【概况】 2016年，镇江市贯彻落实《江苏省"十三五"妇幼健康事业发展规划（2016—2020年）》，完成妇幼健康各项工作任务。推进健康服务联合体的建设工作。

完善妇幼健康政策制度。制定《镇江市"十三五"妇幼健康事业发展规划（2016—2020年）》《2016年镇江市重大妇幼公共卫生服务项目实施方案》等，修订《镇江市体弱儿分类分级管理办法（试行）》《镇江市高危儿分类分级管理办法（试行）》和《镇江市高危孕产妇分类分级管理办法（试行）》。

健全妇幼健康服务体系。健全以妇幼健康服务机构为主体，综合医院、儿童医院和基层医疗卫生机构为补充的妇幼健康服务网络。优化妇幼资源配置，市儿童医院正式迁移至市妇幼保健院；丹阳市建成4.6万平方米的住院大楼，累计投资3.5亿元，设置产、儿科床位250张；句容市投资2亿元异地新建妇幼保健院，预计建筑面积2.87万平方米；扬中市妇幼保健院建设项目经市政府批准。

深化妇幼健康服务改革。实施妇幼健康分级服务工作，各辖市（区）将分级服务与全科医师（乡村医生）签约服务相结合，增强分级服务的效果。开展妇幼健康服务联合体建设，市妇幼保健院分别与句容市妇幼保健院、润州区妇幼保健所组建妇幼健康服务联合体，下派4名妇产科、儿科医生对口帮扶，累计工作日135天。

增强妇幼健康服务能力。下发《关于做好孕产妇和新生儿危急重症管理和救治工作的通知》，推进市、县两级孕产妇和新生儿危急重症救治中心建设。市级救治中心完成45例危重孕产妇和535例危重新生儿救治任务。开展免费婚前医学检查和孕前免费优生健康检查工作，婚检覆盖率90.33%，孕检任务完成率104.9%。

实施重大妇幼卫生项目。制定《2016年镇江市农村孕产妇住院分娩补助项目实施方案》等方案，住院分娩补助、叶酸补服和"两癌"检查数分别占年初下达任务数的107.7%、104.6%和106.4%，孕产妇艾滋病、梅毒和乙肝检测率分别为97.12%、97.36%和97.66%，乙肝感染孕产妇所生新生儿免疫球蛋白注射率100%。

落实计划生育免费服务。开展避孕药具不良反应监测，丹阳市、句容市、扬中市、丹徒区以及京口区达600例/百万人口优秀标准。加强城市药具服务网点建设，在市第一人民医院、第二人民医院、第四人民医院安放二代身份证自助发放机7台，在辖市安放二代身份证自助发放机35台。落实再生育咨询服务和技术指导政策，完成5例病残儿鉴定

工作。（谢旭东）

【妇幼健康服务联合体建设】 2016年，镇江市妇幼保健院分别与句容市妇幼保健院、润州区妇幼保健所组建妇幼健康服务联合体，下派4名妇产科、儿科医生进行对口帮扶，累计工作日135天。部分辖市也组建县级的妇幼健康服务联合体，推动妇幼健康工作重心的下移、优质服务资源的下沉。（谢旭东）

【危重孕产妇与新生儿救治中心】 2016年，镇江市卫计委下发《关于做好孕产妇和新生儿危急重症管理和救治工作的通知》，推进市、县两级孕产妇和新生儿危急重症救治中心建设。市级救治中心全年完成45例危重孕产妇和535例危重新生儿救治任务，救治成功率均为100%。全市孕产妇死亡率、婴儿死亡率分别为4.08/10万、2.37‰。（谢旭东）

【出生缺陷综合防治】 2016年，镇江市继续开展免费婚前医学检查和孕前免费优生健康检查工作，全市婚检率为90.33%，孕检率为104.9%。完善新生儿疾病筛查网络，新生儿听力筛查率和血液筛查率分别为98.5%和98.8%。在丹徒区、京口区、润州区、镇江新区实施免费产前检查项目，市财政安排年度专项经费77.5万元。全年出生缺陷发生率控制在3.72‰。（谢旭东）

医政管理

【概况】 2016年，镇江市医政医管工作围绕深化医药卫生体制改革、建设现代医疗卫生体系这一中心任务，以改革、服务、发展、监管为主题，落实医疗服务行动计划，提升医疗服务能力，坚持依法行政和依法执业，促进医疗事业科学健康持续发展。全市各级各类医疗卫生机构976个，其中含医院47所、卫生院50所、社区卫生服务中心33个、妇幼保健院（站、所）7个。全市有执业（助理）医师7884人，每千人执业（助理）医师数为2.48人；注册护士8278人，每千人注册护士数为2.60人。全市医疗机构有病床14585张，每千人口床位数为4.58张。2016年，全市医疗卫生机构总诊疗人次2346.50万人次，比上年下降2.20%，出院病人394176人次，增长5.36%，住院病人中手术117294人次，增长3.00%。（朱朝阳）

【医疗服务】 2016年，镇江市各级各类医疗机构从解决人民群众看病就医最不满意的问题入手，贯彻落实《进一步改善医疗服务行动计划实施方案》和《进一步改善医疗服务行动计划工作安排（2015—2017年）》，改善人民群众看病就医感受。推进预约诊疗服务工作，扩大分时段预约及转诊预约的覆盖面，利用信息化手段提高预约诊疗服务管理能力和水平，所有三级医院和辖市（区）级人民医院与省集约式预约诊疗服务平台实现直连上线，推进医院就诊流程重建，落实“预约优先”原则，门诊预约诊疗率三级医院≥30%、二级医院≥20%，住院患者分时段预约检查比例为80%。扩大日间手术试点覆盖面，缩短平均住院日。2016年，公立二、三级综合医院平均住院日分别控制在7.6天、8.4天左右，专科医院平均住院日比上年度有所下降。加大临床路径应用工作力度，扩大临床路径应用覆盖面。落实“三合理规范”，推进医学检验检查结果互认，制定控制医疗费用不合理增长的政策措施，建立健全科学合理的医疗费用管控体系，控制医疗费用不合理增长。（朱朝阳）

【护理服务】 2016年，镇江市卫计委开展优质护理服务活动，加强护士岗位管理，重点推进和督查护士岗位绩效分配与考核情况、分层级护士岗位培训实施及效果、护理服务质量持续改进等内容，促进优质护理服务机制的建立。开展优质护理服务评价工作，全面深化责任制整体护理，在手术室、急诊室、血透室等重点部门开展优质护理活动，完善专科特色优质护理服务。全市100%二级以上医院100%的病房实施优质护理服务，全市二级以上医院优质护理A类病房128个。落实各级各类护理培训，开展8个市级专科护士岗位培训工作，培养139名市级专科护士，对130名二级及以上医院临床护士工作能力开展考核，并举办7个场次的基层医疗机构护士长及护理骨干400余人参加的护理管理与实践培训班，对510名新入职护士开展护士规范化培训考核，全面提高护理队伍整体素质和科学管理水平。加强护理文化建设和宣传，围绕“科普助力，健康中国”主题，开展护理科普宣传周活动。“5·12”国际护士节开展慰问临床一线护士暨赠书活动，同时，开展一系列科普宣教和技术帮扶活动，在为居民普及健康知识的同时，拓展专科护理辐射力。（朱朝阳）

【卫生对口支援】 2016年，镇江市卫生系统开展城市卫生对口支援城乡基层卫生工作，落实《镇江市城乡卫生对口支援工作实施方案（2016年版）》，执行城市医院医生晋升职称前到基层服务的制度，强化对口支援医务人员日常管理与考核，完善对口支援长效工作机制，提高对口支援实效，促进城乡基层服务能力提升和分级诊疗制度建设。全年镇江市市区各医疗卫生机构下派对口支援医师113名，分别支援7家二级医疗机构、13家社区卫生服务中心、10家乡镇卫生院以及院前急救机构等，累计支援时间为759个月。做好卫生援疆、援藏、援陕工作，全年派出25人次医务人员对口支援西藏、新疆、陕西等地的卫生工作；同时，接受60余人次的西藏、新疆和陕西的医务人员的进修培训工作。（朱朝阳）

【医疗质量】 2016年，镇江市卫生计生系统贯彻落实《医疗质量管理办法》，强化医务人员医疗核心制度的教育与培训，突出抓好首诊负责制、交接班制度、危急值报告制度等18项核心制度的落实。加强各级医疗质量控制中心建设，完善质量控制网络体系、医疗服务质量管理与控制指标体系，促进医疗服务规范化、标准化、同质化。加强医疗基础质量管理，严格“三基三严”训练与考核，开展病历处方质量检查，全市抽查16所二级以上医院住院病历280份，其中甲级病历264份，甲级率94.3%，乙级病历9份，重度缺陷病历6份，丙级病历1份。推进临床路径应用工作，扩大临床路径管理覆盖面、专业及病种，全市各二级以上医院已实施临床路径管理病例中完成临床路径管理病例62563例，入径率80.14%，完成率88.54%。创新医疗质量管理，推进“品管圈”活动，促进医疗质量持续改进，在第四届全国医院“品管圈”大赛中，镇江市第一人民医院“灵药圈”、镇江市第四人民医院“鸟巢圈”和句容市人民医院“清恼圈”均获一等奖，镇江市第四人民医院“糖心圈”和镇江市第一人民医院新区分院的“爱的供养圈”获二等奖。加强抗菌药物临床应用管理，加大门诊、急诊抗菌药物静脉使用管理力度，降低使用比例和使用量，7月1日起，全市二级以上医院（除儿科）全面停止门诊患者静脉输注抗菌药物。（朱朝阳）

【医疗技术管理】 2016年，镇江市加强医疗技术临床应用监管，根据省卫计委《转发国家卫生计生委关于取消第三类医疗技术临床应用准入审批有关工作通知的通知》要求，做好镇江市第二类医疗技术及参照其管理的其他医疗技术备案工作。要求各医疗机构对本机构医疗技术临床应用和管理承担主体责任，对照相应医疗技术规范开展自我评估，符合规范要求的，及时向核发其许可证的卫生计生行政部门备案。镇江市中西医结合医院等16所医疗机构的148项（次）二类医疗技术报市卫计委备案。市卫计委对全市医疗技术临床应用管理情况进行专项督查，重点核查新备案的项目和人员资质符合情况，对不符合技术规范要求的，责令立即停止开展。在全市范围内对医疗机构自体免疫细胞治疗技术临床应用情况开展摸底排查。江苏大学附属医院（省管）和镇江市中医院2所医院肿瘤科与其他组织合作开展自体免疫细胞治疗技术，属于违规开展的医疗技术，全部终止合作。（朱朝阳）

【和谐医患关系】 2016年，镇江市各级各类医疗卫生机构构建和谐医患关系。市卫计委完善细化平安医院创建方案，研究制定《2016年镇江市平安医院创建活动工作要点》；通过健全完善综治平安建设组织网络，明确部门职责和工作任务，深化平安医院创建工作。市卫计委配合做好镇江市城区医患纠纷调解体制机制创新试点工作，加强调处服务中心能力建设，强化进驻各部门的沟通协调，化解医患纠纷。全年调处服务中心接待各类来访192件，调解中心立案94件，调解90件，调解成功77件，调解成功率85.56%，未发生因医疗纠纷至卫生行政部门或政府群体性上访事件。保险公司受理赔付“两险”案件35起，其中医疗责任险21起，赔付130.16万元，基本医疗意外险14起，赔付56.1万元；无过错医疗损害救助金救助11例，救助金额37.5万元。与上年相比，市区9所医疗机构赔付金额下降，赔付程序简化，赔付时限缩短。健全平安医院建设长效机制，制定《镇江市平安医院考核评价标准（2016年版）》，市卫计委、市综治办、市公安局和市司法局等部门开展2016年度市级平安医院创建考评活动，镇江市中西医结合医院等11所医院获评“市级平安医院”，“平安医院”达标率95%。（朱朝阳）

【血液采供管理】 2016年，镇江市推进无偿献血工作，开展无偿献血宣传活动，促进无偿献血工作发展。加强“五支队伍建设”，无偿献血量满足全市临床用血需要。强化集中化检测工作，全市血站核酸检测全覆盖，市中心血站以全省总分第一通过第七周期省采供血机构技术审查和执业评审。全年全市无偿献血38658人次，向临床安全供应血液1.047×10^7毫升，供应机采血小板4128人份，实现临床医疗用血和机采血小板100%来自于自愿无偿捐献的目标，全年安全采供血无事故。落实《医疗机构临床用血管理办法》《江苏省加强医疗机构临床用血管理工作方案》，加强医院输血科能力建设，开展合理用血和安全用血培训，强化医疗机构合理安全用血日常管理，提高合理用血管理水平。强化全市医疗机构临床检验室间质评，加强基层医疗机构临床检验质量控制与督查，落实检验检查结果互认制度。加强临床实验室生物安全的监管，杜绝生物安全事件的发生。（朱朝阳）

【院内感染控制】 2016年，镇江市卫计委组织开展7场次全市基层医疗机构院感防控知识培训，强化医院感染控制意识，提升院感管理队伍服务能力，培训各类基层医疗机构人员800余人。同时，加强市、县两级医院感染管理质量控制组织建设，促使医院感染管理质量控制覆盖全市各级各类医疗机构。组织开展全市医院感染管理专项检查和全市血液净化中心（室）质量安全专项督导，重点加强对基层医疗机构的医院感染管理和医院感染重点部门、重点环节的监管，促进质量持续改进，确保医疗安全。（朱朝阳）

【药事管理工作】 2016年，镇江市加强医疗机构药事管理，强化制度实施情况的监测评价与考核评估，扩大基本药物制度覆盖面。按规定比例配备基层医疗卫生机构基本药物目录外品种，满足双向转诊、分级诊疗制度需要。全市基层医疗卫生机构采购基本药物3.9亿元，占采购总额的95%，减轻群众医药费用负担约1.6亿元。二级及以上医疗卫生机构平均采购基本药物的品种占医疗卫生机构采购总品种数的34.02%。以两大医疗集团作为全市医疗卫生机构药品价格谈判的主体，成立直接挂网采购药品价格谈判工作小组及价格谈判小组，在开展的急（抢）救、妇儿专科非专利药品医疗卫生机构带量采购工作中，确定谈判成功产品488个，成交入围率45.39%，产品最大降幅94.08%，平均降幅29.7%。组织专家对354种医用耗材的备案采购申请开展评审，审核通过190种，占53.7%。完善短缺药品发现机制，遴选药品配供企业，确定康复医疗集团和江滨医疗集团为镇江市的短缺药品监测哨点单位。修订《镇江市应急短缺药品储备与调用管理办法》，调整市级短缺药品储备目录，储备品种扩大到35种。完善省、市药品（耗材）采购监管工作机制，设立市、县两级监管服务机构，对全市的药品器械供应商实行“进场准入制”管理，对购销过程中的违规企业，一经查实均列入不良记录黑名单，情节严重者进行市场清退处理，停止一切销售行为。加强高值医用耗材采购使用监管，落实高值医用耗材备选产品采购政策，依据《镇江市医疗机构开展高值医用耗材临床应用管理专项督查实施方案》，对全市14所二级以上医疗机构开展专项督查，针对发现的问题督促整改。（朱朝阳）

【专科建设与人才培养】 2016年，镇江市卫计委根据《镇江市市级临床重点专科管理规定》和《镇江市临床重点专科年度考核标准》，对确认的市级临床重点专科（建设单位）进行中期目标考核与评价，江大附院骨科等9个原市级临床重点专科建设单位升格为重点专科，另有1个原市级临床重点专科降格为建设单位，5个原市级临床重点专科建设单位被取消资格。全市建成21个省级临床重点专科，2个省妇幼保健重点学科，1个省妇幼保健重点学科建设单位，34个市级临床重点专科，3个市级临床重点专科建设单位。市卫计委配合省卫计委开展“科教强卫工程”推选工作，获批省医学创新团队4人（含共建2人）、省医学重点人才2人（含共建1人）和省青年医学人才35人。同时，依据《镇江市医学重点人才培养管理规定》，对确认的市级医学重点人才实行动态管理和中期目标考核与评估，并依据考核得分分为A、B、C三类。（朱朝阳）

【卫生科技与教育】 2016年，镇江市卫计委组织各类科研项目招标，全年有99项科研课题获各级科技部门立项和经费资助，其中获国家自然基金项目8项，省自然基金项目7项，省级重点研发专项7项，省卫计委医学科研项目3项、省妇幼保健项目6项，省卫生计生财务研究课题2项，市社会发展项目38项、软科学研究3项，市社会发展卫生重点项目25项，获科研资助经费1357.5万元。江大附院肿瘤重点实验室获市级重点实验室。全年获各类医学科技成果奖41项，其中获省科学技术奖三等奖1项；省卫生厅新技术引进奖一等奖2项、二等奖6项，省妇幼健康引进新技术奖二等奖2项，省医学科技奖三等奖2项；市科技进步奖16项；市医学新技术引进奖一等奖2项、二等奖10项。全年获准国家级继续医学教育项目6项，省级项目31项，评审公布市级继续医学教育项目178项。2016年，镇江市全面应用继续医学教育 IC 卡管理系统，强化继续医学教育管理工作的信息化、网络化建设，提高管理效率和水平。对市级继续教育项目培训质量和学分授予情况开展不定期抽查，保证项目举办的质量和按照规定核发学分。市卫计委完成全市 973 名二级及以上医疗卫生机构卫生专业技术人员继续教育证书验证工作，验证合格率 98.77%。镇江市加强基层卫生技术人员培训，选派 16 名乡镇卫生院院长、3 名社区卫生服务中心主任参加全省城乡基层卫生机构管理人员培训班；组织 40 人的村卫生室人员合理用药知识培训班以及 152 人的村卫生室人员初级急救知识培训班；遴选 38 个基层培训项目，开展各类培训 122 项次，培训基层医务人员 21156 人次。开展农村订单定向医学生免费培养工作，争取 84 个预留定向招录事业编制名额，实际招录本科 60 人、专科 37 人。 （朱朝阳）

【住院医师规范化培训】 2016 年，镇江市新招录 199 名住院/全科医师，新招录人员全部进入江大附院、市第一人民医院 2 家国家级住院医师规范化培训基地进行规范化培训，新录用临床医师参培率 100%。市卫计委开展住院医师规范化培训阶段考核工作，组织 398 名住院医师参加省统考，考试通过率 88.6%；完成 371 名住院医师的临床技能考核，考核通过率 93.24%；有 325 名住院医师获"住院医师规范化培训合格证书"。加强各基地及协同医院标准化建设，市卫计委配合省卫计委对 2 家国家级基地开展现场评估，并组织开展 6 所协同医院专业基地建设情况的现场评估工作。 （朱朝阳）

【疾病代码上传】 2016 年，镇江市加快卫生信息化建设步伐，推进医保智能监控系统建设。市卫计委和市人社局联合下发《关于市区医保定点医疗机构统一上传参保人员疾病代码的通知》，在市区推进医保定点医疗机构统一上传参保人员疾病代码工作。7 月 1 日，实现市区所有定点医疗机构统一上传参保人员住院疾病代码；11 月 1 日，实现市区所有定点二三级医院统一上传参保人员门诊疾病代码；2017 年 1 月 1 日，实现市区所有定点社区卫生服务机构（包括中心及其下属站）统一上传参保人员门诊疾病代码。 （李 翔）

【医药费异地结报】 2016 年，镇江市以省内异地就医联网结算、沪镇双向异地就医结报、辖市异地就医代报销、偏远地区邮寄代报销为措施，完善异地就医"绿色通道"建设。镇江市异地就医联网结算医疗机构在原有 8 家定点医疗机构基础上扩大至 12 家，分别为：江苏大学附属医院、市第一人民医院、市第二人民医院、市第三人民医院、市第四人民医院、市中医院、市口腔医院、解放军第三五九医院、市新区人民医院、丹徒区人民医院、京口区健康路社区卫生服务中心、润州区七里甸社区卫生服务中心。全年长住外地的镇江市区统账医保参保人员办理省内异地就医联网结算登记的有 2215 人，办理省内异地就医联网结算登记的长住镇江的省内其他各辖市参保人员有 1525 人。改进沪镇代报销工作，对上海长住镇江参保人员代报销由原来的非即时即报改为即时即报，实行"一站式"服务，同时，通过电话联系与市卫生信息平台（"12320"）发送短消息相结合的方式服务相关参保人员。全年上海参保人员在镇江市医保结算中心报销 921 人次，基金支付 249.55 万元；镇江市区参保人员在上海市静安区医保中心报销 6196 人次，基金支付 1387.97 万元。推进辖市异地就医代报销工作，全年镇江市区长住丹阳相关人员报销 1679 人次，基金支付 338.66 万元；长住扬中相关人员报销 1467 人次，基金支付 267.23 万元。 （李 翔）

【特殊药品惠民】 2016 年，镇江市区审核办理特殊药品待遇证 140 本（其中职工医保 110 本、居民医保 30 本），享受特殊药品待遇 160 人（其中职工医保 122 人、居民医保 38 人），医保基金支出 715.03 万元。其中药品"赫赛汀"职工医保基金支出 319.25 万元、居民医保基金支出 90.45 万元；药品"格列卫"职工医保基金支出 212.76 万元、居民医保基金支出 42.90 万元；药品"达希纳"职工医保基金支出 19.88 万元、居民医保基金支出 2.38 万元；药品"格尼可"职工医保基金支出 23.22 万元、居民医保基金支出 4.20 万元。 （李 翔）

中医药事业

【概况】 2016 年，镇江市二级及以上中医院（中西医结合医院）诊疗人次占全市医疗机构总诊疗人次的 16.1%，出院人次占全市医疗机构出院总人次的 15.3%；全市社区卫生服务中心、乡镇卫生院中医药服务占比 22%；全市建成省级"名老中医传承工作室"2 个，省级中医重点专科 3 个，新增全国优秀中医临床人才、省级优秀中青年中医临床人才各 1 人，7 人成为省农村优秀中医临床人才，1 人作为国家中医护理骨干予以培养，新增全国中医适宜技术推广基地 2 家，新增省级中医特色专科建设项目 2 个。镇江市中西医结合医院通过省级创建三级调研。市卫计委、食药监局联合开展全市中药饮片检查抽查，提升中药饮片质量。开展中医处方点评工作专项检查，促进合理用药。举办全市中医护理骨干培训班，培训中医护理骨干 42 人。举办中医适宜技术培训 5 期，培训基层人员 430 人次。镇江市中医院、上海长征医院联合建成"骨科专家会诊中心"，康复训练中心投入使用，中医住院医师规范化培训大楼主体工程竣工。开展全市中医师承工程考核检查。对全市中医重点专科进行评估，新增市级中医重点专科 6 个。完成对丹阳市中医院大型医院巡查工作。推进基层医疗卫生机构中医综合服务区（中医馆）建设，新增省级乡镇卫生院示范中医科 2 个。继续实施二级以上医院帮扶基层卫生机构工程，制定《茅山革命老区中医药服务能力帮扶计划》。推进中医药文化惠民活动，参与摄制《葛洪故里话葛洪》电视专题片，《镇江中医药名家》出版发行。开展第六届"中医药就在你身边"和"第四届中医药科普宣传周"活动，全年开展中医文化科普巡讲 83 场，378 名医学养生保健专家参加，接受诊疗、咨询和听取讲座 12300 余人次。拓展中医药服务，推荐句容市及 3 个项目参加全国中医药健康旅游示范区（基地）评选。 （中医处）

【《镇江中医药名家》出版发行】 2016 年，由镇江市政协文史委、镇江市卫计委、镇江市中医药促进会联合编撰的《镇江市中医药名家》出版发行。该书是一本纪实性的文史资料类著作，收录近现代镇江中医药名家 48 位，通过报告文学、传记文学和人物通讯等表现手法，展示中医名家的智慧和风采。2017 年 1 月 10 日，市政协组织召开《镇江市中医药名家》出版发行座谈会。 （中医处）

【省级名老中医传承工作室】 2016 年，由镇江市卫计委遴选推荐并经江苏省中医药局批准，镇江市中医院分别成立朱辟疆、张圣德 2 个省级名老中医传承工作室。按照推荐要求，工作室需由具有独到的中医药学术经验和技术专长，具有较高声誉，得到同行公认的省级名中医带领，并具备传承学术思想和技术专长的相关条件。工作室旨在通过建立传承团队、搭建传承平台，全面整理、传承、推广名老中医药专家学术事项和经验，培养高层次中医药人才，推进中医药的传承和发展。省级名老中医传承工作室建设周期为3年，要求通过3年建设，培养不少于2名副高、5名中级职称的中医药人员，并通过开展相关科研工作取得科研成果。镇江市是首次成立省级名老中医传承工作室。（中医处）

医疗集团

【江苏康复医疗集团】 2016年，江苏康复医疗集团以进一步建设完善区域健康医疗联合体为导向，推进管理体制机制改革，推动资源优化整合，加强内涵质量建设，完善便民惠民措施，在提升集团各医院医疗服务质量的同时，提高社会满意度。

全年集团所属医院完成门、急诊诊疗病人253.85万人次，出院病人10.67万人次，业务收入17.37亿元。总药占比为26.6%，比上年下降0.9个百分点。11个专科获批省级“临床重点专科和建设单位”。获国家、省、市级课题89项，其中国家自然科学基金项目4项、省自然科学基金项目7项、省“333工程”项目5项、省“六大人才高峰”项目2项。获各类科研奖项63项。发表SCI论文79篇，核心级及国家级期刊论文257篇。其中，第一人民医院获批省“双创计划”团队1个，实现镇江市卫生计生系统零突破。

集团各成员单位推进医院社区一体化管理，落实集团医院与社区合作的各项工作任务，推动医疗卫生工作重心下移、医疗卫生资源下沉。全年集团4家医院下派医生38人次；创建“全一专联合门诊”34个；黎明中心扩建联合病房27个，并与第一人民医院骨科开设联合病房，开展骨科关节术后的关节功能康复训练；七里甸社区卫生服务中心与第一人民医院呼吸科开设联合病房，工业园社区卫生服务中心与肾内科合作开设联合病房。全年集团医院下转病人348人次。

各医院根据自身情况制定专科发展和人才队伍建设规划及实施办法。第一人民医院推进科室亚专科建设工作，加强肿瘤中心、胸痛中心、乳腺疾病诊治中心的建设，其中，胸痛中心通过国家级认证，卒中中心启动创建工作；第四人民医院的妇科、儿童保健科通过省妇幼重点学科复评，产科通过省妇幼重点学科建设单位考核；第二人民医院启动国家三级中西医结合医院的创建工作；新区分院加强与中国台湾奇美医院合作，建设市级危化品事故应急救治中心，新增ICU病区，重新划分调整部分临床科室。

集团各医院提升护理的内涵质量和服务水准，加强制度建设和护理质量过程控制。第一人民医院结合JCI、等级医院标准，修订相关制度，更新护理工作制度71项、护理健康教育431项、护理应急预案87项、护理技术操作标准187项、护士岗位说明书341项。第四人民医院确定32项过程监控指标和41项结果监控指标，开展早产儿口腔运动干预特色护理和新生儿微视频服务。第二人民医院开设糖尿病护理专科门诊。新区分院组织护理人员开展“护理交接班、护理人员行为规范”等系列护理安全月活动。

集团各医院以“品管圈”活动为切入点，加强质量安全管理。第一人民医院先后通过JCI评审和等级医院复评，其药剂科获第四届全国医院“品管圈”大赛三级医院综合组一等奖，并在江苏省药学“品管圈”项目2016年成果评比中获金奖、银奖；第四人民医院“鸟巢圈”和“糖心圈”分别获二级医院一等奖和专科医院二等奖；新区分院呼吸科获二级医院二等奖。（张　明）

【江滨医疗集团】 2016年，江滨医疗集团贯彻落实中央各项决策部署，推进“健康镇江”建设。

完善体制机制。完善以公益性为导向的考核评价机制，突出功能定位、职责履行、费用控制、绩效运行、财务管理、成本控制和社会满意度等考核指标。发挥市场作用，推动集团医院与大型医药集团合作，探索集团化药品、耗材采购方式，建立量价挂钩、招采合一、全程监管的药耗集中采购机制，构建医疗集团一体化的供应链体系，建立集团短缺药品供应保障机制。

提升基层服务能力。全年集团下派79名医师下社区坐诊；发挥江苏大学附属医院作为国家和省“住院医师规范化培训基地”的作用，举办住院医师规范化培训班及社区医生临床提高班。全年核心医院接收社区住院医师培训4人；开展临床提高班培训约2500人次。加强慢病管理工作，每个季度面向社区的居民开展一次专家义诊；对5家社区卫生服务中心的医务人员开展一次专家健康讲座。开展与社区慢性病有关的健康咨询、健康教育和知识宣传，建立专病随访管理档案近1000份，并全部实行分级化、网络化管理，对所有的慢性病定期电话随访，进行健康指导。同时，运用“0511网络”和信息平台，开发APP等应用，联络社区人员，开展多形式的延续护理服务，如在网络设立“糖尿病病友之家”，开发“高血压远程追踪APP”等。发展远程医疗服务，集团借助信息平台，建有疑难病会诊中心、病理诊断中心、医学影像中心。组建集团医学工程中心，不定期组织医学装备的管理培训与管理经验共享等活动，为集团各成员单位的设备维修提供技术支持，实现集团内医学装备与工程人员的资源共享与集约化管理，降低医学设备维修成本，提高运行效益，促进集团各成员单位医学装备管理系统化、规范化，提高医务工作管理人员的专业技术水平。

打造集团特色服务。核心医院发挥国家脑卒中基地、胸痛中心的功能，与市120急救中心开展“无缝链接”救治AMI（急性心肌梗塞）；连续10年召开国家级“AMI救治延迟研讨会”，培训3000余名临床一线医师，其中“社区基层医院AMI救治延迟对策研讨会”获“江苏省优秀继教推广项目”；在江苏省内首家建立“基于物联网区域化协同救治AMI”新模式，依托网络建立由8所网络医院和3个心血管疾病诊疗分中心组成的实时传输信息的急救物联网。强化社区优质护理服务，对伤口造口、心内科等部分专科病人家庭开展访视活动；定期举办健康讲座，发放宣传资料，开展知识问答等活动；指导推进社区优质护理病房的建设；拓展信息化手段，建立护理部公众号、微信公众平台，开展宣传教育和追踪服务。

探索健康产业形式。推进“全一专联合门诊”建设，从技术支持、人员下派、资源共享等方面多形式协助基层医疗机构开展疾病诊疗和健康服务。推进康复联合病房建设，集团医院指定专人联系康复联合病房，负责后续治疗、康复业务指导以及必要的跟踪服务；不定期派医疗护理管理专家到康复联合病房开展医疗核心制度、病区管理、压疮护理等知识培训活动，并协助完善病房医疗护理管理制度，加强医疗、护理管理工作。集团各医院与各社区卫生服务中心签订双向转诊协议，医院为转诊患者开通绿色通道，建成分级诊疗协作网络，双向转诊工作在常态化运行的基础上，向精细化、专科化方向发展。2016年，集团下转病人1222人次，各社区上转病人约1600人次。集团探索建立医养结合新型服务模式，与德高护理院、信缘康护理院签订合作协议，培育健康服务新业态，满足群众多层次、多样化的健康需求。（杨　雪）

综 述

【概况】 2016年，镇江市加快推进群众体育、竞技体育、体育产业现代化建设，制订《镇江市全民健身实施计划（2016—2020年）》，市直和辖市（区）全部创成江苏省公共体育服务体系示范区。全年举办全民健身活动600多项（次），参加全省大联动活动5次。各类体育协会组队参加全国和省级群众性体育赛事获优胜奖32个、优秀奖144个。新增AAAA级社会组织4个，13个协会（俱乐部）获市属体育类社会组织年度考核表彰。

全市有省级注册教练员144人，运动员1360人；组队参加省级竞赛获金牌37枚、银牌28、铜牌21枚。镇江市输送的拳击、击剑、田径等项目运动员在世界、全国大赛上获冠军。镇江市八叉巷小学、镇江棋院被国家体育总局青少司命名为"国家级青少年示范性俱乐部"。21所学校获评"省级体育传统项目学校"，新增14所"全国青少年校园足球特色学校"。全年全市承办国家级竞技类体育赛事15项，省级青少年体育赛事10项，组队参加省级青少年体育比赛65项次，举办市级少儿体育比赛17项。

全市有3个体育产业项目获省级体育产业发展专项资金280万，12个场馆获中央和省级"免费、低收费开放专项补助资金"452万元。全年全市体育彩票销量7.51亿元，比上年增长1.21%，镇江市体彩中心获评"2016年度省级体育彩票工作先进单位"。（王煜琦）

【国家体育总局刘鹏一行到镇江考察】 2016年4月7日，国家体育总局局长刘鹏一行80余人在江苏省副省长张敬华等陪同下，到镇江考察。考察组参观体育会展中心综合训练馆和会展馆儿童体能训练营、"千方全民星欢乐体育园"、"金手杖"社区体育开放大学、"欢乐竞技港"、青少年科技体育校外实践基地等体育项目，观看奥运蹦床选手首个训练日的训练情况，了解镇江市在体育惠民之路上的实践和探索。（王煜琦）

群众体育

【概况】 2016年，镇江市新建体育小公园27个，多功能运动场33个，笼式足球场7个及2个拆装式泳池，安装健身路径器材1497件，室内外乒乓球桌256张，篮球架169副，新增健身步道34千米。南山绿道被评为"江苏省最美跑步路线"。制订《镇江市全民健身实施计划（2016—2020年）》。《镇江市区公共体育场地设施布局规划（2016—2020）》制订完成进入报批流程。先后组织开展"红红火火过大年"、"泛沿江体育带"全民健身大联动、"全民健身日"、"舞动镇江"万人广场舞大赛、"千台万人"乒乓球比赛等多项全民健身赛事和活动，面向健身群众发放体育消费券200万元，举办科学健身大讲堂4期，组队参加省第七届全民健身运动会的多项比赛并获优胜奖32个。（王煜琦）

【中国镇江"国缘"杯第五届华东三省一市冬泳邀请赛】 2016年1月9日，由镇江市体育局、市体育总会主办的中国镇江"国缘"杯华东三省一市第五届冬泳邀请赛在健康路市体育场室外游泳池举行，上海、安徽、浙江、江苏的27个冬泳协会的近500人参加比赛。参赛选手中年龄最大的81岁，年龄最小的11岁。赛程分畅游组、女子组、男子组和趣味接力组。（王煜琦）

【6家体育类社会组织获评"江苏省示范性社会组织"】 2016年1月27日，2015年度"江苏省示范性社会组织"名单公布，镇江市冬泳协会、门球协会、老年体协、丹阳市老年体协、扬中市老年体协和丹阳市吕城镇体育健身俱乐部等6家体育类社会组织被认定为"江苏省示范性社会组织"，其中，丹阳市吕城镇体育健身俱乐部，是全省唯一入选的体育类民办非企业单位。（王煜琦）

【"体质测定与运动健身指导"服务月活动】 2016年3月2日—31日，镇江市国民体质监测服务队组织开展"体质测定与运动健身指导"服务月活动。活动期间测试3156人次，年龄范围为20～79周岁。测试内容包括骨密度、身体脂肪含量测试等13项指标。测试现场开具评价报告和运动处方，并进行讲解，指导市民科学锻炼，提高市民的健身效果。（王煜琦）

【镇江市风筝协会在江苏省风筝放飞邀请赛上获奖】 2016年4月9日，国城杯"放飞希望、放飞梦想"——2016观音山首届风筝艺术节暨江苏省风筝放飞邀请赛在江苏南通大学举行。该次活动由南通大学、崇川区体育总会和崇川区文化新闻出版局主办，全省32支风筝表演队以及众多风筝爱好者400人参赛，镇江市风筝协会组织多名风筝爱好者参加比赛，并在比赛中获夜光风筝一等奖、最佳创意奖和最佳组织奖。（王煜琦）

【镇江市电子竞技运动协会】 2016年5月7日，镇江市电子竞技运动协会召开首次会员大会，大会通过协会章程，并选举产生协会班子成员，石秀坤当选为协会会长，这也标志着镇江市电子竞技运动协会正式成立。（王煜琦）

【镇江市选手在铁人三项亚洲杯赛上获奖】 5月8日，2016年铁人三项亚洲杯赛在江苏泰州溱湖风景区落幕，比赛吸引国内外近100名专业选手和500多名铁人三项运动爱好者。市冬泳协会派出19位会员参赛，全部安全完赛，并获个人1个第3名、1个第4名、1个第6名、2个第7名、1个第8名以及团体第10名的成绩。在业余组比赛中，镇江市"铁人"陈浩以2小时24分57秒的成绩获男子全程40～44岁组第3名。（王煜琦）

【首届中国长江自行车公开赛】 5月15日，2016首届中国长江自行车公开赛在镇江金山湖畔开赛，全国各地的400多人参赛。比赛分五个组别，分别是男子公路车组、男子山地车组、男子大众组、LIV女子组和大学生男子组5个组别。（王煜琦）

【镇江市职工篮球联赛落幕】 5月22日，由镇江市总工会、镇江市体育局主办，镇江市篮球协会承办的"红五月"杯2016年镇江市职工篮球联赛落幕，全市32支代表队，500多名运动员参加。联赛5月7日启动，每逢双休日举行比赛，累计比赛68场，各球队通过小组赛、淘汰赛、半决赛展开较量，丹阳市住建局代表队获冠军，京口中储粮金鼎代表队、镇江交通产业集团代表队分获联赛第二、三名。（王煜琦）

【马来西亚中国象棋代表团到镇江交流访问】 2016年5月30日，马来西亚森美兰州、雪兰莪州象棋工会一行10余人到镇江市开展交流访问，并在京城饭店和镇江市象棋后备人才进行切磋。此次到镇江交流的马来西亚中国象棋代表团成员最小年龄11岁。此外，还有一位中国国象棋特级大师与5名孩子展开车轮战。（王煜琦）

【"舞动镇江"万人广场舞大赛决赛】 6月8日，2016年"舞动镇江"万人广场舞大赛决赛在市健康路体育馆开幕。活动由市体育局、市体育总会主办，竞赛项目分规定套路和自选套路，各辖市（区）14支代表队200余人参加，扬中新坝镇大航广场舞队、丹阳市西门大街木兰健身队获一等奖。（王煜琦）

【江苏省第七届全民健身运动会】 2016年6月14日—15日，由江苏省体育局、江苏省老龄办、江苏省老年人体协主办，镇江市体育局、镇江市民政局、镇江市老年人体协承办的江苏省第七届全民健身运动会暨2016年省老年人体育节广场舞展示交流活动（南片）在镇江市健康路体育馆举行。南京、无锡、常州、南通、镇江以及省级机关、省卫生系统等7支代表队100多名广场舞爱好者按规定套路和自选套路两个类别参加交流展示。（王煜琦）

【江苏省第十一届"泛沿江体育带"全民健身大联动（镇江分会场）活动】 2016年6月15日，江苏省第十一届"泛沿江体育带"全民健身大联动（镇江分会场）活动暨"舞动江苏"广场舞大赛镇江城市冠军赛在南山北入口广场举行，开幕仪式中，千余人共同参与广场舞展示活动。市体育局年初在全市范围内举办2016年"舞动镇江"万人广场舞大赛各分站赛，历时三个月，在排名前8的队伍中再选出一支，代表镇江参加"舞动江苏"2016年江苏省广场舞大赛决赛。（王煜琦）

【二级社会体育指导员培训班】 2016年6月23日—24日，镇江市二级社会体育指导员培训班在健康路体育馆举行，各辖市（区）80余名学员参加。该次培训为期2天，培训课程包括社会体育指导员工作规范、全民健身基本知识、广场舞活动的组织管理和广场舞技能等，培训结束前进行理论考试和广场舞技能汇报展演。（王煜琦）

【镇江市保龄球运动员在全国锦标赛上夺冠】 6月19日—26日，2016年"中山化工杯"全国男子保龄球锦标赛（北方赛区）在江苏省盐城市举行。有关省、市、行业体协的17支男队102名保龄球选手汇聚盐城全民健身中心保龄球馆，角逐单项和团体的7个奖项。镇江市保龄球运动员姚扣勤代表江苏省队参加比赛，他与队友合作，获男子团体金牌、男子三人赛铜牌、男子五人赛铜牌。（王煜琦）

【镇江选手参加省第七届全民健身运动会毽球比赛夺3金】 7月5日—8日，江苏省第七届全民健身运动会毽球大赛暨2016年江苏省毽球比赛在连云港市灌南县举行。赛事有29支代表队参加，镇江市派出史梦涵、朱欣媛、潘雨欣、眭佳辉、潘礼航5人参赛。镇江市参赛选手在毽球"五项全能"规定项目中，最终获10枚奖牌、25张获奖证书。其中有3人次获比赛项目的第一名，分别是：眭佳辉以磕踢82个的成绩获男子组磕踢第一名，潘礼航以跳踢64个的成绩获男子组跳踢第一名，史梦涵以磕踢83个的成绩获女子组磕踢第一名。（王煜琦）

【镇江队参加全国啦啦操联赛总决赛获佳绩】 2016年7月9日—15日，2015—2016年全国啦啦操联赛总决赛在南京

图33－1　2016年6月15日，江苏省第十一届"泛沿江体育带"全民健身大联动（镇江分会场）活动现场　（王煜琦　供稿）

东南大学举行。大赛由国家体育总局体操运动管理中心、中国大学生体育协会、中国中学生体育协会主办,全国啦啦操委员会、东南大学承办。全国各地的460余支队伍的6000多人参加赛事。镇江市体育运动学校非岚啦啦操队参加比赛,并获小学丁组课间花球第二名和规定花球第六名。 (王煜琦)

【纪念毛泽东畅游长江50周年游泳健身活动】 7月10日,由镇江市体育总会主办,镇江市冬游协会承办的2016年“7·16全民游泳健身周”系列活动(镇江站)暨纪念毛泽东畅游长江50周年畅游金山湖活动举行,华东地区和镇江本地的23支冬泳爱好者队伍700余人,从北固山码头出发到焦山码头上岸,游金山湖,全程3.5千米。 (王煜琦)

【第八个“全民健身日”系列活动】 2016年8月5日,“体育伴你行”——镇江市庆祝第八个“全民健身日”健步走活动在白娘子爱情文化园举行。活动由市体育局和市委市级机关工委联合主办,动员和组织1500名机关干部参加,全程约3.5千米。在8月8日“全民健身日”当天,市篮球协会举办第三届“老球场的回忆”4对4篮球友谊赛;市自行车运动协会开展庆祝全民健身日绕城骑行活动;市冬游协会、市游泳协会举办“体育伴你行”庆祝全民健身日游泳大奖赛;市钓鱼协会、市风筝协会、市门球协会均举行相应的庆祝活动;市体育科研所开展体质测试进机关服务;市体育会展中心部分场馆及体育系统市属场馆也免费向市民开放。

(王煜琦)

【镇江市代表队获省第七届全运会健身秧歌大赛一等奖】 2016年9月12日—14日,江苏省第七届全民健身运动会健身秧歌大赛在宜兴市体育馆举行。由丹阳市木兰协会组队的镇江市代表队获规定套路一等奖(第二名)、自选套路二等奖的成绩。比赛由江苏省全民健身运动会组委会、江苏省社会体育管理中心主办,全省26个代表队约300多名运动员参赛。 (王煜琦)

【社会体育指导员风采展示暨特色项目表演活动】 9月23日,“体育伴你行”——2016年镇江市社会体育指导员风采展示暨特色项目表演活动在镇江市健康路体育馆内举行,活动由镇江市体育局主办,镇江市健康路体育馆承办,江苏省社会体育指导员俱乐部和镇江市中老年体育指导专委会协办,各辖市(区)16支团队近400人参加,展示内容包含广场舞、蒙古舞、伞舞、排舞、柔力球、肚皮舞等12种类型。 (王煜琦)

【五台山“百姓大联赛”江苏省游泳锻炼等级达标赛(镇江灵动站)】 9月25日,2016五台山“百姓大联赛”江苏省游泳锻炼等级达标赛(镇江灵动站)在镇江市体育会展中心游泳馆开幕,活动由江苏省五台山体育中心和镇江市体育总会联合主办,南京、苏州、常州、无锡、镇江等地11支代表队和社会各界游泳爱好者273人参加。 (王煜琦)

【镇江市获“全国象棋之乡”称号】 9月27日—29日,2016年全国象棋之乡发展工作会议在广东省惠州市惠东县举行。会上,举行2016至2020年度全国象棋之乡授牌仪式,镇江市获“全国象棋之乡”称号。该称号是中国对象棋运动表彰的较高荣誉,1999年,镇江市成为全国首批获此称号的唯一地级市。

(王煜琦)

【“万人登山”活动】 10月9日,主题为“欢度重阳、共享健康”的2016年镇江市“万人登山”活动在南山招隐寺举行,活动由市体育局、市三山南山风景名胜区管委会主办,市老年人体育协会、南山风景名胜区管理处承办。登山路线从招隐寺牌坊开始,到虎跑泉结束。市老年人体育协会和3个户外俱乐部组织800名登山爱好者参加活动。活动旨在将全民健身与传统节日相融合,丰富节日内涵,调动广大市民参与全民健身的积极性。

(王煜琦)

【“镇江体产杯”2016全国航空模型公开赛(镇江站)】 10月15日,“镇江体产杯”2016全国航空模型公开赛暨江苏省青少年纸飞机精英赛在镇江市体育会展中心举行。活动由国家体育总局航空无线电模型运动管理中心、中国航空运动协会、镇江市人民政府主办,镇江体育产业发展有限公司承办。有江苏、上海、浙江等16支代表队近百名国内航模选手参加无线电遥控纸飞机绕标竞速、无线电遥控纸飞机编队配乐飞行、二级线操纵特技模型飞机和无线电遥控多旋翼飞机穿越竞速赛四个项目的比赛。江苏省12个地级市16支代表队200多名学生爱好者参加悬浮纸飞机绕标赛、纸折飞机奥运五环靶标赛、纸折飞机直线距离赛、风火轮单向积分赛和飞翼三角绕标赛5个项目的比赛。 (王煜琦)

【第五届“千台万人”乒乓球总决赛】 2016年10月22日,由镇江市体育局主办,镇江市乒乓球运动协会承办的第五届“千台万人”乒乓球总决赛在市健康路体育馆结束,为期7个多月的该项赛事闭幕。各辖市(区)层层选拔的180多名选手参加总决赛,各年龄段的优胜者于11月中旬代表镇江参加“爱乒才会赢”江苏省首届乒乓球王城市争霸赛总决赛。“千台万人”乒乓球总决赛分设少儿组、青年组、成年组、老年组单项决赛,男子青年组第一名为刘波,女子青年组第一名为钱学淋,男子成年组第一名为尹网泉,女子成年组第一名为孔霞,老年混合组第一名为凌惠春,儿童甲组男子单打第一名为杨浩然,儿童甲组女子单打第一名为胡雪涵,儿童乙组男子单打第一名为孙永杰,儿童乙组女子单打第一名为柏思怡。 (王煜琦)

【丁秋波健身气功论文获全国二等奖】 10月24日,2016年中国健身气功科学论坛在云南腾冲举行。论坛以“健身气功:聚焦大健康”为主题,面向全国征文,有74篇论文入选,5篇论文做报告。丁秋波撰写的《唤醒丹田方法之我见》在论坛作论文报告,并获优秀论文二等奖。丁秋波连续5年在科学论坛作论文报告,获3个二等奖和2个三等奖。 (王煜琦)

【江苏省老年人体育节镇江分会场闭幕式举行】 2016年10月29日,江苏省老年人体育节镇江分会场闭幕式暨全市首届中老年人气排球比赛在市体育馆举行。活动由镇江市体育局、镇江市民政局、镇江市老年人体协主办,活动主题是“自觉参与健身,共享健康快乐”。闭幕式上,镇江市老年体育健身爱好者表演文体节目。闭幕仪式结束后举行镇江市首届中老年人气排球比赛,全市10多支球队同台竞技,丹徒区、江苏大学、京口区、扬中市、润州区代表队获男子优胜奖,市老年大学、润州区、扬中市、镇江新区代表队获女子优胜奖。 (王煜琦)

竞技体育

【概况】 2016年,镇江市竞技体育围绕备战第十三届全运会和江苏省十九届运动会,开展各个项目的训练管理工作。组队参加省级竞赛获金牌37枚、银牌28枚、铜牌21枚。“镇江军团”在里约残奥会上获四金两银。镇江市运动员赵春媛获世界青年女子拳击金牌;丹阳体校(U11)女子代表队获省青少年足球精英联

2016 年镇江市承办国家级以上体育赛事情况一览表

表 33－1

序号	活动全称	时　间
1	2016 年里约奥运会蹦床项目选拔积分赛第一站	4 月 9 日—10 日
2	2016 年“体彩”杯江苏 VS 北京女子篮球对抗赛	5 月 28 日
3	2016 年“古威域斯”全国青少年曲棍球锦标赛	7 月 15 日—22 日
4	全国青年女篮邀请赛	9 月 22 日—24 日
5	全国航空职业院校无人机应用创新技能大赛	9 月 22 日—26 日
6	CBA 季前赛(丹阳站)	10 月 5 日—10 日
7	2016 年全国定向锦标赛	10 月 9 日—14 日
8	2016 年全国航空模型公开赛(镇江站)	10 月 14 日—16 日
9	2016 镇江国际马拉松赛	10 月 16 日
10	2016 中国国际飞行器设计挑战赛总决赛	10 月 17 日—24 日
11	第五届 LTW 国际路亚(BASS)大奖赛	10 月 18 日—19 日
12	CBA 江苏肯帝亚男篮主场赛事	2016 年 10 月 29 日—2017 年 1 月 1 日
13	2016 中国足球协会业余联赛全国总决赛	11 月 6 日—14 日
14	第七届环太湖国际公路自行车赛(句容赛段)	11 月 12 日
15	镇江“环金山湖”国际半程马拉松赛	11 月 19 日

(王煜琦)

赛(苏南赛区)冠军;在 2016 年亚洲击剑锦标赛上,镇江市选手获女子佩剑、女子花剑团体两枚金牌;4 名扬中籍运动员助力国家少年女子曲棍球队在亚青赛夺冠;镇江市运动员聂晶晶获国家体育总局授予的“体育运动荣誉奖章”。镇江市八叉巷小学、镇江棋院被命名为国家级青少年示范性俱乐部。以新一轮体育传统项目学校创建为核心,在科技体育、校园足球等项目上加大推进力度,21 所优秀学校被评为省级体育传统项目学校,新增 14 所全国青少年校园足球特色学校。全年全市承办国家级竞技类体育赛事 15 项,省级青少年体育赛事 10 项,组队参加省级青少年体育比赛 65 项次,举办市级少儿体育比赛 17 项。举办 2016 年里约奥运会蹦床项目选拔积分赛、第五届国际路亚大奖赛、2016 年全国定向锦标赛、CBA 江苏肯帝亚男篮主场赛事等大型体育竞赛。(王煜琦)

【镇江市科技体育工作培训班】 2016 年 2 月 25 日,镇江市科技体育工作培训班在市体育会展中心举行,市体育局、教育局、科协系统相关人员参加,培训班邀请全国科技体育专家作科技体育工作讲座,讲解科技体育工作的相关要求,介绍首届江苏航空体育旅游季相关情况等,与会人员还参观体育会展中心科技体育校外活动中心。(王煜琦)

【里约奥运会蹦床项目选拔积分赛】 4 月 9 日,“江苏银行镇江分行杯”2016 年里约奥运会蹦床项目选拔积分赛开赛仪式在市体育会展中心体育馆举行。当天女子网上个人决出名次,刘灵玲、何雯娜、李丹分列前三名。4 月 10 日,男子网上个人决出名次,高磊、董栋、徐潇分列前三名。(王煜琦)

【丹阳代表队获省足球精英赛(苏南赛区)冠军】 2016 年 6 月 2 日—5 日,江苏省青少年足球精英联赛(女子 U11 组)在扬中市体育中心举行,丹阳体校 2005 年—2006 年龄组足球队代表镇江市参加比赛。队伍分别战胜苏州、无锡、常州、南通等市代表队,以全胜的战绩获 2016 年江苏省第二届青少年足球精英联赛(女子 U11 组)苏南赛区的冠军。(王煜琦)

【镇江队获 2016 年江苏省第二届青少年足球男子 U11 精英联赛亚军】 6 月 12 日,由江苏省足球运动管理中心和无锡市体育局主办的 2016 年江苏省第二届青少年足球男子 U11 精英联赛在无锡市体育中心体育场落幕。比赛赛制为 5 人制,采用国际足联新审定的足球竞赛规则,苏州市、镇江市、无锡市、常州市和南通市的青少年足球运动员参赛。镇江市代表队在比赛中获亚军。(王煜琦)

【两个俱乐部获评“国家示范性青少年体育俱乐部”】 2016 年 6 月 27 日,国家体育总局办公厅公布国家示范性青少年体育俱乐部(2016—2018)名单,镇江市八叉巷青少年乒乓球俱乐部、镇江梦溪棋苑俱乐部被命名为“国家示范性青少年体育俱乐部”。该次江苏省有 10 个俱乐部在命名之列,镇江占据两席。(王煜琦)

【镇江队在省青少年拳击锦标赛上获 2 金 1 银 2 铜】 2016 年 7 月 8 日,由江苏省体育局、江苏省教育厅主办,淮阴区政府承办的 2016 年省青少年拳击锦标赛在淮阴区体育馆落幕,全省 200 余名青少年运动员在为期 5 天的比赛中争夺 22 个小项目的金牌,镇江市体育运动学校代表队获 2 金 1 银 2 铜,分别是:张琪鑫获男子甲组 81 公斤以上级别冠军,雷宁获男子乙组 74 公斤以下级别冠军,徐德成获男子乙组 46 公斤级亚军,吕成志获男子甲组 59 公斤级季军,殷彩婷获女子乙组 47～51 公斤级季军。同时市体育运动学校获“精神文明运动队”称号。(王煜琦)

【镇江队在省青少年柔道锦标赛上获 5 金 1 银 8 铜】 7 月 15 日,由江苏省体育局、江苏省教育厅主办,泰兴市政府承办的 2016 年省青少年柔道锦标赛在泰兴市体育馆落幕,全省 400 余名青少年运动员在为期 4 天的比赛中争夺 50 个小项目的金牌,镇江市代表队获 5 金 1 银 8 铜,5 金分别是:乔文静获女丙 70 公斤以上级别冠军,李盈盈获女丙 70 公斤以下级别冠军,张凯获男乙 56 公斤以下级别冠军,伏鑫获男甲 60 公斤以下级别冠军,黄山获男甲 94 公斤以下级别冠军。(王煜琦)

【镇江队在省青少年车辆模型锦标赛上获 2 金 2 银 1 铜】 7 月 13 日—15 日,2016 年江苏省青少年车辆模型锦标赛在苏州太仓市举行。比赛由省体育局、省教育厅、共青团江苏省委、省科协、省妇联联合举办。全省各地的 300 多名青少年模型运动爱好者参加比赛。镇江市模型运动协会 20 余名小选手参赛,获 2 金 2 银 1 铜,分别是:吴童获 1∶8 内燃机越野车冠军和 1∶16 有刷越野车冠军,袁铭翊获 1∶8 内燃机越野车亚军,夏闻天获 1∶10 电动无刷房车亚军,程俊儒获 1∶10 遥控公路车季军。(王煜琦)

【江苏省青少年排球锦标赛】 7 月 24 日—28 日,由省体育局、省教育厅主办,镇江市政府承办,镇江市体育运动学校和镇江市实验初级中学共同协办的 2016 年江苏省青少年排球锦标赛(男子乙组、丙组)在镇江市体育运动学校举行。男子丙组、男子乙组前三名均为南京代表队、镇江代表队、苏州代表队,14

名参赛运动员、3 名裁判员、苏州代表队（丙组）、镇江代表队（乙组）获“江苏省青少年阳光体育运动联赛体育道德风尚奖”称号。（王煜琦）

【镇江队在全国青少年 U11 女子组足球精英赛上获亚军】 2016 年 8 月 4 日—8 日，中国足协组织的为期五天的全国青少年 U11（11 岁以下）女子组足球精英赛结束，丹阳市体育学校 2005 年—2006 年龄组足球队代表江苏省参加在云南泸西国家足球训练基地举行的比赛，该队分别战胜陕西队、河南队、大连队，战平武汉队，以小组赛第一名出线，最终败给上海队获亚军。卢爱雪获评“最佳教练员”，霍悦欣获评“最佳运动员”。

（王煜琦）

【镇江棋手参加首届世界青少年象棋锦标赛】 2016 年 8 月 17 日—18 日“凯撒杯”首届世界青少年象棋锦标赛在德国汉堡大学孔子学院举行。镇江市 4 名青少年棋手代表“边锋网络队”参赛，获 2 块金牌及 2 项第 6 名，具体为：赵策获 U8 男子组冠军，颜稚轩获 U13 岁女子组冠军，沈彦霖获 U10 岁组第 6 名，张潘禹获 U13 岁组第 6 名。比赛由世界象棋联合会主办，有 4 个国家的 19 支代表队，72 名运动员参赛。（王煜琦）

【镇江队在江苏省网球锦标赛上获 1 金 1 银】 9 月 16 日—18 日，2016 年江苏省青少年网球锦标赛在扬州市体育公园举行，镇江运动员张辰宇获男单冠军，张辰宇/钱灿宇获混双组合亚军。（王煜琦）

【镇江籍运动员在全国击剑锦标赛上获两枚金牌】 9 月 28 日，2016 年全国击剑锦标赛结束所有团体项目比赛，镇江籍运动员龚雨和孙东东分获女子花剑团体金牌和男子重剑团体两块金牌。（王煜琦）

【2016—2017CBA 新赛季江苏肯帝亚男篮主场赛事】 2016 年 11 月 4 日，2016—2017 赛季 CBA 常规赛镇江主场的首场比赛在体育会展中心篮球馆举行，江苏肯帝亚主场迎战上海哔哩哔哩队，最终江苏肯帝亚队以 79∶86 负于上海哔哩哔哩队。赛季中江苏肯帝亚男篮有 12 场主场赛事在镇江举行，至 2017 年 1 月 2 日结束。（王煜琦）

【“市长杯”校园足球总决赛】 11 月 30 日—12 月 11 日，2016 年镇江市“市长杯”校园足球总决赛举行，初中和高中男、女组比赛在市体育会展中心足球场、市健康路体育场、省镇江中学体育场、镇江高等职业技术学校田径场等 4 个场地同时举行。小学组总决赛于 10 月 28 日—11 月 1 日在市体育会展中心足球场举行。比赛由市体育局、市教育局联合主办，设小学女子甲组、乙组，小学男子甲组、乙组，初中女子组、男子组，高中女子组、男子组 8 个组别，全市各辖市（区）及市属学校 96 支代表队近 1500 人参加。润州区实验小学、镇江科技新城实验学校、镇江市官塘桥中心小学分获小学男子甲组前三名；丹阳市云阳学校、丹阳市练湖中心小学、南师大附属扬中小学分获小学女子甲组前三名；丹阳市建山学校、镇江市官塘桥中心小学、句容市华阳实验小学分获小学男子乙组前三名；丹阳市司徒中心小学、丹阳市云阳学校、丹徒区荣炳中心小学分获小学女子乙组前三名；镇江市江南学校、镇江新区大港中学、镇江第一外国语学校分获初中男子组前三名；丹阳市云阳学校、丹阳市河阳学校、镇江新区大港中学分获初中女子组前三名；丹阳市第六中学、镇江市丹徒高级中学、江苏省镇江中学分获高中男子组前三名；丹阳市第六中学、江苏省镇江中学、江苏省扬中高级中学分获高中女子组前三名。（王煜琦）

体育产业

【概况】 2016 年，镇江市南山体育旅游线路获“2016 中国体育旅游精品十佳线路”。市体育局邀请北京体育大学专家组到镇江考察，针对市区“南山北水”、句容赤山湖、丹徒世业洲、新区航空产业园等区域，共商规划布局产业项目。镇江市引导和扶持体育类企业健康发展，有 3 个项目获省级体育产业发展专项资金 280 万元。开展大型体育场馆免费、低收费开放督查工作，加强公益性绩效考核。全年全市体育彩票销售额为 7.51 亿元，连续三年实现正增长，超额完成各项任务和指标，镇江市体彩中心被评为“2016 年度省级体育彩票工作先进单位”。（王煜琦）

【首届江苏航空体育旅游季】 2016 年 10 月 16 日，由镇江市政府，国家体育总局航管中心，江苏省体育局，中国航空运动协会联合主办的首届江苏航空体育旅游季在镇江市金山湖航空飞行营地举行。首届江苏航空体育旅游季以“健康体育，生态镇江”为主题，举办中国国际飞行器设计挑战赛总决赛、2016 镇江国际马拉松赛、全国无人机应用创新技能大赛等“九项大赛”（包括 5 项国家级、1 项省级、3 项市级），特技飞行、水上飞行、热气球飞行、跳伞等“八项表演”，全国学校科技体育工作论坛、全国航空飞行营地联盟成立大会等“四个大会”，“全国百家旅行社和媒体镇江行”和“美丽镇江 定向毅行”两项活动。（王煜琦）

【北体大专家组一行到镇江考察】 2016 年 11 月 12 日—13 日，北京体育大学副校长耿宝权一行六人到镇江考察。12 日，实地考察句容赤山湖国家湿地公

图 33－2　2016 年 10 月 16 日，江苏省首届航空体育旅游季开幕式现场

（王煜琦　供稿）

园、金山湖航空飞行营地、金山湖国际房车露营地、南山绿道、世业洲健身休闲区。13日，召开专家研讨会，研究讨论镇江体育产业发展规划。（王煜琦）

【游泳救生员、教员资格考试】 6月13日，镇江市2016年国家游泳救生员、教员资格考试在市健康路游泳馆举行，各辖市（区）57名游泳救生员、14名游泳教员参加考试。理论知识考试采用闭卷笔试的方式，试题自国家体育总局提取；技能操作部分由获得国家职业技能鉴定考评员资质的业内专家考核。理论知识考试与技能操作考核均采取百分制，成绩均达60分及以上者为合格，可获相应的国家职业资格证书。（王煜琦）

【游泳场所安全检查】 2016年8月4日—5日，镇江市体育局高危险性体育项目经营监管小组根据“双随机”抽查机制，对市区12家游泳场馆开展安全检查。检查内容主要包括开办经营性公共游泳场所是否按照法律法规要求取得高危险性体育项目经营许可证，游泳救生员数量是否符合国家标准；是否能提供急救药品、氧气袋及救生圈、救生杆和护颈套等救生器材等。检查总体情况良好，有6家单位存在不同程度的不到位现象，监管小组现场做出限期整改的要求。（王煜琦）

【“体彩杯——体育伴你行”摄影大赛】 2016年5月—12月，镇江市体育局、镇江日报社联合举办“体彩杯——体育伴你行”2016年镇江市体育摄影大赛活动，活动期间收到120位作者的近4000幅照片，全方位展示镇江市竞技体育、群众体育、体彩公益金受益项目和体育产业的成果。最终马国魁拍摄的《较量》获一等奖，文雯拍摄的《胜利之吻》、徐元康拍摄的《兵临城下》、颜宏亮拍摄的《关切的目光——镇江北固湾》获二等奖，焦秀兰拍摄的《袋鼠跳比赛——江大》、李峻拍摄的《健康体育》等作品获三等奖。（王煜琦）

2016年首届江苏航空体育旅游季活动一览表

表33－2

序号	活动级别	活动全称	时间
1	市　级	镇江旅游摄影大赛	9月6日—10月20日
2	市　级	2016年镇江市金牌导游（讲解员）大赛	10月下旬—12月下旬
3	市　级	中小学生“我的航空梦”绘画、摄影和征文比赛	9月上旬—10月下旬
4	国家级	全国航空职业院校无人机应用创新技能大赛	9月22日—26日
5	国家级	全国航指委无人机专业指导委员会成立大会	9月23日
6	国家级	2016年全国定向锦标赛	10月9日—14日
7	省　级	2016年江苏省青少年纸飞机精英赛	10月14日—16日
8	国家级	2016年全国航空模型公开赛（镇江站）	10月14日—16日
9	国家级	2016全国百家旅行社和媒体记者镇江行	10月15日—17日
10	市　级	“美丽镇江 定向毅行”活动	10月15日
11	省　级	首届江苏航空体育旅游季开幕式	10月16日
12	省　级	金山湖营地表演体验活动开幕、飞行特技表演	10月16日
13	国家级	航空飞行营地联盟成立大会	10月16日
14	国际级	2016镇江国际马拉松赛	10月16日
15	国际级	2016中国国际飞行器设计挑战赛总决赛	10月17日—24日
16	国家级	2016全国学校科技体育工作论坛暨全国学校科技体育校长培训班	10月18日—21日

（王煜琦）

2016年镇江体彩百万元以上大奖

表33－3

时　间	销售站点	期　号	注数（注）	奖金（万元）	中奖地区	玩　法
1月11日	11073	16005	一等奖（含追加）1注	1107	镇江市区	大乐透
5月23日	11182	-	-	100	镇江市区	即开“真金白银”
8月10日	11674	16093	一等奖1注	803	句容市	大乐透
9月14日	11695	16108	一等奖1注	654	句容市	大乐透
9月19日	11015	16110	一等奖2注	1354	镇江市区	大乐透

（王煜琦）

民政事务

【概况】 2016年，镇江市按照“十三五”规划确定的各项重点工作目标，推进现代民政建设。启动物价上涨动态补贴机制，先后两次发放物价补贴493.18万元。下拨市级以上救灾款670万元，所有灾民冬春期间基本生活得到妥善解决。

市民政局制定出台《镇江市临时救助办法》，对救助范围、救助流程、救助标准等方面进行拓展与规范。全市实施临时救助10424户次，发放临时救助金1000余万元。建成全市社会救助信息管理服务平台，整合14家救助部门基础信息，首次实现全市“急难”救助和各项社会救助信息的统一管理与信息共享。丹阳市低保信息长期公示全覆盖的做法在全省推广。

全年全市受灾人口19.66万人，紧急转移安置人口4967人，农作物受灾面积2.13万公顷，成灾0.9万公顷，绝收1024.07公顷，倒塌房屋26间，严重损坏房屋101间，一般损坏房屋935间，直接经济损失5.4亿元。创成全国综合减灾示范社区9个。全市农村住房自然灾害保险理赔金额24.51万元，高于投保总额的164.7%。应对汛期防灾、救灾，落实灾情统计报送、24小时值班等制度，救灾应急物资形成分级储备有序、实物储备和协议储备等品种互补的储备格局。组织防灾减灾宣传教育，多部门联合开展灾害风险排查治理、防灾减灾演练等活动。

全市享受抚恤补助的优抚对象1.21万人，其中残疾军人1778人、“三属”389人、在乡复员军人677人、参战涉核人员1475人、带病回乡退伍军人585人，农村籍老兵7423人、部分烈士子女404人，铀矿开采81人。发放抚恤补助金9835万元。对全市农村籍60岁以上退役老兵7423人以每年25元/月标准，发放958.22万元生活补助费。全市为1987名义务兵发放优待金3705万元，为781名入伍大学生发放大学生奖励金711万元。全市有1273名优抚对象享受327万元大病救助。

全年接收1165名退役士兵，以“积分选岗”分配、发放自主就业补助金、推荐就业等方式，多渠道规范安置退役士兵，安置率100%，发放安置金5700万元，符合工作安置条件的四类对象待安置补助费12.5万元。对907名退役士兵实行免费职业技能培训，参训率82%。全市8个军休所，有413名军休人员，经费保障5700万元。

全年全市福利彩票销售4.82亿元，比上年增长10.36%。其中，电脑彩票销售2.83亿元，增长10.38%；刮刮乐销售1312万元，减少10.47%；中福在线销售1.84亿元，增长12.18%。全年筹集公益金5310万元。

全市各类保障对象的保障水平均有所提高，市区集中供养和散居孤儿保障标准分别提高至每人1865元/年和1260元/年；市区集中供养的城市“三无”人员供养标准提高至平均全年每人14658元；农村五保总人数4963人，其中集中供养2844人，平均全年每人9933元。

镇江市是全省首家召开创新社区治理工作会议的省辖市，继续推进“社区服务中心+基本社区”的建设模式，建成4家社区服务中心，下达奖补资金200万元。依托城市社区党组织为民服务专项资金，确定社区购买社会组织服务项目166个，发挥城市社区示范引领作用，在主城区98个城市社区推行“三社联动”（社区、社会组织、社会工作专业人才简称“三社”）工作机制，“政社互动”（即政府及其部门与基层群众自治组织、社会组织，通过衔接互动，理顺社会管理职能、结构、方式，依托村、社区平台开展工作）推行率达100%。制定出台《关于加强城乡社区协商实施办法的通知》，为社区协商规范化建设强化制度保障。社区协助事项从72项减少到59项，取消盖章事项14项。全市11个村开展“一规五制”（即以村规民约为规范，建立健全村级事务协商、财务管理监督、居民办事代理、社区服务社会、服务成效评议制度）建设试点。

全市有社会组织3593个，其中社会团体1997个（市属社团390个），民非单位1596个（市属232个）。每万人拥有社会组织数13个（登记数）。建成市级综合性孵化基地。全市有1816个社会组织获评等级，占应评社会组织数的78%。

全市社工考试有1075人报名，878人参考，获得初级社工专业资格248人，中级资格93人，通过率38.84%，增长40.37%。全市有1206人取得助理社工师以上资格，万人拥有持证社工3.8人，增长37.68%。

全年救助流浪乞讨人员7041人次。完成1994年以来婚姻信息补录工作，补录信息18.7万余条，办理收养评估55例。全市享受惠民殡葬政策14730人，减免金额2174万元。

2016年，全市有31个镇、25个街办、490个村委会、273个居委会。镇江市第二次全国地名普查工作基本完成，11大类117子类2.3万余条地名信息入库并实现图库连接。普查成果转化有序开展，上报《中华人民共和国标准地名词典》（镇江篇）词目，镇江市地名地址信息化公共服务平台完成立项。“平安边界”创建推进，完成“扬镇线”界线界桩联检工作，界线界桩数据资料的录入、转

换通过部、省验审。（洪 丹）

【城乡低保提标】 2016年，镇江市低保标准统一提高至每人625元/月，镇江市成为全省第3家实现城乡低保标准一体化的省辖市。截至年底，全市有享受城市低保待遇的家庭7033户12168人，发放城市低保金6085万元；农村低保对象12252户21084人，发放农村低保金9348万元。（洪 丹）

【困难群体普惠制节日慰问】 2016年，“两节”期间发放节日补助金2483.93万元，其中市区春节专项补助569.29万元。地方性普惠节日慰问活动，各地对城乡低保、农村五保、优抚对象以及其他困难群众发放普惠制节日慰问金1314万元。（洪 丹）

【社会组织培育与管理】 2016年，镇江市出台《关于促进社会组织健康发展的意见》，制定《社会组织承接政府职能转移和购买服务的资质认定办法》，编制第一批《承接政府行政职能转移和购买服务的社会组织目录》，为政府向社会组织转移职能和购买服务奠定基础。“三证合一”工作启动，全市社会组织实现信息化管理。建成市级综合性社会组织孵化基地，建立“政社企居联动、多维协同共治”培育孵化模式，社会组织发展环境优化。首次启动实施社会组织能力提升工程，受益社会组织达200余家。成立市社会组织促进会，开通“镇江社会组织网”，为线上线下交流合作搭建平台。继续举办社会组织公益创投活动，26个项目获资助。修订社会组织等级评估细则，首次开展“双随机”抽查工作，社会组织监督管理机制健全。（洪 丹）

【优抚对象保障水平提高】 2016年，镇江市优抚对象抚恤补助标准比上年增长9.2%，市区重点优抚对象全部纳入医疗救助体系。全市全年发放优待金3705.44万元，大学生入伍奖励金710.52万元，军人立功奖励金46.43万元。优抚数据精细化管理工作推进，优抚对象身份认证率达99.33%，优抚数据核查达省定比例209.12%，实现优抚对象基础数据真实可靠。辖市（区）、街道（镇）、社区三级优抚对象服务中心建设推进。市烈士陵园承办“镇江市烈士纪念日公祭暨新婚夫妇向革命烈士献花”活动，并利用烈士遗书编写《信仰的力量》，发挥“褒扬先烈、教育群众”的主阵地作用。（洪 丹）

【退役士兵安置工作】 2016年，镇江市发放退役士兵一次性安置经费5700万元，符合政府安置工作条件的转业士官安置率100%。举办全市首届退役士兵供需洽谈会，各辖市（区）农村籍退役士兵“村官培养”工程启动。开展教育培训工作，培训政策知晓率达100%，参训率达83%，培训合格率达95%。退役士兵教育培训督查力度加大，做到培训资金专户管理、专款专用，实现生活补助费发放比例与到课率挂钩。全市第二届退役士兵技能竞赛完成，央视等媒体专题报道相关经验做法。市军供站应急保障能力建设在全国军供会议上作重点交流发言。4个市军休所以修订工作守则、改善服务设施、主动解决住房待遇历史遗留问题、开展助老助医公益活动以及建党95周年系列主题活动为抓手，落实军休干部“两个待遇”（即政治待遇和生活待遇）。（洪 丹）

【未成年人社会保护和流浪救助管理工作推进】 2016年，镇江市建立农村留守儿童联席会议制度，建成农村留守儿童信息库。市救助站通过首次采集比对流浪乞讨人员DNA血样、“今日头条”发布信息等措施，实现流浪乞讨人员救助结案率达90%以上。（洪 丹）

人口和计划生育服务

【概况】 2016年，镇江市加强基层卫生计生管理服务体系建设，推动卫生和计生在基层的融合。实施全面“二孩”政策，扬中市和丹阳市建成“全国计划生育优质服务先进单位”。落实计划生育奖励扶助政策，发放各类计划生育奖励扶助资金12663.9万元，惠及群众12.1万人；对符合政策的年满60周岁独生子女伤残、死亡特别扶助对象扶助金标准分别提高到每人每月600元、700元。加强计生特别扶助对象医疗服务，为计生特别扶助对象提供就医绿色通道等5项医疗服务。帮扶“失独”人员，实行联系人制度，将市区441名60周岁以上“失独”人员纳入全市社会养老服务；为市区“失独”家庭的1043名救助对象购买“国寿意外伤害保险和住院护工保险”。出生人口性别比保持正常水平。流动人口计划生育服务管理率、健康档案建档率分别达85%、77.52%；辖区内居住满3个月的0～6岁的流动儿童预防接种率达95.65%；流动人口传染病报告率和报告及时率100%；免费为流动孕产妇和0～6岁儿童建立保健手册；流动人口计划生育技术指导咨询服务覆盖率96.75%，计划生育免费技术服务率98.33%。推进流动人口婚育证明电子化改革，加强流入地、流出地网上核查和信息共享。（卫计委办）

【全面“二孩”政策落实】 2016年，镇江市办理生育登记20795人，其中“一孩”12905人，“二孩”7890人；办理再生育审批375人。加强基层卫生计生管理服务体系建设，与市编办联合下发《关于加强基层卫生计生管理服务体系建设的指导意见》，与市民政局联合下发《关于加快社区（村）公共卫生和计划生育委员会建设的意见》，理顺基层计生技术服务、行政管理和行政服务职能，推动卫生和计生在基层的融合。（钱 茜）

【60周岁的独生子女伤残和死亡扶助金标准提高】 2016年1月1日起，镇江市提高独生子女伤残死亡扶助制度的奖励扶助标准，将其中年满60周岁的独生子女伤残和死亡特别扶助对象扶助金标准分别提高到每人每月600元和700元。此项政策自2007年开始实施，向符合条件对象5037人累计发放奖励扶助金约9195.73万元。（龚 璐）

【妇幼保健与计划生育资源整合】 2016年，镇江市下发《关于优化整合妇幼保健和计划生育技术服务资源的实施意见》，市本级、丹阳市、扬中市、丹徒区、京口区和润州区先后完成妇幼保健和计划生育技术服务机构的整合工作，全市44个乡级计生服务机构将技术服务职能整合到乡镇卫生院（社区卫生服务中心），提高全市妇幼保健和计划生育服务的效率。（谢旭东）

【国家“健康家庭理论与实践”主题征文活动镇江获奖】 2016年7月，国家卫生计生委、中国人口学会联合举办“健康家庭理论与实践”主题征文活动。镇江市从参与征集的文章中选出20余篇文章推荐上报。江苏省有12篇论文获奖，其中镇江市有5篇论文获奖，分别是丹阳市卫计委秦泽洲、张明东撰写的《“幸福家庭”创建活动的实践探索与思考——以丹阳市为例》获二等奖，句容市郭庄中心卫生院张婷撰写的《医养结合对老人赡养问题的“突破”》、丹徒区江心计生站李雪萍撰写的《老年人家庭赡养问题》分获三等奖，扬中市开发区三跃社区王卿撰写的《浅叙家庭教育成长环境对青年心理健康的影响》、句容市中医院张妮撰写的《大力推进医养结合积极应对人口老龄化》分获优秀奖。（龚 璐）

【出生人口性别比综合治理】 2016年，镇江市组织开展对国家三部委9号令《禁止非医学需要的胎儿性别鉴定和选择性别人工终止妊娠的规定》的学习培训。全市举办案件信息系统应用培训，发挥信息管理系统在整治工作中的作用。制定出台《镇江市卫计委出生人口性别比综合治理机关各处室工作职责》，加强各处室配合，推动全市出生人口性别比综合治理工作。（龚　璐）

老龄事务

【概况】 2016年，镇江市60周岁以上老年户籍人口68.3万人，占户籍人口总数的25.1%，其中80周岁以上高龄老年人口9.6万人，占老年人口总数的14.1%，百岁老人199人。全市有147家养老机构，养老总床位26482张，千名老人拥有养老床位41张。实现全市分散供养“三无”老人免费午餐全覆盖。（薛　萍）

【尊老金发放】 2016年，镇江市区继续按一次登记、两次“打卡”发放方式做好尊老金发放工作，即当年新增和上年漏报人员在上半年进行一次性登记，7月底前“打卡”发放1月—6月尊老金及上年补发尊老金，12月底前“打卡”发放7月—12月尊老金。上半年市区（不包括丹徒）尊老金发放总人数为29407人（上年漏报补发426人，当年1月—6月发放28981人），下半年总人数为27719人，全年下达市补资金874万元。（薛　萍）

【“安康关爱行动”】 2016年，镇江市继续通过政府统保和发动自费投保相结合方式推进“安康关爱行动”，实现困难老年群体财政统保制度以县为单位的全覆盖，并在以往服务项目的基础上新增免费健康服务，为投保老年人提供免费预约挂号、健康咨询、健康短信提醒等服务。截至年底，全市参保老年人46.9万人，参保率71.46%，参保率连续4年居全省第一位。（薛　萍）

【“眼健康助老行动”】 2016年，镇江市老龄办联合镇江康复眼科医院继续开展“眼健康助老行动”。截至年底，该活动组织开展公益义诊（免费筛查）683场次，服务老人46109人次，并免费为每人建立眼健康档案；免费举办科普讲座28场次，听课老人1401人次。在眼科医院提供眼健康医疗优待服务2001人次，优待金额累计100.05万元，其中免费挂号、检查5469人次，免费金额109.38万元；白内障复明术优惠1171人次，优惠金额87.8万元；胬肉切除术优惠830人次，优惠金额21.5万元。（薛　萍）

【空巢独居老人关爱活动】 2016年，镇江市完成重点空巢独居老人关爱服务“四个一”[“四”是指原“四方协议”中乡镇（街道）民政办、村（居）委会工作人员、近邻亲属或志愿者、关爱对象的各方，“一”是指市“12349”平台和部分辖市（区）“虚拟养老院”]协议书的签订和省民政综合业务信息平台工作的相关信息录入。截至年底，全市录入重点空巢独居老人信息279条。（薛　萍）

【“敬老月”活动】 2016年，镇江市老龄委印发《关于在全市开展2016年“敬老月”暨“重阳节”主题活动的通知》，10月，在全市范围开展以“敬老爱老，全民行动”为主题的“敬老月”活动，内容包括敬老爱老主题教育活动、应对人口老龄化主题宣讲行动、走访慰问和志愿服务活动、老年文体活动等。“敬老月”期间，市本级举办江苏省第五届“中国人寿”杯老年春晚，云媒体电视江苏老年与江苏综艺频道合作的《金色舞台》栏目镇江站节目录制工作，并分别举办镇江“福寿之路”重阳登山暨百岁福寿爱心联盟揭牌仪式、“岁岁重阳 今又重阳”节日展风采暨第五届老年艺术节文艺会演活动、镇江市第九届老年文艺会演和“拜博杯·2016镇江市广场舞大赛”活动。（薛　萍）

民族事务

【概况】 2016年，镇江市有3个少数民族聚居村，分别是句容市边城镇佴池民族村、丹徒区世业镇卫星民族村和润州区工业园区大桥民族村；8个省级民族工作示范社区，分别是京口区大市口街道千秋桥社区、四牌楼街道江滨新村第一社区、润州区金山街道杨家门社区、丹阳市云阳镇凤美新村社区、扬中市三茅镇文化新村社区、丹徒区新城长山社区、京口区正东路街道贺家弄社区、润州区宝塔路街道同德里社区；2所民族学校，分别是镇江市民族实验小学、镇江市穆源民族学校，此外，还有丹阳六中新疆内地班1个。少数民族特需商品定点生产企业有2家，分别是丹阳通泰纺织品有限公司、江苏金海新能源科技有限公司。全市有4座清真寺，分别是山巷清真寺、古润礼拜寺、句容清真寺、丹阳清真寺。清真网点有50余家，其中规模较大的是镇江穆源民族饭店、北疆饭店。根据2010年全国第六次人口普查数据，全市有回、蒙古、苗、满、彝等47个少数民族，常住人口中少数民族人口18493人，占全市总人口的比例为0.59%，另有近2万名少数民族流动人员。少数民族人口中，人数排在前五位的分别是回族7288人、苗族2291人、土家族1820人、彝族1280人、蒙古族1062人，以上五个少数民族人口占全市少数民族人口的74%。

全年镇江市民族领域保持和谐稳定。少数民族流动人口服务管理实行社区网格化管理模式，同市民政局、公安局等部门搭建少数民族信息共享平台；在少数民族流动人口较集中的社区建立就业服务点，在就业、就学、住房、就医等方面为少数民族务工人员提供帮助。推进回民公墓规划建设，召开讨论会、座谈会听取相关部门意见和建议。争取省、市少数民族事业专项资金23万元，支持穆源民族饭店、北疆饭店两个清真网点提升档次，维持清真食品保障供应。尊重少数民族群众饮食习惯，督促辖市（区）落实清真饮食补贴政策，推进清真饮食补贴宣传、登记、审核、发放工作，全年发放清真饮食补贴126.5万元。

组织《中国公民民族成份登记管理办法》培训，简政放权，将公民民族成分变更权限下放到县级民族事务部门和公安部门，简化办理程序。全市有7名少数民族群众依法、有序变更民族成分。开展全市少数民族发展资金管理培训。培养市（区）街道、乡镇、社区民族工作干部和少数民族代表人士，推荐1名民族工作示范社区干部到中央民族干部学院培训；推荐3名少数民族骨干参加中央统战部举办的少数民族代表人士培训。1月28日，市民宗局召开全市民族宗教局局长会议，会上传达全国城市民族工作会议暨全国民委主任会议、全国宗教局长会议精神，总结上年度全市民族宗教工作并部署2016年度工作任务。

开展民族团结进步宣传教育和创建活动。推进创建活动进机关，把党和国家的民族政策知识、法律法规纳入全市各级机关公务员网络学习公开课程和全市机关干部“菜单式”选学课程。引导电力路服务中心、田家门社区开展民族团结进步创建活动试点，推进民族团结进步创建活动进山巷清真寺、古润礼拜寺进宗教活动场所。指导帮助穆源民族学校创成民族团结进步主题教育馆；指导丹徒世业镇卫星民族村创建民族团结进步教育基地。9月，围绕"民族团结一家亲，同心共筑中国梦"主题，开展为期1个月的民族团结进步宣传月活动。

（曹祥清）

【民族团结进步宣传月活动】 2016年9月12日，镇江市第十三个民族团结进步宣传月活动启动仪式在大市口广场举行。宣传月以"民族团结一家亲，同心共筑中国梦"为主题，活动期间，各辖市（区）宣传党和国家的民族政策法规、民族理论和民族知识，宣传民族团结进步典型以及少数民族及聚居区的社会经济发展成就，举办少数民族文艺演出，举行民族知识问答，民族政策咨询，制作宣传图片展板，张贴宣传标语，印发《民族工作手册》1000余册，为少数民族群众义诊。（曹祥清）

【丹阳六中76名新疆班学生毕业】 2016年6月3日，丹阳六中内地新疆高中班（以下简称内高班）76名同学毕业并全部考入本科院校。丹阳六中自2005年承担新疆内高班的办班任务，累计招收1000余名新疆各族学生。学校有4名教师获得"新疆维吾尔自治区优秀教育工作者"称号，14名学生加入中国共产党，学生社团被评为"江苏省优秀学生社团"，团队工作受到共青团江苏省委表彰。截至年底，丹阳六中内地新疆高中班有八届学生毕业，高考本科达线率连续五年达97%以上，500多名学生进入高校学习，100多名学生加入西部建设事业行列。（曹祥清）

【穆源民族学校110周年校庆暨第13届民族文化艺术节】 2016年9月28日，镇江市穆源民族学校举办"我爱穆源，民韵流芳"为主题的110周年校庆暨第13届民族文化艺术节活动。省民委、省教育厅、市政府等部门领导，各界嘉宾、历届校友及家长代表500余人参加。活动期间，省民族事务委员会给镇江市穆源民族学校颁发"江苏省民族团结进步主题教育馆"铜牌。（曹祥清）

宗教事务

【概况】 镇江市是江苏省宗教工作重点城市，全市有佛教、道教、天主教、基督教和伊斯兰教五类宗教。经依法登记的宗教活动场所有153处，分别是佛教62处、道教15处、天主教1处、基督教71处、伊斯兰教4处。其中，金山江天禅寺、焦山定慧寺、宝华山隆昌寺、茅山道院是全国重点寺观；山巷清真寺是全国模范清真寺；镇江新区绍隆寺是江苏省重点寺院。全市现有宗教团体21个，宗教教职人员354人，信教群众约20万人。心澄法师为中国佛教协会副会长、省佛教协会会长，道长杨世华为省道教协会会长，牧师尹素华为省基督教协会副会长。

全市宗教界人士中，有41人在各级人大、政协作政治安排。佛教心澄法师为全国、省政协委员。全市宗教界人士中有市人大代表1人，市政协常委4人、市政协委员9人；辖市（区）政协常委3人、政协委员28人。全国性宗教团体负责人1名；省级宗教团体负责人8名。

2016年，镇江市加强宗教团体建设。统筹考虑和谐寺观教堂创建活动和星级活动场所认定工作，部署各地宗教工作部门上报创建计划，推进宗教活动场所规范化建设。支持市佛教协会举办道风建设年活动，组织市佛教教职人员参加道风建设工作相关培训。配合省道协开展财务巡查工作。完成佛、道教场所信息公开和挂牌工作。5月20日，江苏佛学院焦山学院挂牌筹建。7月2日，市佛教协会礼聘星云法师为江苏佛学院焦山学院名誉院长。配合市政协成立宗教文化发展专题调研组，多次到兄弟城市考察重大宗教文化项目，赴北京、南京召开座谈会，深入南京牛首山和无锡灵山运营团队学习。市委、市政府成立东山文化园项目领导小组和建设指挥部。全年为金山江天禅寺、茅山道院等4处场所申请场所维修资金20万元，为20名60岁以上老人发放养老补助金24000元。

加强宗教文化旅游建设。市民宗局与市政协组织宗教文化旅游调研，以宗教文化旅游为题形成调研报告，报告提出"差异化发展、两条腿走路"的构想，并对镇江宗教文化项目的资源优势、发展前景、运营机制等进行逐一论证，获市委、市政府主要领导批示和认可，宗教文化旅游构想被纳入"十三五"总体规划。市委书记办公会和党政联席会对宗教文化建设进行研究决策，明确江苏佛学院筹建、东山文化园项目等事项。联合市社科联、上海社科院和江苏科技大学，成立"发挥宗教文化优势资源，做强镇江文化产业的思路与对策"课题组，形成"镇江是一个与佛有缘的城市"为主题的镇江佛文化特色资源，提出近20项特色宗教文化资源。完成《宝华山旅游资源开发策略研究》并结题，形成《镇江佛教》体例框架初稿。

加强宗教管理。开展穆斯林工作调研，摸清镇江伊斯兰教现状，研究提出加强流动穆斯林管理服务工作的建议并上报省宗教局。下发《关于开展基督教私设聚会点治理工作方案》，部署基督教私设聚会点治理工作。针对信教群众反映的青年广场基督教私设聚会点问题，与属地民宗局、国保支队、基督教两会协商并拿出可行性方案。组织宗教界学习相关法律法规和教义教规。

开展交流活动。市民宗局支持净因寺举办大殿落成暨方丈升座庆典活动，并协助该寺举办"佛缘净因·圆梦中华"文化讲座，邀请国内外多位法师深入探讨宗教文化建设。中佛协副会长心澄法师代表中佛协，率金山、焦山法师赴加拿大开展为期两周的中加佛教文化交流活动。加拿大湛山精舍性空长老一行参访金山江天禅寺。基督教两会联合爱德基金会主办"2016跨宗教公益慈善实务交流会"。支持江苏大学基督教留学生举办暑期研讨班，期间举办基督教音乐会、基督教学生学习、生活研讨会等多项活动，吸引南京、武汉等多地留学生交流研讨。举办穆斯林开斋节活动，支持伊协筹备开斋节相关工作，对交通安全、食品安全、场所安全等各项工作进行部署，确保全市近千名各族穆斯林欢度开斋节庆典。（潘煜龙）

【《宗教事务条例》实施情况督查】 2016年9月，镇江市人大常委会副主任王萍率领市人大民宗侨台委、市民宗局及部分市人大代表，分别赴丹阳市、句容市、润州区实地察看《宗教事务条例》实施情况，听取各辖市（区）工作情况汇报。10月20日，市人大常委会第五十一次主任会议听取《宗教事务条例》实施情况汇报，包括镇江宗教概况、《宗教事务条例》实施主要工作、存在问题和下一步工作建议。市人大对贯彻落实《宗教事务条例》提出具体要求。（潘煜龙）

【宗教团体开展公益慈善活动】 2016年6月23日，江苏省盐城市阜宁县、射阳县部分地区突发龙卷风、冰雹严重灾害，多个乡镇受灾。镇江市民宗局支持各宗教团体开展募捐和祈福活动。市佛教协会、基督教两会分别募集15万元、7万元善款送往灾区。（潘煜龙）

【宗教政策法规培训】 2016年10月25日，镇江市组织举办宗教政策法规培训，全市民宗干部、宗教团体和重点场所负责人参加，邀请《中国宗教》杂志社社长刘金光专题辅导全国宗教工作会议精神，讲授宗教政策法规，提升宗教干部、教职人员的法律法规意识。（潘煜龙）

关心下一代工作

【概况】 2016年,镇江市有各级各类关工委组织1687个,动员6.3万名“五老”开展关爱活动,建立各级各类校外教育辅导站1078个,辅导员队伍10519人(其中“五老”7235人,在职教师2663人,大学生村官621人),形成覆盖全市各辖市(区)、镇(街道)、村(社区)、机关、学校、企业的健全的工作网络;在基础设施建设方面,村(社区)辅导站六室齐全,建有电子阅览室692个,拥有电脑4195台,并配有必要的电教设备和文体活动器材,少儿图书阅览室680个,建立各级各类教育基地527个,其中市、辖市(区)两级青少年校外教育基地74个,在制度建设方面,逐步建立健全学习、培训、工作、活动、财务管理等制度。

全年全市各级关工委在全市青少年中开展“学党史国史,听党话跟党走”主题教育活动,突出重点开展预防和减少青少年违法犯罪工作,创建“未成年人零犯罪社区(村)”工作取得新突破,“零犯罪”比例达99%。推进“三扶两创一促进”工作,举行驻镇江高校第16次“百名教授老区行”活动。关心青少年中弱势群体,全市各级关工委筹集款项400.8万元,帮助3709名贫困学生继续学业。举办全市第8期校外教育辅导站工作研训班,研讨校外教育辅导站加强思想道德建设问题,各辖市(区)和市教育局关工委分管主任和部分街道、镇关工委常务副主任40余人参加培训。镇江市关工委青少年思想道德教育专家组第三次会议确定10个参考题,截至年底,收到15篇调研成果,评出二等奖3篇、三等奖3篇(一等奖空缺)。 (俞祖泉)

【全省校外教育辅导站电子阅览室示范点建设工作培训班】 2016年1月20日—21日,省关工委在镇江市举办全省校外教育辅导站电子阅览室示范点建设工作培训班,参加培训人员共计120人。市关工委主任唐成海在培训班上致辞并介绍镇江市校外教育辅导站电子阅览室组建、管理、使用情况及做法,南京市关工委等8个单位介绍经验,解放路小学学生张森淇代表“阳光少年网”主题活动的获奖代表发言。培训班上,省关工委副秘书长朱楚英对如何组织好辅导站电子阅览室活动提出要求。培训期间,与会人员参观润州区七里甸街道万科社区校外教育辅导站运用电子阅览室开展“八礼四仪”文明礼仪教育活动的PPT(幻灯片),同时参观市关爱青少年校外活动实验中心开展的“互联网+电子阅览室”活动现场的“英语e课堂”活动。 (俞祖泉)

【“学党史国史,听党话跟党走”主题教育活动】 2016年,镇江市利用各类思想道德教育基地和“七彩的夏日”活动平台,组织开展“学党史国史,听党话跟党走”主题教育活动。4月17日,市关工委在丹徒区世业洲世业村召开“学党史国史,听党话跟党走”主题教育活动现场推进会,同时在《镇江关工》内刊选载“两史”教育讲稿《庆祝中国共产党成立95周年宣讲大纲》和《国史简明读本》。活动以报告会、演讲会、参观、读书、绘画、演唱、寻访等方式展开,全市组织1287名宣讲员撰写721篇宣讲稿,参与的青少年25.87万人次;参加征文活动的12.3万人;组织演讲比赛597场,参与的青少年17.83万人次。12.3万名青少年参与主题教育征文评奖活动,在辖市(区)关工委和市教育局关工委对征文征集和初评的基础上,各报送10~25篇到市关工委参加评审。收到152篇征文作品,其中小学80篇、初中59篇、高中13篇,评出一等奖10篇、二等奖20篇、三等奖30篇,并结集成册。 (俞祖泉)

【“三扶两创一助力”活动】 2016年6月2日,镇江市在句容市天王镇戴庄村召开全市关工委系统“三扶两创一助力”活动现场推进会。与会人员实地参观考察青年农民陈波平创办的天辉家庭农场、青年农民汪厚俊创业基地(800公顷有机果品种植)、家禽有机养殖场和青年农民吴世玲(女)创业基地(100公顷有机茶园),参观赵亚夫事迹展示馆。8月30日,省关工委常务副主任沙人麟一行3人到句容市关工委调研“三扶两创一促进”工作。沙人麟一行实地考察老方葡萄专业合作社、西冯花草木专业合作社、捧花蜂业专业合作社,听取镇江市、句容市的汇报。10月11日—12日,全省关工委“讲理想、学科技、达小康、奔现代化”工作推进暨培训会在徐州召开,镇江市的《弘扬“亚夫”精神 深化三扶两创》和句容市的《顺应农村改革发展大势 努力推进“三扶两创一促进”工作》的经验和做法在会上作书面交流。 (俞祖泉)

【“爱的奉献”捐助活动】 2016年8月23日,省关心下一代基金会镇江分会召开会议,用筹集资金产生的收益8.45万元,对各辖市(区)130余名贫困学子进行“爱的奉献”捐助活动(受助标准为大学生1000元、中学生800元、小学生500元)。活动未采用集中发放、登台领取、照相宣传等方式,而是服务上门,送到每户每人,帮助解决困难,同时保护人格尊严。为扩大基金收益,加大捐助额度,镇江分会计划做好基金的募集和保值增值工作。截至年底,又募集基金25万元,基金总额达90万元,在全省省辖市中实现提档升位。 (俞祖泉)

【第二批市级示范校外教育辅导站评选】 2016年9月6日,镇江市确定命名句容市郭庄镇郭庄村校外教育辅导站、扬中市新坝镇新治村校外教育辅导站、丹徒区辛丰镇中心村校外教育辅导站、京口区四牌楼街道江一社区校外教育辅导站、润州区七里甸街道万科社区校外教育辅导站为第二批镇江市城乡社区校外教育特色示范辅导站。9月29日,在丹徒区辛丰镇中心村为以上5个辅导站举行市级特色示范辅导站命名授牌仪式。 (俞祖泉)

【市关工委成立25周年纪念大会召开】 2016年是镇江市关工委成立25周年。12月26日,市关工委成立25周年纪念大会在镇江碧榆园召开。省关工委主任曹鸿鸣,市委书记、市人大常委会主任夏锦文出席会议并讲话,市关工委主任唐成海作工作报告。会议表彰全市关心下一代工作先进集体49个、先进个人135名。各辖市(区)委分管领导,各辖市(区)文明办主任、办公室主任,市直系统关工委主任,驻镇江高校关工委主任,各镇(园区管委会)、街道关工委常务副主任130余人参加大会。 (俞祖泉)

慈善事业

【概况】 2016年,镇江市募集慈善资金(含增值)1.28亿元,救助支出8742.39万元,救助64.31万人次;其中,市本级募集慈善资金2862.4万元,16项重点救助项目实施,救助支出1759.82万元,救助30.99万人次;截至年底,全市慈善总会系统账面结存资金5.45亿元;市本级账面结存资金1.15亿元,继续存放市国土储备中心增值,年增值率11%,全年市本级结存资金结息1026.99万元。在第四届“中国城市公益慈善发展指数”评选中,镇江市列全国256个参评城市中的第26位;丹阳市列全国第42位、县级市第9位。 (朱秋所)

【慈善救助】 2016年，慈善助医“阳光行动”救助贫困患者29.59万人次，救助支出1105.5万元，其中市慈善资金支出683.28万元。救助青少年儿童白血病患者76.26万元，儿童大病11.9万元，成人大病慈善救助22.21万元，其中肾病透析贫困患者13256人次得到慈善救助透析费用全免或减半，救助支出54.89万元。2名白血病青少年实施异体干细胞移植，救助金30万元以上。

市慈善总会实施“新年第一缕慈善阳光”活动，看望慰问350名癌症患者。镇江市成为中华慈善总会慈善发药点，获得格列卫、易内沙和达希纳3种药品的发放。活动实施半年，有707名患者获得药品援助，折合救助金额1513.38万元。

市慈善系统向家境贫困的260名大学生、58名高中生和159名特殊教育学校智障学生发放慈善助学金109.7万元。对低保家庭大学新生一次性救助6000元，低保家庭高中、智障学生每学年救助1000元。援助市特教中心烘焙面包房建设资金20万元，援助京口区特教中心建立“食用菌培训实训基地”项目10万元。

慈善助残“健行行动”，为49名贫困肢障者安装高品质钛合金假肢。慈善助残“复明行动”，让344名贫困白内障患者重见光明。慈善“安宁行动”，对市区680名低保收入家庭的平稳期精神病人，由慈善按照标准给予免费服药、巩固疗效。为206名0～14岁残疾儿童提供抢救性康复训练。支出169.53万元为市残联康复中心幼儿园配备感统训练设备，为市区3个街道、社区配备残疾人康复训练器材。

助老行动，由江苏润祥集团定向捐赠11.36万元，为市区15家公办敬老院和福利院购买制氧机40台、医用血压计17台。

助孤行动，向市区分散居住的33名孤儿发放生活费，费用标准由原来600元增至1260元。

市慈善系统向2323户特困居民每户发放1000～8000元的救助金；向53名遭遇重病和突发事件的企业特困职工进行慰问，每人救助3000～5000元；援助市区3209名特困环卫工人加入职工互助保障机制。

临时性应急救助机制形成。对因患重大疾病或遭遇意外事件造成沉重经济负担或重大经济损失，影响基本生活的困难群众，按季、按月给予应急性救助。应急性救助929人。定向救助认捐单位困难职工103万元，实施省慈善总会“情暖江苏”慰问活动支出20万元。

市慈善总会与有关部门联手实施专项救助项目，全年救助市级以上困难道德模范和劳动模范53人；为1044名失独夫妇办理人身平安保险，当年赔付30人，赔付金6.8万元。慈善拥军行动，对2户直系亲属患重大疾病或遭遇严重自然灾害的义务兵家庭，给予一次性3000～5000元援助。

配合省慈善总会做好句容市白兔镇行香村慈善扶贫基地“造血型”示范项目，捐赠165万元，市慈善总会捐款20万元，91户贫困农户直接受益，陆续辐射周边地区。（朱秋所）

【慈善募捐】 2016年，镇江市“慈善一日捐”募集资金1122.31万元，其中市本级募集资金515.157万元。鼓励部门、单位压缩公费、接待费、会议费支持慈善事业，市直机关各单位结余“三公”经费60万元，由市财政统筹调度拨到慈善资金账户。市区16家重点骨干企业，持续履行慈善资金认捐协议，当年实捐慈善资金830万元。新发展江苏润祥建设集团、镇江建工建设集团有限公司为骨干捐赠企业，奇美集团捐赠3000万元。

继续与市残联联合出资300万元，建立慈善助残专项资金；与市文明办、市总工会合作，成立“慈善关爱模范专项资金”；与市检察院、金山公益合作，建立慈善“阳光心愿——刑事被害人公益救助”资金；与市卫计委合作，建立“关爱失独家庭”资金，对失独困难家庭开展慈善关爱及精神抚慰。开通微信“12349便民服务”捐赠平台。

6月24日，市慈善总会向盐城阜宁、射阳灾区捐款20万元，同时向社会各界开通捐赠热线，公布捐赠账号，并通过“12349”微信捐款平台为灾区捐款。全市募集救灾捐款928.8082万元，全部汇往盐城灾区。（朱秋所）

【慈善组织建设】 2016年5月18日，镇江市慈善总会召开会员代表大会，进行理事会换届。会议选举产生镇江市慈善总会第三届理事会和监事会决策机构和执行机构，规划未来五年的工作蓝图，省、市领导出席换届大会。

推进慈善基层组织建设。丹阳市分批组织镇、村慈善业务培训，组成2个检查组，对镇、村慈善资金到账以及使用情况进行检查，发现问题及时整改；投入8万元为各镇（区、街道）分会配置电脑、打印机，发挥慈善电子信息平台作用。句容市对12个基层慈善组织工作负责人进行培训，规范慈善工作站的运作；组织市财政局、民政局、市慈善总会组成联合审计组，对镇、村慈善经费使用、管理进行审计督查，对发现的问题给予通报整改。扬中市在加强基层慈善组织规范管理基础上，组织善款募集活动，3个分会募集善款约400万元，村级工作站募集资金都超过20万元。京口区推行“慈善资金募集标杆社区”五年行动计划，分别按照40万元、60万元、80万元、100万元的标准创成16个标杆社区，并对12个慈善资金达到20万元的工作站进行表彰奖励。谏壁街道月湖社区工作站实现“百万慈善资金标杆社区”创建目标。

壮大义工团队和志愿者队伍。市和辖市（区）慈善总会加强与义工团队的工作联系和业务指导。市区慈善义工团队扩大到23支，义工人数2200多人。他们服务基地和社区街巷，开展以“六助”为主要内容的社会公益活动，市区各义工团队常年开展慈善公益活动。推进实施微慈善项目，通过报纸、电视、网络发布慈善公益信息，让爱心企业和爱心人士参与到慈善行列中。市区全年实施18个微慈善项目。（朱秋所）

【慈善宣传】 2016年，镇江市慈善系统学习宣传《中华人民共和国慈善法》，全市慈善总会专门征订《中华人民共和国慈善法》单行本8500本，印制《慈善政策法规汇编》宣传手册1500册。4月17日，市慈善总会联合40多家爱心单位在大市口城市客厅举行以“学习贯彻《中华人民共和国慈善法》，拥抱慈善事业美好春天”为主题的广场宣传募捐活动。各辖市（区）慈善总会先后举办《中华人民共和国慈善法》培训和讲座。

9月5日，市委宣传部、市民政局、慈善总会在南山剧场联合举办“以法兴善，助力脱贫”为主题的首个“中华慈善日”活动。江苏润祥建设集团、江苏建工建设集团各认捐慈善资金1000万元；江苏今世源集团捐款100万元。市金融系统干部职工现场捐款30万元。对10个“最佳慈善义工团队”、10个“最佳慈善义工服务组织支持单位”、10名“最佳慈善义工”、84名“优秀慈善义工”进行表彰。成立“镇江慈善爱乐女声合唱团”，首次赴北京汇报演出，入围“美丽夕阳红，颂福祖国——全国中老年春节联欢晚会”节目录制，并获“金鸡奖”“最佳舞台风采奖”“最佳指挥奖”。

慈善系统在辖市（区）以上媒体刊用的慈善宣传稿件达1422篇次，其中市级媒体报道1406篇次，省级慈善报刊10篇次，全国性慈善报刊6篇次。

（朱秋所）

丹阳市

【概况】 2016年，丹阳市总面积1047.44平方千米。辖10镇、2个街道，146个行政村、69个居委会。年末总人口811460万人。人口出生率7.33‰，死亡率7.09‰，自然增长率0.24‰。实现地区生产总值1136.04亿元，比上年增长6.1%；一般公共预算收入65.5亿元，同比口径增长3.6%；规模以上固定资产投资514亿元，增长15%；社会消费品零售总额315亿元，增长11%；城乡居民人均可支配收入41653元、21706元，分别增长8%、9%；服务业增加值占地区生产总值的45.7%；单位地区生产总值能耗下降3.8%；主要污染物排放量削减率完成年度目标。（丹志办）

【农业】 2016年，丹阳市实现农业总产值86.64亿元，比上年增长2.64%；农业增加值60.6亿元，增长2.45%；农村居民人均可支配收入21706.2元，增长9.1%；粮食种植面积7.14万公顷，总产49.33万吨；蔬菜播种面积1.83万公顷，总产量57.19万吨，总产值15.66亿元；新增高效设施农业面积2476公顷，新增蔬菜基地面积135公顷。在省级农业项目资金管理使用绩效评价情况通报中被评为优秀。完成造林面积500.37公顷，更新和完善农田林网控制面积2800公顷，森林抚育面积1000公顷。农业机械总动力为38.04万千瓦，农业机械原值为6.25亿元。农机购置投入8410万元，农机化水平为92.78%。全市完成机插秧2.95万公顷，占水稻实际总面积83%。完成秸秆机械化还田5.87万公顷。全市建有农机合作社127个，农业机械服务组织作业面积占机械化作业总面积比例为80%，大中型机具入社比例为85%，农业机械户加入农业机械合作社比例为71%，农业劳动力占全社会从业人员比例为22%。全年立项国家农业综合开发高标准农田建设项目1个，总投资753万元，建设面积333.33公顷。立项国家农业综合开发产业化贷款贴息项目5个，总投资23860万元。实施省级丘陵山区农业综合开发项目2个，总投资513万元，建设规模227.33公顷。丹阳市8个重点农业园区新增面积230.33公顷，累计建成5206.67公顷，完成规划面积的81.9%。新增基础设施投入1.67亿元，新增园区固定资产投入4.51亿元。实现园区农业总产值151.12亿元，增长10.44%；新增规模经营主体13家，新增规模经营面积397.73公顷，增长9.4%。园区引进300万元以上项目数6个，引资额6200万元，新增合作组织9个。江苏省丹阳现代农业产业园区的公共服务平台成为“镇江市优秀公共服务平台”。（丹志办）

【水利】 2016年，丹阳市水利投资为7亿元，完成利民河流域、排涝能力达标建设、上新河堤防加固三大防洪除涝工程；完成2015年、2016年两个年度的小型农田水利重点县建设项目，其中2015年重点县建设项目在江苏省财政厅组织的全省绩效考核中获优秀；完成2015年新增千亿斤粮食产能项目，2016年项目完成90%；开工建设九曲河整治工程，推进新孟河延伸拓浚工程。完成农村河道（含二级沟）疏浚35条，衬砌节水渠道7千米，新建扩建塘坝8座，新建、改造农桥51座、泵站6座。九曲河枢纽管理处通过国家级水管单位复核，长江堤防管理处通过省二级水管单位复检；农村河道管护年终考核优秀率为80%以上；出台《〈丹阳市农村河道管护办法〉补充意见》和《丹阳市农村二级沟管护考核细则（试行）》，将二级沟及其配套水工建筑物纳入管护范围。2016年7月初，丹阳市遭强降雨，河道全线超警戒水位，丹阳市启动防洪应急预案，依靠水利工程体系，科学处置险情，最大限度地降低灾情损失。农田水利设施产权制度改革和创新运行管护机制试点工作通过验收；推进河湖和水利工程管理范围划定工作以及农业水价综合改革工作。创成2所省级、9所镇江市级“节水型学校”；创成1家省级节水型社区，1家省级节水型企业，1个节水减排示范项目；创成“水美乡村”5个、“水美乡镇”1个。（魏红军）

【工业】 2016年，丹阳市有15000多家企业，其中，规模工业企业近800家、亿元企业120余家，超10亿元企业17家，超百亿企业3家，4家企业入选“中国民营企业500强”。当年实现工业总产值3123.41亿元，工业产品销售收入2832.25亿元。规模以上工业销售完成2564.38亿元，比上年增长4.4%；规模以上工业增加值完成606.25亿元，增长8.5%。有两化融合试点示范企业9家，5家企业申报贯标试点示范企业，4家企业申报江苏省融合创新试点示范企业，7家企业申报省级示范智能车间。完成新兴产业规模以上固定资产投资118.9亿元，实现销售收入1019.7亿元，占规模以上工业比重为42%。完成服务业增加值516.2亿元，增长10.4%，服务业占地区生产总值比重为45.6%。完成物流业增加值76亿元，增长11.7%。新增军民“三证”企业1家，军品配套企业5家。新增上市挂牌企业7家，新增直接融资52.09亿元，是上年的3.85倍。全市新增上市、挂牌企业7家，新增直接融资52.09亿元，比上年增长3.85倍。至年末，全市有各类上市、挂牌企业48家，累计募集资金133.71亿元；有22名国家“千人计划”专家，86名省“双创”人才，40多名院士在丹阳担任特别顾问；有7个院士工作站、175家高新技术企业、200多家工程技术研发中心。

（秦叶红）

【生态保护】 2016年，丹阳市围绕全国卫生城市复评、全国文明城市和省级优秀管理城市创建，组织开展“十整治一提升”城市环境综合整治行动，治理户外广告、乱停乱放等问题，改善市容市貌。开展省级美丽乡村、镇江市美丽宜居村庄建设。以化解中央环保督察组交办环境信访问题为导向，重点整治断面达标、工业排放等问题，完成37项交办事项整改。严格实施秸秆禁烧。淘汰营运黄标车1616辆，整治燃煤锅炉362台。全年空气质量达到二级标准的天数比例为78.4%，$PM_{2.5}$年均浓度下降率为7.9%。畜禽养殖污染治理有成效，签约关闭禁养区范围养殖场403家。开工建设新孟河延伸拓浚、九曲河整治工程。完成城区水环境综合整治三年行动以及利民河防洪除涝等一批项目，疏浚农村河道、二级沟35条。开发区循环化改造示范园区建设通过省级验收。关闭7座砖瓦窑厂，完成国家废弃矿山整治（二期）90%土石方工程量。

（丹志办）

【城市建设】 2016年，丹阳市住房和城乡建设局组织实施32项重点工程和重点项目，其中，市政道路工程13项，总投资8亿元；水务工程5项，总投资3.97亿元；房屋征收5项，征收户数1611户，征收面积11.6万平方米；“美丽镇村”建设项目5项，分配经济适用住房22户、廉租房41户，燃气配套基础设施2项。建筑业完成建安工作量74.93亿元，创建江苏省级文明示范工地11个、镇江市级文明工地31个，参加各类建筑职业培训3977人次。完成房地产开发投资66.54亿元，房地产施工面积562.54万平方米，商品房销售面积133.7万平方米。办理房屋权属登记7317件。归集住宅专项维修资金9908万元。归集住房公积金6亿元，发放个人住房公积金贷款5.3亿元。白蚁防治面积1.78万平方米。完成售水量6100万立方米。天然气销售量为1.3亿立方米。依法查处各类违法建设案件358件。加快老旧城区改造，启动金鸡饭店、姜家园二期三期等片区房屋征收项目。建成九曲河城区段两岸风光带、凤凰山遗址公园。建成城南菜市场，迁建百家兴菜市场。

（张晶晶　浦月梅）

【外向型经济】 2016年，丹阳市完成进出口总值25.4亿美元，比上年下降9.2%。其中，出口完成21.4亿美元，下降8.9%；进口4亿美元，下降10.9%。新增备案登记企业934家，至年底，全市进出口备案登记企业突破2203家。新批境外投资项目12个，比上年增长50%，中方协议投资额5328.3万美元，增长4.2%。至年底，全市有50家企业向22个国家或地区投资70个项目，中方协议投资额3.59亿美元。外派出国劳务105人，下降46%。产业类实际利用外资39954.32万美元，完成实际利用外资工作指标的100%，实际利用外资商务部确认36020万美元，完成镇江市下达考核指标的100%。新注册外资项目27个，注册合同外资43697.97万美元。

（郝　璐　丁黎明）

【科技创新】 2016年，丹阳市完成高新技术产业产值占规模以上工业产值的45.2%，全市研发投入占地区生产总值比重为2.41%。获批江苏省科技型中小企业30家；新增省民营科技企业38家。出台《丹阳市科学技术奖励办法》，受理丹阳市科学技术进步奖申报项目31项。审核推荐镇江市科学技术突出贡献奖2项，镇江市科技创新优秀企业奖2项，镇江市科学技术进步奖20项。组织10家企业申报省科技成果转化专项资金（C类）项目，指导7家企业做好省成果转化专项资金项目验收准备。申报省企业重点实验室、科技服务骨干机构能力提升和重点企业研发机构能力提升项目各1个。申报省企业研究生工作站5个，通过4个。有镇江市级企业研发平台42个。组织申报江苏省科技计划项目申报（现代农业）项目6项。“中国镇江丹阳（眼镜）知识产权快速维权中心”获批设立，成为全国第9个经国家知识产权局批复的快速维权中心。开展知识产权联合行政执法活动2次，查处假冒专利案件58件。

（眭　琛）

【交通运输】 2016年，丹阳市城乡交通网络进一步完善，皇蒋线、新珥线、吕东大桥、公园路西延、白云街、中山路延伸、城河路拓宽改造等一批道路桥梁工程全面完工，122省道、241省道城区段等一批省道、县道实现提档升级。完成公路客运量761万人、公路货运量1583万吨。发展公共交通，优化调整公交线路3条，新增新能源公交车50辆、公共自行车站点15个、停车泊位900个。完成城市公交车和90辆城镇公交车刷卡系统安装，同步接入全省公交一卡通系统并实现本地充值。铁路丹阳地区全年完成运输收入2.67亿元（不含基金）。

（邹学伟　袁小平）

【社会保障】 2016年，丹阳市“金保工程”一期正式上线运行，医保智能化监控系统初步建成。3422名首批历年被征地农民社会保障完成核定，统一提标至每人每月671元。全市城镇新增就业1.67万人，城镇登记失业率为2.29%。城乡居民最低生活保障标准提高到每人每月625元。全年发放各类救助资金5500余万元。开展精准扶贫，落实帮扶项目140个，26个经济薄弱村、1608户低收入农户脱贫。完成保障性住房2984套（户）。

（丹志办）

【文化】 2016年，丹阳市实现村（社区）综合文化服务中心全覆盖，193个村（社区）全部建成综合文化服务中心，并建成12个示范点。对三吕故居、华东财经委旧址、张家大院进行修缮。开展以“时代潮”广场文化为代表的品牌文艺活动，丰富群众业余文化生活。承办第七届江浙沪文物行政执法合作联席会议，丹阳市在会上作先进经验交流。在全省范围内率先实现文物保护监测预警机制全覆盖，采取“以租代建”模式，全市121处文保单位安装160个智能高清监控探头，实行24小时远程网络监控。创新启用CAD软件，为全市45家建筑类文保单位设计三维模拟图。出台《文物保护以奖代补管理办法》，对新四军江南指挥部旧址进行修缮。推进葛城遗址保护工程，完成凤凰山遗址公园建设工程考古勘探工作，启动实施丹北镇管山遗址考古工作。建立健全业余文保员管理制度，落实与公安部门联合巡查机制，确保各级文物安全。全年收缴各类侵权盗版音像制品5600余张（盘），查缴涉嫌淫秽色情光盘131张（盘），查缴侵权盗版图书（含教辅教材、工具书、64K卡通口袋本）482本（册），没收无证经营游戏机13台、赌博机18台、电路板32块、非法安装的广播电视接收设备800余套（件）。依法取缔无证无照经营的游戏室6家、歌舞厅4家、音像书摊点9家、演出小团队1家、黑网吧2家，函告消防部门责令改正59家。2016年，丹阳市被江苏省新闻出版广电局命名为“2015年度江苏省‘无小耳朵社区’创建工作标兵县（市区）”。

（孙　芳　倪忠琴）

【教育】 2016年，丹阳市以开展镇江市教育现代化“双创”为载体，提升教育现代化水平,全年有7个乡镇、22个学校通过评估验收,通过率96.7%。完成实验小学、华南实验分校以及普善等5所幼儿园新改扩建工程。南京师范大学中北学院一期工程主体完工。4人被评为江苏省教育工作先进个人,1人被评为“江苏省最美教师”,9人被评为镇江市“十佳”教师,4人被评为丹阳市劳模。新评选5名省特级教师、1名省“教学名师”,15名教师在国家、省级教师基本功大赛、技能大赛、评优课等竞赛中获奖。丹阳市进入全国学校体育联盟,成为全国范围第一个“校园三大球”实验区,成为江苏省校园足球试点县。江苏省丹阳中等专业学校创成国家级职业教育改革发展示范学校、第三批省高水平现代化职业学校,2名学生在2016年全国职业院校建筑信息模型技能比赛中获金牌。2016年,全市有3212人参加高考,其中,“本一”达线631人,“本二”达线2150人。同时,丹阳市创成江苏省“学前教育、义务教育、职业教育”示范县(市)。
(袁军辉)

【卫生工作】 2016年,丹阳市卫生计生事业投入资金3.5亿元,落实基本公共卫生经费3662.7万元,落实基层医疗卫生机构经常性补助1.4亿元,到位公立医院改革试点经费950万元。推进药品采供改革,出台药品(耗材)采供模式改革试点指导意见以及遴选工作实施办法,建立遴选专家委员会,药品(耗材)采供进入试点配送阶段。完善基层医疗机构药品(耗材)采购备案制度,允许基层医疗机构按规定比例配备使用国家基本药物和省增补药物目录外的药品,重点保障急救、妇科、儿科、特色科室,以及慢性病、下转病人延续性治疗用药需求。二级以上医疗机构配备的药品原则上在基层医疗卫生机构都能提供,并实行零差率销售。完成4批公开招聘,录用卫技人员180人。出台《丹阳市卫生人才引进与培养暂行办法》。首次定向培养临床医学、麻醉学、预防医学专业医学生44人。全年11人被确定为镇江市“169五期工程”科技骨干,1人被确定为省“333高层次人才培养工程”中青年学术技术带头人,34人被推荐为“省优秀基层卫生骨干人才”。10家单位被列入国家级基层医疗机构中医综合服务区(中医馆)建设项目,6家基层单位中医综合服务区通过镇江市级达标验收。丹阳市获评“2014—2016年度全国计划生育优质服务先进单位”“省人口协调发展先进市”“省病媒生物防制先进市”“省农村改厕示范市”等。丹阳市人民医院创成江苏省三级乙等医院。
(陈 燕 俞丽萍)

【《丹阳日报》改版】 2016年,《丹阳日报》进行新一轮改版,压缩国内、国际等电讯版面,重点强化民生新闻版面;推出每周1期4个版面的《社区周刊》,保留每天2个版的《民生最关注》《民生身边事》,以及1个版的《生活服务》。通过改版,在报纸正常的16个版中,本土新闻版面占到2/3以上,进一步贴近生活、贴近百姓。
(董 薇)

【丹阳市生态环境修复基地】 2016年6月3日,由丹阳市检察院牵头组建的江苏首个县级市生态环境修复基地——丹阳市生态环境修复基地成立。基地集惩治、教育、修复为一体,下辖的修复林占地约10公顷。在检察机关办理环境公益诉讼案件中,如被损害的生态环境无法完全修复的,可要求违法者承担替代性修复责任。
(杨 磊)

【2项省级重点水利工程开工】 2016年,丹阳市两项省级重点水利工程开工建设。一是新孟河延伸拓浚(丹阳段)工程。该工程是国家172项节水供水重大水利工程之一,河道总长116.47千米,概算总投资134.6亿元,丹阳市境内工程长度为7790米,主要工程为拓浚河道7.79千米、改扩建桥梁3座以及沿河水系调整,总投资约11.12亿元。该工程7月8日正式启动实施。二是九曲河整治工程。该工程是经省政府批准的一项重大民生工程,总长27.6千米,批准总投资6.15亿元。11月8日,九曲河整治工程正式开工。
(魏红军)

【徐腊娥获评“江苏最美司法所长”】 2016年8月9日,在江苏省司法厅主办的“最美司法所长”“最美人民调解员”群众网络投票评选活动中,市司法局陵口司法所所长徐腊娥获评全省“最美司法所长”,镇江只有1人当选。徐腊娥在基层司法行政岗位上工作26年,她创立首个以个人名字命名的“徐腊娥调解工作室”,成功化解各类纠纷1800余件,防止民间纠纷激化60余起,帮助农民工讨要工资73起计560余万元,处理工伤事故30余件计580余万元。徐腊娥先后获全国“人民满意的司法助理员”、全国“标兵人民调解员”、江苏省“群众心中优秀司法所长”、“感动丹阳十佳女性”等称号。
(贺利平)

句容市

【概况】 句容市总面积1385平方千米,其中耕地面积46985公顷。截至2016年年末,常住人口62.58万人,比上年增加0.08万人;户籍总人口59.21万人,比上年增加0.08万人;人口出生率8.01‰,人口死亡率7.25‰。全市有37个少数民族,共3139人,占全市总人口0.5%。辖8个镇(下蜀、白兔、茅山、后白、郭庄、天王、宝华、边城),5个管委会(江苏省句容经济开发区管委会、茅山风景区管委会、赤山湖管委会、宝华山国家森林公园管委会、江苏省句容现代农业产业园区管委会),3个街道办(华阳、崇明、黄梅),46个社区居委会,153个建制村。

2016年,全市实现地区生产总值493.2亿元,按可比价计算,同比增长

图35-1 2016年6月3日,丹阳市生态环境修复基地成立
(杨 磊 供稿)

9.3%。其中,第一产业增加值43.11亿元,增长1.1%;第二产业增加值231.9亿元,增长9.5%,其中,工业增加值206.8亿元,增长9.7%;第三产业增加值218.19亿元,增长10.9%。第三产业增速快于第二产业1.4个百分点,服务业增加值占地区生产总值的44.2%,比上年提高0.8个百分点。三次产业增加值的比重由2015年的8.8∶47.8∶43.4调整为8.8∶47.0∶44.2。人均地区生产总值(按常住人口计算)81901元,比上年增加6881元。财政收入增速明显,总收入为117.24亿元,增长15.18%,其中,完成公共财政预算收入("营改增"新口径)40.48亿元,增长1.18%,税收占比为89.87%。全年全市固定资产投资完成360.81亿元,增长15.3%。（陈龙浩）

【农业】 2016年,句容市实现农林牧渔业总产值73.32亿元,比上年增长1.08%。增加值47.83亿元,按可比价计算,增长1.1%。其中,种植业30.04亿元,可比增长1.54%;林业3.02亿元,可比增长0.14%;畜牧业4.51亿元,可比增长0.76%;渔业5.55亿元,可比增长0.65%;农林牧渔服务业4.72亿元,可比增长0.45%。全市总播种面积49680公顷;总产33.18万吨,下降6.2%;单产6679.5公斤/公顷,下降5.42%。全年新增设施农业2466.7公顷,引进新品种121个,推广新技术27项。推广"戴庄经验",辐射77个农业主导村。建立"农业智库",建成全国首家农业互联网医院,农村电子商务产业园投入运营,启迪绿谷一期开工建设,100家"村淘"服务站上线运行,后白福源电商创业园创成省电子商务示范基地。农村土地承包经营确权登记颁证工作基本完成。农村产权交易中心正式运营,并开展"两权"抵押业务。（陈龙浩）

【工业】 2016年,句容市规模以上工业总产值完成1474.03亿元,比上年增长8.65%。增加值完成342.37亿元,增长9.7%。全年工业用电量为15.93亿千瓦时,增长7.95%。全年实现工业应税销售345.6亿元,完成工业投资130.9亿元。新材料和新能源行业增速较快,天工新材料、东昇光伏应税销售分别增长53.8%和34.2%。企业上市步伐加快,江苏南瓷绝缘子股份有限公司、江苏天晟药业股份有限公司、江苏骏成电子科技股份有限公司、江苏通瑞环保科技发展股份有限公司、江苏汤辰机械装备制造股份有限公司等5家企业在"新三板"挂牌。淘汰落后产能企业6家,压减水泥行业产能80万吨。（陈龙浩）

【建筑业】 2016年,句容市建筑企业总产值为102.1亿元,比上年增加2.6亿元,增长2.6%。其中,建筑工程产值为101.0亿元,增加3.2亿元,增长3.3%;建筑业增加值为25.1亿元,增长7.5%,增幅列镇江市第1位。全市建筑企业房屋竣工面积为340.5万平方米,比上年增加110.6万平方米,增长48.1%。全年全市商品房销售面积为461.4万平方米,增长201.4%,高于镇江市平均增速134.7个百分点;商品房销售额为336.31亿元,增长245.1%,高于镇江市平均增速153.3个百分点。房地产完成投资112.46亿元,增长36.5%,高于镇江市平均增速10.4个百分点。（陈龙浩）

【固定资产投资】 2016年,句容市固定资产投资完成360.81亿元,比上年增长15.3%。其中,一产投资完成3.03亿元;二产投资完成133.1亿元,增长12.6%;三产投资完成224.1元,增长18.6%,其中,房地产投资完成112.46亿元,增长36.5%。全年全市产业类投资完成180.39亿元,增长19.5%,高于镇江市的平均增幅5.7个百分点,增幅列镇江市第1位。其中,文化产业投资完成9.24亿元;高新技术投资完成40.88亿元。全年全市工业技改投资完成73.39亿元,增长40.2%,超过镇江市平均增幅8.7个百分点。2016年,恒大童世界、深国际物流港、DHL—路得跨境电商园、喜来山养生度假区等一批重大项目落户句容,华电二期和煤炭储运码头项目推进,华君光伏、中友光伏主体建成,碧桂园华东总部主楼封顶,中圣板带、苏博特新材料产业园开工建设。76个市级重点产业项目累计完成投资144.5亿元,37个镇江重点产业项目完成投资106.4亿元。（陈龙浩）

【服务业】 2016年,句容市服务业增加值218.19亿元,比上年增长10.9%,增幅列镇江市第2位。其中,金融业增加值12.71亿元,增长19.5%;房地产业增加值32.47亿元,增长19.3%。全年全市规模以上服务业企业实现营业收入25.8亿元,增长3.9%。其中,规模以上其他营利性服务业企业营业收入7.2亿元,增长2.8%。全市实现社会消费品零售额142亿元,增长10.0%,其中批发和零售业实现零售额126.3亿元。城乡市场同步增长,农村市场渐趋活跃,住宿餐饮业市场日趋活跃。全市住宿和餐饮业市场实现增加值16.05亿元,增长20.4%,实现零售额15.7亿元。重点住宿餐饮企业转变经营思路、降低消费门槛,由高端消费转向大众消费,部分餐饮企业和个体经营户运用"互联网+"平台。（陈龙浩）

【开放型经济】 2016年,句容市深化行政审批制度改革,产业类审批事项压缩至33项,取消行政事业收费项目33项,减轻企业和群众负担2200万元。强化事中事后监管,通过国家级公共服务综合标准化试点验收。推进"五证合一、一照一码"商事制度改革,企业注册登记审批过程实现全内部流转,全年新增企业2600多家,增长180%。建成新政务服务中心,成立市不动产登记局。句容历史上首个总投资超千亿元的大项目"恒大童世界"签约;总投资200亿元的"协鑫绿色小镇"落户;总投资96亿元的"仑山湖抽水蓄能电站"开工。全年全市实际利用外资2.21亿美元,比上年下降

图35-2　句容城市新貌　（王义华　供稿）

21.2%。完成进出口总额5.93亿美元，增长12.3%。 (陈龙浩)

【交通运输】 2016年，句容市公路总里程为2498千米，其中，高速公路52千米。航道总里程为76.63千米，其中等级航道里程19.16千米。铁路里程为63.08千米。全年实现公路客运量637万人、公路货运量1043万吨、水上货运量260万吨。年末，民用汽车拥有量45075辆，其中，私人汽车拥有量39636辆(不含本地车辆在句容以外领取牌照的车辆)，比上年净增8912辆，增长29.0%。宁杭高速句容西道口拓宽改造建成使用，北五环完成主体工程，钤塘转盘南门快速通道、西部干线南延段全面启动。新增城市公交线路1条，更新城市公交车30辆、镇村公交车30辆，投入新能源充电桩40个。建成西部干线(宝华—黄梅)、宁茅公路、句宝公路、五里墩转盘改造等一批交通工程。 (陈龙浩)

【邮政电信】 2016年，句容市邮电业务总量14.36亿元，其中，邮政业务总量2.08亿元，邮政业务收入1.55亿元，比上年增长16.5%；电信业务收入4.68亿元。截至2016年年末，句容市有邮政局(所)24处；有本地固定电话用户12.11万户，农村电话用户4.94万户；移动电话用户为50.22万户；互联网用户为18.21万户。 (陈龙浩)

【旅游业】 2016年，句容市接待游客1608.56万人次，比上年增长7.5%；实现旅游收入163.99亿元，增长9.6%。全市有国家AAAAA级旅游景区1家，国家AAAA级旅游景区2家，国家AAA级旅游景区5家；全国农业旅游示范点3个，省级工业旅游示范点3个，国家级湿地公园1个，省级旅游度假区1个，乡村旅游点、农家乐300多个。句容市入围全国全域旅游示范区首批创建单位、国家级中医药健康旅游示范区创建单位。赤山湖创成国家湿地公园、国家水利风景区。推进中华养生谷、千亩玫瑰园、伏热花海等旅游项目，千华古村、石磨豆腐村、涵田茅山半岛酒店建成运营。戴庄村获评“中国最美休闲乡村”，茶博园创成国家AAAA级旅游景区、全国休闲农业与乡村旅游五星级示范园区，岩藤农场通过省五星级乡村旅游度假区初评。句容市民茅山休闲旅游年卡发布。 (陈龙浩)

【金融】 2016年，句容市完成公共财政预算收入40.48亿元，比上年增长1.18%。产业引导基金、企业债券等融资方式发展较快，为企业直接降低经营性成本4300万元。创成省“金融生态优秀县”。截至2016年年末，金融机构各项存款余额为637.96亿元，增长32.68%，其中，住户储蓄存款余额288.83亿元，增长8.47%；各项贷款余额564.49亿元，增长50.78%。 (陈龙浩)

【科技创新】 2016年，句容市研发经费支出占地区生产总值比重为2.04%。全年专利申请5341件，其中发明专利申请1734件，PCT专利申请6件，专利授权3061件，万人发明专利拥有量达到18.12件/万人。南大创业园宝华分园、华东科技新城、东恒空港产业园正式开园。中科大·中科院南京分院句容基地签约。富达创业园和省高新技术创业服务中心句容分中心创成国家级科技企业孵化器，福地创客吧列入国家级众创空间，新获批省众创空间4家。举办首届“网创聚容E通天下”电商创业大赛，全市线上销售额3.97亿元。国家“万人计划”领军人才实现零突破，人才综合竞争力全省排名第15位。实施产学研合作项目45个；实现高新技术产业产值550亿元，占规模以上工业总产值比重为37%；万人发明专利拥有量为18件。 (陈龙浩)

【教育】 2016年，句容市学校总数49所，招生1.097万人，在校生4.53万人，毕业生1.13万人。全市在编在岗的中小学教职工有4795人(含提前离岗125人)，其中专任教师3927人。全市有幼儿园46所，招生4653人，在校生13327人，专任教师766名。推进苏南教育现代化示范区建设，实施校安工程37.6万平方米，6个镇28所学校完成教育现代化创建。城区北阳门幼儿园、三台阁幼儿园建成交付使用。推进郭庄教育产业园、文昌路小学、下蜀中学、边城中心小学、葛村中心幼儿园等19所学校建设，赤岗中学、华阳镇第一小学幼儿园等学校开工。全市28所学校(幼儿园)、6个镇(街道、管委会)通过镇江市现代化“双创”现场评估。 (陈龙浩)

【卫生】 2016年，句容市有各级各类卫生机构207个，医院8家，病床总数1759张。在岗职工3482人，卫生技术人员2698人，在岗注册乡村医生246名。全年完成诊疗总人次410.78万人次，其中门急诊406.14万人次，出院病人4.64万人次。全年全市无甲类传染病报告，累计报告乙类传染病12种499例，报告发病率77.84/10万，比上年下降34.6%。实施基层医疗机构提档升级，新市人民医院、市妇幼保健院、第四人民医院等工程加快推进。市社会福利中心竣工。 (陈龙浩)

【文化体育】 2016年，句容市有文化馆(站)11个、博物馆2个、电影院5个、图书馆1个、体育场馆12个、各种娱乐设施96个。广播覆盖率和电视覆盖率均为100%。公共文化设施网络实现全覆盖，万人享有公共文化设施面积新增100平方米，创成“全国文化先进县”。截至2016年年底，全市有公共场地面积173.7万平方米，人均拥有公共体育设施面积2.78平方米，有标准化健身步道71.41千米，超出全省平均水平。全市有体育协会25个、俱乐部等体育民办非企业32家，登记在册的晨晚练点464个。全年先后组织举办句容市第八届运动会、第七届环太湖国际公路自行车赛、第六届ITW国际路亚大奖赛、“普信杯”中国·镇江首届砂板乒乓球锦标赛(团体赛)等一系列体育竞赛。 (陈龙浩)

【城乡建设】 2016年，句容市改造城市棚户区6028套，建设杨塘岗、上路等片区安置房188万平方米。推进南部应急水厂建设，新建、改建自来水管网69.5千米，碧桂园时代城基本建成，中央商场城市综合体装修进入收尾阶段。句容市获批省海绵城市建设试点城市。玉清河景观提升工程完成主体建设。推进城北垃圾填埋场封场和应急填埋场建设，建成城区垃圾中转站5座；垃圾焚烧发电厂具备投产条件。新增城区停车位1600个，建成区绿化覆盖率为41.3%，人均公共绿地面积为11.6平方米。实施数字化城管二期项目。 (陈龙浩)

【生态建设】 2016年，句容市对中央环保督察组交办问题全部办结。开展“一江、两湖、三河”水环境综合整治，北山水库引水沿线整治有成效，完成句容监狱污水口改向工程。全市地表水Ⅲ类以上水质为76.9%，主要水源地和城市集中式饮用水水质达标率均为100%。推进生态补偿机制，乡镇污水处理厂正常运转。建立大气污染联防联控和监测监控体系，整治污染锅炉228台。推进边城和白兔上荣片区生态环境综合整治，打击矿山盗采，关闭轧石企业48家、石灰窑43座。空气环境优良天数269天，$PM_{2.5}$浓度比上年下降9.7%。完成成片造林293.3公顷，创成村庄绿化省级示范村12个，西冯村创成全国“一村一品”示范村。 (陈龙浩)

【人民生活】 2016年，句容市全体居民人均可支配收入为28994.1元,比上年增长9.3%。城镇居民人均可支配收入为40582.0元,增长8.1%;农村居民人均可支配收入为18892.8元,增长8.9%。全年全市居民人均生活消费支出18455元,增长8.2%。 (陈龙浩)

【社会保障】 2016年,句容市民生支出41.2亿元,比上年增长8.9%。新增农村劳动力转移5203人,促进城镇失业人员再就业3488人,新增被征地对象"即征即保"4454人,城镇登记失业率控制在2.12%以内,创成国家级农民工等人员返乡创业试点市。推进社保提标扩面,城乡居民参保人数7.7万人,新农合筹资标准提高至每人每年665元;城乡基本养老保险覆盖率超过98%。"金保工程"五险合一正式上线,社保卡全面投入使用。加快推进"百村万户"达新标工程,24个经济薄弱村和2056户低收入户达新标。低收入户和特殊困难家庭全部纳入医疗救助范畴,年度救助补偿最高为7.5万元。城乡最低生活保障标准提高至每人每月625元,五保分散供养、集中供养标准分别提高至每人每年9000元和9800元。免费为茅山老区贫困残疾人家庭安装分布式光伏电网,每年户均增收3000元以上。 (陈龙浩)

【平安建设】 2016年,句容市开展创建全国文明城市五大专项整治行动。组织开展社会治安综合治理"规范提升年"活动,基层系列平安创建活动覆盖面为100%,开展矛盾纠纷调解工作,调解成功率为99.2%。全年新创镇江市一级综治办6个、省级"民主法治村"10个。2016年,全市刑事发案2912起,比上年下降5.3%;破案961起,破案率为33%,列镇江第一名。2016年度省公众安全感测评指数为95.3%,列镇江第二名,并获镇江市"2016年度社会治安综合治理先进辖市区"称号。 (陈龙浩)

【"恒大童世界"项目】 2016年12月30日,恒大旅游集团与句容市签订合作协议,打造童话神话主题公园——恒大童世界。句容"恒大童世界"项目首期总投资为300亿元,占地253.3公顷,是专为少年儿童打造的全室内,全天候,全季节童话、神话主题公园。江苏省委书记李强,江苏省委常委、省委秘书长樊金龙,江苏省副省长张雷,江苏省副省长陈震宁及恒大集团董事局主席许家印等出席签约仪式。 (陈龙浩)

【"金保工程"上线运行】 2016年1月11日,句容市"金保工程"一期项目正式上线运行,实现养老、医疗、工伤、生育、失业等五险统一征缴,全市参保人员信息和数据"同人、同城、同库"共享,对参保人员"记录一生、管理一生、服务一生"的"一站式"服务。 (陈龙浩)

【第二届白兔镇草莓文化节】 2016年3月19日,第二届白兔镇草莓文化节开幕。仅3月19日、20日两天,游客人数就超过5万人,草莓销售量超过23000千克。草莓节期间,开展民俗表演等文艺活动,设立农产品展位出售特色农副产品,还在全镇举办到万山红遍农业园欣赏桃花、杏花、梨花;到百竹园里挖竹笋、野炊烧烤;到茶博园参加茶艺表演、全民饮茶日等活动。草莓节持续至5月初闭幕。 (陈龙浩)

【句容市第三届樱花节】 2016年3月26日,由天王镇主办的句容市第三届樱花节在天王镇浮山樱花园开幕,当日接待游客近15万人次。樱花节持续至5月1日,除欣赏樱花外,还有创意气球屋、汉服展、茶艺表演、书画展、樱花祈福、传统美食街、自助烧烤、霍比特小屋、"集装箱酷房"、创意市集、户外拓展等数十个项目。活动期间,吸引游客120万余人次,带动消费超6000万元。 (陈龙浩)

【第三届下蜀镇茶香节】 2016年4月30日,下蜀镇第三届茶香节在容北茶谷举行,开幕式当天吸引上万名游客参观。茶香节以"品百年名茶、游千年茶道、观万亩茶园"为主题,先后举行音乐听友会、采茶大赛、徒步生态茶道、茶艺师传授技艺、微信茶园寻宝、篝火音乐狂欢节、仰望星空茶园诗会等活动。整个活动持续至5月30日结束。 (陈龙浩)

【句容市与启迪控股公司签订合作协议】 2016年7月11日,句容市与启迪控股股份有限公司签订战略合作框架协议,在科技服务、创业孵化、科技旅游、数字传媒、电子商务、优势产业融合等方面,全面展开战略合作。根据协议,双方将共同打造"江苏硅谷"项目,建设茅山康养智慧谷;建立启迪之星(句容)创业孵化器,搭建科技金融平台,发起科技创投天使基金,推动句容市农村电子商务发展;开展智慧数字园区、数字智慧城市等领域的支持合作。 (陈龙浩)

【第七届句容葡萄节】 2016年8月20日,由丁庄万亩葡萄专业合作联社主办的句容市第七届葡萄节在丁庄老方葡萄园开幕。葡萄节以"葡甜童乐,萄醉丁庄"为主题,持续到10月中旬,设有老方葡萄园、老毕葡萄园、二丫葡萄园、介文葡萄园"一主三副"4个会场,推出包括亲手采摘、亲子互动、农家乐体验等活动。茅山镇还结合葡萄节推介"福地句容,醉在春城"一日游活动。 (陈龙浩)

【边城镇第一届登山节】 2016年10月16日,由句容热线网主办,边城镇政府支持的边城镇第一届登山节开幕。登山节主题为"穿越高骊山,畅游仑山湖",南京、无锡、苏州、常州、扬州、镇江等城市20多个户外团体和部分个人登山爱好者1000多人参加登山活动。该登山活动非竞技比赛,在5小时内完成整个赛程的登山者都获一枚完赛纪念奖牌。 (陈龙浩)

【句容抽水蓄能电站项目开工】 2016年11月8日,江苏句容抽水蓄能电站项目开工。该项目位于边城镇仑山湖区域,上水库位于仑山主峰西南侧沟中,下水库位于仑山水库库尾。5月,该项目获核准,总投资96.06亿元,主要建设6台22.5万千瓦单级立轴可逆式水泵水轮发电机组,以及上下水库、输水系统、地下厂房等建筑物,总用地约394公顷。计划建成上下水库和最高分别为182.3米和37.2米的大坝,其中上水库正常蓄水位267米,总库容1744万立方米;下水库正常蓄水位81米,总库容2035万立方米。 (陈龙浩)

【第七届环太湖国际公路自行车赛(句容赛段)】 2016年11月12日,第七届环太湖国际公路自行车赛(句容赛段)举行,五大洲20多支国际职业参赛队200多名选手参加。该赛段从赤山湖国家湿地公园出发,到茅山旅游景区结束,全程130.6千米。最终法国马赛普罗旺斯KTM洲际职业队的法比奥·杜昆选手夺冠。句容赛段正式成为此项赛事永久赛段。 (陈龙浩)

【句容市西部干线建成通车】 2016年12月31日,句容市西部干线(开发区至宝华段)提前半年建成通车。西部干线(开发区至宝华段)起于西五环(金曼科技处弯道),终点至宝华境内的337省道,路线全长22.05千米,按照城市主干道I级/一级公路/二级公路标准进行设计,投资6.18亿元(不含拆迁)。 (陈龙浩)

扬中市

【概况】 2016年,扬中市总面积331平方千米,辖4个镇、2个街道,其中58个行政村、19个社区。户籍人口282046人,比上年增加440人,其中男性人口138089人,女性人口143957人。全年出生人口2341人,人口出生率8.3‰,下降1.3‰;死亡人口2142人,死亡率7.6‰,下降0.85‰;人口自然增长率0.7‰。年末,全市常住人口34.26万人,城镇化率62.08%。2016年,扬中市实现地区生产总值504.73亿元,可比增长9.5%。其中,第一产业增加值12.96亿元,下降0.1%;第二产业增加值261.44亿元,增长9.6%;第三产业增加值230.33亿元,增长11.89%。人均地区生产总值14.7万元(按常住人口计算),比上年增长9.1%,按现行汇率折算为21415美元。三次产业构成由2015年的2.5∶52.5∶45.0调整为2016年的2.5∶51.8∶45.7,一般公共预算收入占地区生产总值的6.4%。扬中市列"全国中小城市综合实力百强县(市)"第23位。（张　虹）

【农业】 2016年,扬中市完成农林牧渔业总产值25.53亿元,比上年增长8.49%。其中:种植业产值12.46亿元,增长8.14%;林业产值0.97亿元,增长12.07%;牧业产值3.37亿元,增长7.72%;渔业产值4.08亿元,增长12.03%。粮食播种面积12.7千公顷,减播1.78%;粮食总产量9.19万吨,减产6.61%,其中秋粮总产量6.03万吨,减产5.49%。油料种植面积0.67千公顷,增播3.08%;油料总产量1589吨,增产0.89%。蔬菜种植面积3.65千公顷,比上年增加110公顷。特色水产标准化、规模化养殖水平提升,全市渔业"三品"比重占96%,河豚工厂化养殖面积9万平方米,江蟹标准化养殖面积480公顷,刀鱼特色化养殖15万尾。

全市完成绿化造林面积200公顷,完善提高农田林网666.7公顷,完成四旁植树15万株,森林抚育面积266.7公顷,完成8个省级村庄绿化示范村创建,其中有1个森林生态示范村。全年完成水利工程总投入2.1亿元,完成"小农水重点县"项目投入3424万元。新建排涝泵站4个,翻建8个。整治排水沟道24.84千米,新建机耕桥17座,新建翻建涵洞27座,维修35座,新建固定提水灌溉泵站69座,新建混凝土防渗衬砌渠道19.99千米。完成堤顶道路修补1.6万米,挡浪墙维修1700米,江堤滑坡治理870米。新建建设河、滨江大道等城区泵站,实施新坝新宁村段、丰乐桥段、三茅街道泰州大桥至永勤河段、兴隆弯道猫沙段等地段坍江治理工程,总长4100米。东新港闸站工程竣工,沙家港闸站工程全面开工,完成"中小河流治理重点县"项目投入7000万元。农业节能减排成效明显。农用化肥施用量3516吨,下降5.61%;农膜使用量128吨,下降7.25%;农药使用量246吨,与上年持平;农用柴油使用量408吨,下降7.06%。（张　虹）

【工业】 2016年,扬中市工业企业实现产值1386.53亿元,比上年增长10.2%;完成工业增加值297.58亿元。定报工业企业实现销售收入1331.59亿元,增长10.2%;定报工业实现利税152.99亿元,增长10.0%。全年全社会用电量18.25亿千瓦时,增长8.45%,其中工业用电量12.95亿千瓦时,增长6.38%。工程电器、新能源、装备制造三大支柱产业实现产值1269亿元,占规模工业比重的91.6%。工程电器实现创新转型新突破,产业实现产值870.77亿元,增长10.1%;装备制造业产业实现产值95.6亿元,其龙头企业新韩通船舶重工年销售42.86亿元;光伏行业实现产值250.2亿元,生产硅片23.5亿片。2016年,全市销售亿元以上工业企业110家,10亿元以上企业24家,大全集团产值、销售分别为221亿元、211亿元。扬中市"30强"工业企业全年实现销售876亿元,占规模工业的比重的65.7%。荣德、环太、香江、鼎圣等重点企业成为支撑扬中市工业增长的重要力量。（张　虹）

【固定资产投资】 2016年,扬中市实现固定资产投资305.1亿元,比上年增长15.0%。其中,工业投资257.7亿元,增长17.5%,占扬中市投资总额的84.5%;服务业投资47.2亿元,增长28.7%,占扬中市投资总额的15.5%。实现亿元以上项目投资196.5亿元,下降4.3%;新兴产业投资186.2亿元;文化产业投资8.7亿元,下降4.1%。全年新办民营企业1469家,新增注册资本322亿元,吸纳民资118亿元。（张　虹）

【建筑业与房地产开发】 2016年,扬中市有资质以上建筑企业31家,实现建筑业总产值32.2亿元,比上年增长4.1%。建筑业企业房屋建筑施工面积208.6万平方米,其中当年新开工面积109.1万平方米。房地产市场保持稳定。扬中市有工作量的房地产企业35家,全年实现房地产开发投资24.8亿元,比上年增长42.2%。商品房施工面积146.9万平方米,下降8.1%;商品房竣工面积17.1万平方米,下降70.8%。商品房销售面积54.9万平方米,增长39.0%,其中,住宅面积50.4万平方米,增长37.3%。商品房销售额32.1亿元,增长33.3%,其中,住宅销售额28.9亿元,增长37.9%。（张　虹）

【国内贸易】 2016年,扬中市实现社会消费品零售总额140.92亿元,比上年增长11.2%。其中,城镇市场实现零售额128.53亿元,增长11.6%,占社会消费品零售总额的91.2%;农村市场实现零售额12.39亿元,增长6.9%。分行业看,批发零售贸易业实现零售额114.88亿元,增长8.1%,其中零售业实现零售额100.25亿元,增长8.2%;住宿餐饮业实现零售额26.04亿元,增长27.3%,其中住宿业实现零售额3.23亿元,餐饮业实现零售额22.81亿元。（张　虹）

【开放型经济】 2016年,扬中市推动新材料、电子信息、现代仓储物流、商务咨询等新兴产业加速扩张,支持和鼓励优质企业更大步伐"走出去",加大优质资本"引进来"力度。实际利用产业类外资1.4亿美元,比上年增长7.5%。全年完成外贸进出口总额5.72亿美元,增长1.57%,其中出口总额4.54亿美元,下降5.83%。（张　虹）

【交通运输】 2016年,扬中市完成客运量360万人,比上年下降7.2%,客运周转量2.13亿人千米,下降7.7%;货运量423万吨,货运周转量4.75亿吨千米,增长2.0%。截至2016年年末,全市公路里程1031千米。在全省"城乡客运一体化发展水平"评价中获评AAAAA级。连续4年开展镇村公交"回头看",公交线路运营里程378千米,累计完成公交客运量939万人次,79个行政村实现公交全覆盖,公交车万人拥有率7.2标台/万人,城乡公共交通出行分担率7.3%。（张　虹）

【邮电业】 2016年,扬中市实现邮电业务收入1.62亿元,其中邮政业务收入0.48亿元,电信业务收入1.14亿元。年末,有邮政局(所)13处,邮政线路总长度98千米;全市电话普及率356部/百户,移动电话用户30余万户,信息化发展水平90%。（张　虹）

【财政、金融和保险业】 2016年,扬中市实现财政总收入80.1亿元,比上年增长3.4%;一般公共预算收入32.5亿元,下降4.5%。在一般公共预算收入中,税收收入26.72亿元,下降8.5%,税收占比82.22%。全年财政支出67.6亿元,增长7.11%,其中一般公共预算支出38.8亿元,增长0.6%。年末,全市金融机构本外币存款余额 586.9 亿元,比年初增加 111.21 亿元,比上年增长 23.4%,增幅比上年增长 16.4%。其中,居民存款余额 278.7 亿元,比年初增加 17.58 亿元,比上年增长 6.7%。金融机构本外币贷款余额 431.72 亿元,比年初增加 46.34 亿元,比上年增长 12.0%。其中,中长期贷款 181.59 亿元,比年初增加 45.24 亿元,比上年增长 33.2%;短期贷款 233.84 亿元,比年初减少 7.49 亿元,比上年下降 3.1%。年末,全市有保险业企业 30 家,全年保费收入 10.7 亿元,增长 12.8%。财产险收入 2.42 亿元,增长 9.2%;人身险收入 8.28 亿元,增长 13.9%。赔付额 3.54 亿元,增长 27.5%,其中,财产险赔付亿 1.32 元,增长 0.8%;人身险赔付 2.22 亿元,增长 51.4%。 (张　虹)

【科学技术】 2016 年,扬中市有高新技术企业 133 家,高新技术产业产值占规模以上工业产值的 75.2%,全年发明专利申请 1616 件,万人发明专利拥有量 23.31 件,科技孵化总面积超 48 万平方米,全社会研发投入占地区生产总值比重 2.78%,科技进步贡献率 62.1%。三茅街道"创客空间"入驻企业及服务机构 8 家;新坝镇"CTU"空间、开发区"智慧"空间、油坊镇"阳光创客"空间列入省级众创空间备案,华北电力大学扬中智能电气研究中心获批省重大创新载体项目。推进高新区建设,完成苏南自主创新示范区布局规划调整。全年获批省级以上研发机构 8 家,其中,省工程技术研究中心 2 家,省研究生工作站 6 家。引进国家"千人计划"6 人、"双创计划"3 人。每万名劳动力中高技能人才 717 人。全年实施省级以上科技计划项目 30 余项,镇江市科技创新重点项目 7 个,扬中市重点项目 9 个,其中,获批省成果转化项目 1 项,省重大创新载体项目 1 项。2016 年,扬中市获评"2016 年度知识产权强省建设区域示范创建单位"。 (张　虹)

【教育】 2016 年,扬中市创成"镇江市教育现代化先进镇(街道)、学校"13 家,通过"江苏省示范性县级教师发展中心"评估验收,率先在镇江实现全区域"数字化校园"创建,创成首批"江苏省平安校园建设示范市"。学前三年儿童入园率 99.72% 以上,小学入学率 100%,初中入学率 100%,残疾儿童少年入学率 98.6%,高中入学率 100%。高考成绩"二本"以上达线率为 65.2%,比上年增长 3.92%,连续两年列镇江市第一名。

年末,扬中市有小学 12 所,教学点 2 个,教学班 332 个,在校学生数 14307 人,教职工总数 1021 人,专任教师 927 人;有中学 10 所,其中,高级中学 2 所,初级中学 7 所,九年一贯制学校 1 所;教学班初中 162 个,高中 79 个,初中在校学生数 6557 人,高中在校学生数 3085 人,教职工总数 1325 人,专任教师 1112 人;公办幼儿园 15 所,教学班 164 个,在园幼儿数 6341 人,教职工总数 350 人,专任教师 321 人;特殊教育学校 1 所,教学班 7 个,在校学生数 88 人,教职工总数 29 人,专任教师 22 人;职业中专 1 所,教学班 40 个,在校学生数 1472 人,教职工总数 194 人,专任教师 181 人。 (张　虹)

【文化体育】 2016 年,扬中市启动扬中博物馆工程,完成市图书馆改扩建。奥体中心展览馆建成使用。完成 3 个文化站示范点、7 个基层综合文化服务中心示范点创建,全市村(社区)综合文化服务中心建成率 100%。扬中市国民体质测定与运动健身指导站创成省级站点,全市新建健身路径 29 个,更换健身器材 22 套,更换覆盖率 80%。新建体育健身公园 2 座,建成健身步道 5 千米,步道总长 22 千米。围绕"扬帆'十三五',开启新征程",举办扬中市第十一届社区文化艺术节和农民艺术节,开展小合唱比赛、经典戏曲展演、少儿故事创作大赛等活动。举办舞龙大赛、综合性大型民间特色文艺演出 6 场,承办"苏风墨韵"省书法名家精品巡回展等展览 8 场。全年组织送文艺下乡巡回演出 52 场次,向基层赠送图书 5000 册,免费为群众放映影片 630 场次。2016 年,扬中市承办第八届全国青少年女子曲棍球锦标赛、江苏省女子曲棍球锦标赛、中国足协业余联赛总决赛、江苏省 U11、U13 足球联赛。举办江苏—北京女子篮球对抗赛、"体育伴我行"万人健步走、扬中市第七届男子篮球联赛、"中垠·悦城"杯广场舞大赛、扬中市首届健身大赛、扬中市首届游泳比赛以及"社保情"机关企事业退休人员象棋比赛。 (张　虹)

【卫生事业】 2016 年,扬中市深化医药卫生体制改革,完善市、镇两级医疗机构分级诊疗、双向转诊、上下联动、急慢分治的分工协作机制。开展省级示范村卫生室创建工作,控制药占比、优先使用基本药物等抗菌药物专项整治行动,完成传染病监测报告系统功能模块开发并正常运行。全市建立电子居民健康档案 29.4 万余份,建档率 86.6%;开展 65 岁以上老年健康体检 3.1 万人次;0~6 岁儿童健康管理率和孕产妇健康管理率均在 95% 以上。全市有各类卫生机构 94 个,卫生机构床位数 1110 张;有卫生技术人员 1733 人,其中医生 756 人,注册护士 641 人。全市医疗机构完成业务总收入 6.76 亿元,门诊 203.7 万人次,住院 28.76 万床日。 (张　虹)

【城市建设】 2016 年,扬中市编制完成西城区控制性详细规划、三桥互通口城市设计、科技新城控制性详细规划等,并完成老城区控制性详细规划动态维护。全年查处各类违建 504 处,拆除 179 处,拆除或整改面积 2.3 万平方米。公共自行车三期完成 25 个站点的立项、商务谈判,新建公共自行车站点 10 个,新增雨棚 5 个。推进金州水务回购工作。建成扬中天然气门站 LNG 气化站。"中燃分布式能源"项目一期投资 400 余万元,建设 30 吨燃气锅炉及管线,并试运行。建成农村小型污水设施 11 座,管网 29 千米。213 省道、天后宫路路灯改造工程完成。完成农村公路建设项目 8 个,改建农村公路桥梁 1 座。开工建设 238 省道八桥段养护改善工程,工程由八桥加油站至扬中二桥北,长 3.88 千米。推进 238 省道西来桥段改造和雷公岛直达通道建设,南江路、同心路西延建成通车。推进城乡公交一体化,新开通客运站至永固镇村公交线 1 条,优化调整线路走向 2 条;新建城乡一体化智能候车厅 27 个,实现城区公交站点 500 米半径全覆盖;做好"江苏交通一卡通"IC 卡推进工作,群众满意度 95% 以上;推进园丁路南侧、扬子新村等片区旧城改造。 (张　虹)

【生态环境】 2016 年,扬中市发展绿色经济、低碳经济和循环经济,加强生态红线区域保护,实施生态修复补偿项目 10 个,休耕轮作耕地 1066.7 公顷。编制《扬中市"十三五"生态环境保护规划》并通过专家评审。对全市 39 家重点污染源和 65 家一般污染源进行常态化监测。深化建筑工地扬尘治理,狠抓秸秆禁烧和综合利用,落实畜禽养殖禁限养区要求,关停禁养区内的养殖企业,推进燃煤锅炉、化工行业等专项整治工作,关停并转化工企业 3 家,整治燃煤锅炉 74 台,淘汰报废黄标车 642 辆。 (张　虹)

【人民生活】 2016 年,扬中市居民人均可支配收入,35728.7 元,比上年增长 9.2%。其中,城镇居民人均可支配收入 45841.8 元,增长 8.1%;农村居民人均可支配收入 23855.2 元,增长 9.0%。从收入构成上看,农村居民经营净收入、财产净收入和转移净收入的增速分别高于城镇居民 2.7 个、1.5 个和 2.0 个百分点,工资性收入的增速与城镇居民持平。年末,城乡居民人均储蓄存款余额 81348 元,比上年增加 5022 元。居民消费水平持续提升,人均生活消费支出 20552.4 元,增长 8.7%。其中,城镇居民 24103.4 元,增长 7.2%;农村居民 16574.4 元,增长 11.3%。恩格尔系数 29.5%,较上年下降 2.9 个百分点,其中城镇下降 2.9 个百分点,农村下降 2.8 个百分点。（张　虹）

【社会保障】 2016 年,扬中市落实困难群体托底工程,援助就业困难人员 111 人。扶持创业 367 人,新增城镇就业 1.2 万人,城镇登记失业率控制在 1.35% 以内。年末,全市企业养老保险参保人数 10.8 万人,覆盖面 98.9%;城乡居民养老保险参保人数 4.5 万人,覆盖面 100%;机关事业单位养老保险参保人数 0.88 万人;职工基本医疗保险参保人数 90151 人,覆盖面 100%。居民基本医疗保险参保人数 174352 人,覆盖面 99%;失业保险参保人数 5.3 万人,覆盖面 98.1%;生育保险参保人数 6 万人,覆盖面 100%。城乡低保标准提至每人每月 625 元,全年发放低保金 1042.19 万元,涉及低保对象 2886 人;发放重残救助金 1135 万元,涉及重残救助对象 2627 人。全市有社会福利院 1 个,福利院床位数 150 张,供养 122 人;敬老院 6 个,敬老院床位数 790 张,供养 369 人,集中供养率 65.04%;民办养老机构 20 个,床位数 1871 张,入住老人 1063 人。全市养老床位数 3086 张,每千名老人拥有床位数 44.7 张。（张　虹）

【企业上市】 2016 年 1 月 19 日,全国转股系统扬中专场挂牌仪式在北京举行。江苏通灵电器股份有限公司(通灵股份)、江苏天辰新材料股份有限公司(天辰新材)、江苏海天微电子股份有限公司(江苏海天)3 家企业挂牌"新三板"。按照"上市一批、培育一批、辅导一批、股改一批"的原则,2016 年,扬中市新增挂牌企业 17 家,累计挂牌企业 23 家,融资规模 100 亿元。（张　虹）

【"五水联治"】 2016 年 2 月 25 日,扬中市"五水联治"行动动员大会召开,大会部署"五水联治"工作,要求举全市之力畅通水系、净化水质、营造水景、提升水韵。该行动围绕"五水联治、治污先行"的原则,统筹推进"治污水、防洪水、排涝水、引活水、保洁水"五项工程。从 2016 年开始,计划用 8 年左右时间实现"三步走":四年明显见效、六年全面改观、八年实现质变。五项工程的要求为:"治污水"实现城区、集镇及农村居民点 100% 雨污分流、污水收集;"防洪水"实现江堤 100% 达标和长久永固;"排涝水"实现 100% 解决城市内涝问题;"引活水"实现河道 100% 清淤通畅;"保洁水"实现河道 100% 长效管理。（张　虹）

【扬中中低压工程电气入选"产业集群区域品牌建设试点"】 2016 年 2 月,扬中市入选工信部首批 22 家"产业集群区域品牌建设试点"城市。工程电气是扬中三大支柱产业之一,全市工程电气产业有中国名牌产品 2 个、国家免检产品 9 个、省名牌产品 45 个、中国驰名商标 5 个、省著名商标 24 个。扬中市获国家质检总局"全国中低压工程电气产业知名品牌创建示范区"命名,这是镇江首个获该称号的区域,也是全国唯一的中低压工程电气知名品牌示范区。3 月 29 日,大全集团获"中国质量奖提名奖",这是镇江市首个获"中国质量奖提名奖"的品牌。（张　虹）

【扬中市获评"国家园林城市"】 2016 年 5 月 28 日,第十届中国(武汉)国际园林博览会闭幕式举行,会上举行 2016 年国家园林城市授牌仪式,扬中市获住房城乡建设部颁发的"国家园林城市"奖牌。扬中市围绕"水上花园城市"的目标定位,完善整体生态功能,优化城市环境,提升城市品位。2009 年,扬中市创成省级园林城市;2013 年,扬中市举办江苏省第八届园艺博览会。截至 2016 年年底,城市建成区绿地面积 485.42 公顷,公园绿地面积超过 126 公顷,绿地率 33.64%,绿化覆盖率 37.26%。（张　虹）

【新坝位列 2016 全国综合实力千强镇 69 位】 2016 年 11 月 7 日,第十二届中国中小城市科学发展指数研究成果公布。"2016 全国综合实力千强镇"榜单中,新坝镇列 69 位。"全国综合实力千强镇"评选工作由中国中小城市经济发展委员会、中小城市发展战略研究院、中国中小城市科学发展指数研究课题组等单位共同开展。该次评选课题组选取地区生产总值、城乡居民人均可支配收入、公共财政收入 3 个指标对全国建制镇进行综合比较。（张　虹）

【扬中市获批"高比例可再生能源示范市"】 2016 年 11 月,国家能源局批复扬中等 3 座城市成为"国家级高比例可再生能源示范城市",扬中市成为全国第二批、江苏首家获批的"全国高比例可再生能源示范市"。2015 年,扬中市探索低碳、绿色、可持续发展理念,提出创建"全国高比例可再生能源示范岛"的目标,主要内容有:争创全国 100% 可再生能源示范岛,到 2020 年,主岛实现无煤化,可再生能源占比 33%。到 2030 年,整岛实现无煤化,绿色可再生能源占比 100%,全岛近零碳排放;打造可再生能源电力就近消纳试点城市。到 2017 年,初步实现可再生能源项目优先发电权。到 2025 年,实现可再生能源项目大规模应用和就近消纳;以创新应用壮大产业规模,到 2020 年,全市工程电气与新能源产业规模突破千亿元。（张　虹）

图 35-3　2016 年 1 月 19 日,江苏通灵电器股份有限公司(通灵股份)、江苏天辰新材料股份有限公司(天辰新材)、江苏海天微电子股份有限公司(江苏海天)挂牌"新三板"
（扬中新闻中心　供稿）

【“数字扬中”项目】 2016年12月18日，由香江科技、中航信托、中信银行、华为公司、德电咨询等单位合作的，总投资20亿元的“数字扬中”项目签约。该项目重点围绕城市基础设施、资源环境、社会民生、城市管理、产业经济等五大领域，推进普惠公共服务，推动以“智慧社区”为核心的医疗、教育、养老样板工程，让人民群众共享智慧城市建设成果。（张　虹）

丹徒区

【概况】 2016年，丹徒区总面积617.08平方千米，其中土地面积541.58平方千米（耕地面积2.43万公顷）、水面75.5平方千米。辖6个镇、2个街道和2个园区，有6个居民委员会、88个村民委员会、1884个村民小组，另设有江苏省丹徒经济开发区、世业洲旅游度假区、高新技术产业园、长山文化产业园和4个农林场圃。全区总户数103315户，总人口291069人，其中男142565人、女148504人。全区出生人口2419人，出生率8.31‰；死亡人口1916人，死亡率6.58‰。人口自然增长率1.73‰。

丹徒区完成地区生产总值371.12亿元，比上年增长9.3%；其中，第一、第二、第三产业增加值分别为21.17亿元、194.42亿元、158.27亿元。完成一般公共预算收入25.69亿元，一般公共预算支出29.24亿元，固定资产投资354.53亿元，增长15.5%；社会消费品零售总额68.42亿元，增长11.3%；城镇居民人均可支配收入40891元，增长8.1%，农村居民人均可支配收入18959元，增长8.6%。丹徒区入选“全国科学发展百强区”第73位；入选“最美中国榜”百强名单。全年签约亿元以上项目28个，总投资超过250亿元。推进“三集”园区“五大工程”建设，丹徒新城高端装备制造特色产业园和丹徒现代农业产业园入选市级“三集”示范园区；建成市级以上创业示范基地5家，高桥镇创成首批省级电子商务镇和“中国雪地靴之乡”。举办2016中国·丹徒旅游文化节，江心洲创成省级“景观旅游名镇”，长山文化产业园创成省级生态旅游示范区。（刘　芳）

【农业】 2016年，丹徒区农林牧渔增加值21.45亿元，高效设施农业面积比重27.3%，新增高效设施渔业66.67公顷。全年粮食播种面积27340公顷，全区粮食总产量19.60万吨，其中水稻种植面积1.2万公顷，粮食平均公顷产7169千克。全年实现畜牧总产值9亿元，生猪生产大中型规模养殖占畜牧总产值的63.2%。全区园艺总产量19.28万吨，园艺总产值12.47亿元；新增设施园艺面积1533公顷。区级以上农业龙头企业销售总额34.78亿元，增长9.15%；市级产业化龙头企业带动农户数9.91万户。推进重点农业项目建设，全区10个新建、在建、在手重点农业项目总投资额16.57亿元，全年完成投资7.1亿元；农业综合开发项目11个，其中高标准农田项目3个、丘陵项目8个，总投资2534万元。五大重点现代农业园区全年产值增幅15.83%，三维精确农业园一期投入运营，润丰生态农业园和世业万亩果蔬基地完成主体种植，天普生态农业园、宜人有机生态农业园开工建设。全年立项申报省级现代农业发展（产业化引导）项目12个，新申报园艺类项目15个、水产类4个、加工类4个、畜牧类4个。社会资本投农9.5亿元。全年新增“农三品”产品认证21个，认定的种植业“农三品”产量占食用农产品产量的40.1%。丹徒区创建国家茶叶综合标准化示范区通过验收，“长山剑豪”品牌获江苏省第17届“陆羽杯”名特茶评比特等奖。（刘　芳）

【农村工作】 2016年，丹徒区深化农村改革，推进土地确权工作，完成1557个村民小组的确权登记，96%的农户签订农村土地承包合同。农业新型经营主体稳步增长，全年新增市级以上家庭农场29家，其中省级8家、市级21家，申报省、市级家庭农场项目各10家；291家农民专业合作社进入政府优先扶持名录，参加规范的农民专业合作社比重为77.6%，新型农业经营主体家庭农场经营比重为28.2%，新增示范合作社11家。丹徒区五塘有机稻米专业合作社等11家农民合作社被列为省级新型农业经营主体培育对象，并在上党五塘村、敖毅村、高资水台村等地开展村社共建型的“戴庄经验”综合示范社试点。落实惠农补贴和农业保险，发放农作物重大病虫害防治药剂补贴等“五项补贴”专项资金322.34万元，高效设施农业保险覆盖面63%。江心洲五套村橘江里、世业镇先锋村申报江苏省休闲农业示范村。（刘　芳）

【工业】 2016年，丹徒区规模以上企业完成产值1125.72亿元，实现销售收入1100.01亿元，实现利税总额122.9亿元。全区完成固定资产投资354.53亿元。实施15个重点工业技改项目，完成工业技改投资89.4亿元，比上年增长35%，占工业投资比重为40.2%，占比较2015年提高5.2个百分点。工业应税销售收入374亿元。29个市重点产业项目完成投资132.5亿元，实现开工率和签约率“两个100%”目标。7月底，北汽华东（镇江）产业基地正式量产，晋工机械项目正式投产，先锋汽车项目竣工，海纳川零部件、中都物流、镇江专汽加快建设，燃机热电联产、国机重型装备等项目继续推进。56个区重点产业项目完成投资148.1亿元。全年完成新兴产业销售收入475.1亿元，增长13.1%。实现软件业营业收入53.4亿元，增长19.2%，新增省两化融合贯标试点企业2家。（刘　芳）

【服务业】 2016年，丹徒区完成服务业投资145.8亿元，比上年增长22.9%；服务业增加值占地区生产总值的42.6%，比上年提高0.6个百分点。新增服务业列统企业10家，其中重点服务业企业7家。长山国际旅游度假区、奥特莱斯商业中心、金色年华健康养生项目相继签约，天盛广场主体竣工，恒宇广场开工建设，投资5亿元的长山薰衣草庄园开园，投资6.2亿元的世业洲“开心乐之岛”主题乐园试运营，中国米芾书法公园获“中国文字博物馆江苏展示基地”称号。全年旅游综合收入56.58亿元。（刘　芳）

【对外经济】 2016年，丹徒区实际利用外资10728万美元，比上年增长17.9%。完成出口总额51835万美元，完成服务外包执行额10928.36万美元。组织全区40家各类外贸企业参加各类外贸政策宣讲会、出口信用保险培训会，帮助企业争取国家、省、市财政资金的政策扶持，全年获市级以上扶持资金260余万元。组织12家成长型企业参加德国、美国、日本、印度尼西亚、俄罗斯等大型的境外展览（博览）会；春秋两季广交会丹徒区31家企业参展，有44.5个摊位。组织参加镇江（上海）总部经济对接会、镇江国际低碳技术产业交易会、镇江服务外包对接会、华侨华人镇江国际经贸合作洽谈会、镇江荷兰国际合作项目洽谈会等5场综合性、专题性招商活动，拜访客商610余人次，小分队招商300余批次，接待境内外客商120余批次，全区洽谈推进项目120余个，其中重大项目15个，重点项目15个，外资项目15个，当年签约落户项目50个。（刘　芳）

【城乡建设】 2016年，丹徒区加快城市交通建设，宜城大道二期基本竣工，新312国道、燕丹路、宜业路通车，全年提档升级农村公路56.6千米。高校园区建设进展迅速,省交通技师学院投入使用,镇江高专和共享区体育馆主体封顶,江苏科技大学、江苏大学京江校区、市委党校建设继续推进。全面融入镇江总体规划布局,乡镇总体规划修编有序实施,优化镇村布局规划获省级审批。推进北汽大道、旺北路、长山灌区等海绵城市建设项目,项目总投资约1.3亿元,完成投资5500万元。投资4000万元完成19个易涝、易淹路段改造工程。推进安置房建设、棚户区改造和环境基础设施建设,缪家甸片区、镇南片区完成棚户区改造任务。全年阳光拆迁35万平方米,竣工安置房32万平方米。推进农田水利建设,小型农田水利重点县工程完成投资3600万元,长山灌区节水配套工程竣工,小金河整治二期工程启动。全区85个自然村完成环境整治任务,新建农村污水管网60千米、污水处理设施31座,实施农村改厕2000个。6个镇完成垃圾转运站升级改造,高桥区域供水工程加快推进。投资1600万元完成荣炳幸福桥粮食收储中心2万吨中心库建设。荣炳胜利村北刘巷被列为2016年省级康居乡村。 (刘 芳)

【生态建设】 2016年,丹徒区与江苏省环境科学研究院签订战略合作协议,修编完善《丹徒区生态文明建设规划》,将生态领先特色发展推向深入。推动五大类15项生态环境类重点项目实施,全年完成项目11个,完成投资约6.6亿元。世业镇还青洲、上党镇东宝庄、辛丰镇河达村创成省级美丽乡村。启动世业镇、兴隆村和世业村国家级生态文明建设示范镇村建设。经济开发区创建国家级循环示范试点工作通过省级验收。全区新增有效绿化面积145.33公顷,8个村庄绿化示范村建设通过市级验收。全区农业废弃物综合利用率96.5%,秸秆综合利用率95.4%,完成成片造林145.33公顷,大中型规模养殖畜禽粪污综合利用率96.3%。实施大气、水污染防治行动,完成镇江发电有限公司6号机组超低排放和宏顺热电脱硫、脱硝工程等一批重点工程;整治燃煤锅炉108台,整治黄标车721辆;申报太湖治理十期项目13个,争取省级资金1523.8万元;加强饮用水源地保护,水质达标率100%;推进高资片区14项大气环境综合整治项目。 (刘 芳)

【科技工作】 2016年,丹徒区高新技术产业产值479.9亿元,占规模工业产值的比重为41.2%;全区研发投入占地区生产总值比重2.35%;全年申请专利3177件,万人发明专利拥有量16.83件。新认定高新技术企业10家,共计53家,新认定省民营科技型企业15家、省科技型中小企业18家;新认定省工程技术研究中心1家、省企业研究生工作站4家、新型研发机构1家。申报成功省重点科技创新项目3个、市重点科技创新项目12个,新增省级新技术新产品1个,创成市级企业技术中心2家。引进高层次创新创业人才(团队)45个,其中顶尖人才1人,申报成功制造类、服务业类“金山英才”计划13人。全年征集企业技术需求87项,与哈尔滨工业大学、武汉大学、华东科技大学、江苏省产业技术研究院等高校科研院所开展专场产学研活动,签订产学研合作协议45项。全年帮助全区21家科技型中小企业申请科技贷款5210万元。 (刘 芳)

【教育工作】 2016年,丹徒区有各类学校62所,其中,普通高中2所,职业高中1所,初中10所,小学11所,九年一贯制学校4所(含民办1所),幼儿园23所(含民办园6所、村办园3所),开放大学(含社区培训学院)1所,老年大学1所,社区教育中心10所。中小学、幼儿园有在校(在园)生32315人,其中,普通高中3225人,职业高中1682人,初中5628人,小学14146人,幼儿园7634人。全区在职公办教师2359人。全区90%的镇(街道、园区)创成“市教育现代化示范镇”,6家单位通过市教育现代化“双创”验收。“责任督学挂牌督导创新区”创建工作通过省级验收;教师发展中心创成“省示范性县级教师发展中心”。截至年底,先后挂牌成立镇(街道、园区)老年学校5所、各社区(村)老年学校42所;创成1个省级标准化社区教育中心、15所省级标准化居民学校和1个市教育现代化先进社区教育中心。推动素质教育优质发展,举办全国珠心算教育教学经验交流现场会,扩大丹徒区珠心算教育的品牌影响力;丹徒区首个校园体育俱乐部——丹徒区支显宗学校篮球俱乐部被省体育局命名为省级青少年奥林匹克体育俱乐部;驸马山庄幼儿园创成江苏省首批“足球特色幼儿园”,6所中小学校创成“全国足球特色学校”。宜城中学等一批学校、幼儿园建成并办学,宜城第一小学主体封顶,高桥中小学、幼儿园项目开工建设。校安工程投资1.18亿元,加固新建校舍近3.95万平方米,完成13所学校运动场地的塑胶化改造。 (刘 芳)

【文化体育】 2016年,丹徒区新建5个生态文化广场和3个镇(街道)文化站示范点,荣炳盐资源区被评为全国诗教先进单位;新建7个综合性文化服务中心项目示范点,实现全区100%的村和社区建成综合文化服务中心的目标。丹徒文化艺术活动中心竣工。提升农家书屋建设水平,荣炳盐资源区蒲圩村农家书屋、上党镇上党村农家书屋与丹徒区图书馆实现通借通还,荣炳盐资园区浦圩村农家书屋被评为江苏省五星级示范书屋。全年组织文艺团队开展送戏下乡、文艺演出、广场舞比赛等活动110余场;落实“2131”公益电影放映工程,全区行政村放映电影1440余场,观众42万余人次。摄影作品《雾锁石潭》《月映夏洛多吉》《晨曲》参加江苏“群星”美术书法摄影提名展获入选奖。长山文化产业园的米芾互动体验馆项目获2016年度省级文化产业引导资金120万元。举办丹徒区第一届长山茶文化节。完成第一次全国可移动文物普查工作任务;开展殷氏宗祠的维修工程;完成省级非遗项目保护规划编制工作,配合市文管部门开展江苏省传统村落调查工作,制定丹徒区历史文化名镇和传统村落保护的实施方案。央视少儿频道节目组到新四军纪念馆拍摄红色之旅专题片《寻找小号手》。打造官方微信平台“微丹徒”,全年发布信息90余条。新建农民健身公园20个、健身步道5千米;实施市“城乡公共体育设施三年提升计划”的建设任务,创成省级体质测定与运动健身指导站;新增AAA级体育社会组织4个,全年培(送)训三级、二级以及一级社会体育指导员140余人。组织参加江苏省青少年田径锦标赛暨县组田径比赛(第一赛区)获一金、两银;承办江苏省青少年武术(散打)锦标赛,获一金、两银、三铜;组织参加市少儿田径比赛,打破两项市级纪录,团体总分全市第二名。全年体彩总销售收入7106万元,列全省第一名。 (刘 芳)

【卫生工作】 2016年,丹徒区有医疗机构99所,其中二级综合医院1所(区人民医院);二级中医院1所,即区中医院(中西医结合肾病医院);甲等妇幼保健所1所(区妇幼保健所);镇卫生院(社区卫生服务中心)13所,门诊部(诊所)20所;村卫生室(社区卫生服务站)53所;企事业单位医务室、卫生所11所。全区卫生系统有床位719张,卫生人员1129人,其中卫生技术人员749人。卫生人员中,研究生学历8人,本科学历544人,大专学历360人,中专学历194人,高中及以下33人;卫生技术人员中,高级专业技术职务109人,中级专业技术职务384人,初级专业技术职务256人。

全区有个体诊所 16 个，厂矿医务室 11 个。世业镇卫生院创成“全国人民满意乡镇卫生院”，3 所镇卫生院建成影像远程会诊中心。丹徒区人民医院二期正式运行，并筹建危重孕产妇救治中心，开通急救绿色通道。区妇幼保健所和区计生指导站合并组建“丹徒区妇幼保健计划生育服务中心”。5 家基层医疗机构创建省级妇幼健康规范化门诊。（刘 芳）

【社会保障】 2016 年，丹徒区全年新增城镇就业 8947 人，新增转移农村劳动力 1411 人，城镇登记失业率控制在 2.02% 以内。丹徒区城镇和农村居民人均可支配收入分别增长 8.1% 和 8.6%。全区养老床位 3149 张，每千名老人拥有养老床位数为 43.2 张。城乡社区居家养老服务中心 100% 覆盖，10 个标准化居家养老服务中心（城市社区 2 个、农村社区 8 个）提档升级。新型农村合作医疗参保覆盖率 100%。完成“强村富民”达新标年度任务，30% 的贫困村和低收入户实现脱贫目标。（刘 芳）

【汽车产业】 2016 年，丹徒区的汽车产业链发展格局初具规模，北汽华东（镇江）基地、北汽配套项目中都物流、海纳川汽车零部件等大项目相继落户和推进。9 月 10 日，北汽华东（镇江）基地首款车型——北京 BJ20 汽车正式上市销售。11 月 11 日，第 1 万辆 BJ20 汽车下线，年内生产 1.8 万辆，月销量突破 6000 辆，实现营业额 16 亿元。北汽华东（镇江）基地项目的发展，推动以镇江生态汽车产业园为核心的丹徒汽车产业建设，为促进优化产业结构、提升城市品质提供保证。同时，北汽项目建设带来集聚效应，丹徒区初步建成以汽车零部件制造、高端装备、物流仓储及汽车研发、培训中心等相关产业为主导的汽车配套产业园，重点关注新能源汽车、汽车后装市场，打造特色汽车配套产业集聚区，至年底，入驻配套企业 20 余家。11 月 8 日，中科院合肥物资科学研究院先进制造技术研究所与江苏润模汽车检测准备有限公司举行“智能检测装备技术研究中心”签约揭牌仪式，成立智能检测装备技术研究中心，为丹徒汽车产业创新发展提供支撑。（刘 芳）

【2016 中国丹徒旅游文化节】 2016 年 4 月 2 日，丹徒区政府、镇江市旅游发展委员会、镇江文化产业投资公司联合举办的 2016 中国丹徒旅游文化节启动仪式在上党敖毅村举行。该文化节是丹徒区首个全资源整合的“旅游文化节”，历时 8 个月，涵盖“走进荣炳 · 深呼吸”大

图 35－4 2016 年 8 月 13 日，2016 中国丹徒旅游文化节——上党高陵黄桃节举行（刘 芳 供稿）

众摄影节、世业洲长江音乐节、江心洲第九届野菜节、上党镇黄桃节、谷阳槐荫七夕节、宝堰镇美食节等 17 个主题活动，并联动区内相关景区景点、农庄、农家乐、酒店等各类旅游资源，吸引镇江及周边城市游客 50 余万人次。12 月 4 日，2016 中国 · 丹徒旅游文化节闭幕仪式在江心洲橘色小镇广场举行。闭幕式上，举行“丹徒区荣登‘2016 最美中国榜’揭牌仪式”，向丹徒区旅游景区和部分企业代表发放首批印制的“生态丹徒”旅游手绘地图。（刘 芳）

【长山国际旅游度假区（香山）项目】 2016 年 6 月 20 日，总投资 20 亿元的长山国际旅游度假区（香山）项目签约落户丹徒。该项目由贵阳森林野生动物园股份有限公司和镇江城市建设产业集团联合投资建设，旨在打造华东地域高端精致、具有创意和品位的生态旅游度假综合体，使之成为长三角地区有影响力和吸引力的旅游新地标。该项目位于丹徒区经济开发区，总占地 386.67 公顷，以野生动物园、野生植物园为主题，集温泉度假、运动休闲等功能为一体，分为香山森林野生动物世界、水世界（分为温泉区及冷水区）、五星级理疗康复中心、五星级度假式酒店、大型游乐设备场 5 个板块。项目分两期实施，其中一期投资 11.5 亿元。（刘 芳）

京口区

【概况】 2016 年，京口区总面积 124.686 平方千米，其中耕地 1717.62 公顷。辖 6 个街道及京口工业园区、新民洲临港产业园，有 5 个行政村、61 个社区。2016 年年末，全区常住人口 31.404 万人，有 27 个少数民族。全年实现地区生产总值 449.24 亿元，比上年增长 3.76%。地方财政一般预算收入 18.06 亿元。完成产业类实际利用外资 1.2038 亿美元。城镇居民人均可支配收入 41997 元，农民人均纯收入 23510 元，分别增长 8.2% 和 8%。（京志办）

【农业】 2016 年，京口区粮食总产量 9785 吨，油料总产 615 吨，上市放心蔬菜 13950 吨，全年抽检蔬菜 600 个样，合格率为 100%。全区农业适度规模经营比重 98% 以上。吸引“三资”开发农业资金 3.2 亿元，农产品出口 702.5 万美元。发放各类支农惠农补贴资金 257 万元。全年出栏生猪 1.45 万头，羊出栏 764 头，家禽出栏 4.76 万羽，检疫屠宰生猪 12.28 万头，上市肉品 9200 余吨。全年重大动物防疫做到应免尽免，防疫密度为 100%。全年新增造林面积 7.2 公顷，新增无公害农产品 2 个，复查换证无公害农产品 2 个、无公害粮油产地 1 个。推进“百村万户”新达标行动，低于 8000 元/年低收入农户 2016 年年均收入 8000 元以上，全面脱贫。（京志办）

【工业】 2016 年，京口区推进工业转型升级，工业企业效益稳中有增。完成工业投资 132.61 亿元，比上年增长 24.1%。工业技改投资 97.79 亿元，增长 13.31%。工业应税销售 348 亿元，增长 4.5%。规

模工业增加值65.34亿元。规模工业企业数51家,规模工业利税总额28.14亿元,规模工业利润总额17.8亿元。江苏鼎胜新能源材料股份有限公司、国电谏壁发电厂、江苏索普(集团)有限公司、中储粮镇江粮油有限公司等6家重点骨干规模企业实现应税销售292.6亿元,增长10.6%。江苏鸿泰钢铁有限公司、中储粮镇江粮油有限公司、爱励铝业(镇江)有限公司、江苏索普(集团)有限公司和江苏鼎胜新能源材料股份有限公司全年工业应税销售分别增长94.5%、29.7%、29%、13.9%和0.9%。江苏天海特种装备制造有限公司"消防器材"和国电谏壁发电厂"13#、14#机组汽动联合引风机改造"2个"省级工业经济新增长点项目"全部竣工投产,新增应税销售1.9亿元,拉动全区工业应税销售增长0.6个百分点,新增利润7445万元,新增入库税金2261万元。(京志办)

【服务业】 2016年,京口区服务业发展态势平稳向好。以电子商务、北斗位置服务、网络文化、总部经济等为代表的新兴产业、新型业态加速集聚。实现服务业增加值326.19亿元,比上年增长4.63%,高于全区地区生产总值增速的1.5%。服务业增加值占地区生产总值比重72.6%。全区服务业实现固定资产投资292.55亿元,增长11.8%。现代服务业集聚区固定资产投资总量完成109.79亿元,增长18.8%。应税营收总量完成245.78亿元,增长19.1%。入库税收总量完成37.5万元,增长3.5%。

(京志办)

【科技人才】 2016年,京口区研究与开发投入占地区生产总值2.68%,高新技术产业产值占规模以上工业产值46.3%,新认定省级"众创空间"3家,5个项目获市科技进步奖。全年认定高新技术企业6家,新增高新技术企业6家。建成省级及以上企业研发机构2家。新培育国家标准《企业知识产权管理规范》创建单位11家。全区有13家企业被列入"省科技金融风险补偿资金备选企业库",7家企业被认定为"省科技型中小企业",15家企业获评"省民营科技型企业"。全年新认定高新技术产品26个,帮助10家企业获科技贷款2029万元。举办"2016校地合作院士专家镇江京口行"活动,举行校地合作论坛,邀请程津培等7位院士以及40多位专家学者到京口区企业中交流指导,并签订4项合作协议。组织60多家企业与中国科技大学、复旦大学、同济大学等高校院所对接交流,开展产学研活动11场次,签约产学研合作项目48个,立项市级以上校企合作科技项目25项,立项资金905万元。全年京口区专利申请总量完成2886件,万人发明专利拥有量76.58件,专利授权总量1214件。2016年,京口区获评"省创新型试点区""省知识产权工作先进集体""省知识产权执法工作先进集体"等。

2016年,京口区开展招才引智活动,组织全区企业参与各类招聘活动51场,组织参会单位515家,提供岗位8105个。帮助辖区9家"三新"企业申请"吸纳高校毕业生补贴"26.4万元。组织实施各类职称评定及申报工作,新增专业技术人员1236人。有2名农业科技人员入选全市"169工程"科技骨干,2个项目入选"金山英才"现代农业领军人才计划。拓宽高技能人才培养渠道,突出服务业与建筑类技能人才培养工作,组织各类职业技能竞赛8场,通过技能竞赛产生高技能人才780人。

(京志办)

图35-5　　中储粮基地全景　　(京志办　供稿)

【城市建设和管理】 2016年,京口区完成焦山路京口段、京口路东延、恒运路北段等21个城建重点项目,焦山路全线贯通,成为主城区东部地区纵贯南北的主通道之一。完成虹桥道署街、中营街、酒海街等片区危房(空斗墙)解危项目,实施解危面积1.3万平方米。推进古运河下段整治、新河街历史街区更新、索普环境综合治理等32个项目,全年完成征收(拆迁)面积29.6万平方米。组织实施何家门、李家门、棒棰营空斗墙、尤唐巷空斗墙等回迁安置项目13个,总面积9.23万平方米。投资5500余万元,建成华润新村一期、市实验小学、京口路停车场、街头绿地等10个海绵城市建设项目。完成花山湾一区、三区等近3万平方米的老旧小区综合整治工作。提升江滨新村30号、松盛花苑、京口路50号一期等5个小区物业管理水平,覆盖面积24.5万平方米,城市环境综合整治任务完成。

全区推进网格化城市管理工作,健全35个网格,实现全区网格化管理全覆盖。探索城管物管"1+1"联勤联动融合试点工作。涉农街道保洁工作全面实施市场化运作,对环卫基础设施提档升级。正东路街道焦顶山社区创成"江苏省城市管理示范社区",双井路创成"江苏省城市管理示范路"。推进29项环境综合整治项目。实施违法建设、渣土扬尘、户外广告等专项整治。

(京志办)

【环境保护】 2016年,京口区空气质量达到二级标准天数为236天,达标比例67.6%,比上年增长11.7%。$PM_{2.5}$平均浓度49微克/立方米,下降16.9%。地表水优于Ⅲ类水断面比例为100%。全区完成34项生态文明建设提升工程。加快实施水环境综合整治,完成翻水河沿岸整治,对一夜河东段、大寨港、小上隍河等河道清淤3万余立方米,辖区水环境质量提升。加大污染物减排力度,8个减排项目全部完成。开展谏壁地区、城东片区环境综合整治,完成国电谏壁发电厂"14#机组超低排放改造"、索普集团"3#锅炉脱硫改造"以及城东垃圾填埋场覆膜、填埋气体收集处理工程和雨污分流改造工程。开展环保大检查、环保部督查、危险废物专项检查和餐饮油烟专项整治等专项整治行动,提升辖区生态环境。创成各级"绿色社区"33家,"绿色学校"49所。龙吟坊商业街获

江苏省2016年度“生态文明建设宣传一条街”活动优秀奖。（京志办）

【就业保障】 2016年，京口区多措并举，帮扶就业、创业、再就业。定期收集、整理辖区内企业就业岗位信息，通过区人力资源市场、户外宣传栏、基层人社服务平台、微信公众号、QQ群等渠道发布招聘信息。调查辖区内重点规模企业用工，动态掌握企业用工情况。做好就业困难群体帮扶工作，开展“就业援助月”“创业就业社区行”“创业帮扶‘3+1’”等就业援助活动。全区新增城镇就业11165人，扶持创业1969人，城镇失业人员再就业6384人，就业困难人员再就业1174人。全区企业职工养老保险基金征缴收入29487万元，其中被征地农民参加城镇职工基本养老保险完成3794万元。医疗保险基金征缴收入12858万元，失业保险基金征缴收入1529.76万元，工伤保险基金征缴收入1069万元，生育保险基金征缴收入548万元，城乡基本社会保险覆盖率为98%以上。（京志办）

【文化教育卫生】 2016年，京口区实施文化畅通工程，推动智慧文化建设。建成街道文化站示范点3个、基层综合性文化服务中心示范点8个，完成19个社区（村）基层综合性文化服务中心建设。万人享有公共文化设施面积新增100平方米、万人享有公共图书馆总藏量新增400册、发行网点新增10个。建成花山湾广场、北固湾广场、越河街、新红旗社区、京岘山宗泽纪念公园广场、象山公园广场6个生态文化广场。

2016年，京口区制定出台《京口区“十三五”教育发展规划》《京口区加快推进教育现代化建设实施意见》，当年公布的省教育现代化数据监测显示京口区综合得分90.15分，列全省辖市（区）前20名。京口区先后获“全国社区教育示范区”“省促进义务教育均衡发展先进单位”“省中小学校责任督学挂牌督导创新县（区）”等称号。市实验幼儿园获“省教育先进集体”称号，继续参与“江苏省课程游戏化”项目共建。香江花城小学等14所学校创成“市体育项目传统校”，其中学府路小学等8所学校获评“省体育项目传统校”。桃花坞小学获“省艺术特色学校”称号。香江花城小学获“省健康促进校金牌学校”称号。京口实验小学获“省健康促进校银牌学校”称号。江科大附小获“‘十三五’首批科学教育综合示范校”称号。恒顺实验小学创成省“绿色学校”。江滨实验小学创成“省语言文字示范校”。

推进家庭医生签约服务试点工作，全区成立52个“3+X”（“3”指1名全科医生、1名社区护士和1名预防保健人员，“X”指集团医院医生或热心于社区卫生服务志愿者）健康管理团队。京口区创成“省妇幼健康优质服务示范区”。健康路社区卫生服务中心获首批“全国百强社区卫生服务中心”称号。（京志办）

【产业“三集”发展】 2016年，京口区推进产业“三集”工作，提升园区综合实力。在先进制造业特色园区建设上，固定资产投资增幅28.8%，应税销售增幅13.5%。在现代服务业集聚区建设上，固定资产投资增幅18.8%，应税营收总量、入库税收总量分别为245.8亿元、18.7亿元，增幅分别为19.1%、25.1%。在市级高性能材料产业示范园区建设上，应税销售收入增长12.2%。在中国中小企业信息产业园建设上，应税营业收入增长55.7%。中林生态（镇江）产业城、中集宝钢一体式半挂车桥等项目加速推进。6月9日，苏宁广场裙楼正式营业，东、西塔楼竣工封顶。新民洲现代农业产业园区水稻智能化生产质量追溯管理服务平台和中国中小企业信息产业园服务展示中心入选全市首批“产业‘三集’优秀公共服务平台”。中储粮粮油检测中心被认定为“省级企业技术中心”。（京志办）

【改革创新】 2016年，京口区推进行政审批制度改革，在全区范围内开展民生领域行政审批事项及申报材料清理，出台《京口区民生领域证明材料清单》，去除各类无谓证明和繁琐手续，制定并公布《京口区区级机关公共服务事项清单》《京口区街道园区公共服务事项清单》，推进公共服务向街道、社区延伸，逐步构建以街道便民服务中心为龙头、社区代办点为架构的便民服务网络。深化商事登记制度改革，全面实行市场主体住所（经营场所）登记申报制和负面清单制度。以大项目引领企业开展科技创新活动，提升企业自主创新能力。江苏鼎盛重工有限公司实施的“绿色可插电串联增程式集装箱龙门起重机”项目填补国内外空白。江苏鼎胜新能源材料股份有限公司“热交换器用高性能铝基复合箔材关键技术”填补国内空白，并获省工业支撑立项。（京志办）

【民生工作】 2016年，京口区编制《京口区精准扶贫操作手册》，完善精准扶贫工作机制。完成全区第六届社区居委会换届选举和全区第十一届村委会换届选举工作，以“1+n”分离式中心社区（1个中心社区覆盖周边3~5个基本社区，实现文体娱乐、居家养老、社区教育、医疗卫生等社会服务、行政性事务一站式办理，集中打造居民15分钟生活圈）为平台，推进“三社联动”（以社区为平台，以社会组织为载体，以社会工作专业人才为专业骨干的工作运行机制），发展社会组织428个，其中，社会团体266个，民办非企业单位162个，每万人拥有社会组织达13.6个。推进社区标准化建设，提升“两网”（网格、网络）治理水平，“一门受理、协同办理”机制实现全覆盖。建成古城、京口路、陈家门等中心社区，完成江滨菜市场升级改造。中建大观邻里中心投入使用。推进居家养老项目建设。建成示范型日间照料中心2个，示范型助餐点2个，综合型助餐点4个，单一型助餐点17个。建成养老机构12家，有床位2956张。全区实现每千名老人拥有养老床位数42.1张。京口区被命名为“江苏省2016年度现代化民政示范县（区）”。（京志办）

【中林（镇江）生态产业城获批省重大产业项目】 2016年1月，江苏省发改委下达江苏省2016年重大项目投资计划，中林（镇江）生态产业城项目（以镇江中林国际木业交易储备中心名义）入选。该项目由中林金海岸港口控股集团（中林集团控股子公司）投资，拟在新民洲22.5平方千米区域内，投资150亿元，建设集木材仓储、物流、加工、贸易于一体的国家级木材战略储备基地。项目按照“一次规划、整体开发、分步实施”原则，总体分两步推进，第一步，从2015年到2020年，建成港区码头作业区、仓储物流区、加工区，同步推进商贸及生活配套区等区域建设。第二步，到2025年，建成中林（镇江）生态产业城。（京志办）

【中国（镇江）·香醋文化旅游节】 2016年4月—12月，由京口区政府、镇江市旅游发展委员会、镇江市文广新局、江苏恒顺集团联合主办的“中国（镇江）·香醋文化旅游节”举行。旅游节以镇江香醋为媒，以经贸、文化、旅游活动为主线，以“创新、协调、绿色、开放、共享”五大发展理念为指导，向外推介镇江“中华香醋之都”城市品牌，助推镇江“文化旅游名城”建设。旅游节期间，先后组织开展“万名旅行策划师公益培养项目启动”“‘中国镇江·香醋文化旅游节’官网（www.2016xcj.com）正式上线”“‘中国镇江·香醋文化旅游节’新闻发布会”“‘醋都香韵’文艺汇演和‘醋都香韵’折子戏专场演出”“‘醋都萌宠’香醋文化旅游节吉祥物创意大赛”“‘醋醋(处处)美景’中国摄影大家走进醋都暨李舸跨界艺术作品展开幕式”等系列活动。超1.5万人次参与活动。（京志办）

【京口区创成“全国社区教育示范区”】 2016年5月,京口区获教育部“全国社区教育示范区”称号。在推进“全国社区教育示范区”创建工作中,京口区围绕“建设全民学习、终身学习的学习型社会”目标,把社区教育与学习型城区建设相结合、与社区管理相结合、与群众广泛参与相结合、与满足群众需求相结合,构建具有京口特色社区教育模式。建有“京口区终身学习网”,创成“全国数字化学习先行区”。编写10多种系列社区教育课程(读本),并有多项在省级课程评比中获奖。“魅力京口”文化广场系列活动、“社区互动学习平台”系列活动、缤纷假日社区文化艺术节活动、“晒夕阳,别样红”康盛剧社活动等获评“全市品牌特色活动”。（京志办）

【苏宁广场裙楼对外营业】 2016年6月9日,苏宁广场裙楼正式对外营业。镇江苏宁广场位于大市口商圈核心,总占地面积3.36万平方米,总建筑面积38.6万平方米,总投资近50亿元,主体由高度338米东塔楼和228米西塔楼及地上6层综合体、地下室4层组成。项目规划有五星级酒店、高档写字楼、酒店式公寓、精品超市、餐饮和停车场等功能区。截至2016年年底,该项目是镇江第一高度商业建筑。（京志办）

【中国镇江游戏行业投融资交易会】 2016年12月22日,由京口区政府主办,江苏名通信息科技有限公司、欢悦互娱控股有限公司、江苏易乐网络科技有限公司承办的首届中国镇江游戏行业投融资交易会在京口区举行。投融资交易会以“以游会友,欢悦镇江”为主题,通过发布最新游戏产品、路演展示优秀企业和产品、现场开展资本对接等活动,为初创游戏企业和中小研发团队搭建平台。中国台湾育骏、韩国龙图、上海阅文、成都暴风互动等160余家知名网游企业代表到会。交易会当天,还举行京口区招商引资集中签约活动,20个优质产业项目签约,项目总投资118.87亿元。（京志办）

【酒海街社区创成“全国科普示范社区”】 2016年,京口区正东路街道酒海街社区获评中国科协、财政部“全国科普示范社区”。在推进“全国科普示范社区”创建工作中,酒海街社区整合多方资源,通过与学校、社会组织共建,形成合力,并吸引专业社工加入。组织社区居民和科普志愿者参与科普宣传周、全国科普日和特殊节日社区科普宣传教育活动。社区成立“社区科普大学教学点”,打造“关注朝阳”“扶持夕阳”和“社区+学校”等社区科普工作品牌。（京志办）

【健康路卫生服务中心入选“全国百强社区卫生服务中心”】 2016年,京口区健康路社区卫生服务中心获首批“全国百强社区卫生服务中心”称号,全省有7家社区卫生服务单位获此称号。健康路社区卫生服务中心在建设过程中,创新服务形式,提高服务条件和水平,增强服务能力和综合实力,通过省级绩效评估。健康路社区卫生服务中心花山湾服务站主任杨凌获第三届江苏省“优秀基层医师”称号。（京志办）

润州区

【概况】 2016年,润州区土地总面积132.68平方千米,其中耕地面积1489公顷,茶园面积222公顷,果园面积200公顷,另有淡水养殖面积766.7公顷。辖七里甸街道、蒋乔街道、官塘桥街道、宝塔路街道、和平路街道、金山街道、韦岗街道、南山街道等8个街道,镇江市黄山园艺良种场、镇江市水产养殖试验场、润州茶场等3个场圃,1个国家级高新区,有13个行政村、60个社区。全年完成地区生产总值370亿元,固定资产投资431亿元,完成服务业投资331.62亿元,增长12.7%。社会消费品零售总额177.85亿元,增长11.6%。完成工业投资95.94亿元,增长18.4%;工业技改投入53.28亿元,增长22.6%。城镇常住居民人均可支配收入41433元,农村常住居民人均可支配收入23517元。（润志办）

【农业】 2016年,润州区加快农业转型升级,推进农村改革发展,促进农民持续增收。全年完成农业大项目投资1.07亿元,实现农林牧渔增加值1.7亿元,粮食公顷单产7605千克,生猪大中型规模养殖比重47%,完成社会资本投农2.08亿元,高效农业保险占比为62.3%。芳满庭科技园花卉市场投资4400万元建设花鸟市场连栋大棚1.5万平方米;大桥公园投资3900万元进行绿化建设。“亚夫在线”农业电子商务平台、农副产品批发市场二期冷链物流建设、蓝莓文化体验园前期建设、金莲食品有限公司优质菜籽油加工技改等项目均获成效。全年完成成片造林6.6公顷,新增村庄绿化示范村1个,四旁绿化8万株,森林覆盖率为32.18%。加强森林病虫害的清理,治理受害林面积39.4公顷,清理病死树株数1371株,松材线虫病发生危害面积和死亡株数分别比上年下降10.0%和11.0%,治理率100%。（润志办）

【工业】 2016年,润州区完成规模以上工业增加值35.88亿元,比上年增长6%;完成工业应税销售143亿元,增幅5.9%;完成工业投资95.94亿元,增长18.4%;完成工业技改投入53.28亿元,增长22.6%;完成规模以上工业销售收入157.47亿元,增长8.9%;规模以上工业利税14.8亿元,增长13.8%。新增规模工业企业2家;高新技术产业产值72.9亿元,占规模以上工业总产值比重为53.2%。（润志办）

【教育卫生】 2016年,润州区学校小学生综合素质测评列全市第一,中考总均分连续10年蝉联全市第一,辖区4所初中中考总均分全部进入镇江市96所初中的前10名。在镇中、一中达线率全市最高。江苏省职业学校对口单招高考,本科录取率为23.3%,专科录取率100%,为全市最高。57个单位建成“镇江市教育现代化先进街道、学校”,总进度列全市第一。

润州区黎明社区卫生服务中心在全国优秀示范社区卫生服务中心核心资料评选、现场能力与质量评价、中心主任演讲比拼等三轮评审中获全省综合排名第一,在江苏省选送国家卫计委评审的10家优秀示范社区卫生服务中心中列第一,获评国家卫计委首批“全国百强优秀示范社区卫生服务中心”。黎明、宝塔路、工业园区、官塘桥等社区卫生服务中心结合群众需求,制定健康管理型、医护需求型、“糖友”个性定制型等以健康管理为主要内容、主动服务为主要形式的个性化有偿签约服务包,在居民自愿的前提下,完成家庭医生与居民签约4000多人,黎明中心家庭医生服务模式被列为省级创新项目。宝塔路社区卫生服务中心在全市社区卫生服务中心中率先开设“全科—专科”联合门诊。截至2016年年底,全区所有社区卫生服务中心均开设“全科—专科”联合门诊,上级医院下派专科门诊医生坐诊218天,累计门诊9427人次。（润志办）

【科技人才】 2016年,润州区承担市级科技创新重点项目17个,其中载体平台类项目9个、研发与产业化类项目4个、知识产权类项目4个。17个项目完成投资5.93亿元。指导省、市两级科技计划项目申报工作，有省科技计划项目19个，其中重点研发计划项目9个、科技成果转化项目3个、创新能力提升项目5个、国际科技合作项目2个；市科技计划项目11个，其中产业前瞻及共性关键技术类5个(重点研发计划项目1个、现代农业1个、社会发展1个)、政策引导类3个、创新能力提升1个、知识产权专利密集型2个。全年申报国家、省、市各类人才计划82人、创历史新高。入围国家“千人计划”最终评审1人，入选省“双创计划”6人、市“金山英才计划”15人，新增领军人才(团队)30个。（润志办）

【外贸外经】 2016年，润州区有进出口企业150家，比上年增加7家，其中进出口5000万美元以上的企业有1家，1000万美元以上的企业有16家。润州区加大财政支持力度，挖掘外贸新增长点，强化企业服务。全年实现进出口额5.28亿美元，下降28%，其中出口4.41亿美元，进口0.87亿美元。全年全区服务外包发展较好，增速稳定，实现服务外包执行额13007.7万美元，增长20.11%。

（润志办）

【转型升级】 2016年，润州区支持企业加快实施生产车间智能化改造项目，建设一批以华印电路板、中化聚氨酯、先锋汽车零部件为代表的智能车间；支持企业加大工业机器人等智能装备的运用力度，提高设计、生产、管理和服务环节智能化水平；支持镇江强凌等实施工业机器人技改项目，降低用工成本、提高劳动生产率；支持企业发展首台(套)产品提升竞争力。全区有3家企业4项产品开展江苏省首台(套)重大装备及关键部件认定工作，包括镇江中化聚氨酯的“SNW－CPL型外墙保温板自动化生产线”，宏业科技“全数字化宽幅铝箔轧机组”，镇江奥立特机械“制造总线式智能柔性碳纤恒张力牵伸系统”等项目。组织镇江船厂“VZJ6257－12X高效节能电力驱动石油平台支持船”项目开展申报认定工作。镇江润州船舶配套创业科技创业园获批“江苏省高端装备制造业特色示范产业基地”。（润志办）

【节能降耗】 2016年，润州区根据生态文明建设和低碳城市建设的要求，推进园区循环化改造工作，改造方案通过专家组的评审，获市发改委的正式批复。推进企业实施清洁生产，长江乳业有限公司和镇江先锋汽车零部件有限公司开展自愿性清洁生产。推进“金屋顶”计划，区机关大院一号楼屋顶400平方米太阳能光伏发电项目签订合同。完成淘汰落后产能任务，确定洋光水泥等7家企业淘汰落后生产线和产能任务。列入全市去产能项目计划4个，其中：洋光水泥公司3.0米×11米水泥粉磨生产线1条(该企业整体关停，并经省级相关部门验收)；镇江奥立特机械制造有限公司、镇江汉邦科技有限公司、镇江市食品有限公司冷藏储运分公司3个项目通过市级验收。（润志办）

【城市管理】 2016年，润州区推进“网格化”管理全覆盖，将外围街道一并纳入管理。4月，对外围街道保洁公开招标，全区城乡环卫保洁全面市场化，街巷生活垃圾清运也全部机械化，真正实现“管干分离、闭合循环”，保洁质量较大提升。全年全区完成城市环境综合整治项目19个，项目总投资5661.88万元。整治改造广厦新村片区环卫设施、楼道、绿化等，改善居民居住环境；改造福莲巷、东麒麟巷的排水、道路，解决市民出行难的问题；改造九华山路，推进中山北路北段及金山圩区周边路网等道路的通车，提升城市交通功能；长江生态湿地公园的建成，保护镇江沿江湿地。启动海绵城市建设，提升城市环境。推进城市基础设施建设，完善城市公用设施布局。

（润志办）

【社会保障】 2016年，润州区建立多层次的社会养老保险体系，统筹推进城乡居民基本养老保险政策实施；明确“多缴多得、长缴多得”的待遇激励机制，激发参保热情。全年强化扩面征缴工作，养老保险基金征缴25872万元。提高社保待遇，企业职工养老保障待遇上调6.5%。优化改革发展环境，做好企业保险比例调整工作，降低企业运行成本，为16家企业退费22万余元。完善被征地农民参保衔接机制，及时跟进被征地农民转企保工作，建立健全新征地农民“即征即保”常态化机制，提高全区4641名被征地农民基本生活保障待遇。做好机关事业单位养老保险制度改革筹备工作，完成全区130家参保单位、3336名在职参保人员和2088名机关事业退休人员的基础信息采集和核对，确保新老政策平稳过渡，改革工作完成。（润志办）

【党建工作】 2016年，润州区围绕“学有实效、做有实绩”推进党建工作。全区618个党支部、13000多名党员深学、实做、力改。创新开展“亮身份，比担当，争做服务先锋；亮标准，比业绩，争做岗位标兵；亮家规，比家风，争做齐家楷模”为主要内容的“三亮三比三争”活动；开展评选表彰十名优秀共产党员标兵、百个机关党组织结对服务百家企业、千名党组织书记结对帮扶千户困难家庭、万名党员每人做一件好事的“十百千万”主题实践活动。累计开展专题讨论3000多次，帮扶走访和志愿服务3000多次，查摆解决问题15000多个；2个基层支部做法入选省级案例，8个入选市级案例。深化五位一体“融城党建”工作，做法获“全国组工教学案例二等奖”，也是唯一入选全省基层组织建设的案例。全年润州区实施基层党建“书记项目”10个，争创“五星”先进党支部5个，争取市级为民服务专项资金410万元。（润志办）

【民主法治】 2016年，润州区以强化政府公务人员法治观念和依法行政能力为着力点，协同推进领导干部学法、执法机关普法和法治工作绩效考核等制度建设，把区政府常务会议作为领导干部学法的重要平台，专题学习《政府信息公开条例》，着力解决实际问题。做好法制审查工作，对全区28家单位制定的《分类处理信访投诉法定途径清单》进行审核把关，审核政府协议6件。开展行政执法人员清理工作，确认行政执法主体25个。（润志办）

【精神文明】 2016年，润州区选树“道德模范”“最美人物”和“身边好人”，开展道德模范和先进典型学习宣传活动。金山街道陈杰群当选“中国好人”；区检察院秦彪等5人获评“镇江好人”；指导万科社区建成“善行义举榜”。推进“志愿江苏”平台信息注册工作，发布区志愿服务工作动态。润州区志愿者培训学校定期开展志愿者培训，打造专业化的志愿者服务团队。贯彻落实《镇江市建设更高水平文明城市行动纲要(2015—2017年)》，结合市督查组双月测评结果，强化日常督查，落实“负面清单”，促进文明城市创建活动常态发展。加强对省级文明系列单位的动态管理，全区有12个单位获“省文明单位”称号；2家学校获“省文明校园”称号；8个社区获“省文明社区”称号；3个村获“省文明村”称号。对照市文明办在公共场所开展“道德美、环境美、秩序优、服务优”创建活动的要求，确定并重点打造中山广场、万达广场、新城花园菜场、银山门火星庙巷、迎江路中心社区、万科社区、润州实验小学、黄山南路、中山北路7类9个示范点，放大示范效应。深化“最美乡村”建设，蒋乔街道嶂山村获镇江市首届“最美乡村”和“农村道德文化园”示范村称号。组织实施“养正学堂”未成年人文明礼仪养成教育,开展小橘灯志愿服务、道德童谣系列活动,开展践行“八礼四仪”“我们的节日”“学雷锋”“七彩夏日”等道德实践活动。建成润州区未成年人指导中心。 (润志办)

【环境保护】 2016 年,润州区推进生态文明建设,实施生态重点项目 36 个。西南片区生态环境综合整治阶段性任务全面完成,关停污染企业 41 家;完成江苏船山集团有限公司 3 台燃煤锅炉的拆除替代工作(拆除 1 台、煤改油 1 台、空气能锅炉替代 1 台);江苏联合水泥有限公司电收尘提标改造通过验收。“一湖九河”水环境整治效果明显,御桥港、运粮河等重点水利工程如期竣工。推进大气污染防治,完成船山集团 3 台锅炉整治、联合水泥提标改造、中船动力公司挥发性有机物治理 3 项治理任务。

(润志办)

【建银国际入股惠龙易通】 2016 年 11 月 2 日—4 日,镇江市委书记夏锦文率团到中国香港开展现代服务业经贸交流活动,润州惠龙易通与建银国际股权投资项目签约仪式举行。建银国际投资有限公司以 100 亿元认购价投资入股惠龙易通,首轮到位 1 亿元资金,占股 1%。建银国际是中国建设银行股份有限公司旗下的全资投行,代表建设银行对外开展多元化的投资银行业务。建银国际的进入,形成资本与物流电商产业双轮驱动,提升润州现代服务业的层次。近年来,建设银行联手惠龙易通试点互联网金融创新,先后推出“惠龙贷”“惠龙卡”等金融创新产品,助推惠龙易通开创“互联网 +”新时代。 (润志办)

【中船船舶及海洋工程动力系统产业化项目开工仪式】 2016 年 2 月 23 日,中船船舶及海洋工程动力系统产业化项目开工仪式举行,5 个市、区重点项目集中开工。中船船舶及海洋工程动力系统产业化项目总投资 6 亿元。按照规划设计,投产后可以形成 80 台 1500 千瓦以上大功率采油机的年生产能力,新增年销售收入 5 亿元、利税 8000 万元。

(润志办)

【“章草劝学碑”落成】 2016 年 2 月,“章草劝学碑”在润州实验小学落成,全国政协委员、中国书法家协会顾问言恭达、镇江市篆刻推广协会会长冯士超为“章草劝学碑”剪彩。“章草劝学碑”碑文是《荀子·劝学篇》的节录,碑长 7 米,碑高 2.6 米,由中国书法家协会会员范德平书写,在花岗岩天然石材上镌刻,碑文原作被镇江博物馆收藏。 (润志办)

【“美好城市 法律相伴 你我共创”倡议推广活动】 2016 年 10 月 25 日,润州区司法局、七里甸街道和江苏城市频道合作,开展“美好城市 法律相伴 你我共创”倡议推广活动。活动围绕法治主题,演绎关于预防通信网络诈骗、依法维权、感恩敬老等社会热点问题。同时,区司法局还组织法律援助律师、公证员等专业人士并联合润州公安分局、润州法院、润州检察院等 6 家普法成员单位走进活动现场,通过义务法律咨询,发放法律宣传资料,展示法治宣传展牌等形式,为社区居民提供法律服务。活动由江苏卫视全媒体直播车现场直播。 (润志办)

图 35－6 2016 年 2 月 23 日,中船船舶及海洋工程动力系统产业化项目开工仪式举行 (润志办 供稿)

【“周末‘家’说·‘五城’论坛”平台】 2016 年,润州区建立“周末‘家’说·‘五城’论坛”干部展示平台。该平台计划每年组织 150 名左右干部重点围绕“五大发展理念”、“强富美高”新润州建设等主题,按照润州区委提出的实力强劲产业城、创新驱动科技城、现代山水花园城、安居乐业幸福城、和谐稳固文明城“五城共建”战略等议题,不定期分专题开展活动,常态化交流展示,让全区不同领域、不同层级、不同年龄的干部都有机会述说对全局发展的见解、对自身工作的体会、对个人成长的感悟等,使干部个人与组织能双向互动、增进了解,提高干部日常考察和综合分析研判工作的质效。区委组织部为展示对象建立“一人一档”,进行项目化培养、动态式管理,并作为干部评价考核的基础资料和选拔使用的重要参考。同时,编辑《周末‘家’说·‘五城’论坛选粹》分期印发。

(润志办)

镇江新区

【概况】 2016 年,镇江新区总面积 218.9 平方千米,年末常住人口 22.13 万人,辖 3 个镇和 2 个街道,享有国家级开发区经济审批和行政级别。全年完成地区生产总值 582.13 亿元,比上年增长 9.7%,其中第一产业增加值 7.89 亿元,下降 1.1%;第二产业增加值 381.86 亿元,增长 11.2%;第三产业增加值 192.39 亿元,增长 7.3%。实现一般公共预算收入 50.03 亿元,同比口径增长 4.1%。人均地区生产总值(按常住人口计算)26.31 万元,增加 1.32 万元。城镇常住居民人均可支配收入 40589 元,增长 8.1%;农村常住居民人均可支配收入 20015 元,增长 8.04%。姚桥镇创成镇江新区首家省级文明镇,儒里村获评省级文明村。11 月 19 日,江苏金斯瑞生物科技有限公司一期项目开工建设。 (王伟亮)

【农业】 2016 年,镇江新区粮食播种面积 10900 公顷,粮食单产 7107.75 千克/公顷,其中小麦 5220 千克/公顷,水稻 9093 千克/公顷,粮食适度规模经营比重 84.6%。粮食生产从耕整、种植、植保、收获、烘干到秸秆处理实现全程机械化,建成全市规模最大的水稻全程机械化示范基地。新认证“三品”(无公害农产品、绿色食品、有机农产品)7 个,复查换证 4 个。有国家基因库长江流域种质资源中心、中国水科院鱼类基因组学研究中心和省水产种质资源保护与利用协同创新中心，华大农产品检测中心通过省级资质认定。启动中意阳光田园小镇详细规划编制。中储粮13.8万吨直属粮库、江苏绿港等项目落户。推进飞瑞智能植保无人机飞防产业发展。探索现代农业发展"1+1+3"的新型运营管理模式；"周胜利农业专业合作社+家庭农场"统分结合经营模式成为全市先进典型；江苏润果农业发展有限公司牵头成立全市首个以粮油产业为主的种植户联盟。（朱璟）

【农村工作】 2016年，镇江新区建成农村土地承包登记管理和信息应用平台，化解近2万户农户承包地"四不清"问题。制定下发《关于进一步规范农村财务管理严肃财经纪律的意见》，提升农村集体资产和财务规范管理水平。启动农村"双强一整治"工程，建立处级以上领导干部和"第一书记"挂钩联系帮扶制度，实行村（社区）目标分类考核和项目化管理，夯实"百村万户达新标"达新标基础；加强美丽宜居村庄建设，分类推进保留村规划建设，全面推进"三治一补"（环境"治脏"、管理"治乱"、风貌"治差"、设施"补短"）村庄环境整治三年行动。（朱璟）

【工业】 2016年，镇江新区工业投入289.5亿元，比上年增长4.1%。规模以上工业总产值1985.3亿元，增长9.1%；规模工业销售收入1917.8亿元，增长9.5%；规模工业利税207.2亿元，增长10.8%；工业应税销售751亿元，增长6.1%；全年新增规模以上工业企业19家。（王伟亮）

【服务业】 2016年，镇江新区实现服务业增加值192.39亿元，占地区生产总值的33%，比上年提高0.5个百分点；社会消费品零售总额103.12亿元，比上年增长10.9%。新增"新三板"挂牌企业5家，全区实现主板上市企业2家、境外上市1家、"新三板"挂牌12家。港口综合物流园被评为镇江市产业"三集"发展工作先进园区。（新区办）

【招商引资与资金争取】 2016年，镇江新区举办上海、北京、珠三角等系列招商活动，新增总投资亿元以上项目103个，引进外资项目39个，其中增资项目14个。工商注册实际到位外资45132万美元；完成进出口40.9亿美元，比上年增长8.6%，其中：出口18.8亿美元，增长20.8%；进口22.1亿美元，增长0.1%。全年争取各类扶持资金4.18亿元，其中科技类、产业类资金1.52亿元，建设类资金7161万元，农林类资金7080万元，人才类资金2033万元。（解茗宇　王伟亮）

【科技创新】 2016年，镇江新区研发投入经费支出占地区生产总值比重为2.77%，高新技术产业产值占规模工业产值的55.5%，新认定高新技术企业25家，新增省级高新技术产品69个，新增省级研发机构9家。省级以上各类科技计划立项18个，获上级拨款超1700万元。完成专利申请4102件，其中发明专利申请1836件，专利授权1363件，其中发明专利授权226件，万人发明专利拥有量31.8件。（张俊峰）

【人才引进】 2016年，镇江新区制定出台《关于加快推进科技创新与人才高地建设的意见》《人才专项资金管理办法》，全年有50名人才、40项科技类项目入围"两大高地"计划，发放资助资金1290.34万元。全年引进"金山英才"计划人才34人、入围"双创计划"人才5人、入围"千人计划"专家1人，"金山英才"计划获立项数和"双创计划"人才入围面试数均列全市第一。王帅和刘文峰入选省"六大人才高峰"；正丹化学和辉能电气获批江苏省博士后创新实践基地。江苏峰谷源三年内销售收入超亿元，获"331计划"创业销售奖励。围绕绿色环保、节能新材料等主题开展"企业家创新沙龙"9期。建立人才工作微信号，打造政府、企业、人才交流互动交融的平台。（赵敬敬）

【就业创业】 2016年，镇江新区推动实现更高质量的就业，组织"镇江新区百企高校行"活动，举办"春风行动"等各类招聘活动68场，引进高校本科以上学历毕业生1892人，其中硕士以上学历227人。实现城镇新增就业8343人，扶持980人实现自主创业，创业带动就业4931人，城镇登记失业率保持在2.8%以下。健全技能人才培养体系，举办第二届"圌山杯"叉车职业技能大赛等竞赛活动。航天海鹰（镇江）的王巍团队入选全市第四批技能大师工作室，江苏美龙航空的汤文辉入选江苏省企业首席技师。扩大社保覆盖面，管理安置人员9.7万人，其中：征地人员6.7万人、老征地人员0.5万人、经营权转换2.5万人；发放生活费人员3万人，转保人员3.7万人；新安置人员2200人。处理各类劳动争议案件557件，结案率95%，调撤率70%，按期结案率100%。（朱运）

【城乡建设】 2016年，镇江新区完成城建项目建设投资63.8亿元。实施保障安居房工程，竣工龙泉安置房，平昌新城A10、A12安置房，姚桥安置房C/D标103万平方米；推进秋山路、港南路、光华路等公租房建设，公租房共有产权试点手续完备；对上争取棚户区改造配套基础设施建设资金5000万元；完成7个老旧小区环境综合整治工作，整治面积32.37万平方米，完成投入约1500万元，惠民利民约3500户。实施长江干流堤防提升、骨干河道整治、重点闸站更新改造和农田水利整治等工程。竣工大东中水回收利用项目、大路集镇污水管网、大港河河道清淤等工程。建成北港闸、姚桥水系、沙腰河整治工程等项目，建设大路、姚桥长江堤防等项目。竣工北沙腰河东侧道路、姚桥园区道路等交通基础设施项目。实施镇江新区文化服务中心、大港中心幼儿园扩建等19个民生项目。镇丹高速、连淮铁路、丁卯桥快速路等一批国家、省、市重点骨干交通路网工程开工建设。全年创优质结构工程12个，获镇江市"金山杯"优质工程奖12个。（吴卫民）

【城市管理】 2016年，镇江新区在全市率先将城管执法中队管理权、考核权下放到镇（街道），并新成立乡镇中队2个，实现城市管理全覆盖。东丰路创成省级城市管理示范路，新禧路、美林湾路创成市级城市管理示范路。投入经费约1亿元实施城市环境综合整治项目24项，完成率100%。排查、清理重点区域雨水管网约20千米，绘制全区雨水管网图，制定管理办法，实行规范化管理。对98万平方米道路绿化实行市场化管养。对金港大道人民广场周边照明修复出新，提升夜景效果。新开通公交线路3条，调整优化11条，实现公交"镇村通"。（冯亦）

【教育卫生】 2016年，镇江新区有学校33所，在校学生23266人，教职工2026人。创建成功"江苏省中小学校责任督学挂牌督导创新县（市、区）"。新创成"教育现代化先进学校"3所。在全市率先引进极课大数据平台技术，实现教与学减负增效。在全市率先开展校长职级制改革试点，创新教师聘管和"研培赛"培养模式，教师专业水平提升，全区中考平均分、四星级高中录取率增长。实施大路卫生院和丁卯社区卫生服务中心工程建设，大路卫生院竣工交付，姚桥镇卫生院新建项目完成前期审批。推动"双向转诊、分级诊疗"，远程会诊系统全面建成。在全市率先开展政府办基层医疗机构药房社会化管理工作。通过国家卫

生城市复审考核验收和省血吸虫传播阻断控制达标考核。（朱　璟）

【体育文化】 2016年，镇江新区创建基层综合文化服务中心示范点5个，同时，完成1个市级“十佳”和2个“优秀”基层综合文化服务中心创建工作；在建成43个各类文化广场的基础上，提档升级创建5个生态文化广场；“镇江新区推行公共文化活动新模式”入选“2016年镇江市十件文化大事”。建成体育健身路径91套、健身广场68个，人均有公共体育设施面积3.01平方米。完善文化阵地建设，实现市级星级文化站镇、街道全覆盖；华山村、儒里村入选中国传统村落名录；举办镇江国际马拉松赛。（陈志勇　朱　璟）

【法治建设】 2016年，镇江新区开展法治惠民镇村行工程，制定公布14项法治惠民实事项目，涉及司法服务、劳动保障、文化教育、环境治理等热点领域。开展“平安法治新区宣传月”“美好城市、法律相伴、你我共创”“普法大讲堂”“普法家长会”等系列法治宣传活动。开展“平安企业”“平安家庭”“平安村（社区）”等平安建设系列创建活动20项。镇江经济开发区人民法院设立10个专业化审判团队，并优化审判资源配置，将法官充实到审判一线。金港社区法治文化公园被评为省级法治文化示范点，区、镇、村法治文化阵地覆盖率100%，省级“民主法治示范村（社区）”创建率列镇江市首位。通过省、市“六五”普法考核验收，被省委、省政府评为“江苏省法治建设示范区”。（蔡　飞）

【综治平安和信访稳定】 2016年，镇江新区开展“利剑”、打击“盗抢骗”犯罪、“防范压案百日巡防竞赛”等一系列专项行动，打击违法犯罪活动。侦破省公安厅挂牌督办的湖北、江苏跨区域贩毒案件。在全区推广“物业巡防联盟”治安防控机制，成立镇江新区平安志愿者协会，建立纵向覆盖区镇村，横向拓展到物业、城管、环保、交通等诸多行业的平安志愿者队伍，所有村（社区）实现电动车巡防全覆盖，部分村（社区）实现零发案。在全市率先建立“中心＋基地”特殊人群管理服务模式，开通监所远程会见系统，连续3年实现社区矫正工作“零脱逃、零脱管漏管、零重新犯罪”目标。推进综治三级平台建设，镇（街道）政法综治工作中心建成率100%，创建一级村（社区）综治办9家。（蔡　飞）

【环境保护】 2016年，镇江新区制定下发《关于全区环境监管网格化的实施意见》，建立全区三级网格化环境监管体系，推动环境管理重心下移、各项环境管理关口前移。开展团结河、东方河、吴沙河等河流及沿线工业污染源排查和水质监测工作，采集水质样品820批次，分析得出监测数据约3400个，形成团结河水质预警和新竹河水质分析系列报告，为全区掌控水质、排查部署提供依据。开展大气异味整治行动，完成33家企业整治任务。投资100万元开展镇江新区环保监控平台升级改造项目，完善在线监控平台系统功能。全年开展日常环境监察共检查企业2300余家次，出动人员5000余人次，查处涉及刑事案件2件，行政拘留案件2件，行政罚款案件72件，案件数量比上年增长280%，罚金增长390%。开展清理整治环保违法违规建设项目工作，全区227个违建项目清理整治完成，完成率100%。全年$PM_{2.5}$均值为50微克/立方米，优良天数比率为77.5%，$PM_{2.5}$均值比上年下降15.2%，优良天数比率增长16.1%。镇江新区建筑节能和绿色建筑示范区获“江苏人居环境范例奖”。（陈　静）

【绿色生态创新示范先导区建设】 2016年，镇江新区获绿色建筑评价标识3项，总建筑面积22.2万平方米。中瑞（镇江）生态产业园创新中心1号研发楼、镇江科创园三期国际公寓（专家公寓）和中瑞（镇江）生态产业园创新中心3个项目获2016年江苏省绿色建筑创新奖，数量占全省3/16。新建民用建筑节能标准执行率100%，居住建筑实施建筑节能65%的设计标准。探索被动式节能建筑，镇江新区建设工程质量中心试验室新建检测基地项目获批全市首个省级“被动式超低能耗绿色建筑示范工程”，建筑综合节能率85.2%。推进建筑产业现代化，促进传统建筑产业转型升级，新增1个省级建筑产业现代化示范基地和4项市级建筑产业现代化示范基地（项目）（2个市级建筑产业现代示范基地和2项市级建筑产业现代示范项目）。深化建筑运行能耗监管，完成20项机关办公建筑和大型公建年度能耗统计。全市首个省级“绿色建筑和生态城区区域集成示范”项目获批。（吴卫民）

【“质量强区”建设】 2016年，镇江新区推进“质量强区”建设，以质量提升服务为基础，以品牌发展战略为核心，服务产业转型升级。7家企业通过能源管理体系认证。培育省名牌产品3家、市名牌产品4家；省著名商标12件、市知名商标17件。新制（修）订国际标准1项、国家标准1项。（毛　阳）

【镇江新区司法服务云平台】 2016年4月14日，镇江市首个基于“互联网＋”的一站式公共法律服务平台——镇江新区司法服务云平台上线试运行。该平台包含法律咨询、法律援助、公证服务、司法鉴定、公职人员学法考法等多项功能。平台借鉴O2O（线上到线下）运行模式，在线上，市民可以通过电话、微信公众号、互联网等方式，联系平台聘请的40多位专家、律师；在线下，律师会定期到村（社区）公共司法惠民服务站，为市民提供司法服务。平台还带有地图导航功能，为市民提供镇江新区所有法律服务站点的导航服务。（蔡　飞）

【镇江新区航空产业园入选省高端装备特色基地】 2016年，镇江新区航空航天产业园入选省级高端装备制造业特色产业基地。镇江新区航空航天产业园规划面积10平方千米，配套有通用机场，主要发展飞机大部件组装、通用飞机制造总装以及通用航空关联服务业等产业。园区先后获评江苏省飞机零部件高技术特色产业基地、江苏省镇江航空材料科技产业园、江苏省航空产业产学研协同创新基地、江苏省航空特色产业集群、江苏省航空产业军民结合协同创新服务基地。（新区办）

【中俄跨境电商大会】 2016年5月6日，由中俄友好、和平与发展委员会主办，以“一带一路”建设为主线，以“新起点、新跨越——聚焦新形势下中俄跨境电商发展路径”为主题的第一届中俄跨境电商大会在镇江新区举行。俄罗斯政府主要驻华机构、莫斯科州、江苏省和黑龙江省政府代表，以及“苏宁易购”“小笨鸟”“俄罗斯企发网”等电商企业500余人出席大会。中俄跨境电商平台项目、“打开套娃”电商平台项目落户镇江国家大学科技园。（新区办）

【省先进流体工程装备产业技术创新战略联盟落户】 2016年7月13日，江苏省先进流体工程装备产业技术创新战略联盟在镇江国家大学科技园成立。该联盟汇聚全省流体工程装备产业领域的70多家企业和全国20多家大专院校、科研院所的专家学者。联盟搭建全省流体工程装备企业、科研单位联合开发科技创新的平台，为江苏省流体工程装备产业技术创新提供智力支持。（新区办）

【首届集成电路产业创新高端对话会】
（参见第185页）

【镇江国际马拉松赛】 2016年10月16日，镇江国际马拉松赛在镇江新区举行。赛事以“畅跑新镇江 放飞航空梦”为主题，由2015年的“半马”升级为“全马”，规模从1万人增加到1.5万人。该赛事是国内首个以航空为主题的马拉松赛事。赛事特设“突出贡献奖”与“百瑞风采奖”，分别颁给中国银行镇江分行跑团以及瑞士跑团。（朱 璟）

【第三届“瑞士主题周”活动】 2016年10月15日，第三届“瑞士主题周”活动在中瑞镇江生态产业园启幕。镇江市与瑞士联邦卢加诺市签订友好城市协议；镇江新区与瑞士商务促进中心签订战略合作协议，中瑞镇江生态产业园与中国建设银行江苏省分行、中国建设银行苏黎世分行签订战略合作协议；“苏黎世应用科技大学（经管与法律学院）中国中心”揭牌；《中瑞镇江生态产业园发展目标体系》发布。（龚 玥）

【2016中国国际飞行器设计挑战赛总决赛】 2016年10月15日—22日，2016中国国际飞行器设计挑战赛总决赛在江苏航空职业技术学院举行，100余所高校的2200多人参加大赛。中国国际飞行器设计挑战赛与美国举办的世界大学生航空设计大赛、欧洲大学生载重飞机设计大赛，合称为世界高校科研类飞行器设计赛三大赛事。该次大赛由国家体育总局航管中心、中国航空运动协会、镇江市政府主办，镇江新区管委会、江苏航空职业技术学院承办，是江苏首届航空体育旅游季中的一项重要赛事。江苏航空职业技术学院获国家体育总局“优秀组织单位”称号。（新区办）

【力信锂动力电池项目奠基】 2016年11月29日，力信（江苏）江苏能源科技有限责任公司年产40亿千瓦时锂动力电池项目在镇江新区奠基。力信（江苏）能源科技有限责任公司是中信产业基金旗下控股企业，于2016年6月8日在镇江新区设立，主要从事锂离子动力电池及相关配套产品的研发生产、制造、销售。（新区办）

【华谊兄弟星剧场项目】 2016年12月18日，华谊兄弟星剧场落户镇江新区新闻发布会暨镇江新区文化旅游融合发展推介会在北京举行。该项目拟选址心湖东、枫叶国际学校北，总投资约2亿元，占地约5公顷，将打造星剧场、星立方大型体验式情景演出商业综合体。（新胜男）

图35－7 2016年12月18日，华谊兄弟星剧场落户镇江新区新闻发布会暨镇江新区文化旅游融合发展推介会在北京举行（圌山旅文 供稿）

镇江高新区

【概况】 2016年，镇江市委、市政府明确镇江高新区核心区首期14.36平方千米，统筹镇江苏南国家自主创新示范区（以下简称自创区）“一区十四园”35.36平方千米作为政策区，按向西对接南京原则逐步规划建设托管区。全年（“一区十四园”口径，下同）实现地区生产总值660.27亿元，其中第二产业增加值362.22亿元、第三产业增加值287.96亿元；固定资产总投资559.38亿元；财政总收入66.49亿元，一般公共预算收入50.56亿元；实际利用外资额18.08亿元，进出口总额202.61亿元。（秦小雨）

【高新技术产业】 2016年，镇江高新区完成高新技术产业投资额109.82亿元。高新技术产业实现产值649.81亿元，占规模以上工业总产值的68.01%；实现工业增加值162.45亿元，占工业总增加值的69.66%。有高新技术企业160家，其中核心区80家。高新技术企业实现营业收入536.54亿元，占规模以上工业企业营业总收入的56.94%；实现净利润35.40亿元，占高新区企业净利润的61.72%。（秦小雨）

【转型升级】 2016年，镇江高新区在全国116家（2015年口径）国家高新区中列第82位，省内16家中排名12位，进3位。制定出台《镇江国家高新区实施对标找差争先进位工作方案》。加快创建国家创新型特色园区和国家专利导航实验区。镇江高新区获批科技部“科技服务业区域试点单位”；核心区内船舶配套科技创业园获批第二批“江苏省高端装备制造业特色和示范产业基地”；惠龙港国际物流园获批首批国家级“示范物流园区”，首批通过的“示范物流园区”全国有29家、省内2家。（秦小雨）

【科技创新和人才引进】 2016年，镇江高新区有省级以上科技孵化器、加速器、众创空间23家，载体面积132.96万平方米。新增在孵企业597家，新增专利授权2812件、发明专利授权1540件。中船动力有限公司获省财政科技成果转化专项支持资金。省知识产权试点园区通过验收。承办省第四届科技创业大赛电子信息行业赛、2016年省产学研专场船舶与海工产业对接洽谈会、中国船舶与海工产业知识产权联盟年会等双创活动。有国家“千人计划”人才23人、省“双创计划”人才98人。（秦小雨）

【金融创新】 2016年，镇江高新区按照功能区、市场化运作需要，成立注册资本10亿元的国有独资企业——镇江高新发展有限公司，负责镇江高新区园区开发、载体运营、招商引才、产业投资和资本运作。高新区以高新发展公司为主体，依托创新核心区一期项目，创新采用纯信用贷款模式，在不需要政府增信、不需要抵押担保、不增加政府性债务的前提下，谈成信用融资框架50亿元，在核心区“团山睿谷”等项目条件逐步落实后可提款。11月18日，镇江高新区与苏州国发创业投资控股有限公司签约设立总规模30亿元的“镇江高新国发城市发展基金”，重点投资镇江高新区建设发展中具有稳定现金流与资产增值预期的项目。 (秦小雨)

【招商引资】 2016年，镇江高新区核心区内船舶及海洋工程动力系统产业化项目开工，中船日立造船机械项目加快推进。高新区赴北京、哈尔滨、上海、深圳等地开展招商引资引才活动，储备“高端仿生材料(人工骨)”“显示驱动集成电路IC设计”“量子通信”等10多个新兴产业项目以及南京师范大学镇江创新发展研究院等新型研究院项目。 (秦小雨)

【园区规划建设】 2016年，镇江高新区启动首期14.36平方千米核心区总体规划和其中占地16公顷创新区一期工程“团山睿谷”项目规划设计。“团山睿谷”项目由华东建筑设计研究院负责规划设计，形成的设计方案由创新研发区、创业孵化区、金融服务区等6个功能区构成，建筑整体布局呈英文“G”状，寓意“高新”，建筑总面积47.9万平方米，其中地上31.7万平方米、地下16.2万平方米。截至2016年年底，该项目是镇江市规划建设中单体面积最大的创新综合体项目。 (秦小雨)

【体制改革】 2016年5月，镇江市委、市政府重新调整镇江高新区领导班子，由分管科技工作的副市长兼任党工委书记。8月18日，市委第九次深化改革领导小组会议研究高新区建设工作。8月28日，市委、市政府出台《关于加快推进镇江高新技术产业开发区建设实施方案的通知》，着力打造“一体两翼”发展格局中的城市西翼。首期明确的核心区面积14.36平方千米，行政体制、财政体制、统计体制暂时不变，由高新区负责规划、建设、招商等工作。 (秦小雨)

【镇江高新区获批科技部“科技服务业区域试点单位”】 2016年3月，镇江高新区入围科技部第二批“科技服务业区域试点单位”名单。镇江高新区有科技服务机构74家、公共服务平台17个，科技服务产业总收入为70亿元。园区建有五洲创客中心、创客工坊和创客学院，为船舶及海工装备、新一代信息技术等领域的企业提供厂房及培训场所。园区形成集多证联办、银行开户、财务代理、人力资源管理、政策法律咨询、创业辅导、知识产权、科技金融、非招标类采购及帮办等服务为一体的“一站式、全流程”服务体系。 (秦小雨)

【苏南国家自主创新示范区建设】 2016年，镇江市委、市政府印发《关于加快推进镇江高新技术产业开发区建设实施方案的通知》，提出按照省委、省政府由国家高新区统筹苏南自创区“一区多园”要求，由镇江高新区统筹“一区十四园”，建立协同管理机制。9月6日，市政府办公室印发《镇江苏南国家自主创新示范区(镇江国家高新区)“一区十四园”协同管理联席会议制度》，标志着镇江高新区在全省率先建立苏南国家自创区协同管理机制。10月12日，镇江苏南国家自主创新示范区(镇江国家高新区)“一区十四园”协同管理联席会议组织开展第一次全体会议，进一步明确联席会议成员单位工作职责和各园考核办法(试行)。通过建立协同机制，推进全市“一区十四园”在总体规划、产业定位、重大载体平台布局、政策制定落实、科技统计等方面统筹协调，进一步放大镇江高新区在苏南国家自创区建设中的作用。全年争取省科技厅苏南国家自创区高新区奖励补助资金2100万元。 (秦小雨)

【第四届江苏科技创业大赛电子信息行业赛】 2016年8月16日—17日，由省科技厅、省委宣传部、省教育厅等部门主办，镇江高新区管委会承办的第四届江苏科技创业大赛电子信息行业赛在镇江高新区举行。全省35家团队及企业参加电子信息行业赛，镇江市有1个团队、3家企业参加比赛。 (秦小雨)

【镇江高新发展有限公司】 2016年9月29日，镇江高新区管委会的金融资本载体——镇江高新发展有限公司正式成立。公司由市委、市政府批准成立，性质为国有独资公司，注册资本10亿元，主要负责镇江高新区园区开发、载体运营、招商引才、产业投资和资本运作等。镇江高新区管委会代表市政府依法履行出资人职责并负责日常管理。公司建立企业法人治理机构，设立董事会、监事会和经营管理层，首期面向全国公开招聘各类人才15人。 (秦小雨)

【创新核心区“团山睿谷”项目】 2016年9月，镇江高新区启动16公顷创新区一期工程“团山睿谷”项目的控制性详细规划编制工作。9月29日，镇江高新区管委会与市规划委员会办公室共同举办“团山睿谷”项目规划方案征集发布会，华东建筑设计研究院、上海同济城市规划设计研究院、省规划设计研究院、东南大学城市规划设计研究院等4家设计院参与征集活动。11月1日，镇江高新区举办创新核心区规划建设全国专家咨询会，科技部、北京师范大学、省产业技术研究院、深圳孵化器协会、常州科教城等10余名科技创新、规划建设领域专家开展现场指导。12月1日，市规划委员会办公室召开“团山睿谷”项目规划方案专家咨询论证会，专题研究规划方案。 (秦小雨)

【江苏省产学研船舶产业专场对接会】 2016年12月16日，由江苏省科技厅、镇江市政府、中国船舶与海洋工程产业知识产权联盟主办，镇江高新区、镇江市科技局和江苏科技大学承办的2016年江苏省产学研专场对接洽谈会——船舶与海洋工程产业专题活动暨中国船舶与海洋工程产业知识产权联盟年会在镇江高新区举行。会议围绕船舶与海洋工程产业发展对接洽谈，并征集相关科技成果160多项，发布企业技术需求近100项。同时，会议期间举办中国船舶与海洋工程产业知识产权联盟年会暨船舶与海洋工程装备产业知识产权运营论坛。中科院、中船重工集团、中船工业集团、上海交通大学、哈尔滨工程大学、中国造船协会等全国30多所高校、科研院所、行业协会(学会)的60多名船舶与海洋工程领域专家以及100多家省内外船舶企业负责人参会。 (秦小雨)

辖市（区）经济社会发展基本情况

2016年丹阳市各镇（街道）经济社会发展基本情况一览表

表35－1

镇（街道）名称	土地面积（平方千米）	耕地面积（公顷）	户籍人口（人）	地区生产总值（亿元）	工业总产值（亿元）	地方一般预算收入（万元）	实际利用外资（万美元）	农村居民人均可支配收入（元）
丹北镇	114.91	4103.03	77172	220.44	947.63	83608	6214	26292
司徒镇	101.77	5076.07	46424	51.50	136.10	27891	4313	19345
延陵镇	115.52	5946.79	64092	43.24	84.80	16657	-	17890
珥陵镇	83.67	4884.48	50342	26.35	54.21	4761	-	19233
导墅镇	80.60	4668.37	49058	42.29	125.97	10036	-	20788
皇塘镇	80.44	4187.56	50399	66.60	193.14	13747	231	22317
吕城镇	67.99	3950.15	50040	51.63	144.88	13620	647	22760
陵口镇	64.40	3883.05	43232	27.17	55.54	8365	-	20556
访仙镇	73.80	4395.2	50188	29.22	69.31	7618	9	22066
界牌镇	23.63	677.09	22374	69.08	208.31	32970	150	37886
云阳街道	72.04	3553.68	176798	206.23	215.73	157061	4024	21344
曲阿街道	168.48	5932.48	131341	302.30	887.78	259612	12627	17382

（丹阳志办）

2016年句容市各镇（街道、区）经济社会发展基本情况一览表

表35－2

镇（街道、区）名称	土地面积（平方千米）	耕地面积（公顷）	户籍人口（人）	地区生产总值（亿元）	工业总产值（亿元）	财政总收入（万元）	实际到账注册外资（万美元）	农民人均纯收入（元）
华阳街道	119.97	3316	52912	42.37	59.20	124386.97	500.73	20231
下蜀镇	96.44	2793	36140	58.16	215.99	75730	2300	19992
宝华镇	127.4	672	26496	20.72	103.52	92103	2200	19968
边城镇	109	3295	23387	35.70	161.12	21307	1721	20159
白兔镇	115.5	4302	40582	37.33	132.61	15157	500	19793
郭庄镇	117	6513	55885	47.94	106.72	31100	7040	19972
后白镇	143.28	7474	60152	45.67	163.72	14110	800	19617
天王镇	131.54	4700	57193	45.96	97.58	22112	3000	18434
茅山镇	86.17	3087	29379	18.07	26.07	5174	1355	19819
开发区	144	3257	73504	132.85	486.49	182557	12945	20876

（句容志办）

2016年扬中市各镇（街道、区）经济社会发展基本情况一览表

表35－3

镇（街道、区）名称	土地面积（平方千米）	耕地面积（公顷）	户籍年末总人口（人）	地区生产总值（亿元）	财政收入（万元）	到账外资及港澳台资（万美元）	外贸进出口总额（万美元）	出口总额（万美元）	农民人均纯收入（元）
八桥镇	34.58	1531	33034	40.05	14384	1002	1139	1137	25184
西来桥镇	19.05	728	17724	20.64	7206	800	1574	167	24276
油坊镇	45.93	2108	41684	61.27	17246	3006.43	23179	19424	25038
新坝镇	49.20	1748	47208	170.32	57554	3009	14264	12429	36300
三茅街道	77.16	1824	112933	103.51	84583	2413	6757	6594	26572
开发区	27.40	1009	29463	51.86	26866	4000	8727	3970	25772

（扬中志办）

2016年丹徒区各镇（街道、区）经济社会发展基本情况一览表

表35－4

镇（街道、区）名称	土地面积（平方千米）	耕地面积（公顷）	户籍总人口（人）	地区生产总值（亿元）	一般公共预算收入（万元）	到账外资及港澳台资（万美元）	外贸进出口总额（万美元）	农民人均纯收入（元）	参加农村社会养老保险（人）
谷阳镇	46.75	1985	27794	24.35	10400	356.1	6984.6	20268	10747
辛丰镇	74.9	2708.5	48127	52.9558	10263	1453	7800	18389	11350
上党镇	112.6	3535	49717	44.4	16000	1050	1384	18912	10909
宝堰镇	40.19	1772	24386	14.37	4897	850	0	18706	11396
高桥镇	42.79	1231.5	19911	13.4006	6322	850	732.61	18392	15430
世业镇	44	1306.86	14640	8.28	4997.83	1000	0	18978	2970
高资镇（高资街道）	100.52	1412.7	42581	86.17	22400	2047	39855	22017	20041
丹徒新城（宜城街道）	48	685	68202	104.3	47260	4200	15000	19370	2780
江心洲生态农业园区	17.76	411	8215	4.1193	4046	600	2681	17426	2708
荣炳盐资源区	45	1566.56	19791	13.04	4813	416	290	17066	6627

（丹徒史志办）

2016年京口区各街道（园区）经济社会发展基本情况一览表

表35－5

街道（园区）名称	土地面积（平方千米）	耕地面积（公顷）	户籍总人口（人）	财政收入（万元）	到账外资及港澳台资（万美元）	农民人均纯收入（元）	城镇居民人均可支配收入（元）
正东路街道	4.920	2.3	34959	10080	10	23510	41997
健康路街道	1.892	–	83263	10984	2	–	41997
大市口街道	2.318	–	58448	9915	1	–	41997
四牌楼街道	4.097	–	55266	15211	2457	–	41997
象山街道	22.582	207.47	45504	26567	100	23510	41997
谏壁街道	29.418	770.73	32335	21554	10	23510	41997
新民洲临港产业园（原共青团农场）	24.773	538.44	1180	4105	3130	–	–

（京口志办）

2016年润州区各街道（园区）经济社会发展基本情况一览表

表35－6

街道（园区）名称	土地面积（平方千米）	户籍总人口（人）	财政收入（亿元）	到账外资及港澳台资（万美元）	社会消费品零售总额（亿元）	固定资产投资（亿元）
宝塔路街道	7.63	69230	4.50	1151	83.3	61.47
和平路街道	20	55404	1.41	1450	13.45	41.5
七里甸街道	26.22	30116	5.11	1000	24.82	73.02
金山街道	5.16	49854	1.31	1200	7.58	37.8
蒋乔街道	24.4	8997	4.64	734.9	7.93	62.73
官塘桥街道	22.2	7155	1.30	700	11	70
韦岗街道	12.6	4803	0.41	100	0.71	6.5
工业园区	12	13210	4.43	593.9	29.5	81

（润州志办）

2016年镇江新区各镇（街道）经济社会发展基本情况一览表

表35－7

镇（街道）名称	土地面积（平方千米）	户籍总人口（人）	工商注册实际到位外资（万美元）	固定资产投资（亿元）	一般公共预算收入（万元）	工业应税销售（亿元）	农民人均纯收入（元）
丁岗镇	35.49	22797	2420	42.8	15034	45.95	20151
大路镇	41.67	30295	235	31.39	4816	19.8	20338
姚桥镇	55.88	46212	2200	38.87	4334	15.62	19100
大港街道	65.19	53393	4491	103	76588	155.18	18525
丁卯街道	20	30000	3744	108	81368	102	19788

（镇江新区办）

国家级经济开发区

【中国镇江经济技术开发区】 2016年，中国镇江经济技术开发区实现地区生产总值582.13亿元，比上年增长9.7%；一般公共预算收入50.03亿元，同比口径增长4.1%；技改投入128.33亿元，增长31.9%；工业应税销售完成751亿元，增长6.1%；税收超千万元企业突破60家，纳税总量增长22.8%。全年引进"金山英才"计划人才34名，入围省"双创计划"人才5名，万人发明专利拥有量31.8件，均列全市第一；全社会研发投入占地区生产总值比重2.77%。

开发区完成固定资产投资476.68亿元，增长14.9%；完成新兴产业投入168.77亿元，下降10.9%；新兴产业销售922.2亿元，增长13.9%；亿元以上项目完成投资219.13亿元，市级重点项目完成投资122.9亿元。固定资产投资总量、亿元以上项目完成投资量、新兴产业投入总量及技术改造投资均列全市第二名。

开发区推进"三集"园区市场化运作、重大项目招引、载体功能水平等重点工作，完成先进制造业园区固定资产投资增幅16.9%，应税销售增幅8.8%，入库税收增幅30.3%；现代服务业集聚区完成固定资产投资增幅23%，应税销售增幅5.5%，入库税收减少10.5%；现代农业产业园区完成固定资产投资增幅26%，农业总产值增幅10.8%，规模经营面积增幅12.3%。

开发区开展各类专题推介、小分队拜访等招商活动757场次，组织开展上海、北京、珠三角等大型综合招商活动，招商活动的规模和场次为历年之最。全年新增亿元以上项目103个，总投资520亿元，分别比上年增长145.2%、103.9%。由相关海外主权基金参与投资的力信锂电池项目、前身为美国楼氏集团布局投资的奥音科技项目、中国香港上市公司金斯瑞等一批项目实现当年签约落户、当年开工建设；同时，索尔维、克莱恩、SK、奇美等企业均增资扩股。

开发区推进供给侧结构性改革。完成21家困难及"僵尸"企业处置。商品住宅去化周期为9.5个月。新增私募基金到位资金超100亿元。"营改增"降低企业税负1.45亿元，办理政策性退税3.16亿元。为454家企业发放稳岗补贴等资金2169万元。组织企业参加电力平台集中竞价，降低用电成本1300余万元。开展化工园区集中整治工作，启动农村"双强一整治"工程。

开发区推进招商体制改革，按照"统分结合"的原则，重组招商中心，新成立五个专业招商局，招商力量下沉到园区板块，并差异化确定招商考核指标。深化国资国企改革，整合重组形成三大类、7家国有企业。成立国资管理中心，先行先试国企混改和员工持股。深化行政审批制度改革，在全市率先开展"多评合一""四项联办"及全过程并联审批工作。

江苏瀚瑞投资控股有限公司向海外市场发行3亿美元债券，这是镇江市政府投融资平台海外发债的首次突破。9月8日，总投资约10亿元的荣海生物科技产业基地项目在镇江经济技术开发区奠基。该项目位于华阳路以北、横山路以东、银河路以南，建设内容包括保健食品研究中心、生物农业产业科研孵化中心、生产中心和品控中心等，主要生产大豆肽及亚麻籽保健食用油。11月29日，总投资2.2亿美元的奥音科技小镇项目开工建设。12月16日，总投资约9500万美元的索尔维电子级化学品项目落户。 （镇江新区办）

【中国镇江综合保税区】 2016年，中国镇江综合保税区提出"一区三中心"（现代产业集聚区、长三角有重要影响力的冷链物流中心、保税商品仓储分拨区域中心和多门类电子商务中心）的发展目标，强化"规划引领、特色发展、辐射带动、区港融合、改革创新、高效服务"六大保障。主要经济指标快速增长，完成工业应税销售7.36亿，比上年增长249%；公共财政预算收入1095万元，增长9.5%；到位外资6708万美元，增长251%；进出口额完成2.6亿美元；固定资产投入13.5亿元，增长35%。

推进项目建设。新落户"321项目"1个、"重大节点项目"1个和亿元以上项目3个，实现到位外资6708万美元，创历史新高。总投资30亿元的力信锂电池实现当年签约、当年开工、当年投产。汇鸿冷链物流基地项目一期9万平方米的5个单体通过主体验收，台湾名品馆等多家食品展示及贸易企业签约落户。

推动供给侧改革。华星美科灭火新材料项目盘活11公顷原西科和圣睿厂房用地和近2万平方米的厂房；引进的力信锂电池项目盘活25.66公顷山特维克二期土地；中远物流保税仓储及电商项目盘活11.22公顷原齐观太阳能地块，累计盘活闲置低效土地47.55公顷。载体经营收入397万元，比上年增长99.38%。

完善保税区平台功能。汇鸿公共保税库获批。"江苏保税店.com"平台投入运营。SK、奥音科技等公司开展保税物业业务。"关区内一体化"启用。获批全省第一批"企企通"建设园区试点

单位。（任晓锋）

【中国镇江高新技术产业开发区】 2016年，中国镇江高新技术产业开发区核心区完成地区生产总值58亿元，比上年增长9.1%；定报工业销售77.32亿元，增长13.74%；定报工业利税6.34亿元，增长11.35%；工业应税销售45.5亿元，增长7.06%；固定资产投资77.38亿元，增长15.12%；工业投资60.0亿元，增长16.48%；社会消费品零售额28.95亿元，增长11.7%；公共财政预算收入2.8亿元，增长10.95%。

总投资30.6亿元中船海洋装备电气产业园、总投资12亿元五洲创智产业园项目签约。中船动力集成产业化项目开工，并完成钢结构厂房封顶。中船日立搬迁项目钢结构厂房、中能建电力设备办公楼、四洋柴油机办公楼封顶。美佳高速电梯电器厂房、27层电梯试验塔竣工。惠龙港电子商务平台内港池仓库竣工。“亚夫在线”农业电子商务平台上线运营，年营业额突破千万元。

全年新增国家高新技术企业8家、省级“众创空间”2家、省级重点企业研发机构2家。完成全社会研究与开发投入3.3亿元，申请发明专利160件。引进省“双创计划”2名、市“金山英才”计划3名。企业获批各条口省、市项目专项资金2560万元。

开发区获批科技部科技服务业区域试点单位、省高端装备制造业示范产业基地。在全省特色产业园年度考评中，园区船舶及海工配套产业园列镇江市第二名。与黑龙江大学签订全面战略合作协议。惠龙易通获首批国家“物流示范园区”认定。中船动力获省科技成果转化项目立项。

闲置厂房加速盘活，其中：中煤电子6.3万平方米厂房利用率提升，中煤电子公司整体迁入；大学科技园全面开园，并入驻中小型科技企业、高校科研院所、中介服务机构、创客团队40余家；七〇七制药2万平方米厂房多渠道招商发布，加快打造医药科技创业园；广庆电子3万平方米厂房引进12家小微企业；大通重工引进吉林城投集团实施资产重组，并恢复生产；园区产业集聚服务中心项目完成债务清理，1.41万平方米产业楼进场装修。

2016年，富润华庭五期安置房封顶，鲇鱼套北地块集体土地拆迁进入扫尾阶段。建成“润州区劳动人事争议仲裁院工业园区巡回仲裁庭”暨“润州工业园区劳动监察流动服务站”，调解率100%。全年企业生产平稳有序，没有发生有重大影响的安全生产责任事故。

（秦小雨）

省级经济开发园区

【江苏省丹阳经济开发区】 江苏省丹阳经济开发区成立于1992年，1993年，经省政府批准升格为省级经济技术开发区。2016年年末，全区行政管辖总面积178平方千米，辖20个行政村、18个社区。2016年年末，居民总户数44971户，总人口131341人。境内有京沪高铁、沪蓉高速公路（42国道）、沪宁城际高铁、沪宁铁路、京杭大运河等交通运输网络，北距镇江大港港15千米，南距常州国际机场25千米，西距南京禄口机场70千米。开发区是丹阳市重要的对外开放窗口、主要的工业经济集聚区、科技创新的引领区和城市建设的样板区。

开发区机构编制如下：开发区党工委、管委会现为镇江市委、市政府派出机关（副处级建制，由丹阳市委、市政府代管），与丹阳市曲阿街道党工委、办事处合署办公，实行“两块牌子、一套班子”的管理体制；内设有9个职能部门，分别是：行政事务局、组织人事局、经济发展局、招商中心、城市管理局、城市发展局、社会事务局、农村工作局、财政分局；下辖有4个直属单位，分别是：中国（丹阳）眼镜城市场管理办公室、科技创业园管委会、练湖办事处、皮革城管理处；在曲阿街道编制内设置4个工作部门，分别是：曲阿街道人大工委、政协联络委、纪工委、人武部；另有3个关联单位，分别是：国土分局、规划分局、练湖度假区管委会。

2016年，全区实现地区生产总值302.3亿元，比上年增长10.4%；工业销售收入887.8亿元，增长6.2%；全社会固定资产投资181.4亿元，增长18.4%；规模以上工业增加值198.78亿元，增长6.2%；公共财政预算收入19.78亿元，实际到账外资1.26亿美元。全区有各类企业3500多家，规模以上企业154家，销售亿元以上企业36家，高新技术企业55家，有大亚科技、恒神碳纤维、大力神集团等上市企业。综合实力列全省同等级开发区第三名，镇江市第一位，经济总量和规模占丹阳全市的40%以上。当年，“国家级科技企业孵化器”在科技创业园揭牌；哈尔滨理工大学和开发区共建的“科技成果转移与人才合作交流中心”落户科技创业园；创成国家级“众创空间”，引进高新企业、研发机构70余家，新批准发明专利521件，授权专利729件，其中授权发明专利176件，新增创业型小微企业126家。

开发区推进城市基础设施建设，对麒麟路等市政道路及大桥东苑等老小区、河阳老集镇进行全面改造修复。全面完善园区基础设施建设，新建各类标准厂房不低于30万平方米，前艾众创产业园完成一期建设；新建改建北九经路、紫苑路、九曲路东延段等园区道路；开挖大泊河、贺家撇洪沟、蔡基溢洪沟、肖村溢洪沟。防范化解金融风险，开展打击非法集资、恶意逃债专项治理活动。

开发区重点围绕航空航天、医疗器械、新能源、精密制造、“互联网+”等产业，聚焦深圳、上海、北京、日本、欧洲等重点区域开展招商活动。年内，总投资10亿元的江苏乐能新能源有限公司落户开发区，总投资1亿元的苏南激光产业园项目落地。集中签约万众创新类、大众创业类、创投基金类、重点产业类等重点招商项目44个，其中签约国药集团、海滨集团、中国网库等重点产业类内资项目8个，总投资225.6亿元；签约意大利依柯卡特、法国依视路股权并购、富士房车等外资项目5个，总投资约6亿美元。全年开发区新增企业869家，新增内资企业注册49.45亿元。开发区全年确定重点产业类项目58个，年内开工建设项目49个，其中省及市级项目14个，开工建设12个，实际完成投资239.2亿元。鱼跃医疗项目全面开工，恒神碳纤维及复材园、大力神合金铝等项目设备安装调试，明月光学高档树脂镜片、吉凯恩粉末冶金等试生产。培育特色园区，创成省“知识产权”示范园区，通过省级循环化改造示范园区复审验收，完成省“转型升级示范试点”初审工作。

开发区推进各项社会事业协调发展。普善幼儿园竣工验收，秋季招生；移址新建的前艾中心幼儿园一期土建完工。38个村（社区）建成室外文体活动场地、文体活动室和农家书屋，公共文化设施覆盖率为100%；新增20家村（社区）综合文化服务中心。依托村（社区）和各专业文体协会，组织多场文艺晚会、体育比赛。举办“国内外形势热点分析”“弘扬中国优秀传统文化”等四期“开发区大讲台”。推进“六强”基层党组织建设，结合村（社区）党组织集中换届，开展“领头雁”选拔培育行动，将338人选拔进村（社区）两委班子。截至2016年年底，“双型”先进党支部（四星级）为39个。新农合、新医保等城乡养老、医疗保险基本实现全覆盖；落实被征地农民“撤组保养”政策，新农合参保率保持98%以上。全年发放民政对象各项资金1945万余元，成立开发区“残疾人之家”和“优抚对象服务中心”。

（王　铸）

【江苏省丹阳高新技术开发区】 江苏省丹阳高新技术开发区地处江苏省南部、太湖流域，位于长江三角洲中心地带，是沪宁发展带和沿江发展带交汇的重要区域，是省工业化、信息化“两化”融合示范区。丹阳高新区对外交通便捷，沪宁高速、京沪高铁及沪宁城际、312国道、京杭大运河穿境而过，东距上海200千米，西距南京68千米，距离大港港口18千米。高新区规划面积175.85平方千米，常住人口19万人，按照“一轴三区四园”模式规划布局。2016年，高新区地区生产总值503.59亿元，其中高新技术产值占比58%，工业总产值为917.92亿元。5月，高新区升格为省级高新技术产业开发区。12月28日，高新区获评2016年度江苏省大众创业万众创新示范基地。

产业建设。高新区推动传统优势产业转型升级和战略性新兴产业培育，初步形成医疗器械和视觉健康、新材料产业、高端装备制造三大新兴产业集群和五大产业板块。园区培育企业2632家，其中，境内外上市挂牌企业16家；有销售收入超百亿元的产业集群3个（新材料、高端装备制造、传统机械制造）、国家级高新技术特色产业基地1个（新材料）、省级科技产业园1个。新材料产业、医疗器械及视觉健康、高端装备制造三大主导产业销售收入占比分别为38.18%、8.24%、24.97%。2016年，园区有规模以上工业企业240家，全年实现工业实现总产值917.92亿元，比上年增长2.1%；实现第三产业总收入83.6亿元，增长11.2%；实现利税总额78.95亿元，高新技术产业税收总额16.77亿元，高新技术企业出口额24.28亿元，企业科技税收减免额近5亿元。有国家火炬计划重点高新技术企业13家，省级以上高新技术企业88家，被认定的基地骨干企业25家。全年高新技术产业固定资产投资额79.53亿元。2016年，有4家企业上市，其中主板上市1家，“新三板”挂牌1家。

招商引资。2016年，高新区产业招商、科技招商、服务招商同步实施，全年引进合同外资8274万美元，完成投资33.74亿元。参加国际、国内和省市“招商万里行”等活动，开展招商及产业转移专题对接活动，引进中国香港1.99亿元“中国新城镇建设基础设施”项目投资资金，引进日本NEC、苏州伟仕泰克等企业入园。市级以上重点产业类26个项目完成投资33.74亿元，开工项目24个，总体开工率为92.3%。建达塑胶、恒尚动力、中凯达电控、新南洋建材、丹凤物流园、丹凤温馨园等重点项目建设按序时推进。高新区申报成功镇江市软件名园，推动锦锂软件、轩博电子等一批软件应用中小型企业入驻；申报成功江苏省“企企通”试点园区，通过加快信息化基础设施建设及各类先进技术的运用，构建服务智能制造的“网＋云＋端”（宽带网络、工业云、工业智能终端）三级工业信息基础设施框架体系。

科技创新。高新区有省级以上研发机构95家（国家级5家），成立省级院士工作站、企业重点实验室40余个，获批省级以上企业研发中心25家，公共技术研发平台9个。2016年，高新区从业人员中硕士和博士人数为3133人，列入省级以上人才计划人才数88人。9栋研发及服务大楼交付使用；37423平方米人才公寓项目加快推进。全年高新区创业投资资金规模1.69亿元，省级以上科技创业载体面积为19万平方米，区域内高新技术产值占全市产值90%以上。2016年，高新区研究与开发投入11.34亿元，研发经费占地区生产总值的2.25%；高新技术产业产值481.9亿元，占规模以上工业产值的58%；有研发人员7066人，发明专利拥有量463件，万人专利拥有量为18.18个，新增专利授权数1660件；获省级以上科技进步奖项15项，有“省高新技术产品”近200件。2月，高新区企业江苏新绿能科技有限公司研发出世界上首台（套）高铁供电安全检测监测系统。3月，高新区设立中国镇江丹阳（眼镜）知识产权快速维权中心。10月，高新区“丹阳市农产品深加工星创天地”获科技部认证。

城市建设。高新区推进新城建设，加强交通、能源、通信、水务和环境等基础设施建设，道路路网、管线设施以及村庄整体搬迁等工作基本完成，丹凤公园正式开放，华南实验学校分校新建校舍17902平方米，加固改造校舍23178平方米。丹凤幼儿园建设“六轨18班”制幼儿园，建筑面积11200平方米。新增50辆新能源公交车及30座充电桩基地建设。推进城河北路片区路网改造工程、公园路西延（三思路—西环路段）工程、姜家园路（东、西段）工程、华地二期扩建工程。实施棚改安居工程（含姜家园片区改造、金鸡饭店片区改造、凰嘉花苑

图36－1　江苏省丹阳高新技术开发区外景　（盛嘉彬　供稿）

综合用房、国信宜和安置房、荣城国际安置房、昆仑华府安置房等项目),征收面积13.4万平方米、1397户,建设安置房7641套,建筑面积105.66万平方米。

(盛嘉彬)

【江苏省句容经济开发区】 江苏省句容经济开发区行政区划面积144平方千米,下辖19个村(社区),总人口约10万人。2016年,全区完成地区生产总值132.85亿元,财政总收入18.26亿元,实际到账注册外资1.29亿美元。完成固定资产投资105亿元,在全省省级开发区中综合排名第26位。

2016年,圣晖莱、恒大童世界等重大项目签约。江苏硅谷一期落户句容开发区,启迪之星创业孵化器入驻省高新技术创业园,启迪科创园、大数据管廊启动建设。大洋豪门等项目开工建设,江苏省高创中心句容孵化基地二期竣工,昊科汽车空调、宝宝金水、丰铃传动、科创电器和高档焊接材料等项目竣工投产,碧桂园华东总部大楼"众创空间"投入使用,台湾文创园营业。骏成电子登陆"新三板",江苏慢骑网络科技有限公司在深圳前海股权交易中心登陆"新四板"。

句容开发区7家企业与高校签订产学研合作协议,累计入选"福地英才"7人、"金山英才"5人、"双创博士"1人,引进"千人计划"1名。实施自主品牌企业培育计划,截至2016年年底,有驰名商标1个、省级著名商标12个。全年企业申请专利4482件,其中发明专利1359件,实用新型555件;授权专利2119件,其中发明授权187件,实用新型授权479件。江苏富达高新技术创业服务有限公司、省高新技术创业园创成国家级科技企业孵化器,碧桂园"众创空间"创成省级"众创空间",天宁香料(江苏)有限公司、苏南药业、兆均新材料等企业获省级博士后创新实践基地。开发区省级循环化改造试点园区通过验收,句容新农发展建设有限公司完成AA级评级,中容铜业获批省级企业技术中心,盈科汽车空调获批省级研究生工作站,机电信息产业园获批省级"企企通"试点园区,中容电气、兴文包装等4家企业获批省级"企企通"试点企业。

句容开发区将黄梅片区整体纳入开发区总体规划和详细规划,建设西五环北延伸段,将其打通至新122省道黄东立交,实现老开发区片区和黄梅片区的对接。开工建设北五环、华阳北路北延伸段,完成前塘线5千米的道路拓宽改造,新修黄梅张家边—西社、大卓匡家边—沟西、黄梅公益林等6千米水泥道路;12个自然村665盏路灯安装完成并投入使用。全年清淤河塘23座、土方约16.8万立方米;新建后荃310千瓦五星排涝站1座,河桥北街110千瓦排涝站1座。

句容开发区落实农业支持保护补贴2742公顷,发放惠农补贴资金约494万元。全年申报省级无公害农产品2个,无公害粮油生产基地面积666.7公顷。新增家庭农场5个,其中镇江市级品牌2个,句容市级3个;新增镇江市级合作社2个。培育新顺福、华桑食品等省、市、县级农业产业化龙头企业8家,全年农业产业化企业销售额为8亿元;成立开发区农村电子商务村级服务站5个。全年开展各类农民培训5期,培训人数650人,转移农村劳动力1100余人,发放各类技术资料2500余份。

句容开发区建档立卡低收入户566户,累计1020人,其中低保户330户,五保户165户,低收入户71户,并根据个人实际情况制定扶贫方案。做好被征地农民即征即保工作,参保人数为969人;发送2万多张社会保障卡,推进企业保险和新农保扩面工作。开展"暖企连心""牵手特困户,携手奔小康"等活动,全年结对特困户146户,走访351次。开展"充分就业创业在开发区"活动,组织创业就业培训899人次,帮助101人申请创业贷款1000多万元。

(吴长丰)

【江苏省扬中经济开发区】 2016年,江苏省扬中经济开发区实现地区生产总值302.64亿元,业务总收入1085.39亿元,地方公共预算收入22.52亿元,工业总产值941.51亿元。其中,规模以上工业总产值925.61亿元,高新技术企业产值844.14亿元,比上年增长31.3%。在2015年全省开发区综合评比排名中,开发区列第41位,比上年前移7位;列省级开发区第17位。

全年开发区有重点项目32个,其中列入省重点项目2个,市重点项目6个,总投资86亿元。全区推进中小企业产业园、科技创新园两个新的"三集"园区建设。其中,科技创新园首个项目——"智慧园区一期项目"落户并开工建设,中小企业产业园有7家企业入驻并开工建设。

全年开发区研发经费占地区生产总值的2.85%。新增高新技术企业4家、民营科技企业9家、知识产权优势培育企业4家,获批"省双创人才"项目2个,获批镇江市知识产权项目3个,申报高新技术产品18个,申请发明专利288件,授权发明专利60件;全区新增上市挂牌企业4家。江苏尚昆生物设备有限公司获批省级重大成果转化项目;星河集团与以色列哈姆雷特公司合作,实现向国际高端技术企业的转型突破。

2016年,开发区设立华东理工大学国家技术转移中心扬中分中心。扬中市科创中心新增"入孵"企业12家,培育"3D打印""智能视窗"等多个特色项目,在科技部火炬中心新一轮考核评价中,从"合格类"国家级科技企业孵化器升级为"良好类"国家级科技企业孵化器。

2016年,开发区重点实施圣灏二期、长征路、美科北侧等项目区的拆迁安置,全年腾地107公顷,拆迁500余户,危房收储40余户,其中,包含兴隆中学、兴隆卫生院、三跃小学等项目的移址建设涉及的征地拆迁。污水处理厂完成二期4万吨扩能建设,四号线延伸工程竣工通车,沿线绿化全面完成。

(张　虹)

【江苏省扬中高新技术产业开发区】 江苏省扬中高新技术产业开发区前身是扬中智能电气产业园,2015年11月,经江苏省人民政府批准筹建,批复核心面积为3.12平方千米,实际管辖总面积8.525平方千米。高新区依托智能电气产业园核心区创建,以发展智能电气、新能源、装备制造等产业为重点。

2016年,扬中高新区入驻企业125家,实现地区生产总值153亿元,高新技术产业产值占规模以上工业总产值的80%,经济总量占扬中市工业经济份额的35%,扬中30强企业高新区占比43.3%,公顷均投资强度5250万元/公顷,公顷均产出7500万元/公顷,公顷均税收450万元/公顷。固定资产投资额18.16亿元,进出口总额2.56亿美元。科技方面,省级以上科技孵化器企业数28家,专利申请数1067件,发明专利申请数434件。连续两年列镇江"三集"发展考核工作第一名,被工信部确立为全国首批"产业集群区域品牌建设"试点单位。

2016年,高新区分别与江苏科技大学、哈尔滨工大集团股份有限公司、江苏驰睿新材料科技有限公司签订战略合作协议,合作方面包括互联网金融、智能电气产业、创新平台和新材料等。推动产学研合作,与华北电力大学、江苏科技大学等高校共建智能电气研究院,先后设立智能微电网、继电保护、智能通信、大数据云平台、智能机器人等8家研究所;签订新坝工程电气产业集群协同创新合作协议,创成省级智能电气产业产学研

图 36－2　江苏省扬中高新技术产业开发区鸟瞰图　（于　靖　供稿）

协同创新基地，建设研究院中试基地，为园区乃至全市电气企业提供订单式研发服务。与清华大学、西安交大、中科院等高校、科研院所开展培训、座谈活动，提升产学研合作项目数，技术合同交易额增幅均超30%，拓宽优秀人才引进渠道。高新区与90余所高校、科研院所建立长期稳定的产学研合作关系，有各类专业技术人员6000余名，建有院士工作站5家、博士后工作站6家，国家级技术研发中心1家，国家“863计划”成果转化基地1家，国家“千人计划”7个。

2016年，高新区有标准化厂房建筑面积105万平方米。其中，自筹建设的厂房分六期规划建设，一期建成6.5万平方米投入使用，入驻企业4家，实现应税销售3.65亿元；二期建成2.8万平方米，在建13.16万平方米；三期计划建设20万平方米。建成扬中智能电气产业社区智慧服务中心，内设立企业孵化器、“CTU众创空间”、大学生创业园等各类孵化器，以及30余家金融、法律、资本、中介等各类孵化服务机构，创成江苏省中小企业公共服务平台。中心内有孵化面积21000平方米，先后孵化企业72家，苗圃项目24个，协议在孵企业98家，孵化成功率96%。以科创中心大楼为平台，在大航控股集团有限公司总部及15家子公司入驻基础上，对外招引高新技术企业、服务外包行业和产业配套服务项目入驻，招引优质创业团队、小微企业进驻，形成一体式的经济服务型楼宇；以电气工业品城1号楼为平台，建设金融服务中心、新坝展厅、中国工程电气博物馆、智能电气研究院、教育培训、科技孵化器、大学生创业园、专家人才公寓等全方位服务网络，形成集科技楼、专家楼、中介楼为一体的智能电气专业商务楼宇。（张　虹）

【江苏省丹徒经济开发区】 2016年，江苏省丹徒经济开发区（以下简称丹徒经济开发区）完成地区生产总值86.17亿元，比上年增长79.32%；完成工业总产值393.9亿元、销售收入389.4亿元、利税47.5亿元、利润31.5亿元，分别比上年增长8.3%、9.1%、2.7%和1.7%；完成一般公共预算收入2.2亿元；完成规模以上投资73.8亿元，比上年增长6.3%；实际利用外资2669.6万美元。

2016年，丹徒经济开发区有重点项目26项，其中列入市、区重点项目10项（续建项目2个、新开工5个、前期项目3个），计划总投资16.9亿元，完成投资16.7亿元。总投资20亿元的船港物流园项目配套仓库建成并投入使用，国机二重重装装备基地项目配套及形象提升工程竣工，总投资6.3亿元的李长荣石化产业升级项目、总投资1亿元的高科技环保衬垫项目和总投资5亿元的高效清洁煤粉项目竣工投产，总投资18亿元的美人谷生态旅游度假区项目签约落户，总投资10亿元的绿色建筑产业园开发等项目按序时推进。5月，丹徒经济开发区通过省知识产权试点园区期满验收；10月，通过省级循环化改造示范试点园区考核验收；11月，通过ISO 14000环境质量体系复查。

2016年，丹徒经济开发区完成高新技术产业产值107.87亿元，全社会研发投入3.11亿元；各类专利授权74项；新增私营企业116家，个体工商户301户。新增本科以上人才120人、高技能人才115人，企业职工技能提升培训828人次；申报并通过高新技术企业认定1家；获批江苏省企业研究生工作站1家；全年申报各类科技项目9项，其中市级科技项目3项、区级科技计划项目6项。

2016年，丹徒经济开发区办理农民基保491人，完成新农保扩面261人，农村低保新增18户；新建养老院综合楼633.6平方米；完成总投资2.9亿元、总面积6万平方米的丰泽新苑二期安居工程安置房分配工作。截至2016年年底，安置完成全部917户拆迁户。

2016年，丹徒经济开发区投入70万元完成民营工业园污水管道建设，投入36万元维修园区迎宾南路，投入16万元疏通、维修园区污水管道、河道，投入32万元对园区枫丹、丰泽、迎宾南路开展绿化补植；完成243省道拓宽工程245户拆迁交地任务，完成大学城“四条管线”和新312国道拆迁扫尾工作；建成600余平方米敬老院综合楼。（刘　芳）

【江苏省镇江京口工业园区】 2016年，江苏省镇江京口工业园区完成固定资产投资54.6亿元，完成一般公共预算收入7145万元，完成工业应税销售78亿元，实际利用产业类外资6500万美元。高新技术产业产值占规模以上工业产值94.5%。进出口总额2.73亿美元。签约“321”项目1个，10亿元以上项目2个，亿元以上项目6个。引进镇江“金山英才”1人，高层次创业团队（人才）6人。与中国科技大学、西安交通大学、江苏大学等高校签署“校地企”产学研合作协议6个。爱励铝业（镇江）有限公司“热处理炉升级改造”、江苏鼎胜新能源材料股份有限公司“汽车用锂电池箔”、海龙核材科技（江苏）有限公司“中子吸收板”等项目竣工投产。中集宝钢“一体式半挂车桥”项目开工建设。航空航天中小企业基地项目主体厂房竣工。镇江江工生物工程成套设备有限公司等首批“多评合一”（规划、国土等项目评价在一起）试点企业均按序时推进。2016年，京口工业园区创成“省级企企通试点园区”“镇江市循环化改造示范园”，“三集”园区获评“市级示范园区”。启动老鼠山河和华村沟河清淤整治和绿化工程。完成金阳大道三期绿化美化工作。华诚新村一区二期安置房竣工验收并回迁。推进连淮扬镇铁路建设和拆迁工作。（京志办）

市级新任领导

张叶飞 2016年12月任中共镇江市委副书记。

1966年11月生，江苏江阴人，省委党校研究生学历。1993年4月加入中国共产党，1986年8月参加工作。1986年8月从无锡教育学院政教专业毕业后，分配至江苏南菁中学，先后任教师、团委副书记、政教处副主任、团委书记（其间：1990年9月至1993年7月在苏州大学政治专业本科班学习）；1995年1月起先后任江阴市周庄镇纪委书记、南闸镇党委副书记、副镇长、要塞镇党委副书记、镇长；2001年2月任无锡市锡山区委常委、宣传部部长；2002年7月起先后任无锡市崇安区委副书记、代区长、区长（其间：2002年9月至2005年7月在江苏省委党校政治经济学专业在职研究生班学习）；2006年1月任无锡市南长区委书记，2007年11月兼任区人大常委会主任；2008年7月任无锡市委常委（其间：2008年7月至2010年12月援疆任伊犁州委常委、霍城县委书记）；2011年9月任无锡市委常委、秘书长；2016年1月任无锡市委常委、秘书长、政法委书记。 （市委组织部）

李雪峰 2016年9月任中共镇江市委副书记、政法委书记、党校校长。

1969年5月生，江苏如东人，研究生学历，博士学位。1987年7月加入中国共产党，1990年8月参加工作。1990年8月从淮阴工业专科学校汽车运输管理专业毕业后，分配至江苏省如东县交通局直镇交管所任交管员；1992年4月被共青团如东县委借用；1993年6月任共青团如东县委宣传部副部长；1993年11月任如东县新光乡党委副书记；1996年1月任如东县新光乡党委副书记、乡长；1996年11月任共青团南通市委副书记、党组成员；2000年10月任共青团南通市委书记、党组书记（其间：2001年9月至2002年12月参加江苏省委党校政治经济学专业研究生班学习）；2003年8月起先后任南通市崇川区委副书记、代区长、区长兼南通市旅游度假区管委会主任、开发公司董事长（其间：2004年9月至2006年4月参加南京大学与荷兰马斯特里赫特管理学院合办的工商管理专业硕士研究生班学习，获工商管理硕士学位；2005年6月至2005年9月参加德国海德堡大学江苏省第九期高级管理人才经济研究班学习）；2007年11月任南通市通州市委副书记、代市长、市长；2009年7月任南通市通州区委副书记、区长（其间：2009年9月至2012年12月参加南京大学工商管理专业博士研究生班学习，获管理学博士学位）；2011年7月任镇江市委常委；2011年8月任镇江市委常委、政法委书记；2012年8月任镇江市委常委、秘书长（2014年8月兼任市委改革办主任）。 （市委组织部）

倪 斌 2016年10月任中共镇江市委常委，市政府常务副市长、党组副书记，市行政学院院长。

1972年9月生，内蒙古哲里木盟人，研究生学历，博士学位，研究员。1991年6月加入中国共产党，1994年8月参加工作。1994年8月从辽宁省青年干部学院政法系思想政治教育专业毕业后，分配至辽宁省青年干部学院任经济系团总支书记；1997年9月在北京大学国际关系学院国际政治学专业硕士研究生班学习，任校研究生会副主席；2000年7月起先后任北京大学发展规划部事业规划办公室干部、党委办公室、校长办公室秘书；2002年5月任北京大学发展规划部副部长（其间：2005年11月明确正处级；2004年9月至2012年7月在北京大学政府管理学院政治学理论专业在职研究生班学习，获法学博士学位）；2005年12月挂职任无锡市市长助理（2006年取得副研究员职称）；2008年1月任无锡市市长助理、市对外经济贸易局（商务局）局长（口岸办主任）、党组书记（2009年取得研究员职称）；2011年4月任无锡市商务局局长、党组书记；2011年7月任泰州市委常委、宣传部部长；2013年11月任泰州市委常委、靖江市委书记（其间：2014年12月至2016年6月兼任靖江经济技术开发区党工委书记；2015年11月至2016年1月参加中央党校第五期县委书记研修班学习）；2016年6月任泰州市委常委；2016年9月任镇江市委常委、市政府党组副书记。 （市委组织部）

黄利民 2016年9月任中共镇江市委常委、市纪委书记。

1965年1月生，江苏阜宁人，大学学历，学士学位。1985年6月加入中国共产党，1988年7月参加工作。1988年7月从西南政法学院刑侦系刑侦专业毕业后，分配至江苏省人民检察院技术处任科员（其间：1988年8月至1989年7月在阜宁县公安局刑警队锻炼）；1993年5月起先后任江苏省人民检察院反贪污贿赂局副科级书记员、助理检察员；1996年6月任江苏省人民检察院反贪污贿赂局侦查二处副处长；2001年11月任江苏省人民检察院反贪污贿赂局侦查二处处长（其间：2002年3月至2003年3月挂职任宿迁市人民检察院副检察长；2003年9月至2003年12月参加江苏省高级管理人才经济研究班赴美国培训）；2006年3月任江苏省人民检察院控告申诉检察处处长；2010年5月任江苏省人民检察院反渎职侵权局局长（2013年5月明确副厅级）；2013年11月任江苏省纪委第一纪检监察室主任（副厅级）；2014年5月任江苏省纪委第四纪检监察室主任（副厅级）。

（市委组织部）

李　健 2016年9月任中共镇江市委常委、组织部部长、统战部部长。

1963年1月生，安徽五河人，省委党校研究生学历。1986年10月加入中国共产党，1981年11月参加工作。1981年11月任盱眙县财政局办事员；1982年10月任盱眙县马坝税务所专管员、会计；1983年9月参加江苏广播电视大学商业企业管理专业大专班学习；1986年7月起先后任盱眙县税务局办事员、助理秘书；1989年1月起先后任盱眙县委组织部干部科干事、副科长、科长（其间：1992年9月至1994年12月在中央党校函授学院党政管理专业本科班学习）；1997年3月起先后任盱眙县委组织部副部长、老干部局局长、县级机关工委书记（其间：2002年9月至2005年7月在江苏省委党校科学社会主义专业在职研究生班学习）；2002年11月任宿迁市委研究室副主任；2003年12月任宿豫县委常委、组织部部长；2004年3月任宿迁市宿豫区委常委、组织部部长；2007年4月任宿迁市宿城区委常委、常务副区长；2008年2月任宿迁市宿城区委副书记、区长；2010年11月任宿迁市宿城区委书记；2012年3月兼任宿城区人大常委会主任；2014年12月任宿迁市委常委、组织部部长。

（市委组织部）

郭　建 2016年9月任中共镇江市委常委、秘书长、改革办主任。

1968年11月生，江苏扬中人，省委党校研究生学历。1993年6月加入中国共产党，1986年7月参加工作。1986年7月从武进师范学校毕业后，分配至扬中实验小学任教；1991年7月起先后任扬中县教育局秘书、团委副书记、书记、办公室主任（其间：1993年1月至1995年12月在江苏教育学院函授教育管理专业本科班学习）；1994年6月起先后任共青团扬中市委副书记、书记；1998年2月起先后任扬中市联合镇党委副书记、镇长、党委书记；2000年12月任润州区委常委、宣传部部长（其间：2001年9月至2004年7月在江苏省委党校政治经济学专业研究生班学习）；2003年1月任润州区委常委、副区长；2006年3月任京口区委副书记、代区长；2007年1月任京口区委副书记、区长；2012年9月任京口区委书记、区长；2012年12月任京口区委书记、区人大常委会主任；2013年11月兼任镇江经济技术开发区管委会主任；2013年12月任镇江经济技术开发区（镇江新区）管委会主任、党工委副书记、镇江出口加工区管委会主任；2016年2月任镇江经济技术开发区（镇江新区）党工委书记、管委会主任、镇江出口加工区管委会主任；2016年7月任镇江经济技术开发区（镇江新区）党工委书记。

（市委组织部）

裔玉乾 2016年9月任中共镇江市委常委、京口区委书记。

1962年9月生，江苏句容人，省委党校研究生学历，硕士学位。1985年4月加入中国共产党，1981年7月参加工作。1981年7月起先后任句容下蜀中心校教师、乡团委委员、总辅导员、共青团县委学少部部长、县委宣传部宣传科长、东昌乡党委副书记（其间：1983年9月至1985年7月在镇江师专干部班中文专业学习）；1991年4月起先后任江苏财专团委副书记、学工科副科长、团委书记兼学工科科长（其间：1993年9月至1995年7月参加南京理工大学思想政治教育专业专升本学习）；1994年7月在京口区工作，先后任区政府办公室副主任、谏壁镇镇长、党委副书记（1996年5月兼任谏壁镇经贸实业总公司董事长）；1996年9月起先后任京口区计经委（计经局）主任（局长）、乡镇企业管理局局长、计经局党组书记（其间：1998年9月至2000年6月在南京大学国际贸易专业研究生进修班学习）；1998年12月任镇江市机械局副局长、党委委员；2001年6月任镇江市机械资产经营公司党委书记、副总经理、纪委书记（其间：2001年9月至2002年12月在江苏省委党校科学社会主义与国际共产主义运动专业研究生班学习）；2002年8月任镇江市机械资产经营公司总经理、党委书记、纪委书记；2004年9月任镇江市经贸委主任、党组书记；2009年12月任丹阳市委副书记、代市长、镇江市经贸委主任、党组书记；2010年1月任丹阳市委副书记、市长（其间：2010年2月起不再担任镇江市经贸委主任、党组书记；2011年9月至2013年9月在上海中欧国际工商学院工商管理专业学习，获工商管理硕士学位）；2013年12月任京口区委书记（其间：2014年1月至2016年1月兼任区人大常委会主任）。

（市委组织部）

詹立风 2016年4月任镇江市副市长、党组成员兼镇江高新区党工委书记。

1966年5月生，江苏东台人，省委党校研究生学历。1987年6月加入中国共产党，1985年8月参加工作。1985年8月从南京师范大学音乐系毕业后，分配至东台县少年宫任辅导员；1986年5月起先后任共青团东台县委学少部干部、学少部副部长、经济工作部部长；1989 年 11 月任共青团东台市委副书记；1992 年 2 月任共青团东台市委书记；1993 年 1 月任盐城市郊区伍佑镇党委副书记、镇长；1994 年 1 月任盐城市郊区便仓乡党委书记、人大主席；1996 年 1 月任共青团盐城市委副书记、党组成员（其间：1996 年 9 月至 1999 年 6 月参加江苏省委党校行政管理专业本科班学习）；1997 年 8 月任共青团江苏省委统战部副部长（正处级）；1997 年 11 月任共青团江苏省委统战部部长兼省青年联合会秘书长；1999 年 1 月任如东县委副书记；2002 年 5 月任如东县委副书记、代县长、县长（其间：2002 年 9 月至 2004 年 1 月参加江苏省委党校政治经济学专业在职研究生班学习）；2011 年 6 月任如东县委书记；2012 年 3 月任如东县委书记、县人大常委会主任；2016 年 1 月任镇江市副市长，2016 年 2 月兼任市政府党组成员。

（市委组织部）

陈金观 2016 年 6 月任镇江市副市长、党组成员，市公安局局长、党委书记、督察长兼市委政法委副书记。

1965 年 5 月生，江苏苏州人，大学学历，学士学位。1985 年 5 月加入中国共产党，1987 年 7 月参加工作。1987 年 7 月从中国刑警学院刑侦专业毕业后，分配至南京市公安局钓鱼台派出所任民警；1988 年 7 月起先后任江苏省公安厅刑侦处一科工作人员、科员、副科长、主任科员；2001 年 4 月任江苏省公安厅刑事侦查局暴力犯罪侦查科科长；2004 年 4 月任江苏省公安厅刑事侦查局副局长、刑事警察总队副总队长；2011 年 5 月兼任省公安厅有组织犯罪侦查总队副总队长；2011 年 8 月任江苏省公安厅经济犯罪侦查总队政委；2015 年 9 月任江苏省公安厅经济犯罪侦查总队总队长；2016 年 6 月任镇江市副市长、市公安局局长。

（市委组织部）

朱云峰 2016 年 1 月任镇江市政协副主席、党组成员。

1958 年 10 月生，江苏丹阳人，省委党校研究生学历。1985 年 6 月加入中国共产党，1981 年 1 月参加工作。1981 年 1 月从苏州蚕桑专科学校（苏州大

学）蚕桑专业毕业后，先后任丹阳县多管局科员、副局长；1984 年 12 月起先后任丹阳县皇塘乡（镇）副乡（镇）长、镇长、党委副书记兼镇长；1989 年 7 月任丹阳市导墅镇党委书记；1991 年 1 月任丹阳市后巷镇党委书记；1993 年 2 月任丹阳市委常委、陕西凤县挂职任副县长；1995 年 1 月任丹阳市委常委、宣传部部长（其间：1995 年 8 月至 1997 年 12 月参加中央党校函授学院经济管理专业本科班学习；1996 年 11 月至 1998 年 10 参加苏州大学宣传文化管理专业研究生课程进修班学习）；1998 年 7 月任镇江市委宣传部副部长，1999 年 11 月明确正处级；2000 年 12 月任丹徒县（区）委副书记（正县级）（其间：2001 年 9 月至 2002 年 12 月参加江苏省委党校科学社会主义与国际共产主义运动专业研究生班学习）；2004 年 2 月任镇江市委副秘书长；2006 年 11 月任镇江市劳动保障局局长、党组（党委）书记；2010 年 2 月任镇江市经信委主任、党组（党委）书记，2011 年 3 月兼任市中小企业局局长；2012 年 7 月任镇江市发改委主任、党组书记。

（市委组织部）

卢道富 2016 年 1 月任镇江市政协副主席、市工商联主席。

1965 年 6 月生，江苏句容人，大学学历，硕士学位。1987 年 7 月参加工作。1987 年 7 月从江苏农学院农学专业本科毕业后，分配至句容县农科所工作，后任作栽站助理农艺师、农艺师；1993 年 8 月任句容县农业局特经站站长；1995 年 2 月任句容县（市）下蜀镇副镇长；1998 年 3 月任句容市下蜀镇人大副主席；1998 年 12 月任句容市下蜀镇人大主席；1999 年 8 月任句容市民政局局长；1999 年 11 月任句容市副市长（其间：2004 年 6 月获中国农业大学农业推广硕士学位）；2007 年 12 月任镇江市旅游局局长；2012 年 6 月任镇江市工商联主席。

（市委组织部）

模范人物

黄汉龙 中船动力有限公司技术中心总部副主任，2016 年获全国五一劳动奖章称号。

1965 年 1 月生，江苏常州人，九三学社社员，大学文化，研究员级高级工程师。他先后组织和参与多种机型柴油机开发、技术消化吸收和关键零部件国产化研制，参加的多项技术研发和攻关项目，先后获国家高新技术产品，省、市科技进步奖，集团公司科技进步奖等多个奖项，国产化项目为公司降低成本数千万元。他做好公司在新技术研发领域的组织、实施、后备力量培养等方面工作，为公司保持中速柴油机市场近 30% 占有率提供技术保障。他曾获 2009 年中船集团公司劳动模范、2011 年江苏省劳动模范等称号。

（吴海军）

梁 峰 江苏省镇江江天汽运集团有限责任公司安全技术部安全员，2016 年获全国五一劳动奖章称号。

1970 年 6 月生，河北张家口人，中共党员，大专文化，技师。他在工作岗位上钻研安全节油技巧，主持开展“安全节油驾驶技巧”项目攻关。他总结的安全节油驾驶技巧操作法，获江苏省第六届职工十大先进工作法，并作为“全国交通行业第三批节能减排示范项目推广材料”在全省交通行业推广。他主编的《安全节油驾驶技巧》培训教材作为集团公司驾驶员轮训指定内容，为集团公司培养安全驾驶员队伍 200 多人，累计为集团公司节省燃油 500 万升，节约燃料成本 1000 余万元，减少二氧化碳排放约 6000 吨。他曾获江苏省五一劳动奖章称号。

（吴海军）

郭建明 江苏天工集团有限公司车间主任，2016 年获江苏省劳动模范称号。

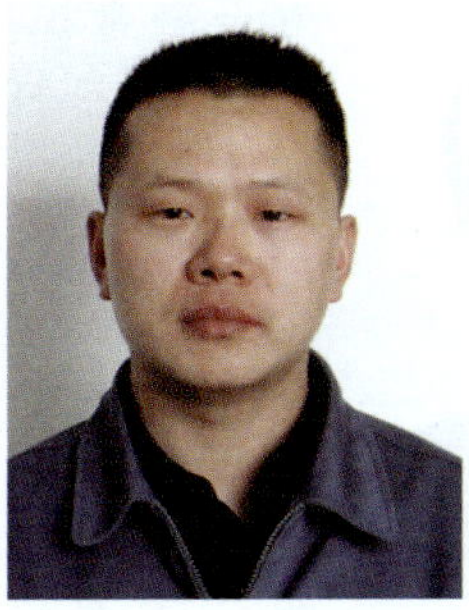

1981年5月生，江苏丹阳人，中共党员，大专文化。他带领班组成员以创“一流工作、一流服务、一流业绩、一流班组”为目标，致力技术改进和管理改善，并积极开展技能训练等活动。班组在他的带领下，形成“比、学、赶、帮、超”的氛围，全年完成公司质量改善22条、车间质量小改善16条、班组小改善27条，产品质量提高，生产效率提升。班组以降低成本为目标，不断降低单元模具费用。全年班组未发生重大质量事故，班组废损率比上年下降29%。他曾获2015年镇江市劳动模范称号。

（吴海军）

戴永兵 江苏兴文包装有限公司采购主管，2016年获江苏省劳动模范称号。

1970年7月生，江苏句容人，大专文化。他1992年参加工作，曾从事设备维修、车间操作、采购等工作。他爱岗敬业，努力完成公司交给的各项任务，尤其是主管公司原纸采购工作过程中，与十几家供应商合作，每年采购量近亿元，做到不出差错，及时到位，为保障公司生产做出贡献。2009年，他自费创办镇江市公益性网站“百姓互帮网”，组织募捐善款数十万元，用于帮助贫困学生、家庭，以及急（重）病患者和孤寡老人。他创作的《千岛湖回文赋》获全国辞赋创作一等奖，应邀创作的《江苏大剧院赋》获一等奖。其作品曾入选《中华诗词库》《江苏省诗词二十年作品集》《中华辞赋精品选》等书。他2013年获“句容好人”称号，2014年获“镇江好人”“江苏好人”等称号，2015年获评镇江市劳动模范。

（吴海军）

张建坤 镇江合力汽车紧固件有限公司模具设计员，2016年获江苏省劳动模范称号。

1982年9月生，安徽凤台人，大专文化，技术员。他2007年进入镇江合力汽车紧固件有限公司后，在工作上吃苦耐劳，对产品进行创新。他通过工艺创新，使原汽车制动器制动导杆1件毛坯70克变成60克，每件节省材料10克。此产品投产当年，生产3000万件，节省原材料300吨，每吨按7000元计算，单材料就节省成本210万元。同时，加工成本也下降15%以上。2015年，他获镇江市劳动模范称号。

（吴海军）

刘　勇 镇江市宝华半挂车配件有限公司车间主任，2016年获江苏省劳动模范称号。

1970年12月生，江苏泗阳人，初中文化，高级注册生产管理师，技师。他从一名普通员工成长为车间主任，在他的带领下，车间规模从小到大，工艺从简到精，产品从单一到齐全。他先后改进多项生产工艺，设计制造多套工装夹具，为完善车轴生产做出贡献。他将科学的现代化管理手段，灵活运用于车间内部管理及班组的建设，并通过开展5S活动，使生产作业现场符合定置定位、日结日清的工作环境标准。他通过QC小组活动，发挥每个生产、技术骨干的聪明才智，解决生产制造环节的疑难杂症。他采用TS16949质量体系五大类实用工具，保持公司产品质量稳定。车间曾获江苏省总工会“工人先锋号”称号，他曾获2011年镇江市劳动模范、2013年省五一劳动奖章等称号。

（吴海军）

刘春岐 江苏铁科新材料股份有限公司技术员，2016年获江苏省劳动模范称号。

1982年11月生，江苏盱眙人，大学文化，助理工程师。他主要从事企业研发工作，领衔完成兆瓦级风电弹性支撑、液压辅助弹性支撑等30多个产品研发。“大功率风力发电机组系列高端弹性支撑关键技术研发及产业化项目”获镇江市优秀专利、第六届江苏省职工十大科技创新成果奖等称号。他参与高端大功率风机系列弹性支撑组件设计数据库的建立工作。他参与镇江市新兴产业等项目研发，并通过省市科技部门的验收。他发表学术论文2篇，授权发明专利6项、实用新型专利18项，其中80吨级铁路货车和风电系列投产后为企业增加销售9000多万元。他建立模块化设计开发流程，提高新员工技能，其中5人成为企业技术骨干。他组织技术攻关，发现并解决风机使用过程中实际载荷偏大等问题。他曾获2011年镇江市劳动模范、2014年江苏省五一劳动奖章等称号。

（吴海军）

邓雪萍 镇江东方电热科技股份有限公司班组长，2016年获江苏省劳动模范称号。

女，1984年1月生，江苏镇江人，大专文化。她作为产品检测组组长，与设备部门同事改进不良品炸管接线端的开关，大幅提高不合格产品检测效率。在她的带领下，班组生产旺季保质保量完成任务，淡季时则主动协助其他部门开展工作。她乐于助人，公司有几个员工患上癌症，她主动捐款、带头献爱心；有组员请假，她都主动将任务揽下来，加班加点、任劳任怨。她曾获2015年镇江市劳动模范称号。

（吴海军）

朱胜虎 江苏恒顺集团有限公司研发部技术主管，2016年获江苏省劳动模范称号。

1972年7月生，安徽枞阳人，大学文化，工程师。他与江南大学共同研究镇江香醋酿造微生物群落功能优化关键技术及其产业应用，2014年该项目获江苏省科学技术进步一等奖。他开发出高效节能环保全自动炒米色技术改造镇江香醋传统炒米色工艺，提高劳动效率，保证产品品质，并获国家授权发明专利。他服务企业科技管理工作，为集团公司省级企业技术中心晋升为国家级，为集团升级为国家高新技术企业、国家知识产权优势企业等做出贡献。他挖掘企业科技资源，促进产学研合作，承担国家、省、市重大专项37项，累计获政府扶持资金6200多万元。他曾获镇江市劳动模范、江苏省五一劳动奖章等称号。

（吴海军）

杨 桦

镇江文化旅游产业集团投资发展部总经理，2016年获江苏省劳动模范称号。

女，1974年5月生，陕西西安人，民建会员，大学文化，高级工程师。她曾从事水利及建筑工程施工和检测一线工作，先后牵头负责内江城市景观、招商北固湾、征润洲岛等概念性规划，以及迎宾馆、金山文化创意产业园、古运河景观等项目，并操盘春天里醋街。文旅集团组建后，她带领团队运用股权投资、并购、债券重组、文化产权交易、PPP合作等新型运作方式，完成新河街项目；铁瓮城PPP项目入省PPP库。她直接操作长江新天地、马上游、农商行等企业股权合作和并购；招商省重点产业项目、市旅游引导项目——三山旅游综合服务基地（魔幻海洋世界），全程操作规划方案设计、投资可研分析、运营管理模式等前期工作，在各项技术指标、参数控制中进行专业把控。她曾获镇江市劳动模范等称号。

（吴海军）

陈苏士

镇江市自来水公司电工班班长，2016年获江苏省劳动模范称号。

简历参见《镇江年鉴（2013）》第310页。（吴海军）

陈清坤 金东纸业（江苏）股份有限公司造纸三处处长，2016年获江苏省劳动模范称号。

1975年9月生，福建惠安人，大学文化。他主导成立五个SDA专案改善项目，合计为公司创造效益3400万元。他持续开展精益改善活动，先后申请专利6个。金东公司JC重建项目中，他作

为主要负责人之一，通过与供应商充分沟通、合理安排工序以及精心准备，项目完成日期较设备供应商德国VOITH公司预定的日期提前一个月，为公司创造效益1000多万元。他在部门内全面推行TQM全面质量管理体系以及客诉闭环管理办法，做到人人是品管，提升A级率，降低客诉率。他加强团队建设，帮助员工解决工作和生活中遇到的困难，为提升公司综合竞争力做出贡献。他曾获镇江市劳动模范、镇江市五一劳动奖章等称号。

（吴海军）

谈双根

镇江焦化煤气集团有限公司研发中心副主任，2016年获江苏省劳动模范称号。

1958年6月生，江苏镇江人，中共党员，大学文化，高级工程师。他作为公司罐式炉工艺煅烧石油焦关键技术学科带头人，攻克多项行业技术难题，使罐式炉工艺实现自动化生产、清洁生产，能源综合利用得到加强。他是省级和市级重点工程500千吨/年特种煅烧焦项目工程建设的总工程师，他将自己的专利技术运用于该项目，并进行科学管理，实现项目建设周期短、投资省、收益快的效果。该项目获2014年度有色金属工业协会科技一等奖，具有节能、增产、减排、环保的综合效果。近年来，他完成试验攻关12项，在行业杂志上发表论文3篇，申报国家发明专利和实用新型专利6项，其中获国家专利3项。他曾获镇江市劳动模范等称号。

（吴海军）

曹兆亮 中国银行股份有限公司镇江分行营业部大堂经理，2016年获江苏省劳动模范称号。

1985年12月生，江苏阜宁人，中共党员，大学文化，会计师。他敬业爱岗，为每位客户提供热情、周到、全面的服务，逐步成长为一名优秀大堂经理。他经常带领同事到小区、商场等人流密集的地方，宣传防电信诈骗、鉴别假币票据

等金融常识，履行社会责任。他创新思路，打造智慧厅堂，为客户提供更加专业的服务。面对工作中遇到的各种诱惑，他始终不为所动，树行业正气。他曾获镇江市劳动模范等称号。

（吴海军）

赵重阳

中国国电集团公司谏壁发电厂车间主任，2016年获江苏省劳动模范称号。

1972年10月生，江苏睢宁人，中共党员，大学文化，工程师。他是发电环保设施部门负责人，严格执行国家、地方环保政策，推进和支持企业所属七台机组的电除尘改造、脱硫提效改造以及烟尘超低排放改造等环保技改工程。针对改造项目点多面广、施工难度大、标准要求高等特点，他定措施、抓落实、严管理，完成五台机组烟尘、二氧化硫、氮氧化物超低排放改造，并获超低排放环保电价。改造后的烟尘、二氧化硫、氮氧化物排放绩效比上年分别下降0.03克/千瓦时、0.17克/千瓦时、0.12克/千瓦时；可实现烟尘、二氧化硫、氮氧化物每年分别减排2230吨、1600吨、720吨。他曾获中国国电集团公司杰出员工、中国国电集团江苏公司优秀党员等称号。

（吴海军）

郜国祥

中石化华东石油工程有限公司六普钻井分公司50512井队长，2016年获江苏省劳动模范称号。

1969年8月生，江苏江都人，中共党员，大学文化，高级工。他是中石化金牌钻井队井队长，长期以来坚持效益为根本，做到责任落实到位、安全环保到位、督导整改到位、绩效考核到位。他坚持以科技为先导，2015年，在石化重点页岩气井隆页1井施工中，他

采用随钻堵漏技术、防斜主动控斜技术以及使用无扶单弯螺杆简化结构钻具组合进行施工，机械钻速较邻井提高44.6%，成本降低约57.5%。他为施工定制个性化取芯钻头，机械效率较同地区、同井段、同层位相比提升3～4倍。2015年，该队平均机械钻速比上年提速100.91%，每月每台效率提高112%。他曾获江苏省五一劳动奖章等称号。

（吴海军）

赵　凯

镇江港务集团有限公司大港分公司内燃二队内钳修理班副班长，2016年获江苏省劳动模范称号。

1974年5月生，江苏镇江人，高中文化，技师。他在内钳修理岗位十多年如一日，不怕苦脏累，不畏修理难题，成长为技术出众的修理技师。他勤奋好学，掌握一手“快速判断油路故障”“从声音上辨别发动机问题”的维修绝活。他帮助企业培养人才，培养的徒弟中有2名“技师”、4名“高级工”，所在班组多次获“标杆”“五星”班组等称号。他带领班组成员进行科技攻关，仅2015年他就带领开展“装载机前牙包修理工艺改造”等攻关11项，其中“挖掘机旋转吊具改造”“自动脱钩装置设计”获国家专利，为公司节约修理成本、创造经济效益近百万元。他曾获江苏省五一劳动奖章等称号。

（吴海军）

王植松

上海铁路局镇江站运转车间主任，2016年获江苏省劳动模范称号。

1965年3月生，江苏高邮人，中共党员，大学文化，助理工程师。他多年从事铁路行车工作，从连结员开始，历任调车区长、车站调度员、技术员、车间副主任、车间主任等职，从生产岗位逐步走到管理岗位。无论在何生产岗位，他都能恪尽职守，保证高铁的正常运行和运转车间的安全；他通过勤奋学习，刻苦钻研，熟练掌握铁路更新变化的规章，确保遇到非正常情况处置时的准确、安全；他在妻子身患脑癌住院期间，仍不忘工作，妻子病情稍有稳定，又奔波于安全生产的第一线。他曾获镇江市劳动模范称号，并两次获中国铁路总公司“火车头奖章”。

（吴海军）

邹俊燕

丹阳市天怡房屋建设开发有限责任公司副总经理，2016年获江苏省劳动模范称号。

女，1974年9月生，江苏丹阳人，中共党员，大学文化，政工师。她先后从事过财务、工会、宾馆管理等工作。在工作上，她干一行，爱一行，坚持充当职工利益的第一责任人、第一知情人、第一帮助人。作为工会主席，她与行政共同制订职工培训的系列计划，不断拓宽职工培训渠道，稳定职工队伍，促进企业持续发展。她不懈努力，建立天怡公司“爱心基金”回报社会。她曾获镇江市劳动模范、江苏省十佳好军嫂、江苏省三八红旗手等称号。

（吴海军）

裴　军

大全集团有限公司技术中心总经理，2016年获江苏省劳动模范称号。

1972年2月生，江苏海安人，中共党员，研究生，工程师，高级工。2008年，他担任大全集团有限公司技术中心总经理，负责集团的技术研发工作。他与中国人民解放军海军工程大学院士团队合作的“1.5－3MW风电全功率变流器研发及产业化”项目，通过国家能源局（中国风电变流器第一个国家级）鉴定，并向湘电集团、东方电气、航天万源、沈阳华创等主机厂供货430多台，产生直接经济效益5.1亿元。他主持开发“电弧调控数字断路器关键技术开发与产业化”项目，解决重大关键性技术10余项；开发完成4个系列11个壳架累计39种电流规格的电弧调控数字断路器产品，获省级科技成果21个。他推进大全集团与20多个高校、科研院所的产学研合作，多次主持与西门子、默勒、赛雪龙等外国公司技术合作的谈判工作。他承担国家级、省部级科技项目13项，获省市各级奖项7项。他曾获全国优秀科技工作者、镇江市劳动模范等称号。

（吴海军）

章利生

中国能源建设集团江苏省电力建设第三工程有限公司工会主席，2016年获江苏省劳动模范称号。

1966年1月生，江苏盐城人，中共党员，大学文化，高级经济师。他开展“六型职工之家”建设，建立工会三级帮扶网络体系，维护劳务派遣职工权益。他强化班组建设以及开展劳模技师创新工作室工作，提升企业核心竞争力。在他的推动下，企业先后获全国工会经审工作先进集体、江苏省厂务公开民主管理先进单位、江苏省企业工会帮扶服务工作先进集体、镇江市劳动关系和谐达标企业、职代会制度规范化建设示范单位、企业职工文化建设示范单位等称号。他先后获镇江市优秀基层工会主席、镇江市十佳基层工会主席、江苏省优秀工会工作者、全国优秀工会工作者等称号。

（吴海军）

吴光明

江苏鱼跃医疗设备股份有限公司董事长，2016年获江苏省劳动模范称号。简历参见《镇江年鉴（2016）》第358页。（吴海军）

王禄宝

江苏环太集团有限公司董事长，2016年获江苏省劳动模范称号。

1958年7月生，江苏扬中人，中共党员，大学文化，经济师，高级工。他创建3家高新技术企业，年生产硅片2500兆瓦、蓝宝石衬底400万片，总资产42.3亿元。2015年，集团实现销售额31.5亿元，产能规模列国内前三名。2013年至2015年，他投资3.5亿开展节能降耗改造，企业被工信部授予"全国工业领域电力需求侧管理示范企业"称号。他投资3000余万元,建立四个污水处理站,保护生态环境。他致富不忘回报社会,设立扬中市慈善冠名基金800万元,并参加抗震、援藏等活动,累计向社会及个人捐赠钱物1680万元。集团获江苏省"援藏出资百万元企业"称号,他个人获江苏省"抗震救灾先进个人"、镇江市人民奖章、镇江市劳动模范等称号。他还是江苏省第12届人大代表。 (吴海军)

凌建锋

镇江公共交通有限公司总经理,2016年获江苏省劳动模范称号。

1977年1月生,江苏镇江人,中共党员,大学文化,助理经济师。凌建锋,他推进公交惠民工程,仅2015年就新增公交车220辆,新辟优化线路15条;加大新能源车投放和公交场站建设,在省内率先实现公交一卡通首发,全年完成线路运量1.4亿人次。企业的"公交全覆盖"项目被评为"全国2015年民生示范工程"。他敢于担当,推进破冰式改革,对机构、工资、成本等进行改革,修订和完善各类规章制度。2015年,企业安全行车6132万千米,事故率比上年下降25.4%,费用下降15.1%。企业在他领导下获全国模范职工之家、江苏省厂务公开民主管理示范单位、市创建全国文明城市工作先进集体等称号,他个人获镇江市服务经济工作先进个人等称号。 (吴海军)

何章翔

北汽(镇江)汽车有限公司党委书记、总经理,2016年获江苏省劳动模范称号。

1968年10月生,安徽全椒人,中共党员,研究生,研究员级高级工程师。他1992年进入上汽集团(南京),先后任涂装车间主任、焊装厂长、制造部部长、涂装厂厂长、销售公司副总经理等职。2013年加入北汽后,负责北汽镇江筹建工作。在他的推动下,345天建成30万辆/年的现代化整车基地,该基地是集团工业4.0的示范基地。他重视党建工作,企业获2015年度集团系统优秀党建创新成果奖。他曾获江苏省重点工程"南汽MG名爵汽车项目"先进个人、江苏省重点工程建设立功竞赛先进个人等称号,其创新成果获全国机械工业职工技术创新成果三等奖。

(吴海军)

王金和

丹阳市云阳镇迈村党委书记,2016年获江苏省劳动模范称号。

1952年6月生,江苏丹阳人,中共党员,大学文化,高级农艺师、高级经济师。他钻研茶叶栽种技术,是国家科技专家库专家、国家高技术研究发展计划(863计划)茶园智能化关键技术与装备开发课题负责人。他带领农民以特色种植致富,曾建立丹阳第一个村级网站——迈村招商网,以及镇江市第一个农业品牌吟春碧芽网站。他探索以"支部+科技+合作社+基地+企业+农户"等多种经营形式,构建新型农业经营体系,带动农户平均每年增加收入4000元。他曾获镇江市劳动模范、江苏省优秀科技工作者等称号。

(吴海军)

聂永平

丹徒区世业镇先锋村村委会党总支书记,2016年获江苏省劳动模范称号。

1966年12月生,江苏镇江人,中共党员,大专文化。世业镇先锋村在他的领导下,全村面貌大为改观,村级经济不断壮大:投入80万元,使村绿化面积达30公顷,成为镇江市绿化工作示范村;清除猪圈、草堆400余处,整治清理河道2600多米,改造暗水沟220米,添置垃圾箱245个,聘请专职保洁员7名;投入165万元,建成7500米水泥路,1400米砂石路;投入28万元改造排灌机站两座,增加排灌功能,清理淤塞沟渠6000多米,确保农田稳产、高产;投入36万元建成污水处理池。他关心群众业余文化生活,在村里建起农民健身广场,组建文艺活动队和体育健身队,并投入15万元购置各类器材,服装和道具。2014年,中共中央总书记习近平到村里视察。他被省委、省政府评为"吴仁宝式优秀村支书",并获镇江市劳动模范称号。

(吴海军)

姜建新

江苏江南生物科技有限公司董事长,2016年获江苏省劳动模范称号。

1954年5月生,江苏丹阳人,中共党员,高中文化。2015年,他当选为中国食用菌协会副会长。他坚持科技创新,加强团队建设,经过20年的探索,解决草菇反季节周年栽培、草菇与金针菇工厂化栽培等一系列技术难题,先后申请和授权发明专利50余件,主持制定省级地方标准9项。2014年,他自主研发的"优质草菇周年高效栽培关键技术及产业化应用"项目获国家科学技术进步二等奖。公司在他的带领下,先后获省级"农业重点龙头企业""全国食用菌行业十大知名企业"等称号,并建立起企业院士工作站。他推广先进栽培技术,辐射和带动农民共同致富。他曾获镇江市劳动模范、镇江市自主创新杰出人才等称号,是镇江市人民奖章获得者。

(吴海军)

王柏生

句容市白兔镇柏生草莓专业合作社社长,2016年获江苏省劳动模范称号。

1965年10月生,江苏句容人,中共党员,高中文化,农艺师。他从1989年开始跟赵亚夫学习种植草莓技术,经过多年努力,掌握一手大棚草莓的种植技术。2005年,他领头成立句容市白兔镇柏生草莓专业合作社,帮助农民发展高效农业。合作社草莓种植面积26公顷,每公顷收入30万元以上,每年为农户销售草莓2000多吨。"柏生"牌草莓获"江苏省名牌产品"称号。他利用白兔镇大棚草莓面积大、牌子响、品种丰的优势,将特色农业的触角伸向农业观光旅游,开辟致富新路。他曾获镇江市劳动模范等称号。 (吴海军)

王凤祥 扬中市丰乐银杏山庄场长，2016年获江苏省劳动模范称号。

1967年1月生，江苏扬中人，中共党员，高中文化。他利用有限资金从新坝镇西江边附近的村民手中流转土地13公顷，开始自己的“拓荒”旅程。他从清理杂草到翻耕土地，从拖猪粪下肥到栽种苗木，都亲力亲为。在他的辛勤劳作下，“荒滩”变“山庄”，连片近10公顷、2万多株银杏绿树成荫，8公顷的果树苗木参差相间，穿插养殖的鸡、鸭、鹅种类繁多，红枫、紫薇、樱花等景观树木随处可见，丰乐银杏山庄成为扬中生态种植养殖的示范基地。2013年，他又创建自己的生态农场，新增面积18公顷，投资632万元经营江蟹养殖和特种水产，形成江蟹池塘8个，占地10公顷；黑鱼和其他水产品养殖8公顷。他致富不忘村民，只要周边村民过来学习种植养殖经验，他都悉心指导，并吸纳镇重点优抚对象，给他们提供工作岗位。他曾获镇江市劳动模范等称号。（吴海军）

张达鑫 江苏天宏机械工业有限公司技术科科长，2016年获江苏省劳动模范称号。

1982年6月生，江苏六合人，中共党员，大专文化，工程师。他刻苦钻研技术，先后组织开发“多规格可调指状卡盘”“翻板机”“立式车床前置式快换轮毂动力卡盘”“联动调整指状卡盘”等产品，企业产品市场占有率由原先45%提高到70%。他担任技术科科长以后，主导设计开发“多工位低压铸造机”“油压强力钻床”“铝合金轮圈刷毛刺机”“4轴数控切冒机”等设备，使使用效率提高50%以上。他和技术人员与上海交通大学轻合金精密成型国家工程研究中心合作，参与研发“高强韧稀土铝合金在汽车轮毂中的应用、高强韧镁合金汽车轮毂关键技术开发及产业化”项目。2014年，他负责编制“镁铝合金轮毂夹具通用技术规范”的国家标准。他曾获镇江市劳动模范等称号。（吴海军）

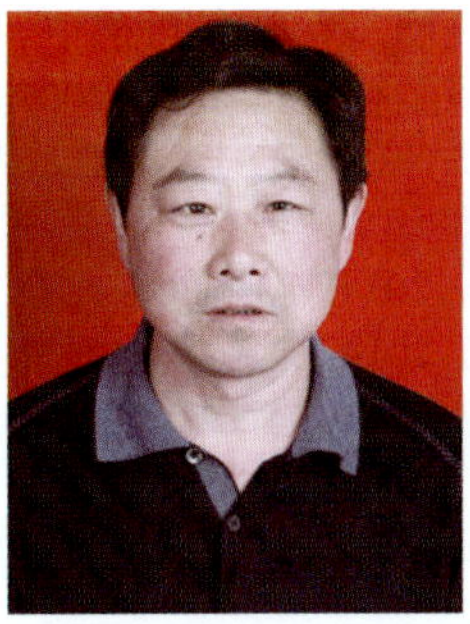

徐怀兔 句容市自来水总公司闸阀班班长，2016年获江苏省劳动模范称号。

1963年10月生，江苏句容人，中共党员，高中文化。他二十多年如一日，奋战在管道安装第一线。他爱岗敬业、恪尽职守。不管寒冬还是酷暑，他经常要加班到凌晨，当别人还在睡梦中时，他却在施工现场工作。遇到爆管他总是第一个跳入水中抢修。他始终把管道安装的质量与安全放在首位，以高度的责任感完成公司下达的各种任务，为句容市的供水事业做出自己的贡献。2009年，因为出色的工作表现，他被调往刚刚成立的闸阀班任职，他刻苦学习、揣摩钻研，成为供水管网的行家里手，被同事们称为句容城区供水管网“活地图”。他曾获镇江市劳动模范等称号。（吴海军）

张祥伟 镇江邮政局平昌新城邮政支局投递班长，2016年获江苏省劳动模范称号。

1975年11月生，江苏镇江人，高中文化，中级工。2003年7月，他进入农村邮政支局成为邮递员。十多年中，他每天的邮递里程有57千米，但是没有遗失过一份邮件，没有一起服务投诉。他爱岗敬业，每年在报刊大收订、金融跨年度、福至新春等业务竞赛活动中皆超额完成任务。他关爱自己邮路上一些孤寡老人和外来务工人员的小孩，带领大家一起开展帮扶活动，征订《小学生学习报》分送给36名贫困学生。他负责的邮路被评为镇江邮政“示范爱心邮路”。他曾获镇江市劳动模范、江苏邮政优秀投递员等称号。（吴海军）

焦小林 江苏中彩印务有限公司董事长，2016年获江苏省劳动模范称号。

1958年11月生，江苏丹阳人，中共党员，大学文化。他坚持“凭质量求发展、凭管理获效益、凭信誉争市场”的经营理念，以科技创新，带领中彩从一个城镇小企业发展成为员工千余人的综

合性印刷集团。集团在国内有四家分公司，在朝鲜成立朝鲜东白合营会社（主营烟包印刷）、东明合作会社（主营日化产品）。集团在他的带领下先后获镇江市劳动关系和谐企业、江苏省双优诚信印刷企业、省级文明单位、劳动保障工作先进单位、环境保护先进企业、爱心捐赠企业等称号。他曾获镇江市劳动模范等称号。（吴海军）

杜盛钢 句容盛业管件制品有限公司董事长，2016年获江苏省劳动模范称号。

1967年2月生，江苏句容人，高中文化，高级经济师。他1987年开始创业，经过二十多年的努力，他在句容有4家独立法人公司，在深圳和香港各有1家销售公司，公司年产值2.5亿元，总资产51547万元，净资产32429万元，向国家缴纳税款1200多万元，多次被句容市政府评为“十强民营企业”。他坚守“服务好顾客、服务好员工、服务好社会”的理念，积极回报社会，多年来先后为乡里修路、帮助孤寡老人等捐款2000余万元。汶川地震时，他将生产的1000顶帐篷无偿捐给灾区，并在一个星期内抢制出6500顶帐篷，完成省政府下达的生产任务。为此，公司需承担国外客户因取消订单和延迟发货的罚款400多万元。他曾获镇江市劳动模范、第五届全国乡镇优秀企业家、中国好人榜“诚实守信”好人等称号。（吴海军）

符卫国 丹阳市交通运输局局长，2016年获江苏省先进工作者称号。

1965年7月生，江苏丹阳人，中共党员，大学文化，农艺师。他上任后跑遍丹阳全市大小

近千条道路，乘坐过所有公交线路（76条），走访过12个镇（区）150多个村委会，为构建现代化丹阳交通网络广泛开展调研。在他的努力下，新改建高等级公路里程132.37千米，农村公路提档升级318.28千米，改造农路危桥81座，在全省率先实现消灭四、五类桥梁。城市公交年运送旅客1200多万人次，镇村公交开工率100%。他带领系统干部职工完成人民大桥、齐梁路、丹桂路等10多项市委市政府承诺当年完工项目。他坚持对所有工程项目阳光招投标。在农路提档升级项目中，首创“统一设计、统一招投标、统一监理”模式。他曾获镇江市劳动模范等称号。

（吴海军）

杨俊霞

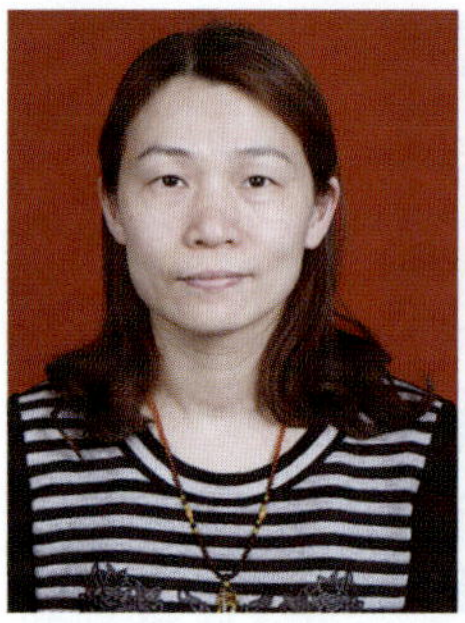

句容市人民医院神经内科护士长，2016年获江苏省先进工作者称号。

女，1975年9月生，江苏宜兴人，无党派人士，大学文化，副主任护师，高级技师。她一直在临床一线从事护理工作，数十年如一日，任劳任怨。她所在的神经内科危急重症多，床位周转率快，护理难度大。她以“质量、服务、安全”为主题，抓好护理质量、护理安全、科内培训，开展舒心病房等优质护理服务，挽救很多重症患者的生命。她时常加班加点，无私奉献。作为句容市首批造血干细胞捐献志愿者，她捐献造血干细胞，挽救上海一名白血病病人的生命。她曾获镇江市劳动模范称号，并被省红十字会授予“博爱奖章”。（吴海军）

蔡登明

镇江市丹徒地方税务局局长，2016年获江苏省先进工作者称号。

1963年8月生，江苏扬中人，中共党员，大学文化。他1995年从部队转业至地税战线工作，2009年调至丹徒地税局任党组书记兼局长。他推进实施能效管理考核机制，从德、能、勤、绩、效五个方面科学制定考核标准，建立起“以能定岗、岗能匹配、绩酬挂钩、能效结合、动态管理”的能效管理考评新机制。在他的带领下，丹徒地税局的各项工作不断提升：2009年组织入库地方税收比上年增长46.45%，2010年组织各项税收收入比上年增长28.18%，2011年入库地方税收首次超10亿元，2014年入库地方税收首超20亿元。他曾获镇江市五一劳动奖章、镇江市劳动模范等称号。

（吴海军）

杨 凌

镇江市京口区健康路社区卫生服务中心花山湾社区卫生服务站主任，2016年获江苏省先进工作者称号。

女，1971年4月生，江苏沛县人，中共党员，大学文化，副主任医师，高级工。她1997年参加工作后，扎根社区医生岗位，视病人如亲人，救死扶伤，无私奉献，被誉为“最美社区医生”。她两次在街头抢救猝死老人，直接口对口为病人做人工呼吸；她与同事合力抢救昏厥男孩，为防孩子咬舌，她的三个手指被咬伤；她接到孤老求助电话后深夜上门服务，使骨折老人转危为安；她自掏腰包为贫困老人挂号购药，暂收八旬老人虫蛀西洋参后，自购好参“退还”；她用爱心延续癌症患者的生命，陪伴其走完人生最后旅程；她在患抑郁症的夫妇心中点燃希望之火，并帮他们重新就业；她经常组织慰问、助学等活动，个人先后资助8名家庭贫困学生。她曾获镇江市劳动模范、2015年“中国好人”等称号。

（吴海军）

汪素英

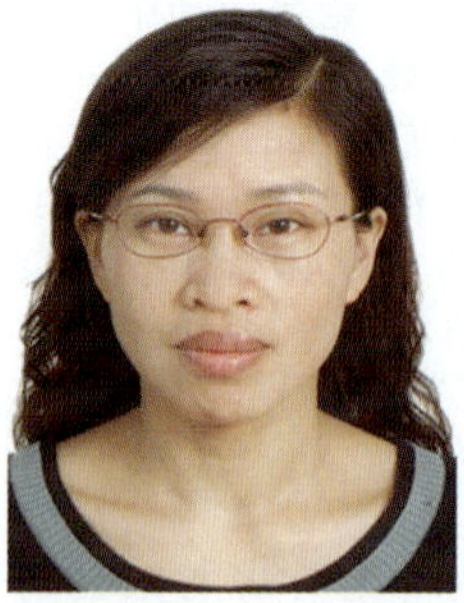

镇江市官塘中学教师，2016年获江苏省先进工作者称号。

女，1974年9月生，四川岳池人，中共党员，大学文化，高级教师。她在农村中学任教近20年，信守“不放弃任何一个孩子”的理念。她在一次义务辅导学生后的回家途中遭遇车祸，历经3次大手术，但她心中放不下学生，刚丢拐杖即强忍疼痛为学生上课。她坚持家访，对单亲家庭的孩子给予更多关注，并与学习有困难的学生结对帮扶，为近百名农村学生顺利录取重点高中付出辛勤劳动。她勇于探索，努力以“研”促“教”，中考英语成绩连续3年获大市公办初中第一。她多次开设示范课并参与省、市、区级课题研究，先后有10多篇文章获奖。她带领的班级连续多年被评为“先进集体”；她还受邀参加全省师德巡回演讲报告会。她曾获镇江市劳动模范、江苏省十佳师德模范等称号。（吴海军）

徐仁兰

镇江新区丁岗镇党委、平昌中心社区党工委书记，2016年获江苏省先进工作者称号。

女，1972年3月生，江苏句容人，中共党员，研究生，主治医师。她爱岗敬业、勇于创新，在平昌中心社区回迁安置工作中，开创社区党建、自治组织、物业服务“三位一体”管理新模式，实现三镇6万多名农民变居民的平稳回迁、有序管理。2012年始，她组织推进丁岗、平昌和新能源产业园“农城融合、产城融合”工作，被市委评为“创先争优优秀党员”，平昌被市政府评为跨越发展有功单位、区拆迁安置先进集体。2013年，丁岗镇获市委、市政府科学发展分类考核（农业生态类）一等奖；2014年新能源产业园获市“三集”办先进制造业特色园区第二名，2015年获省商务厅“特色产业园”。她曾获全省计划生育优秀工作者、镇江新区“跨越发展先锋”等称号。

（吴海军）

蔡世源

镇江市残疾人联合会康复处处长、康复中心主任，2016年获江苏省先进工作者称号。

1973年10月生，江苏扬中人，中共党员，研究生。他以残疾人“人人享有康复服务”为主线，构建残疾人康复服务体系，推动并实现市、县、乡、村残疾人康复网络全覆盖，创建成全国“白内障无障碍市”，创成全省首家集教育资质、医疗资质、康复资质为一体的残障儿童幼儿园，在全省创新开展7～14岁听障儿童巩固性康复训练。他打造盲人按摩特色康复门诊，形成具有盲人按摩示范、孵化、培训基地功能的“金手指”连锁店，康复中心盲人按摩门诊部获“全国盲人医疗按摩规范化实训基地”。他推动市委市政府民生助残“十大行动”中的“护苗行动”“复明行动”“健行行动”“聆听行动”“安宁行动”，累计让7530名残疾人直接受益。他曾获全国残疾人工作先进个人等称号。

（吴海军）

赵双福

镇江市科学技术局政策法规处处长，2016年获江苏省先进工作者称号。

1965年9月生，江苏镇江人，中共党员，大专文化。他推进“国家知识产权示范城市”建设，连续四年在国家知识产权示范城市考核中排名地级市前五位。他主持开展专利行政执法“护航”专项行动，维护专利权人合法权益和市场良好竞争秩序，市科技局连续四年在国家知识产权局年度专利执法维权考核中排名地级市前十位，多次被国家知识产权局、省知识产权局评为先进单位。他组织实施知识产权人才培养“113”工程，促进全市自主创新能力提升，使全市万人发明专利拥有量用三年时间从7.27件增长到18.5件，列全省第四位。镇江是全国专利首批保险试点城市，他在保险服务、保险模式等方面进行探索，其起草制定的一系列政策措施作为专利保险的“镇江模式”在全国推广。他推动的“专利维权托管”特色服务为全国首创，提高企业专利维权和应对纠纷的能力。他曾获国家知识产权试点示范城市工作先进个人、全国知识产权系统和公安机关“知识产权执法工作成绩突出个人”等称号。

（吴海军）

金　怡

镇江市公安局京口分局刑事科学技术室主任，2016年获江苏省先进工作者称号。简历参见《镇江年鉴（2016）》第359页。

（吴海军）

钱　军

镇江市第一人民医院血液科科主任，2016年获江苏省先进工作者称号。简历参见《镇江年鉴（2015）》第353页。（吴海军）

何蜀娟

江苏省镇江第一中学教研组组长，2016年获江苏省先进工作者称号。

女，1961年8月生，江苏南京人，民盟盟员，大学文化，中学高级教师。2003年学校成立奥赛班后，她一直担任奥赛班班主任并从事物理教学工作。2013年，在全国物理奥赛上产生的40多个一等奖中她所带学生有2人入榜，另有10人获省一等奖，在江苏省列第一位。2015年，在她担任班主任的高考班级中，考取北大清华的5人，82%的学生考取“985高校”。她连续四次被评为镇江市中小学教师学科带头人，两次被评为镇江市学术技术带头人。她还是省“333二期工程”培养对象，并获“茅以升家乡教育奖”。她曾获江苏省先进教育工作者（享受市劳模待遇）、镇江市最美教师、镇江市优秀教育工作者、镇江市金牌教练、镇江市有突出贡献的中青年专家等称号。

（吴海军）

梁科军

镇江市广播电视台民生频道栏目制片人，2016年获江苏省先进工作者称号。

1978年4月生，吉林人，中共党员，大学文化，助理记者，初级工。他先后从事新闻主播、一线记者、栏目制片人等岗位工作。2010年，他开始担任镇江市广播电视台民生频道《看见大市口·小梁帮你忙》栏目制片人，多年来，他采访的脚步遍布镇江的大街小巷，致力于运用节目平台搭建一个沟通政府与群众的桥梁。他曾陪着先天性心脏病男孩到上海做手术，为患有白血病的葡萄种植户义卖筹款，为被大火烧伤的女婴呼吁社会捐助等。他热心公益事业，与镇江市慈善总会联合推出“小梁帮你忙爱心基金”，帮助困难群体；与社会公益组织联动，建立“爱心档案”，服务民生。他曾获镇江市劳动模范、镇江市十大杰出青年等称号。

（吴海军）

朱爱萍

镇江市建设工程管理处工会主席，2016年获江苏省先进工作者称号。简历参见《镇江年鉴（2016）》第356页。

（吴海军）

祝　林

镇江出入境检验检疫局局长，2016年获江苏省先进工作者称号。

1959年7月生，江苏泰州人，中共党员，研究生。他落实法检目录调整工作，先后减免检验检疫费用上亿元，在全国口岸率先取消代理报检收费及含原产地签证代理在内的全部代理报检费用，每年为企业垫付平台费数百万元。他围绕税源经济发挥职能优势，争取全国六个指定口岸资质中四个落户镇江，推进进境屠宰牛、进口粮食、新民洲木材码头、肉类等绿色、环保、高附加值产业发展。检验检疫局在他带领下，先后获全国文明单位、全省系统文明单位标兵等称号，他个人先后获江苏检验检疫系统“十佳勤政廉政优秀干部”等称号，并被江苏检验检疫系统记三等功。

（吴海军）

陈廷荣

扬中市总工会主席、党组书记，2016年获江苏省先进工作者称号。

1964年11月生，江苏扬中人，中共党员，研究生。他在西来桥镇工作的十多年里，多次受到镇江市委、市政府表彰。在发改委工作期间，负责民营经济、乡镇企业等方面的工作，工作实绩在镇江市考核中多次获第一名。在科技局工作期间，扬中市创成“江苏省知识产权示范市”“全国科技进步示范市”。在总工会工作期间，他开设职工大讲堂；获评扬中市“十佳新市民”“金牌员工”；提请政府完善《扬中市特困职工帮扶救助办法》，出台《扬中市总工会困难职工临时救助暂行办法》等文件；成立镇江范围内首家职工服务中心；制定出台镇（街、区）总工会五项工作机制。在他的带领下，扬中市总工会的工作进一步规范有序，先后获全国新建企业工会组建工作先进单位、全国互助互济保障工作先进集体等称号。他先后获镇江市劳动模范、全国优秀工会工作者等称号。 （吴海军）

毛罕平 江苏大学农业工程研究院院长，2016 年获江苏省先进工作者称号。简历参见《镇江年鉴（2016）》第 357 页。

（吴海军）

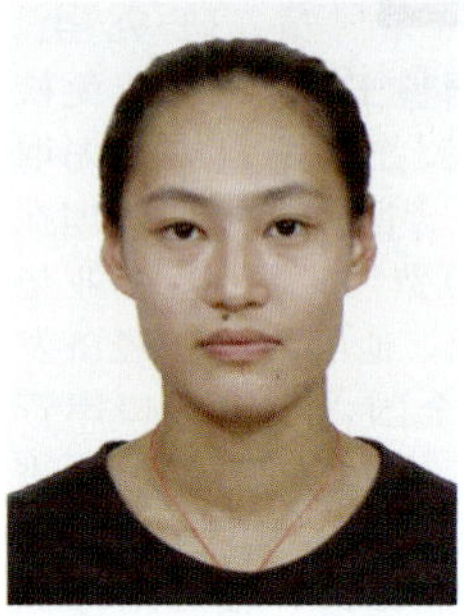

龚　雨 击剑运动员，2016 年亚洲锦标赛与队友合作获团体第一名，2016 年全国锦标赛与队友合作获团体冠军。简历参见《镇江年鉴（2016）》第 361 页。 （王煜琦）

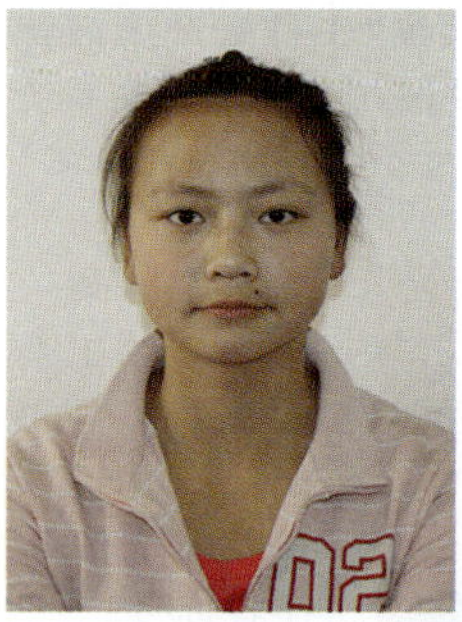

赵春媛 拳击运动员，2016 年获世界女子青年拳击锦标赛 60 公斤级第一名。简历参见《镇江年鉴（2015）》第 355 页。

（王煜琦）

何　琴　田径运动员，2016 年全国田径锦标赛与队友合作获 20 公里竞走女子团体第一名。

女，1992 年 3 月生，江苏丹阳人，2002 年进入镇江市体育运动学校竞走队，2005 年进入江苏省田径竞走队（集

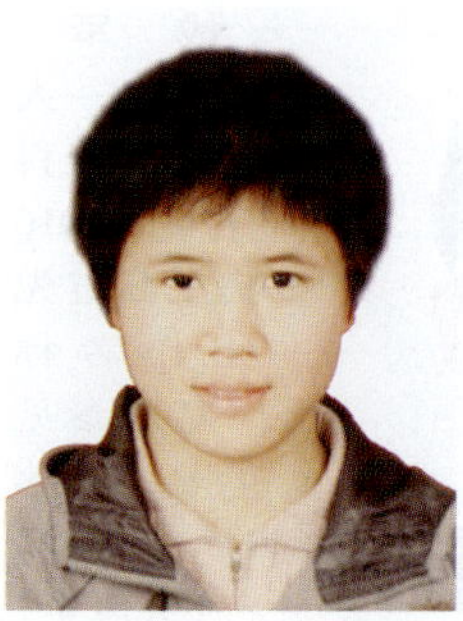

训），2010 年进入江苏省田径队，同年进入国家竞走队。她与队友合作曾获 2010 年国际田联竞走世界杯女子青年组 10 公里团体冠军（个人获亚军）、2011 年全国城市运动会女子 20 公里竞走团体冠军。 （王煜琦）

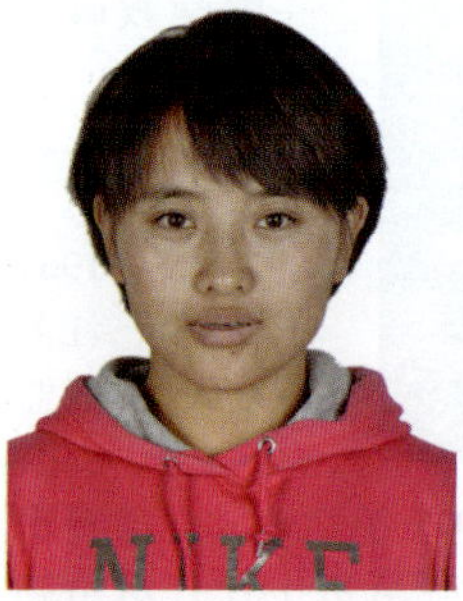

拉　毛 田径运动员，2016 年全国田径锦标赛与队友合作获 20 公里竞走女子团体第一名。

女，1996 年生，青海海西州人，2010 年作为优秀田径运动员后备人才引进到镇江市，2015 年进入江苏省优秀运动队。她与队友合作曾获 2015 年全国第一届青年运动会田径女子 10 公里竞走团体金牌。 （王煜琦）

聂晶晶 田径运动员，2016 年与队友合作获世界杯 20 公里竞走女子团体第一名。

女，1988 年生，江苏镇江人，2002 年进入镇江市体育运动学校竞走队训练，2006 年进入江苏省竞走队，2010 年进入国家竞走队。她曾获 2011 年全国田径锦标赛 20 公里竞走冠军，2012 年与队友合作获世界杯 20 公里子竞走女子团体第三名。 （王煜琦）

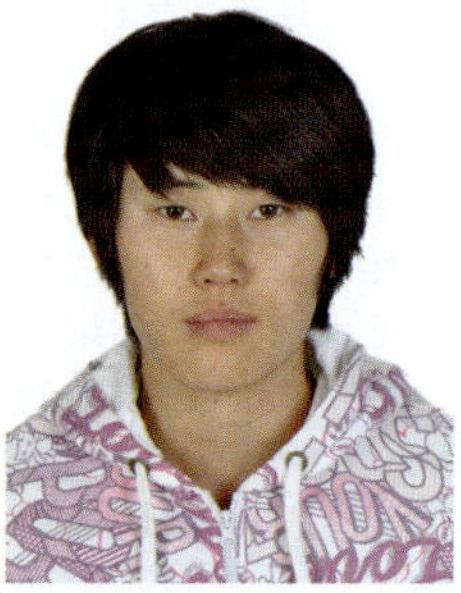

宋金婷 田径运动员，2016 年与队友合作获全国田径锦标赛女子马拉松团体金牌。

女，1995 年生，吉林梅河口人，2010 年作为优秀田径运动员后备人才引进到镇江市，2015 年进入江苏省优秀运动队。她与队友合作曾获 2015 年全国田径锦标赛女子马拉松团体第二名。

（王煜琦）

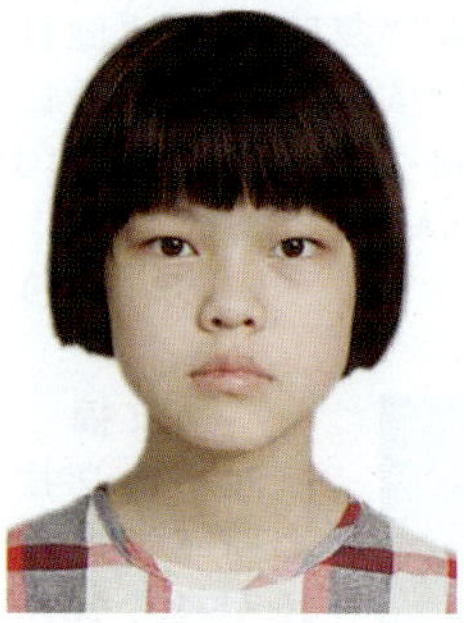

张　潇 国际象棋运动员，2016 年获全国女子国际象棋团体锦标赛个人第二台银牌；同年，她晋升国际象棋国家大师，并获“运动健将”称号。截至 2016 年年底，她是江苏省该项目最年轻的国家大师。简历参见《镇江年鉴（2016）》第 361 页。 （王煜琦）

邹莉娟 田径运动员，2016 年里约残奥会女子 F34 级标枪比赛中，她以 21.86 米的成绩获金牌，打破由她本人保持的 20.98 米的世界纪录；女子 F34 级铅球比赛中，以 8.75 米的成绩获金牌，打破 8.60 米的残奥会纪录。

女，1994 年 8 月生，江苏扬中人。她曾获 2014 年仁川亚运会 F34 级铅球及标枪两个项目的金牌，以及 2015 年世界残疾人田径锦标赛 F34 级铅球及标枪两个项目的金牌。2015 年全国第九届残疾人运动会上，她在女子 F34 级铅球比赛中以 9.01 米的成绩获冠军，并打破 7.90 米的全国纪录。 （张　虹）

胡　鹏 举重运动员，2016 年里约残疾人奥林匹克运动会男子举重 65 公斤级亚军。

1989 年生，江苏句容人。他曾获 2009 年亚锦赛男子举重 75 公斤级冠军，2011 年全国第八届残疾人运动会男子举重 75 公斤级冠军，2012 年伦敦残奥会男子举重 75 公斤级铜牌，2016 年全国第九届残疾人运动会男子举重 72 公斤级冠军。

（陈龙浩）

镇江名人

马伟明 中国科学技术协会第九届全国委员会副主席，2015年11月获何梁何利基金最高奖，2017年1月获“2016年度中国十大科技创新人物”称号。

1960年4月生，江苏扬中人，中共党员，博士生导师，中国工程院院士。他长期致力于舰船电气工程领域研究，带领科研创新团队在舰船综合电力技术和电磁发射两大领域取得一系列具有自主知识产权的成果，为国家科技进步与国防装备建设做出贡献。他的研究成果曾获国家科技进步一等奖、军队科技进步一等奖等奖项；他曾获“全国杰出专业技术人才”“十佳全国优秀科技工作者”等称号，并被中央军委记一等功。2016年6月，他当选中国科学技术协会第九届全国委员会副主席。

（江　鉴）

包信和 复旦大学常务副校长，2016年6月获第十一届国际天然气转化大会天然气转化杰出成就奖，2017年1月获“2016年度中国十大科技创新人物”称号。

1959年8月生，出生于江苏扬中，理学博士、研究员，博士生导师、中科院院士。

他1975年7月参加工作，曾任中科院大连化学物理研究所所长、中科院沈阳分院院长等职。2016年，他带领团队突破煤转化领域的瓶颈，实现“甲烷在无氧条件下选择活化”。在这项技术中，包信和首创氧化物和分子筛纳米复合催化剂及催化过程（Ox－Zeo），这是这项技术最核心的创新环节。包信和获第十一届国际天然气转化大会天然气转化杰出成就奖，该奖项每三年评选一次，截至2016年，包信和是唯一获此奖项的亚洲科学家。

（江　鉴）

人物表录

2016年镇江市认定享受市级以上劳模待遇人员一览表

表37－1

姓　名	工作单位、职务	荣誉称号	获奖时间	享受何种劳模待遇
赵　棣	镇江市国土资源局测绘管理办公室主任	全国国土资源管理系统先进工作者	2016年3月	省部级
徐荣芳	江苏丹毛纺织股份有限公司副董事长	全国纺织工业劳动模范	2016年6月	省部级
刘国方	江苏宏马物流有限公司分公司经理	全国物流行业劳动模范	2016年6月	省部级
刘春华	丹阳市档案局(馆)	全省档案系统先进工作者	2016年1月	市级
姜建新	江苏江南生物科技有限公司	2015年镇江市自主创新杰出人才奖	2016年2月	市级
钱　炜	镇江市第一人民医院	2015年镇江市自主创新杰出人才奖	2016年2月	市级
于锦华	镇江市民防局办公室主任	全省民防系统先进工作者	2016年9月	市级
薛玉龙	镇江市文化广电新闻出版局文化艺术处处长	全省文化系统先进工作者	2016年10月	市级
何　伟	句容市文化馆馆长	全省文化系统先进工作者	2016年10月	市级
眭林辉	丹阳市民流生态发展有限公司总经理	江苏省旅游系统劳动模范	2016年12月	市级
谢　炜	镇江万达喜来登酒店销售经理	江苏省旅游系统劳动模范	2016年12月	市级
成小锋	镇江文化旅游产业集团有限公司工程师	江苏省旅游系统劳动模范	2016年12月	市级
赵　昀	西津渡文化旅游公司讲解班班长	江苏省旅游系统劳动模范	2016年12月	市级

（马玉梅）

2016年镇江市五一劳动奖章名录

陈晓龙　田山鹏　王立新　居　斌　杨广琴(女)　马春洋　崔恒志　杜文军　李　恒　丁　勤(女)
张　毅　朱建国　吴召祥　江卫东　苏　俊　冯　瑞　潘大春　孔翠琴(女)　刘海荣　陈　中

（吴海军）

2016年镇江市获正高级专业技术资格人员情况表

表37－2

姓　名	性别	工作单位	从事专业	资格名称
李晓波	男	江苏大学	高等教育学	教授
吉敬华	女	江苏大学	电力电子与电力传动	教授
胡绪华	男	江苏大学	产业经济学	教授
梁　军	男	江苏大学	交通信息工程与控制	教授
赵斌娟	女	江苏大学	流体机械及工程	教授
曹顺生	男	江苏大学	材料工程	教授

续表 37－2

姓　名	性别	工作单位	从事专业	资格名称
孟献丰	男	江苏大学	材料工程	教授
吕晓萌	女	江苏大学	无机化学	教授
殷久利	男	江苏大学	数学	教授
朱建国	男	江苏大学	固体力学	教授
齐向辉	男	江苏大学	食品科学	教授
杨泽斌	男	江苏大学	电气工程	教授
杨利霞	男	江苏大学	电磁场与微波技术	教授
周从华	男	江苏大学	计算机应用技术	教授
郭本海	男	江苏大学	管理工程	教授
李文元	男	江苏大学	工商管理	教授
蒋俊明	男	江苏大学	马列主义公共课	教授
李崇月	男	江苏大学	英语	教授
钟兰凤	女	江苏大学	外国语言学及应用语言学	教授
韩　荣	女	江苏大学	设计艺术学	教授
袁国跃	男	江苏大学	内分泌科	教授
单秀红	女	江苏大学	影像医学	教授
汪雪峰	女	江苏大学	中心实验室	研究员
张德胜	男	江苏大学	流体机械及工程	研究员
林　琳	男	江苏大学	农产品加工及贮藏工程	研究员
邱静霞	女	江苏大学	应用化学	研究员
付为国	男	江苏大学	生态学	研究员
缪子梅	女	江苏大学	教育管理	研究员
徐红星	女	江苏大学	出版	编审
何英英	女	江苏大学	生物学/生物化学和分子生物学	教授
温华兵	男	江苏科技大学	动力工程与工程热物理	教授
周宏根	男	江苏科技大学	机械工程	教授
伍雪冬	男	江苏科技大学	控制工程	教授
黄树成	男	江苏科技大学	计算机	教授
孟庆良	男	江苏科技大学	管理工程	教授
马少辉	男	江苏科技大学	管理工程	教授
黎文航	男	江苏科技大学	材料工程	教授
陆鸿飞	男	江苏科技大学	化学工程	教授
万怡震	男	江苏科技大学	生物学	教授
沈　茹	女	江苏科技大学	教育管理研究	研究员
魏　跃	男	江苏农林职业技术学院	园艺植物育种	教授
刘玉华	女	江苏农林职业技术学院	园林工程设计	教授
蒋志峰	男	江苏农林职业技术学院	农业推广	推广研究员
范　灵	男	镇江市高等专科学校	人力资源管理	教授
刘　波	男	镇江市高等专科学校	机械工程	教授
胡春花	女	镇江市高等专科学校	控制工程	教授
徐　艟	男	镇江市高等专科学校	工商管理	教授
吴建强	男	镇江市高等专科学校	教育管理	研究员
湛利平	男	镇江市第一人民医院	神经外科	主任医师
徐宝华	女	镇江市第一人民医院	小儿内科	主任医师
邹　晨	男	镇江市第一人民医院	普通外科	主任医师
贯　静	女	镇江市第一人民医院	外科护理	主任护师
张　恒	男	镇江市第一人民医院	普通外科	主任医师
吴登雷	男	镇江市第一人民医院	眼科	主任医师
孙彩虹	女	镇江市第一人民医院	皮肤与性病	主任医师
沈卉君	女	镇江市第一人民医院	神经内科(脑电诊断)	主任医师
姚冬明	男	镇江市第一人民医院	临床医学检验技术(技)	主任技师
邹明畅	男	镇江市第一人民医院	中药学	主任中药师
潘志强	男	镇江市第一人民医院	医院药学	主任药师
邓向军	男	镇江市第一人民医院	医院药学	主任药师
柳迎昭	女	镇江市第一人民医院	内分泌	主任医师

续表 37－2

姓　名	性别	工作单位	从事专业	资格名称
陶　曙	男	镇江市第一人民医院	普通外科	主任医师
王　燕	女	镇江市第一人民医院	放射肿瘤治疗学	主任医师
王　鹏	男	镇江市第一人民医院	神经外科	主任医师
史光英	男	镇江市第一人民医院	内分泌	主任医师
刘　欣	女	镇江市第一人民医院	小儿内科	主任医师
王瑞瑛	女	镇江市第二人民医院	外科护理	主任护师
桑　鹏	女	镇江市第二人民医院	超声医学	主任医师
吴玉华	女	镇江市第三人民医院	医院药学	主任药师
朱华英	女	镇江市第四人民医院	妇产科	主任医师
冷晓辉	女	镇江市第四人民医院	外科护理	主任护师
张建萍	女	镇江市第四人民医院	外科护理	主任护师
赵正清	女	镇江市第四人民医院	内科护理	主任护师
胡建慧	女	镇江市中医院	临床医学检验临床免疫技术(技)	主任技师
施付强	男	镇江市中医院	放射医学(医学影像)	主任医师
巫秀义	男	镇江市中医院	中医肛肠科	主任中医师
方　洁	女	镇江市精神卫生中心	精神病	主任医师
常宪鲁	男	镇江市第五人民医院	精神病	主任医师
王桂梅	女	镇江市第五人民医院	外科护理	主任护师
胡飞虎	男	镇江市疾病预防控制中心	皮肤与性病	主任医师
石小武	男	镇江市公路管理处	交通公路工程	研究员级高级工程师
赵　江	男	镇江市规划设计研究院	给排水规划设计	研究员级高级工程师
欧建华	男	镇江市交通城建工程建设指挥部	风景园林	研究员级高级工程师
杜　磊	男	镇江市勘察测绘研究院	测量测绘	研究员级高级工程师
姜宗毅	男	江苏中源工程管理股份有限公司	工程监理	研究员级高级工程师
王加民	男	镇江市建科工程质量检测中心有限公司	工程检测	研究员级高级工程师
汪　昕	女	镇江市第四人民医院	政治思想工作	研究员级高级政工师
完旭东	男	镇江市精神卫生中心	政治思想工作	研究员级高级政工师
杨学军	男	镇江市疾病预防 控制中心	政治思想工作	研究员级高级政工师
恽　端	女	江苏大学附属医院	政治思想工作	研究员级高级政工师
羊　城	男	江苏大学附属医院	政治思想工作	研究员级高级政工师
张翀煜	女	镇江日报社	新闻	高级编辑
黄　俊	男	镇江飞驰汽车集团有限责任公司	企业管理	正高级经济师
张安琴	女	江苏句容市人民医院	会计	正高级经济师
裴　胜	男	镇江市中小企业服务中心	中小企业管理及服务	正高级经济师
罗涤域	男	江苏瀚瑞投资控股有限公司	经济管理	正高级经济师
张先宝	男	市环境监测中心站	环境工程	研究员级高级工程师
肖　晖	男	市计量检定测试中心	质量技术监督工程	研究员级高级工程师
张玉枚	女	镇江市委党校	经济学	教授
倪晓霓	女	市药品检验所	药学专业	主任药师
叶小松	男	江苏镇安电力设备有限公司	机械工程	研究员级高级工程师
王冰茹	女	镇江市文化馆	导演	一级导演
束汉良	男	镇江市农业委员会农业处	种子推广与农业生产技术指导及管理	农业技术推广研究员
端木和林	男	镇江句容市农业技术推广中心	植保	农业技术推广研究员
施积文	男	镇江市扬中市农业技术推广中心	农业技术推广	农业技术推广研究员
张选怀	男	镇江市扬中市农业技术推广中心	农业技术推广	农业技术推广研究员
杨　凌	女	京口区健康路社区卫生服务中心	全科医学	社区主任医师
陈道生	男	镇江市丹徒区人民医院	皮肤与性病	主任医师
丁晓燕	女	丹阳市第二人民医院	小儿内科	主任医师
鞠长年	男	丹阳市中医院	内分泌	主任医师
盛国庆	男	丹阳市中医院	中医骨伤科	主任中医师
朱　涛	男	丹阳市疾病预防控制中心	寄生虫病控制	主任医师
薛江洲	男	丹阳市中医院	中医内科	主任中医师
戎荣才	男	丹阳市访仙镇卫生院	社区内科	社区主任医师
丁　弘	女	扬中市人民医院	肾内科	主任医师
朱新云	男	扬中市疾病预防控制中心	寄生虫病控制	主任医师
殷华美	女	扬中市疾病预防控制中心	微生物检验技术(技)	主任技师

续表 37－2

姓　名	性别	工作单位	从事专业	资格名称
顾以波	男	扬中市新坝中心卫生院	全科医学	社区主任医师
王纪萍	女	扬中市三茅街道社区卫生服务中心(扬中市口腔病防治所)	超声医学	主任医师
许志林	男	扬中市八桥中心卫生院	社区内科	社区主任医师
张敏燕	女	扬中市八桥中心卫生院	社区妇产科	社区主任医师
秦　峰	男	扬中市人民医院	针灸科	主任中医师
苍　靖	男	扬中经济开发区兴隆社区卫生服务中心(扬中市精神病防治院)	全科医学	社区主任医师
严学义	男	句容市白兔中心卫生院白兔分院	社区内科	社区主任医师
段同兰	女	句容市崇明社区卫生服务中心	社区预防保健	社区主任医师
戴宏华	女	句容市中医院	临床医学检验技术(技)	主任技师
陈元彬	男	句容市白兔中心卫生院	社区内科	社区主任医师
王延明	男	丹阳市人民医院	整形外科	主任医师
林夕梅	女	丹阳市人民医院	眼科	主任医师
贡明才	男	丹阳市人民医院	普通内科	主任医师
车恒林	男	句容市下蜀中心卫生院	普通内科	社区主任医师
朱丽华	女	扬中市文化新村幼儿园	语言科学艺术游戏	正高级教师
张　琳	女	江苏省镇江第一中学	语文	正高级教师
陆建根	男	江苏省镇江中学	数学	正高级教师
周　林	男	江苏省镇江第一中学	英语	正高级教师
朱春晓	男	镇江市教育局教研室	物理	正高级教师
许国霞	女	江苏省丹阳高级中学	化学	正高级教师
赵竹林	男	江苏省镇江第一中学	政治	正高级教师

（裴　伟　马　原）

逝世人物

王　华

句容市原副市长。2016 年 8 月 18 日，在赴新疆奎屯参加援疆座谈会途中遭遇车祸，因公牺牲，年仅 41 岁。

1975 年 11 月生，镇江丹阳人，省委党校研究生学历，公共管理硕士。1996 年 6 月加入中国共产党，1998 年 8 月参加工作。2013 年 11 月，王华作为江苏省第八批援疆干部，到新疆生产建设兵团第四师可克达拉市开展援疆工作，任镇江援疆指挥组副组长、新疆生产建设兵团第四师师长助理。工作期间，他跑遍 18 个团场和部分连队，开展有针对性的援建，为可克达拉的发展做出贡献。他两次被评为“兵团对口援疆工作先进个人”，2015 年 6 月，镇江市前方指挥组获兵团党委通报表扬，这在兵团援疆史上是第一次。王华因公殉职后，被追授“江苏时代楷模”“镇江市优秀共产党员”“新疆生产建设兵团第四师克拉达拉市优秀共产党员”等称号，中共镇江市委在全市开展向王华学习的活动。（殷有军）

宋亚欣

镇江市新四军暨茅山抗日根据地研究会会长、市关工委名誉主任。2015 年 9 月 26 日逝世，享年 90 岁。

1925 年生，江苏武进人。1941 年加入中国共产党，曾在茅山抗日根据地参加新四军，长期顽强与敌周旋。1941 年 5 月至 1950 年 2 月，先后任山南县区文书、县委秘书、秘密党区联络员、县委书记，江宁县虬山区区委委员，句容县委秘书、区委副书记，太昌分工委宣潭广区区委书记，太昌部队教导员、宜兴县委代理宣传部部长等职。1950 年 2 月至 1989 年 12 月，先后任苏南区党委纪委检查员，江苏省监委副处长、处长，常州市委组织部部长，丹阳县委书记，镇江地委社教工作团副团长、团长，武进县委副书记、书记，镇江地委副书记、行署副专员，江苏工学院书记兼院长，镇江市委党史资料征集研究委员会主任等职。1989 年 12 月离休。离休后，组建、主持市关心下一代工作委员会。2000 年 6 月，担任镇江市新四军暨茅山抗日根据地研究会会长。（汪　蕾）

胡志贤

镇江市人大常委会原副主任。2016 年 5 月 25 日逝世，享年 74 岁。

1943 年 2 月生，镇江丹阳人。1961 年毕业于丹阳师范，分配到丹阳界牌中心校工作。1971 年加入中国共产党。先后任丹阳县窦庄瓦西学校校长；窦庄公社秘书、副主任、主任、书记；丹阳县副县长；扬中县委副书记、县长；丹阳市委副书记、政协主席、市长、市委书记、市人大常委会主任；1999 年任镇江市人大常委会副主任。2007 年 4 月退职休养。他是中国共产党第十五次全国代表大会代表。

（熊先楚）

书 目

2016 年镇江市部分作者编著出版图书书目一览表

表 38－1

书　　名	编 著 者	出 版 者	出版年月	字数（千字）
中国文化史	柳诒徵	中华书局	2015 年 1 月	1000
二十五史警句妙语辞典（增订本）	仓修良	华东师范大学出版社	2015 年 4 月	600
《诗经》《楚辞》植物考	赵　倩	中国环境出版社	2015 年 4 月	460
清水集（四编）	陈敦平	中国文史出版社	2015 年 6 月	240
新校订六家注文选（第四册）	〔梁〕萧统选编，俞绍初、刘群栋、王翠红点校	郑州大学出版社	2015 年 7 月	681
新校订六家注文选（第五册）	〔梁〕萧统选编，俞绍初、刘群栋、王翠红点校	郑州大学出版社	2015 年 7 月	677
新校订六家注文选（第六册）	〔梁〕萧统选编，俞绍初、刘群栋、王翠红点校	郑州大学出版社	2015 年 7 月	699
丹阳姓氏寻踪	丹阳市档案馆	中华出版社	2015 年 9 月	270
大学生职业生涯发展与规划	汤　建、赵泽霖	上海交通大学出版社	2015 年 9 月	260
镇江博物馆藏佛教文物	镇江博物馆	文物出版社	2015 年 11 月	－
“美在扬中”文学丛书		中国文联出版社	2015 年 12 月—2016 年 2 月	3020
“美在扬中”文学作品集	方泽华			
扬中地名故事	方泽华、李跃林			
茶飘香	李小网			
临江的窗	杨祥生			
一路走来	王晓芳			
山村里的守望者	马　健			
岁月难忘	周　勇			
烟沙集	朱圣福			
风雨岁月	周祥贵			
剪一段时光	王文咏			
冲压工艺与模具设计	石凤健	科学出版社	2015 年 12 月	509
水工程概预算	王金海	人民交通大学出版社	2015 年 12 月	440
叶片泵设计数值模拟基础与应用	张德胜	机械工业出版社	2015 年 12 月	420
焊接机器人技术与系统	黎文航	国防工业出版社	2015 年 12 月	390
战狼花	武　林	现代出版社	2015 年 12 月	250

续表 38-1

书　　名	编著者	出版者	出版年月	字数（千字）
唐敦煌壁画女性服饰美学研究	阮　立	兰州大学出版社	2015 年 12 月	150
飘	张　杰	北京少年儿童出版社	2016 年 1 月	800
现代表面技术	钱苗根、姚寿山、张少宗	机械工业出版社	2016 年 1 月	479
保险让生活更美好	王宝敏、谭中明	团结出版社	2016 年 1 月	398
米芾传	王　川	作家出版社	2016 年 1 月	390
乡愁	王桂宏	天津百花文艺出版社	2016 年 1 月	344
繁华落尽	陶　然	中国文史出版社	2016 年 1 月	280
数控技术与实训教程	贾小伟	机械工业出版社	2016 年 1 月	250
红叶石楠繁育与推广	邱国金	中国林业出版社	2016 年 1 月	150
家具计算机效果图制作	饶　鑫	中国轻工业出版社	2016 年 2 月	520
离心泵内部流动与运行节能	袁寿其	科学出版社	2016 年 2 月	460
Excel 2013 高效办公——会计实务	丁昌萍	人民邮电出版社	2016 年 3 月	627
基础会计教程（第 4 版）	吴君民	科学出版社	2016 年 3 月	533
瓦解与重构：镇江近代前期社会转型研究（1840—1911）	沈红亮	南京大学出版社	2016 年 3 月	412
焙烤食品加工与生产管理	洪文龙	北京师范大学出版社	2016 年 3 月	400
郭润康的百年人生	李毅民	南京出版社	2016 年 3 月	386
大学生创新创业基础教程	朱孟玲	浙江大学出版社	2016 年 3 月	304
新时期中国大陆史学思潮的递进与嬗变：1978—2011	范国强	花木兰文化出版社	2016 年 3 月	173
高压水射流技术基础及应用	康　灿	机械工业出版社	2016 年 3 月	151
农机电气系统使用与维护	吴阿敏	北京航空航天大学出版社	2016 年 4 月	326
物联网信息安全	李永忠	西安电子科技大学出版社	2016 年 5 月	581
大学生计算机基础学习指导	张晓如	中国矿业大学出版社	2016 年 5 月	331
我的左脑和右脑	赵见高	北京时代弄潮文化发展有限公司	2016 年 5 月	-
电气技术手册	黄　伟	机械工业出版社	2016 年 6 月	1072
Bergey's Manual of Systematics of Archaea and Bacteria	崔恒林	John Wiley & Sons, Inc.	2016 年 6 月	720
应用统计学（第 4 版）	施金龙、吕　洁、施　然	南京大学出版社	2016 年 6 月	596
供配电技术及成套设备	黄　伟	国服工业出版社	2016 年 6 月	595
旋转电机设计	贾好来	国防工业出版社	2016 年 6 月	590
护理药理学	叶宝华、秦红兵	人民卫生出版社	2016 年 6 月	374
旅游经济学（第二版）	姚允柱、李炳义	高等教育出版社	2016 年 6 月	330
社区护理	郁　沁、王　玮	人民卫生出版社	2016 年 6 月	250
Electronics Cooling	屈　健	InTech	2016 年 6 月	150
镇江东乡雕花门楼	章晓斌、马阿林	东南大学出版社	2016 年 7 月	635
教师道德与专业发展	戴　宁	吉林文史出版社	2016 年 7 月	360
儿科护理学	武　江、陈　梅、田　洁、李　震	西安交通大学出版社	2016 年 7 月	343
西部农村地区企业集群发展研究	庄晋财	经济科学出版社	2016 年 7 月	330
色彩构成	赵　群、谈　放、陆　凯	安徽美术出版社	2016 年 7 月	293
立体构成	蒋纯利、李　杰、孟　婷	安徽美术出版社	2016 年 7 月	274
采购与供应管理实务	周　琪、陈　玲、黄春花	清华大学出版社	2016 年 7 月	220
家具设计	谷　燕	华中科技大学	2016 年 7 月	213
清光绪丹阳县志	政协丹阳市委员会、丹阳市史志办公室（校注）	江苏人民出版社	2016 年 8 月	832
丹阳年鉴. 2016	丹阳市史志办公室	方志出版社	2016 年 8 月	727
千古情丝·奔月传奇	袁天才、袁心平	中国戏剧出版社	2016 年 8 月	647
普通高等教育"十三五"规划教材：税法	李　雷、张　玮、朱雪峰、江振坤	科学出版社	2016 年 8 月	535
润州年鉴. 2016	润州区史志档案办公室	方志出版社	2016 年 8 月	502
原位合成铝基复合材料	赵玉涛	科学出版社	2016 年 8 月	390
工程地质	臧秀平、陈　忠	高等教育出版社	2016 年 8 月	350
高志以行：当 8800 万党员站出来	施龙德	江苏人民出版社	2016 年 8 月	185

续表 38 – 1

书 名	编著者	出版者	出版年月	字数（千字）
思想政治理论课实践教程（电子书）	丁志春	华中师范大学出版社	2016 年 8 月	169
形势与政策（修改版）	陈立娥	吉林大学出版社	2016 年 8 月	110
镇江年鉴. 2016	镇江市史志办公室	方志出版社	2016 年 9 月	1280
税法与纳税筹划	张鹏飞	北京大学出版社	2016 年 9 月	341
大韩民国临时政府与镇江	李 臻、裴 伟、金升龙、张晓波	江苏人民出版社	2016 年 9 月	280
现代足球训练理念与青少年训练实践	掌玉宏	吉林大学出版社	2016 年 9 月	200
中国社区社会工作职业素质培训教材	胡宇飞	中国社会出版社	2016 年 9 月	180
句容年鉴. 2016	句容市史志办公室	方志出版社	2016 年 10 月	685
丹徒年鉴. 2016	丹徒区史志办公室	方志出版社	2016 年 10 月	561
潜水搅拌机理论、设计及工程应用	田 飞	科学出版社	2016 年 10 月	280
首次穿越北美大陆	张 璘	当代中国出版社	2016 年 10 月	255
云阳古今	韩梦庆	中和文化出版社	2016 年 10 月	230
纸媒无故事	陆渭南	江苏凤凰文艺出版社	2016 年 10 月	222
南方地区冬小麦高效灌排理论与麦田资源环境效应	缪子梅	河海大学出版社	2016 年 10 月	168
中国画画派成因比较研究	张 文	人民日报出版社	2016 年 10 月	168
建筑热环境建模、控制与优化及能耗预测	李康吉	金琅学术出版社	2016 年 10 月	154
数据结构	吴 陈	科学出版社	2016 年 11 月	676
艺术设计概论	谷 燕	吉林文史出版社	2016 年 11 月	350
高性能 CFRP 材料及其在预应力结构中的应用	陆春华	科学出版社	2016 年 11 月	333
镇江朱氏文化研究文集	王君海	团结出版社	2016 年 11 月	326
企业信息化工程理论与方法	刘秋生	东南大学	2016 年 11 月	286
七峰诗话	符志成	文汇出版社	2016 年 11 月	140
镇江水文化笔谈 · 古韵流芳	杨瑞彬、杨再年编撰，镇江市水利局、水利学会编	南京大学出版社	2016 年 11 月	131
镇江水文化笔谈 · 京江忆旧	张守群编撰，镇江市水利局、水利学会编	南京大学出版社	2016 年 11 月	131
镇江水文化笔谈 · 水利华章	王礼刚、李德柱编撰，镇江市水利局、水利学会编	南京大学出版社	2016 年 11 月	131
镇江水文化笔谈 · 运河怀古	李德柱、王礼刚编撰，镇江市水利局、水利学会编	南京大学出版社	2016 年 11 月	131
Advances in Bioenergy	卜 权	Elsevier Inc.	2016 年 11 月	30
守望热当坝	袁曾亭	中国摄影出版社	2016 年 11 月	20
镇江文库 · 嘉定镇江志、至顺镇江志	〔宋〕卢宪、〔元〕俞希鲁纂 夏锦文主编	广陵书社	2016 年 11 月	–
镇江文库 · 乾隆镇江府志	〔清〕朱霖等纂 夏锦文主编	广陵书社	2016 年 11 月	–
镇江文库 · 万历重修镇江府志	〔明〕王应麟修，王樵等纂 夏锦文主编	广陵书社	2016 年 11 月	–
儒武争锋	胡 浩（情殇孤月）	飞燕文创事业有限公司（台湾）	2016 年 12 月	780
扬中年鉴. 2016	扬中市史志办公室	方志出版社	2016 年 12 月	673
叶轮机械流体力学基础	张启华	科学出版社	2016 年 12 月	360
镇江开埠及其近代社会变迁	戴迎华	人民出版社	2016 年 12 月	300
中国价值——图说社会主义核心价值观的根与源	《中国价值》编创组	江苏人民出版社	2016 年 12 月	275
金融双轨制下融资担保链危机形成与治理研究	马国建	三联书店	2016 年 12 月	260
老年痴呆症社区早期预防与人群管理研究	代宝珍	科学出版社	2016 年 12 月	203
仿生植物在对重污染水体氮素去除中的应用	周晓红	化学工业出版社	2016 年 12 月	200
用户专利文献阅读兴趣拓扑结构及其应用研究	王秀红	武汉大学出版社	2016 年 12 月	200
服务化转型中的我国制造企业人力资源管理研究	朱永跃	中国社会科学出版社	2016 年 12 月	168
政府治理转型背景下的农村公共服务社区化研究	卢 璐	中国社会科学出版社	2016 年 12 月	160
金里卡少数族群权利理论研究	张慧卿	人民出版社	2016 年 12 月	150

说明：本表补录了往年出版的部分图书书目

（犀 泽 马阿林 叶 卜）

2016 年江苏大学出版社出版图书书目一览表

表 38－2

国际标准书号	著作名称	第一责任者及著作方式	出版年月	字数(千字)
978－7－5684－0168－5	Java 程序设计	刘振海,王明辉,主编	2016 年 1 月	604
978－7－5684－0104－3	药理学	李永金,高　静,主编	2016 年 1 月	581
978－7－5684－0123－4	大学物理开放实验教程	施建珍,薛同莲,董小燕,沐仁旺,主编	2016 年 1 月	580
978－7－5684－0004－6	汽车构造	代　洪,陆孟雄,钟其斌,主编	2016 年 1 月	520
978－7－5684－0116－6	汽车销售实务	刘金霞,宋宝珍,主编	2016 年 1 月	387
978－7－5684－0133－3	新闻见证:道德楷模赵亚夫	镇江报业传媒集团,编	2016 年 1 月	368
978－7－5684－0117－3	数控加工技术实训	马慧斌,张广才,高　翔,主编	2016 年 1 月	363
978－7－5684－0078－7	博物馆、美术馆、图书馆与文化遗产	杨　敬,谢友宁,编著	2016 年 1 月	358
978－7－5684－0138－8	学校内部控制操作指南	汤伟群,陈留平,钟秀平,莫海珊,编著	2016 年 1 月	356
978－7－5684－0024－4	三维建模基础实训:Pro/E Wildfire 5.0 版	许鹏辉,主编	2016 年 1 月	343
978－7－5684－0125－8	大学物理学习指导	臧涛成,马春兰,程新利,主编	2016 年 1 月	307
978－7－5684－0120－3	汽车自动变速器拆装与检测实训	王华中,叶亚亮,姚圣卓,主编	2016 年 1 月	280
978－7－5684－0162－3	京口书史	徐　苏,著	2016 年 1 月	270
978－7－5684－0145－6	实用电子线路基础	樊　斌,范君柳,王　帆,编	2016 年 1 月	259
978－7－5684－0135－7	汽车整车性能检测实训	刘连明,孙贵斌,杨旭志,主编	2016 年 1 月	252
978－7－5684－0154－8	镇江方言别解	王　川,王　田,著	2016 年 1 月	209
978－7－5684－0171－5	徐承祖与晚清外交	骆远荣,编著	2016 年 2 月	625
978－7－5684－0167－8	统计学基础项目教程	陈玉兰,张学兵,主编	2016 年 2 月	462
978－7－5684－0170－8	生理学	聂竹兰,阮争光,主编	2016 年 2 月	420
978－7－5684－0169－2	工程数学	冯志刚,主编	2016 年 2 月	383
978－7－5684－0174－6	毛泽东思想和中国特色社会主义理论体系概论实训	赵金洪,洪步华,单洪涛,主编	2016 年 2 月	380
978－7－5684－0177－7	会计真账实操. 工业	郑娟娟,编	2016 年 2 月	342
978－7－5684－0161－6	晚清循吏王仁堪文献评注	吴晓峰,王　勇,评注	2016 年 2 月	300
978－7－5684－0158－6	京口耆旧传校证	〔宋〕刘　宰,撰	2016 年 2 月	285
978－7－5684－0164－7	全科医学概论	覃　雪,何高见,主编	2016 年 2 月	268
978－7－5684－0165－4	实用语文辅导与自测. 第 4 册	刘玲玲,张婉璐,陈明华,主编	2016 年 2 月	264
978－7－5684－0155－5	三国名城镇江	王玉国,李德柱,编著	2016 年 2 月	250
978－7－5684－0157－9	外国人笔下的镇江	裴　伟,周小英,镇江市历史文化名城研究会,编	2016 年 2 月	222
978－7－5684－0160－9	江河交汇润州城:北宋文人荟萃录	刘建国,潘美云,著	2016 年 2 月	220
978－7－5684－0166－1	孙伯春作品集	孙伯春,怀其芳,著	2016 年 2 月	100
978－7－5684－0163－0	药理学＝Pharmacology	封　云,刘晗青,主编	2016 年 3 月	972
978－7－5684－0184－5	镇江公路交通科技论文选萃. 2015	镇江市公路学会,编	2016 年 3 月	421
978－7－5684－0176－0	会计真账实操. 服务业	徐新娴,主编	2016 年 3 月	411
978－7－5684－0191－3	汽车行业英语教程	文熹萌,洪少贤,王毅明,主编	2016 年 3 月	393
978－7－5684－0175－3	电子支付与网上银行	谢兴盛,张　华,安容宇,主编	2016 年 3 月	370
978－7－5684－0180－7	出纳真账实操	徐新娴,主编	2016 年 3 月	359
978－7－5684－0156－2	民意与量刑公正问题研究	金　荣,刘春花,著	2016 年 3 月	330
978－7－5684－0020－6	几何量公差与检测实验教程	杨建风,徐红兵,王春艳,王亚元,主编	2016 年 3 月	303
978－7－5684－0178－4	会计真账实操. 商业	胡　枫,主编	2016 年 3 月	270
978－7－5684－0173－9	新编十八韵常用词汇	王荣华,编	2016 年 3 月	220
978－7－5684－0172－2	西部地区承接产业转移的政策转型研究	程李梅,庄晋财,著	2016 年 3 月	200
978－7－5684－0159－3	城市山林	范　然,主编	2016 年 3 月	193
978－7－5684－0187－6	基于计算实验的供应链突发事件管理研究	张道海,著	2016 年 3 月	180
978－7－5684－0179－1	机械制图测绘实训教程	吴巨龙,主编	2016 年 3 月	176
978－7－5684－0181－4	一位纸上舞蹈者的墨韵集	顾开宁,著	2016 年 3 月	90
978－7－5684－0196－8	大学英语四级考试应试指南	王艳伟,主编	2016 年 4 月	461

续表 38－2

国际标准书号	著作名称	第一责任者及著作方式	出版年月	字数(千字)
978－7－5684－0021－3	汽车维修技师技能培训	王 瑜,主编	2016 年 4 月	417
978－7－5684－0199－9	幼儿教师职业道德	季一萌,张小红,梁运峰,主编	2016 年 4 月	387
978－7－5684－0201－9	《盐铁论》对称结构考	李 文,著	2016 年 4 月	253
978－7－5684－0192－0	有机化学实验＝*EXPERIMENTAL ORGANIC CHEMISTRY*	陈秋云,主编	2016 年 4 月	236
978－7－5684－0185－2	新能源专业英语	李逦璐,王 爽,乔 芬,编著	2016 年 4 月	200
978－7－5684－0188－3	高职学生工作探索与创新:大学生思政工作论文集. 2014 年卷	徐 红,主编	2016 年 4 月	130
978－7－5684－0195－1	临床核医学检验技术实验指导	毛朝明,石怡珍,主编	2016 年 4 月	121
978－7－5684－0207－1	三屯庄	谢耀德,著	2016 年 5 月	500
978－7－5684－0197－5	现代教育技术	文 源,汤晓伟,耿桂芝,主编	2016 年 5 月	416
978－7－5684－0182－1	学前儿童品格教育的园本探索	吴圣钧,著	2016 年 5 月	362
978－7－5684－0210－1	我的专业 我做主	张成华,主编	2016 年 5 月	342
978－7－5684－0200－2	汽车检测技术	陈强明,主编	2016 年 5 月	312
978－7－5684－0215－6	实战网络创业	朱建新,著	2016 年 5 月	300
978－7－5684－0209－5	江洲记忆	郭 渝,主编	2016 年 5 月	290
978－7－81130－852－5	高效喷雾技术研究及应用	吴春笃,张 波,王军锋,储金宇,陈志刚,著	2016 年 5 月	284
978－7－5684－0132－6	文化重构:创意经济与城市美学	林秀琴,著	2016 年 5 月	280
978－7－5684－0202－6	高校思想政治教育生态论	凌烨丽,著	2016 年 5 月	280
978－7－5684－0198－2	中国外汇储备现状、效应与释放的系统研究	王 娟,孔玉生,陈海波,著	2016 年 5 月	201
978－7－5684－0186－9	江苏沿海绿色居住建筑节能设计研究	王 进,著	2016 年 5 月	200
978－7－5684－0223－1	复杂网络中的人类双向选择行为研究	周 斌,著	2016 年 5 月	200
978－7－5684－0205－7	大手牵小手:0～3 岁亲子共读指导	孔苏晴,孙立芸,编著	2016 年 5 月	180
978－7－5684－0206－4	微积分中的图形解析	李光久,钟瑜荪,编著	2016 年 5 月	169
978－7－81130－891－4	临床分子生物学检验技术实验指导	钱 晖,陶国华,主编	2016 年 5 月	146
978－7－5684－0216－3	创业管理模拟实训教程	李 昕,编著	2016 年 5 月	138
978－7－5684－0235－4	常信日记 2015	常州信息职业技术学院党委宣传部,编	2016 年 6 月	610
978－7－5684－0236－1	常信日记 2015	常州信息职业技术学院党委宣传部,编	2016 年 6 月	610
978－7－5684－0193－7	物流学导论:概念、技术与应用	王仲君,王臣昊,编著	2016 年 6 月	532
978－7－5684－0237－8	新编高校体育与健康教程	李兴林,于善安,刘国荣,主编	2016 年 6 月	500
978－7－5684－0250－7	声乐基础. 上册	薛亚东,张 孜,潘 健,主编	2016 年 6 月	446
978－7－5684－0246－0	声乐基础. 下册	薛亚东,张 孜,潘 健,主编	2016 年 6 月	280
978－7－5684－0230－9	汽车售后服务管理	聂耳双,孟 旭,闫春丽,主编	2016 年 6 月	432
978－7－5684－0229－3	心理学教程	刘淑萍,方丽丽,主编	2016 年 6 月	404
978－7－5684－0232－3	摩托车减震器技术	刘爱红,贺 阳,著	2016 年 6 月	400
978－7－5684－0228－6	医学影像检查技术	李荣聪,王淑亚,主编	2016 年 6 月	394
978－7－5684－0252－1	当代教育评论. 第 3 辑	徐继存,潘洪建,主编	2016 年 6 月	360
978－7－5684－0222－4	中级财务会计学课程练习与模拟实验教程	黄爱玲,主编	2016 年 6 月	351
978－7－5684－0227－9	汽车运用基础	王春风,赵青青,王 晶,主编	2016 年 6 月	337
978－7－5684－0243－9	室内设计基础及案例精选	曹文梁,曹 晋,张 怡,张晓初,张晓棠,主编	2016 年 6 月	328
978－7－5684－0233－0	医药行业安全规范	雷 津,主编	2016 年 6 月	323
978－7－5684－0231－6	计算机应用基础	林俊杰,李 杰,熊永亮,主编	2016 年 6 月	300
978－7－5684－0014－5	董事长、总经理和公司法定代表人结构研究	孔玉生,蔡 泳,著	2016 年 6 月	273
978－7－5684－0194－4	当代文化产业:转型与创新	方彦富,管 宁,刘小新,林秀琴,著	2016 年 6 月	245
978－7－5684－0244－6	艺术设计概论	曹 晋,王孟霜,王岩松,赵 铮,主编	2016 年 6 月	240
978－7－5684－0249－1	环境设计基础	曹 晋,汤洪泉,卞冬仙,主编	2016 年 6 月	230

续表 38－2

国际标准书号	著作名称	第一责任者及著作方式	出版年月	字数(千字)
978－7－5684－0147－0	产业部门关联碳排放及责任的实证研究	钱明霞,著	2016年6月	220
978－7－5684－0212－5	魔杰座的八度空间	管　宁,主编	2016年6月	200
978－7－5684－0248－4	现代教育发展探索精萃:镇江民盟教育论坛优秀论文集	陈昆山,主编	2016年6月	200
978－7－5684－0217－0	医学统计学练习与测试	王福彦,主编	2016年6月	173
978－7－5684－0254－5	江山多娇:纪游诗选	少　文,著	2016年6月	160
978－7－5684－0220－0	汽车拖拉机构造与理论	聂佳梅,施爱平,主编	2016年7月	640
978－7－5684－0151－7	常见园林观赏植物资源图库	宗树斌,王永平,主编	2016年7月	635
978－7－5684－0261－3	大学英语实用教程:全2册	王丽娜,纪　靓,主编	2016年7月	608
978－7－5684－0218－7	部队基层卫生人员训练教程	金　萍,王淑琴,主编	2016年7月	580
978－7－5684－0219－4	土木工程导论.汉英对照	刘荣桂,胡白香,主编	2016年7月	573
978－7－5684－0266－8	网络营销	谭鸿健,刘德华,董　媛,主编	2016年7月	485
978－7－5684－0211－8	物流系统规划与设计	姚冠新,主编	2016年7月	446
978－7－5684－0247－7	中文版 AutoCAD 2016 基础与应用案例教程	周　琼,邢　伟,徐建平,主编	2016年7月	444
978－7－5684－0221－7	机械原理与设计.下	杨超君,孟庆梅,张　丽,主编	2016年7月	435
978－7－5684－0260－6	市场营销	龙忠敏,朱钦侯,主编	2016年7月	433
978－7－5684－0055－8	中职语文与应用	钟　飞,高素华,主编	2016年7月	415
978－7－5684－0245－3	医学伦理学	焦雨梅,穆长征,刘自忍,主编	2016年7月	389
978－7－5684－0242－2	数值分析	吴颉尔,王平心,编著	2016年7月	382
978－7－5684－0269－9	大学生心理健康教育	夏小林,李晓军,李　光,主编	2016年7月	382
978－7－5684－0241－5	筑养路机械电气设备	郝二树,主编	2016年7月	370
978－7－5684－0225－5	汽车发动机构造	石　玲,主编	2016年7月	365
978－7－5684－0204－0	当代律诗钞	毛谷风,选编	2016年7月	360
978－7－5684－0214－9	实用护理技能	侯玉华,主编	2016年7月	353
978－7－5684－0224－8	筑养路机械液压与液力传动	李　欣,主编	2016年7月	340
978－7－5684－0265－1	证券与投资	陈　垣,陈玉兰,翟瑞卿,主编	2016年7月	335
978－7－5684－0270－5	体育与健康	覃珍兰,雷　虹,主编	2016年7月	298
978－7－5684－0255－2	大学生思想道德教育新论:基于通识教育视角	黄　海,著	2016年7月	290
978－7－5684－0183－8	大地追梦:"时代楷模"赵亚夫	蔡永祥,著	2016年7月	254
978－7－5684－0257－6	影响中国的镇江传说	镇江民间文化艺术馆,编	2016年7月	238
978－7－5684－0263－7	"互联网+"时代的企业信息化管理与创新	张道海,金　帅,编著	2016年7月	206
978－7－5684－0253－8	国学诵读	陈玉芳,崔显艳,徐　伟,主编	2016年7月	202
978－7－5684－0239－2	《思想道德修养与法律基础》学生辅学用书	伏晓春,主编	2016年7月	193
978－7－5684－0256－9	那时花开	李　军,著	2016年7月	115
978－7－5684－0267－5	以案说法:企业与商会法律风险防控案例评析	镇江市工商业联合会,编	2016年7月	100
978－7－5684－0268－2	朱建成油画作品集	朱建成,著	2016年7月	100
978－7－5684－0264－4	高血压知识百问	郑国强,编著	2016年7月	91
978－7－5684－0274－3	童蒙养正:"四美两会"行为养成之"礼仪美"	镇江实验学校,编	2016年7月	86
978－7－5684－0291－0	江苏大学年鉴.2014	江苏大学档案馆,编	2016年8月	1014
978－7－5684－0299－6	教育原理与策略	薛晓阳,蔡　澄,申卫革,主编	2016年8月	572
978－7－5684－0293－4	少年儿童健康与安全教育	梁　芳,黄跃华,徐新麒,主编	2016年8月	549
978－7－5684－0275－0	医学语文素养	雷志成,贺　萍,主编	2016年8月	514
978－7－5684－0292－7	高职体育与健康教程	杨建平,曹树林,周晓姝,主编	2016年8月	505
978－7－81130－970－6	概率论与数理统计	郭永强,主编	2016年8月	480
978－7－5684－0295－8	计算机应用基础	张　明,王　翠,岳　明,主编	2016年8月	454
978－7－5684－0258－3	电工学.Ⅰ.电工技术	赵不贿,诸德宏,主编	2016年8月	450
978－7－5684－0259－0	电工学.Ⅱ.电子技术	赵不贿,景　亮,主编	2016年8月	440
978－7－5684－0309－2	庞中华超能好字王:硬笔楷书规范字教程.一	庞中华,主编	2016年8月	200
978－7－5684－0310－8	庞中华超能好字王:硬笔楷书规范字教程.二	庞中华,主编	2016年8月	412
978－7－5684－0294－1	大学语文	蔡　敏,林　娜,李　敏,主编	2016年8月	393

续表 38－2

国际标准书号	著作名称	第一责任者及著作方式	出版年月	字数(千字)
978－7－5684－0203－3	新能源转换原理与技术:太阳能	邵理堂,李银轮,主编	2016 年 8 月	377
978－7－5684－0279－8	创新创业实践能力训练	钟 宇,朱勇刚,蔡向阳,主编	2016 年 8 月	375
978－7－5684－0262－0	汽车检测技术	郭淑清,吕金贺,盛雪莲,主编	2016 年 8 月	374
978－7－5684－0226－2	机械零件加工与设备选用	殷晓中,戴金跃,主编	2016 年 8 月	362
978－7－5684－0277－4	C 语言程序设计教学做一体化教程	谭志安,主编	2016 年 8 月	360
978－7－5684－0303－0	涉外导游技能实训	鲍旦旦,孙建中,主编	2016 年 8 月	320
978－7－81130－890－7	临床血液学检验技术实验指导	谷俊侠,陈秀芳,主编	2016 年 8 月	315
978－7－5684－0272－9	汽车自动变速器原理与维修	刘 宁,宋 伟,张文增,主编	2016 年 8 月	286
978－7－5684－0251－4	文化生产与身份认同	魏 然,朱立立,主编	2016 年 8 月	275
978－7－5684－0298－9	《思想道德修养与法律基础》教学辅导读本	彭 锐,黄凤芝,主编	2016 年 8 月	259
978－7－5684－0307－8	社区矫正公民参与机制研究	周国强,著	2016 年 8 月	250
978－7－5684－0280－4	中华礼仪	常春英,吴亚琼,赵君之,主编	2016 年 8 月	244
978－7－5684－0240－8	《毛泽东思想和中国特色社会主义理论体系概论》学生辅学用书	伏晓春,主编	2016 年 8 月	238
978－7－5684－0271－2	健康:膳·动·悦	王福彦,著	2016 年 8 月	230
978－7－5684－0278－1	小学生古诗词诵读 200 首	唐玉华,主编	2016 年 8 月	212
978－7－5684－0300－9	育苗小记	陈惠玲,著	2016 年 8 月	206
978－7－5684－0281－1	青春圆梦:一个“90 后”的成长经历和感悟	张志勇,著	2016 年 8 月	200
978－7－5684－0312－2	变革背景下农村教师的“体制内生存”与“日常反抗”:以皖中 L 县基础教育课程改革为例	葛 春,著	2016 年 8 月	200
978－7－5684－0273－6	ERP 原理与实施实训教程:金蝶 K/3 版	李 雯,编著	2016 年 8 月	194
978－7－5684－0213－2	蜕变吧! 少女	王晓雁,胡佳威,著	2016 年 8 月	150
978－7－5684－0288－0	跟好图学画画.起步篇	王 祺,绘	2016 年 8 月	34.8
978－7－5684－0290－3	跟好图学画画.初级篇	王 祺,绘	2016 年 8 月	34.8
978－7－5684－0287－3	跟好图学画画.中级篇	王 祺,绘	2016 年 8 月	34.8
978－7－5684－0282－8	跟好图学画画.情景篇	王 祺,绘	2016 年 8 月	20
978－7－5684－0283－5	跟好图学画画.高级篇.交通工具	王 祺,绘	2016 年 8 月	20
978－7－5684－0284－2	跟好图学画画.高级篇.状物	王 祺,绘	2016 年 8 月	20
978－7－5684－0285－9	跟好图学画画.高级篇.植物	王 祺,绘	2016 年 8 月	20
978－7－5684－0286－6	跟好图学画画.高级篇.动物	王 祺,绘	2016 年 8 月	20
978－7－5684－0289－7	跟好图学画画.高级篇.人物	王 祺,绘	2016 年 8 月	20
978－7－5684－0234－7	感怀集:康树仁文选	康树仁,著	2016 年 8 月	32
978－7－81130－546－3	八窍珠	黄俊章,口述;吴林森,方 范,整理;镇江民间文化艺术馆,编	2016 年 9 月	1010
978－7－5684－0301－6	电工电子技术	格日勒,郭 莹,向久林,主编	2016 年 9 月	590
978－7－5684－0323－8	美丽湖南	孙彬彬,主编	2016 年 9 月	510
978－7－5684－0324－5	与时代同行:我的历程、文集和感悟	钱永波,著	2016 年 9 月	510
978－7－5684－0322－1	壁尘申论高分笔记	壁 尘,编著	2016 年 9 月	468
978－7－5684－0313－9	奔跑在春天里:“畅想 2020 读书征文”活动优秀作品选集	中共句容市委宣传部,句容市文化广电体育局,句容市文学艺术界联合会,编	2016 年 9 月	416
978－7－5684－0311－5	机电选修项目教程.第一分册	汤 俊,朱 延,主编	2016 年 9 月	412
978－7－5684－0318－4	申论终极奥义	老 A,编著	2016 年 9 月	340
978－7－5684－0296－5	内分泌科规范化培训手册	刘 彦,张真稳,主编	2016 年 9 月	310
978－7－5684－0308－5	大学生音乐鉴赏	邓睿卓,刘辉华,主编	2016 年 9 月	300
978－7－5684－0314－6	魅力汉语.听说.第 1 册	仲跻红,编著	2016 年 9 月	280
978－7－5684－0321－4	魅力汉语.听说.第 3 册	唐 敏,编著	2016 年 9 月	160
978－7－5684－0331－3	信托制度的民法分析	刘正峰,著	2016 年 9 月	280
978－7－5684－0306－1	设计素描	宫振喜,于化礼,田宜彩,主编	2016 年 9 月	269
978－7－5684－0328－3	清代婴戏图研究	黄卫霞,著	2016 年 9 月	268

续表 38－2

国际标准书号	著作名称	第一责任者及著作方式	出版年月	字数(千字)
978－7－5684－0325－2	权力监督与权利保护:行政复议焦点问题法律评析	薛国荣,主编	2016年9月	260
978－7－5684－0304－7	护士人文修养	胡 娟,龙 娟,宁 凡,主编	2016年9月	257
978－7－5684－0297－2	冲突or整合:情绪智力对高管团队战略决策的影响研究	陈 权,著	2016年9月	250
978－7－5684－0320－7	魅力汉语. 读写. 第1册	李红艳,编著	2016年9月	241
978－7－5684－0315－3	魅力汉语. 读写. 第2册	孟慧欣,翟 江,编著	2016年9月	301
978－7－5684－0319－1	魅力汉语. 综合. 第1册	茅海燕,编著	2016年9月	254
978－7－5684－0316－0	魅力汉语. 综合. 第3册	潘亚莉,编著	2016年9月	221
978－7－5684－0317－7	魅力汉语. 综合. 第5册	茅海燕,编著	2016年9月	174
978－7－5684－0337－5	台湾文学生态:从戒严法则到市场规律	[美]张诵圣,著	2016年9月	220
978－7－5684－0329－0	优秀孩子培养的至简大道:现代视角下的家庭教育体系	徐锦拓,著	2016年9月	210
978－7－5684－0302－3	面向智能制造的多机器人系统任务分配研究	王友发,著	2016年9月	192
978－7－5684－0327－6	B12星球之时空穿越纪事	吕 尚,著	2016年9月	140
978－7－5684－0339－9	管理科学与工程学会2016年年会论文集	管理科学与工程学会,编	2016年10月	977
978－7－5684－0335－1	文心申论真题24讲	夏秋慧,著	2016年10月	814
978－7－5684－0326－9	产科基础知识	孙东霞,任立新,郝亚宁,主编	2016年10月	530
978－7－5684－0305－4	实用药物学基础与实践	宋东伟,主编	2016年10月	389
978－7－5684－0113－5	主义·文化·思想:马克思主义中国化的理论与实践研究	董德福,著	2016年10月	328
978－7－5684－0341－2	资源与环境双重约束下我国经济发展方式转变的实证研究	陈海波,刘 洁,著	2016年10月	275
978－7－5684－0340－5	互联网＋我们:走进镇江网络社会组织	中共镇江市委宣传部,镇江市互联网信息办公室,编	2016年10月	260
978－7－5684－0334－4	林区经济发展与评价:以祁连山地区为例	冯炜东,著	2016年10月	230
978－7－5684－0336－8	邂逅镇江的别样风情	镇江市文学艺术界联合会,编	2016年10月	220
978－7－5684－0238－5	中国古代水墨画“造型观”研究	沈其旺,著	2016年10月	212
978－7－5684－0332－0	旧拓瘗鹤铭:焦山碑刻博物馆藏本	焦山碑刻博物馆,编	2016年10月	200
978－7－5684－0343－6	当代美学的文化使命与理论重构	刘小新,杨健民,主编	2016年11月	770
978－7－5684－0348－1	农缘	屈振国,著	2016年11月	582
978－7－5684－0351－1	建筑工程项目管理	李春祥,张 蓉,主编	2016年11月	458
978－7－5684－0356－6	当代教育评论. 第4辑	潘洪建,徐继存,主编	2016年11月	410
978－7－5684－0364－1	新闻见证:镇江老字号	镇江报业传媒集团,编	2016年11月	400
978－7－5684－0350－4	会计基础	徐新娴,主编	2016年11月	360
978－7－5684－0347－4	农原	屈振国,著	2016年11月	358
978－7－5684－0352－8	会计电算化	高 奎,主编	2016年11月	340
978－7－5684－0369－6	文化研究与文学问题	刘小新,著	2016年11月	300
978－7－5684－0345－0	政企直通:镇江市企业网络服务平台服务指南	镇江市经济和信息化委员会,镇江市中小企业服务中心,编	2016年11月	296
978－7－5684－0346－7	生态农业 未来可期:镇江转变农业发展方式的实践与思考	镇江市农业委员会,编著	2016年11月	250
978－7－5684－0359－7	读者阅读心理、行为和图书馆服务	梁宏霞,著	2016年11月	250
978－7－5684－0338－2	51单片机C语言编程实战	高传贤,主编	2016年11月	243
978－7－5684－0353－5	财经法规与会计职业道德	郑娟娟,主编	2016年11月	230
978－7－5684－0357－3	孕前耳聋基因筛查应用指南	查树伟,许豪勤,孙丽洲,主编	2016年11月	220
978－7－5684－0375－7	历史文化名城镇江	中国共产党镇江市委员会,镇江市人民政府,编	2016年11月	210
978－7－5684－0344－3	科技绿色创业企业成长研究	崔祥民,周 慧,著	2016年11月	206
978－7－5684－0342－9	核电工程建设总承包管理企业核安全文化建设探索	朱玉璧,著	2016年11月	200

续表 38－2

国际标准书号	著作名称	第一责任者及著作方式	出版年月	字数(千字)
978－7－5684－0333－7	儿科学实验指导	熊雪芹,主编	2016 年 11 月	180
978－7－5684－0330－6	离心泵动静干涉作用机理及低噪声水力设计	司乔瑞,袁寿其,袁建平,著	2016 年 11 月	170
978－7－5684－0349－8	灵秀镇江 4:名城印象写生创作展作品集	杨　雷,主编	2016 年 11 月	150
978－7－5684－0376－4	军中女律师工作手记	张　蓉,著	2016 年 11 月	135
978－7－5684－0366－5	离心油泵理论与应用	李文广,张玉良,著	2016 年 12 月	630
978－7－5684－0386－3	数控铣削编程与技能训练	朱和军,蒋修定,主编	2016 年 12 月	460
978－7－5684－0379－5	数控车削编程与技能训练	蒋修定,施　琴,主编	2016 年 12 月	450
978－7－5684－0381－8	镇江中医药名家	镇江市政协文史委员会,镇江市卫生和计划生育委员会,镇江市中医药促进会,编	2016 年 12 月	440
978－7－5684－0365－8	发动机原理与汽车理论	魏领军,潘越广,方永寿,主编	2016 年 12 月	420
978－7－5684－0276－7	高级财务管理	李　魁,主编	2016 年 12 月	400
978－7－5684－0384－9	先进制造技术:概念与实践	张　辉,杨林初,编著	2016 年 12 月	400
978－7－5684－0402－0	高等职业教育的文化驱动	丁　钢,主编	2016 年 12 月	400
978－7－5684－0368－9	且行且思论教育	吴维煊,著	2016 年 12 月	392
978－7－5684－0391－7	中文学术期刊发展创新与实践	崔金贵,主编	2016 年 12 月	380
978－7－5684－0398－6	全人教育视野下的学生自主发展校本化行动研究	夏建平,主编	2016 年 12 月	362
978－7－5684－0378－8	高校辅导员职业能力协同开发研究	李洪波,董秀娜,李宏刚,编著	2016 年 12 月	360
978－7－5684－0380－1	“留”光“异”彩	谢志芳,王丽敏,主编	2016 年 12 月	360
978－7－5684－0395－5	时间管理与地理教学	陈　昊,主编	2016 年 12 月	360
978－7－5684－0190－6	新起点 新高度 新辉煌:2016 年镇江发展研究报告	童国祥,潘法强,主编	2016 年 12 月	350
978－7－5684－0404－4	从乡土中国到现代中国	孙宗广,著	2016 年 12 月	350
978－7－5684－0360－3	春秋丹徒	张国金,主编	2016 年 12 月	300
978－7－5684－0397－9	信仰的力量	吴晓霞,著	2016 年 12 月	300
978－7－5684－0367－2	PLC 应用综合实训教程	肖　凤,丁艳华,主编	2016 年 12 月	289
978－7－5684－0361－0	“潜”教育	房德康,著	2016 年 12 月	278
978－7－5684－0385－6	AutoCAD 工程制图实训教程	陈　俊,史银花,主编	2016 年 12 月	276
978－7－5684－0377－1	消费主义视域下的爱伦·坡研究	罗昔明,著	2016 年 12 月	260
978－7－5684－0401－3	机械电子专业课程实验实训教程	杨林初,朱鹏程,主编	2016 年 12 月	260
978－7－5684－0399－3	城乡一体化背景下的生态正义	甘　霞,张江伟,著	2016 年 12 月	255
978－7－5684－0383－2	最美是镇江	顾仁华,著	2016 年 12 月	251
978－7－5684－0153－1	北固山铁瓮城及两门古道	刘建国,著	2016 年 12 月	250
978－7－5684－0354－2	电子商务技术实训教程	冯　缨,陈　洋,编著	2016 年 12 月	218
978－7－5684－0387－0	我国交通运输设备制造业直接与完全能耗强度变动研究	李　根,冯鑫明,著	2016 年 12 月	201
978－7－5684－0388－7	战后台湾文化重建	〔日〕黄英哲,著	2016 年 12 月	200
978－7－5684－0403－7	京口烽烟	郭　健,编著	2016 年 12 月	190
978－7－5684－0396－2	京口群贤	钟程发,主编	2016 年 12 月	185
978－7－5684－0355－9	尤袤正传	尤　伟,著	2016 年 12 月	180
978－7－5684－0389－4	新兴产业融合发展机制研究	李丫丫,彭永涛,著	2016 年 12 月	165
978－7－5684－0382－5	高职学生工作探索与创新:大学生思政工作论文集. 2015 年卷	徐　红,主编	2016 年 12 月	129
978－7－5684－0371－9	狐小妹动漫数学	任欣康,主编	2016 年 12 月	45
978－7－5684－0372－6	狐小妹动漫数学	任欣康,主编	2016 年 12 月	45
978－7－5684－0373－3	狐小妹动漫数学	任欣康,主编	2016 年 12 月	45
978－7－5684－0374－0	狐小妹动漫数学	任欣康,主编	2016 年 12 月	45
978－7－5684－0400－6	当代山水画名家崔昊作品集	崔　昊,著	2016 年 12 月	10

（常　钰）

文　摘

“戴庄经验”及其可推广性研究

镇江市社科院　扬州大学课题组

“戴庄经验”是五大发展理念尤其是共享发展的典范。本报告认为“戴庄经验”就是在亚夫及“亚夫精神”的引领下,充分发挥戴庄丘陵地形地貌等自然资源优势,积极利用先进农业科技发展生态农业,成立有机农业合作社实施统分结合的生产方式,通过组织创新和制度创新构建新型政社企民关系,从而实现戴庄旧貌换新颜的过程。课题组认为:“戴庄经验”的核心内容包括六个方面,即亚夫及“亚夫精神”是促成戴庄由欠发达走向发达的核心要素,是戴庄欠发达背景下各种生产要素的黏合剂,是促成戴庄生产方式变革、生产关系调整和生产力发展的关键;变后发优势(生态环境优势)为产业优势,因地制宜发展符合市场需求的生态农业并逐步形成全产业链,戴庄走出了一条生产发展、生活富裕和生态优美有机统一的新路子;改造传统农业的关键是要改造传统农民,必须通过发展专业合作社和加强教育培训、示范等途径,将分散的农民改造成为有组织的农民,将传统农民变成新型农民和职业农民;传统农业向现代农业的演进,不仅需要加大现代农业科技的投入,而且要有配套的基础设施条件和生态环境,农户乏力和市场失灵决定了地方政府必须发挥好支撑保障作用:创立基于利益共享的农业专业合作社运行机制。实行统分有机结合的新型农业经营体制,推动戴庄村生产方式的变革,解决了小生产与规模经济、单个农户与大市场之间的矛盾;推进农村基层组织与专业合作社之间的合作,发挥村级党组织在强村富民中的战斗堡垒作用,融洽干群关系,降低生产方式变革中的摩擦成本,极大地促进生产力发展。课题组研究认为,在戴庄生产力发展到较高水平的当今,“戴庄经验”需要从以下三个方面进一步提升,即积极稳妥地引入新的生产要素黏合剂——农业资本;建立市场导向的有机农业生产经营体系;大力提升合作社运行机制的灵活性。从“戴庄经验”的可推广性角度分析,课题组提出以下五个建议:亚夫及“亚夫精神”具有普遍推广性,但在欠发达农村走向发达过程中还需发挥好市场的黏合作用;发展有机农业是戴庄村致富农民的有效方式,但推广中需统筹兼顾技术条件、自然条件和市场条件;以培植有组织农民为切入点提升“三大投入”(农业科技投入、农民人力资本投入和政府政策投入),促成传统农业迈向现代农业的效率具有普遍推广性;利益共享和“统分结合”的机制设计是戴庄合作社的成功之道,但推广中要增强市场适应性和灵活性;戴庄在欠发达条件下创造的“村引社行”经验取得了成功,但发展中需要不断提升合作的开放性。

(摘自《镇江社会科学》2016年第4期)

2016年全市能源消费情况分析

镇江市统计局

一、总体情况

2016年,镇江市规模以上工业综合能源消费量1422.96万吨标准煤,同比增长3.5%。从月度消费序列看,与上年“高开低走”态势相反,2016年以2月的-13.1%增速开年,形成较大“剪刀差”,此后逐月回升,7月增速由负转正,继续保持回升态势,10月攀升至峰值后略有下降,全年以3.5%的低位增速收尾,剪刀差缩小。

二、基本特点

(一)轻重工业增速双双回升。2016年,轻工业综合能源消费量158.33万吨标煤,同比增长31.7%;重工业综合能源消费量1264.63万吨标煤,同比增长0.8%。轻重工业综合能源消费结构由上年的10∶90调整为11∶89。

(二)单位产值能耗继续下降,下降面超70%。2016年,全市规模以上工业单位产值能耗为0.157吨标准煤/万元,同比下降3.4%。在全市规模以上工业36个行业大类中,有28个行业单位产值能耗同比下降,下降面达77.8%,比上年同期扩大11.1个百分点;有30个行业单位产值能耗低于全市平均水平,其中综合能源消费量占比最大的电力、热力生产和供应业单位产值能耗水平最高,为5.5吨标准煤/万元。

(三)高耗能行业增速低于全市平均水平。全市六大高耗能行业综合能源消费量合计为1158.01万吨标准煤,同比增长1.1%,低于全市规模以上工业平均水平2.4个百分点,增速比上年同期回升7.8个百分点,回升幅度低于全市规模以上工业平均水平0.6个百分点。从行业内部看,呈“三升三降”:黑色金属冶炼和压延加工业、电力热力生产和供应业、非金属矿物制品业同比分别增长1.0%、2.9%和3.2%;石油加工炼焦和核燃料加工业、化学原料和化学制品制造业、有色金属冶炼和压延加工业同比分别下降1.0%、4.6%和5.3%。

2016年镇江市高耗能行业综合能耗增速情况表

表38-3

行业	同比增长(%)	较上年同期变动百分点(±)
规模以上工业	3.5	3.9
高耗能行业合计	1.1	1.0
石油加工、炼焦和核燃料加工业	-1.0	-4.4
化学原料和化学制品制造业	-4.6	-7.0
非金属矿物制品业	3.2	1.5
黑色金属冶炼和压延加工业	1.0	2.7
有色金属冶炼和压延加工业	-5.3	-5.1
电力、热力生产和供应业	2.9	3.9

(四)工业用电量增长较快。全年工业用电量完成173.77亿千瓦时,同比增长5.1%,比上年同期回升3.3个百分点。在全市36个行业大类中,化学原料和化工制品制造业、电力热力生产和供应业以及造纸和纸制品业三个行业电力消费量分别为32.60、18.75和17.96亿千瓦时,同比分别下降6.6%、1.2%和增长3.8%。

(五)重点企业能耗占比大,增幅明显。全市有79家年综合能源消费量超5000吨标准煤的重点耗能工业企业,综合能源消费量为1340.64万吨标准煤,占全市规模以上工业的94.2%,同比增长4.2%,增速比全市规模以上工业平均水平高0.7个百分点,拉动全市综合能源消费量增速上升3.9个百分点。与上年同期相比,占比提高0.5个百分点,增速回升8.9个百分点。

(六)部分地区能耗拉动作用明显。全市综合能源消费量比重最大为京口区,占比为34.3%,综合能源消费量487.84万吨标准煤,同比增长1.3%,拉动全市综合能源消费量增速上升0.5个百分点;丹徒区比重第二,占比为17.0%,综合能源消费量242.57万吨标准煤,同比增长2.6%,拉动全市综合能源消费增速上升0.4个百分点;镇江新区综合能源消费量207.48万吨标准煤,占全市的14.6%,列全市第三,同比增长25.9%,增长最快,拉动全市综合能源消费增速上升3.1个百分点,拉动作用最明显;体量较小的润州区综合能源消费量29.9万吨标准煤,同比增长10.0%,拉动全市综合能源消费增速上升0.2个百分点。丹阳、句容、扬中三辖(市)增速均有不同程度下降,综合能源消费量分别为185.01、250.32和19.83万吨标准煤,同比分别下降0.4%、3.0%和3.1%。

三、需关注的问题

(一)造纸行业增速较快。近两年,随着纸价上涨,造纸行业转暖迹象显现,能源消费快速增加。2015年,造纸行业综合能源消费量同比增长12.6%,改变了从2011年起连续4年负增长的态势,2016年这一增速达38.1%,高于全市规模以上工业平均水平34.6个百分点,对规模以上工业综合能源消费量增速的贡献率为71.9%,拉动增速上升2.5个百分点,增速高于工业总产值增速近20个百分点。

(二)能源加工转换效率不升反降,低于全省平均水平。"十二五"期间,全市规模以上工业企业能源加工转换效率基本稳定,维持在48.0%~49.2%之间。2016年,规模以上工业企业能源加工转换效率为46.9%,比"十二五"最低水平(48.0%)低1.1个百分点,不升反降,比全省平均水平低22.1个百分点,表明全市规模以上工业企业能源在加工转换工程中并未得到有效利用,存在一定漏损。

四、2017年形势预判

2017年,镇江市节能任务依然艰巨,一方面,全市工业结构倚重偏轻,高耗能行业占工业主导地位的产业特征仍将存在;另一方面,随着经济平稳增长与居民生活消费水平的提高必然会对能源需求提出更高的要求。必须继续坚持不懈采取强有力的节能措施,通过去产能等一系列供给侧结构性改革优化产业结构,更多发展低能耗高附加值的高新技术产业,提高能源利用效率。

(摘自镇江统计信息公众网)

2016年镇江市农村居民收入情况简析

镇江市统计局

一、农村居民收入总体情况

据城乡一体化住户调查,2016年全市农村常住居民人均可支配收入(以下简称农民收入)首次突破2万元,达20922元,比上年增加1708元,增长8.9%。

(一)与全国、全省和其他市对比。从收入增幅看,镇江市农民收入增幅比全国平均增幅(8.2%)和全省平均增幅(8.3%)分别高出0.7和0.6个百分点,排全省第六位、江苏沿江八市第一;从收入水平看,镇江市农民收入是全国平均水平(12363元)的1.69倍,是全省平均水平(17606元)的1.19倍,列全省第五位;从收入增量看,镇江市农民收入增量分别高出全国(941元)、全省(1349元)767元和359元,列全省第四位。

2016年全国、全省及省内各市农民收入情况表

表38-4

地域	农民收入(元)	增幅(%)	增量(元)
全 国	12363	8.2	941
全 省	17606	8.3	1349
南京市	21156	8.6	1673
无锡市	26158	8.3	2003
徐州市	15274	9.2	1292
常州市	23780	8.5	1868
苏州市	27691	8.3	2111
南通市	18741	8.5	1474
连云港市	13932	9.0	1154
淮安市	14319	9.1	1191
盐城市	17172	9.0	1424
扬州市	18057	8.7	1438
镇江市	20922	8.9	1708
泰州市	17861	8.8	1451
宿迁市	13929	9.1	1158

(二)分辖市(区)收入情况。扬中市、润州区、京口区农民收入分别为23855元、23517元和23510元,位列全市前三位;丹阳市、镇江新区分别达21706元和20015元,首次跻身"2万元户"行列;而茅山老区农民人数较多的丹徒区、句容市则分别为18959元和18893元。按收入增幅看,丹阳市(9.1%)、扬中市(9.0%)、句容市(8.9%)三市超过或达到全市平均增幅;丹徒(8.6%)、润州(8.1%)、京口(8.0%)、镇江新区(8.0%)四区增幅,均相对低于全市平均增幅。

二、农民收入构成及增长情况

2016年镇江市农民分项收入增长情况表

表38-5(含续表38-5)

项目	2015年		2016年			
	人均(元)	构成(%)	人均(元)	构成(%)	增量(元)	增幅(%)
可支配收入	19214	100	20922	100	1708	8.9
#工资性收入	12508	65.1	13460	64.3	952	7.6
经营净收入	4076	21.2	4525	21.6	449	11
财产净收入	695	3.6	767	3.7	72	10.4
转移净收入	1935	10.1	2170	10.4	235	12.1

(一)工资性收入是农民增收的主要渠道。近年来,镇江市农民更多地融入附近城镇工作或就业,农民工薪资水平和最低工资标准也不断上调。2016年,全市农民人均工资性收入13460元,同比增长7.6%,拉动可支配收入增长5.0个百分点,增收贡献率55.7%。

(二)经营净收入为农民增收提供有力支撑。镇江民营经济快速发展,农业龙头企业、特色园艺和家庭农场等新型农业经营主体培育加快,农业、农民与涉农二、三产业有机融合,推动农村居民经营净收入增长。2016年,全市农民人均经营净收入4525元,同比增长11.0%,拉动可支配收入增长2.3个百分点,增收贡献率26.3%,是除工资性收入外的第二大收入来源。

(三)财产净收入拓宽农民增收渠道。镇江农民家庭投资渠道拓宽,利息、红利及其他投资性收益较快增长,外加全市农村产权制度改革渐入佳境,土地流转收益、集体产权分红不断增加,更有效带动农村居民财产净收入的增长。2016年,全市农民人均财产净收入767元,同比增长10.4%,拉动可支配收入增长0.4个百分点,增收贡献率为4.2%。

(四)转移净收入成为农民收入重要组成部分。随着全市城乡一体化改革步伐加快,政府对农村居民财政转移支付力度不断加大,农村居民最低生活保障标准、农村居民基本养老金标准和离退休人员养老金标准逐年提高,同时突出精准扶贫,2016年全市经济薄弱村和建档立卡低收入人口达标率实现30.0%;此外,针对农村转移人口的养老、医疗、失业、工伤等社会保障制度也不断健全和完善,为农村居民转移净收入较快增长奠定基础。2016年,全市农民人均转移净收入2170元,增长12.1%,增幅居四大类之首,拉动可支配收入增长1.2个百分点,增收贡献率为13.8%。

(五)农民收入来源更加广泛。2016年,镇江市农民人均收入中,工资

性收入、经营净收入、财产净收入和转移净收入比例为64.3∶26.1∶3.7∶10.4；与上年相比，除工资性收入比重下降0.8个百分点外，经营净收入、财产净收入和转移净收入比重分别提高0.4、0.1和0.3个百分点。与上年相比，全市农民工资性收入、经营净收入两项的增收贡献率分别下降2.5个、3.4个百分点，相应地财产净收入、转移净收入对农民增收的贡献率上升，两项合计提高5.9个百分点。

三、促进农民增收的几点建议

（一）抓好主体动力，提高农村居民就业技能。

（二）加快转变农业发展方式，促进产业融合发展。

（三）推进农产品供给侧改革，加快挖掘新的增收潜力。

（四）立足扶贫帮困，做好政策性托底工程。（摘自镇江统计信息公众网）

报刊文章题录

政治和经济

题名/作者/文献来源

新常态下镇江跨境电商发展现状分析与对策/张燕/商业经济2016年第11期

镇江城市夜间旅游开发探析/邱小樱/镇江高专学报2016年第2期

镇江历史文化景区旅游资源深度开发研究——以西津渡景区为研究对象/陈潜志、朱孟超、陈东霞/镇江社会科学2016年第1期

镇江健康产业供给侧改革思路研究/潘晓丽、柏林/镇江社会科学2016年第1期

深度对接"一带一路"等国家战略 助推镇江现代物流业与先进制造业融合共赢/解志勇/镇江社会科学2016年第1期

镇江市市属产业集团转型发展问题研究/镇江市国资委/镇江社会科学2016年第2期

提高"三率"促进农业现代化/程玉成、胡亚娟/镇江社会科学2016年第2期

大力推进科技企业孵化器建设 激发全市创新创业活力/张军、高广/镇江社会科学2016年第2期

打造宗教文化品牌 促进镇江文化旅游供给侧结构性改革/镇江市政协调研组/镇江社会科学2016年第2期

镇江工业经济供给侧结构性改革之探析/李强/镇江社会科学2016年第3期

谈"戴庄经验"/赵亚夫/镇江社会科学2016年第4期

"戴庄经验"及其可推广性研究/镇江市社科院、扬州大学课题组/镇江社会科学2016年第4期

镇江发展低碳经济的公共金融支持研究/李根/镇江社会科学2016年第6期

培育优质增量，打造发展新引擎——基于新增企业对全市工业经济的影响分析/胥畅/镇江社会科学2016年第6期

"互联网+"助推镇江居民消费升级研究/国家统计局镇江调查队/镇江社会科学2016年第6期

基层对新型政商关系存在理解和执行偏差——对江苏镇江构建新型政商关系的调研（上）/申琳/人民日报（内参）2016.4.14

出台新规推动建立"亲""清"政商关系——对江苏镇江构建新型政商关系的调研（下）/申琳/人民日报（内参）2016.4.14

为了人聚城兴的"镇江梦想"——近年来我市人才工作述评/王鹏程/镇江日报2016.2.26

激发新活力，凝聚正能量——2015年全市宣传思想文化工作综述/司马珂/镇江日报2016.3.3

镇江市住房公积金2015年年度报告/镇江市住房公积金管理中心/镇江日报2016.3.31

中共镇江市委 镇江市人民政府关于推进供给侧结构性改革的意见/镇江日报2016.5.5

（沙跃犀 泽叶 卜）

社　会

题名/作者/文献来源

基于智慧城市的城建档案信息化/肖丽萍、章晓斌/档案与建设2016年第12期

"互联网+行政复议"创新模式研究——以"镇江e复议"案件办理平台为例/薛国荣、冯琳/法制博览2016年第11期（下）

镇江市部分面制食品铝含量调查/辛向东等/江苏预防医学2016年第3期

新闻语篇的话语建构解读——以中国媒体对"东方之星"和"岁月号"沉船事件报道为例/张红岩/江苏科技大学学报（社会科学版）2016年第1期

丹阳方言研究综述/王璐/江苏科技大学学报（社会科学版）2016年第3期

镇江市区地质景观资源探析/武健强、倪俊/镇江高专学报2016年第2期

运用校本资源提升学生职业素养的探索与实践——以镇江高等专科学校艺术设计学院为例/盛洁/镇江高专学报2016年第4期

略论地域文化研究传播与地方报纸副刊发展——以江苏镇江为例/滕建锋、胡菲/镇江高专学报2016年第4期

镇江市社会工作专业人才队伍建设研究/镇江市民政局/镇江社会科学2016年第2期

树立学术研究的自信、自觉、自问/裴伟/镇江社会科学2016年第2期

聚力攻坚 解决突出环境问题/吴琼、晏培娟/新华日报2016.8.10

2015年镇江市知识产权发展与保护状况/镇江市知识产权联席会议办公室/镇江日报2016.4.26

镇江城市建筑怎样才有"镇江味"？/司马珂/镇江日报2016.12.2

传承历史文脉，展现名城风采——纪念镇江被命名"国家历史文化名城"30周年/张小军/镇江日报2016.12.8

（沙跃犀 泽叶 卜）

文　史

题名/作者/文献来源

从"宜侯夨簋"谈起/钱公麟、许洁/中国文物报2016.10.21

嘉靖抗倭与南直隶地方军防制度的变革——以明代镇江府的军防及其历史影响为中心的探讨/王雨舟/江苏大学学报（社会科学版）2016年第3期

清代诗人结社丛考——以镇扬两地为中心/朱则杰/江苏大学学报（社会科学版）2016年第6期

苏轼途经润州次数考辨/喻世华/江苏科技大学学报（社会科学版）2016年第1期

镇江"闭市事件"述论/孙洪军/镇江高专学报2016年第2期

知识产权战略背景下高校发明专利权人特征分析——以江苏大学为例/李明星、苏佳璐/镇江高专学报2016年第3期

王思任"京口三山"游记释读/裴伟、吴宗海/镇江高专学报2016年第3期

非物质文化遗产的保护与传承问题研究——以江苏镇江为例/高畅/镇江高专学报2016年第3期

张扬牛头禅宗与禁止沙门私自贩佛——李德裕创建润州甘露寺重瘗佛祖舍利原因初探/董晨鹏/镇江社会科学2016年第3期

张遇与北固山第二座舍利塔——兼议苏颂卜葬其父于镇江经过/董晨鹏/镇江社会科学2016年第6期

瓜镇义渡局始末/龚君、魏志文/档案与建设2016年第5期

集体例结构优长，展地方特色为先——读《镇江市志(1983～2005)》感言/沈松平/江苏地方志2016年第1期
一部继承与创新相融合的鸿篇巨制——读《镇江市志(1983～2005)》/巴兆祥/江苏地方志2016年第2期
东晋南朝士人所持北音、吴语之交融概说/刘泰廷/江苏地方志2016年第4期
镇江锅盖面/裴伟/江苏地方志2016年第5期
镇江甘露寺"茶食"/潘春华/江苏地方志2016年第5期
京口民谣与王恭/陈静/镇江日报2016.10.14
打开名城的"地下名城"/刘建国/镇江日报2016.10.28
镇江邮政的那些前尘往事/于锡强/镇江日报2016.11.11
漫谈镇江碑刻/吴宗海/镇江日报2016.12.2
崔峒其人与《登润州芙蓉楼》诗/郭殿忱/镇江日报2016.2.5
揭秘省丹中满汉文碑——北大教授解说古碑背后的历史/殷显春/镇江日报2016.3.11
丞相墓丘何处寻/裴伟、吴宗海/镇江日报2016.4.1
略述《丹徒李氏家乘》及其他/周福全/镇江日报2016.4.15
金存启:《世纪回顾——扬子江上的港口城市镇江》/笪伟/镇江日报2016.4.15
试解《白蛇传》何以结缘金山寺/裴扬/镇江日报2016.4.22
乾隆南巡过镇江及其镇江诗略说——兼说乾隆恶评镇江流言之虚妄/乔长富/镇江日报2016.4.8
镇江酒事琐录/陈静/镇江日报2016.5.20
东吴京城始建时间及所在地之臆见——关于镇江城建史的两个问题/乔长富/镇江日报2016.6.24
格非推出长篇新作《望春风》，用文字"重返故乡"/辛朗/镇江日报2016.6.30
丁岗孙氏宗祠祀产碑记试解/裴伟/京江晚报2016.3.27
回族《尊五堂谈氏支谱》再现镇江/薛龙和/京江晚报2016.5.15

(沙跃犀泽叶卜)

镇江人物研究

题名/作者/文献来源

丹心映日月 风骨铸虹桥——纪念茅以升先生诞辰120周年/袁芳/北京教育(高教)2016年第07—08期
中国现代桥梁工程和科技馆事业的奠基人茅以升/茅玉麟/自然科学博物馆研究2016第2期
茅以升与中国桥梁梦之彩虹人生/张化本/民主与科学2016第2期
钱塘江大桥:茅以升的抗日壮举/冉绵惠/西南交通大学学报(社会科学版)2016年第3期
茅以升兼代民国全国经济委员会水利处处长/李硕/档案与建设2016年第5期
沈括:一个通才的治水路/李颜岐/中国三峡2016年第9期
米芾绘画的创作时期考证/卢国斌/艺术教育2016年第6期
王庭筠与米芾关系考/刘超/文史杂志2016年第1期
吴琚的心性与书风/曹建/中国书法2016年第1期
靳贵生平述论/连小刚、庞艳霞/镇江高专学报2016年第4期
出生镇江的"第一银行家"陈光甫/曹树高/镇江日报2016.2.5
镇江状元李承霖后裔简考/马阿林/镇江日报2016.3.18
略述镇江名中医章次公/裴伟、吴宗海/镇江日报2016.10.30
曾经无处安放青春的地方——马相伯、马建忠兄弟的籍贯问题/邱隆洪/京江晚报2016.3.20

(沙跃犀泽叶卜)

赛珍珠研究

题名/作者/文献来源

学习的快乐/[美]赛珍珠著，姚望译/江苏大学学报(社会科学版)2016年第2期
赛珍珠短篇小说概览/[美]保罗·多伊尔著，茹静译/江苏大学学报(社会科学版)2016年第2期
置身域外的抗战观照——从《爱国者》看赛珍珠眼中的"爱国者"形象/刘蓓/江苏大学学报(社会科学版)2016年第4期
四海之内皆兄弟:从《我的几个世界》看赛珍珠的世界公民思想/朱春发/江苏大学学报(社会科学版)2016年第4期
《爱国者》:侵华战争期间日本人形象还原与批判/孙宗广/江苏大学学报(社会科学版)2016年第4期
"母性"与"土性"的交融——赛珍珠小说《母亲》中的诗意空间/魏兰、罗峰/江苏大学学报(社会科学版)2016年第4期
赛珍珠与亚洲/郭英剑/江苏大学学报(社会科学版)2016年第5期
探索赛珍珠研究的新领域——"2016年赛珍珠与亚洲"学术研讨会综述/王凯、王芳/江苏大学学报(社会科学版)2016年第5期
为什么要开设"赛珍珠与亚洲"研究专栏?/郭英剑/江苏大学学报(社会科学版)2016年第5期
《活笋》:冷战背景下的朝鲜民族革命史诗/朱骅/江苏大学学报(社会科学版)2016年第5期
赛珍珠小说中留学生及海归派形象分析——基于个人知识管理视角/张雁凌/江苏大学学报(社会科学版)2016年第6期
从"家庭主义"到"民族主义"——赛珍珠抗战题材小说《龙子》中的家国情怀/张宇/江苏大学学报(社会科学版)2016年第6期
如何"在他祖先的土地上扎下根来"——试论赛珍珠《同胞》的文化代沟问题/张正欣/镇江高专学报2016年第2期
论期刊特色化与主编价值取向——以赛珍珠主办《亚洲》为例/张媛/中国出版2016年第5期
目的论视角下译者主体性的发挥——以《游走在两个世界之间:赛珍珠传》为例/汪黎明/现代语文(学术综合版)2016年10月
赛珍珠关于中国学生赴美实习工业计划史料选编/蔡燕、庞路/民国档案2016年第3期
以镇江为例的名人故居旅游资源开发价值分析/姜姗姗/开封教育学院2016年第7期
男性角色的弱化与男权秩序的内化——赛珍珠与安德森作品中的女性形象对比/曲义/文教资料2016年第10期
重温现代中国一场关于赛珍珠及其作品的争议/李冠雄/文学教育2016年第3期
赛珍珠对缅甸战事的文学和历史书写/吴庆宏、金晶/文学教育(上)2016年第9期
动情的观察者:赛珍珠与中国新文化运动/朱春发/文艺争鸣2016年第12期
赛珍珠:都市洋场的乡愁/徐茂昌/上海文学2016年第2期
赛珍珠与莫言的"乡土"叙事的比较研究/沈佳颖/芒种2016年第20期
跨文化语境下的中国人形象对比——以赛珍珠跟鲁迅笔下的中国人形象为例/魏铭辉/北方文学2016年第14期
西方人对中国农民的误读——以赛珍珠《大地》为例/王震宇/青春岁月2016年第7期
因为赛珍珠，为了赛珍珠:怀念周仲器先生和珍妮丝·沃尔什女士/姚君伟/中华读书报2016.5.11

古典瞬间赛珍珠的遗憾/唐宝民/香港文汇报 2016.10.25
《吾国与吾民》说服了赛珍珠/汪兆骞/北京晨报 2016.2.27
从赛珍珠的中国故乡，寻绎什么/沈伯素/镇江日报 2016.2.2
赛珍珠家族与泰州/季拜华/泰州晚报 2016.2.21

附：赛珍珠研究部分博士、硕士论文

《水浒传》两译本社会符号学意义翻译比较研究/施佳莉/华东理工大学
"2013 中国镇江赛珍珠文化交流活动"模拟同声传译实践报告/黄绍雅/青岛科技大学
赛珍珠儿童故事《于兰》的多模态话语分析/吴婕/江苏大学
《水浒传》在英语世界的改写与研究/李金梅/北京外国语大学
20 世纪上半叶美国电影中的中国形象——以傅满洲、陈查理及《大地》为例/张建琴/辽宁大学

（沙跃犀泽叶卜）

外地媒体报道

题名/作者/文献来源
国内外低碳技术亮相镇江/人民日报海外版 2016.11.29
镇江发出低碳行动倡议/人民日报海外版 2016.12.2
赵亚夫：用发展理念引领国家行动/中央电视台《焦点访谈》2016.3.6
江苏大学校长袁寿其代表：以"供给侧改革"思路指导博士生教育/光明日报 2016.3.4
以大视野大手笔构建"大旅游"镇江：让城市成为"大景区"/聂军、蒋云峰等/新华日报 2016.2.28
润州：现代服务业跑出"加速度"/王晓滢、郁南等/新华日报 2016.3.20
丹阳：经济转型走出"微笑曲线"/唐斌、史惠铭等/新华日报 2016.4.2
镇江厚植开放谋求弯道超越/李栋、高小琪、章存保等/新华日报 2016.4.7
园区变景区 产品变精品 农户变商户 "生态农业＋"成句容新名片/夏永、孙仁军等/新华日报 2016.4.17
润州区基层组织家底"厚"起来/李志、晏培娟/2016.4.24 新华日报
句容：产才融合拓展发展新空间/晏培娟、朱秀霞等/新华日报 2016.5.29
促进人才链与产业链、创新链、资金链"全链式"对接 镇江主攻人才高地"供给侧"/晏培、朱秀霞等/新华日报 2016.6.5
航空产业：镇江新区"第一名片"/彭鹏、赵敬敬等/新华日报 2016.6.10
结对社区无盲点 服务百姓见真心 京口区推动作风转变向下扎根/晏培娟、朱秀霞、梅永生/新华日报 2016.7.16
发展追求最好状态 不断满足群众期待 镇江"效能革命"剑指懒政激励担当/晏培娟、朱秀霞、陈炳林/新华日报 2016.7.24
政府与企业不但要亲更要"清"，润州：精准服务当好企业"店小二"/陆彦杰、晏培娟、朱秀霞/新华日报 2016.8.12
"名片"亮到巴黎气候大会 连续参加中美智慧城市峰会 镇江：生态低碳与文化提升并举/晏培娟、朱秀霞等/新华日报 2016.9.25
舞台频展"中国形象"九大行动驱动华丽转身 镇江：深耕"低碳"撬动新兴经济/晏培娟、朱秀霞、张艾情/新华日报 2016.11.15

（高小琪）

《镇江网情》题录

热点聚焦

题名/刊期
"小码头"现象专题整治成亮点/2016 年第 1 期
网友晒镇江城建照片展示城市自信/2016 年第 1 期
一天两篇网帖曝光河道污染问题/2016 年第 2 期
网称我市"169 工程"企业人才比例少/2016 年第 14 期
金山网组织系列活动，寻访"影响中国的镇江文物古迹"/2016 年第 18 期
媒体聚焦我省立法保护镇江香醋/2016 年第 29 期
媒体聚焦"中国外贸百强城市"名单，镇江全国排名第 46 位/2016 年第 28 期
污染丹徒的扬州企业已被扬州环保部门查出/2016 年第 31 期
媒体聚焦我市重拳出击"小官巨贪"/2016 年第 35 期
社科院评镇江为 28 个相对健康发展地级市之一/2016 年第 38 期
2016 全国百强县（区）我市表现抢眼/2016 年第 43 期
镇江入选全国服务外包示范城市可享受税收优惠/2016 年第 44 期

（《镇江网情》编辑部　叶　卜）

网络曝光

题名/刊期
网称大港港口露天堆场粉尘污染影响居民生活/2016 年第 19 期
网曝我市多地再现秸秆焚烧问题/2016 年第 21 期
网曝文保控制单位贻谷堂去年维修今年大面积倒塌/2016 年第 22 期
火车站南广场拖欠工程款被贴"告示"/2016 年第 27 期
网上质疑一夜河至今仍未整治/2016 年第 28 期
大市口法桐被私自"斩首"引公愤/2016 年第 29 期
多网帖吐槽我市菜市场管理问题/2016 年第 36 期

（《镇江网情》编辑部　叶　卜）

处置回音

题名/刊期
警方回应"使用辣椒水执法"舆情/2016 年第 21 期
网曝有化工厂烟囱冒紫烟，索普集团回应系装置检修排放沉积物/2016 年第 25 期

（《镇江网情》编辑部　叶　卜）

建言献策

题名/刊期
网赞仑山湖为镇江"洱海"，谏我市山水资源统筹开发/2016 年第 18 期
网吁我市采取措施保护金山湖湿地/2016 年第 18 期
"白蛇传"经典剧将翻拍，网友建言我市抓住机会宣传城市/2016 年第 18 期
网友呼吁保护老城区面临拆迁文物点/2016 年第 21 期
市规委办公示海绵公园规划方案，网上寄语"不要建成面子工程"/2016 年第 30 期
南京日报称规划专家建言：连镇铁路南延线经句容接禄口机场/2016 年第 43 期
网吁对大港古建筑群进行保护性开发/2016 年第 48 期

（《镇江网情》编辑部　叶　卜）

舆情警示

题名/刊期
网民实名举报丹徒区为逼迁制造冤假错案/2016 年第 1 期
丹徒区农保政策调整引发网上质疑/2016 年第 1 期
我市有 4 人 3 起违规被中纪委通报/2016 年第 2 期
网上热议恒顺大股东承诺增持话题/2016 年第 2 期
近期网上多条消息反映讨薪问题/2016 年第 3 期
网民质疑我市出租车份子钱过高/2016 年第 3 期
网媒称我市商标品牌发展指数苏南垫

底/2016年第3期
“莆田系”成网络公敌，我市网友盘点本地“骗子医院”/2016年第17期
2016全国优选旅游项目公布，网民不满我市无项目入选/2016年第18期
聚焦高考“减招”舆情/2016年第18期
网称江苏省级商品抽检最新结果，不合格批次全部来自我市/2016年第20期
镇宣铁路本地走向规划不一引网议/2016年第21期
网曝黑臭河整治亮点，“一夜河”再变臭水沟/2016年第23期
互动类平台热传“镇江莆田系医院及门诊部名单”/2016年第23期
媒体聚焦省环保厅约谈区县领导，镇江5个断面水质不达标/2016年第24期
年中网上围观年度城建计划进度，部分工程进度缓慢被点名/2016年第25期
网上疾呼“勿让镇江成传销基地”/2016年第27期
索普集团董事长被查，舆情高热/2016年第27期
本地论坛多网帖反映拆迁问题/2016年第27期
新区多地因断面水质不达标，被省环保厅实施环评限批/2016年第30期
我市多地农村水系绿萍泛滥/2016年第30期
我市两起典型案例被中纪委官网通报/2016年第35期
微博爆料疑似长江扬中段排污事件引围观/2016年第35期
网曝城东夜半再度遭遇大面积臭味/2016年第36期
涉欺诈性“投资理财”舆情持续高热/2016年第36期
网民举报丹徒农村“两委”选举问题/2016年第38期
南山景区被省旅游局严重警告并限期整改/2016年第38期
“镇江号”游轮改造将在金山湖湖面经营引发担忧/2016年第39期
全省6个不达标河流断面我市占3个/2016年第40期
新华日报整版解读省商标品牌发展报告，我市部分指数落后/2016年第44期
媒体报道中央环保督察组向江苏反馈情况，我市部分问题被点名/2016年第44期
两网帖反映我市安置房拖延交付问题/2016年第47期
全省干部警示教育大会上，我市落马干部成反面案例/2016年第47期
我市多家乡村旅游点被取消星级/2016年第49期
网上围观今年以来各市财政收入/2016年第49期
网称南山风景区大规模违建无人管/2016年第49期

（《镇江网情》编辑部　叶　卜）

辖市舆情

题名/刊期

网帖称扬中市政府违规收购黑码头/2016年第3期
丹阳一儿童医院猝死遭警方“抢尸”事件成国内热点/2016年第5期
境外反华网站报道称丹阳万亩良田工程野蛮拆迁/2016年第8期
网称丹阳当地非法集资问题成灾/2016年第20期
丹阳出租车再次集中罢运/2016年第24期
网民反映300亩良田抛荒，致农民三年无土地转让金/2016年第29期
丹阳网民上传政府文件，举报官商勾结违建销售商品房/2016年第33期
句容处置一起家长维权事件/2016年第35期
环保部肯定扬中整治黑臭水体力度/2016年第45期
齐梁故里在常州？网吁镇江为丹阳撑腰/2016年第47期

（《镇江网情》编辑部　叶　卜）

焦点网评、网情观察、网情盘点

题名/刊期

欠薪、物管、学区……老大难，新问题/2016年第4期
镇江新区乳胶泄漏事件舆情分析/2016年第6期
周边节庆热气腾腾，何以镇江旅游没大动静？/2016年第12期
协作、创新、坚持——2016镇江长江国际音乐节启示/2016年第17期
聚焦我市近期饮用水安全舆情/2016年第18期
江苏高招计划“被调控”之舆情观察/2016年第20期
大镇江，不是被规划出来的/2016年第22期
桃子烂在田里，问题出在哪里？/2016年第22期
面对疑似毒跑道，镇江北京差距大/2016年第25期
齐梁故里为什么不能在常州？/2016年第47期
莫让“扶贫”水果成“闹心”水果/2016年第49期
“版主沙龙”聚焦火车站北广场改造/2016年第49期

（《镇江网情》编辑部　叶　卜）

舆情调查

题名/刊期

丹徒区高桥镇自来水浑浊事件调查/2016年第2期
打专车？打黑车？——镇江市打击非法运营私家车舆情调查/2016年第11期
丹徒新城“光华电子商务广场”违建调查/2016年第28期
镇江首张环境污染拘留“罚单”新闻调查/2016年第33期

（《镇江网情》编辑部　叶　卜）

网帖摘编

题名/刊期

关于加快推进镇江区划调整的建议/2016年第2期
象山河塘严重污染，阵阵腥臭村民无奈/2016年第3期
关于镇江发展之文化产业发展的浅见/2016年第7期
金山湖丝网捕鱼整治结果让人大跌眼镜/2016年第23期
对改善镇江交通状况的一些思考/2016年第30期
关于533亿元造福大镇江的几点疑问和希望/2016年第33期
滨江风光带违建舆情调查/2016年第40期
网友建言镇江2017年民生改善重点项目/2016年第44期
南门大街：镇江市区道路的“一颗毒瘤”/2016年第49期

（《镇江网情》编辑部　叶　卜）

综　合

2016 年镇江市行政区划、土地面积及人口概况表

表 39－1

项　目	单　位	全　市	市　区					丹阳市	扬中市	句容市
				京口区	润州区	丹徒区	镇江新区			
街道办事处	个	25	18	6	8	2	2	2	2	3
居民委员会	个	271	154	61	59	13	21	70	23	24
镇政府	个	31	9	–	–	6	3	10	4	8
村民委员会	个	490	133	5	13	83	32	146	58	153
土地面积	平方千米	3840	1088	125	124	617	222	1047	327	1378
#建成区土地面积	平方千米	214.40	139.30	–	–	–	–	33.76	14.33	27.01
总户数	万户	101.24	40.21	12.53	10.20	10.35	7.13	27.80	10.54	22.70
年末户籍人口	万人	271.98	103.42	31.40	24.41	29.11	18.50	81.15	28.20	59.21
#女	万人	137.45	52.13	15.69	12.14	14.85	9.44	41.06	14.40	29.87
人口自然增长率	‰	1.77	2.51	2.85	2.22	1.73	3.56	0.24	0.71	3.09

（市统计局）

2016 年镇江市国民经济主要指标日均水平情况表

表 39－2

项　目	单　位	2015 年	项　目	单　位	2015 年
地区生产总值	万元	104750	市区公共汽车运客量	万人次	43.11
#第一产业	万元	3764	住户存款余额	万元	51342
第二产业	万元	51104	全社会用电量	万千瓦时	6350
第三产业	万元	49881	规模以上工业能源消费量	吨标准煤	57128
农林牧渔业总产值	万元	6577	邮电业务总量	万元	3002
财政总收入	万元	19362	出生人数	人	59
财政总支出	万元	17625	死亡人数	人	46
社会消费品零售总额	万元	33792	粮食产量	吨	3244
进出口总额	万美元	2818.7	油料产量	吨	159
实际利用外资	万美元	369.0	肉类产量	吨	217
固定资产投资	万元	78509	水产品产量	吨	269
新增固定资产	万元	49020	发电量	万千瓦时	11171
货物运输量	万吨	23.6	水泥产量	万吨	4.34
旅客客运量	万人	12.6	食醋产量	吨	668
接待旅游者人数	万人	14.63	机制纸及纸板	吨	5916

（市统计局）

2016 年镇江市经济社会主要指标完成情况表

表 39－3

项 目	单 位	全 市		项 目	单 位	全 市	
			市 区				市 区
年末户籍人口	万人	271.98	103.42	#人身险	亿元	75.62	43.60
从业人员	万人	194.32	69.74	保险赔款和给付	亿元	34.53	17.84
地区生产总值	亿元	3833.84	1711.60	#财产险	亿元	13.74	6.64
第一产业	亿元	137.78	29.33	人身险	亿元	20.79	11.20
第二产业	亿元	1870.40	829.74	社会消费品零售总额	亿元	1236.78	638.23
#工业	亿元	1728.00	739.42	居民消费价格总指数	－	－	102.2
第三产业	亿元	1825.66	852.53	国内旅游人数	万人	5348.34	2251.00
人均地区生产总值	元	120603	139126	公路货运量	万吨	3574	1816
农林牧渔业总产值	亿元	240.71	55.21	公路客运量	万人	6950	3901
规模工业总产值	亿元	8722.84	3421.62	港口货物吞吐量	万吨	14886	11481
规模工业主营业务收入	亿元	8632.13	3437.44	邮电业务总量	亿元	109.87	47.71
固定资产投资	亿元	2873.43	1693.52	全社会用电量	万千瓦时	2324102	1165606
#工业固定资产投资	亿元	1475.13	726.81	#工业用电	万千瓦时	1737737	892167
服务业固定资产投资	亿元	1352.14	931.24	城乡居民生活用电	万千瓦时	260542	108238
房地产开发投资	亿元	448.64	239.59	在岗职工平均工资	元	68874	72441
进出口总额	万美元	1031660	660681	城镇居民人均可支配收入	元	41794	41324
#出口总额	万美元	695166	388712	城镇居民人均生活消费支出	元	24388	25717
协议利用外资金额	万美元	240488	126524	农村居民人均可支配收入	元	20922	19774
实际利用外资金额	万美元	135068	68976	农村居民人均生活消费支出	元	15925	14588
财政总收入	亿元	708.66	337.27	普通高校在校学生数	万人	8.75	8.75
#一般公共预算收入	亿元	293.01	154.48	中等专业学校在校学生数	万人	1.90	0.97
财政总支出	亿元	645.09	323.84	普通中学在校学生数	万人	9.52	3.64
金融机构年末存款余额	亿元	4705.99	2457.48	小学在校学生数	万人	14.38	5.57
#住户存款余额	亿元	1879.10	748.20	幼儿园在园幼儿数	万人	7.37	2.86
金融机构年末贷款余额	亿元	3444.36	1487.41	卫生机构数	个	976	420
保费收入	亿元	100.96	56.68	卫生机构床位数	张	14585	8494
#财产险	亿元	25.35	13.08	卫生技术人员	人	19449	10396

（市统计局）

2016 年镇江市国民经济主要指标占江苏省比重表

表 39－4　　单位:%

指 标	单位	全省	镇江	镇江占全省比重(%)	指 标	单位	全省	镇江	镇江占全省比重(%)
土地面积	万平方千米	10.72	0.38	3.74	实际利用外资金额	亿美元	245.43	13.51	5.50
年末人口	万人	7998.60	271.98	3.40	一般公共预算收入	亿元	8121.23	293.01	3.61
从业人员	万人	4756.22	194.32	4.09	一般公共预算支出	亿元	9981.96	362.94	3.64
地区生产总值	亿元	76086.17	3833.84	5.04	金融机构各项存款余额	亿元	121106.58	4705.99	3.89
农林牧渔业总产值	亿元	7235.06	240.71	3.33	金融机构各项贷款余额	亿元	91107.60	3444.36	3.78
粮食产量	万吨	3466.01	118.74	3.43	居民人均可支配收入	元	32070	34064	106.22
规模以上工业总产值	亿元	157640.23	8722.84	5.53	居民人均生活消费支出	元	22130	21167	95.65
规模以上工业主营业务收入	亿元	156591.04	8632.13	5.51	城镇常住居民人均可支配收入	元	40152	41794	104.09
规模以上工业利润总额	亿元	10574.40	582.17	5.51	城镇常住居民人均生活消费支出	元	26433	24388	92.26
固定资产投资	亿元	49370.85	2873.43	5.82	农村常住居民人均可支配收入	元	17606	20922	118.83
社会消费品零售总额	亿元	28707.12	1236.78	4.31	农村常住居民人均生活消费支出	元	14428	15925	110.38
进出口总额	亿美元	5096.15	103.17	2.02	卫生机构床位数	万张	44.31	1.46	3.29
#出口	亿美元	3193.46	69.52	2.18	卫生技术人员	万人	51.71	1.94	3.76
协议利用外资金额	亿美元	431.39	24.05	5.57	#执业(助理)医师	万人	20.47	0.79	3.85

（市统计局）

农业和工业

2016年镇江市农林牧业生产情况表

表39－5

项　目	单　位	全　市	市　区	丹阳市	扬中市	句容市
一、粮食作物						
面积	千公顷	174.02	40.25	71.39	12.70	49.68
单产	公斤/公顷	6824	6718	6910	7234	6679
总产	吨	1187435	270419	493332	91867	331817
二、油料						
面积	千公顷	24.12	4.88	3.65	0.67	14.93
单产	公斤/公顷	2417	2291	2325	2372	2482
总产	吨	58291	11181	8487	1589	37053
三、棉花(皮棉)						
面积	千公顷	1.14	0.01	–	–	1.13
单产	公斤/公顷	798	1200	–	–	795
总产	吨	910	12	–	–	898
四、林业						
当年人工造林面积合计	公顷	501	114	127	34	226
#经济林	公顷	155	88	29	13	25
零星(四旁)植树	万株	256	36	100	15	105
木材采伐量	立方米	28692	6487	19569	349	2287
五、牧业						
猪当年出栏数	万头	58.36	16.19	21.55	7.79	12.83
猪期末存栏数	万头	38.79	12.04	14.01	7.14	5.60
羊当年出栏数	万只	6.82	1.17	1.87	2.18	1.60
羊期末存栏数	万只	4.99	1.06	1.46	1	1.4
家禽当年出栏数	万只	1674.91	735.18	501.68	90.25	347.80
家禽期末存栏数	万只	574.87	230.33	161.00	50.14	133.40
肉类总产量	吨	79477	29527	24500	8821	16629
奶类产量	吨	18046	4998	2425	–	10623
禽蛋产量	吨	27775	7692	10850	3430	5803
六、桑、茶、果						
年末实有茶园面积	公顷	5140	1431	957	–	2752
茶叶产量	吨	1765	430	405	–	930
年末果园面积	公顷	8279	1157	645	377	6099
园林水果产量	吨	144101	13410	5607	5326	119758
桑园面积	公顷	191	91	100	–	–

（市统计局）

2016 年镇江市农业现代化基本情况表

表 39－6

项目	单位	全市	市区					丹阳市	扬中市	句容市
				京口区	润州区	丹徒区	镇江新区			
农用化肥施用量(折纯)	吨	53642	13961	735	980	9136	3110	15048	3516	21117
氮肥	吨	25064	6471	363	354	4214	1540	7394	2154	9045
磷肥	吨	2874	280	57	52	149	22	220	356	2018
钾肥	吨	3762	332	38	12	222	60	1129	365	1936
复合肥	吨	21942	6878	277	562	4551	1488	6305	641	8118
农用薄膜使用量	吨	3136	643	52	12	239	340	1357	128	1008
#地膜使用量	吨	1746	170	6	3	141	20	931	108	537
地膜覆盖面积	公顷	7918	1565	46	56	1398	65	3191	542	2620
农用柴油使用量	吨	24246	4497	91	5	3833	568	9061	408	10280
农药使用量	吨	2424	435	12	16	239	168	952	231	806
农业机械总动力	千瓦	1457192	384574	57320	24792	214642	87820	373484	136496	562638
#柴油机	千瓦	879011	230145	36504	7806	132015	53820	188211	72007	388648
汽油机	千瓦	123846	38487	6515	8446	13861	9665	53716	8653	22990
电动机	千瓦	454335	115942	14301	8540	68766	24335	131557	55836	151000
农业机械与设备										
大中型拖拉机	台	5496	1275	145	40	827	263	2147	517	1557
小型拖拉机	台	13496	1957	13	35	1829	80	1653	489	9397
农用水泵	套	31856	10839	1098	986	6635	2120	6300	3694	11023
联合收获机	台	2989	778	57	6	519	196	1405	172	634
机动脱粒机	台	625	5	–	5	–	–	600	20	–
机动喷雾(粉)机	台	10712	2468	74	57	1470	867	4187	1028	3029
饲草料加工机械	台	2653	967	114	56	715	82	1125	114	447

（市统计局）

2016 年镇江市规模以上工业企业主要经济指标表

表 39－7 单位:万元

项目	计量单位	全市	市区					丹阳市	扬中市	句容市
				京口区	润州区	丹徒区	镇江新区			
规模以上工业企业单位数	个	2635	906	48	74	356	428	724	460	545
#亏损企业	个	256	103	10	14	16	63	113	31	9
规模以上工业总产值	万元	87228403	34216164	2972069	1314916	11150086	18779093	25293147	13726619	13992473
流动资产合计	万元	28998023	10437546	1272977	734203	3097699	5332667	9172782	6649767	2737928
资产合计	万元	58581782	24651289	3051717	1289350	8624522	11685700	14943705	10500416	8486372
负债合计	万元	31710923	12658160	1932893	598422	4811001	5315844	8121125	5956219	4975419
所有者权益合计	万元	26870859	11993129	1118824	690928	3813521	6369856	6822580	4544197	3510953
规模以上工业主营业务收入	万元	86321334	34374379	3057401	1300652	10892299	19124027	24761056	13300898	13885001
利润总额	万元	5821735	2568000	177411	66309	786858	1537422	1596579	941585	715571
利税总额	万元	8612912	3602834	281688	123452	1223609	1974085	2198735	1479402	1331941
全部从业人员年平均人数	人	555628	162322	14781	13860	70137	63544	182889	78997	131420

（市统计局）

2016年镇江市主要工业产品产量表

表39－8

产品名称	单位	实绩	产品名称	单位	实绩
一、冶金工业产品			六、建材工业产品		
铸铁件	万吨	17.57	水泥熟料	万吨	957.63
成品钢材	万吨	373.42	水　泥	万吨	1587.85
铜　材	万吨	2.92	预应力混凝土桩	万米	1074.61
铝　材	万吨	46.45	商品混凝土	万立方米	344.97
二、电力工业产品			砖	亿块	1.57
发电量	亿千瓦小时	408.87	人造板	万立方米	146.03
#镇江发电公司	亿千瓦小时	76.40	实木木地板	万平方米	125.27
谏壁发电厂	亿千瓦小时	162.88	复合木地板	万平方米	5314.30
华电江苏能源有限公司	亿千瓦小时	116.10	耐火材料制品	万吨	3.46
三、炼焦工业产品			玻璃纤维纱	万吨	0.96
焦　炭	万吨	37.98	石墨及碳素制品	万吨	44.75
四、化学工业产品			纤维增强塑料制品	万吨	1.85
硫酸(折100%)	万吨	24.00	七、纺织工业产品		
盐酸(含量31%以上)	万吨	1.68	纱	万吨	1.79
冰醋酸	万吨	101.63	布	万米	7654.36
烧碱(折100%)	万吨	5.82	纯棉布	万米	2086.95
初级形态的塑料	万吨	172.43	棉混纺布	万米	5147.97
化学农药(原药)	万吨	5.80	纯化纤布	万米	419.44
涂　料	万吨	5.81	无纺布	吨	370
合成橡胶	万吨	22.78	丝织品	万米	299
化学试剂	万吨	1.63	服　装	万件	12507.97
塑料制品	万吨	17.33	皮革服装	万件	97.20
中成药	万吨	0.68	天然毛皮服装	万件	0.42
化学纤维	万吨	0.92	皮革鞋靴	万双	1181.51
乙　稀	吨	497.40	八、其他产品		
五、机械工业产品			饮料酒	千升	29172
电力电缆	亿米	18.12	饲　料	万吨	9.85
光　缆	芯亿米	653.08	原　盐	万吨	50.46
绝缘制品	万吨	13.55	小麦粉	万吨	128.08
泵	万台	48.56	方便面	万吨	2.93
金属切削机床	台	243	食用植物油	万吨	2.22
金属成型机床	台	22488	大　米	万吨	11.58
民用钢质船舶	载重吨	100857	鲜、冷藏肉	万吨	1.53
非制冷设备压缩机	台	878	酱　油	万吨	0.40
建筑工程用机械	台	3478	食　醋	万吨	24.45
汽车	辆	8844	乳制品	万吨	0.21
#SUV(多用途乘用车)	辆	505	机制纸及纸板	万吨	216.51
汽车仪器仪表	万台	39.57	纸制品	万吨	26.31
液压元件	万件	65.87	碳纤维增强复合材料	吨	1831
收获机械	台	34138	液晶显示屏	万片	16.74
环境污染防治设备	台	17003	计算机整机(服务器)	台	9561
轴　承	亿套	24.55	电子元件	亿只	15.47
阀　门	万吨	2.56	日用玻璃制品	万吨	2.89
工业锅炉	蒸发量吨	978	电光源(灯泡)	万只	18131.40
变压器	万千伏安	2726.15	自行车	万辆	91.08
金属切削工具	亿件	43.13	多晶硅	亿片	2.29
高低压开关板	万面	41.26	光伏电池	万千瓦	33.90
高压开关设备(11万伏以上)	台	1220	碱性蓄电池	万只	67.41
桥　架	万吨	31.38	光学仪器	万台	35.32
母　线	万米	124.35	眼镜成镜	万副	1060.71
电焊机	台	15417			

说明：本表统计口径为规模以上工业，即国有工业企业及年销售收入2000万元以上的非国有工业企业　　（市统计局）

国内贸易、外向型经济

2016年镇江市社会消费品零售总额表

表39－9　　单位：万元

项目	全市	市区	京口区	润州区	丹徒区	镇江新区	丹阳市	扬中市	句容市
合计	12367803	6382266	2888336	1778511	684173	1031246	3156136	1409175	1420226
一、按所在地分									
城镇	11676975	6355091	2888336	1775271	660731	1030753	2973653	1285274	1062956
乡村	690828	27175	0	3240	23442	493	182483	123901	357270
二、按行业分									
批发业	1949910	1344350	384441	790507	70203	99199	258046	146271	201242
零售业	8919549	4318999	2111374	788947	525211	893467	2535890	1002565	1062096
住宿业	139670	80871	16128	45595	16750	2398	9041	32317	17441
餐饮业	1358674	638046	376393	153462	72009	36182	353159	228022	139447
三、按规模分									
限额以上	5810853	3873091	1492267	1364040	240930	775854	751088	591031	595642
批发业	1004344	841747	108980	660459	38130	34178	124267	25553	12777
零售业	4316510	2741809	1242479	614352	164769	720209	537522	507410	529770
住宿业	52115	24193	11198	6079	5799	1117	8384	16603	2933
餐饮业	437884	265342	129610	83150	32232	20350	80915	41465	50162
限额以下	6556950	2509175	1396069	414471	443243	255392	2405048	818144	824584
批发业	945566	502604	275461	130048	32074	65021	133779	120718	188465
零售业	4603040	1577190	868895	174595	360442	173258	1998369	495155	532326
住宿业	87555	56678	4930	39516	10950	1282	657	15713	14508
餐饮业	920789	372703	246783	70312	39777	15831	272243	186558	89285

（市统计局）

2016年镇江市外向型经济主要指标表

表39－10

项目	单位	全市	市区	京口区	润州区	丹徒区	镇江新区	丹阳市	扬中市	句容市
一、新签外商直接投资项目	个	106	53	5	9	14	25	28	7	18
二、协议利用外资	万美元	240486	126524	18426	6116	27933	74049	49117	12561	52283
三、实际利用外资	万美元	135068	68976	6936	6241	10728	45071	32210	11801	22082
四、进出口总额	万美元	1031659	651200	133282	52855	56422	408641	254368	57289	59322
#进口总额	万美元	336493	266349	31985	8755	4587	221022	40373	11934	12218
#一般贸易	万美元	206502	165002	25808	7155	3295	128742	29222	9440	2348
加工贸易	万美元	98418	81582	1852	1600	1292	76838	8716	2479	5631
#国有企业	万美元	22497	–	–	–	–	–	–	–	–
外商投资企业	万美元	219830	–	–	–	–	–	–	–	–
民营企业	万美元	93697	–	–	–	–	–	–	–	–
#出口总额	万美元	695166	384851	101297	44100	51835	187619	213995	45355	47104
#一般贸易	万美元	513168	242321	96801	39173	48171	58177	192832	42283	33888
加工贸易	万美元	175540	137814	3916	5121	3852	124925	20950	3377	13390
#国有企业	万美元	20017	–	–	–	–	–	–	–	–
外商投资企业	万美元	308236	–	–	–	–	–	–	–	–
民营企业	万美元	366712	–	–	–	–	–	–	–	–
五、新批海外投资										
新批海外投资企业	个	34	17	3	3	2	9	13	–	4
新批海外中方协议投资额	万美元	19541	13303	2151	493	200	10459	5338	–	900

说明："市区"数据含市直属

（市统计局）

基础设施建设

2016 年镇江市固定资产投资完成情况表

表 39 – 11　　　　单位:万元

项　目	全　市	市　区					丹阳市	扬中市	句容市
			京口区	润州区	丹徒区	镇江新区			
固定资产投资总额	28734336	16935183	4347419	4275669	3545321	4766774	5140102	3050978	3608073
一、按产业性质分									
第一产业	53424	21188	2528	–	–	18660	–	1900	30336
第二产业	15159488	7601559	1419365	959427	2087411	3135356	3649831	2577108	1330990
#工业投资	14751295	7268084	1326077	959427	2087411	2895169	3599934	2577108	1306169
第三产业	13521424	9312436	2925526	3316242	1457910	1612758	1490271	471970	2246747
二、按登记注册类型分									
内资	25929297	15307782	4134831	4143022	3303876	3726053	4656252	2860958	3104305
# 国有企业	3391674	2268395	733631	512476	686348	335940	318050	72098	733131
集体企业	292358	58641	12630	29793	14161	2057	46170	–	187547
股份合作企业	24364	13364	13364	–	–	–	–	11000	–
联营企业	989512	890486	206649	680837	–	3000	3320	51500	44206
有限责任公司	5565024	3749098	948134	1046819	412598	1341547	712164	961756	142006
股份有限公司	652623	365646	169126	48108	77262	71150	181954	74817	30206
私营企业	14288578	7476870	1955938	1468202	2113507	1939223	3342611	1677787	1791310
其他	725164	485282	95359	356787	–	33136	51983	12000	175899
# 民营	20349815	11031692	2863012	2271824	2588309	3308547	4204245	2753044	2360834
港澳台商投资企业	1353210	734210	23642	87610	109044	513914	316834	70968	231198
外商投资企业	1451829	893191	188946	45037	132401	526807	167016	119052	272570
三、按构成分									
建筑安装工程	18237765	10895792	2665430	3299407	2079130	2851825	3166181	1742290	2433502
设备工器具购置	7403440	4298065	1216140	541416	966588	1573921	1533133	1077427	494815
其他费用	3093131	1741326	465849	434846	499603	341028	440788	231261	679756

（市统计局）

教育、卫生

2016 年镇江市教育事业概况表

表 39 – 12

项　目	学校数(所)	招生数(人)	在校学生数(人)	毕业生数(人)	专任教师数(人)
合计	248	95212	357279	84299	28072
#普通高等学校	6	25760	87481	22408	5690
普通中等专业学校	11	6594	19024	5517	1645
普通中学	110	33345	95204	31518	10088
#高中	20	10804	31561	10995	3531
初中	90	22541	63643	20523	6557
职业高中	–	–	–	–	–
技工学校	5	4515	11265	2073	882
小学	111	24924	143830	22725	9632
特殊教育学校	5	74	475	58	135

（市统计局）

2016 年镇江市市区普通高中教育基本情况表

表 39 - 13　　单位:人

项　目	在校学生				毕业生数	专任教师
		高一年级	高二年级	高三年级		
镇江中学	2559	803	831	925	874	215
镇江第一中学	2411	815	829	767	861	207
镇江市第二中学(镇江崇实女子中学)	425	139	144	142	150	92
镇江市实验高级中学	2462	834	803	825	847	185
镇江市国际学校	349	101	143	105	122	44
镇江枫叶国际学校	530	273	164	93	65	49
江苏省大港中学	1650	508	543	599	622	201
镇江市丹徒区高级中学	1575	538	515	522	602	200
镇江第一外国语学校	28	28	-	-	-	6

(市统计局)

2016 年镇江市卫生事业基本情况表

表 39 - 14

项　目	计量单位	全　市				
			市　区	丹阳市	扬中市	句容市
卫生机构数	个	976	420	255	94	207
#医院	个	47	27	8	4	8
卫生院	个	50	14	22	4	10
卫生机构床位数	张	14585	8494	3232	1100	1759
#医院	张	10823	6734	2184	890	1015
卫生院	张	1891	511	710	130	540
卫生工作人员	人	24154	12836	5652	2184	3482
卫生技术人员总计	人	19449	10396	4622	1733	2698
#执业(助理)医师	人	7884	4050	1938	756	1140
注册护士	人	8278	4710	1881	641	1046
5 岁以下儿童死亡率	‰	3.06	2.23	4.40	3.54	1.98
婴儿死亡率	‰	2.37	1.78	3.30	3.18	1.32
每千人拥有卫生机构床位数	张	4.58	6.90	3.29	3.21	2.81
每千人拥有医院(卫生院)床位数	张	4.00	5.88	2.95	2.98	2.48
每千人拥有卫生技术人员数	人	6.11	8.44	4.71	5.06	4.31
每千人拥有执业(助理)医师数	人	2.48	3.29	1.97	2.21	1.82
每千人拥有注册护士数	人	2.60	3.83	1.92	1.87	1.67
新型农村合作医疗参保人数	万人	155.2	39.9	53.5	17.4	44.4
新型农村合作医疗覆盖面	%	100.0	100.0	100.0	100.0	100.0

(市统计局)

劳动就业、人民生活

2016年镇江市劳动工资主要指标表

表39－15

项目	单位	全市	市区	京口区	润州区	丹徒区	镇江新区	丹阳市	扬中市	句容市
全部单位从业人员数	人	479672	212759	73804	48756	42260	47939	104885	72612	89416
#在岗职工工人数	人	433039	182555	56112	41892	40355	44196	96044	68600	85840
国有单位从业人员数	人	137793	75659	30700	25942	10471	8546	26652	12501	22981
#在岗职工工人数	人	118744	65072	26373	21594	9653	7452	20694	11555	21423
集体单位从业人员数	人	16045	6734	1241	960	3515	1018	2045	2498	4768
#在岗职工工人数	人	14565	5975	1166	537	3418	854	2003	2408	4179
其他单位从业人员数	人	325834	130366	41863	21854	28274	38375	76188	57613	61667
#在岗职工人数	人	299730	111508	28573	19761	27284	35890	73347	54637	60238
全部单位在岗职工工资总额	万元	3005470	1341070	438185	305943	273075	323866	660386	446822	557194
#国有单位	万元	1093144	585050	235592	199999	90638	58820	195985	113179	198930
集体单位	万元	96145	36857	6500	3222	22210	4925	16637	15486	27165
其他单位	万元	1816181	719162	196093	102722	160227	260120	447764	318156	331098
全部单位在岗职工平均工资	元	68874	72441	76516	71021	67642	72648	68444	65226	64255
#国有单位	元	88993	87231	88303	88104	92359	75056	87306	96778	92363
集体单位	元	65673	61669	56361	55530	66873	55005	82762	64391	64234
其他单位	元	60682	64154	67200	51419	58853	72566	61987	58584	54287

说明:“市区”数据含市直属

（市统计局）

2016年镇江市城镇居民和农村居民家庭生活基本情况表

表39－16

城镇居民	单位	绝对数	农村居民	单位	绝对数
调查户数	户	490	调查户数	户	376
平均每户家庭人口	人	3.2	平均每户家庭人口	人	3.3
平均每户就业人口	人	2.2	平均每户就业人口	人	2.5
平均每户离退休人口	人	0.4	平均每户离退休人口	人	0.2
平均每一就业者负担人数	人	1.5	平均每一就业者负担人数	人	1.3
平均每户就业面	%	68.4	平均每户就业面	%	75.5
现住房平均每人建筑面积	平方米	44.7	现住房平均每人建筑面积	平方米	57.7
#现住房平均每人使用面积	平方米	33.5	#现住房平均每人使用面积	平方米	43.3
人均可支配收入	元/人	41794	人均可支配收入	元/人	20922
(一)工资性收入	元/人	27314	(一)工资性收入	元/人	13460
(二)经营净收入	元/人	5470	(二)经营净收入	元/人	4525
(三)财产净收入	元/人	3828	(三)财产净收入	元/人	767
(四)转移净收入	元/人	5182	(四)转移净收入	元/人	2170
人均总支出	元/人	32806	人均总支出	元/人	24572
生活消费支出	元/人	24388	#生活消费支出	元/人	15925

（市统计局）

2016年镇江市城乡居民家庭生活消费支出表

表39－17　　单位:元

项　目	金　额	项　目	金　额
城镇居民人均消费性支出(元)	24388	农村居民人均消费性支出(元)	15925
食品烟酒	6939	食品烟酒	4547
衣着	2054	衣着	971
居住	5456	居住	3702
生活用品及服务	1496	生活用品及服务	968
交通通信	3268	交通通信	2153
教育文化娱乐	3227	教育文化娱乐	2197
医疗保健	1128	医疗保健	895
其他用品和服务	820	其他用品和服务	492

(市统计局)

2016年镇江市市区居民消费价格分类指数表

表39－18

项　目	以上年价格为100	项　目	以上年价格为100
居民消费价格总指数	102.2	1. 服装	101.7
#非食品烟酒价格指数	101.4	2. 鞋类	97.9
服务价格指数	102.6	三、居住	102.9
消费品价格指数	101.9	1. 租赁房房租	103.7
一、食品烟酒	104.0	2. 住房保养维修及管理	104.3
1. 食品	105.0	3. 水电燃料	99.4
(1)粮食	99.1	4. 自有住房	103.7
(2)薯类	122.6	四、生活用品及服务	101.7
(3)豆类	98.8	1. 家具及室内装饰品	102.2
(4)食用油	100.8	2. 家用器具	102.9
(5)菜	111.2	3. 家用纺织品	101.5
#鲜菜	112.2	4. 家庭日用杂品	101.0
(6)畜肉类	111.4	5. 个人护理用品	101.2
(7)禽肉类	98.4	6. 家庭服务	100.9
(8)水产品	108.3	五、交通和通信	98.4
(9)蛋类	96.3	1. 交通	98.3
(10)奶类	101.3	2. 通信	98.5
(11)干鲜瓜果类	96.7	六、教育文化和娱乐	99.6
(12)糖果糕点类	104.0	1. 教育	100.0
(13)调味品	104.6	2. 文化娱乐	99.3
(14)其他食品类	99.3	七、医疗保健	105.9
2. 茶及饮料	102.2	1. 药品及医疗器具	105.8
3. 烟酒	100.9	2. 医疗服务	106.0
(1)烟草	101.4	八、其他用品和服务	102.8
(2)酒类	99.8	1. 其他用品类	103.8
4. 在外餐饮	102.9	2. 其他服务类	102.0
二、衣着	101.0		

(市统计局)

2016年镇江市市区商品零售价格分类指数表

表39－19

项　目	以上年价格为100	项　目	以上年价格为100
商品零售价格总指数	101.1	九、交通、通信用品	98.9
一、食品类	104.7	十、家具	102.1
二、饮料、烟酒	101.1	十一、化妆品类	101.4
三、服装、鞋帽类	101.0	十二、金银珠宝类	106.7
四、纺织品类	101.6	十三、中西药品及医疗保健用品类	105.4
五、家用电器及音像器材	98.8	十四、书报杂志及电子出版物类	100.2
六、文化办公用品	97.6	十五、燃料类	95.5
七、日用品	102.3	十六、建筑材料及五金电料类	99.4
八、体育娱乐用品	100.3		

（市统计局）

2016年镇江市城镇每百户常住居民家庭耐用消费品情况表

表39－20

品　名	单位	年购买量	年末拥有量	品　名	单位	年购买量	年末拥有量
家用汽车	辆	1.8	49.0	消毒碗柜	台	－	11.8
摩托车	辆	0.6	24.9	洗碗机	台	－	2.4
助力车	台	12	140.8	排油烟机	台	3.5	90.8
洗衣机	台	6.1	106.5	移动电话	部	46.9	261.2
电冰箱(柜)	台	6.1	110.6	计算机	台	4.3	112.2
微波炉	台	3.7	100.8	摄像机	台	0.2	12.5
彩色电视机	台	7.6	212.7	照相机	台	0.2	57.4
空调	台	8.4	238.8	中高档乐器(含钢琴)	架	－	10.4
淋浴热水器	台	6.3	120.0	健身器材	台	－	15.5
#太阳能热水器	台	1.8	69.6	组合音响	套	0.4	23.5

（市统计局）

2016年镇江市农村每百户常住居民家庭耐用消费品情况表

表39－21

品　名	单位	年购买量	年末拥有量	品　名	单位	年购买量	年末拥有量
家用汽车	辆	4.8	33.0	消毒碗柜	台	－	3.2
摩托车	辆	0.3	44.2	洗碗机	台	0.8	1.1
助力车	台	14.4	130.1	排油烟机	台	2.1	52.4
洗衣机	台	5.9	102.4	移动电话	部	50.3	255.1
电冰箱(柜)	台	9.6	109.8	计算机	台	2.4	68.6
微波炉	台	3.5	89.4	摄像机	台	0.3	1.9
彩色电视机	台	10.1	184.0	照相机	台	－	20.5
空调	台	14.4	181.9	中高档乐器(含钢琴)	元/人	2.2	1.3
淋浴热水器	台	5.6	106.4	健身器材	元/人	－	5.6
#太阳能热水器	台	1.6	88.8	组合音响	套	0.3	9.8

（市统计局）

法律、法规及重要文件

镇江市制定地方性法规条例

第一章　总　　则

第一条　为了规范市人民代表大会及其常务委员会的立法活动，提高立法质量，发挥地方立法的引领和推动作用，全面推进依法治市，根据《中华人民共和国地方各级人民代表大会和地方各级人民政府组织法》《中华人民共和国立法法》和《江苏省制定和批准地方性法规条例》等法律、法规的规定，结合本市实际，制定本条例。

第二条　本市地方性法规的制定、修改、废止和解释，适用本条例。

第三条　制定地方性法规应当遵循下列原则：

（一）坚持中国共产党的领导，维护社会主义法制统一，不得与宪法、法律、行政法规和江苏省地方性法规相抵触；

（二）从本市具体情况和实际需要出发，体现地方特色；

（三）以民为本，体现人民意愿，代表人民的根本利益；

（四）充分发扬民主，坚持立法公开，开展立法协商，广泛听取意见，保障公民通过多种途径有序参与立法活动；

（五）适应经济社会发展和全面深化改革的要求，科学合理地规定公民、法人和其他组织的权利与义务、国家机关的权力与责任。

地方性法规内容应当明确、具体，具有针对性和可操作性；对上位法已经明确规定的内容，一般不作重复性规定。

第四条　市人民代表大会及其常务委员会可以对城乡建设与管理、环境保护、历史文化保护等方面涉及的下列事项制定地方性法规：

（一）为执行法律、行政法规和江苏省地方性法规的规定，需要根据本市实际情况作出具体规定的事项；

（二）属于本市地方性事务需要制定地方性法规的事项；

（三）除只能由法律规定的事项外，国家和江苏省尚未制定法律、法规，需要根据本市实际情况先行制定地方性法规的事项。

前款规定的事项中，涉及本行政区域内特别重大事项的，应当由市人民代表大会通过。

在市人民代表大会闭会期间，常务委员会可以对市人民代表大会制定的地方性法规进行部分补充和修改，但不得同该地方性法规的基本原则相抵触。

第五条　市人民代表大会及其常务委员会负责立法工作的组织协调，发挥在立法工作中的主导作用。

第二章　立法规划和立法计划

第六条　市人民代表大会常务委员会通过制定、实施立法规划、立法计划等途径，加强对立法工作的统筹安排。

编制立法规划和立法计划，应当认真研究代表议案和建议，广泛征集意见，科学论证评估，根据本市具体情况和实际需要，确定立法项目，提高立法的及时性、针对性和有效性。

立法规划、立法计划应当与省人民代表大会常务委员会立法规划、立法计划相衔接，合理安排立法项目，科学调控立法进程。

立法规划、立法计划，应当在通过前征求省人民代表大会常务委员会的意见。

第七条　市人民代表大会常务委员会应当在每届第一年度制定立法规划和本年度立法计划；根据立法规划，结合实际需要和可能，在每年十二月三十一日前制定下一年度的立法计划。

市人民代表大会常务委员会法制工作委员会（以下简称法制工作委员会）负责编制立法规划和拟订立法计划，经市人民代表大会法制委员会（以下简称法制委员会）讨论后，报市人民代表大会常务委员会主任会议（以下简称主任会议）通过，印发常务委员会会议，并向社会公布。

法制工作委员会编制立法规划和拟订立法计划，应当广泛征求意见，会同市人民代表大会专门委员会（以下简称专门委员会）、市人民代表大会常务委员会工作机构（以下简称常务委员会工作机构）、市人民政府法制工作机构进行研究论证。

立法规划、立法计划在执行过程中需要调整的，由主任会议决定。

第八条　本市一切国家机关、政党、人民团体、企业事业单位、其他组织和公民都可以向市人民代表大会及其常务委员会书面提出制定地方性法规的建议。

专门委员会、常务委员会工作机构、市人民政府各部门提出立法规划项目建议的，应当报送项目建议书，说明立法的必要性、可行性和拟规范的主要内容；提出立法计划项目建议的，应当报送项目建议书和地方性法规建议稿。

第九条　市人民代表大会常务委员会立法规划、立法计划，应当分别在每届第一年度、上一年十二月三十一日前书面报送省人民代表大会常务委员会。

立法规划、立法计划在执行过程中作出调整的，应当及时书面报送省人民代表大会常务委员会。

第三章　地方性法规的起草和提出

第十条　列入立法规划、立法计划的地方性法规，一般由市人民政府、专门委员会、常务委员会工作机构按照各自职责组织起草。

综合性、全局性、基础性的重要地方性法规草案，可以由专门委员会、常务委员会工作机构组织起草。

起草专业性较强的地方性法规，可以吸收相关领域的专家参与，或者委托有关专家、教学科研单位、社会组织等起草。

第十一条　起草地方性法规，市人民代表大会常务委员会可以成立由市人民政府、专门委员会、常务委员会有关工作机构、法制工作委员会、市人民政府有关部门等单位参加的起草工作领导小组，加强对法规起草工作的领导，研究解决法规起草中的重大问题。

第十二条　起草地方性法规，应当就法规的调整范围、涉及的主要问题和解决办法、需要建立的制度和采取的措施、权利义务关系、同有关法律法规的衔接等问题进行调查研究和论证，征求人大代表、相关部门、基层单位、管理相对人和有关专家的意见。

对法规起草过程中的重大分歧意见，提出地方性法规案的机关应当做好协调工作。

第十三条　提出地方性法规案，应当在市人民代表大会、常务委员会会议举行的十日前，按照要求向常务委员会提交法规草案及其说明、必要的参阅资料。法规草案的说明应当包括制定该法规的必要性、可行性和主要内容，以及起草过程中对重大分歧意见的协调处理情况；拟设定行政许可、行政强制的，还应当包括设定的必要性、可能产生的影响以及听取和采纳意见的情况。

未按时报送地方性法规草案的，一般不列入当次人民代表大会、常务委员会会议议程。

第十四条　向市人民代表大会及其常务委员会提出的地方性法规案，在列入会议议程前，提案人有权撤回。

第十五条　交付市人民代表大会及其常务委员会全体会议表决未获得通过的地方性法规案，如果提案人认为必须制定该地方性法规，可以按照本条例规定的程序重新提出，由主席团、主任会议决定是否列入会议议程；其中，未获得市人民代表大会通过的地方性法规案，应当提请市人民代表大会审议决定。

第四章　市人民代表大会立法程序

第十六条　主席团可以向市人民代表大会提出地方性法规案，由市人民代表大会会议审议。

常务委员会、市人民政府、专门委员会，可以向市人民代表大会提出地方性法规案，由主席团决定列入会议议程。

市人民代表大会代表十人以上联名，在主席团规定的议案截止时间前，可以向市人民代表大会提出地方性法规案，由主席团决定是否列入会议议程，或者先交有关专门委员会审议，提出是否列入会议议程的意见，再由主席团决定是否列入会议议程。

专门委员会审议时，可以邀请提案人列席会议，发表意见；根据需要，可以要求有关机关、组织派负责人说明情况。

第十七条　向市人民代表大会提出的地方性法规案，在市人民代表大会闭会期间，可以先向常务委员会提出，经常务委员会依照本条例第五章规定的有关程序审议后，决定提请市人民代表大会审议，由提案人向大会全体会议作说明。

常务委员会依照前款规定审议地方性法规案，应当通过多种形式征求市人民代表大会代表的意见，并将有关情况予以反馈；专门委员会、常务委员会工作机构进行立法调研，可以邀请有关的市人民代表大会代表参加。

第十八条　常务委员会决定提请市人民代表大会审议的地方性法规案，应当在会议举行前将法规草案及其说明、必要的参阅资料发给代表。

第十九条　列入人民代表大会会议议程的地方性法规案，由大会全体会议听取提案人的说明，由各代表团进行审议。

各代表团审议地方性法规案时，提案人应当派人听取意见，回答询问；根据代表团的要求，有关机关、组织应当派人介绍情况。

第二十条　列入人民代表大会会议议程的地方性法规案，由有关专门委员会进行审议，向主席团提出审议意见，并印发会议。

第二十一条　列入人民代表大会会议议程的地方性法规案，由法制委员会根据各代表团和有关专门委员会的审议意见进行统一审议，向主席团提出审议结果报告和法规草案修改稿，对重要的不同意见应当在审议结果报告中予以说明，经主席团会议审议通过后，印发会议。

第二十二条　列入人民代表大会会议议程的地方性法规案，在交付表决前，提案人要求撤回的，应当说明理由，经主席团同意，并向大会报告，对该地方性法规案的审议即行终止。

第二十三条　地方性法规案在审议中有重大问题需要进一步研究的，经主席团提出，由大会全体会议决定，可以授权常务委员会根据代表的意见进一步审议，作出决定，并将决定情况向市人民代表大会下次会议报告；也可以授权常务委员会根据代表的意见进一步审议，提出修改方案，提请市人民代表大会下次会议审议决定。

第二十四条　地方性法规草案修改稿经各代表团审议后，由法制委员会根据各代表团的审议意见进行修改，提出法规草案表决稿，由主席团提请大会全体会议表决，由全体代表的过半数通过。

第二十五条　市人民代表大会修改、废止其制定的地方性法规，改变或者撤销常务委员会制定的地方性法规，依照本章有关规定执行。

第五章　市人民代表大会常务委员会立法程序

第二十六条　主任会议可以向常务委员会提出地方性法规案，由常务委员会会议审议。

市人民政府、专门委员会可以向常务委员会提出地方性法规案，由主任会议决定列入会议议程，也可以先交有关专门委员会审议或者常务委员会有关工作机构审查并提出意见，再决定列入会议议程。

主任会议认为地方性法规案有重大问题需要进一步研究，可以建议提案人修改完善后再向常务委员会提出。

第二十七条　常务委员会组成人员五人以上联名，可以向常务委员会提出地方性法规案，由主任会议决定是否列入常务委员会会议议程，也可以先交有关专门委员会审议或者常务委员会有关工作机构审查并提出意见，再决定是否列入会议议程。不列入会议议程的，应当在两个月内向常务委员会会议报告或者向提案人说明。

有关专门委员会审议或者常务委员会有关工作机构审查地方性法规案时，可以邀请提案人列席会议，发表意见。

第二十八条　市人民代表大会全体会议决定授权常务委

员会审议的地方性法规案，由主任会议决定列入会议议程。

第二十九条 列入常务委员会会议议程的地方性法规案，除特殊情况外，应当在会议举行前将法规草案及其说明、必要的参阅资料发给常务委员会组成人员。

常务委员会会议审议地方性法规案时，应当安排必要的时间，保证常务委员会组成人员充分发表意见。

第三十条 常务委员会会议审议地方性法规案时，应当邀请有关的市人民代表大会代表列席会议。

常务委员会会议审议地方性法规案时，可以邀请本市选举的省人民代表大会代表列席会议。

常务委员会会议审议地方性法规案时，可以安排公民旁听。

第三十一条 列入常务委员会会议议程的地方性法规案，一般经两次常务委员会会议审议后再交付表决。第二次审议与第一次审议，一般间隔一次常务委员会会议。

常务委员会会议第一次审议地方性法规案，在全体会议上听取提案人的说明，在分组会议上宣读法规草案全文和有关专门委员会的审议意见或者常务委员会工作机构的审查意见，由分组会议进行审议。

常务委员会会议第二次审议地方性法规案，在全体会议上听取法制委员会关于法规草案审议结果的报告，由分组会议对法规草案修改稿进行审议。

常务委员会审议地方性法规案时，根据需要，可以召开全体会议，对法规草案中的重要问题进行审议。

第三十二条 列入常务委员会会议议程的地方性法规修正案、有关法规问题的决定案、废止地方性法规案以及调整事项单一的地方性法规案，意见比较一致的，一般经一次常务委员会会议审议即交付表决。

常务委员会会议审议前款所列法规案，在全体会议上听取提案人的说明，在分组会议上宣读法规草案全文和有关专门委员会的审议意见或者常务委员会有关工作机构的审查意见，由分组会议进行审议；会议期间，由法制委员会提出审议结果报告，印发常务委员会会议，由分组会议对法规草案修改稿进行审议。

第三十三条 常务委员会分组审议地方性法规案时，提案人应当派人听取意见，回答询问；根据分组审议的需要，有关机关、组织应当派人介绍情况。

第三十四条 列入常务委员会会议议程的地方性法规案，由有关专门委员会进行审议或者常务委员会有关工作机构进行审查，提出意见，印发常务委员会会议。

有关专门委员会审议或者常务委员会有关工作机构审查地方性法规案时，可以邀请其他有关专门委员会成员或者常务委员会有关工作机构负责人列席会议，发表意见。

第三十五条 列入常务委员会会议议程的地方性法规案，由法制委员会根据常务委员会组成人员、有关专门委员会审议意见或者常务委员会有关工作机构的审查意见和其他方面提出的意见，对地方性法规案进行统一审议，提出审议结果报告和法规草案修改稿，对重要的不同意见应当在审议结果报告中予以说明。对有关专门委员会或者常务委员会有关工作机构的重要意见没有采纳的，应当向有关专门委员会或者常务委员会有关工作机构反馈。

法制委员会审议地方性法规案时，应当邀请有关专门委员会成员或者常务委员会有关工作机构负责人列席会议，发表意见。

第三十六条 专门委员会、常务委员会工作机构审议或者审查地方性法规案时，应当召开全体会议进行审议或者审查，根据需要，可以要求有关机关、组织派负责人说明情况。

第三十七条 法制委员会、有关专门委员会、常务委员会有关工作机构之间对法规草案的重要问题意见不一致时，应当向主任会议报告，由主任会议决定。

第三十八条 列入常务委员会会议议程的地方性法规案，法制委员会、有关专门委员会、常务委员会有关工作机构应当听取各方面意见。听取意见可以采取座谈会、论证会、听证会等多种形式。

地方性法规案有关问题专业性较强，需要进行可行性评价的，应当召开论证会，听取有关专家、部门和市人民代表大会代表等方面的意见。论证情况应当向常务委员会报告。

地方性法规案有关问题存在重大意见分歧或者涉及利益关系重大调整，需要进行听证的，应当召开听证会，听取有关基层和群体代表、部门、人民团体、专家、市人民代表大会代表和社会有关方面的意见。听证情况应当向常务委员会报告。

第三十九条 地方性法规案经常务委员会会议第一次审议后，法制工作委员会应当将法规草案在镇江人大网公布，广泛征求意见；涉及人民群众利益、社会普遍关注的地方性法规案，可以将法规草案在《镇江日报》等媒体上公布。

地方性法规案经常务委员会会议第一次审议后，法制工作委员会应当将法规草案发送相关领域的市人民代表大会代表、辖市（区）人民代表大会常务委员会、基层立法联系点、立法咨询专家以及有关部门、组织等征求意见。

各机关、组织和公民提出的意见送法制工作委员会，由法制工作委员会将意见整理后送法制委员会和有关专门委员会或者常务委员会有关工作机构，并根据需要印发常务委员会会议。

第四十条 拟提请常务委员会会议审议通过的地方性法规案，在法制委员会提出审议结果报告前，根据需要，法制工作委员会可以对地方性法规草案中主要制度规范的可行性、出台时机、实施的社会效果和可能出现的问题等进行评估。评估情况由法制委员会在审议结果报告中予以说明。

第四十一条 列入常务委员会会议议程的地方性法规案，在交付表决前，提案人要求撤回的，应当说明理由，经主任会议同意，并向常务委员会报告，对该地方性法规案的审议即行终止。

第四十二条 拟提请常务委员会审议通过的地方性法规案，经常务委员会会议审议后，仍有重大问题需要进一步论证、协商的，由主任会议提出，经常务委员会全体会议同意，可以暂不付表决，交法制委员会和有关专门委员会进一步审议或者常务委员会有关工作机构进一步审查。

第四十三条 法规草案修改稿经常务委员会会议审议，由法制委员会根据常务委员会组成人员的审议意见进行修改，提出法规草案表决稿，由主任会议提请常务委员会全体会议表决，由常务委员会全体组成人员的过半数通过。

第四十四条 法规草案表决稿交付常务委员会会议表决前，主任会议根据常务委员会会议审议的情况，可以决定将个别意见分歧较大的重要条款提请常务委员会会议单独表决。

单独表决的条款经常务委员会会议表决后，主任会议根据单独表决的情况，可以决定将法规草案表决稿交付表决，也可以决定暂不付表决，交法制委员会和有关专门委员会、常务委员会有关工作机构进一步审议或者审查。

第四十五条 对多部地方性法规中涉及同类事项的个别条款进行修改，一并提出地方性法规案的，经主任会议决定，可以合并表决，也可以分别表决。

第四十六条 列入常务委员会会议审议的地方性法规案，因各方面对制定该法规的必要性、可行性等重大问题存在较大意见分歧搁置审议满一年的，或者因暂不付表决经过一年没有再次列入常务委员会会议议程审议的，由主任会议向常务委员会报告，该地方性法规案终止审议。

第六章 地方性法规的报批、公布、解释

第四十七条 市人民代表大会及其常务委员会制定的地方性法规在审议通过的两个月前，应当将法规草案及有关资料送省人民代表大会常务委员会征求意见。

市人民代表大会及其常务委员会制定的地方性法规，自通过之日起十五日内报请省人民代表大会常务委员会批准。

报请批准时，应当按照格式和数量要求提交报请批准地方性法规的书面报告、地方性法规文本及其说明、必要的参阅资料；派人列席省人民代表大会常务委员会分组会议听取意见，回答询问。

第四十八条 经省人民代表大会常务委员会批准的地方性法规，由市人民代表大会常务委员会发布公告予以公布。

地方性法规被修改的，应当公布新的地方性法规文本。地方性法规被废止的，除由其他地方性法规规定废止该地方性法规的以外，应当发布公告予以公布。

市人民代表大会及其常务委员会制定的地方性法规公布后，应当及时在《镇江市人大常委会公报》上刊载，并自法规批准之日起十五日内在镇江人大网、《镇江日报》上刊载。在《镇江市人大常委会公报》上刊载的地方性法规文本为标准文本。

第四十九条 市人民代表大会及其常务委员会制定的地方性法规有以下情况之一的，由常务委员会解释：

（一）地方性法规的规定需要进一步明确具体含义的；

（二）地方性法规制定后出现新的情况，需要明确适用地方性法规依据的。

常务委员会对地方性法规的解释，同地方性法规具有同等效力。作出解释前，应当征求省人民代表大会常务委员会法制工作委员会的意见。

地方性法规如何具体应用的问题，由市人民政府主管部门按照各自的职责范围进行解释；作出解释前，应当征求法制工作委员会和有关专门委员会、常务委员会有关工作机构的意见。

第五十条 市人民政府、市中级人民法院、市人民检察院、专门委员会、常务委员会工作机构以及县级人民代表大会常务委员会，可以向市人民代表大会常务委员会提出地方性法规解释要求。

法制工作委员会研究拟订地方性法规解释草案，由主任会议决定提请常务委员会会议审议。

地方性法规解释草案经常务委员会会议审议，由法制委员会根据常务委员会会议的审议意见进行审议、修改，提出地方性法规解释草案表决稿。

地方性法规解释草案表决稿由常务委员会全体组成人员的过半数通过，由常务委员会发布公告予以公布，并及时在《镇江市人大常委会公报》、镇江人大网和《镇江日报》上刊载。

第五十一条 市人民政府主管部门对地方性法规如何具体应用问题的解释，应当在《镇江日报》刊载，并在作出解释后三十日内报常务委员会备案。

市人民代表大会常务委员会对地方性法规的解释，应当在公布后三十日内报送省人民代表大会常务委员会备案。

第七章 其他规定

第五十二条 地方性法规一般采用条例、办法、决定、规定、规则等名称，采用适当的体例、结构；法规条文和使用的词汇、术语应当科学、准确、严谨。

地方性法规的题注应当载明制定机关、通过日期、批准机关和批准日期。

地方性法规应当明确规定施行日期；除必须立即实施的外，地方性法规从公布到施行的日期不少于三十日。

第五十三条 地方性法规草案与其他地方性法规相关规定不一致的，提案人应当予以说明并提出处理意见，必要时应当同时提出修改或者废止其他地方性法规相关规定的议案。

法制委员会、有关专门委员会、常务委员会有关工作机构审议或者审查地方性法规案时，认为需要修改或者废止其他地方性法规相关规定的，应当提出处理意见。

第五十四条 地方性法规通过后，常务委员会根据需要向有关方面或者向社会公开通报意见采纳情况。

第五十五条 地方性法规规定明确要求有关国家机关对专门事项作出配套的具体规定的，有关国家机关应当自地方性法规施行之日起一年内作出规定，地方性法规对配套的具体规定制定期限另有规定的，从其规定。有关国家机关未能在期限内作出配套的具体规定的，应当向市人民代表大会常务委员会说明情况。

第五十六条 地方性法规施行满二年的，有关主管部门应当向常务委员会书面报告法规的实施情况。

第五十七条 法制工作委员会可以对有关地方性法规具体问题的询问进行研究予以答复，并报常务委员会备案。

法制工作委员会进行研究时，应当征求有关专门委员会、常务委员会有关工作机构、市人民政府法制工作机构、有关部门等方面的意见。

第五十八条 专门委员会、常务委员会工作机构可以组织或者委托第三方对有关地方性法规或者地方性法规中有关规定进行立法后评估。评估情况应当向常务委员会报告。

第五十九条 专门委员会、常务委员会工作机构和有关部门、单位应当对地方性法规进行定期清理，发现地方性法规内容与法律、行政法规、江苏省地方性法规相抵触，与本市其他地方性法规不协调，或者与现实情况不适应的，应当提出修改或者废止地方性法规的意见和建议。

地方性法规施行后上位法制定、修改或者废止的，市有关主管部门等应当及时对地方性法规进行清理，提出是否修改或者废止地方性法规的意见和建议。

修改或者废止地方性法规的意见和建议，由法制工作委员会组织研究论证，确需修改或者废止地方性法规的，报经主任会议同意，列入立法计划。

第八章 附 则

第六十条 本条例自 2016 年 5 月 1 日起施行。

镇江香醋保护条例

第一章 总 则

第一条 为了保护镇江香醋的品牌和工艺特色，继承和弘扬镇江香醋文化，促进镇江香醋产业持续健康发展，根据有关法律、法规，结合本市实际，制定本条例。

第二条 本条例所称镇江香醋，是指在镇江行政区域内生产，采用传统特殊工艺制作，具有独特风味和品质，并依法取得知识产权保护的酿造食醋。

第三条 本条例适用于镇江行政区域内镇江香醋的生产经营、文化传承、知识产权和传统工艺保护、产业发展及相关监督管理等活动。

第四条 镇江香醋保护工作应当遵循质量至上、品牌保护和传承发展原则。

第五条 市、辖市（区）人民政府负责本条例的组织实施，统一领导、组织、协调镇江香醋生产经营的监督管理工作，具体

办法由市、辖市(区)人民政府制定。

有关部门按照各自职责,共同做好镇江香醋保护、发展、监督和管理工作。

第六条 镇江香醋生产经营者应当依照法律、法规和食品安全标准从事生产经营活动,对社会和消费者负责,并接受监督。

第二章 工艺保护与文化传承

第七条 从事镇江香醋生产,应当依法取得营业执照和载明镇江香醋类别的食品生产许可证,依照法律、法规建立食品安全追溯体系。

第八条 从事镇江香醋生产,应当遵守下列规范:

(一)以糯米、麸皮、大糠等为主要原料;

(二)采用传统复式糖化、酒精发酵、固态分层醋酸发酵、加炒米色淋醋等特殊工艺,在特制陶坛容器密封陈酿六个月以上;

(三)生产场所符合食醋生产卫生规范的国家标准;

(四)产品质量符合镇江香醋国家标准。

第九条 从事镇江香醋生产经营活动,禁止下列行为:

(一)用非食品原料、回收食品生产或者添加食品添加剂以外的化学物质和其他可能危害人体健康的物质;

(二)使用超过保质期的食品原料、食品添加剂;

(三)超范围、超限量使用食品添加剂;

(四)标注虚假生产日期;

(五)掺杂、掺假,以假充真、以次充好,以不合格产品冒充合格产品;

(六)伪造产地,伪造或者冒用他人的厂名、厂址;

(七)其他不符合法律、法规或者食品安全标准的行为。

第十条 鼓励和支持镇江香醋酿制技艺项目的代表性传承人采取收徒、开办大师工作室等方式,开展传承、传播活动。

鼓励和支持新闻媒体、镇江香醋生产经营者和社会各界宣传镇江香醋文化,提升镇江香醋品牌知名度,维护镇江香醋形象。

第十一条 利用镇江香醋非物质文化遗产项目进行开发新产品、旅游等活动的,应当尊重其原真形式和文化内涵。

第三章 知识产权保护

第十二条 市人民政府应当加强对镇江香醋集体商标、地理标志等知识产权保护,统筹推进建立集体商标和地理标志产品双重保护机制、统一审核的标准和程序。

第十三条 符合镇江香醋国家标准的生产者,取得镇江香醋集体商标使用权后,应当在其产品上标注该集体商标,取得镇江香醋地理标志产品专用标志使用权后,应当在其产品上标注该专用标志。

前款生产者应当同时在其产品上标明生产厂厂名、厂址。

第十四条 符合镇江香醋国家标准的生产者,可以同时申请使用镇江香醋集体商标、地理标志产品专用标志,取得使用权后,应当在其产品上同时标注集体商标和地理标志产品专用标志。

第十五条 取得集体商标、地理标志产品专用标志使用权的生产者,应当建立集体商标、地理标志产品专用标志的相关管理制度,规范、完整地使用集体商标和专用标志。

仅取得地理标志产品专用标志使用权的生产者不得突出使用“镇江香醋”字样,避免与“镇江香醋”集体商标混淆。

第十六条 任何单位和个人不得从事下列行为:

(一)伪造、擅自制造或者销售伪造、擅自制造的镇江香醋集体商标标识、地理标志产品专用标志;

(二)擅自在醋产品上使用与镇江香醋集体商标、地理标志产品专用标志相同、近似的标识或者在类似产品上使用相同或者近似的标识,容易导致混淆的;

(三)在醋产品或者类似产品上将与镇江香醋集体商标、地理标志产品专用标志相同或者近似的标识作为商品名称或者商品装潢使用,误导公众的;

(四)在镇江行政区域以外生产醋产品,使用镇江香醋集体商标和地理标志产品专用标志;

(五)广告、宣传所用文字、图案、名称等仿冒镇江香醋集体商标、地理标志产品专用标志;

(六)其他侵犯镇江香醋知识产权的行为。

第四章 产业扶持与发展

第十七条 市、辖市(区)人民政府应当将镇江香醋产业发展纳入国民经济和社会发展规划,同步规划,同步实施。

第十八条 鼓励和扶持镇江香醋生产者对传统酿制技艺进行保护、发掘、整理,培养传统酿制技艺人才。

鼓励和扶持镇江香醋生产者与高等院校、科研机构开展生产、教学、研究合作,推广现代生物酿造等先进技术,开展基于传统特色的技术研发。

第十九条 鼓励和支持社会资金投资镇江香醋产业;加大财政资金对镇江香醋生产者在技术改造、科技创新、节能减排、品牌创建、环境保护等方面的支持力度。

第二十条 鼓励和引导镇江香醋生产经营者执行良好农业规范、良好卫生规范、危害分析与控制点技术等食品安全控制方法,支持生产经营者开展有关国际认证。

第五章 监督和管理

第二十一条 市、辖市(区)人民政府应当将镇江香醋生产经营者的监督管理纳入本行政区域内的食品安全年度监督管理计划,向社会公布并组织实施。

卫生主管部门应当会同有关监督管理部门,每年对镇江香醋国家标准的执行情况进行跟踪评价,并向社会公布结果。

第二十二条 食品药品监督管理部门应当按照镇江香醋国家标准对全部镇江香醋生产经营者每年至少开展一次监督抽检并公布结果;有权采取下列措施,对镇江香醋生产经营者遵守本条例的情况进行监督检查:

(一)进入生产经营场所实施现场检查;

(二)对生产经营的镇江香醋,使用的原辅材料、食品添加剂、食品相关产品进行抽样检验;

(三)查阅、复制有关合同、票据、账簿、凭证、记录以及其他有关资料;

(四)查封、扣押有证据证明不符合食品安全标准或者有证据证明存在安全隐患以及用于违法生产经营的食品、食品添加剂、食品相关产品;

(五)查封违法从事生产经营活动的场所。

第二十三条 工商行政管理部门、质量技术监督部门应当加强对镇江香醋集体商标、地理标志产品专用标志的日常监督管理,每半年组织一次专项检查,依法打击侵犯知识产权的行为。

第二十四条 镇江香醋生产经营者,有下列情形之一的,质量技术监督部门应当依法注销地理标志产品专用标志使用资格,停止其使用专用标志,或者由镇江香醋集体商标所有权人收回其集体商标使用权,并对外公告:

(一)未按照镇江香醋国家标准组织生产的;

(二)存在制假、售假重大违法行为的;

(三)两年内未使用镇江香醋集体商标、地理标志产品专用标志的;

(四)企业已经倒闭或者注销的;

(五)其他依法应当注销的情形。

第二十五条 企业征信主管部门应当将镇江香醋生产经营者的产品质量、环保信用评价、集体商标和地理标志产品专用标志的使用等,纳入信用信息管理系统。

食品药品监督管理部门应当建立镇江香醋生产经营者食品安全信用档案，记载许可颁发、日常监督、违法行为等，并向社会公布。

第二十六条 食品药品监督管理、卫生、工商行政管理、质量技术监督、公安、出入境检验检疫机构、企业征信等部门或者组织应当建立信息共享机制，在监督管理中发现镇江香醋生产经营者违反本条例规定情形的，应当在十个工作日内互相书面通报，接到通报的部门或者组织应当依法及时作出相应处理。

第六章 法律责任

第二十七条 违反本条例第八条规定的，由食品药品监督管理部门责令停止生产，没收违法所得和违法生产的食品，并处违法生产的食品货值金额等值以上三倍以下的罚款；情节严重的，由有关部门依法吊销营业执照。

第二十八条 违反本条例第九条第一项规定的，由食品药品监督管理部门没收违法所得和违法生产经营的食品，并可以没收用于违法生产经营的工具、设备、原料等物品；违法生产经营的食品货值金额不足一万元的，并处十万元以上十五万元以下罚款；货值金额一万元以上的，并处货值金额十五倍以上三十倍以下罚款；情节严重的，依法吊销食品生产许可证。

第二十九条 违反本条例第九条第二项至五项规定的，由食品药品监督管理部门没收违法所得和违法生产经营的食品、食品添加剂，并可以没收用于违法生产经营的工具、设备、原料等物品；违法生产经营的食品、食品添加剂货值金额不足一万元的，并处五万元以上十万元以下罚款；货值金额一万元以上的，并处货值金额十倍以上二十倍以下罚款；情节严重的，依法吊销食品生产许可证。

第三十条 违反本条例第九条第六项规定的，由食品药品监督管理部门责令改正，没收违法所得和违法生产、销售的食品，并处违法生产、销售食品货值金额等值以下的罚款；情节严重的，由有关部门依法吊销营业执照。

第三十一条 违反本条例第十五条第二款、第十六条规定的，依据《中华人民共和国商标法》《中华人民共和国产品质量法》等有关法律法规处理。

第三十二条 负有管理、监督职责的有关主管部门、组织及其工作人员违反本条例规定，有下列情形之一的，由市人民政府责令改正；情节严重，尚不构成犯罪的，依法予以处分；构成犯罪的，依法追究其刑事责任：

（一）未按规定履行监督检查、跟踪评价等职能的；

（二）未按规定相互通报的；

（三）未按规定公布检查结果或者有关信息的；

（四）发现违法行为或者对违法行为的举报不及时查处，或者包庇、纵容违法行为的；

（五）其他玩忽职守、滥用职权、徇私舞弊行为的。

第七章 附 则

第三十三条 镇江陈醋保护适用本条例。

第三十四条 本条例自 2016 年 10 月 1 日起施行。

镇江市饮用水源地保护条例

第一章 总 则

第一条 为了加强饮用水源地保护，保障饮用水安全，维护人民生命健康，促进经济社会可持续发展，根据《中华人民共和国水法》《中华人民共和国水污染防治法》《江苏省人民代表大会常务委员会关于加强饮用水源地保护的决定》和有关法律、法规，结合本市实际，制定本条例。

第二条 本条例适用于本市行政区域内饮用水源地和应急备用水源地的保护及相关管理活动。

本条例所称饮用水源地，是指供水单位以公共供水系统向城乡居民和单位提供饮用水而取用江河、湖泊、水库等地表水所涉水域和陆域。

本条例所称应急备用水源地，是指发生饮用水源地污染、连续干旱、常规供水受阻等非正常情况，能够快速启用并在一定时间内满足城乡居民和单位饮用水需求的水源地。

第三条 市、辖市（区）人民政府应当优先保护饮用水源地，将其纳入国民经济和社会发展规划、土地利用总体规划、城市总体规划等，建立部门联动和重大事项会商机制，合理布局相关区域的产业结构。

市、辖市（区）人民政府应当建立饮用水源地生态补偿机制，加大对饮用水源地保护的公共财政投入。

第四条 饮用水源地保护工作实行行政首长负责制，市、辖市（区）人民政府将水源地保护目标完成情况作为对本级人民政府有关部门及其负责人和下一级人民政府及其负责人的考核内容，考核结果应当向社会公开。

第五条 市、辖市（区）发展改革部门应当组织编制本行政区域内饮用水安全保障规划，报本级人民政府批准后实施。

水行政主管部门负责本行政区域内饮用水源地的统一监督管理工作。

其他有关行政主管部门按照各自职责，做好饮用水源地保护的有关工作。

第六条 任何单位和个人都有义务保护饮用水源地安全，并有权对污染、损害饮用水源地的行为进行检举。

第七条 市、辖市（区）人民政府及有关部门应当组织开展饮用水源地保护的宣传教育，普及有关法律法规和科学知识，利用各种媒体开展公益宣传。

第二章 饮用水源地的设置

第八条 饮用水源地的设置，应当符合地表水（环境）功能区划和国家有关标准、规范的要求，由市、辖市（区）水行政主管部门会同环境保护、住房城乡建设等部门提出意见，经本级人民政府同意后报省水行政主管部门审查、核准。

已有饮用水源地，不符合地表水（环境）功能区划和国家有关标准、规范，不能保障供水安全的，市、辖市（区）人民政府应当立即重新设置饮用水源地，并依法关闭原有饮用水源地。

第九条 市、辖市（区）人民政府应当建设应急备用水源地，保证应急用水。有条件的地区应当建设两个以上相对独立控制取水的饮用水源地；不具备条件建设两个以上相对独立控制取水饮用水源地的地区，应当与相邻地区签订应急饮用水源协议，实行供水管道联网。

市、辖市（区）人民政府应当将水质良好、水量稳定的水库、河道、湖泊作为区域发展预留饮用水源地，按照地表水（环境）功能区划确定的要求加以保护。

第十条 按照江苏省集中式饮用水源地核准名录和相关批准文件，本市行政区域内现有长江征润洲水源地、长江江心洲（丹阳）水源地、句容北山水库水源地、句容水库水源地、长江扬中二墩港水源地和金山湖应急备用水源地。

饮用水源地按照不同类型、水域特点和防护要求，划定相关水域、陆域为饮用水源地保护区和准保护区。饮用水源地保护区分为一级保护区、二级保护区。

第十一条 市、辖市（区）人民政府应当及时公布经批准的饮用水源地一级保护区、二级保护区和准保护区的具体范围、地理界线，设立相应的地理界标和警示标志，并在一级保护区设立隔离设施，实行封闭管理。隔离设施不得影响通航和排洪。

任何单位和个人不得擅自移动或者损毁隔离设施、地理界标和警示标志。

第十二条　市、辖市（区）人民政府应当依法征收饮用水源地一级保护区内土地，由水行政主管部门实施统一监督管理。

第三章　饮用水源地的保护

第十三条　在饮用水源地准保护区内，禁止下列行为：

（一）新建、扩建排放含持久性有机污染物和含汞、镉、铅、砷、硫、铬、氰化物等污染物的建设项目；

（二）新建、扩建化学制浆造纸、制革、电镀、印制线路板、印染、染料、炼油、炼焦、农药、石棉、水泥、玻璃、冶炼等建设项目；

（三）排放污染环境的有机毒物；

（四）建设高尔夫球场、废物回收（加工）场和有毒有害物品仓库、堆栈，或者设置煤场、灰场、垃圾填埋场；

（五）倾倒建筑垃圾、废土、废渣、废水等废弃物；

（六）新建、扩建对水体污染严重的其他建设项目，或者法律、法规禁止的其他行为。

在饮用水源地准保护区内，改建项目应当削减排污量。

第十四条　在饮用水源地二级保护区内，除第十三条禁止的行为外，禁止下列行为：

（一）设置排污口；

（二）从事危险化学品装卸作业或者煤炭、矿砂、水泥等散货装卸作业；

（三）设置水上餐饮、娱乐设施（场所），从事船舶、机动车等修造、拆解作业，或者在水域内采砂、取土；

（四）围垦河道和滩地，从事围网、网箱养殖，或者设置集中式畜禽饲养场、屠宰场；

（五）新建、改建、扩建排放污染物的其他建设项目，或者法律、法规禁止的其他行为。

第十五条　在饮用水源地一级保护区内，除第十三、十四条禁止的行为外，禁止下列行为：

（一）新建、改建、扩建与供水设施和保护水源无关的其他建设项目；

（二）在滩地、堤坡种植农作物；

（三）从事渔业捕捞；

（四）停靠船舶、排筏；

（五）旅游、游泳、垂钓；

（六）其他可能污染饮用水水体的行为。

第十六条　市、辖市（区）人民政府应当加强饮用水源地集水区域环境保护基础设施建设，保持良好的水质和生态环境。

市、辖市（区）人民政府应当加强饮用水源地保护区外调水沿线污染综合治理，划定相关水域和陆域并参照饮用水源地保护制度实施管理。

第十七条　市、辖市（区）人民政府应当按照饮用水安全保障规划，组织建设污水、固体废物集中处理设施。

饮用水源地准保护区内新建、改建、扩建项目的污水处理设施，应当与项目同时设计、同时施工、同时投入使用，确保污水达标排放。

第十八条　公安机关交通管理部门、海事管理机构依据饮用水源地保护区、准保护区的范围，公布禁止装载易燃易爆、剧毒、放射性等危险化学品车辆、船舶通行区域，设置禁止停泊区域和禁行标志。

第十九条　市、辖市（区）农业主管部门应当引导科学、合理使用农药和化肥，控制畜禽、水产养殖污染，防治农业面源污染，防止对饮用水源地污染。

第二十条　市、辖市（区）人民政府应当在饮用水源地保护区、准保护区内预留水源涵养林和生态隔离带用地，并按照林业发展规划和年度实施计划组织建设，落实养护单位。

第四章　监督管理

第二十一条　市、辖市（区）人民政府应当定期开展饮用水源地安全状况调查评价，检查各项措施的落实；根据国民经济与社会发展需要，及时调整饮用水安全保障规划。

第二十二条　饮用水源地准保护区内已建对水体污染严重的建设项目和设施，二级保护区内已建排放污染物的建设项目、设施以及排污口，一级保护区内已建与供水设施和保护水源无关的建设项目、设施以及排污口，应当依法及时拆除、关闭或者搬迁。具体工作由饮用水源地所在地的辖市（区）人民政府组织实施。

第二十三条　市、辖市（区）人民政府应当按照地表水（环境）功能区划确定的水质保护目标和水域纳污能力，实行重点水污染物排放总量控制制度，确保饮用水源地一级保护区内的水质达到地表水环境质量Ⅱ类标准、二级保护区内的水质达到地表水环境质量Ⅲ类标准。

第二十四条　市、辖市（区）人民政府应当整合饮用水源地水质监测资源，建立监测预警预测系统、信息共享机制和信息公布制度。

水行政主管部门应当加强对饮用水源地的水量、水质的监测，依法公布水文情报预报。

环境保护等相关部门应当对饮用水源地环境质量进行实时监控，定期向社会公布水质状况，发现饮用水源地水质未达到国家标准时，应当及时向市、辖市（区）人民政府报告，并向卫生等部门和可能受到影响的供水单位通报。

供水单位应当加强对饮用水源地取水口的水质监测，发现异常情况立即采取有效措施，并及时向市、辖市（区）人民政府应急机构和水行政、环境保护、卫生部门报告。

第二十五条　市、辖市（区）人民政府应当组织水行政、环境保护等部门和供水单位，建立饮用水源地的日常巡查制度。巡查中发现可能影响饮用水源地安全的行为时，应当及时制止，并由相关部门依法予以处理。

第五章　突发事件应急处理

第二十六条　市、辖市（区）人民政府应当组织编制饮用水源地突发污染事件应急预案，并根据饮用水源地变化情况及时进行修订。

市、辖市（区）人民政府应当做好应对饮用水源地突发污染事件的物资和技术准备，建立专业应急救援队伍，每年至少开展一次应急演练；配备应急处置设施设备，每季度试用一次。

第二十七条　水行政、环境保护主管部门应当在取水口上游设置水源地水质在线监测点，并与有关行政主管部门和供水单位实行联网共享，随时掌握水源水质变化状况。

第二十八条　发生事故或者其他突发性事件时，市、辖市（区）人民政府履行统一领导职责，应当立即采取应急处置措施，组织有关部门对饮用水源地加密监测，调集应急救援队伍，确定预警级别并公布。

造成或者可能造成饮用水源地污染的单位，应当立即启动本单位应急预案，报告市、辖市（区）人民政府，并通报供水单位和可能受到污染危害的单位和居民。

发生船舶污染事故可能污染饮用水源地的，海事管理机构、渔业主管部门等应当及时报告水行政主管部门，并同时通报供水单位和环境保护部门。

第二十九条　发生饮用水源地污染事故导致原水供应中断时，有关单位应当按照应急预案，及时启用应急备用水源，并采取其他应急供水措施，保障饮用水供应。

第六章 法律责任

第三十条 违反本条例规定,有下列行为之一的,由市、辖市(区)人民政府责令拆除、关闭或者搬迁,并由水行政、环境保护主管部门依照法律、法规的规定予以处罚:

(一)在饮用水源地准保护区内新建、扩建对水体污染严重的建设项目、设施,或者改建项目未削减排污量的;

(二)在饮用水源地二级保护区内设置排污口,建设排放污染物的建设项目、设施的;

(三)在饮用水源地一级保护区设置排污口,新建、改建、扩建与供水设施和保护水源无关的建设项目、设施的。

第三十一条 违反本条例规定,有下列行为之一的,由水行政、环境保护、农业、交通运输等部门或者海事管理机构根据各自职责,责令停止违法行为,并依照下列规定给予处罚:

(一)在饮用水源地保护区和准保护区内建设高尔夫球场、废物回收(加工)场、有毒有害物品仓库、堆栈,设置煤场、灰场、垃圾填埋场,在饮用水源地保护区内从事危险化学品装卸作业或者煤炭、矿砂、水泥等散货装卸作业的,处以三万元以上十万元以下的罚款;

(二)在饮用水源地保护区和准保护区范围内排放污染环境的有机毒物的,处以五万元以上二十万元以下罚款;

(三)在饮用水源地保护区和准保护区范围内倾倒建筑垃圾、废土、废渣、废水等废弃物,处以二万元以上二十万元以下的罚款;

(四)在饮用水源地二级保护区内从事围网、网箱养殖的,拆除违法设施,处以三千元以上一万元以下的罚款;

(五)在饮用水源地一级保护区内滩地、堤坡种植农作物,从事渔业捕捞,或者停靠船舶、排筏的,处以一千元以上五千元以下的罚款;

(六)在饮用水源地一级保护区组织旅游、游泳、垂钓或者其他可能污染饮用水水体的行为的,责令停止违法行为,处以二万元以上十万元以下的罚款。个人在饮用水源地一级保护区内游泳、垂钓或者其他可能污染饮用水水体的行为的,责令停止违法行为,可以处五百元以下的罚款。

第三十二条 违反本条例规定,擅自移动或者损毁饮用水源地保护区的隔离设施、地理界标和警示标志的,由水行政主管部门责令限期改正,对个人处以五百元以上一千元以下的罚款,对单位处以五千元以上一万元以下的罚款。

第三十三条 在饮用水源地一级保护区内发生本条例第十五条所禁止的行为的,由供水单位或者水资源管理单位说服教育,予以劝阻、制止;扰乱饮用水源地一级保护区管理秩序的,由公安机关按照《中华人民共和国治安管理处罚法》的规定依法予以处理。

第三十四条 负有管理、监督职责的市行政主管部门、辖市(区)人民政府及其行政主管部门、单位,以及上述部门或者单位的工作人员违反本条例规定,有下列情形之一的,由市人民政府责令改正;情节严重,尚不构成犯罪的,依法予以处分;构成犯罪的,依法追究刑事责任:

(一)未按规定制定和实施饮用水安全保障规划,拟定饮用水源地污染事故处理应急预案的;

(二)违法审批、建设项目的;

(三)未按规定责令拆除、关闭或者搬迁建设项目、设施、排污口的;

(四)未按规定采取预防措施,导致发生突发事件,或者未采取必要的防范措施,导致发生次生、衍生事件的;

(五)未按规定及时采取措施处置突发事件或者处置不当,造成后果的;

(六)未按规定及时报告、通报、公布有关真实信息的;

(七)未按规定对饮用水源地进行水质、水量监测的;

(八)未按规定进行日常巡查的;

(九)发现违法行为或者对违法行为的举报不及时查处,或者包庇、纵容违法行为的;

(十)其他滥用职权、玩忽职守、徇私舞弊的行为。

第七章 附 则

第三十五条 本条例自 2017 年 3 月 1 日起施行。

2016 年镇江市重要文件一览表

表 40-1

文件名	发文号	发文日期
中共镇江市委镇江市人民政府关于深化教育领域综合改革的意见	镇发〔2016〕3 号	2016-02-03
中共镇江市委关于进一步深化市级机关效能革命的意见	镇发〔2016〕9 号	2016-03-02
中共镇江市委镇江市人民政府关于建设富有特色"强富美高"新农村的实施意见	镇发〔2016〕11 号	2016-03-09
中共镇江市委镇江市人民政府印发关于精准帮扶特困家庭奔小康工程实施意见的通知	镇发〔2016〕12 号	2016-03-18
中共镇江市委镇江市人民政府关于推进供给侧结构性改革的意见	镇发〔2016〕13 号	2016-04-29
中共镇江市委镇江市人民政府关于开展"百村万户达新标"行动的实施意见	镇发〔2016〕14 号	2016-04-29
中共镇江市委镇江市人民政府关于推动镇江更高层次开放发展的意见	镇发〔2016〕17 号	2016-05-24
中共镇江市委镇江市人民政府关于加快茅山革命老区振兴发展的意见	镇发〔2016〕22 号	2016-07-07
中共镇江市委关于繁荣发展社会主义文艺的实施意见	镇发〔2016〕25 号	2016-07-19
中共镇江市委镇江市人民政府关于印发镇江市"江海河联动、港产城融合"十大行动计划的通知	镇发〔2016〕26 号	2016-08-05
中共镇江市委镇江市人民政府印发关于加快推进镇江高新技术产业开发区建设实施方案的通知	镇发〔2016〕29 号	2016-08-30
中共镇江市委镇江市人民政府印发关于开展特色小镇规划建设试点指导意见的通知	镇发〔2016〕32 号	2016-08-31
中共镇江市委镇江市人民政府关于进一步加强城市规划建设管理工作的实施意见	镇发〔2016〕42 号	2016-10-09
中共镇江市委关于在全市开展向王华同志学习的决定	镇发〔2016〕45 号	2016-10-14
中共镇江市委关于进一步加强和改进新形势下党校工作的实施意见	镇发〔2016〕50 号	2016-11-30
中共镇江市委镇江市人民政府印发关于进一步深化医药卫生体制改革若干意见的通知	镇发〔2016〕52 号	2016-12-30
中共镇江市委镇江市人民政府关于深化科技体制改革的意见	镇发〔2016〕53 号	2016-12-30
中共镇江市委镇江市人民政府关于印发《镇江市贯彻落实〈法治政府建设实施纲要(2015—2020 年)〉实施方案的通知》	镇发〔2016〕55 号	2017-01-03

续表 40－1

文 件 名	发 文 号	发文日期
市委办关于印发2016年度落实党风廉政建设“两个责任”责任清单的通知	镇办发〔2016〕7号	2016－02－18
市委办印发关于实施党风廉政建设“强责工程”意见的通知	镇办发〔2016〕8号	2016－02－18
市委办市政府办关于印发镇江市“金山英才”计划的通知	镇办发〔2016〕10号	2016－02－25
市委办关于在全市党委(党组)中心组深入推行“三原学习法”的通知	镇办发〔2016〕17号	2016－03－11
市委办印发关于在全市党员中开展“学党章党规、学系列讲话,做合格党员”学习教育实施方案的通知	镇办发〔2016〕27号	2016－05－04
市委办市政府办关于积极引导农村土地经营权有序流转发展农业适度规模经营的实施意见	镇办发〔2016〕28号	2016－05－09
市委办印发关于加强党政协商实施办法的通知	镇办发〔2016〕32号	2016－06－03
市委办市政府办关于进一步加强和完善政府部门与民主党派、工商联对口联系工作的意见	镇办发〔2016〕33号	2016－06－03
市委办公室市政府办公室关于印发《精美镇江行动计划(2016—2018年)》的通知	镇办发〔2016〕48号	2016－10－14
市委办公室市政府办公室关于促进社会组织健康发展的意见	镇办发〔2016〕63号	2016－12－08
镇江市人民政府关于印发《镇江市内部审计规定》的通知	镇政规发〔2016〕1号	2016－03－21
镇江市人民政府关于修订《镇江市科学技术奖励办法》的通知	镇政规发〔2016〕2号	2016－07－26
镇江市人民政府关于印发《镇江市企业登记并联审批实施办法》的通知	镇政规发〔2016〕3号	2016－10－25
镇江市人民政府关于修改《镇江市政府规范性文件制定程序规定》的决定	镇政规发〔2016〕4号	2016－11－14
镇江市人民政府关于进一步做好防范和处置非法集资工作的实施意见	镇政发〔2016〕5号	2016－02－15
镇江市人民政府关于支持镇江综合保税区加快发展的指导意见	镇政发〔2016〕9号	2016－04－18
镇江市人民政府关于加快镇江跨境电子商务发展的意见(试行)	镇政发〔2016〕10号	2016－04－19
镇江市人民政府关于促进服务外包产业加快发展的意见	镇政发〔2016〕12号	2016－04－18
镇江市人民政府关于加快推进综合运输服务发展的实施意见	镇政发〔2016〕14号	2016－04－25
镇江市人民政府关于在市场体系建设中建立公平竞争审查制度的实施意见	镇政发〔2016〕44号	2016－11－17
镇江市人民政府关于深化教育督导体制机制改革的实施意见	镇政发〔2016〕54号	2016－12－29
镇江市人民政府关于印发镇江市“聚力创新”六条政策措施的通知	镇政发〔2016〕52号	2016－12－29
镇江市人民政府办公室关于进一步做好社会保险扩面征缴工作的意见	镇政办发〔2016〕5号	2016－01－25
镇江市人民政府办公室关于印发镇江市燃气事故应急救援预案的通知	镇政办发〔2016〕8号	2016－02－01
镇江市人民政府办公室关于2016年镇江市区春节期间加强烟花爆竹安全燃放管理工作实施意见	镇政办发〔2016〕9号	2016－02－02
镇江市人民政府办公室关于进一步加快推进全市教育信息化工作的实施意见	镇政办发〔2016〕27号	2016－02－24
镇江市人民政府办公室关于2016年价格调控目标责任制的实施意见	镇政办发〔2016〕39号	2016－03－09
镇江市人民政府办公室关于2016年全市食品药品安全工作的意见	镇政办发〔2016〕43号	2016－03－16
镇江市人民政府办公室关于2016年全市安全生产工作的意见	镇政办发〔2016〕44号	2016－03－16
镇江市人民政府办公室关于2016年镇江市现代服务业发展的工作意见	镇政办发〔2016〕46号	2016－03－21
镇江市人民政府办公室关于印发镇江市贯彻全国地方志事业发展规划纲要(2015—2020)实施方案的通知	镇政办发〔2016〕50号	2016－03－24
镇江市人民政府办公室关于印发2016年镇江市推进“全光网”城市建设实施方案的通知	镇政办发〔2016〕53号	2016－03－28
镇江市人民政府办公室关于加快推进2016年重点技术改造项目建设的实施意见	镇政办发〔2016〕54号	2016－03－28
镇江市人民政府办公室关于印发《中国制造2025镇江行动纲要》2016年实施意见的通知	镇政办发〔2016〕55号	2016－03－28
镇江市人民政府办公室关于开展河湖和水利工程管理范围划定工作的实施意见	镇政办发〔2016〕58号	2016－03－30
镇江市人民政府办公室关于印发加快培育外贸竞争新优势实施方案的通知	镇政办发〔2016〕60号	2016－03－30
镇江市人民政府办公室关于进一步加强标准化工作的意见	镇政办发〔2016〕63号	2016－03－31
镇江市人民政府办公室关于进一步放宽市场主体住所(经营场所)登记条件的实施意见	镇政办发〔2016〕64号	2016－03－31
镇江市人民政府办公室关于2016年镇江市社会信用体系建设的实施意见	镇政办发〔2016〕70号	2016－04－05
镇江市人民政府办公室关于解决无户口人员登记问题的实施意见	镇政办发〔2016〕73号	2016－04－08
镇江市人民政府办公室关于加快推进镇江市区棚户区改造货币化安置的贯彻意见	镇政办发〔2016〕78号	2016－04－11
镇江市人民政府办公室关于建立行政执法全过程记录制度的意见	镇政办发〔2016〕80号	2016－04－12
镇江市人民政府办公室关于印发2016年镇江产品供需对接活动实施方案的通知	镇政办发〔2016〕88号	2016－04－22
镇江市人民政府办公室关于印发《关于做好律师参与信访接待和化解工作的实施意见》的通知	镇政办发〔2016〕90号	2016－04－25
镇江市人民政府办公室关于实施证照联动加强事中事后监管工作的意见	镇政办发〔2016〕92号	2016－04－26
镇江市人民政府办公室印发镇江市关于2016年西南片区生态环境综合整治工作实施方案的通知	镇政办发〔2016〕95号	2016－05－02
镇江市人民政府办公室印发镇江市关于2016年高资片区环境整治工作实施方案的通知	镇政办发〔2016〕96号	2016－05－02
镇江市人民政府办公室关于加快推进全民艺术普及工作的意见	镇政办发〔2016〕102号	2016－05－11
镇江市人民政府办公室印发关于加快镇江跨境电子商务发展的意见(试行)目标任务分解方案的通知	镇政办发〔2016〕105号	2016－05－18
镇江市人民政府办公室关于印发镇江市促进展览业改革发展实施方案的通知	镇政办发〔2016〕106号	2016－05－18
镇江市人民政府办公室印发关于促进服务外包产业加快发展意见目标任务分解方案的通知	镇政办发〔2016〕109号	2016－05－23
镇江市人民政府办公室关于印发镇江市村庄生活污水治理实施方案的通知	镇政办发〔2016〕112号	2016－05－25
镇江市人民政府办公室关于印发镇江市危险化学品安全专项整治实施方案的通知	镇政办发〔2016〕114号	2016－06－03

续表 40－1

文　件　名	发　文　号	发文日期
镇江市人民政府办公室关于印发镇江市互联网金融风险专项整治工作实施方案的通知	镇政办发〔2016〕120 号	2016－06－20
镇江市人民政府办公室关于镇江市万名高技能人才引进培育工程实施意见	镇政办发〔2016〕121 号	2016－06－20
镇江市人民政府办公室关于印发镇江市防汛应急预案的通知	镇政办发〔2016〕123 号	2016－07－01
镇江市人民政府办公室关于推进计量工作发展的实施意见	镇政办发〔2016〕124 号	2016－07－06
镇江市人民政府办公室关于印发 2016 年镇江市新能源汽车推广应用实施方案的通知	镇政办发〔2016〕145 号	2016－08－25
镇江市人民政府办公室关于印发镇江市乡村教师支持计划实施方案(2016—2020)的通知	镇政办发〔2016〕154 号	2016－09－07
镇江市人民政府办公室关于印发镇江市西南片区生态环境综合整治工作实施方案(2016—2017 年)的通知	镇政办发〔2016〕157 号	2016－09－13
镇江市人民政府办公室关于印发镇江市高资片区环境整治工作实施方案(2016—2018 年)的通知	镇政办发〔2016〕158 号	2016－09－13
镇江市人民政府办公室关于推进粮食生产全程机械化的意见	镇政办发〔2016〕159 号	2016－09－13
镇江市人民政府办公室关于公立医院管理体制改革试点的实施意见	镇政办发〔2016〕174 号	2016－10－10
镇江市人民政府办公室关于推进全市“金屋顶”计划的实施意见	镇政办发〔2016〕178 号	2016－10－17
镇江市人民政府办公室关于转发市商务局市财政局 2016 年市级外经贸发展扶持意见的通知	镇政办发〔2016〕183 号	2016－10－20
镇江市人民政府办公室关于加快全市农业产业结构调整的指导意见	镇政办发〔2016〕184 号	2016－10－21
镇江市人民政府办公室关于镇江市全民科学素质行动计划纲要(2016—2020 年)的实施意见	镇政办发〔2016〕185 号	2016－10－27
镇江市人民政府办公室关于印发镇江市区征收拆迁周转金管理暂行办法的通知	镇政办发〔2016〕188 号	2016－11－01
镇江市人民政府办公室关于加快学校体育设施向社会开放的实施意见	镇政办发〔2016〕192 号	2016－11－08
镇江市人民政府办公室关于贯彻落实镇江香醋保护条例的实施意见	镇政办发〔2016〕196 号	2016－11－14
镇江市人民政府办公室转发市商务局市财政局关于加快镇江跨境电子商务发展的实施细则(试行)的通知	镇政办发〔2016〕197 号	2016－11－16
镇江市人民政府办公室关于全面治理拖欠农民工工资问题的工作意见	镇政办发〔2016〕218 号	2016－12－16
镇江市人民政府办公室关于镇江市区养老服务设施布局规划的指导意见	镇政办发〔2016〕219 号	2016－12－19
镇江市人民政府办公室关于修订镇江市地震应急预案的通知	镇政办发〔2016〕221 号	2016－12－21
镇江市人民政府办公室关于印发镇江市区餐厨废弃物集中收运处置工作实施方案的通知	镇政办发〔2016〕232 号	2016－12－27
镇江市人民政府办公室关于印发镇江市重污染天气应急预案的通知	镇政办发〔2016〕239 号	2016－12－30
镇江市人民政府办公室关于印发镇江市重大火灾应急处置预案的通知	镇政办发〔2016〕243 号	2017－01－12

（张向秋　徐海音）

标准地名命(更)名

2016 年镇江市市区标准地名命(更)名情况表

表 40－2

标准地名	实体状况说明
华康大厦	位于智慧大道 555 号，东至智慧大道，南临四平山路，西临绿蒲路，北至潘宗路，占地面积 6500 平方米，总建筑面积 37100 平方米，楼高 98.1 米，23 层
骏景苑	为“永隆城市广场”分片区，位于“永隆城市广场”东北部，东至谷阳路，南至融景湾，西至馨景苑，北至纬六路，占地面积 37478.8 平方米，建筑面积 130576.5 平方米
香江花城银座	位于东吴路 169 号，东至东吴路，南至象山河，西至香江花城小区，北至象山桥三村，占地面积 12000 平方米，建筑面积 36735 平方米(含地下面积 7990 平方米)
北固湾小区三区	位于四牌楼街道梦溪路与东吴路交叉口西北角，东至梦溪路，南至东吴路，西、北至北固湾路，占地面积 85100 平方米，总建筑面积 257075 平方米(含地下建筑面积 71091 平方米)。“北固湾小区三区 1～15 栋”主出入口位于北固湾路 2 号(1～5 栋裙楼门牌号码分为东吴路 27－1 号、27－2 号、27－3 号、27－4 号、27－5 号)，“北固湾小区三区 16 栋(社区服务用房)”为北固湾路 4 号，“北固湾小区三区 17 栋(菜场)”为北固湾路 6 号，“北固湾小区三区 18 栋”为梦溪路 253 号，“北固湾小区三区 19 栋”为梦溪路 251 号，“北固湾小区三区 20 栋”为东吴路 29 号
国控大厦	位于南山路 61 号，东临市信访局，南临镇江海关，西至茶砚山路，北至南山路，占地面积 14100 平方米，总建筑面积 75371.51 平方米
东大院	位于正东路南侧，东至贺家弄，南至京城饭店，西至解放路，北至正东路，占地面积 27400 平方米，总建筑面积 31715.5 平方米，“东大院”1～4 栋、6～10 栋、12、13、15 栋位于正东路 39 号，“东大院”5 栋位于解放路 26 号
凤栖佳苑	位于大港街道凤栖路西侧、凤栖路 120 号，东至凤栖路，南至港南路，西至烟墩山，北至银山东路，占地面积 50755.11 平方米，总建筑面积 134074.03 平方米(含地下建筑面积 38623.63 平方米)
皓月苑	位于大港街道银山东路北侧，东至凤栖路，南至银山东路，西至烟墩山路，北至扬子江路，占地面积 124396 平方米，总建筑面积 326990 平方米(含地下建筑面积 78667 平方米)。该居民点“皓月苑 1～18 栋”住宅、“皓月苑 22～28 栋”配套设施位于银山东路 60 号，“皓月苑 19 栋”幼儿园位于烟墩山路 351 号，“皓月苑 20 栋”商业位于银山东路 68 号，“皓月苑 21 栋”商业位于银山东路 66 号

续表 40-2

标准地名	实体状况说明
瑞和花苑	位于姚桥镇瑞江路南侧、瑞江路270号,东至滨江大道,南至瑞江路,西至原105县道,北至规划道路,占地面积156600平方米,总建筑面积278000平方米(含地下建筑面积55800平方米)。该居民点内"瑞和花苑32栋"为幼儿园
宜安苑	位于丁岗镇平昌路110号,东至横山路,南至平昌路,西至厚角路,北至观塘路,占地面积111500平方米,总建筑面积252900平方米(含地下建筑面积44200平方米)。该居民点内"宜安苑3栋"为幼儿园
吾悦广场	位于丁卯街道丁卯桥路南侧,东至经七路,南至纬四路,西至经五路,北至丁卯桥路,占地面积101900平方米,总建筑面积518300平方米(含地下建筑面积115900平方米)。该人工建筑物主体建筑"吾悦广场21栋"为丁卯桥路223号,"吾悦广场20栋"为经七路198号,"吾悦广场22栋"为经五路1号,"吾悦广场1~19栋"为纬四路16号
茶砚山庄	位于茶砚山路,东临茶砚山,南至南徐大道,西临长山灌渠,北至朱方路,项目占地面积29200平方米,总建筑面积95073.78平方米(含地下室23380平方米)。"茶砚山庄1~3栋"住宅主出入口位于茶砚山路100号,"茶砚山庄"商业用房位于茶砚山路106号
黄山雅居	位于黄山南路6号,东至黄山南路,南至润州花园,西至润州花园,北至润州区住建局,占地面积8000平方米,总建筑面积21019平方米(含地下室建筑面积4442平方米),有3栋楼
紫园	位于黄山西路28号,东至九华山路,南至黄山西路,西临110千伏黄山变电站,北至沪宁城际铁路,占地面积23300平方米,总建筑面积81629平方米(含地下建筑面积10849平方米)
北固湾路	位于四牌楼街道北固湾小区,南起东吴路,北转东至梦溪路,长547米,宽14米
小圩子路	位于四牌楼街道江东社区,南起东吴路,北至江滨路,长600米,宽6米
滨河路	位于谏壁街道西街社区,南起滨河北路,北至滨河北路,长310米,宽5米
瑞和路	位于姚桥镇,瑞和花园南边,南北走向,南起姚桥港,北至瑞江路,长756米,宽15米
军港路	位于象山街道丹徒社区,南至丹徒路,北至陆军船艇学院教练大队营门,长171米,宽5.6米
南山支路	位于南山景区花鸟市场东侧,北起南山路,斜岔经南徐大道下方涵洞至南山景区内招隐山路,长171米,宽5.6米
百盛街	位于九华山路东侧,北起黄山西路,南至北府路,长395米,宽14米
福馨路	位于富润华庭社区,东起富润路,西至规划庆丰圩路,长351米,宽20米
润州山路	位于黄山北路西侧,原南至劳动路(今中山西路),北至风车山路。变更为南起中山西路,北至宝盖路,长900米,宽30~36米
红光路	位于中山西路北侧,西起规划太古山路,东至润州山路,长560米,宽20米
润康支路	位于和平路街道,东起规划润康路,西至太平路,长670米,宽8~14米
五里路	位于七里甸街道,西起规划育贤路,东转北至北府路,长930米,宽7~16米
罗家头路	位于官塘桥街道,东起四明河路,西至环山路,长1375米,宽35~41米
七里路	位于七里甸街道,东起朱方路,西至规划文苑路,规划全长1974米,宽30米
大路机场路	位于大路镇,由"观阳路"更名,并变更起止点。变更后,由原来的南起兴港东路、北至长征村,调整为南起金港大道,向北经银河桥、大路桥,至大路通用机场,全长6600米,宽27.5~37米
茅以升公园	位于世业镇润扬大桥下,占地近8万平方米。园内建有茅以升纪念馆、休闲运动中心等设施,是一座以桥梁为主题的生态观光公园
观音山隧道	位于润州区南山街道,东西走向,西起南徐大道公安干部学校,自西向东,采用明挖隧道形式下穿竹林路、规划高家门路,采用暗挖隧道形式穿越观音山,东止五凤口互通,全长1162米,主洞净宽13.75米,净高5.0米。2013年3月建设,2016年1月通车
五凤口高架桥	位于润州区南山街道,东西走向,西起南徐大道公安干部学校,自西向东,经燕子山、官塘桥路、京沪铁路和沪宁城际铁路,止于丁卯桥路。桥梁全长2785米,单幅桥宽13米,限高5米。沿线设置五凤口互通立交、丁卯桥路互通立交和观音山隧道。2013年3月建设,2016年1月通车

(市民政局)

2016年镇江市辖市(区)标准地名命(更)名情况表

表 40-3

辖市(区)	标准地名
丹徒区	品尊世家、翠园、丰泽新苑、宝龙国际花园
丹阳市	紫竹园、宜和小区、白鹤农贸市场、惠和苑、星光花苑、红江新村、荣城国际小区
句容市	美嘉金汇广场、东城兴苑、天和园、江南锦苑、翡翠华府、山泰商业广场、半山花园、碧景山庄、晨钟艺境小区、白鹭苑九华山路、仑山路、武岐山路、东昌北路、容城大道、汤水河路、凤冠路、宁容快速路、石狮路、洛阳河路、洛阳河北路、黄梅河路、赤山湖路、文矩路、上阳街、贯纪山路、颜真卿路、陈武路、茅山路、义台街、崇尚路、陆羽路、浮山路、磨盘山路、葛玄路、柿树路、铃塘路、杨塘岗路、正邦路、阳山路、正达路、临湖路、容锦路、容登路、下荫路、容庆路、亭子路、莲塘路、道人桥路、元安路、元辰路、元吉路、元品路、姚徐路、和爱路、凤竹路、和聚路、和宁路、凤鸾路、凤鸣路、凤祥路、凤羽路、凤仪路、凤凰大道、碧城路、桂坊路、桂绿路、桂琴路、碧海路、桂苑路、碧榕路
扬中市	富民佳园、卢浮至尊小区、锦绣苑、通华路、友谊北路

(市民政局)

索 引

说 明

一、本索引采用主题分析方法编制。标引词中机构、单位名称按《简称全称对照表》,用简称。市机构、单位名称前不加“镇江市”或“市”。标引词按第一字汉语拼音音序排列;第一字相同,按第二字排列,依次类推。

二、类目、分目(次分目)名称用黑体字标明。标引词后的阿拉伯数字表示内容所在页码,数字后的字母a、b、c分别表示从左至右第一、二、三栏。标引词后第二个页码起,表示该索引参见内容所在位置;空一字起排的为上一标引词的附见内容。

三、所有内容(含彩色画页)均编制索引。

A

B

D

E

F

G

O

P

Q

R

奋力开创“两聚一高”“强富美高”新局面的丹阳市

飞速前进的丹阳高铁

丹阳南二环桥

丹阳九里新

2016年，丹阳全市上下团结一心，攻坚克难，推动经济社会平稳健康发展。实现地区生产总值1135亿元，比上年增长9%；一般公共预算收入65.5亿元，同比口径增长3.6%；规模以上固定资产投资510亿元，增长15%；社会消费品零售总额315亿元，增长11%；城乡居民人均可支配收入41506元、21682元，分别增长7.6%、9%；服务业增加值占地区生产总值比重45.7%；单位地区生产总值能耗下降3.8%；主要污染物排放量削减率完成年度目标，实现“十三五”良好开局。

红叶怡馨园关爱老人

首家老年服务中心成立

华南泄洪道

曲阿新貌

奋力开创“两聚一高”“强富美高”新局面的句容市

江苏省委常委、副省长杨岳（中）在句容市委书记许文（前右一）陪同下视察句容农村电商产业园

2016年，句容市
地区生产总值493
元，比上年增长9.3%
成公共财政预算
40.48亿元，增长1.1
固定资产投资完成3
亿元，增长15.3%；
社会消费品零售额1
元，增长10.0%；城
民人均可支配
40582.0元，增长8.
农村居民人均可支配
18892.8元，增长8.
全年综合经济实力实
突破，全国百强县排
升至第58位。创新载
设实现新突破，总投资200亿元的“江苏硅谷”项目启动，南大国家级“双创”示范基地落户宝华。旅游品牌创建实
突破，句容市入围全国全域旅游示范区首批创建单位；赤山湖创成国家湿地公园、国家水利风景区。项目招引能级实
突破，“恒大童世界”项目成功签约，“协鑫绿色小镇”落户，“仑山湖抽水蓄能电站”正式开工。重大交通设施实
突破，宁句S6线于2017年开工，南沿江城际铁路确定在句容城区设站。现代农业发展实现新突破，句容市获批国家
产业融合发展试点示范县，并入围国家农业科技园区创建单位。

句容市与恒大旅游集团签订合作协议

第七届环太湖国际公路自行车赛句容赛段

2016句容市第三届樱花节

奋力开创“两聚一高”“强富美高”新局面的扬中市

威腾股份数字化工业转型项目启动仪式

光伏工

鹭飞鱼跃——江之源捕鱼节

2016年“中国——以色列剪纸艺术教育论坛”在扬中裕中心小学举办

镇江港扬中港区兴隆作业区

2016年，扬中市抢抓机遇，应对挑战，实现“十三五”发展良好开局，完成地区生产总值501亿元，比上年增长9.5%；一般公共预算收入32.5亿元，增长3.6%。实现工业应税销售510亿元，规模以上工业增加值338亿元、利税164亿元。实际利用外资1.4亿美元，外贸进出口总额5.69亿美元，服务外包执行额1.6亿美元。完成社会消费品零售总额142亿元，实现农业总产值25.4亿元。智能电气研究中心获批省重大创新载体项目，智能电气产业园获批国家级科技孵化器。入选首批“国家产业集群区域品牌”建设试点，创成“全国中低压工程电气产业知名品牌创建示范区”。大全集团列2016年中国品牌价值排行榜电气类第一名，获国家技术发明奖二等奖。推进“绿色能源岛”建设，屋顶光伏发电装机容量42.8兆瓦，获批创建全国高比例新能源示范城市。列2016年度中国中小城市综合实力百强县市第23位。

新城新貌

奋力开创“两聚一高”“强富美高”新局面的丹徒区

北汽集团第一辆量产BJ20下线

2016年，丹徒区适应经济发展新常态，合力进取，实干，经济社会发展实现稳中奋进。全年完成地区生产371.22亿元，比上年增长9.3%，增幅全市第三；固定资资354.53亿元，增长15.5%，增幅全市第一；一般公共收入25.7亿元，同口径增长6.3%，增幅全市第二；实际外资1.07亿美元，增长17.9%，增幅全市第二；社会消零售总额68.42亿元，增长11.3%，增幅全市第二；城镇人均可支配收入40891元，增长8.1%；农村居民人均可收入18959元，增长8.6%；工业技改投资89亿元，新认新技术企业10家。全年签约亿元以上项目25个，29个市产业项目完成投资133亿元；北汽项目一期正式量产,实量2万辆左右，投资6亿元的开心乐之岛、5亿元的长山薰庄园正式开园；人民医院二期、丹徒文化艺术活动中心生项目竣工运行。继续入选“全国科学发展百强区”，73位；入选“最美中国榜”百强名单。丹徒新城高端装造特色产业园和丹徒现代农业产业园入选市级“三集”园区，创成首批省级电子商务镇1个、省级景观旅游名个。举办2016中国·丹徒旅游文化节，长山文化产业园省级生态旅游示范区，全区旅游综合收入增长超过20%。

2016中国丹徒旅游文化节

开心乐之岛开园

农村新貌（上党镇五塘村）

大学城建设工程

奋力开创“两聚一高”“强富美高”新局面的京口区

总投资100亿元的中林国际木业产业园项目在“江苏省·中央企业合作恳谈会暨项目签约仪式”上

2016年，京口区委、区政府适应引领新常态，转型升级迈出新步伐，科技创新释放新活力，城乡环境彰显新魅力，人民生活实现新改善，党的建设取得新成效。推进供给侧结构性改革，开展“1+6”活动，经济社会发展保持稳中有进，稳中向好的态势。全年完成地区生产总值449.24亿元，完成固定资产投资434.74亿元，一般公共预算收入18.06亿元，进出口总额13.33亿美元。城乡居民人均可支配收入分别达41997元、23510元，分别增长8.2%、8%。全区签约落户亿元以上项目56个，总投资150亿元的中林（镇江）生态产业城获批省重大产业项目，总投资49亿元的苏宁广场裙楼对外营业，总投资30亿元的长江游戏谷项目加快推进，江苏北固产业投资有限公司首次发行公司债券14亿元。中央政治局常委、中纪委书记王岐山到江一社区视察。举办中国（镇江）香醋文化旅游节，中国游戏行业投融资交易会。酒海街社区创成全国科普示范社区，健康路卫生服务中心入选首批“全国百强社区卫生服务中心”。京口区创成全国社区教育示范区，连续5年被评为全国科学发展百强区，入选中国最具投资潜力中小城市百强区、中国中小城市新型城镇化质量百强区和创新创业百强区。

新民洲港作业现场

举办中国镇江香醋文化节

苏宁广场购物中心开业

长江游戏谷开工奠基

鼎胜新材铝箔出口量全国第一

京口揽胜

奋力开创“两聚一高”“强富美高”新局面的润州区

乐泰数字产业基金创立大会召开

2016年，润州区适应经济发展新常态，加快供给侧结构性改革，打好转型升级“组合拳”，全区发展迈上新台阶。全区地区生产总值、一般公共预算收入分别完成370亿元、20.62亿元，工业投资、社会消费品零售总额等多项指标增幅居全市前列。40个亿元以上产业项目推进顺利，部分竣工投产，其中2个省级、18个市级重大项目完成序时进度。城镇、农村常住居民人均可支配收入分别增长8.5%、8.8%；教育现代化监测综合得分居全省第三，“医养护一体化”等经验在省、市推广，城镇登记失业率控制在2%以内，安置房建设、旧城改造、物管提升等惠民工程形成影响。转型升级态势良好，惠龙港国际物流园区获首批“国家级示范园区”，“两化”融合、“机器换人”、企业上市工作获突破。建成市知识产权创新创业服务平台，新增国家级高新技术企业22家，高新技术产业产值占规模工业总产值比重达53%，万人发明专利拥有量居全市前列。国家和省市级人才计划申报数创历史新高，入选省“双创计划”6人、市“金山英才计划”15人。产业发展、精准扶贫、城市生态、党的建设等工作深入推进，“三去一降一补”成效明显，产业结构调整和发展动力加快转换，经济社会发展质态更加平稳优化。

全国第26个助残日广场活动

润州区纪念中国共产党成立95周年暨先进表彰大会召开

润州区"两学一做"学习教育工作座谈会召开

《周末"家"说·"五城"论坛》平台建立

奋力开创“两聚一高”“强富美高”新局面的镇江新区

力信年产40亿瓦时锂电池项目奠基

2016年，镇江新区完成区生产总值582亿元，比上年长9.7%；一般公共预算收50.03亿元，同比口径增4.1%。新增总投资亿元以上目103个，工商注册实际到位资45132万美元，跻身全省国级开发区前三；累计完成进出40.9亿美元，增长8.6%，进口增幅位列全省第一。全年引“金山英才”34名，入围“双创人才”5名，万人发明利拥有量31.8件，均列全市一；全社会研发投入占地区生总值比重2.68%。据省商务厅计数据显示，镇江新区综合考列全省开发区第6，比上年上升12位。项目建设掀起新热潮。举办上海、北京、珠三角等系列招商活动，以基金招形式引入的力信锂电池实现当年签约、当年开工、当年投产。吾悦广场成为全市地产销售冠军，奥音科技、荣海生等重点项目加快建设，汇鸿冷链竣工试运行。民生改善涌现新亮点。挖掘打造“宜”文化，提供精神引领；开展“治三清”生态环境集中整治行动，国考断面水质全面稳定达标；举办第二届镇江国际马拉松赛，南师大附小、“外”高中部签约落户，江苏航院首批新生入学;开展农村“双强一整治”，在全市率先实施城乡“五保”统一集中养。通过全国卫生城市复检，获评江苏人居环境范例奖。

江苏航空职业技术学院

第三届瑞士主题周

2016镇江国际马拉松赛

心湖全景

镇江市信访局

2016年，镇江市信访局强化目标导向和问题导向，以打造“阳光信访”、“责任信访”、“法治信访”为引领，开展以服务政策解读、服务法律咨询、服务信访群众，维护群众合法权益为主题的“三服务一维护”服务品牌创建活动，在具体工作中坚持做到“六个提高”：提高信访工作改革创新办法；提高初信初访办理成效；提高信访积案化解能力；提高信访规范化、科学化水平；提高信访信息研判预警措施；提高信访责任落实力度，依法、及时、有效化解了大量矛盾纠纷，为建设“强富美高”新镇江作出了积极贡献。

建立局领导挂钩联系点制度，局领导定期深入联系点，了解社情民意，研究解决信访难题

深入开展信访积案化解活动，运用法治思维和法治方式推动信访积案妥善化解

加强信访业务规范化建设，定期组织信访业务培训，不断提升信访干部业务能力水平

组织党员干部重温入党誓词

镇江信访微信公众号

镇江信访手机安卓APP

深入基层社区，宣传法律法规和信访条例，为群众释疑解惑，引导群众依法维权，文明信访

建立月度访情分析预判制度，每月梳理分析信访情况，为党委、政府决策研究发挥参谋助手作用

实行群众信访权益保障卡制度，通过法定途径分类处理信访投诉请求，引导群众依法逐级走访

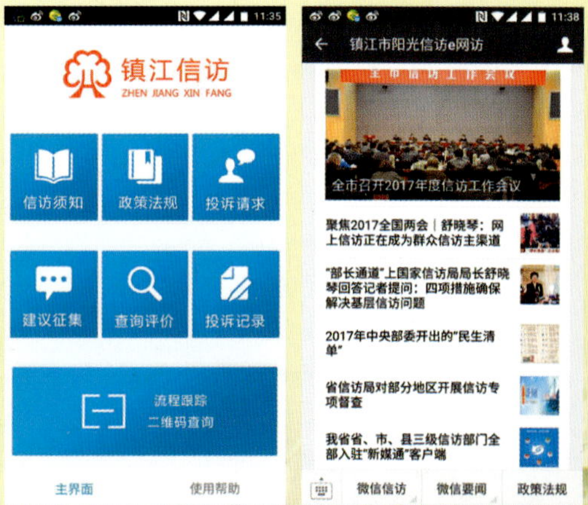

创新信访工作模式，建立手机信访APP和微信信访，延伸信访工作平台，方便群众反映诉求

中共镇江市委党校

全市党校工作会议召开

第四届宁镇扬一体化协同发展研讨会

2016年，市委党校以“五个坚持”治校理念为切入点（即：坚持目标指向和问题导向，科学谋划思路；坚持关爱激励与从严管理结合，强化制度治校；坚持抓大和落小并举，打基础聚人心；坚持目标管理与过程督查并重，保证工作实效；坚持严于律己、率先垂范，力求示范带动），全年推进从严治校，不断深化教学科研改革，社会影响力和美誉度进一步提升，宣传思想工作中的主渠道、主阵地作用进一步凸显。全年成功举办县处班、中青班、公务员初任班等各类主体培训班15期，累计培训797人次。开展各类理论宣讲200余场，受众万余人。举办各类社会培训班56期，培训人数3619人。南京大学镇江学习中心和华东师范大学镇江学习中心被评为“全国优秀校外学习中心”。重点决策咨询报告《江苏开发区转型升级与创新发展研究》和《我市精准扶贫工作的思考与建议》，获省市党委政府主要领导批示。“改进党领导经济社会发展的方式方法研究”选为全国党建研究会重点课题，列入国家社会规划基金项目。创新模式举办“第四届宁镇扬一体化协同发展研讨会”。深化“两学一做”学习教育，组织开展“讲规矩、明责任、树形象”主题教育活动。配合市委召开全市党校工作会议，印发《进一步加强和改进新形势下党校工作的实施意见》。

2016 年秋季学期开学典礼

2016 年新录用公务员初任培训班学员开展纪念长征胜利 80 周年活动

深化教学改革开展结构化研讨

镇江市科技局

副省长张敬华（前中）调研科技创新工作

承办“科技之家大使俱乐部”秋季活动

2016年，全市科技工作围绕“聚力创新”这一发展取向，认真抓好“创新转型提速年”，全力推进科技体制改革，加快由研发管理向创新服务转变，加快创新型城市建设步伐。出台了《镇江市“聚力创新”六条政策措施》和《关于深化科技体制改革的意见》，举办了首届“镇江市—宁镇扬在地高校院所科技合作对接会”，承办了科技部“2016科技之家大使俱乐部”秋季活动，国内唯一的“中国镇江丹阳（眼镜）知识产权快速维权中心”获批建设。

2016年，全市高新技术产业产值占规模以上工业产值比重达49.1%，连续五年保持全省第一；获批国家高新技术企业223家，其中新增加134家，全市高新技术企业达619家，国家级科技企业孵化器实现辖市区全覆盖，企业作为产业科技创新的主体地位进一步凸显；全社会研发投入占地区生产总值比重达2.59%，万人发明专利拥有量达23件；每万劳动力中研发人员数达140人年，科技进步贡献率达61%。同时，镇江市荣膺全省唯一、全国两家国家专利质押融资和专利保险“双示范”城市，连续第四年被评为国家知识产权示范城市建设先进集体，在国家知识产权示范城市建设考核中名列全国地级市第四名，专利执法与维权考核结果位居全国第九。

2016镇江市—宁镇扬在地高校院所科技合作对接会

省先进流体工程装备产业技术创新战略联盟成立

规模以上工业企业负责人知识产权培训

江苏省科技创新“40条政策”培训会

全市高新技术企业申报培训

镇江市旅游委

国家旅游局局长李金早（前左一）一行到镇江考察

首届“长江金山灯会”暨第六届“江苏·台湾灯会”亮灯仪式在金山湖畔隆重举行

在上海举办镇江旅游产品推介暨招商会

举办“爱我家园·体验镇江”惠民旅游活动

在杭州举办镇江旅游专场推介会

举办乡村旅游培训班

镇江市三山南山管委会

“两学一做”学习教育动员部署会

2016“金山春韵”游园会开幕

2016年，在市委、市政府的坚强领导下，三山南山管委会以《镇江市金山焦山北固山南山风景名胜区保护条例》为红线，坚持生态发展、永续利用的原则，积极履行风景区“保护、利用和管理”职责，抓好“条例”宣传实施，加快落实项目建设，推进景区综合管理，增强景区经济营收，各项工作取得新进展。全年共接待国内外游客198.83万人，同比增长11.2%；实现旅游综合收入3816万元，同比增长8.7%。

管委会积极配合市政府做好文明城市复检、全国双拥模范城、首届镇江国际低碳技术产品交易展示会等工作，完成“元旦”祈福撞钟、“苏台”灯会、“除夕祈福敬香”等大型安保任务50余场。在全市列入“国家全域旅游示范区”背景下，管委会顺势而为，奋力作为，不断提升景区精细化管理水平，实现景区管理、景区服务、对外形象的提档升级。管委会机关先后获评“中华诗教先进单位”、七创双拥嘉奖单位，直属单位金山景区连续两年被评为“省级文明单位”。

金山

焦山

北固山

南山文苑、竹林景区景观提升工程

对金山湖非法捕捞开展联合执法

镇江市水利局

2016年，镇江水利工作以工程建设为基础、深化改革为驱动、群众满意为目标、自身建设为保障，推进了安全、生态、民生、法制“四个水利”的建设。在这一年，面对极其严峻的汛情，全市上下全力防汛抢险，最大程度降低了洪涝灾害损失，确保全市317公里江港洲堤无一处决堤，未出现一例人员伤亡事故；全市超额完成重点水利建设任务，长江镇扬河段三期整治工程、新孟河延伸拓浚工程等一批重大水利项目开工建设，完成了《镇江市城市防洪规划（2014—2030）》、《镇江市“十三五”水利发展规划》编制工作，并由政府批复后印发实施；市水利局牵头制定了《镇江市饮用水源地保护条例》，严格坚守水资源开发利用、用水效率控制、水功能区限制纳污“三条红线”，全市全年集中式饮用水源地水质达标率为100%；2016年全市完成农村水利建设投资6.51亿元，其中争取省以上补助2.04亿元，皆再创新高；全市创成赤山湖国家级水利风景区，小水库管理规范化率从72%上升至76%，保持全省第一，小型水利工程管理体制改革、河长制、确权划界等水利管理工作得到有力推进。这些成绩的取得为全市经济社会发展作出了新贡献。

2016年，市领导调研水利工作

2016年，市领导检查防汛工作

前往井冈山开展理想信念专题教育

举行世界水日、中国水周主题宣传

组织军地联合防汛抢险演练

重点水利工程七摆渡闸雄姿初现

重拳打击长江非法采砂

镇江市卫生和计划生育委员会

国家检查组到镇江开展血防春查工作

国家卫计委医政医管局到镇江视察工作

"推进江苏医改，完善镇江经验"省市医改座谈会在镇江召开

2016 年，全市卫生计生系统创新实干，攻坚克难，实现"十三五"卫生计生工作良好开局。全面完成规划编制：共确卫生与健康发展规划和 23 个专项规划，形成了全市卫生计生规体系；编制全市"十三五"大型医用设备配置规划，进一步优配置全市医疗资源。公立医疗机构改革：两大医疗集团联合实量价挂钩、招采合一，减轻群众医药费用负担约1.6亿元。基层卫生2 家社区卫生服务中心入选全国百强社区卫生服务中心，6 家卫院被评为国家"群众满意的乡镇卫生院"；全市新农合人均筹标准 626 元，各级财政补助 450 元，县、乡两级政策范围内住费用报销比例为 78.05 %。疾病预防控制。全市报告甲乙类传病病种 14 种 3225 例，同比下降 13.79%，无甲类传染病病例发生滋病感染者和病人社区随访管理率 92.6%；连续 10 年未发生性血吸虫病感染疫情；严重精神障碍患者检出率为 3.74‰，管率为 93.41%；省级卫生应急工作示范（规范）县（市）区全覆盖爱国卫生。镇江市、丹阳市均以历史最高成绩通过国家卫生城复审；无害化卫生户厕普及率达到 96.93%；农村饮用水水质监继续实现"五个全覆盖"；献血量满足临床用血需要。计划生育实施全面二孩政策，办理生育二孩登记 7890 人；实行失独联系制度，将市区 441 名 60 周岁以上失独人员纳入全市社会养老务，为"失独"家庭 1043 名救助对象购买"国寿意外伤害保险住院护工保险"。全市二级以上医院（除儿科）全面停止门诊者静脉输注抗菌药物；危重孕产妇和危重新生儿救治成功率均100%；全市孕产妇死亡率、婴儿死亡率和出生缺陷发生率分别4.08/10 万、2.37‰和 3.72‰。中医药工作。全市 100% 社区生服务中心、乡镇卫生院和 96% 的社区卫生服务站、村卫生室够提供中医药服务；建成 35 家基层医疗机构中医综合服务区（医馆）；中医战略联盟协作机制基本建立；5 个中医项目入选级非物质文化遗产；建成 1 个全国基层名老中医药专家传承工室。

市委领导到卫生计生系统调研

"2016 全民健康节"启动

召开 2016 年全市卫生计生工作会议

镇江市工商行政管理局

2016年，镇江市工商行政管理局深化商事制度改革，转变市场监管方式，突破消费维权困局，圆满完成各项工作任务。

简政放权，优化市场准入环境

登记改革实现“三率先、一创新”，即率先实施“五证合一、一照一码”改革，个体工商户“两证整合”；率先落实住所登记制度改革，开创“集群注册”、“一照多址”、“信箱注册”登记模式；率先突破工商全程电子化登记，主动融入镇江市“e办事”审批平台；在全省创新《镇江市企业登记并联审批实施办法》，推进了“多证合一”和“证照联办”，准入环境持续优化，市场活力明显激发。

更新理念，建立事中事后监管制度

建立以信用为核心的监管体系，推动政府出台《关于实施证照联动加强事中事后监管的意见》，全面实施“双随机”抽查，通过经营异常名录管理，实施信用约束与惩戒，全市列入经营异常名录信息32966条。坚持项目化执法模式，全年查办各类案件81件。

打响品牌，营造消费维权共治格局

融合12315坐席平台、网站平台、微信平台、“指尖上的315”等系统打造“智慧315”平台，并成功申报全市“十佳服务品牌”。通过市政府办下发《镇江市“智慧315”消费维权政府协同平台督查、考核、奖惩暂行办法（征求意见稿）》，构建消费维权社会共治体系。全年受理消费者咨询投诉举报17526件，为消费者挽回经济损失543.16万元。“智慧315”品牌建设得到中消协、省工商局和市委领导的充分肯定。

2016年，市领导参观智慧315投诉处理平台

2016年，市领导到市工商局开展党风廉政建设责任制检查考核

“新消费 我做主3·15”主题晚会

监管执法双随机抽查工作启动

市民营经济协会金融服务中心成立

镇江市消费者权益保护运动30周年

镇江市证照联动监管第一次联席会议在市政务服务中心召开

镇江市质量技术监督局

市政府与中国计量科学研究院签署战略合作协议，将镇江市打造为全国首个“国家低碳计量试点城市”

省质监局副局长张前（中）出席江苏省眼镜光学技
委员会成立仪式

局长杜秀芹（右三）带队检查大型游乐设施安全情况

召开新闻发布会，通报 2016 年上半年 96333 电梯困人应急救援情况

2016 年，市质监局紧扣市委、市政府中心工作，加快职能转变
深化改革创新、提升工作质效，质监事业实现新提升：被评为 201
2015 年度镇江市普法工作先进集体、镇江市法治政府建设先进单位
全市安全生产先进单位、镇江市政务公开先进集体、全省质监政务
息工作先进单位等。市政府与中国计量科学研究院签署了战略合作
议，将镇江市作为全国首个“国家低碳计量试点城市”开展先行先试
打造低碳计量镇江模式。扬中市中低压工程电气产业创成“全国知
品牌示范区”。丹阳江南生物科技公司荣获 2016 年度江苏省质量
理优秀奖，江苏大学附属医院、扬中环太集团、丹阳江南生物科技
司被评为 2016 年度镇江市市长质量奖。全年共有 58 个产品荣获“
苏名牌产品”称号，创近年新高。全市 4 个品牌荣登 2016 中国品
价值榜单，其中，大全集团荣获电气类品牌价值第一名，恒顺集团
获食品加工类品牌价值第三名。扬中市国家农村公共服务运行维护
准化试点等 4 个国家级标准化项目和 2 个省级标准化项目通过验收
丹阳市眼镜商会获批江苏省首批团体标准试点，镇江市在建标准化
目达 36 个，总数位居全省第一。国家流量计型式评价实验室的气
流量标准装置组 (p.V.T.t) 建成并通过验收，处于国内领先、国际先
水平，为镇江市低碳城市建设奠定了坚实的低碳计量技术基础。在
省试点气瓶安全监管新模式，对全市 30 余万只气瓶实施一瓶一码管
以消费品安全为重点，以“质检利剑”、“双打”专项行动为主线
组织开展 20 余项专项打假执法行动，有力维护了全市质量安全环境

邀请质量专家团队开展“质量专家园区行”活动

在万达广场举办镇江市标准化成果展活动

“5·20 关爱您——计量惠
服务进社区”活动

镇江市食品药品监督管理局

2016年，镇江市食品药品监督管理局牢固树立以人民为中心的发展理念，认真落实习总书记“四个最严”和国家总局“四有两责”要求，抓好食品药品安全监管工作，全市食品药品安全状况稳中向好。

一是落实监管责任，食药监管安全无事故。全年开展了农村食品安全“扫雷”专项治理行动、疫苗专项检查、中小学、幼儿园食堂食品安全专项检查等专项检查等，构筑起了从农田到餐桌的食品安全防线、从实验室到医院的药械安全防线、从点到面的打击违法犯罪行为防线；二是夯实监管基础，规范化基层分局建设初见成效。充分发挥示范引领作用，对基层分局从整体形象、办事大厅、执法装备、快速检测等方面入手，并通过召开现场会、以奖代补等方式逐步打造规范化基层分局。其做法受到国家食药监总局充分肯定和推广。三是打造“社会共治，舌安镇江”服务品牌，“店小二”精神充分发扬。开展“你点我检”活动，推动建成市级食品快检中心1个、县区级快检中心6个、商超农贸市场快检室79个。开展“1＋X”助企兴业活动、“精准性”简政放权活动，将执业药师注册、药品出口销售证明等6项承诺办件改为即办件，将食品生产许可等3项许可事项承诺时限压缩30%。四是实施“放心抽检”，技术支撑服务民生。市本级2016年完成食品抽检1052批次，不合格食品15批次，合格率98.57%；五是深化智慧监管，“互联网+”提升监管效能。运用“互联网+”的手段，手机APP实现了市民查药找药、辨别夸大宣传广告等功能，舆情分析预警系统24小时抓取，能够及时处置群众反映的食品药品安全问题。

食品安全宣传周启动仪式

召开党风廉政建议会议，全面动员部署“效能革命”

召开新闻发布会，定期向广大市民发布食品药品安全状况、消费警示等内容

召开 2017 年度食品药品监管工作会议

开展“情系民生，你点我检”活动，守护百姓餐桌

食药安全走进社区、走进工地、走进你我身边

镇江市体育局

国家体育总局局长刘鹏（前排左三）调研镇江

江苏省首届航空体育旅游季开幕式现场

2016年，镇江市的群众体育、竞技体育、体育产业加快现代化建设步伐，取得长足发展。镇江市级和6个辖市区全部创成江苏省公共体育服务体系示范区，制定完成《镇江市全民健身实施计划（2016~2020年）》。举办全民健身活动600多项（次），参加全省大联动5次，各类体育协会组队参加全国和省级群众性体育赛事获得优胜奖32个、优秀奖144个。新增4A级社会组织4个，13个协会（俱乐部）获得市属体育类社会组织年度考核表彰。

全市省级注册教练员144人，运动员1360人，组队参加省级竞赛获金牌37枚、银牌28、铜牌21枚。特别是镇江市输送的拳击、击剑、田径等项目运动员在世界、全国大赛上获得冠军。镇江八叉巷小学、镇江棋院被总局青少司命名为国家级青少年示范性俱乐部。21所优秀学校被评为省级体育传统项目学校，新增14所全国青少年校园足球特色学校。全市全年承办国家级竞技类体育赛事15项，省级青少年体育赛事10项，组队参加省级青少年体育比赛65项次，举办市级少儿体育比赛17项。全市有3个体育产业项目获得省级体育产业发展专项资金280万，12个场馆获得中央和省级免费、低收费开放专项补助资金452万元。全市全年体育彩票销量7.51亿元，销量增幅1.21%，总销量排名全省第10，镇江市体彩中心被评为“2016年度省级体育彩票工作先进单位”。

里约奥运蹦床项目选拔积分赛在镇举行

省第十一届“泛沿江体育带”全民健身大联动（镇江分会场）活动

镇江市社会体育指导员风采展示暨特色项目表演活动

中国男子篮球职业联赛镇江赛拉开帷幕

镇江市安全生产监督管理局

2016年，全市上下深入贯彻习近平总书记关于安全生产工作系列重要指示批示精神，以“三安”为引领，聚焦“四个坚持”、着力“五个化解”、推进“八个强化”，突出重点、创新思维、真抓实干，狠抓安全生产责任落实、狠抓危化品防范处置“五大体系”建设、狠抓监管执法规范化建设、狠抓安全生产大检查和重点行业领域专项治理、狠抓基层安全监管能力提升、狠抓安全生产信息化建设、狠抓安全生产宣教培训，圆满完成了安全生产年度目标任务。2016年，全市共发生工矿商贸类事故68起、死亡67人，同口径相比继续下降，实现了事故起数、死亡人数连续十五年“双下降”，未发生重特大和有影响的生产安全事故（是全省未发生较大事故的3个地级市之一，并且是唯一未发生危化行业事故的地级市），全市安全生产形势总体稳定趋好。9月下旬，全国人大常委会副委员长严隽琪率领全国人大常委会执法检查组，对镇江市贯彻实施《中华人民共和国安全生产法》情况开展执法检查，给予了高度评价，人民日报介绍了镇江的做法。在2016年省政府安全生产目标管理考核中，被评定为“优秀等次”。

全国人大常委会副委员长严隽琪（中）对镇江市贯彻实施《中华人民共和国安全生产法》情况开展执法检查

2016年，市领导检查安全生产工作

市安监局走进政风行风热线活动

2016年，市领导检查指导安全生产工作

全市安全生产月广场宣传咨询活动

全市2016年度安全生产工作会议

江苏省镇江

省地税局局长江建平（中）到镇开展“三解三促”调研活动

镇江市地税局党组书记、局长孙虹（左二）走进政风行风热线

2016 年，镇江地税系统共组织各项收入 304 亿元，同口径增长 14.1 %。其中，税收收入 192.6 亿元，同口径增长 18.2 %一般公共预算收入 157.4 亿元，同口径增长 29.4%；征收社保费 97.3 亿元，其他基金费 14.2 亿元。主动发挥税收职能作用，开展“成本”专题调研，积极建言献策，减免各类税收 26.5 亿元，通过“税银互动”，帮助 326 家企业解决融资近 8000 万元，连续三获得全市社会信用体系建设一等奖。

贯彻落实总局、省局改革方案，渐次推出 18 项改革举措，重点项目取得突破。委托代征工作全省领先，“五个统一”的做得到总局肯定。研发的“房产交易手机办税系统”被总局评为“互联网 + 税务”创新项目二等奖。推广“以地控税”系统，高效理“房土”两税；落实全面营改增试点，联合国税部门清底册、调系统、抓培训，共移交管户 66805 家，代征增值税 1.55 亿元扎实开展税负调研，圆满完成资源税改革。

国地税联席会议

全市地税系统“两学一做”学习教育座谈会

地方税务局

全市地税系统建议意见交流会

镇江市纳税人税收权益维护协会成立

镇江地税系统妇联第一次代表大会

“不忘初心”诵读活动

登山运动会

诚信纳税、铸就发展 赤山湖骑行活动

镇江市地震局

江苏省地震局到镇江进行地震现场处置演练，市地震局局长戴宏才（右）全程参与演练

全市防震减灾工作联席会议

2016年，镇江市地震局围绕市委、市政府中心工作，以最大限度地减轻地震灾害风险为目标，坚持以防为主、防抗救相结合，狠抓防震减灾3+1体系建设，全市地震灾害综合防御能力进一步提升。印发实施《镇江市“十三五”防震减灾发展规划》、《镇江市地震应急预案》。高质量完成市地震烈度速报及预警系统、市防震减灾科普馆升级改造、市地震监测台网中心门前道路拓宽改造等重大项目。成功举办大型防震减灾综合演练，省地震应急救援中心、市应急办、市地震局等17个单位、1000多名人员参加演练，省地震局党组书记、局长倪岳伟对演练给予高度评价，江苏省委新闻网、中国急救网、江苏防震减灾网、镇江日报等9家媒体均同步进行宣传报道。在全省市县防震减灾工作综合考核中，获“优秀单位”和“防震减灾创新奖”。市地震局被市政府办公室评为2016年度全市政府信息公开工作优秀单位和2016年度全市政务公开工作先进集体，被市应急管理委员会办公室评为2016年全市应急管理工作优秀等次单位，在全市社会信用体系建设工作考评中获社会信用体系建设工作三等奖。市地震局机关党支部在全市机关党建工作目标管理考核中被确定为优秀等次，连续七年被市级机关工委评为党建信息工作先进单位，并获市级机关“我崇尚的好作风好家风”诤言征集活动优秀组织奖。

防震减灾综合演练在市体育会展中心举行

开展全市灾害信息员暨防震减灾“三网一员”培训

开展纪念唐山大地震40周年防震减灾科普宣传活动

开展“邀请社会各界参观市防震减灾科普馆活动”

镇江市总工会

省总工会主席邢春宁（右四）到镇调研企业供给侧结构性改革，副市长孙晓南（右二），市政协副主席、市总工会主席王荣正（右一）陪同调研

全市庆祝“五一”暨劳模表彰大会召开

2016年，全市各级工会全面贯彻党的十八大和十八届三中、四中、五中、六中全会以及省、市党代会精神，深入学习习近平总书记系列重要讲话，以工会改革为重点，深入实施“聚力建功、和谐创建、帮扶服务、强基固本”四大行动，落实全面从严治党要求，不断增强工会组织的“政治性、先进性、群众性”，在谱写“两聚一高”镇江篇章中彰显工会新作为。

江苏省工会劳动保护监督检查员片区服务站工作情况督查交流活动在镇江市举办

中华全国总工会工人日报社《工会信息》旬刊主编吴明福（左二），编辑张军华（左四）一行到镇江开展调研，市总工会副主席徐炳辉（左三）陪同接待

举办“互助兴家”活动经验分享会

举行工会干部荣誉奖章授荣仪式

举办“纪念红军长征胜利80周年”图片展

镇江市残疾人联合会

2016年，镇江市残联工作以问题为导向，围绕残疾人社会保障制度建设，出台了30余项惠残助残政策；围绕残疾人服务体系建设，构建了康复中心、综合服务中心、托养中心三个服务平台，为更好服务残疾人朋友提供了很好的载体；围绕市委市政府“大爱镇江，风雨同行”民生助残十大行动，开展精准帮扶，极大的改善了残疾人朋友的生活状况；围绕特色工作有突破，创全国之先，实现了连续两届市及辖市区理事长进同级人大担任常委，职业技能大赛创全国地级市第一名的好成绩、残奥会取得四金二银的历史最好成绩。市残联理事长印明获得国务院残工委颁发的“全国残疾人工作先进个人”称号。

省体育局副局长颜争鸣（右四）、省残联副理事长肖敏（左四）出席省第七届全民健身运动会暨残疾人乒乓球锦标赛开幕式

市公办托养中心“就业型”托养受到省残工委领导高度肯定

市慈善总会与市残联领导参加2016年“慈善健行行动”假肢安装服务活动

市政协主席、市慈善总会会长李国忠（右三）与市残联领导看望慰问市第九次“慈善助残复明行动”中受助的贫困白内障患者

镇江4名里约残奥运动员载誉归来

镇江市国土资源局

国土资源部副部长王广华（前排右三）率队调研指导镇江市不动产统一登记工作

市领导察看地灾治理项目

全省首批林权不动产权证书在句容颁发

2016 年，镇江市国土资源系统顺应经济社会发展新常态，积极融入，谋定而动，坚决落实部、厅及市委、市政府各项工作部署，践行“五大发展”理念，围绕“保护资源、节约集约、维护权益、改革创新”和“一切在于干”的工作总要求，担当作为，攻坚克难，严格保护资源，优化资源供给，推进节约集约，持续改革创新，坚持惠民利民，维护群众权益，不断夯实基础，提升服务水平，实现全市国土资源各项工作“十三五”发展良好开局。

镇江市地质灾害应急地质环境保护技术中心成立揭牌仪式在碧榆园举行

全市系统党风廉政建设工作会议在市碧榆园召开

全市系统“两学一做”学习教育动员部署会召开

全市系统综合动态智能监管平台建设现场会在润州分局召开

镇江海关

南京海关政治部主任张毅东（左六）向荣获“江苏省先进基层党组织”称号的镇江海关第四党支部授奖

组织岗位能手进企业，宣讲海关政策、解答企业问题

2016年，镇江海关认真学习贯彻党的十八大、十八届历次全会精神和习近平总书记系列重要讲话精神，坚持践行“强基础、重规范、树新风、创特色”的整体工作理念，在上级海关坚强领导和市委市政府关心指导下，创新举措，服务发展，积极融入推进“强富美高新镇江建设。

强化工作基础，创树工作特色。强化党建工作龙头引领作用，加强队伍建设，镇江海关第四党支部被授予江苏省“先进基层组织”称号；夯实法治基础，积极开展法制宣传活动，加强知识产权保护，被表彰为“2011 – 2015年江苏省普法工作先进单位”“级机关普法工作先进单位”。

规范履职尽责，促进外贸发展。服务“一路一带”战略，承接全国通关一体化改革，对接海关总署税收征管中心试点，积极持镇江市作为省级跨境电子商务试点城市，探索推进相关平台搭建；落实简政放权，启动加工贸易监管一体化改革（镇江）集中业模式试点，推动镇江区域内加工贸易转型升级；联合镇江出入境检验检疫局开展“百企帮促、千企挂钩”活动，参加“暖企行动”多层次多方式开展20余次政策解读，惠及辖区300余家企业。

保持打私高压，维护国门安全。坚持加大打击和综合治理相结合，推进“国门利剑2016”专项行动，取得了突出战果，侦办多起案件被海关总署挂牌督办，相关案件获得公安部领导批示。

党员干部、群众踊跃向盐城灾区捐款，以实际行动支援抢险救灾

启用加工贸易一体化改革集中作业模式

开展“4·26”世界知识产权广场宣传咨询活动

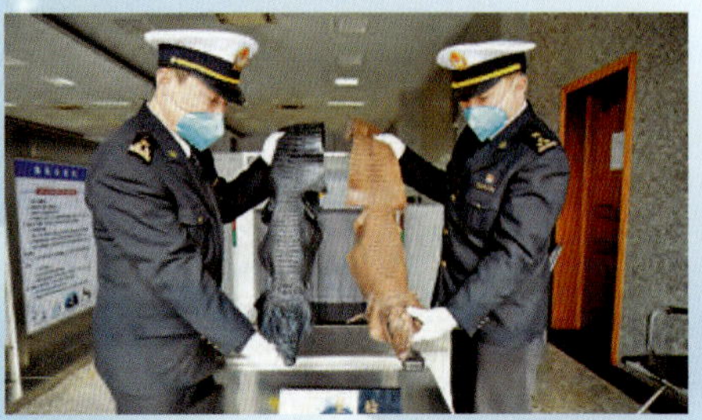

查获国家一级保护动物暹罗鳄整皮

开辟绿色通道 高温保电煤高效通关

镇江市人民检察院

省人民检察院检察长刘华（左二）视察镇江检察工作

上海市人民检察院检察长张本才（左一）到镇江市人民检察院考察

2016 年，镇江市检察机关以体系化建设为主线，以“两学一做”学习教育为切入点，聚焦司法办案，突出科技强检，推进司法改革，狠抓队伍建设，各项工作取得新成效，市检察院及丹阳、句容、扬中、京口、润州、开发区等基层检察院荣获“江苏省文明单位”称号。反贪办案、网信建设、检察宣传等工作在全省会议上作交流发言，侦查监督、职务犯罪预防、民事行政检察监督、检察技术、纪检监察等工作在全省业务竞赛中居于前列；两起案件被评为全省反贪精品案件、优质案件，一起案件被列为全国检察机关保障和促进科技创新工作十起典型案例。两级检察院有 7 人被评为全国、全省业务标兵、十佳能手，1 名干警在首届全国检察机关网络安全业务竞赛中获得第一名，3 人入选省“333 工程”培养对象，6 人入选市“169 工程”学术技术带头人；有 44 篇理论研究成果在省级以上发表，18 篇论文在省级以上获奖。

市检察院领导在全国检察机关职务犯罪大要案公诉工作座谈会上作经验交流

召开“两学一做”学习教育动员部署会

举行镇江市预防职务犯罪网上警示教育知识竞赛

组织党员干警职工开展无偿献血活动

参观上海战役总前委旧址纪念馆

镇江市中级人民法院

全省法院民商事审判工作会议在镇江召开

2016年，镇江市两级法院受理案件96475件（含减刑假释案件4110件），审执结77000件，比上年上升12.96%和11.8%。其中，镇江市中级人民法院受理11509件，审执结10186件。审判质效水平不断提升，全市法院4篇裁判文书分别被评为首届全国法院环境资源优秀裁判文书特等奖、三等奖，全国法院精品文书二等奖，全省法院优秀裁判文书一等奖。全市法院58个集体和71名个人受到市级以上表彰。市中级法院荣获市级机关“绩效管理考核十佳单位”；市中级法院政治部、研究室被评为“全省法院推进司法体制改革试点工作先进集体”；市中级法院、丹阳法院被评为“全省法院党建工作先进集体”；京口法院被评为“全省优秀法院”。市中级法院樊华勇被评为“全国法院办案标兵”，戴晓东被评为“全国法院党建工作先进个人”。

省法院执行局到市中级法院调研检查执行指挥中心建设情况

全市法院推进矛盾纠纷多元化解机制建设现场会

淮安市中院院长钱斌（左三）到镇江中院考察

效能革命开展情况汇报会议

丹阳眼镜城知识产权（丹阳）巡回法庭揭牌

市中级法院首批入额法官宣誓

市中级法院举办“新理念、新状态、新作为”主题演讲比赛

丹阳市人民检察院

最高人民检察院民行厅厅长郑新俭到该院调研指导

江苏省检察院巡视员方晓林到该院调研

2016年，丹阳市人民检察院以体系化建设为切入点，突出司法办案，全面提升监督能力，先后获得全国检察宣传先进单位、江苏省文明单位、全省检察机关规范办案工作区、镇江市先进基层检察院等集体荣誉20余项。

代检察长方红卫向丹阳市第十七届人民代表大会报告检察工作

召开典型案例剖析会，通过以案释法深入推进警示教育和制度预防

江苏首个县级生态环境修复基地成立

首批入额检察官进行宪法宣誓

句容市人民检察院

句容市委领导视察调研检察为民服务中心

2016 年，句容市人民检察院在地方党委和上级检察机关的领导下，各项工作均取得新的进展，继续在镇江市基层院综合考评以及句容市级机关绩效考评中保持第一方阵。全年共有 22 个集体、39 个个人荣获上级表彰，19 名干警被评为全省检察机关专业人才。精准打击各类刑事犯罪。全年共批准逮捕 98 件 138 人，提起公诉 456 件 602 人，有力保障了人民群众合法权益。认真贯彻宽严相济刑事司法政策，全年不批准逮捕 3 件 4 人，不起诉 4 件 4 人。持续加大法治反腐力度。共立案查办各类职务犯罪案件 15 件 20 人，其中贪污贿赂案件 10 件 14 人，渎职侵权案件 5 件 6 人，通过办案为国家挽回经济损失 300 余万元。扎实履行法律监督职能。全年共监督公安机关撤案 1 件 1 人，追捕追诉 3 件 6 人，纠正侦查和审判机关违法 3 件，查处并发出涉虚假诉讼检察建议 3 件。强化刑事执法监督，发出各类检察建议 4 份，纠正违法 1 件，监收监执行罪犯 3 名。全面提升队伍履职能力。完善教育培训工作机制，与东南大学法学院开展检校合作，提升教育实效性。定期开展领导班子建设专题研讨会，严格落实党风廉政建设和“两个责任”要求，努力建设一支忠诚、干净、担当的检察队伍。

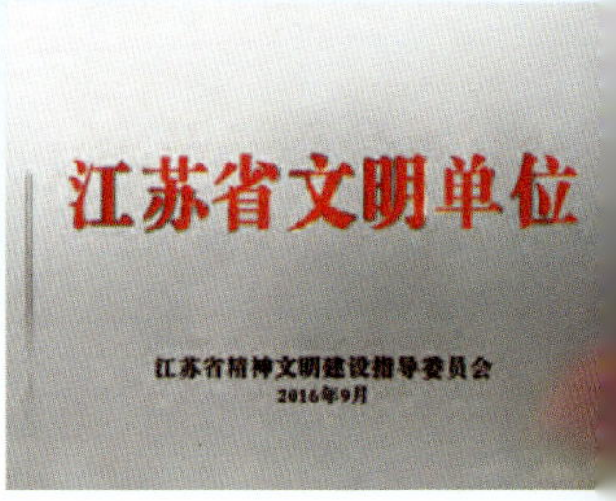

规范司法工作经验在镇江市政法机关执法司法规范化建设工作会议上作交流发言

组织召开新任检察长候选人履新见面会

组织开展首批入额检察官宣誓仪式

与东南大学法学院建立检校合作关系，并挂牌成立“东南大学法学院法学教育实践基地”

牵头设立句容市生态修复公益林基地，并在天王镇唐陵村正式启用

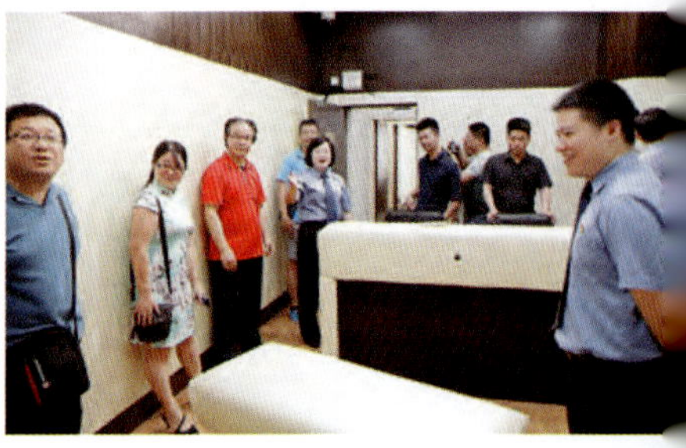

连续三年开展“网眸看检察”活动，邀请普通网民视察办公办案场所

镇江市公安局润州分局

润州区副区长、润州公安分局局长陆金火（右二）到辖区企业开展走访调研

召开中共镇江市公安局润州分局第五次代表大会

表彰先进党支部、优秀共产党员

2016年，润州区公安机关围绕“四项建设”和“一体两翼”的总体布局，突出民意导向、问题导向，以镇江社会治安“首善之区”创建为切入点，整体推进立体化现代化社会治安防控体系建设，进一步提高了新常态下驾驭社会治安局势的能力水平。润州公安分局被授予省级文明行业称号,有15个集体和102名个人被上级表彰奖励，金山派出所被授予市级文明单位称号，民警樊东晓、高永峰分别荣获第四届“镇江最美警察”及提名奖，李祥霖被市委政法委授予“全市政法系统优秀党员干警”称号，张文君被市局授予首届“十佳女警”称号、王培峰被市局授予“十佳复转军人”称号、黄涛被市局授予“十佳效能标兵”称号。

润州分局档案工作通过省五星级标准测评

将潜逃至埃塞俄比亚的犯罪嫌疑人成功劝返回国投案自首

分局节目《真心英雄》获评市委宣传部、市总工会主办的“中国梦·劳动美·幸福路”职工职业服装秀活动优秀奖

镇江市京口

2016年以来，京口区人民法院在区委的正确领导下，在市中院的监督指导下，上下齐心，攻坚克难，各项工作取得新进展。被省高院评为“优秀法院”，被市委政法委、市法治办联合命名为“镇江市公正司法示范点”，被京口区委授予“突出贡献奖”。

市中院领导和区领导视察该院新审判大楼施工情况

省委组织部公务员管理处到该院调研司法改革工作情况

院长张子敏在区人大常委会上作工作报告

宁夏高院政治部一行调研该院司法改革

区纪委领导到该院调研党风廉政建设工作

区人民法院

第三支部到区国资管理中心进行法律指导

院长张子敏参加“京口区人大代表接待选民日”活动

赴镇江 73057 部队进行慰问参观

召开“百万悬赏执行暨百日执行会战新闻发布会”

举行首批 33 名入额法官向宪法宣誓仪式

镇江市丹阳地方税务局

2016年，镇江市丹阳地方税务局牢固树立大局意识、责任意识，迎难而上、尽职尽力，各项工作取得了显著进展。围绕中心、服务大局，开发“税收分析平台”“收入预测系统”，增强组织收入工作的前瞻性和税源管控能力，积极抓好税收征管，积聚财力助推经济发展；耕耘砥砺、推陈出新，积极有序推进营改增，开展“‘营改增’”的全面实施对地方税收及全市公共财政预算收入的影响”专题调研，前瞻性研究营改增后地方税收结构及对策，为政府献计献策，局报送的《营改增首周平稳运行》信息被省政府《信息摘报》刊登，省政府领导作出表扬性批示；对接需求、提高效能，积极打造“互联网+涉税审批”品牌，在全省首批实现涉税审批网上办理，真正实现“两个减负”，这一做法被镇江电视台、江苏卫视相继报道；倾情带队、严管善待，深化两学一做，在全系统深入开展“坚守底线、勇攀高线”思想教育专项活动，开发“先锋亮绩、积分管理”电子考核系统，实现党员义务定量化、先锋评价公开化、考核评价信息化，书记项目在全市党建工作推进会上交流发言。完善机制、绩效引领，践行完成工作量化考评，有效解决长期存在的“多做多扣，少做少扣，不做不扣”的考评弊端，在《绩效管理系统》中给每位干部建立个人绩效档案，有效激发干部的绩效意识、争先意识、荣誉意识。该局2016年在镇江市局考核中排名首位，被评为全市地税系统先进单位，在丹阳市级机关绩效考核中名列小组第一名。市局和一分局被命名为2013—2015年度江苏省文明单位。纳税服务局被评为镇江市青年文明号、镇江市党员示范岗。2016年，地税局被江苏省政府残疾人工作委员会表彰为“2015年按比例安置残疾人就业工作先进单位”，工会经费征收在江苏省总工会、地税局联合召开的工作会议上，作为唯一的县级地税局代表进行经验交流。同时涌现出一批先进个人，有35人次获得丹阳市级以上表彰。

按季组织业务考试，提升队伍整体素质

“纳税人之家”走入眼镜行业，指导税收业务

地税局干部到丹阳酒厂，了解企业经营状况

“地税开放日活动”邀请百余名纳税人走进办税服务厅，零距离开展涉税辅导，收集纳税需求

镇江市地税系统篮球和激情啦操比赛在丹阳举办

丹阳市丹北镇

省人大副主任张卫国（右五）视察丹北人大联络工作站

丹北镇“两学一做”教育工作座谈会

丹北镇总面积115.62平方公里，下辖2个居委会、20个行政村，户籍人口7.8万，常住人口近15万，丹北拥有5.68公里的长江夹江岸线资源、15.2平方公里的山林资源，是全国重点镇、全国文明镇，也是丹阳发展的“三大板块”之一。2016年，全镇实现地区生产总值 219.45亿元，同比增长6%；工业应税销售349.1亿元，同比增长30.41%；一般公共预算收入7.78亿元，同比增长16.9%。

丹北镇安全生产工作会议

丹北镇“春风行动”现场招聘会

农村环境长效管理成效显著

丹阳市延陵镇

镇江市领导到延陵镇调研

丹阳市委领导作“七一”专题党课

延陵镇位于丹阳市西南部，与丹徒、金坛接壤，属省级革命茅山老区，是丹阳的四大古镇之一。全镇总面积116平方千米，口6.7万人，耕地4333.33公顷，水面2333.33公顷，辖13个行政村，2个居委会。延陵历史文化底蕴深厚，境内有6000多年凤凰山址、国家AA季子风景区、牛郎织女的民间传说等，拥有国家级、省级非遗保护项目2个。区域内交通便捷，沪宁、扬溧两条高速路（均10分钟车程）和312国道、241省道、122省道、丹茅路、丹西路、丹宝路等交通干道交汇贯通。

2016年，延陵镇始终坚持打造“三彩延陵”升级版的总体目标，因势利导、潜心实干。全年完成地区生产总值43.3亿元，同增长8.3%；应税销售42.6亿元，增长8.6%；规模以上固定资产投资21.1亿元，增长14.2%；公共财政收入1.47亿元，增长31.3%农民人均可支配收入17890元，增长9.9%。2016年荣获省级“四好农村路”示范镇、农村文化工作先进集体、体育工作先进单位一系列荣誉称号。

安徽考察团到镇考察新农村建设

市、镇两级人大换届选举和村委会换届工作推进会议

“百村万户达新标行动”挂钩帮扶现场推进会

为爱延行志愿者开展敬老活动

文明在我心，欢乐镇村行

丹阳市珥陵镇

丹阳市委领导视察农村建设

镇江市领导视察扶贫开发项目

丹阳市珥陵镇位于江苏省丹阳市南郊,具有1400余年历史，是丹阳四大古镇之一。全镇总面积83.65平方公里，辖10个行政村，1个社区居委会，总人口50679人。2016年全年实现地区生产总值28.88亿元,同比增长15.61%；完成规模以上工业增加值5.22亿元，同比增长12%；工业应税销售17.83亿元，同比增长9%；完成规模以上固定资产8.85亿元，同比增长17%；完成进出口1443万美元，同比增长5%，其中出口1145美元，同比增长5%；完成一般预算收入4160万元，同比增长44.9%；农民人均纯收入24525元；一般公共预算收入4160万元。先后获得“百村万户”双达标行动先进集体、文明镇、平安建设工作先进集体、镇江市级电子商务示范镇、环境保护先进集体、安全生产工作先进集体、高级技能人才工作先进单位、村镇建设管理、美丽宜居镇村创建先进单位等称号。

丹阳市领导视察上新河水利工程

丹阳市领导视察镇江丹和醋业

珥陵镇第十九届人民代表大会第一次会议

珥陵镇领导班子任职宣誓

江苏省丹阳经济开发

国务院副总理马凯（前排右二）视察恒神公司

省长石泰峰（前排左三）参观日本汽车零部件产业园展厅

2016 年，丹阳经济开发区围绕“两聚一高”的奋斗目标，在“开发区精神”引领下，克难奋进，砥砺前行，铸就了转型发的华丽篇章。全年实现地区生产总值 302.3 亿元，公共财政预算收入 19.78 亿元，全社会规模以上固定资产投资 181.4 亿元，实利用外资 1.26 亿美元，综合实力位居全省同等级开发区第 3 位，镇江第 1 位，经济总量和规模占丹阳全市的 40% 以上。全年投8500 万元对辖区市政道路、老小区及老集镇进行全面改造建设，城市面貌得到明显提升。总投资 5 亿元的嘉荟新城二期竣工安置交总投资 2 亿元的公共租赁房开始销售，总投资 18 亿元的嘉荟新城三期、胡桥新镇一期和河阳新城安置小区的建设接近尾声。年内"国家级科技企业孵化器"在开发区高新技术创业园正式揭牌，掀开了开发区园区创新发展的新篇章。哈尔滨理工大学—丹阳经济发区共建的“科技成果转移与人才合作交流中心”和苏南激光产业园项目相继落户开发区。

“两学一做”学习教育工作座谈会

国家级科技企业孵化器揭牌仪式

开发区在沪签下千万美元项目

开发区文联成立

金秋重点项目集中签约仪式

新建项目集中开工仪式

丹阳市九曲河枢纽管理处

水利部部长陈雷（中）视察九曲河枢纽

国家级水管单位复核验收

丹阳市九曲河水利枢纽是国家“太湖治理十大工程之一”，“湖西引排工程”的重要组成部分，承担着丹阳市乃至湖西地区防洪排涝、水资源调节、航运交通、水环境改善等重要职能，是镇江市唯一的国家级水利工程管理单位。

2016年汛期，全处干部职工牢固树立防大汛、抗大灾意识，坚持24小时值守，监测水情、巡查堤防、操控节制闸和泵站运行，全年共引排水7.65亿方，其中：引水3.9亿方,排水3.75亿方。6月26日~7月22日，泵站开机排涝27天，抽排湖西地区涝水涝水1.8亿方，为全市及湖西地区抗灾减灾，最大限度降低灾害损失作出了积极贡献。

严格按照国家级水管单位标准要求，扎实抓好建筑物、机电设备的日常检查、观测、保养、试验和等级评定等工作。积极开展工程维修养护和配套建设，完成了闸站厂房屋面修复、船闸电梯安装、景观改造、船闸交通桥栏杆及悬浮门改造、泵站闸门维修、清污系统大修等工程维修养护和配套建设工作。实现了工程养护精细化，区内环境园林化。2016年6月，高分通过了国家级水管单位复检。

深入开展“两学一做”教育学习活动，大力实施“四前四责”工程，一是党员学习教育“抓”在前，担引领监督责；二是防汛防旱“冲”在前，扛突击先锋责；三是船民服务“暖”在前，承行为示范责；四是工程管理“干”在前，负规范操作责。不断深化法治型、服务型党支部建设，实现党建与发展的互促双赢。

枢纽全景

泵站厂房内景

九曲河枢纽风景区

管理区内景

句容市财政局

江苏省财政厅领导视察句容财政工作

学习 “亚夫精神”

2016年，句容市财政局围绕“生态领先 特色发展”战略部署，加力实施积极财政政策，继续保持了财政平稳运行，各项工作取得了新的成绩，为全市实现“十三五”良好开局提供了坚实保障。2016年，全市一般公共预算收入总量40.48亿元，同口径增幅10.1%，成为镇江市唯一保持两位数增幅的地区，被财政部命名表彰为全国“六五”普法先进单位。同时，被镇江市政府授予“六五普法”先进集体，并连续4年荣获“全省法治财政标准化建设示范点”称号。在2016年度综合服务类部门社会评议中，连续5年保持“第一”，连续6年荣获市级机关绩效考核“十佳单位”。

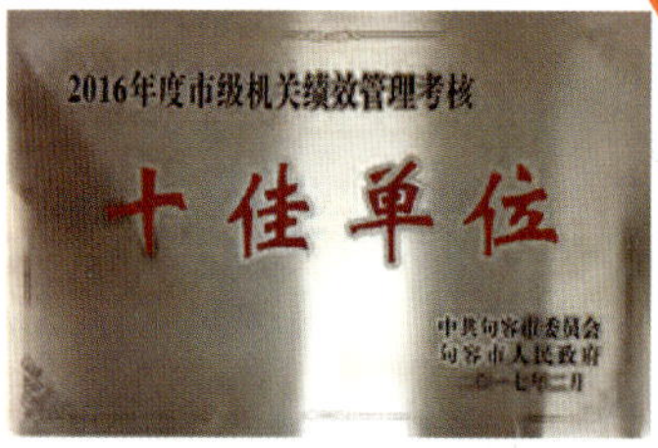

党员志愿者“进社区”

“迎七一·微型党课大家讲”竞赛

结对帮扶贫困儿童

自排自演舞蹈《刃·韧》荣获句容市建党95周年文艺汇演一等奖

句容市下蜀镇

镇党委主要领导视察地质灾害工作，现场制订应急预案

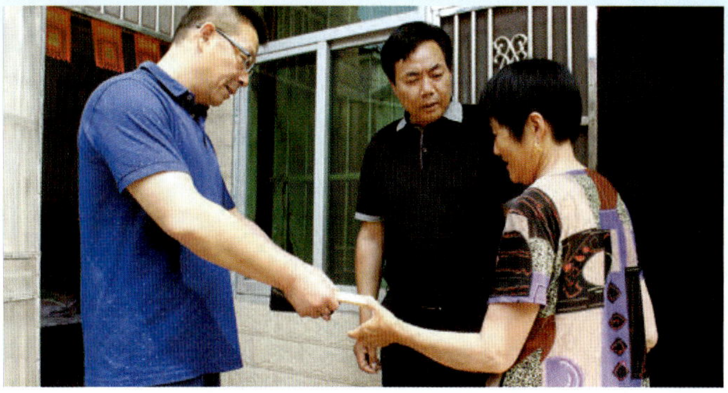

镇政府主要领导慰问困难党员

干群众志成城，积极奋战防汛抢险工作

句容市下蜀是一个沿江古镇，早在唐朝就开设漕运码头，至今已有一千多年的文化历史。全镇总面积150平方公里，辖9个行政村，常住人口5万多人，有下蜀、亭子两个集镇，集镇人口1.6万人。下蜀还是句容的经济重镇，特别是进入新世纪以来，依托濒江（拥有3.75公里长江深水岸线）临港（毗邻南京龙潭港——全国最大的内河货运港）的先天区位优势，大力发展工业经济，取得了丰硕成果。临港工业区已然成为句容工业主阵地，形成了绿色建材、电力能源、装备制造、现代服务业四大主导产业，台泥水泥、建华管桩、毅马五金、华电、大亚等行业龙头企业纷纷落户。

江苏汤辰机械装备制造股份有限公司挂牌上市

下蜀茶香节开幕式

下蜀镇第二届体育节开幕

下蜀风光

句容市宝华镇

镇江市委领导到宝华万城总部经济园进行调研

句容市宝华镇因宝华山而得名，地处句容市西北部，辖8个行政村，2个社区，总人口2.63万人，总面积127平方公里。宝华地理位置优越，西距南京市中心23公里，与南京仙林科学城一河之隔，东距镇江34公里，南至南京禄口国际机场50公里，北离南京龙潭港5公里，312国道、337省道、京沪铁路、沪宁城际铁路穿境而过。境内拥有30平方公里的国家级森林公园及国家AAAA级风景区，有距今7000年前的“丁沙地”文化遗址和享誉东南亚的佛教名寺隆昌寺，生态资源丰富、文化底蕴深厚，是全国第二批小城镇改革试点镇、江苏省对外开放重点工业卫星镇、江苏省旅游名镇。2016年，宝华镇地区生产总值20.7亿元，同比增长12.8%；完成公共财政预算收入8.27亿元，同比增长22.9%；完成固定资产投资34.4亿元，同比增长32.8%，工业技改投资、工业增加值、工业应税销售收入分别为3亿元、23.23亿元和17.04亿元。

南京大学大学生创业园句容宝华分园正式开园

宝华创客邦开园仪式

宝华镇召开中共第十四届二次党代会

宝华新城

句容市后白镇

江苏省委书记、省人大主任李强（右一）考察西冯村

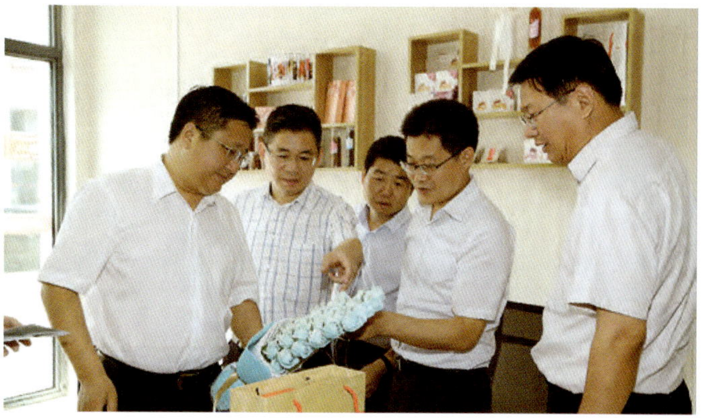

镇江市领导到后白镇调研精准扶贫工作

句容市后白镇地处国家AAAAA级风景名胜区、道教圣地茅山西麓，位于句容城南17公里处。境内总面积165平方公里，辖21个行政村，人口约7万，总户数约2.3万。2016年，后白镇全年实现地区生产总值45.67亿元，增长10.2%；完成一般公共预算收入7187万元，增长7%；完成全社会固定资产投资15.2亿元，增长14.8%。进出口总额4100万美元，农民人均纯收入19617万元。主要经济指标总量创历史最高水平。完成后白现代农业产业园区2333公顷建设，创成省级龙头企业1家，镇江市级龙头企业2家，句容市级龙头企业12家。众凯建材、新利源服饰等大项目销售快速增长，辛西亚制衣入围句容市工业企业“三十强”。全镇依据自身区位优势，完成“一核四区”生产力布局调整，以新型小城镇建设为核心，打造好后白精密制造产业孵化园、二圣湖旅游度假区、后白现代农业园区、张庙商旅数字小镇及商务配套区。成功举办“艳郁后白”郁金香节和田园花海节活动。成功创成中国鲜花小镇。累计建立“村淘”服务站点18个，推进福源电商创业圈建设，吸引22家电商企业成功入驻，其中年销售额超100万元网店有9家，获评“2016中国最佳电商示范镇”。

句容市后白镇党委书记贡月明在
第十六届人民代表大会上作工作报告

企业家座谈会

句容市抗洪事迹巡讲报告会

醉美岩藤

句容市天王镇

天王镇位于句容市最南段，钟灵毓秀，人杰地灵。面积150平方公里，下辖16个行政村，190个自然村，全镇人口约6万人。先后创成“全国卫生镇”“全国森林文化小镇”“全国重点林木种苗产业示范基地”“全国特色景观旅游名镇”，2016年荣登最美中国榜。

在“时代楷模”、全国“三农”人物、全国优秀共产党员赵亚夫的带领下，天王镇以耕地良田这一“天然屏障”为载体，大力发展现代高效农业和有机特色农业，全镇高效农业面积达到8万余亩，已经形成了“东有茶叶、西有药材、南有花卉、北有草莓、中有蔬菜和水产”的大农业格局。

境内的九龙山，素有“江南九寨沟”之美誉。依靠天然的地形优势，天王镇紧扣全域旅游发展主线，结合新型城镇化，加快打造以“340省道乡村旅游带”和“白沙湖”乡村休闲区为特色的“一带一区”乡村旅游新格局。建设了唐陵木易园、浮山樱花园等九大旅游园区，促进宗教、人文、红色、生态旅游资源深度融合，成功获批“江苏省第三批特色景观旅游名镇”。依托樱花园，成功举办第三届“句容市樱花节”，吸引游客120多万人次。

时任江苏省委书记、省人大常委会主任罗志军（左一）到唐陵村调研合作社党建

句容市委领导调研“百村万户达新标”项目

电影《赵亚夫》开机仪式

2016 年樱花节开幕

樱花园美景

天隆神怡夜景

句容市茅山镇

江苏省政协主席蒋定之（左二）到茅山镇调研

江苏省副省长张雷（中）到石磨豆腐村调研旅游风情小镇建设

句容市茅山镇镇域面积81平方公里，常住人口3万，辖10个行政村。茅山的特点可以概括为四句话：

区位优势突出。茅山处在上海经济圈和南京都市圈的交叠处，到南京禄口机场30分钟车程，上海虹桥国际机场2小时车程，上海浦东国际机场3小时车程；到南京、镇江火车站均为45公里；沪宁高速、宁杭高速、扬溧高速、104国道、312国道环绕周围，道路交通十分便捷。

文化底蕴丰厚。茅山是千年古镇，历史悠久，古迹繁多，镇内还遗存有商周时代土墩墓群、三国时期人工开凿的运河“破岗渎”。茅山镇还是革命老区，陈毅等老一辈革命家曾在这里开辟创建了以茅山为中心的苏南抗日根据地，这里有着优良的革命传统和红色基因。

高效农业发达。茅山镇是传统的农业大镇，也是高效农业特色镇。全镇高效农业种植面积突破3333公顷：葡萄133.3公顷、苗木133.3公顷、桑葚333.3公顷、茶叶266.6公顷、其他林果133.3公顷，占耕地总面积的64%。丁庄葡萄、东方紫、茅山长青、葛根茶等一大批农产品创成无公害、绿色农产品和著名商标。

特色发展鲜明。茅山镇是省级特色景观旅游名镇，“豆腐节”、“紫酒桑果节”、“葡萄节”三大节庆活动贯穿全年，茶博园、茅宝葛园、怡景湾度假村、豆腐村以及千亩梅花园、牡丹园、樱花园等一批农旅产业富有特色、潜力巨大。已经创成全国农旅AAA级示范点3个，全国一村一品示范村1个，全国五好合作社2个。

镇江市委领导调研三产融合发展

镇江市领导调研“三集”产业发展

句容市第七届葡萄节在茅山镇丁庄葡萄大观园举办

茅山镇举办第一届石磨豆腐节

江苏省句容经济开发区

副省长杨岳（右三）调研农村电商产业园

镇江市委领导调研巨宝

江苏省句容经济开发区创建于1992年，1993年被省政府批准为省级经济开发区，行政区划面积158平方公里，下辖19个村（社区），总人口约10万人。经过二十多年的发展，句容经济开发区已经成为全市首要的招商引资和项目建设载体。

2016年，句容经济开发区抢抓机遇、攻坚克难、创新实干，取得了令人欣喜的成绩。全区完成地区生产总值336亿元，一般公共预算收入25亿元；实际利用外资1.5983 亿美元。完成固定资产投资210亿元，其中工业投入103亿元。江苏硅谷核心区、圣晖莱、维力安、上海宝嵩、华途数控等一批优质项目先后签约落户，乌背山科技园、华东科技新城加快建设，西部工业园区完成拆迁征地，富达、省高创创成国家级科技企业孵化器，碧桂园众创空间跻身省级众创空间，骏成电子登陆“新三板”……句容经济开发区初步集聚了智能电网、光电子、新材料三大优势产业，正着手培育智能制造、新能源、大数据等战略新兴产业，全力构筑“3+3”产业格局，园区发展能级不断壮大。句容经济开发区持续加大对保障和改善民生的投入，加快推进福地小学、石狮中学、城西小学、黄梅卫生院、老年公寓、水畔新居等建设，逐步健全社会保险、福利、救助、优抚、慈善等相互衔接的保障体系，群众的获得感和幸福感不断增强。

镇江市领导调研农村电商产业园

句容市人民政府与启迪控股有限公司战略合作框架协议签约仪式

“迎新，毅起走吧”活动

“不一 YOUNG”员工颁奖典礼

江苏硅谷核心区

句容市茅山风景区管委会

国家AAAAA级旅游景区——句容茅山景区位于江苏省西南部，地处南京、镇江、常州三市腹地，规划面积153平方公里，下辖茅山景区、九龙山景区和10个行政村。沪宁高速、沿江高速、104国道、312国道等交通要道穿插其中。

经多年发展，茅山景区先后荣获国际最佳休闲养生基地、全国六大山地抗日根据地联盟、全国十大道教名山、全国十大魅力健康养生地、全国百家红色旅游经典景区、江苏省环境优美乡镇、江苏省首批自驾游基地示范点等多项荣誉称号，茅山在全国彰显出其独特魅力。

近年来，茅山景区围绕建设“南京都市圈健康养老首选地，苏南红色文化特色经典教育基地，国家级茅山湖康养旅游度假目的地和全国一流的道教旅游圣地”战略目标，累计投入开发建设资金180亿元，借助“宁镇扬一体化”的发展东风，以茅山湖国家级旅游度假区创建为引领，坚持“生态领先，特色发展”理念，做特“旅游+文化”品牌，精心开发集道教文化体验、爱国主义教育、康养休闲于一体的系列旅游产品，拉长旅游产业链，以全业态融合打造“山里问道，山边军号，湖畔养生，美丽乡村”的全域旅游发展新局面。

国家级茅山湖康养旅游度假区创建全面启动

崇禧万寿宫对外开放

长三角媒体采风团游览茅山景区

《军号密码》获首届“江苏电影奖”三等奖

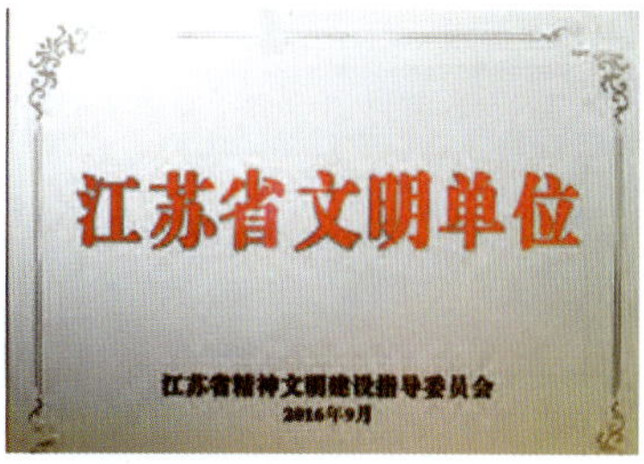
江苏省文明单位

江苏省精神文明建设指导委员会

2016年9月

句容茅山景区将成为环太湖国际公路自行车赛永久赛段

茅山景区新中心幼儿园投入使用

2016年度全国社科组织

先进单位

扬中市财政局

2016 年，扬中市财政局以“四个全面”战略布局为指导，深入贯彻党的十八大和十八届五中全会精神，深化财政管理改革，严格规范财政收支，创新财政支持方式，提升民生幸福指数，为“十三五”良好开局和“强富美高”新扬中建设提供了坚实财力支撑。2016 年，全市全口径财政收入 801360 万元，比上年增长 3.83%。其中，一般公共预算收入 325028 万元，同口径增长 3.6%。2016 年，扬中市财政局政府采购监督管理工作获全省考核一等奖；连续多年被评为“市级机关绩效管理考核十佳单位”；局农财科获评“涉农涉企十佳优质服务科室”；同时，财政局获评江苏省文明单位、镇江市文明单位、镇江市先进基层党组织、扬中市先进基层党组织，以及全市法治宣传教育先进集体、人大代表建议办理工作先进单位等。

表彰年度财政之星

深入新农村建设现场调研

走访慰问重残户

开展“我是党课主讲人”活动

组织青年党员赴茅山新四军纪念馆重温入党誓词

参观赵亚夫先进事迹馆，学习“亚夫”精神

积极参与机关单位职工工间操比赛

扬中市国土资源局

国土资源部副部长王广华（前右三）视察扬中市基层国土所不动产登记工作

省国土资源厅领导颁发扬中市首本不动产权证书

省国土资源厅领导到扬中视察不动产登记窗口

江苏省不动产统一登记工作推进会在扬中召开

2016 年，扬中市国土资源局践行“五大发展”理念，围绕“一切在于干”的工作总要求，承受压力，担当奋进，攻坚克难，落实最严格的耕地保护制度，全面推进节约集约用地，切实维护群众合法权益，强化依法行政简政放权，全市国土资源工作实现“十三五”发展良好开局。2016 年，扬中市国土资源局再次被国土资源部评为“六五”普法先进单位，两度荣获江苏省国土资源节约集约利用模范市和江苏省土地执法模范市，不动产登记工作受到国土资源部副部长王广华高度赞赏，并被《国土资源报》四次专题报道。顺利通过了江苏省五星级档案室复查测评，被评为镇江市国土资源工作先进单位、镇江市国土系统党风廉政建设工作先进集体、全市信访工作先进单位，被授予扬中市级机关绩效管理考核十佳单位称号，在综合测评中位列第一方阵前十位，各项文体活动、知识竞赛也屡获殊荣、硕果累累。

镇江市领导赴雷公岛考察耕地占补平衡现场

江苏省“四全”服务模式推进会在扬中召开

扬中市西来桥镇

扬中市委领导到西来桥镇调研经济社会发展情况

扬中市领导到西来桥镇视察工作

西来桥镇位于扬中的东南角，是一个独立的岛镇，全镇镇域总面积16.1平方公里，辖5个行政村、1个社区，总人口18000人。近年来，该镇围绕建设扬中“最美南大门”的总体目标，不断解放思想、抢抓机遇、开拓创新，全镇经济建设步伐加快，城面貌焕然一新，人民生活更加幸福，是国家生态镇、国家级卫生镇、江苏省文明镇。该镇充分发挥深水岸线资源优势，持续推动型升级，逐渐形成以海洋工程、清洁能源装备制造，高技术船舶、粮油加工、仓储物流、管线阀门、防腐涂料为主导的现代化产体系，2016年实现地区生产总值20.75 亿元，公共财政预算收入 6460万元。

镇江军分区领导带队到西来桥镇调研观摩基层武装规范化建设工作

镇领导走访企业

大津重工美克斯海工自升式多功能平台接水仪式

锦州港——扬中港班轮首航剪彩仪式

举办扬中市首届“福星洲”杯舞龙大

扬中市油坊镇

扬中市委领导到油坊镇调研文体活动中心建设工程

镇领导实地踏看民生项目现场

扬中市油坊镇立足自身、从实际出发，确立“打造产业强镇、建设亲情油坊”的奋斗目标，号召社会各界同心同向，群策群力，共同建设富裕安定、和谐文明的幸福家园。2016年，全镇实现地区生产总值61.6亿元，工业产值达到179.6亿元；实现财政总收入3.56亿元，地方公共财政预算收入1.72亿元；农民纯收入达到2.75万元。经过持续努力，党风政风不断改善，政企同心、干群合力的氛围更为浓厚；广大企业加快发展，转型升级，携手并进，共生共荣；“油坊人经济”持续升温，在外贤达纷纷为家乡贡献力量；人民生活富足安逸，家风民风持续向好，群众幸福指数不断提升。

邻丰小区别墅成群

中心公园一角

红旗河村居

光伏生产车间

风景如画的村庄环境

扬中市三茅街道

扬中市三茅街道是扬中市委、市政府驻地，行政区域面积77.16平方公里，下辖16个行政村和14个社区，户籍人口11.29万人。2016年实现地区生产总值103.51亿元，完成财政总收入17.63亿元，一般公共预算收入11.41亿元，全社会固定资产投资67.6亿元，实际利用外资2413万美元，城镇居民可支配收入达到45842元，农民人均纯收入26572元。

镇江市领导调研三茅街道“三集”现场

镇江市委领导参观创客空间

镇江市政协领导视察街道工作

持续推进“城乡结对、文化共建”活动

扬中际华园开工奠基仪式现场

建成“三茅创客空间”

推进省级“美丽乡村”建设

全面推进金屋顶工程

扬中市新坝镇立新村

村党委书记 肖胜

扬中市新坝镇立新村位于新坝镇西南部，由原新桥和立新两村合并而成。全村38个村民小组，1234户，总人口3650人，面积4.5平方公里。2016年底，全村实现三业总产值3.3亿元，村级稳定性收入达190万元，农民人均收入超过3万元。

强化社区服务功能，提升居民生活品质，实施了小区道路绿化工程，投资建设了污水处理池，实现了污水分流。2016年投资近千万元新建居家养老综合服务中心大楼，让老人真正享受老有所托、老有所依。立新村建立了较完善的环境卫生长效管理制度，每年投入120万元用于“八位一体”工程专项资金，每自然村新建垃圾池，并配备13名保洁人员进行日常河塘、道路、垃圾池清理、清运工作，有效地改善了村民的生活环境。立新村进一步加大对农业基础设施投入，农田基础设施包括对机耕道、固定沟以及涵闸维护等投入10万余元。投入8万余元修建了文体活动广场，配置了文体设施，室内室外健身器材、图书阅览室等，满足了村民的精神文化需求。

立新村先后被授予国家人口和计划生育基础群众自治示范村居，江苏省文明村，同时获省卫生村、生态村、四星级安全文明村、巾帼示范村、和谐示范社区、新农村新家庭先进社区、扬中市科学发展十佳村等荣誉称号。

市、镇领导一行调研立新村居家养老、物业用房运行情况

立新村结对单位在进村入户暖企大走访活动中，解决走访家庭反应的困难问题

大力实施农田水利建设

小区建设

梓阳园——生态文化建设

村服务中心办公楼

扬中市新坝

扬中市新坝镇红联村党委、村委坚持以“强村富民”为目标，加快经济和社会事业发展步伐，团结和带领干部群众齐心协力建设秀美新家园，取得了显著成绩。

2016年完成工业产值9.25亿元，形成销售9.14亿元，1家企业（通用美联集团）跻身于扬中“30强”行列，2家企业（宏强机电、飞利达焊料）产、销超亿元。全村建成了6个居民小区，农民建房入区率达85%以上，一幢幢“别墅楼”拔地而起，联丰新村、红灯新村、联新新村形成一定规模。该村不断完善居民小区绿化、道路、雨污管网等公共配套设施，优化了居住环境，提升了农民的幸福指数；红联村注重精神文明建设，在全村开展了“十佳敬老家庭”评选活动，促进了村风、民风的持续好转。此外，红联村还关注关爱弱势人群，在全市率先推出了助老送餐服务，投资改造了村居家养老服务中心，老龄工作多次受到省和镇江市的褒奖。红联村成立了“残疾人之家”，创办了残疾人“庇护工厂”，全村呈现出安居乐业、幸福祥和的喜人景象，先后被授予“江苏省绿化示范村”、“江苏省生态村”等荣誉称号，并多次获得上级党委、政府和部门的其他嘉奖。

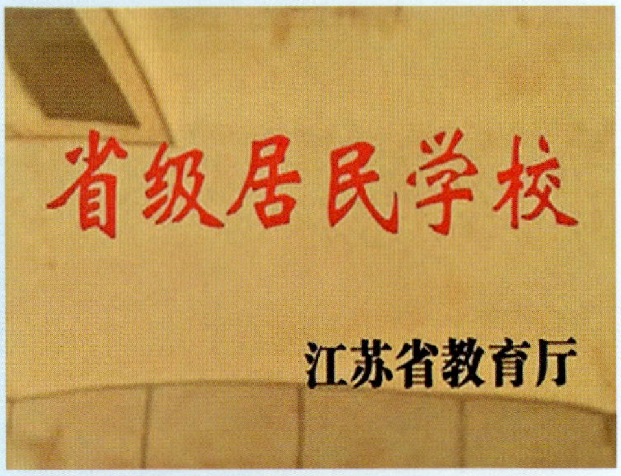

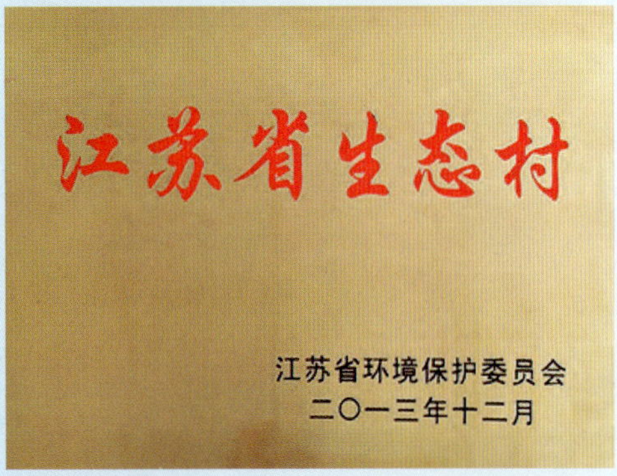

村党委书记 郭兰彪

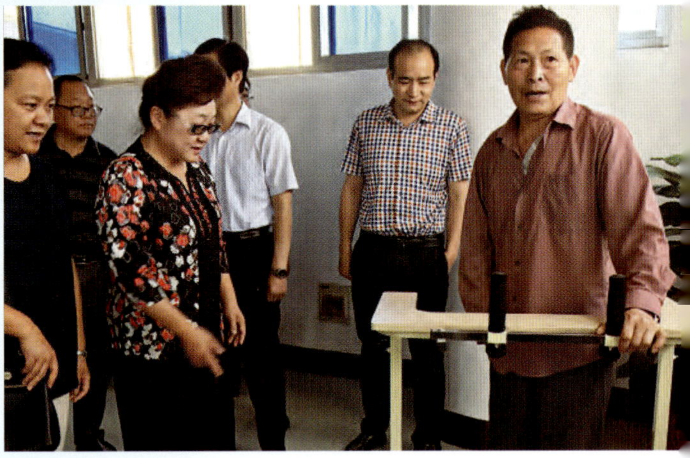
镇江市人大调研红联村残疾人之家

组织党员干部集中观看“不忘初心 珍惜今天 切实做基层群众工作”专题讲座视频

镇红联村

召开秸秆禁烧工作会议

启动心灵护航 帮助贫困残疾人

第二届夕阳红象棋友谊赛

居家养老服务中心

宏强集团

通用美联集团

居民小区

丹徒区人武部

省军区司令员李大清（中）视察征兵体检工作

“八一”前夕，区领导到人武部慰问

2016年，丹徒区人武部在镇江军分区党委和丹徒区委、区政府的正确领导下，深入学习贯彻习主席系列重要讲话精神，坚决拥护和服从改革大局，紧紧围绕强军目标，坚持战备常态化、训练实战化，依法治军从严治部，科学统筹狠抓工作落实，单位全面建设保持了稳步发展的良好势头。

丹徒区召开区委常委议军会

召开全区征兵工作会议

部领导走访慰问困难群众

在丹徒宝龙广场组织“征兵宣传日”活动

组织区民兵抗洪抢险分队参加镇江市防汛抢险军地联合演练

丹徒区住房和城乡建设局

局领导赴工地检查安全生产问题

丹徒区住建局工作会议

“两学一做”知识竞赛

2016年，丹徒区住建局在区委、区政府的正确领导下，攻坚克难、创新实干，圆满完成了全年各项工作任务，实现了全区“十三五”住房和城乡建设开门红。重点项目稳步推进，3个村通过了省级美丽乡村验收,1个村被正式列为2016年省级康居乡村，全区85个村按照方案积极实施环境整治。积极推进北汽大道、旺北路、长山灌区等海绵城市建设项目；监管能力有效提高，创优质结构工程63 个，创“金山杯”优质工程4项，新创“扬子杯”工程1个，创成省级文明工地6项、市级18项；拆迁安置运行有序，实施了连镇铁路、热电联产、奥特莱斯等拆迁项目11个，总面积21.17万平方米，共回迁安置了六个小区1217套计13万平方米；房地产市场管理合力增强,全年共办理商品房预售许可面积30.29万平方米，同比下降4.93 %。销售房屋5861套，同比增加29.78%；行政服务提质增效，进一步细化岗位职责，简化办事程序，优化办理流程，全力提升工作效能，广泛开展“走企业、进现场、解难题、促发展”活动，深入企业帮助解决各类难题。2016年，丹徒区住建局获得丹徒区“八大类”重点项目建设有功单位、丹徒区建设更高水平文明城市工作先进单位、丹徒区城乡建设先进集体、丹徒区农村环境整治工作先进集体等荣誉称号。

辛丰龙山村河道达标验收

到特教中心慰问

深入工地进行法治宣传教育

美丽乡村——世业洲还青洲

丹徒区城市管理局

城管执法队员真人出演镇江首部城管公益宣传片

执法队员在雪夜抛撒除融雪剂

2016年，丹徒区城市管理局探索创新建立市场化运作新模式、健全市民参与城市管理良性互动机制，城乡环境管理日趋规范，生活垃圾处置长效机制逐步形成，城乡人居环境得到进一步提升，在不增加财政支出的情况下，通过道路、绿化、路灯、广场、区垃圾收运、公厕保洁的市场化运作，并及时加大监管力度，在实现行政管理职能与具体经营职能分离的同时，使新城的城市管水平大幅度提升。积极开展城管宣传，邀请专业团队，量身打造城市管理工作的真人宣传片。通过“12345”市民热线接听群众询、投诉，解答有关问题，组织丹徒城管“守护生态”志愿者服务队继续开展公益活动。大城管考核连续三年在全市排名第一，续2年被丹徒区委、区政府授予“特别贡献奖”，社会各界测评位次明显提升，区农村环境长效考核全市第一。

丹徒城管数字化平台

丹徒新城二期广场绿化养护作业

瑞山路公共自行车站点

风雪环卫人

晒水车在谷阳大道冲洗作业

丹徒区市场监督管理局

区委领导调研市场监管工作

市食药监局领导到该局召开推进基层分局食药监管能力建设现场会

召开丹徒区省级食品安全城市创建工作推进会

2016 年，丹徒区市场监督管理局贯彻“四个全面”战略布局，促进全区经济健康发展、社会和谐稳定。全年新发展市场主体 4450 户，比上年增长 35.6%，推进全程电子化登记和集群注册，服务大众创业、助力万众创新。全年食品抽检 1280 批次，建成区食品快速检验检测中心，推行“你点我检”的快检新模式，加大药品、医疗器械、特种设备整治力度。全年受理消费者申投诉 600 余件，在全市率先采用“双随机一公开”检查模式，93.7% 的经营性网站申领“工商网监”电子标识，强化商标、广告、质量、计量的监督检查，查处各类违法案件 128 件。

举办“服务大众创业，助力经济腾飞”活动

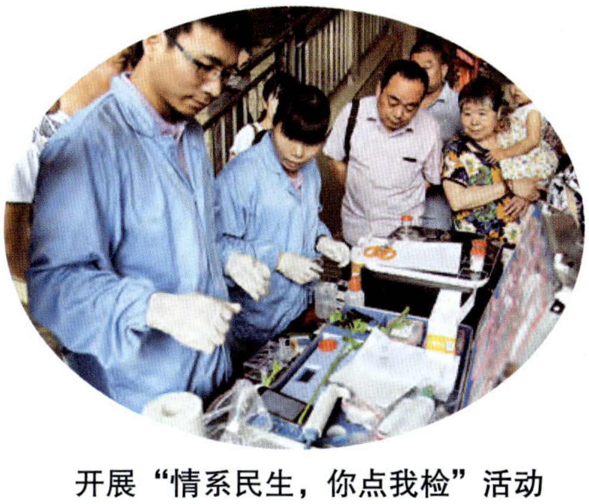

开展“情系民生，你点我检”活动

举办“服务民生，绽放青春”主题团日活动

开展党员志愿服务惠民生活动

丹徒区粮食局

丹徒区粮食局认真贯彻落实区委、区政府决策部署，坚持以保障粮食安全和促进农民增收为中心，抓好2016年的各项工作，为“十三五”建设开好局、起好步。一是力推“粮安工程”。全年总投资1600万元，重点完成了区幸福桥粮食收储中心2万吨中心库建设。区幸福桥粮食收储中心粮库智能化升级项目实施进展顺利，“数字粮库”的一体化、集成化、智能化管理，极大地提高了粮食管理的效率。二是开创地方储备粮管理新模式。试行对储备粮经营情况实行审计和托底政策，确保地方储备粮数量真实、质量完好、运作规范、储存安全。重点调查贯彻落实托底政策执行情况，关注储备粮资金管理使用中是否存在虚报冒领、挤占挪用等问题。三是着力编织“放心粮油”经营网络。大力宣传放心粮油产品和放心消费理念，引导和动员粮油经营业主积极申报创建放心粮油店。制定放心粮油管理办法，建立监督、检查、评比、退出等制度，加强行业自律，为广大消费者创造一个真正从“田头到餐桌”的安全消费环境。

省联合督查组督导镇江市秋粮收购工作

组织党员参观世业镇先锋村党建教育基地

召开全区粮食工作会议

丹徒区粮食系统安全知识竞赛现场

学习贯彻十八届六中全会精神

丹徒区粮食技能竞赛现场

丹徒区谷阳镇

丹徒区谷阳镇位于镇江市南郊、丹徒区中部，区域总面积 46.75 平方公里，辖 11 个行政村，总人口 3 万余人。近年来，该镇逐步形成高端装备集中区、生态文明先行区、特色旅游发展区、现代农业服务区四大特色板块，镇域经济社会健康稳定发展。

经济转型加速推进。2016 年实现地区生产总值 27.11 亿元，一般公共预算收入 1.04 亿，农村居民人均可支配收入 20198 元。新增规模企业 3 家，完成投资 6.15 亿元，研发经费支出和高新技术产业产值分别达到 1.33 亿元和 108.3 亿元。

镇域环境明显提升。主动对接全区总体规划布局，完成农路提档升级 7.8 公里，城乡“大城管”考核持续走在全区前列，顺利通过全国文明城市复检考核，圆满完成中央环保巡视督察组交办问题的整改销号等专项任务。

民生保障有效强化。大力开展“基保下乡”活动，全年安置 2053 人。建立健全低保信息网络化管理机制，新增农村低保 11 户 17 人，财政补贴实发农户 6530 户 300 万元。三山中学操场竣工，三山中心小学综合楼全面落成。

社会治理持续完善。基层政权和社区建设稳步推进，圆满完成全镇村委会及居委会的换届选举工作。建立全区首个安全生产公众微信平台。继续深化“零发案村”创建活动，被评为“六五”普法工作先进单位。

中央办公厅领导一行调研谷阳镇农村精神文明建设

省委常委、组织部部长王炯（右二），在市、区领导陪同下调研谷阳镇党建工作

镇江军分区领导调研谷阳镇人武战备规范化建设

区领导参加“情缘槐荫，七夕东方”文艺晚会

江苏晋工机械首台工程整车下线

在“两学一做”学习教育中开展实践活动

跃进河风光带

丹徒新城

区委领导到丹徒新城工业园热电联产项目现场调研

2016 年，丹徒新城管委会沉着应对宏观经济下行以及“营改增”政策不利影响，以“两学一做”集聚人心，以作风建设激发动力，以绩效考核激励争先，持续保持经济社会良好发展势头。全年完成固定资产投资 106.2 亿元、工业投资 57.5 亿元、工业总产值 264 亿元、工业应税销售收入 100.05 亿元。2016 年，实到外资 4200 万美元、社会消费品零售总额 17 亿元、农村居民人均可支配收入 19370 元，完成高新技术产业产值 148 亿元，研发经费支出 3.1 亿元。

区领导到海雷德蒙公司调研

举行金润游艇项目签约仪式

管委会

举办江苏省老年人体育节镇江暨丹徒宜城分会场开幕式

新美达工具项目竣工投产

崛起的丹徒新城

丹徒生态广场

宜东铭苑安置房

丹徒区高桥镇

“中国雪地靴之乡”专家评审会

高桥七彩桥雪地靴电商服务区

雪地靴产业作为该镇的传统富民产业，通过近几年的快速发展，现有私营企业112家，个体工商户425家，其中规模企业21家电商1200多家，拥有省级著名商标3个、市级知名商标5个。近两年产业销售都保持10%以上的增长速度，市场占有率达到35%以上全镇年产各类裘皮鞋1000多万双，裘皮服饰10万件，总产值约15亿元。2016年，全镇从事裘皮行业的职工9500多人，年均工资超过45000元，取得了良好的社会效益和经济效益，并先后获评“省级电子商务示范镇”“中国雪地靴之乡”，全镇雪地靴产业行业知名度和市场认可度得到极大提升。

雪地靴产学研基地揭牌

金得利鞋业有限公司

生产车间

产品展示

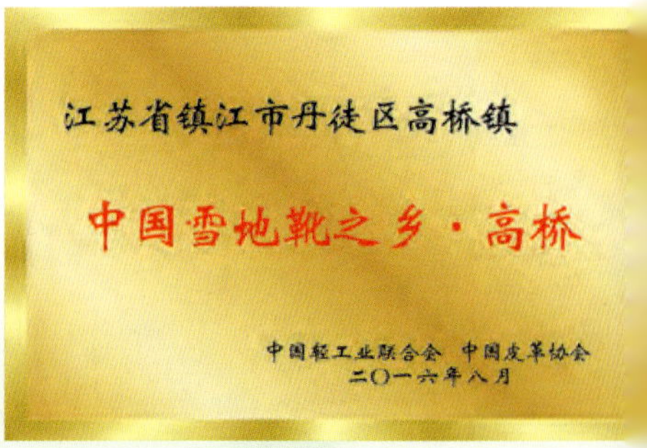

丹徒区江心洲生态农业园区

2016年，丹徒区江心洲生态农业园区围绕打造“强富美高”新丹徒的战略要求，立足“江中旅游名岛”的目标定位，践行发展新理念，增强综合实力。全年完成一般公共预算收入4046万元，完成固定资产投资6190万元、服务业投资3666万元，农民人均纯收入17426元。推进市级重点项目长江特种水产养殖和区级重点项目伊人岛生态农业园，完成总投资3亿元的民居光伏屋顶项目，总投资2亿元的橘色小镇项目签约；提升橘江里、幸福里、西江里等美丽村庄环境，御隆河风光带雏形初现；先后完成11公里河道清淤整治及景观打造、6公里一路一景绿化景观工程、3公里农田电网改造、百家姓地刻公园建设、橘江里景区无线网络全覆盖等民生工程。

“特色民宿·探索实践”活动在丹徒新城风景城邦大酒店举办

江心洲乡旅招商推介会暨第二届无花果节开幕式在镇江苏宁广场中庭盛大开幕

2016 中国丹徒旅游文化节闭幕式暨江心洲第九届柑橘节胜利落幕

江心洲民居光伏发电

国家AAA级景区、省级特色示范村——橘江里

百家姓地刻公园

省级特色示范村——幸福里

丹徒区谷阳镇槐荫村

村党总支书记 王 毅

槐荫村位于丹徒区谷阳镇南部，距镇江市中心12公里，北临31
国道，南靠沪宁高速公路，扬溧高速公路、新312国道和镇荣公路穿
村而过。围绕“强村富民”这一核心要求，实施农业综合开发，新建
3000平方的标准化厂房，通过出租集体资产增加财产性收入。多年
来，槐荫村投入1000多万元，对非物质文化遗产进行保护和村庄环境
整治，连续9年举行“爱满槐荫 情缘七夕”活动，先后荣获江苏省省
级非物质文化遗产保护单位、省生态村、省文明村、全国生态文化村
称号。在实施农村环境整治工作中，完成道路“硬化”，实现了水泥
路户户通。建设4000多平方米的乡风明德文化墙，打造出一幅幅“看
得懂的教材、望得见的风景”。

中办中央督察组到槐荫村视察工作

江苏省委常委、组织部部长王炯（右二）到槐荫视察工作

镇江市首届“最美乡村”现场会在槐荫村召开

槐荫村荣获镇江市首届“最美乡村”称号

槐荫村第一届民俗文化季活动现场

槐荫村第十届 情缘槐荫七夕东方活动现场

丹徒区上党镇东沛村

村党总支召开庆祝中国共产党诞辰 95 周年大会

党组织委员会班子成员民主推荐会

村委会主任　吴琴堂

投资新建的合作医疗卫生服务中心

健身广场

丹徒区上党镇东沛村位于镇江市南郊17公里处，区位、交通优势显著，北距312国道11公里；沪宁高速穿村而过。村土地面积364公顷，区域面积达15平方公里。全村共有17个自然村，44个村民小组，1500多户，总人口4533人，常住人口约5000人。2016年，村集体经济收入78.6万元，村人均纯收入18200元。

新农村建设示范点

北汽华东（镇江）基地

丹徒区金沛纸制品厂

丹徒区上党镇东贪村

市领导视察村道路建设工作

市发改委领导一行到村调研工作

东贪村社区位于上党镇东南3.5公里处，辖6个自然村（东贪、牧马、上南岗、双牌李家、双牌韦家、秦坟墩），28个村民组，总人口3500余人，常住户1041户，辖区总面积4.5平方公里，党员120名，耕地面积273公顷，水面28公顷。村有三个农民经合作社，服装厂4家，“双达标”新办企业江苏天沃新能源科技有限公司。

近年来，在市委“强村富民”双达标的政策支持下，在帮扶单位市发改委的帮助下，村级经济有了较大的发展，村级共投200多万元，建设标准化厂房和广告牌，村级收入达到了70多万元。村“两委”班子成员从加强制度入手，制定上班制度、值班度、工作制度，让制度管理人，要求村干部从粗放型、霸道型向知识型、服务型转变，以优质服务来感化群众，使村风在潜移默中向好的方面转化，营造一个风清气正的村风。

村党总支书记 李秋龙

“两学一做”党员动员大会

党组织换届党员选举会议

江苏天沃新能源科技有限公司

健身广场

丹徒区宜城街道镇南村

镇南村位于镇南立交桥附近，由原来的曾韩、汤村、徐庄、翻身四个行政村合并而成。全村共有1517户，常住人口4516人，有33个村民小组，是丹徒区最大的行政村之一。镇南村地理位置得天独厚，312国道、338省道、京沪高铁等七条主干道贯穿而过。是丹徒新城东扩的主战场，是高新园区建设的主体地。2016年，先后有八个项目相继落户，其中有热电联产、省交通工程公司、平安物流、精功汽车等。村党总支、村委会为项目服务的口号是“主动积极、热情周到”。服务项目的同时不忘村级经济发展，2016年投资300多万建成“镇南物业管理服务中心大楼”，共2500多平方米，已陆续出租；新建水泥路6000多平方米方便老百姓出行；全村10个自然村已建成9个文体活动广场供老百姓健身娱乐。“两委”一班人积极探讨惠民举措。全村50周岁女性、60周岁男性合作医疗保险费全部由村委会代缴，照顾慰问困难户、大病户每年都在10万元以上。

召开全省重大项目集中开工现场推进会

团结协作的领导班子

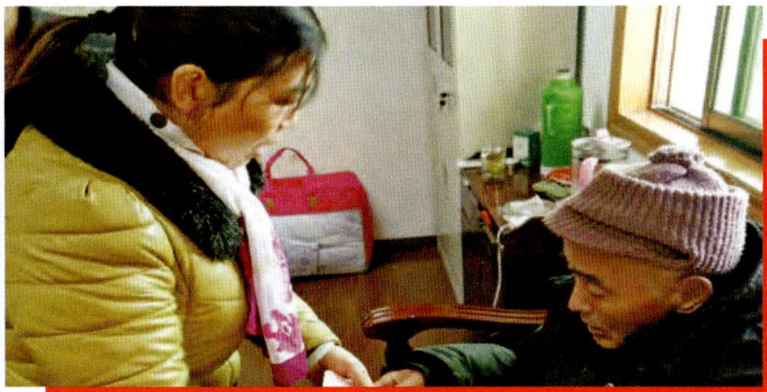

村干部慰问困难户

镇南物业管理服务中心大楼

新农村建设示范点

村民健身广场

丹徒区大港汽车轮渡管理处

大港汽渡建于1985年，多年来坚持以安全渡运为重点，转变经营理念，创新工作举措，强化渡运管理和安全管理，确保渡运安全。2016年，渡运航次46484个，渡运车辆1458332辆，运营收入5544万元，比上年增长6.43%。大港汽渡被市委、市政府评为2012～2014年市文明单位，被区交通运输局评为2015年度安全生产先进单位；1人被镇江市文明办、镇江市总工会评为市文明职工，3人被镇江市见义勇为基金会授予“见义勇为”积极分子称号。

签订码头拓宽改造工程协议

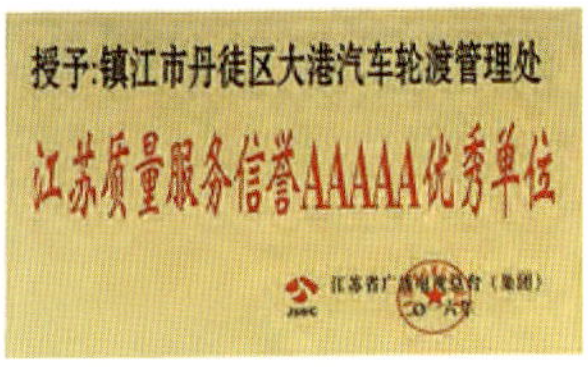

汽渡码头

开展安全月宣传活动

新趸船投入使用中

新票房门楼

京口区健康路街道

镇江市领导视察中央商贸集聚区建设

京口区领导视察苏宁塔楼建设

京口区领导调研气象里社区社会组织孵化基地

2016年，京口区健康路街道围绕京口区委、区政府“三区三高地”发展目标，推进“经济壮实力、城市显魅力、服务增活力、党建提能力”四大工程。经济发展稳中奋进、城市管理克难提升、为民服务质效并举、基层党建亮点纷呈，为“十三五”规划创设了良好开篇。全年公共财政预算收入10123万元，固定资产投资54.4亿元，社会消费品零售总额95.95亿元，产业类实际利用外资2万美元，工业应税销售收入6.51亿元。6月9日，苏宁广场购物中心正式对外营业，东西塔楼全面封顶；财富广场回迁取得较大进展；D33文化广场招商基本完成，实现部分开园；市体育运动学校、“我的社区365”等一批项目建设均达序时。街道先后完成卫生城市复审、文明城市迎检等重点工作任务，为全市经济社会发展打下了坚实的基层基础。

苏宁广场举办开业典礼

“健康文化大联盟”正式成立

京口区四牌楼街道

2016 年，镇江市领导到四牌楼街道调研推进棚户区改造工作

镇江市军分区领导调研街道工作

2016 年，京口区四牌楼街道经济工作稳中奋进，全力以赴完成各项经济指标。公共财政预算、固定资产投资、科技研发扌入、社会消费品零售总额等指标均超额完成年计划，新增规模服务业企业 3 家，产业类实际利用外资 4000 万美元，占年计划白1000%。集中精力推进项目建设。总投资 15 亿元的新河街历史文化街区项目已通过“321”项目认定工作。北固湾商业综合体，吉于 9 月份正式开业。滨江科技商务中心、香逸渔港片区，正积极跟踪推进。城市综合管理工作效果明显、社会事业协调发展、社会治理扎实推进、党的建设全面提升。

市纪委领导视察全国卫生城市复查迎检工作

“大力解放思想 加强作风建设 确保完成全年目标任务”动员部署会

“舞蹈文化与审美”文艺讲座

四牌楼街道三社联动试点项目——益家乐社会工作服务中心在江一社区揭牌

“七一”表彰大会

江苏镇江京口工业园区

Zhenjiang Jingkou Industrial Park of Jiangsu Province

镇江市领导率工业园区到广州华创产业园开展招商引资活动

京口工业园区地处美丽富饶的长江三角洲中下游地区，西临南京，东接上海,位于宁镇扬板块，隶属上海经济圈。2006年，园区正式升级为省级开发区，为省级金属新材料产业集聚区，先后获评国家“千人计划”（镇江）新材料研究院，江苏镇江京口高性能铝材料产业园，省级小企业创业示范基地，省级航空铝材特色产业基地、省级知识产权试点园区、省级生态工业园区、省级企企通试点园区等。

2016年，园区认真落实中央、省市区委各项决策部署，协调推进“四个全面”战略布局，深入践行“五大发展理念”，坚持以提高发展的质量和效益为中心，大力开展“1+6”活动，将活动细化为具体项目，切实做好省级开发区“转型升级”的谋划工作，较好地完成了全年各项目标任务，实现了开发区的进档升位，为建设“强富美高”新镇江做出了园区应有的贡献。

江苏宝京汽车部件有限公司董事长李贵平（右一）受聘江苏大学兼职教授

组织党员干部赴淮安周恩来纪念馆开展廉政教育活动

京口工业园区（一期4平方公里鸟瞰图）

京口工业园区标准化厂房效果图

投资环境

中集宝钢项目开工仪式

爱励铝业（镇江）公司

江苏核科技产业园

镇江新民洲临港产业园管委会

2016年，新民洲临港产业园上下同心同德，攻坚克难，狠抓项目建设、特色产业和社会事业发展，圆满完成全年各项目标任务。总投资150亿元的中林（镇江）生态产业城项目战略合作协议正式签定，新民洲港产城融合式发展路子迈出了实质性一步。新民洲港一期正式对外开放，二期4个泊位取得试运营许可，全年进口木材160万方、实现销售12亿元。木业先进制造区73.2公顷取得省国土厅独立选址土地指标。编制完成新民洲城市总体规划、土地利用总体规划，发展空间得到有效拓展。总投资7000万元的污水管网工程一期顺利竣工并通过验收，电网优化、高标准农田建设、被毁江堤恢复、加油站等工程正抓紧推进。圆满完成红旗村“撤村并居”，牵头举办中林专场招聘会，共在社区招聘46人，建成镇扬两市120新民洲急救通道，急救时间有原来的1小时缩短至20分钟，扎实开展精准扶贫，为3户家庭办理了低保手续，园区公共服务与城市社区看齐。

镇江市领导视察新民洲港

中国林业集团领导视察新民洲

镇江市领导视察新民洲长江岸线治理情况

镇江市领导调研新民洲

新民洲临港产业园、扬州大学农学院“产学研”合作揭牌仪式举行

中林木材初加工项目一期竣工投产

中石化新民洲加油加气站项目正式签约

镇江市规划局润州分局

局长　周光宏

2016年，镇江市规划局润州分局围绕镇江“十三五”发展目标和区委、区政府决策部署，推进“四个全面”，落实“五大发展理念”，实现生态领先特色发展，积极适应引领经济新常态，严格依法行政，提升规划服务水平。充分发挥城乡规划的引领和控制作用。为建设“强富美高”新润州作出积极贡献。

组织党员干部政治学习

主动上门为企业排忧解难

现场为船厂服务

党员观看《周恩来的党性之光》

润州区卫生和计划生育委员会

2016年，润州区卫生与计划生育系统不断深化基层卫生综合改革，全力推进国家卫生城市复审迎检，深入开展“两学一做”学习教育，努力发展群众满意的卫生和计生事业，取得了较好的成效。

一是全国百强优秀示范中心首创成功，黎明社区卫生服务中心被国家卫计委评为首批全国百强优秀示范社区卫生服务中心；二是首创个性化有偿签约服务，在坚持居民自愿的前提下，完成家庭医生与居民签约4000多人；三是医养护一体化服务模式全市首创；四是糖尿病区域一体化管理成为省级样板；五是“全—专联合门诊”模式全市推广，全区所有社区卫生服务中心均开设了“全—专联合门诊”；六是卫生信息化建设全市领先。

全国政协副主席韩启德（左三）视察黎明卫生服务中心

副省长蓝绍敏（右一）调研卫生服务中心工作

“两学一做”学习教育座谈会

“党员党课讲学”“家风家规故事”演讲评比活动

七里甸社区卫生服务中心共建文明城市共享绿色环境

金山社区卫生服务中心护民联欢包粽子

工业园区社区卫生服务中心党员在金山水城社区开展科学抗癌宣传

润州区和平路街道新金江社区

润州区和平路街道新金江社区联合党委是镇江市老渔业乡所在地的基层党组织，这里渔文化历史悠久、人文氛围浓厚，有涉渔人口700余人，上岸渔民2800余人，党员130人。近年来，社区联合党委以区委红色形象体系建设为契机，积极打造红色渔文化的社区名片，不断推动渔民党建在拓展党群阵地、浓厚红色氛围、深化融城服务等方面探索和延伸，着力打造一座党旗红、百姓安、产业富的魅力滨水新城。

一是以水积鱼聚的状态，构筑群众家门口的党群红色阵地。针对长江岸线长、地域面积广、资源共享难的问题，将党建堡垒建在群众“家门口”，以“1+X”的模式，联合驻区单位和相邻村居，打造一批满足党群需求的红色渔文化阵地。

二是以鱼水情深的心态，浓厚春风化雨般的党群红色氛围。坚持党建引领、以文化人，充分发挥红色渔文化的渗透力、影响力和带动力，在深入群众、联系群众、服务群众中，不断提升党建文化软实力。

三是以授人以渔的常态，凝聚共建新家园的党群红色力量。直面大批渔民转产上岸的出路问题，社区联合党委围绕“授人以鱼不如授人以渔”的思路，用心为“失水渔民”和“假期渔民”搭台子、谋路子，将无形党建文化变为红色有形能量。

省委组织部到新金江社区调研“融城党建”工作

市委书记惠建林（中）考察和平路街道新金江联合社区基层党建红色形象体系建设

润州区在新金江社区召开全区基层党建“书记项目”启动暨红色形象体系现场推进会

党员主动结对困难群众，并发放结对帮扶联系卡

组织丰富多彩的活动——渔民趣味运动会

江苏大学附属医院
Affiliated Hospital of Jiangsu University

江苏大学附属医院

2016 年以排名第一的成绩通过中国胸痛中心认证

江苏大学附属医院创建于 1936 年，现已成为一所学科齐全、设备先进、技术力量雄厚、诊疗环境一流，集医疗、教学、科研、预防、保健、康复于一体的现代化医院，是 1995 年卫生部首批命名的三级甲等医院、江苏省卫计委直管医院、国际紧急救援医院、国家常见肿瘤规范化治疗试点医院、国家临床药物试验机构、国家卫计委脑卒中筛查与防治基地、国家卫计委冠脉诊疗培训基地、国家认证的胸痛中心。2016 年，医院荣获国家卫计委选评的“改善医疗服务行动”示范单位。

医院专科实力雄厚。拥有心血管内科、肿瘤科、烧伤整形科、皮肤科、消化科、普外科、医学影像科、医学检验科、中医科、儿科、内分泌代谢科、呼吸内科、神经内科、血液内科等一批国家与省级临床重点专科，拥有急诊科、麻醉科、骨科、核医学科、泌尿外科、临床护理等市级临床重点专科。重点专科层次与数量位居全市之首。心内科在中华医学会第十八次全国心血管病大会上获得“急性冠脉综合征医疗质量金奖”，在中国医院科技影响力排行中列心血管病学全国第 54 位、江苏省第 2 位。

医院高层人才汇聚。拥有江苏省医学创新团队 3 个，江苏省医学领军人才 3 人，江苏省重点医学人才、江苏省双创人才、江苏省“333”工程培养对象、江苏省“六大人才高峰”高层次人才培养对象、江苏省医学会专业委员会主任委员与副主任委员、博士生导师、硕士生导师等高层人才百余名。

医院设备先进。拥有国际最新技术的德国西门子 52 环 PET-CT、美国瓦利安速光刀、德国西门子 3.0T 磁共振、美国G E 1.5T 磁共振、美国单光子计算机断层扫描仪（SPECT）、美国G E Revolution 256 排 CT、美国G E 128 层螺旋 CT、DSA 大型心血管造影机、大型生化分析仪、超声胃镜、人工心肺机、高档彩超等一批先进的诊疗设备。

医院科技成果年年都有新突破。近年来，先后获得国家、省、市科研课题 600 多项，举办国际、国家及省级学术会议 80 多次，获江苏省和镇江市科技进步奖近百项，获省政府、卫生厅新技术引进奖项 50 余项，心血管等五个专科在全市率先获得国家临床药物试验机构资格，连年被市政府授予“科技进步先进单位”。

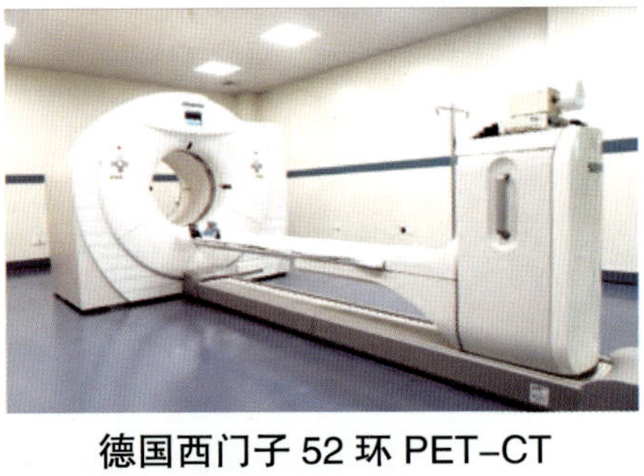

德国西门子 52 环 PET-CT

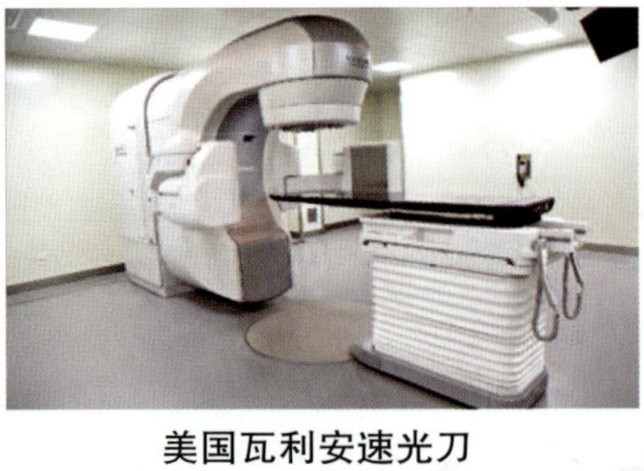

美国瓦利安速光刀

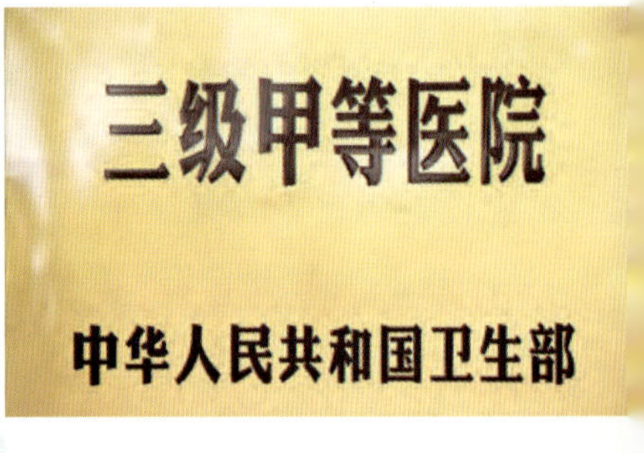

镇江市丹徒高级中学

校长　黄卫荣

镇江市丹徒高级中学由两所均创建于1956年的三星级高中，原镇江市谏壁中学和原镇江市上党高级中学于2009年合并而成。新校全面整合了两所老牌高中的教育资源，强强联合，优势互补。学校既继承了两所老校优良的办学传统，传承了丰厚的文化积淀和人文素养，又与时俱进，开拓进取，使整个校园呈现出蓬勃向上、和谐共进的良好发展态势。

学校紧扣发展主题，始终围绕“明理”校训，以“健康成长 幸福人生”理念为指导，以“四星级”创建为抓手，通过强化激励导向、狠抓精细管理、实施科学备考等有效措施，积极构建高考主攻本科常态特色做优的长效机制，经过全校教职员工的艰苦努力，高考成绩三年上了三个台阶。2014年、2015年、2016年文化和体艺本科（含本三）总达线人数分别为261人、272人、330人，本科的达线比例分别为40.7%、52.4%、72.5%。本科达线率的持续攀升，优秀教师群体的不断涌现，学生综合素养的全面提高，学校办学品位的日益提升，得到了市、区教育局的高度肯定，也赢得社会的广泛赞誉。

市教育局领导调研学校一日公开课

丹徒区领导到学校检查指导工作

学校高标准通过省三星级高中复审

“携笔从戎 报效祖国”特别成人礼

举行秋季田径运动会

江苏科技大学附属小学

江苏省“333 高层次人才培养工程”
培养对象、教育硕士、校长 蔡 艳

虎踞桥边妙觉寺，银杏树下书声朗，创办于 1933 的江苏科技大学附属小学，实施“圆融、唤醒、乐享”为核心的阳光教育，努力为学生健康成长铺设阳光大道，为教师专业成长搭建阳光舞台，为学校科学发展营造阳光环境。

2016 年，学校荣获江苏省“十三五”科学教育示范学校、江苏省仿生机器人比赛综合团体一等奖，创意设计团体一等奖。举办“让学习真正发生”江科大附小第八届“银杏之约”教学节主题研究分享活动。举行“见证成长，如花绽放”十岁成长礼、“向着光明的那方前行”六年级毕业礼、“红领巾，我为你骄傲”一年级入队礼；举办“小创客让生活多姿多彩”首届科技嘉年华。

如今的江苏科技大学附属小学，尊重儿童，面向未来，依托江科大强大的高校专家团队与优质资源，大力发展阳光创客文化，探索 STEM+ 课程和教学策略，建立灵活、开放、终身、适应学生个性发展的教育新生态，让孩子成为自信、坚毅、乐享、创新的阳光小创客，让童年成为带着“太阳气息”的快乐成长历程。

党旗下宣誓

读书使岁月美好

创客文化在科大附小启航

176 岁的银杏树下讲述着带着阳光味道的故事

沐浴阳光 如花绽放——气势不凡的排球方阵

沐浴阳光 如花绽放——震撼人心的鼓号队

镇江市桃花坞小学

领导参观学校感统训练室

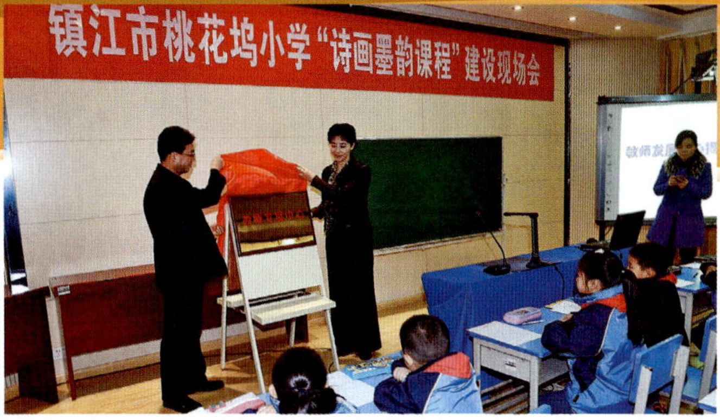

成功举办镇江市“课程特色文化项目建设现场会”

省美术优质课一等奖喜落桃花坞小学

跨文化视野解读传统文化

始建于1983年的镇江市桃花坞小学，三十余年来始终践行“书童真雅趣，法生命自然”的办学思想，诠释“以人为本”的核心理念，用书法教育创建办学特色，用墨香怡情构建文化风骨。近年来，学校整体水平跃上新台阶，跻身于东区优秀学校行列。

2016年，桃花坞小学坚持科学教育发展观和以学生发展为本的理念，以培养学生良好行为习惯和养成教育为核心，以书法文化为着力点，通过开展“赏浮玉风光　品碑林墨香”“醋香里的家乡文化”“汉字听写大赛”等墨韵特色活动，全面提升学生综合素养。2016年4月，桃花坞小学墨趣文化项目成为江苏省教育厅小学特色文化项目之一，12月学校获得“苏派书法名校联盟学校”光荣称号。

学校将墨韵特色“规范、规律、审美、个性”的精神内涵落实到高效课堂建设中，全面推进教育教学的精细化管理，重视学科教学研究，关注课堂教学效率，并以教科研为支撑点，推进教师队伍建设，推动学校内部教育的均衡发展，促进教育教学质量稳步提升。

深入开展校园全民阅读活动

翰墨飘香喜迎莘莘新学子

学校篮球队喜获佳绩

市慈善总会走进学校，实地调研

著名葫芦丝演奏家走进学校，与学生同庆“六一”

镇江市京口区特殊教育中心

镇江市京口区特殊教育中心是京口区唯一的特殊教育学校，创建于 1990 年，主要承担智障残疾学生教育学习的社会职责，抖收本区、其他辖区和外来务工人员部分家庭中的智障、脑瘫、自闭症等中重度智力残疾儿童，学校施行九年免费特殊教育。学校重视功能室建设，设施设备齐备。

2016 年，学校对校园进行改造，校园文化氛围重置，根据学生身心发展特点，从用餐礼仪到职业技能学习，增设宣传板；均设适合学生的室外康复训练场地，添置各类训练设施；增设三个个训室以及各类训练工具，以满足学生的训练需要。

学校体育田径队参加江苏省第七届全民健身运动会暨残疾青少年体育锦标赛（苏南片区）获得六金的好成绩。学校特色社团影响力大增，继中山路小学后，红旗小学成为学校的共建单位，定期组织学生走进学校，参与学生的融合社团活动，学校影响力不断扩大组织丰富活动，为学生创设普特融合的平台，锻炼学生生活技能。

学校努力建设一支能“教好一门学科、带好一个社团、建好一门课程”的“博爱”教师团队。要求教师适应特殊教育发展需要更好地服务于智障学生，努力成为“双师型”教师，部分教师已承担烘焙、串珠、花卉、轮滑、古筝、葫芦丝、乐队等本专业外的特色教学任务。

学生田径队参加残疾人锦标赛（苏南片）获得 6 金的好成绩

红旗小学定期走进学校，参加特色社团活动

“满天星乐团”首场主题音乐会

联合贺家弄幼儿园，共同举行义卖活动

镇江市中心血站

国家卫生计生委医政医管局领导调研镇江市采供血工作

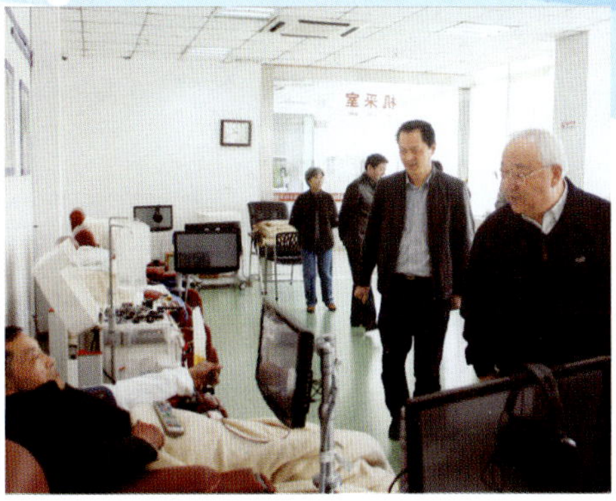
原卫生部副部长、中国输血协会理事长朱庆生（右一）到血站考察

省委组织部到血站督查“两学一做”学习教育开展情况

镇江市中心血站占地1.2公顷，建筑面积9200平方米，拥有流动采血车5台、献血房车2台、献血屋3个、全自动酶免系统3套、全自动生化仪2套、全自动血型分析系统一套、整体冷库一套，以及各类专业设备200余台件。血站现有职工91人，卫生专业技术人员占76%，其中高级职称15人。血站年采供血量约9吨。

自建站以来，始终严格按照采供血相关法律法规和操作规程依法执业，在工作中秉承对献血者心怀“感恩之心、关爱之心、谨慎之心”的三心文化，确保全市临床用血的安全、及时、有效。近年来，血站先后获得全国模范职工之家、全国五一巾帼标兵岗、江苏省文明单位、江苏省“用户满意服务”单位、省级巾帼示范岗、镇江市第一批五星级“法治型、服务型”党支部、镇江市五一劳动奖状单位、镇江市服务质量奖、镇江市用户满意服务明星企业、镇江市“无偿献血促进奖”先进单位等多项荣誉。血站通过多年来的规范建设，软硬件管理均在省内位于前列。2009-2016年镇江市连续4届蝉获“全国无偿献血先进城市”荣誉。2016年，在江苏省采供血机构三年为一周期技术审查及执业验收中，市中心血站的综合评分和持续改进分均位列全省排名第一，各项工作得到业内外的高度赞誉。

接受江苏省采供血机构第七周期执业资格验收检查

镇江市稀有血型献血者联谊会

参加全省采供血系统职工文艺汇演

中国农业银行
AGRICULTURAL BANK OF CHINA
镇江分行

加强党建工作学习

成功推出“苏微贷”，并与客户签约

2016年，中国农业银行镇江分行深入贯彻总、分行一系列新决策新部署，迎难而上、奋发有为，实现平稳发展和平安运营，主体业务指标同业领先，创近五年最好成绩，被省文明办命名为“江苏省文明单位”。

主体业务稳中有进，存款保持同业领先。各项存款率先在同业突破600亿元，总量、增量市场份额分列四行第一、第二。贷款投放重点突出，各项贷款343.1亿元，完成年度目标的180%，获批项目15个102.2亿元、累计投放项目贷款21.6亿元，贷款增量完成率全省农行系统第三位。

转型创新步伐加快，新兴业务发展提速。银团贷款列四大行第一，成功托管股权投资基金2单61.2亿元。新增掌上银行活跃客户10.6万户，互联网金融四大行第一。渠道转型深入推进，实施“网点+”，释放柜员90人，2家网点被评为全省“最美网点”，15家网点被评为省级五星级网点。实施“网络+”，新增e管家核心商户42户，新上线移动缴费项目11个。

风险防控不断加强。资产质量达成管控目标。不良贷款占比1.34%，下降2.8个百分点，完成省分行管控计划，资产质量四行最优。案件防控力度加大，强化“两项行为”专项治理，开展反洗钱、金库业务、票据业务等专项排查。成功堵截诈骗案件44起、364.4万元，23名员工和4名保安受到市公安局、市见义勇为基金会表彰。

党建引领全面推进。以“两学一做”学习教育为抓手，党建统领作用进一步增强，创建省行党建“三化三严”优秀单位1家。“四风”整治成效明显，厉行节约、勤俭办行的氛围进一步形成。

镇江农行全程支持的大型交通公益行动——“镇江好司机·文明交通公益行动”在镇正式启动

中国建设银行股份有限公司镇江分行

与中瑞镇江生态产业园签署战略合作协议

与镇江交通产业集团签署战略合作协议

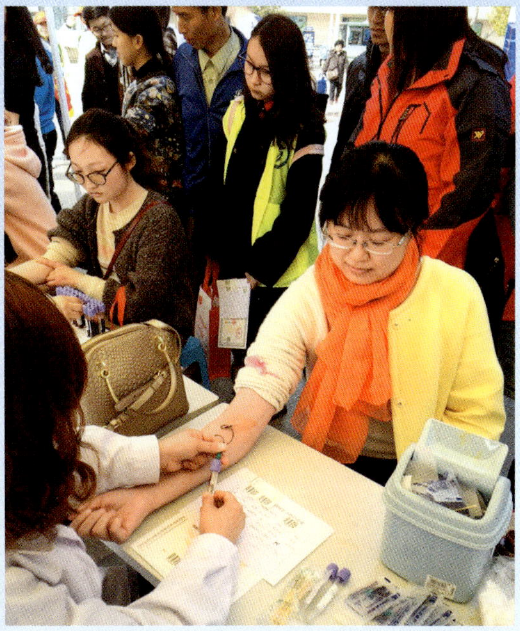

员工参加镇江青年骨髓捐献志愿者行动

2016年，建设银行镇江分行紧紧围绕省建行“提质增效，重振江苏建行风貌”的总体工作要求，凝心聚力、聚焦转型、加快发展、严控风险，经营业绩稳中有进。2016年末存款突破400亿，余额445.71亿元，各项贷款余额325.23亿元。

支持地方经济建设。重点支持了实体经济、重大基础设施建设、新农村建设及现代农业项目、路网快速化改造、地下管廊专项治理工程等。支持镇江市住房供给侧改革，为“一市两县”公积金中心新增授信17亿元。

扶持小微企业。小企业业务向小额化、标准化、网络化方向转型，与镇江市税务系统签订《“银税互动”合作协议》，2016年末小微企业贷款余额108.92亿元，，圆满完成银监局“三个不低于”监管要求。

服务民生。完成首个总行级生态圈建设项目，与镇江交通产业集团联合发行惠生活卡，加载公交功能行业应用。与镇江文化旅游产业集团推动发行“金山福卡”，拟满足镇江、南京、扬州三地居民旅游惠民游园需求。为惠龙易通创新“惠龙通”、“惠龙卡”联名借记卡和“惠龙e通”信用卡等金融产品。

改善金融服务。完成了“普惠金融”星级乡镇网点的创建工作，获得了一个五星、一个四星、一个三星的创建成果。被评为镇江市“诚信单位”“消费者信得过单位”“文明行业”。

走上街头开展反假宣传

搀扶老年客户办理业务

中国邮政储蓄银行镇江市分行

镇江市分行参与句容“助农贷”项目启动大会

走进街道进行业务宣传活动

邮储银行镇江市分行于 2008 年 3 月 18 日正式成立。9 年来，从一家经营单一负债业务的储蓄机构，转型成为一家全功能商业银行，打造了涵盖零售、公司、国际、金融市场业务等在内的现代银行业务格局。2016 年 9 月 28 日，邮储银行在香港成功上市，这是邮储银行改革发展史上重要的里程碑时刻。2016 年 12 月 18 日，邮储银行镇江市分行搬入新营运用房，办公环境改善，员工士气高涨，凝聚力、幸福感进一步提升。银行现共设有支行 24 家、网点 102 家，全行在编职工总人数 1291 人。本科及本科以上学历从业人员占比达 50% 以上。截至 2016 年末，全行资产规模突破 250 亿元，各项存款余额 231.73 亿元，各项贷款余额 151.44 亿元。

自成立以来，邮储银行镇江市分行始终坚持普惠金融理念，依托遍布城乡的网络优势，坚持服务“三农”、服务中小企业、服务社区的市场定位，实现了自身健康发展。在前进的道路上，邮储银行镇江分行与先进同业对标，坚持大型零售商业银行定位，依靠转型引领发展，不断提升服务客户和解决问题的能力。聚精会神谋发展，一心一意求进步，开创了属于邮储的崭新篇章。

句容市支行开展爱国主义知识教育

“普及金融知识万里行活动”走进乡村

南京银行镇江分行
BANK OF NANJING ZHENJIANG BRANCH

南京银行成立于1996年，2007年在上海证券交易所上市，成为国内首家在上交所上市的城市商业银行。经过二十一年的励精图治，南京银行逐步成长为一家治理良好、业绩优良、整体竞争力较强的区域性商业银行，资产总量超过万亿元，进一步奠定了中等规模商业银行的基础，正朝着打造“中小银行一流综合金融服务商”的目标奋力前进。2016年，南京银行在英国《银行家》全球千家银行中排名第152位。

2014年5月27日，南京银行镇江分行挂牌营业，是隶属于总行的一级分行。截至2016年末，南京银行镇江分行资产总量185亿元，员工人数146人，下辖营业部、丹阳支行、扬中支行三家营业机构。三年来，在镇江市委、市政府的关心支持下，在市金融监管机构的指导帮助下，镇江分行秉承“立足镇江，服务镇江，建设镇江”的经营理念，立足城市商业银行发展使命，将自身业务发展和镇江地方经济相结合，紧密围绕镇江区域整体规划和经济发展特点，相继推出了“鑫联税”“镇科贷”“镇文贷”等产品，助力中小企业发展，为镇江经济发展提供更有力的金融支持。同时，该行“金梅花理财”、大额存单、个人贷款、信用卡等产品，也广受市场亲睐，为镇江广大市民带来更加专业、贴心的金融服务。

总行董事长林复（右二）调研指导工作

“镇文贷”合作签约仪式

扬中支行开业庆典捐赠仪式

职工足球比赛

房企高端客户活动

社区反洗钱知识宣传

世业洲先锋村困难家庭扶贫

镇江农商银行
ZHENJIANG RURAL COMMERCIAL BANK

“开门红”劳动竞赛授旗仪式

在人行举办的业务技能比赛中荣获团体三等奖

“快闪”助力国际家庭日

庆祝“五一”中国美劳动美活动

镇江农商银行于2011年挂牌成立，是一家年轻的地方股份制商业银行。2016年年末，该行总资产205.29亿元，总负债183.79亿元；全行营业网点35家，其中支行34家、分理处1家；在编职工527人；金融服务区域覆盖镇江市京口区、润州区、丹徒区和镇江新区。

该行围绕“专注做普惠金融的好银行”的企业愿景，秉承“创新引领、稳健行远”的经营理念，围绕“服务三农、服务中小、服务城乡”的市场定位，将支持地方经济建设和企业发展壮大为己任，积极做好公众金融服务。在农村着力打造“阳光信贷”升级版工程，农户建档面100%，授信面70%，走访面25%；推进“农村金融服务站”建设，173台“农富通”遍布城乡，做百姓家门口的“金融便利店”。在城区倾力打造“闪亮萤V金融服务团队”品牌，切实解决微小企业（种养殖户、小商户、个体工商户等）融资难、金融需求满足度低等问题，全年服务客户3670户；推进社区银行建设，进行了6家网点的试点工作，加快金融产品和服务创新步伐，不断满足居民多样化的金融消费需求，提升客户体验感受。

“闪亮萤”文化网点

金融系统职工健步走活动

金融知识进万家活动

镇江市公路管理处

2016年，镇江市公路管理处以五大发展计划为引领，以提升公路通行品质、优化公共服务效能为追求，精心组织、精细管理、精准发力，各项工作取得了新的业绩。全市公路系统荣获全省公路系统争先创优考核评比一等奖第二名；服务品牌“畅·镇江”荣获第六届江苏交通十大服务品牌第一名；市公路处先后获得了全国总工会“职工书屋”示范点、全省交通运输行业文化示范单位、全市双拥“七创”三等功单位。

全年完成干线公路建设投资25.9亿元，分别占省、市局年度计划231%、105%，建成通车31.5公里。特别是举全处之力，建成了312国道镇江城区改线段“五型示范工程”，打造了城市“金外环”，受到市领导高度评价。投资8000余万元实施6条国省干线大中修工程，对197座干线桥梁进行专业化检查，全市路况水平保持稳定。实行多部门联动，推进公路环境“六项整治”， 试点开展综合巡查，提升路域环境。大力推进低碳公路、智慧公路、惠民公路建设，104国道“畅安舒美”公路创建了三个新型服务点，被推荐为省级创新创优项目，镇江市被省公路局确定为路面施工质量智能管控示范市。深入开展“两学一做”学习教育，深化“我是党员看我的”主题活动，全系统星级先进党支部覆盖率达100%，创建五星党支部1个。

312 国道城区改线段建成通车

重点工程决战誓师

“畅安舒美”示范路 104 国道句容段

党员应急先锋队排险保畅

改造后的 265 省道丹徒段（镇荣公路）

被誉为镇江金外环的 312 国道城区改线段

镇江市企业网络服务平台

965808

市企业网络服务平台荣获 2016 年全国中小企业创新创业优秀案例

市企业网络服务平台前往企业，进行诉求办理情况的回访

镇江市中小企业服务中心由市信息资源中心、市经济干部学校和原中小企业服务中心整合建立，是镇江市经济和信息化委员会直属的公益性事业单位。

中心以“965808 就让我帮您办”为服务品牌，致力于建设镇江市中小企业服务体系，整合政府、市场和社会“三大力量”，建设镇江市企业网络服务平台，为企业提供全方位、全流程、全天候的专业服务。

开展走进园区送服务活动

镇江市经信委涉企服务“菜单”发布会

举办 2016 海峡两岸青年创业大赛

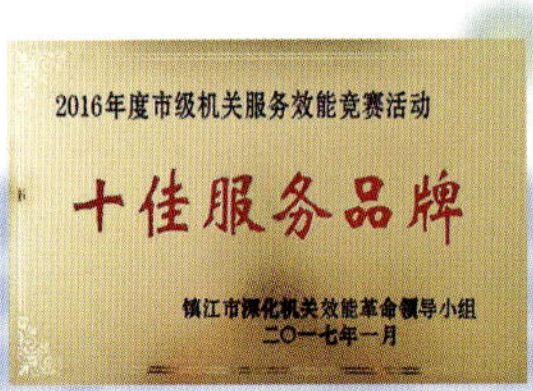

镇江市勘察测绘研究院
Zhenjiang Urban Investigation and Surveying Institute

镇江市基础地理信息中心
Zhenjiang Urban Geomatics Center

城市三维

镇江市勘察测绘研究院隶属于镇江市规划局，是一家拥有国家甲级测绘资质、甲级工程勘察资质的全民事业单位，通过ISO9001质量管理体系、CMA计量认证。2001年挂牌“镇江市基础地理信息中心”，实行“两块牌子，一套班子”的管理，重点从事智慧镇江的研究、开发与推广。全院有在职员工98人，其中注册测绘师12 人，注册岩土工程师8人，研究员级高工9人，高级工程师16人，工程师26人。

镇江市勘察测绘研究院（镇江市基础地理信息中心）具有较强的人才队伍、先进的技术装备和超前的服务理念，多次荣获全国及省市城市勘测先进单位、诚信单位称号。勘测成果和科研项目屡获国家、省、市优秀工程和科技进步奖项。近几年在城市三维仿真、地下管线探测与跟踪服务、地质信息系统以及基于GIS的“互联网+”系列专题系统开发与运用领域，形成了自己的数据特色和技术服务能力。

镇江市勘察测绘研究院（镇江市基础地理信息中心）坚守“服务·转型·可持续”的宗旨，以建设一流强院为目标，围绕规划、工程和GIS三大技术服务，坚持科技创新和服务创新，为城乡规划建设管理和经济社会发展提供优质服务和技术支持。

智慧城市移动展示

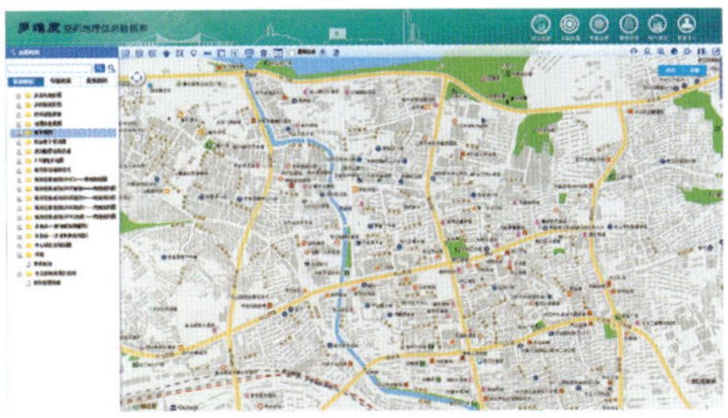

多维度数据在线服务平台

岩土工程勘察

解放路地下管网数据

工程测量

办公大楼

长江路天际线（三维仿真）

江苏北固产业投资有限公司

镇江市领导督查汝山路防汛工作

镇江市领导调研京口区残联用房

江苏北固产业投资有限公司原名镇江市京口城乡建设投资中心，成立于2002年7月，2013年10月由全民所有制改革为国有独资公司，更名为江苏北固产业投资有限公司，注册资金10亿元，下辖镇江市学府置业有限责任公司、镇江市京口新市镇建设发展有限公司两个独资子公司。公司成立以来，以土地市场化运作、市政建设为主要工作职能，成功上市土地224.5公顷，累计建成安置小区48万平方米；投资建成道路13条、广场3个、公园1座，为京口区经济社会发展、城市面貌改善做出积极贡献。先后获得市委市政府“跨越发展有功单位”，京口区委、区政府“突出贡献奖”、“转型升级先锋单位”等荣誉。

2016年，公司喜报频传，14亿元企业债成功发行，12万平方米孟家湾安置房如期封顶，2亿担保诉讼案反败为胜，重点民生项目敏成小学即将交付，商业资产运营取得初步成效，公司转型发展取得阶段性胜利。

京口区领导检查项目安全生产工作

“党旗高扬孟家湾，企地共建谱华章”主题党建

京口区重大民生项目敏成小学基本建成

孟家湾工程主体封顶

镇江市烈士陵园管理处

镇江市烈士纪念日暨新婚夫妇向革命烈士献花活动

“学党史、忆先烈，同心共筑中国梦”知识竞赛活动

“北固红枫”烈士事迹宣讲

社工活动 七彩假日

陵园园林化景观改造

镇江市烈士陵园，作为全国爱国主义教育基地、全国重点烈士纪念建筑物保护单位，是全市开展爱国主义教育和精神文明建设的重要场所。近年来，陵园创新工作思路，开展系列内容丰富极具教育意义的主题活动：“缅怀先烈少儿诗书画大赛”、“学党史忆英烈 同心共筑中国梦”党史知识竞赛，“追寻抗战足迹，健康快乐暑假”青少年社工活动、“感悟长征，小小红军心向党”社工活动等。成功举办三次烈士纪念日公祭活动，2016 年组织新婚夫妇向烈士献花，社会反响强烈。

“北固红枫”是陵园倾力打造的为民服务品牌。14 年来，“北固红枫”烈士事迹宣讲团深入全市开展宣讲 500 余场，被评为全市优质服务品牌、“百个先进基层党组织特色品牌”。依托品牌效应，陵园设立“党员帮扶基金”，开展“情暖烈属、孤老、孤童”、“圆梦 . 助学”、“结对 . 帮困 . 助残”等活动，志愿服务成效显著。

多年来，陵园不断完善纪念设施，丰富红色文化内涵，改善陵园环境，园容园貌得到提升。成为设施齐全、活动丰富、管理规范、环境优美的综合性爱国主义教育基地。

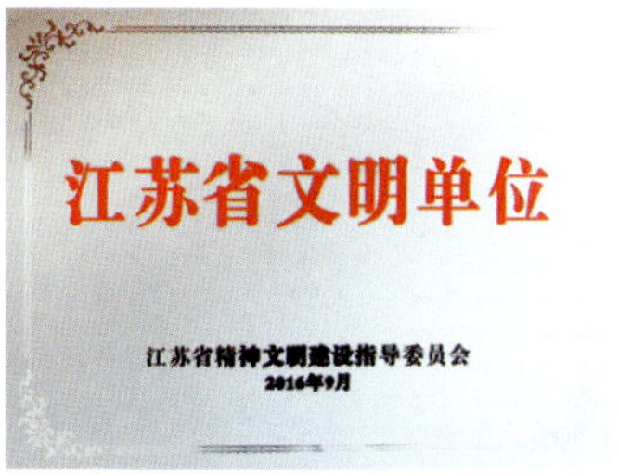

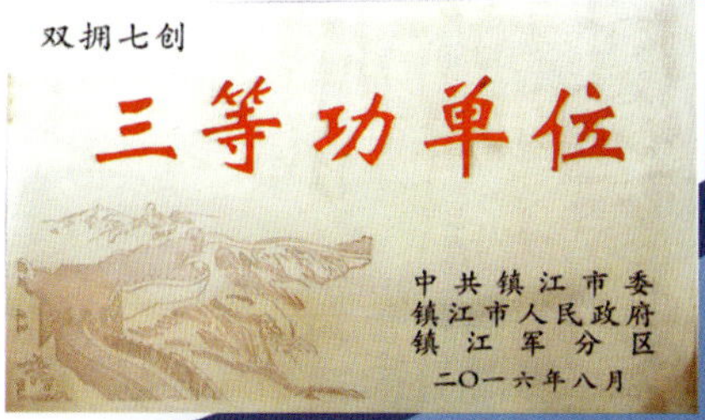

中国移动
China Mobile
中国移动
品质之选
移动百兆极光宽带
又好又快又划算
and和
家庭
光宽带 品质好
• 品质宽带，百姓价格
• 性价比好，更好选择
• 百兆极光宽带+4K高清电视
高清电视 内容优
• 互联网+时代 看互联网电视
• 高清大片 精彩热剧
电视回看 点播免费
4G+
中国移动
China Mobile
www.10086.cn

九华锦江国际酒店
JIUHUA JIN JIANG INTERNATIONAL HOTEL
Jin Jiang Hotels

九华锦江国际酒店

九华锦江国际酒店坐落于南徐新城商务行政区，南徐大道与九华山路交汇处，依傍闻名遐迩的镇江九华山北面。周边配套齐全便利，毗邻338省道、沪宁扬溧高速且市内交通出行极为方便，新市政府位于酒店向西100米，镇江高铁站位于酒店向北800米。

九华锦江国际酒店是按五星级标准建造的高档商务酒店，系镇江城市建设投资集团有限公司旗下镇江京口饭店管理有限公司的下属酒店，并委托锦江国际酒店管理有限公司全权管理。酒店总面积约31300平方米，拥有251间(套)豪华客房及中餐厅、西餐厅、宴会厅等多个风格迥异的餐厅，酒店还设有商务中心、会议室、室内游泳池、健身房等配套设施，是集休闲、娱乐、住宿为一体的多功能酒店。独具特色的“锦江东方之梦”——来自美国的金可儿床垫让您下榻九华锦江国际酒店的每一个夜晚都难以忘怀，独立淋浴与盆浴设计，高速宽带无线覆盖，使您倍感舒适与便捷。

酒店大堂

豪华套房

豪华包厢

中餐厅

自助餐厅

游泳池

话：0511-8558 3333　宴会预订转5811　客房预订转5821

址：镇江市南徐大道66号（西邻九华山路）

江苏天禾旅游发展有限公司

江苏天禾旅游发展有限公司成立于2012年1月,注册资本2.5亿元，信用评级AA级。公司下属企业5家，其中：全资子公司2家,隶属管理公司3家。2016年，该公司成功申报市级“文明单位”，并成功建成党群综合体。2017年获得2016年度品牌创建奖；同年5月被评为“先进基层团组织”。

公司承担了江苏省第八届江苏省园艺博览会的投融资、建设、管理、维护及相关运营工作，并获得圆满成功。开园期间人数达到170万，创省历届园博会最高，近几年公司积极利用园艺博览园成功举办了多次展会活动，例如：郁金香花展、菊花展、中秋葵花展、樱花展、河豚美食文化节、国际梦幻彩灯展等；同时园艺博览园成功创成AAA级景区。公司除正常园区运营外，还承担了市委、市政府交办的多项城市市政绿化工程建设、开发区区域内工程建设、征地拆迁、人居环境改造等具体工作。

句容市金鑫旅游产品有限公司

句容市金鑫旅游产品有限公司于 1997 年 1 月 13 日成立，是句容市旅游协会会员单位。公司主要经营金、银等箔类产品，以及制作金字招牌，纯金、银工艺画，水晶制品，旅游纪念品。该公司加工销售的句艺牌金箔贴金工艺品及天爱牌旅游纪念品，是开业、厂庆、校庆、会议、同学、战友聚会等首选的高档工艺礼品。

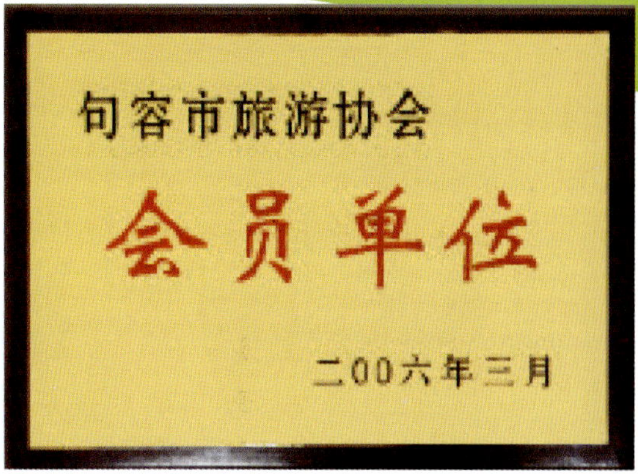

镇江市第二届童话节奖牌

纯银酒具

木刻道德经

绢道德经

纪念品

金箔道德经

联系人：杨震　联系方式：13605290780　电话：0511-87202952
地址：句容市华阳镇农业推广中心院内　网址：www.jrjxlycp.com

江苏海航电气集团

机器人拆边

江苏海航电气集团组建于2011年，前身为成立于2003年的江苏海航电气科技有限公司，是一家专业以高低压电器成套设备、母线桥架、电器元件及电力电子产品为先导，集科研开发、生产经营、技术服务、系统集成为一体的科技型企业。

集团坚持“与巨人同行，与世界同步”的发展战略，2001年与世界500强企业ABB集团建立长期战略合作关系，先后通过了国家IS9001质量管理体系、IS014001环境管理体系、OHSAS18001安全管理体系认证。所有产品均已取得中国国家强制性“3C”认证，并广泛应用于市政、石化、冶金、医院、大学、银行、机场、国防和电力领域。

集团始终秉承“以人为本，追求科技领先”的发展战略。坚持“内强素质和管理、外树品牌和形象”的经营理念，竭诚为广大用户提供一流的产品，一流的服务。

MNS-E 低压动力配电及控制箱

MDmax ST 低压开关柜

有源电力滤波器

MD190 低压开关柜

丹徒区建设投资有限公司

市、区主要领导到公司承建的丹徒区文化艺术活动中心调研

全体党员赴雨花台烈士陵园开展专题教育活动

丹徒区建设投资有限公司于 2009 年 2 月 11 日由镇江市丹徒区资产经营公司投资成立。通过八年的发展，建投公司逐步壮大，目前公司下辖控股公司 6 家、参股公司 3 家，是区政府直属管理的 AA 级大型国有企业。到 2016 年 12 月底，公司注册资本为 8.77 亿元，资产总额为 230 亿元。八年来，建投公司共承担了丹徒区 33 项工程任务，总投资已逾 60 亿元。其中建设完成的各类建筑总面积约 30 万平方米，道路约 15 公里，建设绿地约 20 万平方米。建设的一批项目如古堰新居、江岛人家、长山水岸、丹徒区人民医院二期扩建工程、北汽公共租赁房、丹徒文化艺术活动中心等在城乡建设中有一定影响力的项目，获得了社会的普遍关注和认可。近年来，丹徒建投多次被市政府和区政府嘉奖，获得区“特别贡献单位”和“有功单位”等荣誉称号。

公司承建的丹徒区文化艺术活动中心

公司承建的丹徒区人民医院扩建项目

公司承建的丹徒区宝堰安置房“古堰新居”

丹徒区长山安置房“长山水岸”（在建）

镇江市农业产业化经营龙头企业

镇江市五峰茶场

采茶

制茶车间

镇江市五峰茶场地处镇江市西郊、五州山北麓，属宁镇丘陵地区。茶场创建于 1986 年 2 月，茶园面积 62 公顷，分布在五州山坡上，生态环境极佳，茶树优良品种率达 90% 以上，茶园方圆 5 公里内无工业“三废”排放企业。2006 年，茶场场区搬迁，投资 800 万元新建办公大楼及高标准的符合食品安全卫生生产要求的厂房、茶叶低温冷藏保鲜库 2 座和配套设施用房 8000 平方米。茶场年产各类绿茶 23 吨，品种包含：五峰白茶、五峰迎春茶、金山翠芽茶、五峰香怡茶；产销率高达 100%，历年来呈现供不应求的趋势。茶场是镇江市级农业产业化经营龙头企业，也是中国茶叶学会首批命名的全国 12 家“茶叶科技示范基地”之一。茶场先后通过无公害农产品产地和产品认证、绿色食品认证，并在全省茶叶企业首批通过 QS 市场准入质量安全认证。

茶场产品品牌响、质量优。茶场拥有的“彭公”牌商标和“五峰迎春”牌商标双双被评为“江苏省著名商标”；“五峰迎春茶”被评为“江苏名牌农产品”。“彭公”牌“金山翠芽”、“五峰迎春”茶在国际名茶评比中多次荣获金奖。在国内各级别，国家级“中茶杯”、省级“陆羽杯”、市级“三山杯”名特茶质量评比中连续多年荣获特等奖、一等奖。在 2015 年第十届镇江市“三山杯”名特茶评比中，“彭公牌”五峰白茶获特等奖，“彭公牌”五峰迎春茶荣获一等奖。

茶场严格实施了质量管理制度，确保产品质量。五峰茶场认真贯彻了国家行业和地方相关茶叶标准化体系，建立了茶叶生产全程产品质量安全控制方案，完善茶叶质量追踪溯源制度，狠抓从茶园栽培管理到加工包装的全程质量控制，严格执行“五化六统一”的要求，确保茶叶质量。2015 年，企业承担了 2015 部级园艺作物标准园“镇江市五峰茶叶标准园项目”，并顺利通过验收，逐步建成集规模化种植、标准化生产、商品化处理、品牌化销售、产业化经营为一体的茶叶标准园。

联系电话：0511-85724277　　0511-85723277　　传真：0511-85729277
地　　址：江苏镇江市戴家门312国道高资中队旁　　邮编：212111

金山翠芽 五峰香怡 五峰迎春 五峰白茶

五峰白茶

特级金山翠芽

特级五峰香怡

五峰迎春

五峰金山翠芽

五峰白茶（炒青）

洋河·微分子
洋河
品鉴热线：95019

中国
M/6
梦之蓝
酒
洋河蓝色经典